CNU

Conhecimentos Gerais para os Blocos 1 ao 7

EDITORA
AlfaCon
Concursos Públicos

Diretor Geral: Jadson Siqueira
Diretor Editorial: Javert Falco
Editor(a): Mateus Ruhmke Vazzoller
Gerente de Editoração: Alexandre Rossa

Desafios do Estado de Direito: Democracia e Cidadania
Daniel Sena, Gustavo Muzy, Diogo Medeiros, Nilton Matos e Alessander Mendes

Ética e Integridade
Isabel Rossoni

Administração Pública Federal
Daniel Sena, Gustavo Muzy, Evandro Guedes, Newton Aprígio e Gisele Garcia

Ética e Integridade
Isabel Rossoni, Tiago Vidal, Guilherme de Luca e Mateus Vazzoller

Políticas Públicas
Equipe de Professores Alfacon

Diversidade e Inclusão na Sociedade
Equipe de professores Alfacon

Finanças Públicas
Alessander Mendes

Redação Discursiva
Heitor Ferreira

Questões
Larissa Fernandes de Carvalho, Luis Fernando de Menezes, Samuel Ferreira Reis, Tatiane Zmorzenski dos Santos, Francisco Tulio Mendes Queiroz, Fabyanne Cavaggioni da Cruz, Gabriele Vieira Carrera, Francisco Tulio Mendes Queiroz, Luis Fernando de Menezes, José Augusto Melo de Carvalho, Higor Carlos Alves da Silva

Dados Internacionais de Catalogação na Publicação (CIP)
Angélica Ilacqua CRB-8/7057

P369

CNU - Concurso Nacional Unificado : conhecimentos gerais para os blocos de 1 a 7 / equipe de professores Alfacon. – 1. ed. - Cascavel, PR : AlfaCon, 2024.
478 p.

Bibliografia
ISBN 978-65-5918-746-1

1. Serviço público - Brasil – Concursos 2. Políticas públicas 3. Redação 4. Direito 5. Ética 6. Diversidade 6. Inclusão 7. Administração pública 8. Finanças pública

24-0170 **CDD 351.81076**

Índices para catálogo sistemático:
1. Serviço público - Brasil - Concursos

Dúvidas?
Acesse: www.alfaconcursos.com.br/atendimento

Núcleo Editorial:
Rua: Paraná, nº 3193, Centro - Cascavel/PR
CEP: 85810-010

Núcleo Comercial/Centro de Distribuição:
Rua: Dias Leme, nº 489, Mooca - São Paulo/SP
CEP: 03118-040

SAC: (45) 3037-8888

Data de fechamento 1ª impressão: 18/01/2024

EDITORA AlfaCon Concursos Públicos
www.alfaconcursos.com.br/apostilas

APRESENTAÇÃO

Chegou o momento de conquistar seu lugar no serviço público, e a chave para isso está na preparação certa com a obra elaborada pelo AlfaCon. Em um universo tão competitivo como o dos concursos públicos, a diferença está na qualidade da sua preparação. Para trilhar com sucesso sua jornada rumo a essa carreira tão desejada, é crucial contar com os materiais do AlfaCon.

Nesse material são abordados os seguintes assuntos:

- Políticas Públicas
- Desafios do Estado de Direito: Democracia e Cidadania
- Ética e Integridade
- Diversidade e Inclusão na Sociedade
- Administração Pública Federal
- Finanças Públicas
- Redação Discursiva

Nosso compromisso é proporcionar a você um material completo e de qualidade, estruturado com explicações claras e objetivas. Destacamos os tópicos mais frequentemente cobrados nas provas, garantindo que você esteja preparado para enfrentar qualquer desafio.

Além disso o AlfaCon também te ajuda com:

- **Atualizações (sempre que necessárias) no Site:** mantemos nosso conteúdo sempre atualizado, alinhado às últimas novidades e mudanças nos editais, para que você esteja sempre à frente da concorrência.
- **Conteúdo Complementar**: oferecemos material adicional para aprofundar seus estudos, proporcionando uma compreensão abrangente e sólida dos temas abordados.
- **Curso Gratuito:** como parte do nosso compromisso com o seu sucesso, você terá acesso a um curso gratuito que complementa sua preparação, proporcionando uma experiência ainda mais completa.

Acesse o Conteúdo Online com o
Código de Resgate e Desperte o Seu Potencial!

Estamos ao seu lado nessa jornada de conquistas. Desfrute ao máximo do seu material, e lembre-se: **cada momento de estudo é um passo rumo à sua aprovação!**

Bons estudos e rumo à sua aprovação

EDITORA
AlfaCon
Concursos Públicos

COMO ESTUDAR PARA UM CONCURSO PÚBLICO!

Para se preparar para um concurso público, não basta somente estudar o conteúdo. É preciso adotar metodologias e ferramentas, como plano de estudo, que ajudem o concurseiro em sua organização.

As informações disponibilizadas são resultado de anos de experiência nesta área e apontam que estudar de forma direcionada traz ótimos resultados ao aluno.

Curso on-line GRATUITO

- Como montar caderno
- Como estudar
- Como e quando fazer simulados
- O que fazer antes, durante e depois de uma prova!

Ou pelo link: alfaconcursos.com.br/cursos/material-didatico-como-estudar

ORGANIZAÇÃO

Organização é o primeiro passo para quem deseja se preparar para um concurso público.

Conhecer o conteúdo programático é fundamental para um estudo eficiente, pois os concursos seguem uma tendência e as matérias são previsíveis. Usar o edital anterior - que apresenta pouca variação de um para outro - como base é uma boa opção.

Quem estuda a partir desse núcleo comum precisa somente ajustar os estudos quando os editais são publicados.

PLANO DE ESTUDO

Depois de verificar as disciplinas apresentadas no edital, as regras determinadas para o concurso e as características da banca examinadora, é hora de construir uma tabela com seus horários de estudo, na qual todas as matérias e atividades desenvolvidas na fase preparatória estejam dispostas.

PASSO A PASSO

VEJA AS ETAPAS FUNDAMENTAIS PARA ORGANIZAR SEUS ESTUDOS

PASSO 1	PASSO 2	PASSO 3	PASSO 4	PASSO 5
Selecionar as disciplinas que serão estudadas.	Organizar sua rotina diária: marcar pontualmente tudo o que é feito durante 24 horas, inclusive o tempo que é destinado para dormir, por exemplo.	Organizar a tabela semanal: dividir o horário para que você estude 2 matérias por dia e também destine um tempo para a resolução de exercícios e/ou revisão de conteúdos.	Seguir rigorosamente o que está na tabela, ou seja, destinar o mesmo tempo de estudo para cada matéria. Por exemplo: 2h/dia para cada disciplina.	Reservar um dia por semana para fazer exercícios, redação e também simulados.

Esta tabela é uma sugestão de como você pode organizar seu plano de estudo. Para cada dia, você deve reservar um tempo para duas disciplinas e também para a resolução de exercícios e/ou revisão de conteúdos. Fique atento ao fato de que o horário precisa ser determinado por você, ou seja, a duração e o momento do dia em que será feito o estudo é você quem escolhe.

TABELA SEMANAL

SEMANA	SEGUNDA	TERÇA	QUARTA	QUINTA	SEXTA	SÁBADO	DOMINGO
1							
2							
3							
4							

SUMÁRIO

Sumário

Sumário

Sumário

Sumário

Sumário

Sumário

DESAFIOS DO ESTADO DE DIREITO: DEMOCRACIA E CIDADANIA

1 INTRODUÇÃO AO DIREITO CONSTITUCIONAL

1.1 Noções gerais

Para iniciarmos o estudo do Direito Constitucional, alguns conceitos precisam ser esclarecidos.

Primeiramente, faz-se necessário conhecer qual será o objeto de estudo desta disciplina jurídica: **Constituição Federal.**

A Constituição Federal é a norma mais importante de todo o ordenamento jurídico brasileiro. Ela é a norma principal, a norma fundamental.

Se pudéssemos posicionar as espécies normativas na forma de uma pirâmide hierárquica, a Constituição Federal apareceria no topo desta pirâmide, ao passo que as outras espécies normativas estariam todas abaixo dela, como na ilustração:

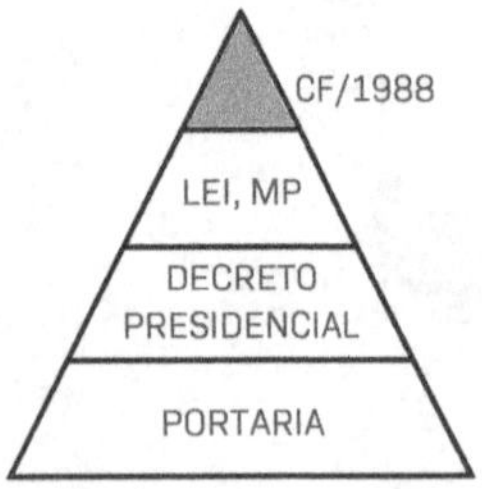

Para que sua preparação seja adequada, é necessário ter em vista uma Constituição atualizada. Isso por conta de que a Constituição Federal atual foi promulgada em 1988, mas já sofreu diversas alterações. Significa dizer, numa linguagem mais jurídica, que ela foi **emendada.**

As emendas constitucionais são a única forma de alteração do texto constitucional. Portanto, uma lei ou outra espécie normativa hierarquicamente inferior à Constituição jamais poderá alterar o seu texto.

Neste ponto, caberia a seguinte pergunta: o que torna a Constituição Federal a norma mais importante do direito brasileiro? A resposta é muito simples: a Constituição possui alguns elementos que a distinguem das outras espécies normativas, por exemplo:

- **Princípios constitucionais;**
- **Direitos fundamentais;**
- **Organização do Estado;**
- **Organização dos Poderes.**

De nada adiantaria possuir uma Constituição Federal com tantos elementos essenciais ao Estado se não existisse alguém para protegê-la. O próprio texto constitucional previu um Guardião para a Constituição: o **Supremo Tribunal Federal (STF).**

O STF é o órgão de cúpula do Poder Judiciário e possui como atribuição principal a guarda da Constituição. Ele é tão poderoso que, se alguém editar uma norma que contrarie o disposto no texto constitucional, o STF a declarará inconstitucional. Uma norma declarada inconstitucional pelo STF não produzirá efeitos na sociedade.

Além de guardião da Constituição Federal, o STF possui outra atribuição: a de intérprete do texto fundamental. É o STF quem define a melhor interpretação para esta ou aquela norma constitucional. Quando um Tribunal manifesta sua interpretação, dizemos que ele revelou sua **jurisprudência** (o pensamento dos tribunais), sendo a do STF a que mais interessa para o estudo do Direito Constitucional.

É exatamente neste ponto que se encontra a maior importância do STF para o objetivo que se tem em vista: é essencial conhecer sua jurisprudência, pois costuma cair em prova. Para se ter ideia da importância dessa matéria, é possível que alguma jurisprudência do STF seja contrária ao próprio texto constitucional. Dessa forma, o aluno precisa ter uma dupla percepção: conhecer o texto da Constituição e conhecer a jurisprudência do STF.

Contudo, ainda existe outra fonte de conhecimento essencial para o aprendizado em Direito Constitucional: a **doutrina.** A doutrina é o pensamento produzido pelos estudiosos do Direito Constitucional. Conhecer a doutrina também faz parte de sua preparação.

Em suma, para estudar Direito Constitucional é necessário estudar:

- **A Constituição Federal;**
- **A jurisprudência do Supremo Tribunal Federal;**
- **A doutrina do Direito Constitucional.**

Neste estudo, apresentaremos o conteúdo de Direito Constitucional atualizado, objetivo e necessário para prova, de forma que se tenha à mão um material suficiente ao estudo para concurso público.

Atenção

Metodologia de Estudo

A preparação em Direito Constitucional precisa observar três passos:
1. Leitura da Constituição Federal;
2. Leitura de material teórico;
3. Resolução de exercícios.

O aluno que seguir esses passos certamente chegará à aprovação em concurso público. Essa é a melhor orientação para quem está iniciando os estudos.

1.1.1 Classificações

A partir de algumas **características** que possuem as constituições, é possível classificá-las, agrupá-las. As classificações a seguir não são as únicas possíveis, realçando apenas aqueles elementos mais comumente cobrados nos concursos públicos.

- **Quanto à origem:** a Constituição Federal pode ser promulgada ou outorgada. A **promulgada** é aquela decorrente de um verdadeiro processo democrático para a sua elaboração, fruto de uma Assembleia Nacional Constituinte. A **outorgada** é aquela imposta, unilateralmente, por um governante ou por um grupo de pessoas, ao povo.
- **Quanto à possibilidade de alteração, mutação:** podem ser **flexíveis, rígidas** ou **semirrígidas.** As **flexíveis** não exigem, para a sua alteração, qualquer processo legislativo especial. As **rígidas,** contudo, dependem de um processo legislativo de alteração mais difícil do que aquele utilizado para as normas ordinárias. Já as constituições **semirrígidas** são aquelas cuja parte de seu texto só pode ser alterada por um processo mais difícil, sendo que outra parte pode ser mudada sem qualquer processo especial.
- **Quanto à forma adotada:** podem ser **escritas/dogmáticas** e **costumeiras.** As **dogmáticas** são aquelas que apresentam um único texto, no qual encontramos sistematizadas e organizadas todas as disposições essenciais do Estado. As **costumeiras** são aquelas formadas pela reunião de diversos textos esparsos, reconhecidos pelo povo como fundamentais, essenciais.
- **Quanto à extensão:** podem ser **sintéticas** ou **analíticas.** As **sintéticas** são aquelas concisas, enxutas e que só trazem as disposições políticas essenciais a respeito da forma, organização, fundamentos e objetivos do Estado. As analíticas são aquelas que abordam diversos assuntos, não necessariamente relacionados com a organização do Estado e dos poderes.

A partir das classificações apresentadas acima, temos que a Constituição Federal de 1988 pode ser considerada por **promulgada, rígida, escrita** e **analítica.**

2 PRINCÍPIOS FUNDAMENTAIS

Os Princípios fundamentais, também chamados de Princípios constitucionais, formam a **base de toda a organização do Estado Brasileiro.** Como bem citado por José Afonso da Silva, na obra *Curso de Direito Constitucional Positivo*, "os Princípios Fundamentais visam essencialmente definir e caracterizar a coletividade política e o Estado e enumerar as principais opções político-constitucionais".

Exatamente em razão de sua importância, a Constituição Federal os colocou logo no início, pois eles são a base de todo o texto. O que se segue a partir desses princípios é mero desdobramento de seu conteúdo.

Quem se prepara para concurso público deve saber que, quando esse tema é abordado, costuma-se trabalhar questões com o conteúdo previsto nos arts. 1º ao 4º do texto constitucional. Geralmente, aparece apenas texto constitucional puro, mas, dependendo do concurso, as bancas costumam cobrar questões doutrinárias mais difíceis.

Quais princípios serão abordados?

- Princípio da tripartição dos poderes;
- Princípio federativo;
- Princípio republicano;
- Presidencialismo;
- Princípio democrático;
- Fundamentos da República Federativa do Brasil;
- Objetivos fundamentais da República Federativa do Brasil;
- Princípios que regem as relações internacionais do Brasil.

2.1 Princípio da tripartição dos poderes

Esse princípio, também chamado de princípio da separação dos poderes, originou-se, historicamente, numa tentativa de limitar os poderes do Estado. Alguns filósofos perceberam que, se o poder do Estado estivesse dividido entre três entidades diferentes, seria possível que a sociedade exercesse um maior controle de sua utilização.

Na verdade, a divisão não é do poder estatal, haja vista ser ele uno, indivisível e indelegável, mas apenas uma divisão das suas funções. Nos dizeres de José Afonso da Silva, na obra *Curso de Direito Constitucional Positivo*:

> O poder político, uno, indivisível e indelegável, se desdobra e se compõe de várias funções, fato que permite falar em distinções das funções, que fundamentalmente são três: a legislativa, a executiva e a jurisdicional.

A previsão constitucional desse princípio encontra-se no art. 2º, que diz:

> ***Art. 2º** São Poderes da União, independentes e harmônicos entre si, o Legislativo, o Executivo e o Judiciário.*

Esses são os três poderes, cada qual responsável pelo desenvolvimento de uma função principal do Estado:

- **Poder Executivo:** função principal (típica) de administrar o Estado.
- **Poder Legislativo:** função principal (típica) de legislar e fiscalizar as contas públicas.
- **Poder Judiciário:** função principal (típica) jurisdicional.

Além da sua própria função, a Constituição criou uma sistemática que permite a cada um dos poderes o exercício da função do outro poder. Essa função acessória chamamos de **função atípica:**

- **Poder Executivo:** função atípica de legislar e julgar.
- **Poder Legislativo:** função atípica de administrar e julgar.
- **Poder Judiciário:** função atípica de administrar e legislar.

Dessa forma, pode-se dizer que além da própria função, cada poder exerce de forma acessória a função do outro poder.

Uma pergunta sempre surge na cabeça dos candidatos: qual dos três poderes é mais importante?

A única resposta possível é a inexistência de poder mais importante. Cada poder possui sua própria função de forma que não se pode afirmar que exista hierarquia entre os poderes do Estado.

Eles são independentes e harmônicos entre si, e para se garantir essa harmonia, a doutrina norte-americana desenvolveu um sistema que mantém a igualdade entre os poderes: **sistema de freios e contrapesos** *(checks and balances)*.

O sistema de freios e contrapesos adotado pela nossa Constituição, revela-se nas inúmeras medidas previstas no texto constitucional que condicionam a competência de um poder à apreciação de outro poder de forma a garantir o equilíbrio entre os três poderes. A seguir estão alguns exemplos delas:

- **Necessidade de sanção do chefe do Poder Executivo** para que um projeto de lei aprovado pelo Poder Legislativo possa entrar em vigor.
- **Processo do chefe do Poder Executivo** por crime de responsabilidade a ser realizado no Senado Federal, cuja sessão de julgamento é presidida pelo presidente do STF.
- **Necessidade de apreciação** pelo Poder Legislativo das Medidas Provisórias editadas pelo chefe do Poder Executivo.
- **Nomeação dos ministros** do STF é feita pelo Presidente da República depois de aprovada pelo Senado Federal.

Em todas as hipóteses acima apresentadas, faz-se necessária a participação de mais de um Poder para a consecução de um ato administrativo. Isso cria uma verdadeira relação de interdependência entre os poderes, o que garante o equilíbrio entre eles.

Por último, não se pode esquecer que a separação dos poderes é uma das cláusulas pétreas por força do art. 60, § 4º, inciso III, da Constituição Federal.

Significa dizer que a separação dos poderes não pode ser abolida do texto constitucional por meio de emenda:

> ***Art. 60** [...]*
>
> *§ 4º Não será objeto de deliberação a proposta de emenda tendente a abolir: [...]*
>
> *III – A separação dos Poderes.*

2.2 Princípio federativo

Esse princípio apresenta a forma de Estado adotada no Brasil: federação. A forma de Estado reflete o modo de exercício do poder político em função do território. É uma forma composta ou complexa, visto que prevalece a pluralidade de poderes políticos internos. Está baseada na descentralização política do Estado, cuja representação se dá por meio de quatro entes federativos:

- **União;**
- **Estados;**
- **Distrito Federal;**
- **Municípios.**

Cada ente federativo possui sua **própria autonomia política,** o que **não** pode ser confundido com o atributo da soberania, pertencente ao Estado Federal.

A autonomia de cada ente confere-lhe a capacidade política de, inclusive, criar sua própria Constituição. Apesar de cada ente federativo possuir essa independência, não se pode esquecer que a existência do pacto federativo pressupõe a existência de uma Constituição Federal e da impossibilidade de separação (princípio da indissolubilidade do vínculo federativo). Havendo quebra do pacto federativo, a Constituição Federal prevê como instrumento de manutenção da forma de Estado a chamada Intervenção Federal, a qual será estudada em momento oportuno.

Não existe hierarquia entre os entes federativos. O que os distingue é a competência que cada um recebeu da Constituição Federal. Deve-se ressaltar que os estados e o Distrito Federal possuem direito de participação na formação da vontade nacional ao possuírem representantes no Senado Federal. Os municípios não possuem representantes no Senado Federal. Caracteriza-se, ainda, pela existência de um guardião da Constituição Federal, o Supremo Tribunal Federal (STF). A doutrina tem apontado para algumas características da forma federativa brasileira:

- **Tricotômica:** a Federação é constituída em três níveis: federal, estadual e municipal. O Distrito Federal não é considerado nessa classificação, haja vista possuir competência híbrida, ou seja, ora age como estado ora como município.
- **Centrífuga:** essa característica reflete a formação da federação brasileira. É a formação "de dentro para fora". A força de criação do estado federal brasileiro surgiu a partir de um Estado Unitário para a criação de um estado federado, ou seja, o poder centralizado que se torna descentralizado. O poder político era concentrado nas mãos de um só ente e, depois, passa a fazer parte de vários entes federativos.
- **Por desagregação:** ocorre quando um estado unitário resolve se descentralizar politicamente, desagregando o poder central em favor de vários entes titulares de poder político.

Como última observação, não menos importante, a **forma federativa de Estado** também é uma **cláusula pétrea.**

Depois de estudar os princípios da tripartição dos poderes e o poder federativo, passa-se a ver como eles estão estruturados dentro da República Federativa do Brasil. Uma informação importante antes disso: a autonomia política existente em cada ente federativo pode ser percebida por meio de existência dos poderes em cada um.

- União
  - Poder Executivo – Presidente da República.
  - Poder Legislativo – Congresso Nacional.
  - Poder Judiciário – STF e demais órgãos judiciais federais.
- Estados
  - Poder Executivo – Governador.
  - Poder Legislativo – Assembleia Legislativa.
  - Poder Judiciário – Tribunal de Justiça.
- Municípios
  - Poder Executivo – Prefeito.
  - Poder Legislativo – Câmara de Vereadores.
  - Poder Judiciário – Não existe.
- Distrito Federal
  - Poder Executivo – Governador.
  - Poder Legislativo – Câmara Legislativa.
  - Poder Judiciário – Tribunal de Justiça.

2.3 Princípio republicano

O princípio republicano representa a **forma de governo** adotada no Brasil. A forma de governo reflete o modo de aquisição e exercício do poder político, além de medir a relação existente entre o governante e o governado.

A melhor forma de entender esse instituto é conhecendo suas características. A primeira característica decorre da análise etimológica da expressão *res publica*. Essa expressão, que dá origem ao princípio ora estudado, significa coisa pública, ou seja, em um Estado republicano, o governante cuida da coisa pública, governa para o povo.

Outra característica importante é a temporariedade. Esse atributo revela o caráter temporário do exercício do poder político. Por causa desse princípio, em nosso Estado, o governante permanece no poder por tempo determinado.

Em uma República, o governante é escolhido pelo povo. Essa é a chamada eletividade. O poder político é adquirido pelas eleições, sendo que a vontade popular se concretiza nas urnas.

Por fim, em um Estado republicano, o governante pode ser responsabilizado por seus atos.

A forma de governo republicana se contrapõe à monarquia, cujas características são opostas às estudadas aqui.

É importante destacar que o princípio republicano não é uma cláusula pétrea, pois esse princípio não se encontra listado no rol das cláusulas pétreas do art. 60, § 4º, da Constituição Federal. Apesar disso, a Constituição o considerou como princípio sensível. Princípios sensíveis são aqueles que, se tocados, ensejarão a chamada Intervenção Federal, conforme previsto no art. 34, inciso VII, da Constituição Federal de 1988:

> ***Art. 34*** *A União não intervirá nos Estados nem no Distrito Federal, exceto para: [...]*
>
> *VII – assegurar a observância dos seguintes princípios constitucionais:*
>
> *a) forma republicana, sistema representativo e regime democrático.*

2.4 Presidencialismo

O Presidencialismo é o sistema de governo adotado no Brasil. O sistema de governo rege a relação entre o Poder Executivo e o Legislativo medindo o grau de dependência entre eles. No presidencialismo, prevalece a separação entre os Poderes Executivo e Legislativo, os quais são independentes e harmônicos entre si.

A Constituição Federal de 1988 declara, em seu art. 76, que:

> *O Poder Executivo é exercido pelo Presidente da República, auxiliado pelos Ministros de Estado.*

O Presidencialismo possui uma característica muito importante, que é a concentração das funções executivas em uma só pessoa, o Presidente, o qual é eleito pelo povo, e exerce ao mesmo tempo três funções: chefe de Estado, chefe de governo, e chefe da Administração Pública.

A função de chefe de Estado diz respeito a todas as atribuições do presidente nas relações externas do País. Como chefe de governo, o presidente possui inúmeras atribuições internas no que tange à governabilidade do país. Já como chefe da Administração Pública, o presidente exercerá as funções relacionadas com a chefia da Administração Pública federal.

2.5 Regime democrático

Este princípio revela o regime de governo adotado no Brasil. Caracteriza-se pela existência do Estado Democrático de Direito e pela preservação da dignidade da pessoa humana.

A democracia significa o governo do povo, pelo povo e para o povo. É a chamada soberania popular. Sua fundamentação constitucional encontra-se no art. 1º da CF/1988/1988:

> ***Art. 1º*** *[...]*
>
> ***Parágrafo único.*** *Todo o poder emana do povo, que o exerce por meio de representantes eleitos ou diretamente, nos termos desta Constituição.*

Esse princípio também é conhecido como princípio sensível e, no Brasil, caracteriza-se por seu exercício se dar de forma direta e indireta. Por esse motivo, a democracia brasileira é conhecida como semidireta ou participativa. Esse tema, porém, será abordado na seção sobre **Direitos Políticos**.

- Forma de Estado → Federativa
- Forma de Governo → Republicana
- Sistema de Estado → Presidencialista
- Regime de Estado → Democrático

2.6 Fundamentos da República Federativa do Brasil

Entre os Princípios Constitucionais mais importantes, destacam-se os Fundamentos da República Federativa do Brasil, os quais estão elencados no art. 1º da Constituição Federal de 1988:

> ***Art. 1º*** *A República Federativa do Brasil, formada pela união indissolúvel dos Estados e Municípios e do Distrito Federal, constitui-se em Estado Democrático de Direito e tem como fundamentos:*
>
> *I – A soberania;*
>
> *II – A cidadania;*
>
> *III – A dignidade da pessoa humana;*
>
> *IV – Os valores sociais do trabalho e da livre iniciativa;*
>
> *V – O pluralismo político.*

- **Soberania:** é um fundamento que possui estreita relação com o Poder do Estado. É a capacidade que o Estado tem de impor sua vontade. Esse princípio possui uma dupla acepção: soberania interna e externa.
- **A soberania interna** é a capacidade de impor o poder estatal no âmbito interno, perante os administrados, sem se sujeitar a qualquer outro poder.
- **A soberania externa** é percebida pelo reconhecimento dos outros Estados soberanos de que o Estado Brasileiro possui sua própria autonomia no âmbito internacional.
- **Cidadania:** como princípio revela a condição jurídica de quem é titular de direitos políticos. Ela permite ao indivíduo que possui vínculo jurídico com o Estado participar de suas decisões e escolher seus representantes. O exercício da cidadania guarda estreita relação com a democracia, pois essa autoriza a participação popular na formação da vontade estatal.
- **Dignidade da pessoa humana:** é considerada o princípio com maior hierarquia axiológica da Constituição. Sua importância se traduz na medida em que deve ser assegurada, primordialmente, pelo Estado, mas também deve ser observada nas relações particulares. Como fundamento, embasa toda a gama de direitos fundamentais, os quais estão ligados em sua origem a esse princípio. A dignidade da pessoa humana representa o núcleo mínimo de direitos e garantias que devem ser assegurados aos seres humanos.
- **Valor social do trabalho e da livre iniciativa:** revela a adoção de uma economia capitalista ao mesmo tempo em que elege o trabalho como elemento responsável pela valorização social. Ao mesmo tempo em que a Constituição garante uma liberdade econômica, protege o trabalho como elemento relacionado à dignidade do indivíduo como membro da sociedade.
- **Pluralismo político:** ao contrário do que parece, não está relacionado apenas com a pluralidade de partidos políticos, devendo ser entendido sob um sentido mais amplo, pois revela uma sociedade em que pluralidade de ideias se torna um ideal a ser preservado. Liberdades, como de expressão, religiosa ou política estão entre as formas de manifestação desse princípio.

2.7 Objetivos fundamentais da República Federativa do Brasil

Outro grupo de princípios constitucionais que costuma ser cobrado em prova é o dos objetivos da República Federativa do Brasil, os quais estão previstos em um rol exemplificativo no art. 3º da Constituição Federal de 1988:

> ***Art. 3º*** *Constituem objetivos fundamentais da República Federativa do Brasil:*
>
> *I – Construir uma sociedade livre, justa e solidária;*
>
> *II – Garantir o desenvolvimento nacional;*
>
> *III – Erradicar a pobreza e a marginalização e reduzir as desigualdades sociais e regionais;*
>
> *IV – Promover o bem de todos, sem preconceitos de origem, raça, sexo, cor, idade e quaisquer outras formas de discriminação.*

Os objetivos são verdadeiras metas a serem perseguidas pelo Estado com o fim de garantir os ditames constitucionais. Deve-se ter muita atenção em relação a esses dispositivos, pois eles costumam ser cobrados em prova fazendo-se alterações dos termos constitucionais.

Outra característica que distingue os fundamentos dos objetivos é o fato de os fundamentos serem nominados com substantivos ao passo que os objetivos se iniciam com verbos. Essa diferença pode ajudar a perceber qual a resposta correta na prova.

2.8 Princípios que regem as relações internacionais do Brasil

Têm-se os princípios que regem as relações internacionais, os quais estão previstos no art. 4º da Constituição Federal de 1988:

> ***Art. 4º*** *A República Federativa do Brasil rege-se nas suas relações internacionais pelos seguintes princípios:*
>
> *I – Independência nacional;*
>
> *II – Prevalência dos direitos humanos;*
>
> *III – Autodeterminação dos povos;*
>
> *IV – Não intervenção;*
>
> *V – Igualdade entre os Estados;*
>
> *VI – Defesa da paz;*
>
> *VII – Solução pacífica dos conflitos;*
>
> *VIII – Repúdio ao terrorismo e ao racismo;*
>
> *IX – Cooperação entre os povos para o progresso da humanidade;*
>
> *X – Concessão de asilo político.*
>
> ***Parágrafo único.*** *A República Federativa do Brasil buscará a integração econômica, política, social e cultural dos povos da América Latina, visando à formação de uma comunidade latino-americana de nações.*

Esses princípios revelam características muito interessantes do Brasil, ressaltando sua soberania e independência em relação aos outros Estados do mundo.

- **Independência nacional:** destaca, no âmbito da soberania externa, a relação do país com os demais estados, uma relação de igualdade, sem estar subjugado a outro Estado.
- **Prevalência dos direitos humanos:** vai ao encontro do fundamento da dignidade da pessoa humana, característica muito importante que se revela por meio do grande rol de direitos e garantias fundamentais previstos na Constituição Federal.
- **Autodeterminação dos povos:** por esse princípio, respeitam-se as decisões e escolhas de cada povo. Entende-se que cada povo é capaz de escolher o seu próprio caminho político e de resolver suas crises internas sem necessidade de intervenção externa de outros países.
- **Não intervenção:** no mesmo sentido de preservação e respeito à soberania dos demais Estados.

- **Igualdade entre os Estados:** sendo que cada país é reconhecido como titular de soberania na mesma proporção que os demais, sem hierarquia entre eles.
- **Defesa da paz:** princípio fundamental que funciona como bandeira defendida pelo Brasil em suas relações internacionais.
- **Solução pacífica dos conflitos:** revela o lado conciliador do governo brasileiro, que por vezes intermedeia relações conturbadas entre outros chefes de estado.
- **Repúdio ao terrorismo e ao racismo:** é princípio decorrente da dignidade da pessoa humana; terrorismo e racismo são tomados como inaceitáveis em sociedades modernas.
- **Cooperação entre os povos para o progresso da humanidade:** envolvimento em pesquisas científicas para cura de doenças, bem como na defesa e preservação do meio ambiente, entre outros.
- **Concessão de asilo político:** como princípio constitucional, fundamenta a decisão brasileira de amparar estrangeiros que estejam sendo perseguidos em seus países por questões políticas ou de opinião.

Destaca-se, entre os princípios que regem as relações internacionais, um mandamento para que a República Federativa do Brasil busque a integração econômica, política, social e cultural dos povos da América Latina, visando à formação de uma comunidade latino-americana de nações. Repare que o texto constitucional mencionou América Latina, não América do Sul. Parece não haver muita diferença, mas esse tema já foi cobrado em prova e a troca dos termos é considerada errada.

3 DIREITOS FUNDAMENTAIS - REGRAS GERAIS

3.1 Conceito

Os direitos e garantias fundamentais são institutos jurídicos que foram criados no decorrer do desenvolvimento da humanidade e se constituem de normas protetivas que formam um núcleo mínimo de prerrogativas inerentes à condição humana.

3.1.1 Amplitude horizontal e amplitude vertical

Possuem como objetivo principal a proteção do indivíduo diante do poder do Estado. Mas não só do Estado. Os direitos e garantias fundamentais também constituem normas de proteção do indivíduo em relação aos outros indivíduos da sociedade.

E é exatamente nesse ponto que surgem os conceitos de **amplitude vertical e amplitude horizontal.**

- **Amplitude vertical:** é o efeito protetor que as normas definidoras de direitos e garantias fundamentais produzem para um indivíduo diante do Estado.
- **Amplitude horizontal:** é o efeito protetor que as normas definidoras de direitos e garantias fundamentais produzem para um indivíduo diante dos outros indivíduos.

3.2 Classificação

A Constituição Federal, quando se refere aos direitos fundamentais, classifica-os em cinco grupos:

- Direitos e deveres individuais e coletivos;
- Direitos sociais;
- Direitos de nacionalidade;
- Direitos políticos;
- Partidos políticos.

Essa classificação encontra-se distribuída entre os arts. 5º e 17 do texto constitucional e é normalmente chamada pela doutrina de Conceito Formal dos Direitos Fundamentais. O Conceito Formal é o que a Constituição Federal resolveu classificar como sendo Direito Fundamental. É o rol de direitos fundamentais previstos expressamente no texto constitucional.

Costuma-se perguntar nas provas: "O rol de direitos fundamentais é um rol exaustivo? Ou melhor, taxativo?" O que se quer saber é se o rol de direitos fundamentais é só aquele que está expresso na Constituição ou não.

Responde-se a essa questão com o § 2º do art. 5º, que diz:

> *§ 2º Os direitos e garantias expressos nesta Constituição não excluem outros decorrentes do regime e dos princípios por ela adotados, ou dos tratados internacionais em que a República Federativa do Brasil seja parte.*

Isso significa que o rol não é taxativo, mas exemplificativo. A doutrina costuma chamar esse parágrafo de cláusula de abertura material, que é exatamente a possibilidade de existirem outros direitos fundamentais, ainda que fora do texto constitucional. Esse seria o conceito material dos direitos fundamentais, ou seja, todos os direitos fundamentais que possuem a essência fundamental, ainda que não estejam expressos no texto constitucional.

3.3 Características

O elemento jurídico acima abordado, além de explicar a possibilidade de se inserirem novos direitos fundamentais no rol dos que já existem expressamente na Constituição Federal, também constitui uma das características que serão abordadas a seguir:

- **Historicidade:** essa característica revela que os direitos fundamentais são frutos da evolução histórica da humanidade. Significa que eles evoluem com o passar do tempo.
- **Inalienabilidade:** os direitos fundamentais não podem ser alienados, não podem ser negociados, não podem ser transigidos.
- **Irrenunciabilidade:** os direitos fundamentais não podem ser renunciados.
- **Imprescritibilidade:** os direitos fundamentais não se sujeitam aos prazos prescricionais. Não se perde um direito fundamental pelo decorrer do tempo.
- **Universalidade:** os direitos fundamentais pertencem a todas as pessoas, independentemente da sua condição.
- **Máxima Efetividade:** essa característica é mais uma imposição ao Estado, que está coagido a garantir a máxima efetividade dos direitos fundamentais. Esses direitos não podem ser ofertados de qualquer forma. É necessário que eles sejam garantidos da melhor forma possível.
- **Concorrência:** os direitos fundamentais podem ser utilizados em conjunto com outros direitos. Não é necessário abandonar um para usufruir outro direito.
- **Complementariedade:** um direito fundamental não pode ser interpretado sozinho. Cada direito deve ser analisado juntamente com outros direitos fundamentais, bem como com outros institutos jurídicos.
- **Proibição do retrocesso:** essa característica proíbe que os direitos já conquistados sejam perdidos.
- **Limitabilidade:** não existe direito fundamental absoluto. São direitos relativos.
- **Não Taxatividade:** essa característica, já tratada anteriormente, diz que o rol de direitos fundamentais é apenas exemplificativo, tendo em vista a possibilidade de inserção de novos direitos.

3.4 Dimensões dos direitos fundamentais

As dimensões, também conhecidas por gerações de direitos fundamentais, são uma classificação adotada pela doutrina que leva em conta a ordem cronológica de reconhecimento desses direitos. São cinco as dimensões atualmente reconhecidas:

- **1ª dimensão:** foram os primeiros direitos conquistados pela humanidade. São direitos relacionados à liberdade, em todas as suas formas. Possuem um caráter negativo diante do Estado, tendo em vista ser utilizado como uma verdadeira limitação ao poder estatal, ou seja, o Estado, diante dos direitos de primeira dimensão, fica impedido de agir ou interferir na sociedade. São verdadeiros direitos de defesa com caráter individual. Estão entre estes direitos as liberdades públicas, civis e políticas.
- **2ª dimensão:** estes direitos surgem na tentativa de reduzirem as desigualdades sociais provocadas pela primeira dimensão. Por isso, são conhecidos como direitos de igualdade. Para reduzir as diferenças sociais, o Estado precisa interferir na sociedade: essa interferência reflete a conduta positiva adotada por meio de prestações sociais. São exemplos de direitos de segunda dimensão: os direitos sociais, econômicos e culturais.
- **3ª dimensão:** aqui estão os conhecidos direitos de fraternidade. São direitos que refletem um sentimento de solidariedade entre os povos na tentativa de preservarem os direitos de toda a coletividade. São de terceira geração o direito ao meio ambiente saudável, o direito ao progresso da humanidade, ao patrimônio comum, entre outros.

- **4ª dimensão:** esses direitos ainda não possuem um posicionamento pacífico na doutrina, mas costuma-se dizer que nesta dimensão ocorre a chamada globalização dos direitos fundamentais. São direitos que rompem com as fronteiras entre os Estados. São direitos de todos os seres humanos, independentemente de sua condição, como o direito à democracia, ao pluralismo político. São também considerados direitos de 4ª geração os direitos mais novos, que estão em construção, como o direito genético ou espacial.
- **5ª dimensão:** essa é a mais nova dimensão defendida por alguns doutrinadores. É formado basicamente pelo direito à paz. Esse seria o direito mais almejado pelo homem e que consubstancia a reunião de todos os outros direitos.

Deve-se ressaltar que esses direitos, à medida que foram sendo conquistados, complementavam os direitos anteriores, de forma que não se pode falar em substituição ou superação de uma geração sobre a outra, mas em cumulação, de forma que hoje podemos usufruir de todos os direitos pertencentes a todas as dimensões.

Para não se esquecer das três primeiras dimensões é só lembrar-se do lema da Revolução Francesa: Liberdade (1ª dimensão), Igualdade (2ª dimensão) e Fraternidade (3ª dimensão).

3.5 Titulares dos direitos fundamentais

3.5.1 Quem são os titulares dos direitos fundamentais?

A própria Constituição Federal responde a essa pergunta quando diz no *caput* do art. 5º que são titulares "os brasileiros e estrangeiros residentes no país". Mas será que é necessário residir no país para que o estrangeiro tenha direitos fundamentais?

Imaginemos um avião cheio de alemães que está fazendo uma escala no Aeroporto Municipal de Cascavel-PR.

Nenhum dos alemães reside no país. Seria possível entrar no avião e matar todas aquelas pessoas, haja vista não serem titulares de direitos fundamentais por não residirem no país? É claro que não. Para melhor se compreender o termo "residente", o STF o tem interpretado de forma mais ampla no sentido de abarcar todos aqueles que estão no país. Ou seja, todos os que estão no território brasileiro, independentemente de residirem no país, são titulares de direitos fundamentais.

Mas será que, para ser titular de direitos fundamentais, é necessário ter a condição humana? Ao contrário do que parece, não é necessário. Tem-se reconhecido como titulares de direitos fundamentais as pessoas jurídicas. Ressalta-se que não só as pessoas jurídicas de direito privado, mas também as pessoas jurídicas de direito público.

Os animais não são considerados titulares de direitos fundamentais, mas isso não significa que seja possível maltratá-los. Na prática, a Constituição Federal de 1988 os protege contra situações de maus-tratos. O STF já se pronunciou sobre a "briga de galo" e a "farra do boi", declarando-as inconstitucionais. Quanto à "vaquejada", o Supremo se manifestou acerca da admissibilidade parcial, desde que não figure flagelação do animal. Por fim, o tema de "rodeios" ainda não foi pleiteado. De outro lado, mortos podem ser titulares de direitos fundamentais, desde que o direito seja compatível (por exemplo: honra).

3.6 Cláusulas pétreas fundamentais

O art. 60, § 4º da Constituição Federal de 1988, traz o rol das chamadas **Cláusulas Pétreas:**

> *§ 4º Não será objeto de deliberação a proposta de emenda tendente a abolir:*
>
> *I – A forma federativa de Estado;*
>
> *II – O voto direto, secreto, universal e periódico;*
>
> *III – A separação dos Poderes;*
>
> *IV – Os direitos e garantias individuais.*

As Cláusulas Pétreas são núcleos temáticos formados por institutos jurídicos de grande importância, os quais não podem ser retirados da Constituição. Observe-se que o texto proíbe a abolição desses princípios, mas não impede que eles sejam modificados, no caso, para melhor. Isso já foi cobrado em prova. É importante notar que o texto constitucional prevê no inciso IV como sendo Cláusulas Pétreas apenas os direitos e garantias individuais. Pela literalidade da Constituição, não são todos os direitos fundamentais que são protegidos por esse instituto, mas apenas os de caráter individual. Parte da doutrina e da jurisprudência entende que essa proteção deve ser ampliada, abrangendo os demais direitos fundamentais. Deve-se ter atenção com esse tema em prova, pois já foram cobrados os dois posicionamentos.

3.7 Eficácia dos direitos fundamentais

O § 1º do art. 5º da Constituição Federal de 1988 prevê que:

> *§ 1º As normas definidoras dos direitos e garantias fundamentais têm aplicação imediata.*

Quando a Constituição Federal de 1988 se refere à aplicação de uma norma, na verdade está falando da sua eficácia.

Esse tema é sempre cobrado em provas de concurso. Com o intuito de obter uma melhor compreensão, é necessário conceituar, classificar e diferenciar os vários níveis de eficácia das normas constitucionais.

Para que uma norma constitucional seja aplicada é indispensável que a ela possua eficácia, a qual é a capacidade que uma norma jurídica tem de produzir efeitos.

Se os efeitos produzidos se restringem ao âmbito normativo, tem-se a chamada **eficácia jurídica**, ao passo que, se os efeitos são concretos, reais, tem-se a chamada **eficácia social.** Eficácia jurídica, portanto, é a capacidade que uma norma constitucional tem de revogar todas as outras normas que com ela apresentem divergência. Já a eficácia social, também conhecida como efetividade, é a aplicabilidade na prática, concreta, da norma. Todas as normas constitucionais possuem eficácia jurídica, mas nem todas possuem eficácia social. Logo, é possível afirmar que todas as normas constitucionais possuem eficácia. O problema surge quando uma norma constitucional não pode ser aplicada na prática, ou seja, não possui eficácia social.

Para explicar esse fenômeno, foram desenvolvidas várias classificações acerca do grau de eficácia de uma norma constitucional. A classificação mais adotada pela doutrina e mais cobrada em prova é a adotada pelo professor José Afonso da Silva, na obra *Curso de Direito Constitucional Positivo*. Para esse estudioso, a eficácia social se classifica em:

- **Eficácia plena:** são aquelas **autoaplicáveis.** São normas que possuem aplicabilidade direta, imediata e integral. Seus efeitos práticos são plenos. É uma norma que não depende de complementação legislativa para produzir efeitos. Veja os exemplos: art. 1º; art. 5º, *caput* e incisos XXXV e XXXVI; art. 19; art. 21; art. 53; art. 60, § 1º e 4º; art. 69; art. 128, § 5º, incisos I e II; art. 145, § 2º; entre outros.
- **Eficácia contida:** também são **autoaplicáveis.** Assim como as normas de eficácia plena, elas possuem **aplicabilidade direta e imediata.** Contudo, sua aplicação não é integral. É neste ponto que a eficácia contida se diferencia da eficácia plena. A norma de eficácia contida nasce plena, mas pode ser restringida por outra norma.

- Daí a doutrina chamá-la de norma contível, restringível ou redutível. Essas espécies permitem que outra norma reduza a sua aplicabilidade. São normas que produzem efeitos imediatos, mas esses efeitos podem ser restringidos. Por exemplo: art. 5º, incisos VII, XII, XIII, XV, XXVII e XXXIII; art. 9º; art. 37, inciso I; art. 170, parágrafo único; entre outros.
- **Eficácia limitada:** são desprovidas de eficácia social. Diz-se que as normas de eficácia limitada não são autoaplicáveis, possuem aplicabilidade indireta, mediata e reduzida ou diferida.
- São normas que dependem de outra para produzirem efeitos. O que as difere das normas de eficácia contida é a dependência de outra norma para que produza efeitos sociais. Enquanto as de eficácia contida produzem efeitos imediatos, os quais poderão ser restringidos posteriormente, as de eficácia limitada dependem de outra norma para produzirem efeitos. Deve-se ter cuidado para não pensar que essas espécies normativas não possuem eficácia. Como se afirmou anteriormente, elas possuem eficácia jurídica, mas não possuem eficácia social. As normas de eficácia limitada são classificadas, ainda, em:
- **Normas de eficácia limitada de princípio institutivo:** são aquelas que dependem de outra norma para organizar ou instituir estruturas, entidades ou órgãos. Por exemplo: art. 18, § 2º; art. 22, parágrafo único; art. 25, § 3º; art. 33; art. 88; art. 90, § 2º; art. 102, § 1º; art. 107, § 1º; art. 113; art. 121; art. 125, § 3º; art. 128, § 5º; art. 131; entre outros.
- **Normas de eficácia limitada de princípio programático:** são aquelas que apresentam verdadeiros objetivos a serem perseguidos pelo Estado, programas a serem implementados. Em regra, possuem fins sociais. Por exemplo: art. 7º, incisos XI, XX e XXVII; art. 173, § 4º; arts. 196; 205; 215; 218; 227; entre outros.

O Supremo Tribunal Federal (STF) possui algumas decisões que conferiram o grau de eficácia limitada aos seguintes dispositivos: art. 5º, inciso LI; art. 37, inciso I; art. 37, inciso VII; art. 40, § 4º; art. 18, § 4º.

Feitas as considerações iniciais sobre esse tema, resta saber o que o § 1º do art. 5º da Constituição Federal de 1988 quis dizer com "aplicação imediata". Para traduzir essa expressão, basta analisar a explicação apresentada anteriormente. Segundo a doutrina, as normas que possuem aplicação imediata ou são de eficácia plena ou contida. Ao que parece, o texto constitucional quis restringir a eficácia dos direitos fundamentais em plena ou contida, não existindo, em regra, normas definidoras de direitos fundamentais com eficácia limitada. Entretanto, pelos próprios exemplos aqui apresentados, não é essa a realidade do texto constitucional. Certamente, existem normas de eficácia limitada entre os direitos fundamentais (art. 7º, incisos XI, XX e XXVII). A dúvida que surge então é: como responder na prova?

A doutrina e o STF têm entendido que, apesar do texto expresso na Constituição Federal, existem normas definidoras de direitos fundamentais que não possuem aplicabilidade imediata, as quais são de eficácia limitada. Diante dessa contradição, a doutrina tem orientado no sentido de se conferir a maior eficácia possível aos direitos fundamentais. Em prova, pode ser cobrada tanto uma questão abordando o texto puro da Constituição Federal quanto o posicionamento da doutrina. Deve-se responder conforme for perguntado.

A Constituição previu dois instrumentos para garantir a efetividade das normas de eficácia limitada: **Ação Direta de Inconstitucionalidade por Omissão** e o **Mandado de Injunção.**

3.8 Força normativa dos tratados internacionais

Uma regra muito importante para a prova é a que está prevista no § 3º do art. 5º da Constituição Federal de 1988:

> *§ 3º Os tratados e convenções internacionais sobre direitos humanos que forem aprovados, em cada Casa do Congresso Nacional, em dois turnos, por três quintos dos votos dos respectivos membros, serão equivalentes às emendas constitucionais.*

Esse dispositivo constitucional apresenta a chamada força normativa dos tratados internacionais.

Segundo o texto constitucional, é possível que um tratado internacional possua força normativa de emenda constitucional, desde que preencha os seguintes requisitos:

- Deve falar de direitos humanos;
- Deve ser aprovado nas duas casas legislativas do Congresso Nacional, ou seja, na Câmara dos Deputados e no Senado Federal;
- Deve ser aprovado em dois turnos em cada casa;
- Deve ser aprovado por 3/5 dos membros em cada turno de votação, em cada casa.

Preenchidos esses requisitos, o Tratado Internacional terá força normativa de **Emenda à Constituição.**

Mas surge a seguinte questão: e se o Tratado Internacional for de Direitos Humanos e não preencher os requisitos constitucionais previstos no § 3º do art. 5º da Constituição? Qual será sua força normativa? Segundo o STF, caso o Tratado Internacional fale de direitos humanos, mas não preencha os requisitos do § 3º do art. 5º da CF/1988/1988, ele terá força normativa de **norma supralegal.**

Ainda há os tratados internacionais que não falam de direitos humanos. São tratados que falam de outros temas, por exemplo, o comércio. Esses tratados possuem força normativa de **lei ordinária.**

Em suma, são três as forças normativas dos Tratados Internacionais:

- Emenda à Constituição;
- Norma supralegal;
- Lei ordinária.

3.9 Tribunal Penal Internacional (TPI)

Há outra regra muito interessante prevista no § 4º do art. 5º da Constituição Federal de 1988:

> *§ 4º O Brasil se submete à jurisdição de Tribunal Penal Internacional a cuja criação tenha manifestado adesão.*

É o chamado **Tribunal Penal Internacional.** Mas o que é o Tribunal Penal Internacional? É uma corte permanente, localizada em Haia, na Holanda, com competência de julgamento dos crimes contra a humanidade.

É um Tribunal, pois tem função jurisdicional; é penal porque só julga crimes; é internacional, haja vista sua competência não estar restrita à fronteira de um só Estado.

Mas uma coisa deve ser esclarecida. O TPI não julga qualquer tipo de crime. Só os crimes que tenham repercussão para toda a humanidade. Geralmente, são crimes de guerra, agressão estrangeira, genocídio, dentre outros.

Apesar de ser um tribunal com atribuições jurisdicionais, o TPI não faz parte do Poder Judiciário brasileiro. Sua competência é complementar à jurisdição nacional, não ofendendo, portanto, a soberania do Estado brasileiro. Isso significa que o TPI só age quando a Justiça Brasileira se omite ou é ineficaz.

3.10 Direitos e garantias

Muitos questionam se direitos e garantias são a mesma coisa, mas a melhor doutrina tem diferenciado esses dois institutos.

Os direitos são os próprios direitos previstos na Constituição Federal de 1988. São os bens jurídicos tutelados pela Constituição. Eles representam por si só esses bens.

As garantias são instrumentos de proteção dos direitos. São ferramentas disponibilizadas pela Constituição para a fruição dos direitos.

Apesar da diferença entre os dois institutos é possível afirmar que **toda garantia é um direito.**

4 DIREITOS E DEVERES INDIVIDUAIS E COLETIVOS

A Constituição Federal, ao disciplinar os direitos individuais, os coloca basicamente no art. 5º. Logo no *caput* desse artigo, já aparece uma classificação didática dos direitos ali previstos:

> ***Art. 5º*** *Todos são iguais perante a lei, sem distinção de qualquer natureza, garantindo-se aos brasileiros e aos estrangeiros residentes no País a inviolabilidade do direito à vida, à liberdade, à igualdade, à segurança e à propriedade, nos termos seguintes:*

Para estudarmos os direitos individuais, utilizaremos os cinco grupos de direitos previstos no *caput* do art. 5º:

- **Direito à vida;**
- **Direito à igualdade;**
- **Direito à liberdade;**
- **Direito à propriedade;**
- **Direito à segurança.**

Percebe-se que os 78 incisos do art. 5º, de certa forma, decorrem de um desses direitos que podem ser chamados de **"direitos raízes"**. Utilizando essa divisão, a seguir serão abordados os incisos mais importantes desse artigo, tendo em vista a preparação para a prova. Logicamente, não conseguiremos abordar todos os incisos, o que não tira a responsabilidade de lê-los.

4.1 Direito à vida

Ao falar desse direito, que é considerado pela doutrina como o **direito mais fundamental de todos**, por ser um pressuposto para o exercício dos demais direitos, enfrenta-se um primeiro desafio: esse direito é absoluto?

Assim como os demais direitos, o direito à vida não é absoluto. São várias as justificativas existentes para considerá-lo um direito passível de flexibilização.

4.1.1 Pena de morte

Existe pena de morte no Brasil? A resposta é sim. A alínea "a" do inciso XLVII do art. 5º traz essa previsão expressamente:

> *XLVII – Não haverá penas:*
>
> *a) de morte, salvo em caso de guerra declarada, nos termos do art. 84, XIX;*

Todas as vezes que a Constituição traz uma negação acompanhada de uma exceção, estamos diante de uma possibilidade.

4.1.2 Aborto

A prática de aborto no Brasil é permitida? O art. 128 do Código Penal Brasileiro apresenta duas possibilidades de prática de aborto que são verdadeiras excludentes de ilicitude:

> ***Art. 128*** *Não se pune o aborto praticado por médico:*
>
> *Aborto necessário*
>
> *I – Se não há outro meio de salvar a vida da gestante;*
>
> *Aborto sentimental*
>
> *II – Se a gravidez resulta de estupro e o aborto é precedido de consentimento da gestante ou, quando incapaz, de seu representante legal.*

São os **abortos necessário** e **sentimental**. Aborto necessário é aquele praticado para salvar a vida da gestante e o aborto sentimental é utilizado nos casos de estupro. Essas duas exceções à prática do crime de aborto são hipóteses em que se permite a sua prática no direito brasileiro. Além dessas duas hipóteses previstas expressamente na legislação brasileira, o STF também reconhece a possibilidade da prática de aborto do feto anencéfalo (feto sem cérebro). Mais uma vez, o direito à vida encontra-se flexibilizado.

4.1.3 Legítima defesa e estado de necessidade

Esses dois institutos, também excludentes de ilicitude do crime, são outras possibilidades de limitação do direito à vida, conforme disposto no art. 23 do Código Penal Brasileiro:

> ***Art. 23*** *Não há crime quando o agente pratica o fato:*
>
> *I – Em estado de necessidade;*
>
> *II – Em legítima defesa;*

Em linhas gerais e de forma exemplificativa, o estado de necessidade permite que, diante de uma situação de perigo, uma pessoa possa, para salvar uma vida, tirar a vida de outra pessoa. Na legítima defesa, caso sua vida seja ameaçada por alguém, existe legitimidade em retirar a vida de quem o ameaçou.

Outro ponto que deve ser ressaltado é que o direito à vida não está subordinado apenas ao fato de se estar vivo. Quando a constituição protege o direito à vida, a faz em suas diversas acepções. Existem dispositivos constitucionais que protegem o direito à vida no que tange a sua preservação da integridade física e moral (art. 5º, incisos III, V, XLVII e XLIX; art. 199, § 4º). A Constituição também protege o direito à vida no que tange à garantia de uma vida com qualidade (arts. 6º; 7º, inciso IV; 196; 205; 215).

4.2 Direito à igualdade

4.2.1 Igualdade formal e igualdade material

Possui como sinônimo o termo Isonomia. A doutrina classifica esse direito em:

- **Igualdade formal:** traduz-se no termo "todos são iguais perante a lei, sem distinção de qualquer natureza". É o previsto no *caput* do art. 5º. É uma igualdade jurídica, que não se preocupa com a realidade, mas apenas evita que alguém seja tratado de forma discriminatória.
- **Igualdade material:** também chamada de igualdade efetiva ou substancial. É a igualdade que se preocupa com a realidade. Traduz-se na seguinte expressão: "tratar os iguais com igualdade e os desiguais com desigualdade, na medida das suas desigualdades". Esse tipo de igualdade confere um tratamento com justiça para aqueles que não a possuem.

A igualdade formal é a regra utilizada pelo Estado para conferir um tratamento isonômico entre as pessoas. Contudo, por diversas vezes, um tratamento igualitário não consegue atender a todas as necessidades práticas. Faz-se necessária a utilização da igualdade em seu aspecto material para que se consiga produzir um verdadeiro tratamento isonômico.

Imaginemos as relações entre homens e mulheres. A regra é que homem e mulher são tratados da mesma forma conforme previsto no inciso I do art. 5º:

> *I – Homens e mulheres são iguais em direitos e obrigações, nos termos desta Constituição;*

Contudo, em diversas situações, homens e mulheres serão tratados de forma diferente:

- **Licença-maternidade:** tem duração de 120 dias para a mulher. Para o homem, apenas 5 dias de licença-paternidade;
- **Aposentadoria:** a mulher se aposenta 5 anos mais cedo que o homem;
- **Serviço militar obrigatório:** só o homem está obrigado.

Essas são algumas das situações em que são permitidos tratamentos desiguais entre as pessoas. As razões que justificam essa discriminação são as diferenças efetivas que existem entre os homens e as mulheres em cada uma das hipóteses. Exemplificando, a mulher tem mais tempo para se recuperar em razão da nítida distinção do desgaste feminino para o masculino no que tange ao parto. É indiscutível que, por mais desgastante que seja o nascimento de um filho para o pai, nada se compara ao sofrimento suportado pela mãe. Por essa razão, a licença-maternidade é maior que a licença-paternidade.

4.2.2 Igualdade nos concursos públicos

O tema diz respeito à igualdade nos concursos públicos. Seria possível restringir o acesso a um cargo público em razão do sexo de uma pessoa? Ou por causa de sua altura? Ou ainda, pela idade que possui?

Essas questões encontram a mesma resposta: sim! É possível, desde que os critérios discriminatórios preencham alguns requisitos:

- **Deve ser fixado em lei:** não basta que os critérios estejam previstos no edital, precisam estar previstos em lei, no seu sentido formal.
- **Deve ser necessário ao exercício do cargo:** o critério discriminatório deve ser necessário ao exercício do cargo. A título de exemplo: seria razoável exigir para um cargo de policial militar, altura mínima ou mesmo, idade máxima, que representam vigor físico, tendo em vista a natureza do cargo que exige tal condição. As mesmas condições não poderiam ser exigidas para um cargo de técnico judiciário, por não serem necessárias ao exercício do cargo.

Em suma, podem ser exigidos critérios discriminatórios desde que previstos em lei e que sejam necessários ao exercício do cargo, observados os critérios de proporcionalidade e razoabilidade.

Esse tema sempre tem sido alvo de questões em prova, principalmente sob o aspecto jurisprudencial.

4.2.3 Ações afirmativas

Como formas de concretização da igualdade material foram desenvolvidas políticas públicas de compensação dirigidas às minorias sociais chamadas de **ações afirmativas ou discriminações positivas**. São verdadeiras ações de cunho social que visam a compensar possíveis perdas que determinados grupos sociais tiveram ao longo da história de suas vidas. Quem nunca ouviu falar nas "quotas para os pobres nas Universidades" ou ainda, "reserva de vagas para deficientes em concursos públicos"? Essas são algumas das espécies de ações afirmativas desenvolvidas no Brasil.

Mas por que reservar vagas para deficientes em concursos públicos? O deficiente, qualquer que seja sua deficiência, quando se prepara para um concurso público possui muito mais dificuldade que uma pessoa que tem a plenitude de seu vigor físico. Em razão dessa diferença, o Estado, na tentativa de reduzir a desigualdade existente entre os concorrentes, resolveu compensar a limitação de um portador de necessidades especiais reservando-lhe vagas especiais.

Perceba que, ao contrário do que parece, quando se reservam vagas num concurso público para deficientes estamos diante de um nítido tratamento discriminatório, que nesse caso é justificável pelas diferenças naturais entre o concorrente sadio e o concorrente deficiente. Lembre-se de que igualdade material é tratar iguais com igualdade e desiguais com desigualdade. O que se faz por meio dessas políticas de compensação é tratar os desiguais com desigualdade, na medida de suas desigualdades. Só dessa forma é possível alcançar um verdadeiro tratamento isonômico entre os candidatos.

Por fim, destaca-se o fato de o STF ter declarado constitucional a política de cotas étnico-raciais para seleção de estudantes em universidades públicas pacificando uma discussão antiga sobre esse tipo de ação afirmativa.

4.3 Direito à liberdade

O direito à liberdade pertence à primeira geração de direitos fundamentais por expressarem os direitos mais ansiados pelos indivíduos como forma de defesa diante do Estado. O que se verá a seguir são algumas das acepções desse direito que podem ser cobradas em prova.

4.3.1 Liberdade de ação

O inciso II do art. 5º apresenta aquilo que a doutrina chama de liberdade de ação:

> *II – Ninguém será obrigado a fazer ou deixar de fazer alguma coisa senão em virtude de lei;*

Essa é a liberdade por excelência. Segundo o texto constitucional, a liberdade só pode ser restringida por lei. Por isso, dizemos que esse inciso também apresenta o **princípio da legalidade.**

A liberdade pode ser entendida de duas formas, a depender do destinatário da mensagem:

- **Para o particular:** liberdade significa "fazer tudo que não for proibido".
- **Para o agente público:** liberdade significa "poder fazer tudo o que for determinado ou permitido pela lei".

4.3.2 Liberdade de locomoção

Uma das liberdades mais almejadas pelos indivíduos durante as lutas sociais é o grande carro-chefe na limitação dos poderes do Estado. O inciso XV do art. 5º já diz:

> *XV – É livre a locomoção no território nacional em tempo de paz, podendo qualquer pessoa, nos termos da lei, nele entrar, permanecer ou dele sair com seus bens;*

Perceba-se que o direito explanado nesse inciso não possui caráter absoluto, haja vista ter sido garantido em tempo de paz. Isso significa que em momentos sem paz seriam possíveis restrições às liberdades de locomoção. Destaca-se o Estado de Sítio que pode ser decretado nos casos previstos no art. 137 da Constituição Federal de 1988. Nessas circunstâncias, seriam possíveis maiores restrições à chamada liberdade de locomoção por meio de medidas autorizadas pela própria Constituição Federal:

> ***Art. 137*** *O Presidente da República pode, ouvidos o Conselho da República e o Conselho de Defesa Nacional, solicitar ao Congresso Nacional autorização para decretar o estado de sítio nos casos de:*
>
> *I – Comoção grave de repercussão nacional ou ocorrência de fatos que comprovem a ineficácia de medida tomada durante o estado de defesa;*
>
> *II – Declaração de estado de guerra ou resposta a agressão armada estrangeira.*
>
> ***Art. 139*** *Na vigência do estado de sítio decretado com fundamento no art. 137, I, só poderão ser tomadas contra as pessoas as seguintes medidas:*
>
> *I – Obrigação de permanência em localidade determinada;*
>
> *II – Detenção em edifício não destinado a acusados ou condenados por crimes comuns;*

Outro ponto interessante refere-se à possibilidade de qualquer pessoa entrar, permanecer ou sair do país com seus bens. Esse direito também não pode ser encarado de forma absoluta, haja vista a possibilidade de se exigir declaração de bens ou pagamento de imposto quando da entrada no país com bens. Nesse caso, liberdade de locomoção não se confunde com imunidade tributária.

Caso a liberdade de locomoção seja restringida por ilegalidade ou abuso de poder, a Constituição reservou um poderoso instrumento garantidor, o chamado *Habeas corpus.*

> ***Art. 5º*** *[...]*
>
> *LXVIII – conceder-se-á "Habeas corpus" sempre que alguém sofrer ou se achar ameaçado de sofrer violência ou coação em sua liberdade de locomoção, por ilegalidade ou abuso de poder;*

4.3.3 Liberdade de pensamento

Essa liberdade serve de amparo para uma série de possibilidades no que tange ao pensamento. Assim como os demais direitos fundamentais, a manifestação do pensamento não possui caráter absoluto, sendo restringido pela própria Constituição Federal, que proíbe seu exercício de forma anônima:

> ***Art. 5º*** *[...]*
>
> *IV – É livre a manifestação do pensamento, sendo vedado o anonimato;*

A vedação ao anonimato, além de ser uma garantia ao exercício da manifestação do pensamento, possibilita o exercício do direito de resposta caso alguém seja ofendido.

Sobre Denúncia Anônima, é importante fazer uma observação. Diante da vedação constitucional ao anonimato, poder-se-ia imaginar que essa ferramenta de combate ao crime fosse considerada inconstitucional. Contudo, não tem sido esse o entendimento do STF. A denúncia anônima pode até ser utilizada como ferramenta de comunicação do crime, mas não pode servir como amparo para a instauração do Inquérito Policial, muito menos como fundamento para condenação de quem quer que seja.

4.3.4 Liberdade de consciência e crença religiosa

Uma primeira pergunta deve ser feita acerca da liberdade religiosa em nosso país: qual a religião oficial do Brasil? A única resposta possível: é nenhuma. A liberdade religiosa do Estado brasileiro é incompatível com a existência de uma religião oficial. É o que apresenta o inciso VI do art. 5º:

> *VI – É inviolável a liberdade de consciência e de crença, sendo assegurado o livre exercício dos cultos religiosos e garantida, na forma da lei, a proteção aos locais de culto e a suas liturgias;*

Esse inciso marca a liberdade religiosa existente no Brasil. Por esse motivo, dizemos que o Brasil é um Estado laico, leigo ou não confessional. Isso significa, basicamente, que no Brasil existe uma relação de separação entre Estado e Igreja. Essa relação entre o Estado e a Igreja encontra, inclusive, vedação expressa no texto constitucional:

> ***Art. 19** É vedado à União, aos Estados, ao Distrito Federal e aos Municípios:*
>
> *I – Estabelecer cultos religiosos ou igrejas, subvencioná-los, embaraçar-lhes o funcionamento ou manter com eles ou seus representantes relações de dependência ou aliança, ressalvada, na forma da lei, a colaboração de interesse público;*

Por causa da liberdade religiosa, é possível exercer qualquer tipo de crença no país. É possível ser católico, protestante, mulçumano, ateu ou satanista. Isso é liberdade de crença ou consciência. Liberdade de crer ou não crer. Perceba que o inciso VI, além de proteger as crenças e cultos, também protege as suas liturgias. Apesar do amparo constitucional, não se pode utilizar esse direito para praticar atos contrários às demais normas do direito brasileiro como, por exemplo, sacrificar seres humanos como forma de prestar culto a determinada divindade. Isso a liberdade religiosa não ampara.

Outro dispositivo importante é o previsto no inciso VII:

> ***Art. 5º** [...]*
>
> *VII – É assegurada, nos termos da lei, a prestação de assistência religiosa nas entidades civis e militares de internação coletiva;*

Nesse inciso, a Constituição Federal de 1988 garantiu a assistência religiosa nas entidades de internação coletivas, sejam elas civis ou militares. Entidades de internação coletivas são quartéis, hospitais ou hospícios. Em razão dessa garantia constitucional, é comum encontrarmos nesses estabelecimentos capelas para que o direito seja exercido.

Apesar da importância dos dispositivos analisados anteriormente, nenhum é mais cobrado em prova que o inciso VIII:

> ***Art. 5º** [...]*
>
> *VIII – Ninguém será privado de direitos por motivo de crença religiosa ou de convicção filosófica ou política, salvo se as invocar para eximir-se de obrigação legal a todos imposta e recusar-se a cumprir prestação alternativa, fixada em lei;*

Estamos diante do instituto da Escusa de Consciência. Esse direito permite a qualquer pessoa que, em razão de sua crença ou consciência, deixe de cumprir uma obrigação imposta sem que com isso sofra alguma consequência em seus direitos. Tal permissivo constitucional encontra uma limitação prevista expressamente no texto em análise. No caso de uma obrigação imposta a todos, se o indivíduo se recusar ao seu cumprimento, ser-lhe-á oferecida uma prestação alternativa. Não a cumprindo também, a Constituição permite que direitos sejam restringidos. O art. 15 prescreve que os direitos restringidos serão os direitos políticos:

> ***Art. 15** É vedada a cassação de direitos políticos, cuja perda ou suspensão só se dará nos casos de: [...]*
>
> *IV – Recusa de cumprir obrigação a todos imposta ou prestação alternativa, nos termos do art. 5º, VIII;*

4.3.5 Liberdade de reunião

Acerca dessa liberdade, é importante ressaltar as condições estabelecidas pelo texto constitucional:

> ***Art. 5º** [...]*
>
> *XVI – Todos podem reunir-se pacificamente, sem armas, em locais abertos ao público, independentemente de autorização, desde que não frustrem outra reunião anteriormente convocada para o mesmo local, sendo apenas exigido prévio aviso à autoridade competente;*

Enumerando-as, de forma a facilitar o estudo, tem-se que as condições estabelecidas para o exercício do direito à reunião são:

- **Reunião pacífica:** não se legitima uma reunião que tenha fins não pacíficos.
- **Sem armas:** para evitar a violência ou coação por meio de armas.
- **Locais abertos ao público:** encontra-se subentendida a reunião em local fechado.
- **Independente de autorização:** não precisa de autorização.
- **Necessidade de prévio aviso.**
- **Não frustrar outra reunião convocada anteriormente para o mesmo local:** garantia de isonomia no exercício do direito prevalecendo o de quem exerceu primeiro.

Sobre o exercício da liberdade de reunião é importante saber que ele não depende de autorização, mas necessita de prévio aviso.

Outro ponto que já foi alvo de questão de prova é a possibilidade de restrição desse direito no Estado de Sítio e no Estado de Defesa. O problema está na distinção entre as limitações que podem ser adotadas em cada uma das medidas:

> ***Art. 136** [...]*
>
> *§ 1º O decreto que instituir o estado de defesa determinará o tempo de sua duração, especificará as áreas a serem abrangidas e indicará, nos termos e limites da lei, as medidas coercitivas a vigorarem, dentre as seguintes:*
>
> *I – Restrições aos direitos de:*
>
> *a) reunião, ainda que exercida no seio das associações;*
>
> ***Art. 139.** Na vigência do estado de sítio decretado com fundamento no art. 137, I, só poderão ser tomadas contra as pessoas as seguintes medidas: [...]*
>
> *IV – Suspensão da liberdade de reunião;*

Ao passo que no **estado de defesa** ocorrerão **restrições** ao direito de reunião, no **estado de sítio** ocorrerá a **suspensão** desse direito.

4.3.6 Liberdade de associação

São vários os dispositivos constitucionais que regulam a liberdade de associação:

> ***Art. 5º** [...]*
>
> *XVII – É plena a liberdade de associação para fins lícitos, vedada a de caráter paramilitar;*
>
> *XVIII – A criação de associações e, na forma da lei, a de cooperativas independem de autorização, sendo vedada a interferência estatal em seu funcionamento;*
>
> *XIX – As associações só poderão ser compulsoriamente dissolvidas ou ter suas atividades suspensas por decisão judicial, exigindo-se, no primeiro caso, o trânsito em julgado;*
>
> *XX – Ninguém poderá ser compelido a associar-se ou a permanecer associado;*
>
> *XXI – As entidades associativas, quando expressamente autorizadas, têm legitimidade para representar seus filiados judicial ou extrajudicialmente;*

O primeiro ponto que dever ser lembrado é que a liberdade de associação só poderá ser usufruída para fins lícitos sendo proibida a criação de associação paramilitar.

Entende-se como associação de caráter paramilitar toda organização paralela ao Estado, sem legitimidade, com estrutura e organização tipicamente militar. São as facções criminosas, milícias ou qualquer outra organização que possua fins ilícitos e alheios aos do Estado.

Destaca-se, com a mesma importância, a dispensa de autorização e interferência estatal no funcionamento e criação das associações.

Maior destaque deve ser dado ao inciso XIX, que condiciona qualquer limitação às atividades associativas a uma decisão judicial. As associações podem ter suas atividades **suspensas** ou **dissolvidas**. Em qualquer um dos casos deve haver **decisão judicial**. No caso da **dissolução**, por ser uma medida mais grave, não basta qualquer decisão judicial, tem que ser **transitada em julgado**. Isso significa uma decisão definitiva, à qual não caiba mais recurso.

O inciso XX tutela a chamada liberdade associativa, pela qual ninguém será obrigado a se associar ou mesmo a permanecer associado a qualquer entidade associativa.

Por fim, temos o inciso XXI, que permite às associações que representem seus associados tanto na esfera judicial quanto na administrativa desde que possuam expressa autorização. Expressa autorização significa por escrito, por meio de instrumento legal que comprove a autorização.

Vale destacar que, para suspender as atividades de uma associação, basta qualquer decisão judicial; para dissolver, tem que haver decisão judicial transitada em julgado.

4.4 Direito à propriedade

Quando se fala em direito à propriedade, alguns atributos que lhe são inerentes aparecem imediatamente. Propriedade é a faculdade que uma pessoa tem de usar, gozar dispor de um bem. O texto constitucional garante esse direito de forma expressa:

> ***Art. 5º** [...]*
>
> *XXII – É garantido o direito de propriedade.*

Apesar de esse direito aparentar possuir um caráter absoluto, quando se investiga mais a fundo esse tema, percebe-se que ele possui vários limitadores no próprio texto constitucional. E é isso que se passa a analisar agora.

4.4.1 Limitações

Dentre as limitações existentes na Constituição, estão: função social, requisição administrativa, desapropriação, bem de família, propriedade imaterial e direito à herança.

4.4.2 Função social

A Constituição Federal de 1988 exige, em seu art. 5º, que a propriedade atenda a sua função social:

> *XXIII – A propriedade atenderá a sua função social;*

Isso significa que a propriedade não é tão individual quanto pensamos. A necessidade de observância da função social demonstra que a propriedade é muito mais que uma titularidade privada. Esse direito possui reflexos em toda a sociedade. É só imaginar uma propriedade imóvel, um terreno urbano, que, apesar de possuir um proprietário, fica abandonado. Cresce o mato, as pessoas começam a jogar lixo naquele lugar, alguns criminosos começam a utilizar aquele ambiente para prática de atividades ilícitas. Veja quantas coisas podem acontecer numa propriedade e que importarão em consequências gravosas para o meio social mais próximo. É por isso que a propriedade tem que atender a sua função social.

4.4.3 Requisição administrativa

Consta no inciso XXV do art. 5º:

> *XXV – No caso de iminente perigo público, a autoridade competente poderá usar de propriedade particular, assegurada ao proprietário indenização ulterior, se houver dano;*

Essa é a chamada Requisição Administrativa. Esse instituto permite que a propriedade seja limitada pela necessidade de se solucionar situação de perigo público. Não se trata de uma forma de desapropriação, pois o dono da propriedade requisitada não a perde, apenas a empresta para uso público, sendo garantido, posteriormente, havendo dano, direito a indenização. Esse instituto limita o caráter absoluto da propriedade.

4.4.4 Desapropriação

É a perda da propriedade. Esse é o limitador por excelência do direito, restringindo o caráter perpétuo da propriedade. A seguir, estão exemplificadas as três modalidades de desapropriação.

- **Desapropriação pelo mero interesse público:** essa modalidade é utilizada pelo Estado quando o interesse social ou a utilidade pública prevalecem sobre o direito individual. Nesse tipo de desapropriação, destaca-se que o proprietário nada fez para merecê-la, contudo, o interesse público exige que determinada área seja desapropriada. É o caso de construção de uma rodovia que exige a desapropriação de várias propriedades para o asfaltamento da via.
- Deve ser destacado que essa modalidade de desapropriação gera direito à indenização, que deve ser paga em dinheiro, previamente e com valor justo.
- Conforme o texto da Constituição Federal de 1988:

> ***Art. 5º** [...]*
>
> *XXIV – A lei estabelecerá o procedimento para desapropriação por necessidade ou utilidade pública, ou por interesse social, mediante justa e prévia indenização em dinheiro, ressalvados os casos previstos nesta Constituição;*

- **Desapropriação-sanção:** nesta modalidade, o proprietário, por algum motivo, não observou a função social da propriedade. Por esse motivo, é chamada de Desapropriação-sanção, haja vista ser uma verdadeira punição. Segundo a Constituição Federal de 1988, essa desapropriação gera direito à indenização, que deverá ser paga em títulos da dívida pública ou agrária. Segundo os arts. 182, § 4º, inciso III e 184 da Constituição Federal de 1988:

> ***Art. 182** [...]*
>
> *§ 4º É facultado ao Poder Público municipal, mediante lei específica para área incluída no plano diretor, exigir, nos termos da lei federal, do proprietário do solo urbano não edificado, subutilizado ou não utilizado, que promova seu adequado aproveitamento, sob pena, sucessivamente, de:*
>
> *I – Parcelamento ou edificação compulsórios;*
>
> *II – Imposto sobre a propriedade predial e territorial urbana progressivo no tempo;*
>
> *III – Desapropriação com pagamento mediante títulos da dívida pública de emissão previamente aprovada pelo Senado Federal, com prazo de resgate de até dez anos, em parcelas anuais, iguais e sucessivas, assegurados o valor real da indenização e os juros legais.*
>
> ***Art. 184** Compete à União desapropriar por interesse social, para fins de reforma agrária, o imóvel rural que não esteja cumprindo sua função social, mediante prévia e justa indenização em títulos da dívida agrária, com cláusula de preservação do valor real, resgatáveis no prazo de até vinte anos, a partir do segundo ano de sua emissão, e cuja utilização será definida em lei.*

- **Desapropriação confiscatória:** ***é a desapropriação que ocorre com a propriedade utilizada para cultivo de plantas psicotrópicas. Nesse caso, não haverá indenização, mas o proprietário poderá ser processado pela prática de ilícito penal.***

> ***Art. 243** As propriedades rurais e urbanas de qualquer região do País onde forem localizadas culturas ilegais de plantas psicotrópicas ou a exploração de trabalho escravo na forma da lei serão expropriadas e destinadas à reforma agrária e a programas de habitação popular, sem qualquer indenização ao proprietário e sem prejuízo de outras sanções previstas em lei, observado, no que couber, o disposto no art. 5º.*
>
> ***Parágrafo único.** Todo e qualquer bem de valor econômico apreendido em decorrência do tráfico ilícito de entorpecentes e drogas afins e da exploração de trabalho escravo será confiscado e reverterá a fundo especial com destinação específica, na forma da lei.*

Atenção!

Desapropriação por interesse público → indenizada em dinheiro.
Desapropriação-sanção → indenizada em títulos da Dívida Pública.
Desapropriação confiscatória → não tem direito à indenização.

4.4.5 Bem de família

A Constituição consagra uma forma de proteção às pequenas propriedades rurais chamada de bem de família:

> ***Art. 5º** [...]*
>
> *XXVI – A pequena propriedade rural, assim definida em lei, desde que trabalhada pela família, não será objeto de penhora para pagamento de débitos decorrentes de sua atividade produtiva, dispondo a lei sobre os meios de financiar o seu desenvolvimento;*

O mais importante para prova é atentar para os requisitos estabelecidos no inciso, quais sejam:

- **Pequena propriedade rural:** não se trata de qualquer propriedade.
- **Definida em lei:** não em outra espécie normativa.
- **Trabalhada pela família:** não por qualquer pessoa.
- **Débitos decorrentes da atividade produtiva:** não por qualquer débito.

4.4.6 Propriedade imaterial

Além das propriedades sobre bens materiais, a Constituição também consagra normas de proteção sobre a propriedade de bens imateriais. São duas as propriedades consagradas: autoral e industrial.

- **Propriedade autoral:** encontra-se protegida nos incisos XXVII e XXVIII do art. 5º:

> *XXVII – Aos autores pertence o direito exclusivo de utilização, publicação ou reprodução de suas obras, transmissível aos herdeiros pelo tempo que a lei fixar;*
>
> *XXVIII – São assegurados, nos termos da lei:*
>
> *a) a proteção às participações individuais em obras coletivas e à reprodução da imagem e voz humanas, inclusive nas atividades desportivas;*
>
> *b) o direito de fiscalização do aproveitamento econômico das obras que criarem ou de que participarem aos criadores, aos intérpretes e às respectivas representações sindicais e associativas;*

- **Propriedade industrial:** encontra-se protegida no inciso XXIX:

> *XXIX – A lei assegurará aos autores de inventos industriais privilégio temporário para sua utilização, bem como proteção às criações industriais, à propriedade das marcas, aos nomes de empresas e a outros signos distintivos, tendo em vista o interesse social e o desenvolvimento tecnológico e econômico do País;*

Uma relação muito interessante entre a propriedade autoral e a industrial está no tempo de proteção previsto na Constituição Federal de 1988. Observe-se que na propriedade autoral o direito do autor é vitalício, tendo em vista a previsão de possibilidade de transmissão desses direitos aos herdeiros. Contudo, quando nas mãos dos sucessores, a proteção será pelo tempo que a lei fixar, ou seja, temporário.

Já na propriedade industrial, a proteção do próprio autor já possui caráter temporário.

4.4.7 Direito à herança

De nada adiantaria tanta proteção à propriedade se esse bem jurídico não pudesse ser transmitido por meio da sucessão de bens aos herdeiros após a morte. O direito à herança, consagrado expressamente na Constituição, traduz-se no coroamento do direito de propriedade. É a grande força motriz desse direito. Só faz sentido ter direito à propriedade se esse direito possa ser transferido aos herdeiros.

> ***Art. 5º** [...]*
>
> *XXX – É garantido o direito de herança;*
>
> *XXXI – A sucessão de bens de estrangeiros situados no País será regulada pela lei brasileira em benefício do cônjuge ou dos filhos brasileiros, sempre que não lhes seja mais favorável a lei pessoal do de cujus;*

Destaque especial deve ser dado ao inciso XXXI, que prevê a possibilidade de aplicação de lei estrangeira no país em casos de sucessão de bens de pessoa estrangeira desde que esses bens estejam situados no Brasil. A Constituição Federal permite que seja aplicada a legislação mais favorável aos herdeiros, quer seja a lei brasileira, quer seja a lei estrangeira.

4.5 Direito à segurança

Ao se referir à segurança como direito individual, o art. 5º pretende significar "segurança jurídica "que trata de normas de pacificação social e que produzem uma maior segurança nas relações sociais. Esse é o ponto alto dos direitos individuais. Sem dúvida, aqui está a maior quantidade de questões cobradas em prova.

4.5.1 Princípio da segurança nas relações jurídicas

Este princípio tem como objetivo garantir a estabilidade das relações jurídicas. Veja o que diz a Constituição:

> ***Art. 5º** [...]*
>
> *XXXVI – A lei não prejudicará o direito adquirido, o ato jurídico perfeito e a coisa julgada;*

Os três institutos aqui protegidos encontram seu conceito formalizado na ***Lei de Introdução às Normas do Direito brasileiro.***

> ***Art. 6º** [...]*
>
> *§ 1º Reputa-se ato jurídico perfeito o já consumado segundo a lei vigente ao tempo em que se efetuou.*
>
> *§ 2º Consideram-se adquiridos assim os direitos que o seu titular, ou alguém por ele, possa exercer, como aqueles cujo começo do exercício tenha termo pré-fixo, ou condição pré-estabelecida inalterável, a arbítrio de outrem.*
>
> *§ 3º Chama-se coisa julgada ou caso julgado a decisão judicial de que já não caiba recurso.*

Em linhas gerais, pode-se assim conceituá-los:

- **Direito adquirido:** direito já incorporado ao patrimônio do titular.
- **Ato jurídico perfeito:** ato jurídico que já atingiu seu fim. Ato jurídico acabado, aperfeiçoado, consumado.
- **Coisa julgada:** sentença judicial transitada em julgado. Aquela sentença em relação à qual não cabe mais recurso.

De uma coisa não se pode esquecer: a proibição de retroatividade da lei nos casos aqui estudados não se aplica às leis mais benéficas, ou seja, uma lei mais benéfica poderá produzir efeitos em relação ao direito adquirido, ao ato jurídico perfeito e à coisa julgada.

4.5.2 Devido processo legal

O devido processo legal possui como objetivo principal limitar o poder do Estado. Esse princípio condiciona a restrição da liberdade ou dos bens de um indivíduo à existência de um procedimento estatal que respeite todos os direitos e garantias processuais previstos na lei. É o que diz o inciso LIV do art. 5º:

> *LIV – Ninguém será privado da liberdade ou de seus bens sem o devido processo legal;*

A exigência constitucional de existência de processo aplica-se tanto aos processos judiciais quanto aos procedimentos administrativos.

Desse princípio, surge a garantia constitucional à **proporcionalidade** e **razoabilidade.** Da mesma forma, é durante o devido processo legal que poderão ser exercidos os direitos ao contraditório e à ampla defesa, que serão analisados a seguir.

4.5.3 Contraditório e ampla defesa

Essas garantias constitucionais, conforme já salientado, decorrem do devido processo legal. São utilizadas como ferramenta de defesa diante das acusações impostas pelo Estado ou por um particular nos processos judiciais e administrativos:

> *Art. 5º [...]*
>
> *LV – Aos litigantes, em processo judicial ou administrativo, e aos acusados em geral são assegurados o contraditório e ampla defesa, com os meios e recursos a ela inerentes;*

Mas o que significam o contraditório e a ampla defesa?

Contraditório é o direito de contradizer, contrariar, contraditar. Se alguém diz que você é ou fez alguma coisa, o contraditório lhe permite dizer que não é e que não fez o que lhe foi imputado. É simplesmente o direito de contrariar. Já a **ampla defesa** é a possibilidade de utilização de todos os meios admitidos em direito para se defender de uma acusação.

Em regra, o contraditório e a ampla defesa são garantidos em todos os processos judiciais ou administrativos, contudo, a legislação brasileira previu alguns procedimentos administrativos incompatíveis com o exercício desse direito:

- Inquérito policial.
- Sindicância investigativa.
- Inquérito civil.

Em suma, nos procedimentos investigatórios que não possuem o condão de punir o investigado não serão garantidos o contraditório e a ampla defesa.

Observem-se as Súmulas Vinculantes do Supremo Tribunal Federal que versam sobre esse tema:

> ***Súmula Vinculante nº 3 – STF*** *Nos processos perante o Tribunal de Contas da União asseguram-se o contraditório e a ampla defesa quando da decisão puder resultar anulação ou revogação de ato administrativo que beneficie o interessado, excetuada a apreciação da legalidade do ato de concessão inicial de aposentadoria, reforma e pensão.*
>
> ***Súmula Vinculante nº 5 – STF*** *A falta de defesa técnica por advogado no processo administrativo disciplinar não ofende a Constituição.*
>
> ***Súmula Vinculante nº 14 – STF*** *É direito do defensor, no interesse do representado, ter acesso amplo aos elementos de prova que, já documentados em procedimento investigatório realizado por órgão com competência de polícia judiciária, digam respeito ao exercício do direito de defesa.*
>
> ***Súmula Vinculante nº 21 – STF*** *É inconstitucional a exigência de depósito ou arrolamento prévios de dinheiro ou bens para admissibilidade de recurso administrativo.*

4.5.4 Proporcionalidade e razoabilidade

Eis uma garantia fundamental que não está expressa no texto constitucional apesar de ser um dos institutos mais utilizados pelo Supremo em suas decisões atuais. Trata-se de um princípio implícito, cuja fonte é o princípio do devido processo legal. Esses dois institutos jurídicos são utilizados como parâmetro de ponderação quando adotadas medidas pelo Estado, principalmente no que tange à restrição de bens e direitos dos indivíduos. Duas palavras esclarecem o sentido dessas garantias: necessidade e adequação.

Para saber se um ato administrativo observou os critérios de proporcionalidade e razoabilidade, deve-se questionar se o ato foi necessário e se foi adequado à situação.

Para exemplificar, imaginemos que um determinado fiscal sanitário, ao inspecionar um supermercado, depara-se com um pote de iogurte com a data de validade vencida há um dia. Imediatamente, ele prende o dono do mercado, dá dois tiros para cima, realiza revista manual em todos os clientes e funcionários do mercado e aplica uma multa de dois bilhões de reais. Pergunta-se: será que a medida adotada pelo fiscal foi necessária? Foi adequada? Certamente que não. Logo, a medida não observou os princípios da razoabilidade e proporcionalidade.

É importante deixar claro que os princípios da proporcionalidade e da razoabilidade estão implícitos no texto constitucional, ou seja, não estão previstos expressamente.

4.5.5 Inadmissibilidade das provas ilícitas

Uma das garantias mais importantes do direito brasileiro é a inadmissibilidade das provas ilícitas. Encontra-se previsto expressamente no inciso LVI do art. 5º:

> *LVI – São inadmissíveis, no processo, as provas obtidas por meios ilícitos.*

Em razão dessa garantia, é proibida a produção de provas ilícitas num processo sob pena de nulidade processual. Em regra, a prova ilícita produz nulidade de tudo o que a ela estiver relacionado. Esse efeito decorre da chamada **Teoria dos Frutos da Árvore Envenenada**. Segundo a teoria, se a árvore está envenenada, os frutos também o serão. Se uma prova foi produzida de forma ilícita, as demais provas dela decorrentes também serão ilícitas (ilicitude por derivação). Contudo, deve-se ressaltar que essa teoria é aplicada de forma restrita no direito brasileiro, ou seja, encontrada uma prova ilícita num processo, não significa que todo o processo será anulado, mas apenas os atos e demais provas que decorreram direta ou indiretamente daquela produzida de forma ilícita.

Caso existam provas autônomas produzidas em conformidade com a lei, o processo deve prosseguir ainda que tenham sido encontradas e retiradas as provas ilícitas. Logo, é possível afirmar que a existência de uma prova ilícita no processo não anula de pronto todo o processo.

Deve-se destacar, ainda, a única possibilidade já admitida de prova ilícita nos tribunais brasileiros: a produzida em legítima defesa.

4.5.6 Inviolabilidade domiciliar

Essa garantia protege o indivíduo em seu recinto mais íntimo: a casa. A Constituição dispõe que:

> *Art. 5º [...]*
>
> *XI – A casa é asilo inviolável do indivíduo, ninguém nela podendo penetrar sem consentimento do morador, salvo em caso de flagrante delito ou desastre, ou para prestar socorro, ou, durante o dia, por determinação judicial.*

Como regra, só se pode entrar na casa de uma pessoa com o seu consentimento. Excepcionalmente, a Constituição Federal admite a entrada sem consentimento do morador nos casos de:

- Flagrante delito.
- Desastre.
- Prestar socorro.
- Determinação Judicial – só durante o dia.

No caso de determinação judicial, a entrada se dará apenas durante o dia. Nos demais casos, a entrada será permitida a qualquer hora.

Alguns conceitos importantes: o que é casa? O que pode ser entendido como casa para efeito de inviolabilidade? A jurisprudência tem interpretado o conceito de casa de forma ampla, em consonância com o disposto nos arts. 245 e 246 do Código de Processo Penal:

> ***Art. 245*** *As buscas domiciliares serão executadas de dia, salvo se o morador consentir que se realizem à noite, e, antes de penetrarem na casa, os executores mostrarão e lerão o mandado ao morador, ou a quem o represente, intimando-o, em seguida, a abrir a porta.*
>
> ***Art. 246*** *Aplicar-se-á também o disposto no artigo anterior, quando se tiver de proceder a busca em compartimento habitado ou em aposento ocupado de habitação coletiva ou em compartimento não aberto ao público, onde alguém exercer profissão ou atividade.*

O STF já considerou como casa, para efeitos de inviolabilidade, oficina mecânica, quarto de hotel ou escritório profissional.

Outra questão relevante é saber o que é dia? Dois são os posicionamentos adotados na doutrina:

- Das 6 h às 18 h.
- Da aurora ao crepúsculo.

Segundo a jurisprudência, isso deve ser resolvido no caso concreto, tendo em vista variação de fusos horários existentes em nosso país, bem como a ocorrência do horário de verão. Na prática, é possível entrar na casa independentemente do horário, desde que seja durante o dia.

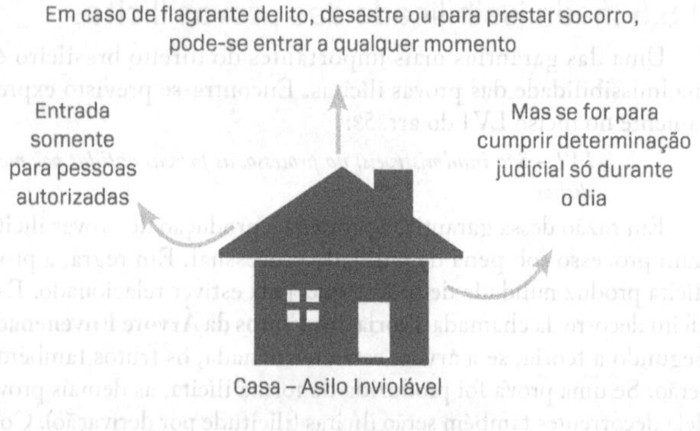

4.5.7 Princípio da inafastabilidade da jurisdição

Esse princípio, também conhecido como princípio do livre acesso ao poder judiciário ou direito de ação, garante, nos casos de necessidade, o acesso direto ao Poder Judiciário. Também, decorre desse princípio a ideia de que não é necessário o esgotamento das vias administrativas para ingressar com uma demanda no Poder Judiciário. Assim prevê a Constituição Federal:

> *Art. 5º [...]*
>
> *XXXV – A lei não excluirá da apreciação do Poder Judiciário lesão ou ameaça a direito;*

Perceba que a proteção possui sentido duplo: lesão ou ameaça à lesão. Significa dizer que a garantia pode ser utilizada tanto de forma preventiva como de forma repressiva. Tanto para prevenir a ofensa a direito como para reprimir a ofensa já cometida.

Quanto ao acesso ao Judiciário independentemente do esgotamento das vias administrativas, há algumas peculiaridades previstas na legislação brasileira:

- **Justiça desportiva:** a Constituição Federal de 1988 prevê no art. 217 que o acesso ao Poder Judiciário está condicionado ao esgotamento das vias administrativas.

  > *Art. 217 [...]*
  >
  > *§ 1º O Poder Judiciário só admitirá ações relativas à disciplina e às competições desportivas após esgotarem-se as instâncias da justiça desportiva, regulada em lei.*

- **Compromisso arbitral:** a Lei nº 9.307/1996 prevê que as partes, quando em discussão patrimonial, poderão optar pela arbitragem como forma de resolução de conflito. Não se trata de uma instância administrativa de curso forçado, mas de uma opção facultada às partes.
- *Habeas data:* o art. 8º da Lei nº 9.507/1997 exige, para impetração do *habeas data*, a comprovação da recusa ao acesso à informação. Parte da doutrina não considera isso como exigência de prévio esgotamento da via administrativa, mas condição da ação. Veja-se a súmula nº 2 do STJ:

  > ***Súmula nº 2** – STJ Não cabe "Habeas Data" se não houve recusa de informações por parte da autoridade administrativa.*

- **Reclamação Constitucional:** o art. 7º, § 1º da Lei nº 11.417/2006, que regula a edição de Súmulas Vinculantes, prevê que só será possível a Reclamação Constitucional nos casos de omissão ou ato da Administração Pública que contrarie ou negue vigência à Súmula Vinculante, após o esgotamento das vias administrativas.

4.5.8 Gratuidade das certidões de nascimento e de óbito

A Constituição Federal de 1988 traz expressamente que:

> *Art. 5º, LXXVI. São gratuitos para os reconhecidamente pobres, na forma da lei:*
>
> *a) o registro civil de nascimento;*
>
> *b) a certidão de óbito;*

Observe-se que o texto constitucional condiciona o benefício da gratuidade do registro de nascimento e da certidão de óbito apenas para os reconhecidamente pobres. Entretanto, a Lei nº 6.015/1973 prevê que:

> ***Art. 30** Não serão cobrados emolumentos pelo registro civil de nascimento e pelo assento de óbito, bem como pela primeira certidão respectiva.*
>
> *§ 1º Os reconhecidamente pobres estão isentos de pagamento de emolumentos pelas demais certidões extraídas pelo cartório de registro civil.*

Perceba que essa lei amplia o benefício garantido na Constituição para todas as pessoas no que tange ao registro e à aquisição da primeira certidão de nascimento e de óbito. Quanto às demais vias, só serão garantidas aos reconhecidamente pobres. Deve-se ter cuidado com essa questão em prova, pois deve ser levado em conta se a pergunta tem como referência a Constituição ou não.

4.5.9 Celeridade processual

Traz o texto constitucional:

> ***Art. 5º** [...]*
>
> *LXXVIII – A todos, no âmbito judicial e administrativo, são assegurados a razoável duração do processo e os meios que garantam a celeridade de sua tramitação.*

Essa é a garantia da celeridade processual. Decorre do princípio da eficiência que obriga o Estado a prestar assistência em tempo razoável. Celeridade quer dizer rapidez, mas uma rapidez com qualidade. Esse princípio é aplicável nos processos judiciais e administrativos, visa dar maior efetividade a prestação estatal. Deve-se garantir o direito antes que o seu beneficiário deixe de precisar. Após a inclusão desse dispositivo entre os direitos fundamentais, várias medidas para acelerar a prestação jurisdicional foram adotadas, dentre as quais destacam-se:

- Juizados especiais;
- Súmula vinculante;
- Realização de inventários e partilhas por vias administrativas;
- Informatização do processo.

Essas são algumas das medidas que foram adotadas para trazer mais celeridade ao processo.

4.5.10 Erro judiciário

Dispositivo de grande utilidade social que funciona como limitador da arbitrariedade estatal. O Estado, no que tange à liberdade do indivíduo, não pode cometer erros sob pena de ter que indenizar o injustiçado. Isso é o que prevê o inciso LXXV do art. 5º:

> *LXXV – O Estado indenizará o condenado por erro judiciário, assim como o que ficar preso além do tempo fixado na sentença;*

4.5.11 Publicidade dos atos processuais

Em regra, os atos processuais são públicos. Essa publicidade visa a garantir maior transparência aos atos administrativos bem como permite a fiscalização popular. Além disso, atos públicos possibilitam um exercício efetivo do contraditório e da ampla defesa. Entretanto, essa publicidade comporta algumas exceções:

> ***Art. 5º** [...]*
>
> *LX – A lei só poderá restringir a publicidade dos atos processuais quando a defesa da intimidade ou o interesse social o exigirem;*

Nos casos em que a intimidade ou o interesse social exigirem, a publicidade poderá ser restringida apenas aos interessados. Imaginemos uma audiência em que estejam envolvidas crianças; nesse caso, como forma de preservação da intimidade, o juiz poderá restringir a participação na audiência apenas aos membros da família e demais interessados.

4.5.12 Sigilo das comunicações

Uma das normas mais importantes da Constituição Federal que versa sobre segurança jurídica é esta:

> ***Art. 5º** [...]*
>
> *XII – É inviolável o sigilo da correspondência e das comunicações telegráficas, de dados e das comunicações telefônicas, salvo, no último caso, por ordem judicial, nas hipóteses e na forma que a lei estabelecer para fins de investigação criminal ou instrução processual penal;*

Esse dispositivo prevê quatro formas de comunicação que possuem proteção constitucional:

- Sigilo da correspondência;
- Comunicação telegráfica;
- Comunicação de dados;
- Comunicações telefônicas.

Dessas quatro formas de comunicação, apenas uma obteve autorização de violação do sigilo pelo texto constitucional: as comunicações telefônicas. Deve-se tomar cuidado com esse tema em prova. Segundo o texto expresso, só as comunicações telefônicas poderão ter o seu sigilo violado. E só o juiz poderá fazê-lo, com fins definidos também pela Constituição, os quais são para investigação criminal e instrução processual penal.

Entretanto, considerando a inexistência de direito fundamental absoluto, a jurisprudência tem considerado a possibilidade de quebra dos demais sigilos, desde que seja determinada por ordem judicial.

No que tange ao sigilo dos dados bancários, fiscais, informáticos e telefônicos, a jurisprudência tem permitido sua quebra por determinação judicial, determinação de Comissão Parlamentar de Inquérito, requisição do Ministério Público, solicitação da autoridade fazendária.

4.5.13 Tribunal do Júri

O Tribunal do Júri é uma instituição pertencente ao Poder Judiciário, que possui competência específica para julgar determinados tipos de crime. O Júri é formado pelo Conselho de Sentença, que é presidido por um Juiz Togado e por sete jurados que efetivamente farão o julgamento do acusado. A ideia do Tribunal do Júri é que o acusado seja julgado por seus pares.

A Constituição Federal apresenta alguns princípios que regem esse tribunal:

> ***Art. 5º** [...]*
>
> *XXXVIII – É reconhecida a instituição do júri, com a organização que lhe der a lei, assegurados:*
>
> *a) a plenitude de defesa;*
>
> *b) o sigilo das votações;*
>
> *c) a soberania dos veredictos;*
>
> *d) a competência para o julgamento dos crimes dolosos contra a vida.*

Segundo esse texto, o Tribunal do Júri é regido pelos seguintes princípios:

- **Plenitude de defesa:** esse princípio permite que no júri sejam utilizadas todas as provas permitidas em direito. Aqui, o momento probatório é bastante explorado haja vista a necessidade de se convencer os jurados que são pessoas comuns da sociedade.
- **Sigilo das votações:** o voto é sigiloso. Durante o julgamento não é permitido que um jurado converse com o outro sobre o julgamento sob pena de nulidade;
- **Soberania dos veredictos:** o que for decidido pelos jurados será considerado soberano. Nem o Juiz presidente poderá modificar o julgamento. Aqui quem decide são os jurados;
- **Competência para julgar os crimes dolosos contra a vida:** o júri não julga qualquer tipo de crime, mas apenas os dolosos contra a vida. Crimes dolosos, em simples palavras, são aqueles praticados com intenção, com vontade. São diferentes dos crimes culposos, os quais são praticados sem intenção.

4.5.14 Princípio da anterioridade

O inciso XXXIX do art. 5º da Constituição Federal de 1988 apresenta o chamado princípio da anterioridade penal:

> *XXXIX – Não há crime sem lei anterior que o defina, nem pena sem prévia cominação legal.*

Esse princípio decorre na necessidade de se prever antes da aplicação da pena, a conduta que é considerada como crime e a pena que deverá ser cominada. Mais uma regra de segurança jurídica.

4.5.15 Princípio da irretroatividade

Esse princípio também possui sua importância ao prever que a lei penal não poderá retroagir, salvo se for para beneficiar o réu.

> ***Art. 5º** [...]*
>
> *XL – A lei penal não retroagirá, salvo para beneficiar o réu.*

4.5.16 Crimes imprescritíveis, inafiançáveis e insuscetíveis de graça e anistia

Os dispositivos a seguir estão entre os mais cobrados em prova. O ideal é que sejam memorizados na ordem proposta no quadro abaixo:

> ***Art. 5º** [...]*
>
> *XLII – A prática do racismo constitui crime inafiançável e imprescritível, sujeito à pena de reclusão, nos termos da lei;*
>
> *XLIII – A lei considerará crimes inafiançáveis e insuscetíveis de graça ou anistia a prática da tortura, o tráfico ilícito de entorpecentes e drogas afins, o terrorismo e os definidos como crimes hediondos, por eles respondendo os mandantes, os executores e os que, podendo evitá-los, se omitirem;*
>
> *XLIV – Constitui crime inafiançável e imprescritível a ação de grupos armados, civis ou militares, contra a ordem constitucional e o Estado Democrático.*

Atenção

Crimes imprescritíveis → racismo; ação de grupos armados.
Crimes inafiançáveis → racismo; ação de grupos armados; tráfico; terrorismo, tortura; crimes hediondos.
Crimes insuscetíveis de graça e anistia → tráfico; terrorismo; tortura; crimes hediondos.

Os crimes inafiançáveis englobam todos os crimes previstos no art. 5º, incisos XLII, XLIII e XLIV.

Os crimes que são insuscetíveis de graça e anistia não são imprescritíveis, e vice e versa. Dessa forma, nunca pode existir, na prova, uma questão que trabalhe com as duas classificações ao mesmo tempo.

Nunca, na prova, pode haver uma questão em que se apresentem as três classificações ao mesmo tempo.

4.5.17 Princípio da personalidade da pena

Assim diz o inciso XLV, do art. 5º da Constituição Federal de 1988:

> *XLV – Nenhuma pena passará da pessoa do condenado, podendo a obrigação de reparar o dano e a decretação do perdimento de bens ser, nos termos da lei, estendidas aos sucessores e contra eles executadas, até o limite do valor do patrimônio transferido.*

Esse inciso diz que a pena é pessoal, quem comete o crime responde pelo crime, de forma que não é possível que uma pessoa cometa um crime e outra responda pelo crime em seu lugar, porque a pena é pessoal.

É necessário prestar atenção ao tema, pois já apareceu em prova tanto na forma de um problema quanto com a modificação do próprio texto constitucional. Esse princípio da personalidade da pena diz que a pena é pessoal, isto é, a pena não pode passar para outra pessoa, mas permite que a responsabilidade pelos danos civis possa passar para seus herdeiros. Para exemplificar, imaginemos que uma determinada pessoa assalta uma padaria e consegue roubar uns R$ 50.000,00.

Em seguida, a polícia prende o ladrão por ter roubado a padaria. Em regra, todo crime cometido gera uma responsabilidade penal prevista no Código Penal brasileiro. Ainda, deve-se ressarcir os danos causados à vítima. Se ele roubou R$50.000,00, tem que devolver, no mínimo, esse valor à vítima.

É muito difícil conseguir o montante voluntariamente, por isso, é necessário entrar com uma ação civil *ex delicto* para reaver o dinheiro referente ao crime cometido. O dono da padaria entra com a ação contra o bandido pedindo os R$ 50.000,00 acrescidos juros e danos morais. Enquanto ele cumpre a pena, a ação está tramitando. Ocorre que o preso se envolve numa confusão dentro da penitenciária e acaba morrendo.

O preso possui alguns filhos, os quais são seus herdeiros. Quando os bens passam aos herdeiros, chamamos isso de sucessão. Quando foram contabilizar os bens que o bandido tinha, perceberam que sobraram apenas R$ 30.000,00, valor que deve ser dividido entre os herdeiros. Pergunta:

O homem que cometeu o crime estava cumprindo pena, mas ele morreu. Qual filho assume o lugar dele? O mais velho ou o mais novo?

Nenhum dos dois, porque a pena é personalíssima. Só cumpre a pena quem praticou o crime.

É possível que a responsabilidade de reparar os danos materiais exigidos pelo dono da padaria recaia sobre seus herdeiros?

Sim. A Constituição diz que os herdeiros respondem com o valor do montante recebido, até o limite da herança recebida.

O dono da padaria pediu R$ 50.000,00, mas só sobraram R$ 30.000,00. Os filhos terão que inteirar esse valor até completar os R$ 50.000,00?

Não, pois a Constituição diz que os sucessores respondem até o limite do patrimônio transferido. Ou seja, se só são transferidos R$ 30.000,00, então os herdeiros só vão responder pela indenização com esses R$ 30.000,00. E o os outros R$ 20.000,00, quem vai pagar? Ninguém. O dono da padaria fica com esse prejuízo.

4.5.18 Penas proibidas e permitidas

Vejamos agora dois incisos do art. 5º da Constituição Federal de 1988, que sempre caem em prova juntos: incisos XLVI e XLVII. Há no inciso XLVI as penas permitidas e no XLVII as penas proibidas. Mas como isso cai em prova? O examinador pega uma pena permitida e diz que é proibida ou pega uma proibida e diz que é permitida. Conforme os incisos:

> ***Art. 5º** [...]*
>
> *XLVI – A lei regulará a individualização da pena e adotará, entre outras, as seguintes:*
>
> *a) privação ou restrição da liberdade;*
>
> *b) perda de bens;*
>
> *c) multa;*
>
> *d) prestação social alternativa;*
>
> *e) suspensão ou interdição de direitos.*

Aqui há o rol de penas permitidas. Memorize essa lista para lembrar quais são as penas permitidas. Atenção para uma pena que é pouco comum e que geralmente em prova é colocada como pena proibida, que é a pena de perda de bens.

Veja o próximo inciso com o rol de penas proibidas:

> *XLVII – Não haverá penas:*
>
> *a) de morte, salvo em caso de guerra declarada, nos termos do art. 84, XIX;*
>
> *b) de caráter perpétuo;*
>
> *c) de trabalhos forçados;*
>
> *d) de banimento;*
>
> *e) cruéis.*

Essas são as penas que não podem ser aplicadas no Brasil. E, na prova, é cobrado da seguinte forma: existe pena de morte no Brasil? Deve-se ter muita atenção com esse tema, pois apesar de a Constituição ter dito que é proibida, existe uma exceção: no caso de guerra declarada. Essa exceção é uma verdadeira possibilidade, de forma que se deve afirmar que existe pena de morte no Brasil. Apesar de a regra ser a proibição, existe a possibilidade de sua aplicação. Só como curiosidade, a pena de morte no Brasil é regulada pelo Código Penal Militar, a qual será executada por meio de fuzilamento.

A próxima pena proibida é a de caráter perpétuo. Não existe esse tipo de pena no Brasil, pois as penas aqui são temporárias. No Brasil, uma pessoa só fica presa por, no máximo, 40 anos.

A outra pena é a de trabalhos forçados. É aquela pena em que o sujeito é obrigado a trabalhar de forma a denegrir a sua condição como ser humano. Esse tipo de pena não é permitido no Brasil.

Há ainda a pena de banimento, que é a expulsão do brasileiro, tanto nato como naturalizado.

Por fim, a Constituição veda a aplicação de penas cruéis. Pena cruel é aquela que denigre a condição humana, expõe o indivíduo a situações desumanas, vexatórias, que provoquem intenso sofrimento.

4.5.19 Princípio da individualização da pena

Nos termos do art. 5º, inciso XLVIII, da Constituição Federal de 1988:

> *XLVIII – A pena será cumprida em estabelecimentos distintos, de acordo com a natureza do delito, a idade e o sexo do apenado;*

Esse dispositivo traz uma regra muito interessante, o princípio da individualização da pena. Significa que a pessoa, quando cumprir sua pena, deve cumpri-la em estabelecimento e condições compatíveis com a sua situação. Se mulher, deve cumprir com mulheres; se homem, cumprirá com homens; se reincidente, com reincidentes; se réu primário, com réus primários; e assim por diante. O ideal é que cada situação possua um cumprimento de pena adequado que propicie um melhor acompanhamento do poder público e melhores condições para a ressocialização.

4.5.20 Regras sobre prisões

São vários os dispositivos constitucionais previstos no art. 5º, da Constituição Federal de 1988, que se referem às prisões:

> *LXI – Ninguém será preso senão em flagrante delito ou por ordem escrita e fundamentada de autoridade judiciária competente, salvo nos casos de transgressão militar ou crime propriamente militar, definidos em lei;*
>
> *LXII – A prisão de qualquer pessoa e o local onde se encontre serão comunicados imediatamente ao juiz competente e à família do preso ou à pessoa por ele indicada;*
>
> *LXIII – O preso será informado de seus direitos, entre os quais o de permanecer calado, sendo-lhe assegurada a assistência da família e de advogado;*
>
> *LXIV – O preso tem direito à identificação dos responsáveis por sua prisão ou por seu interrogatório policial;*
>
> *LXV – A prisão ilegal será imediatamente relaxada pela autoridade judiciária;*
>
> *LXVI – Ninguém será levado à prisão ou nela mantido, quando a lei admitir a liberdade provisória, com ou sem fiança;*
>
> *LXVII – Não haverá prisão civil por dívida, salvo a do responsável pelo inadimplemento voluntário e inescusável de obrigação alimentícia e a do depositário infiel.*

Como destaque para provas, é importante enfatizar o disposto no inciso LXVII, o qual prevê duas formas de prisão civil por dívida:

- **Devedor de pensão alimentícia;**
- **Depositário infiel.**

Apesar de a Constituição Federal de 1988 apresentar essas duas possibilidades de prisão civil por dívida, o STF tem entendido que só existe uma: a prisão do devedor de pensão alimentícia. Isso significa que o depositário infiel não poderá ser preso. Essa é a inteligência da Súmula Vinculante nº 25:

> ***Súmula Vinculante nº 25** É ilícita a prisão civil de depositário infiel, qualquer que seja a modalidade do depósito.*

Em relação a esse assunto, deve-se ter muita atenção ao resolver a questão. Se a Banca perguntar conforme a Constituição Federal, responde-se segundo a Constituição Federal. Mas se perguntar à luz da jurisprudência, responde-se conforme o entendimento do STF.

Atenção

Constituição Federal → duas formas de prisão civil → depositário infiel e devedor de pensão alimentícia.
STF → uma forma de prisão civil → devedor de pensão alimentícia.

4.5.21 Extradição

Fruto de acordo internacional de cooperação, a extradição permite que determinada pessoa seja entregue a outro país para que seja responsabilizada pelo cometimento de algum crime. Existem duas formas de extradição:

- **Extradição ativa:** quando o Brasil pede para outro país a extradição de alguém.
- **Extradição passiva:** quando algum país pede para o Brasil a extradição de alguém.

A Constituição Federal preocupou-se em regular apenas a extradição passiva por meios dos incisos LI e LII do art. 5º:

> *LI – Nenhum brasileiro será extraditado, salvo o naturalizado, em caso de crime comum, praticado antes da naturalização, ou de comprovado envolvimento em tráfico ilícito de entorpecentes e drogas afins, na forma da lei;*
>
> *LII – Não será concedida extradição de estrangeiro por crime político ou de opinião.*

De acordo com a inteligência desses dispositivos, três regras podem ser adotadas em relação à extradição passiva:

- **Brasileiro nato:** nunca será extraditado.
- **Brasileiro naturalizado:** será extraditado em duas hipóteses: crime comum cometido antes da naturalização comprovado envolvimento com o tráfico ilícito de drogas, antes ou depois da naturalização.
- **Estrangeiro:** poderá ser extraditado salvo em dois casos: **crime político e crime de opinião.**

Na **extradição ativa**, qualquer pessoa pode ser extraditada, inclusive o brasileiro nato. Deve-se ter muito cuidado com essa questão em prova. Lembre-se de que a extradição ativa ocorre quando o Brasil pede a extradição de um criminoso para outro país. Isso pode ser feito pedindo a extradição de qualquer pessoa que o Brasil queira punir.

Quais princípios que regem a extradição no país?

- **Princípio da reciprocidade:** o Brasil só extradita ao país que extradita para o Brasil. Deve haver acordo ou tratado de extradição entre o país requerente e o Brasil.
- **Princípio da especialidade:** o extraditando só poderá ser processado e julgado pelo crime informado no pedido de extradição.
- **Comutação da pena:** o país requerente deverá firmar um compromisso de comutar a pena prevista em seu país quando a pena a ser aplicada for proibida no Brasil.
- **Dupla tipicidade ou dupla incriminação:** só se extradita se a conduta praticada for considerada crime no Brasil e no país requerente.

Deve-se ter muito cuidado para não confundir extradição com entrega, deportação, expulsão ou banimento.

- **Extradição:** a extradição, como se viu, é instituto de cooperação internacional entre países soberanos para a punição de criminosos. Pela extradição, um país entrega o criminoso a outro país para que ele seja punido pelo crime praticado.
- **Entrega:** é o ato por meio do qual o país entrega uma pessoa para ser julgada no Tribunal Penal Internacional.
- **Deportação:** é a retirada do estrangeiro que tenha entrado de forma irregular no território nacional.
- **Expulsão:** é a retirada do estrangeiro que tenha praticado um ato ofensivo ao interesse nacional conforme as regras estabelecidas no Estatuto do Estrangeiro (art. 65, Lei nº 6.815/1980).
- **Banimento:** é uma das penas proibidas no direito brasileiro que consiste na expulsão de brasileiros para fora do território nacional.

4.5.22 Princípio da presunção da inocência

Também conhecido como princípio da não culpabilidade, essa regra de segurança jurídica garante que ninguém poderá ser condenado sem antes haver uma sentença penal condenatória transitada em julgado. Ou seja, uma sentença judicial condenatória definitiva:

> ***Art. 5º** [...]*
>
> *LVII – Ninguém será considerado culpado até o trânsito em julgado de sentença penal condenatória.*

4.5.23 Identificação criminal

> ***Art. 5º** [...]*
>
> *LVIII – O civilmente identificado não será submetido a identificação criminal, salvo nas hipóteses previstas em lei.*

A Constituição garante que não será identificado criminalmente quem possuir identificação pública capaz de identificá-lo. Contudo, a Lei nº 12.037/2009 prevê hipóteses nas quais será possível a identificação criminal mesmo de quem apresentar outra identificação:

> ***Art. 3º** Embora apresentado documento de identificação, poderá ocorrer identificação criminal quando:*
>
> *I – O documento apresentar rasura ou tiver indício de falsificação;*
>
> *II – O documento apresentado for insuficiente para identificar cabalmente o indiciado;*
>
> *III – O indiciado portar documentos de identidade distintos, com informações conflitantes entre si;*
>
> *IV – A identificação criminal for essencial às investigações policiais, segundo despacho da autoridade judiciária competente, que decidirá de ofício ou mediante representação da autoridade policial, do Ministério Público ou da defesa;*
>
> *V – Constar de registros policiais o uso de outros nomes ou diferentes qualificações;*
>
> *VI – O estado de conservação ou a distância temporal ou da localidade da expedição do documento apresentado impossibilite a completa identificação dos caracteres essenciais.*

4.5.24 Ação penal privada subsidiária da pública

> ***Art. 5º** [...]*
>
> *LIX – Será admitida ação privada nos crimes de ação pública, se esta não for intentada no prazo legal.*

Em regra, nos crimes de ação penal pública, o titular da ação penal é o Ministério Público. Contudo, havendo omissão ou mesmo desídia por parte do órgão ministerial, o ofendido poderá promover a chamada ação penal privada subsidiária da pública. Esse tema encontra-se disciplinado no art. 29 do Código de Processo Penal:

> ***Art. 29** Será admitida ação privada nos crimes de ação pública, se esta não for intentada no prazo legal, cabendo ao Ministério Público aditar a queixa, repudiá-la e oferecer denúncia substitutiva, intervir em todos os termos do processo, fornecer elementos de prova, interpor recurso e, a todo tempo, no caso de negligência do querelante, retomar a ação como parte principal.*

4.6 Remédios constitucionais

Os remédios constitucionais são espécies de garantias constitucionais que visam a proteger determinados direitos e até outras garantias fundamentais. São poderosas ações constitucionais que estão disciplinadas no texto da Constituição.

4.6.1 *Habeas corpus*

Sem dúvida, esse remédio constitucional é o mais importante para prova, haja vista a sua utilização para proteger um dos direitos mais ameaçados do indivíduo: a liberdade de locomoção. Vejamos o que diz o texto constitucional:

> *Art. 5º [...]*
>
> *LXVIII – Conceder-se-á "Habeas corpus" sempre que alguém sofrer ou se achar ameaçado de sofrer violência ou coação em sua liberdade de locomoção, por ilegalidade ou abuso de poder.*

É essencial, conhecer os elementos necessários para a utilização dessa ferramenta.

Deve-se compreender que o *Habeas corpus* é utilizado para proteger a liberdade de locomoção. Em relação a isso, é preciso estar atento, pois ele não tutela qualquer liberdade, mas apenas a liberdade de locomoção.

Outro ponto fundamental é que ele poderá ser utilizado tanto de forma preventiva quanto de forma repressiva.

- *Habeas corpus* **preventivo**: é aquele utilizado para prevenir a violência ou coação à liberdade de locomoção.
- *Habeas corpus* **repressivo**: é utilizado para reprimir à violência ou coação a liberdade de locomoção, ou seja, é utilizado quando a restrição da liberdade de locomoção já ocorreu.

Percebe-se que não é a qualquer tipo de restrição à liberdade de locomoção que caberá o remédio, mas apenas àquelas cometidas com ilegalidade ou abuso de poder.

Nas relações processuais que envolvem a utilização do *Habeas corpus*, é possível identificar a participação de três figurantes: o impetrante, o paciente e a autoridade coatora.

- **Impetrante:** o impetrante é a pessoa que impetra a ação. Quem entra com a ação. A titularidade dessa ferramenta é Universal, pois qualquer pessoa pode impetrar o HC. Não precisa sequer de advogado. Sua possibilidade é tão ampla que não precisa possuir capacidade civil ou mesmo qualquer formalidade. Esse remédio é desprovido de condições que impeçam sua utilização da forma mais ampla possível. Poderá impetrar essa ação tanto uma pessoa física quanto jurídica.
- **Paciente:** o paciente é quem teve a liberdade de locomoção restringida. Ele será o beneficiário do *Habeas corpus*. Pessoa jurídica não pode ser paciente de *Habeas corpus*, pois a liberdade de locomoção é um direito incompatível com sua natureza jurídica.
- **Autoridade coatora:** é quem restringiu a liberdade de locomoção com ilegalidade ou abuso de poder. Poderá ser tanto uma autoridade privada quanto uma autoridade pública.

Outra questão interessante que está prevista na Constituição é a gratuidade dessa ação:

> *Art. 5º [...]*
>
> *LXXVII – São gratuitas as ações de Habeas corpus e Habeas Data, e, na forma da lei, os atos necessários ao exercício da cidadania.*

A Constituição Federal de 1988 proíbe a utilização desse remédio constitucional em relação às punições disciplinares militares. É o que prevê o art. 142, § 2º:

> *§ 2º Não caberá "Habeas corpus" em relação a punições disciplinares militares.*

Contudo, o STF tem admitido o remédio quando impetrado por razões de ilegalidade da prisão militar. Quanto ao mérito da prisão, deve-se aceitar a vedação Constitucional, mas em relação às legalidades da prisão, prevalece o entendimento de que o remédio seria possível.

Também não cabe *Habeas corpus* em relação às penas pecuniárias, multas, advertências ou, ainda, nos processos administrativos disciplinares e no processo de *Impeachment*. Nesses casos, o não cabimento deve-se ao fato de que as medidas não visam restringir a liberdade de locomoção.

Por outro lado, a jurisprudência tem admitido o cabimento para impugnar inserção de provas ilícitas no processo ou quando houver excesso de prazo na instrução processual penal.

Por último, cabe ressaltar que o magistrado poderá concedê-lo de ofício.

4.6.2 *Habeas data*

O *habeas data* cuja previsão está no inciso LXXII do art. 5º tem como objetivo proteger a liberdade de informação:

> *LXXII – conceder-se-á "Habeas Data":*
>
> *a) para assegurar o conhecimento de informações relativas à pessoa do impetrante, constantes de registros ou bancos de dados de entidades governamentais ou de caráter público;*
>
> *b) para a retificação de dados, quando não se prefira fazê-lo por processo sigiloso, judicial ou administrativo.*

Duas são as formas previstas na Constituição para utilização desse remédio:

- **Para conhecer a informação.**
- **Para retificar a informação.**

É importante ressaltar que só caberá o remédio em relação às informações do próprio impetrante.

As informações precisam estar em um banco de dados governamental ou de caráter público, o que significa que seria possível entrar com um *habeas data* contra um banco de dados privado desde que tenha caráter público.

Da mesma forma que o *habeas corpus*, o *habeas data* também é gratuito:

> *Art. 5º [...]*
>
> *LXXVII – São gratuitas as ações de "Habeas corpus" e "Habeas Data", e, na forma da lei, os atos necessários ao exercício da cidadania.*

4.6.3 Mandado de segurança

O mandado de segurança é um remédio muito cobrado em prova em razão dos seus requisitos:

> *Art. 5º, CF/1988/1988 [...]*
>
> *LXIX – Conceder-se-á mandado de segurança para proteger direito líquido e certo, não amparado por "Habeas corpus" ou "Habeas Data", quando o responsável pela ilegalidade ou abuso de poder for autoridade pública ou agente de pessoa jurídica no exercício de atribuições do Poder Público.*

Como se pode ver, o mandado de segurança será cabível proteger direito líquido e certo desde que não amparado por *Habeas corpus* ou h*abeas data*. O que significa dizer que será cabível desde que não seja para proteger a liberdade de locomoção e a liberdade de informação. Esse é o chamado caráter subsidiário do mandado de segurança.

O texto constitucional exigiu também para a utilização dessa ferramenta a ilegalidade e o abuso de poder praticado por autoridade pública ou privada, desde que esteja no exercício de atribuições do poder público.

O mandado de segurança possui prazo decadencial para ser utilizado: 120 dias.

Existe também o mandado de segurança coletivo:

> *Art. 5º [...]*
>
> *LXX – O mandado de segurança coletivo pode ser impetrado por:*
>
> *a) partido político com representação no Congresso Nacional;*
>
> *b) organização sindical, entidade de classe ou associação legalmente constituída e em funcionamento há pelo menos um ano, em defesa dos interesses de seus membros ou associados.*

Observadas as regras do mandado de segurança individual, o mandado de segurança coletivo possui alguns requisitos que lhe são peculiares: os legitimados para propositura.

São legitimados para propor o mandado de segurança coletivo:

- **Partidos políticos com representação no Congresso Nacional:** para se ter representação no Congresso Nacional, basta um membro em qualquer uma das casas.
- **Organização sindical.**
- **Entidade de classe.**

- **Associação.**

Desde que legalmente constituída e em funcionamento há, pelo menos, um ano. Segundo o STF, a necessidade de estar constituída e em funcionamento há pelo menos um ano só se aplica às associações. A Banca FCC entende que esse requisito se aplica a todas as entidades.

4.6.4 Mandado de injunção

O mandado de injunção é uma ferramenta mais complexa para se entender. Vejamos o que diz a Constituição Federal de 1988:

> *Art. 5º [...]*
>
> *LXXI – Conceder-se-á mandado de injunção sempre que a falta de norma regulamentadora torne inviável o exercício dos direitos e liberdades constitucionais e das prerrogativas inerentes à nacionalidade, à soberania e à cidadania.*

O seu objetivo é suprir a omissão legislativa que impede o exercício de direitos fundamentais. Algumas normas constitucionais para que produzam efeitos dependem da edição de outras normas infraconstitucionais. Essas normas são conhecidas por sua eficácia como normas de eficácia limitada. O mandado de injunção visa a corrigir a ineficácia das normas com eficácia limitada.

Todas as vezes que um direito deixar de ser exercido pela ausência de norma regulamentadora, será cabível esse remédio.

No que tange à efetividade da decisão, deve-se esclarecer a possibilidade de adoção por parte do STF de duas correntes doutrinárias:

- **Teoria concretista geral:** o Poder Judiciário concretiza o direito no caso concreto aplicando seu dispositivo com efeito *erga omnes*, para todos os casos iguais;
- **Teoria concretista individual:** o Poder Judiciário concretiza o direito no caso concreto aplicando seu dispositivo com efeito *inter partes*, ou seja, apenas com efeito entre as partes.

4.6.5 Ação popular

A ação popular é uma ferramenta fiscalizadora utilizada como espécie de exercício direto dos direitos políticos. Por isso, só poderá ser utilizada por cidadãos. Segundo o inciso LXXIII do art. 5º da Constituição Federal de 1988:

> *LXXIII – Qualquer cidadão é parte legítima para propor ação popular que vise a anular ato lesivo ao patrimônio público ou de entidade de que o Estado participe, à moralidade administrativa, ao meio ambiente e ao patrimônio histórico e cultural, ficando o autor, salvo comprovada má-fé, isento de custas judiciais e do ônus da sucumbência.*

Além da previsão constitucional, essa ação encontra-se regulamentada pela Lei nº 4.717/1965. Percebe-se que seu objetivo consiste em proteger o patrimônio público, a moralidade administrativa, o meio ambiente e o patrimônio histórico e cultural.

O autor não precisa pagar custas judiciais ou ônus de sucumbência, salvo se houver má-fé.

5 DIREITOS SOCIAIS E NACIONALIDADE

5.1 Direitos sociais

5.1.1 Prestações positivas

Os direitos sociais encontram-se previstos a partir do art. 6º até o art. 11 da Constituição Federal de 1988. São normas que se concretizam por meio de prestações positivas por parte do Estado, haja vista objetivarem reduzir as desigualdades sociais.

Deve-se dar destaque para o art. 6º, que foi alterado pela Emenda Constitucional nº 90/2015 e que possivelmente será objeto de questionamento em concurso público:

> ***Art. 6º*** *São direitos sociais a educação, a saúde, a alimentação, o trabalho, a moradia, o transporte, o lazer, a segurança, a previdência social, a proteção à maternidade e à infância, a assistência aos desamparados, na forma desta Constituição.*
>
> ***Parágrafo único.*** *Todo brasileiro em situação de vulnerabilidade social terá direito a uma renda básica familiar, garantida pelo poder público em programa permanente de transferência de renda, cujas normas e requisitos de acesso serão determinados em lei, observada a legislação fiscal e orçamentária. (Incluído pela EC nº 114/2021)*

Boa parte dos direitos aqui previstos necessita de recursos financeiros para serem implementados, o que acaba por dificultar sua plena eficácia.

No entanto, antes de avançar nessa parte do conteúdo, faz-se necessário dizer que costumam ser cobradas questões de provas que abordam apenas o texto puro da Constituição Federal de 1988. A principal orientação, portanto, é que se dedique tempo à leitura da Constituição Federal, mais precisamente, do art. 7º, que possui vários dispositivos que podem ser trabalhados em prova.

5.1.2 Reserva do possível

Seria possível exigir do Estado a concessão de um direito social quando tal direito não fosse assegurado de forma condizente com sua previsão constitucional? A título de exemplo, veremos um dispositivo dos direitos sociais dos trabalhadores:

> ***Art. 7º*** *[...]*
>
> *IV – Salário-mínimo, fixado em lei, nacionalmente unificado, capaz de atender a suas necessidades vitais básicas e às de sua família com moradia, alimentação, educação, saúde, lazer, vestuário, higiene, transporte e previdência social, com reajustes periódicos que lhe preservem o poder aquisitivo, sendo vedada sua vinculação para qualquer fim.*

Observe-se que a Constituição Federal de 1988 garante que o salário-mínimo deve atender às necessidades vitais básicas do trabalhador e de sua família com moradia, alimentação, educação, saúde, lazer, vestuário, higiene, transporte e previdência social. Entendendo que os direitos sociais são espécies de direitos fundamentais e, analisando-os sob o dispositivo previsto no § 1º do art. 5º, segundo o qual "as normas definidoras de direitos e garantias fundamentais têm aplicação imediata", pergunta-se: seria possível entrar com uma ação visando a garantir o disposto no inciso IV, que está sendo analisado?

Certamente não. Para se garantir tudo o que está previsto no referido inciso, seria necessário que o salário-mínimo valesse, em média, por volta de R$ 3.000,00. Agora, imagine se algum trabalhador conseguisse esse benefício por meio de uma decisão judicial, o que não fariam todos os demais trabalhadores do país.

Se o Estado fosse obrigado a pagar esse valor para todos os trabalhadores, os cofres públicos rapidamente quebrariam. Para se garantir essa estabilidade, foi desenvolvida a **Teoria da Reserva do Possível**, por meio da qual o Estado pode alegar essa impossibilidade financeira para atender algumas demandas, como o aumento do salário-mínimo. Quando o poder público for demandado para garantir algum benefício de ordem social, poderá ser alegada, previamente, a impossibilidade financeira para concretização do direito sob o argumento da reserva do possível.

5.1.3 Mínimo existencial

Por causa da Reserva do Possível, o Estado passou a se esconder atrás dessa teoria, eximindo-se da sua obrigação social de garantia dos direitos tutelados na Constituição Federal. Tudo o que era pedido para o Estado era negado sob o argumento de que "não era possível". Para trazer um pouco de equilíbrio a essa relação, foi desenvolvida outra teoria chamada de Mínimo Existencial. Essa teoria permite que os poderes públicos deixem de atender algumas demandas em razão da reserva do possível, mas exige que seja garantido o mínimo existencial.

5.1.4 Princípio da proibição ou retrocesso ou efeito cliquet

Uma regra que funciona com caráter de segurança jurídica é a proibição do retrocesso. Esse dispositivo proíbe que os direitos sociais já conquistados sejam esvaziados ou perdidos sob pena de desestruturação social do país.

5.1.5 Salário-mínimo

Feitas algumas considerações iniciais sobre a doutrina social, segue-se à análise de alguns dispositivos que se encontram no art. 7º da Constituição Federal de 1988:

> *IV – Salário-mínimo, fixado em lei, nacionalmente unificado, capaz de atender a suas necessidades vitais básicas e às de sua família com moradia, alimentação, educação, saúde, lazer, vestuário, higiene, transporte e previdência social, com reajustes periódicos que lhe preservem o poder aquisitivo, sendo vedada sua vinculação para qualquer fim.*

Vários pontos são relevantes nesse inciso. Primeiramente, é importante comentar o trecho "fixado em lei". Segundo o texto constitucional, o salário-mínimo só poderá ser fixado em Lei; entretanto, no dia 25 de fevereiro de 2011 foi publicada a Lei nº 12.382, que prevê a possibilidade de fixação do salário-mínimo por meio de Decreto do Poder Executivo. Questionado no STF, o guardião da Constituição considerou constitucional a fixação de salário-mínimo por meio de Decreto Presidencial.

Outro ponto interessante diz respeito ao salário-mínimo ser nacionalmente unificado. Muitos acham que alguns estados da federação fixam valores referentes ao salário-mínimo maiores do que o fixado nacionalmente. O STF já afirmou que os Estados não podem fixar salário-mínimo diferente do nacionalmente unificado. O que cada Estado pode fixar é o piso salarial da categoria de trabalhadores com valor maior que o salário-mínimo.

Algumas súmulas vinculantes do STF são importantes, pois se referem ao salário-mínimo:

> **Súmula Vinculante nº 4** *Salvo nos casos previstos na Constituição, o salário-mínimo não pode ser usado como indexador de base de cálculo de vantagem de servidor público ou de empregado, nem ser substituído por decisão judicial.*
>
> **Súmula Vinculante nº 6** *Não viola a Constituição o estabelecimento de remuneração inferior ao salário-mínimo para as praças prestadoras de serviço militar inicial.*
>
> **Súmula Vinculante nº 15** *O cálculo de gratificações e outras vantagens do servidor público não incide sobre o abono utilizado para se atingir o salário-mínimo.*

> **Súmula Vinculante 16:** *Os Arts. 7º, IV, e 39, § 3º (redação da EC nº 19/1998) da Constituição referem-se ao total da remuneração percebida pelo servidor público.*

5.1.6 Prescrição trabalhista

Um dos dispositivos previstos no art. 7º da Constituição Federal de 1988 mais cobrados em prova é o inciso XXIX:

> *XXIX – Ação, quanto aos créditos resultantes das relações de trabalho, com prazo prescricional de cinco anos para os trabalhadores urbanos e rurais, até o limite de dois anos após a extinção do contrato de trabalho.*

Imaginemos, por exemplo, uma pessoa que tenha exercido sua função no período noturno, em uma empresa, durante 20 anos. Contudo, em todos esses anos de trabalho, ela não recebeu nenhum adicional noturno. Ao ter seu contrato de trabalho rescindido, ela poderá ingressar em juízo pleiteando as verbas trabalhistas não pagas. Tendo em vista a existência de prazo prescricional para reaver seus direitos, o trabalhador terá o prazo de 2 anos para entrar com a ação, e só terá direito aos últimos 5 anos de adicional noturno.

Ressalta-se que esses 5 anos são contados a partir do dia em que se entrou com a ação. Se ele entrar com a ação no último dia do prazo de 2 anos, só terá direito a 3 anos de adicional noturno.

Nesse exemplo, se o trabalhador entrar com a ação no dia 01/01/2021, receberá os últimos 5 anos de adicional noturno, ou seja, até o dia 01/01/2016. Mas se o trabalhador entrar com a ação no dia 01/01/2023, último dia do prazo prescricional de 2 anos, ele terá direito aos últimos 5 anos de adicional noturno a contar do dia em que entrou com a ação. Isso significa que se depare o adicional noturno até o dia 01/01/2018. Perceba que, se o trabalhador demorar a entrar com a ação, ele perde os direitos trabalhistas anteriores ao prazo dos últimos 5 anos.

5.1.7 Proibição do trabalho noturno, perigoso e insalubre

Este inciso também é muito cotado para ser cobrado em prova. É importante lê-lo para que, em seguida, se possa responder a uma pergunta que fará entender o motivo de ele ser tão abordado em testes:

> ***Art. 7º*** *[...]*
>
> *XXXIII – Proibição de trabalho noturno, perigoso ou insalubre a menores de dezoito e de qualquer trabalho a menores de dezesseis anos, salvo na condição de aprendiz, a partir de quatorze anos.*

A pergunta é muito simples: a partir de qual idade pode trabalhar no Brasil? Você deve estar em dúvida: entre 16 e 14 anos. Isso é o que acontece com a maioria dos candidatos. Por isso, nunca esqueça: se temos uma regra e essa regra está acompanhada de uma exceção; temos, então, uma possibilidade.

Se a Constituição diz que é proibido o trabalho para os menores de 16 e, em seguida, excepciona essa regra dizendo que é possível a partir dos 14, na condição de aprendiz, ela quis dizer que o trabalho no Brasil se inicia aos 14 anos. Esse entendimento se fortalece à luz do art. 227, § 3º, inciso I:

> ***Art. 227*** *[...]*
>
> *§ 3º O direito a proteção especial abrangerá os seguintes aspectos:*
>
> *I – Idade mínima de quatorze anos para admissão ao trabalho, observado o disposto no art. 7º, XXXIII.*

5.1.8 Direitos dos empregados domésticos

O parágrafo único, do art. 7º, da Constituição Federal de 1988 assegurava ao trabalhador doméstico um número reduzido de direitos, se comparado com os demais empregados, urbanos ou rurais.

Nos termos da CF/1988/1988, estariam garantidos à categoria dos trabalhadores domésticos apenas os direitos previstos nos incisos IV, VI, VIII, XV, XVII, XVIII, XIX, XXI e XXIV, do art. 7º, bem como a sua integração à previdência social.

Com a promulgação da Emenda Constitucional nº 72, de 2 de abril de 2013, aquele parágrafo foi alterado para estender aos empregados domésticos praticamente todos os demais direitos constantes nos incisos, do art. 7º, da CF/1988.

A nova redação do parágrafo único, do art. 7º, da CF/1988 dispõe:

> ***Art. 7º*** *[...]*
>
> ***Parágrafo único.*** *São assegurados à categoria dos trabalhadores domésticos os direitos previstos nos incisos IV, VI, VII, VIII, X, XIII, XV, XVI, XVII, XVIII, XIX, XXI, XXII, XXIV, XXVI, XXX, XXXI e XXXIII e, atendidas as condições estabelecidas em lei e observada a simplificação do cumprimento das obrigações tributárias, principais e acessórias, decorrentes da relação de trabalho e suas peculiaridades, os previstos nos incisos I, II, III, IX, XII, XXV e XXVIII, bem como a sua integração à previdência social.*

5.1.9 Direitos coletivos dos trabalhadores

São basicamente os direitos relacionados à criação e organização das associações e sindicatos que estão previstos no art. 8º.

- **Princípio da unicidade sindical**

O primeiro direito coletivo refere-se ao princípio da unicidade sindical. Esse dispositivo proíbe a criação de mais de uma organização sindical, representativa de categoria profissional ou econômica, em uma mesma base territorial:

> ***Art. 8º*** *[...]*
>
> *II – É vedada a criação de mais de uma organização sindical, em qualquer grau, representativa de categoria profissional ou econômica, na mesma base territorial, que será definida pelos trabalhadores ou empregadores interessados, não podendo ser inferior à área de um Município.*

Em cada base territorial (federal, estadual, municipal ou distrital) só pode existir um sindicato representante da mesma categoria, lembrando que a base territorial mínima se refere à área de um município.

Exemplificando: só pode existir **um** sindicato municipal de pescadores no município de Cascavel. Só pode existir **um** sindicato estadual de pescadores no estado do Paraná. Só pode existir **um** sindicato federal de pescadores no Brasil. Contudo, é possível existirem vários sindicatos municipais de pescadores no Estado do Paraná.

- **Contribuição confederativa e sindical**

Essa questão costuma enganar até mesmo os mais preparados. Vejamos o que diz a Constituição Federal de 1988 no art. 8º, inciso IV:

> *IV – A assembleia geral fixará a contribuição que, em se tratando de categoria profissional, será descontada em folha, para custeio do sistema confederativo da representação sindical respectiva, independentemente da contribuição prevista em lei.*

A primeira coisa que se deve perceber é a existência de duas contribuições nesse inciso. Uma chamada de **contribuição confederativa** a outra de **contribuição sindical**.

A **contribuição confederativa** é a prevista nesse inciso, fixada pela assembleia geral, descontada em folha para custear o sistema confederativo. Essa contribuição é aquela paga às organizações sindicais e que só é obrigada aos filiados e aos sindicatos. Não possui natureza tributária, por isso obriga apenas as pessoas que voluntariamente se filiam a uma entidade sindical.

A **contribuição sindical**, que é a contribuição prevista em lei, mais precisamente na Consolidação das Leis Trabalhistas (Decreto-Lei nº 5.452/1943), deve ser paga por todos os trabalhadores ainda que profissionais liberais. Sua natureza é tributária, não possuindo caráter facultativo.

CONTRIBUIÇÃO	
Confederativa	Sindical
Fixada pela Assembleia	Fixada pela CLT
Natureza não tributária	Natureza tributária
Obrigada apenas aos filiados a sindicatos	Obrigada a todos os trabalhadores

- **Liberdade de associação**

Esse inciso costuma ser cobrado em prova devido às inúmeras possibilidades de se modificar o seu texto:

> *Art. 8º [...]*
>
> *V – Ninguém será obrigado a filiar-se ou a manter-se filiado a sindicato.*

É a liberdade de associação que permite aos trabalhadores escolherem se desejam ou não se filiar a um determinado sindicato. Ninguém será obrigado a filiar-se ou a manter-se filiado.

- **Participação do aposentado no sindicato**

Esse inciso também possui aplicação semelhante ao anterior, portanto, deve haver uma leitura atenta aos detalhes que podem ser modificados em prova:

> *Art. 8º [...]*
>
> *VII – O aposentado filiado tem direito a votar e ser votado nas organizações sindicais.*

- **Estabilidade sindical**

A estabilidade sindical constitui norma de proteção aos dirigentes sindicais que possui grande utilidade ao evitar o cometimento de arbitrariedades por partes das empresas em retaliação aos representantes dos empregados:

> *Art 8º [...]*
>
> *VIII – É vedada a dispensa do empregado sindicalizado a partir do registro da candidatura a cargo de direção ou representação sindical e, se eleito, ainda que suplente, até um ano após o final do mandato, salvo se cometer falta grave nos termos da lei.*

O importante aqui é entender o período de proteção que a Constituição Federal de 1988 garantiu aos dirigentes sindicais. A estabilidade se inicia com o registro da candidatura e permanece, com o candidato eleito, até um ano após o término do seu mandato. Ressalte-se que essa proteção contra despedida arbitrária não prospera diante do cometimento de falta grave.

5.2 Direitos de nacionalidade

A nacionalidade é um vínculo jurídico existente entre um indivíduo e um Estado. Esse vínculo jurídico é a ligação existente capaz de gerar direitos e obrigações entre a pessoa e o Estado.

A aquisição da nacionalidade decorre do nascimento ou da manifestação de vontade. Quando a nacionalidade é adquirida pelo nascimento, estamos diante da chamada **nacionalidade originária.** Mas, se for adquirida por meio da manifestação de vontade, estamos diante de uma **nacionalidade secundária.**

A **nacionalidade originária**, também chamada de aquisição de nacionalidade primária, é aquela involuntária. Decorre do nascimento desde que preenchidos os requisitos previstos na legislação. Um brasileiro que adquire nacionalidade originária é chamado de nato.

Dois critérios foram utilizados em nossa Constituição para se conferir a nacionalidade originária: *jus solis* e *jus sanguinis.*

- ***Jus solis:*** esse é critério do solo, critério territorial. Serão considerados brasileiros natos as pessoas que nascerem no território nacional. Esse é o critério adotado como regra no texto constitucional.
- ***Jus sanguinis*:** esse é o critério do sangue. Serão considerados brasileiros natos os descendentes de brasileiros, ou seja, aqueles que possuem o sangue brasileiro.

A **nacionalidade secundária** ou adquirida é a aquisição que depende de uma manifestação de vontade. É voluntária e, quem a adquire, possui a qualificação de naturalizado.

5.2.1 Conflito de nacionalidade

Alguns países adotavam apenas o critério *jus sanguinis*, outros somente o critério *jus solis*, e isso gerou alguns problemas que a doutrina nominou de conflito de nacionalidade. O conflito de nacionalidade pode ser de duas formas: positivo e negativo.

- **Conflito positivo:** ocorre quando o indivíduo adquire várias nacionalidades. Ele será chamado de polipátrida.
- **Conflito negativo:** ocorre quando o indivíduo não adquire qualquer nacionalidade. Esse será chamado de apátrida (*heimatlos*).

Para evitar a ocorrência desses tipos de conflito, os países têm adotado critérios mistos de aquisição de nacionalidade originária, a exemplo do próprio Brasil.

A seguir, serão analisadas várias hipóteses previstas no art. 12 da Constituição Federal de aquisição de nacionalidade tanto originária quanto secundária.

5.2.2 Nacionalidade originária

As hipóteses de aquisição da nacionalidade originária estão previstas no art. 12, I da Constituição Federal, e são:

> ***Art. 12*** *São brasileiros:*
>
> *I – Natos:*
>
> *a) os nascidos na República Federativa do Brasil, ainda que de pais estrangeiros, desde que estes não estejam a serviço de seu país;*
>
> *b) os nascidos no estrangeiro, de pai brasileiro ou mãe brasileira, desde que qualquer deles esteja a serviço da República Federativa do Brasil;*
>
> *c) os nascidos no estrangeiro de pai brasileiro ou de mãe brasileira, desde que sejam registrados em repartição brasileira competente ou venham a residir na República Federativa do Brasil e optem, em qualquer tempo, depois de atingida a maioridade, pela nacionalidade brasileira.*

A primeira hipótese, prevista na alínea "a", adotou para aquisição o critério *jus solis,* ou seja, serão considerados brasileiros natos aqueles que nascerem no país ainda que de pais estrangeiros, desde que, os pais não estejam a serviço do seu país. Para que os filhos de pais estrangeiros fiquem impedidos de adquirirem a nacionalidade brasileira, é preciso que ambos os pais sejam estrangeiros, mas basta que apenas um deles esteja a serviço do seu país. Se os pais estrangeiros estiverem a serviço de outro país, a doutrina tem entendido que não se aplicará a vedação.

Já a segunda hipótese, adotada na alínea "b", utilizou o critério *jus sanguinis* para fixação da nacionalidade originária. Serão brasileiros natos os nascidos fora do país, filho de pai ou mãe brasileira, desde que qualquer deles esteja a serviço da República Federativa do Brasil. Estar a serviço do país significa estar a serviço de qualquer ente federativo (União, estados, Distrito Federal ou municípios) incluídos os órgãos e entidades da administração indireta (fundações, autarquias, empresas públicas e sociedades de economia mista).

A terceira hipótese, prevista na alínea "c", apresenta, na verdade, duas possibilidades: uma depende do registro a outra depende da opção confirmativa.

Primeiro, temos a regra aplicada aos nascidos no estrangeiro, filho de pai brasileiro ou mãe brasileira, condicionada à aquisição da nacionalidade ao registro em repartição brasileira competente. Nessa hipótese, adota-se o critério *jus sanguinis* acompanhado do registro em repartição brasileira.

Em seguida, temos a segunda possibilidade destinada aos nascidos no estrangeiro de pai brasileiro ou de mãe brasileira, que venham a residir na República Federativa do Brasil e optem (opção confirmativa), em qualquer tempo, depois de atingida a maioridade, pela nacionalidade brasileira.

Essa é a chamada nacionalidade protestativa, pois depende da manifestação de vontade por parte do interessado. Deve-se ter cuidado com a condição para a manifestação da vontade que só pode ser exercida depois de atingida a maioridade, apesar de não existir tempo limite para o exercício desse direito.

5.2.3 Nacionalidade secundária

A seguir, serão apresentadas as hipóteses de aquisição de nacionalidade secundária:

> ***Art. 12** [...]*
>
> *II – Naturalizados:*
>
> *a) Os que, na forma da lei, adquiram a nacionalidade brasileira, exigidas aos originários de países de língua portuguesa apenas residência por um ano ininterrupto e idoneidade moral;*
>
> *b) os estrangeiros de qualquer nacionalidade, residentes na República Federativa do Brasil há mais de quinze anos ininterruptos e sem condenação penal, desde que requeiram a nacionalidade brasileira.*

A primeira hipótese de naturalização, prevista na alínea "a" do inciso II, é a chamada naturalização ordinária. Essa naturalização apresenta uma forma de aquisição prevista em lei. Esta Lei é a nº 6.815/1980, que traz algumas regras para aquisição de nacionalidade, as quais não serão estudadas neste momento. O que interessa agora para a prova é a segunda parte da alínea, que confere um tratamento diferenciado para os originários de países de língua portuguesa, para quem será exigida apenas residência por um ano ininterrupto e idoneidade moral. Entende-se país de língua portuguesa qualquer país que possua a língua portuguesa como língua oficial (Angola, Portugal, Timor Leste, entre outros). Essa forma de naturalização não gera direito subjetivo ao estrangeiro, o que significa que ele poderá pleitear sua naturalização e essa poderá ser indeferida pelo Chefe do Poder Executivo, haja vista se tratar de um ato discricionário.

A alínea "b" do inciso II apresenta a chamada naturalização extraordinária ou quinzenária. Essa hipótese é destinada a qualquer estrangeiro e será exigida residência ininterrupta pelo prazo de 15 anos e não existência de condenação penal. Nessa espécie, não há discricionariedade em conceder a naturalização, pois ela gera direito subjetivo ao estrangeiro que tenha preenchido os requisitos.

O melhor é não esquecer que a ausência temporária da residência não quebra o vínculo ininterrupto exigido para a naturalização no país. Também deve ser ressaltado que não existe naturalização tácita ou automática, sendo exigido requerimento de quem desejar se naturalizar no Brasil.

5.2.4 Português equiparado

> ***Art. 12** [...]*
>
> *§ 1º Aos portugueses com residência permanente no País, se houver reciprocidade em favor de brasileiros, serão atribuídos os direitos inerentes ao brasileiro, salvo os casos previstos nesta Constituição.*

Trata-se do chamado português equiparado ou quase nacional. Segundo o dispositivo, a Constituição assegura aos portugueses tratamento diferenciado, como se fossem brasileiros. Não se trata de uma hipótese de naturalização, nesse caso são atribuídos os mesmos direitos inerentes ao brasileiro.

Essa condição depende de reciprocidade por parte de Portugal. O Brasil possui um acordo internacional com Portugal por meio do Decreto nº 3.927/2001 que promulgou o Tratado de Cooperação, Amizade e Consulta Brasil/Portugal. Havendo o mesmo tratamento a um brasileiro quando estiver no país português, serão garantidos tratamentos diferenciados aos portugueses que aqui estiverem desde que manifestem interesse no recebimento desse tratamento diferenciado. Ressalta-se que para requerer esse tipo de tratamento será necessária, além do requerimento, a constituição de residência permanente no Brasil.

Por fim, não se pode esquecer de que o tratamento dado aos portugueses os equipara aos brasileiros naturalizados.

5.2.5 Tratamento diferenciado entre brasileiros

O § 2º do art. 12 proíbe o tratamento diferenciado entre brasileiros natos e naturalizados:

> *§ 2º A lei não poderá estabelecer distinção entre brasileiros natos e naturalizados, salvo nos casos previstos nesta Constituição.*

O próprio dispositivo excepciona a regra permitindo que a Constituição Federal estabeleça tratamento diferenciado entre brasileiros natos e naturalizados. São quatro os tratamentos diferenciados estabelecidos pelo texto constitucional:

- **Cargos privativos de brasileiros natos;**
- **Funções privativas de brasileiros natos;**
- **Regras de extradição;**
- **Propriedade de empresas de jornalística ou de radiodifusão.**

O § 3º apresenta a primeira hipótese de distinção dentre brasileiros natos e naturalizados:

> *§ 3º São privativos de brasileiro nato os cargos:*
>
> *I – De Presidente e Vice-Presidente da República;*
>
> *II – De Presidente da Câmara dos Deputados;*
>
> *III – De Presidente do Senado Federal;*
>
> *IV – De Ministro do Supremo Tribunal Federal;*
>
> *V – Da carreira diplomática;*
>
> *VI – de oficial das Forças Armadas;*
>
> *VII – De Ministro de Estado da Defesa.*

Os cargos privativos aos brasileiros natos são muito incidentes em provas. Por esse motivo, sugere-se que sejam memorizados. Dois critérios foram utilizados para escolha desses cargos. O primeiro está relacionado com os cargos que sucedem o Presidente da República (presidente e vice-Presidente da República, presidente da Câmara dos Deputados, presidente do Senado Federal e ministro do Supremo Tribunal Federal). O segundo critério diz respeito à segurança nacional (carreira diplomática, oficial das forças armadas e ministro do Estado da Defesa).

As funções privativas de brasileiros natos estão previstas no art. 89, inciso VII da Constituição Federal de 1988:

> ***Art. 89*** *O Conselho da República é órgão superior de consulta do Presidente da República, e dele participam:*
>
> *I – O Vice-Presidente da República;*
>
> *II – O Presidente da Câmara dos Deputados;*
>
> *III – O Presidente do Senado Federal;*
>
> *IV – Os líderes da maioria e da minoria na Câmara dos Deputados;*
>
> *V – Os líderes da maioria e da minoria no Senado Federal;*
>
> *VI – O Ministro da Justiça;*
>
> *VII – Seis cidadãos brasileiros natos, com mais de trinta e cinco anos de idade, sendo dois nomeados pelo Presidente da República, dois eleitos pelo Senado Federal e dois eleitos pela Câmara dos Deputados, todos com mandato de três anos, vedada a recondução.*

A terceira possibilidade de tratamento diferenciado diz respeito às regras de extradição previstas no inciso LI do art. 5º da Constituição Federal de 1988:

> *LI – Nenhum brasileiro será extraditado, salvo o naturalizado, em caso de crime comum, praticado antes da naturalização, ou de comprovado envolvimento em tráfico ilícito de entorpecentes e drogas afins, na forma da lei.*

A quarta previsão está no art. 222 da Constituição Federal de 1988:

> ***Art. 222*** *A propriedade de empresa jornalística e de radiodifusão sonora e de sons e imagens é privativa de brasileiros natos ou naturalizados há mais de dez anos, ou de pessoas jurídicas constituídas sob as leis brasileiras e que tenham sede no País.*

5.2.6 Perda da nacionalidade

A seguir serão trabalhadas as hipóteses de perda da nacionalidade. Uma pergunta: brasileiro nato pode perder a nacionalidade?

Vejamos o que diz a Constituição Federal:

> ***Art. 12, § 4º*** *Será declarada a perda da nacionalidade do brasileiro que:*
>
> *I – Tiver cancelada sua naturalização, por sentença judicial, em virtude de atividade nociva ao interesse nacional;*
>
> *II – Adquirir outra nacionalidade, salvo nos casos:*
>
> *a) de reconhecimento de nacionalidade originária pela lei estrangeira;*
>
> *b) de imposição de naturalização, pela norma estrangeira, ao brasileiro residente em estado estrangeiro, como condição para permanência em seu território ou para o exercício de direitos civis.*

Ao se analisar o dispositivo do *caput* desse parágrafo, é possível concluir que as regras são para os brasileiros natos ou naturalizados.

Mas vale a pena verificar cada hipótese:

- O inciso I deixa claro que é uma hipótese aplicada apenas aos brasileiros naturalizados (cancelamento de naturalização). Se o indivíduo tem seu vínculo com o Estado cancelado por decisão judicial, não há que se falar em permanência da nacionalidade brasileira;
- O inciso II já não permite a mesma conclusão, haja vista ter considerado qualquer brasileiro. Logo, ao brasileiro, seja ele nato ou naturalizado, que adquirir outra nacionalidade, será declarada a perda da nacionalidade, pelo menos em regra. Essa regra possui duas exceções: nos casos de reconhecimento de nacionalidade originária estrangeira ou de imposição de naturalização, não será declarada a perda da nacionalidade brasileira. É nestas hipóteses que se encontram permitidas as situações de dupla nacionalidade que conhecemos.

Uma questão interessante surge: seria possível a reaquisição da nacionalidade brasileira?

Uma vez perdida a nacionalidade, tem-se entendido que é possível a sua reaquisição dependo da forma que foi perdida.

Se o indivíduo perde a nacionalidade com fundamento no inciso I, por cancelamento de naturalização, só seria possível a reaquisição por meio de ação rescisória.

Caso o indivíduo perca a nacionalidade por ter adquirido outra, que revela a hipótese do inciso II, também será possível a reaquisição por decreto presidencial (art. 36, Lei nº 818/1949).

Apesar da divergência doutrinária, prevalece o entendimento de que o brasileiro, após a reaquisição, volta à condição anterior, ou seja, se era brasileiro nato, volta a ser nato, se era naturalizado, volta como naturalizado.

6 DIREITOS POLÍTICOS E PARTIDOS POLÍTICOS

6.1 Direitos políticos

Os direitos políticos são um conjunto de direitos fundamentais que permitem ao indivíduo participar da vontade política do Estado. Para se falar de direitos políticos, alguns conceitos são indispensáveis.

6.1.1 Cidadania, democracia e soberania popular

A Cidadania é a condição conferida ao indivíduo que possui direito político. É o exercício desse direito. Essa condição só é possível em nosso país por causa do regime de governo adotado, a Democracia. A democracia parte do pressuposto de que o poder do Estado decorre da vontade popular, da Soberania Popular. Conforme o parágrafo único do art. 1º da Constituição:

> ***Art. 1º** [...]*
>
> ***Parágrafo único.** Todo o poder emana do povo, que o exerce por meio de representantes eleitos ou diretamente, nos termos desta Constituição.*

A democracia brasileira é classificada como semidireta ou participativa, haja vista poder ser exercida tanto de forma direta como de forma indireta. Como forma de exercício direto temos o previsto no art. 14 da CF/1988/1988:

> ***Art. 14** A soberania popular será exercida pelo sufrágio universal e pelo voto direto e secreto, com valor igual para todos, e, nos termos da lei, mediante:*
>
> *I – Plebiscito;*
>
> *II – Referendo;*
>
> *III – Iniciativa popular.*

Mas ainda há a ação popular que também é forma de exercício direto dos direitos políticos:

> ***Art. 5º** [...]*
>
> *LXXIII – Qualquer cidadão é parte legítima para propor ação popular que vise a anular ato lesivo ao patrimônio público ou de entidade de que o Estado participe, à moralidade administrativa, ao meio ambiente e ao patrimônio histórico e cultural, ficando o autor, salvo comprovada má-fé, isento de custas judiciais e do ônus da sucumbência.*

Entendamos o que significa cada uma das formas de exercício direto dos direitos políticos.

- **Plebiscito:** consulta popular realizada antes da tomada de decisão. O representante do poder público quer tomar uma decisão, mas, antes de tomá-la, ele pergunta para os cidadãos quem concorda. O que os cidadãos decidirem será feito.
- **Referendo:** consulta popular realizada depois da tomada de decisão. O representante do poder público toma uma decisão e depois pergunta o que os cidadãos acharam.
- **Iniciativa Popular:** essa é uma das formas de se iniciar o processo legislativo no Brasil. A legitimidade para propor criação de lei pelo eleitorado encontra amparo no art. 61, § 2º da CF/1988:

> ***Art. 61** [...]*
>
> *§ 2º A iniciativa popular pode ser exercida pela apresentação à Câmara dos Deputados de projeto de lei subscrito por, no mínimo, um por cento do eleitorado nacional, distribuído pelo menos por cinco Estados, com não menos de três décimos por cento dos eleitores de cada um deles.*

- **Ação popular:** remédio constitucional previsto no inciso LXXIII que funciona como instrumento de fiscalização dos poderes públicos nos termos do inciso citado.

Quando se fala em exercício indireto, significa exercício por meio dos representantes eleitos que representarão a vontade popular.

Todas essas ferramentas disponibilizadas acima constituem formas de exercício dos direitos políticos no Brasil.

6.1.2 Classificação dos direitos políticos

A doutrina costuma classificar os direitos políticos em **direitos políticos positivos e direitos políticos negativos.**

- **Direitos políticos positivos**

Os direitos políticos positivos se mostram pela possibilidade de participação na vontade política do Estado. Esses direitos políticos se materializam por meio da Capacidade Eleitoral Ativa e da Capacidade Eleitoral Passiva. O primeiro é a possibilidade de votar. O segundo, de ser votado.

Para que se possa exercer a capacidade eleitoral ativa, faz-se necessário o chamado alistamento eleitoral. É, simplesmente, inscrever-se como eleitor, o que acontece quando obtemos o título de eleitor. A Constituição apresenta três regras para o alistamento e o voto:

- **Voto Obrigatório:** maiores de 18 anos.
- **Voto Facultativo:** maiores de 16 e menores de 18; analfabetos e maiores de 70 anos.
- **Voto Proibido:** estrangeiros e conscritos.

Vejamos estas regras previstas no texto constitucional:

> ***Art. 14.** [...]*
>
> *§ 1º O alistamento eleitoral e o voto são:*
>
> *I – Obrigatórios para os maiores de dezoito anos;*
>
> *II – Facultativos para:*
>
> *a) os analfabetos;*
>
> *b) os maiores de setenta anos;*
>
> *c) os maiores de dezesseis e menores de dezoito anos.*
>
> *§ 2º Não podem alistar-se como eleitores os estrangeiros e, durante o período do serviço militar obrigatório, os conscritos.*

A capacidade eleitoral passiva é a capacidade de ser eleito. É uma das formas de participação política em que o cidadão aceita a incumbência de representar os interesses dos seus eleitores. Para que alguém possa ser eleito se faz necessário o preenchimento das condições de elegibilidade. São condições de elegibilidade as previstas no art. 14, § 3º da Constituição Federal de 1988:

> ***Art. 14** [...]*
>
> *§ 3º São condições de elegibilidade, na forma da lei:*
>
> *I – a nacionalidade brasileira;*
>
> *II – o pleno exercício dos direitos políticos;*
>
> *III – o alistamento eleitoral;*
>
> *IV – o domicílio eleitoral na circunscrição;*
>
> *V – a filiação partidária;*
>
> *VI – a idade mínima de:*
>
> *a) trinta e cinco anos para Presidente e Vice-Presidente da República e Senador;*
>
> *b) trinta anos para Governador e Vice-Governador de Estado e do Distrito Federal;*
>
> *c) vinte e um anos para Deputado Federal, Deputado Estadual ou Distrital, Prefeito, Vice-Prefeito e juiz de paz;*
>
> *d) dezoito anos para Vereador.*

- **Direitos políticos negativos**

Os direitos políticos negativos são verdadeiras vedações ao exercício da cidadania. São inelegibilidades, hipóteses de perda ou suspensão dos direitos políticos que se encontram previstos expressamente no texto constitucional. Só não se pode esquecer a possibilidade prevista no § 9º do art. 14 da Constituição, que admite que sejam criadas outras inelegibilidades por Lei Complementar, desde possuam caráter relativo. Inelegibilidade absoluta, segundo a doutrina, só na Constituição Federal de 1988.

A primeira inelegibilidade está prevista no art. 14, § 4º:

> ***Art. 14** [...]*
>
> *§ 4º São inelegíveis os inalistáveis e os analfabetos.*

Trata-se de uma inelegibilidade absoluta que impede os inalistáveis e analfabetos a concorrerem a qualquer cargo eletivo. Nota-se primeiramente que a Constituição se refere aos inalistáveis como "inelegíveis". Todas as vezes que se encontrar o termo inalistável, deve-se pensar automaticamente em estrangeiros e conscritos. Logo, são inelegíveis os estrangeiros, conscritos e analfabetos.

Quanto aos analfabetos, uma questão merece atenção: os analfabetos podem votar, mas não podem receber votos.

Em seguida, tem-se o § 5º, que traz a chamada regra da reeleição. Trata-se de uma espécie de inelegibilidade relativa por meio do qual alguns titulares de cargos políticos ficam impedidos de se reelegerem por mais de duas eleições consecutivas, ou seja, é permitida apenas uma reeleição:

> ***Art. 14*** *[...]*
>
> *§ 5º O Presidente da República, os Governadores de Estado e do Distrito Federal, os Prefeitos e quem os houver sucedido, ou substituído no curso dos mandatos poderão ser reeleitos para um único período subsequente.*

O primeiro ponto interessante desse parágrafo está na restrição que só ocorre para os membros do Poder Executivo (presidente, governador e prefeito). Logo, um membro do Poder Legislativo poderá se reeleger quantas vezes ele quiser, enquanto o membro do Poder Executivo só poderá se reeleger uma única vez. Ressalte-se que o impedimento se aplica também a quem suceder ou substituir o titular dos cargos supracitados.

Mais uma regra de inelegibilidade relativa encontra-se no § 6º:

> ***Art. 14*** *[...]*
>
> *§ 6º Para concorrerem a outros cargos, o Presidente da República, os Governadores de Estado e do Distrito Federal e os Prefeitos devem renunciar aos respectivos mandatos até seis meses antes do pleito.*

Estamos diante da chamada regra de **desincompatibilização**. Da mesma forma que o dispositivo anterior só se aplica aos membros do Poder Executivo, e essa norma exige que os representantes desse Poder, para que possam concorrer a outro cargo, devem renunciar os respectivos mandatos até seis meses antes do pleito.

Ainda há a chamada inelegibilidade reflexa, ou em razão do parentesco. Essa hipótese gera um impedimento, não ao titular do cargo político, mas aos seus parentes até segundo grau. Também se aplica apenas aos membros do Poder Executivo:

> ***Art. 14*** *[...]*
>
> *§ 7º São inelegíveis, no território de jurisdição do titular, o cônjuge e os parentes consanguíneos ou afins, até o segundo grau ou por adoção, do Presidente da República, de Governador de Estado ou Território, do Distrito Federal, de Prefeito ou de quem os haja substituído dentro dos seis meses anteriores ao pleito, salvo se já titular de mandato eletivo e candidato à reeleição.*

O impedimento gerado está relacionado ao território de jurisdição do titular da seguinte forma:

- O prefeito gera inelegibilidade aos cargos de Prefeito e vereador do mesmo município;
- O governador gera inelegibilidade aos cargos de prefeito, vereador, deputado estadual, deputado federal, senador da República e governador do mesmo Estado Federativo;
- O Presidente gera inelegibilidade a todos os cargos eletivos do país.

São parentes de 1º grau: pai, mãe, filho, sogro. São parentes de 2º grau: avô, irmão, neto, cunhado.

O STF editou a Súmula Vinculante nº 18, que diz:

> ***Súmula Vinculante nº 18*** *A dissolução da sociedade ou do vínculo conjugal, no curso do mandato, não afasta a inelegibilidade prevista no § 7º do art. 14 da Constituição Federal.*

Lei complementar pode estabelecer novas hipóteses de inelegibilidade relativa. É o que dispõe o § 9º do art. 14:

> ***Art. 14*** *[...]*
>
> *§ 9º Lei complementar estabelecerá outros casos de inelegibilidade e os prazos de sua cessação, a fim de proteger a probidade administrativa, a moralidade para exercício de mandato considerada vida pregressa do candidato, e a normalidade e legitimidade das eleições contra a influência do poder econômico ou o abuso do exercício de função, cargo ou emprego na administração direta ou indireta.*

Com base no texto, é possível concluir que o rol de inelegibilidades relativas previstas na Constituição Federal de 1988 é meramente exemplificativo. Há ainda a Lei Complementar nº 64/1990 que traz várias hipóteses de inelegibilidade.

6.1.3 Condições para eleição do militar

O militar pode se candidatar a cargo político eletivo desde que observadas as regras estabelecidas no § 8º do art. 14:

> ***Art. 14*** *[...]*
>
> *§ 8º O militar alistável é elegível, atendidas as seguintes condições:*
>
> *I – se contar menos de dez anos de serviço, deverá afastar-se da atividade;*
>
> *II – se contar mais de dez anos de serviço, será agregado pela autoridade superior e, se eleito, passará automaticamente, no ato da diplomação, para a inatividade.*

Primeiramente, deve-se ressaltar que a Constituição veda a filiação partidária aos militares:

> ***Art. 142*** *[...]*
>
> *§ 3º [...]*
>
> *V – O militar, enquanto em serviço ativo, não pode estar filiado a partidos políticos.*

Recordando as condições de elegibilidade, tem-se que é necessária a filiação partidária para ser elegível, contudo, no caso do militar, o TSE tem entendido que o registro da candidatura supre a falta de prévia filiação partidária.

Um segundo ponto interessante decorre da própria interpretação do § 8º, que prevê duas regras para eleição dos militares em razão do tempo de serviço:

- **Militar com menos de dez anos:** deve se afastar da atividade;
- **Militar com mais de dez anos:** deve ficar agregado pela autoridade superior e se eleito, passado para inatividade.

Esse prazo de dez anos escolhido pela Constituição decorre da garantia de estabilidade para os militares.

6.1.4 Impugnação de mandato eletivo

Estes parágrafos dispensam explicação e, quando aparecem em prova, costumam cobrar o próprio texto constitucional. Deve-se ter cuidado com o prazo de 15 dias para impugnação:

> ***Art. 14*** *[...]*
>
> ***§ 10*** *O mandato eletivo poderá ser impugnado ante a Justiça Eleitoral no prazo de quinze dias contados da diplomação, instruída a ação com provas de abuso do poder econômico, corrupção ou fraude.*
>
> ***§ 11*** *A ação de impugnação de mandato tramitará em segredo de justiça, respondendo o autor, na forma da lei, se temerária ou de manifesta má-fé.*

6.1.5 Cassação, suspensão e perda dos direitos políticos

Uma coisa é certa: não existe cassação de direitos políticos no Brasil. Isso não pode ser esquecido, pois sempre é cobrado em prova. Apesar dessa norma protetiva, são permitidas a perda e a suspensão desses direitos, conforme disposto no art. 15 da Constituição:

> ***Art. 15*** *É vedada a cassação de direitos políticos, cuja perda ou suspensão só se dará nos casos de:*
>
> *I – Cancelamento da naturalização por sentença transitada em julgado;*
>
> *II – Incapacidade civil absoluta;*
>
> *III – Condenação criminal transitada em julgado, enquanto durarem seus efeitos;*
>
> *IV – Recusa de cumprir obrigação a todos imposta ou prestação alternativa, nos termos do art. 5º, VIII;*
>
> *V – Improbidade administrativa, nos termos do art. 37, § 4º.*

Observe-se que o texto constitucional não esclareceu muito bem quais são as hipóteses de perda ou suspensão, trabalho esse que ficou a cargo da doutrina fazer. Seguem abaixo as hipóteses de perda ou suspensão:

- **Cancelamento da naturalização por sentença transitada em julgado:** trata-se de perda dos direitos políticos. Ora, se o indivíduo teve cancelado seu vínculo com o Estado Brasileiro, não há sentido em lhe garantir os direitos políticos.
- **Incapacidade civil absoluta:** apesar de ser absoluta, essa incapacidade civil pode cessar dependendo da situação. Logo, é hipótese de suspensão dos direitos políticos.
- **Condenação criminal transitada em julgado, enquanto durarem seus efeitos:** condenação criminal é suspensão, pois dura enquanto durar a pena. Deve-se ter cuidado com essa questão em prova. O efeito da suspensão sobre os direitos políticos independe do tipo de pena aplicada ao cidadão.
- **Recusa de cumprir obrigação a todos imposta ou prestação alternativa, nos termos do art. 5º, inciso VIII:** essa é a famosa hipótese da escusa de consciência. Em relação a esse tema, existe divergência na doutrina. Parte da doutrina Constitucional entende que é hipótese de perda, outra parte da doutrina, principalmente eleitoral, entende que seja hipótese de suspensão.
- **Improbidade administrativa, nos termos do art. 37, § 4º, CF/1988/1988:** essa é mais uma hipótese de suspensão dos direitos políticos.

6.1.6 Princípio da anterioridade eleitoral

Este princípio exige o prazo de um ano para aplicação de lei que altere processo eleitoral. Isso visa a evitar que os candidatos sejam pegos de surpresa com as regras eleitorais. O art. 16 da Constituição Federal de 1988 diz:

> ***Art. 16*** *A lei que alterar o processo eleitoral entrará em vigor na data de sua publicação, não se aplicando à eleição que ocorra até um ano da data de sua vigência.*

6.2 Partidos políticos

6.2.1 Natureza jurídica dos partidos políticos

Os partidos políticos, segundo previsão expressa da Constituição Federal de 1988, possuem natureza jurídica de direito privado. Segundo o disposto no art. 17, § 2º:

> *§ 2º Os partidos políticos, após adquirirem personalidade jurídica, na forma da lei civil, registrarão seus estatutos no Tribunal Superior Eleitoral.*

Quando a Constituição determina que os partidos devem adquirir sua personalidade jurídica na forma da lei civil, praticamente, afirma que é uma pessoa jurídica de direito privado apesar de ser exigido seu registro no TSE.

6.2.2 Direitos dos partidos

Os partidos possuem vários direitos previstos expressamente na Constituição Federal de 1988, dentre os quais destacam-se:

- **Recursos do fundo partidário;**
- **Acesso gratuito ao rádio e à televisão (Lei nº 9.096/1995).**

6.2.3 Limitações aos partidos

Apesar da liberdade estampada no *caput* do art. 17 da CF/1988/1988, é possível perceber que a criação dos partidos políticos possui algumas limitações:

> ***Art. 17*** *É livre a criação, fusão, incorporação e extinção de partidos políticos, resguardados a soberania nacional, o regime democrático, o pluripartidarismo, os direitos fundamentais da pessoa humana e observados os seguintes preceitos:*
>
> *I – Caráter nacional;*
>
> *II – Proibição de recebimento de recursos financeiros de entidade ou governo estrangeiros ou de subordinação a estes;*
>
> *III – Prestação de contas à Justiça Eleitoral;*
>
> *IV – Funcionamento parlamentar de acordo com a lei. [...]*
>
> *§ 4º É vedada a utilização pelos partidos políticos de organização paramilitar.*

6.2.4 Verticalização

Antes da Emenda Constitucional nº 52/2006, era utilizada a chamada Verticalização, que significava a necessidade de vinculação das candidaturas do nível nacional, estadual, distrital ou municipal. Vejamos como está escrito agora:

> *§ 1º É assegurada aos partidos políticos autonomia para definir sua estrutura interna e estabelecer regras sobre escolha, formação e duração de seus órgãos permanentes e provisórios e sobre sua organização e funcionamento e para adotar os critérios de escolha e o regime de suas coligações nas eleições majoritárias, vedada a sua celebração nas eleições proporcionais, sem obrigatoriedade de vinculação entre as candidaturas em âmbito nacional, estadual, distrital ou municipal, devendo seus estatutos estabelecer normas de disciplina e fidelidade partidária.*

Significa dizer que não é mais preciso haver vinculação das candidaturas nos diversos níveis federativos (União, Estados, Distrito Federal e Municípios).

7 ORGANIZAÇÃO DOS PODERES DO ESTADO

Com o objetivo de limitar o poder do Estado, alguns filósofos desenvolveram a tese de que, se o poder estivesse nas mãos de várias pessoas, seria possível controlá-lo de uma forma melhor. Essa necessidade se deu em razão dos grandes abusos cometidos pelos imperadores que agiam arbitrariamente com seus súditos. A partir de então, surgiu a **Teoria da Separação dos Poderes**, também chamada de Tripartição dos Poderes. Antes de analisar cada um dos Poderes do Estado, são explorados a seguir dois princípios constitucionais essenciais para entender essa organização: **Tripartição dos Poderes** e **Federativo.**

7.1 Princípio da tripartição dos poderes

O primeiro princípio constitucional importante para o estudo da organização dos poderes é o princípio da tripartição dos poderes, também chamado de princípio da separação dos poderes. Sua origem histórica tem como fundamento a necessidade de se limitar os poderes do Estado. Alguns filósofos perceberam que se o Poder do Estado estivesse dividido entre três entidades diferentes, seria possível que a sociedade exercesse um maior controle sobre sua utilização.

Foi aí que surgiu a ideia de se dividir o Poder do Estado em três poderes, cada qual responsável pelo desenvolvimento de uma função principal do Estado:

- **Poder Executivo:** função principal (típica) de administrar o Estado.
- **Poder Legislativo:** função principal (típica) de legislar e fiscalizar as contas públicas.
- **Poder Judiciário:** função principal (típica) jurisdicional.

Além da sua própria função, a Constituição Federal de 1988 criou uma sistemática que permite a cada um dos poderes o exercício da função do outro poder. É a função atípica:

- **Poder Executivo:** função atípica de legislar e julgar.
- **Poder Legislativo:** função atípica de administrar e julgar.
- **Poder Judiciário:** função atípica de administrar e legislar.

Dessa forma, pode-se dizer que, além da própria função, cada poder exercerá de forma acessória a função do outro poder.

Uma pergunta sempre surge na cabeça dos estudantes e poderá aparecer em prova: qual dos três poderes é mais importante?

A única resposta possível é a inexistência de poder mais importante. Cada poder possui sua própria função de forma que não se pode afirmar que exista hierarquia entre os poderes do Estado. Como diz a Constituição no art. 2º:

> ***Art. 2º*** *São Poderes da União, independentes e harmônicos entre si, o Legislativo, o Executivo e o Judiciário.*

7.2 Princípio federativo

Quando se fala em Federação, fala-se da Forma de Estado adotada no Brasil. A forma de Estado reflete o modo de exercício do poder político em função do território, ou seja, como o poder político está distribuído dentro do território. Para compreender esta forma de Estado precisa-se ter em mente sua principal característica: descentralização política. Dizemos então que, numa federação, o poder político está distribuído entre os vários entes federativos, ou melhor, entre quatro entes federativos:

- **União;**
- **Estados;**
- **Distrito Federal;**
- **Municípios.**

Cada um dos entes federativos possui sua própria autonomia política, a qual pode ser percebida pela capacidade de auto-organização, de criação de leis e, inclusive, de criação da sua própria Constituição. Apesar de cada ente federativo possuir essa independência, não se pode esquecer que a existência do pacto federativo pressupõe a existência de uma Constituição Federal e da impossibilidade de separação.

Uma coisa deve ficar bem clara: não existe hierarquia entre os entes federativos. O que os diferencia é a competência que cada um recebeu da Constituição Federal.

Após analisar estes dois princípios constitucionais, será feita a junção entre eles para se ver como se estruturam dentro da República Federativa do Brasil. Dessa forma, como foi visto na imagem anterior.

Agora que ficou esclarecido como o Estado Brasileiro está organizado, serão estudados os três Poderes em espécie. Começaremos pelo Poder Legislativo, sempre muito cobrado em prova.

8 PODER LEGISLATIVO

8.1 Funções típicas do Legislativo

O Poder Legislativo possui como função típica duas atribuições: legislar e fiscalizar.

- **Legislar:** significa criar leis, inovar o ordenamento jurídico.
- **Fiscalizar:** diz respeito ao controle externo das contas públicas. É a fiscalização financeira, contábil e orçamentária.

8.1.1 Informações gerais

O Poder Legislativo da União é representado pelo Congresso Nacional, cuja estrutura é bicameral, ou seja, é formado pela Câmara dos Deputados e pelo Senado Federal. Essa previsão encontra-se na Constituição Federal:

> ***Art. 44*** *O Poder Legislativo é exercido pelo Congresso Nacional, que se compõe da Câmara dos Deputados e do Senado Federal.*

A Câmara dos Deputados é composta pelos Deputados Federais que são representantes do povo eleitos segundo o sistema proporcional, devendo cada ente (Estado e Distrito Federal) eleger no mínimo 8 e no máximo 70 deputados federais. A proporcionalidade está relacionada com a quantidade da população dos entes federativos. Quanto maior for a população, mais deputados serão eleitos. Os territórios podem eleger quatro deputados. O mandato do Deputado é de quatro anos. Atualmente, existem na Câmara 513 membros. Sua organização é assim expressa na Constituição:

> ***Art. 45*** *A Câmara dos Deputados compõe-se de representantes do povo, eleitos, pelo sistema proporcional, em cada Estado, em cada Território e no Distrito Federal.*
>
> *§ 1º. O número total de Deputados, bem como a representação por Estado e pelo Distrito Federal, será estabelecido por lei complementar, proporcionalmente à população, procedendo-se aos ajustes necessários, no ano anterior às eleições, para que nenhuma daquelas unidades da Federação tenha menos de oito ou mais de setenta Deputados.*
>
> *§ 2º. Cada Território elegerá quatro Deputados.*

O **Senado Federal** é composto por senadores da República que são **representantes dos Estados e do Distrito Federal** eleitos segundo o **sistema majoritário simples ou puro**, devendo cada ente eleger três senadores. Aqui o sistema é majoritário, haja vista serem eleitos os candidatos mais votados.

O mandato do Senador é de oito anos cuja eleição de quatro em quatro anos ocorre de forma alternada. Numa eleição, elegem-se 2 e na outra 1. Cada Senador será eleito com dois suplentes. Atualmente, existem 81 Senadores. Conforme o art. 46 da Constituição Federal de 1988:

> ***Art. 46*** *O Senado Federal compõe-se de representantes dos Estados e do Distrito Federal, eleitos segundo o princípio majoritário.*
>
> *§ 1º Cada Estado e o Distrito Federal elegerão três Senadores, com mandato de oito anos.*
>
> *§ 2º A representação de cada Estado e do Distrito Federal será renovada de quatro em quatro anos, alternadamente, por um e dois terços.*
>
> *§ 3º Cada Senador será eleito com dois suplentes.*

8.1.2 Competências

Este é um dos temas mais cobrados em prova, razão pela qual precisa ser estudado com estratégia para que no momento em que o candidato enfrentar a questão, consiga resolvê-la. A melhor forma de acertar essas questões é memorizando os artigos sobre as competências, pois é dessa forma que será cobrado em prova. Uma sugestão para facilitar a memorização é fazer muitos exercícios sobre o tema.

A seguir apresentam-se as competências de cada órgão.

- **Competência do Congresso Nacional**

Uma coisa que se deve entender é que o Congresso Nacional, apesar de ser formado pela Câmara e pelo Senado, possui suas próprias competências, as quais estão previstas nos arts. 48 e 49. Um detalhe que sempre cai em prova diz respeito à diferença entre as competências desses dois artigos.

No art. 48, encontram-se as competências do Congresso que dependem de sanção presidencial, as quais serão desempenhadas mediante lei (lei ordinária ou complementar) que disponham sobre matérias de competência da União. Segue abaixo o rol dessas competências:

> ***Art. 48*** *Cabe ao Congresso Nacional, com a sanção do Presidente da República, não exigida esta para o especificado nos Arts. 49, 51 e 52, dispor sobre todas as matérias de competência da União, especialmente sobre:*
>
> *I – Sistema tributário, arrecadação e distribuição de rendas;*
>
> *II – Plano plurianual, diretrizes orçamentárias, orçamento anual, operações de crédito, dívida pública e emissões de curso forçado;*
>
> *III – Fixação e modificação do efetivo das Forças Armadas;*
>
> *IV – Planos e programas nacionais, regionais e setoriais de desenvolvimento;*
>
> *V – Limites do território nacional, espaço aéreo e marítimo e bens do domínio da União;*
>
> *VI – Incorporação, subdivisão ou desmembramento de áreas de Territórios ou Estados, ouvidas as respectivas Assembleias Legislativas;*
>
> *VII – Transferência temporária da sede do Governo Federal;*
>
> *VIII – Concessão de anistia;*
>
> *IX – organização administrativa, judiciária, do Ministério Público e da Defensoria Pública da União e dos Territórios e organização judiciária e do Ministério Público do Distrito Federal;*
>
> *X – Criação, transformação e extinção de cargos, empregos e funções públicas, observado o que estabelece o art. 84, VI, b;*
>
> *XI – Criação e extinção de Ministérios e órgãos da Administração Pública;*
>
> *XII – Telecomunicações e radiodifusão;*
>
> *XIII – Matéria financeira, cambial e monetária, instituições financeiras e suas operações;*
>
> *XIV – Moeda, seus limites de emissão, e montante da dívida mobiliária federal;*
>
> *XV – Fixação do subsídio dos Ministros do Supremo Tribunal Federal, observado o que dispõem os Arts. 39, § 4º; 150, II; 153, III; e 153, § 2º, I.*

No art. 49, têm-se as competências exclusivas do Congresso Nacional. Essas não dependem de sanção presidencial e serão formalizadas por meio de decreto legislativo:

> ***Art. 49*** *É da competência exclusiva do Congresso Nacional:*
>
> *I – Resolver definitivamente sobre tratados, acordos ou atos internacionais que acarretem encargos ou compromissos gravosos ao patrimônio nacional;*
>
> *II – Autorizar o Presidente da República a declarar guerra, a celebrar a paz, a permitir que forças estrangeiras transitem pelo território nacional ou nele permaneçam temporariamente, ressalvados os casos previstos em lei complementar;*
>
> *III – Autorizar o Presidente e o Vice-Presidente da República a se ausentarem do País, quando a ausência exceder a quinze dias;*
>
> *IV – Aprovar o estado de defesa e a intervenção federal, autorizar o estado de sítio, ou suspender qualquer uma dessas medidas;*
>
> *V – Sustar os atos normativos do Poder Executivo que exorbitem do poder regulamentar ou dos limites de delegação legislativa;*
>
> *VI – Mudar temporariamente sua sede;*
>
> *VII – Fixar idêntico subsídio para os Deputados Federais e os Senadores, observado o que dispõem os Arts. 37, XI, 39, § 4º, 150, II, 153, III, e 153, § 2º, I;*
>
> *VIII – Fixar os subsídios do Presidente e do Vice-Presidente da República e dos Ministros de Estado, observado o que dispõem os Arts. 37, XI, 39, § 4º, 150, II, 153, III, e 153, § 2º, I;*
>
> *IX – Julgar anualmente as contas prestadas pelo Presidente da República e apreciar os relatórios sobre a execução dos planos de governo;*
>
> *X – Fiscalizar e controlar, diretamente, ou por qualquer de suas Casas, os atos do Poder Executivo, incluídos os da administração indireta;*

XI – Zelar pela preservação de sua competência legislativa em face da atribuição normativa dos outros Poderes;

XII – Apreciar os atos de concessão e renovação de concessão de emissoras de rádio e televisão;

XIII – Escolher dois terços dos membros do Tribunal de Contas da União;

XIV – Aprovar iniciativas do Poder Executivo referentes a atividades nucleares;

XV – Autorizar referendo e convocar plebiscito;

XVI – Autorizar, em terras indígenas, a exploração e o aproveitamento de recursos hídricos e a pesquisa e lavra de riquezas minerais;

XVII – Aprovar, previamente, a alienação ou concessão de terras públicas com área superior a dois mil e quinhentos hectares.

XVIII – Decretar o estado de calamidade pública de âmbito nacional previsto nos arts. 167-B, 167-C, 167-D, 167-E, 167-F e 167-G desta Constituição. (Incluído pela EC nº 109/2021)

- **Competência da Câmara de Deputados**

As competências da Câmara dos Deputados estão previstas no art. 51, as quais serão exercidas, em regra, por meio de Resolução da Câmara. Apesar de o texto constitucional prever essas competências como privativas, elas não podem ser delegadas:

> ***Art. 51** Compete privativamente à Câmara dos Deputados:*
>
> *I – Autorizar, por dois terços de seus membros, a instauração de processo contra o Presidente e o Vice-Presidente da República e os Ministros de Estado;*
>
> *II – Proceder à tomada de contas do Presidente da República, quando não apresentadas ao Congresso Nacional dentro de sessenta dias após a abertura da sessão legislativa;*
>
> *III – Elaborar seu regimento interno;*
>
> *IV – Dispor sobre sua organização, funcionamento, polícia, criação, transformação ou extinção dos cargos, empregos e funções de seus serviços, e a iniciativa de lei para fixação da respectiva remuneração, observados os parâmetros estabelecidos na lei de diretrizes orçamentárias;*
>
> *V – Eleger membros do Conselho da República, nos termos do art. 89, VII.*

- **Competência do Senado Federal**

As competências do Senado Federal estão previstas no art. 52, as quais serão exercidas, em regra, por meio de Resolução do Senado. Apesar de o texto constitucional prever essas competências como privativas, elas não podem ser delegadas:

> ***Art. 52** Compete privativamente ao Senado Federal:*
>
> *I – Processar e julgar o Presidente e o Vice-Presidente da República nos crimes de responsabilidade, bem como os Ministros de Estado e os Comandantes da Marinha, do Exército e da Aeronáutica nos crimes da mesma natureza conexos com aqueles;*
>
> *II – Processar e julgar os Ministros do Supremo Tribunal Federal, os membros do Conselho Nacional de Justiça e do Conselho Nacional do Ministério Público, o Procurador-geral da República e o Advogado-Geral da União nos crimes de responsabilidade;*
>
> *III – Aprovar previamente, por voto secreto, após arguição pública, a escolha de:*
>
> *a) Magistrados, nos casos estabelecidos nesta Constituição;*
>
> *b) Ministros do Tribunal de Contas da União indicados pelo Presidente da República;*
>
> *c) Governador de Território;*
>
> *d) Presidente e diretores do banco central;*
>
> *e) Procurador-geral da República;*
>
> *f) Titulares de outros cargos que a lei determinar;*
>
> *IV – Aprovar previamente, por voto secreto, após arguição em sessão secreta, a escolha dos chefes de missão diplomática de caráter permanente;*
>
> *V – Autorizar operações externas de natureza financeira, de interesse da União, dos Estados, do Distrito Federal, dos Territórios e dos Municípios;*
>
> *VI – Fixar, por proposta do Presidente da República, limites globais para o montante da dívida consolidada da União, dos Estados, do Distrito Federal e dos Municípios;*
>
> *VII – Dispor sobre limites globais e condições para as operações de crédito externo e interno da União, dos Estados, do Distrito Federal e dos Municípios, de suas autarquias e demais entidades controladas pelo Poder Público federal;*
>
> *VIII – Dispor sobre limites e condições para a concessão de garantia da União em operações de crédito externo e interno;*
>
> *IX – Estabelecer limites globais e condições para o montante da dívida mobiliária dos Estados, do Distrito Federal e dos Municípios;*
>
> *X – Suspender a execução, no todo ou em parte, de lei declarada inconstitucional por decisão definitiva do Supremo Tribunal Federal;*
>
> *XI – Aprovar, por maioria absoluta e por voto secreto, a exoneração, de ofício, do Procurador-geral da República antes do término de seu mandato;*
>
> *XII – Elaborar seu regimento interno;*
>
> *XIII – Dispor sobre sua organização, funcionamento, polícia, criação, transformação ou extinção dos cargos, empregos e funções de seus serviços, e a iniciativa de lei para fixação da respectiva remuneração, observados os parâmetros estabelecidos na lei de diretrizes orçamentárias;*
>
> *XIV – Eleger membros do Conselho da República, nos termos do art. 89, VII;*
>
> *XV – Avaliar periodicamente a funcionalidade do Sistema Tributário Nacional, em sua estrutura e seus componentes, e o desempenho das administrações tributárias da União, dos Estados e do Distrito Federal e dos Municípios.*
>
> ***Parágrafo único.** Nos casos previstos nos incisos I e II, funcionará como Presidente o do Supremo Tribunal Federal, limitando-se a condenação, que somente será proferida por dois terços dos votos do Senado Federal, à perda do cargo, com inabilitação, por oito anos, para o exercício de função pública, sem prejuízo das demais sanções judiciais cabíveis.*

8.1.3 Imunidade parlamentar

Os parlamentares, por ocuparem uma função essencial na organização política do Estado, possuem Imunidades. As imunidades são prerrogativas inerentes à sua função que têm como objetivo garantir a sua independência durante o exercício do seu mandato. Um ponto que deve ser lembrado é que a imunidade não pertence à pessoa, e sim ao cargo, motivo pelo qual é irrenunciável. Isso significa que o parlamentar só a detém enquanto estiver no exercício de sua função.

São dois os tipos de imunidade:

- **Imunidade material:** é uma verdadeira irresponsabilidade absoluta. Também conhecida como inviolabilidade parlamentar, ela isenta o seu titular de qualquer responsabilidade civil, penal, administrativa ou mesmo política, no que tange às suas opiniões, palavras e votos. Vejamos o que diz o *caput* do art. 53:

> ***Art. 53** Os Deputados e Senadores são invioláveis, civil e penalmente, por quaisquer de suas opiniões, palavras e votos.*

Atenção!

Esta prerrogativa diz respeito apenas às opiniões, palavras e votos proferidos no exercício da função parlamentar durante o seu mandato, ainda que a busca pela responsabilização ocorra após o término do seu mandato. Não importa se está dentro do recinto parlamentar ou fora dele. O que importa é que seja praticado na função ou em razão da função parlamentar.

- **Imunidades formais:** são prerrogativas de ordem processual e ocorrem em relação **ao foro de julgamento, à prisão ao processo.**

Julgamento: a **prerrogativa de foro** decorre do previsto no art. 53, § 1º da CF/1988, que prevê:

> *§ 1º Os Deputados e Senadores, desde a expedição do diploma, serão submetidos a julgamento perante o Supremo Tribunal Federal.*

Como pode se depreender do texto constitucional, a partir da expedição do diploma o parlamentar será julgado perante o STF nas ações de natureza penal sem necessidade de autorização da Casa legislativa à qual pertence. Ressalte-se que o parlamentar será julgado no STF por infrações cometidas antes ou depois da diplomação, contudo, finalizado o seu mandato, perde-se com ele a imunidade, fazendo com que os seus processos saiam da competência do STF e passem para os demais órgãos do Judiciário, a depender da matéria em questão. Não estão incluídas nessa prerrogativa as ações de natureza cível.

Prisão: o parlamentar só poderá ser preso em flagrante delito de crime inafiançável conforme previsão do § 2º do art. 53:

> *§ 2º Desde a expedição do diploma, os membros do Congresso Nacional não poderão ser presos, salvo em flagrante de crime inafiançável. Nesse caso, os autos serão remetidos dentro de vinte e quatro horas à Casa respectiva, para que, pelo voto da maioria de seus membros, resolva sobre a prisão.*

Essa prerrogativa inicia sua abrangência a partir da diplomação e alcança qualquer forma de prisão, seja de natureza penal ou civil. A manutenção dessa prisão depende de manifestação da maioria absoluta dos membros da Casa.

Apesar de o texto constitucional não prever, interpreta-se de forma lógica que o parlamentar será preso no caso de uma sentença penal condenatória transitada em julgado.

Há também a imunidade em relação ao processo prevista no art. 53, §§ 3º ao 5º:

> *§ 3º Recebida a denúncia contra o Senador ou Deputado, por crime ocorrido após a diplomação, o Supremo Tribunal Federal dará ciência à Casa respectiva, que, por iniciativa de partido político nela representado e pelo voto da maioria de seus membros, poderá, até a decisão final, sustar o andamento da ação.*
>
> *§ 4º O pedido de sustação será apreciado pela Casa respectiva no prazo improrrogável de quarenta e cinco dias do seu recebimento pela Mesa Diretora.*
>
> *§ 5º A sustação do processo suspende a prescrição, enquanto durar o mandato.*

Processo: possibilita à Casa a qual pertence o parlamentar, pelo voto da maioria absoluta, sustar o andamento da ação penal desde que a faça antes da decisão definitiva e desde que seja em relação aos crimes cometidos após a diplomação. Não é necessária autorização da respectiva casa para processar o parlamentar.

A Casa Legislativa possui 45 dias para apreciar o pedido que, se aprovado, suspenderá o prazo prescricional da infração até o final do mandato.

8.2 Processo legislativo

O Processo Legislativo é a primeira das funções típicas do Poder Legislativo e é um conjunto de procedimentos necessários para criação das normas. A Constituição, no art. 59, apresenta algumas normas que podem ser criadas segundo essas regras:

> ***Art. 59*** *O processo legislativo compreende a elaboração de:*
>
> *I – Emendas à Constituição;*
>
> *II – Leis complementares;*
>
> *III – Leis ordinárias;*
>
> *IV – Leis delegadas;*
>
> *V – Medidas provisórias;*
>
> *VI – Decretos legislativos;*
>
> *VII – Resoluções.*
>
> ***Parágrafo único.*** *Lei complementar disporá sobre a elaboração, redação, alteração e consolidação das leis.*

Essas são as chamadas normas primárias, pois a sua fonte de validade é a própria constituição. Nem de longe são as únicas normas existentes no direito brasileiro. O candidato deve ter ouvido falar em uma portaria ou instrução normativa. Essas outras normas que não estão no art. 59, mas que também regulam nossas vidas, são chamadas de normas secundárias as quais, retiram a validade das normas primárias.

Uma pergunta que sempre é feita em prova: existe hierarquia entre as normas primárias previstas no art. 59?

Em um primeiro momento, é possível verificar hierarquia entre essas normas, haja vista as emendas constitucionais possuírem o mesmo *status* da Constituição Federal. Fora as emendas que são hierarquicamente superiores às demais, pode-se afirmar, com amparo no próprio STF, que não existe hierarquia entre demais normas primárias. Isso significa dizer que as leis complementares, leis ordinárias, leis delegadas, medidas provisórias, decretos legislativos e resoluções estão na mesma posição jurídica. O que as distingue é a competência para edição e para a utilização. Cada uma dessas normas possui uma utilização específica prevista na própria Constituição e é isso que será estudado a partir de agora. Inicia-se com o chamado **processo legislativo ordinário**.

8.2.1 Processo legislativo ordinário

Esse é o processo legislativo destinado a elaboração das leis ordinárias e complementares. É composto por três fases: **introdutória, constitutiva** e **complementar.**

- **Fase introdutória**

A fase introdutória é composta basicamente pela iniciativa, ou seja, pela deflagração do processo de criação de uma lei.

Mas quem pode iniciar esse processo legislativo?

Qualquer membro ou comissão do Congresso Nacional, da Câmara ou do Senado; o Presidente da República; o Supremo Tribunal Federal; os Tribunais Superiores; o procurador-geral da República; e os cidadãos. Isso está previsto no *caput* do art. 61:

> ***Art. 61*** *A iniciativa das leis complementares e ordinárias cabe a qualquer membro ou Comissão da Câmara dos Deputados, do Senado Federal ou do Congresso Nacional, ao Presidente da República, ao Supremo Tribunal Federal, aos Tribunais Superiores, ao Procurador-geral da República e aos cidadãos, na forma e nos casos previstos nesta Constituição.*

Algumas considerações precisam ser feitas acerca da iniciativa. Primeiramente, no que tange à iniciativa do Presidente da República: existem algumas matérias em que a iniciativa da lei é privativa do Presidente, as quais estão previstas no § 1º do art. 61:

> *§ 1º São de iniciativa privativa do Presidente da República as leis que:*
>
> *I – Fixem ou modifiquem os efetivos das Forças Armadas;*
>
> *II – Disponham sobre:*
>
> *a) criação de cargos, funções ou empregos públicos na administração direta e autárquica ou aumento de sua remuneração;*
>
> *b) organização administrativa e judiciária, matéria tributária e orçamentária, serviços públicos e pessoal da administração dos Territórios;*
>
> *c) servidores públicos da União e Territórios, seu regime jurídico, provimento de cargos, estabilidade e aposentadoria;*
>
> *d) organização do Ministério Público e da Defensoria Pública da União, bem como normas gerais para a organização do Ministério Público e da Defensoria Pública dos Estados, do Distrito Federal e dos Territórios;*
>
> *e) criação e extinção de Ministérios e órgãos da Administração Pública, observado o disposto no art. 84, VI;*
>
> *f) militares das Forças Armadas, seu regime jurídico, provimento de cargos, promoções, estabilidade, remuneração, reforma e transferência para a reserva.*

O dispositivo acima diz que só o Presidente da República tem iniciativa para propor projetos de lei sobre esses temas.

Outra consideração importante se refere à iniciativa popular, ou seja, os projetos de lei propostos por cidadãos. A Constituição no § 2º do art. 61 condiciona o exercício desta iniciativa ao preenchimento de alguns requisitos:

> *§ 2º A iniciativa popular pode ser exercida pela apresentação à Câmara dos Deputados de projeto de lei subscrito por, no mínimo, um por cento do eleitorado nacional, distribuído pelo menos por cinco Estados, com não menos de três décimos por cento dos eleitores de cada um deles.*

Também é relevante anotar a competência do STF e dos Tribunais Superiores que estão previstos no art. 93 e 96, II:

> ***Art. 93*** *Lei complementar, de iniciativa do Supremo Tribunal Federal, disporá sobre o Estatuto da Magistratura, observados os seguintes princípios.*
>
> ***Art. 96*** *Compete privativamente: [...]*
>
> *II – Ao Supremo Tribunal Federal, aos Tribunais Superiores e aos Tribunais de Justiça propor ao Poder Legislativo respectivo, observado o disposto no art. 169.*

E ainda há a iniciativa do procurador geral da República, chefe do Ministério Público da União, e que está prevista no art. 127, § 2º:

> ***Art. 127*** *[...]*
>
> *§ 2º Ao Ministério Público é assegurada autonomia funcional e administrativa, podendo, observado o disposto no art. 169, propor ao Poder Legislativo a criação e extinção de seus cargos e serviços auxiliares, provendo-os por concurso público de provas ou de provas e títulos, a política remuneratória e os planos de carreira; a lei disporá sobre sua organização e funcionamento.*

Todo processo legislativo precisa ser iniciado em uma das Casas do Poder Legislativo da União, as quais possuem atribuição principal para legislar. A Casa Legislativa, onde o projeto de lei é apresentado inicialmente, é chamada de Casa Iniciadora. Sempre o projeto se inicia em uma Casa, enquanto a outra fica responsável pela revisão. Quem revisa é chamada de Casa Revisora. Se o projeto se iniciar na Câmara dos Deputados, essa será a Casa Iniciadora, enquanto o Senado Federal será a Casa Revisora. Se ao contrário, o projeto se inicia no Senado, a Câmara será a Casa Revisora.

Em regra, a Casa Iniciadora será a Câmara dos Deputados, ou seja, é nessa casa que os processos legislativos costumam ser iniciados. Excepcionalmente, o processo legislativo se iniciará no Senado Federal. O Senado só será Casa Iniciadora quando a iniciativa for de um membro ou de uma comissão do Senado bem como nos casos em que for proposta por comissão mista do Congresso Nacional. No último caso, o processo se iniciará alternadamente em cada casa, iniciando-se uma vez na Câmara outra vez no Senado.

- **Fase Constitutiva**

Apresentado o projeto de lei à Casa Iniciadora, iniciar-se-á a Fase Constitutiva. Essa fase é formada por três momentos: discussão, votação e sanção.

8.2.2 Discussão

A discussão, também chamada de debate, é o momento destinado à discussão dos projetos de lei. A discussão ocorre em três locais: na Comissão de Constituição e Justiça (CCJ), nas Comissões Temáticas (CT) e no Plenário.

A CCJ realiza uma análise formal do projeto e emite um parecer terminativo quanto à constitucionalidade. Isso significa dizer que aquilo que for decidido por essa comissão definirá o rumo do projeto de lei analisado.

Já as Comissões Temáticas realizam um exame material e emitem pareceres meramente opinativos, ou seja, essas comissões emitem apenas uma opinião que poderá ser seguida ou não.

Após o debate nas comissões, o projeto de lei é enviado ao plenário, onde ocorre a **votação.**

Neste momento se faz necessário compreender os quóruns necessários para votação. Existem três tipos de *quórum*:

Quórum para deliberação: para a deliberação em plenário de qualquer projeto de lei é necessária a presença da maioria absoluta dos membros, conforme disposto no art. 47:

> ***Art. 47*** *Salvo disposição constitucional em contrário, as deliberações de cada Casa e de suas Comissões serão tomadas por maioria dos votos, presente a maioria absoluta de seus membros.*

Quórum para aprovação de lei ordinária: para aprovação de lei ordinária, é necessário o voto de maioria simples ou relativa dos presentes com fundamento no art. 47 acima apresentado.

Quórum para aprovação de lei complementar: para aprovação de lei complementar é necessário o voto da maioria absoluta dos membros. Vejamos o art. 69 da Constituição Federal de 1988:

> ***Art. 69*** *As leis complementares serão aprovadas por maioria absoluta.*

Mas o que é **maioria absoluta?** Calcula-se a maioria absoluta de forma muito simples. É o primeiro número inteiro após a metade.

Por exemplo: No caso do Senado Federal, que possui 81 membros, para se calcular a maioria absoluta primeiramente se busca a metade, que é 40,5. O primeiro número inteiro após a metade é 41. Logo, esse número representa a maioria absoluta do Senado. Esse raciocínio deve ser feito também com a Câmara para se chegar a sua maioria absoluta, que é 257. Lembre-se de que a maioria absoluta é um número fixo. Sempre será a mesma quantidade. Lembre-se também de que esse quórum serve tanto para iniciar as deliberações nas Casas quanto para aprovar a lei complementar.

A **maioria relativa** é a maioria dos presentes. Sua lógica é parecida com a utilizada para descobrir a maioria absoluta, com apenas uma distinção: o parâmetro aqui é a quantidade de presentes. Logo, para se calcular a maioria relativa, deve-se contar os presentes, descobrir quanto é a metade e chegar ao primeiro número inteiro após a metade. Supondo que estejam presentes 41 Senadores, o que já bastaria para se iniciar qualquer deliberação, a maioria relativa dos presentes estaria representada por 21 membros. Essa quantidade já seria suficiente para aprovar uma lei ordinária.

Entendidos esses *quóruns*, pode-se votar o projeto de lei. Duas são as consequências possíveis de um projeto de lei na Casa Iniciadora:

Rejeição: projeto de lei rejeitado deve ser arquivado.

Aprovação: projeto de lei aprovado segue para Casa Revisora.

Após a aprovação do projeto de lei na Casa Iniciadora, o projeto será encaminhado para a Casa Revisora conforme disposição do art. 65:

> ***Art. 65*** *O projeto de lei aprovado por uma Casa será revisto pela outra, em um só turno de discussão e votação, e enviado à sanção ou promulgação, se a Casa revisora o aprovar, ou arquivado, se o rejeitar.*
>
> ***Parágrafo único.*** *Sendo o projeto emendado, voltará à Casa iniciadora.*

Na Casa Revisora o projeto também precisa passar pelas mesmas comissões que passou na Casa Iniciadora até chegar ao plenário. A partir da votação, o projeto pode ter três destinos:

Rejeição: caso o projeto seja rejeitado, ele será arquivado.

Aprovação sem emenda: se aprovado sem emendas, o projeto segue para o Presidente da República sancionar ou vetar.

Aprovação com emendas: se aprovado com emendas, o projeto retorna à Casa Iniciadora, que analisará as emendas. Caso aprove as emendas, encaminhará o projeto para sanção do Presidente. Se as emendas não forem aprovadas, a Casa Iniciadora retira as emendas e, do mesmo jeito, encaminha o Projeto de Lei para sanção. Essa situação revela uma nítida prevalência da Casa Iniciadora sobre a Casa Revisora.

Uma observação deve ser feita nos casos dos Projetos de Lei rejeitados: segundo o art. 67, projeto de lei rejeitado só poderá ser apresentado novamente na mesma sessão legislativa se for apresentado pelo voto de maioria absoluta dos membros de qualquer das casas **(princípio da irrepetibilidade relativa):**

> ***Art. 67*** *A matéria constante de projeto de lei rejeitado somente poderá constituir objeto de novo projeto, na mesma sessão legislativa, mediante proposta da maioria absoluta dos membros de qualquer das Casas do Congresso Nacional.*

Fique ligado

Esse tema sempre é cobrado em prova, bem como os aspectos relacionados aos ***quóruns*** exigidos para as deliberações no parlamento. Memorize as regras e tenha cuidado para não as confundir.

Sanção ou veto: inicia-se agora o terceiro momento da fase constitutiva: a sanção ou veto. A sanção é a concordância do presidente com o projeto de lei, enquanto o veto é a sua discordância. Tanto a sanção quanto o veto estão regulados no art. 66:

> ***Art. 66*** *A Casa na qual tenha sido concluída a votação enviará o projeto de lei ao Presidente da República, que, aquiescendo, o sancionará.*
>
> *§ 1º Se o Presidente da República considerar o projeto, no todo ou em parte, inconstitucional ou contrário ao interesse público, vetá-lo-á total ou parcialmente, no prazo de quinze dias úteis, contados da data do recebimento, e comunicará, dentro de quarenta e oito horas, ao Presidente do Senado Federal os motivos do veto.*

Primeiramente, serão analisados alguns aspectos importantes da sanção. O § 1º do art. 66 afirma que o Presidente possui 15 dias úteis para manifestar-se sobre o projeto de lei. Esse parágrafo apresenta a modalidade de Sanção Expressa. Sanção Expressa é aquela em que o Presidente expressamente manifesta sua concordância com o projeto de lei. Ele deixa clara sua opinião a favor do projeto de lei.

Outra forma de sanção é a chamada sanção tácita. Vejamos o § 3º do mesmo artigo:

> ***Art. 66*** *[...]*
>
> *§ 3º Decorrido o prazo de quinze dias, o silêncio do Presidente da República importará sanção.*

A sanção tácita ocorre quando o Presidente, durante o prazo que possui de 15 dias, não manifesta sua vontade quanto ao projeto de lei. Simplesmente fica em silêncio.

O silêncio do Presidente significa concordância com o projeto de lei. Note que com a sanção o projeto de lei se transforma em lei.

Quanto ao veto, algumas considerações também precisam ser feitas. Utilizando a mesma fundamentação do art. 66, pode-se afirmar que o Presidente possui o prazo de 15 dias úteis para concordar ou discordar do projeto de lei. Agora, havendo discordância de forma expressa tem-se o chamado **veto expresso**. Uma pergunta surge diante dessa afirmação: será que existe veto tácito?

Se durante o prazo de 15 dias úteis, o presidente não falar nada, tem-se a sanção tácita. Seria possível o silêncio do presidente provocar duas consequências jurídicas diferentes? Não. Logo, pode-se afirmar que não existe veto tácito. O veto será sempre expresso.

O veto pode ser jurídico ou político. O veto jurídico ocorre quando o Presidente considera o projeto de lei inconstitucional. É uma espécie de controle de constitucionalidade prévio, pois ocorre antes da criação da lei. Já o veto político ocorre quando o presidente veta o projeto de lei por considerá-lo contrário ao interesse público.

A doutrina afirma ainda que o veto poderá ser total ou parcial. O **veto total** ocorre quando o presidente veta todo o projeto de lei. O **veto parcial** é aquele em que o presidente veta parte do projeto de lei. No que tange ao veto parcial, a Constituição estabeleceu alguns limites no § 2º:

> ***Art. 66*** *[...]*
>
> *§ 2º O veto parcial somente abrangerá texto integral de artigo, de parágrafo, de inciso ou de alínea.*

Ou seja, não existe veto de palavras ou letras isoladas. O veto só pode abranger o texto integral de um artigo, parágrafo, inciso ou de alínea.

O veto tem que ser motivado, pois, conforme prevê o § 1º do art. 61 o presidente deverá informar a sua justificativa ao presidente do Senado Federal em 48 horas. Isso se faz necessário em razão do veto ser superável, ou seja, o Congresso, em 30 dias, analisará o veto e poderá, pelo voto de maioria absoluta dos deputados e senadores, rejeitá-lo. É o que dispõe o § 4º do art. 66:

> *§ 4º O veto será apreciado em sessão conjunta, dentro de trinta dias a contar de seu recebimento, só podendo ser rejeitado pelo voto da maioria absoluta dos Deputados e Senadores.*

Derrubado o veto, o projeto será enviado ao Presidente da República para que o promulgue:

> *§ 5º Se o veto não for mantido, será o projeto enviado, para promulgação, ao Presidente da República.*

Finalizado o terceiro momento da fase constitutiva, inicia-se agora a fase complementar.

- **Fase complementar**

A fase complementar consiste em dois momentos: a promulgação e a publicação.

A promulgação é um atestado de que a lei existe. Em regra, é feita pelo Presidente da República; contudo, nos casos de sanção tácita ou rejeição do veto, em que o Presidente não promulgue a lei em 48 horas, a competência para fazê-la será do presidente do Senado Federal e, se esse não a fizer, será competente o Vice-Presidente do Senado. A publicação marca o início da exigência da lei.

> *§ 7º Se a lei não for promulgada dentro de quarenta e oito horas pelo Presidente da República, nos casos dos § 3º e § 5º, o Presidente do Senado a promulgará, e, se este não o fizer em igual prazo, caberá ao Vice-Presidente do Senado fazê-lo.*

Após a promulgação, há a **publicação**. A publicação marca o momento em que a norma se torna conhecida da sociedade, pois passa a ser pública. Essa publicidade é feita em jornais oficiais como o Diário Oficial da União. A partir da publicação, se não houver outro prazo para o início da vigência, a lei poderá ser exigida.

Esse é o processo legislativo das leis ordinárias e complementares. A diferença entre o processo legislativo das leis ordinárias e o das leis complementares está no quórum de aprovação. Além dessa diferença, a doutrina tem salientado que, para uma matéria ser regulada por lei complementar, deve haver exigência expressa do texto constitucional.

Passa-se para outra espécie de processo legislativo: o Processo Legislativo Sumário.

8.2.3 Processo legislativo sumário

O processo legislativo sumário é o processo legislativo ordinário com prazo. Regulado no art. 64, o processo legislativo sumário é caracterizado pelo pedido de urgência solicitado pelo Presidente da República nos projetos de Lei de sua iniciativa, ainda que não seja de iniciativa privativa.

> *Art. 64, § 1º O Presidente da República poderá solicitar urgência para apreciação de projetos de sua iniciativa.*

Pedida a urgência, o Congresso Nacional deverá analisar o projeto de lei no prazo de 100 dias os quais são destinados:

- **45 dias para análise da Câmara dos Deputados (Casa Iniciadora);**
- **45 dias para análise do Senado (Casa Revisora);**
- **10 dias para a Casa Iniciadora analisar as emendas se existirem.**

Esta é a leitura dos § 2º e 3º do art. 64:

> *§ 2º Se, no caso do § 1º, a Câmara dos Deputados e o Senado Federal não se manifestarem sobre a proposição, cada qual sucessivamente, em até quarenta e cinco dias, sobrestar-se-ão todas as demais deliberações legislativas da respectiva Casa, com exceção das que tenham prazo constitucional determinado, até que se ultime a votação.*
>
> *§ 3º A apreciação das emendas do Senado Federal pela Câmara dos Deputados far-se-á no prazo de dez dias, observado quanto ao mais o disposto no parágrafo anterior.*

O § 2º apresentado também prevê que se qualquer uma das Casas Legislativas não votar o Projeto de Lei no prazo de 45 dias, a votação das demais proposituras ficará sobrestada até que se realize a votação. É o chamado sobrestamento ou trancamento de pauta.

A Constituição também deixou clara sua vedação de pedido de urgência para projetos de códigos bem como a suspensão do prazo nos recessos parlamentares:

> *§ 4º Os prazos do § 2º não correm nos períodos de recesso do Congresso Nacional, nem se aplicam aos projetos de código.*

É possível afirmar que todos os processos legislativos em regime de urgência se iniciam na Câmara dos Deputados?

Certamente que sim, visto que só pode ser pedido pelo Presidente da República e este, quando inicia o processo legislativo, o faz na Câmara dos Deputados conforme disposição expressa no *caput* do art. 64:

> ***Art. 64*** *A discussão e votação dos projetos de lei de iniciativa do Presidente da República, do Supremo Tribunal Federal e dos Tribunais Superiores terão início na Câmara dos Deputados.*

8.2.4 Processo legislativo especial

O processo legislativo especial é o processo de criação das demais espécies normativas previstas no art. 59: emendas constitucionais, medidas provisórias, leis delegadas, decretos legislativos e resoluções. As leis ordinárias e complementares são criadas segundo o processo legislativo ordinário. Nesta apostila não serão estudados todos os processos legislativos especiais. Focalizam-se as duas principais, mais cobradas em prova: emendas constitucionais e medidas provisórias.

8.2.5 Emendas à Constituição

A aprovação de emendas à Constituição decorre do poder constituinte derivado reformador, que é o único legitimado para alterar o texto constitucional. As emendas são as únicas espécies normativas responsáveis pela alteração da Constituição Federal.

O processo legislativo das emendas é diferenciado, tendo em vista seu poder normativo ser muito grande, pois é o da própria Constituição Federal de 1988. Logo, é um processo mais dificultado, mais rigoroso. A CF/1988/1988 regula esse processo no seu art. 60.

Primeiramente, será analisada a iniciativa, que é o rol de legitimados para propor a alteração do Texto Constitucional. Vejamos o *caput* do art. 60, que possui um rol de legitimados para propor emendas, o qual é diferente do rol de legitimados para propor projetos de lei:

> ***Art. 60*** *A Constituição poderá ser emendada mediante proposta:*
>
> *I – De um terço, no mínimo, dos membros da Câmara dos Deputados ou do Senado Federal;*
>
> *II – Do Presidente da República;*
>
> *III – De mais da metade das Assembleias Legislativas das unidades da Federação, manifestando-se, cada uma delas, pela maioria relativa de seus membros.*

Atente-se para alguns detalhes que são muito importantes. Um deputado ou senador não pode propor emenda à Constituição, só se estiverem representados por 1/3, no mínimo, dos membros. Outro ponto relevante é saber que o Presidente da República é legitimado para propor tanto lei quanto emenda. E, por último, deve-se ter cuidado com o último legitimado, que é um pouco diferente: mais da metade das Assembleias legislativas das unidades da federação, manifestando-se, cada uma delas, pela maioria relativa de seus membros. Deve-se ter muito cuidado, principalmente, com o *quórum* exigido aqui, que é a maioria relativa dos membros, e não maioria absoluta.

A aprovação de Emendas depende de um *quórum* bem qualificado: aprovação nas duas Casas, em dois turnos em cada Casa, por 3/5 dos membros em cada votação. É o que prevê o § 2º do art. 60:

> *§ 2º A proposta será discutida e votada em cada Casa do Congresso Nacional, em dois turnos, considerando-se aprovada se obtiver, em ambos, três quintos dos votos dos respectivos membros.*

Não depende de sanção presidencial que, após aprovada, vai direto para promulgação, que fica a cargo das Mesas da Câmara e do Senado. Caso a proposta seja rejeitada por qualquer uma das Casas, deverá ser arquivada aplicando-se o princípio da irrepetibilidade absoluta, o qual significa que a mesma proposta, uma vez rejeitada, não pode ser reapresentada na mesma sessão legislativa, conforme estabelecido no art. 60:

> *§ 3º A emenda à Constituição será promulgada pelas Mesas da Câmara dos Deputados e do Senado Federal, com o respectivo número de ordem. [...]*
>
> *§ 5º A matéria constante de proposta de emenda rejeitada ou havida por prejudicada não pode ser objeto de nova proposta na mesma sessão legislativa.*

A edição de Emendas Constitucionais obedece a alguns limites constitucionais chamados de limites circunstanciais e limites materiais.

Os limites circunstanciais são momentos em que não se podem apresentar propostas de emendas constitucionais. São três os momentos: intervenção federal, estado de defesa e estado de sítio. Assim, dispõe o § 1º do art. 60:

> *§ 1º. A Constituição não poderá ser emendada na vigência de intervenção federal, de estado de defesa ou de estado de sítio.*

Os **limites materiais** são temas que não podem ser retirados da Constituição Federal, pois compõem seu núcleo imutável. São as chamadas cláusulas pétreas previstas no § 4º do art. 60:

> *§ 4º Não será objeto de deliberação a proposta de emenda tendente a abolir:*
>
> *I – A forma federativa de Estado;*
>
> *II – O voto direto, secreto, universal e periódico;*
>
> *III – A separação dos Poderes;*
>
> *IV – Os direitos e garantias individuais.*

8.2.6 Medidas provisórias

O art. 62 é destinado à regulação das medidas provisórias . A edição dessa espécie normativa é de competência privativa do Presidente da República e só pode ser elaborada em situação de relevância e urgência. É uma função atípica desempenhada pelo Chefe do Executivo. Veja o *caput* do art. 62:

> ***Art. 62*** *Em caso de relevância e urgência, o Presidente da República poderá adotar medidas provisórias, com força de lei, devendo submetê-las de imediato ao Congresso Nacional.*

A medida provisória não é uma lei, mas tem força de lei. Depois de editada, produz efeitos imediatos, mas precisa ser submetida à apreciação do Congresso Nacional.

Primeiramente, passa por uma comissão mista do Congresso para verificação dos requisitos constitucionais, seguindo posteriormente para o plenário de cada Casa Legislativa. A Casa Iniciadora obrigatória é a Câmara dos Deputados, tendo em vista a competência ser do Presidente da República:

> *§ 5º A deliberação de cada uma das Casas do Congresso Nacional sobre o mérito das medidas provisórias dependerá de juízo prévio sobre o atendimento de seus pressupostos constitucionais. [...]*
>
> *§ 8º As medidas provisórias terão sua votação iniciada na Câmara dos Deputados.*
>
> *§ 9º Caberá à comissão mista de Deputados e Senadores examinar as medidas provisórias e sobre elas emitir parecer, antes de serem apreciadas, em sessão separada, pelo plenário de cada uma das Casas do Congresso Nacional.*

O Congresso tem um prazo de 60 dias para manifestar-se sobre a Medida Provisória, o qual poderá ser prorrogado por mais 60 dias se necessário. Esse prazo ficará suspenso durante os recessos parlamentares. Se, porventura, nos primeiros 45 dias a MP não for analisada, a pauta da Casa onde se encontrar entrará em regime de urgência sobrestando as demais deliberações. O sobrestamento da pauta, também conhecido como trancamento de pauta, impede a Casa Legislativa de votar outra proposição que não possua prazo enquanto a Medida Provisória não for votada:

> *§ 3º As medidas provisórias, ressalvado o disposto nos §§ 11 e 12 perderão eficácia, desde a edição, se não forem convertidas em lei no prazo de sessenta dias, prorrogável, nos termos do § 7º, uma vez por igual período, devendo o Congresso Nacional disciplinar, por decreto legislativo, as relações jurídicas delas decorrentes.*
>
> *§ 4º O prazo a que se refere o § 3º contar-se-á da publicação da medida provisória, suspendendo-se durante os períodos de recesso do Congresso Nacional.*
>
> *§ 6º Se a medida provisória não for apreciada em até quarenta e cinco dias contados de sua publicação, entrará em regime de urgência, subsequentemente, em cada uma das Casas do Congresso Nacional, ficando sobrestadas, até que se ultime a votação, todas as demais deliberações legislativas da Casa em que estiver tramitando.*
>
> *§ 7º Prorrogar-se-á uma única vez por igual período a vigência de medida provisória que, no prazo de sessenta dias, contado de sua publicação, não tiver a sua votação encerrada nas duas Casas do Congresso Nacional.*

A apreciação da Medida Provisória pelo Congresso Nacional pode gerar três consequências:

- **Conversão em lei sem emendas:** havendo conversão integral da MP em lei, ela seguirá para promulgação pelo presidente da mesa do Congresso Nacional.
- **Conversão em lei com emendas:** havendo conversão parcial a MP se transformará em projeto de lei, seguindo todos os trâmites normais, inclusive em relação a sanção presidencial:

> *§ 12 Aprovado projeto de lei de conversão alterando o texto original da medida provisória, esta manter-se-á integralmente em vigor até que seja sancionado ou vetado o projeto.*

- **Rejeição:** a rejeição pode ser tácita ou expressa. Em ambos os casos, se rejeitada, a MP perde sua eficácia desde a origem (*ex tunc*). Nesse caso o Congresso Nacional terá 60 dias para disciplinar as relações jurídicas decorrentes do período em que estava em vigor mediante Decreto Legislativo. Caso não o faça, os atos praticados durante a vigência da MP permanecerão regulados pela própria Medida Provisória:

> *§ 11 Não editado o decreto legislativo a que se refere o § 3º até sessenta dias após a rejeição ou perda de eficácia de medida provisória, as relações jurídicas constituídas e decorrentes de atos praticados durante sua vigência conservar-se-ão por ela regidas.*

- A medida provisória rejeitada ou que tenha perdido a eficácia não poderá ser reeditada na mesma sessão legislativa aplicando-se nesse caso o princípio da irrepetibilidade absoluta:

> *§ 10 É vedada a reedição, na mesma sessão legislativa, de medida provisória que tenha sido rejeitada ou que tenha perdido sua eficácia por decurso de prazo.*

É importante destacar que **não poderão ser editadas** medidas provisórias que versem sobre os **limites materiais** estabelecidos no art. 62, § 1º e no art. 25, § 2º da Constituição Federal de 1988:

> ***Art. 61** [...]*
>
> *§ 1º É vedada a edição de medidas provisórias sobre matéria:*
>
> *I – Relativa a:*
>
> *a) nacionalidade, cidadania, direitos políticos, partidos políticos e direito eleitoral;*
>
> *b) direito penal, processual penal e processual civil;*
>
> *c) organização do Poder Judiciário e do Ministério Público, a carreira e a garantia de seus membros;*
>
> *d) planos plurianuais, diretrizes orçamentárias, orçamento e créditos adicionais e suplementares, ressalvado o previsto no art. 167, § 3º;*
>
> *I – Que vise a detenção ou sequestro de bens, de poupança popular ou qualquer outro ativo financeiro;*
>
> *II – Reservada a lei complementar;*
>
> *III – Já disciplinada em projeto de lei aprovado pelo Congresso Nacional e pendente de sanção ou veto do Presidente da República.*
>
> ***Art. 25** Os Estados organizam-se e regem-se pelas Constituições e leis que adotarem, observados os princípios desta Constituição. [...]*
>
> *§ 2º Cabe aos Estados explorar diretamente, ou mediante concessão, os serviços locais de gás canalizado, na forma da lei, vedada a edição de medida provisória para a sua regulamentação.*

8.3 Função fiscalizadora

Essa é a segunda função típica do Poder Legislativo. Além de criar normas, o Congresso Nacional também possui como função principal a fiscalização contábil, financeira e orçamentária da União e de suas Entidades da Administração direta e Indireta. Vejamos o art. 70 da Constituição Federal de 1988:

> ***Art. 70** A fiscalização contábil, financeira, orçamentária, operacional e patrimonial da União e das entidades da administração direta e indireta, quanto à legalidade, legitimidade, economicidade, aplicação das subvenções e renúncia de receitas, será exercida pelo Congresso Nacional, mediante controle externo, e pelo sistema de controle interno de cada Poder.*
>
> ***Parágrafo único.** Prestará contas qualquer pessoa física ou jurídica, pública ou privada, que utilize, arrecade, guarde, gerencie ou administre dinheiros, bens e valores públicos ou pelos quais a União responda, ou que, em nome desta, assuma obrigações de natureza pecuniária.*

Veja que o art. 70 fala em **controle externo** e **controle interno**. São as duas formas de fiscalização vislumbrada pelo texto constitucional. O **controle interno** é aquele realizado por cada Poder. Cada um fiscaliza suas próprias contas. Já o **controle externo** é o realizado pelo Congresso Nacional, com apoio do Tribunal de Contas da União.

O art. 71 ainda apresenta as atribuições do Tribunal de Contas da União (TCU) no que tange à fiscalização exercida:

> ***Art. 71** O controle externo, a cargo do Congresso Nacional, será exercido com o auxílio do Tribunal de Contas da União, ao qual compete:*
>
> *I – Apreciar as contas prestadas anualmente pelo Presidente da República, mediante parecer prévio que deverá ser elaborado em sessenta dias a contar de seu recebimento;*
>
> *II – Julgar as contas dos administradores e demais responsáveis por dinheiros, bens e valores públicos da administração direta e indireta, incluídas as fundações e sociedades instituídas e mantidas pelo Poder Público federal, e as contas daqueles que derem causa a perda, extravio ou outra irregularidade de que resulte prejuízo ao erário público;*
>
> *III – Apreciar, para fins de registro, a legalidade dos atos de admissão de pessoal, a qualquer título, na administração direta e indireta, incluídas as fundações instituídas e mantidas pelo Poder Público, excetuadas as nomeações para cargo de provimento em comissão, bem como a das concessões de aposentadorias, reformas e pensões, ressalvadas as melhorias posteriores que não alterem o fundamento legal do ato concessório;*
>
> *IV – Realizar, por iniciativa própria, da Câmara dos Deputados, do Senado Federal, de Comissão técnica ou de inquérito, inspeções e auditorias de natureza contábil, financeira, orçamentária, operacional e patrimonial, nas unidades administrativas dos Poderes Legislativo, Executivo e Judiciário, e demais entidades referidas no inciso II;*
>
> *V – Fiscalizar as contas nacionais das empresas supranacionais de cujo capital social a União participe, de forma direta ou indireta, nos termos do tratado constitutivo;*
>
> *VI – Fiscalizar a aplicação de quaisquer recursos repassados pela União mediante convênio, acordo, ajuste ou outros instrumentos congêneres, a Estado, ao Distrito Federal ou a Município;*
>
> *VII – Prestar as informações solicitadas pelo Congresso Nacional, por qualquer de suas Casas, ou por qualquer das respectivas Comissões, sobre a fiscalização contábil, financeira, orçamentária, operacional e patrimonial e sobre resultados de auditorias e inspeções realizadas;*
>
> *VIII – Aplicar aos responsáveis, em caso de ilegalidade de despesa ou irregularidade de contas, as sanções previstas em lei, que estabelecerá, entre outras cominações, multa proporcional ao dano causado ao erário;*
>
> *IX – Assinar prazo para que o órgão ou entidade adote as providências necessárias ao exato cumprimento da lei, se verificada ilegalidade;*
>
> *X – Sustar, se não atendido, a execução do ato impugnado, comunicando a decisão à Câmara dos Deputados e ao Senado Federal;*
>
> *XI – Representar ao Poder competente sobre irregularidades ou abusos apurados.*

Uma questão sempre cobrada em prova diz respeito às regras do Tribunal de Contas da União. A primeira coisa a ser estabelecida é a situação jurídica do TCU. A qual dos três poderes pertence o TCU?

A única reposta possível: o TCU não está subordinado a nenhum Poder. Ele é um órgão autônomo que está vinculado funcionalmente ao Poder Legislativo. Não se trata de subordinação, mas de ligação funcional. Apesar da previsão de função jurisdicional, o TCU também não pertence ao Poder Judiciário. O termo utilizado no art. 73 é equivocado quando comparado à natureza do órgão:

> ***Art. 73** O Tribunal de Contas da União, integrado por nove Ministros, tem sede no Distrito Federal, quadro próprio de pessoal e jurisdição em todo o território nacional, exercendo, no que couber, as atribuições previstas no art. 96.*

Apesar de ser chamado de "tribunal" e de a Constituição Federal de 1988 ter dito que possuía "jurisdição", o TCU não é órgão do Poder Judiciário. As suas ações possuem natureza meramente administrativa.

Vencido esse tema, passa-se à análise da composição do TCU:

> *§ 1º Os Ministros do Tribunal de Contas da União serão nomeados dentre brasileiros que satisfaçam os seguintes requisitos:*
>
> *I – Mais de trinta e cinco e menos de sessenta e cinco anos de idade;*
>
> *II – Idoneidade moral e reputação ilibada;*
>
> *III – Notórios conhecimentos jurídicos, contábeis, econômicos e financeiros ou de Administração Pública;*
>
> *IV – Mais de dez anos de exercício de função ou de efetiva atividade profissional que exija os conhecimentos mencionados no inciso anterior.*
>
> *§ 2º Os Ministros do Tribunal de Contas da União serão escolhidos:*
>
> *I – Um terço pelo Presidente da República, com aprovação do Senado Federal, sendo dois alternadamente dentre auditores e membros do Ministério Público junto ao Tribunal, indicados em lista tríplice pelo Tribunal, segundo os critérios de antiguidade e merecimento;*
>
> *II – Dois terços pelo Congresso Nacional.*

Como se pode perceber, ser Ministro do TCU não é para qualquer pessoa. Faz-se necessário o preenchimento dos seguintes requisitos:

- Ser brasileiro;
- Possuir mais de trinta e cinco e menos de sessenta e cinco anos de idade;
- Possuir idoneidade moral e reputação ilibada;
- Possuir notórios conhecimentos jurídicos, contábeis, econômicos e financeiros ou de Administração Pública;
- Ter mais de dez anos de exercício de função ou de efetiva atividade profissional que exija os conhecimentos mencionados no inciso anterior.

A Constituição também regulou a forma de escolha desses membros por meio das seguintes regras:

- Um terço será escolhido pelo Presidente da República, com aprovação do Senado Federal, sendo dois alternadamente dentre auditores e membros do Ministério Público junto ao Tribunal, indicados em lista tríplice pelo Tribunal, segundo os critérios de antiguidade e merecimento;
- Dois terços pelo Congresso Nacional.

Quanto à escolha feita pelo presidente uma observação é pertinente. Dos três membros que poderão ser escolhidos pelo Presidente dois serão, obrigatoriamente, auditores e membros do Ministério Público junto ao Tribunal de Contas da União. Já o terceiro membro escolhido pelo Presidente, será de sua livre escolha desde que preenchidos os demais requisitos já mencionados.

Outra observação importantíssima e sempre cobrada em prova: a Constituição equipara os Ministros do TCU aos ministros do STJ ao passo que os auditores estão equiparados aos Juízes do TRF. Logicamente, se o auditor estiver substituindo o Ministro, a ele serão asseguradas as garantias próprias dos Ministros. Esta é a leitura dos § 3º e 4º:

> *§ 3º Os Ministros do Tribunal de Contas da União terão as mesmas garantias, prerrogativas, impedimentos, vencimentos e vantagens dos Ministros do Superior Tribunal de Justiça, aplicando-se-lhes, quanto à aposentadoria e pensão, as normas constantes do art. 40.*
>
> *§ 4º O auditor, quando em substituição a Ministro, terá as mesmas garantias e impedimentos do titular e, quando no exercício das demais atribuições da judicatura, as de juiz de Tribunal Regional Federal.*

9 PODER EXECUTIVO

O Poder Executivo, tem como função principal administrar o Estado. Para entender como o Poder Executivo brasileiro está organizado, a seguir serão analisados alguns princípios constitucionais que o influenciam.

9.1 Princípios constitucionais

9.1.1 Princípio republicano

O primeiro princípio que será estudado é o Republicano que representa a forma de governo adotada no Brasil. A forma de governo reflete o modo de aquisição e exercício do poder político, além de medir a relação existente entre o governante e o governado.

A melhor forma de entender esse instituto é conhecendo suas características. A primeira característica decorre da análise etimológica da expressão *res publica*. Essa expressão, que dá origem ao princípio ora estudado, significa coisa pública, ou seja, em um Estado republicano o governante governa a coisa pública, governa para o povo.

Na república, o governante é escolhido pelo povo. Essa é a chamada eletividade. O poder político é adquirido pelas eleições, cuja vontade popular se concretiza nas urnas.

Outra característica importante é a temporariedade. Esse atributo revela o caráter temporário do exercício do poder político. Por causa desse princípio, em nosso Estado, o governante permanece por quatro anos no poder, sendo permitida apenas uma reeleição.

Por fim, num Estado Republicano, o governante pode ser responsabilizado por seus atos.

Quando se fala dessas características da forma de governo republicana, remete-se imediatamente ao regime político adotado no Brasil, que permite a participação popular nas decisões estatais: **democracia.**

9.1.2 Princípio democrático

Esse princípio revela o **regime de governo** adotado no Brasil, também chamado de **regime político**. Caracteriza-se por um governo do povo, pelo povo e para o povo.

9.2 Presidencialismo

O **presidencialismo** é o **sistema de governo** adotado no Brasil. O sistema de governo rege a relação entre o Poder Executivo e o Legislativo, medindo o grau de dependência entre eles. No Presidencialismo, prevalece a separação entre os Poderes Executivo e Legislativo os quais são independentes e harmônicos entre si.

A Constituição declara que o Poder Executivo da União é exercido pelo Presidente da República, auxiliado por seus Ministros de Estado:

> ***Art. 76*** *O Poder Executivo é exercido pelo Presidente da República, auxiliado pelos Ministros de Estado.*

O presidencialismo possui uma característica muito importante para prova: o presidente, que é eleito pelo povo, exerce ao mesmo tempo três funções: chefe de Estado, chefe de governo e chefe da Administração Pública.

A função de chefe de Estado diz respeito a todas as atribuições do Presidente nas relações externas do País. Como chefe de governo, o presidente possui inúmeras atribuições internas, no que tange à governabilidade do país. Já como chefe da Administração Pública, o presidente exercerá as funções relacionadas com a chefia da Administração Pública Federal, ou seja, apenas da União.

Esses princípios que regem o Poder Executivo e costumam ser cobrados em prova.

Sistema de Governo → Presidencialismo.

Chefe de Estado → Relações externas do Brasil com outros Estados.

Chefe da Administração Pública → Chefe da Administração Pública Federal.

Chefe de Governo → Ações Internas de Governabilidade.

Partindo de discussões sobre o presidencialismo, que caracteriza as funções exercidas pelo Presidente da República, a seguir serão estudadas suas atribuições, que aparecem praticamente em todos os editais que contêm o Poder Executivo.

9.2.1 Atribuições do Presidente

As atribuições do Presidente da República encontram-se arroladas no art. 84 da Constituição Federal de 1988:

> ***Art. 84*** *Compete privativamente ao Presidente da República:*
>
> *I – Nomear e exonerar os Ministros de Estado;*
>
> *II – Exercer, com o auxílio dos Ministros de Estado, a direção superior da administração federal;*
>
> *III – Iniciar o processo legislativo, na forma e nos casos previstos nesta Constituição;*
>
> *IV – Sancionar, promulgar e fazer publicar as leis, bem como expedir decretos e regulamentos para sua fiel execução;*
>
> *V – Vetar projetos de lei, total ou parcialmente;*
>
> *VI – Dispor, mediante decreto, sobre:*
>
> *a) Organização e funcionamento da administração federal, quando não implicar aumento de despesa nem criação ou extinção de órgãos públicos;*
>
> *b) Extinção de funções ou cargos públicos, quando vagos;*
>
> *VII – Manter relações com Estados estrangeiros e acreditar seus representantes diplomáticos;*
>
> *VIII – Celebrar tratados, convenções e atos internacionais, sujeitos a referendo do Congresso Nacional;*
>
> *IX – Decretar o estado de defesa e o estado de sítio;*
>
> *X – Decretar e executar a intervenção federal;*
>
> *XI – Remeter mensagem e plano de governo ao Congresso Nacional por ocasião da abertura da sessão legislativa, expondo a situação do País e solicitando as providências que julgar necessárias;*
>
> *XII – Conceder indulto e comutar penas, com audiência, se necessário, dos órgãos instituídos em lei;*
>
> *XIII – Exercer o comando supremo das Forças Armadas, nomear os Comandantes da Marinha, do Exército e da Aeronáutica, promover seus oficiais-generais e nomeá-los para os cargos que lhes são privativos;*
>
> *XIV – Nomear, após aprovação pelo Senado Federal, os Ministros do Supremo Tribunal Federal e dos Tribunais Superiores, os Governadores de Territórios, o Procurador-geral da República, o presidente e os diretores do banco central e outros servidores, quando determinado em lei;*
>
> *XV – Nomear, observado o disposto no art. 73, os Ministros do Tribunal de Contas da União;*
>
> *XVI – Nomear os magistrados, nos casos previstos nesta Constituição, e o Advogado-Geral da União;*
>
> *XVII – Nomear membros do Conselho da República, nos termos do art. 89, VII;*
>
> *XVIII – Convocar e presidir o Conselho da República e o Conselho de Defesa Nacional;*
>
> *XIX – Declarar guerra, no caso de agressão estrangeira, autorizado pelo Congresso Nacional ou referendado por ele, quando ocorrida no intervalo das sessões legislativas, e, nas mesmas condições, decretar, total ou parcialmente, a mobilização nacional;*

XX – Celebrar a paz, autorizado ou com o referendo do Congresso Nacional;

XXI – Conferir condecorações e distinções honoríficas;

XXII – Permitir, nos casos previstos em lei complementar, que forças estrangeiras transitem pelo território nacional ou nele permaneçam temporariamente;

XXIII – Enviar ao Congresso Nacional o plano plurianual, o projeto de lei de diretrizes orçamentárias e as propostas de orçamento previstos nesta Constituição;

XXIV – Prestar, anualmente, ao Congresso Nacional, dentro de sessenta dias após a abertura da sessão legislativa, as contas referentes ao exercício anterior;

XXV – Prover e extinguir os cargos públicos federais, na forma da lei;

XXVI – Editar medidas provisórias com força de lei, nos termos do art. 62;

XXVII – Exercer outras atribuições previstas nesta Constituição.

XXVIII – propor ao Congresso Nacional a decretação do estado de calamidade pública de âmbito nacional previsto nos arts. 167-B, 167-C, 167-D, 167-E, 167-F e 167-G desta Constituição. (Incluído pela Emenda Constitucional nº 109/2021)

Parágrafo único: O Presidente da República poderá delegar as atribuições mencionadas nos incisos VI, XII e XXV, primeira parte, aos Ministros de Estado, ao Procurador-geral da República ou ao Advogado-Geral da União, que observarão os limites traçados nas respectivas delegações.

Atenção!

Esse tema, quando cobrado em prova, costuma trabalhar com a memorização do texto constitucional. A dica é memorizar o art. 84 da Constituição Federal de 1988.

As atribuições do presidente são de chefe de Estado, chefe de governo ou chefe da Administração Pública. Procurou-se, abaixo, adequar, conforme a melhor doutrina, as atribuições do art. 84 às funções desenvolvidas pelo Presidente no exercício de seu mandato:

- **Como chefe de Estado:** o Presidente representa o Estado nas suas relações internacionais. São funções de Chefe de Estado as previstas nos incisos VII, VIII, XIX, XX, XXII e XXVII do art. 84.
- **Como chefe de governo**: o Presidente exerce sua liderança política representando e gerindo os negócios internos nacionais. São funções de Chefe de Governo as previstas nos incisos I, III, IV, V, IX, X, XI, XII, XIII, XIV, XV, XVI, XVII, XVIII, XXI, XXIII, XXIV, XXVI e XXVII.
- **Como chefe da Administração Pública:** o Presidente gerencia os negócios internos administrativos da Administração Pública federal. São funções de Chefe da Administração Pública as previstas nos incisos II, VI, XXV e XXVII.

Uma característica interessante é que esse rol de competências é meramente exemplificativo, por força do inciso XXVII, que abre a possibilidade de o Presidente exercer outras atribuições além das previstas expressamente no texto constitucional.

Outra questão amplamente trabalhada em prova é a possibilidade de delegação de algumas de suas atribuições, conforme prescrição do parágrafo único do art. 84. Nem todas as atribuições do presidente são delegáveis, apenas as previstas nos incisos **VI, XII e XXV, primeira parte:**

VI – Dispor, mediante decreto, sobre:

a) Organização e funcionamento da administração federal, quando não implicar aumento de despesa nem criação ou extinção de órgãos públicos;

b) Extinção de funções ou cargos públicos, quando vagos; [...]

XII – Conceder indulto e comutar penas, com audiência, se necessário, dos órgãos instituídos em lei; [...]

XXV – Prover os cargos públicos federais, na forma da lei.

São três competências que podem ser delegadas para três pessoas: ministro de Estado, procurador-geral da República e advogado-geral da União.

Ministro de Estado é qualquer ministro que auxilie o Presidente da República na administração do Estado. São exemplos: ministro da Justiça, ministro da Fazenda e ministro da Agricultura.

9.2.2 Processo eleitoral

O processo de eleição do Presidente da República também encontra regulação expressa no texto constitucional:

Art. 77 *A eleição do Presidente e do Vice-Presidente da República realizar-se-á, simultaneamente, no primeiro domingo de outubro, em primeiro turno, e no último domingo de outubro, em segundo turno, se houver, do ano anterior ao do término do mandato presidencial vigente.*

§ 1º A eleição do Presidente da República importará a do Vice-Presidente com ele registrado.

§ 2º Será considerado eleito Presidente o candidato que, registrado por partido político, obtiver a maioria absoluta de votos, não computados os em branco e os nulos.

§ 3º Se nenhum candidato alcançar maioria absoluta na primeira votação, far-se-á nova eleição em até vinte dias após a proclamação do resultado, concorrendo os dois candidatos mais votados e considerando-se eleito aquele que obtiver a maioria dos votos válidos.

§ 4º Se, antes de realizado o segundo turno, ocorrer morte, desistência ou impedimento legal de candidato, convocar-se-á, dentre os remanescentes, o de maior votação.

§ 5º Se, na hipótese dos parágrafos anteriores, remanescer, em segundo lugar, mais de um candidato com a mesma votação, qualificar-se-á o mais idoso.

Algumas considerações são importantes acerca desse tema. Primeiramente, deve-se registrar que a Constituição Federal de 1988 regulou até o dia em que deve ocorrer a eleição:

- Primeiro turno: **primeiro domingo de outubro**.
- Segundo turno: **último domingo de outubro.**

Uma coisa chama a atenção no *caput* do art. 77. A Constituição Federal de 1988 diz que as eleições ocorrem no ano anterior ao do término do mandato presidencial vigente. Pergunta-se: será que essa regra é aplicável no direito brasileiro?

É claro que esse dispositivo é aplicado nos dias de hoje. A eleição ocorre no ano anterior ao do término do mandato presidencial vigente, pois o mandato acaba no dia 1º de janeiro, conforme dispõe o art. 82:

Art. 82 *O mandato do Presidente da República é de 4 (quatro) anos e terá início em 5 de janeiro do ano seguinte ao de sua eleição. (Redação dada pela Emenda Constitucional nº 111/2021)*

Se o novo mandato tem início no dia cinco de janeiro, significa que o mandato antigo acaba neste dia. Logo, está correto afirmar que as eleições ocorrem no ano anterior ao do término do mandato presidencial vigente.

Quando votamos para presidente, só votamos no presidente. O vice é eleito como consequência da eleição do presidente. Esse será eleito se tiver a maioria absoluta dos votos, não computados os votos brancos e nulos, ou seja, será eleito aquele que possuir a maioria absoluta dos votos válidos. Maioria absoluta dos votos significa dizer que o eleito obteve o primeiro número inteiro após a metade dos votos válidos. Se ninguém obtiver maioria absoluta, deve-se convocar nova eleição – segundo turno. Para o segundo turno, são chamados os dois candidatos mais votados. Se, porventura, ocorrer empate no segundo lugar, a Constituição determina que seja convocado o mais idoso.

O critério de idade é para a situação de desempate. Ocorrendo morte, desistência ou impedimento de algum candidato do segundo turno, deverá ser convocado o próximo mais votado.

Finalizada a eleição, o presidente e o vice terão prazo de dez dias a contar da posse, para assumir o cargo. Caso não seja assumido, o cargo será declarado vago. Se o presidente assume e o vice não, o cargo do vice é declarado vago, ficando o presidente sem vice até o fim do mandato. Caso o vice assuma e o presidente não, o cargo de presidente será declarado vago, assumindo o vice a função de presidente e permanecendo durante o seu mandato sem vice.

> ***Art. 78*** *O Presidente e o Vice-Presidente da República tomarão posse em sessão do Congresso Nacional, prestando o compromisso de manter, defender e cumprir a Constituição, observar as leis, promover o bem geral do povo brasileiro, sustentar a união, a integridade e a independência do Brasil.*
>
> ***Parágrafo único.*** *Se, decorridos dez dias da data fixada para a posse, o Presidente ou o Vice-Presidente, salvo motivo de força maior, não tiver assumido o cargo, este será declarado vago.*

9.2.3 Impedimento e vacância

O impedimento e a vacância são espécies de ausência do Presidente da República. São circunstâncias em que o presidente não está no exercício de sua função. A diferença entre os dois institutos está no fato de que, na vacância a ausência é definitiva, enquanto no impedimento a ausência é temporária. São exemplos de vacância: morte, perda do cargo, renúncia. São exemplos de impedimento: doença, viagem, férias. Na vacância, ocorre sucessão; no impedimento, ocorre substituição. Tanto no caso de impedimento como no de vacância, a Constituição Federal determina que o vice-presidente ficará no lugar do Presidente, pois essa é a sua função precípua:

> ***Art. 79*** *Substituirá o Presidente, no caso de impedimento, e suceder-lhe-á, no de vaga, o Vice-Presidente.*
>
> ***Parágrafo único.*** *O Vice-Presidente da República, além de outras atribuições que lhe forem conferidas por lei complementar, auxiliará o Presidente, sempre que por ele convocado para missões especiais.*

O problema maior surge quando o Presidente e o Vice se ausentam ao mesmo tempo. Nesse caso, a Constituição determina que se convoquem outros sucessores: Presidente da Câmara dos Deputados, Presidente do Senado Federal e Presidente do Supremo Tribunal Federal. Esses são os legitimados a sucederem o Presidente da República e o vice-presidente de forma sucessiva e temporária quando ocorrer a ausência dos dois ao mesmo tempo:

> ***Art. 80*** *Em caso de impedimento do Presidente e do Vice-Presidente, ou vacância dos respectivos cargos, serão sucessivamente chamados ao exercício da Presidência o Presidente da Câmara dos Deputados, o do Senado Federal e o do Supremo Tribunal Federal.*

Uma coisa deve ser observada: o vice-presidente é o único legitimado a suceder o presidente de forma definitiva. O presidente da Câmara, do Senado e do STF só substituem o presidente em caráter temporário. Isso significa que, se o presidente morrer, quem assume o cargo é o vice.

Agora, se ocorrer vacância dos cargos de presidente e de vice ao mesmo tempo, a Constituição determina que sejam realizadas novas eleições:

> ***Art. 81*** *Vagando os cargos de Presidente e Vice-Presidente da República, far-se-á eleição noventa dias depois de aberta a última vaga.*
>
> *§ 1º Ocorrendo a vacância nos últimos dois anos do período presidencial, a eleição para ambos os cargos será feita trinta dias depois da última vaga, pelo Congresso Nacional, na forma da lei.*
>
> *§ 2º Em qualquer dos casos, os eleitos deverão completar o período de seus antecessores.*

Caso a vacância se dê nos dois primeiros anos de mandato, a eleição será direta, ou seja, com a participação do povo e deverá ocorrer no prazo de 90 dias a contar da última vacância. Mas, se a vacância se der nos dois últimos anos do mandato, a eleição será indireta (realizada pelo Congresso Nacional) no prazo de 30 dias a contar da última vacância. Quem for eleito permanecerá no cargo até o fim do mandato de quem ele sucedeu. Não se inicia um novo mandato. Esse mandato é chamado pela doutrina de Mandato-Tampão.

Em qualquer uma das duas situações, enquanto não forem eleitos os novos presidente e vice-presidente, quem permanece no cargo é um dos sucessores temporários: presidente da Câmara, do Senado ou do STF.

9.2.4 Perda do cargo no caso de saída do país sem autorização do Congresso Nacional

Esse artigo prevê a possibilidade de perda do cargo do Presidente e Vice-Presidente nos casos de ausência do País por período superior a 15 dias sem licença do Congresso Nacional:

> ***Art. 83*** *O Presidente e o Vice-Presidente da República não poderão, sem licença do Congresso Nacional, ausentar-se do País por período superior a quinze dias, sob pena de perda do cargo.*

Vejamos que a Constituição Federal de 1988 não proíbe que o Presidente ou o Vice se ausentem do país sem licença do Congresso Nacional. Mas se a ausência se der por mais de 15 dias, nesse caso será indispensável a autorização da Casa Legislativa.

9.2.5 Órgãos auxiliares do Presidente da República

A Constituição nos apresenta três órgãos auxiliares do Presidente da República: ministros de Estado, Conselho da República e Conselho de Defesa Nacional. Os ministros de Estados são os auxiliares diretos do Presidente da República. Os arts. 87 e 88 trazem várias regras que podem ser trabalhadas em prova:

> ***Art. 87*** *Os Ministros de Estado serão escolhidos dentre brasileiros maiores de vinte e um anos e no exercício dos direitos políticos.*
>
> ***Parágrafo único.*** *Compete ao Ministro de Estado, além de outras atribuições estabelecidas nesta Constituição e na lei:*
>
> *I – Exercer a orientação, coordenação e supervisão dos órgãos e entidades da administração federal na área de sua competência e referendar os atos e decretos assinados pelo Presidente da República;*
>
> *II – Expedir instruções para a execução das leis, decretos e regulamentos;*
>
> *III – Apresentar ao Presidente da República relatório anual de sua gestão no Ministério;*
>
> *IV – Praticar os atos pertinentes às atribuições que lhe forem outorgadas ou delegadas pelo Presidente da República.*
>
> ***Art. 88*** *A lei disporá sobre a criação e extinção de Ministérios e órgãos da Administração Pública.*

O Conselho da República e o Conselho de Defesa Nacional também são órgãos auxiliares do Presidente da República, mas que possuem atribuição consultiva. Em situações determinadas pela Constituição, o presidente, antes de tomar alguma decisão, precisa consultar esses dois órgãos.

Seguem os arts. 89, 90 e 91, cujas regras também podem ser cobradas em prova. Destacam-se as composições e as competências desses órgãos:

> ***Art. 89** O Conselho da República é órgão superior de consulta do Presidente da República, e dele participam:*
>
> *I – O Vice-Presidente da República;*
>
> *II – O Presidente da Câmara dos Deputados;*
>
> *III – O Presidente do Senado Federal;*
>
> *IV – Os líderes da maioria e da minoria na Câmara dos Deputados;*
>
> *V – Os líderes da maioria e da minoria no Senado Federal;*
>
> *VI – O Ministro da Justiça;*
>
> *VII – Seis cidadãos brasileiros natos, com mais de trinta e cinco anos de idade, sendo dois nomeados pelo Presidente da República, dois eleitos pelo Senado Federal e dois eleitos pela Câmara dos Deputados, todos com mandato de três anos, vedada a recondução.*
>
> ***Art. 90** Compete ao Conselho da República pronunciar-se sobre:*
>
> *I – Intervenção federal, estado de defesa e estado de sítio;*
>
> *II – As questões relevantes para a estabilidade das instituições democráticas.*
>
> *§ 1º O Presidente da República poderá convocar Ministro de Estado para participar da reunião do Conselho, quando constar da pauta questão relacionada com o respectivo Ministério.*
>
> *§ 2º A lei regulará a organização e o funcionamento do Conselho da República.*
>
> ***Art. 91** O Conselho de Defesa Nacional é órgão de consulta do Presidente da República nos assuntos relacionados com a soberania nacional e a defesa do Estado democrático, e dele participam como membros natos:*
>
> *I – O Vice-Presidente da República;*
>
> *II – O Presidente da Câmara dos Deputados;*
>
> *III – O Presidente do Senado Federal;*
>
> *IV – Ministro da Justiça;*
>
> *V – O Ministro de Estado da Defesa;*
>
> *VI – O Ministro das Relações Exteriores;*
>
> *VII – O Ministro do Planejamento;*
>
> *VIII – Os Comandantes da Marinha, do Exército e da Aeronáutica.*
>
> *§ 1º Compete ao Conselho de Defesa Nacional:*
>
> *I – Opinar nas hipóteses de declaração de guerra e de celebração da paz, nos termos desta Constituição;*
>
> *II – Opinar sobre a decretação do estado de defesa, do estado de sítio e da intervenção federal;*
>
> *III – Propor os critérios e condições de utilização de áreas indispensáveis à segurança do território nacional e opinar sobre seu efetivo uso, especialmente na faixa de fronteira e nas relacionadas com a preservação e a exploração dos recursos naturais de qualquer tipo;*
>
> *IV – Estudar, propor e acompanhar o desenvolvimento de iniciativas necessárias a garantir a independência nacional e a defesa do Estado democrático.*
>
> *§ 2º A lei regulará a organização e o funcionamento do Conselho de Defesa Nacional.*

9.2.6 Responsabilidades do Presidente

A forma de governo adotada no país é a República e, por essa razão, é possível responsabilizar o Presidente da República por seus atos. A Constituição Federal de 1988 tratou de regular a responsabilização por crime de responsabilidade e por infrações penais comuns.

Antes de trabalhar com cada uma das responsabilidades, serão analisadas as chamadas imunidades.

Imunidades são prerrogativas inerentes aos cargos mais importantes do Estado. Cargos que são estratégicos e essenciais à manutenção da ordem constitucional. Entre vários, se destaca o de Presidente da República.

A imunidade pode ser:

- **Material:** é a conhecida irresponsabilidade penal absoluta. Essa imunidade protege o titular contra a responsabilização penal.
- **Formal:** são prerrogativas de cunho processual.

Um primeiro ponto essencial que precisa ser estabelecido: o presidente não possui imunidade material, contudo, em razão da importância do seu cargo, possui imunidades formais. Apesar de o Presidente não possuir imunidade material, outros cargos a possuem, por exemplo, os parlamentares.

Ao todo, pode-se elencar **quatro prerrogativas processuais** garantidas pela Constituição Federal ao Chefe do Executivo da União:

9.2.7 Prerrogativas processuais garantidas ao Presidente

- **Processo**

A Constituição exige juízo de admissibilidade emitido pela Câmara para que o presidente possa ser processado durante o seu mandato. Isso significa que o Presidente da República só poderá ser processado se a Câmara dos Deputados autorizar pelo voto de 2/3 dos membros:

> ***Art. 86** Admitida a acusação contra o Presidente da República, por dois terços da Câmara dos Deputados, será ele submetido a julgamento perante o Supremo Tribunal Federal, nas infrações penais comuns, ou perante o Senado Federal, nos crimes de responsabilidade.*

- **Prerrogativa de Foro**

O presidente não pode ser julgado por qualquer juiz, haja vista a importância da função que exerce no Estado.

Diante disso, a Constituição estabeleceu dois foros competentes para julgar o Presidente:

Supremo Tribunal Federal: será julgado pelas infrações penais comuns.

Senado Federal: será julgado pelos crimes de responsabilidade.

Analisando essas duas primeiras prerrogativas, não se pode esquecer o previsto no art. 86, § 1º:

> *§ 1º O Presidente ficará suspenso de suas funções:*
>
> *I – Nas infrações penais comuns, se recebida a denúncia ou queixa-crime pelo Supremo Tribunal Federal;*
>
> *II – Nos crimes de responsabilidade, após a instauração do processo pelo Senado Federal.*
>
> *§ 2º Se, decorrido o prazo de cento e oitenta dias, o julgamento não estiver concluído, cessará o afastamento do Presidente, sem prejuízo do regular prosseguimento do processo.*

A Constituição determina que, após iniciado o processo, tanto por infração penal comum quanto por crime de responsabilidade, o Presidente fique suspenso de suas funções pelo prazo de 180 dias, tempo necessário para que se finalize o processo. Caso o Presidente não seja julgado nesse período, ele poderá retornar ao exercício de suas funções sem prejuízo de continuidade do processo. Deve-se ter muito cuidado em prova com o início do prazo de suspensão:

- **Infração penal comum:** o prazo de suspensão inicia-se **a partir do recebimento da denúncia ou queixa.**
- **crime de responsabilidade:** o prazo de suspensão inicia-se **a partir da instauração do processo.**

Caso a Câmara autorize o processo do Presidente por crime de responsabilidade, o Senado deverá processá-lo, pois não assiste discricionariedade ao Senado em processar ou não. Sua decisão é vinculada à decisão da Câmara, pelo fato de as duas Casas serem políticas. Contudo, nos casos de infração penal comum, o STF não está obrigado a processar o Presidente em respeito à Separação dos Poderes.

Vamos aproveitar o momento para entender o que são infração penal comum e crime de responsabilidade.

> **Infração penal comum:** é qualquer crime ou contravenção penal cometida pelo Presidente da República na função ou em razão da sua função de Presidente. Seu processamento se dará no Supremo Tribunal Federal.

> **crime de responsabilidade:** a primeira coisa que se precisa saber sobre o crime de responsabilidade é que ele não é um crime. O crime de responsabilidade é uma infração de natureza **político-administrativa.** O nome crime é impróprio para esse instituto. O processo que visa a esse tipo de responsabilização é o ***impeachment.***

O presidente responderá por esse tipo de infração caso sua conduta se amolde ao previsto no art. 85 da Constituição Federal de 1988:

> ***Art. 85*** *São crimes de responsabilidade os atos do Presidente da República que atentem contra a Constituição Federal e, especialmente, contra:*
>
> *I – A existência da União;*
>
> *II – O livre exercício do Poder Legislativo, do Poder Judiciário, do Ministério Público e dos Poderes constitucionais das unidades da Federação;*
>
> *III – O exercício dos direitos políticos, individuais e sociais;*
>
> *IV – A segurança interna do País;*
>
> *V – A probidade na administração;*
>
> *VI – A lei orçamentária;*
>
> *VII – O cumprimento das leis e das decisões judiciais.*
>
> ***Parágrafo único.*** *Esses crimes serão definidos em lei especial, que estabelecerá as normas de processo e julgamento.*

Esse rol de condutas, consideradas como crime de responsabilidade estabelecido na Constituição Federal de 1988, é meramente exemplificativo, já que é a Lei nº 1.079/1950 o dispositivo regulador do crime de responsabilidade. Deve-se destacar sua relevância na fixação de outras autoridades que respondem por esse crime, novos crimes além dos procedimentos adotados nesse processo, principalmente na competência exclusiva do cidadão para denunciar o Presidente. Destaca-se ainda que, para haver condenação, o Senado deve proferi-la pelo voto de 2/3 dos seus membros.

Considerando que não se trata de um crime, essa infração não pode resultar numa pena privativa de liberdade. Quem pratica crime de responsabilidade não pode ser preso. A consequência estabelecida no art. 52, parágrafo único da Constituição Federal de 1988, é a perda do cargo e a inabilitação para o exercício de qualquer função pública pelo prazo de oito anos:

> ***Art. 52*** *[...]*
>
> ***Parágrafo único.*** *Nos casos previstos nos incisos I e II, funcionará como Presidente o do Supremo Tribunal Federal, limitando-se a condenação, que somente será proferida por dois terços dos votos do Senado Federal, à perda do cargo, com inabilitação, por oito anos, para o exercício de função pública, sem prejuízo das demais sanções judiciais cabíveis.*

- **Prisão**

O presidente só pode ser preso pela prática de infração penal comum e somente se sobrevier sentença condenatória:

> ***Art. 86*** *[...]*
>
> *§ 3º Enquanto não sobrevier sentença condenatória, nas infrações comuns, o Presidente da República não estará sujeito a prisão.*

- **Irresponsabilidade penal relativa**

Também conhecida na doutrina como **Imunidade Formal Temporária,** essa prerrogativa afirma que o Presidente não poderá ser responsabilizado por atos alheios aos exercícios de suas funções:

> ***Art. 86*** *[...]*
>
> *§ 4º O Presidente da República, na vigência de seu mandato, não pode ser responsabilizado por atos estranhos ao exercício de suas funções.*

Para melhor compreender as imunidades conferidas ao Presidente da República, analisemos as seguintes situações hipotéticas:

Suponhamos que o Presidente da República seja flagrado após ter cometido o assassinado de duas pessoas por motivos particulares.

Poderia ele, no momento em que é flagrado, ser preso pelo crime? Não. O presidente só pode ser preso se tiver uma sentença condenatória.

Poderia o presidente ser processado pelo crime de duplo homicídio durante o se mandato? O presidente não pode ser responsabilizado por atos alheios aos exercícios de suas funções. Ao matar duas pessoas, ele não comete o crime na condição de presidente, ou seja, esse crime não possui relação com sua função de presidente. Por esse motivo, ele não pode ser processado durante o seu mandato. Não significa que ficará impune pelo crime cometido, apenas será responsabilizado normalmente após o mandato, nesse caso, sem nenhuma prerrogativa. Apesar de não haver previsão legal, a jurisprudência entende que o prazo prescricional, nesse caso, ficará suspenso, não prejudicando a responsabilização do presidente.

Suponhamos agora que, em reunião com os Ministros, o presidente tenha discutido com um deles. Em meio à confusão, o presidente mata o ministro. Poderia ele ser preso por esse crime? O presidente não pode ser preso enquanto não sobrevier sentença condenatória. É a imunidade em relação às prisões.

O presidente poderá ser processado por esse crime enquanto estiver no seu mandato? Nesse caso sim. Perceba que o crime cometido foi em razão da função de presidente, visto que não estaria na reunião com Ministros se não fosse o Presidente da República. Dessa forma, ele será processado por essa infração penal comum no Supremo Tribunal Federal, caso a Câmara dos Deputados autorize o processo. Havendo sentença condenatória, ele poderá ser preso. A possibilidade de responsabilização do Presidente da República por infração penal comum só ocorre se o crime cometido estiver ligado à sua função de presidente.

Já em relação a outras esferas do direito, como cíveis, administrativas, trabalhistas ou qualquer outra área, o presidente não possui prerrogativa. Isso significa que o presidente responderá normalmente, sem nenhum privilégio, nas outras esferas do Direito. O tema das responsabilidades do Presidente tem sido alvo de inúmeras questões de prova. As questões podem ser trabalhadas a partir da literalidade do texto constitucional ou mesmo invocando caso concreto para verificação das regras e prerrogativas do presidente.

Imunidade Formal
Processo → autorização da câmara dos deputados = 2/3 dos votos.
Prerrogativa de foro → STF: crime comum/Senado: crime de responsabilidade.
Prisão → só depois da sentença penal condenatória.
Responsabilidade penal relativa → não responde por ato alheio a sua função.

10 PODER JUDICIÁRIO

10.1 Disposições gerais

O Poder Judiciário é o titular da chamada função jurisdicional. Ele possui a atribuição principal de "dizer o direito", "aplicar o direito ao caso concreto". Além de desempenhar esta função típica, o Judiciário também exerce de forma atípica a função dos demais poderes. Quando realiza concursos públicos ou contrata uma empresa prestadora de serviços, ele o faz no exercício da função administrativa (Poder Executivo). O Judiciário também exerce de forma atípica a função do Poder Legislativo quando edita instrumentos normativos que regulam as atividades dos tribunais.

Para desempenhar suas funções, o Poder Judiciário se utiliza de diversos órgãos os quais estão previstos no art. 92:

> ***Art. 92*** *São órgãos do Poder Judiciário:*
>
> *I – O Supremo Tribunal Federal;*
>
> *I-A. O Conselho Nacional de Justiça;*
>
> *II – O Superior Tribunal de Justiça;*
>
> *II-A. O Tribunal Superior do Trabalho;*
>
> *III – Os Tribunais Regionais Federais e Juízes Federais;*
>
> *IV – Os Tribunais e Juízes do Trabalho;*
>
> *V – Os Tribunais e Juízes Eleitorais;*
>
> *VI – Os Tribunais e Juízes Militares;*
>
> *VII – Os Tribunais e Juízes dos Estados e do Distrito Federal e Territórios.*
>
> *§ 1º O Supremo Tribunal Federal, o Conselho Nacional de Justiça e os Tribunais Superiores têm sede na Capital Federal.*
>
> *§ 2º O Supremo Tribunal Federal e os Tribunais Superiores têm jurisdição em todo o território nacional.*

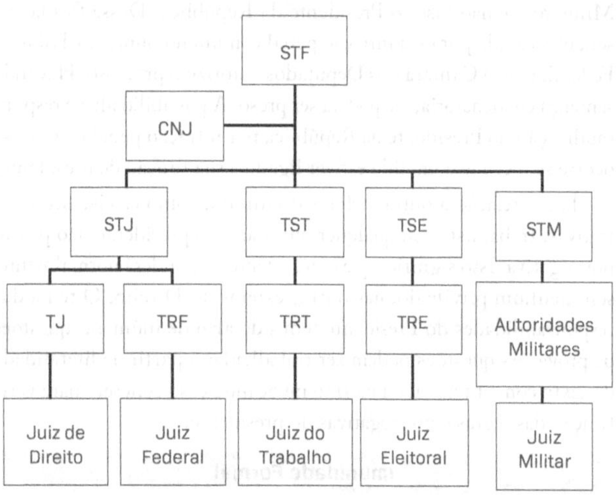

10.1.1 Critérios para ingresso na carreira

Conforme o que diz o art. 93, inciso I, da Constituição Federal de 1988:

> ***Art. 93*** *Lei complementar, de iniciativa do Supremo Tribunal Federal, disporá sobre o Estatuto da Magistratura, observados os seguintes princípios:*
>
> *I – Ingresso na carreira, cujo cargo inicial será o de juiz substituto, mediante concurso público de provas e títulos, com a participação da Ordem dos Advogados do Brasil em todas as fases, exigindo-se do bacharel em direito, no mínimo, três anos de atividade jurídica e obedecendo-se, nas nomeações, à ordem de classificação.*

Esse inciso apresenta regras para o ingresso na carreira da Magistratura. O ingresso dar-se-á no cargo de juiz substituto e depende de aprovação em concurso público de provas e títulos.

Como foi possível perceber, é um tipo de concurso que é bem seletivo, sendo que aprovação depende de intensa dedicação do candidato. Além de a prova ser dificílima, o candidato precisa comprovar no mínimo três anos de atividade jurídica, que só pode ser realizada após a conclusão do curso. Deve-se estar atento a esse prazo de atividade jurídica exigido, as bancas costumam trocar o três por outro numeral.

O conceito de atividade jurídica é definido na Resolução nº 75/2009 do Conselho Nacional de Justiça que prevê, entre outros, o exercício da advocacia ou de cargo público privativo de bacharel em direito como forma de se comprovar o tempo exigido.

10.1.2 Quinto constitucional

O quinto permite que uma pessoa se torne magistrado sem necessidade de realização de concurso público para a magistratura. É uma porta de entrada destinada a quem não é membro do Poder Judiciário. A regra do quinto decorre do fato de que 1/5 das vagas em alguns tribunais são destinadas aos membros do Ministério Público ou da Advocacia. Vejamos o que dispõe o art. 94 da Constituição Federal:

> ***Art. 94*** *Um quinto dos lugares dos Tribunais Regionais Federais, dos Tribunais dos Estados, e do Distrito Federal e Territórios será composto de membros, do Ministério Público, com mais de dez anos de carreira, e de advogados de notório saber jurídico e de reputação ilibada, com mais de dez anos de efetiva atividade profissional, indicados em lista sêxtupla pelos órgãos de representação das respectivas classes.*
>
> ***Parágrafo único.*** *Recebidas as indicações, o tribunal formará lista tríplice, enviando-a ao Poder Executivo, que, nos vinte dias subsequentes, escolherá um de seus integrantes para nomeação.*

Um detalhe que não pode ser esquecido é: para concorrer às vagas pelo quinto constitucional, faz-se necessário que os membros do Ministério Público e da Advocacia possuam mais de dez anos de experiência.

Outra questão muito importante é saber quais são os tribunais que permitem o ingresso pelo quinto. Segundo o art. 94, podem ingressar pelo quinto os membros dos tribunais regionais federais, dos tribunais dos estados, e do Distrito Federal e territórios.

Ainda possuem um quinto das vagas para os membros do Ministério Público e da Advocacia os Tribunais Regionais do Trabalho e o Tribunal Superior do Trabalho. Assim preveem os arts. 111-A e 115 da Constituição Federal de 1988:

> ***Art. 111-A*** *O Tribunal Superior do Trabalho compor-se-á de vinte e sete Ministros, escolhidos dentre brasileiros com mais de trinta e cinco anos e menos de sessenta e cinco anos, de notável saber jurídico e reputação ilibada, nomeados pelo Presidente da República após aprovação pela maioria absoluta do Senado Federal, sendo:*
>
> *I – Um quinto dentre advogados com mais de dez anos de efetiva atividade profissional e membros do Ministério Público do Trabalho com mais de dez anos de efetivo exercício, observado o disposto no art. 94.*
>
> ***Art. 115*** *Os Tribunais Regionais do Trabalho compõem-se de, no mínimo, sete juízes, recrutados, quando possível, na respectiva região, e nomeados pelo Presidente da República dentre brasileiros com mais de trinta e menos de sessenta e cinco anos, sendo:*
>
> *I – Um quinto dentre advogados com mais de dez anos de efetiva atividade profissional e membros do Ministério Público do Trabalho com mais de dez anos de efetivo exercício, observado o disposto no art. 94.*

O Superior Tribunal de Justiça também permite que membros do Ministério Público ou da advocacia nele ingressem, contudo, não são destinadas 1/5 das vagas, mas 1/3 das vagas:

> ***Art. 104*** *O Superior Tribunal de Justiça compõe-se de, no mínimo, trinta e três Ministros.*
>
> ***Parágrafo único.*** *Os Ministros do Superior Tribunal de Justiça serão nomeados pelo Presidente da República, dentre brasileiros com mais de trinta e cinco e menos de sessenta e cinco anos, de notável saber jurídico e reputação ilibada, depois de aprovada a escolha pela maioria absoluta do Senado Federal, sendo:*
>
> *I – Um terço dentre juízes dos Tribunais Regionais Federais e um terço dentre desembargadores dos Tribunais de Justiça, indicados em lista tríplice elaborada pelo próprio Tribunal;*

II – Um terço, em partes iguais, dentre advogados e membros do Ministério Público Federal, Estadual, do Distrito Federal e Territórios, alternadamente, indicados na forma do art. 94.

10.1.3 Garantias dos membros

As garantias são um conjunto de proteções que os membros do Poder Judiciário possuem e que são inerentes ao exercício de suas funções. Uma observação se faz necessária: quando se fala "membro do Poder Judiciário", refere-se ao titular da função jurisdicional, ou seja, ao magistrado, ao juiz. Os demais servidores auxiliares do Poder Judiciário não possuem as mesmas garantias dos juízes.

A doutrina classifica as garantias dos magistrados em duas espécies:

- **Garantias de independência:**

São proteções que garantem ao magistrado uma maior tranquilidade para desempenhar suas funções. O objetivo é permitir ao juiz segurança no desempenhar de suas funções. Elas estão previstas no art. 95 da Constituição Federal de 1988, as quais são:

> ***Art. 95*** *Os juízes gozam das seguintes garantias:*
>
> *I – Vitaliciedade, que, no primeiro grau, só será adquirida após dois anos de exercício, dependendo a perda do cargo, nesse período, de deliberação do tribunal a que o juiz estiver vinculado, e, nos demais casos, de sentença judicial transitada em julgado;*
>
> *II – Inamovibilidade, salvo por motivo de interesse público, na forma do art. 93, VIII;*
>
> *III – Irredutibilidade de subsídio, ressalvado o disposto nos Arts. 37, X e XI, 39, § 4º, 150, II, 153, III, e 153, § 2º, I.*

A **vitaliciedade** é como se fosse a estabilidade do servidor público, com uma diferença: ela é bem mais vantajosa que a simples estabilidade. A vitaliciedade garante ao magistrado perder o seu cargo apenas por sentença judicial transitada em julgado. Como se pode ver, é bem mais vantajosa que a estabilidade. Atente-se para alguns detalhes: a vitaliciedade só será adquirida após dois anos de exercício no cargo; durante o estágio probatório do juiz, que dura dois anos, ele poderá perder o cargo por deliberação do próprio tribunal do qual faz parte.

Um detalhe quase nunca percebido é que a exigência dos dois anos de exercício para se adquirir a vitaliciedade só se aplica aos juízes do primeiro grau, ou seja, aos juízes que ingressaram na carreira por meio de concurso público. Os juízes que ingressam diretamente no Tribunal, por meio do quinto constitucional, ou mesmo no STJ pelo 1/3 das vagas, não precisam esperar os dois anos para adquirir a garantia. Para estes, a vitaliciedade é imediata, sendo adquirida quando ele pisa no Tribunal.

A **inamovibilidade** prevê que o magistrado não poderá ser removido do local onde exerce a sua função sem sua vontade. Ele poderá julgar qualquer pessoa, conforme sua convicção, sem medo de ser obrigado a deixar o local onde exerce sua jurisdição. Essa garantia não é absoluta, pois poderá ser removido de ofício por interesse público conforme preleciona o art. 93, inciso VIII, da Constituição Federal de 1988:

> ***Art. 93*** *[...]*
>
> ***VIII*** *– O ato de remoção ou de disponibilidade do magistrado, por interesse público, fundar-se-á em decisão por voto da maioria absoluta do respectivo tribunal ou do Conselho Nacional de Justiça, assegurada ampla defesa.*

A **irredutibilidade dos subsídios** representa a garantia de que o magistrado não poderá ter redução em sua remuneração. A forma de retribuição pecuniária do magistrado é por meio de subsídio, que equivale a uma parcela única. Por isso, fala-se em irredutibilidade dos subsídios.

- **Garantias de imparcialidade**

Essas normas são verdadeiras vedações aplicadas aos magistrados. São impedimentos que visam a garantir um julgamento imparcial, sem vícios ou privilégios. Por isso, são chamadas de garantias de imparcialidade. São elas:

> ***Art. 95*** *[...]*
>
> ***Parágrafo único.*** *Aos juízes é vedado:*
>
> *I – Exercer, ainda que em disponibilidade, outro cargo ou função, salvo uma de magistério;*
>
> *II – Receber, a qualquer título ou pretexto, custas ou participação em processo;*
>
> *III – Dedicar-se à atividade político-partidária.*
>
> *IV – Receber, a qualquer título ou pretexto, auxílios ou contribuições de pessoas físicas, entidades públicas ou privadas, ressalvadas as exceções previstas em lei;*
>
> *V – Exercer a advocacia no juízo ou tribunal do qual se afastou, antes de decorridos três anos do afastamento do cargo por aposentadoria ou exoneração.*

Geralmente as bancas cobram a memorização dessas vedações. O **inciso I** é bem cobrado em razão da exceção prevista na Constituição para a acumulação de cargos ou funções. Segundo esse inciso, o magistrado, além de exercer sua função de juiz, também pode exercer uma função no magistério.

O **inciso II** proíbe o magistrado de receber custas ou participação em processos. O juiz já recebe sua remuneração para desempenhar sua função independente dos valores que estão em jogo nos processos.

O **inciso III** proíbe o juiz de se dedicar à atividade político-partidária exatamente para evitar que seus julgamentos sejam influenciados por correntes políticas ou convicções partidárias. O juiz precisa ficar alheio a tais situações.

O **inciso IV** proíbe o magistrado de receber ajudas financeiras de terceiros ressalvados os casos previstos em lei. Por exemplo, um juiz não pode receber um carro como agradecimento por um julgamento favorável, mas poderia receber os valores decorrentes da venda de livros que tenha escrito ou mesmo, receber valores pela ministração de palestras.

10.2 Composição dos órgãos do Poder Judiciário

A composição dos tribunais é tema recorrente em prova e requer um alto poder de memorização do candidato, principalmente pela composição diferenciada entre um e outro tribunal. A seguir descreve-se, então, a composição de cada um dos órgãos do Poder Judiciário.

10.2.1 Supremo Tribunal Federal

> ***Art. 101*** *O Supremo Tribunal Federal compõe-se de onze Ministros, escolhidos dentre cidadãos com mais de trinta e cinco e menos de sessenta e cinco anos de idade, de notável saber jurídico e reputação.*
>
> ***Parágrafo único.*** *Os Ministros do Supremo Tribunal Federal serão nomeados pelo Presidente da República, depois de aprovada a escolha pela maioria absoluta do Senado Federal.*

O Supremo Tribunal Federal é o órgão de cúpula do Poder Judiciário e é formado por 11 ministros escolhidos pelo Presidente da República depois de aprovada a escolha pela maioria absoluta do Senado Federal, dentre os cidadãos com mais de trinta e cinco e menos de sessenta e cinco anos de idade, de notável saber jurídico e reputação ilibada.

Existe mais um requisito que não está escrito nesse artigo, mas está previsto no art. 12, § 3º, IV, da Constituição. Para ser Ministro do STF deve ser brasileiro nato:

> ***Art. 12*** *[...]*
>
> *§ 3º São privativos de brasileiro nato os cargos: [...]*
>
> *IV – De Ministro do Supremo Tribunal Federal.*

A Constituição não exige do candidato a ministro do STF que tenha formação superior em Direito, apesar de exigir notório saber jurídico.

10.2.2 Conselho Nacional de Justiça

Vejamos agora a composição do Conselho Nacional de Justiça (CNJ):

> ***Art. 103-B*** *O Conselho Nacional de Justiça compõe-se de 15 (quinze) membros com mandato de 2 (dois) anos, admitida 1 (uma) recondução, sendo:*
>
> *I – O Presidente do Supremo Tribunal Federal;*

II – Um Ministro do Superior Tribunal de Justiça, indicado pelo respectivo tribunal;

III – Um Ministro do Tribunal Superior do Trabalho, indicado pelo respectivo tribunal;

IV – Um desembargador de Tribunal de Justiça, indicado pelo Supremo Tribunal Federal;

V – Um juiz estadual, indicado pelo Supremo Tribunal Federal;

VI – Um juiz de Tribunal Regional Federal, indicado pelo Superior Tribunal de Justiça;

VII – Um juiz federal, indicado pelo Superior Tribunal de Justiça;

VIII – Um juiz de Tribunal Regional do Trabalho, indicado pelo Tribunal Superior do Trabalho;

IX – Um juiz do trabalho, indicado pelo Tribunal Superior do Trabalho;

X – Um membro do Ministério Público da União, indicado pelo Procurador-geral da República;

XI – Um membro do Ministério Público estadual, escolhido pelo Procurador-geral da República dentre os nomes indicados pelo órgão competente de cada instituição estadual;

XII – Dois advogados, indicados pelo Conselho Federal da Ordem dos Advogados do Brasil;

XIII – Dois cidadãos, de notável saber jurídico e reputação ilibada, indicados um pela Câmara dos Deputados e outro pelo Senado Federal.

§ 1º O Conselho será presidido pelo Presidente do Supremo Tribunal Federal e, nas suas ausências e impedimentos, pelo Vice-Presidente do Supremo Tribunal Federal.

§ 2º Os demais membros do Conselho serão nomeados pelo Presidente da República, depois de aprovada a escolha pela maioria absoluta do Senado Federal.

§ 3º Não efetuadas, no prazo legal, as indicações previstas neste artigo, caberá a escolha ao Supremo Tribunal Federal.

§ 4º Compete ao Conselho o controle da atuação administrativa e financeira do Poder Judiciário e do cumprimento dos deveres funcionais dos juízes, cabendo-lhe, além de outras atribuições que lhe forem conferidas pelo Estatuto da Magistratura:

I – zelar pela autonomia do Poder Judiciário e pelo cumprimento do Estatuto da Magistratura, podendo expedir atos regulamentares, no âmbito de sua competência, ou recomendar providências;

II – zelar pela observância do art. 37 e apreciar, de ofício ou mediante provocação, a legalidade dos atos administrativos praticados por membros ou órgãos do Poder Judiciário, podendo desconstituí-los, revê-los ou fixar prazo para que se adotem as providências necessárias ao exato cumprimento da lei, sem prejuízo da competência do Tribunal de Contas da União;

III – receber e conhecer das reclamações contra membros ou órgãos do Poder Judiciário, inclusive contra seus serviços auxiliares, serventias e órgãos prestadores de serviços notariais e de registro que atuem por delegação do poder público ou oficializados, sem prejuízo da competência disciplinar e correicional dos tribunais, podendo avocar processos disciplinares em curso, determinar a remoção ou a disponibilidade e aplicar outras sanções administrativas, assegurada ampla defesa;

IV – representar ao Ministério Público, no caso de crime contra a Administração Pública ou de abuso de autoridade;

V – rever, de ofício ou mediante provocação, os processos disciplinares de juízes e membros de tribunais julgados há menos de um ano;

VI – elaborar semestralmente relatório estatístico sobre processos e sentenças prolatadas, por unidade da Federação, nos diferentes órgãos do Poder Judiciário;

VII – elaborar relatório anual, propondo as providências que julgar necessárias, sobre a situação do Poder Judiciário no País e as atividades do Conselho, o qual deve integrar mensagem do Presidente do Supremo Tribunal Federal a ser remetida ao Congresso Nacional, por ocasião da abertura da sessão legislativa.

A composição do CNJ possui uma dificuldade peculiar para a memorização. Perceba na leitura do artigo, que os membros do Conselho são indicados por algum órgão. Além de memorizar os membros, o candidato tem de memorizar o órgão que indicou o membro. Para isso, deve-se fazer uma análise lógica na construção dessa composição:

A primeira coisa que se tem que fazer é identificar os órgãos que escolhem:

- **Supremo Tribunal Federal (STF);**
- **Superior Tribunal de Justiça (STJ);**
- **Tribunal Superior do Trabalho (TST);**
- **Programa de Gerenciamento de Riscos (PGR);**
- **Conselho Federal da Ordem dos Advogados do Brasil (CF/1988OAB);**
- **Câmara dos Deputados;**
- **Senado Federal.**

A partir dessa primeira análise, parte-se para a identificação dos membros que são indicados por cada um dos órgãos, que deve ser construída de forma lógica.

Entre os membros do CNJ existem dois advogados: quem poderia indicar dois advogados? O STF, o STJ, o TST ou o **Conselho Federal dos Advogados do Brasil**? Que quem indica os dois advogados é o CF/1988OAB. Entre os membros do CNJ, existe um membro do Ministério Público da União e um membro do Ministério Público estadual. Quem indica esses dois membros do Ministério Público? Será o STF? Ou seria o STJ? Não é mais lógico que a escolha dos membros do Ministério Público seja do **Procurador Geral da República,** que é o chefe do Ministério Público da União? Certamente.

Com base nessa lógica, fica fácil identificar os membros do CNJ. Continuemos a análise. Agora existem membros da justiça trabalhista: um Ministro do TST, um Juiz do TRT e um Juiz do Trabalho. Quem escolhe esses juízes é o **Tribunal Superior do Trabalho** o responsável pela escolha desses três membros pertencentes à justiça trabalhista.

Ainda há alguns membros a serem escolhidos. Quem escolhe os membros da Justiça Federal (Juiz do TRF e Juiz Federal)? Tem de ser o Tribunal guardião da Legislação Federal: **Superior Tribunal de Justiça**. Ele também escolherá um membro do seu próprio tribunal para fazer parte do CNJ.

Ao **Supremo Tribunal Federal,** fica a responsabilidade pela escolha dos membros da Justiça Estadual, ou seja, um Juiz Estadual e um Desembargador de Tribunal de Justiça. Aqui cabe uma observação importantíssima. O STF não escolhe um de seus ministros para fazer parte do CNJ, pois o Presidente do STF é membro nato. Ele não é escolhido, ele faz parte do CNJ desde sua nomeação como Presidente do STF. Ao mesmo tempo em que é indicado como Presidente do STF, ele também cumulará a função de Presidente do CNJ.

Por último, resta saber quem o **Senado Federal** e a **Câmara dos Deputados** indicarão para ser membro do CNJ. Cada um deles indicará um cidadão de notável saber jurídico e reputação ilibada.

Como se pode perceber, nem todos os membros do Conselho Nacional de Justiça são membros do Poder Judiciário. Essa é uma característica já cobrada em prova, com exceção do Presidente do STF, que é membro nato do CNJ; os demais serão nomeados pelo Presidente da República depois de aprovada a escolha pela maioria do Senado Federal. Caso as indicações acima listadas não sejam efetuadas, caberá ao Supremo Tribunal Federal fazê-las. Lembre-se de que os membros do CNJ exercem um mandato de dois anos, sendo admitida uma recondução.

10.2.3 Superior Tribunal de Justiça

O texto constitucional prevê no art. 104 da Constituição Federal de 1988:

> ***Art. 104*** *O Superior Tribunal de Justiça compõe-se de, no mínimo, trinta e três Ministros.*
>
> ***Parágrafo único.*** *Os Ministros do Superior Tribunal de Justiça serão nomeados pelo Presidente da República, dentre brasileiros com mais de trinta e cinco e menos de sessenta e cinco anos, de notável saber jurídico e reputação ilibada, depois de aprovada a escolha pela maioria absoluta do Senado Federal, sendo:*
>
> *I – Um terço dentre juízes dos Tribunais Regionais Federais e um terço dentre desembargadores dos Tribunais de Justiça, indicados em lista tríplice elaborada pelo próprio Tribunal;*

II – Um terço, em partes iguais, dentre advogados e membros do Ministério Público Federal, Estadual, do Distrito Federal e Territórios, alternadamente, indicados na forma do art. 94.

O Superior Tribunal de Justiça é composto por, no mínimo, 33 ministros. Deve-se ter cuidado com isso em prova: não são 33, mas, no mínimo 33. Esse dispositivo permite que o Tribunal possua mais de 33 membros.

Seus membros serão nomeados pelo Presidente da República depois de aprovada a escolha pelo Senado Federal. Aqui se aplica uma regra comum nos tribunais superiores: nomeação pelo Presidente mediante aprovação do Senado. Outro requisito é a idade: no mínimo 35 e no máximo 65 anos.

Questão sempre cobrada em prova é a composição. A escolha dos Ministros não é livre, estando vinculada ao texto constitucional que prevê:

- 1/3 das vagas para os membros dos Tribunais Regionais Federais;
- 1/3 das vagas para os Desembargadores dos Tribunais de Justiça;
- 1/3 das vagas, dividida em partes iguais, para membros do Ministério Público Federal, Estadual e do Distrito Federal e advogados com mais de 10 anos de experiência.

No que tange às vagas para os membros do Ministério Público e advogados, uma coisa chama a atenção: a divisão em partes iguais. Se houver isso em uma prova, é muito provável que o candidato marque essa afirmação como sendo incorreta, tendo em vista 1/3 de 33 ser igual a 11, valor esse impossível de se dividir em partes iguais, quando a divisão se trata de pessoas. Contudo, essa é a previsão expressa da Constituição, que não é de toda absurda. Considerando que o STJ pode ser composto por mais de 33 membros, havendo, por exemplo, 36, seria possível efetivar essa divisão em partes iguais. Enquanto o órgão for formado por 33 membros, a vaga remanescente é alternada entre membros do MPF e MPDFT e da advocacia.

10.2.4 Tribunal Regional Federal

O art. 107 apresenta as regras de composição dos Tribunais Regionais Federais:

> ***Art. 107*** *Os Tribunais Regionais Federais compõem-se de, no mínimo, sete juízes, recrutados, quando possível, na respectiva região e nomeados pelo Presidente da República dentre brasileiros com mais de trinta e menos de sessenta e cinco anos, sendo:*
>
> *I – Um quinto dentre advogados com mais de dez anos de efetiva atividade profissional e membros do Ministério Público Federal com mais de dez anos de carreira;*
>
> *II – Os demais, mediante promoção de juízes federais com mais de cinco anos de exercício, por antiguidade e merecimento, alternadamente.*

Os TRF's possuem a mesma peculiaridade do STJ no que diz respeito à composição baseada em um mínimo, sendo, nesse caso, no mínimo sete juízes, recrutados, quando possível, na respectiva região. Atualmente, são cinco regiões jurisdicionais, cada uma sob a responsabilidade de um TRF.

Para fazer parte dos TRFs o juiz precisa ter no mínimo 30 e no máximo 65 anos de idade. Quando comparada aos Tribunais Superiores, a idade mínima sofre uma atenuação de 35 para 30 anos; deve-se ter atenção em relação a isso.

Os membros dos TRFs são nomeados pelo Presidente da República sem necessidade de aprovação do Senado Federal. Essa é outra distinção importante.

Nos TRFs adota-se a regra do quinto constitucional, por meio do qual, 1/5 das vagas são destinadas a advogados e membros do Ministério Público Federal com mais de 10 anos de experiência. As demais vagas são destinadas a promoção de juízes federais com mais de cinco anos de exercício, que pode ocorrer ou por merecimento ou por antiguidade, de forma alternada.

10.2.5 Justiça do Trabalho

A Justiça do Trabalho encontra-se prevista no art. 111 da Constituição, sendo competente para julgar as causas cuja matéria possua natureza trabalhista. São órgãos da Justiça do Trabalho:

> ***Art. 111.*** *São órgãos da Justiça do Trabalho:*
>
> ***I –*** *O Tribunal Superior do Trabalho;*
>
> ***II –*** *Os Tribunais Regionais do Trabalho;*
>
> ***III –*** *Juízes do Trabalho.*

10.2.6 Tribunal Superior de Trabalho

O Tribunal Superior do Trabalho é o órgão de cúpula da Justiça do Trabalho. Segundo a Constituição Federal de 1988, o TST é composto por 27 membros, conforme previsão do art. 111-A:

> ***Art. 111-A*** *O Tribunal Superior do Trabalho compor-se-á de vinte e sete Ministros, escolhidos dentre brasileiros com mais de trinta e cinco anos e menos de sessenta e cinco anos, de notável saber jurídico e reputação ilibada, nomeados pelo Presidente da República após aprovação pela maioria absoluta do Senado Federal, sendo:*
>
> *I – Um quinto dentre advogados com mais de dez anos de efetiva atividade profissional e membros do Ministério Público do Trabalho com mais de dez anos de efetivo exercício, observado o disposto no art. 94;*
>
> *II – Os demais dentre juízes dos Tribunais Regionais do Trabalho, oriundos da magistratura da carreira, indicados pelo próprio Tribunal Superior.*

O Texto Constitucional exige para ser ministro do TST a condição de brasileiro, maior de 35 anos e menor de 65 anos. A nomeação dos ministros se dá por ato do Presidente da República após a aprovação do Senado Federal pelo voto da maioria absoluta dos seus membros. Os 27 ministros são divididos da seguinte forma:

- **1/5:** advogados com mais de dez anos de efetiva atividade profissional e membros do Ministério Público do Trabalho com mais de dez anos de efetivo exercício;
- **4/5:** juízes dos TRT's, oriundos da magistratura de carreira, indicados pelo próprio tribunal.

Como se pode perceber, no TST adota-se o critério de ingresso pela regra do quinto constitucional. Além disso, é importante ressaltar a exigência de que juiz do TRT que deseje concorrer a uma vaga no TST seja membro do Poder Judiciário de carreira, isto é, que tenha ingressado nos quadros do tribunal por meio de concurso público nos termos do art. 93, I da CF/1988. Essa última regra exclui a possibilidade daqueles que são oriundos do quinto constitucional nos TRTs de ingressarem no TST na vaga destinada aos membros da magistratura trabalhista (4/5 das vagas).

A Constituição Federal de 1988 prevê, ainda, o funcionamento junto ao TST da Escola Nacional de Formação e Aperfeiçoamento de Magistrados do Trabalho e o Conselho Superior da Justiça do Trabalho, conforme o art. 111-A, § 2º:

> ***Art. 111-A*** *[...]*
>
> *§ 2º Funcionarão junto ao Tribunal Superior do Trabalho:*
>
> *I – A Escola Nacional de Formação e Aperfeiçoamento de Magistrados do Trabalho, cabendo-lhe, dentre outras funções, regulamentar os cursos oficiais para o ingresso e promoção na carreira;*
>
> *II – O Conselho Superior da Justiça do Trabalho, cabendo-lhe exercer, na forma da lei, a supervisão administrativa, orçamentária, financeira e patrimonial da Justiça do Trabalho de primeiro e segundo graus, como órgão central do sistema, cujas decisões terão efeito vinculante.*
>
> *§ 3º Compete ao Tribunal Superior do Trabalho processar e julgar, originariamente, a reclamação para a preservação de sua competência e garantia da autoridade de suas decisões.*

10.2.7 Tribunal Regional do Trabalho

O ingresso no Tribunal Regional do Trabalho se dá conforme as regras previstas no art. 115 da Constituição Federal de 1988:

> ***Art. 115*** *Os Tribunais Regionais do Trabalho compõem-se de, no mínimo, sete juízes, recrutados, quando possível, na respectiva região, e nomeados pelo Presidente da República dentre brasileiros com mais de trinta e menos de sessenta e cinco anos, sendo:*

I – Um quinto dentre advogados com mais de dez anos de efetiva atividade profissional e membros do Ministério Público do Trabalho com mais de dez anos de efetivo exercício, observado o disposto no art. 94;

II – Os demais, mediante promoção de juízes do trabalho por antiguidade e merecimento, alternadamente.

§ 1º. Os Tribunais Regionais do Trabalho instalarão a justiça itinerante, com a realização de audiências e demais funções de atividade jurisdicional, nos limites territoriais da respectiva jurisdição, servindo-se de equipamentos públicos e comunitários.

§ 2º. Os Tribunais Regionais do Trabalho poderão funcionar descentralizadamente, constituindo Câmaras regionais, a fim de assegurar o pleno acesso do jurisdicionado à justiça em todas as fases do processo.

***Art. 116.** Nas Varas do Trabalho, a jurisdição será exercida por um juiz singular.*

São no mínimo sete juízes recrutados, quando possível, na respectiva região os quais serão nomeados pelo Presidente da República entre brasileiros com mais de 30 e menos de 65 anos de idade. Para ser um juiz do TRT, é necessária a observação dos seguintes critérios:

- **1/5:** advogados com mais de 10 anos de efetiva atividade profissional e membros do Ministério Público do Trabalho com mais de 10 anos de efetivo exercício;
- **4/5:** juízes do trabalho promovidos por antiguidade e merecimento, alternadamente.

A Constituição prevê, dentro da estrutura dos TRTs, como forma de democratizar o acesso à Justiça do Trabalho, a possibilidade de instalação da justiça itinerante, com a realização de audiências e demais funções de atividade jurisdicional, nos limites territoriais da respectiva jurisdição, servindo-se de equipamentos públicos e comunitários. Não se deve esquecer de que os TRTs poderão funcionar descentralizadamente, constituindo câmaras regionais, a fim de assegurar o pleno acesso do jurisdicionado à justiça em todas as fases do processo, garantindo-se, dessa forma, uma maior celeridade processual. Ainda dentro da estrutura da Justiça do Trabalho, a Constituição Federal de 1988 prevê a possibilidade de juízes de direito exercerem as atribuições da jurisdição trabalhista nas comarcas não abrangidas pela Justiça do Trabalho, garantindo, nesse caso, recurso para o TRT:

***Art. 112** A lei criará varas da Justiça do Trabalho, podendo, nas comarcas não abrangidas por sua jurisdição, atribuí-la aos juízes de direito, com recurso para o respectivo Tribunal Regional do Trabalho.*

Por fim, a Constituição determinou que a jurisdição nas Varas do Trabalho seja exercida por um juiz singular:

***Art. 116** Nas Varas do Trabalho, a jurisdição será exercida por um juiz singular.*

Quanto às competências da Justiça do Trabalho, a Constituição encarregou-se de defini-las expressamente no art. 114 da Constituição Federal de 1988:

***Art. 114** Compete à Justiça do Trabalho processar e julgar:*

I – As ações oriundas da relação de trabalho, abrangidos os entes de direito público externo e da Administração Pública direta e indireta da União, dos Estados, do Distrito Federal e dos Municípios;

II – As ações que envolvam exercício do direito de greve;

III – As ações sobre representação sindical, entre sindicatos, entre sindicatos e trabalhadores, e entre sindicatos e empregadores;

IV – Os mandados de segurança, "Habeas corpus" e "Habeas Data", quando o ato questionado envolver matéria sujeita à sua jurisdição;

V – Os conflitos de competência entre órgãos com jurisdição trabalhista, ressalvado o disposto no art. 102, I, o;

VI – As ações de indenização por dano moral ou patrimonial, decorrentes da relação de trabalho;

VII – As ações relativas às penalidades administrativas impostas aos empregadores pelos órgãos de fiscalização das relações de trabalho;

VIII – A execução, de ofício, das contribuições sociais previstas no art. 195, I, a , e II, e seus acréscimos legais, decorrentes das sentenças que proferir;

IX – Outras controvérsias decorrentes da relação de trabalho, na forma da lei.

§ 1º Frustrada a negociação coletiva, as partes poderão eleger árbitros.

§ 2º Recusando-se qualquer das partes à negociação coletiva ou à arbitragem, é facultado às mesmas, de comum acordo, ajuizar dissídio coletivo de natureza econômica, podendo a Justiça do Trabalho decidir o conflito, respeitadas as disposições mínimas legais de proteção ao trabalho, bem como as convencionadas anteriormente.

§ 3º Em caso de greve em atividade essencial, com possibilidade de lesão do interesse público, o Ministério Público do Trabalho poderá ajuizar dissídio coletivo, competindo à Justiça do Trabalho decidir o conflito.

10.2.8 Justiça Eleitoral

A Justiça Eleitoral é a justiça especializada em questões de natureza eleitoral. Seus órgãos estão previstos no art. 118 da Constituição Federal de 1988:

***Art. 118** São órgãos da Justiça Eleitoral:*

I – O Tribunal Superior Eleitoral;

II – Os Tribunais Regionais Eleitorais;

III – Os Juízes Eleitorais;

IV – As Juntas Eleitorais.

Uma peculiaridade distingue os órgãos da Justiça Eleitoral dos demais órgãos do Poder Judiciário. Apesar de seus membros possuírem as mesmas garantias dos demais membros do Poder Judiciário, eles não possuem a vitaliciedade, haja vista serem eleitos para um mandato de dois anos, no mínimo, não podendo exercê-lo por mais de dois biênios consecutivos:

***Art. 121** Lei complementar disporá sobre a organização e competência dos tribunais, dos juízes de direito e das juntas eleitorais.*

§ 1º Os membros dos tribunais, os juízes de direito e os integrantes das juntas eleitorais, no exercício de suas funções, e no que lhes for aplicável, gozarão de plenas garantias e serão inamovíveis.

§ 2º Os juízes dos tribunais eleitorais, salvo motivo justificado, servirão por dois anos, no mínimo, e nunca por mais de dois biênios consecutivos, sendo os substitutos escolhidos na mesma ocasião e pelo mesmo processo, em número igual para cada categoria.

Analisa-se, a seguir, a composição de cada um dos órgãos da Justiça Eleitoral.

10.2.9 Tribunal Superior Eleitoral

O Tribunal Superior Eleitoral é o tribunal superior da Justiça Eleitoral. Sua composição está prevista no art. 119 da Constituição Federal:

***Art. 119** O Tribunal Superior Eleitoral compor-se-á, no mínimo, de sete membros, escolhidos:*

I – Mediante eleição, pelo voto secreto:

a) Três juízes dentre os Ministros do Supremo Tribunal Federal;

b) Dois juízes dentre os Ministros do Superior Tribunal de Justiça;

II – Por nomeação do Presidente da República, dois juízes dentre seis advogados de notável saber jurídico e idoneidade moral, indicados pelo Supremo Tribunal Federal.

***Parágrafo único.** O Tribunal Superior Eleitoral elegerá seu Presidente e o Vice-Presidente dentre os Ministros do Supremo Tribunal Federal, e o Corregedor Eleitoral dentre os Ministros do Superior Tribunal de Justiça.*

Como se pode depreender do texto constitucional, o TSE é composto de no mínimo sete membros os quais serão eleitos ou nomeados segundo as seguintes regras:

- Escolhidos mediante eleição: **três** juízes dentre os Ministros STF e **dois** juízes dentre os Ministros do STJ;
- Por nomeação do Presidente da República: dois juízes dentre seis **advogados** de notável saber jurídico e idoneidade moral, indicados pelo Supremo Tribunal Federal.

O presidente e o vice-presidente do TSE serão escolhidos dentre os Ministros do STF e o Corregedor Eleitoral será escolhido dentre os Ministros do STJ.

10.2.10 Tribunal Regional Eleitoral

Os Tribunais Regionais Eleitorais serão distribuídos em todo território nacional sendo um em cada Capital de cada Estado e no Distrito Federal os quais se comporão de **sete membros**, conforme dispõe o art. 120 da Constituição Federal de 1988:

> ***Art. 120*** *Haverá um Tribunal Regional Eleitoral na Capital de cada Estado e no Distrito Federal.*
>
> *§ 1º Os Tribunais Regionais Eleitorais compor-se-ão:*
>
> *I – Mediante eleição, pelo voto secreto:*
>
> *a) De dois juízes dentre os desembargadores do Tribunal de Justiça;*
>
> *b) De dois juízes, dentre juízes de direito, escolhidos pelo Tribunal de Justiça;*
>
> *II – De um juiz do Tribunal Regional Federal com sede na Capital do Estado ou no Distrito Federal, ou, não havendo, de juiz federal, escolhido, em qualquer caso, pelo Tribunal Regional Federal respectivo;*
>
> *III – Por nomeação, pelo Presidente da República, de dois juízes dentre seis advogados de notável saber jurídico e idoneidade moral, indicados pelo Tribunal de Justiça.*
>
> *§ 2º O Tribunal Regional Eleitoral elegerá seu Presidente e o Vice-Presidente dentre os desembargadores.*

Os membros do TRE serão escolhidos conforme os seguintes critérios:

- **Mediante eleição: dois** juízes dentre os desembargadores do Tribunal de Justiça e **dois** juízes, dentre juízes de direito, escolhidos pelo Tribunal de Justiça.
- **Por nomeação do Presidente da República:** de **dois** juízes dentre seis advogados de notável saber jurídico e idoneidade moral, indicados pelo Tribunal de Justiça.

Cada TRE elegerá seu presidente e o vice-presidente entre os seus desembargadores.

- **Juízes e Juntas Eleitorais**

No que tange aos juízes e juntas eleitorais previstos no art. 121 da Constituição Federal de 1988, sua regulação está prevista no Código Eleitoral entre os arts. 32 e 41, a qual deve ser analisada em disciplina oportuna. Isto é o que prevê o texto constitucional:

> ***Art. 121*** *Lei complementar disporá sobre a organização e competência dos tribunais, dos juízes de direito e das juntas eleitorais.*
>
> *§ 1º Os membros dos tribunais, os juízes de direito e os integrantes das juntas eleitorais, no exercício de suas funções, e no que lhes for aplicável, gozarão de plenas garantias e serão inamovíveis.*

- **Competência**

Quanto às atribuições da Justiça Eleitoral, não existe dúvida sobre a sua competência especializada em matéria eleitoral. O art. 121, em seu § 3º, estabelece algumas regras que podem ser cobradas em prova:

> ***Art. 121*** *[...]*
>
> *§ 3º São irrecorríveis as decisões do Tribunal Superior Eleitoral, salvo as que contrariarem esta Constituição e as denegatórias de Habeas corpus ou mandado de segurança.*
>
> *§ 4º Das decisões dos Tribunais Regionais Eleitorais somente caberá recurso quando:*
>
> *I – Forem proferidas contra disposição expressa desta Constituição ou de lei;*
>
> *II – Ocorrer divergência na interpretação de lei entre dois ou mais tribunais eleitorais;*
>
> *III – Versarem sobre inelegibilidade ou expedição de diplomas nas eleições federais ou estaduais;*
>
> *IV – Anularem diplomas ou decretarem a perda de mandatos eletivos federais ou estaduais;*
>
> *V – Denegarem Habeas corpus, mandado de segurança, Habeas Data ou mandado de injunção.*

10.2.11 Justiça Militar

A Justiça Militar compõe a chamada justiça especializada, nesse caso, em direito militar. A sua existência se deve à subordinação dos militares a um regime especial com direitos e deveres distintos quando comparados aos servidores civis.

A Constituição Federal definiu como órgãos da Justiça Militar os seguintes:

> ***Art. 122*** *São órgãos da Justiça Militar:*
>
> *I – O Superior Tribunal Militar;*
>
> *II – Os Tribunais e Juízes Militares instituídos por lei.*

Na sequência, pode-se ver a composição de cada um dos órgãos.

- **Superior Tribunal Militar**

O Superior Tribunal Militar é o órgão de cúpula da Justiça Militar, o qual é composto segundo as regras estabelecidas no art. 123 da Constituição Federal de 1988:

> ***Art. 123*** *O Superior Tribunal Militar compor-se-á de quinze Ministros vitalícios, nomeados pelo Presidente da República, depois de aprovada a indicação pelo Senado Federal, sendo três dentre oficiais-generais da Marinha, quatro dentre oficiais-generais do Exército, três dentre oficiais-generais da Aeronáutica, todos da ativa e do posto mais elevado da carreira, e cinco dentre civis.*
>
> ***Parágrafo único.*** *Os Ministros civis serão escolhidos pelo Presidente da República dentre brasileiros maiores de trinta e cinco anos, sendo:*
>
> *I – Três dentre advogados de notório saber jurídico e conduta ilibada, com mais de dez anos de efetiva atividade profissional;*
>
> *II – Dois, por escolha paritária, dentre juízes auditores e membros do Ministério Público da Justiça Militar.*

O STM é composto por quinze ministros nomeados pelo Presidente da República, depois de aprovada a indicação pelo Senado Federal. Esses ministros ocuparão os cargos de forma vitalícia e serão escolhidos entre militares da ativa e do posto mais elevado da carreira, bem como entre civis escolhidos pelo Presidente da República com mais de 35 anos de idade, observadas as seguintes regras:

10 Militares:
- Três - oficiais-generais da Marinha;
- Quatro - oficiais-generais do Exército;
- Três - oficiais-generais da Aeronáutica.
5 Civis:
- Três - civis entre advogados de notório saber jurídico e conduta ilibada, com mais de dez anos de efetiva atividade profissional;
- Dois - civis escolhidos de forma paritária, entre juízes auditores e membros do Ministério Público da Justiça Militar.

- **Competências**

Segundo a Constituição Federal, a Justiça Militar é competente para processar e julgar os crimes militares definidos em lei:

> ***Art. 124*** *À Justiça Militar compete processar e julgar os crimes militares definidos em lei.*
>
> ***Parágrafo único.*** *A lei disporá sobre a organização, o funcionamento e a competência da Justiça Militar.*

É importante lembrar que essa competência é da Justiça Militar da União, a qual só julgará crimes militares praticados por militares das Forças Armadas. A Constituição Federal de 1988 também previu a criação da Justiça Militar nos Estados com competência para julgar os militares dos estados (policiais e bombeiros militares) em seu art. 125, § 3º ao 5º:

> ***Art. 125*** *Os Estados organizarão sua Justiça, observados os princípios estabelecidos nesta Constituição.*
>
> *§ 3º A lei estadual poderá criar, mediante proposta do Tribunal de Justiça, a Justiça Militar estadual, constituída, em primeiro grau, pelos juízes de direito e pelos Conselhos de Justiça e, em segundo grau, pelo próprio Tribunal de Justiça, ou por Tribunal de Justiça Militar nos Estados em que o efetivo militar seja superior a vinte mil integrantes.*

§ 4º Compete à Justiça Militar estadual processar e julgar os militares dos Estados, nos crimes militares definidos em lei e as ações judiciais contra atos disciplinares militares, ressalvada a competência do júri quando a vítima for civil, cabendo ao tribunal competente decidir sobre a perda do posto e da patente dos oficiais e da graduação das praças.

§ 5º Compete aos juízes de direito do juízo militar processar e julgar, singularmente, os crimes militares cometidos contra civis e as ações judiciais contra atos disciplinares militares, cabendo ao Conselho de Justiça, sob a presidência de juiz de direito, processar e julgar os demais crimes militares.

10.2.12 Tribunais e juízes estaduais

Em relação aos tribunais e juízes estaduais, a Constituição Federal fixou regras gerais e deixou a cargo de cada Estado organizar a sua justiça, observados os princípios estabelecidos na Constituição Federal:

> ***Art. 125** Os Estados organizarão sua Justiça, observados os princípios estabelecidos nesta Constituição.*
>
> *§ 1º A competência dos tribunais será definida na Constituição do Estado, sendo a lei de organização judiciária de iniciativa do Tribunal de Justiça.*
>
> *§ 2º Cabe aos Estados a instituição de representação de inconstitucionalidade de leis ou atos normativos estaduais ou municipais em face da Constituição Estadual, vedada a atribuição da legitimação para agir a um único órgão.*
>
> *§ 3º A lei estadual poderá criar, mediante proposta do Tribunal de Justiça, a Justiça Militar estadual, constituída, em primeiro grau, pelos juízes de direito e pelos Conselhos de Justiça e, em segundo grau, pelo próprio Tribunal de Justiça, ou por Tribunal de Justiça Militar nos Estados em que o efetivo militar seja superior a vinte mil integrantes.*
>
> *§ 4º Compete à Justiça Militar estadual processar e julgar os militares dos Estados, nos crimes militares definidos em lei e as ações judiciais contra atos disciplinares militares, ressalvada a competência do júri quando a vítima for civil, cabendo ao tribunal competente decidir sobre a perda do posto e da patente dos oficiais e da graduação das praças.*
>
> *§ 5º Compete aos juízes de direito do juízo militar processar e julgar, singularmente, os crimes militares cometidos contra civis e as ações judiciais contra atos disciplinares militares, cabendo ao Conselho de Justiça, sob a presidência de juiz de direito, processar e julgar os demais crimes militares.*
>
> *§ 6º O Tribunal de Justiça poderá funcionar descentralizadamente, constituindo Câmaras regionais, a fim de assegurar o pleno acesso do jurisdicionado à justiça em todas as fases do processo.*
>
> *§ 7º O Tribunal de Justiça instalará a justiça itinerante, com a realização de audiências e demais funções da atividade jurisdicional, nos limites territoriais da respectiva jurisdição, servindo-se de equipamentos públicos e comunitários.*
>
> ***Art. 126** Para dirimir conflitos fundiários, o Tribunal de Justiça proporá a criação de varas especializadas, com competência exclusiva para questões agrárias.*
>
> ***Parágrafo único. Sempre** que necessário à eficiente prestação jurisdicional, o juiz far-se-á presente no local do litígio.*

- **STF – 11 membros – entre 35 e 65 anos**

  Composição: brasileiros natos. Notável saber jurídico e reputação ilibada. Nomeados pelo Presidente da República mediante aprovação do Senado pela maioria absoluta.

- **CNJ – 15 membros**

  Composição: presidente do STF. Indicados pelo STF: 1 desembargador do TJ, 1 juiz estadual. Indicados pelo STJ: 1 ministro do STJ, 1 juiz do TRF, 1 juiz federal. Indicados pelo TST: 1 ministro do TST, 1 juiz do TRT, 1 juiz do trabalho. Indicados pelo PGR: 1 membro do MPE, 1 membro do MPU. Indicados pelo CF/1988OAB: 2 advogados. Indicado pela Câmara: 1 cidadão. Indicado pelo Senado: 1 cidadão.

- **STJ – mínimo de 33 membros – entre 35 e 65 anos**

  Composição: Brasileiro. Notável saber jurídico e reputação ilibada. Nomeado pelo Presidente da República mediante aprovação do Senado. 1/3 juízes do TRF. 1/3 desembargadores do TJ. 1/3 advogados e membros do MPF, MPE e MPDFT.

- **TRF – mínimo de 7 membros – entre 30 e 65 anos**

  Composição: Nomeados pelo Presidente da República. 1/5 advogados e membros do MPF (os advogados e membros do Ministério Público quando são nomeados para algum cargo do Poder Judiciário pelo Quinto Constitucional precisam comprovar 10 anos de experiência). 4/5 juízes federais.

- **TST – 27 membros – entre 35 e 65 anos**

  Composição: Nomeado pelo Presidente da República mediante aprovação do Senado. 1/5 advogados e membros do MPT. 4/5 juízes do TRT da magistratura de carreira.

- **TRT – mínimo de 7 membros**

  Composição: Eleição: 3 ministros do STF; 2 ministros do STJ. Nomeação pelo Presidente da República: 2 advogados de notável saber jurídico e idoneidade moral indicados pelo STF.

- **TRE – 7 membros**

  Composição: Eleição: 2 desembargadores do TJ, 2 juízes de direito do TJ. 1 juiz do TRF ou juiz federal. Nomeação pelo Presidente da República: 2 advogados de notável saber jurídico e idoneidade moral indicados pelo TJ.

- **STM – 15 membros**

  Composição: Ministros vitalícios. Nomeados pelo Presidente da República mediante aprovação do Senado. 3 oficiais-generais da Marinha. 4 oficiais-generais do Exército. 3 oficiais-generais da Aeronáutica. 5 civis escolhidos pelo Presidente entre brasileiros com mais de trinta e cinco anos sendo três dentre advogados com mais de dez anos de efetiva atividade profissional e dois entre juízes auditores e membros do Ministério Público Militar.

10.3 Análise das competências dos órgãos do Poder Judiciário

O sucesso nesta parte da matéria depende de intensa leitura e memorização das competências que serão cobradas em prova. As mais cobradas são, sem dúvida, as do STF e do STJ. Também há grande ocorrência de questões sobre o CNJ. Passa-se à análise de cada um dos órgãos do Poder Judiciário.

10.3.1 Supremo Tribunal Federal

O Supremo Tribunal Federal é o órgão de cúpula do Poder Judiciário. Também é conhecido como Tribunal Constitucional, pois possui como atribuição precípua a guarda da Constituição Federal. Como protetor do texto constitucional, ele realiza o chamado Controle de Constitucionalidade Concentrado. Nota-se que as competências do STF compõem um rol taxativo e estão distribuídas em três espécies: originária, recursal ordinária e recursal extraordinária.

- **Originárias**: as causas previstas no inciso I do art. 102 têm início no próprio STF, a quem compete julgar originariamente.

  > ***Art. 102** Compete ao Supremo Tribunal Federal, precipuamente, a guarda da Constituição, cabendo-lhe:*
  >
  > *I – Processar e julgar, originariamente:*
  >
  > *a) A ação direta de inconstitucionalidade de lei ou ato normativo federal ou estadual e a ação declaratória de constitucionalidade de lei ou ato normativo federal;*

b) Nas infrações penais comuns, o Presidente da República, o Vice-Presidente, os membros do Congresso Nacional, seus próprios Ministros e o Procurador-geral da República;

c) Nas infrações penais comuns e nos crimes de responsabilidade, os Ministros de Estado e os Comandantes da Marinha, do Exército e da Aeronáutica, ressalvado o disposto no art. 52, I, os membros dos Tribunais Superiores, os do Tribunal de Contas da União e os chefes de missão diplomática de caráter permanente;

d) O Habeas corpus, sendo paciente qualquer das pessoas referidas nas alíneas anteriores; o mandado de segurança e o Habeas Data contra atos do Presidente da República, das Mesas da Câmara dos Deputados e do Senado Federal, do Tribunal de Contas da União, do Procurador-geral da República e do próprio Supremo Tribunal Federal;

e) O litígio entre Estado estrangeiro ou organismo internacional e a União, o Estado, o Distrito Federal ou o Território;

f) As causas e os conflitos entre a União e os Estados, a União e o Distrito Federal, ou entre uns e outros, inclusive as respectivas entidades da administração indireta;

g) A extradição solicitada por Estado estrangeiro;

h) (Revogado Emenda Constitucional nº 45, de 2004);

i) O Habeas corpus, quando o coator for Tribunal Superior ou quando o coator ou o paciente for autoridade ou funcionário cujos atos estejam sujeitos diretamente à jurisdição do Supremo Tribunal Federal, ou se trate de crime sujeito à mesma jurisdição em uma única instância;

j) A revisão criminal e a ação rescisória de seus julgados;

l) A reclamação para a preservação de sua competência e garantia da autoridade de suas decisões;

m) A execução de sentença nas causas de sua competência originária, facultada a delegação de atribuições para a prática de atos processuais;

n) A ação em que todos os membros da magistratura sejam direta ou indiretamente interessados, e aquela em que mais da metade dos membros do tribunal de origem estejam impedidos ou sejam direta ou indiretamente interessados;

o) Os conflitos de competência entre o Superior Tribunal de Justiça e quaisquer tribunais, entre Tribunais Superiores, ou entre estes e qualquer outro tribunal;

p) O pedido de medida cautelar das ações diretas de inconstitucionalidade;

q) O mandado de injunção, quando a elaboração da norma regulamentadora for atribuição do Presidente da República, do Congresso Nacional, da Câmara dos Deputados, do Senado Federal, das Mesas de uma dessas Casas Legislativas, do Tribunal de Contas da União, de um dos Tribunais Superiores, ou do próprio Supremo Tribunal Federal;

r) As ações contra o Conselho Nacional de Justiça e contra o Conselho Nacional do Ministério Público.

- **Recurso ordinário:** analisa matéria já debatida em instância anterior atuando como tribunal de 2º grau de jurisdição. O art. 102, II prevê como competência em sede de recurso ordinário:

II – Julgar, em recurso ordinário:

a) O Habeas corpus, o mandado de segurança, o Habeas Data e o mandado de injunção decididos em única instância pelos Tribunais Superiores, se denegatória a decisão;

b) O crime político.

- **Recurso extraordinário:** atua na defesa da norma constitucional. O art. 102, inciso III, prevê que compete ao STF o julgamento das causas decididas em única ou última instância quando a decisão recorrida:

III – Julgar, mediante recurso extraordinário, as causas decididas em única ou última instância, quando a decisão recorrida:

a) Contrariar dispositivo desta Constituição;

b) Declarar a inconstitucionalidade de tratado ou lei federal;

c) Julgar válida lei ou ato de governo local contestado em face desta Constituição.

d) Julgar válida lei local contestada em face de lei federal.

As questões sobre competências costumam ser bem complicadas, pois exigem do candidato a memorização de vários dispositivos, sem contar que se costuma complicar colocando a competência de um tribunal como se fosse de outro tribunal. Vejamos este exemplo:

Controle de constitucionalidade: o STF, em sede de controle de constitucionalidade concentrado, tem competência para apreciar originariamente a Ação Direta de Inconstitucionalidade e a Ação Declaratória de Constitucionalidade. Essas ações têm como objetivo questionar a constitucionalidade de uma lei ou ato normativo diante da Constituição. Quando esse questionamento se dá diretamente no STF, é necessário que seja apresentado por um dos legitimados que estão previstos no art. 103 da Constituição Federal de 1988:

> ***Art. 103*** *Podem propor a ação direta de inconstitucionalidade e a ação declaratória de constitucionalidade:*
>
> *I – O Presidente da República;*
>
> *II – A Mesa do Senado Federal;*
>
> *III – A Mesa da Câmara dos Deputados;*
>
> *IV – A Mesa de Assembleia Legislativa ou da Câmara Legislativa do Distrito Federal;*
>
> *V – O Governador de Estado ou do Distrito Federal;*
>
> *VI – O Procurador-geral da República;*
>
> *VII – O Conselho Federal da Ordem dos Advogados do Brasil;*
>
> *VIII – Partido político com representação no Congresso Nacional;*
>
> *IX – Confederação sindical ou entidade de classe de âmbito nacional.*
>
> ***§1º*** *O Procurador-geral da República deverá ser previamente ouvido nas ações de inconstitucionalidade e em todos os processos de competência do Supremo Tribunal Federal.*
>
> ***§2º*** *Declarada a inconstitucionalidade por omissão de medida para tornar efetiva norma constitucional, será dada ciência ao Poder competente para a adoção das providências necessárias e, em se tratando de órgão administrativo, para fazê-lo em trinta dias.*
>
> *§ 3º Quando o Supremo Tribunal Federal apreciar a inconstitucionalidade, em tese, de norma legal ou ato normativo, citará, previamente, o Advogado-Geral da União, que defenderá o ato ou texto impugnado.*

Deve-se memorizar o rol de legitimados. Observe que os membros do Poder Executivo e Legislativo da União, dos estados e do Distrito Federal possuem legitimidade para ingressar com essas ações de Controle de Constitucionalidade, contudo as mesmas autoridades no âmbito dos Municípios não possuem tal poder, e isso aparece muito em prova. Prefeito e mesa da Câmara de Vereadores não possuem legitimidade para propor as ações de controle de constitucionalidade citadas acima.

Observam-se também outros detalhes. No que tange às Casas Legislativas, a competência é da Mesa e não do membro. Mesa da Câmara ou da Assembleia é órgão de direção em que encontram o Presidente da Casa, os Secretários e demais membros de direção.

Quanto aos partidos políticos, não é qualquer partido político que tem legitimidade; tem de ser partido com representação no Congresso Nacional. E representação no Congresso Nacional significa pelo menos um membro em qualquer uma das Casas.

Em relação à confederação sindical ou entidade de classe, não será qualquer uma que possui legitimidade. Deve ser de âmbito nacional.

Súmulas vinculantes: as súmulas vinculantes são ferramentas jurídicas criadas para garantir maior efetividade ao inciso LXXVIII do art. 5º da Constituição Federal de 1988 (celeridade processual). Introduzida no direito brasileiro por meio da Emenda Constitucional nº 45/2004, essas súmulas refletem o pensamento do Supremo Tribunal Federal acerca da validade, interpretação e eficácia de algumas normas que já foram analisadas em reiteradas decisões.

A competência para edição dessas súmulas é exclusiva do STF. Após a edição da súmula, ela produz efeitos vinculantes para todos os órgãos do Poder Judiciário e para a Administração Pública Direta e Indireta, nas esferas federal, estadual e municipal. É importante ressaltar que os efeitos das súmulas vinculantes não atingem o STF nem o Poder Legislativo: o STF, por poder rever ou cancelar a súmula conforme a evolução jurisprudencial; e o Legislativo, por ser o Poder responsável pela inovação legislativa no Brasil.

O seu principal objetivo é diminuir a quantidade de processos com temas idênticos que se acumulam nas diversas instâncias do Judiciário. Ao editar uma súmula vinculante, o STF produz segurança jurídica e evita a multiplicação de processos sobre as questões sumuladas. Esse tema está regulado pelo art. 103-A da Constituição Federal e pela Lei nº 11.417/2006.

> ***Art. 103-A*** *O Supremo Tribunal Federal poderá, de ofício ou por provocação, mediante decisão de dois terços dos seus membros, após reiteradas decisões sobre matéria constitucional, aprovar súmula que, a partir de sua publicação na imprensa oficial, terá efeito vinculante em relação aos demais órgãos do Poder Judiciário e à Administração Pública direta e indireta, nas esferas federal, estadual e municipal, bem como proceder à sua revisão ou cancelamento, na forma estabelecida em lei.*
>
> *§ 1º A súmula terá por objetivo a validade, a interpretação e a eficácia de normas determinadas, acerca das quais haja controvérsia atual entre órgãos judiciários ou entre esses e a Administração Pública que acarrete grave insegurança jurídica e relevante multiplicação de processos sobre questão idêntica.*
>
> *§ 2º Sem prejuízo do que vier a ser estabelecido em lei, a aprovação, revisão ou cancelamento de súmula poderá ser provocada por aqueles que podem propor a ação direta de inconstitucionalidade.*
>
> *§ 3º Do ato administrativo ou decisão judicial que contrariar a súmula aplicável ou que indevidamente a aplicar, caberá reclamação ao Supremo Tribunal Federal que, julgando-a procedente, anulará o ato administrativo ou cassará a decisão judicial reclamada, e determinará que outra seja proferida com ou sem a aplicação da súmula, conforme o caso.*

10.3.2 Superior Tribunal de Justiça

O Superior Tribunal de Justiça é o conhecido protetor da legislação federal. Suas competências estão arroladas no art. 105 da Constituição Federal de 1988 e estão divididas em: originária, recursal ordinária e recursal especial.

- **Originária:** as causas previstas no inciso I do art. 105 têm início no próprio STJ, a quem compete julgar originariamente:

> *a) Nos crimes comuns, os Governadores dos Estados e do Distrito Federal, e, nestes e nos de responsabilidade, os desembargadores dos Tribunais de Justiça dos Estados e do Distrito Federal, os membros dos Tribunais de Contas dos Estados e do Distrito Federal, os dos Tribunais Regionais Federais, dos Tribunais Regionais Eleitorais e do Trabalho, os membros dos Conselhos ou Tribunais de Contas dos Municípios e os do Ministério Público da União que oficiem perante tribunais;*
>
> *b) Os mandados de segurança e os Habeas Data contra ato de Ministro de Estado, dos Comandantes da Marinha, do Exército e da Aeronáutica ou do próprio Tribunal;*
>
> *c) Os Habeas corpus, quando o coator ou paciente for qualquer das pessoas mencionadas na alínea "a", ou quando o coator for tribunal sujeito à sua jurisdição, Ministro de Estado ou Comandante da Marinha, do Exército ou da Aeronáutica, ressalvada a competência da Justiça Eleitoral;*
>
> *d) Os conflitos de competência entre quaisquer tribunais, ressalvado o disposto no art. 102, I, "o", bem como entre tribunal e juízes a ele não vinculados e entre juízes vinculados a tribunais diversos;*
>
> *e) As revisões criminais e as ações rescisórias de seus julgados;*
>
> *f) A reclamação para a preservação de sua competência e garantia da autoridade de suas decisões;*
>
> *g) Os conflitos de atribuições entre autoridades administrativas e judiciárias da União, ou entre autoridades judiciárias de um Estado e administrativas de outro ou do Distrito Federal, ou entre as deste e da União;*
>
> *h) O mandado de injunção, quando a elaboração da norma regulamentadora for atribuição de órgão, entidade ou autoridade federal, da administração direta ou indireta, excetuados os casos de competência do Supremo Tribunal Federal e dos órgãos da Justiça Militar, da Justiça Eleitoral, da Justiça do Trabalho e da Justiça Federal;*
>
> *i) A homologação de sentenças estrangeiras e a concessão de exequatur às cartas rogatórias.*

- **Recurso Ordinário:** analisa matéria já debatida em instância anterior atuando como tribunal de 2º grau de jurisdição. O art. 105, II prevê como competência em sede de recurso ordinário:

> *a) Os "Habeas corpus" decididos em única ou última instância pelos Tribunais Regionais Federais ou pelos tribunais dos Estados, do Distrito Federal e Territórios, quando a decisão for denegatória;*
>
> *b) Os mandados de segurança decididos em única instância pelos Tribunais Regionais Federais ou pelos tribunais dos Estados, do Distrito Federal e Territórios, quando denegatória a decisão;*
>
> *c) As causas em que forem partes Estado estrangeiro ou organismo internacional, de um lado, e, do outro, Município ou pessoa residente ou domiciliada no País.*

- **Recurso Especial:** atua na defesa das normas infraconstitucionais federais. O art. 105, inciso III prevê que compete ao STJ o julgamento das causas decididas em única ou última instância pelos TRF's e TJ's que:

> *a) Contrariar tratado ou lei federal, ou negar-lhe vigência;*
>
> *b) Julgar válido ato de governo local contestado em face de lei federal;*
>
> *c) Der a lei federal interpretação divergente da que lhe haja atribuído outro tribunal.*

10.3.3 Conselho Nacional de Justiça

O Conselho Nacional de Justiça é órgão do Poder Judiciário, mas não possui função jurisdicional. Sua função é de caráter administrativo.

O CNJ é responsável pela fiscalização administrativa e financeira do Poder Judiciário. Possui também atribuição para fiscalizar os seus membros quanto a observância dos deveres funcionais.

Por fim, deve-se lembrar que o CNJ não possui competência sobre o STF, haja vista este ser o órgão de cúpula de todo o Poder Judiciário.

> ***Art. 103-B*** *[...]*
>
> *§ 4º Compete ao Conselho o controle da atuação administrativa e financeira do Poder Judiciário e do cumprimento dos deveres funcionais dos juízes, cabendo-lhe, além de outras atribuições que lhe forem conferidas pelo Estatuto da Magistratura:*
>
> *I – Zelar pela autonomia do Poder Judiciário e pelo cumprimento do Estatuto da Magistratura, podendo expedir atos regulamentares, no âmbito de sua competência, ou recomendar providências;*
>
> *II – Zelar pela observância do art. 37 e apreciar, de ofício ou mediante provocação, a legalidade dos atos administrativos praticados por membros ou órgãos do Poder Judiciário, podendo desconstituí-los, revê-los ou fixar prazo para que se adotem as providências necessárias ao exato cumprimento da lei, sem prejuízo da competência do Tribunal de Contas da União;*
>
> *III – Receber e conhecer das reclamações contra membros ou órgãos do Poder Judiciário, inclusive contra seus serviços auxiliares, serventias e órgãos prestadores de serviços notariais e de registro que atuem por delegação do poder público ou oficializados, sem prejuízo da competência disciplinar e correicional dos tribunais, podendo avocar processos disciplinares em curso e determinar a remoção, a disponibilidade ou a aposentadoria com subsídios ou proventos proporcionais ao tempo de serviço e aplicar outras sanções administrativas, assegurada ampla defesa;*
>
> *IV – Representar ao Ministério Público, no caso de crime contra a Administração Pública ou de abuso de autoridade;*
>
> *V – Rever, de ofício ou mediante provocação, os processos disciplinares de juízes e membros de tribunais julgados há menos de um ano;*
>
> *VI – Elaborar semestralmente relatório estatístico sobre processos e sentenças prolatadas, por unidade da Federação, nos diferentes órgãos do Poder Judiciário;*
>
> *VII – Elaborar relatório anual, propondo as providências que julgar necessárias, sobre a situação do Poder Judiciário no País e as atividades do Conselho, o qual deve integrar mensagem do Presidente do Supremo Tribunal Federal a ser remetida ao Congresso Nacional, por ocasião da abertura da sessão legislativa.*

§ 5º O Ministro do Superior Tribunal de Justiça exercerá a função de Ministro-Corregedor e ficará excluído da distribuição de processos no Tribunal, competindo-lhe, além das atribuições que lhe forem conferidas pelo Estatuto da Magistratura, as seguintes:

I – Receber as reclamações e denúncias, de qualquer interessado, relativas aos magistrados e aos serviços judiciários;

II – Exercer funções executivas do Conselho, de inspeção e de correição geral;

III – Requisitar e designar magistrados, delegando-lhes atribuições, e requisitar servidores de juízos ou tribunais, inclusive nos Estados, Distrito Federal e Territórios.

§ 6º Junto ao Conselho oficiarão o Procurador-geral da República e o Presidente do Conselho Federal da Ordem dos Advogados do Brasil.

§ 7º A União, inclusive no Distrito Federal e nos Territórios, criará ouvidorias de justiça, competentes para receber reclamações e denúncias de qualquer interessado contra membros ou órgãos do Poder Judiciário, ou contra seus serviços auxiliares, representando diretamente ao Conselho Nacional de Justiça.

10.3.4 Justiça Federal

Estes são os órgãos da chamada Justiça Federal:

Art. 106 *São órgãos da Justiça Federal:*

I – Os Tribunais Regionais Federais;

II – Os Juízes Federais.

- **Tribunal Regional Federal e Juízes Federais**

As competências da Justiça Federal, em regra, estão relacionadas com causas de interesse da União. Atente para esse tema, pois há competências que são dos Tribunais Regionais Federais e outras que são dos Juízes Federais. As provas costumam trocar essas competências umas pelas outras. As primeiras encontram-se definidas na Constituição Federal no art. 108 e as dos Juízes Federais estão previstas no art. 109:

Art. 108 *Compete aos Tribunais Regionais Federais:*

I – Processar e julgar, originariamente:

a) Os juízes federais da área de sua jurisdição, incluídos os da Justiça Militar e da Justiça do Trabalho, nos crimes comuns e de responsabilidade, e os membros do Ministério Público da União, ressalvada a competência da Justiça Eleitoral;

b) As revisões criminais e as ações rescisórias de julgados seus ou dos juízes federais da região;

c) Os mandados de segurança e os Habeas Data contra ato do próprio Tribunal ou de juiz federal;

d) Os Habeas corpus, quando a autoridade coatora for juiz federal;

e) Os conflitos de competência entre juízes federais vinculados ao Tribunal;

II – Julgar, em grau de recurso, as causas decididas pelos juízes federais e pelos juízes estaduais no exercício da competência federal da área de sua jurisdição.

Art. 109 *Aos juízes federais compete processar e julgar:*

I – As causas em que a União, entidade autárquica ou empresa pública federal forem interessadas na condição de autoras, rés, assistentes ou oponentes, exceto as de falência, as de acidentes de trabalho e as sujeitas à Justiça Eleitoral e à Justiça do Trabalho;

II – As causas entre Estado estrangeiro ou organismo internacional e Município ou pessoa domiciliada ou residente no País;

III – As causas fundadas em tratado ou contrato da União com Estado estrangeiro ou organismo internacional;

IV – Os crimes políticos e as infrações penais praticadas em detrimento de bens, serviços ou interesse da União ou de suas entidades autárquicas ou empresas públicas, excluídas as contravenções e ressalvada a competência da Justiça Militar e da Justiça Eleitoral;

V – Os crimes previstos em tratado ou convenção internacional, quando, iniciada a execução no País, o resultado tenha ou devesse ter ocorrido no estrangeiro, ou reciprocamente;

V-A. As causas relativas a direitos humanos a que se refere o § 5º deste artigo;

VI – Os crimes contra a organização do trabalho e, nos casos determinados por lei, contra o sistema financeiro e a ordem econômico-financeira;

VII – Os Habeas corpus, em matéria criminal de sua competência ou quando o constrangimento provier de autoridade cujos atos não estejam diretamente sujeitos a outra jurisdição;

VIII – Os mandados de segurança e os Habeas Data contra ato de autoridade federal, excetuados os casos de competência dos tribunais federais;

IX – Os crimes cometidos a bordo de navios ou aeronaves, ressalvada a competência da Justiça Militar;

X – Os crimes de ingresso ou permanência irregular de estrangeiro, a execução de carta rogatória, após o "exequatur", e de sentença estrangeira, após a homologação, as causas referentes à nacionalidade, inclusive a respectiva opção, e à naturalização;

XI – A disputa sobre direitos indígenas.

11 TEORIA GERAL DOS DIREITOS HUMANOS

11.1 Conceitos

A conceitualização dos Direitos Humanos não obedece a uma forma absoluta de definição universal. Muitos foram, e continuam sendo, os teóricos que refletem esse âmbito do Direito. Vejamos, a título de exemplos, alguns conceitos:

> *Compreendemos por Direitos Humanos os direitos que o homem possui pelo fato de ser homem, por sua própria natureza humana, pela dignidade que a ela é inerente. São direitos que não resultam de uma concessão da sociedade política. Pelo contrário, são direitos que a sociedade política tem o dever de consagrar.*
>
> *João Baptista Herkenhoff (advogado e escritor)*

> *O conjunto institucionalizado de direitos e garantias do ser humano que tem por finalidade básica o respeito à sua dignidade por meio de sua proteção contra o arbítrio do poder estatal e o estabelecimento de condições mínimas de vida e desenvolvimento da personalidade humana.*
>
> *Alexandre de Moraes (jurista, magistrado e atual ministro do Supremo Tribunal Federal - STF)*

> *A expressão Direitos Humanos refere-se obviamente ao homem, e como "direitos" só se pode designar aquilo que pertence à essência do homem, que não é puramente acidental, que não surge e desaparece com a mudança dos tempos, da moda, do estilo ou do sistema, deve ser algo que pertence ao homem como tal.*
>
> *Charlles Malik (relator da comissão de Direitos Humanos da ONU, 1947)*

Após analisarmos os conceitos dados, uma dúvida pode surgir: "Qual é a diferença entre **Direitos do Homem, Direitos Fundamentais e Direitos Humanos?**". Pode-se dizer que a principal diferença entre esses conceitos reside na positivação ou não dos referidos direitos, bem como o local onde se encontram positivados. Porém, as expressões têm sido, equivocadamente, usadas indistintamente como sinônimos. Observe:

- **Direitos do Homem:** é a universalidade de direitos naturais (caráter jusnaturalista) que garantem a proteção global do homem e válido em todos os tempos. Trata-se de direitos que não estão nos textos constitucionais, nem mesmo em tratados de proteção aos direitos humanos. Portanto, podemos caracterizar como direitos que:
  - condicionam ao ser humano exercer sua humanidade;
  - são universais, válidos em qualquer tempo e em qualquer lugar;
  - são naturais, inseparáveis e imprescindíveis a qualquer ser humano.
- **Direitos Fundamentais:** representam os direitos naturais positivados ou escritos no Texto Constitucional, ganhando uma conotação de direitos positivos constitucionais. Um exemplo é o Título II da CF/1988. É importante também ter cuidado para não confundir os direitos fundamentais com garantias fundamentais. A primeira espécie são os bens protegidos pela Constituição, já a segunda é aquela que visa proteger esses bens, ou seja, instrumentos constitucionais.
- **Direitos Humanos:** é a evolução dos direitos fundamentais, ou seja, quando esses direitos previstos nas normas internas passaram a ser regulados em tratados internacionais (seja no plano global ou regional).

Fique ligado

Um tratado é um acordo entre os Estados, que se comprometem com regras específicas. Tratados internacionais têm diferentes designações, como pactos, cartas, protocolos, convenções e acordos. Um tratado é legalmente vinculativo para os Estados que tenham consentido em se comprometer com as disposições do tratado – em outras palavras, que são parte do tratado.

11.2 Concepções

Ao analisarmos os Direitos Humanos, devemos nos perguntar quais as premissas filosóficas que os precedem e os projetam, e o alicerce sobre o qual estão levantadas as colunas que estruturam todos os direitos humanos e suas ramificações. Neste sentido, é possível afirmar as seguintes teorias basilares:

- **Naturalismo:** a pessoa humana é o fundamento atemporal dos Direitos Humanos, pois, a partir dela, verificamos a existência de direitos pré-concebidos e precedentes a qualquer modo de positivação estatal. A dignidade, não importa a cultura na qual a pessoa esteja imersa, deve ser objeto de zelo e amparo, pois está presente no homem enquanto homem. Neste sentido, os Direitos Humanos não são criados pelos homens, não são criados pelo Estado, mas resta a este o reconhecimento destes direitos.
- **Positivismo:** os Direitos Humanos não podem ser caracterizados como absolutos. Devem obedecer à ordem prática do Direito que, como fruto social, leva em consideração fatores culturais, morais e sociais, variáveis em sua constituição. Portanto, não poderíamos almejar uma fundamentação absoluta, ou caráter permanente para algo que necessariamente irá sofrer alterações. Isso gera uma tendência natural à positivação dos Direitos Humanos pelas Constituições nacionais.

Fique ligado

A dignidade pode ser definida como consciência do próprio valor, respeito que se tem para com a própria pessoa e o reconhecimento de suas próprias qualidades. Neste sentido, o ser capaz de reconhecimento de si e autoconsciência, inferindo valores a seu contexto social, artístico e cultural, capaz de dar sentido e promover a liberdade é o ser humano.

Não devemos estabelecer um ponto exato no nascimento dos Direitos Humanos, mas os perceber como fruto do tempo e das experiências. Eles nasceram fragmentados em resposta às atrocidades cometidas arbitrariamente sobre o ser humano durante guerras e conflitos. O direito à liberdade e à vida são exemplos de alguns desses direitos. Mesmo com perspectivas de fundamentação distintas, os Direitos Humanos permanecem tendo como horizonte de ação a **Dignidade do Homem**, que, na condição de humano, já merece respeito e dignidade, ambos inseparáveis de sua natureza.

11.3 Terminologia

Para darmos a terminologia da expressão "direitos humanos", precisamos explicar as expressões "direitos do homem" e "direitos fundamentais".

- **Direitos do homem:** expressão jusnaturalista que apresenta uma série de direitos naturais, os quais visam a proteção global do homem em todos os tempos. São direitos que não estão expressos na Constituição, nem nos tratados internacionais.
- **Direitos fundamentais:** expressão que apresenta a proteção interna dos cidadãos, trata-se dos direitos previstos na Constituição, garantidos e limitados no tempo e no espaço.
- **Direitos humanos:** o termo se refere aos direitos inscritos em tratados ou costumes internacionais, os quais já ultrapassaram as fronteiras estatais de proteção interna e passaram a garantir a proteção internacional.

11.4 Características

Os Direitos Humanos são caracterizados pela:

- **Historicidade:** não nasceram todos de uma única vez, em um único momento histórico. Surgiram de maneira gradual, resultado de lutas contra o poder vigente, evoluem com o tempo e obedecem a fluxos circunstanciais do contexto a que estão inseridos. São assegurados pela positivação jurídica dos Estados.

- **Universalidade:** destinam-se a todos os seres humanos. Não limitam, distinguem ou separam os homens por conta de sexo, orientação política, religião, cor ou nacionalidade. Almejam respeitar e considerar o princípio da liberdade e o princípio da dignidade presente em todo e qualquer ser humano só pelo fato de o sê-lo.
- **Inalienabilidade:** os direitos não podem ser alienados, não podem ser vendidos.
- **Inexauribilidade:** os Direitos Humanos não são esgotados em si mesmos, não assumem rol taxativo. É admissível ampliá-los e não os reduzir, respeitando-se sempre seu núcleo essencial.
- **Irrenunciabilidade:** os titulares desses direitos não podem renunciá-los. Eles são inerentes à existência humana e, tomando consciência disso, o Estado impede que os indivíduos deliberem sobre direitos de ordem natural.
- **Imprescritibilidade:** podem ser exercidos em qualquer tempo. Ainda que não tenham sido exigidos durante certo período, não significa que não possam mais ser exigidos.
- **Inviolabilidade:** os Direitos Humanos não podem ser violados e cabe ao Estado zelar para que a sua violação não ocorra.
- **Complementaridade:** a evolução dos Direitos Humanos é marcada pelo complemento que cada direito dá ao outro.
- **Efetividade:** a concretização, a realização no mundo real. Os direitos não permanecem somente ao plano teórico, mas se efetivam no mundo.
- **Concorrência:** os Direitos Humanos não têm efeito isoladamente. Eles coexistem entre si, ativam-se conjuntamente e um direito não anula o outro.
- **Limitabilidade:** os limites dos direitos são postos por outros direitos. A ponderação e o bom senso sobre determinadas situações confirmará que tipo de limitação será essa. Exemplo: direito de propriedade × direito à vida.
- **Vedação ao retrocesso:** compreende-se a ampliação dos Direitos Humanos enquanto Direitos Fundamentais, porém, não é permitido reduzir esses direitos.
- **Indivisibilidade:** os Direitos Humanos formam um todo, um conjunto de direitos que não podem ser analisados isoladamente.
- **Aplicabilidade imediata:** segundo o art. 5º, § 1º, da CF/1988, a aplicação desses direitos é de ordem imediata.
- **Essencialidade:** os Direitos Humanos são inerentes à natureza humana e fundamentam-se no princípio da dignidade de caráter supremo e inigualável.

12 DIREITOS HUMANOS E RESPONSABILIDADE DO ESTADO

12.1 Estado, seu conceito e funções para os Direitos Humanos

O Estado é um corpo político administrativo, delimitado juridicamente e territorialmente, e constituído por forma de poder soberana com a função de garantir os direitos dos que o constituem e o bem-estar social. São três os pilares fundamentais que permitem sua articulação: os Poderes Executivo, Legislativo e Judiciário. O Estado tem responsabilidades nas áreas, política, econômica e social que devem garantir a eficiência, a estabilidade e equidade social.

O contrato social ou contratualismo indica uma classe de teorias que tentam explicar os caminhos que levam as pessoas a formarem Estados e/ou manterem a ordem social. Essa noção de contrato traz implícito que as pessoas renunciam a certos direitos para um governo ou outra autoridade a fim de obter as vantagens da ordem social. Sob esse prisma, o contrato social seria um acordo entre os membros da sociedade, pelo qual reconhecem a autoridade, igualmente sobre todos, de um conjunto de regras, de um regime político ou de um governante.

No entanto, ao falarmos de Direitos Humanos, o Estado surge como fenômeno garantidor e destrutivo, isto é, possui um lado positivo e outro negativo: **o Estado que garante é o mesmo que pode violar os Direitos Humanos. A Revolução Francesa foi um momento da História que**, além de marcar o início da Idade Contemporânea, **serve de exemplo para analisarmos as responsabilidades do Estado** e como esse Estado estabelecido em prol do bem comum pode se tornar autoritário e violar direitos diversos.

12.2 Gerações ou dimensões dos Direitos Humanos

Em 1979, Karel Vasak (primeiro secretário-geral do Instituto Internacional de Direitos Humanos em Estrasburgo), inspirado nos ideais da Revolução Francesa (liberdade, igualdade e fraternidade), foi o primeiro a propor uma divisão dos direitos humanos em gerações.

Alguns doutrinadores divergem sobre a terminologia mais coerente para se denominar o evento de evolução histórica dos direitos fundamentais, e isto acontece principalmente sobre o uso das expressões **gerações** e **dimensões**. É muito comum doutrinadores utilizarem gerações, porém parte da doutrina tem se posicionado contrária ao uso desse termo, defendendo o uso de dimensões, uma vez que gerações poderia desencadear a falsa ideia de que, conforme fossem evoluindo, ocorreria uma substituição de uma geração por outra.

- **Primeira geração ou dimensão:** referem-se às **liberdades negativas** ou clássicas. São chamados também de direitos de resistência ou de defesa. Enfatizam o princípio da liberdade, configurando direitos civis e políticos. A gênese dessa geração de direitos foi a resistência burguesa contra o Estado absolutista opressor, contra os privilégios da nobreza, contra o sistema feudal que oprimia a burguesia incipiente. Para a realização dos direitos de primeira geração, bastou o surgimento do Estado de Direito, em que a atuação dos entes estatais deveria ser feita mediante lei, suprimindo a vontade despótica do rei.

São direitos que surgiram com a Revolução Francesa e se afirmaram durante os séculos XVIII e XIX. Tinham como função limitar o poder estatal e garantir liberdade aos indivíduos ou grupos.

Fique ligado

A Constituição Imperial brasileira de 1824, em seu art. 179 (o último da Carta Magna), seguindo os passos da Declaração dos Direitos do Homem e do Cidadão, decretada pela Assembleia Nacional Francesa em 1789, afirmou que a inviolabilidade dos direitos civis e políticos tinha por base a liberdade, a segurança individual e a propriedade.

> ***Art. 179*** *A inviolabilidade dos Direitos Civis, e Politicos dos Cidadãos Brasileiros, que tem por base a liberdade, a segurança individual, e a propriedade, é garantida pela Constituição do Império, pela maneira seguinte.*
>
> *I – Nenhum Cidadão pode ser obrigado a fazer, ou deixar de fazer alguma cousa, senão em virtude da Lei. [...]*
>
> *V – Ninguém pode ser perseguido por motivo de Religião, uma vez que respeite a do Estado, e não ofenda a Moral Publica. [...]*
>
> *Trecho do texto original da Constituição de 1824.*

- **Segunda geração ou dimensão:** direitos que se associam às **liberdades positivas**, reais ou concretas, assegurando o princípio da isonomia material entre os seres humanos. A Revolução Industrial foi o estopim da consagração dos direitos de segunda geração, a partir do século XIX, implicando na luta da classe proletária, na defesa de seus direitos básicos: alimentação, saúde e educação. O início do século XX é marcado pela Primeira Grande Guerra e pela fixação desses direitos, o que fica evidenciado, entre outros documentos, pela Constituição de Weimar e pelo Tratado de Versalhes, ambos de 1919. Surge com a queda do Estado Liberal e o aparecimento de um Estado de Bem-estar Social. O que está em jogo não são mais as individualidades, mas as categorias: direitos do idoso, direitos dos trabalhadores.

A partir da Constituição de 1934, em meio à primeira passagem de Getúlio Vargas pelo poder, verifica-se maior inserção dos direitos de segunda geração nas Constituições brasileiras. Eles exigem do Estado mais participação para serem implementados, ou seja, é necessária uma atuação estatal positiva.

> ***Art. 148*** *Cabe à União, aos Estados e aos Municípios favorecer e animar o desenvolvimento das ciências, das artes, das letras e da cultura em geral, proteger os objetos de interesse histórico e o patrimônio artístico do País, bem como prestar assistência ao trabalhador intelectual. [...]*
>
> *Trecho do texto original da Constituição de 1934.*

- **Terceira geração ou dimensão:** baseada no princípio da fraternidade (ou solidariedade), os direitos dessa geração tendem a proteger interesses de titularidade coletiva ou difusa. Não se destinam especificamente à proteção dos interesses individuais, de um grupo ou de um determinado Estado, e demonstram grande preocupação com as gerações humanas, presentes e futuras. Essa geração possui origem na Revolução Técnico-científico-informacional ou Terceira Revolução Industrial.

Fique ligado

Em seu art. 225, a Constituição de 1988, a "Cidadã", enuncia que todos têm direito ao meio ambiente ecologicamente equilibrado, bem de uso comum do povo e essencial à sadia qualidade de vida, impondo-se ao poder público e à coletividade o dever de defendê-lo e de preservá-lo para as presentes e futuras gerações. Assim, é a primeira, dentre as Constituições brasileiras, que insere em seu texto um direito conhecido como de 3ª geração, ou seja, direito de solidariedade.

> ***Art. 225, CF/1988*** *Todos têm direito ao meio ambiente ecologicamente equilibrado, bem de uso comum do povo e essencial à sadia qualidade de vida, impondo-se ao Poder Público e à coletividade o dever de defendê-lo e preservá-lo para as presentes e futuras gerações.*

Atualmente, alguns doutrinadores defendem a existência dos direitos de quarta e quinta gerações ou dimensões, apesar de ainda não haver consenso na doutrina sobre o conteúdo dessa espécie de direito.

- **Quarta geração ou dimensão:** para Norberto Bobbio, são direitos relacionados à **engenharia genética.** Já para Paulo Bonavides, trata-se de aspectos introduzidos pela **globalização política**, relacionados à democracia, à informação e ao pluralismo. Além de Bobbio e de Bonavides, outros autores vêm promovendo o reconhecimento dos direitos de quarta geração ou dimensão.
- **Quinta geração ou dimensão:** Paulo Bonavides afirma em publicações recentes, que a **Paz** seria um direito de quinta geração.

12.3 Dimensão (ou eficácia) subjetiva e objetiva

- **Dimensão subjetiva:** nessa perspectiva, os direitos fundamentais geram direitos subjetivos aos seus titulares, permitindo que estes ordenem comportamentos (negativos ou positivos) dos destinatários. Constata-se que a referência aos direitos fundamentais como direitos subjetivos atribui a estes a característica de serem exigíveis judicialmente.
- **Dimensão objetiva:** os direitos fundamentais são dotados de certos valores que penetram por todo o ordenamento jurídico, condicionando e inspirando a interpretação e a aplicação de outras normas (**efeito irradiante**) e criando dever geral de proteção sobre aqueles bens jurídicos salvaguardados.

13 PROGRAMA NACIONAL DE DIREITOS HUMANOS (PNDH-3)

13.1 Contexto histórico e importância do Programa Nacional de Direitos Humanos

Os Programas Nacionais de Direitos Humanos brasileiros (PNDH-1/1996, PNDH-2/2002, PNDH-3/2009) tiveram origem na Declaração e Programa de Ação de Viena de 1993, organizada pela Organização das Nações Unidas (ONU). A preocupação, naquele momento histórico, era com o estímulo e a proteção dos direitos humanos nos diversos Estados membros da ONU. O Brasil se organizou e, por meio do Decreto nº 1.904/1996, inaugurou o primeiro PNDH brasileiro, focado em verificar e cumprir os direitos humanos em território nacional.

Em 2002, por meio do Decreto nº 4.229, o Brasil promoveu o segundo PNDH, dessa vez com ênfase nos direitos sociais e na democratização das oportunidades à população.

Já em 2009, com o Decreto nº 7.037, o governo lança o PNDH-3, que tem como base uma estrutura sistemática e que tenta englobar o máximo possível, com eficácia e eficiência, os pontos discutidos em todos os momentos que anteciparam sua formação, que foram:

6 eixos orientadores > 25 diretrizes > 82 objetivos estratégicos > 521 ações programáticas

Os objetivos estratégicos e as ações programáticas constam no anexo ao Decreto nº 7.037/2009.

13.2 Decreto nº 7.037/2009 e seus eixos orientadores

A seguir, apresentaremos o texto do Decreto nº 7.037/2009 na íntegra, com algumas contextualizações importantes para melhor compreensão de cada Eixo Orientador, retirados do anexo do próprio decreto:

> ***Decreto nº 7.037/2009***
>
> *Aprova o Programa Nacional de Direitos Humanos - PNDH-3 e dá outras providências.*
>
> *O PRESIDENTE DA REPÚBLICA, no uso da atribuição que lhe confere o art. 84, inciso VI, alínea "a", da Constituição,*
>
> *DECRETA:*
>
> ***Art. 1º*** *Fica aprovado o Programa Nacional de Direitos Humanos - PNDH-3, em consonância com as diretrizes, objetivos estratégicos e ações programáticas estabelecidos, na forma do Anexo deste Decreto.*
>
> ***Art. 2º*** *O PNDH-3 será implementado de acordo com os seguintes eixos orientadores e suas respectivas diretrizes:*

13.2.1 Eixo Orientador I – interação democrática entre Estado e sociedade civil

- **Diretriz 1:** interação democrática entre Estado e sociedade civil como instrumento de fortalecimento da democracia participativa.
- **Diretriz 2:** fortalecimento dos Direitos Humanos como instrumento transversal das políticas públicas e de interação democrática.
- **Diretriz 3:** interação e ampliação dos sistemas de informação em Direitos Humanos e construção de mecanismos de avaliação e monitoramento de sua efetivação.

6 objetivos – 28 ações programáticas

A partir da metade dos anos 1970, começam a ressurgir no Brasil iniciativas de rearticulação dos movimentos sociais, a despeito da repressão política e da ausência de canais democráticos de participação. Fortes protestos e a luta pela democracia marcaram esse período. Paralelamente, surgiram iniciativas populares nos bairros reivindicando direitos básicos como saúde, transporte, moradia e controle do custo de vida. Em um primeiro momento, eram iniciativas atomizadas que buscaram conquistas pontuais, mas que ao longo dos anos foram se caracterizando como movimentos sociais organizados.

Com o avanço da democratização do país, os movimentos sociais se multiplicaram. Alguns deles se institucionalizaram e passaram a ter expressão política. Os movimentos populares e sindicatos foram, no caso brasileiro, os principais promotores da mudança e da ruptura política em diversas épocas e contextos históricos. Com efeito, durante a etapa de elaboração da Constituição Cidadã de 1988, esses segmentos atuaram de forma especialmente articulada, afirmando-se como um dos pilares da democracia e influenciando diretamente nos rumos do país.

Nos anos que se seguiram, os movimentos passaram a se consolidar por meio de redes com abrangência regional ou nacional, firmando-se como sujeitos na formulação e no monitoramento das políticas públicas. Nos anos 1990, desempenharam papel fundamental na resistência a todas as orientações do neoliberalismo de flexibilização dos direitos sociais, privatizações, dogmatismo do mercado e enfraquecimento do Estado. Nesse mesmo período, multiplicaram-se pelo país experiências de gestão estadual e municipal em que lideranças desses movimentos, em larga escala, passaram a desempenhar funções de gestores públicos.

Com as eleições de 2002, alguns dos setores mais organizados da sociedade trouxeram reivindicações históricas acumuladas, passando a influenciar diretamente na atuação do governo e vivendo de perto suas contradições internas. Nesse novo cenário, o diálogo entre Estado e sociedade civil assumiu destaque, com a compreensão e a preservação do distinto papel de cada um dos segmentos no processo de gestão. A interação é desenhada por acordos e dissensos, debates de ideias e pela deliberação em torno de propostas. Esses requisitos são imprescindíveis ao pleno exercício da democracia, cabendo à sociedade civil exigir, pressionar, cobrar, criticar, propor e fiscalizar as ações do Estado.

Essa concepção de interação democrática construída entre os diversos órgãos do Estado e a sociedade civil trouxe consigo resultados práticos em termos de políticas públicas e avanços na interlocução de setores do poder público com toda a diversidade social, cultural, étnica e regional que caracteriza os movimentos sociais no Brasil. Avançou-se, fundamentalmente, na compreensão de que os Direitos Humanos constituem condição para a prevalência da dignidade humana, e que devem ser promovidos e protegidos por meio do esforço conjunto do Estado e da sociedade civil.

Dessa forma, uma das finalidades do PNDH-3 é dar continuidade à integração e ao aprimoramento dos mecanismos de participação existentes, além de criar novos meios de construção e monitoramento das políticas públicas sobre Direitos Humanos no Brasil. No âmbito institucional, o PNDH-3 amplia as conquistas na área de direitos e garantias fundamentais, pois internaliza a diretriz segundo a qual a primazia dos Direitos Humanos constitui princípio transversal a ser considerado em todas as políticas públicas.

Essas diretrizes discorrem sobre a importância de fortalecer a garantia e os instrumentos de participação social, o caráter transversal dos Direitos Humanos e a construção de mecanismos de avaliação e monitoramento de sua efetivação. Isso inclui a construção de um sistema de indicadores de Direitos Humanos e a articulação de políticas e instrumentos de monitoramento.

O Poder Executivo tem papel protagonista na coordenação e na implementação do PNDH-3, mas faz-se necessário definir responsabilidades compartilhadas entre União, Estados, Municípios e Distrito Federal na execução de políticas públicas, tanto quanto criar espaços de participação e controle social nos Poderes Judiciário e Legislativo, no Ministério Público e nas Defensorias, em ambiente de respeito, proteção e efetivação dos Direitos Humanos. O conjunto dos órgãos do Estado – não apenas no âmbito do Poder Executivo Federal – deve estar comprometido com a implementação e o monitoramento do PNDH-3.

Aperfeiçoar a interlocução entre Estado e sociedade civil depende da implementação de medidas que garantam à sociedade maior participação no acompanhamento e no monitoramento das políticas públicas em Direitos Humanos, num diálogo plural e transversal entre os vários atores sociais e deles com o Estado. Ampliar o controle externo dos órgãos públicos por meio de ouvidorias, monitorar os compromissos internacionais assumidos pelo Estado brasileiro, realizar conferências periódicas sobre a temática, fortalecer e apoiar a criação de conselhos nacional, distrital, estaduais e municipais de Direitos Humanos, garantindo-lhes eficiência, autonomia e independência são algumas das formas de assegurar o aperfeiçoamento das políticas públicas por meio de diálogo, de mecanismos de controle e das ações contínuas da sociedade civil.

Fortalecer as informações em Direitos Humanos com produção e seleção de indicadores para mensurar demandas, monitorar, avaliar, reformular e propor ações efetivas, garante e consolida o controle social e a transparência das ações governamentais. A adoção dessas medidas fortalece a democracia participativa, na qual o Estado atua como instância republicana da promoção e defesa dos Direitos Humanos e a sociedade civil como agente ativo – propositivo e reativo – de sua implementação.

13.2.2 Eixo Orientador II – desenvolvimento e Direitos Humanos

- **Diretriz 4:** efetivação de modelo de desenvolvimento sustentável, com inclusão social e econômica, ambientalmente equilibrado e tecnologicamente responsável, cultural e regionalmente diverso, participativo e não discriminatório.
- **Diretriz 5:** valorização da pessoa humana como sujeito central do processo de desenvolvimento.
- **Diretriz 6:** promover e proteger os direitos ambientais como Direitos Humanos, incluindo as gerações futuras como sujeitos de direitos.

8 objetivos – 54 ações programáticas

O tema "desenvolvimento" tem sido amplamente debatido por ser um conceito complexo e multidisciplinar. Não existe modelo único e preestabelecido de desenvolvimento, porém pressupõe-se que ele deva garantir a livre determinação dos povos, o reconhecimento de soberania sobre seus recursos e riquezas naturais, o respeito pleno à sua identidade cultural e a busca de equidade na distribuição das riquezas.

Durante muitos anos, o crescimento econômico, medido pela variação anual do Produto Interno Bruto (PIB), foi usado como indicador relevante para medir o avanço de um país. Acreditava-se que, uma vez garantido o aumento de bens e serviços, sua distribuição ocorreria de forma a satisfazer as necessidades de todas as pessoas. Constatou-se, porém, que, embora importante, o crescimento do PIB não é suficiente para causar, automaticamente, melhoria do bem-estar para todas as camadas sociais. Por isso, o conceito de desenvolvimento foi adotado por ser mais abrangente e refletir, de fato, melhorias nas condições de vida dos indivíduos.

A teoria predominante de desenvolvimento econômico o define como um processo que faz aumentar as possibilidades de acesso das pessoas a bens e serviços, propiciadas pela expansão da capacidade e do âmbito das atividades econômicas. O desenvolvimento seria a medida qualitativa do progresso da economia de um país, refletindo transições de estágios mais baixos para estágios mais altos, por meio da adoção de novas tecnologias que permitem e favorecem essa transição. Cresce nos últimos anos a assimilação das ideias desenvolvidas por Amartya Sen, que abordam o desenvolvimento como liberdade e seus resultados centrados no bem-estar social e, por conseguinte, nos direitos do ser humano.

São essenciais para o desenvolvimento: as liberdades e os direitos básicos como alimentação, saúde e educação.

As privações das liberdades não são apenas resultantes da escassez de recursos, mas das desigualdades inerentes aos mecanismos de distribuição, da ausência de serviços públicos e de assistência do Estado para a expansão das escolhas individuais. Esse conceito de desenvolvimento reconhece seu caráter pluralista e a tese de que a expansão das liberdades não representa somente um fim, mas também o meio para seu alcance. Como consequência, a sociedade deve pactuar as políticas sociais e os direitos coletivos de acesso e uso dos recursos. A partir de então, a medição de um índice de desenvolvimento humano veio substituir a medição de aumento do PIB, uma vez que o Índice de Desenvolvimento Humano (IDH) combina a riqueza per capita indicada pelo PIB aos aspectos de educação e expectativa de vida, permitindo, pela primeira vez, uma avaliação de aspectos sociais não mensurados pelos padrões econométricos.

No caso do Brasil, por muitos anos o crescimento econômico não levou à distribuição justa de renda e riqueza, mantendo-se elevados índices de desigualdade. As ações de Estado voltadas à conquista da igualdade socioeconômica requerem ainda políticas permanentes, de longa duração, para se verificar a plena proteção e promoção dos Direitos Humanos. É necessário que o modelo de desenvolvimento econômico se preocupe em aperfeiçoar os mecanismos de distribuição de renda e de oportunidades para todos os brasileiros, além de incorporar os valores de preservação ambiental.

Os debates sobre as mudanças climáticas e o aquecimento global, gerados pela preocupação com a maneira pela qual os países vêm explorando os recursos naturais e direcionando o progresso civilizatório, estão na agenda do dia. A discussão coloca em pauta os investimentos em infraestrutura e os modelos de desenvolvimento econômico na área rural, baseados, em grande parte, no agronegócio, sem a preocupação com a potencial violação dos direitos de pequenos e médios agricultores e das populações tradicionais.

O desenvolvimento pode ser garantido se as pessoas forem protagonistas do processo, pressupondo a garantia de acesso de todos os indivíduos aos direitos econômicos, sociais, culturais e ambientais, e incorporando a preocupação com a preservação e a sustentabilidade como eixos estruturantes de proposta renovada de progresso. Esses direitos têm como foco a distribuição da riqueza, dos bens e de serviços.

Todo esse debate traz desafios para a conceituação sobre os Direitos Humanos no sentido de incorporar o desenvolvimento como exigência fundamental. Nesse contexto, a perspectiva dos Direitos Humanos contribui para redimensionar o desenvolvimento. Motiva a deixar de ser a consideração de problemas individuais para se tornar questões de interesse comum, de bem-estar coletivo, o que alude novamente o Estado e o chama à corresponsabilidade social e à solidariedade.

Ressaltamos que a noção de desenvolvimento está sendo amadurecida como parte de um debate em curso na sociedade e no governo, incorporando a relação entre os direitos econômicos, sociais, culturais e ambientais, buscando a garantia do acesso ao trabalho, à saúde, à educação, à alimentação, à vida cultural, à moradia adequada, à previdência, à assistência social e a um meio ambiente sustentável. A inclusão do tema Desenvolvimento e Direitos Humanos foi feito na 11ª Conferência Nacional que reforçou as estratégias governamentais em sua proposta de desenvolvimento.

Assim, este tema do PNDH-3 propõe instrumentos de avanço e reforça propostas para políticas públicas de redução das desigualdades sociais concretizadas por meio de ações de transferência de renda, incentivo à economia solidária e ao cooperativismo, à expansão da reforma agrária, ao fomento da aquicultura, da pesca e do extrativismo e da promoção do turismo sustentável. O PNDH-3 inova ao incorporar o meio ambiente saudável e as cidades sustentáveis como Direitos Humanos, propõe a inclusão do item "direitos ambientais" nos relatórios de monitoramento sobre Direitos Humanos e do item "Direitos Humanos" nos relatórios ambientais, assim como fomenta pesquisas de tecnologias socialmente inclusivas.

Nos projetos e empreendimentos com grande impacto socioambiental, o PNDH-3 garante a participação efetiva das populações atingidas, além de prever ações mitigatórias e compensatórias. Considera fundamental fiscalizar o respeito aos Direitos Humanos nos projetos implementados pelas empresas transnacionais e seus impactos na manipulação das políticas de desenvolvimento. Nesse sentido, considera importante mensurar o impacto da biotecnologia aplicada aos alimentos, da nanotecnologia, dos poluentes orgânicos persistentes, metais pesados e outros poluentes inorgânicos em relação aos Direitos Humanos.

Alcançar o desenvolvimento com Direitos Humanos é capacitar as pessoas e as comunidades a exercerem a cidadania, com direitos e responsabilidades. É incorporar, nos projetos, a própria população brasileira, por meio de participação ativa nas decisões que afetam diretamente suas vidas. É assegurar a transparência dos grandes projetos de desenvolvimento econômico e mecanismos de compensação para a garantia dos Direitos Humanos das populações diretamente atingidas. Por fim, este PNDH-3 reforça o papel da equidade no Plano Plurianual, como instrumento de garantia de priorização orçamentária de programas sociais.

13.2.3 Eixo Orientador III – universalizar direitos em um contexto de desigualdades

- **Diretriz 7:** garantia dos Direitos Humanos de forma universal, indivisível e interdependente, assegurando a cidadania plena.
- **Diretriz 8:** promoção de direitos de crianças e adolescentes para o seu desenvolvimento integral, de forma não discriminatória assegurando seu direito de opinião e participação.
- **Diretriz 9:** combate às desigualdades estruturais.
- **Diretriz 10:** garantia da igualdade na diversidade.

25 objetivos – 213 ações programáticas

A Declaração Universal dos Direitos Humanos afirma em seu preâmbulo que o "reconhecimento da dignidade inerente a todos os membros da família humana e de seus direitos iguais e inalienáveis é o fundamento da liberdade, da justiça e da paz no mundo". No entanto, nas vicissitudes ocorridas no cumprimento da Declaração pelos Estados signatários, identificou-se a necessidade de reconhecer as diversidades e diferenças para concretização do princípio da igualdade.

No Brasil, ao longo das últimas décadas, os Direitos Humanos passaram a ocupar uma posição de destaque no ordenamento jurídico. O país avançou decisivamente na proteção e promoção do direito às diferenças. Porém o peso negativo do passado continua a projetar no presente uma situação de profunda iniquidade social. O acesso aos direitos fundamentais continua enfrentando barreiras estruturais, resquícios de um processo histórico, até secular, marcado pelo genocídio indígena, pela escravidão e por períodos ditatoriais, práticas que continuam a ecoar em comportamentos, leis e na realidade social.

O PNDH-3 assimila os grandes avanços conquistados ao longo dos últimos anos, tanto nas políticas de erradicação da miséria e da fome quanto na preocupação com a moradia e saúde, e aponta para a continuidade e ampliação do acesso a tais políticas, fundamentais para garantir o respeito à dignidade humana. Os objetivos estratégicos direcionados à promoção da cidadania plena preconizam a universalidade, a indivisibilidade e a interdependência dos Direitos Humanos, condições para sua efetivação integral e igualitária. O acesso aos direitos de registro civil, alimentação adequada, terra e moradia, trabalho decente, educação, participação política, cultura, lazer, esporte e saúde, deve considerar a pessoa humana em suas múltiplas dimensões de ator social e sujeito de cidadania.

À luz da história dos movimentos sociais e de programas de governo, o PNDH-3 orienta-se pela transversalidade, para que a implementação dos direitos civis e políticos transitem pelas diversas dimensões dos direitos econômicos, sociais, culturais e ambientais. Caso contrário, grupos sociais afetados pela pobreza, pelo racismo estrutural e pela discriminação dificilmente terão acesso a esses direitos.

As ações programáticas formuladas visam enfrentar o desafio de eliminar as desigualdades, levando em conta as dimensões de gênero e raça nas políticas públicas, desde o planejamento até a sua concretização e avaliação. Há, neste sentido, propostas de criação de indicadores que possam mensurar a efetivação progressiva dos direitos. Às desigualdades soma-se a persistência da discriminação, que muitas vezes se manifesta sob a forma de violência contra sujeitos histórica e estruturalmente vulneráveis.

O combate à discriminação mostra-se necessário, mas é insuficiente como medida isolada. Os pactos e as convenções que integram o sistema regional e internacional de proteção dos Direitos Humanos apontam para a necessidade de combinar essas medidas com políticas compensatórias que acelerem a construção da igualdade, como forma capaz de estimular a inclusão de grupos socialmente vulneráveis. Além disso, as ações afirmativas constituem medidas especiais e temporárias que buscam remediar um passado discriminatório. No rol de movimentos e grupos sociais que demandam políticas de inclusão social encontram-se, por exemplo, crianças, adolescentes, mulheres, pessoas idosas, lésbicas, gays, bissexuais, travestis, transexuais, pessoas com deficiência, pessoas moradoras de rua, povos indígenas, populações negras e quilombolas, ciganos, ribeirinhos, vazanteiros e pescadores.

Definem-se, nestas diretrizes, medidas e políticas que devem ser efetivadas para reconhecer e proteger os indivíduos como iguais na diferença, ou seja, para valorizar a diversidade presente na população brasileira para estabelecer acesso igualitário aos direitos fundamentais. Trata-se de reforçar os programas de governo e as resoluções pactuadas nas diversas conferências nacionais temáticas, sempre sob o foco dos Direitos Humanos, com a preocupação de assegurar o respeito às diferenças e o combate às desigualdades, para o efetivo acesso aos direitos.

Por fim, em respeito à primazia constitucional de proteção e promoção da infância, do adolescente e da juventude, o capítulo aponta suas diretrizes para o respeito e a garantia das gerações futuras. Como sujeitos de direitos, as crianças, os adolescentes e os jovens são frequentemente subestimados em sua participação política e em sua capacidade decisória. É dever assegurar-lhes, desde cedo, o direito de opinião e participação.

Marcadas pelas diferenças e por sua fragilidade temporal, as crianças, os adolescentes e os jovens estão sujeitos a discriminações e violências. As ações programáticas garantem espaços e investimentos que assegurem proteção contra qualquer forma de violência e discriminação, além da articulação entre família, sociedade e Estado para fortalecer a rede social de proteção que garante a efetividade de seus direitos.

13.2.4 Eixo Orientador IV – segurança pública, acesso à justiça e combate à violência

- **Diretriz 11:** democratização e modernização do sistema de segurança pública.
- **Diretriz 12:** transparência e participação popular no sistema de segurança pública e justiça criminal.
- **Diretriz 13:** prevenção da violência e da criminalidade e profissionalização da investigação de atos criminosos.
- **Diretriz 14:** combate à violência institucional, com ênfase na erradicação da tortura e na redução da letalidade policial e carcerária.
- **Diretriz 15:** garantia dos direitos das vítimas de crimes e de proteção das pessoas ameaçadas.
- **Diretriz 16:** modernização da política de execução penal, priorizando a aplicação de penas e medidas alternativas à privação de liberdade e melhoria do sistema penitenciário.
- **Diretriz 17:** promoção de sistema de justiça mais acessível, ágil e efetivo, para o conhecimento, a garantia e a defesa dos direitos.

29 objetivos – 161 ações programáticas

Por muito tempo, alguns segmentos da militância em Direitos Humanos mantiveram-se distantes do debate sobre as políticas públicas de segurança no Brasil. No processo de consolidação da democracia, por diferentes razões, movimentos sociais e entidades manifestaram dificuldade no tratamento do tema. Na base dessa dificuldade, estavam a memória dos enfrentamentos com o aparato repressivo ao longo de duas décadas de regime ditatorial, a postura violenta vigente, muitas vezes, em órgãos de segurança pública, a percepção do crime e da violência como meros subprodutos de uma ordem social injusta a ser transformada em seus próprios fundamentos.

Distanciamento análogo ocorreu nas universidades, que, com poucas exceções, não se debruçaram sobre o modelo de polícia legado ou sobre os desafios da segurança pública. As polícias brasileiras, nos termos de sua tradição institucional, pouco aproveitaram da reflexão teórica e dos aportes oferecidos pela criminologia moderna e demais ciências sociais, já disponíveis há algumas décadas às polícias e aos gestores de países desenvolvidos. A cultura arraigada de rejeitar as evidências acumuladas pela pesquisa e pela experiência de reforma das polícias no mundo era a mesma que expressava nostalgia de um passado de ausência de garantias individuais e que identificava na ideia dos Direitos Humanos não a mais generosa entre as promessas construídas pela modernidade, mas uma verdadeira ameaça.

Estavam postas as condições históricas, políticas e culturais para que houvesse um fosso aparentemente intransponível entre os temas da segurança pública e os Direitos Humanos. Nos últimos anos, contudo, esse processo de estranhamento mútuo passou a ser questionado. De um lado, articulações na sociedade civil assumiram o desafio de repensar a segurança pública a partir de diálogos com especialistas na área, policiais e gestores. De outro, começaram a ser implantadas as primeiras políticas públicas buscando caminhos alternativos de redução do crime e da violência, a partir de projetos centrados na prevenção e influenciados pela cultura de paz.

A proposição do Sistema Único de Segurança Pública, a modernização de parte das nossas estruturas policiais e a aprovação de novos regimentos e leis orgânicas das polícias, a consciência crescente de que políticas de segurança pública são realidades mais amplas e complexas do que as iniciativas possíveis às chamadas "forças da segurança", o surgimento de nova geração de policiais, disposta a repensar práticas e dogmas e, sobretudo, a cobrança da opinião pública e a maior fiscalização sobre o Estado, resultante do processo de democratização, têm tornado possível a construção de agenda de reformas na área.

O Programa Nacional de Segurança Pública com Cidadania (Pronasci) e os investimentos já realizados pelo Governo Federal na montagem de rede nacional de altos estudos em segurança pública, que têm beneficiado milhares de policiais em cada Estado, simbolizam, ao lado do processo de debates da 1ª Conferência Nacional de Segurança Pública, acúmulos históricos significativos, que apontam para novas e mais importantes mudanças.

As propostas elencadas neste eixo orientador do PNDH-3 articulam-se com esse processo histórico de transformação e exigem muito mais do que já foi alcançado. Para tanto, parte-se do pressuposto de que a realidade brasileira segue sendo gravemente marcada pela violência e por severos impasses estruturais na área da segurança pública.

Problemas antigos, como a ausência de diagnósticos, de planejamento e de definição formal de metas, a desvalorização profissional dos policiais e dos agentes penitenciários, o desperdício de recursos e a consagração de privilégios dentro das instituições, as práticas de abuso de autoridade e de violência policial contra grupos vulneráveis e a corrupção dos agentes de segurança pública demandam reformas tão urgentes quanto profundas.

As propostas sistematizadas no PNDH-3 agregam, nesse contexto, as contribuições oferecidas pelo processo da 11ª Conferência Nacional dos Direitos Humanos que passou a avançar sobre temas que não foram objeto de debate, trazendo para o PNDH-3 parte do acúmulo crítico que tem sido proposto ao país pelos especialistas e pesquisadores da área.

Em linhas gerais, o PNDH-3 aponta para a necessidade de ampla reforma no modelo de polícia e propõe o debate sobre a implantação do ciclo completo de policiamento às corporações estaduais. Prioriza transparência e participação popular, estimulando o aperfeiçoamento das estatísticas e a publicação de dados, assim como a reformulação do Conselho Nacional de Segurança Pública. Contempla a prevenção da violência e da criminalidade como diretriz, ampliando o controle sobre armas de fogo e indicando a necessidade de profissionalização da investigação criminal.

Com o objetivo de erradicar a tortura e reduzir a letalidade policial e carcerária, confere atenção especial a procedimentos operacionais padronizados, que previnam as ocorrências de abuso de autoridade e de violência institucional, e confiram maior segurança a policiais e agentes penitenciários. Reafirma a necessidade de criação de ouvidorias independentes em âmbito federal e, inspirado em tendências mais modernas de policiamento, estimula as iniciativas orientadas por resultados, o desenvolvimento do policiamento comunitário e voltado para a solução de problemas, elencando medidas que promovam a valorização dos trabalhadores em segurança pública. Contempla, ainda, a criação de um sistema federal que integre os atuais sistemas de proteção a vítimas e testemunhas, defensores de Direitos Humanos e crianças e adolescentes ameaçados de morte.

Também como diretriz, o PNDH-3 propõe uma profunda reforma da Lei de Execução Penal que introduza garantias fundamentais e novos regramentos para superar as práticas abusivas, hoje comuns. E trata as penas privativas de liberdade como última alternativa, propondo a redução da demanda por encarceramento e estimulando novas formas de tratamento dos conflitos, como as sugeridas pelo mecanismo da Justiça Restaurativa.

Reafirma-se a centralidade do direito universal de acesso à Justiça, com a possibilidade de acesso aos tribunais por toda a população, com o fortalecimento das defensorias públicas e a modernização da gestão judicial, de modo a garantir respostas judiciais mais céleres e eficazes. Destacam-se, ainda, o direito de acesso à Justiça em matéria de conflitos agrários e urbanos e o necessário estímulo aos meios de soluções pacíficas de controvérsias.

O PNDH-3 apresenta nesta eixo, fundamentalmente, propostas para que o Poder Público se aperfeiçoe no desenvolvimento de políticas públicas de prevenção ao crime e à violência, reforçando a noção de acesso universal à Justiça como direito fundamental, e sustentando que a democracia, os processos de participação e transparência, aliados ao uso de ferramentas científicas e à profissionalização de instituições e trabalhadores da segurança, assinalam os roteiros mais promissores para o Brasil avançar no caminho da paz pública.

13.2.5 Eixo Orientador V – educação e cultura em Direitos Humanos

- **Diretriz 18:** efetivação das diretrizes e dos princípios da política nacional de educação em Direitos Humanos para fortalecer cultura de direitos.
- **Diretriz 19:** fortalecimento dos princípios de democracia e dos Direitos Humanos nos sistemas de educação básica, nas instituições de ensino superior e nas instituições formadoras.
- **Diretriz 20:** reconhecimento da educação não formal como espaço de defesa e promoção dos Direitos Humanos.
- **Diretriz 21:** promoção da educação em Direitos Humanos no serviço público.
- **Diretriz 22:** garantia do direito à comunicação democrática e o acesso à informação para a consolidação de uma cultura em Direitos Humanos.

11 objetivos - 59 ações

A educação e a cultura em Direitos Humanos visam à formação de nova mentalidade coletiva para o exercício da solidariedade, do respeito às diversidades e da tolerância. Como processo sistemático e multidimensional que orienta a formação do sujeito de direitos, seu objetivo é combater o preconceito, a discriminação e a violência, promovendo a adoção de novos valores de liberdade, justiça e igualdade.

A educação em Direitos Humanos, como canal estratégico capaz de produzir uma sociedade igualitária, extrapola o direito à educação permanente e de qualidade. Trata-se de mecanismo que articula, dentre outros elementos:

- A apreensão de conhecimentos historicamente construídos sobre Direitos Humanos e a sua relação com os contextos internacional, regional, nacional e local;
- A afirmação de valores, atitudes e práticas sociais que expressem a cultura dos Direitos Humanos em todos os espaços da sociedade;
- A formação de consciência cidadã capaz de se fazer presente nos níveis cognitivo, social, ético e político;
- O desenvolvimento de processos metodológicos participativos e de construção coletiva, utilizando linguagens e materiais didáticos contextualizados;
- O fortalecimento de políticas que gerem ações e instrumentos em favor da promoção, da proteção e da defesa dos Direitos Humanos, bem como da reparação das violações.

O PNDH-3 dialoga com o Plano Nacional de Educação em Direitos Humanos (PNEDH) como referência para a política nacional de Educação e Cultura em Direitos Humanos, estabelecendo os alicerces a serem adotados nos âmbitos nacional, estadual, distrital e municipal. O PNEDH, refletido neste programa, se desdobra em cinco grandes áreas:

- Na **Educação Básica**, a ênfase do PNDH-3 é possibilitar, desde a infância, a formação de sujeitos de direito, priorizando as populações historicamente vulnerabilizadas. A troca de experiências entre crianças de diferentes raças e etnias, imigrantes, com deficiência física ou mental, fortalece, desde cedo, um sentimento de convivência pacífica. Conhecer o diferente, desde a mais tenra idade, é perder o medo do desconhecido, formar opinião respeitosa e combater o preconceito, às vezes arraigado na própria família.
- No PNDH-3, essa concepção se traduz em propostas de mudanças curriculares, incluindo a **educação transversal e permanente** nos temas ligados aos Direitos Humanos e, mais especificamente, o estudo de gênero e orientação sexual, das culturas indígena e afro-brasileira entre as disciplinas do ensino fundamental e médio.
- No **Ensino Superior**, as metas previstas visam a incluir os Direitos Humanos, por meio de diferentes modalidades como disciplinas, linhas de pesquisa, áreas de concentração, transversalização nos projetos acadêmicos dos diferentes cursos de graduação e pós-graduação, e em programas e projetos de extensão.
- A **educação não formal** em Direitos Humanos é orientada pelos princípios da emancipação e da autonomia, um processo de sensibilização e de formação da consciência crítica. Desta forma, o PNDH-3 propõe incluir o tema Educação em Direitos Humanos nos programas de capacitação de lideranças comunitárias e nos programas de qualificação profissional e de alfabetização de jovens e adultos. Volta-se, especialmente, para o estabelecimento de diálogo e parcerias permanentes como o vasto leque brasileiro de movimentos populares, sindicatos, igrejas, ONGs, clubes, entidades empresariais e toda sorte de agrupamentos da sociedade civil que desenvolvem atividades formativas em seu cotidiano.
- A **formação e a educação continuada** em Direitos Humanos, com recortes de gênero, relações étnico-raciais e de orientação sexual, em todo o serviço público, especialmente entre os agentes do sistema de Justiça de segurança pública, são fundamentais para consolidar o Estado Democrático e a proteção do direito à vida e à dignidade, garantindo tratamento igual a todos e o funcionamento de sistemas de Justiça que promovam os Direitos Humanos.

Aborda-se também o papel estratégico dos meios de comunicação de massa, no sentido de construir ou desconstruir ambiente nacional e cultura social de respeito e proteção aos Direitos Humanos. Daí a importância primordial de introduzir mudanças que assegurem ampla democratização desses meios, além de atuar permanentemente junto a todos os profissionais e as empresas do setor (seminários, debates, reportagens, pesquisas e conferências), buscando sensibilizar e conquistar seu compromisso ético com a afirmação histórica dos Direitos Humanos.

13.2.6 Eixo Orientador VI – direito à memória e à verdade

- **Diretriz 23:** reconhecimento da memória e da verdade como direito humano da cidadania e dever do Estado.
- **Diretriz 24:** preservação da memória histórica e a construção pública da verdade.
- **Diretriz 25:** modernização da legislação relacionada com a promoção do direito à memória e à verdade, fortalecendo a democracia.

3 objetivos - 11 ações

A investigação do passado é fundamental para a construção da cidadania. Estudar o passado, resgatar sua verdade e trazer à tona seus acontecimentos caracterizam forma de transmissão de experiência histórica essencial para a constituição da memória individual e coletiva.

O Brasil ainda processa com dificuldades o resgate da memória e da verdade sobre o que ocorreu com as vítimas atingidas pela repressão política durante o regime de 1964. A impossibilidade de acesso a todas as informações oficiais impede que familiares de mortos e desaparecidos possam conhecer os fatos relacionados aos crimes praticados e não permite à sociedade elaborar seus próprios conceitos sobre aquele período.

A história que não é transmitida de geração a geração torna-se esquecida e silenciada. O silêncio e o esquecimento das barbáries geram graves lacunas na experiência coletiva de construção da identidade nacional. Ao resgatar a memória e a verdade, o país adquire consciência superior sobre sua própria identidade, a democracia se fortalece. As tentações totalitárias são neutralizadas e crescem as possibilidades de se erradicar definitivamente alguns resquícios daquele período sombrio, como a tortura, por exemplo, ainda persistente no cotidiano brasileiro.

O trabalho de reconstituir a memória exige revisitar o passado e compartilhar experiências de dor, violência e mortes. Somente depois de lembrá-las e fazer seu luto, será possível superar o trauma histórico e seguir adiante. A vivência do sofrimento e das perdas não pode ser reduzida a conflito privado e subjetivo, uma vez que se inscreveu num contexto social, e não individual.

A compreensão do passado por intermédio da narrativa da herança histórica e pelo reconhecimento oficial dos acontecimentos possibilita aos cidadãos construírem os valores que indicarão sua atuação no presente. O acesso a todos os arquivos e documentos produzidos durante o regime militar é fundamental no âmbito das políticas de proteção dos Direitos Humanos.

As violações sistemáticas dos Direitos Humanos pelo Estado durante o regime ditatorial são desconhecidas pela maioria da população, em especial pelos jovens. A radiografia dos atingidos pela repressão política ainda está longe de ser concluída, mas calcula-se que pelo menos cinquenta mil pessoas foram presas somente nos primeiros meses de 1964; cerca de vinte mil brasileiros foram submetidos a torturas e cerca de quatrocentos cidadãos foram mortos ou estão desaparecidos. Ocorreram milhares de prisões políticas não registradas, 130 banimentos, 4.862 cassações de mandatos políticos, uma cifra incalculável de exílios e refugiados políticos.

As ações programáticas deste eixo orientador têm como finalidade assegurar o processamento democrático e republicano de todo esse período da história brasileira, para que se viabilize o desejável sentimento de reconciliação nacional. E para se construir consenso amplo no sentido de que as violações sistemáticas de Direitos Humanos registradas entre 1964 e 1985, assim como no período do Estado Novo, não voltem a ocorrer.

> ***Diretriz 25, parágrafo único.*** *A implementação do PNDH-3, além dos responsáveis nele indicados, envolve parcerias com outros órgãos federais relacionados com os temas tratados nos eixos orientadores e suas diretrizes.*
>
> ***Art. 3º*** *As metas, prazos e recursos necessários para a implementação do PNDH-3 serão definidos e aprovados em Planos de Ação de Direitos Humanos bianuais.*
>
> ***Art. 4º*** *(Revogado pelo Decreto nº 10.087/2019).*
>
> ***Art. 5º*** *Os Estados, o Distrito Federal, os Municípios e os órgãos do Poder Legislativo, do Poder Judiciário e do Ministério Público, serão convidados a aderir ao PNDH-3.*
>
> ***Art. 6º*** *Este Decreto entra em vigor na data de sua publicação.*
>
> ***Art. 7º*** *Fica revogado o Decreto nº 4.229/2002.*

As principais características de cada um dos eixos orientadores estudados são:

- **Eixo I:** diálogo entre Estado e sociedade civil; pressuposição de que a participação social monitora políticas públicas que garantem a realização dos Direitos Humanos e da legitimação da Democracia.
- **Eixo II:** evidencia a inclusão social; a ampliação do espaço da cidadania; levanta reflexões acerca das futuras gerações, além de atitudes que garantam os direitos dos cidadãos futuros.
- **Eixo III:** evidencia a necessidade de se reconhecer desigualdades; a concretização da igualdade frente a uma sociedade desigual; iniciativas para diminuir ou erradicar os problemas sociais que impeçam o desenvolvimento dos Direitos Humanos.
- **Eixo IV:** metas a serem traçadas no combate à violência; aplicação de medidas que promovam mais acesso à justiça; transparência da justiça e dos indivíduos que a ela promovem.
- **Eixo V:** atitudes relativas à ponte Educação – Direitos Humanos; atitudes com relação à ponte Cultura – Direitos Humanos;
- **Eixo VI:** valorização dos princípios históricos como valorização dos Direitos Humanos; reflexão acerca do processo histórico dos Direitos Humanos, evitando o retorno a momentos de violação desses direitos.

14 CONSTITUIÇÃO BRASILEIRA E TRATADOS DE DIREITOS HUMANOS

14.1 Contexto histórico

A Constituição da República Federativa do Brasil de 1988 apresenta em seu corpo, principalmente no Título I (Dos Princípios Fundamentais) e no Título II (Dos Direitos e Garantias Fundamentais), os conceitos de Direitos Humanos que foram historicamente construídos.

Para isso, os Tratados Internacionais de Direitos Humanos foram fundamentais na formação ideológica e sociocultural no contexto da Assembleia Nacional Constituinte de 1987, momento da gênese de nossa Carta Magna.

Antes de abordarmos os Tratados Internacionais de Direitos Humanos e sua relação com a Legislação brasileira e a Constituição, é necessário entendermos o que são Tratados Internacionais.

Fique ligado

Tratados Internacionais: segundo a Convenção de Viena (1969), configura um Tratado Internacional um acordo entre duas partes ou mais em âmbito internacional concretizado e formalizado por meio de texto escrito, com ciência de função de efeitos jurídicos no plano internacional. É o mecanismo pelo qual os Estados estabelecem obrigações para si em âmbito internacional e coparticipativo.

Na conjuntura histórica dos ataques à vida humana, das diversas atrocidades e atentados cometidos contra os seres humanos durante a Segunda Guerra Mundial e logo após seu fim, em guerras pontuais, a comunidade internacional passou a:

- Estabelecer ações que visavam punir os próprios Estados em casos de violação dos Direitos Humanos;
- Relativizar a Soberania dos Estados envolvidos que, a partir dos Tratados, colocavam seus acordos internacionais acima de suas vontades particulares.

Dentre as atrocidades ocorridas durante a Segunda Guerra Mundial estão:

- **Genocídio:** aproximadamente seis milhões de judeus mortos em campos de concentração.
- **Tortura e crueldade:** a polícia militar japonesa (*Kempeitai*) a serviço do Império, aplicava técnicas de tortura em prisioneiros como lascas de metal marteladas embaixo das unhas e ferro em brasa nas genitálias.
- **Crimes de guerra:** prisioneiros alemães na Noruega foram obrigados a limpar campos minados. O saldo foi de 392 feridos e 275 mortos.
- **Estupros:** o Exército Vermelho estuprou milhares de alemãs; os militares japoneses usavam mulheres capturadas em guerra como escravas sexuais.

O breve século XX fez emergir, então, o Direito Internacional dos Direitos Humanos. Era a resposta que a comunidade internacional daria:

- Aos Estados devastados pela guerra e que almejavam um futuro de paz;
- Às violações aos Direitos Humanos ocorridos em alta escala durante a guerra;
- Aos países como mecanismo de prevenção contra tentativas de uma nova guerra.

Apesar do movimento mundial pós-guerra, de todo empenho entre as nações para consolidar acordos e tratados que mantivessem o respeito à dignidade humana e aos Direitos Humanos e prevenissem outra "catástrofe bélica" como havia sido a Segunda Guerra Mundial, o Brasil só começou a participar intensamente do corpo internacional dos Direitos Humanos a partir de 1985, quando o país voltou a dar passos no retorno à Democracia.

Vários Tratados, Pactos e Convenções foram ratificados pelo Brasil. As propostas trazidas pela Carta Constitucional de 1988, evidenciando os Direitos Humanos como norteadores das relações internacionais, exibiram uma nova forma de compreensão a respeito desses direitos. Temos, então, uma clara relação entre Direitos Humanos e Processo de Democratização do Estado brasileiro.

14.2 Redemocratização e tratados internacionais de Direitos Humanos

Juntamente com a necessidade de afirmação democrática, em 1985, tem início no Brasil o processo de ratificação de diversos Tratados Internacionais de Direitos Humanos. Seu ponto inicial foi a ratificação em 1989 da Convenção contra a Tortura e outros Tratamentos cruéis, Desumanos ou Degradantes.

> ***Art. 5º, § 3º, CF/1988*** *Os tratados e as convenções internacionais sobre direitos humanos que forem aprovados, em cada Casa do Congresso Nacional, em dois turnos, por três quintos dos votos dos respectivos membros, serão equivalentes às emendas constitucionais.*

- **Problema:** os Tratados Internacionais anteriores à Emenda Constitucional nº 45/2004 teriam força de Emenda Constitucional com sistema de votação de maioria simples. Isto significa que haveria um ferimento no processo legislativo ao utilizar processo de votação para leis ordinárias elegendo Emendas Constitucionais.
- **Solução:** os tratados e as convenções internacionais sobre direitos humanos incorporados ao ordenamento jurídico brasileiro pela forma comum, ou seja, sem observar o disposto no art. 5º, § 3º, da Constituição Federal, possuem, segundo a posição que prevaleceu no Supremo Tribunal Federal, *status* supralegal, mas infraconstitucional.

Norma supralegal: está acima das leis, mas abaixo da Constituição Federal.
Rito ordinário: maioria simples (todos os tratados anteriores à EC nº 45/2004).
Rito de emenda: maioria qualificada (3/5, 2 turnos, 2 casas do Congresso Nacional).

O Direito Constitucional, depois de 1988, passou a contar com relações diferenciadas frente ao Direito Internacional dos Direitos Humanos. A visão da supralegalidade deste último encontra amparo em vários dispositivos constitucionais (art. 4º, art. 5º, §§ 2º ao 4º, CF/1988).

14.3 Localização dos Tratados Internacionais dos Direitos Humanos na Pirâmide de Hans Kelsen

A pirâmide de Hans Kelsen é uma teoria que caminha entre a Filosofia e o Direito e que se baseia na criação de uma hierarquia entre as leis. Dessa forma, quando houver um possível conflito legal, a pirâmide de Hans Kelsen pode ser utilizada para verificar o grau de prioridade das leis em discussão.

Dessa forma, os Tratados Internacionais dos Direitos Humanos, dentro de um contexto legal, também integram o *corpus* legislativo. Daí a importância de se entender como localizar e priorizar as diferentes leis sobre um determinado assunto.

A Constituição Federal de 1988 é um marco de ruptura com o processo jurídico ditatorial dos anos que a precederam. Neste sentido, os diversos vínculos nela existentes com os Direitos Humanos podem ser evidenciados em toda redação jurídica constitucional:

- Dignidade da pessoa humana: art. 1º, III.
- Interação entre o direito brasileiro e os Tratados Internacionais de Direitos Humanos: art. 5º, § 2º.
- Sobre julgamento de causas relativas aos Direitos Humanos: art. 109, V.

Ao considerarmos os Tratados Internacionais e seu encontro com a legislação constitucional brasileira, podemos extrair como conclusão de que a natureza do Direito encontrado no Tratado Internacional poderá gerar conflitos entre um TIDH e o Direito interno. Se, na existência de conflito entre um Direito interno e os Direitos Internacionais dos Direitos Humanos, a conclusão a que chegamos é a de que sempre prevalece a norma que melhor beneficia os direitos da pessoa humana.

14.3.1 Art. 5º, LXVII, CF/1988

Não haverá prisão civil por dívida, salvo a do responsável pelo inadimplemento voluntário e inescusável de obrigação alimentícia e a do depositário infiel.

- **Pacto de San José de Costa Rica (art. 7, VII):** ninguém deve ser detido por dívidas. Este princípio não limita os mandatos de autoridade judiciária competente expedidos em virtude de inadimplemento de obrigação alimentar.
- Identificar-se com um direito já presente na Constituição. Exemplo: **CF/1988 (art. 5º, III):** ninguém será submetido à tortura ou a tratamento desumano ou degradante.
- **Documentos Internacionais:**

> ***Art. 5º*** *Declaração Universal dos Direitos Humanos (1948).*
> ***Art. 7º*** *Pacto Internacional de Direitos Civis e Políticos (1966).*
> ***Art. 5º*** *Convenção Americana de Direitos Humanos (1969).*

14.4 Fases de incorporação

- **Primeira fase (celebração):** é o ato de celebração do tratado, convenção ou ato internacional, para posteriormente e internamente o parlamento decidir sobre sua viabilidade, conveniência e oportunidade. Essa etapa compete privativamente ao Presidente da República, pois a este cabe celebrar todos os tratados e atos internacionais (art. 84, VIII, CF/1988). No Brasil, concedem-se poderes de negociação de convenções internacionais a pessoas específicas, ou seja, aqueles considerados aptos para negociar em nome do Presidente da República: os Chefes de Missões Diplomáticas, sob a responsabilidade do Ministério das Relações Exteriores. Com isso, exime-se o Chefe de Estado de negociação corriqueira no âmbito das relações internacionais.
- **Segunda fase (aprovação parlamentar):** é de competência exclusiva do Congresso Nacional, pois cabe a este resolver definitivamente sobre tratados, acordos ou atos internacionais que acarretam encargos ou compromissos gravosos ao patrimônio nacional (art. 49, I, CF/1988). Se o Congresso Nacional concordar com a celebração do ato internacional, elabora-se um decreto legislativo, de acordo com o art. 59, VI da Constituição Federal, que é o instrumento adequado para referendar e aprovar a decisão do Chefe do Executivo, dando-se a este uma carta branca para ratificar ou aderir ao tratado.
- **Terceira fase (ratificação pelo presidente):** com o objetivo de incorporar o tratado e, a partir daí, passar a ter efeitos no ordenamento jurídico interno, é a fase em que o Presidente da República, mediante decreto, promulga o texto, publicando-o em português, em órgão da imprensa oficial, dando-se, pois, ciência e publicidade da ratificação da assinatura já lançada. Com a promulgação do tratado, esse ato normativo passa a ser aplicado de forma geral e obrigatória.

A doutrina mais moderna de direito internacional defende uma força mais expressiva dos tratados e convenções sobre a legislação infraconstitucional. Defende-se, inclusive, uma equivalência entre normas constitucionais e tratados, especialmente aqueles que versarem sobre direitos humanos, de maneira que, afora o controle de constitucionalidade, o intérprete deve ainda verificar se o caso sob análise está de acordo com a "legislação" internacional (controle de convencionalidade).

14.5 Declaração Universal dos Direitos Humanos (DUDH)

O período que sucedeu a Segunda Guerra Mundial carregou consigo a memória viva das grandes atrocidades experimentadas em um conflito sangrento e de proporções alarmantes. A barbárie imposta pelos nazistas, consolidada sobre a lógica da "supremacia racial", fez com que o mundo se colocasse diante de situações de absoluta desumanidade em que os direitos mais básicos do ser humano eram negados, restando-lhe a fome, a falta de liberdade, o trabalho forçado, o sofrimento e a morte. Contudo, a consolidação das potências bélicas, vitoriosas da grande guerra, resultou no encabeçamento de um movimento que traria respeito e segurança aos direitos humanos, garantindo-lhes proteção em qualquer tempo e lugar.

A Organização das Nações Unidas (ONU), constituída por 58 Estados-membros em sua origem, entre eles o Brasil, em 10 de dezembro de 1948 instituiu, por meio da Resolução 217-A (III), a Declaração Universal dos Direitos Humanos (DUDH). Quando foi editada, era apenas uma recomendação, não possuía força vinculante. Este posicionamento, no entanto, não é mais adequado porque décadas após a Resolução que criou a DUDH, os Tribunais Internacionais consideram que essa Resolução pode ser vista como espelho do costume internacional de proteção dos Direitos Humanos.

Constituído por 30 artigos, o documento traz a defesa dos direitos básicos para a promoção da dignidade humana. Sem distinção de cor, nacionalidade, orientação sexual, política ou religiosa, a Resolução visa impedir as arbitrariedades dos indivíduos e dos Estados que firam os Direitos Humanos:

> *Considerando que o reconhecimento da dignidade inerente a todos os membros da família humana e de seus direitos iguais e inalienáveis é o fundamento da liberdade, da justiça e da paz no mundo. [...]*
>
> *Considerando que o desprezo e o desrespeito pelos direitos humanos resultam em atos bárbaros que ultrajam a consciência da humanidade e que o advento de um mundo em que os homens gozem de liberdade de palavra, descrença e da liberdade de viverem a salvo do temor e da necessidade foi proclamado como a mais alta aspiração do homem comum, [...]*
>
> *Considerando que os povos das Nações Unidas reafirmaram, na Carta, sua fé nos direitos humanos fundamentais, na dignidade e no valor da pessoa humana e na igualdade de direitos dos homens e das mulheres, e que decidiram promover o progresso social e melhores condições de vida em uma liberdade mais ampla, [...]*
>
> *Considerando que uma compreensão comum desses direitos e liberdades é da mais alta importância para o pleno cumprimento desse compromisso.*
>
> *Trechos retirados do Preâmbulo da DUDH, 1948.*

Outros trechos da DUDH:

A presente Declaração Universal dos Direitos Humanos como o ideal comum a ser atingido por todos os povos e todas as nações, com o objetivo de que cada indivíduo e cada órgão da sociedade, tendo sempre em mente esta Declaração, se esforce, através do ensino e da educação, por promover o respeito a esses direitos e liberdades, e, pela adoção de medidas progressivas de caráter nacional e internacional, por assegurar o seu reconhecimento e a sua observância universal e efetiva, tanto entre os povos dos próprios Estados-Membros, quanto entre os povos dos territórios sob sua jurisdição.

- **Medidas progressivas:** não é intenção da Declaração Universal dos Direitos Humanos que suas medidas sejam compreendidas e estabelecidas de maneira absoluta.
- **Declaração dos Direitos do Homem e do Cidadão (1789)**

Artigo 1

Todos os seres humanos nascem livres e iguais em dignidade e direitos. São dotados de razão e consciência e devem agir em relação uns aos outros com espírito de fraternidade.

Nenhum pré-requisito é motivo de distinção entre cidadãos em relação ao direito.

Artigo 2

1. Todo ser humano tem capacidade para gozar os direitos e as liberdades estabelecidos nesta Declaração, sem distinção de qualquer espécie, seja de raça, cor, sexo, língua, religião, opinião política ou de outra natureza, origem nacional ou social, riqueza, nascimento, ou qualquer outra condição.

2. Não será também feita nenhuma distinção fundada na condição política, jurídica ou internacional do país ou território a que pertença uma pessoa, quer se trate de um território independente, sob tutela, sem governo próprio, quer sujeito a qualquer outra limitação de soberania.

- **Vedação à escravidão:** para alguns autores, temos um direito que se reveste de caráter absoluto.

Artigo 4

Ninguém será mantido em escravidão ou servidão; a escravidão e o tráfico de escravos serão proibidos em todas as suas formas.

- **Base para os remédios constitucionais.**

Artigo 8

Todo ser humano tem direito a receber dos tribunais nacionais competentes remédio efetivo para os atos que violem os direitos fundamentais que lhe sejam reconhecidos pela constituição ou pela lei.

- **Presunção de inocência e reserva legal.**

Artigo 11

1. Todo ser humano acusado de um ato delituoso tem o direito de ser presumido inocente até que a sua culpabilidade tenha sido provada de acordo com a lei, em julgamento público no qual lhe tenham sido asseguradas todas as garantias necessárias à sua defesa.

2. Ninguém poderá ser culpado por qualquer ação ou omissão que, no momento, não constituíam delito perante o direito nacional ou internacional. Também não será imposta pena mais forte do que aquela que, no momento da prática, era aplicável ao ato delituoso.

Em alguns artigos da DUDH, é possível verificar os principais **direitos tutelados** (grifos nossos):

Artigo 5

***Ninguém será submetido** à tortura nem a tratamento ou **castigo cruel, desumano** ou **degradante**.*

Artigo 6

Todo ser humano tem o direito de ser, em todos os lugares, reconhecido como pessoa perante a lei.

Artigo 7

***Todos são iguais perante a lei** e têm direito, sem qualquer distinção, a igual proteção da lei. **Todos têm direito a igual proteção contra qualquer discriminação** que viole a presente Declaração e contra qualquer incitamento a tal discriminação.*

Artigo 13

*1. Todo ser humano tem direito à **liberdade de locomoção** e residência dentro das fronteiras de cada Estado.*

2. Todo ser humano tem o direito de deixar qualquer país, inclusive o próprio, e a este regressar.

Artigo 14

*1. Todo ser humano, vítima de perseguição, **tem o direito de procurar e de gozar asilo em outros países**.*

*2. Este direito **não pode ser invocado em caso de perseguição legitimamente motivada** por crimes de direito comum ou por atos contrários aos objetivos e princípios das Nações Unidas.*

Artigo 15

*1. Todo ser humano tem **direito a uma nacionalidade**.*

2. Ninguém será arbitrariamente privado de sua nacionalidade, nem do direito de mudar de nacionalidade.

Artigo 16

*1. Os homens e mulheres de maior idade, sem qualquer restrição de raça, nacionalidade ou religião, têm o **direito de contrair matrimônio e fundar uma família**. Gozam de iguais direitos em relação ao casamento, sua duração e sua dissolução.*

2. O casamento não será válido senão com o livre e pleno consentimento dos nubentes.

*3. **A família** é o núcleo natural e fundamental da sociedade e **tem direito à proteção da sociedade e do Estado**.*

Artigo 17

*1. Todo ser humano tem **direito à propriedade**, só ou em sociedade com outros.*

2. Ninguém será arbitrariamente privado de sua propriedade.

Artigo 20

*1. Todo ser humano tem direito à **liberdade de reunião e associação pacífica**.*

2. Ninguém pode ser obrigado a fazer parte de uma associação.

Artigo 21

*1. Todo ser humano tem o **direito de tomar parte no governo de seu** país diretamente ou por intermédio de representantes livremente escolhidos.*

*2. Todo ser humano tem igual direito de **acesso ao serviço público** do seu país.*

*3. **A vontade do povo** será a base da autoridade do governo; esta vontade será expressa em **eleições periódicas e legítimas**, por **sufrágio universal**, por **voto secreto** ou processo equivalente que assegure a liberdade de voto.*

Artigo 26

*1. Todo ser humano tem **direito à instrução**. A instrução será **gratuita, pelo menos nos graus elementares** e **fundamentais**. A instrução elementar será **obrigatória**. **A instrução técnico-profissional será acessível a todos**, bem como a **instrução superior**, está **baseada no mérito**.*

*2. A instrução **será orientada no sentido do pleno desenvolvimento da personalidade humana e do fortalecimento do respeito pelos direitos humanos e pelas liberdades fundamentais**. A instrução promoverá a compreensão, a tolerância e a amizade entre todas as nações e grupos raciais ou religiosos, e coadjuvará as atividades das Nações Unidas em prol da manutenção da paz.*

14.5.1 Considerações sobre a Declaração Universal dos Direitos Humanos

Quando a Declaração Universal dos Direitos Humanos começou a ser pensada, o mundo ainda sentia os efeitos da Segunda Guerra Mundial, encerrada em 1945.

Outros documentos já haviam sido redigidos em reação a tratamentos desumanos e injustiças, como a Declaração de Direitos Inglesa (elaborada em 1689, após as Guerras Civis Inglesas, para pregar a democracia) e a Declaração dos Direitos do Homem e do Cidadão (redigida em 1789, após a Revolução Francesa, a fim de proclamar a igualdade para todos).

Depois da Segunda Guerra e da criação da Organização das Nações Unidas (também em 1945), líderes mundiais decidiram complementar a promessa da comunidade internacional de nunca mais permitir atrocidades como as que haviam sido vistas na guerra. Assim, elaboraram um guia para garantir os direitos de todas as pessoas e em todos os lugares do globo.

O documento foi apresentado na primeira Assembleia Geral da ONU em 1946 e repassado à Comissão de Direitos Humanos para que fosse usado na preparação de uma declaração internacional de direitos. Na primeira sessão da comissão em 1947, seus membros foram autorizados a elaborar o que foi chamado de "esboço preliminar da Declaração Internacional dos Direitos Humanos".

Um comitê formado por membros de oito países recebeu a declaração e se reuniu pela primeira vez em 1947. Ele foi presidido por Eleanor Roosevelt, viúva do presidente americano Franklin D. Roosevelt. O responsável pelo primeiro esboço da declaração, o francês René Cassin, também participou.

O primeiro rascunho da Declaração Universal dos Direitos Humanos, que contou com a participação de mais de 50 países na redação, foi apresentado em setembro de 1948 e teve seu texto final redigido em menos de dois anos.

14.5.2 Declaração Universal dos Direitos Humanos e a legislação brasileira

Podemos afirmar que houve uma clara violação dos Direitos Humanos durante 21 anos (1964 a 1985).

Temos uma violação desigual que atinge a sociedade em diferentes níveis.

A Emenda Constitucional nº 01/1969 alterou o Texto Constitucional, formando, na prática, uma nova Constituição (referente a Constituição de 1967).

Em 1984, como resposta à repressão imposta pela Constituição de 1967 aos Direitos Políticos, surgiu o movimento "Diretas Já", que reivindicava a volta das eleições diretas no Brasil para eleger o Presidente da República. No primeiro momento, o movimento não logrou êxito plenamente, pois a primeira eleição após o regime militar foi indireta, realizada pelo Congresso. Entretanto, obteve bom resultado quando, nestas eleições, devolveu o governo à sociedade civil.

A Constituição de 1988, conhecida como "Constituição Cidadã", é a que melhor representa a harmonia do Brasil com os Direitos Humanos atualmente. Pela própria estrutura da Constituição, a forma pela qual é escrita e a organização dos artigos, percebemos maior destaque aos Direitos Humanos: eles aparecem logo nas primeiras linhas do texto constitucional, a demonstrar que o constituinte quis garanti-los e fazer deles a base para a sociedade que nascia a partir daquele momento.

Logo no primeiro artigo, encontramos como fundamento da República Federativa do Brasil a "dignidade da pessoa humana", os "valores sociais do trabalho e da livre iniciativa" e o "pluralismo político". Isto prova que a nova ordem social, acolhida e inaugurada pela Constituição, rompia com aquela criada em 1967, e valorizava os direitos sociais, trabalhistas e políticos. É, porém, no art. 5º da Carta de 1988, que encontramos o maior leque de direitos garantidos; são direitos individuais e coletivos, direitos civis e instrumentos de controle judiciário da vida social e de limitações ao direito estatal de punir. É um grande avanço comparado à Constituição anterior.

14.6 Convenção Americana de Direitos Humanos (Pacto de São José)

É um Tratado Internacional entre os países membros da Organização dos Estados Americanos (OEA) firmado durante a Conferência Interamericana Especializada de Direitos Humanos em 22 de novembro de 1969 na cidade de San José da Costa Rica (país).

Possui **82 artigos**, incluindo as disposições transitórias, que estabelecem os direitos fundamentais da pessoa humana, como o direito à vida, à liberdade, à dignidade, à integridade pessoal e moral, à educação, entre outros.

Tem como **objetivo** promover a garantia dos direitos fundamentais da pessoa humana: direito à liberdade, à vida, à dignidade, à integridade pessoal, proibir a escravidão e a servidão humana, afirmar a liberdade de consciência e liberdade de orientação religiosa, além de garantir os direitos e proteção da família.

Este Tratado busca afirmar que os direitos essenciais da dignidade humana resultam da condição humana e não de sua nacionalidade. Ou seja, em qualquer lugar, o ser humano possui os mesmos direitos essenciais, sem qualquer tipo de discriminação.

O governo brasileiro depositou a carta de adesão a essa convenção em 25 de setembro de 1992. Portanto, a Convenção Americana sobre Direitos Humanos (Pacto de São José) entrou em vigor, para o Brasil, em 25 de setembro de 1992, conforme o disposto no segundo parágrafo de seu art. 74. A promulgação veio com o Decreto nº 678, de 6 de novembro de 1992.

> ***Artigo 74, 2*** *A ratificação desta Convenção ou a adesão a ela efetuar-se-á mediante depósito de um instrumento de ratificação ou de adesão na Secretaria-Geral da Organização dos Estados Americanos. Esta Convenção entrará em vigor logo que onze Estados houverem depositado os seus respectivos instrumentos de ratificação ou de adesão.* ***Com referência a qualquer outro Estado que a ratificar ou que a ela aderir ulteriormente, a Convenção entrará em vigor na data do depósito do seu instrumento de ratificação ou de adesão.*** *(grifo nosso).*

Fique ligado

Segundo a Emenda Constitucional nº 45/2004, sobre a reforma no Poder Judiciário, os tratados referentes aos direitos humanos passam a vigorar imediatamente e tornam-se equiparados às normas constitucionais.

Modo de aprovação: três quintos dos votos na Câmara dos Deputados e no Senado, em dois turnos em cada casa. Vale lembrar que o Pacto de São José é anterior à referida emenda.

> *PARTE I - DEVERES DOS ESTADOS E DIREITOS PROTEGIDOS*
>
> ***Capítulo I: Enumeração de Deveres***
>
> ***Art. 1º*** *Obrigação de respeitar os direitos.*
>
> ***Art. 2º*** *Dever de adotar disposições de direito interno.*
>
> ***Capítulo II: Direitos Civis e Políticos***
>
> ***Art. 3º*** *Direito ao reconhecimento da personalidade jurídica.*
>
> ***Art. 4º*** *Direito à vida.*
>
> ***Art. 5º*** *Direito à integridade pessoal.*
>
> ***Art. 6º*** *Proibição da escravidão e da servidão.*
>
> ***Art. 7º*** *Direito à liberdade pessoal.*
>
> ***Art. 8º*** *Garantias judiciais.*
>
> ***Art. 9º*** *Princípios da legalidade e da retroatividade.*
>
> ***Art. 10*** *Direito à indenização.*
>
> ***Art. 11*** *Proteção da honra e dignidade.*
>
> ***Art. 12*** *Liberdade de consciência e religião.*

Art. 13 Liberdade de pensamento e de expressão.
Art. 14 Direito da retificação ou resposta.
Art. 15 Direito à reunião.
Art. 16 Liberdade de associação.
Art. 17 Proteção da família.
Art. 18 Direito ao nome.
Art. 19 Direitos da criança.
Art. 20 Direito à nacionalidade.
Art. 21 Direito à propriedade privada.
Art. 22 Direito de circulação e de residência.
Art. 23 Direitos políticos.
Art. 24 Igualdade perante a lei.
Art. 25 Proteção judicial.
Capítulo III: Direitos Econômicos, Sociais e Culturais
Art. 26 Desenvolvimento progressivo.
Capítulo IV: Suspensão de Garantias, Garantias e Aplicação
Art. 27 Suspensão de garantias.
Art. 28 Cláusula federal.
Art. 29 Normas de interpretação.
Art. 30 Alcance das restrições.
Art. 31 Reconhecimento de outros direitos.
Capítulo V: Deveres das Pessoas
Art. 32 Correlação entre deveres e direitos.
PARTE II – MEIOS DA PROTEÇÃO
Capítulo VI: Órgãos Competentes
Art. 33 São competentes para conhecer dos assuntos relacionados com o cumprimento dos compromissos assumidos pelos Estados-Partes dessa convenção:
a) a Comissão Interamericana de Direitos Humanos, doravante denominada a Comissão; e
b) a Corte Interamericana de Direitos Humanos, doravante denominada a Corte.
Capítulo VII: Comissão Interamericana de Direitos Humanos (CIDH)
Art. 34 A Comissão Interamericana de Direitos Humanos compor-se-á de sete membros, que deverão ser pessoas de alta autoridade moral e de reconhecido saber em matéria de direitos humanos.
Art. 35 A Comissão representa todos os membros da Organização dos Estados Americanos.
Art. 36 Dos membros da comissão.
Art. 37 Da Eleição dos membros da comissão e do tempo de mandato.
Art. 38 Das Vagas.
Art. 39 Do Estatuto da Comissão.
Art. 40 Dos servidores de secretaria da Comissão.
Art. 41 Da principal função da Comissão.
Art. 42 Dos relatórios dos Estados-Partes.
Art. 43 Das informações dos Estados-Partes.
Art. 44 Dos órgãos não governamentais.
Art. 45 Do reconhecimento da Comissão como representante dos Estados-Partes.
Art. 46 Dos requisitos para apresentação de petição à Comissão.
Art. 47 Da inadmissibilidade das petições apresentadas à Comissão.
Art. 48 Dos procedimentos após aceitação de petição pela Comissão.
Art. 49 Do procedimento (fim amistoso) pós-resolução de problemas pela Comissão.
Art. 50 Do procedimento (fim não amistoso) pós-resolução de problemas pela Comissão.
Art. 51 Dos procedimentos e limites temporais estabelecidos aos Estados pela Comissão.
Capítulo VIII: Corte Interamericana de Direitos Humanos.
Art. 52 Da composição da Corte.
Art. 53 Da eleição para juízes da Corte.
Art. 54 Do tempo de mandato dos juízes da corte.
Art. 55 Da Nacionalidade dos Juízes.
Art. 56 Da formação de quórum pelos juízes.
Art. 57 Da Comissão e da Corte.
Art. 58 Da Sede da Corte.
Art. 59 Da Secretaria da Corte.
Art. 60 Da elaboração do Estatuto pela Corte.
Art. 61 Do direito de submeter decisões à Corte.
Art. 62 Do reconhecimento da competência da Corte pelos Estados-Partes.
Art. 63 Das Garantias da Corte aos Estados-Partes.
Art. 64 Da relação entre Estados-Partes e a Corte.
Art. 65 Do relatório sobre as atividades da Corte.
Art. 66 Dos fundamentos de um processo na Corte.
Art. 67 Da Sentença da Corte.
Art. 68 Do Comprometimento com a Corte por parte dos Estados-Partes.
Art. 69 Das Sentenças da Corte.
Capítulo IX: Disposições Comuns
Art. 70 Das Condições de Juízes e da Corte.
Art. 71 Da incompatibilidade das atividades dos juízes com outras atividades.
Art. 72 Dos Gastos com Juízes e membros da Corte.
Art. 73 Das Sanções à Corte ou aos Juízes.
PARTE III – DISPOSIÇÕES GERAIS E TRANSITÓRIAS
Capítulo X: Assinatura, Ratificação, Reserva, Emenda, Protocolo e Denúncia
Art. 74 Da adesão e da Ratificação à Convenção.
Art. 75 Da Condição de objeto de reserva.
Art. 76 Das propostas de emenda à Convenção.
Art. 77 Dos projetos de protocolo por parte dos Estados- Partes.
Art. 78 Da Denúncia pelos Estados-Partes.
Capítulo XI: Disposições Transitórias
Art. 79 da apresentação dos membros dos Estados-Partes à convenção
Art. 80 Da eleição dos membros da comissão.
Art. 81 Da apresentação dos Estados-Partes.
Art. 82 Das eleições dos juízes da corte.

Os Estados signatários da Convenção de São José se comprometem a respeitar os direitos e liberdades reconhecidas pela Convenção, algo essencial para o Direito Internacional e as relações diplomáticas entre os países.

Da mesma forma, os Estados Membros estão dispostos a tomar atitudes legais para que direitos acordados no Tratado sejam respeitados por todos os componentes.

A Convenção ainda estabelece um desenvolvimento progressivo dos direitos econômicos, sociais e culturais, de acordo com os recursos disponíveis. Esse é um meio encontrado para que as nações se tornem cada vez menos desiguais em um mundo cada vez mais globalizado.

O cumprimento e a proteção dos direitos humanos ficam sob a tutela de dois órgãos criados pela convenção: Comissão Interamericana dos Direitos Humanos e a Corte Interamericana dos Direitos Humanos.

14.7 Comissão Interamericana de Direitos Humanos (arts. 34 a 51)

A Comissão é o órgão principal da OEA, cuja função primordial é promover a observância e a defesa dos direitos humanos, além de servir como órgão consultivo nessa matéria, incorporando a sua estrutura básica por meio da sua inclusão na Carta da Organização. Compõe-se de sete membros que deverão ser pessoas de alta autoridade moral e de reconhecido saber em matéria de direitos humanos. Os membros da Comissão são eleitos a título pessoal, pela Assembleia Geral da Organização, de uma lista de candidatos propostos pelos governos dos Estados membros. Cada um dos referidos governos pode propor até três candidatos, nacionais do Estado que os propuser ou de qualquer outro Estado membro da Organização dos Estados Americanos. Quando proposta uma lista de três candidatos, pelo menos um deles deverá ser nacional de Estado diferente do proponente.

Os membros da Comissão são eleitos por quatro anos e só poderão ser reeleitos uma vez. Não pode integrar a Comissão mais de um nacional de um mesmo Estado. A Comissão tem a função principal de promover a observância e a defesa dos direitos humanos e, no exercício do seu mandato, tem as seguintes funções e atribuições:

Estimular a consciência dos direitos humanos nos povos da América.

Formular recomendações aos governos dos Estados membros, quando o considerar conveniente, no sentido de que adotem medidas progressivas em prol dos direitos humanos no âmbito de suas leis internas e seus preceitos constitucionais, bem como disposições apropriadas para promover o devido respeito a esses direitos.

Preparar os estudos ou relatórios que considerar convenientes para o desempenho de suas funções.

Solicitar aos governos dos Estados membros que lhe proporcionem informações sobre as medidas que adotarem em matéria de direitos humanos.

Atender às consultas que, por meio da Secretaria-Geral da Organização dos Estados Americanos, lhe formularem os Estados membros sobre questões relacionadas aos direitos humanos e, dentro de suas possibilidades, prestar-lhes o assessoramento que eles lhe solicitarem.

Atuar com respeito às petições e outras comunicações, no exercício de sua autoridade, conforme o disposto nos arts. 44 a 51 da Convenção Americana de Direitos Humanos.

Apresentar um relatório anual à Assembleia Geral da Organização dos Estados Americanos.

Qualquer pessoa ou grupo de pessoas, ou entidade não governamental legalmente reconhecida em um ou mais Estados membros da Organização, pode apresentar à Comissão petições que contenham denúncias ou queixas de violação desta Convenção por um Estado Parte.

14.8 Corte Interamericana de Direitos Humanos (arts. 52 a 73)

A Corte é um órgão de caráter jurisdicional criado pela Convenção com o objetivo de supervisionar o seu cumprimento, com uma função complementar àquela conferida pela mesma Convenção à Comissão. Com sede em San José, capital da Costa Rica, integra o Sistema Interamericano de Direitos Humanos. É um dos três Tribunais regionais de proteção dos Direitos Humanos, ao lado do Tribunal Europeu de Direitos Humanos e a Corte Africana de Direitos Humanos e dos Povos. Sua primeira reunião foi realizada em 1979, na sede da Organização dos Estados Americanos (OEA), em Washington, nos Estados Unidos.

A Corte é composta de sete juízes, nacionais dos Estados membros da Organização, eleitos a título pessoal dentre juristas da mais alta autoridade moral, de reconhecida competência em matéria de direitos humanos, que reúnam as condições requeridas para o exercício das mais elevadas funções judiciais, de acordo com a lei do Estado do qual sejam nacionais, ou do Estado que os propuser como candidatos. Não deve haver dois juízes da mesma nacionalidade.

Os juízes da Corte são eleitos, em votação secreta e pelo voto da maioria absoluta dos Estados Partes na Convenção, na Assembleia Geral da Organização, de uma lista de candidatos propostos pelos mesmos Estados. Cada um dos Estados Partes pode propor até três candidatos, nacionais do Estado que os propuser ou de qualquer outro Estado membro da Organização dos Estados Americanos. Quando se propuser uma lista de três candidatos, pelo menos um deles deverá ser nacional de Estado diferente do proponente. Os juízes da Corte serão eleitos por um período de seis anos e só poderão ser reeleitos uma vez. Somente os Estados Partes e a Comissão têm direito de submeter caso à decisão da Corte.

A Corte tem competência para conhecer de qualquer caso relativo à interpretação e aplicação das disposições da Convenção Americana de Direitos Humanos que lhe seja submetido, desde que os Estados Partes no caso tenham reconhecido ou reconheçam a referida competência. Quando decidir que houve violação de um direito ou liberdade protegidos nesta Convenção, a Corte determinará que se assegure ao prejudicado o gozo do seu direito ou liberdade violados. Determinará, também, se isso for procedente, que sejam reparadas as consequências da medida ou situação que haja configurado a violação desses direitos, além do pagamento de indenização justa à parte lesada.

Em casos de extrema gravidade e urgência, e quando se fizer necessário evitar danos irreparáveis às pessoas, a Corte, nos assuntos de que estiver conhecendo, poderá tomar as medidas provisórias consideradas pertinentes. Se se tratar de assuntos que ainda não estiverem submetidos ao seu conhecimento, poderá atuar a pedido da Comissão.

15 VULNERÁVEIS E MINORIAS

15.1 Princípio da igualdade

Em abordagem preliminar, precisamos lembrar do princípio da igualdade.

- **Igualdade formal:** perante a lei – imposição de tratamento isonômico (igual) a todos da mesma categoria.
- **Igualdade material:** igualdade real, de fato. Objetivo de reduzir as desigualdades fáticas por meio de concessão de direitos/vantagens. Por exemplo: sistema de cotas.
- **Igualdade na lei:** igualdade observada pelo legislador na edição de normas.
- **Igualdade perante a lei:** observada pelos intérpretes/aplicadores do Direito.

O princípio da igualdade não veda o tratamento discriminatório, mas apenas quando há razoabilidade para discriminação e na medida do razoável.

> ***Súmula Vinculante nº 37***
> *Não pode o Poder Judiciário, que não tem função legislativa, aumentar vencimentos a servidores com base na isonomia.*

Por exemplo, a Lei Maria da Penha traz uma diferença de tratamento entre homens e mulheres. Foi considerado constitucional pelo STF. Esta diferenciação é razoável. A própria CF/1988 faz diferenciações, como o caso de aposentadoria de mulheres mais cedo do que os homens.

Sobre a igualdade, temos o direito a ser iguais quando a nossa diferença nos inferioriza, e temos o direito a ser diferentes quando a nossa igualdade nos descaracteriza.

A igualdade material consiste em concretizar duas dimensões de justiça:

- **Justiça distributiva:** redistribuição de recursos socioeconômicos para grupos historicamente em desvantagens. Exemplo: ações afirmativas.
- **Justiça de reconhecimento de identidades:** grupos cujo fator de identidade os leva a situação de vulnerabilidade. Respeitar as pessoas nas suas diferenças. Decorre do pluralismo político, fundamento da República Federativa do Brasil (art. 1, IV, CF/1988).

Exemplo: constitucionalidade da Lei Maria da Penha, direito do transgênero de alterar o nome e sexo no registro civil independentemente de cirurgia de transgenitalização ou de tratamento hormonal (ADI nº 4.275, DF), ato de homofobia e transfobia foi considerado crime de racismo social para o STF, ADO nº 26. O STF reconheceu a união homoafetiva como entidade familiar (ADPF nº 132).

> ***Art. 3º*** *Constituem objetivos fundamentais da República Federativa do Brasil: [...]*
> *III – erradicar a pobreza e a marginalização e reduzir as desigualdades sociais e regionais fundamento da igualdade material na CF/1988.*

Exemplos de igualdade material na CF/1988:

> ***Art. 5º, L*** *– às presidiárias serão asseguradas condições para que possam permanecer com seus filhos durante o período de amamentação;*
> ***Art. 7º, XX*** *– proteção do mercado de trabalho da mulher, mediante incentivos específicos, nos termos da lei;*
> ***Art. 7º, XXX*** *– proibição de diferença de salários, de exercício de funções e de critério de admissão por motivo de sexo, idade, cor ou estado civil.*
> ***Súmula nº 683 – STF***
> *Oo limite de idade para inscrição em concurso público só se legitima quando possa ser justificado pelas naturezas das atribuições do cargo a ser preenchido. Além disso, a limitação deve estar prevista na lei.*

Fique ligado

O STF já entendeu que cargos de natureza intelectual não podem ter discriminação por idade. Por exemplo: magistratura.

> ***Art. 7º, XXXI*** *– proibição de qualquer discriminação no tocante a salário e critérios de admissão do trabalhador portador de deficiência;*
> ***Art. 12, § 2º*** *A lei não poderá estabelecer distinção entre brasileiros natos e naturalizados, salvo nos casos previstos nesta Constituição.*
> ***Art. 203*** *A assistência social será prestada a quem dela necessitar, independentemente de contribuição à seguridade social, e tem por objetivos:*
> *I – a proteção à família, à maternidade, à infância, à adolescência e à velhice;*
> *II – o amparo às crianças e adolescentes carentes;*
> *III – a promoção da integração ao mercado de trabalho;*
> *IV – a habilitação e reabilitação das pessoas portadoras de deficiência e a promoção de sua integração à vida comunitária;*
> *V – a garantia de um salário-mínimo de benefício mensal à pessoa portadora de deficiência e ao idoso que comprovem não possuir meios de prover à própria manutenção ou de tê-la provida por sua família, conforme dispuser a lei.*
> *VI – a redução da vulnerabilidade socioeconômica de famílias em situação de pobreza ou de extrema pobreza (Incluído pela Emenda Constitucional nº 114/2021).*

15.2 Ações afirmativas

Política social de redução da desigualdade fática. Também chamadas de discriminações positivas ou reversas. São medidas de compensação que buscam concretizar, ao menos em parte, uma igualdade de oportunidades com os demais indivíduos que não sofreram as mesmas restrições. As ações afirmativas são transitórias. É mecanismo de inclusão social.

15.2.1 Cotas raciais

O sistema de cotas em universidades públicas, com base em critério étnico-racial, é constitucional. No entanto, as políticas de ação afirmativa baseadas no critério racial possuem natureza transitória, conforme decidiu o STF. Plenário. ADPF 186/DF. Min. Ricardo Lewandowski julgado em 25 e 26/4/2012 (Info nº 663).

É constitucional a Lei nº 12.990/2014 que reserva 20% das vagas oferecidas nos concursos públicos para provimento de cargos efetivos e empregos públicos na administração pública direta e indireta federal. É legítima a utilização, além da autodeclaração, de critérios subsidiários de heteroidentificação, desde que respeitada a dignidade da pessoa humana e garantidos o contraditório e ampla defesa (ADC nº 41).

15.3 Heteroidentificação

É a utilização de outros critérios para identificar o candidato as cotas raciais, no intuito de se evitar fraudes.

É constitucional a Lei nº 12.990/2014, que reserva a pessoas negras 20% das vagas oferecidas nos concursos públicos para provimento de cargos efetivos e empregos públicos no âmbito da Administração Pública federal direta e indireta, por três fundamentos.

Em primeiro lugar, a desequiparação promovida pela política de ação afirmativa em questão está em consonância com o princípio da isonomia. Ela se funda na necessidade de superar o racismo estrutural e institucional ainda existente na sociedade brasileira, e garantir a igualdade material entre os cidadãos, por meio da distribuição mais equitativa de bens sociais e da promoção do reconhecimento da população afrodescendente.

Em segundo lugar, não há violação aos princípios do concurso público e da eficiência. A reserva de vagas para negros não os isenta da aprovação no concurso público. Como qualquer outro candidato, o beneficiário da política deve alcançar a nota necessária para que seja considerado apto a exercer, de forma adequada e eficiente, o cargo em questão. Além disso, a incorporação do fator "raça" como critério de seleção, ao invés de afetar o princípio da eficiência, contribui para sua realização em maior extensão, criando uma "burocracia representativa", capaz de garantir que os pontos de vista e interesses de toda a população sejam considerados na tomada de decisões estatais.

Em terceiro lugar, a medida observa o princípio da proporcionalidade em sua tríplice dimensão. A existência de uma política de cotas para o acesso de negros à educação superior não torna a reserva de vagas nos quadros da Administração Pública desnecessária ou desproporcional em sentido estrito. Isso porque: (i) nem todos os cargos e empregos públicos exigem curso superior; (ii) ainda quando haja essa exigência, os beneficiários da ação afirmativa no serviço público podem não ter sido beneficiários das cotas nas universidades públicas; e (iii) mesmo que o concorrente tenha ingressado em curso de ensino superior por meio de cotas, há outros fatores que impedem os negros de competir em pé de igualdade nos concursos públicos, justificando a política de ação afirmativa instituída pela Lei nº 12.990/2014.

Os direitos humanos se fundam em dois grandes sistemas: um sistema geral, aplicado a toda e qualquer pessoa, bastando ser humano para titularizar esses direitos e outro especial por considerar que nem todos os sujeitos de direito conseguem exercer de maneira efetiva os direitos previstos no sistema geral, razão pela qual necessitam de maiores doses de proteção, por estarem em posição de desvantagem na sociedade.

Estamos tratando de grupos vulneráveis e/ou minorias, daí a necessidade de entendermos a diferença entre minorias e grupos vulneráveis. Inicialmente, nem toda minoria é um grupo vulnerável, nem todo grupo vulnerável é minoria, mas é possível que a mesma categoria se encaixe nos dois grupos.

- **Minorias:** são grupos de pessoas que não têm a mesma representação política que os demais cidadãos ou sofrem histórica e crônica discriminação por guardarem entre si características essenciais à sua personalidade que demarcam sua singularidade no meio social e, portanto, existem em menor número.
- **Grupos vulneráveis:** são marginalizados em razão de um fator de identidade específica e não se constituem, necessariamente, em grupos menores.

Como exemplo, mulheres são grupos vulneráveis, eis que marginalizadas em uma cultura altamente machista, mas não são minorias, eis que existem em proporção até maior do que os homens.

De modo semelhante, os afrodescendentes são grupos vulneráveis, em razão da discriminação pelo legado da escravidão, mas não são minorias.

Por sua vez, os índios são minorias e pela posição altamente marginalizada, são, também, grupos vulneráveis, de igual forma a população em situação de rua, os quais são minorias e grupos vulneráveis.

A doutrina aponta minorias que não são grupos vulneráveis pessoas que exercem o direito de liberdade de maneira diversa ao hábito social geral. Por exemplo, os praticantes do candomblé, os ciganos e os nômades.

15.4 Violência de gênero

O direito à igualdade tem como uma de suas vertentes a igualdade entre os sexos. Nesse sentido, a CF/1988 dispõe que:

> ***Art. 5º*** *Todos são iguais perante a lei, sem distinção de qualquer natureza, garantindo-se aos brasileiros e aos estrangeiros residentes no País a inviolabilidade do direito à vida, à liberdade, à igualdade, à segurança e à propriedade, nos termos seguintes:*
>
> *I – homens e mulheres são iguais em direitos e obrigações, nos termos desta Constituição; [...]*

As mulheres são historicamente discriminadas, por isso, formam grupos vulneráveis. Suas conquistas são recentes na história, a exemplo do voto feminino no Brasil, que só foi aceito em 1932.

As mulheres são grupos vulneráveis, eis que marginalizadas em uma cultura altamente machista, mas não são minorias, eis que existem em proporção até maior do que os homens.

De toda forma, por serem grupos vulneráveis, necessitam de igualdade material sob o viés da justiça de reconhecimento de identidades.

A Lei Maria da Penha traz uma diferença de tratamento entre homens e mulheres. Foi considerada constitucional pelo STF. Esta diferenciação é razoável. A própria CF/1988 traz distinções, como no caso da aposentadoria de mulheres mais cedo que a dos homens.

15.4.1 Caso Maria da Penha Maia Fernandes - Lei nº 11.340/2006

Em maio e junho de 1983, em Fortaleza, no Estado do Ceará, Marco Antônio Heredia Viveiros praticou violência física contra a sua então esposa Maria da Penha Maia Fernandes. O fato configurou-se crime de homicídio tentado. Foram mais de 15 anos desde o início das investigações, sem sentença definitiva e sem reparação das consequências do delito.

Diante disso, em 20 de agosto de 1998, o Centro pela Justiça e pelo Direito Internacional (CEJIL) e o Comitê Latino-Americano de Defesa da Mulher (CLADEM) apresentaram petição à Comissão Interamericana de Direitos Humanos pela tolerância do Brasil em não ter tomado providências efetivas no caso.

O Relatório nº 54/2001 dispõe que:

> *A Comissão considera que as decisões judiciais internas neste caso apresentam uma ineficácia, negligência ou omissão por parte das autoridades judiciais brasileira e uma demora injustificada no julgamento de um acusado, bem como põem em risco definitivo a possibilidade de punir o acusado e indenizar a vítima, pela possível prescrição do delito. Demonstram que o Estado não foi capaz de organizar sua estrutura para garantir esses direitos. Tudo isso é uma violação independente dos artigos 8 e 25 da Convenção Americana sobre Direitos Humanos em relação com o artigo 1(1) da mesma, e dos artigos correspondentes da Declaração. [...]*
>
> ***VIII. RECOMENDAÇÕES***
>
> *61. A Comissão Interamericana de Direitos Humanos reitera ao Estado Brasileiro as seguintes recomendações:*
>
> *1. Completar rápida e efetivamente o processamento penal do responsável da agressão e tentativa de homicídio em prejuízo da Senhora Maria da Penha Fernandes Maia.*
>
> *2. Proceder a uma investigação séria, imparcial e exaustiva a fim de determinar a responsabilidade pelas irregularidades e atrasos injustificados que impediram o processamento rápido e efetivo do responsável, bem como tomar as medidas administrativas, legislativas e judiciárias correspondentes.*
>
> *3. Adotar, sem prejuízo das ações que possam ser instauradas contra o responsável civil da agressão, as medidas necessárias para que o Estado assegure à vítima adequada reparação simbólica e material pelas violações aqui estabelecidas, particularmente por sua falha em oferecer um recurso rápido e efetivo; por manter o caso na impunidade por mais de quinze anos; e por impedir com esse atraso a possibilidade oportuna de ação de reparação e indenização civil.*
>
> *4. Prosseguir e intensificar o processo de reforma que evite a tolerância estatal e o tratamento discriminatório com respeito à violência doméstica contra mulheres no Brasil. A Comissão recomenda particularmente o seguinte:*

a) Medidas de capacitação e sensibilização dos funcionários judiciais e policiais especializados para que compreendam a importância de não tolerar a violência doméstica;

b) Simplificar os procedimentos judiciais penais a fim de que possa ser reduzido o tempo processual, sem afetar os direitos e garantias de devido processo;

c) O estabelecimento de formas alternativas às judiciais, rápidas e efetivas de solução de conflitos intrafamiliares, bem como de sensibilização com respeito à sua gravidade e às consequências penais que gera;

d) Multiplicar o número de delegacias policiais especiais para a defesa dos direitos da mulher e dotá-las dos recursos especiais necessários à efetiva tramitação e investigação de todas as denúncias de violência doméstica, bem como prestar apoio ao Ministério Público na preparação de seus informes judiciais;

e) Incluir em seus planos pedagógicos unidades curriculares destinadas à compreensão da importância do respeito à mulher e a seus direitos reconhecidos na Convenção de Belém do Pará, bem como ao manejo dos conflitos intrafamiliares.

Em face dessas recomendações, o Poder Legislativo Federal editou a Lei nº 11.340/2006 para o respeito e garantia ao direito das mulheres vítimas de violência doméstica e familiar. O agressor foi condenado a 8 anos de reclusão após 19 anos do ocorrido.

Direitos na Lei nº 11.340/2006

A Lei nº 11.340/2006 cria mecanismos para coibir a violência doméstica e familiar contra a mulher, nos termos do § 8º do art. 226 da Constituição Federal, da Convenção sobre a Eliminação de Todas as Formas de Discriminação contra as Mulheres e da Convenção Interamericana para Prevenir, Punir e Erradicar a Violência contra a Mulher; dispõe sobre a criação dos Juizados de Violência Doméstica e Familiar contra a Mulher; altera o Código de Processo Penal, o Código Penal e a Lei de Execução Penal; e dá outras providências.

> ***Art. 5º*** *Para os efeitos desta Lei, configura violência doméstica e familiar contra a mulher qualquer ação ou omissão baseada no gênero que lhe cause morte, lesão, sofrimento físico, sexual ou psicológico e dano moral ou patrimonial:*
>
> *I – no âmbito da unidade doméstica, compreendida como o espaço de convívio permanente de pessoas, com ou sem vínculo familiar, inclusive as esporadicamente agregadas;*
>
> *II – no âmbito da família, compreendida como a comunidade formada por indivíduos que são ou se consideram aparentados, unidos por laços naturais, por afinidade ou por vontade expressa;*
>
> *III – em qualquer relação íntima de afeto, na qual o agressor conviva ou tenha convivido com a ofendida, independentemente de coabitação.*
>
> ***Parágrafo único.*** *As relações pessoais enunciadas neste artigo independem de orientação sexual.*
>
> ***Art. 6º*** *A violência doméstica e familiar contra a mulher constitui uma das formas de violação dos direitos humanos.*
>
> ***Art. 7º*** *São formas de violência doméstica e familiar contra a mulher, entre outras:*
>
> *I – a violência física, entendida como qualquer conduta que ofenda sua integridade ou saúde corporal;*
>
> *II – a violência psicológica, entendida como qualquer conduta que lhe cause dano emocional e diminuição da autoestima ou que lhe prejudique e perturbe o pleno desenvolvimento ou que vise degradar ou controlar suas ações, comportamentos, crenças e decisões, mediante ameaça, constrangimento, humilhação, manipulação, isolamento, vigilância constante, perseguição contumaz, insulto, chantagem, violação de sua intimidade, ridicularização, exploração e limitação do direito de ir e vir ou qualquer outro meio que lhe cause prejuízo à saúde psicológica e à autodeterminação; (Redação dada pela Lei nº 13.772/2018)*
>
> *III – a violência sexual, entendida como qualquer conduta que a constranja a presenciar, a manter ou a participar de relação sexual não desejada, mediante intimidação, ameaça, coação ou uso da força; que a induza a comercializar ou a utilizar, de qualquer modo, a sua sexualidade, que a impeça de usar qualquer método contraceptivo ou que a force ao matrimônio, à gravidez, ao aborto ou à prostituição, mediante coação, chantagem, suborno ou manipulação; ou que limite ou anule o exercício de seus direitos sexuais e reprodutivos;*
>
> *IV – a violência patrimonial, entendida como qualquer conduta que configure retenção, subtração, destruição parcial ou total de seus objetos, instrumentos de trabalho, documentos pessoais, bens, valores e direitos ou recursos econômicos, incluindo os destinados a satisfazer suas necessidades;*
>
> *V – a violência moral, entendida como qualquer conduta que configure calúnia, difamação ou injúria.*
>
> ***DO ATENDIMENTO PELA AUTORIDADE POLICIAL***
>
> ***Art. 10*** *Na hipótese da iminência ou da prática de violência doméstica e familiar contra a mulher, a autoridade policial que tomar conhecimento da ocorrência adotará, de imediato, as providências legais cabíveis.*
>
> ***Parágrafo único.*** *Aplica-se o disposto no caput deste artigo ao descumprimento de medida protetiva de urgência deferida.*
>
> ***Art. 10-A*** *É direito da mulher em situação de violência doméstica e familiar o atendimento policial e pericial especializado, ininterrupto e prestado por servidores - preferencialmente do sexo feminino - previamente capacitados.*
>
> *§ 1º A inquirição de mulher em situação de violência doméstica e familiar ou de testemunha de violência doméstica, quando se tratar de crime contra a mulher, obedecerá às seguintes diretrizes:*
>
> *I – salvaguarda da integridade física, psíquica e emocional da depoente, considerada a sua condição peculiar de pessoa em situação de violência doméstica e familiar;*
>
> *II – garantia de que, em nenhuma hipótese, a mulher em situação de violência doméstica e familiar, familiares e testemunhas terão contato direto com investigados ou suspeitos e pessoas a eles relacionadas;*
>
> *III – não revitimização da depoente, evitando sucessivas inquirições sobre o mesmo fato nos âmbitos criminal, cível e administrativo, bem como questionamentos sobre a vida privada. [...]*
>
> *§ 2º Na inquirição de mulher em situação de violência doméstica e familiar ou de testemunha de delitos de que trata esta Lei, adotar-se-á, preferencialmente, o seguinte procedimento:*
>
> *I – a inquirição será feita em recinto especialmente projetado para esse fim, o qual conterá os equipamentos próprios e adequados à idade da mulher em situação de violência doméstica e familiar ou testemunha e ao tipo e à gravidade da violência sofrida;*
>
> *II – quando for o caso, a inquirição será intermediada por profissional especializado em violência doméstica e familiar designado pela autoridade judiciária ou policial;*
>
> *III – o depoimento será registrado em meio eletrônico ou magnético, devendo a degravação e a mídia integrar o inquérito.*
>
> ***Art. 11*** *No atendimento à mulher em situação de violência doméstica e familiar, a autoridade policial deverá, entre outras providências:*
>
> *I – garantir proteção policial, quando necessário, comunicando de imediato ao Ministério Público e ao Poder Judiciário;*
>
> *II – encaminhar a ofendida ao hospital ou posto de saúde e ao Instituto Médico Legal;*
>
> *III – fornecer transporte para a ofendida e seus dependentes para abrigo ou local seguro, quando houver risco de vida;*
>
> *IV – se necessário, acompanhar a ofendida para assegurar a retirada de seus pertences do local da ocorrência ou do domicílio familiar;*
>
> *V – informar à ofendida os direitos a ela conferidos nesta Lei e os serviços disponíveis, inclusive os de assistência judiciária para o eventual ajuizamento perante o juízo competente da ação de separação judicial, de divórcio, de anulação de casamento ou de dissolução de união estável.*

Art. 12 Em todos os casos de violência doméstica e familiar contra a mulher, feito o registro da ocorrência, deverá a autoridade policial adotar, de imediato, os seguintes procedimentos, sem prejuízo daqueles previstos no Código de Processo Penal:

I – ouvir a ofendida, lavrar o boletim de ocorrência e tomar a representação a termo, se apresentada;

II – colher todas as provas que servirem para o esclarecimento do fato e de suas circunstâncias;

III – remeter, no prazo de 48 (quarenta e oito) horas, expediente apartado ao juiz com o pedido da ofendida, para a concessão de medidas protetivas de urgência;

IV – determinar que se proceda ao exame de corpo de delito da ofendida e requisitar outros exames periciais necessários;

V – ouvir o agressor e as testemunhas;

VI – ordenar a identificação do agressor e fazer juntar aos autos sua folha de antecedentes criminais, indicando a existência de mandado de prisão ou registro de outras ocorrências policiais contra ele;

VI-A – verificar se o agressor possui registro de porte ou posse de arma de fogo e, na hipótese de existência, juntar aos autos essa informação, bem como notificar a ocorrência à instituição responsável pela concessão do registro ou da emissão do porte, nos termos da Lei nº 10.826, de 22 de dezembro de 2003 (Estatuto do Desarmamento);

VII – remeter, no prazo legal, os autos do inquérito policial ao juiz e ao Ministério Público.

§ 1º O pedido da ofendida será tomado a termo pela autoridade policial e deverá conter:

I – qualificação da ofendida e do agressor;

II – nome e idade dos dependentes;

III – descrição sucinta do fato e das medidas protetivas solicitadas pela ofendida.

IV – informação sobre a condição de a ofendida ser pessoa com deficiência e se da violência sofrida resultou deficiência ou agravamento de deficiência preexistente. [...]

§ 2º A autoridade policial deverá anexar ao documento referido no § 1º o boletim de ocorrência e cópia de todos os documentos disponíveis em posse da ofendida.

§ 3º Serão admitidos como meios de prova os laudos ou prontuários médicos fornecidos por hospitais e postos de saúde.

***Art. 12-A** Os Estados e o Distrito Federal, na formulação de suas políticas e planos de atendimento à mulher em situação de violência doméstica e familiar, darão prioridade, no âmbito da Polícia Civil, à criação de Delegacias Especializadas de Atendimento à Mulher (Deams), de Núcleos Investigativos de Feminicídio e de equipes especializadas para o atendimento e a investigação das violências graves contra a mulher. [...]*

§ 3º A autoridade policial poderá requisitar os serviços públicos necessários à defesa da mulher em situação de violência doméstica e familiar e de seus dependentes. [...]

***Art. 12-C** Verificada a existência de risco atual ou iminente à vida ou à integridade física ou psicológica da mulher em situação de violência doméstica e familiar, ou de seus dependentes, o agressor será imediatamente afastado do lar, domicílio ou local de convivência com a ofendida:*

I – pela autoridade judicial;

II – pelo delegado de polícia, quando o Município não for sede de comarca;

III – pelo policial, quando o Município não for sede de comarca e não houver delegado disponível no momento da denúncia.

§ 1º Nas hipóteses dos incisos II e III do caput deste artigo, o juiz será comunicado no prazo máximo de 24 (vinte e quatro) horas e decidirá, em igual prazo, sobre a manutenção ou a revogação da medida aplicada, devendo dar ciência ao Ministério Público concomitantemente.

§ 2º Nos casos de risco à integridade física da ofendida ou à efetividade da medida protetiva de urgência, não será concedida liberdade provisória ao preso.

Do Crime de Descumprimento de Medidas Protetivas de Urgência

Descumprimento de Medidas Protetivas de Urgência

***Art. 24-A** Descumprir decisão judicial que defere medidas protetivas de urgência previstas nesta Lei:*

Pena – detenção, de 3 (três) meses a 2 (dois) anos.

§ 1º A configuração do crime independe da competência civil ou criminal do juiz que deferiu as medidas.

§ 2º Na hipótese de prisão em flagrante, apenas a autoridade judicial poderá conceder fiança.

§ 3º O disposto neste artigo não exclui a aplicação de outras sanções cabíveis.

Constitucionalidade da Lei Maria da Penha

A Ação Declaratória nº 19 foi julgada procedente por unanimidade, ou seja, o STF declarou constitucional o art. 1º da Lei, afirmando que não há violação ao princípio da igualdade.

Dessa feita, conclui-se que a Lei Maria da Penha protege somente a mulher.

O homem até pode ser vítima de violência doméstica e familiar (exemplo: homem que apanha de sua esposa), no entanto, somente a mulher recebe uma proteção diferenciada. Ao homem cabe a proteção comum prevista no Código Penal.

A mulher, conforme o relator, ministro Marco Aurélio, é vulnerável quando se trata de constrangimentos físicos, morais e psicológicos sofridos em âmbito privado. "Não há dúvida sobre o histórico de discriminação por ela enfrentado na esfera afetiva. As agressões sofridas são significativamente maiores do que as que acontecem – se é que acontecem – contra homens em situação similar", avaliou.

O relator afirmou que a Lei Maria da Penha promove a igualdade em seu sentido material, sem restringir de maneira desarrazoada o direito das pessoas pertencentes ao gênero masculino.

Assim, trata-se de uma ação afirmativa (discriminação positiva) em favor da mulher.

O ministro Ayres Britto afirmou que a Lei está em consonância plena com o "constitucionalismo fraterno", que seria a filosofia de remoção de preconceitos contida na Constituição Federal de 1988.

O ministro Gilmar Mendes lembrou que não há inconstitucionalidade em legislação que dá proteção ao menor, ao adolescente, ao idoso e à mulher.

15.5 Homofobia, discriminação por orientação sexual e identidade de gênero

A proteção da diversidade sexual insere-se no tema de vedação da discriminação por qualquer motivo, direito amplamente protegido no Direito Internacional e no direito interno.

Segundo a ONU, pessoas cuja orientação sexual, identidade ou expressão de gênero diferem de normas vigentes podem enfrentar discriminação, rejeição e violência na sua comunidade ou na própria família.

Em muitos países, pessoas LGBTI enfrentam assédio ativo, discriminação e prisões e detenções arbitrárias por parte das autoridades governamentais, com base em sua orientação sexual ou identidade de gênero, incluindo os 73 Estados nos quais relações homossexuais consensuais são atualmente criminalizadas. Em alguns países, pessoas trans enfrentam também sanções penais e, em outros, crianças intersexo são submetidas a cirurgias e esterilização sem o seu consentimento.

LGBTQIA é a sigla para lésbicas, gays, bissexuais, pessoas trans, queer, intersexual, assexual.

A Constituição Federal protege a igualdade sem preconceito de sexo:

Art. 5º Todos são iguais perante a lei, sem distinção de qualquer natureza, garantindo-se aos brasileiros e aos estrangeiros residentes no País a inviolabilidade do direito à vida, à liberdade, à igualdade, à segurança e à propriedade, nos termos seguintes:

Art. 1º A República Federativa do Brasil, formada pela união indissolúvel dos Estados e Municípios e do Distrito Federal, constitui-se em Estado Democrático de Direito e tem como fundamentos: [...]

V – o pluralismo político.

Art. 3º Constituem objetivos fundamentais da República Federativa do Brasil: [...]

IV – promover o bem de todos, sem preconceitos de origem, raça, sexo, cor, idade e quaisquer outras formas de discriminação.

Resolução nº 348/2020 – CNJ

Art. 4º O reconhecimento da pessoa como parte da população LGBTI será feito exclusivamente por meio de autodeclaração, que deverá ser colhida pelo magistrado em audiência, em qualquer fase do procedimento penal, incluindo a audiência de custódia, até a extinção da punibilidade pelo cumprimento da pena, garantidos os direitos à privacidade e à integridade da pessoa declarante.

Art. 6º Pessoas autodeclaradas parte da população LGBTI submetidas à persecução penal têm o direito de ser tratadas pelo nome social, de acordo com sua identidade de gênero, mesmo que distinto do nome que conste de seu registro civil, como previsto na Resolução CNJ nº 270/2018.

Art. 7º, § 1º-A A possibilidade de manifestação da preferência quanto ao local de privação de liberdade e de sua alteração deverá ser informada expressamente à pessoa pertencente à população LGBTI no momento da autodeclaração.

15.6 Discriminação racial e racismo

Art. 4º, CF/1988 A República Federativa do Brasil rege-se nas suas relações internacionais pelos seguintes princípios: [...]

VIII – repúdio ao terrorismo e ao racismo;

Art. 5º, XLI – a lei punirá qualquer discriminação atentatória dos direitos e liberdades fundamentais;

Art. 5º, XLII – a prática do racismo constitui crime inafiançável e imprescritível, sujeito à pena de reclusão, nos termos da lei;

Declaração Universal dos Direitos Humanos

Artigo 2

1. Todo ser humano tem capacidade para gozar os direitos e as liberdades estabelecidos nesta Declaração, sem distinção de qualquer espécie, seja de raça, cor, sexo, língua, religião, opinião política ou de outra natureza, origem nacional ou social, riqueza, nascimento, ou qualquer outra condição.

2. Não será também feita nenhuma distinção fundada na condição política, jurídica ou internacional do país ou território a que pertença uma pessoa, quer se trate de um território independente, sob tutela, sem governo próprio, quer sujeito a qualquer outra limitação de soberania.

Pacto de São José

Artigo 1

Obrigação de Respeitar os Direitos

1. Os Estados-Partes nesta Convenção comprometem-se a respeitar os direitos e liberdades nela reconhecidos e a garantir seu livre e pleno exercício a toda pessoa que esteja sujeita à sua jurisdição, sem discriminação alguma por motivo de raça, cor, sexo, idioma, religião, opiniões políticas ou de qualquer outra natureza, origem nacional ou social, posição econômica, nascimento ou qualquer outra condição social.

2. Para os efeitos desta Convenção, pessoa é todo ser humano.

15.6.1 Estatuto da Igualdade Racial (Lei nº 12.288/2010)

Art. 1º Esta Lei institui o Estatuto da Igualdade Racial, destinado a garantir à população negra a efetivação da igualdade de oportunidades, a defesa dos direitos étnicos individuais, coletivos e difusos e o combate à discriminação e às demais formas de intolerância étnica.

***Parágrafo único.** Para efeito deste Estatuto, considera-se:*

I – discriminação racial ou étnico-racial: toda distinção, exclusão, restrição ou preferência baseada em raça, cor, descendência ou origem nacional ou étnica que tenha por objeto anular ou restringir o reconhecimento, gozo ou exercício, em igualdade de condições, de direitos humanos e liberdades fundamentais nos campos político, econômico, social, cultural ou em qualquer outro campo da vida pública ou privada;

II – desigualdade racial: toda situação injustificada de diferenciação de acesso e fruição de bens, serviços e oportunidades, nas esferas pública e privada, em virtude de raça, cor, descendência ou origem nacional ou étnica;

III – desigualdade de gênero e raça: assimetria existente no âmbito da sociedade que acentua a distância social entre mulheres negras e os demais segmentos sociais;

IV – população negra: o conjunto de pessoas que se autodeclaram pretas e pardas, conforme o quesito cor ou raça usado pela Fundação Instituto Brasileiro de Geografia e Estatística (IBGE), ou que adotam autodefinição análoga;

V – políticas públicas: as ações, iniciativas e programas adotados pelo Estado no cumprimento de suas atribuições institucionais;

VI – ações afirmativas: os programas e medidas especiais adotados pelo Estado e pela iniciativa privada para a correção das desigualdades raciais e para a promoção da igualdade de oportunidades.

Art. 4º A participação da população negra, em condição de igualdade de oportunidade, na vida econômica, social, política e cultural do País será promovida, prioritariamente, por meio de:

I – inclusão nas políticas públicas de desenvolvimento econômico e social;

II – adoção de medidas, programas e políticas de ação afirmativa;

III – modificação das estruturas institucionais do Estado para o adequado enfrentamento e a superação das desigualdades étnicas decorrentes do preconceito e da discriminação étnica;

IV – promoção de ajustes normativos para aperfeiçoar o combate à discriminação étnica e às desigualdades étnicas em todas as suas manifestações individuais, institucionais e estruturais;

V – eliminação dos obstáculos históricos, socioculturais e institucionais que impedem a representação da diversidade étnica nas esferas pública e privada;

VI – estímulo, apoio e fortalecimento de iniciativas oriundas da sociedade civil direcionadas à promoção da igualdade de oportunidades e ao combate às desigualdades étnicas, inclusive mediante a implementação de incentivos e critérios de condicionamento e prioridade no acesso aos recursos públicos;

VII – implementação de programas de ação afirmativa destinados ao enfrentamento das desigualdades étnicas no tocante à educação, cultura, esporte e lazer, saúde, segurança, trabalho, moradia, meios de comunicação de massa, financiamentos públicos, acesso à terra, à Justiça, e outros.

***Parágrafo único.** Os programas de ação afirmativa constituir-se-ão em políticas públicas destinadas a reparar as distorções e desigualdades sociais e demais práticas discriminatórias adotadas, nas esferas pública e privada, durante o processo de formação social do País.*

Racismo institucional é aquele que se configura no contexto de instituições públicas. Cabe a modificação na estrutura destas instituições em prol da igualdade racial, inclusive mediante adoção de políticas públicas afirmativas, entre as quais estão as cotas. O art. 4º, nos incisos III a V, estabelece o dever de combate ao racismo institucional.

São direitos fundamentais:

- direito à saúde;
- direitos à educação, cultura, esporte e lazer;
- educação;
- cultura;
- direito à liberdade de consciência, crença e livre exercício de cultos religiosos;
- acesso à terra e à moradia adequada;
- moradia;
- trabalho;
- meios de comunicação.

O art. 47 em diante trata do Sistema Nacional de Promoção da Igualdade Racial:

> ***Art. 47, Lei nº 12.288/2010*** *É instituído o Sistema Nacional de Promoção da Igualdade Racial (Sinapir) como forma de organização e de articulação voltadas à implementação do conjunto de políticas e serviços destinados a superar as desigualdades étnicas existentes no País, prestados pelo poder público federal.*

15.7 Proteção das pessoas com deficiência

A terminologia adequada ao tratamento dessas pessoas vulneráveis é pessoas com deficiência, eis que não escondem a deficiência, valorizando as diferenças e as necessidades decorrentes da deficiência, além de defenderem a igualdade, exigindo a equiparação de oportunidades em atendimento às diferenças individuais.

Não se deve utilizar a expressão "portador de deficiência", pois a condição de ter deficiência integra a pessoa, é inata a sua condição, não se pode abandonar ou deixar de lado a deficiência. No entanto, a própria Convenção Americana de Eliminação a todas as formas de deficiência de 2001 utiliza a expressão portador de deficiência.

O direito à igualdade tem como uma de suas vertentes a igualdade formal, a qual veda discriminações por qualquer motivo. Nesse sentido, a CF/1988 dispõe:

> ***Art. 5º*** *Todos são iguais perante a lei, sem distinção de qualquer natureza, garantindo-se aos brasileiros e aos estrangeiros residentes no País a inviolabilidade do direito à vida, à liberdade, à igualdade, à segurança e à propriedade, nos termos seguintes: [...]*
>
> ***Art. 7º*** *São direitos dos trabalhadores urbanos e rurais, além de outros que visem à melhoria de sua condição social: [...]*
>
> *XXXI – proibição de qualquer discriminação no tocante a salário e critérios de admissão do trabalhador portador de deficiência; [...]*
>
> ***Art. 23*** *É competência comum da União, dos Estados, do Distrito Federal e dos Municípios: [...]*
>
> *II – cuidar da saúde e assistência pública, da proteção e garantia das pessoas portadoras de deficiência; [...]*
>
> ***Art. 24*** *Compete à União, aos Estados e ao Distrito Federal legislar concorrentemente sobre: [...]*
>
> *XIV – proteção e integração social das pessoas portadoras de deficiência; [...]*
>
> ***Art. 37*** *A administração pública direta e indireta de qualquer dos Poderes da União, dos Estados, do Distrito Federal e dos Municípios obedecerá aos princípios de legalidade, impessoalidade, moralidade, publicidade e eficiência e, também, ao seguinte: [...]*
>
> *VIII – a lei reservará percentual dos cargos e empregos públicos para as pessoas portadoras de deficiência e definirá os critérios de sua admissão; [...]*
>
> ***Art. 203*** *A assistência social será prestada a quem dela necessitar, independentemente de contribuição à seguridade social, e tem por objetivos: [...]*
>
> *IV – a habilitação e reabilitação das pessoas portadoras de deficiência e a promoção de sua integração à vida comunitária; [...]*

A doutrina cita quatro fases no desenvolvimento da proteção das pessoas com deficiência:

- **Fase da intolerância:** a deficiência representava pecado ou castigo divino.
- **Fase da invisibilidade:** ignorava-se os direitos das pessoas com deficiência.
- **Fase assistencialista:** perspectiva médica de encontrar uma cura.
- **Fase humanista:** direitos à inclusão social para eliminar barreiras.

Nesses termos, a Convenção das Pessoas com Deficiência reconhece a deficiência como resultado da interação entre indivíduos e seu meio ambiente, não residindo apenas intrinsecamente no indivíduo.

Dessa forma, a noção de se proteger a pessoa com deficiência atual não é tratá-la como se fosse uma doença, mas entender que se trata de uma forma de manifestação da individualidade humana e garantir a proteção da liberdade dessas pessoas, sem exigir das pessoas com deficiência adaptação à sociedade.

15.7.1 Estatuto da Pessoa com Deficiência

> ***Art. 1º*** *É instituída a Lei Brasileira de Inclusão da Pessoa com Deficiência (Estatuto da Pessoa com Deficiência), destinada a assegurar e a promover, em condições de igualdade, o exercício dos direitos e das liberdades fundamentais por pessoa com deficiência, visando à sua inclusão social e cidadania.*
>
> ***Parágrafo único.*** *Esta Lei tem como base a Convenção sobre os Direitos das Pessoas com Deficiência e seu Protocolo Facultativo, ratificados pelo Congresso Nacional por meio do Decreto Legislativo nº 186, de 9 de julho de 2008, em conformidade com o procedimento previsto no § 3º do art. 5º da Constituição da República Federativa do Brasil, em vigor para o Brasil, no plano jurídico externo, desde 31 de agosto de 2008, e promulgados pelo Decreto nº 6.949, de 25 de agosto de 2009, data de início de sua vigência no plano interno.*
>
> *§ 1º A avaliação da deficiência, quando necessária, será biopsicossocial, realizada por equipe multiprofissional e interdisciplinar e considerará:*
>
> *I – os impedimentos nas funções e nas estruturas do corpo;*
>
> *II – os fatores socioambientais, psicológicos e pessoais;*
>
> *III – a limitação no desempenho de atividades; e*
>
> *IV – a restrição de participação.*
>
> ***Art. 6º*** *A deficiência não afeta a plena capacidade civil da pessoa, inclusive para:*
>
> *I – casar-se e constituir união estável;*
>
> *II – exercer direitos sexuais e reprodutivos;*
>
> *III – exercer o direito de decidir sobre o número de filhos e de ter acesso a informações adequadas sobre reprodução e planejamento familiar;*
>
> *IV – conservar sua fertilidade, sendo vedada a esterilização compulsória;*
>
> *V – exercer o direito à família e à convivência familiar e comunitária; e*
>
> *VI – exercer o direito à guarda, à tutela, à curatela e à adoção, como adotante ou adotando, em igualdade de oportunidades com as demais pessoas.*
>
> ***Art. 7º*** *É dever de todos comunicar à autoridade competente qualquer forma de ameaça ou de violação aos direitos da pessoa com deficiência.*
>
> ***Do Atendimento Prioritário***
>
> ***Art. 9º*** *A pessoa com deficiência tem direito a receber atendimento prioritário, sobretudo com a finalidade de:*
>
> *I – proteção e socorro em quaisquer circunstâncias;*
>
> *II – atendimento em todas as instituições e serviços de atendimento ao público;*
>
> *III – disponibilização de recursos, tanto humanos quanto tecnológicos, que garantam atendimento em igualdade de condições com as demais pessoas;*

IV – disponibilização de pontos de parada, estações e terminais acessíveis de transporte coletivo de passageiros e garantia de segurança no embarque e no desembarque;

V – acesso a informações e disponibilização de recursos de comunicação acessíveis;

VI – recebimento de restituição de imposto de renda;

VII – tramitação processual e procedimentos judiciais e administrativos em que for parte ou interessada, em todos os atos e diligências.

São direitos fundamentais previstos no Estatuto os direitos:

- à vida;
- à habilitação e à reabilitação;
- à saúde;
- à educação;
- à moradia;
- ao trabalho (habilitação, reabilitação profissional e da inclusão ao trabalho);
- à assistência social;
- à previdência social;
- à cultura, ao esporte, ao turismo e ao lazer;
- ao transporte e a mobilidade;
- à acessibilidade;
- à participação na vida pública e política.

16 AGENDA 2030 E OS OBJETIVOS DE DESENVOLVIMENTO SUSTENTÁVEL

16.1 Agenda 2030

A Agenda 2030 é um plano de ação global que reúne 17 Objetivos de Desenvolvimento Sustentável (ODS) e 169 metas, criados para erradicar a pobreza e promover vida digna a todos, dentro das condições oferecidas pelo planeta e sem comprometer a qualidade de vida das próximas gerações. São objetivos e metas claras, para que todos os países adotem de acordo com suas próprias prioridades e atuem no espírito de uma parceria global que orienta as escolhas necessárias para melhorar a vida das pessoas, agora e no futuro.

Esse plano nasceu de um acordo firmado em setembro de 2015 pelos 193 Estados membros da Organização das Nações Unidas (ONU), com o compromisso de seguir as medidas recomendadas no documento "Transformando o Nosso Mundo: A Agenda 2030 para o Desenvolvimento Sustentável". Por meio dele, os países se comprometeram a tomar medidas ousadas e transformadoras para promover o desenvolvimento sustentável nos próximos 15 anos.

16.2 Objetivos de Desenvolvimento Sustentável (ODS)

Os 17 Objetivos são integrados, indivisíveis, e mesclam, de forma equilibrada, três dimensões do desenvolvimento sustentável: econômica, social e ambiental. São como uma lista de tarefas a serem cumpridas pelos governos, a sociedade civil, o setor privado e todos os cidadãos na jornada coletiva para um 2030 sustentável. Nos próximos anos de implementação da Agenda 2030, os ODS e suas metas irão estimular e apoiar ações em áreas de importância crucial para a humanidade: pessoas, planeta, prosperidade, paz e parcerias.

16.2.1 Objetivo 1 – Erradicação da pobreza: acabar com a pobreza em todas as suas formas, em todos os lugares

Em 2000, o mundo comprometeu-se em reduzir pela metade o número de pessoas vivendo em extrema pobreza e alcançou ganhos notáveis no desenvolvimento humano. Até 2015, a pobreza havia sido reduzida significativamente, o acesso ao ensino básico e os resultados da saúde melhoraram; também foram realizados progressos na promoção da igualdade de gênero e no empoderamento das mulheres e meninas. Contudo, com a pandemia do Covid-19, a pobreza elevou seus números e muitas pessoas passaram a viver abaixo da linha da miséria. Assim, a erradicação da pobreza extrema continua a ser um desafio a ser superado, com mais de 700 milhões de pessoas vivendo, globalmente, com menos de US$ 1,90 por dia e mais da metade da população global vivendo com menos de US$ 8,00 por dia.

Em um mundo confrontado pelos crescentes desafios para o desenvolvimento, a Agenda 2030 reconhece que a erradicação da pobreza, em todas as suas formas, é o maior desafio global para atingirmos o desenvolvimento sustentável. Por isso, a grande prioridade do desenvolvimento sustentável deve ser os mais pobres e vulneráveis: ninguém será deixado para trás!

16.2.2 Objetivo 2 – Fome zero e agricultura sustentável: acabar com a fome, alcançar a segurança alimentar e a melhoria da nutrição e promover a agricultura sustentável

Durante as duas últimas décadas, o rápido crescimento econômico e o desenvolvimento da agricultura foram responsáveis pela redução pela metade da proporção de pessoas subnutridas no mundo. Entretanto, com a pandemia da Covid-19, em 2020, o número de pessoas desnutridas no mundo subiu para 768 milhões, o equivalente a 10% da população mundial. O ODS 2 pretende acabar com todas as formas de fome e má-nutrição até 2030, de modo a garantir que todas as pessoas – especialmente as crianças – tenham acesso suficiente a alimentos nutritivos durante todos os anos.

Para alcançar este objetivo, é necessário promover práticas agrícolas sustentáveis, por meio do apoio à agricultura familiar, do acesso equitativo à terra, à tecnologia e ao mercado.

16.2.3 Objetivo 3 – Saúde e bem-estar: assegurar uma vida saudável e promover o bem-estar para todos, em todas as idades

Desde os Objetivos do Milênio (ODM) foram registrados progressos históricos na redução da mortalidade infantil, na melhoria da saúde materna e na luta contra o HIV/Aids, a tuberculose, a malária e outras doenças. Em 15 anos, o número de pessoas infectadas pelo HIV anualmente caiu de 3,1 milhões para 2 milhões e mais de 6,2 milhões de vidas foram salvas da malária.

Apesar do progresso, as doenças crônicas e aquelas resultantes de desastres continuam a ser os principais fatores que contribuem para a pobreza e para a privação dos mais vulneráveis. Atualmente, 63% de todas as mortes do mundo provêm de doenças não transmissíveis, principalmente cardiovasculares, respiratórias, câncer e diabetes. Estima-se que as perdas econômicas para os países de renda média e baixa provenientes destas doenças ultrapassaram US$ 7 trilhões até 2025.

Os ODS propõem metas integradas que abordam a promoção da saúde e bem-estar como essenciais ao fomento das capacidades humanas.

16.2.4 Objetivo 4 – Educação de qualidade: assegurar a educação inclusiva e equitativa de qualidade, e promover oportunidades de aprendizagem ao longo da vida para todos

Desde 2000, houve enorme progresso na promoção do acesso universal à educação primária para as crianças ao redor do mundo. Para além do foco na educação básica, todos os níveis de educação estão contemplados no objetivo de desenvolvimento sustentável 4, que enxerga como fundamental a promoção de uma educação inclusiva, igualitária e baseada nos princípios de direitos humanos e desenvolvimento sustentável. A promoção da capacitação e empoderamento dos indivíduos é o centro deste objetivo, que visa ampliar as oportunidades das pessoas mais vulneráveis no caminho do desenvolvimento.

16.2.5 Objetivo 5 – Igualdade de gênero: alcançar a igualdade de gênero e empoderar todas as mulheres e meninas

A igualdade de gênero não é apenas um direito humano fundamental, mas a base necessária para a construção de um mundo pacífico, próspero e sustentável. O esforço de alcance do ODS 5 é transversal à toda Agenda 2030 e reflete a crescente evidência de que a igualdade de gênero tem efeitos multiplicadores no desenvolvimento sustentável.

Muitos avanços em termos de assegurar melhores condições de vida a mulheres e meninas são um importante legado dos ODM. Os Objetivos de Desenvolvimento Sustentável visam intensificar estas realizações, não apenas nas áreas de saúde, educação e trabalho, mas especialmente no combate às discriminações e violências baseadas no gênero e na promoção do empoderamento de mulheres e meninas para que possam atuar enfaticamente na promoção do desenvolvimento sustentável, por meio da participação na política, na economia, e em diversas áreas de tomada de decisão.

O desenvolvimento sustentável não será alcançado se as barreiras tangíveis e intangíveis que impedem o pleno desenvolvimento e exercício das capacidades de metade da população não forem eliminadas.

16.2.6 Objetivo 6 – Água potável e saneamento: assegurar a disponibilidade e a gestão sustentável da água e saneamento para todos

A água está no centro do desenvolvimento sustentável e das suas três dimensões – ambiental, econômica e social. Os recursos hídricos, bem como os serviços a eles associados, sustentam os esforços de erradicação da pobreza, de crescimento econômico e da sustentabilidade ambiental. O acesso à água e ao saneamento importa para todos os aspectos da dignidade humana: da segurança alimentar e energética à saúde humana e ambiental.

A escassez de água afeta mais de 40% da população mundial, número que deverá subir ainda mais como resultado da mudança do clima e da gestão inadequada dos recursos naturais. É possível trilhar um novo caminho que nos leve à realização deste objetivo, por meio da cooperação internacional, proteção às nascentes, rios e bacias e compartilhamento de tecnologias de tratamento de água.

16.2.7 Objetivo 7 – Energia acessível e limpa: assegurar o acesso confiável, sustentável, moderno e a preço acessível à energia para todos

De 2000 a 2013, mais de 5% da população mundial obteve acesso à eletricidade (de 79,313% para 84,58%). A partir disso, a tendência tem sido aumentar a demanda por energia barata. Contudo, combustíveis fósseis e suas emissões de gases de efeito estufa provocam mudanças drásticas no clima. Atender às necessidades da economia e proteger o meio ambiente é um dos grandes desafios para o desenvolvimento sustentável. Nesse sentido, o ODS 7 reconhece a importância e traça metas focadas na transição energética, de fontes não renováveis e poluidoras, para fontes renováveis limpas, com especial atenção às necessidades das pessoas e países em situação de maior vulnerabilidade.

16.2.8 Objetivo 8 – Trabalho decente e crescimento econômico: promover o crescimento econômico sustentado, inclusivo e sustentável, o emprego pleno e produtivo e o trabalho decente para todos

No longo prazo, a desigualdade de renda e de oportunidades prejudica o crescimento econômico e o alcance do desenvolvimento sustentável. Os mais vulneráveis, muitas vezes, têm menores expectativas de vida e apresentam dificuldades de se libertarem de um círculo vicioso de insucesso escolar, baixas qualificações e poucas perspectivas de empregos de qualidade.

A revitalização econômica contribui para criar melhores condições para a estabilidade e a sustentabilidade do país. É possível promover políticas que incentivem o empreendedorismo e a criação de empregos de forma sustentável e inclusiva. O ODS 8 reconhece a urgência de erradicar o trabalho forçado e formas análogas ao do trabalho escravo, bem como o tráfico de seres humanos, de modo a garantir a todos e todas o alcance pleno de seu potencial e capacidades.

16.2.9 Objetivo 9 – Indústria, inovação e infraestrutura: construir infraestruturas resilientes, promover a industrialização inclusiva e sustentável e fomentar a inovação

Investimentos em infraestrutura e em inovação são condições básicas para o crescimento econômico e para o desenvolvimento das nações. Garantir uma rede de transporte público e infraestrutura urbana de qualidade são condições necessárias para o desenvolvimento sustentável. Por meio da promoção de eficiência energética e inclusão social, o progresso tecnológico é também uma das chaves para as soluções dos desafios econômicos e ambientais. Garantir a igualdade de acesso a tecnologias é crucial para promover a informação e conhecimento para todos. O ODS 9 lista metas que visam à construção de estruturas resilientes e modernas, ao fortalecimento industrial de forma eficiente, ao fomento da inovação, com valorização das micro e pequena empresas e inclusão dos mais vulneráveis aos sistemas financeiros e produtivos.

16.2.10 Objetivo 10 – Redução das desigualdades: reduzir a desigualdade dentro dos países e entre eles.

O mundo é mais desigual hoje do que em qualquer momento da história desde 1940. A desigualdade de renda e na distribuição da riqueza dentro dos países tem disparado, incapacitando os esforços de alcance dos resultados do desenvolvimento e de expansão das oportunidades e habilidades das pessoas, especialmente dos mais vulneráveis.

A desigualdade é um problema global que requer soluções integradas. A visão estratégica deste objetivo se constrói sob o objetivo da erradicação da pobreza em todas suas dimensões, na redução das desigualdades socioeconômicas e no combate às discriminações de todos os tipos.

Seu alcance depende de todos os setores na busca pela promoção de oportunidades para as pessoas mais excluídas no caminho do desenvolvimento. Foco importante do ODS 10 é o desafio contemporâneo das migrações e fluxos de pessoas deslocadas entre países e regiões devido a conflitos, eventos climáticos extremos ou perseguições de quaisquer tipos. O alcance de suas metas é estruturante para a realização de todos os outros 16 Objetivos de Desenvolvimento Sustentável.

16.2.11 Objetivo 11 – Cidades e comunidades sustentáveis: tornar as cidades e os assentamentos humanos inclusivos, seguros, resilientes e sustentáveis

Em 2014, 54% da população mundial vivia em áreas urbanas, com projeção de crescimento para 66% em 2050. Em 2030, são estimadas 41 megalópoles com mais de 10 milhões de habitantes. Considerando que a pobreza extrema muitas vezes se concentra nestes espaços urbanos, as desigualdades sociais acabam sendo mais acentuadas e a violência se torna uma consequência das discrepâncias no acesso pleno à cidade. Transformar significativamente a construção e a gestão dos espaços urbanos é essencial para que o desenvolvimento sustentável seja alcançado. Temas intrinsecamente relacionados à urbanização, como mobilidade, gestão de resíduos sólidos e saneamento, estão incluídos nas metas do ODS 11, bem como o planejamento e aumento de resiliência dos assentamentos humanos, levando em conta as necessidades diferenciadas das áreas rurais, periurbanas e urbanas. O objetivo 11 está alinhado à Nova Agenda Urbana, acordada em outubro de 2016, durante a III Conferência das Nações Unidas sobre Moradia e Desenvolvimento Urbano Sustentável.

16.2.12 Objetivo 12 – Consumo e produção responsáveis: assegurar padrões de produção e de consumo sustentáveis

Para alcançar as metas deste ODS, a mudança nos padrões de consumo e produção se configuram como medidas indispensáveis na redução da pegada ecológica sobre o meio ambiente. Essas medidas são a base do desenvolvimento econômico e social sustentável. As metas do ODS 12 visam à promoção da eficiência do uso de recursos energéticos e naturais, da infraestrutura sustentável, do acesso a serviços básicos. Além disso, o objetivo prioriza a informação, a gestão coordenada, a transparência e a responsabilização dos atores consumidores de recursos naturais como ferramentas chave para o alcance de padrões mais sustentáveis de produção e consumo.

16.2.13 Objetivo 13 – Ação contra a mudança global do clima: tomar medidas urgentes para combater a mudança do clima e os seus impactos

A mudança do clima é um evento transnacional, cujos impactos estão desregulando economias nacionais e afetando pessoas em todos os lugares, principalmente aquelas em situação de maior vulnerabilidade nos países em desenvolvimento. Sem a ação imediata frente à mudança do clima, a temperatura terrestre está projetada para aumentar mais de 3°C até o final do século XXI. Uma das metas para esse objetivo é mobilizar 100 milhões de dólares por ano até 2020 para ajudar os países em desenvolvimento no plano de mitigação de desastres relacionados ao clima. O estabelecimento do ODS 13 apenas para lidar com a questão do clima é encarado como estratégico para a mobilização dos atores capazes de promover as mudanças necessárias para impedir estas projeções de se tornarem realidade.

16.2.14 Objetivo 14 – Vida na água: conservar e promover o uso sustentável dos oceanos, dos mares e dos recursos marinhos para o desenvolvimento sustentável

Os oceanos tornam a vida humana possível por meio da provisão de segurança alimentar, transporte, fornecimento de energia, turismo, dentre outros. Além disso, por meio da regulação da sua temperatura, química, correntes e formas de vida, os oceanos regulam muitos dos serviços ecossistêmicos mais críticos do planeta, como ciclo do carbono e nitrogênio, regulação do clima e produção de oxigênio. Além, os oceanos representam aproximadamente US$ 3 trilhões da economia global por ano, ou 5% do PIB global.

Cerca de 40% dos oceanos estão sendo afetados incisiva e diretamente por atividades humanas, como poluição e pesca predatória, o que resulta, principalmente, em perda de habitat, introdução de espécies invasoras e acidificação. Nosso lixo também ajuda na degradação dos oceanos – há 13.000 pedaços de lixo plástico em cada quilômetro quadrado. É frente a esses desafios que os Objetivos de Desenvolvimento Sustentável indicam metas para gerenciar e proteger a vida na água.

16.2.15 Objetivo 15 – Vida terrestre: proteger, recuperar e promover o uso sustentável dos ecossistemas terrestres, gerir de forma sustentável as florestas, combater a desertificação, deter e reverter a degradação da terra e deter a perda

Os seres humanos e outros animais dependem da natureza para terem alimento, ar puro, água limpa e como um meio de combate à mudança do clima. As florestas, que cobrem 30% da superfície da Terra, ajudam a manter o ar e a água limpa e o clima da Terra em equilíbrio – além disso, são o lar de milhões de espécies. Promover o manejo sustentável das florestas, o combate à desertificação, parar e reverter a degradação da terra e interromper o processo de perda de biodiversidade são algumas das metas promovidas pelo ODS 15. Usar sustentavelmente os recursos naturais em cadeias produtivas e em atividades de subsistência de comunidades, e integrá-los em políticas públicas é tarefa central para se atingir estas metas e promover todos os outros ODS.

16.2.16 Objetivo 16 – Paz, justiça e instituições eficazes: promover sociedades pacíficas e inclusivas para desenvolvimento sustentável, proporcionar o acesso à justiça para todos e construir instituições eficazes, responsáveis e inclusivas em todos os níveis

Promover instituições fortes, inclusivas e transparentes, a manutenção da paz e o respeito aos direitos humanos baseados no Estado de direito são a base para o desenvolvimento humano sustentável. Estes são alguns dos princípios que sustentam as metas do ODS 16, que também inclui temas sensíveis, como o combate à exploração sexual, ao tráfico de pessoas e à tortura. Outros temas incluídos nas metas do ODS 16 são o enfrentamento à corrupção, ao terrorismo e a práticas criminosas, especialmente aquelas que ferem os direitos humanos.

16.2.17 Objetivo 17 – Parcerias e meios de implementação: fortalecer os meios de implementação e revitalizar a parceria global para o desenvolvimento sustentável.

Os ODS só serão realizados mediante um compromisso renovado de cooperação entre a comunidade internacional e uma parceria global ampla que inclua todos os setores interessados e as pessoas afetadas pelos processos de desenvolvimento. Os meios de implementação e as parcerias para o desenvolvimento sustentável são vitais para o crescimento sustentado e para o desenvolvimento sustentável das nações. O ODS 17 propõe o caminho para a realização efetiva da Agenda 2030 por todos os países, e a coordenação de esforços na arena internacional é essencial para isso. A Cooperação Sul-Sul e triangular, a transferência de tecnologia, o intercâmbio de dados e capital humano, bem como a assistência oficial ao desenvolvimento são alguns dos principais meios para o alcance dos ODS.

Para conhecer a Agenda 2030, acesse: http://www.agenda2030.org.br/.

17 IMPACTOS SOCIAIS E ECONÔMICOS DE GRANDES EMPREENDIMENTOS

17.1 Desenvolvimento sustentável

O conceito de desenvolvimento sustentável tem dimensões ambientais, econômicas, sociais, políticas e culturais, o que necessariamente traduz várias preocupações: com o presente e o futuro das pessoas, com a produção e o consumo de bens e serviços; com as necessidades básicas de subsistência, com os recursos naturais e o equilíbrio ecossistêmico; com as práticas decisórias e a distribuição do poder e com os valores pessoais e a cultura.

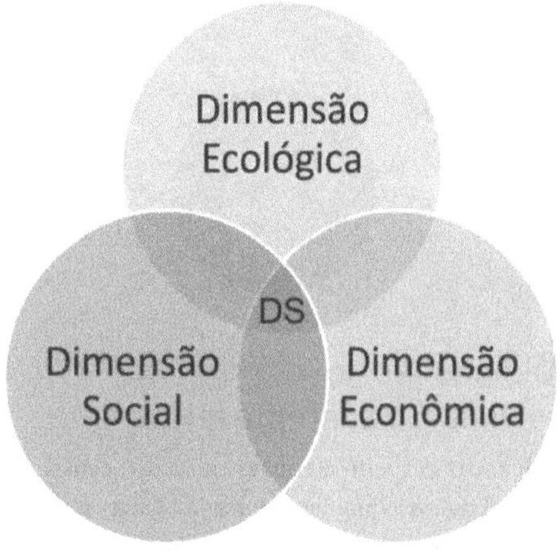

O conceito, portanto, é abrangente e integral, não admitindo ser reduzido apenas à dimensão ambiental e, necessariamente, deve ser flexível o bastante para se adaptar a diferentes formações sociais e realidades históricas. Isso significa que o que pode ser sustentável nos países desenvolvidos da pós-modernidade globalizada não é necessariamente para os países dependentes economicamente e pobres.

Para estes, a sustentabilidade é um conceito centrado no respeito à vida, o que em outras palavras significa reduzir a pobreza, promover a satisfação das necessidades básicas e resgatar a equidade através do estabelecimento de uma forma de governar capaz de garantir a participação social nas decisões essenciais para os países.

17.1.1 Objetivos do desenvolvimento sustentável

De acordo com a ideia de sustentabilidade, o desenvolvimento engloba não apenas a economia, mas também a qualidade de vida, a distribuição de riquezas, o uso consciente de recursos, o fortalecimento das instituições democráticas e a educação de qualidade.

O desenvolvimento sustentável preocupa-se com a qualidade do crescimento econômico, e não com a quantidade e a rapidez desse crescimento, pois compreende que um crescimento predatório é limitado, causando mais prejuízos do que benefícios à população. A solução para as divergências do Desenvolvimento Sustentável envolve a necessidade de pensar em aspectos partindo de ferramentas interdisciplinares, tendo uma visão holística do sistema, a fim de enxergar o problema por meio de questões sistêmicas e empregar ideias de meio ambiente e desenvolvimento.

É importante entender que as crises têm uma origem comum correlacionada e, para solucionar possíveis problemas é necessário visualizar a relação em todas as dimensões, e não apenas o ponto focal problemático.

17.1.2 Dimensões do desenvolvimento sustentável

Ecológica: diz respeito à conservação dos ecossistemas e pelo manejo racional do meio ambiente e recursos naturais.

Econômica: trata das atividades produtivas razoavelmente rentáveis preocupadas mais com a qualidade de vida do que com a quantidade da produção, que tenham relativa permanência no tempo.

Social: diz respeito aos valores culturais, às relações sociais e às expectativas da sociedade, partindo-se da ideia de que o desenvolvimento deve melhorar a qualidade de vida da população.

No caso de países com desigualdade e exclusão social, implica a adoção de políticas distributivas e a universalização de atendimento a questões como saúde, educação, habitação e seguridade social, entre outras.

Política: tratando de questões como democracia, alternância de poder, voto direto por escrutínio secreto, liberdade de imprensa, independência dos poderes, ampla discussão de políticas públicas, liberdade de expressão e organização etc.

Cultural: respeito às diversas manifestações culturais, valorização da cultura popular e folclore, incentivo à manifestação e acesso à cultura etc.

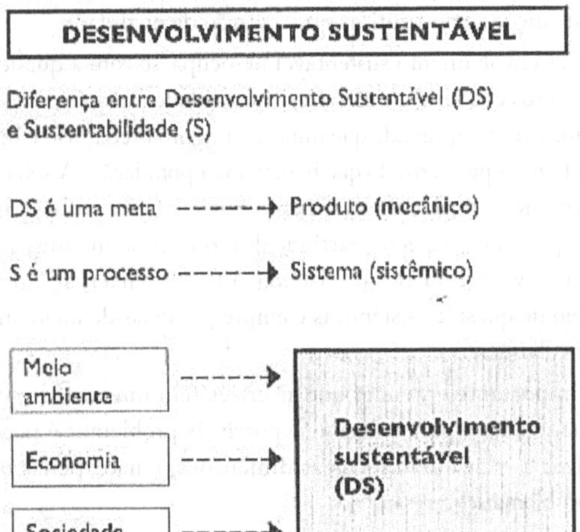

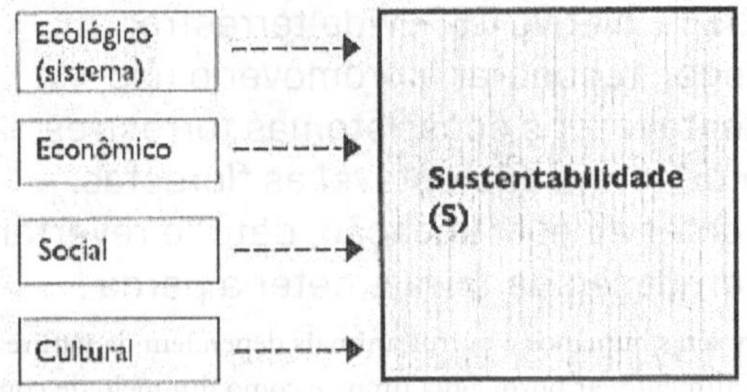

17.1.3 Ferramentas de Avaliação de Desenvolvimento Sustentável

Com o desenvolvimento das Agendas 21, foram criadas ferramentas para avaliar o Desenvolvimento Sustentável em diferentes escalas. As avaliações mais conhecidas são:

- Índice Planeta Vivo;
- Pegada Ecológica;
- IDH;
- FIB;
- Índice do Planeta Feliz;
- PIB etc.

17.1.4 Índice Planeta Vivo

O Índice Planeta Vivo é um indicador da saúde dos ecossistemas do planeta, visando trabalhar exclusivamente com questões naturais, medindo a perda de biodiversidade e de extinção de espécies a nível global.

17.1.5 Pegada Ecológica

A Pegada Ecológica é o índice de sustentabilidade ambiental que trabalha com a estimativa de impacto gerado por uma pessoa, cidade ou país, levando em consideração o uso de espaço, recursos consumidos, poluição gerada etc.

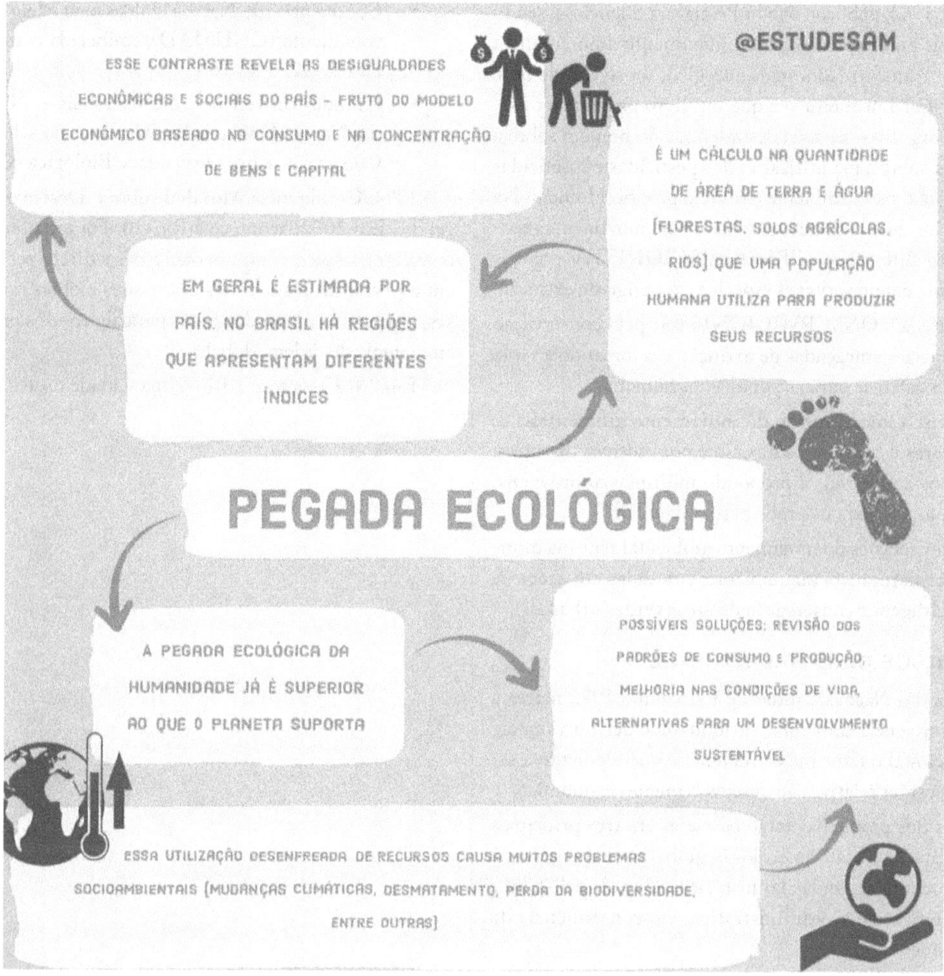

17.1.6 Felicidade Interna Bruta (Fib)

O FIB (Felicidade Interna Bruta) é um índice bastante discutido hoje em dia, uma vez que traz uma visão bastante diferenciada do mundo. Criado em 1972, no Butão, foi uma resposta às críticas de que a economia do país era miserável e que a qualidade de vida era ruim, pois o PIB e os níveis sociais eram baixos. O FIB então criado mostra o desenvolvimento espiritual e o material de forma simultânea.

17.1.7 Índice do Planeta Feliz

O Índice do Planeta Feliz é um índice criado pela Ong New Economics Foundation em 2006, é uma ferramenta consolidada e com uma maior visibilidade que apresenta como o país converte os seus recursos em qualidade de vida.

18 HISTÓRICO DA LUTA AMBIENTAL E DO DESENVOLVIMENTO SUSTENTÁVEL

À medida que a humanidade aumenta sua capacidade de intervir na natureza com objetivo de satisfazer as necessidades e desejos crescentes, aparecem as tensões e conflitos quanto ao uso do espaço e dos recursos naturais. Em 1869 Ernst Haeckel propõe o vocábulo "ecologia" para os estudos das relações entre as espécies e seu ambiente.

1872, Nos Estados Unidos, é criado o primeiro parque nacional do mundo "Yellowstone" e no Brasil ocorre em 1939 – Parque Nacional do Iguaçu. Em 1934, no Brasil, surgiu o primeiro Código Florestal. A legislação visava impedir os efeitos sociais e políticos negativos causados pelo aumento do preço ou – pior – pela falta da lenha, obrigando os donos de terras a manterem 25% da área de seus imóveis com a cobertura de mata original.

A lei também demonstrava viés de preservação ambiental, ao criar a figura das florestas protetoras, para garantir a saúde de rios e lagos e áreas de risco (encostas íngremes e dunas).

1947 Funda-se na Suíça a UICN- União Internacional para a Conservação da Natureza.

E partir da década de 60, intensificou-se a percepção de que a humanidade caminhava aceleradamente para o esgotamento ou a inviabilização de recursos indispensáveis à sua própria sobrevivência.

Assim, a segunda metade do século XX é marcada pela emergência da discussão ampla da questão ambiental. Nesse momento, é crescente degradação do ambiente e a escassez de certos recursos naturais, colocando o tema da conservação da natureza no núcleo das discussões e debate público.

Rachel Carson, 1962, publicou o livro Primavera Silenciosa, sendo um dos responsáveis pela explosão de um movimento ambientalista radical, totalmente transformado, mais enérgico, sensível e de base social mais ampla. Foi a primeira vez que um livro provou cientificamente os efeitos negativos da ação desordenada do homem sobre a natureza, um alerta sobre a má utilização dos pesticidas e inseticidas e seus impactos sobre o meio ambiente e sobre o próprio Homem. Na década de 60 cidadãos do mundo se organizaram em movimentos ecológicos com posições diferentes: a PRESERVACIONISTA, preocupados exclusivamente em preservar as espécies em perigo de extinção.

A outra vertente, a CONSERVACIONISTA, pela conservação dos habitats das espécies ameaçadas de extinção e reforçando a visão de proveito dos ecossistemas para as populações humanas.

Não há um marco inicial nítido do movimento ambientalista, emergindo em lugares e em tempos diverso e por motivos distintos, com muitos dialetos ambientais e propondo múltiplas abordagens, epistemologias e soluções para os problemas ambientais.

As primeiras concepções do movimento ambiental têm sua motivação em uma visão naturalista do ambiente, colocadas em ações de proteção da vida selvagem e conservação de áreas verdes urbanas.

18.1.1 Os marcos mais importantes

A Conferência das Nações Unidas de Estocolmo 1972 marca a consolidação da consciência ambiental, introduzindo definitivamente na agenda internacional o fator meio ambiente como elemento a ser considerado nas questões relativas ao desenvolvimento econômico.

As abordagens dos problemas estão baseadas em três principais vertentes: a primeira na noção de ecologia global, que questiona a própria estrutura social; a segunda alarmista, influenciada pelo Clube de Roma; e a terceira técnico-administrativa, em consequência da Conferência de Estocolmo.

Em 1981 o Brasil institui a Política Nacional do Meio Ambiente por meio da Lei nº 6.938/81 que dispõe sobre a Política Nacional do Meio Ambiente e institui o Sistema Nacional do Meio Ambiente, seus fins e mecanismos de formação e aplicação, e dá outras providências.

A Comissão Mundial sobre o Meio Ambiente e Desenvolvimento (CMMAD), 1983, conhecida como a Comissão Brundtland, foi designada para realizar audiências ao redor do mundo e produzir relatório formal com suas conclusões.

O relatório final da Comissão - "Nosso Futuro Comum" (Our Common Future), propôs o conceito de desenvolvimento sustentável como sendo "o desenvolvimento que atende às necessidades das gerações presentes sem comprometer a capacidade de gerações futuras de suprir suas próprias necessidades", tornando-se parte do vocabulário ambiental.

Em 1989 é criado o Painel Intergovernamental de Mudanças Climáticas (IPCC, em inglês) composto por três grupos de trabalho aplicados na avaliação científica das mudanças climáticas, nos impactos ambientais e socioeconômicos e estratégias de resposta, antecipando os diferentes desafios a serem enfrentados pela população mundial no início da última década do milênio.

A década de 1990 é marcada pela busca por uma melhor compreensão sobre o conceito e o significado do desenvolvimento sustentável, paralelamente às tendências crescentes em direção à globalização, especialmente no que diz respeito ao comércio e à tecnologia.

Marcos importantes a partir de então:

- Conferência das Nações Unidas para Meio Ambiente e Desenvolvimento (CNUMAD), conhecida como Cúpula da Terra, ou Rio-92.
- Grandes convenções internacionais – a Convenção-Quadro das Nações Unidas sobre Mudança do Clima (UNFCCC) e a Convenção sobre Diversidade Biológica (CDB);

1994: Conferência Mundial sobre o Desenvolvimento Sustentável dos Em 2002: acontece a Rio+10. Foi uma tentativa da ONU de reavaliar e implementar as conclusões e diretrizes obtidas na Rio-92, em especial de avançar nas discussões e obter metas mais ambiciosas, específicas e bem definidas para alguns dos principais problemas ambientais de ordem global.

Em 2012 acontece a Rio+20na Cidade do Rio de Janeiro.

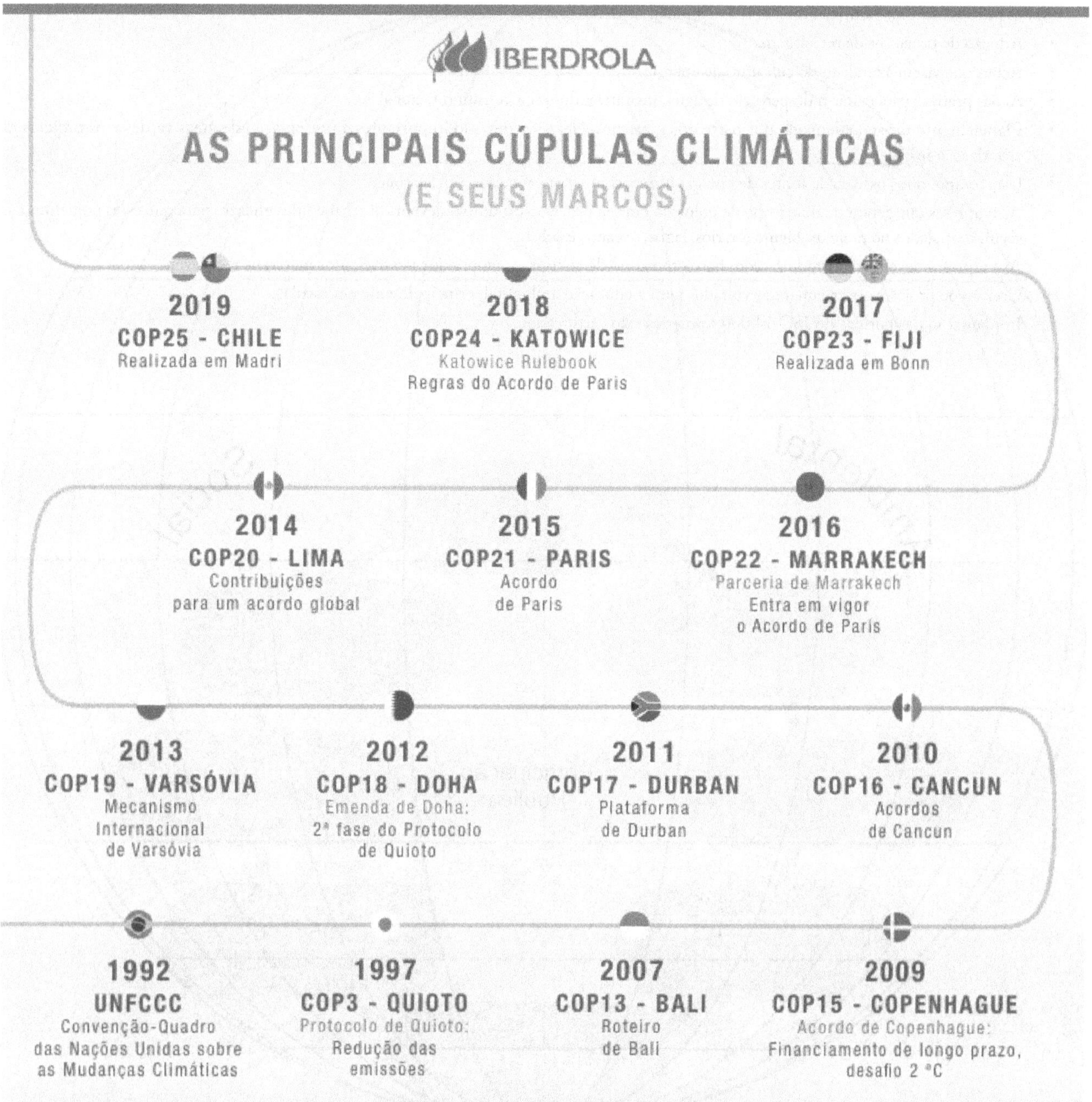

https://www.canaleducacao.tv/images/slides/42799_e1968b87507c9e8cafe31bb0f1e28efd.pdf

19 POLÍTICA AMBIENTAL

Política Ambiental é um conjunto de ações ordenadas e práticas tomadas por empresas e governos com o propósito de preservar o meio ambiente e garantir o desenvolvimento sustentável do planeta. Essa política ambiental deve ser norteada por princípios e valores ambientais que levem em consideração a sustentabilidade.

19.1 Importância

Atualmente, quase todos os governos e grandes empresas possuem políticas ambientais. Além de mostrar para os cidadãos e consumidores quais são os princípios ambientais seguidos, as políticas ambientais servem para minimizar os impactos ambientais gerados pelo crescimento econômico e urbano.

Essas políticas são, portanto, importantes instrumentos para a garantia de um futuro com desenvolvimento e preservação ambiental. São também fundamentais para o combate ao aquecimento global do planeta (verificado nas últimas décadas), redução significativa da poluição ambiental (ar, rios, solo e oceanos) e melhoria na qualidade de vida das pessoas (principalmente dos grandes centros urbanos).

Ações práticas de uma política ambiental (exemplos):

- Adoção de processos de reciclagem.
- Ações que visem à redução do consumo de energia.
- Ações práticas para evitar o desperdício de água, incentivando o seu consumo racional.
- Planejamento urbano adequado por parte dos governos. Nestas ações, são importantes a preservação de áreas verdes e os projetos de arborização urbana.
- Uso, sempre que possível, de fontes de energia limpa, como, por exemplo, eólica e solar.
- As empresas que geram qualquer tipo de poluição em seu processo produtivo devem adotar medidas eficazes para que estes poluentes não sejam despejados no meio ambiente (ar, rios, lagos, oceanos e solo).
- As empresas devem criar produtos com baixo consumo de energia e, sempre que possível, usar materiais recicláveis.
- Criação de projetos governamentais voltados para a educação ambiental, principalmente em escolas.
- Implantação das normas do ISO 14.000 e obtenção do certificado.

Fonte: https://upload.wikimedia.org/wikipedia/commons/thumb/2/2d/Processo_planejamento.jpg/1200px-Processo_planejamento.jpg.

19.2 Principais leis de proteção ambiental no Brasil

Novo Código Florestal Brasileiro – Lei nº 4.771/65 (ano 1965): promulgada durante o segundo ano do governo militar, estabeleceu que as florestas existentes no território nacional e as demais formas de vegetação são bens de interesse comum a todos os habitantes do País.

Política Nacional do Meio Ambiente – Lei nº 6.938/81 (ano 1981): tornou obrigatório o licenciamento ambiental para atividades ou empreendimentos que possam degradar o meio ambiente. Aumentou a fiscalização e criou regras mais rígidas para atividades de mineração, construção de rodovias, exploração de madeira e construção de hidrelétricas.

Lei de Crimes Ambientais – Decreto nº 3.179/99 (ano 1999): instituiu punições administrativas e penais para pessoas ou empresas que agem de forma a degradar a natureza. Atos como poluição da água, corte ilegal de árvores, morte de animais silvestres tornaram-se crimes ambientais.

Sistema Nacional de Unidades de Conservação da Natureza (Sunc) – Lei nº 9.985/2000 (ano 2000): definiu critérios e normas para a criação e funcionamento das Unidades de Conservação Ambiental.

Lei de Biossegurança – Lei nº 11.105 (ano 2005): estabeleceu sistemas de fiscalização sobre as diversas atividades que envolvem organismos modificados geneticamente.

Lei de Gestão de Florestas Públicas – Lei nº 11.284/2006 (ano 2006): normatizou o sistema de gestão florestal em áreas públicas e criou um órgão regulador (Serviço Florestal Brasileiro). Essa lei criou também o Fundo de Desenvolvimento Florestal.

Quadro 1 - Critérios para avaliar instrumentos de políticas ambientais

Critérios gerais	Relevância	As metas cobrem os problemas ambientais-chave?
	Impacto	É possível identificar impactos que são claramente devidos aos instrumentos da política e sua implementação?
	Eficácia	Em que grau os resultados atingidos correspondem às metas pretendidas?
	Persistência	Os efeitos sobre o estado do meio ambiente são duradouros?
	Flexibilidade	Pode o instrumento superar mudanças de cenário?
Critérios econômicos	Eficiência (custo/benefício)	Os benefícios valem os custos? (Em termos monetários).
	Eficiência (custo /efetividade)	Os resultados justificam os recursos usados? (Em termos não monetários).
Critérios relativos à democracia	Legitimidade	Em que grau indivíduos e organizações, como organizações não governamentais, grupos de interesse, empresas, aceitam o instrumento?
	Transparência	Em que grau os produtos e resultados, bem como os processos usados na implementação são acessíveis para o público externo?
	Equidade	Como os resultados e custos são distribuídos? Todos os participantes têm oportunidades iguais de participar e influenciar o processo usado pela administração?

Fonte: MICKWITZ, 2003.

Fonte: https://minio.scielo.br/documentstore/1984-0470/sWWqJT8yxhbJzDdwQ6K365c/3301520c155d8e117bfbd9e01ad60f11937bf018.jpg.

20 O PAPEL DA INOVAÇÃO TECNOLÓGICA NO DESENVOLVIMENTO

20.1 Tecnologias Sustentáveis

As tecnologias sustentáveis são inovações que priorizam um novo olhar global para o meio ambiente, com o objetivo de impulsionar discussões e prestar atenção no impacto dos aspectos tecnológicos que mudam o mundo.

É agregar todo o conhecimento e aplicar priorizando a sustentabilidade.

É ter responsabilidade com as questões ecológicas no meio em que vivemos e promover discussões globais sobre as consequências do que vem ocorrendo no mundo.

Diante do quadro de mudanças climáticas globais – sobretudo as advindas do agravamento do efeito estufa –, há a necessidade de redução/eliminação do consumo de combustíveis fósseis, redução do desflorestamento e uso de energias mais limpas e renováveis.

20.2 Mudanças Climáticas

O desenvolvimento de energia limpa é vital para combater as mudanças climáticas e limitar seus efeitos mais devastadores. 2014 foi o ano mais quente já registrado. A temperatura da Terra aumentou em média 0,85°C desde o final do século XIX, afirma National Geographic em sua edição especial de novembro 2015 sobre as alterações climáticas.

Enquanto isso, cerca de 1,1 bilhão de habitantes (17% da população mundial) não têm acesso à eletricidade.

Igualmente, 2,7 bilhões de pessoas (38% da população) usam biomassa convencional para cozinhar, aquecer e iluminar suas casas – com sérios riscos à sua saúde.

Disponível em: https://www.iberdrola.com/documents/20125/40258/Infografico_Efeitos_Mudanca_Climatica.jpg/29da30bc-1b6f-dca3-6466-20b759842043?t=1627033235822. Acesso em: 28 out. 2021.

Atualmente, a maioria dos países (incluindo o Brasil) depende dos combustíveis fósseis, em diferentes porcentagens, para geração de energia. No entanto, esses combustíveis não são renováveis, isto é, utilizam recursos finitos. Em contraste, os muitos tipos de recursos de energia renovável – como a energia eólica e solar – são constantemente reabastecidos e nunca se esgotam.

O que é energia renovável?

Podemos definir como energia renovável aquela energia que é obtida de fontes naturais capazes de se regenerar e, portanto, virtualmente inesgotáveis; ao contrário dos recursos não renováveis.

São conhecidas pela imensa quantidade de energia que contêm, e porque são capazes de se regenerar por meios naturais.

20.3 Tipos de Energias Renováveis

- Energia eólica: a energia obtida do vento;
- Energia solar: a energia obtida do sol. As principais tecnologias aqui são solar fotovoltaica (usando a luz do sol) e solar térmica (usando o calor do sol);
- Energia hidráulica ou hidroelétrica: energia obtida de rios e outras correntes de água doce;
- Biomassa e biogás: energia extraída de material orgânico;
- Energia geotérmica: energia térmica de dentro da Terra;
- Energia maremotriz: energia obtida das marés;
- Energia do hidrogênio: energia obtida da combinação do hidrogênio com o oxigênio, produzindo vapor de água e libertando energia que é convertida em eletricidade.

20.4 Por que a energia renovável é importante?

Elas diferem dos combustíveis fósseis principalmente em sua diversidade, abundância e potencial para uso em qualquer lugar do planeta, mas acima de tudo porque não produzem gases de efeito estufa – que causam mudanças climáticas – e poluem menos o meio ambiente.

- Seus custos também estão caindo, enquanto a tendência geral de custo para os combustíveis fósseis é na direção oposta, apesar de sua volatilidade atual.
- Vantagens das energias renováveis:
- As energias renováveis não ou pouco emitem gases de efeito estufa nos processos de geração de energia, tornando-se uma solução mais limpa e viável para evitar a degradação ambiental;
- Inesgotável;
- Economia;
- Geração de empregos;
- Criação de novas tecnologias;
- Desenvolvimento econômico;
- Menor impacto ambiental.

20.4.1 A tecnologia contribui PARA:

- Exploração de novas fontes energéticas renováveis;
- Redução de custos;
- Maior aproveitamento das fontes;
- Integração de fontes e sistemas;
- Democratização de acesso à energia etc.

ÉTICA E INTEGRIDADE

1 ÉTICA NO SERVIÇO PÚBLICO

Nesta unidade, trabalharemos o seguinte conteúdo: ética e moral; ética, princípios e valores; ética e democracia: exercício da cidadania; ética e função pública; ética no setor público: Código de Ética Profissional do Serviço Público (Decreto nº 1.171/1994). Acrescentamos, ao final, o Decreto nº 6.029/2007, que revogou o Decreto nº 1.171/1994 em parte, e que, muito embora não seja mencionado no edital, tem sido cobrado.

O Código de Ética Profissional do Serviço Público (Decreto nº 1.171/1994) contempla essencialmente duas partes.

A primeira, dita de ordem substancial (fundamental), fala sobre os princípios morais e éticos a serem observados pelo servidor, e constitui o Capítulo I, que abrange as regras deontológicas (Seção I), os principais deveres do servidor público (Seção II), bem como as vedações (Seção III).

Já a segunda parte, de ordem formal, dispõe sobre a criação e funcionamento de Comissões de Ética, e constitui o Capítulo II, que trata das Comissões de Ética em todos os órgãos do Poder Executivo Federal (Exposição de Motivos nº 001/94-CE).

Este conteúdo, referente ao Código de Ética Profissional do Serviço Público, considerando os últimos conteúdos cobrados, é um dos mais relevantes e que mais deve ser estudado.

1.1 Ética e moral

1.1.1 Ética

A palavra "ética" vem do grego *ethos*, que significa "modo de ser" ou "caráter" (índole).

A ética é a parte da filosofia que estuda a moralidade das ações humanas, isto é, se são boas ou más. É uma reflexão crítica sobre a moralidade.

A ética faz parte do nosso dia a dia. Em todas as nossas ações e relações, em algum grau, utilizamos nossos valores éticos. Isso não quer dizer que o homem já nasça com consciência plena do que é bom ou mau. Essa consciência existe, mas se desenvolve a partir do relacionamento com o meio e do autodescobrimento.

De acordo com o autor espanhol, Adolfo Vázquez, a ética representa uma abordagem científica sobre as constantes morais, ou seja, refere-se àquele conjunto de valores e costumes mais ou menos permanente no tempo e no espaço. Em outras palavras, a ética é a ciência da moral, isto é, de uma esfera do comportamento humano.

A ética pode ser definida como a teoria ou a ciência do comportamento moral, que busca explicar, compreender, justificar e criticar a moral ou as morais de uma sociedade. Compete à ética chegar, por meio de investigações científicas, à explicação de determinadas realidades sociais, ou seja, ela investiga o sentido que o homem dá a suas ações para ser verdadeiramente feliz. A ética é, portanto, filosófica e científica.

Entretanto, a ética não é puramente teoria; é um conjunto de princípios e disposições voltados para a ação, historicamente produzidos, cujo objetivo é balizar (limitar) as ações humanas.

Todavia, segundo Vázquez, não cabe à ética formular juízos de valor sobre a prática moral de outras sociedades, ou de outras épocas, em nome de uma moral absoluta e universal, mas deve antes explicar a razão de ser desta pluralidade e das mudanças de moral; isto é, deve esclarecer o fato de os homens terem recorrido a práticas morais diferentes e até opostas.

Em um sentido mais amplo, a ética engloba um conjunto de regras e preceitos de ordem valorativa, que estão ligados à prática do bem e da justiça, aprovando ou desaprovando a ação dos homens de um grupo social ou de uma sociedade.

Em suma, a ética é um conjunto de normas que rege a boa conduta humana.

Para que uma conduta possa ser considerada ética, três elementos essenciais devem ser ponderados: a ação (ato moral), a intenção (finalidade), e as circunstâncias (consequências) do ato. Se um único desses três elementos não for bom, correto e certo, o comportamento não é ético.

A norma ética é aquela que prescreve como o homem deve agir. Possui, como uma de suas características, a possibilidade de ser violada, ao contrário da norma legal (lei).

A ética não deve ser confundida com a lei, embora, com certa frequência, a lei tenha como base princípios éticos. Ao contrário da lei, nenhum indivíduo pode ser compelido, pelo Estado ou por outros indivíduos, a cumprir as normas éticas, nem sofrer qualquer sanção pela desobediência a estas.

Para o autor Lázaro Lisboa, a ética tem por objeto o comportamento humano no interior de cada sociedade, e o estudo desse comportamento com o fim de estabelecer níveis aceitáveis que garantam a convivência pacífica dentro das sociedades e entre elas, constitui o objetivo da Ética.

O estudo da ética demonstra que a consciência moral nos inclina para o caminho da virtude, que seria uma qualidade própria da natureza humana. Logo, um homem para ser ético precisa necessariamente ser virtuoso, ou seja, praticar o bem usando a liberdade com responsabilidade constantemente.

Segundo a classificação de Eduardo Garcia Maýnez, são quatro as formas de manifestação do pensamento ético ocidental:

- Ética empírica.
- Ética dos bens.
- Ética formal.
- Ética de valores.

A ética empírica está dividida em:

Ética Anarquista: só tem valor o que não contraria as tendências naturais;

Ética Utilitarista: é bom o que é útil;

Ética Ceticista: não se pode dizer com certeza o que é certo ou errado, bom ou mau, pois ninguém jamais será capaz de desvendar os mistérios da natureza.

Ética Subjetivista: "o homem é a medida de todas as coisas existentes ou inexistentes" (Protágoras).

Já a ética dos bens divide-se em:

Ética Socrática: para Sócrates (469 - 399 a.C.), o supremo bem, a virtude máxima é a sabedoria. As duas máximas de Sócrates são: "Só sei que nada sei" e "Conhece-te a ti mesmo".

Ética Platônica: para Platão (427 - 347 a.C.), todos os fenômenos naturais são meros reflexos de formas eternas, imutáveis, sugerindo o "mundo das ideias".

Ética Aristotélica: para Aristóteles (384 - 322 a.C.), a felicidade só pode ser conseguida com a integração de suas três formas: prazer, virtude (cidadania responsável), sabedoria (filosofia/ciência).

Ética Epicurista: para Epicuro (341 - 270 a.C.), o bem supremo é a felicidade, a ser atingido por meio dos prazeres (eudaimonismo hedonista) e os do espírito são mais elevados que os do corpo. Seu objetivo maior era afastar a dor e os sofrimentos.

Ética Estoica: Zenão (300 a.C.) fundou esta filosofia que ensina a ética da virtude como fim: o estoico não aspira ser feliz, mas ser bom.

Para a ética formal, segundo Kant, uma ação é boa, tem valor, deve ser feita, se obedece ao "princípio categórico", que está baseado na ideia do dever (vale sempre e é uma ordem).

Por fim, para a ética de valores, uma ação é boa (e consequentemente é um dever) se estiver fundamentada em um valor.

1.1.2 Moral

Os romanos traduziram o ethos grego para o latim mos, de onde vem a palavra "moral".

O termo "moral", portanto, deriva do latim "mos" ou "mores", que significa "costume" ou "costumes".

A moral é definida como o conjunto de normas, princípios, preceitos, costumes, valores que norteiam o comportamento do indivíduo no seu grupo social. A moral é normativa.

Em outras palavras, a moral é um conjunto de regras de conduta adotadas pelos indivíduos de um grupo social e tem a finalidade de organizar as relações interpessoais segundo os valores do bem e do mal.

A moral é a "ferramenta" de trabalho da ética. Sem os juízos de valor aplicados pela moral seria impossível determinar se a ação do homem é boa ou má.

A moral ocupa-se basicamente de questões subjetivas, abstratas e de interesses particulares do indivíduo e da sociedade, relacionando-se com valores ou condutas sociais.

A moral possui, portanto, um caráter subjetivo, que faz com que ela seja influenciada por vários fatores, alterando, assim, os conceitos morais de um grupo para outro. Esses fatores podem ser sociais, históricos, geográficos etc. Observa-se, então, que a moral é dinâmica, ou seja, ela pode mudar seus juízos de valor de acordo com o contexto em que esteja inserida.

Sendo assim, para Vázquez a moral é mutável e varia historicamente, de acordo com o desenvolvimento de cada sociedade e, com ela, variam os seus princípios e as suas normas. Ela norteia os valores éticos na Administração Pública.

Aristóteles, em seu livro "A Política", assevera que "os pais sempre parecerão antiquados para os seus filhos". Essa afirmação demonstra que, na passagem de uma geração para outra, os valores morais mudam.

Para que um ato seja considerado moral, ou seja, bom, deve ser livre, consciente, intencional e solidário. O ato moral tem, em sua estrutura, dois importantes aspectos: o normativo e o factual. O normativo são as normas e imperativos que enunciam o "dever ser". Ex.: cumpra suas obrigações, não minta, não roube etc. O factual são os atos humanos que se realizam efetivamente, ou seja, é a aplicação da norma no dia a dia, no convívio social.

Apesar de se assemelharem, e mesmo por vezes se confundirem, ética e moral são termos aplicados diferentemente. Enquanto o primeiro trata o comportamento humano como objeto de estudo e normatização, procurando tomá-lo de forma mais abrangente possível, o segundo se ocupa de atribuir um valor à ação. Esse valor tem como referências as normas e conceitos do que vem a ser bom ou mau, baseados no senso comum.

No contexto da ação pública, ética e moral não são considerados termos sinônimos. Portanto, não devem ser confundidos.

Enquanto a ética é teórica e busca explicar e justificar os costumes de uma determinada sociedade, a moral é normativa. Enquanto a ética tem caráter científico, a moral tem caráter prático imediato, visto que é parte integrante da vida cotidiana das sociedades e dos indivíduos. A moral é a aplicação da ética no cotidiano, é a prática concreta. A moral, portanto, não é ciência, mas objeto da ciência; e, neste sentido, é por ela estudada e investigada.

1.2 Ética: princípios e valores

1.2.1 Princípios

Segundo o dicionário Houaiss, princípio pode ser considerado o primeiro momento da existência (de algo) ou de uma ação ou processo. Pode também ser definido como um conjunto de regras ou código de (boa) conduta, com base no qual se governa a própria vida e ações.

Dados esses conceitos, percebe-se que os princípios que regem a conduta em sociedade são aqueles conceitos ou regras que se aprendem por meio do convívio, passados de geração para geração.

Esses conhecimentos se originaram, em algum momento, no grupo social em que estão inseridos, convencionando-se que sua aplicação é boa, e assim aceita pelo grupo.

Quando uma pessoa afirma que determinada ação fere seus princípios, ela está se referindo a um conceito ou regra, que foi originado em algum momento em sua vida ou na vida do grupo social em que está inserida, e que foi aceito como ação moralmente boa.

1.2.2 Valores

O conceito de valor tem sido investigado e definido em diferentes áreas do conhecimento (filosofia, sociologia, ciências econômicas, marketing etc.).

Os valores são as normas, princípios ou padrões sociais aceitos ou mantidos por indivíduos, classe ou sociedade. Dizem, portanto, respeito a princípios que merecem ser buscados.

O valor exprime uma relação entre as necessidades do indivíduo (respirar, comer, viver, posse, reproduzir, prazer, domínio, relacionar, comparar) e a capacidade das coisas, objetos ou serviços de satisfazê-las. É na apreciação desta relação que se explica a existência de uma hierarquia de valores, segundo a urgência/prioridade das necessidades e a capacidade dos mesmos objetos para as satisfazerem, diferenciadas no espaço e no tempo.

Nas mais diversas sociedades, independentemente do nível cultural, econômico ou social em que estejam inseridas, os valores são fundamentais para se determinar quais são as pessoas que agem tendo por finalidade o bem.

O caráter dos seres, pelo qual são mais ou menos desejados ou estimados por uma pessoa ou grupo, é determinado pelo valor de suas ações.

Todos os termos que servem para qualificar uma ação ou o caráter de uma pessoa têm um peso bom e um peso ruim. Cite-se, como exemplo, os termos verdadeiro e falso, generoso e egoísta, honesto e desonesto, justo e injusto. Os valores dão "peso" à ação ou ao caráter de uma pessoa ou grupo.

Kant afirmava que toda ação considerada boa moralmente deveria ser universal, ou seja, ser boa em qualquer tempo e em qualquer lugar. Infelizmente, o ideal kantiano de valor e moralidade está muito longe de ser alcançado, pois as diversidades culturais e sociais fazem com que o valor dado a determinadas ações mude de acordo com o contexto.

O complexo de normas éticas se alicerça em valores, normalmente designados valores do "bem".

Segundo Felix Ruiz López:

> *Valores éticos são indicadores da relevância ou do grau de atendimento aos princípios éticos". Por exemplo, a dignidade da pessoa sugere e exige que se valorize o respeito às pessoas. Esses valores éticos só podem ser atribuídos a pessoas, pois elas são os únicos seres que agem com conhecimento de certo e errado, bem e mal, e com liberdade para agir. Algumas condutas podem ferir os valores éticos. A prática constante de respeito aos valores éticos conduz as pessoas às virtudes morais. (Fonte: ALONSO, Felix Ruiz; LÓPEZ, Francisco Granizo; CASTRUCCI, Plínio de Laura – Curso de Ética em Administração. São Paulo: Atlas, 2008. [Adaptado]).*

1.3 Ética e democracia: exercício da cidadania

1.3.1 Ética e democracia

O Brasil ainda caminha a passos muito lentos no que diz respeito à ética, principalmente no cenário político.

Vários são os fatores que contribuíram para esta realidade, dentre eles, principalmente, os golpes de Estado, a saber, o Golpe de 1930 e o Golpe de 1964.

Durante o período em que o país vivenciou a ditadura militar e em que a democracia foi colocada de lado, tivemos a suspensão do ensino da filosofia e, consequentemente, da ética, nas escolas e universidades; além disso, os direitos políticos do cidadão foram suspensos, a liberdade de expressão caçada e cresceu o medo da repressão.

Como consequência dessa série de medidas autoritárias e arbitrárias, nossos valores morais e sociais foram perdendo espaço para os valores que o Estado queria impor, levando a sociedade a uma espécie de "apatia" social.

Nos dias atuais, estamos presenciando uma nova fase em nosso país, no que tange à aplicabilidade das leis e da ética no poder.

Os crimes de corrupção envolvendo desvio de dinheiro estão sendo mais investigados e a polícia tem trabalhado com mais liberdade de atuação em prol da moralidade e do interesse público, o que tem levado os agentes públicos a refletir mais sobre seus atos antes ainda de praticá-los.

Essa nova fase se deve principalmente à democracia, implantada como regime político com a Constituição de 1988.

Etimologicamente, o termo democracia vem do grego demokratía, em que kratía significa governo e demo, povo. Logo, a democracia, por definição, é o "governo do povo".

A democracia confere ao povo o poder de influenciar na administração do Estado. Por meio do voto, o povo é que determina quem vai ocupar os cargos de direção do Estado. Logo, insere-se nesse contexto a responsabilidade tanto do povo, que escolhe seus dirigentes, quanto dos escolhidos, que deverão prestar contas de seus atos no poder.

A ética exerce papel fundamental em todo esse processo, regulamentando e exigindo dos governantes comportamento adequado à função pública, que lhe foi confiada por meio do voto, e conferindo ao povo as noções e os valores necessários tanto para o exercício e cobrança dos seus direitos quanto para atendimento de seus deveres.

É por meio dos valores éticos e morais, determinados pela sociedade, que podemos perceber se os atos cometidos pelos ocupantes de cargos públicos estão visando ao bem comum e ao interesse público.

1.3.2 Exercício da cidadania

Em se tratando do exercício da cidadania, podemos afirmar que todo cidadão tem direito a exercer a cidadania, isto é, seus direitos de cidadão; direitos esses garantidos constitucionalmente.

Direitos e deveres andam juntos no que tange ao exercício da cidadania. Não se pode conceber um direito que não seja precedido de um dever a ser cumprido; é uma via de mão dupla.

Os direitos garantidos constitucionalmente, individuais, coletivos, sociais ou políticos, são precedidos de responsabilidades que o cidadão deve ter perante a sociedade. Por exemplo, a Constituição garante o direito à propriedade privada, mas exige-se que o proprietário seja responsável pelos tributos que o exercício desse direito gera, como, por exemplo, o pagamento do Imposto Predial e Territorial Urbano (IPTU).

Exercer a cidadania, por consequência, é ser probo (íntegro, honrado, justo, reto), agir com ética assumindo a responsabilidade que advém de seus deveres enquanto cidadão inserto no convívio social.

1.4 Ética e função pública

Função pública é a competência, atribuição ou encargo para o exercício de determinada função. Ressalta-se que essa função não é livre, devendo, portanto, estar o seu exercício sujeito ao interesse público, ou seja, da coletividade.

No exercício das mais diversas funções públicas, os servidores devem respeitar, além das normatizações vigentes nos órgãos e entidades públicas que regulamentam e determinam a forma de agir dos agentes públicos, os valores éticos e morais que a sociedade impõe para o convívio em grupo. A não observação desses valores acarreta a uma série de erros e problemas no atendimento ao público e aos usuários do serviço, o que contribui de forma significativa para uma imagem negativa do órgão ou entidade e do serviço público.

O padrão ético dos servidores públicos, no exercício da função pública, advém de sua natureza, ou seja, do caráter público e de sua relação com o público.

O servidor deve estar atento a esse padrão não apenas no exercício de suas funções, mas também na vida particular. O caráter público do seu serviço deve se incorporar à sua vida privada, a fim de que os valores morais e a boa-fé, amparados constitucionalmente como princípios básicos e essenciais a uma vida equilibrada, sejam inseridos e se tornem uma constante em seu relacionamento com os usuários do serviço bem como com os colegas.

Os princípios constitucionais devem ser observados para que a função pública se integre de forma indissociável ao direito. Os princípios são:

- **Legalidade**: todo ato administrativo deve seguir fielmente os meandros da lei.
- **Impessoalidade**: aplicado como sinônimo de igualdade – todos devem ser tratados de forma igualitária e respeitando o que a lei prevê.
- **Moralidade**: respeito ao padrão moral para não comprometer os bons costumes da sociedade.
- **Publicidade**: refere-se à transparência de todo ato público, salvo os casos previstos em lei.
- **Eficiência**: ser o mais eficiente possível na utilização dos meios que são postos a sua disposição para a execução do seu mister (cargo ou função).

1.4.1 Ética no setor público

As questões éticas estão cada vez mais em voga na cena pública brasileira, dada à multiplicação de casos de corrupção e, sobretudo, à reação da sociedade frente a um tal grau de desmoralização das relações políticas e sociais.

Com os escândalos e denúncias de corrupção expostas pela mídia, refletir sobre essas questões traz à tona os conceitos éticos que envolvem a busca por melhores ações tanto na vida pessoal como na vida pública.

A ética é pautada na conduta responsável das pessoas. Daí a importância da escolha de um político com esse caráter, a fim de diminuir o mau uso da máquina pública e evitar que se venha auferir ganhos e vantagens pessoais.

Porém, as normas morais apenas fornecem orientações, cabendo ao político determinar quais são as exigências e limitações e decidir pela melhor alternativa de ação, que detém a responsabilidade em atender as demandas, no papel de representantes democráticos, com integridade e eficiência.

Durante as últimas décadas, o setor público foi alvo, tanto por parte da mídia quanto do senso comum vigente, de um processo deliberado de formação de uma caricatura, que transformou sua imagem no estereótipo de um setor muito burocrático, que não funciona e custa caro à população.

O cidadão, mesmo bem atendido por um servidor público, não consegue sustentar uma boa imagem do servidor e do serviço público, pois o que faz a imagem de um órgão ou entidade pública parecer boa diante da população é o atendimento de seus funcionários, e, por mais que os servidores sérios e responsáveis se esforcem, existe uma minoria que consegue facilmente acabar com todos os esforços levados a cabo por aqueles bons funcionários.

Nesse ponto, a ética se insere de maneira determinante para contribuir e melhorar a qualidade do atendimento, inserindo no âmbito do poder público os princípios e regras necessários ao bom andamento do serviço e ao respeito aos usuários.

Os novos códigos de ética, além de regulamentar a qualidade e o trato dispensados aos usuários e ao serviço público e de trazer punições para os que descumprem as suas normas, também têm a função de proteger a imagem e a honra do servidor que trabalha seguindo fielmente as regras nele contidas, contribuindo, assim, para uma melhoria na imagem do servidor e do órgão ou entidade perante a população.

Em se tratando da ética no serviço público, destacamos o Código de Ética Profissional do Servidor Público do Poder Executivo Federal, aprovado pelo Decreto nº 1.171/1994, que foi revogado em parte pelo Decreto nº 6.029, de 1º de fevereiro de 2007, que institui Sistema de Gestão da Ética do Poder Executivo Federal. Ambos os Decretos seguem na íntegra.

1.5 Código de Ética Profissional do Serviço Público (Decreto nº 1.171/1994)

Decreto nº 1.171, de 22 de Junho de 1994.

Aprova o Código de Ética Profissional do Servidor Público Civil do Poder Executivo Federal.

O PRESIDENTE DA REPÚBLICA, no uso das atribuições que lhe confere o art. 84, incisos IV e VI, e ainda tendo em vista o disposto no art. 37 da Constituição, bem como nos arts. 116 e 117 da Lei nº 8.112, de 11 de dezembro de 1990, e nos arts. 10, 11 e 12 da Lei nº 8.429, de 2 de junho de 1992, decreta:

Art. 1º *Fica aprovado o Código de Ética Profissional do Servidor Público Civil do Poder Executivo Federal, que com este baixa.*

Art. 2º *Os órgãos e entidades da Administração Pública Federal direta e indireta implementarão, em sessenta dias, as providências necessárias à plena vigência do Código de Ética, inclusive mediante a Constituição da respectiva Comissão de Ética, integrada por três servidores ou empregados titulares de cargo efetivo ou emprego permanente.*

Parágrafo único. *A constituição da Comissão de Ética será comunicada à Secretaria da Administração Federal da Presidência da República, com a indicação dos respectivos membros titulares e suplentes.*

Art. 3º *Este decreto entra em vigor na data de sua publicação.*

Brasília, 22 de junho de 1994, 173º da Independência e 106º da República.

ITAMAR FRANCO

Romildo Canhim

Anexo

Código de Ética Profissional do Servidor Público Civil do Poder Executivo Federal

Capítulo I

Seção I – Das Regras Deontológicas

I – A dignidade, o decoro, o zelo, a eficácia e a consciência dos princípios morais são primados maiores que devem nortear o servidor público, seja no exercício do cargo ou função, ou fora dele, já que refletirá o exercício da vocação do próprio poder estatal. Seus atos, comportamentos e atitudes serão direcionados para a preservação da honra e da tradição dos serviços públicos.

II – O servidor público não poderá jamais desprezar o elemento ético de sua conduta. Assim, não terá que decidir somente entre o legal e o ilegal, o justo e o injusto, o conveniente e o inconveniente, o oportuno e o inoportuno, mas principalmente entre o honesto e o desonesto, consoante as regras contidas no art. 37, caput, e § 4º, da Constituição Federal.

III – A moralidade da Administração Pública não se limita à distinção entre o bem e o mal, devendo ser acrescida da ideia de que o fim é sempre o bem comum. O equilíbrio entre a legalidade e a finalidade, na conduta do servidor público, é que poderá consolidar a moralidade do ato administrativo.

IV – A remuneração do servidor público é custeada pelos tributos pagos direta ou indiretamente por todos, até por ele próprio, e por isso se exige, como contrapartida, que a moralidade administrativa se integre no Direito, como elemento indissociável de sua aplicação e de sua finalidade, erigindo-se, como consequência, em fator de legalidade.

V – O trabalho desenvolvido pelo servidor público perante a comunidade deve ser entendido como acréscimo ao seu próprio bem-estar, já que, como cidadão, integrante da sociedade, o êxito desse trabalho pode ser considerado como seu maior patrimônio.

VI – A função pública deve ser tida como exercício profissional e, portanto, se integra na vida particular de cada servidor público. Assim, os fatos e atos verificados na conduta do dia a dia em sua vida privada poderão acrescer ou diminuir o seu bom conceito na vida funcional.

VII – Salvo os casos de segurança nacional, investigações policiais ou interesse superior do Estado e da Administração Pública, a serem preservados em processo previamente declarado sigiloso, nos termos da lei, a publicidade de qualquer ato administrativo constitui requisito de eficácia e moralidade, ensejando sua omissão comprometimento ético contra o bem comum, imputável a quem a negar.

VIII – Toda pessoa tem direito à verdade. O servidor não pode omiti-la ou falseá-la, ainda que contrária aos interesses da própria pessoa interessada ou da Administração Pública. Nenhum Estado pode crescer ou estabilizar-se sobre o poder corruptivo do hábito do erro, da opressão ou da mentira, que sempre aniquilam até mesmo a dignidade humana quanto mais a de uma Nação.

IX – A cortesia, a boa vontade, o cuidado e o tempo dedicados ao serviço público caracterizam o esforço pela disciplina. Tratar mal uma pessoa que paga seus tributos direta ou indiretamente significa causar-lhe dano moral. Da mesma forma, causar dano a qualquer bem pertencente ao patrimônio público, deteriorando-o, por descuido ou má vontade, não constitui apenas uma ofensa ao equipamento e às instalações ou ao Estado, mas a todos os homens de boa vontade que dedicaram sua inteligência, seu tempo, suas esperanças e seus esforços para construí-los.

X – Deixar o servidor público ou qualquer pessoa à espera de solução que compete ao setor em que exerça suas funções, permitindo a formação de longas filas, ou qualquer outra espécie de atraso na prestação do serviço, não caracteriza apenas atitude contra a ética ou ato de desumanidade, mas principalmente grave dano moral aos usuários dos serviços públicos.

XI – O servidor deve prestar toda a sua atenção às ordens legais de seus superiores, velando atentamente por seu cumprimento, e, assim, evitando a conduta negligente. Os repetidos erros, o descaso e o acúmulo de desvios tornam-se, às vezes, difíceis de corrigir e caracterizam até mesmo imprudência no desempenho da função pública.

XII – Toda ausência injustificada do servidor de seu local de trabalho é fator de desmoralização do serviço público, o que quase sempre conduz à desordem nas relações humanas.

XIII – O servidor que trabalha em harmonia com a estrutura organizacional, respeitando seus colegas e cada concidadão, colabora e de todos pode receber colaboração, pois sua atividade pública é a grande oportunidade para o crescimento e o engrandecimento da Nação.

Seção II – Dos Principais Deveres do Servidor Público

XIV – São deveres fundamentais do servidor público:

a) desempenhar, a tempo, as atribuições do cargo, função ou emprego público de que seja titular;

b) exercer suas atribuições com rapidez, perfeição e rendimento, pondo fim ou procurando prioritariamente resolver situações procrastinatórias, principalmente diante de filas ou de qualquer outra espécie de atraso na prestação dos serviços pelo setor em que exerça suas atribuições, com o fim de evitar dano moral ao usuário;

c) ser probo, reto, leal e justo, demonstrando toda a integridade do seu caráter, escolhendo sempre, quando estiver diante de duas opções, a melhor e a mais vantajosa para o bem comum;

d) jamais retardar qualquer prestação de contas, condição essencial da gestão dos bens, direitos e serviços da coletividade a seu cargo;

e) tratar cuidadosamente os usuários dos serviços aperfeiçoando o processo de comunicação e contato com o público;

f) ter consciência de que seu trabalho é regido por princípios éticos que se materializam na adequada prestação dos serviços públicos;

g) ser cortês, ter urbanidade, disponibilidade e atenção, respeitando a capacidade e as limitações individuais de todos os usuários do serviço público, sem qualquer espécie de preconceito ou distinção de raça, sexo, nacionalidade, cor, idade, religião, cunho político e posição social, abstendo-se, dessa forma, de causar-lhes dano moral;

h) ter respeito à hierarquia, porém sem nenhum temor de representar contra qualquer comprometimento indevido da estrutura em que se funda o Poder Estatal;

i) resistir a todas as pressões de superiores hierárquicos, de contratantes, interessados e outros que visem obter quaisquer favores, benesses ou vantagens indevidas em decorrência de ações imorais, ilegais ou aéticas e denunciá-las;

j) *zelar, no exercício do direito de greve, pelas exigências específicas da defesa da vida e da segurança coletiva;*

l) *ser assíduo e frequente ao serviço, na certeza de que sua ausência provoca danos ao trabalho ordenado, refletindo negativamente em todo o sistema;*

m) *comunicar imediatamente a seus superiores todo e qualquer ato ou fato contrário ao interesse público, exigindo as providências cabíveis;*

n) *manter limpo e em perfeita ordem o local de trabalho, seguindo os métodos mais adequados à sua organização e distribuição;*

o) *participar dos movimentos e estudos que se relacionem com a melhoria do exercício de suas funções, tendo por escopo a realização do bem comum;*

p) *apresentar-se ao trabalho com vestimentas adequadas ao exercício da função;*

q) *manter-se atualizado com as instruções, as normas de serviço e a legislação pertinentes ao órgão onde exerce suas funções;*

r) *cumprir, de acordo com as normas do serviço e as instruções superiores, as tarefas de seu cargo ou função, tanto quanto possível, com critério, segurança e rapidez, mantendo tudo sempre em boa ordem;*

s) *facilitar a fiscalização de todos atos ou serviços por quem de direito;*

t) *exercer com estrita moderação as prerrogativas funcionais que lhe sejam atribuídas, abstendo-se de fazê-lo contrariamente aos legítimos interesses dos usuários do serviço público e dos jurisdicionados administrativos;*

u) *abster-se, de forma absoluta, de exercer sua função, poder ou autoridade com finalidade estranha ao interesse público, mesmo que observando as formalidades legais e não cometendo qualquer violação expressa à lei;*

v) *divulgar e informar a todos os integrantes da sua classe sobre a existência deste Código de Ética, estimulando o seu integral cumprimento.*

Seção III – Das Vedações ao Servidor Público

XV – É vedado ao servidor público:

a) *o uso do cargo ou função, facilidades, amizades, tempo, posição e influências, para obter qualquer favorecimento, para si ou para outrem;*

b) *prejudicar deliberadamente a reputação de outros servidores ou de cidadãos que deles dependam;*

c) *ser, em função de seu espírito de solidariedade, conivente com erro ou infração a este Código de Ética ou ao Código de Ética de sua profissão;*

d) *usar de artifícios para procrastinar ou dificultar o exercício regular de direito por qualquer pessoa, causando-lhe dano moral ou material;*

e) *deixar de utilizar os avanços técnicos e científicos ao seu alcance ou do seu conhecimento para atendimento do seu mister;*

f) *permitir que perseguições, simpatias, antipatias, caprichos, paixões ou interesses de ordem pessoal interfiram no trato com o público, com os jurisdicionados administrativos ou com colegas hierarquicamente superiores ou inferiores;*

g) *pleitear, solicitar, provocar, sugerir ou receber qualquer tipo de ajuda financeira, gratificação, prêmio, comissão, doação ou vantagem de qualquer espécie, para si, familiares ou qualquer pessoa, para o cumprimento da sua missão ou para influenciar outro servidor para o mesmo fim;*

h) *alterar ou deturpar o teor de documentos que deva encaminhar para providências;*

i) *iludir ou tentar iludir qualquer pessoa que necessite do atendimento em serviços públicos;*

j) *desviar servidor público para atendimento a interesse particular;*

l) *retirar da repartição pública, sem estar legalmente autorizado, qualquer documento, livro ou bem pertencente ao patrimônio público;*

m) *fazer uso de informações privilegiadas obtidas no âmbito interno de seu serviço, em benefício próprio, de parentes, de amigos ou de terceiros;*

n) *apresentar-se embriagado no serviço ou fora dele habitualmente;*

o) *dar o seu concurso a qualquer instituição que atente contra a moral, a honestidade ou a dignidade da pessoa humana;*

p) *exercer atividade profissional aética ou ligar o seu nome a empreendimentos de cunho duvidoso.*

Capítulo II – Das Comissões de Ética

XVI – Em todos os órgãos e entidades da Administração Pública Federal direta, indireta autárquica e fundacional, ou em qualquer órgão ou entidade que exerça atribuições delegadas pelo poder público, deverá ser criada uma Comissão de Ética, encarregada de orientar e aconselhar sobre a ética profissional do servidor, no tratamento com as pessoas e com o patrimônio público, competindo-lhe conhecer concretamente de imputação ou de procedimento susceptível de censura.

XVII – (Revogado pelo Decreto nº 6.029, de 2007)

XVIII – À Comissão de Ética incumbe fornecer, aos organismos encarregados da execução do quadro de carreira dos servidores, os registros sobre sua conduta ética, para o efeito de instruir e fundamentar promoções e para todos os demais procedimentos próprios da carreira do servidor público.

XIX – (Revogado pelo Decreto nº 6.029, de 2007)

XX – (Revogado pelo Decreto nº 6.029, de 2007)

XXI – (Revogado pelo Decreto nº 6.029, de 2007)

XXII – A pena aplicável ao servidor público pela Comissão de Ética é a de censura e sua fundamentação constará do respectivo parecer, assinado por todos os seus integrantes, com ciência do faltoso.

XXIII – (Revogado pelo Decreto nº 6.029, de 2007)

XXIV – Para fins de apuração do comprometimento ético, entende-se por servidor público todo aquele que, por força de lei, contrato ou de qualquer ato jurídico, preste serviços de natureza permanente, temporária ou excepcional, ainda que sem retribuição financeira, desde que ligado direta ou indiretamente a qualquer órgão do poder estatal, como as autarquias, as fundações públicas, as entidades paraestatais, as empresas públicas e as sociedades de economia mista, ou em qualquer setor onde prevaleça o interesse do Estado

XXV – (Revogado pelo Decreto nº 6.029, de 2007)

1.6 Decreto nº 6.029/2007

Considerando que os incisos XVII, XIX, XX, XXI, XXIII e XXV, do Decreto nº 1.171/1994 foram revogados pelo Decreto nº 6.029/2007, e que, muito embora este último não tenha sido mencionado expressamente no edital, seu conteúdo tem sido cobrado, transcrevemo-lo na íntegra a seguir.

Decreto nº 6.029, de 1º de fevereiro de 2007

Institui Sistema de Gestão da Ética do Poder Executivo Federal, e dá outras providências.

O PRESIDENTE DA REPÚBLICA, no uso da atribuição que lhe confere o art. 84, inciso VI, alínea "a", da Constituição, decreta:

Art. 1º *Fica instituído o Sistema de Gestão da Ética do Poder Executivo Federal com a finalidade de promover atividades que dispõem sobre a conduta ética no âmbito do Executivo Federal, competindo-lhe:*

I – integrar os órgãos, programas e ações relacionadas com a ética pública;

II – contribuir para a implementação de políticas públicas tendo a transparência e o acesso à informação como instrumentos fundamentais para o exercício de gestão da ética pública;

III – promover, com apoio dos segmentos pertinentes, a compatibilização e interação de normas, procedimentos técnicos e de gestão relativos à ética pública;

IV – articular ações com vistas a estabelecer e efetivar procedimentos de incentivo e incremento ao desempenho institucional na gestão da ética pública do Estado brasileiro.

Art. 2º *Integram o Sistema de Gestão da Ética do Poder Executivo Federal:*

I – a Comissão de Ética Pública - CEP, instituída pelo Decreto de 26 de maio de 1999;

II – as Comissões de Ética de que trata o Decreto no 1.171, de 22 de junho de 1994;

III – as demais Comissões de Ética e equivalentes nas entidades e órgãos do Poder Executivo Federal.

Art. 3º *A CEP será integrada por sete brasileiros que preencham os requisitos de idoneidade moral, reputação ilibada e notória experiência* *em administração pública, designados pelo Presidente da República, para mandatos de três anos, não coincidentes, permitida uma única recondução.*

§ 1º A atuação no âmbito da CEP não enseja qualquer remuneração para seus membros e os trabalhos nela desenvolvidos são considerados prestação de relevante serviço público.

§ 2º O Presidente terá o voto de qualidade nas deliberações da Comissão.

§ 3º Os mandatos dos primeiros membros serão de um, dois e três anos, estabelecidos no decreto de designação.

***Art. 4º** À CEP compete:*

I – atuar como instância consultiva do Presidente da República e Ministros de Estado em matéria de ética pública;

II – administrar a aplicação do Código de Conduta da Alta Administração Federal, devendo:

***a)** submeter ao Presidente da República medidas para seu aprimoramento;*

***b)** dirimir dúvidas a respeito de interpretação de suas normas, deliberando sobre casos omissos;*

***c)** apurar, mediante denúncia, ou de ofício, condutas em desacordo com as normas nele previstas, quando praticadas pelas autoridades a ele submetidas;*

III – dirimir dúvidas de interpretação sobre as normas do Código de Ética Profissional do Servidor Público Civil do Poder Executivo Federal de que trata o Decreto nº 1.171, de 1994;

IV – coordenar, avaliar e supervisionar o Sistema de Gestão da Ética Pública do Poder Executivo Federal;

V – aprovar o seu regimento interno; e

VI – escolher o seu Presidente.

***Parágrafo único.** A CEP contará com uma Secretaria-Executiva, vinculada à Casa Civil da Presidência da República, à qual competirá prestar o apoio técnico e administrativo aos trabalhos da Comissão.*

***Art. 5º** Cada Comissão de Ética de que trata o Decreto nº 1171, de 1994, será integrada por três membros titulares e três suplentes, escolhidos entre servidores e empregados do seu quadro permanente, e designados pelo dirigente máximo da respectiva entidade ou órgão, para mandatos não coincidentes de três anos.*

***Art. 6º** É dever do titular de entidade ou órgão da Administração Pública Federal, direta e indireta:*

I – assegurar as condições de trabalho para que as Comissões de Ética cumpram suas funções, inclusive para que o exercício das atribuições de seus integrantes não lhes resulte qualquer prejuízo ou dano;

II – conduzir em seu âmbito a avaliação da gestão da ética conforme processo coordenado pela Comissão de Ética Pública.

***Art. 7º** Compete às Comissões de Ética de que tratam os incisos II e III do art. 2º:*

I – atuar como instância consultiva de dirigentes e servidores no âmbito de seu respectivo órgão ou entidade;

II – aplicar o Código de Ética Profissional do Servidor Público Civil do Poder Executivo Federal, aprovado pelo Decreto 1.171, de 1994, devendo:

***a)** submeter à Comissão de Ética Pública propostas para seu aperfeiçoamento;*

***b)** dirimir dúvidas a respeito da interpretação de suas normas e deliberar sobre casos omissos;*

***c)** apurar, mediante denúncia ou de ofício, conduta em desacordo com as normas éticas pertinentes;*

***d)** recomendar, acompanhar e avaliar, no âmbito do órgão ou entidade a que estiver vinculada, o desenvolvimento de ações objetivando a disseminação, capacitação e treinamento sobre as normas de ética e disciplina;*

III – representar a respectiva entidade ou órgão na Rede de Ética do Poder Executivo Federal a que se refere o art. 9º; e

IV – supervisionar a observância do Código de Conduta da Alta Administração Federal e comunicar à CEP situações que possam configurar descumprimento de suas normas.

§ 1º Cada Comissão de Ética contará com uma Secretaria-Executiva, vinculada administrativamente à instância máxima da entidade ou órgão, para cumprir plano de trabalho por ela aprovado e prover o apoio técnico e material necessário ao cumprimento das suas atribuições.

§ 2º As Secretarias-Executivas das Comissões de Ética serão chefiadas por servidor ou empregado do quadro permanente da entidade ou órgão, ocupante de cargo de direção compatível com sua estrutura, alocado sem aumento de despesas.

***Art. 8º** Compete às instâncias superiores dos órgãos e entidades do Poder Executivo Federal, abrangendo a administração direta e indireta:*

I – observar e fazer observar as normas de ética e disciplina;

II – constituir Comissão de Ética;

III – garantir os recursos humanos, materiais e financeiros para que a Comissão cumpra com suas atribuições; e

IV – atender com prioridade às solicitações da CEP.

***Art. 9º** Fica constituída a Rede de Ética do Poder Executivo Federal, integrada pelos representantes das Comissões de Ética de que tratam os incisos I, II e III do art. 2º, com o objetivo de promover a cooperação técnica e a avaliação em gestão da ética.*

***Parágrafo único.** Os integrantes da Rede de Ética se reunirão sob a coordenação da Comissão de Ética Pública, pelo menos uma vez por ano, em fórum específico, para avaliar o programa e as ações para a promoção da ética na administração pública.*

***Art. 10.** Os trabalhos da CEP e das demais Comissões de Ética devem ser desenvolvidos com celeridade e observância dos seguintes princípios:*

I – proteção à honra e à imagem da pessoa investigada;

II – proteção à identidade do denunciante, que deverá ser mantida sob reserva, se este assim o desejar; e

III – independência e imparcialidade dos seus membros na apuração dos fatos, com as garantias asseguradas neste Decreto.

***Art. 11** Qualquer cidadão, agente público, pessoa jurídica de direito privado, associação ou entidade de classe poderá provocar a atuação da CEP ou de Comissão de Ética, visando à apuração de infração ética imputada a agente público, órgão ou setor específico de ente estatal.*

***Parágrafo único.** Entende-se por agente público, para os fins deste Decreto, todo aquele que, por força de lei, contrato ou qualquer ato jurídico, preste serviços de natureza permanente, temporária, excepcional ou eventual, ainda que sem retribuição financeira, a órgão ou entidade da administração pública federal, direta e indireta. (grifo da autora)*

***Art. 12** O processo de apuração de prática de ato em desrespeito ao preceituado no Código de Conduta da Alta Administração Federal e no Código de Ética Profissional do Servidor Público Civil do Poder Executivo Federal será instaurado, de ofício ou em razão de denúncia fundamentada, respeitando-se, sempre, as garantias do contraditório e da ampla defesa, pela Comissão de Ética Pública ou Comissões de Ética de que tratam os incisos II e III do art. 2º, conforme o caso, que notificará o investigado para manifestar-se, por escrito, no prazo de dez dias.*

§ 1º O investigado poderá produzir prova documental necessária à sua defesa.

§ 2º As Comissões de Ética poderão requisitar os documentos que entenderem necessários à instrução probatória e, também, promover diligências e solicitar parecer de especialista.

§ 3º Na hipótese de serem juntados aos autos da investigação, após a manifestação referida no caput deste artigo, novos elementos de prova, o investigado será notificado para nova manifestação, no prazo de dez dias.

§ 4º Concluída a instrução processual, as Comissões de Ética proferirão decisão conclusiva e fundamentada.

§ 5º Se a conclusão for pela existência de falta ética, além das providências previstas no Código de Conduta da Alta Administração Federal e no Código de Ética Profissional do Servidor Público Civil do Poder Executivo Federal, as Comissões de Ética tomarão as seguintes providências, no que couber:

I – encaminhamento de sugestão de exoneração de cargo ou função de confiança à autoridade hierarquicamente superior ou devolução ao órgão de origem, conforme o caso;

II – encaminhamento, conforme o caso, para a Controladoria-Geral da União ou unidade específica do Sistema de Correição do Poder Executivo Federal de que trata o Decreto nº 5.480, de 30 de junho de 2005, para exame de eventuais transgressões disciplinares; e

III – recomendação de abertura de procedimento administrativo, se a gravidade da conduta assim o exigir.

***Art. 13** Será mantido com a chancela de "reservado", até que esteja concluído, qualquer procedimento instaurado para apuração de prática em desrespeito às normas éticas.*

§ 1º Concluída a investigação e após a deliberação da CEP ou da Comissão de Ética do órgão ou entidade, os autos do procedimento deixarão de ser reservados.

§ 2º Na hipótese de os autos estarem instruídos com documento acobertado por sigilo legal, o acesso a esse tipo de documento somente será permitido a quem detiver igual direito perante o órgão ou entidade originariamente encarregado da sua guarda.

§ 3º Para resguardar o sigilo de documentos que assim devam ser mantidos, as Comissões de Ética, depois de concluído o processo de investigação, providenciarão para que tais documentos sejam desentranhados dos autos, lacrados e acautelados.

***Art. 14** A qualquer pessoa que esteja sendo investigada é assegurado o direito de saber o que lhe está sendo imputado, de conhecer o teor da acusação e de ter vista dos autos, no recinto das Comissões de Ética, mesmo que ainda não tenha sido notificada da existência do procedimento investigatório.*

***Parágrafo único.** O direito assegurado neste artigo inclui o de obter cópia dos autos e de certidão do seu teor.*

***Art. 15** Todo ato de posse, investidura em função pública ou celebração de contrato de trabalho, dos agentes públicos referidos no parágrafo único do art. 11, deverá ser acompanhado da prestação de compromisso solene de acatamento e observância das regras estabelecidas pelo Código de Conduta da Alta Administração Federal, pelo Código de Ética Profissional do Servidor Público Civil do Poder Executivo Federal e pelo Código de Ética do órgão ou entidade, conforme o caso.*

***Parágrafo único.** A posse em cargo ou função pública que submeta a autoridade às normas do Código de Conduta da Alta Administração Federal deve ser precedida de consulta da autoridade à Comissão de Ética Pública, acerca de situação que possa suscitar conflito de interesses.*

***Art. 16** As Comissões de Ética não poderão escusar-se de proferir decisão sobre matéria de sua competência alegando omissão do Código de Conduta da Alta Administração Federal, do Código de Ética Profissional do Servidor Público Civil do Poder Executivo Federal ou do Código de Ética do órgão ou entidade, que, se existente, será suprida pela analogia e invocação aos princípios da legalidade, impessoalidade, moralidade, publicidade e eficiência.*

§ 1º Havendo dúvida quanto à legalidade, a Comissão de Ética competente deverá ouvir previamente a área jurídica do órgão ou entidade.

§ 2º Cumpre à CEP responder a consultas sobre aspectos éticos que lhe forem dirigidas pelas demais Comissões de Ética e pelos órgãos e entidades que integram o Executivo Federal, bem como pelos cidadãos e servidores que venham a ser indicados para ocupar cargo ou função abrangida pelo Código de Conduta da Alta Administração Federal.

***Art. 17** As Comissões de Ética, sempre que constatarem a possível ocorrência de ilícitos penais, civis, de improbidade administrativa ou de infração disciplinar, encaminharão cópia dos autos às autoridades competentes para apuração de tais fatos, sem prejuízo das medidas de sua competência.*

***Art. 18** As decisões das Comissões de Ética, na análise de qualquer fato ou ato submetido à sua apreciação ou por ela levantado, serão resumidas em ementa e, com a omissão dos nomes dos investigados, divulgadas no sítio do próprio órgão, bem como remetidas à Comissão de Ética Pública.*

***Art. 19** Os trabalhos nas Comissões de Ética de que tratam os incisos II e III do art. 2º são considerados relevantes e têm prioridade sobre as atribuições próprias dos cargos dos seus membros, quando estes não atuarem com exclusividade na Comissão.*

***Art. 20** Os órgãos e entidades da Administração Pública Federal darão tratamento prioritário às solicitações de documentos necessários à instrução dos procedimentos de investigação instaurados pelas Comissões de Ética .*

§ 1º Na hipótese de haver inobservância do dever funcional previsto no caput, a Comissão de Ética adotará as providências previstas no inciso III do § 5º do art. 12.

§ 2º As autoridades competentes não poderão alegar sigilo para deixar de prestar informação solicitada pelas Comissões de Ética.

***Art. 21** A infração de natureza ética cometida por membro de Comissão de Ética de que tratam os incisos II e III do art. 2º será apurada pela Comissão de Ética Pública.*

***Art. 22** A Comissão de Ética Pública manterá banco de dados de sanções aplicadas pelas Comissões de Ética de que tratam os incisos II e III do art. 2º e de suas próprias sanções, para fins de consulta pelos órgãos ou entidades da administração pública federal, em casos de nomeação para cargo em comissão ou de alta relevância pública.*

***Parágrafo único.** O banco de dados referido neste artigo engloba as sanções aplicadas a qualquer dos agentes públicos mencionados no parágrafo único do art. 11 deste Decreto.*

***Art. 23** Os representantes das Comissões de Ética de que tratam os incisos II e III do art. 2º atuarão como elementos de ligação com a CEP, que disporá em Resolução própria sobre as atividades que deverão desenvolver para o cumprimento desse mister.*

***Art. 24** As normas do Código de Conduta da Alta Administração Federal, do Código de Ética Profissional do Servidor Público Civil do Poder Executivo Federal e do Código de Ética do órgão ou entidade aplicam-se, no que couber, às autoridades e agentes públicos neles referidos, mesmo quando em gozo de licença.*

***Art. 25** Ficam revogados os incisos XVII, XIX, XX, XXI, XXIII e XXV do Código de Ética Profissional do Servidor Público Civil do Poder Executivo Federal, aprovado pelo Decreto nº 1.171, de 22 de junho de 1994, os arts. 2º e 3º do Decreto de 26 de maio de 1999, que cria a Comissão de Ética Pública, e os Decretos de 30 de agosto de 2000 e de 18 de maio de 2001, que dispõem sobre a Comissão de Ética Pública.*

***Art. 26** Este Decreto entra em vigor na data da sua publicação.*

Brasília, 1º de fevereiro de 2007; 186º da Independência e 119º da República.

LUIZ INÁCIO LULA DA SILVA

Dilma Rousseff

2 TRANSPARÊNCIA E IMPARCIALIDADE NA INTELIGÊNCIA ARTIFICIAL NO SERVIÇO PÚBLICO

2.1 O que é Inteligência Artificial (IA)

A Inteligência Artificial refere-se à capacidade de máquinas realizarem tarefas que normalmente exigiriam inteligência humana. Isso inclui aprendizado de máquina, processamento de linguagem natural e outras tecnologias.

2.2 Como a IA é usada no Serviço Público

A Inteligência Artificial (IA) é usada no serviço público de várias maneiras para melhorar a eficiência, a tomada de decisões e a prestação de serviços. Aqui estão algumas das aplicações mais comuns:

2.2.1 Automatização de Processos

IA é frequentemente utilizada para automatizar tarefas repetitivas e rotineiras. Isso pode incluir a classificação de documentos, processamento de formulários, triagem de e-mails, entre outros.

2.2.2 Análise de Dados e Big Data

No serviço público, grandes conjuntos de dados são comuns. Sistemas de IA são empregados para analisar esses dados e extrair insights valiosos. Isso pode incluir previsões de demanda, identificação de padrões e detecção de anomalias.

2.2.3 Atendimento ao Cliente e Chatbots

Chatbots alimentados por IA são usados em serviços públicos para fornecer atendimento ao cliente 24 horas por dia, 7 dias por semana. Eles podem responder a perguntas comuns, fornecer informações e até mesmo realizar transações básicas.

2.2.4 Tomada de Decisões e Análise Preditiva

Sistemas de IA são utilizados para apoiar a tomada de decisões em várias áreas governamentais. Isso inclui previsões orçamentárias, análises de risco, alocação de recursos e até mesmo em alguns casos para decisões judiciais.

2.2.5 Segurança e Monitoramento

Sistemas de IA são empregados para monitorar a segurança pública, analisar padrões criminais, identificar ameaças em tempo real e até mesmo prevenir atividades suspeitas com base em análises de dados.

2.2.6 Saúde Pública

Na área da saúde, a IA é usada para analisar dados epidemiológicos, prever surtos de doenças, otimizar a alocação de recursos em hospitais e até mesmo para desenvolver modelos de pesquisa médica.

2.2.7 Educação e Treinamento

Ferramentas de IA são empregadas na personalização do ensino, fornecendo recomendações de aprendizado adaptadas às necessidades individuais dos alunos. Além disso, sistemas de IA são usados para avaliar o desempenho dos alunos e fornecer feedback.

2.2.8 Gestão de Tráfego e Transporte

Em áreas urbanas, a IA é usada para gerenciar o tráfego de forma mais eficiente, otimizando semáforos, prevendo congestionamentos e fornecendo informações em tempo real aos usuários.

2.2.9 Governo Eletrônico (e-Gov)

Plataformas de governo eletrônico utilizam IA para facilitar transações online, processamento rápido de documentos, verificação de identidade e fornecimento de informações personalizadas aos cidadãos.

2.2.10 Análise de Sentimento em Mídias Sociais

Agências governamentais usam IA para analisar o sentimento em mídias sociais. Isso ajuda a entender as preocupações da população, avaliar a eficácia de políticas públicas e melhorar a comunicação.

Essas são apenas algumas das muitas maneiras como a IA está sendo integrada no serviço público para melhorar a eficiência, a transparência e a qualidade dos serviços prestados aos cidadãos.

2.3 Transparência

2.3.1 Explicabilidade dos Algoritmos

Transparência refere-se à capacidade de explicar como um sistema de IA toma decisões. Isso é particularmente importante em contextos governamentais, onde a prestação de contas e a compreensão das decisões são cruciais.

Os desenvolvedores de IA devem fornecer informações claras sobre como os algoritmos funcionam, incluindo os parâmetros utilizados, a lógica de decisão e como os dados são processados.

2.3.2 Divulgação de Critérios de Decisão

Os critérios pelos quais um sistema de IA toma decisões devem ser divulgados. Isso pode incluir a ponderação de diferentes variáveis, fatores de decisão e qualquer influência de dados específicos.

A divulgação ajuda a construir confiança e permite que as partes interessadas avaliem a justiça e a objetividade das decisões automatizadas.

2.3.3 Acesso à Informação

Garantir que as informações sobre o funcionamento dos sistemas de IA sejam acessíveis ao público é crucial. Isso pode envolver relatórios periódicos, documentação detalhada e até mesmo ferramentas interativas para compreender as decisões tomadas.

2.4 Imparcialidade

2.4.1 Mitigação de Vieses

Vieses nos dados de treinamento podem resultar em decisões discriminatórias. É fundamental identificar e mitigar esses vieses para garantir que a IA não perpetue injustiças sociais existentes.

As equipes de desenvolvimento devem revisar criticamente os conjuntos de dados utilizados, buscando representatividade e diversidade para evitar discriminações.

2.4.2 Auditorias Éticas

Realizar auditorias éticas regulares nos sistemas de IA é uma prática importante. Isso envolve avaliar a conformidade com padrões éticos, identificar possíveis vieses e ajustar algoritmos conforme necessário.

A imparcialidade deve ser considerada como um processo contínuo, adaptando-se às mudanças nas circunstâncias e nas percepções sociais.

2.4.3 Participação da Comunidade

Incluir a comunidade nas fases de desenvolvimento e implementação é crucial. Isso permite que diferentes perspectivas sejam consideradas, ajudando a identificar possíveis vieses que podem ter sido negligenciados.

A colaboração com especialistas externos e grupos de defesa dos direitos civis pode contribuir para avaliações mais abrangentes da imparcialidade.

Esses aprofundamentos destacam a importância de políticas e práticas específicas para garantir que a IA no serviço público seja transparente e imparcial. O diálogo aberto, a educação e a colaboração entre diferentes partes interessadas são elementos-chave para alcançar esses objetivos.

2.5 Desafios e Considerações

É importante reconhecer que a implementação da IA no serviço público não está isenta de desafios. Garantir a transparência e imparcialidade pode ser complexo devido à natureza algorítmica dos sistemas.

Monitoramento contínuo, avaliações éticas e a participação da comunidade são aspectos importantes para enfrentar esses desafios.

Ao buscar a implementação de IA no serviço público, a transparência e a imparcialidade são princípios fundamentais para garantir que os benefícios dessa tecnologia sejam alcançados de maneira ética e justa.

3 DECRETO Nº 9.203/2017 - POLÍTICA DE GOVERNANÇA DA ADMINISTRAÇÃO PÚBLICA FEDERAL

3.1 Considerações gerais

Objetivo da lei: Este Decreto dispõe sobre a política de governança da administração pública federal direta, autárquica e fundacional.

Política De Governança Da Administração Pública
Federal direta Autárquica Fundacional

- **Definições:**
  - **Governança Pública** - conjunto de mecanismos de liderança, estratégia e controle postos em prática para avaliar, direcionar e monitorar a gestão, com vistas à condução de políticas públicas e à prestação de serviços de interesse da sociedade;

Governança Pública
Liderança Estratégia Controle

- **Valor Público** - produtos e resultados gerados, preservados ou entregues pelas atividades de uma organização que representem respostas efetivas e úteis às necessidades ou às demandas de interesse público e modifiquem aspectos do conjunto da sociedade ou de alguns grupos específicos reconhecidos como destinatários legítimos de bens e serviços públicos.

VALOR PÚBLICO
Produtos E Resultados Gerados - Demandas de Interesse Público

- **Alta Administração** - Ministros de Estado, ocupantes de cargos de natureza especial, ocupantes de cargo de nível 6 do Grupo-Direção e Assessoramento Superiores (DAS) e presidentes e diretores de autarquias, inclusive as especiais, e de fundações públicas ou autoridades de hierarquia equivalente.

ALTA ADMINISTRAÇÃO
Ministros de Estado
Cargos de natureza especial

- **Gestão De Riscos** - processo de natureza permanente, estabelecido, direcionado e monitorado pela alta administração, que contempla as atividades de identificar, avaliar e gerenciar potenciais eventos que possam afetar a organização, destinado a fornecer segurança razoável quanto à realização de seus objetivos.

GESTÃO DE RISCOS
Identificar Avaliar Gerenciar • Potenciais eventos que possam afetar a organização • Destinado a fornecer segurança

princípios da governança pública
I - Capacidade de resposta; II - Integridade; III - confiabilidade; IV - Melhoria regulatória; V - Prestação de contas e responsabilidade; e VI - Transparência.

3.2 Diretrizes da governança pública

Direcionar ações para a busca de resultados para a sociedade, encontrando soluções tempestivas e inovadoras para lidar com a limitação de recursos e com as mudanças de prioridades.

GOVERNANÇA PÚBLICA
Ações Para a Busca de resultados para a Sociedade.

Promover a simplificação administrativa, a modernização da gestão pública e a integração dos serviços públicos, especialmente aqueles prestados por meio eletrônico.

GOVERNANÇA PÚBLICA

Simplificação administrativa
Modernização da gestão pública
Integração dos serviços públicos

Monitorar o desempenho e avaliar a concepção, a implementação e os resultados das políticas e das ações prioritárias para assegurar que as diretrizes estratégicas sejam observadas.

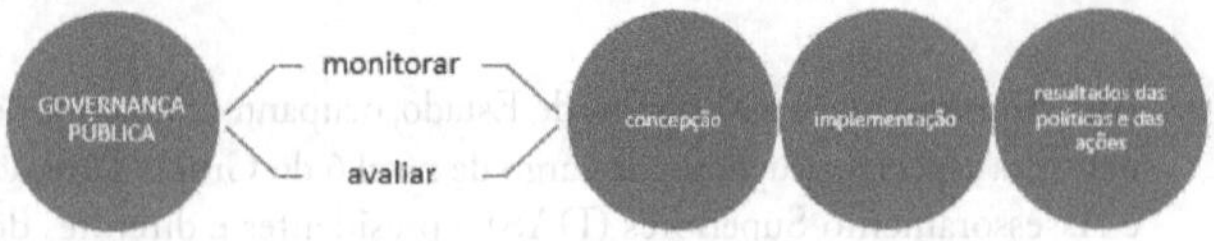

Articular instituições e coordenar processos para melhorar a integração entre os diferentes níveis e esferas do setor público, com vistas a gerar, preservar e entregar valor público.

Articular instituições
Coordenar processos
Integração entre os diferentes níveis e esferas do setor público

Fazer incorporar padrões elevados de conduta pela alta administração para orientar o comportamento dos agentes públicos, em consonância com as funções e as atribuições de seus órgãos e de suas entidades.

GOVERNANÇA PÚBLICA

Padrões elevados de conduta
Orientar o comportamento dos agentes públicos
Funções e as atribuições de seus órgãos e de suas entidades

Implementar controles internos fundamentados na gestão de risco, que privilegiará ações estratégicas de prevenção antes de processos sancionadores.

GOVERNANÇA PÚBLICA

Controles internos

Gestão de risco

Avaliar as propostas de criação, expansão ou aperfeiçoamento de políticas públicas e de concessão de incentivos fiscais e aferir, sempre que possível, seus custos e benefícios.

Criação
Expansão
Aperfeiçoamento

Manter processo decisório orientado pelas evidências, pela conformidade legal, pela qualidade regulatória, pela desburocratização e pelo apoio à participação da sociedade.

GOVERNANÇA PÚBLICA

Processo decisório
Qualidade regulatória e desburocratização
Apoio à participação da sociedade

Editar e revisar atos normativos, pautando-se pelas boas práticas regulatórias e pela legitimidade, estabilidade e coerência do ordenamento jurídico e realizando consultas públicas sempre que conveniente.

GOVERNANÇA PÚBLICA

Editar E Revisar Atos Normativos

Definir formalmente as funções, as competências e as responsabilidades das estruturas e dos arranjos institucionais e

GOVERNANÇA PÚBLICA

Definir as funções
As competências
Responsabilidades das estruturas e dos arranjos institucionais

Promover a comunicação aberta, voluntária e transparente das atividades e dos resultados da organização, de maneira a fortalecer o acesso público à informação.

Comunicação aberta
Voluntária
Transparente das atividades

3.3 Mecanismos para o exercício da governança pública

Liderança, que compreende conjunto de práticas de natureza humana ou comportamental exercida nos principais cargos das organizações, para assegurar a existência das condições mínimas para o exercício da boa governança, quais sejam:

- integridade;
- competência;
- responsabilidade; e
- motivação.

Estratégia, que compreende a definição de diretrizes, objetivos, planos e ações, além de critérios de priorização e alinhamento entre organizações e partes interessadas, para que os serviços e produtos de responsabilidade da organização alcancem o resultado pretendido.

- Diretrizes
- Objetivos
- Planos
- Ações

Controle, que compreende processos estruturados para mitigar os possíveis riscos com vistas ao alcance dos objetivos institucionais e para garantir a execução ordenada, ética, econômica, eficiente e eficaz das atividades da organização, com preservação da legalidade e da economicidade no dispêndio de recursos públicos.

- Mitigar riscos
- Execução ordenada, ética, econômica
- Eficiente e eficaz das atividades da organização

Alta administração dos órgãos e das entidades: observados as normas e os procedimentos específicos aplicáveis, implementar e manter mecanismos, instâncias e práticas de governança em consonância com os princípios e as diretrizes estabelecidos neste Decreto. Os mecanismos, as instâncias e as práticas de governança incluirão, no mínimo:

- Formas de acompanhamento de resultados;
- Soluções para melhoria do desempenho das organizações; e
- Instrumentos de promoção do processo decisório fundamentado em evidências.

Comitê Interministerial de Governança (CIG): tem por finalidade assessorar o Presidente da República na condução da política de governança da administração pública federal.

CIG: é composto pelos seguintes membros titulares:

- Ministro de Estado Chefe da Casa Civil da Presidência da República, que o coordenará;
- Ministro de Estado da Economia; e
- Ministro de Estado da Controlaria-Geral da União.

ATENÇÃO!

Os membros do CIG poderão ser substituídos, em suas ausências e seus impedimentos, pelos respectivos Secretários-Executivos.

Reuniões do CIG: serão convocadas pelo seu Coordenador.

Representantes de outros órgãos e entidades da administração pública federal: poderão ser convidados a participar de reuniões do CIG, sem direito a voto.

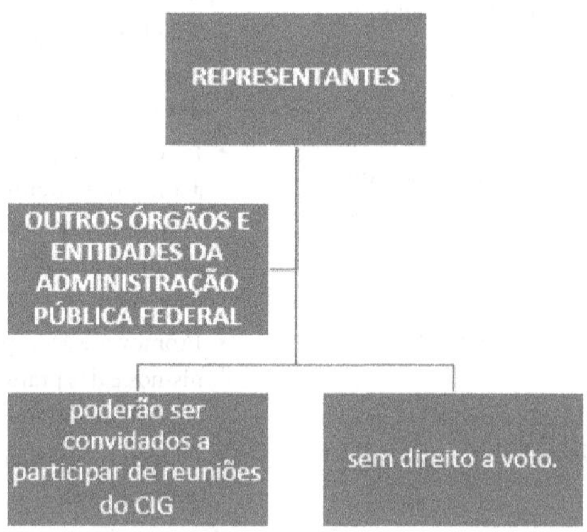

Reuniões: CIG se reunirá, em caráter ordinário, trimestralmente e, em caráter extraordinário, sempre que necessário.

Quórum de reunião do CIG: é de maioria simples dos membros e o quórum de aprovação é de maioria absoluta.

Voto de Qualidade: Além do voto ordinário, o Coordenador do CIG terá o voto de qualidade em caso de empate.

3.4 Competência do CIG

Ao CIG compete:

- Propor medidas, mecanismos e práticas organizacionais para o atendimento aos princípios e às diretrizes de governança pública estabelecidos neste Decreto;
- Aprovar manuais e guias com medidas, mecanismos e práticas organizacionais que contribuam para a implementação dos princípios e das diretrizes de governança pública estabelecidos neste Decreto;
- Aprovar recomendações aos colegiados temáticos para garantir a coerência e a coordenação dos programas e das políticas de governança específicos;
- Incentivar e monitorar a aplicação das melhores práticas de governança no âmbito da administração pública federal direta, autárquica e fundacional; e
- Editar as resoluções necessárias ao exercício de suas competências.

Manuais e guias deverão:

- conter recomendações que possam ser implementadas nos órgãos e nas entidades da administração pública federal direta, autárquica e fundacional definidos na resolução que os aprovar;
- ser observados pelos comitês internos de governança.

Colegiado temático: é a comissão, o comitê, o grupo de trabalho ou outra forma de colegiado interministerial instituído com o objetivo de implementar, promover ou executar políticas ou programas de governança relativos a temas específicos.

Grupos de trabalho específicos: O CIG poderá instituir grupos de trabalho específicos com o objetivo de assessorá-lo no cumprimento das suas competências.

Representantes de órgãos e entidades públicas e privadas: poderão ser convidados a participar dos grupos de trabalho constituídos pelo CIG.

Atenção!

O CIG definirá no ato de instituição do grupo de trabalho os seus objetivos específicos, a sua composição e o prazo para conclusão de seus trabalhos.

▹ Grupos de trabalho

- Serão compostos na forma de ato do CIG;
- Não poderão ter mais de cinco membros;
- Terão caráter temporário e duração não superior a um ano; e
- Estarão limitados a três operando simultaneamente.

Secretaria-executiva do CIG: será exercida pela Secretaria Especial de Relações Governamentais da Casa Civil da Presidência da República.

Compete à secretaria-executiva do CIG:

- Receber, instruir e encaminhar aos membros do CIG as propostas recebidas;
- Encaminhar a pauta, a documentação, os materiais de discussão e os registros das reuniões aos membros do CIG;
- Comunicar aos membros do CIG a data e a hora das reuniões ordinárias ou a convocação para as reuniões extraordinárias;
- Comunicar aos membros do CIG a forma de realização da reunião, que poderá ser por meio eletrônico ou presencial, e o local, quando se tratar de reuniões presenciais; e
- Disponibilizar as atas e as resoluções do CIG em sítio eletrônico ou, quando o seu conteúdo for classificado como confidencial, encaminhá-las aos membros.

Participação no CIG: ou nos grupos de trabalho por ele constituídos será considerada prestação de serviço público relevante, não remunerada.

▹ **Compete aos órgãos e às entidades integrantes da administração pública federal direta, autárquica e fundacional:**

Órgãos e às entidades integrantes da administração pública federal direta, autárquica e fundacional

- Executar a política de governança pública, de maneira a incorporar os princípios e as diretrizes definidos neste Decreto e as recomendações oriundas de manuais, guias e resoluções do CIG; e
- Encaminhar ao CIG propostas relacionadas às competências, com a justificativa da proposição e da minuta da resolução pertinente, se for o caso.

▹ Competências dos comitês internos de governança, instituídos pelos órgãos e entidades da administração pública federal direta, autárquica e fundacional:

- Auxiliar a alta administração na implementação e na manutenção de processos, estruturas e mecanismos adequados à incorporação dos princípios e das diretrizes da governança;
- Incentivar e promover iniciativas que busquem implementar o acompanhamento de resultados no órgão ou na entidade, que promovam soluções para melhoria do desempenho institucional ou que adotem instrumentos para o aprimoramento do processo decisório;
- Promover e acompanhar a implementação das medidas, dos mecanismos e das práticas organizacionais de governança definidos pelo cig em seus manuais e em suas resoluções;
- Elaborar manifestação técnica relativa aos temas de sua competência.

▹ **Comitês internos de governança**: publicarão suas atas e suas resoluções em sítio eletrônico, ressalvado o conteúdo sujeito a sigilo.

Alta administração das organizações da administração pública federal direta, autárquica e fundacional: deverá estabelecer, manter, monitorar e aprimorar sistema de gestão de riscos e controles internos com vistas à identificação, à avaliação, ao tratamento, ao monitoramento e à análise crítica de riscos que possam impactar a implementação da estratégia e a consecução dos objetivos da organização no cumprimento da sua missão institucional, observados os seguintes princípios:

- Implementação e aplicação de forma sistemática, estruturada, oportuna e documentada, subordinada ao interesse público;
- Integração da gestão de riscos ao processo de planejamento estratégico e aos seus desdobramentos, às atividades, aos processos de trabalho e aos projetos em todos os níveis da organização, relevantes para a execução da estratégia e o alcance dos objetivos institucionais;
- Estabelecimento de controles internos proporcionais aos riscos, de maneira a considerar suas causas, fontes, consequências e impactos, observada a relação custo-benefício; e
- Utilização dos resultados da gestão de riscos para apoio à melhoria contínua do desempenho e dos processos de gerenciamento de risco, controle e governança.

- **Auditoria interna governamental:** deverá adicionar valor e melhorar as operações das organizações para o alcance de seus objetivos, mediante a abordagem sistemática e disciplinada para avaliar e melhorar a eficácia dos processos de gerenciamento de riscos, dos controles e da governança, por meio da:
  - Realização de trabalhos de avaliação e consultoria de forma independente, segundo os padrões de auditoria e ética profissional reconhecidos internacionalmente;
  - Adoção de abordagem baseada em risco para o planejamento de suas atividades e para a definição do escopo, da natureza, da época e da extensão dos procedimentos de auditoria; e
  - Promoção à prevenção, à detecção e à investigação de fraudes praticadas por agentes públicos ou privados na utilização de recursos públicos federais.
- **Órgãos e as entidades da administração direta, autárquica e fundacional:** instituirão programa de integridade, com o objetivo de promover a adoção de medidas e ações institucionais destinadas à prevenção, à detecção, à punição e à remediação de fraudes e atos de corrupção, estruturado nos seguintes eixos:
  - Comprometimento e apoio da alta administração;
  - Existência de unidade responsável pela implementação no órgão ou na entidade;
  - Análise, avaliação e gestão dos riscos associados ao tema da integridade; e
  - Monitoramento contínuo dos atributos do programa de integridade.

Em suma

- **Governança pública** - mecanismos de liderança, estratégia e controle postos em prática para avaliar, direcionar e monitorar a gestão, com vistas à condução de políticas públicas e à prestação de serviços de interesse da sociedade;
- **Valor público** - produtos e resultados gerados, preservados ou entregues pelas atividades de uma organização que representem respostas efetivas e úteis às necessidades ou às demandas de interesse público e modifiquem aspectos do conjunto da sociedade ou de alguns grupos específicos reconhecidos como destinatários legítimos de bens e serviços públicos;
- **Alta administração** - Ministros de Estado, ocupantes de cargos de natureza especial, ocupantes de cargo de nível 6 do Grupo-Direção e Assessoramento Superiores (DAS) e presidentes e diretores de autarquias, inclusive as especiais, e de fundações públicas ou autoridades de hierarquia equivalente; e
- **Gestão de riscos** - processo de natureza permanente, estabelecido, direcionado e monitorado pela alta administração, que contempla as atividades de identificar, avaliar e gerenciar potenciais eventos que possam afetar a organização, destinado a fornecer segurança razoável quanto à realização de seus objetivos.

Diretrizes da governança pública

Direcionar ações para a busca de resultados para a sociedade, encontrando soluções tempestivas e inovadoras para lidar com a limitação de recursos e com as mudanças de prioridades;
Promover a simplificação administrativa, a modernização da gestão pública e a integração dos serviços públicos, especialmente aqueles prestados por meio eletrônico;
Monitorar o desempenho e avaliar a concepção, a implementação e os resultados das políticas e das ações prioritárias para assegurar que as diretrizes estratégicas sejam observadas;
Articular instituições e coordenar processos para melhorar a integração entre os diferentes níveis e esferas do setor público, com vistas a gerar, preservar e entregar valor público;
Fazer incorporar padrões elevados de conduta pela alta administração para orientar o comportamento dos agentes públicos, em consonância com as funções e as atribuições de seus órgãos e de suas entidades;
Implementar controles internos fundamentados na gestão de risco, que privilegiará ações estratégicas de prevenção antes de processos sancionadores;
Avaliar as propostas de criação, expansão ou aperfeiçoamento de políticas públicas e de concessão de incentivos fiscais e aferir, sempre que possível, seus custos e benefícios;
Manter processo decisório orientado pelas evidências, pela conformidade legal, pela qualidade regulatória, pela desburocratização e pelo apoio à participação da sociedade;
Editar e revisar atos normativos, pautando-se pelas boas práticas regulatórias e pela legitimidade, estabilidade e coerência do ordenamento jurídico e realizando consultas públicas sempre que conveniente;
Definir formalmente as funções, as competências e as responsabilidades das estruturas e dos arranjos institucionais; e
Promover a comunicação aberta, voluntária e transparente das atividades e dos resultados da organização, de maneira a fortalecer o acesso público à informação.

4 LEI Nº 14.129/2021 - PRINCÍPIOS, REGRAS E INSTRUMENTOS PARA O GOVERNO DIGITAL

4.1 Disposições Gerais

Esta Lei dispõe sobre princípios, regras e instrumentos para o aumento da eficiência da administração pública, especialmente por meio da desburocratização, da inovação, da transformação digital e da participação do cidadão.

Na aplicação desta Lei deverá ser observado o disposto nas Leis nºs 12.527, de 18 de novembro de 2011 (Lei de Acesso à Informação), 13.460, de 26 de junho de 2017, 13.709, de 14 de agosto de 2018 (Lei Geral de Proteção de Dados Pessoais), e 5.172, de 25 de outubro de 1966 (Código Tributário Nacional), e na Lei Complementar nº 105, de 10 de janeiro de 2001.

- Esta Lei aplica-se:
  - aos órgãos da administração pública direta federal, abrangendo os Poderes Executivo, Judiciário e Legislativo, incluído o Tribunal de Contas da União, e o Ministério Público da União;
  - às entidades da administração pública indireta federal, incluídas as empresas públicas e sociedades de economia mista, suas subsidiárias e controladas, que prestem serviço público, autarquias e fundações públicas; e
  - às administrações diretas e indiretas dos demais entes federados, nos termos dos incisos I e II do caput deste artigo, desde que adotem os comandos desta Lei por meio de atos normativos próprios.

Esta Lei não se aplica a empresas públicas e sociedades de economia mista, suas subsidiárias e controladas, que não prestem serviço público.

As referências feitas nesta Lei, direta ou indiretamente, a Estados, Municípios e ao Distrito Federal são cabíveis somente na hipótese de ter sido cumprido o requisito previsto no inciso III do caput deste artigo.

São princípios e diretrizes do Governo Digital e da eficiência pública:

- a desburocratização, a modernização, o fortalecimento e a simplificação da relação do poder público com a sociedade, mediante serviços digitais, acessíveis inclusive por dispositivos móveis;
- a disponibilização em plataforma única do acesso às informações e aos serviços públicos, observadas as restrições legalmente previstas e sem prejuízo, quando indispensável, da prestação de caráter presencial;
- a possibilidade aos cidadãos, às pessoas jurídicas e aos outros entes públicos de demandar e de acessar serviços públicos por meio digital, sem necessidade de solicitação presencial;
- a transparência na execução dos serviços públicos e o monitoramento da qualidade desses serviços;
- o incentivo à participação social no controle e na fiscalização da administração pública;
- o dever do gestor público de prestar contas diretamente à população sobre a gestão dos recursos públicos;
- o uso de linguagem clara e compreensível a qualquer cidadão;
- o uso da tecnologia para otimizar processos de trabalho da administração pública;
- a atuação integrada entre os órgãos e as entidades envolvidos na prestação e no controle dos serviços públicos, com o compartilhamento de dados pessoais em ambiente seguro quando for indispensável para a prestação do serviço, nos termos da Lei nº 13.709, de 14 de agosto de 2018 (Lei Geral de Proteção de Dados Pessoais), e, quando couber, com a transferência de sigilo, nos termos do art. 198 da Lei nº 5.172, de 25 de outubro de 1966 (Código Tributário Nacional), e da Lei Complementar nº 105, de 10 de janeiro de 2001;
- a simplificação dos procedimentos de solicitação, oferta e acompanhamento dos serviços públicos, com foco na universalização do acesso e no autosserviço;
- a eliminação de formalidades e de exigências cujo custo econômico ou social seja superior ao risco envolvido;
- a imposição imediata e de uma única vez ao interessado das exigências necessárias à prestação dos serviços públicos, justificada exigência posterior apenas em caso de dúvida superveniente;
- a vedação de exigência de prova de fato já comprovado pela apresentação de documento ou de informação válida;
- a interoperabilidade de sistemas e a promoção de dados abertos;
- a presunção de boa-fé do usuário dos serviços públicos;
- a permanência da possibilidade de atendimento presencial, de acordo com as características, a relevância e o público-alvo do serviço;
- a proteção de dados pessoais, nos termos da Lei nº 13.709, de 14 de agosto de 2018 (Lei Geral de Proteção de Dados Pessoais);
- o cumprimento de compromissos e de padrões de qualidade divulgados na Carta de Serviços ao Usuário;
- a acessibilidade da pessoa com deficiência ou com mobilidade reduzida, nos termos da Lei nº 13.146, de 6 de julho de 2015 (Estatuto da Pessoa com Deficiência);
- o estímulo a ações educativas para qualificação dos servidores públicos para o uso das tecnologias digitais e para a inclusão digital da população;
- o apoio técnico aos entes federados para implantação e adoção de estratégias que visem à transformação digital da administração pública;
- o estímulo ao uso das assinaturas eletrônicas nas interações e nas comunicações entre órgãos públicos e entre estes e os cidadãos;
- a implantação do governo como plataforma e a promoção do uso de dados, preferencialmente anonimizados, por pessoas físicas e jurídicas de diferentes setores da sociedade, resguardado o disposto nos arts. 7º e 11 da Lei nº 13.709, de 14 de agosto de 2018 (Lei Geral de Proteção de Dados Pessoais), com vistas, especialmente, à formulação de políticas públicas, de pesquisas científicas, de geração de negócios e de controle social;
- o tratamento adequado a idosos, nos termos da Lei nº 10.741, de 1º de outubro de 2003 (Estatuto do Idoso);
- a adoção preferencial, no uso da internet e de suas aplicações, de tecnologias, de padrões e de formatos abertos e livres, conforme disposto no inciso V do caput do art. 24 e no art. 25 da Lei nº 12.965, de 23 de abril de 2014 (Marco Civil da Internet); e
- a promoção do desenvolvimento tecnológico e da inovação no setor público.

Para os fins desta Lei, considera-se:

- autosserviço: acesso pelo cidadão a serviço público prestado por meio digital, sem necessidade de mediação humana;
- base nacional de serviços públicos: base de dados que contém as informações necessárias sobre a oferta de serviços públicos de todos os prestadores desses serviços;
- dados abertos: dados acessíveis ao público, representados em meio digital, estruturados em formato aberto, processáveis por máquina, referenciados na internet e disponibilizados sob licença aberta que permita sua livre utilização, consumo ou tratamento por qualquer pessoa, física ou jurídica;
- dado acessível ao público: qualquer dado gerado ou acumulado pelos entes públicos que não esteja sob sigilo ou sob restrição de acesso nos termos da Lei nº 12.527, de 18 de novembro de 2011 (Lei de Acesso à Informação);
- formato aberto: formato de arquivo não proprietário, cuja especificação esteja documentada publicamente e seja de livre conhecimento e implementação, livre de patentes ou de qualquer outra restrição legal quanto à sua utilização;
- governo como plataforma: infraestrutura tecnológica que facilite o uso de dados de acesso público e promova a interação entre diversos agentes, de forma segura, eficiente e responsável, para estímulo à inovação, à exploração de atividade econômica e à prestação de serviços à população;
- laboratório de inovação: espaço aberto à participação e à colaboração da sociedade para o desenvolvimento de ideias, de ferramentas e de métodos inovadores para a gestão pública, a prestação de serviços públicos e a participação do cidadão para o exercício do controle sobre a administração pública;
- plataformas de governo digital: ferramentas digitais e serviços comuns aos órgãos, normalmente ofertados de forma centralizada e compartilhada, necessárias para a oferta digital de serviços e de políticas públicas;
- registros de referência: informação íntegra e precisa oriunda de uma ou mais fontes de dados, centralizadas ou descentralizadas, sobre elementos fundamentais para a prestação de serviços e para a gestão de políticas públicas; e

- transparência ativa: disponibilização de dados pela administração pública independentemente de solicitações.

Aplicam-se a esta Lei os conceitos da Lei nº 13.709, de 14 de agosto de 2018 (Lei Geral de Proteção de Dados Pessoais).

4.2 Digitalização da Administração Pública e da Prestação Digital de Serviços Públicos - Governo Digital

4.2.1 Digitalização

A administração pública utilizará soluções digitais para a gestão de suas políticas finalísticas e administrativas e para o trâmite de processos administrativos eletrônicos.

Entes públicos que emitem atestados, certidões, diplomas ou outros documentos comprobatórios com validade legal poderão fazê-lo em meio digital, assinados eletronicamente na forma do art. 7º desta Lei e da Lei nº 14.063, de 23 de setembro de 2020.

Nos processos administrativos eletrônicos, os atos processuais deverão ser realizados em meio eletrônico, exceto se o usuário solicitar de forma diversa, nas situações em que esse procedimento for inviável, nos casos de indisponibilidade do meio eletrônico ou diante de risco de dano relevante à celeridade do processo.

No caso das exceções previstas no caput deste artigo, os atos processuais poderão ser praticados conforme as regras aplicáveis aos processos em papel, desde que posteriormente o documento-base correspondente seja digitalizado.

Os documentos e os atos processuais serão válidos em meio digital mediante o uso de assinatura eletrônica, desde que respeitados parâmetros de autenticidade, de integridade e de segurança adequados para os níveis de risco em relação à criticidade da decisão, da informação ou do serviço específico, nos termos da lei.

Regulamento poderá dispor sobre o uso de assinatura avançada para os fins de que tratam os seguintes dispositivos:

- art. 2º-A da Lei nº 12.682, de 9 de julho de 2012;
- art. 289 da Lei nº 6.404, de 15 de dezembro de 1976;
- art. 2º da Lei nº 13.787, de 27 de dezembro de 2018;
- art. 282-A da Lei nº 9.503, de 23 de setembro de 1997 (Código de Trânsito Brasileiro);
- art. 8º da Lei nº 12.618, de 30 de abril de 2012;
- art. 38 da Lei nº 11.977, de 7 de julho de 2009.

O disposto neste artigo não se aplica às hipóteses legais de anonimato.

Os atos processuais em meio eletrônico consideram-se realizados no dia e na hora do recebimento pelo sistema informatizado de gestão de processo administrativo eletrônico do órgão ou da entidade, o qual deverá fornecer recibo eletrônico de protocolo que os identifique.

Quando o ato processual tiver que ser praticado em determinado prazo, por meio eletrônico, serão considerados tempestivos os efetivados, salvo disposição em contrário, até as 23h59 (vinte e três horas e cinquenta e nove minutos) do último dia do prazo, no horário de Brasília.

A regulamentação deverá dispor sobre os casos e as condições de prorrogação de prazos em virtude da indisponibilidade de sistemas informatizados.

O acesso à íntegra do processo para vista pessoal do interessado poderá ocorrer por intermédio da disponibilização de sistema informatizado de gestão ou por acesso à cópia do documento, preferencialmente em meio eletrônico.

A classificação da informação quanto ao grau de sigilo e a possibilidade de limitação do acesso aos servidores autorizados e aos interessados no processo observarão os termos da Lei nº 12.527, de 18 de novembro de 2011 (Lei de Acesso à Informação), e das demais normas vigentes.

Os documentos nato-digitais assinados eletronicamente na forma do art. 7º desta Lei são considerados originais para todos os efeitos legais.

O formato e o armazenamento dos documentos digitais deverão garantir o acesso e a preservação das informações, nos termos da legislação arquivística nacional.

A guarda dos documentos digitais e dos processos administrativos eletrônicos considerados de valor permanente deverá estar de acordo com as normas previstas pela instituição arquivística pública responsável por sua custódia.

4.2.2 Governo Digital

A prestação digital dos serviços públicos deverá ocorrer por meio de tecnologias de amplo acesso pela população, inclusive pela de baixa renda ou residente em áreas rurais e isoladas, sem prejuízo do direito do cidadão a atendimento presencial.

O acesso à prestação digital dos serviços públicos será realizado, preferencialmente, por meio do autosserviço.

A administração pública participará, de maneira integrada e cooperativa, da consolidação da Estratégia Nacional de Governo Digital, editada pelo Poder Executivo federal, que observará os princípios e as diretrizes de que trata o art. 3º desta Lei.

A administração pública de cada ente federado poderá editar estratégia de governo digital, no âmbito de sua competência, buscando a sua compatibilização com a estratégia federal e a de outros entes.

4.2.3 Redes de Conhecimento

O Poder Executivo federal poderá criar redes de conhecimento, com o objetivo de:

- gerar, compartilhar e disseminar conhecimento e experiências;
- formular propostas de padrões, políticas, guias e manuais;
- discutir sobre os desafios enfrentados e as possibilidades de ação quanto ao Governo Digital e à eficiência pública;
- prospectar novas tecnologias para facilitar a prestação de serviços públicos disponibilizados em meio digital, o fornecimento de informações e a participação social por meios digitais.

Poderão participar das redes de conhecimento todos os órgãos e as entidades referidos no art. 2º desta Lei, inclusive dos entes federados.

Serão assegurados às instituições científicas, tecnológicas e de inovação o acesso às redes de conhecimento e o estabelecimento de canal de comunicação permanente com o órgão federal a quem couber a coordenação das atividades previstas neste artigo.

4.2.4 Componentes do Governo Digital

Definição

São componentes essenciais para a prestação digital dos serviços públicos na administração pública:

- a Base Nacional de Serviços Públicos;
- as Cartas de Serviços ao Usuário, de que trata a Lei nº 13.460, de 26 de junho de 2017; e
- as Plataformas de Governo Digital.

Base Nacional de Serviços Públicos

Poderá o Poder Executivo federal estabelecer Base Nacional de Serviços Públicos, que reunirá informações necessárias sobre a oferta de serviços públicos em cada ente federado.

Cada ente federado poderá disponibilizar as informações sobre a prestação de serviços públicos, conforme disposto nas suas Cartas de Serviços ao Usuário, na Base Nacional de Serviços Públicos, em formato aberto e interoperável e em padrão comum a todos os entes.

4.2.5 Plataformas de Governo Digital

As Plataformas de Governo Digital, instrumentos necessários para a oferta e a prestação digital dos serviços públicos de cada ente federativo, deverão ter pelo menos as seguintes funcionalidades:

- ferramenta digital de solicitação de atendimento e de acompanhamento da entrega dos serviços públicos; e
- painel de monitoramento do desempenho dos serviços públicos.

As Plataformas de Governo Digital deverão ser acessadas por meio de portal, de aplicativo ou de outro canal digital único e oficial, para a disponibilização de informações institucionais, notícias e prestação de serviços públicos.

As funcionalidades de que trata o caput deste artigo deverão observar padrões de interoperabilidade e a necessidade de integração de dados como formas de simplificação e de eficiência nos processos e no atendimento aos usuários.

A ferramenta digital de atendimento e de acompanhamento da entrega dos serviços públicos de que trata o inciso I do caput do art. 20 desta Lei deve apresentar, no mínimo, as seguintes características e funcionalidades:

- identificação do serviço público e de suas principais etapas;
- solicitação digital do serviço;
- agendamento digital, quando couber;
- acompanhamento das solicitações por etapas;
- avaliação continuada da satisfação dos usuários em relação aos serviços públicos prestados;
- identificação, quando necessária, e gestão do perfil pelo usuário;
- notificação do usuário;
- possibilidade de pagamento digital de serviços públicos e de outras cobranças, quando necessário;
- nível de segurança compatível com o grau de exigência, a natureza e a criticidade dos serviços públicos e dos dados utilizados;
- funcionalidade para solicitar acesso a informações acerca do tratamento de dados pessoais, nos termos das Leis nºs 12.527, de 18 de novembro de 2011 (Lei de Acesso à Informação), e 13.709, de 14 de agosto de 2018 (Lei Geral de Proteção de Dados Pessoais); e
- implementação de sistema de ouvidoria, nos termos da Lei nº 13.460, de 26 de junho de 2017.

O painel de monitoramento do desempenho dos serviços públicos de que trata o inciso II do caput do art. 20 desta Lei deverá conter, no mínimo, as seguintes informações, para cada serviço público ofertado:

- quantidade de solicitações em andamento e concluídas anualmente;
- tempo médio de atendimento; e
- grau de satisfação dos usuários.

Deverá ser assegurada interoperabilidade e padronização mínima do painel a que se refere o caput deste artigo, de modo a permitir a comparação entre as avaliações e os desempenhos dos serviços públicos prestados pelos diversos entes.

Poderá o Poder Executivo federal:

- estabelecer padrões nacionais para as soluções previstas nesta Seção;
- disponibilizar soluções para outros entes que atendam ao disposto nesta Seção.

4.2.6 Prestação Digital dos Serviços Públicos

Os órgãos e as entidades responsáveis pela prestação digital de serviços públicos deverão, no âmbito de suas competências:

- manter atualizadas:
  - as Cartas de Serviços ao Usuário, a Base Nacional de Serviços Públicos e as Plataformas de Governo Digital;
  - as informações institucionais e as comunicações de interesse público;
- monitorar e implementar ações de melhoria dos serviços públicos prestados, com base nos resultados da avaliação de satisfação dos usuários dos serviços;
- integrar os serviços públicos às ferramentas de notificação aos usuários, de assinatura eletrônica e de meios de pagamento digitais, quando aplicáveis;
- eliminar, inclusive por meio da interoperabilidade de dados, as exigências desnecessárias ao usuário quanto à apresentação de informações e de documentos comprobatórios prescindíveis;
- eliminar a replicação de registros de dados, exceto por razões de desempenho ou de segurança;
- tornar os dados da prestação dos serviços públicos sob sua responsabilidade interoperáveis para composição dos indicadores do painel de monitoramento do desempenho dos serviços públicos;
- realizar a gestão das suas políticas públicas com base em dados e em evidências por meio da aplicação de inteligência de dados em plataforma digital; e
- realizar testes e pesquisas com os usuários para subsidiar a oferta de serviços simples, intuitivos, acessíveis e personalizados.

As Plataformas de Governo Digital devem dispor de ferramentas de transparência e de controle do tratamento de dados pessoais que sejam claras e facilmente acessíveis e que permitam ao cidadão o exercício dos direitos previstos na Lei nº 13.709, de 14 de agosto de 2018 (Lei Geral de Proteção de Dados Pessoais).

As ferramentas previstas no caput deste artigo devem:

- disponibilizar, entre outras, as fontes dos dados pessoais, a finalidade específica do seu tratamento pelo respectivo órgão ou ente e a indicação de outros órgãos ou entes com os quais é realizado o uso compartilhado de dados pessoais, incluído o histórico de acesso ou uso compartilhado, ressalvados os casos previstos no inciso III do caput do art. 4º da Lei nº 13.709, de 14 de agosto de 2018 (Lei Geral de Proteção de Dados Pessoais);
- permitir que o cidadão efetue requisições ao órgão ou à entidade controladora dos seus dados, especialmente aquelas previstas no art. 18 da Lei nº 13.709, de 14 de agosto de 2018 (Lei Geral de Proteção de Dados Pessoais).

A Autoridade Nacional de Proteção de Dados (ANPD) poderá editar normas complementares para regulamentar o disposto neste artigo.

Presume-se a autenticidade de documentos apresentados por usuários dos serviços públicos ofertados por meios digitais, desde que o envio seja assinado eletronicamente.

4.2.7 Direitos dos Usuários da Prestação Digital de Serviços Públicos

São garantidos os seguintes direitos aos usuários da prestação digital de serviços públicos, além daqueles constantes das Leis nºs 13.460, de 26 de junho de 2017, e 13.709, de 14 de agosto de 2018 (Lei Geral de Proteção de Dados Pessoais):

- gratuidade no acesso às Plataformas de Governo Digital;
- atendimento nos termos da respectiva Carta de Serviços ao Usuário;
- padronização de procedimentos referentes à utilização de formulários, de guias e de outros documentos congêneres, incluídos os de formato digital;
- recebimento de protocolo, físico ou digital, das solicitações apresentadas; e
- indicação de canal preferencial de comunicação com o prestador público para o recebimento de notificações, de mensagens, de avisos e de outras comunicações relativas à prestação de serviços públicos e a assuntos de interesse público.

4.3 Número Suficiente para Identificação

Fica estabelecido o número de inscrição no Cadastro de Pessoas Físicas (CPF) ou no Cadastro Nacional da Pessoa Jurídica (CNPJ) como número suficiente para identificação do cidadão ou da pessoa jurídica, conforme o caso, nos bancos de dados de serviços públicos, garantida a gratuidade da inscrição e das alterações nesses cadastros.

O número de inscrição no CPF deverá constar dos cadastros e dos documentos de órgãos públicos, do registro civil de pessoas naturais, dos documentos de identificação de conselhos profissionais e, especialmente, dos seguintes cadastros e documentos:

- certidão de nascimento;
- certidão de casamento;
- certidão de óbito;
- Documento Nacional de Identificação (DNI);
- Número de Identificação do Trabalhador (NIT);
- registro no Programa de Integração Social (PIS) ou no Programa de Formação do Patrimônio do Servidor Público (Pasep);
- Cartão Nacional de Saúde;
- título de eleitor;
- Carteira de Trabalho e Previdência Social (CTPS);
- Carteira Nacional de Habilitação (CNH) ou Permissão para Dirigir;
- certificado militar;
- carteira profissional expedida pelos conselhos de fiscalização de profissão regulamentada;
- passaporte;
- carteiras de identidade de que trata a Lei nº 7.116, de 29 de agosto de 1983; e
- outros certificados de registro e números de inscrição existentes em bases de dados públicas federais, estaduais, distritais e municipais.

A inclusão do número de inscrição no CPF nos cadastros e nos documentos de que trata o § 1º deste artigo ocorrerá sempre que a instituição responsável pelos cadastros e pelos documentos tiver acesso a documento comprobatório ou à base de dados administrada pela Secretaria Especial da Receita Federal do Brasil do Ministério da Economia.

A incorporação do número de inscrição no CPF à carteira de identidade será precedida de consulta à base de dados administrada pela Secretaria Especial da Receita Federal do Brasil do Ministério da Economia e de validação de acordo com essa base de dados.

Na hipótese de o requerente da carteira de identidade não estar inscrito no CPF, o órgão de identificação realizará a sua inscrição, caso tenha integração com a base de dados da Secretaria Especial da Receita Federal do Brasil do Ministério Economia.

4.4 Governo como Plataforma

4.4.1 Abertura dos Dados

Os dados disponibilizados pelos prestadores de serviços públicos, bem como qualquer informação de transparência ativa, são de livre utilização pela sociedade, observados os princípios dispostos no art. 6º da Lei nº 13.709, de 14 de agosto de 2018 (Lei Geral de Proteção de Dados Pessoais).

Na promoção da transparência ativa de dados, o poder público deverá observar os seguintes requisitos:

- observância da publicidade das bases de dados não pessoais como preceito geral e do sigilo como exceção;
- garantia de acesso irrestrito aos dados, os quais devem ser legíveis por máquina e estar disponíveis em formato aberto, respeitadas as Leis nºs 12.527, de 18 de novembro de 2011 (Lei de Acesso à Informação), e 13.709, de 14 agosto de 2018 (Lei Geral de Proteção de Dados Pessoais);
- descrição das bases de dados com informação suficiente sobre estrutura e semântica dos dados, inclusive quanto à sua qualidade e à sua integridade;
- permissão irrestrita de uso de bases de dados publicadas em formato aberto;
- completude de bases de dados, as quais devem ser disponibilizadas em sua forma primária, com o maior grau de granularidade possível, ou referenciar bases primárias, quando disponibilizadas de forma agregada;
- atualização periódica, mantido o histórico, de forma a garantir a perenidade de dados, a padronização de estruturas de informação e o valor dos dados à sociedade e a atender às necessidades de seus usuários;
- respeito à privacidade dos dados pessoais e dos dados sensíveis, sem prejuízo dos demais requisitos elencados, conforme a Lei nº 13.709, de 14 de agosto de 2018 (Lei Geral de Proteção de Dados Pessoais);
- intercâmbio de dados entre órgãos e entidades dos diferentes Poderes e esferas da Federação, respeitado o disposto no art. 26 da Lei nº 13.709, de 14 de agosto de 2018 (Lei Geral de Proteção de Dados Pessoais); e
- fomento ao desenvolvimento de novas tecnologias destinadas à construção de ambiente de gestão pública participativa e democrática e à melhor oferta de serviços públicos.

Sem prejuízo da legislação em vigor, os órgãos e as entidades previstos no art. 2º desta Lei deverão divulgar na internet:

- o orçamento anual de despesas e receitas públicas do Poder ou órgão independente;
- a execução das despesas e receitas públicas, nos termos dos arts. 48 e 48-A da Lei Complementar nº 101, de 4 de maio de 2000;
- os repasses de recursos federais aos Estados, aos Municípios e ao Distrito Federal;
- os convênios e as operações de descentralização de recursos orçamentários em favor de pessoas naturais e de organizações não governamentais de qualquer natureza;

- as licitações e as contratações realizadas pelo Poder ou órgão independente;
- as notas fiscais eletrônicas relativas às compras públicas;
- as informações sobre os servidores e os empregados públicos federais, bem como sobre os militares da União, incluídos nome e detalhamento dos vínculos profissionais e de remuneração;
- as viagens a serviço custeadas pelo Poder ou órgão independente;
- as sanções administrativas aplicadas a pessoas, a empresas, a organizações não governamentais e a servidores públicos;
- os currículos dos ocupantes de cargos de chefia e direção;
- o inventário de bases de dados produzidos ou geridos no âmbito do órgão ou instituição, bem como catálogo de dados abertos disponíveis;
- as concessões de recursos financeiros ou as renúncias de receitas para pessoas físicas ou jurídicas, com vistas ao desenvolvimento político, econômico, social e cultural, incluída a divulgação dos valores recebidos, da contrapartida e dos objetivos a serem alcançados por meio da utilização desses recursos e, no caso das renúncias individualizadas, dos dados dos beneficiários.

Qualquer interessado poderá apresentar pedido de abertura de bases de dados da administração pública, que deverá conter os dados de contato do requerente e a especificação da base de dados requerida.

O requerente poderá solicitar a preservação de sua identidade quando entender que sua identificação prejudicará o princípio da impessoalidade, caso em que o canal responsável deverá resguardar os dados sem repassá-los ao setor, ao órgão ou à entidade responsável pela resposta.

Os procedimentos e os prazos previstos para o processamento de pedidos de acesso à informação, nos termos da Lei nº 12.527, de 18 de novembro de 2011 (Lei de Acesso à Informação), aplicam-se às solicitações de abertura de bases de dados da administração pública.

Para a abertura de base de dados de interesse público, as informações para identificação do requerente não podem conter exigências que inviabilizem o exercício de seu direito.

São vedadas quaisquer exigências relativas aos motivos determinantes da solicitação de abertura de base de dados públicos.

Os pedidos de abertura de base de dados públicos, bem como as respectivas respostas, deverão compor base de dados aberta de livre consulta.

Consideram-se automaticamente passíveis de abertura as bases de dados que não contenham informações protegidas por lei.

Compete a cada ente federado monitorar a aplicação, o cumprimento dos prazos e os procedimentos para abertura dos dados sob seu controle.

A existência de inconsistências na base de dados não poderá obstar o atendimento da solicitação de abertura.

A solicitação de abertura da base de dados será considerada atendida a partir da notificação ao requerente sobre a disponibilização e a catalogação da base de dados para acesso público no site oficial do órgão ou da entidade na internet.

É direito do requerente obter o inteiro teor da decisão negativa de abertura de base de dados.

Eventual decisão negativa à solicitação de abertura de base de dados ou decisão de prorrogação de prazo, em razão de custos desproporcionais ou não previstos pelo órgão ou pela entidade da administração pública, deverá ser acompanhada da devida análise técnica que conclua pela inviabilidade orçamentária da solicitação.

No caso de indeferimento de abertura de base de dados, poderá o interessado interpor recurso contra a decisão no prazo de 10 (dez) dias, contado de sua ciência.

O recurso será dirigido à autoridade hierarquicamente superior à que exarou a decisão impugnada, que deverá manifestar-se no prazo de 5 (cinco) dias.

Os órgãos gestores de dados poderão disponibilizar em transparência ativa dados de pessoas físicas e jurídicas para fins de pesquisa acadêmica e de monitoramento e de avaliação de políticas públicas, desde que anonimizados antes de sua disponibilização os dados protegidos por sigilo ou com restrição de acesso prevista, nos termos da Lei nº 12.527, de 18 de novembro de 2011 (Lei de Acesso à Informação).

Aplica-se subsidiariamente, no que couber, as disposições da Lei nº 9.784, de 29 de janeiro de 1999, ao procedimento de que trata este Capítulo.

4.4.2 Interoperabilidade de Dados entre Órgãos Públicos

Os órgãos e as entidades responsáveis pela prestação digital de serviços públicos detentores ou gestores de bases de dados, inclusive os controladores de dados pessoais, conforme estabelecido pela Lei nº 13.709, de 14 de agosto de 2018 (Lei Geral de Proteção de Dados Pessoais), deverão gerir suas ferramentas digitais, considerando:

- a interoperabilidade de informações e de dados sob gestão dos órgãos e das entidades referidos no art. 2º desta Lei, respeitados as restrições legais, os requisitos de segurança da informação e das comunicações, as limitações tecnológicas e a relação custo-benefício da interoperabilidade;
- a otimização dos custos de acesso a dados e o reaproveitamento, sempre que possível, de recursos de infraestrutura de acesso a dados por múltiplos órgãos e entidades;
- a proteção de dados pessoais, observada a legislação vigente, especialmente a Lei nº 13.709, de 14 de agosto de 2018 (Lei Geral de Proteção de Dados Pessoais).

Será instituído mecanismo de interoperabilidade com a finalidade de:

- aprimorar a gestão de políticas públicas;
- aumentar a confiabilidade dos cadastros de cidadãos existentes na administração pública, por meio de mecanismos de manutenção da integridade e da segurança da informação no tratamento das bases de dados, tornando-as devidamente qualificadas e consistentes;
- viabilizar a criação de meios unificados de identificação do cidadão para a prestação de serviços públicos;
- facilitar a interoperabilidade de dados entre os órgãos de governo;
- realizar o tratamento de informações das bases de dados a partir do número de inscrição do cidadão no CPF, conforme previsto no art. 11 da Lei nº 13.444, de 11 de maio de 2017.

Aplicam-se aos dados pessoais tratados por meio de mecanismos de interoperabilidade as disposições da Lei nº 13.709, de 14 de agosto de 2018 (Lei Geral de Proteção de Dados Pessoais).

Os órgãos abrangidos por esta Lei serão responsáveis pela publicidade de seus registros de referência e pelos mecanismos de interoperabilidade de que trata esta Seção.

As pessoas físicas e jurídicas poderão verificar a exatidão, a correção e a completude de qualquer um dos seus dados contidos nos registros de referência, bem como monitorar o acesso a esses dados.

Nova base de dados somente poderá ser criada quando forem esgotadas as possibilidades de utilização dos registros de referência existentes.

É de responsabilidade dos órgãos e das entidades referidos no art. 2º desta Lei os custos de adaptação de seus sistemas e de suas bases de dados para a implementação da interoperabilidade.

4.5 Domicílio Eletrônico

Os órgãos e as entidades referidos no art. 2º desta Lei, mediante opção do usuário, poderão realizar todas as comunicações, as notificações e as intimações por meio eletrônico.

O disposto no caput deste artigo não gera direito subjetivo à opção pelo administrado caso os meios não estejam disponíveis.

O administrado poderá, a qualquer momento e independentemente de fundamentação, optar pelo fim das comunicações, das notificações e das intimações por meio eletrônico.

O ente público poderá realizar as comunicações, as notificações e as intimações por meio de ferramenta mantida por outro ente público.

As ferramentas usadas para os atos de que trata o art. 42 desta Lei:

- disporão de meios que permitam comprovar a autoria das comunicações, das notificações e das intimações;
- terão meios de comprovação de emissão e de recebimento, ainda que não de leitura, das comunicações, das notificações e das intimações;
- poderão ser utilizadas mesmo que legislação especial preveja apenas as comunicações, as notificações e as intimações pessoais ou por via postal;
- serão passíveis de auditoria;
- conservarão os dados de envio e de recebimento por, pelo menos, 5 (cinco) anos.

4.6 Laboratórios de Inovação

Os entes públicos poderão instituir laboratórios de inovação, abertos à participação e à colaboração da sociedade para o desenvolvimento e a experimentação de conceitos, de ferramentas e de métodos inovadores para a gestão pública, a prestação de serviços públicos, o tratamento de dados produzidos pelo poder público e a participação do cidadão no controle da administração pública.

Os laboratórios de inovação terão como diretrizes:

- colaboração interinstitucional e com a sociedade;
- promoção e experimentação de tecnologias abertas e livres;
- uso de práticas de desenvolvimento e prototipação de softwares e de métodos ágeis para formulação e implementação de políticas públicas;
- foco na sociedade e no cidadão;
- fomento à participação social e à transparência pública;
- incentivo à inovação;
- apoio ao empreendedorismo inovador e fomento a ecossistema de inovação tecnológica direcionado ao setor público;
- apoio a políticas públicas orientadas por dados e com base em evidências, a fim de subsidiar a tomada de decisão e de melhorar a gestão pública;
- estímulo à participação de servidores, de estagiários e de colaboradores em suas atividades;
- difusão de conhecimento no âmbito da administração pública.

4.7 Governança, da Gestão de Riscos, do Controle e da Auditoria

Caberá à autoridade competente dos órgãos e das entidades referidos no art. 2º desta Lei, observados as normas e os procedimentos específicos aplicáveis, implementar e manter mecanismos, instâncias e práticas de governança, em consonância com os princípios e as diretrizes estabelecidos nesta Lei.

Os mecanismos, as instâncias e as práticas de governança referidos no caput deste artigo incluirão, no mínimo:

- formas de acompanhamento de resultados;
- soluções para a melhoria do desempenho das organizações;
- instrumentos de promoção do processo decisório fundamentado em evidências.

Os órgãos e as entidades a que se refere o art. 2º desta Lei deverão estabelecer, manter, monitorar e aprimorar sistema de gestão de riscos e de controle interno com vistas à identificação, à avaliação, ao tratamento, ao monitoramento e à análise crítica de riscos da prestação digital de serviços públicos que possam impactar a consecução dos objetivos da organização no cumprimento de sua missão institucional e na proteção dos usuários, observados os seguintes princípios:

- integração da gestão de riscos ao processo de planejamento estratégico e aos seus desdobramentos, às atividades, aos processos de trabalho e aos projetos em todos os níveis da organização, relevantes para a execução da estratégia e o alcance dos objetivos institucionais;
- estabelecimento de controles internos proporcionais aos riscos, de modo a considerar suas causas, fontes, consequências e impactos, observada a relação custo-benefício;
- utilização dos resultados da gestão de riscos para apoio à melhoria contínua do desempenho e dos processos de governança, de gestão de riscos e de controle;
- proteção às liberdades civis e aos direitos fundamentais.

A auditoria interna governamental deverá adicionar valor e melhorar as operações das organizações para o alcance de seus objetivos, mediante a abordagem sistemática e disciplinada para avaliar e melhorar a eficácia dos processos de governança, de gestão de riscos e de controle, por meio da:

- realização de trabalhos de avaliação e consultoria de forma independente, conforme os padrões de auditoria e de ética profissional reconhecidos internacionalmente;
- adoção de abordagem baseada em risco para o planejamento de suas atividades e para a definição do escopo, da natureza, da época e da extensão dos procedimentos de auditoria;
- promoção da prevenção, da detecção e da investigação de fraudes praticadas por agentes públicos ou privados na utilização de recursos públicos federais.

4.8 Disposições Finais

O acesso e a conexão para o uso de serviços públicos poderão ser garantidos total ou parcialmente pelo governo, com o objetivo de promover o acesso universal à prestação digital dos serviços públicos e a redução de custos aos usuários, nos termos da lei.

5 DECRETO Nº 11.529/23 - SISTEMA DE INTEGRIDADE, TRANSPARÊNCIA À INF. DA ADM. PÚBLICA

5.1 Disposições Preliminares

Este Decreto dispõe, no âmbito da administração pública federal direta, autárquica e fundacional, sobre:

▹ o Sistema de Integridade, Transparência e Acesso à Informação da Administração Pública Federal; e

▹ a Política de Transparência e Acesso à Informação da Administração Pública Federal.

5.2 Sistema de Integridade, Transparência e Acesso à Informação da Administração Pública Federal

Fica instituído o Sistema de Integridade, Transparência e Acesso à Informação da Administração Pública Federal - Sitai, no âmbito dos órgãos e das entidades da administração pública federal direta, autárquica e fundacional. (Vigência)

▹ Para fins do disposto neste Decreto, considera-se:

- programa de integridade - conjunto de princípios, normas, procedimentos e mecanismos de prevenção, detecção e remediação de práticas de corrupção e fraude, de irregularidades, ilícitos e outros desvios éticos e de conduta, de violação ou desrespeito a direitos, valores e princípios que impactem a confiança, a credibilidade e a reputação institucional;
- plano de integridade - plano que organiza as medidas de integridade a serem adotadas em determinado período, elaborado por unidade setorial do Sitai e aprovado pela autoridade máxima do órgão ou da entidade; e
- funções de integridade - funções constantes nos sistemas de corregedoria, ouvidoria, controle interno, gestão da ética, transparência e outras essenciais ao funcionamento do programa de integridade.

O programa de integridade tem o objetivo de promover a conformidade de condutas, a transparência, a priorização do interesse público e uma cultura organizacional voltada à entrega de valor público à sociedade.

▹ São objetivos do Sitai:

- coordenar e articular as atividades relativas à integridade, à transparência e ao acesso à informação;
- estabelecer padrões para as práticas e as medidas de integridade, transparência e acesso à informação; e
- aumentar a simetria de informações e dados nas relações entre a administração pública federal e a sociedade.

▹ Compõem o Sitai:

- a Controladoria-Geral da União, como órgão central; e
- as unidades nos órgãos e nas entidades da administração pública federal direta, autárquica e fundacional responsáveis pela gestão da integridade, da transparência e do acesso à informação, como unidades setoriais.

Na administração pública federal direta, as unidades setoriais do Sitai para a gestão da integridade, da transparência e do acesso à informação são as assessorias especiais de controle interno.

Na administração pública federal autárquica e fundacional, as unidades setoriais do Sitai são aquelas responsáveis pela gestão da integridade, da transparência e do acesso à informação.

O dirigente máximo das entidades de que trata o § 2º designará uma ou mais unidades responsáveis pela gestão da integridade, da transparência e do acesso à informação.

O responsável pela unidade setorial de que trata o § 1º será designado para o exercício das atribuições previstas no art. 40 da Lei nº 12.527, de 18 de novembro de 2011.

Na hipótese de alteração de unidade setorial responsável, as entidades da administração pública federal deverão informá-la ao órgão central do Sitai.

As atividades das unidades setoriais do Sitai ficarão sujeitas à orientação normativa e à supervisão técnica do órgão central, sem prejuízo da subordinação administrativa ao órgão ou à entidade da administração pública federal a que pertençam. (Vigência)

▹ Compete ao órgão central do Sitai:

- estabelecer as normas e os procedimentos para o exercício das competências das unidades integrantes do Sitai e as atribuições dos dirigentes para a gestão dos programas de integridade;
- orientar as atividades relativas à gestão dos riscos para a integridade;
- exercer a supervisão técnica das atividades relacionadas aos programas de integridade geridos pelas unidades setoriais, sem prejuízo da subordinação administrativa dessas unidades ao órgão ou à entidade da administração pública federal a que pertençam;
- coordenar as atividades que exijam ações conjuntas de unidades integrantes do Sitai;
- monitorar e avaliar a atuação das unidades setoriais;
- realizar ações de comunicação e capacitação relacionadas às temáticas de integridade, transparência e acesso à informação;
- dar ciência aos órgãos ou às entidades de fatos ou situações que possam comprometer o seu programa de integridade e recomendar a adoção das medidas de remediação necessárias;
- planejar, coordenar, executar e monitorar a Política de Transparência e Acesso à Informação da Administração Pública Federal;
- estabelecer normas complementares necessárias ao funcionamento do Sitai;
- desenvolver e disponibilizar procedimentos, padrões, metodologias e sistemas informatizados que permitam a disseminação, a obtenção, a utilização e a compreensão de informações públicas;
- monitorar o atendimento às solicitações de acesso à informação e o cumprimento das obrigações de transparência ativa e de abertura de dados;
- estimular e apoiar a adoção de medidas de integridade, transparência e acesso à informação para o fortalecimento das políticas públicas;
- definir critérios e indicadores para a avaliação e o monitoramento da implementação da Política de Transparência e Acesso à Informação da Administração Pública Federal;
- promover o uso dos dados e das informações públicas pela sociedade para a melhoria da gestão, das políticas e dos serviços; e
- identificar bases de dados e de informações de interesse público e, conforme o caso, sugerir às unidades setoriais a abertura em transparência ativa.

▹ Compete às unidades setoriais do Sitai:

- assessorar a autoridade máxima do órgão ou da entidade nos assuntos relacionados com a integridade, a transparência e o acesso à informação e com os programas e as ações para efetivá-los;
- articular-se com as demais unidades do órgão ou da entidade que desempenhem funções de integridade, com vistas à obtenção de informações necessárias à estruturação e ao monitoramento do programa de integridade;
- coordenar a estruturação, a execução e o monitoramento de seus programas de integridade;
- promover, em coordenação com as áreas responsáveis pelas funções de integridade, a orientação e o treinamento, no âmbito do órgão ou da entidade, em assuntos relativos ao programa de integridade;
- elaborar e revisar, periodicamente, o plano de integridade;
- coordenar a gestão dos riscos para a integridade;
- monitorar e avaliar, no âmbito do órgão ou da entidade, a implementação das medidas estabelecidas no plano de integridade;
- propor ações e medidas, no âmbito do órgão ou da entidade, a partir das informações e dos dados relacionados com a gestão do programa de integridade;
- avaliar as ações e as medidas relativas ao programa de integridade sugeridas pelas demais unidades do órgão ou da entidade;
- reportar à autoridade máxima do órgão ou da entidade informações sobre o desempenho do programa de integridade e informar quaisquer fatos que possam comprometer a integridade institucional;
- participar de atividades que exijam a execução de ações conjuntas das unidades integrantes do Sitai;
- reportar ao órgão central as situações que comprometam o programa de integridade e adotar as medidas necessárias para sua remediação;
- supervisionar a execução das ações relativas à Política de Transparência e Acesso à Informação da Administração Pública Federal;
- monitorar o cumprimento das normas de transparência e acesso à informação no âmbito dos órgãos e das entidades;
- manter atualizadas as informações sobre os serviços de informação ao cidadão; e
- manter atualizados o inventário de base de dados e a catalogação dos dados abertos no Portal Brasileiro de Dados Abertos.

O Sitai atuará de forma complementar e integrada aos demais sistemas estruturadores, principalmente aqueles que coordenem as atividades de instâncias que lhe prestem apoio, de forma a evitar a sobreposição de esforços, racionalizar os custos e melhorar o desempenho e a qualidade dos resultados.

5.3 Política de Transparência e Acesso à Informação da Administração Pública Federal

A Política de Transparência e Acesso à Informação da Administração Pública Federal compreende a:

- transparência passiva, para garantir a prestação de informações em atendimento a pedidos apresentados à administração pública federal com fundamento na Lei nº 12.527, de 2011;
- transparência ativa, para garantir a divulgação de informações nos sítios eletrônicos oficiais; e
- abertura de bases de dados produzidos, custodiados ou acumulados pela administração pública federal, para promover pesquisas, estudos, inovações, geração de negócios e participação da sociedade no acompanhamento e na melhoria de políticas e serviços públicos.

São princípios e objetivos da Política de Transparência e Acesso à Informação da Administração Pública Federal:

- observância da publicidade como preceito geral e do sigilo como exceção;
- amplo acesso da sociedade às informações e aos dados produzidos, custodiados ou acumulados pela administração pública federal e livre utilização desses dados e dessas informações, independentemente de autorização prévia ou de justificativa;
- primariedade, integralidade, autenticidade e atualidade das informações disponibilizadas;
- tempestividade no provimento de informações;
- utilização de linguagem acessível e de fácil compreensão;
- ênfase na transparência ativa como forma de atender ao direito das pessoas físicas e jurídicas de terem acesso às informações e aos dados produzidos, custodiados ou acumulados pela administração pública federal;
- observância das diretrizes:
  - previstas na Política de Dados Abertos do Poder Executivo Federal, instituída pelo Decreto nº 8.777, de 11 de maio de 2016;
  - previstas na Política Nacional de Governo Aberto, nos termos do disposto no Decreto nº 10.160, de 9 de dezembro de 2019; e
  - de Governo Digital e de eficiência pública, nos termos do disposto na Lei nº 14.129, de 29 de março de 2021;
- foco no cidadão para definição de prioridades de transparência ativa e abertura de dados e informações;
- participação da sociedade na formulação, na execução e no monitoramento das políticas públicas e no controle da aplicação de seus recursos;
- utilização de tecnologias de informação e de comunicação para disseminação e incentivo ao uso de dados e informações;
- compartilhamento de informações com vistas ao estímulo à pesquisa, à inovação, à produção científica, à geração de negócios e ao desenvolvimento econômico e social do País;
- melhoria da gestão das informações disponibilizadas pela administração pública federal para a provisão mais eficaz e eficiente de serviços públicos e para a prestação de contas adequada à sociedade;
- combate à corrupção por meio da inibição da prática de atos ilícitos na administração pública federal e de desvios de conduta de agentes públicos; e
- respeito à proteção dos dados pessoais.

A transparência ativa será realizada por meio da divulgação de dados e informações nos sítios eletrônicos oficiais dos órgãos e das entidades da administração pública federal.

A ações de transparência ativa de que trata o caput se darão:

- em cumprimento às normas vigentes;
- por demanda ou interesse coletivo ou geral da sociedade; e
- por iniciativa dos órgãos e das entidades.

A Controladoria-Geral da União manterá o Portal da Transparência do Poder Executivo Federal para divulgar dados e informações sobre a gestão de recursos públicos e sobre servidores públicos.

Os dados e as informações divulgados no Portal da Transparência do Poder Executivo Federal compreenderão aqueles relativos à gestão de recursos do Governo federal, incluídos, no mínimo:

▹ o orçamento anual de despesas e de receitas públicas do Poder Executivo federal;

▹ a execução das despesas e das receitas públicas, nos termos do disposto na Lei Complementar nº 101, de 4 de maio de 2000;

- os repasses de recursos federais aos Estados, aos Municípios e ao Distrito Federal;
- os convênios e as operações de descentralização de recursos orçamentários em favor de pessoas naturais ou de organizações não governamentais de qualquer natureza;
- as licitações e as contratações realizadas pelo Poder Executivo federal;
- as notas fiscais eletrônicas relativas às compras públicas disponíveis no Ambiente Nacional da Nota Fiscal Eletrônica, nos termos do disposto no art. 6º do Decreto nº 10.209, de 22 de janeiro de 2020;
- as informações sobre os servidores públicos federais e sobre os militares, incluídos nome, detalhamento dos vínculos e remuneração;
- as informações individualizadas relativas aos servidores inativos, aos pensionistas e aos reservistas vinculados ao Poder Executivo federal, incluídos nome, detalhamento dos vínculos e remuneração;
- as viagens a serviço custeadas pela administração pública federal;
- a relação de empresas e de profissionais que sofreram sanções que tenham como efeito a restrição ao direito de participar em licitações ou de celebrar contratos com a Administração;
- a relação das entidades privadas sem fins lucrativos impedidas de celebrar novos convênios, contratos de repasse, termos de fomento, termos de colaboração ou termos de parceria com a administração pública federal; e
- a relação dos servidores da administração pública federal punidos com demissão, destituição ou cassação de aposentadoria.

A Controladoria-Geral da União poderá incluir outras informações de interesse coletivo e geral a serem divulgadas no Portal da Transparência do Poder Executivo Federal.

Cabe às unidades setoriais do Sitai fornecer os dados e as informações necessários ao cumprimento do disposto neste artigo.

Os órgãos e as entidades fornecerão acesso gratuito aos dados necessários para a manutenção e a atualização do Portal da Transparência do Poder Executivo Federal, nos prazos e nas formas acordadas com a Controladoria-Geral da União.

Os órgãos e as entidades poderão solicitar à Controladoria-Geral da União, mediante indicação do fundamento legal, a restrição de publicação, no Portal da Transparência do Poder Executivo Federal, de informações sigilosas por eles produzidas ou custodiadas.

A solicitação de que trata o § 4º permanecerá à disposição do público em seção específica do Portal da Transparência do Poder Executivo Federal e conterá, no mínimo:

- as características gerais da informação de cuja publicação foi solicitada a restrição; e
- os fundamentos legais da restrição de publicação.

As unidades setoriais do Sitai que não tiverem as informações publicadas no Portal da Transparência do Poder Executivo Federal por não utilizarem sistemas estruturantes do Governo federal publicarão as informações em seus sítios eletrônicos oficiais ou proverão os dados na forma e nos prazos estabelecidos pela Controladoria-Geral da União.

Constará no Portal da Transparência do Poder Executivo Federal a lista dos órgãos e das entidades que publicam informações no sítio eletrônico e das informações publicadas.

A Controladoria-Geral da União é responsável pela gestão do Portal Brasileiro de Dados Abertos.

O Portal de que trata o caput tem a finalidade de prover o catálogo de referência para a busca e o acesso aos dados públicos e a seus metadados, informações, aplicativos e serviços relacionados.

A transparência passiva será realizada por sistema eletrônico específico para registro e atendimento de pedidos de acesso à informação direcionados aos órgãos e às entidades da administração pública federal.

Compete à Controladoria-Geral da União a gestão do sistema eletrônico específico de que trata o caput.

Os pedidos de acesso à informação registrados no sistema eletrônico específico de que trata o art. 16 e suas respostas serão disponibilizados para consulta aberta na internet, resguardados os dados pessoais e as informações protegidas por outras hipóteses legais de sigilo.

A publicação de que trata o caput não incluirá dados do solicitante de acesso à informação.

Os órgãos e as entidades responsáveis pelo tratamento dos pedidos de informação indicarão a existência de dados pessoais ou de informações protegidas por outras hipóteses legais de sigilo que impeçam a sua disponibilização em transparência ativa.

Os órgãos e as entidades da administração pública federal que receberem atribuições por força de transferência de competência de outros órgãos ou de outras entidades ficam responsáveis pelo atendimento às solicitações de acesso à informação em andamento e pelo provimento das informações em transparência ativa.

6 LEI Nº 12.527/11 - LEI DE ACESSO À INFORMAÇÃO

6.1 Disposições Gerais

A Lei nº 12.527 de 2011, conhecida como Lei de Acesso à Informação, tem por finalidade regular o acesso a informações que está previsto no inciso XXXIII do art. 5º, no inciso II do §3º do art. 37 e no §2º do art. 216 todos da Constituição Federal, de acordo com o art. 1º da lei, esses procedimentos serão observados pela União, Estados, Distrito Federal e Municípios.

> ***Art. 5º**, XXXIII - todos têm direito a receber dos órgãos públicos informações de seu interesse particular, ou de interesse coletivo ou geral, que serão prestadas no prazo da lei, sob pena de responsabilidade, ressalvadas aquelas cujo sigilo seja imprescindível à segurança da sociedade e do Estado;*
>
> ***Art. 37**, §3º, II - o acesso dos usuários a registros administrativos e a informações sobre atos de governo, observado o disposto no art. 5º, X e XXXIII;*
>
> ***Art. 216**, § 2º - Cabem à administração pública, na forma da lei, a gestão da documentação governamental e as providências para franquear sua consulta a quantos dela necessitem.*

O parágrafo único do mesmo artigo primeiro discorre que são subordinados ao regime da lei os órgãos públicos integrantes da administração direto dos Poderes Executivos, Legislativo, incluindo as Cortes de Contas, e Judiciário e do Ministério Público. Também as autarquias, as fundações públicas, as empresas públicas, as sociedades de economia mista e demais entidades controladas de forma direta ou indireta pela União, Estados, Distrito Federal e Municípios.

Contudo, segundo o art. 2º, a lei também será aplicada no que couber às entidades privadas sem fins lucrativos que recebam recursos públicos diretamente do orçamento ou mediante subvenções sociais, contrato de gestão, termo de parceria, convênios, acordo, ajustes ou outros instrumentos congêneres para a realização de ações de interesse público. Ademais, a publicidade a que estão submetidas as entidades mencionadas anteriormente se refere à parcela dos recursos públicos recebidos e à sua destinação, sem prejuízo das prestações de contas a que estejam legalmente obrigadas.

Conforme o art. 3º, os procedimentos que são previstos na Lei de Acesso à Informação são destinados a assegurar o direito fundamental de acesso à informação e devem ser executados em conformidade com os princípios básicos da administração pública e com seguintes diretrizes:

> *I - observância da publicidade como preceito geral e do sigilo como exceção;*
>
> *II - divulgação de informações de interesse público, independentemente de solicitações;*
>
> *III - utilização de meios de comunicação viabilizados pela tecnologia da informação;*
>
> *IV - fomento ao desenvolvimento da cultura de transparência na administração pública;*
>
> *V - desenvolvimento do controle social da administração pública.*

Para os efeitos previstos na lei, de acordo com o art. 4º, considera-se:

> *I - informação: dados, processados ou não, que podem ser utilizados para produção e transmissão de conhecimento, contidos em qualquer meio, suporte ou formato;*
>
> *II - documento: unidade de registro de informações, qualquer que seja o suporte ou formato;*
>
> *III - informação sigilosa: aquela submetida temporariamente à restrição de acesso público em razão de sua imprescindibilidade para a segurança da sociedade e do Estado;*
>
> *IV - informação pessoal: aquela relacionada à pessoa natural identificada ou identificável;*
>
> *V - tratamento da informação: conjunto de ações referentes à produção, recepção, classificação, utilização, acesso, reprodução, transporte, transmissão, distribuição, arquivamento, armazenamento, eliminação, avaliação, destinação ou controle da informação;*
>
> *VI - disponibilidade: qualidade da informação que pode ser conhecida e utilizada por indivíduos, equipamentos ou sistemas autorizados;*
>
> *VII - autenticidade: qualidade da informação que tenha sido produzida, expedida, recebida ou modificada por determinado indivíduo, equipamento ou sistema;*
>
> *VIII - integridade: qualidade da informação não modificada, inclusive quanto à origem, trânsito e destino;*
>
> *IX - primariedade: qualidade da informação coletada na fonte, com o máximo de detalhamento possível, sem modificações.*

Cabe mencionar, também, que é dever do Estado garantir o direito de acesso à informação, que será franqueada, mediante procedimentos objetivos e ágeis, de forma transparente, clara e em linguagem de fácil compreensão.

6.2 Acesso a Informações e sua Divulgação

De acordo com o art. 6º, cabe aos órgãos e entidades do poder público, respeitando as normas e os procedimentos específicos que se aplicarem, assegurar a:

> *I - gestão transparente da informação, propiciando amplo acesso a ela e sua divulgação;*
>
> *II - proteção da informação, garantindo-se sua disponibilidade, autenticidade e integridade;*
>
> *III - proteção da informação sigilosa e da informação pessoal, observada a sua disponibilidade, autenticidade, integridade e eventual restrição de acesso.*

Agora, de acordo com o art. 7º, o acesso à informação que trata a lei compreende o direito de obter:

> *I - orientação sobre os procedimentos para a consecução de acesso, bem como sobre o local onde poderá ser encontrada ou obtida a informação almejada;*
>
> *II - informação contida em registros ou documentos, produzidos ou acumulados por seus órgãos ou entidades, recolhidos ou não a arquivos públicos;*
>
> *III - informação produzida ou custodiada por pessoa física ou entidade privada decorrente de qualquer vínculo com seus órgãos ou entidades, mesmo que esse vínculo já tenha cessado;*
>
> *IV - informação primária, íntegra, autêntica e atualizada;*
>
> *V - informação sobre atividades exercidas pelos órgãos e entidades, inclusive as relativas à sua política, organização e serviços;*
>
> *VI - informação pertinente à administração do patrimônio público, utilização de recursos públicos, licitação, contratos administrativos;*

Ao caput do art. 7º possui ainda o inciso VII, que disserta a respeito das informações relativas à implementação, acompanhamento e resultados dos programas, projetos e ações dos órgãos e entidades públicas, metas e indicadores propostos, bem como informações relativas ao resultado de inspeções, auditorias, prestações e tomadas de contas realizadas pelos órgãos de controle interno e externo, incluindo prestações de contas relativas a exercícios anteriores.

O acesso à informação que foi tratado acima não compreende as informações referentes a projetos de pesquisa e desenvolvimento científicos ou tecnológicos cujo sigilo é imprescindível à segurança da sociedade e do Estado. Em caso de o acesso total à informação não ser autorizado por se tratar de informação parcialmente sigilosa, será concedido o acesso às informações não sigilosas por meio de certidão, extrato ou cópia com ocultação da parte sob sigilo.

Já o acesso a documento preparatório ou informação nele contida, utilizados como fundamento de tomada de decisão ou de ato administrativo, será assegurado a partir da edição do ato ou decisão.

É importante mencionar que segundo o § 4ª do art. 7º, a negativa de acesso às informações objeto de pedido formulado aos órgãos e entidades referidas no art. 1º e não for fundamentada sujeitará o responsável a medidas disciplinares nos termos do art. 32 da própria lei.

Em caso de ser informado o extravio da informação solicitada, o interessado poderá requerer à autoridade competente a imediata abertura de sindicância para apurar o desaparecimento da respectiva documentação. Se for confirmada a hipótese prevista anteriormente, o responsável pela guarda da informação extraviada deverá justificar o fato e indicar testemunhas que comprovem sua alegação no prazo de 10 dias.

O art. 8º prevê que é dever dos órgãos e entidades públicas promover a divulgação em local de fácil acesso de informações de interesse coletivo ou geral por eles produzidas ou custodiadas que estejam no âmbito de suas competências, mesmo que não haja requerimento. Na divulgação das informações que foi mencionada anteriormente, deverão constar, ao menos:

> *I - registro das competências e estrutura organizacional, endereços e telefones das respectivas unidades e horários de atendimento ao público*
>
> *II - registros de quaisquer repasses ou transferências de recursos financeiros;*
>
> *III - registros das despesas;*
>
> *IV - informações concernentes a procedimentos licitatórios, inclusive os respectivos editais e resultados, bem como a todos os contratos celebrados;*
>
> *V - dados gerais para o acompanhamento de programas, ações, projetos e obras de órgãos e entidades;*
>
> *VI - respostas a perguntas mais frequentes da sociedade.*

É de suma importância discorrer que, para o cumprimento do que trata o art. 8º, os órgãos e entidades públicas deverão utilizar todos os meios e instrumentos legítimos de que dispuserem e para o caso de divulgação em sites oficiais da internet. Para os municípios em que a população for de até 10 mil habitantes, ficam dispensados

ÉTICA

da divulgação obrigatória na internet, porém fica mantida a obrigatoriedade de divulgação, em tempo real, de informações relativas à execução orçamentária e financeira, nos critérios e prazos previstos no art. 73-B da Lei Complementar nº 101, de 4 de maio de 2000 (Lei de Responsabilidade Fiscal).

De acordo com o parágrafo 3º do supracitado artigo, os sites mencionados anteriormente deverão atender, na forma de regulamento, entre outros, aos seguintes requisitos:

> *I - conter ferramenta de pesquisa de conteúdo que permita o acesso à informação de forma objetiva, transparente, clara e em linguagem de fácil compreensão;*
>
> *II - possibilitar a gravação de relatórios em diversos formatos eletrônicos, inclusive abertos e não proprietários, tais como planilhas e texto, de modo a facilitar a análise das informações;*
>
> *III - possibilitar o acesso automatizado por sistemas externos em formatos abertos, estruturados e legíveis por máquina;*
>
> *IV - divulgar em detalhes os formatos utilizados para estruturação da informação;*
>
> *V - garantir a autenticidade e a integridade das informações disponíveis para acesso;*
>
> *VI - manter atualizadas as informações disponíveis para acesso;*
>
> *VII - indicar local e instruções que permitam ao interessado comunicar-se, por via eletrônica ou telefônica, com o órgão ou entidade detentora do sítio;*
>
> *VIII - adotar as medidas necessárias para garantir a acessibilidade de conteúdo para pessoas com deficiência, nos termos do art. 17 da Lei nº 10.098, de 19 de dezembro de 2000, e do art. 9º da Convenção sobre os Direitos das Pessoas com Deficiência, aprovada pelo Decreto Legislativo nº 186, de 9 de julho de 2008.*

Por fim, o acesso a informações públicas, de acordo com o art. 9º, será assegurado mediante a criação de serviço de informações ao cidadão, nos órgãos e entidades do poder público, em local com condições apropriadas para atender e orientar o público quanto ao acesso a informações, informar sobre a tramitação de documentos nas suas respectivas unidades e protocolar documentos e requerimentos de acesso a informações. O acesso à informação também será assegurado mediante a realização de audiências ou consultas públicas, incentivo à participação popular ou a outras formas de divulgação.

6.3 Procedimento de Acesso à Informação

6.3.1 Pedido de Acesso

Segundo o art. 10 qualquer pessoa interessada poderá apresentar um pedido de acesso a informações aos órgãos e entidades tratadas no art. 1º da Lei de Acesso a Informação por qualquer meio legitimo, o pedido deverá conter a identificação do requerente e a especificação da informação que está sendo requerida. Para o acesso a informações de interesse público, a identificação do requerente não pode conter exigências que inviabilizem a solicitação.

Os órgãos e entidades do poder público, por sua vez, devem viabilizar alternativa de encaminhamento de pedidos de acesso por meio de seus sites oficias na internet. Não é permitido quaisquer exigências relativas aos motivos determinantes da solicitação de informações de interesse público.

O art. 11 discorre que o órgão ou entidade pública deverá autorizar ou conceder o acesso imediato à informação disponível, mas caso não seja possível conceder, prevê o § 1º que o órgão ou entidade que receber deverá, em até 20 dias:

> *I - comunicar a data, local e modo para se realizar a consulta, efetuar a reprodução ou obter a certidão;*
>
> *II - indicar as razões de fato ou de direito da recusa, total ou parcial, do acesso pretendido;*
>
> *III - comunicar que não possui a informação, indicar, se for do seu conhecimento, o órgão ou a entidade que a detém, ou, ainda, remeter o requerimento a esse órgão ou entidade, cientificando o interessado da remessa de seu pedido de informação.*

O prazo de 20 poderá ser prorrogado por mais 10 dias, desde que a justificativa expressa. Quando não for autorizado o acesso, pois se trata de informação total ou até parcialmente sigilosa o requerente deverá ser informado sobre a possibilidade de entrar com recurso, prazos e condições para a que esse seja interposto, devendo ainda ser indicado para autoridade competente para sua apreciação.

No caso de a informação solicitada estar disponível ao público em formato impresso, eletrônico ou em qualquer outro meio de acesso universal, serão informados ao requerente por escrito o lugar e a forma pela qual se poderá consultar, obter ou reproduzir e a referida informação, procedimento esse que desonerará o órgão ou entidade pública da obrigação de seu fornecimento direto, salvo se o requerente declarar não dispor de meios para realizar por si mesmo tais procedimentos.

> *§ 3º Sem prejuízo da segurança e da proteção das informações e do cumprimento da legislação aplicável, o órgão ou entidade poderá oferecer meios para que o próprio requerente possa pesquisar a informação de que necessitar.*
>
> *§ 5º A informação armazenada em formato digital será fornecida nesse formato, caso haja anuência do requerente.*

Segundo o art. 12 o serviço de busca e o de fornecimento de informação é gratuito, porém o órgão ou a entidade poderá cobrar exclusivamente o valor necessário ao ressarcimento dos custos dos serviços e dos materiais utilizados, quando o serviço de busca e de fornecimento da informação exigir reprodução de documentos pelo órgão ou pela entidade consultada. Ao mesmo tempo que estará isento de ressarcir os custos mencionados anteriormente aquele cuja situação econômica não lhe permita fazê-lo sem prejuízo do sustento próprio ou da família, declarada nos termos da Lei 7.115/83.

Por fim, conforme prevê o art. 14 é direito daquele que requerer acesso obter o inteiro teor de decisão de negativa por meio de certidão ou de cópia.

> ***Art. 13.*** *Quando se tratar de acesso à informação contida em documento cuja manipulação possa prejudicar sua integridade, deverá ser oferecida a consulta de cópia, com certificação de que esta confere com o original.*
>
> ***Parágrafo único.*** *Na impossibilidade de obtenção de cópias, o interessado poderá solicitar que, a suas expensas e sob supervisão de servidor público, a reprodução seja feita por outro meio que não ponha em risco a conservação do documento original.*

6.3.2 Recursos

O art. 15 discorre que em caso de indeferimento de acesso a informações ou às razões da negativa do acesso, o interessado tem o direito de entrar com recurso contra a decisão em até 10 dias contados a partir do momento da sua ciência. O recurso será dirigido para a autoridade hierarquicamente superior à que negou o acesso, essa autoridade deverá se manifestar no prazo de até 5 dias.

Para o caso de ser órgãos ou entidades do Poder Executivo Nacional que negou o acesso prevê o art. 16 que o requerente poderá recorrer à Controladoria-Geral da União que irá deliberar em até 5 dias:

> *I - o acesso à informação não classificada como sigilosa for negado;*
>
> *II - a decisão de negativa de acesso à informação total ou parcialmente classificada como sigilosa não indicar a autoridade classificadora ou a hierarquicamente superior a quem possa ser dirigido pedido de acesso ou desclassificação;*

III - os procedimentos de classificação de informação sigilosa estabelecidos nesta Lei não tiverem sido observados;

IV - estiverem sendo descumpridos prazos ou outros procedimentos previstos nesta Lei.

Contudo, é importante mencionar que o recurso mencionado anteriormente só poderá ser dirigido à Controladoria-Geral da União depois que for submetido à apreciação de pelo menos uma autoridade hierarquicamente superior àquela que lavrou a decisão contrária ao acesso, que deliberará em até 5 dias. Após verificada a procedência das razões de recurso, a Controladoria-Geral da União determinará ao órgão ou entidade que adote as providências necessárias para dar cumprimento ao disposto na lei de acesso à informação. Agora, caso seja negado o acesso à informação por decisão da Controladoria-Geral da União, poderá ser, então, interposto recurso à Comissão Mista de Reavaliação de Informações tratada no art. 35.

Para o art. 17, no caso de indeferimento de pedido de desclassificação de informação que foi protocolado em órgão da administração pública federal, poderá aquele protocolou pela desclassificação recorrer ao Ministro de Estado da área, sem prejuízo das competências da Comissão Mista de Reavaliação de Informações tratadas anteriormente e também no art. 35. É importante reforçar que, nos moldes do que já foi mencionado anteriormente, o recurso previsto no art. 17 só poderá ser dirigido ao Ministro de Estado da área desde que ocorra depois de submetido à apreciação de pelo menos uma autoridade hierarquicamente superior à autoridade que lavrou a decisão impugnada, e para o caso das Forças Armadas, ao respectivo comando.

Agora, caso seja indeferido o recurso tratado no art. 17 que tenha como objeto a desclassificação de informação secreta ultrassecreta, caberá, ainda, recurso à Comissão Mista de Reavaliação de Informações prevista no art. 35.

Já, de acordo com o art. 18, os procedimentos de revisão de decisões que negaram os recursos previstos no art. 15 e de revisão de classificação de documentos sigilosos serão objetos de regulamentação própria dos Poderes Legislativo e Judiciário e do Ministério Público em seus respectivos âmbitos, assegurando ao solicitante o direito de ser informado sobre o andamento de seu pedido.

***Art. 19**, § 2º Os órgãos do Poder Judiciário e do Ministério Público informarão ao Conselho Nacional de Justiça e ao Conselho Nacional do Ministério Público, respectivamente, as decisões que, em grau de recurso, negarem acesso a informações de interesse público.*

***Art. 20.** Aplica-se subsidiariamente, no que couber, a Lei nº 9.784, de 29 de janeiro de 1999, ao procedimento de que trata este Capítulo.*

6.4 Restrições de Acesso à Informação

6.4.1 Disposições Gerais

O art. 21 traz que não poderá ser negado acesso à informação necessária à tutela judicial ou administrativa de direitos fundamentais, ao mesmo tempo que as informações ou documentos que versem sobre condutas que impliquem na violação dos direitos humanos sejam praticados por agentes públicos ou seja a mando de autoridades públicas, não poderão ser objeto de restrição de acesso.

É importante mencionar, também, que o disposto na lei de acesso à informação não exclui as demais hipóteses legais de sigilo e de segredo de justiça nem as hipóteses de segredo industrial que decorrerem da exploração direta de atividade econômica pelo Estado ou por pessoa física ou entidade privada que tenha qualquer vínculo com o poder público.

6.4.2 Classificação da Informação quanto ao Grau e Prazos de Sigilo

Conforme o art. 23 traz são consideradas imprescindíveis à segurança da sociedade ou do Estado e, dessa forma, passíveis de classificação as informações cuja divulgação ou acesso irrestrito possam:

I - pôr em risco a defesa e a soberania nacionais ou a integridade do território nacional;

II - prejudicar ou pôr em risco a condução de negociações ou as relações internacionais do País, ou as que tenham sido fornecidas em caráter sigiloso por outros Estados e organismos internacionais;

III - pôr em risco a vida, a segurança ou a saúde da população;

IV - oferecer elevado risco à estabilidade financeira, econômica ou monetária do País;

V - prejudicar ou causar risco a planos ou operações estratégicos das Forças Armadas;

VI - prejudicar ou causar risco a projetos de pesquisa e desenvolvimento científico ou tecnológico, assim como a sistemas, bens, instalações ou áreas de interesse estratégico nacional;

VII - pôr em risco a segurança de instituições ou de altas autoridades nacionais ou estrangeiras e seus familiares;

VIII - comprometer atividades de inteligência, bem como de investigação ou fiscalização em andamento, relacionadas com a prevenção ou repressão de infrações.

Segundo o art. 24, as informações que estiverem em poder de órgãos públicos ou entidades públicas, sendo observado o seu teor em razão de sua imprescindibilidade à segurança da sociedade ou do Estado, poderão ser classificadas como ultrassecretas, secretas ou reservadas.

Sobre as informações de natureza descrita acima, os prazos máximos de restrição de acesso vigoram da data de sua produção e são os seguintes:

I - ultrassecreta: 25 (vinte e cinco) anos;

II - secreta: 15 (quinze) anos;

III - reservada: 5 (cinco) anos.

Caso se trate de informações que possam colocar em risco a segurança tanto do Presidente e Vice-Presidente, quanto seus cônjuges e filhos, serão classificadas como reservadas e ficarão sob sigilo até o término do mandato em exercício ou do último mandato, caso sejam reeleitos. Vale ressaltar que de maneira alternativa aos prazos mencionados anteriormente poderá ser estabelecida como termo final de restrição de acesso a ocorrência de terminado evento, contato que este ocorra antes do transcurso do prazo máximo de classificação. Ao fim do prazo de classificação ou findado o evento que defina o termo final, a informação se tornará, de maneira automática, de acesso público.

De acordo com o §5º do art. 24, para a classificação de informação em determinado grau de sigilo deve ser observado o interesse público da informação e utilizado o critério menos restritivo possível, considerados:

I - a gravidade do risco ou dano à segurança da sociedade e do Estado;

II - o prazo máximo de restrição de acesso ou o evento que defina seu termo final.

6.4.3 Proteção e Controle de Informações Sigilosas

É dever do Estado controlar o acesso e a divulgação de informações sigilosas produzidas por seus órgãos e entidades, sendo assegurado a sua proteção. O acesso, a divulgação e o tratamento de informação classificada como sigilosa ficam restritos a pessoas que tenham necessidade de conhecê-la e que sejam devidamente credenciadas na forma do regulamento, sem prejuízo das atribuições dos agentes públicos que estiverem autorizados por lei, ao mesmo tempo que o acesso à informação classificada como sigilosa cria sobre aquele que a obteve a obrigação de resguardar o sigilo.

O regulamento disporá sobre procedimentos e medidas a serem adotadas para o tratamento de informação sigilosa, de modo a protegê-la contra a perda, alteração indevida, acesso, transmissão e divulgação não autorizados.

> ***Art. 26.*** *As autoridades públicas adotarão as providências necessárias para que o pessoal a elas subordinado hierarquicamente conheça as normas e observe as medidas e procedimentos de segurança para tratamento de informações sigilosas.*
>
> ***Parágrafo único.*** *A pessoa física ou entidade privada que, em razão de qualquer vínculo com o poder público, executar atividades de tratamento de informações sigilosas adotará as providências necessárias para que seus empregados, prepostos ou representantes observem as medidas e procedimentos de segurança das informações resultantes da aplicação desta Lei.*

6.4.4 Procedimentos de Classificação, Reclassificação e Desclassificação

Segundo o art. 27 a competência a respeito da classificação do sigilo de informações no âmbito da administração pública federal varia de acordo com o seu grau. Em caso de grau de informação ultrassecreta, prevê o inciso I que será de competência das seguintes autoridades:

> *a) Presidente da República;*
>
> *b) Vice-Presidente da República;*
>
> *c) Ministros de Estado e autoridades com as mesmas prerrogativas;*
>
> *d) Comandantes da Marinha, do Exército e da Aeronáutica;*
>
> *e) Chefes de Missões Diplomáticas e Consulares permanentes no exterior;*

Quando for em grau secreto, discorre o inciso II, que é competência das autoridades referidas no inciso I e também dos titulares de autarquias, fundações ou empresas públicas e sociedades de economia mista. Já em grau de reservado, competente tanto aos incisos I e II quanto das autoridades que exerçam funções de direção, comando ou chefia, nível DAS 101.5, ou superior, do Grupo-Direção e Assessoramento Superiores, ou de hierarquia equivalente, de acordo com regulamentação específica de cada órgão ou entidade, observado o disposto na lei.

> *§ 1º A competência prevista nos incisos I e II, no que se refere à classificação como ultrassecreta e secreta, poderá ser delegada pela autoridade responsável a agente público, inclusive em missão no exterior, vedada a subdelegação.*
>
> *§ 2º A classificação de informação no grau de sigilo ultrassecreto pelas autoridades previstas nas alíneas "d" e "e" do inciso I deverá ser ratificada pelos respectivos Ministros de Estado, no prazo previsto em regulamento.*
>
> *§ 3º A autoridade ou outro agente público que classificar informação como ultrassecreta deverá encaminhar a decisão de que trata o art. 28 à Comissão Mista de Reavaliação de Informações, a que se refere o art. 35, no prazo previsto em regulamento.*

De acordo com o art. 28, a classificação de informação, em qualquer grau de sigilo, deverá ser formalizada em decisão que conterá com pelo menos um dos seguintes requisitos:

> *I - assunto sobre o qual versa a informação;*
>
> *II - fundamento da classificação, observados os critérios estabelecidos no art. 24;*
>
> *III - indicação do prazo de sigilo, contado em anos, meses ou dias, ou do evento que defina o seu termo final, conforme limites previstos no art. 24;*
>
> *IV - identificação da autoridade que a classificou.*
>
> ***Art. 28.*** *Parágrafo único. A decisão referida no caput será mantida no mesmo grau de sigilo da informação classificada.*

Após classificadas, aos moldes do que discorre o art. 24, a classificação será reavaliada pela autoridade classificadora, ou também por autoridade hierarquicamente superior, mediante provocação ou de ofício, nos termos e prazos previstos em regulamento pela sua desclassificação ou redução do prazo de sigilo, respeitando o art. 24. O regulamento, mencionado acima, deverá considerar as particularidades das informações produzidas no exterior por autoridades ou agentes públicos.

Para o caso de reavaliação deverão ser examinadas a permanência dos motivos do sigilo e a possibilidade de danos decorrentes do acesso ou da divulgação da informação. Agora, para a redução do prazo de sigilo da informação, o novo prazo de restrição manterá como termo inicial a data da sua produção.

De acordo com o art. 30, a autoridade máxima de cada órgão ou entidade publicará, anualmente, na internet e destinada à veiculação de dados e informações administrativas, de acordo com regulamento:

> *I - rol das informações que tenham sido desclassificadas nos últimos 12 (doze) meses;*
>
> *II - rol de documentos classificados em cada grau de sigilo, com identificação para referência futura;*
>
> *III - relatório estatístico contendo a quantidade de pedidos de informação recebidos, atendidos e indeferidos, bem como informações genéricas sobre os solicitantes.*
>
> *§ 1º Os órgãos e entidades deverão manter exemplar da publicação prevista no caput para consulta pública em suas sedes.*
>
> *§ 2º Os órgãos e entidades manterão extrato com a lista de informações classificadas, acompanhadas da data, do grau de sigilo e dos fundamentos da classificação.*

6.4.5 Informações Pessoais

O art. 31 discorre a respeito do tratamento das informações pessoais, o qual deve ser feito de forma transparente e com respeito à intimidade, vida privada, honra e imagem das pessoas, como também às liberdades e garantias individuais. Essas informações pessoais que forem relativas à intimidade, vida priva, honra e imagem terão seu acesso restrito, independentemente de classificação de sigilo por até 100 anos, a contar da sua data de produção, a agentes públicos legalmente autorizados e à pessoa a que elas se referirem. E poderão ter autorizada sua divulgação ou acesso por terceiros diante de previsão legal ou consentimento expresso da pessoa a quelas se referirem.

> *§ 2º Aquele que obtiver acesso às informações de que trata este artigo será responsabilizado por seu uso indevido.*

O parágrafo terceiro do art. 31 discorre que o consentimento que foi tratado anteriormente não será exigido quando as informações forem necessárias:

> *I - à prevenção e diagnóstico médico, quando a pessoa estiver física ou legalmente incapaz, e para utilização única e exclusivamente para o tratamento médico;*
>
> *II - à realização de estatísticas e pesquisas científicas de evidente interesse público ou geral, previstos em lei, sendo vedada a identificação da pessoa a que as informações se referirem;*
>
> *III - ao cumprimento de ordem judicial;*
>
> *IV - à defesa de direitos humanos;*
>
> *V - à proteção do interesse público e geral preponderante.*

Contudo, trata o parágrafo quarto do art. 31, que a restrição ao acesso de informação relativa à vida privada, honra e imagem de pessoa não poderá ser invocada com o intuito de prejudicar processo de apuração de irregularidade em que o titular das informações estiver envolvido, bem como em ações voltadas para a recuperação de fatos históricos de maior relevância. O regulamento disporá sobre os procedimentos para tratamento de informação pessoal.

6.5 Responsabilidades

Segundo o art. 32 constituem condutas consideradas ilícitas, por isso ensejam responsabilidade do agente público ou militar, as seguintes:

I - recusar-se a fornecer informação requerida nos termos desta Lei, retardar deliberadamente o seu fornecimento ou fornecê-la intencionalmente de forma incorreta, incompleta ou imprecisa;

II - utilizar indevidamente, bem como subtrair, destruir, inutilizar, desfigurar, alterar ou ocultar, total ou parcialmente, informação que se encontre sob sua guarda ou a que tenha acesso ou conhecimento em razão do exercício das atribuições de cargo, emprego ou função pública;

III - agir com dolo ou má-fé na análise das solicitações de acesso à informação;

IV - divulgar ou permitir a divulgação ou acessar ou permitir acesso indevido à informação sigilosa ou informação pessoal;

V - impor sigilo à informação para obter proveito pessoal ou de terceiro, ou para fins de ocultação de ato ilegal cometido por si ou por outrem;

VI - ocultar da revisão de autoridade superior competente informação sigilosa para beneficiar a si ou a outrem, ou em prejuízo de terceiros;

VII - destruir ou subtrair, por qualquer meio, documentos concernentes a possíveis violações de direitos humanos por parte de agentes do Estado.

Respeitando-se o devido processo legal, o princípio do contraditório e da ampla defesa as condutas que foram descritas acima serão consideradas:

I - para fins dos regulamentos disciplinares das Forças Armadas, transgressões militares médias ou graves, segundo os critérios neles estabelecidos, desde que não tipificadas em lei como crime ou contravenção penal;

II - para fins do disposto na Lei nº 8.112, de 11 de dezembro de 1990, e suas alterações, infrações administrativas, que deverão ser apenadas, no mínimo, com suspensão, segundo os critérios nela estabelecidos.

Cabe ressaltar ainda que, pelas condutas descritas anteriormente o agente público ou o militar responder também por improbidade administrativa conforme previsto nas Leis 1079/50 e 8429/92. Discorre o art. 33 que para o caso de pessoa física ou ainda de entidade privada que possuir informações em razão de vínculo de qualquer natureza com o poder público e deixar de respeitar o que está disposto na lei de acesso à informação estará sujeito as seguintes informações.

I - advertência;

II - multa;

III - rescisão do vínculo com o poder público;

IV - suspensão temporária de participar em licitação e impedimento de contratar com a administração pública por prazo não superior a 2 (dois) anos;

V - declaração de inidoneidade para licitar ou contratar com a administração pública, até que seja promovida a reabilitação perante a própria autoridade que aplicou a penalidade.

As sanções previstas no inciso I, III e IV poderão ser aplicadas juntamente com a do inciso II e será assegurado ao interessado o direito à defesa no prazo de 10 dias. A reabilitação que é tratada no inciso V será autorizada somente quando o interessado efetivar o ressarcimento ao órgão ou entidade dos prejuízos resultantes e após decorrido o prazo da sanção aplicada com base no inciso IV. Para essa sanção prevista no inciso V a aplicação é de competência exclusiva da autoridade máxima do órgão ou entidade pública, facultada a defesa do interessado, no respectivo processo, no prazo de 10 dias da abertura de vista.

Conforme o art. 34 os órgãos e entidades públicos responderam diretamente pelos dados causados, em decorrência da divulgação não autorizada ou utilização indevida de informações que forem sigilosas ou informações que forem pessoais. Em caso de dolo ou culpa, caberá a apuração de responsabilidade funcional sendo assegurado o respectivo direito de regresso.

A disposição que foram tratadas acima aplicam-se à pessoa física ou entidade privada que por razão de vínculo de qualquer natureza com órgãos ou entidades tiver acesso a informação sigilosa ou pessoal e a submeta a tratamento indevido.

6.6 Disposições Finais e Transitórias

O art. 35 teve seu caput vetado, porém o parágrafo primeiro institui a Comissão Mista de Reavaliação de Informações, a qual decidirá sobre o tratamento e classificação de informações sigilosas no âmbito da administração pública federal, essa comissão terá competência para:

I - requisitar da autoridade que classificar informação como ultrassecreta e secreta esclarecimento ou conteúdo, parcial ou integral da informação;

II - rever a classificação de informações ultrassecretas ou secretas, de ofício ou mediante provocação de pessoa interessada, observado o disposto no art. 7º e demais dispositivos desta Lei;

III - prorrogar o prazo de sigilo de informação classificada como ultrassecreta, sempre por prazo determinado, enquanto o seu acesso ou divulgação puder ocasionar ameaça externa à soberania nacional ou à integridade do território nacional ou grave risco às relações internacionais do País, observado o prazo previsto no § 1º do art. 24.

O prazo de se trata o inciso III é limitado a uma única renovação. Contudo, a revisão de ofício a que se refere o inciso II do parágrafo primeiro tem de ocorrer no máximo a cada 4 anos, após a reavaliação prevista no art. 39, quando se tratar de documentos ultrassecretos ou secretos. Caso não seja deliberado a revisão pela Comissão Mista de Reavaliação de Informações no prazo recém tratado implicará na desclassificação automática das informações.

Um regulamento disporá sobre a composição, organização e funcionamento da Comissão Mista de Reavaliação de Informações, observado o mandato de 2 anos para seus integrantes e demais disposições desta lei.

***Art. 36.** O tratamento de informação sigilosa resultante de tratados, acordos ou atos internacionais atenderá às normas e recomendações constantes desses instrumentos.*

Conforme o art. 37 é instituído no âmbito do Gabinete de Segurança Institucional da Presidência da República (GSI) o Núcleo de Segurança e Credenciamento (NSC), que tem por objetivo:

I - promover e propor a regulamentação do credenciamento de segurança de pessoas físicas, empresas, órgãos e entidades para tratamento de informações sigilosas;

II - garantir a segurança de informações sigilosas, inclusive aquelas provenientes de países ou organizações internacionais com os quais a República Federativa do Brasil tenha firmado tratado, acordo, contrato ou qualquer outro ato internacional, sem prejuízo das atribuições do Ministério das Relações Exteriores e dos demais órgãos competentes.

Um regulamento disporá sobre a composição, organização e funcionamento do NSC. Será aplicado para aquilo que couber as previsões da Lei 9.507/97 em relação à informação de pessoa, seja física ou jurídica, constante no registro ou banco de dados de entidades governamentais ou de caráter público.

O art. 39 diz que a partir da vigência da Lei de Acesso à Informação os órgãos e entidades públicas deverão proceder pela reavaliação das informações classificadas como ultrassecretas e secretas no prazo máximo de 2 anos. A restrição de acesso a informações, em razão da reavaliação prevista acima, deverá observar os prazos e condições previstos na mesma lei. As informações que forem classificadas como secretas ou ultrassecretas e não passarem por reavaliação no prazo serão consideradas de acesso ao público.

§ 2º No âmbito da administração pública federal, a reavaliação prevista no caput poderá ser revista, a qualquer tempo, pela Comissão Mista de Reavaliação de Informações, observados os termos desta Lei.

§ 3º Enquanto não transcorrido o prazo de reavaliação previsto no caput, será mantida a classificação da informação nos termos da legislação precedente.

No prazo de 60 dias, a partir da vigência dessa lei, o dirigente máximo de cada órgão ou entidade da administração pública federal direta ou indireta designará autoridade que lhe seja diretamente subordinada para que no âmbito de cada órgão ou entidade exerça as seguintes atribuições:

I - assegurar o cumprimento das normas relativas ao acesso a informação, de forma eficiente e adequada aos objetivos desta Lei;

II - monitorar a implementação do disposto nesta Lei e apresentar relatórios periódicos sobre o seu cumprimento;

III - recomendar as medidas indispensáveis à implementação e ao aperfeiçoamento das normas e procedimentos necessários ao correto cumprimento do disposto nesta Lei;

IV - orientar as respectivas unidades no que se refere ao cumprimento do disposto nesta Lei e seus regulamentos.

Segundo o art. 41 o Poder Executivo Federal irá designar órgão da administração pública federal responsável:

I - pela promoção de campanha de abrangência nacional de fomento à cultura da transparência na administração pública e conscientização do direito fundamental de acesso à informação;

II - pelo treinamento de agentes públicos no que se refere ao desenvolvimento de práticas relacionadas à transparência na administração pública;

III - pelo monitoramento da aplicação da lei no âmbito da administração pública federal, concentrando e consolidando a publicação de informações estatísticas relacionadas no art. 30;

IV - pelo encaminhamento ao Congresso Nacional de relatório anual com informações atinentes à implementação desta Lei.

***Art. 42.** O Poder Executivo regulamentará o disposto nesta Lei no prazo de 180 (cento e oitenta) dias a contar da data de sua publicação.*

***Art. 43.** O inciso VI do art. 116 da Lei no 8.112, de 11 de dezembro de 1990, passa a vigorar com a seguinte redação:*

"Art. 116. ....

VI - levar as irregularidades de que tiver ciência em razão do cargo ao conhecimento da autoridade superior ou, quando houver suspeita de envolvimento desta, ao conhecimento de outra autoridade competente para apuração;

..." (NR)

***Art. 44.** O Capítulo IV do Título IV da Lei nº 8.112, de 1990, passa a vigorar acrescido do seguinte art. 126-A:*

"Art. 126-A. Nenhum servidor poderá ser responsabilizado civil, penal ou administrativamente por dar ciência à autoridade superior ou, quando houver suspeita de envolvimento desta, a outra autoridade competente para apuração de informação concernente à prática de crimes ou improbidade de que tenha conhecimento, ainda que em decorrência do exercício de cargo, emprego ou função pública."

***Art. 45.** Cabe aos Estados, ao Distrito Federal e aos Municípios, em legislação própria, obedecidas as normas gerais estabelecidas nesta Lei, definir regras específicas, especialmente quanto ao disposto no art. 9º e na Seção II do Capítulo III.*

***Art. 46.** Revogam-se:*

I - a Lei nº 11.111, de 5 de maio de 2005 ; e

II - os arts. 22 a 24 da Lei nº 8.159, de 8 de janeiro de 1991.

***Art. 47.** Esta Lei entra em vigor 180 (cento e oitenta) dias após a data de sua publicação.*

ADMINISTRAÇÃO PÚBLICA FEDERAL

1. INTRODUÇÃO AO DIREITO ADMINISTRATIVO

Na introdução ao Direito Administrativo, conheceremos algumas características do Direito Administrativo, seu conceito, sua finalidade e seu regime jurídico peculiar que orienta toda a sua atividade administrativa, seja ela exercida pelo próprio Estado-administrador, ou por particular. Para entendermos melhor tudo isso, é preciso iniciar os estudos pela compreensão adequada do papel do Direito na vida social.

O Direito é um conjunto de normas (regras e princípios) impostas coativamente pelo Estado que regulam a vida em sociedade, possibilitando a coexistência pacífica das pessoas.

1.1 Ramos do Direito

O Direito é historicamente dividido em dois grandes ramos: o **direito público** e o **direito privado**.

Em relação ao **direito privado**, vale o princípio da igualdade (isonomia) entre as partes; aqui não há que se falar em superioridade de uma parte sobre a outra. Por esse motivo, dizemos que estamos em uma relação jurídica horizontal ou em uma horizontalidade nas relações jurídicas.

O **direito privado** é regulado pelo princípio da autonomia da vontade, o que traduz a regra que diz que o particular pode fazer tudo aquilo que não é proibido (art. 5º, inciso II, da Constituição Federal de 1988).

No **direito público**, temos uma relação jurídica vertical, com o Estado em um dos polos, representando os interesses da coletividade, e um particular no outro, desempenhando seus próprios interesses. O Estado é tratado com superioridade ante ao particular, pois o Estado é o procurador da vontade da coletividade, que, representada pelo próprio Estado, deve ser tratada de forma prevalente ante a vontade do particular.

O fundamento dessa relação jurídica vertical é encontrado no princípio da supremacia do interesse público, que estudaremos com mais detalhes no tópico referente aos princípios. Já podemos, no entanto, adiantar que, o interesse público é supremo. Desse modo, são disponibilizadas ao Estado prerrogativas especiais para que este possa atingir os seus objetivos. Essas prerrogativas são os poderes da Administração Pública.

Os dois princípios norteadores do Direito Administrativo são: Supremacia do Interesse Público (gera os poderes) e Indisponibilidade do Interesse Público (gera os deveres da administração).

1.2 Conceito de Direito Administrativo

Na doutrina, podem ser encontrados vários conceitos para o Direito Administrativo. A seguir, descreveremos dois deles, trazidos pela doutrina contemporânea:

- O Direito Administrativo é o ramo do direito público que tem por objeto órgãos, agentes e pessoas jurídicas administrativas que integram a Administração Pública. A atividade jurídica não contenciosa que exerce e os bens que se utiliza para a consecução de seus fins são de natureza pública.
- O Direito Administrativo é o conjunto harmônico de princípios jurídicos que regem órgãos, agentes e atividades públicas que tendem a realizar concreta, direta e imediatamente os fins desejados pelo Estado.

Os conceitos de Direito Administrativo foram desenvolvidos de forma que se desdobram em uma sequência natural de tópicos que devem ser estudados ponto a ponto para que a matéria seja corretamente entendida.

1.3 Objeto do Direito Administrativo

Por meio desses conceitos, podemos constatar que o objeto do Direito Administrativo são as relações da Administração Pública, sejam elas de natureza interna entre as entidades que a compõem, seus órgãos e agentes, ou de natureza externa entre a administração e os administrados.

Além de ter por objeto a atuação da Administração Pública, também é foco do Direito Administrativo o desempenho das atividades públicas quando exercidas por algum particular, como no caso das concessões, permissões e autorizações de serviços públicos.

Resumidamente, podemos dizer que o Direito Administrativo tem por objeto a Administração Pública e as atividades administrativas, independentemente de quem as exerçam.

1.4 Fontes do Direito Administrativo

É o lugar de onde provém algo, no nosso caso, no qual emanam as regras do Direito Administrativo. Esse não está codificado em um único livro. Dessa forma, para o estudarmos de maneira completa, temos que recorrer às fontes, ou seja, a institutos esparsos. Por esse motivo, dizemos que o Direito Administrativo está tipificado (escrito), mas não está codificado em um único instituto.

- **Lei:** fonte principal do Direito Administrativo. A lei deve ser compreendida em seu sentido amplo, o que inclui a Constituição Federal, as normas supralegais, as leis e também os atos normativos da própria Administração Pública. Temos como exemplo os arts. 37 ao 41 da Constituição Federal, as Leis nºs 8.666/1993, 14.133/2021, 8.112/1990, 8.429/1992 (Lei de Improbidade Administrativa), 14.230/2021, 9.784/1999 (Processo Administrativo Federal) etc.
- **Súmulas Vinculantes:** são instruções jurídicas que norteiam a interpretação e aplicação das normas constitucionais. Ou seja, as decisões trazidas pelo STF nas súmulas devem ser seguidas pelo Poder Judiciário e pela Administração Pública.
- **Jurisprudência:** são decisões que são editadas pelos tribunais e não possuem efeito vinculante; são resumos numerados que servem de fonte de pesquisa do direito materializados em livros, artigos e pareceres.
- **Doutrina:** tem a finalidade de tentar sistematizar e melhor explicar o conteúdo das normas de Direito Administrativo. A doutrina pode ser utilizada como critério de interpretação de normas, bem como para auxiliar a produção normativa.
- **Costumes:** conjunto de regras não escritas, porém, observadas de maneira uniforme, as quais suprem a omissão legislativa acerca de regras internas da Administração Pública.

Segundo o doutrinador do Direito Administrativo, Hely Lopes Meirelles, em razão da deficiência da legislação, a prática administrativa vem suprindo o texto escrito e, sedimentada na consciência dos administradores e administrados, a praxe burocrática passa a saciar a lei e atuar como elemento informativo da doutrina.

Leis e súmulas vinculantes são consideradas fontes principais do Direito Administrativo. Jurisprudência, súmulas, doutrinas e costumes são considerados fontes secundárias.

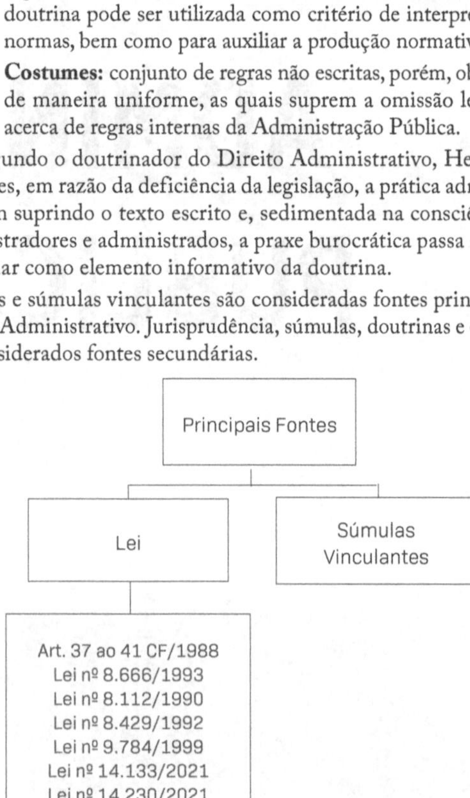

1.5 Sistemas Administrativos

É o regime que o Estado adota para o controle dos atos administrativos ilegais praticados pelo poder público nas diversas esferas e em todos os poderes. Existem dois sistemas que são globalmente utilizados:

- O **sistema francês** (do contencioso administrativo), não utilizado no Brasil, determina que as lides administrativas podem transitar em julgado, ou seja, as decisões administrativas têm força de definibilidade. Nesse sentido, falamos em dualidade de jurisdição, já que existem tribunais administrativos e judiciais, cada qual com suas competências.
- O **sistema inglês** (do não contencioso administrativo), também chamado de jurisdicional único ou unicidade da jurisdição, é o sistema que atribui somente ao Poder Judiciário a capacidade de tomar decisões sobre a legalidade administrativa com caráter de coisa julgada ou definitividade.

Atenção!

A Constituição Federal de 1988 adotou o Sistema Inglês, do não contencioso administrativo.

O Direito Administrativo, no nosso sistema, não pode fazer coisa julgada e todas as decisões administrativas podem ser revistas pelo Poder Judiciário, pois somente ele pode dar resolução em caráter definitivo. Ou seja, não cabem mais recursos, por isso, falamos em trânsito em julgado das decisões judiciais e nunca das decisões administrativas.

1.5.1 Via administrativa de curso forçado

São situações em que o particular é obrigado a seguir todas as vias administrativas até o fim, antes de recorrer ao Poder Judiciário. Isso é exceção, pois a regra é que, ao particular, é facultado recorrer-se ao Poder Judiciário, por força do art. 5º, inciso XXXV, da Constituição Federal de 1988.

Aqui, o indivíduo deve esgotar as esferas administrativas obrigatoriamente antes de ingressar com ação no Poder Judiciário.

> *XXXV - A lei não excluirá da apreciação do Poder Judiciário lesão ou ameaça a direito.*

Exemplos:

- **Justiça Desportiva:** só são admitidas pelo Poder Judiciário ações relativas à disciplina e às competições desportivas depois de esgotadas as instâncias da Justiça Desportiva. Art. 217, § 1º, CF/1988.
- **Ato administrativo ou omissão da Administração Pública que contrarie súmula vinculante:** só pode ser alvo de reclamação ao STF depois de esgotadas as vias administrativas. Lei nº 11.417/2006, art. 7º, § 1º.
- ***Habeas data*:** é indispensável para caracterizar o interesse de agir no *habeas data* a prova anterior do indeferimento do pedido de informação de dados pessoais ou da omissão em atendê-lo sem que se confirme situação prévia de pretensão. (STF, HD, 22-DF Min. Celso de Mello).

1.6 Regime jurídico administrativo

É o conjunto de normas e princípios de direito público que regulam a atuação da Administração Pública. Tais regras se fundamentam nos princípios da Supremacia e da Indisponibilidade do Interesse Público, conforme estudaremos adiante.

O princípio da supremacia do interesse público é o fundamento dos poderes da Administração Pública, afinal de contas, qualquer pessoa que tenha como fim máximo da sua atuação o interesse da coletividade, somente conseguirá atingir esses objetivos se dotadas de poderes especiais.

O princípio da indisponibilidade do interesse público é o fundamento dos deveres da Administração Pública, pois essa tem o dever de nunca abandonar o interesse público e de usar os seus poderes com a finalidade de satisfazê-lo.

Desses dois princípios, decorrem todos os outros princípios e regras que se desdobram no regime jurídico administrativo.

1.7 Noções de Estado

1.7.1 Conceito de Estado

- **Estado:** é a pessoa jurídica territorial soberana.
- **Pessoa:** capacidade para contrair direitos e obrigações.
- **Jurídica:** é constituída por meio de uma formalidade documental e não por uma mulher, tal como a pessoa física.
- **Territorial soberana:** quer dizer que, dentro do território do Estado, esse detém a soberania, ou seja, sua vontade prevalece ante a das demais pessoas (sejam elas físicas ou jurídicas). Podemos definir soberania da seguinte forma: soberania é a independência na ordem internacional (lá fora ninguém manda no Estado) e supremacia na ordem interna (aqui dentro quem manda é o Estado).

1.7.2 Elementos do Estado

- **Território**: é a base fixa do Estado (solo, subsolo, mar, espaço aéreo).
- **Povo**: é o componente humano do Estado.
- **Governo soberano**: é o responsável pela condução do Estado. Por ser tal governo soberano, ele não se submete a nenhuma vontade externa, apenas aos desígnios do povo.

1.7.3 Formas de Estado

- **Estado unitário:** é caracterizado pela centralização política; não existe divisão em Estados-membros ou municípios, há somente uma esfera política central que emana sua vontade para todo o país. É o caso do Uruguai.
- **Estado federado:** caracteriza-se pela descentralização política. Existem diferentes entidades políticas autônomas que são distribuídas regionalmente e cada uma exerce o poder político dentro de sua área de competência. É o caso do Brasil.

1.7.4 Poderes do Estado

Os poderes do Estado estão previstos no texto Constitucional.

> ***Art. 2º*** *São Poderes da União, independentes e harmônicos entre si, o Legislativo, o Executivo e o Judiciário.*

Os poderes podem exercer as funções para que foram investidos pela Constituição Federal (funções típicas) ou executar cargos diversos das suas competências constitucionais (funções atípicas). Por esse motivo, não há uma divisão absoluta entre os poderes, e sim relativa, pois o Poder Executivo pode executar suas funções típicas (administrar) e pode também iniciar o processo legislativo em alguns casos (pedido de vagas para novos cargos). Além disso, é possível até mesmo legislar no caso de medidas provisórias com força de lei.

Poderes	Funções típicas	Funções atípicas
Legislativo	Criar leis Fiscalizar (Tribunal de Contas)	Administrar Julgar conflitos
Executivo	Administrar	Criar leis Julgar conflitos
Judiciário	Julgar conflitos	Administrar Criar leis

É importante notar que a atividade administrativa está presente nos três poderes. Por isso, o Direito Administrativo, por ser um dos ramos do Direito Público, disciplina não somente a atividade administrativa do Poder Executivo, mas também as do Poder Legislativo e do Judiciário.

1.8 Noções de governo

Governar é atividade política e discricionária, tendo conduta independente. O ato de governar está relacionado com as funções políticas do Estado: de comandar, coordenar, direcionar e fixar planos e diretrizes de atuação do Estado.

O governo é o conjunto de Poderes e órgãos constitucionais responsáveis pela função política do Estado. Ele está diretamente ligado às decisões tomadas pelo Estado, exercendo direção suprema e geral. Ao fazer uma analogia, podemos dizer que o governo é o cérebro do Estado.

1.8.1 Função de governo e função administrativa

É comum aparecer em provas de concursos públicos questões que confundem as ideias de governo e de Administração Pública. Para evitar esse erro, analisaremos as diferenças entre as expressões.

O governo é uma atividade política e discricionária e que possui conduta independente. Para ele, a administração é uma atividade neutra, normalmente vinculada à lei ou à norma técnica, e exercida mediante conduta hierarquizada.

Não podemos confundir governo com Administração Pública, pois o governo se encarrega de definir os objetivos do Estado e as políticas para o alcance desses objetivos. A Administração Pública, por sua vez, se encarrega de atingir os objetivos traçados pelo governo.

O governo atua mediante atos de soberania ou, ao menos, de autonomia política na condução dos negócios públicos. A administração é atividade neutra, normalmente vinculada à lei ou à norma técnica. Governo é conduta independente, enquanto a administração é hierarquizada.

O governo deve comandar com responsabilidade constitucional e política, mas sem responsabilidade técnica e legal pela execução. A administração age sem responsabilidade política, mas com responsabilidade técnica e legal pela execução dos serviços públicos.

1.8.2 Sistemas de governo

Sistema de governo refere-se ao grau de dependência entre o Poder Legislativo e Executivo.

- **Parlamentarismo**

É caracterizado por uma grande relação de dependência entre o Poder Legislativo e o Executivo.

A chefia do Estado e a do Governo são desempenhadas por pessoas distintas.

Chefe de Estado: responsável pelas relações internacionais.

Chefe de governo: responsável pelas relações internas, o chefe de governo é o da Administração Pública.

- **Presidencialismo**

É caracterizado por não existir dependência, ou quase nenhuma, entre os Poderes Legislativo e Executivo.

A chefia do Estado e a do Governo são representadas pela mesma pessoa.

O Brasil adota o presidencialismo como sistema de governo.

1.8.3 Formas de governo

A forma de governo refere-se à relação entre governantes e governados.

- **Monarquia**

Hereditariedade: o poder é passado de pai para filho.

Vitaliciedade: o detentor do poder fica no cargo até a morte e não necessita prestar contas.

- **República**

Eletividade: o governante precisa ser eleito para chegar ao poder.

Temporalidade: ao chegar ao poder, o governante ficará no cargo por tempo determinado e deve prestar contas.

O Brasil adota a república como forma de governo.

2. ADMINISTRAÇÃO PÚBLICA

Antes de fazermos qualquer conceituação doutrinária sobre Administração Pública, podemos entendê-la como a ferramenta utilizada pelo Estado para atingir os seus objetivos. O Estado possui objetivos, e quem escolhe quais são eles é seu governo, pois a esse é que cabe a função política (atividade eminentemente discricionária) do Estado e que determina as suas vontades, ou seja, o Governo é o cérebro do Estado. Para poder atingir esses objetivos, o Estado precisa fazer algo, e o faz por meio de sua Administração Pública. Assim, essa é a responsável pelo exercício das atividades públicas do Estado.

2.1 Classificação de Administração Pública

2.1.1 Sentido material/objetivo

Em sentido material ou objetivo, a Administração Pública compreende o exercício de atividades pelas quais se manifesta a função administrativa do Estado.

Compõe a Administração Pública material qualquer pessoa jurídica, seus órgãos e agentes que exercem as atividades administrativas do Estado. Como exemplo de tais atividades, há a prestação de serviços públicos, o exercício do poder de Polícia, o fomento, a intervenção e as atividades da Administração Pública.

Essas são as chamadas atividades típicas do Estado e, pelo critério formal, qualquer pessoa que exerce alguma dessas é de Administração Pública, não importa quem seja. Por esse critério, teríamos, por exemplo, as seguintes pessoas na Administração Pública: União, estados, municípios, Distrito Federal, Autarquias, Fundações Públicas prestadoras de serviços públicos, Empresa Pública prestadora de serviço público, Sociedade de Economia Mista prestadora de serviços públicos e, ainda, as concessionárias, autorizatárias e permissionárias de serviço público.

Esse critério não é o adotado pelo Brasil. Assim sendo, a classificação feita acima não descreve a Administração Pública brasileira, que, conforme veremos a seguir, adota o modelo formal de classificação.

2.1.2 Sentido formal/subjetivo

Em sentido formal ou subjetivo, a Administração Pública compreende o conjunto de órgãos e pessoas jurídicas encarregadas, por determinação legal, do exercício da função administrativa do Estado.

Pelo modelo formal, segundo Meirelles, a Administração Pública é o conjunto de entidades (pessoas jurídicas, seus órgãos e agentes) que o nosso ordenamento jurídico identifica como Administração Pública, pouco interessa a sua área de atuação, ou seja, pouco importa a atividade, mas, sim, quem a desempenha. A Administração Pública brasileira que adota o modelo formal é classificada em Administração Direta e Indireta.

2.2 Organização da Administração

A Administração Pública foi definida pela Constituição Federal de 1988 no art. 37.

> ***Art.* 37** *A Administração Pública Direta e indireta de qualquer dos Poderes da União, dos Estados, do Distrito Federal e dos Municípios obedecerá aos princípios de legalidade, impessoalidade, moralidade, publicidade e eficiência e, também, ao seguinte [...].*

O Decreto-lei nº 200/1967 determina quem é Administração Pública Direta e Indireta.

> ***Art. 4º*** *A Administração Federal compreende:*
>
> *I - A Administração Direta, que se constitui dos serviços integrados na estrutura administrativa da Presidência da República e dos Ministérios.*
>
> *II - A Administração Indireta, que compreende as seguintes categorias de entidades, dotadas de personalidade jurídica própria:*
>
> *a) Autarquias;*
>
> *b) Empresas Públicas;*
>
> *c) Sociedades de Economia Mista.*
>
> *d) Fundações públicas.*

Dessa forma, temos somente quatro pessoas que representam a Administração Direta. Elas são consideradas pessoas jurídicas de direito público e possuem várias características. As pessoas da Administração Direta recebem o nome de pessoas políticas do estado.

A Administração Indireta também representa um rol taxativo e não cabe ampliação. Existem quatro pessoas da Administração Indireta e nenhuma outra. Elas possuem características marcantes, contudo, não possuem a mais importante e que as diferencia das pessoas políticas do Estado: a capacidade de legislar (capacidade política).

2.3 Administração Direta

A Administração Direta é representada pelas entidades políticas. São elas: União, estados, Distrito Federal e municípios.

A definição no Brasil foi feita pelo Decreto-lei nº 200/1967, que dispõe sobre a organização da Administração Federal e estabelece diretrizes para a Reforma Administrativa.

É importante observar que esse decreto dispõe somente sobre a Administração Pública Federal, todavia, pela aplicação do princípio da simetria, tal regra é aplicada uniformemente por todo o território nacional. Assim sendo, tal classificação utilizada nesse decreto define expressamente a Administração Pública Federal e também, implicitamente, a Administração Pública dos demais entes da federação.

Os entes políticos possuem autonomia política (capacidade de legislar), administrativa (capacidade de se auto-organizar) e capacidade financeira (capacidade de julgar as próprias contas). Não podemos falar aqui em hierarquia entre os entes, mas sim em cooperação, pois um não dá ordens aos outros, visto que eles são autônomos.

As principais características da Administração Direta são:

- São pessoas jurídicas de direito público interno – têm autonomia.
- Unidas formam a República Federativa do Brasil: pessoa jurídica de direito público externo – tem soberania (independência na ordem externa e supremacia na interna).
- Regime jurídico de direito público.
- **Autonomia política:** administrativa e financeira.
- **Sem subordinação:** atuam por cooperação.
- **Competências:** extraídas da CF/1988.
- Responsabilidade civil – regra – objetiva.
- **Bens:** públicos, não podem ser objeto de sequestro, arresto, penhora etc.
- **Débitos judiciais:** são pagos por precatórios.
- **Regime de pessoal:** regime jurídico único.
- Competência para julgamento de ações judiciais da União é a Justiça Federal; dos demais Entes Políticos é a Justiça Estadual.

Algumas noções de centralização, descentralização e desconcentração são importantes para compreender a Administração Direta:

- **Centralização Administrativa:** órgãos e agentes trabalhando para a Administração Direta.
- **Descentralização administrativa:** técnica administrativa em que a Administração Direta passa a atividade administrativa, serviço ou obra pública para outras pessoas jurídicas ou físicas (para pessoa física somente por delegação por colaboração). A descentralização pode ser feita por outorga legal (titularidade + execução) ou diante delegação por colaboração (somente execução). A outorga legal cria as pessoas da Administração Indireta. A Delegação por colaboração gera os concessionários, permissionários e autorizatários de serviços públicos.
- **Descentralização por outorga legal:** também chamada de descentralização técnica, por serviços, ou funcional, é feita por lei e transfere a titularidade e a execução da atividade administrativa por prazo indeterminado para uma pessoa jurídica integrante da Administração Indireta.
- **Descentralização por delegação:** também chamada de descentralização por colaboração, é feita em regra por um contrato administrativo e, nesses casos, depende de licitação. Também pode acontecer descentralização por delegação por meio de um ato administrativo. Transfere somente a execução da atividade administrativa, e não a sua titularidade, por prazo determinado para um particular, pessoa física ou jurídica.

▷ **Outorga legal:**

- Feita por lei;
- Transfere a titularidade e a execução do serviço público;
- Não tem prazo.

▷ **Delegação:**

- Feita por contrato, exceto as autorizações;
- Os contratos dependem de licitação;
- Transfere somente a execução do serviço público e não a titularidade;
- À fiscalização do Poder Público. Tal fiscalização decorre do exercício do poder disciplinar;
- Tem prazo.
- **Desconcentração administrativa:** técnica de subdivisão de órgãos públicos para que melhor desempenhem o serviço público ou atividade administrativa. Em outras palavras, na desconcentração, a pessoa jurídica distribui competências no âmbito de sua própria estrutura. É a distribuição de competências entre os diversos órgãos integrantes da estrutura de uma pessoa jurídica da Administração Pública. Somente ocorre na Administração Direta ou Indireta, jamais para particulares, uma vez que não existem órgãos públicos entre particulares.

2.4 Administração Indireta

Pessoas/entes/entidades administrativas

- Fundações públicas;
- Autarquias;
- Sociedades de economia mista;
- Empresas públicas.

Características

- Tem personalidade jurídica própria;
- Tem patrimônio e receita próprios;
- Tem autonomia: administrativa, técnica e financeira.
- Não tem autonomia política;
- Finalidade definida em lei;
- Controle do Estado.

Não há subordinação nem hierarquia entre os entes da Administração Direta e indireta, mas sim vinculação que se manifesta por meio da **supervisão ministerial** realizada pelo ministério ou secretaria da pessoa política responsável pela área de atuação da entidade administrativa. Tal supervisão tem por finalidade o exercício do denominado **controle finalístico** ou **poder de tutela**.

Em alguns casos, a entidade administrativa pode estar diretamente vinculada à chefia do Poder Executivo e, nesse contexto, caberá a essa chefia o exercício do controle finalístico de tal entidade.

Nomeação de dirigentes: os dirigentes das entidades administrativas são nomeados pelo chefe do poder a que está vinculada a respectiva entidade, ou seja, as entidades administrativas ligadas ao Poder Executivo Federal têm seus dirigentes nomeados pelo chefe de tal poder, que, nesse caso, é o Presidente da República.

É válido lembrar que, em todos os poderes, existe a função administrativa no Executivo, de forma típica, e nos demais poderes, de forma atípica. Além disso, a função administrativa de todos os poderes é exercida pela sua Administração Pública (Administração Direta e Indireta), assim, existe Administração Pública Direta e Indireta nos três poderes e, caso uma entidade administrativa seja vinculada ao Poder Legislativo ou Judiciário, caberá ao chefe do respectivo poder a nomeação de tal dirigente.

Excepcionalmente, a nomeação de um dirigente pode depender ainda de aprovação do Poder Legislativo. Na esfera federal, temos como exemplo a nomeação dos dirigentes das agências reguladoras. Tais nomeações são feitas pelo Presidente da República e, para terem efeito, dependem de aprovação do Senado Federal.

Via de regra, lembraremos que a nomeação do dirigente de uma entidade administrativa é feita pelo chefe do Poder Executivo, sendo que, em alguns casos, é necessária a prévia aprovação de outro poder. Excepcionalmente, o Judiciário e o Legislativo poderão nomear dirigentes para essas entidades, desde que vinculadas ao respectivo poder.

Criação dos entes da Administração Indireta: a instituição das entidades administrativas depende sempre de uma lei ordinária específica. Essa lei pode criar a entidade administrativa. Nesse caso, nasce uma pessoa jurídica de direito público, a autarquia. A lei também pode autorizar a criação das entidades administrativas. Nessa circunstância, nascem as demais entidades da Administração Indireta: fundações públicas, empresas públicas e sociedades de economia mista. Pelo fato dessas entidades serem autorizadas por lei, elas são pessoas jurídicas de direito privado.

A lei que cria ou que autoriza a criação de uma entidade administrativa é uma **lei ordinária específica.**

Quando a lei autoriza a criação de uma entidade da Administração Indireta, a sua construção será consumada após o registro na serventia registral pertinente (cartório ou junta comercial, conforme o caso).

Ocorre extinção dos entes da Administração Indireta nas seguintes condições:

- Só lei revoga lei.
- Se a lei cria, a lei extingue.
- Se a lei autoriza a criação, autoriza também a extinção.

Relação da Administração Pública Direta com a Indireta: as entidades compreendidas na Administração Indireta vinculam-se ao Ministério em cuja área de competência estiver enquadrada sua principal atividade. Dessa forma, não há que se falar em hierarquia ou subordinação, mas, sim em vinculação.

A vinculação entre a Administração Direta e a Administração Indireta gera o chamado controle finalístico ou supervisão ministerial. Assim, a Administração Direta não pode intervir nas decisões da Indireta, salvo se ocorrer a chamada fuga de finalidade.

2.4.1 Autarquias

Autarquia é a pessoa jurídica de direito público, criada por lei, com capacidade de autoadministração, para o desempenho de serviço público descentralizado (atividade típica do Estado). É o próprio serviço público personificado.

Vejamos a seguir as suas características:

- **Personalidade jurídica:** direito público.
- Recebem todas as prerrogativas do direito público.
- **Finalidade:** atividade típica do Estado.
- **Regime jurídico:** público.
- **Responsabilidade civil:** objetiva.
- **Bens públicos:** não podem ser objeto de penhora, arresto ou sequestro.
- Ao serem constituídas, recebem patrimônio do ente instituidor e, a partir desse momento, seguem com sua autonomia.
- **Débitos judiciais:** pagamento por precatórios.
- **Regime de pessoal:** regime jurídico único.
- Competência para o julgamento de suas ações judiciais:
  - Autarquia Federal = Justiça Federal.
  - Outras Esferas = Justiça Estadual. Por exemplo: Instituto Nacional do Seguro Social (INSS), Banco Central do Brasil.

A seguir estão presentes as espécies de autarquias:

- **Comum ou ordinária (de acordo com Decreto-lei nº 200/1967):** são as autarquias que recebem as características principais, ou seja, criadas diretamente por lei, pessoas jurídicas de direito público e que desempenham um serviço público especializado; seu ato constitutivo é a própria lei.
- **Sob regime especial:** as autarquias em regime especial são submetidas a um regime jurídico peculiar, diferente do jurídico relativo às autarquias comuns. Por autarquia comum deve-se entender as ordinárias, aquelas que se submetem a regime jurídico comum das autarquias. Na esfera federal, o regime jurídico comum das autarquias é o Decreto-lei nº 200/1967. Se a autarquia, além das regras do regime jurídico comum, ainda é alcançada por alguma regra especial, peculiar às suas atividades, será considerada uma autarquia em regime especial.
- **Agências reguladoras:** são responsáveis por regular, normatizar e fiscalizar determinados serviços públicos que foram delegados ao particular. Em razão dessa característica, elas têm mais liberdade e maior autonomia, se comparadas com as Autarquias comuns. Por exemplo: Agência Nacional do Cinema (Ancine); Agência Nacional de Águas e Saneamento Básico (ANA); Agência Nacional de Aviação Civil (Anac); Associação Nacional de Tecnologia do Ambiente Construído (Antaq); Agência Nacional de Telecomunicações (Anatel); Agência Nacional de Energia Elétrica (Aneel); Agência Nacional do Petróleo, Gás Natural e Biocombustíveis (ANP); Agência Nacional de Transportes Terrestres (ANTT) etc.
- **Autarquia territorial:** é classificado como Autarquia Territorial o espaço que faça parte do território da União, mas que não se enquadre na definição de Estado-membro, Distrito Federal ou município. No Brasil atual, não existem exemplos de autarquias territoriais, mas elas podem vir a ser criadas. Nesse caso, esses territórios fazem parte da Administração Direta e são autarquias territoriais, pois são criados por lei e assumem personalidade jurídica de direito público.
- **Associações públicas (autarquias interfederativas ou multifederativas):** também chamadas de consórcio público de Direito Público. O consórcio público é a pessoa jurídica formada exclusivamente por entes da Federação, na forma da Lei nº 11.107/2005, para estabelecer relações de cooperação federativa, inclusive a realização de objetivos de interesse comum, constituída como associação pública, com personalidade jurídica de direito público e natureza autárquica, ou como pessoa jurídica de direito privado, sem fins econômicos. Assim, não é todo consórcio público que representa uma autarquia interfederativa, mas somente os públicos de Direito Público.

- **Autarquia fundacional ou fundação autárquica:** as fundações públicas de Direito Público (exceção) são consideradas, na verdade, uma espécie de autarquia.
- **Agências executivas:** as agências executivas não se configuram como pessoas jurídicas, menos ainda outra classificação qualquer. Representam, na prática, um título que é dado às autarquias e fundações públicas que assinam contrato de gestão com a Administração Pública, conforme art. 37, § 8º, CF/1988.
- **Conselhos fiscalizadores de profissões:** são considerados autarquias, contudo, comportam uma exceção muito importante:

> *ADI 3.026-DF Min. Eros Graus. 08/06/2006. OAB: Considerada entidade sui generis, um serviço independente não sujeita ao controle finalístico da Administração Direta.*

2.4.2 Fundação Pública

A Fundação Pública é a entidade dotada de personalidade jurídica de direito privado, sem fins lucrativos, criada em virtude de autorização legislativa, para o desenvolvimento de atividades que não exijam execução por órgãos ou entidades de direito público, com autonomia administrativa, patrimônio próprio gerido pelos respectivos órgãos de direção e funcionamento custeado por recursos da União e de outras fontes.

Regra

- Autorizada por lei;
- Pessoa jurídica de direito privado;
- Depende de registro dos atos constitutivos na junta comercial;
- Depende de lei complementar que especifique o campo de atuação.

Exceção

- Criada diretamente por lei;
- Pessoa jurídica de direito público;
- Possui um capital personalizado (diferença meramente conceitual);
- Considerada pela doutrina como autarquia fundacional.

Atenção!

As fundações públicas de Direito Público, são espécie de autarquia, sendo chamadas pela doutrina como autarquias fundacionais.

Características

- **Personalidade jurídica:** direito privado.
- **Finalidade:** lei complementar definirá – sem fins lucrativos.
- **Regime jurídico:** híbrido (regras de Direito Público + direito privado) incontroverso.
- **Responsabilidade civil:** se for prestadora de serviço público, é objetiva; caso contrário, é subjetiva.
- **Bens privados, com exceção:** bens diretamente ligados à prestação de serviço público são bens públicos.
- **Débitos judiciais:** são pagos por meio do seu patrimônio, com exceção dos bens diretamente ligados à prestação de serviços públicos, que são bens públicos e não se submetem a pagamento de débitos judiciais.
- **Regime de pessoal:** Regime Jurídico Único (RJU).

Competência para o julgamento de suas ações judiciais:

- Justiça Federal.
- Outras esferas = Justiça Estadual.
- Instituto Brasileiro de Geografia e Estatística (IBGE), Biblioteca Nacional, Fundação Nacional do Índio (Funai).

2.4.3 Empresas Públicas e Sociedades de Economia Mista

São pessoas jurídicas de direito privado, criadas pela Administração Direta por meio de autorização da lei, com o respectivo registro, para a prestação de serviços públicos ou a exploração da atividade econômica.

A Lei nº 13.303/2016 dispõe sobre o estatuto jurídico da empresa pública, da sociedade de economia mista e de suas subsidiárias, no âmbito da União, dos estados, do Distrito Federal e dos municípios.

A referida lei apresenta os seguintes conceitos:

> ***Art. 3º*** *Empresa pública é a entidade dotada de personalidade jurídica de direito privado, com criação autorizada por lei e com patrimônio próprio, cujo capital social é integralmente detido pela União, pelos Estados, pelo Distrito Federal ou pelos Municípios.*
>
> ***Art. 4º*** *Sociedade de economia mista é a entidade dotada de personalidade jurídica de direito privado, com criação autorizada por lei, sob a forma de sociedade anônima, cujas ações com direito a voto pertençam em sua maioria à União, aos Estados, ao Distrito Federal, aos Municípios ou a entidade da Administração Indireta.*

2.4.4 Empresas Públicas e Sociedades de Economia Mista Exploradoras da Atividade Econômica

> ***Art. 173*** *Ressalvados os casos previstos nesta Constituição, a exploração direta de atividade econômica pelo Estado só será permitida quando necessária aos imperativos da segurança nacional ou a relevante interesse coletivo, conforme definidos em lei.*
>
> ***§ 1º*** *A lei estabelecerá o estatuto jurídico da Empresa Pública, da sociedade de economia mista e de suas subsidiárias que explorem atividade econômica de produção ou comercialização de bens ou de prestação de serviços, dispondo sobre:*
>
> *I - Sua função social e formas de fiscalização pelo Estado e pela sociedade;*
>
> *II - A sujeição ao regime jurídico próprio das empresas privadas, inclusive quanto aos direitos e obrigações civis, comerciais, trabalhistas e tributários;*
>
> *III -. Licitação e contratação de obras, serviços, compras e alienações, observados os princípios da Administração Pública;*
>
> *IV - A constituição e o funcionamento dos conselhos de administração e fiscal, com a participação de acionistas minoritários;*
>
> *V - Os mandatos, a avaliação de desempenho e a responsabilidade dos administradores.*
>
> ***§ 2º*** *As empresas públicas e as sociedades de economia mista não poderão gozar de privilégios fiscais não extensivos às do setor privado.*
>
> ***§ 3º*** *A lei regulamentará as relações da Empresa Pública com o Estado e a sociedade.*
>
> ***§ 4º*** *A lei reprimirá o abuso do poder econômico que vise à dominação dos mercados, à eliminação da concorrência e ao aumento arbitrário dos lucros.*
>
> ***§ 5º*** *A lei, sem prejuízo da responsabilidade individual dos dirigentes da pessoa jurídica, estabelecerá a responsabilidade desta, sujeitando-a as punições compatíveis com sua natureza, nos atos praticados contra a ordem econômica e financeira e contra a economia popular.*

2.4.5 Empresas Públicas e Sociedades de Economia Mista Prestadoras de Serviço Público

Essas entidades são criadas para a exploração da atividade econômica em sentido amplo, o que inclui o exercício delas em sentido estrito e também a prestação de serviços públicos que podem ser explorados com o intuito de lucro.

Segundo o art. 175 da Constituição Federal de 1988:

> ***Art. 175*** *Incumbe ao Poder Público, na forma da lei, diretamente ou sob regime de concessão ou permissão, sempre através de licitação, a prestação de serviços públicos.*
>
> ***Parágrafo único.*** *A lei disporá sobre:*
>
> *I - O regime das empresas concessionárias e permissionárias de serviços públicos, o caráter especial de seu contrato e de sua prorrogação, bem como as condições de caducidade, fiscalização e rescisão da concessão ou permissão;*
>
> *II - Os direitos dos usuários;*
>
> *III - Política tarifária;*
>
> *IV - A obrigação de manter serviço adequado.*

Não se inclui nessa categoria os serviços públicos relativos aos direitos sociais, pois esses não podem ser prestados com o intuito de lucro pelo Estado e, também, não são de titularidade exclusiva do Estado, podendo ser livremente explorados por particulares.

2.4.6 Sociedade de Economia Mista

A sociedade de economia mista é uma entidade dotada de personalidade jurídica de direito privado, autorizada por lei para a exploração de atividade econômica, sob a forma de sociedade anônima, cujas ações com direito a voto pertençam em sua maioria à União ou a entidade da Administração Indireta:

- Autorizada por lei;
- Pessoa jurídica de direito privado;
- Capital 50% + 1 ação no controle da Administração Pública;
- Constituição obrigatória por Sociedade Anônima (SA);
- Competência da Justiça Estadual.

2.4.7 Empresa Pública

Entidade dotada de personalidade jurídica de direito privado, com patrimônio próprio e capital exclusivo da União, autorizado por lei para a exploração de atividade econômica que o governo seja levado a exercer por força de contingência ou de conveniência administrativa, podendo revestir-se de qualquer das formas admitidas em direito.

Principais características:

- Autorizado por lei;
- Pessoa jurídica de direito privado;
- 100% na constituição de capital público;
- Constituído de qualquer forma admitido em direito;
- Competência da Justiça Federal.

Algumas características comuns das empresas públicas e sociedades de economia mista:

- **Personalidade jurídica:** direito privado.
- **Finalidade:** prestação de serviço público ou a exploração da atividade econômica.
- **Regime jurídico híbrido:** se for prestadora de serviço público, o regime jurídico é mais público; se for exploradora da atividade econômica, o regime jurídico é mais privado.
- **Responsabilidade civil:** se for prestadora de serviço público, a responsabilidade civil é objetiva, se for exploradora da atividade econômica, a civil é subjetiva.
- **Bens privados, com exceção:** bens diretamente ligados à prestação de serviço público são bens públicos.
- **Débitos judiciais:** são pagos por meio do seu patrimônio, com exceção dos bens diretamente ligados à prestação de serviços públicos, que são bens públicos e não se submetem a pagamento de débitos judiciais.
- **Regime de pessoal:** Consolidação das Leis do Trabalho (CLT) – Emprego Público.
- **Exemplos de empresas públicas:** Caixa Econômica Federal, Correios.
- **Exemplo de sociedades de economia mista:** Banco do Brasil e Petrobras.

O quadro a seguir foi desenvolvido para memorização das características mais importantes das pessoas da Administração Pública Indireta.

Tabela comparativa das características dos entes da Administração Pública

Característica	Entidades políticas	Autarquia	Fundação pública	Empresa pública	Sociedade de economia mista
Personalidade jurídica	Direito Público	Direito Público	direito privado	direito privado	direito privado
Finalidade	Competências constitucionais	Atividade típica do Estado	Lei complementar definirá	Exploração da atividade econômica ou prestação de serviço público	Exploração da atividade econômica ou prestação de serviço público
Regime jurídico	Direito Público	Direito Público	Híbrido: se PSP + público. Caso desenvolva outra atividade, mais privado.	Híbrido: se EAE + privado; se PSP + público	Híbrido: se EAE + privado; se PSP + público
Responsabilidade civil	Objetiva: ação Subjetiva: omissão	Objetiva: ação Subjetiva: omissão	PSP = Objetiva, nos demais casos, subjetiva	PSP = Objetiva, EAE = Subjetiva	PSP = Objetiva, EAE = Subjetiva
Bens	Públicos	Públicos	Privados, exceção: bens diretamente ligados à prestação de serviços públicos são bens públicos.	Privados, exceção: bens diretamente ligados à prestação de serviços públicos são bens públicos.	Privados, exceção: bens diretamente ligados à prestação de serviços públicos são bens públicos.
Débitos judiciais	Precatórios	Precatórios	Patrimônio	Patrimônio	Patrimônio
Regime de pessoal	Regime Jurídico Único	Regime Jurídico Único	Regime Jurídico Único	CLT	CLT
Competência para Julgamento	União: Justiça Federal; Demais: Justiça Estadual.	Federal: Justiça Federal; Demais: Justiça Estadual.	Federal: Justiça Federal; Demais: justiça Estadual.	Federal: Justiça Federal; Demais: justiça Estadual.	Todas: Justiça Estadual.

* EAE: Exploração da Atividade Econômica.
* PSP: Prestação de Serviço Público.

3. ÓRGÃO PÚBLICO

É importantíssimo para o estudo do Direito Administrativo estudar a respeito dos órgãos públicos, sua finalidade, seu papel na estrutura da Administração Pública, bem como as diversas teorias e classificações relativas ao tema. Começaremos a partir das teorias que buscam explicar o que é o órgão público.

3.1 Teorias

São três as teorias criadas para caracterizar e conceituar a ideia de órgão público: a Teoria do Mandato, Teoria da Representação e Teoria Geral do Órgão.

3.1.1 Teoria do mandato

Essa teoria preceitua que o agente, pessoa física, funciona como o mandatário da pessoa jurídica, agindo sob seu nome e com a responsabilidade dela, em razão de outorga específica de poderes (não adotado).

3.1.2 Teoria da representação

O agente funciona como um tutor ou curador do Estado.

3.1.3 Teoria geral do órgão

Tem-se a presunção de que a pessoa jurídica exterior a sua vontade por meio dos órgãos, os quais são parte integrante da própria estrutura da pessoa jurídica, de tal modo que, quando os agentes que atuam nesses órgãos manifestam sua vontade, considera-se que essa foi manifestada pelo próprio Estado. Falamos em imputação da atuação do agente, pessoa natural, à pessoa jurídica (adotado pela Constituição Federal de 1988).

Alguns órgãos possuem uma pequena capacidade de impetrar mandado de segurança para garantir prerrogativas próprias. Contudo, somente os órgãos independentes e autônomos têm essa capacidade.

Os órgãos não possuem personalidade jurídica, tampouco vontade própria, agem em nome da entidade a que pertencem, mantendo relações entre si e com terceiros, e não possuem patrimônio próprio. Os órgãos manifestam a vontade da pessoa jurídica à qual pertencem. Dizemos que os agentes, quando atuam para o Estado, estão em imputação à pessoa jurídica à qual estão efetivamente ligados. Assim, falamos em imputação à pessoa jurídica.

Constatamos que órgãos são meros centros de competência, e que os agentes que trabalham nesses órgãos estão em imputação à pessoa jurídica a que estão ligados; suas ações são imputadas ao ente federativo. Assim, quando um servidor público federal atua, suas ações são imputadas (como se o próprio Estado estivesse agindo) à União, pois o agente é ligado a um órgão que pertence a esse ente.

Por exemplo: quando um policial federal está trabalhando, ele é um agente público que atua dentro de um órgão (Departamento de Polícia Federal) e suas ações, quando feitas, são consideradas como se a União estivesse agindo. Por esse motivo, os atos que gerem prejuízo a terceiros são imputados à União, ou seja, é a União que paga o prejuízo e, depois, entra com ação regressiva contra o agente público.

3.2 Características

3.2.1 Não possui personalidade jurídica

Muitas pessoas se assustam com essa regra devido ao fato de o órgão público ter Cadastro Nacional da Pessoa Jurídica (CNPJ), realizar licitações e também por celebrar contratos públicos. Todavia, essas situações não devem ser levadas em consideração nesse momento.

O CNPJ não é suficiente para conferir personalidade jurídica para o órgão público, a sua instituição está ligada ao direito tributário. O órgão faz licitação, celebra contratos, no entanto, ele não possui direitos, não é responsável pela conduta dos seus agentes e tudo isso porque não possui personalidade jurídica, uma vez que órgão público não é pessoa.

3.2.2 Integram a estrutura da pessoa jurídica a que pertencem

O órgão público é o integrante essencial da estrutura corporal (orgânica) da pessoa jurídica a que está ligado.

Algumas características sobre o tema:

- Não possui capacidade processual, salvo os órgãos independentes e autônomos que podem impetrar Mandado de Segurança em defesa de suas prerrogativas constitucionais, quando violadas por outro órgão.
- Não possui patrimônio próprio.
- É hierarquizado.
- É fruto da desconcentração.
- Está presente na Administração Direta e Indireta.
- **Criação e extinção:** por meio de Lei.
- **Estruturação:** pode ser feita por meio de decreto autônomo, desde que não implique em aumento de despesas.
- Os agentes que trabalham nos órgãos estão em imputação à pessoa jurídica que estão ligados.

3.3 Classificação

Dentre as diversas classificações pertinentes ao tema, a partir de agora, abordaremos as classificações quanto à posição estatal que leva em consideração a relação de subordinação e hierarquia, a estrutura que se relaciona com a desconcentração e a composição ou atuação funcional que se relaciona com a quantidade de agentes que agem e manifestam vontade em nome do órgão.

3.3.1 Posição estatal

Quanto à posição estatal, os órgãos são classificados em independentes, autônomos, superiores e subalternos:

- **Órgãos independentes**
  - São considerados o mais alto escalão do Governo.
  - Não exercem subordinação.
  - Seus agentes são inseridos por eleição.
  - Têm suas competências determinadas pelo texto constitucional.
  - Possuem alguma capacidade processual.

- **Órgãos autônomos**
  - São classificados como órgãos diretivos.
  - Possuem capacidade administrativa, financeira e técnica.
  - São exemplos os ministérios e as secretarias.
  - Possuem alguma capacidade processual.

- **Órgãos superiores**
  - São órgãos de direção, controle e decisão.
  - Não possuem autonomia administrativa ou financeira.
  - Exemplos são as coordenadorias, gabinetes etc.

- **Subalternos**
  - Exercem atribuições de mera execução.
  - Exercem reduzido poder decisório.
  - São exemplos as seções de expediente ou de materiais.

3.4 Estrutura

A classificação quanto à estrutura leva em consideração, a partir do órgão analisado, se existe ou não um processo de desconcentração, se há ramificações que levam a órgãos subordinados ao órgão analisado.

- **Simples:** são aqueles que representam um só centro de competências, sem ramificações, independentemente do número de cargos.
- **Compostos:** são aqueles que reúnem em sua estrutura diversos órgãos, ou seja, existem ramificações.

A Presidência da República é um órgão composto, pois dela se originam outros órgãos de menor hierarquia, dentre esses o Ministério da Justiça, por exemplo, que também é órgão composto, pois, a partir dele, tem-se novas ramificações, como o Departamento Penitenciário Nacional, o Departamento de Polícia Federal, entre outros.

A partir da Presidência da República, tem-se também um órgão chamado de gabinete. Ele é considerado simples, pois, a partir dele, não há novos órgãos, ou seja, não nasce nenhuma ramificação a partir do gabinete da Presidência da República.

3.5 Atuação funcional/composição

Os órgãos públicos podem ser classificados em singulares ou colegiados:

- **Órgãos singulares ou unipessoais**: a sua atuação ou decisões são atribuições de um único agente. Por exemplo: Presidência da República.
- **Órgãos colegiados ou pluripessoais**: a atuação e as decisões dos órgãos colegiados acontecem mediante obrigatória manifestação conjunta de seus membros. Por exemplo: Congresso Nacional, Tribunais de Justiça.

3.6 Paraestatais

A expressão "paraestatais" gera divergência em nosso ordenamento jurídico, sendo que podemos mencionar três posicionamentos:

- As paraestatais são as autarquias – posição de José Cretella Júnior – entendimento ultrapassado.
- As paraestatais são: as fundações públicas, empresas públicas, sociedades de economia mista e os serviços sociais autônomos – posição de Hely Lopes Meirelles – corrente minoritária.
- As paraestatais são os serviços sociais autônomos, as fundações de apoio, as Organizações Sociais (OSs), as Organizações da Sociedade Civil de Interesse Público (Oscips) e as Organizações da Sociedade Civil (OSCs) – posição de Maria Silvia Zanella Di Pietro, entre outros – é o entendimento majoritário.
- Observação: nesse terceiro sentido, as paraestatais equivalem ao chamado terceiro setor. O primeiro setor é o Estado e o segundo setor é o mercado (iniciativa privada que visa ao lucro).

Serviços sociais autônomos: são pessoas jurídicas de direito privado sem fins lucrativos, instituídas por lei e vinculadas a categorias profissionais, sendo mantidas por dotações orçamentárias ou contribuições parafiscais. É o chamado sistema "S".

Por exemplo: Serviço Social da Indústria (Sesi), Serviço Social do Comércio (Sesc), Serviço Nacional de Aprendizagem Industrial (Senai), Serviço Nacional de Aprendizagem Comercial (Senac), Serviço Brasileiro de Apoio às Micro e Pequenas Empresas (Sebrae) etc. Não integram a Administração Pública nem direta e nem indireta.

Fundações de apoio: são pessoas jurídicas de direito privado que se destinam a colaborar com instituições de ensino e pesquisa, sendo instituídas por professores, pesquisadores ou universitários (Lei nº 8.958/1994). Por exemplo: Fundação Universitária para o Vestibular (Fuvest), Fundação Instituto de Pesquisas Econômicas (Fipe), Conselho Nacional de Desenvolvimento Científico e Tecnológico (CNPQ) etc.

Organizações Sociais (OSs) e Organizações da Sociedade Civil de Interesse Público (Oscips): são pessoas jurídicas de direito privado sem fins lucrativos, instituídas por particulares que desempenham serviços não exclusivos de Estado, como a saúde, cultura, preservação do meio ambiente etc.

Existem **características comuns** entre as Organizações Sociais (Lei nº 9.637/1998) e as Organizações da Sociedade Civil de Interesse Público (Lei nº 9.790/1999):

- São pessoas jurídicas de direito privado.
- Não têm fins lucrativos.
- Instituídas por particulares.
- Desempenham serviços não exclusivos de Estado.
- Não integram a Administração Pública (seja direta ou indireta).
- Integram o chamado terceiro setor.
- Sujeitam-se ao controle da Administração Pública e do Tribunal de Contas.
- Gozam de imunidade tributária, desde que atendidos os requisitos legais, conforme prevê o art. 150, inciso VI, alínea "c", da Constituição Federal de 1988.

Principais diferenças entre OS e OSCIP

Organizações Sociais: o vínculo com o Estado se dá por contrato de gestão; o ato de qualificação é discricionário, dado pelo ministro da pasta competente; pode ser contratada pela Administração com dispensa de licitação (hipótese de licitação dispensável); o conselho deve ser formado por representantes do poder público; regulada pela Lei nº 9.637/1998.

Exs.: Associação Roquette Pinto, Instituto Nacional de Matemática Pura e Aplicada (IMPA).

Organizações da Sociedade Civil de Interesse Público: o vínculo com o Estado se dá por Termo de Parceria; o ato de qualificação é vinculado, dado pelo Ministro da Justiça; não há essa previsão; não há essa exigência; regulada pela Lei nº 9.790/1999.

Exs.: Amigo do Índio (AMI), Associação de Amparo às Mães de Alto Risco (AMAR).

Observações sobre as Organizações Sociais (OSs)

- O poder público pode destinar para as OSs recursos orçamentários e bens necessários ao cumprimento do contrato de gestão, mediante permissão de uso.
- O poder público pode ceder servidores públicos para as OSs com ônus para a origem.
- A Administração poderá dispensar a licitação nos contratos de prestação de serviços celebrados com as OSs (art. 24, inciso XXIV da Lei nº 8.666/1993).

3.7 Organizações da Sociedade Civil (OSC)

As Organizações da Sociedade Civil (OSCs) são entidades do terceiro setor criadas com a finalidade de atuar junto ao Poder Público, em regime de mútua cooperação, na execução de serviços públicos e tem o seu regime jurídico regulado pela Lei nº 13.019/2014.

Essas entidades atuam na prestação de serviço público não exclusivo do Estado e têm vínculo com a Administração Pública, de modo que essa conexão se dá mediante celebração de Termo de Fomento, Termo de Colaboração e Acordo de Cooperação. Vejamos tais conceitos:

- **Termo de Colaboração (art. 2º, inciso VII e art. 16):** instrumento por meio do qual são formalizadas as parcerias estabelecidas pela Administração Pública com organizações da sociedade civil para a consecução de finalidades de interesse público e recíproco propostas pela Administração Pública que envolvam a transferência de recursos financeiros. Assim, o Termo de Colaboração é utilizado para a execução de políticas públicas nas mais diversas áreas, para consecução de **planos de trabalho de iniciativa da própria Administração**, nos casos em que esta já tem parâmetros consolidados, com indicadores e formas de avaliação conhecidos, abarcando, reitere-se, o **repasse de valores por parte do erário**;

- **Termo de Fomento (art. 2º, inciso VIII, e art. 17):** instrumento por meio do qual são formalizadas as parcerias estabelecidas pela Administração Pública com organizações da sociedade civil para a consecução de finalidades de interesse público e recíproco propostas pelas organizações da sociedade civil, que envolvam a transferência de recursos financeiros. Note, portanto, que o Termo de Fomento, ao contrário do Termo de Colaboração, tem como objetivo **incentivar iniciativas das próprias OSCs, para consecução de planos de trabalho por elas propostos,** buscando albergar nas políticas públicas tecnologias sociais inovadoras, promover projetos e eventos nas mais diversas áreas e expandir o alcance das ações desenvolvidas pelas organizações. Assim como no Termo de Colaboração, o Termo de Fomento também enseja a transferência de recursos financeiros por parte da Administração Pública;
- **Acordo de Cooperação (art. 2º, inciso VIII-A):** instrumento por meio do qual são formalizadas as parcerias estabelecidas pela Administração Pública com organizações da sociedade civil para a consecução de finalidades de interesse público e recíproco que não envolvam a transferência de recursos financeiros. Portanto, o grande diferencial do Acordo de Cooperação com os demais é justamente a **ausência de repasse de valores financeiros**. O acordo, como regra, também não exige prévia realização de chamamento público como ocorre no caso do Termo de Fomento e do Termo de Colaboração, salvo quando envolver alguma forma de compartilhamento de recurso patrimonial (comodato, doação de bens etc.).
- **Chamamento público**: trata-se do procedimento que o poder público deverá realizar, obrigatoriamente, na prospecção de organizações. É a partir desse chamamento que serão avaliadas diferentes propostas para escolher a OSC mais adequada à parceria, ou ainda um grupo de OSCs trabalhando em rede, a fim de tornar mais eficaz a execução do objeto. Tal procedimento deverá adotar métodos claros, objetivos e simplificados que orientem os interessados e facilitem o acesso direto aos órgãos e às instâncias decisórias.
- Observação: não se aplicará a Lei nº 8.666/1993 às relações de parceria com as OSCs (art. 84 da Lei nº 13.019/2014), uma vez que agora há lei própria.

3.8 Organizações Não Governamentais (ONGs)

A ONG é uma entidade civil sem fins lucrativos, formada por pessoas interessadas em determinado tema, o qual se constitui em seu objetivo e interesse principal. Por exemplo: Instituto Brasileiro de Defesa do Consumidor (Idec).

Normalmente, são iniciativas de pessoas ou grupos que visam colaborar com a solução de problemas da comunidade, como mobilizações, educação, conscientização e organização de serviços ou programas para o atendimento de suas necessidades.

Do ponto de vista jurídico, o termo ONG não se aplica. O Código Civil brasileira prevê apenas dois formatos institucionais para entidades civis sem fins lucrativos, sendo a Associação Civil (art. 44, inciso I e art. 53, ambos do Código Civil) e a Fundação Privada (art. 44, III e 62, ambos do Código Civil).

4. PRINCÍPIOS FUNDAMENTAIS DA ADMINISTRAÇÃO PÚBLICA

Neste momento, o objetivo é conhecer o rol de princípios fundamentais que norteiam e orientam toda a atividade administrativa do Estado, bem como toda a atuação da Administração Pública Direta e indireta.

Tais princípios são de observância obrigatória para toda a Administração Pública, quer da União, dos estados, do Distrito Federal, quer dos municípios. São considerados expressos, pois estão descritos expressamente no *caput* do art. 37 da Constituição Federal de 1988.

> ***Art. 37*** *A Administração Pública Direta e indireta de qualquer dos Poderes da União, dos Estados, do Distrito Federal e dos Municípios obedecerá aos princípios de legalidade, impessoalidade, moralidade, publicidade e eficiência e, também, ao seguinte. (Ver CF/1988)*

4.1 Classificação

Os princípios da Administração Pública são classificados como princípios explícitos (expressos) e implícitos.

É importante apontar que não existe relação de subordinação e de hierarquia entre os princípios expressos e os implícitos; na verdade, essa relação não existe entre nenhum princípio.

Isso quer dizer que, em um aparente conflito entre os princípios, um não exclui o outro, pois deve o administrador público observar ambos ao mesmo tempo, devendo nortear sua decisão na obediência de todos os princípios fundamentais pertinentes ao caso em concreto.

Como exemplo, não pode o administrador público deixar de observar o princípio da legalidade para buscar uma atuação mais eficiente (de acordo com o princípio da eficiência), devendo ele, na colisão entre os dois princípios, observar a lei e ainda buscar a eficiência conforme os meios que lhes seja possível.

Os **princípios explícitos** ou expressos são aqueles que estão descritos no *caput* do art. 37 da CF/1988. São eles:

- Legalidade;
- Impessoalidade;
- Moralidade;
- Publicidade;
- Eficiência.

Os **princípios implícitos** são aqueles que não estão descritos no *caput* do art. 37 da Constituição Federal. São eles:

- Supremacia do interesse público;
- Indisponibilidade do interesse público;
- Motivação;
- Razoabilidade;
- Proporcionalidade;
- Autotutela;
- Continuidade dos serviços públicos;
- Segurança jurídica, entre outros.

A seguir, analisaremos as características dos princípios fundamentais da Administração Pública que mais aparecem nas provas de concurso público.

4.2 Princípios explícitos da Administração Pública

4.2.1 Princípio da legalidade

O princípio da legalidade está previsto em dois lugares distintos na Constituição Federal. Em primeiro plano, no art. 5º, inciso II: *ninguém será obrigado a fazer ou deixar de fazer alguma coisa senão em virtude de lei.* O princípio da legalidade regula a vida dos particulares e, ao particular, é facultado fazer tudo que a lei não proíbe; é o chamado princípio da autonomia da vontade. Essa regra não deve ser aplicada à Administração Pública.

Em segundo plano, o art. 37, *caput* do texto Constitucional, determina que a Administração Pública somente pode fazer aquilo que a lei determina ou autoriza. Assim, em caso de omissão legislativa (falta de lei), a Administração Pública está proibida de agir.

Nesse segundo caso, a lei deve ser entendida em sentido amplo, o que significa que a Administração Pública deve obedecer aos mandamentos constitucionais, às leis formais e materiais (leis complementares, leis delegadas, leis ordinárias, medidas provisórias) e também às normas infralegais (decretos, resoluções, portarias, entre outros), e não somente a lei em sentido estrito.

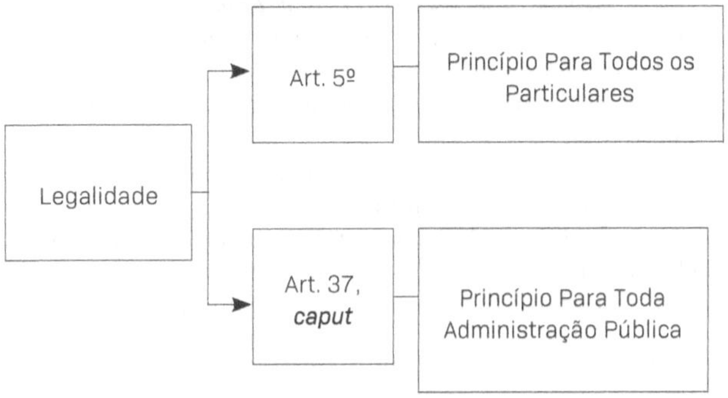

4.2.2 Princípio da impessoalidade

O princípio da impessoalidade determina que todas as ações da Administração Pública devem ser revestidas de finalidade pública. Além disso, como segunda vertente, proíbe a promoção pessoal do agente público, como determina o art. 37, § 1º da Constituição Federal de 1988:

> ***Art. 37, § 1º*** *A publicidade dos atos, programas, obras, serviços e campanhas dos órgãos públicos deverá ter caráter educativo, informativo ou de orientação social, dela não podendo constar nomes, símbolos ou imagens que caracterizem promoção pessoal de autoridades ou servidores públicos.*

O princípio da impessoalidade é tratado sob dois prismas, a saber:

- Como determinante da finalidade de toda atuação administrativa (também chamado de princípio da **finalidade**, considerado constitucional implícito, inserido no princípio expresso da impessoalidade).
- Como vedação a que o agente público se promova à custa das realizações da Administração Pública (vedação à promoção pessoal do administrador público pelos serviços, obras e outras realizações efetuadas pela Administração Pública).

É pelo princípio da impessoalidade que dizemos que o agente público age em imputação à pessoa jurídica a que está ligado, ou seja, pelo princípio da impessoalidade as ações do agente público são determinadas como se o próprio Estado estivesse agindo.

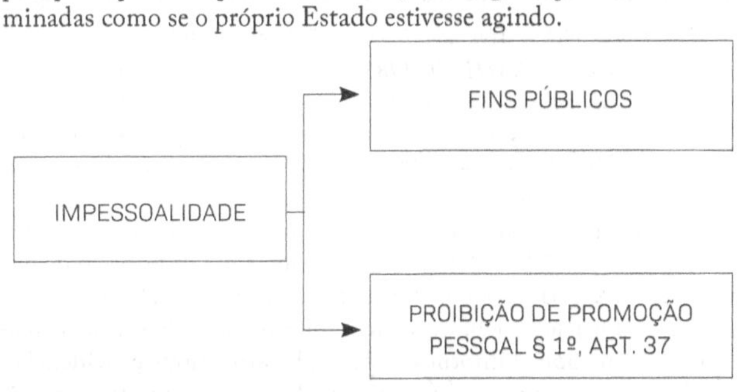

4.2.3 Princípio da moralidade

O princípio da moralidade é um complemento ao da legalidade, pois nem tudo que é legal é moral. Dessa forma, o Estado impõe a sua administração a atuação segundo a lei e também segundo a moral administrativa. Tal princípio traz para o agente público o dever de probidade. Esse dever é sinônimo de atuação com ética, decoro, honestidade e boa-fé.

O princípio da moralidade determina que o agente deva sempre trabalhar com ética e em respeito aos princípios morais da Administração Pública. O princípio está intimamente ligado ao dever de probidade (honestidade) e sua não observação acarreta a aplicação do art. 37, § 4º da Constituição Federal de 1988 e a Lei nº 8.429/1992 (Lei de Improbidade Administrativa).

> ***Art. 37, § 4º** Os atos de improbidade administrativa importarão a suspensão dos direitos políticos, a perda da função pública, a indisponibilidade dos bens e o ressarcimento ao erário, na forma e gradação previstas em lei, sem prejuízo da ação penal cabível.*

O desrespeito ao princípio da moralidade afeta a própria legalidade do ato administrativo, ou seja, leva a anulação do ato, e ainda pode acarretar a responsabilização dos agentes por improbidade administrativa.

O princípio da moralidade não se refere ao senso comum de moral, que é formado por meio das instituições que passam pela vida da pessoa, como família, escola, igreja, entre outras. Para a Administração Pública, esse princípio refere-se à moralidade administrativa, que está inserida no corpo das normas de Direito Administrativo.

4.2.4 Princípio da publicidade

Esse princípio deve ser entendido como aquele que determina que os atos da Administração sejam claros quanto à sua procedência. Por esse motivo, em regra, os atos devem ser publicados em diário oficial e, além disso, a Administração deve tornar o fato acessível (público). Tornar público é, além de publicar em diário oficial, apresentar os atos na internet, pois esse meio, hoje, é o que deixa todas as informações acessíveis.

O princípio da publicidade apresenta dupla acepção em face do sistema constitucional vigente:

- Exigência de publicação em órgão oficial como requisito de eficácia dos atos administrativos que devam produzir efeitos externos e dos atos que impliquem ônus para o patrimônio público.

Essa regra não é absoluta, pois, em defesa da intimidade e também do Estado, alguns atos públicos não precisam ser publicados:

> ***Art. 5º, X, CF/1988** São invioláveis a intimidade, a vida privada, a honra e a imagem das pessoas, assegurado o direito a indenização pelo dano material ou moral decorrente de sua violação.*
>
> ***Art. 5º, XXXIII, CF/1988** Todos têm direito a receber dos órgãos públicos informações de seu interesse particular, ou de interesse coletivo ou geral, que serão prestadas no prazo da lei, sob pena de responsabilidade, ressalvadas aquelas cujo sigilo seja imprescindível à segurança da sociedade e do Estado.*

Assim, o ato que tiver em seu conteúdo uma informação sigilosa ou relativa à intimidade da pessoa tem de ser resguardado no devido sigilo.

- Exigência de transparência da atuação administrativa:

> ***Art. 5º, XXXIII, CF/1988** Todos têm direito a receber dos órgãos públicos informações de seu interesse particular, ou de interesse coletivo ou geral, que serão prestadas no prazo da lei, sob pena de responsabilidade, ressalvadas aquelas cujo sigilo seja imprescindível à segurança da sociedade e do Estado.*

O princípio da publicidade orientou o poder legislativo nacional a editar a Lei nº 12.527/2011, que regulamenta o dispositivo do art. 5º, inciso XXXIII, da Constituição Federal de 1988. Dispõe sobre o acesso à informação pública, sobre a informação sigilosa, sua classificação, bem como a informação pessoal, entre outras providências. Tal dispositivo merece ser lido, pois essa lei transpassa toda a essência do princípio da publicidade.

Podemos inclusive afirmar que esse princípio foi materializado em lei após a edição da Lei nº 12.527/2011. Veja a seguir a redação do art. 3º dessa lei:

> ***Art. 3º** Os procedimentos previstos nesta Lei destinam-se a assegurar o direito fundamental de acesso à informação e devem ser executados em conformidade com os princípios básicos da Administração Pública e com as seguintes diretrizes:*
>
> *I - Observância da publicidade como preceito geral e do sigilo como exceção;*
>
> *II - Divulgação de informações de interesse público, independentemente de solicitações;*
>
> *III - Utilização de meios de comunicação viabilizados pela tecnologia da informação;*
>
> *IV - Fomento ao desenvolvimento da cultura de transparência na Administração Pública;*
>
> *V - Desenvolvimento do controle social da Administração Pública.*

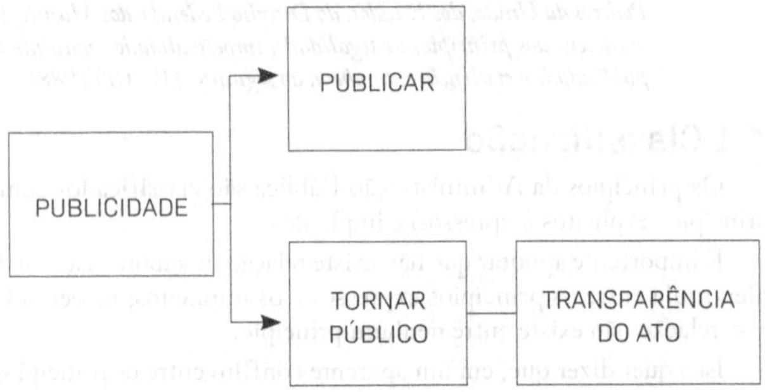

4.2.5 Princípio da eficiência

O princípio da eficiência foi o último a ser inserido no bojo do texto constitucional. Esse princípio foi incluído com a Emenda Constitucional nº 19/1998), e apresenta dois aspectos principais:

- Relativamente à forma de atuação do agente público, espera-se o melhor desempenho possível de suas atribuições, a fim de obter os melhores resultados.
- Quanto ao modo de organizar, estruturar e disciplinar a Administração Pública, exigiu-se que esse seja o mais racional possível, no intuito de alcançar melhores resultados na prestação dos serviços públicos.

> ***Art. 37, § 8º, CF/1988** A autonomia gerencial, orçamentária e financeira dos órgãos e entidades da Administração Direta e indireta poderá ser ampliada mediante contrato, a ser firmado entre seus administradores e o poder público, que tenha por objeto a fixação de metas de desempenho para o órgão ou entidade, cabendo à lei dispor sobre.*

O princípio da eficiência orienta a atuação da Administração Pública de forma que essa busque o melhor custo-benefício no exercício de suas atividades, ou seja, os serviços públicos devem ser prestados com adequação às necessidades da sociedade que o custeia.

A atuação da Administração Pública tem que ser eficiente, o que acarreta ao agente público o dever de agir com presteza, esforço, rapidez e rendimento funcional. Seu descumprimento poderá acarretar a perda do seu cargo por baixa produtividade apurada em procedimento da avaliação periódica de desempenho, tanto antes da aquisição da estabilidade, como também após.

4.3 Princípios implícitos da Administração Pública

4.3.1 Princípio da supremacia do interesse público sobre o privado

Esse princípio é também considerado o norteador do Direito Administrativo. Ele determina que o Estado, quando trabalhando com o interesse público, se sobrepõe ao particular. Devemos lembrar que esse princípio deve ser utilizado pelo administrador público de forma razoável e proporcional para que o ato não se transforme em arbitrário e, consequentemente, ilegal.

É o fundamento das prerrogativas do Estado, ou seja, da relação jurídica desigual ou vertical entre o Estado e o particular. A exemplo, temos o poder de império do Estado (também chamado de poder extroverso), que se manifesta por meio da imposição da lei ao administrado, admitindo até o uso da força coercitiva para o cumprimento da norma. Assim sendo, a Administração Pública pode criar obrigações, restringir ou condicionar os direitos dos administrados.

Limitações:

- Respeito aos demais princípios.
- Não está presente diretamente nos atos de gestão (atos de gestão são praticados pela administração na qualidade de gestora de seus bens e serviços, sem exercício de supremacia sobre os particulares, assemelhando-se aos atos praticados pelas pessoas privadas. São exemplos de atos de gestão a alienação ou a aquisição de bens pela Administração Pública, o aluguel a um particular de um imóvel de propriedade de uma autarquia, entre outros).

Exemplos de incidência:

- Intervenção na propriedade privada.
- Exercício do poder de polícia, limitando ou condicionando o exercício de direito em prol do interesse público.
- Presunção de legitimidade dos atos administrativos.

4.3.2 Princípio da indisponibilidade do interesse público

Conforme dito anteriormente, o princípio da indisponibilidade do interesse público juntamente com o da supremacia do interesse público, formam os pilares do regime jurídico administrativo.

Esse princípio é o fundamento das **restrições** do Estado. Assim sendo, apesar de o princípio da supremacia do interesse público prever prerrogativas especiais para a Administração Pública em determinadas relações jurídicas com o administrado, tais poderes são ferramentas que a ordem jurídica confere aos agentes públicos para alcançar os objetivos do Estado. E o uso desses poderes, então, deve ser balizado pelo interesse público, o que impõe restrições legais a sua atuação, garantindo que a utilização do poder tenha por finalidade o interesse público e não o do administrador.

Assim, é vedada a renúncia do exercício de competência pelo agente público, pois a atuação desse não é balizada por sua vontade pessoal, mas, sim, pelo interesse público, também chamado de interesse da lei. Os poderes conferidos aos agentes públicos têm a finalidade de auxiliá-los a atingir tal interesse. Com base nessa regra, concluímos que esses agentes não podem dispor do interesse público, por não ser o seu proprietário, e sim o povo. Ao agente público cabe a gestão da Administração Pública em prol da coletividade.

4.3.3 Princípios da razoabilidade e proporcionalidade

Os princípios da razoabilidade e da proporcionalidade não se encontram expressos no texto constitucional. Esses são classificados como princípios gerais do Direito e são aplicáveis a vários ramos da ciência jurídica. São chamados de princípios da proibição de excesso do agente público.

A razoabilidade diz que toda atuação da Administração tem que seguir a teoria do homem médio, ou seja, as decisões devem ser tomadas segundo o critério da maioria das pessoas "racionais", sem exageros ou deturpações.

- **Razoabilidade:** adequação entre meios e fins. O princípio da proporcionalidade diz que o agente público deve ser proporcional no uso da força para o cumprimento do bem público, ou seja, nas aplicações de penalidades pela Administração deve ser levada em conta sempre a gravidade da falta cometida.
- **Proporcionalidade:** vedação de imposição de obrigações, restrições e sanções em medida superior àquela estritamente necessária ao interesse público.

Podemos dar como exemplo a atuação de um fiscal sanitário, que esteja vistoriando dois estabelecimentos e, em um deles, encontre um quilo de carne estragada e, no outro, encontre uma tonelada.

Na aplicação da penalidade, deve ser respeitada tanto a razoabilidade quanto a proporcionalidade, ou seja, aplica-se, no primeiro, uma penalidade pequena, uma multa, por exemplo, e, no segundo, uma penalidade grande, suspensão de 90 dias.

Veja que o administrador não pode fazer menos ou mais do que a lei determina, isso em obediência ao princípio da legalidade, senão cometerá abuso de poder.

4.3.4 Princípio da autotutela

O princípio da autotutela propicia o controle da Administração Pública sob seus próprios atos em dois pontos específicos:

- **De legalidade:** em que a Administração Pública pode controlar seus próprios atos quando eivados de vício de ilegalidade, sendo provocado ou de ofício.
- **De mérito:** em que a Administração Pública pode revogar seus atos por conveniência e oportunidade.

> ***Súmula nº 473 – STF*** *A Administração pode anular seus próprios atos, quando eivados de vícios que os tornam ilegais, porque deles não se originam direitos; ou revogá-los, por motivo de conveniência ou oportunidade, respeitados os direitos adquiridos, e ressalvada, em todos os casos, a apreciação judicial.*

O princípio da autotutela não exclui a possibilidade de controle jurisdicional do ato administrativo previsto no art. 5º, inciso XXXV, da Constituição Federal de 1988: a lei não excluirá da apreciação do Poder Judiciário lesão ou ameaça a direito.

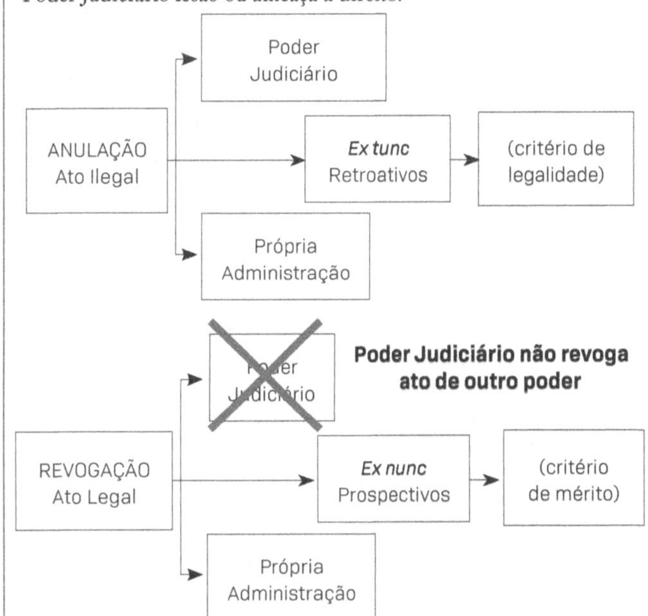

4.3.5 Princípio da ampla defesa

A ampla defesa determina que todos que sofrerem medidas de caráter de pena terão direito a se defender de todos os meios disponíveis legais em direito. Está previsto nos processos administrativos disciplinares:

> ***Art. 5º, LV, CF/1988*** *Aos litigantes, em processo judicial ou administrativo, e aos acusados em geral são assegurados o contraditório e ampla defesa, com os meios e recursos a ela inerentes;*

4.3.6 Princípio da continuidade do serviço público

O princípio da continuidade do serviço público tem como escopo (objetivo) não prejudicar o atendimento dos serviços essenciais à população. Assim, evitam que esses sejam interrompidos.

Regra

- Os serviços públicos devem ser adequados e ininterruptos.

Exceção

- Aviso prévio;
- Situações de emergência.

Alcance

- Todos os prestadores de serviços públicos;
- Administração Direta;
- Administração Indireta;
- Concessionárias, autorizatárias e permissionárias de serviços públicos.

Efeitos

- Restrição de direitos das prestadoras de serviços públicos, bem como dos agentes envolvidos na prestação desses serviços, a exemplo do direito de greve.

Dessa forma, quem realiza o serviço público se submete a algumas restrições:

- Restrição ao direito de greve, art. 37, inciso VII, da Constituição Federal de 1988;
- Suplência, delegação e substituição – casos de funções vagas temporariamente;
- Impossibilidade de alegar a exceção do contrato não cumprido, somente em casos em que se configure uma impossibilidade de realização das atividades;
- Possibilidade da encampação da concessão do serviço, retomada da administração do serviço público concedido no prazo na concessão, quando o serviço não é prestado de forma adequada.

O Código de Defesa do Consumidor, em seu art. 22, assegura ao consumidor que os serviços essenciais devem ser contínuos, caso contrário, aos responsáveis, caberá indenização. O referido código não diz quais seriam esses serviços essenciais. Podemos usar, como analogia, o art. 10 da Lei nº 7.783/1989, que enumera os que seriam considerados fundamentais:

> ***Art. 10*** *São considerados serviços ou atividades essenciais:*
>
> *I - Tratamento e abastecimento de água; produção e distribuição de energia elétrica, gás e combustíveis;*
>
> *II - Assistência médica e hospitalar;*
>
> *III - Distribuição e comercialização de medicamentos e alimentos;*
>
> *IV - Funerários;*
>
> *V - Transporte coletivo;*
>
> *VI - Captação e tratamento de esgoto e lixo;*
>
> *VII - Telecomunicações;*
>
> *VIII - Guarda, uso e controle de substâncias radioativas, equipamentos e materiais nucleares;*
>
> *IX - Processamento de dados ligados a serviços essenciais;*
>
> *X - controle de tráfego aéreo e navegação aérea;*
>
> *XI - Compensação bancária.*

4.3.7 Princípio da segurança jurídica

Esse princípio veda a aplicação retroativa da nova interpretação da norma.

Caso uma regra tenha a sua redação ou interpretação revogada ou alterada, os atos praticados durante a vigência da norma antiga continuam valendo, pois tal princípio visa resguardar o direito adquirido, o ato jurídico perfeito e a coisa julgada.

Assim, temos que a nova interpretação da norma, via de regra, somente terá efeitos prospectivos, ou seja, da data em que for revogada para frente, não atingindo os atos praticados na vigência da norma antiga.

5. ADMINISTRAÇÃO PÚBLICA

5.1 Conceito

Primeiramente, faz-se necessário conceituar a Administração Pública, remetendo ao *caput* do art. 37, Constituição Federal de 1988.

> ***Art. 37*** *A Administração Pública direta e indireta de qualquer dos Poderes da União, dos Estados, do Distrito Federal e dos Municípios obedecerá aos princípios de legalidade, impessoalidade, moralidade, publicidade e eficiência e, também, ao seguinte:*

Neste primeiro momento, deve-se entender que alguns termos que aparecem no art. 37. O conceito da Administração Pública deve ser visto sob dois aspectos. Sob a perspectiva objetiva, a Administração Pública constitui a atividade desenvolvida pelo poder público, que tem como função a satisfação do interesse público. Sob a perspectiva subjetiva, Administração Pública é o conjunto de órgãos e pessoas jurídicas que desempenham a atividade administrativa. Interessa aqui conhecer a Administração Pública sob essa última perspectiva, a qual se classifica em Administração Direta e Indireta.

- **Administração Pública Direta**: é formada por pessoas jurídicas de direito público, ou pessoas políticas, entes que possuem personalidade jurídica e autonomia própria. São entes da Administração Pública Direta a União, os Estados, o Distrito Federal e os municípios. Esses entes são pessoas jurídicas de Direito Público que exercem as atividades administrativas por meio dos órgãos e agentes pertencentes aos Poderes Executivo, Legislativo e Judiciário. Os órgãos não são dotados de personalidade jurídica própria, pois agem em nome da pessoa jurídica a qual estão vinculados.
- **Administração Pública Indireta:** é formada por pessoas jurídicas próprias, de direito público ou privado, que executam atividades do Estado por meio da descentralização administrativa. São os entes da Administração Indireta as Autarquias, Fundações Públicas, Sociedades de Economia Mista e Empresas Públicas.

Segundo a Constituição Federal de 1988, a Administração Pública, seja ela direta ou indireta, pertencente a qualquer dos Poderes, deverá obedecer aos Princípios da legalidade, impessoalidade, moralidade, publicidade e eficiência, os quais serão estudados agora.

5.2 Princípios expressos da Administração Pública

Os princípios que regem a Administração Pública são verdadeiros parâmetros que orientam o desenvolvimento da atividade administrativa, os quais são de observância obrigatória. A Administração é regida por princípios expressos e princípios implícitos. Primeiramente vamos analisar os princípios expressos no texto constitucional, que são: legalidade, impessoalidade, moralidade, publicidade e eficiência.

5.2.1 Legalidade

Esse é o primeiro princípio expresso na Constituição Federal para a Administração Pública. Para se entender o princípio da legalidade, é preciso analisar suas duas acepções: a legalidade em relação aos particulares e a legalidade em relação à Administração Pública.

Para os particulares, a legalidade remete ao art. 5º da Constituição: significa que ele poderá fazer tudo o que não for proibido por lei, conforme já previa o art. 5º, inciso II da Constituição Federal de 1988:

> *II – ninguém será obrigado a fazer ou deixar de fazer alguma coisa senão em virtude de lei.*

Já em relação à Administração Pública, a legalidade impõe uma conduta mais rigorosa exigindo que se faça apenas o que estiver determinado por lei ou que seja permitido pela lei: quando se fala em lei, trata-se daquela em sentido estrito, ou em sentido formal, porque há exceções à aplicação do princípio da legalidade que já apareceram em prova, como a medida provisória, o estado de defesa e o estado de sítio; por isso, esse princípio não deve ser encarado de forma absoluta.

A medida provisória é exceção, pois é ato emitido pelo chefe do Poder Executivo, porque com sua publicação já produz efeitos na sociedade; em seguida, temos os sistemas constitucionais de crises, sendo exceções, porque o decreto que rege essas medidas prevê algumas situações excepcionais, com amparo constitucional, então são exceções à legalidade, mas com fundamento constitucional. O agente público, ao agir, deverá pautar sua conduta segundo a lei.

5.2.2 Impessoalidade

Esse princípio exige do administrador uma postura isenta de interesses pessoais. Ele não poderá agir com o fim de atender suas próprias vontades. Agir de forma impessoal é agir visando a atender o interesse público. A impessoalidade deve ser enxergada sob duas perspectivas: finalidade da atuação administrativa e proibição da promoção pessoal. A impessoalidade deve ser vista sob duas perspectivas: primeiro, a impessoalidade se confunde com o interesse público; segundo, a impessoalidade é a proibição da autopromoção, ou seja, vedação à promoção pessoal.

A título exemplificativo, para a finalidade da atuação administrativa, que será sempre a satisfação do interesse público em benefício da coletividade, é que se realizam os concursos públicos para contratação de pessoal e licitação para contratação dos serviços pela Administração Pública, são formas exigidas por lei que garantem o referido princípio. Isso impede que o administrador atue satisfazendo seus interesses pessoais.

Nesse sentido, fica proibida a vinculação da imagem do administrador a obras e propagandas não se permitindo também a vinculação da sigla do partido. Ressalte-se ainda o teor da Súmula Vinculante nº 13 do STF, que veda a prática de nepotismo:

> ***Súmula Vinculante nº 13*** *A nomeação de cônjuge, companheiro ou parente em linha reta, colateral ou por afinidade, até o terceiro grau, inclusive, da autoridade nomeante ou de servidor da mesma pessoa jurídica, investido em cargo de direção, chefia ou assessoramento, para o exercício de cargo em comissão ou de confiança, ou, ainda, de função gratificada na Administração Pública direta e indireta, em qualquer dos Poderes da União, dos Estados, do Distrito Federal e dos municípios, compreendido o ajuste mediante designações recíprocas, viola a Constituição Federal.*

A impessoalidade também proíbe a promoção pessoal. O administrador público não poderá se utilizar da máquina administrativa para promover sua própria imagem. Veja o que diz o art. 37, § 1º diz:

> *§1º A publicidade dos atos, programas, obras, serviços e campanhas dos órgãos públicos deverá ter caráter educativo, informativo ou de orientação social, dela não podendo constar nomes, símbolos ou imagens que caracterizem promoção pessoal de autoridades ou servidores públicos.*

Notemos que esse parágrafo tem como objetivo trazer de forma expressa a proibição da vinculação da imagem do agente público com as obras e serviços realizadas durante seu mandato, nesse sentido, já existe proibição da utilização inclusive da sigla do partido.

5.2.3 Moralidade

Não é possível se definir o que é, mas é possível compreender por meio da interpretação das normas. Esse princípio prevê que o administrador deve agir conforme os fins públicos. Por esse princípio, ao administrador não basta fazer tudo conforme a lei. É importante o faça de boa-fé, respeitando os preceitos éticos, com probidade e justiça. E aqui não se fala em moral comum, mas em uma moral jurídica ou política.

A não observância do referido princípio poderá ser combatida por meio da Ação Popular, conforme prevê o art. 5º, inciso LXXIII da Constituição Federal de 1988:

> *LXXIII – Qualquer cidadão é parte legítima para propor ação popular que vise a anular ato lesivo ao patrimônio público ou de entidade de que o Estado participe, à moralidade administrativa, ao meio ambiente e ao patrimônio histórico e cultural, ficando o autor, salvo comprovada má-fé, isento de custas judiciais e do ônus da sucumbência.*

Ressalte-se também que, se o agente público agir em desconformidade com o princípio de moralidade, sua conduta poderá ensejar a ação de improbidade administrativa, a qual é punida nos termos do art. 37, § 4º:

§ 4º Os atos de improbidade administrativa importarão a suspensão dos direitos políticos, a perda da função pública, a indisponibilidade dos bens e o ressarcimento ao erário, na forma e gradação previstas em lei, sem prejuízo da ação penal cabível.

5.2.4 Publicidade

A publicidade como princípio também poderá ser analisada sob duas acepções: a primeira delas é a publicidade como condição de eficácia do ato administrativo; a segunda, como forma de se garantir a transparência destes mesmos atos.

Como condição de eficácia do ato administrativo, a publicidade muito aparece em prova; o examinador costuma dizer que a publicidade é requisito de validade do ato administrativo, mas isso é errado, porque validade e eficácia são diferentes. A publicidade é necessária, pois é a forma de tornar conhecido o conteúdo do ato, principalmente se esse ato for capaz de produzir efeitos externos ou que ensejem ônus para o patrimônio público. Em regra, a publicidade se dá pelos meios de comunicação oficiais, como o Diário Oficial da União.

A publicidade também tem a função de garantir a transparência do ato administrativo. É uma forma dos administrados fiscalizarem a atuação do poder público. Apesar de sua importância, nesse aspecto a publicidade encontra limitação na própria Constituição que prevê a possibilidade de sigilo dos atos administrativos todas as vezes que for necessário para preservar a segurança da sociedade e do Estado:

***Art. 5º** [...]*

XXXIII – Todos têm direito a receber dos órgãos públicos informações de seu interesse particular, ou de interesse coletivo ou geral, que serão prestadas no prazo da lei, sob pena de responsabilidade, ressalvadas aquelas cujo sigilo seja imprescindível à segurança da sociedade e do Estado.

5.2.5 Eficiência

O princípio da eficiência foi o último incluído no rol dos princípios, em razão da reforma administrativa promovida pela Emenda Constitucional nº 19/1998. A sua inserção como princípio expresso está relacionada a necessidade de produção de resultados satisfatórios a sociedade. A Administração Pública deve ter produtividade em suas atividades como se fosse iniciativa privada.

Como forma de garantir uma nova postura na prestação dos seus serviços, esse princípio exige que as ações sejam praticadas com celeridade, perfeição, visando a atingir ótimos resultados, sempre tendo como destinatário o bem-estar do administrado. A celeridade dos processos encontra-se prevista no art. 5º, inciso LXXVIII da Constituição Federal de 1988:

LXXVIII – A todos, no âmbito judicial e administrativo, são assegurados a razoável duração do processo e os meios que garantam a celeridade de sua tramitação.

Em respeito ao princípio da eficiência, a Constituição Federal previu formas de participação do administrado como fiscal da Administração Pública:

***Art. 37** [...]*

§ 3º A lei disciplinará as formas de participação do usuário na Administração Pública direta e indireta, regulando especialmente:

I – As reclamações relativas à prestação dos serviços públicos em geral, asseguradas a manutenção de serviços de atendimento ao usuário e a avaliação periódica, externa e interna, da qualidade dos serviços;

II – O acesso dos usuários a registros administrativos e a informações sobre atos de governo, observado o disposto no art. 5º, X e XXXIII;

III – A disciplina da representação contra o exercício negligente ou abusivo de cargo, emprego ou função na Administração Pública.

Decorre desse princípio, ainda, a necessidade de avaliação de desempenho para concessão da estabilidade ao servidor público em estágio probatório, bem como a existência da avaliação periódica de desempenho como uma das condições para perda do cargo nos termos do art. 41 da Constituição Federal de 1988:

***Art. 41** São estáveis após três anos de efetivo exercício os servidores nomeados para cargo de provimento efetivo em virtude de concurso público.*

§ 1º O servidor público estável só perderá o cargo:

I – Em virtude de sentença judicial transitada em julgado;

II – Mediante processo administrativo em que lhe seja assegurada ampla defesa;

III – Mediante procedimento de avaliação periódica de desempenho, na forma de lei complementar, assegurada ampla defesa.

§ 2º Invalidada por sentença judicial a demissão do servidor estável, será ele reintegrado, e o eventual ocupante da vaga, se estável, reconduzido ao cargo de origem, sem direito a indenização, aproveitado em outro cargo ou posto em disponibilidade com remuneração proporcional ao tempo de serviço.

§ 3º Extinto o cargo ou declarada a sua desnecessidade, o servidor estável ficará em disponibilidade, com remuneração proporcional ao tempo de serviço, até seu adequado aproveitamento em outro cargo.

§ 4º Como condição para a aquisição da estabilidade, é obrigatória a avaliação especial de desempenho por comissão instituída para essa finalidade.

Princípios expressos
Legalidade → fazer aquilo que a lei determina.
Impessoalidade → agir conforme fins públicos/vedação à promoção pessoal.
Moralidade → agir conforme a ética, a probidade e a justiça.
Publicidade → condição de eficácia dos atos/garantia da transparência.
Eficiência → gestão de bons resultados.

5.3 Princípios implícitos da Administração Pública

Além dos princípios expressamente previstos no *caput* do art. 37 da Constituição Federal de 1988 (legalidade, impessoalidade, moralidade, publicidade e eficiência), a doutrina elenca outros como princípios gerais de direito que decorrem da interpretação constitucional. Vejamos a seguir.

5.3.1 Supremacia do interesse público

Esse princípio é tido pela doutrina como um dos pilares do regime jurídico administrativo. Nesse sentido, o Estado representa o interesse público ou da coletividade, e a coletividade, em regra, deve prevalecer sobre o interesse privado. A Administração Pública, em sua relação com os administrados tem prevalência sobre o interesse privado.

O Regime Democrático adotado no Estado brasileiro confere à Administração Pública o poder de representar os interesses da sociedade, é nessa relação que vamos desenvolver a supremacia do interesse público, que decorre da relação de verticalidade entre o Estado e os particulares.

Esse princípio não goza de caráter absoluto, pois o Estado também age como se fosse particular em suas relações jurídicas, geralmente econômicas, por exemplo, o Estado não pode abusar da autoridade estatal sobre os direitos e princípios fundamentais dos administrados, já que esses são os limites da supremacia do interesse público.

Decorre desse princípio o poder de império exercido pela Administração Pública, a qual poderá impor sua vontade ao particular de forma coercitiva, podendo inclusive restringir seus direitos e impor obrigações, como ocorre no caso da desapropriação e requisição administrativa. Logicamente, esse princípio não goza de caráter absoluto, não tendo aplicabilidade nos atos praticados de mera gestão administrativa ou quando o poder público atua como particular nas relações econômicas.

5.3.2 Indisponibilidade do interesse público

Juntamente com a Supremacia do interesse público, o Princípio da indisponibilidade do interesse público forma a base do regime jurídico-administrativo. Por esse princípio, a Administração Pública não pode ser vista como dona da coisa pública, mas apenas gestora. A coisa pública pertence ao povo, e o Estado é o responsável pelo cuidado ou gestão da coisa pública.

Como limitação a esse princípio, existe o princípio da legalidade, que determina os passos e em que condições a Administração Pública pode se utilizar dos bens públicos, sempre respeitando a indisponibilidade do interesse público. Destaca-se ainda o papel que esse princípio exerce como limitador do princípio da supremacia do interesse público.

Um ponto importante a respeito desse princípio é que os bens públicos são indisponíveis, não pertencendo aos seus administradores ou aos seus agentes os quais estão proibidos, inclusive de renunciar a qualquer direito ou prerrogativa inerente ao Poder Público.

Na desapropriação, a Administração Pública pode retirar o bem de uma pessoa pelo fundamento da Supremacia do interesse público, por outro lado, em razão da Indisponibilidade do interesse público, há vedação à Administração Pública no sentido de não se apropriar de tal bem sem que o particular seja indenizado.

5.3.3 Razoabilidade e proporcionalidade

Esses princípios são, por vezes, vistos em separado pela doutrina; eles servem para a limitação da atuação administrativa, e devem ser vistos em conjunto, como unidade. A razoabilidade e a proporcionalidade decorrem do princípio do devido processo legal e são utilizados, principalmente, como limitador da discricionariedade administrativa, ainda mais quando o ato limitado restringe os direitos do administrado. Trata-se, portanto, de uma ferramenta para controle de legalidade que pode gerar a nulidade do ato administrativo. Ao pensar em razoabilidade e proporcionalidade, deve-se pensar em dois elementos que os identificam: adequação e necessidade.

A melhor forma de verificar a sua utilização prática é no caso concreto. Imagine uma fiscalização sanitária realizada pelo poder público em que o administrado é flagrado cometendo um ilícito sanitário, ou seja, encontra um produto com o prazo de validade vencido. Dependendo da infração cometida, será aplicada uma penalidade administrativa maior ou não. Com a aplicação dos princípios em tela, a penalidade deve ser necessária, adequada e equivalente à infração cometida. Os princípios garantem que a sanção aplicada não seja maior que a necessária para atingir o fim proposto pelo poder público. O que se busca é uma adequação entre os meios e os fins necessários, proibindo o excesso na aplicação das medidas.

Sem dúvida, esses princípios gerais de direito estão entre os mais utilizados atualmente nas decisões do Supremo Tribunal Federal, pois esses princípios são utilizados nas decisões para se adequar à lei ao caso concreto.

Em suma, esses princípios são a adequação dos meios com a finalidade proposta pela Administração Pública, com o fim de evitar os excessos cometidos pelo agente público. Em razão disso, também são conhecidos como a proibição do excesso, por isso, deve-se trabalhar a razoabilidade e a proporcionalidade como unidade.

5.3.4 Continuidade dos serviços públicos

Esse princípio se traduz pelo próprio nome. Ele exige que a atividade administrativa seja contínua, não sofra interrupções e seja adequada, com qualidade, para que não ocorram prejuízos tanto para a Administração quanto para os administrados. Apesar disso, há situações excepcionais, em que se permite a interrupção do serviço público. Existem limitações a esse princípio, tanto para a Administração, quanto para o particular que está incumbido de executar o serviço público, e sua atuação pode ser percebida no próprio direito de greve do servidor público que se encontra condicionado à observância da lei para ser exercido.

O poder de vinculação desse princípio é tão grande que o particular, ao prestar o serviço público por delegação, não poderá interrompê-lo ainda que a Administração Pública não cumpra sua parte no contrato. Significa dizer que o particular prejudicado no contrato administrativo **não poderá opor a exceção do contrato não cumprido,** ficando desobrigado apenas por decisão judicial transitada em julgado, ou seja, o particular não pode deixar de cumprir sua obrigação pelo não cumprimento por parte da administração, mas o particular pode deixar de prestar o serviço público quando determinado por decisão judicial.

O responsável pela prestação do serviço público só ficaria desobrigado da sua prestação em caso de emergência e desde que haja aviso prévio em situações de **segurança**, de **ordem técnica** ou mesmo por **inadimplência do usuário**.

5.3.5 Autotutela

Esse princípio permite que a Administração avalie e reveja seus próprios atos, tanto em relação à legalidade do ato, quanto ao aspecto do mérito. Essa possibilidade não impede o ato de ser apreciado pelo Poder Judiciário, limitando a verificação da legalidade, nunca o mérito. Quando o ato for revisto em razão de vício de legalidade, ocorre a anulação do ato, se a questão é de mérito (discricionariedade e oportunidade), a administração revoga seus atos.

Este princípio foi consagrado pelo Supremo por meio da Súmula Vinculante nº 473:

> ***Súmula Vinculante nº 473, STF*** *A administração pode anular seus próprios atos, quando eivados de vícios que os tornam ilegais, porque deles não se originam direitos; ou revogá-los, por motivo de conveniência ou oportunidade, respeitados os direitos adquiridos, e ressalvada, em todos os casos, a apreciação judicial.*

A autotutela dos atos administrativos não depende de provocação, podendo a administração analisar de ofício seus próprios atos. Essa é a ideia primordial da autotutela.

5.3.6 Segurança jurídica

Esse princípio tem fundamento inicial já no art. 5º da Constituição Federal de 1988, que decorre da própria garantia fundamental à Segurança Jurídica; no que tange a sua aplicabilidade na Administração Pública, esse princípio evoca a impossibilidade de a lei nova prejudicar o direito adquirido, o ato jurídico perfeito e a coisa julgada, ou seja, esse princípio veda a aplicação retroativa de nova interpretação da norma administrativa, para que o administrado não seja surpreendido com inovações jurídicas.

Por se tratar de um direito fundamental, a Administração Pública fica obrigada a assegurar o seu cumprimento sob pena de ser responsabilizada.

5.4 Regras aplicáveis aos servidores públicos

Passamos agora a analisar as regras aplicáveis aos servidores públicos, as quais estão previstas nos arts. 37 a 41 da Constituição Federal de 1988.

5.4.1 Cargos, empregos e funções

Os primeiros dispositivos relacionados aos servidores públicos e que foram apresentados pela Constituição Federal regulamentam o acesso a cargos, empregos e funções públicas. Vejamos o que diz o art. 37, I e II da Constituição Federal de 1988:

> *I – Os cargos, empregos e funções públicas são acessíveis aos brasileiros que preencham os requisitos estabelecidos em lei, assim como aos estrangeiros, na forma da lei;*
>
> *II – A investidura em cargo ou emprego público depende de aprovação prévia em concurso público de provas ou de provas e títulos, de acordo com a natureza e a complexidade do cargo ou emprego, na forma prevista em lei, ressalvadas as nomeações para cargo em comissão declarado em lei de livre nomeação e exoneração.*

Ao iniciarmos este estudo, uma distinção se faz necessária: qual a diferença entre cargo, emprego e função pública?

- **Cargo público** é a unidade de competência ofertada por uma pessoa jurídica de direito público e ocupada por um agente público que tenha sido criado por lei com denominação específica e quantidade certa. Quem ocupa um cargo público fez concurso público e é submetido a um regime estatutário e pode ser de provimento efetivo ou em comissão.
- **Emprego público**, por sua vez, é a unidade de competência desempenhada por agentes contratados sob regime celetista, ou seja, quem ocupa um emprego público possui uma relação trabalhista com a Administração Pública.
- **Função pública** é a atribuição ocupada por quem não possui cargo ou emprego público. Ocorre em duas situações: nas contratações temporárias e nas atividades de confiança.

Os cargos, empregos e funções são acessíveis a todos os brasileiros e estrangeiros que preencherem os requisitos previstos em lei. Aos estrangeiros, o acesso é limitado, essa é norma de eficácia limitada, pois depende de regulamentação, como professores ou pesquisadores em universidades e instituições de pesquisa científica e tecnológica. Destaca-se ainda que existem cargos privativos de brasileiros natos, os quais estão previstos no art. 12, § 3º da Constituição Federal de 1988: presidente e vice-Presidente da República, presidente da Câmara dos Deputados, Presidente do Senado Federal, ministro do STF, oficial das forças armadas, carreira diplomática e ministro do estado da defesa.

O acesso aos cargos e empregos públicos depende de aprovação em concurso público de provas ou de provas e títulos dependendo do cargo a ser ocupado. A realização do concurso não será necessária para o preenchimento de cargos em comissão, haja vista serem de livre nomeação e exoneração. Estão obrigados a contratar por meio de concurso toda a Administração Pública direta e indireta, seja do Poder Executivo, Legislativo, ou Judiciário, seja da União, estados, Distrito Federal e municípios.

É importante ressaltar, neste momento, que a função pública aqui tratada não pode ser confundida com a função que todo agente da Administração Pública detém, que é aquele conjunto de atribuições inerentes ao cargo ou emprego; neste momento a função pública foi tratada como diferenciação do cargo e do emprego públicos. Em seguida, é necessário ressaltar que os cargos em comissão dispensam o concurso público, que é meio exigido para que se ocupe um cargo ou empregos públicos.

5.4.2 Validade do concurso público

A Constituição Federal de 1988 previu prazo de validade para os concursos públicos. Vejamos o que diz o art. 37, incisos III e IV:

> *Art. 37 [...]*
>
> *III – O prazo de validade do concurso público será de até dois anos, prorrogável uma vez, por igual período;*
>
> *IV – Durante o prazo improrrogável previsto no edital de convocação, aquele aprovado em concurso público de provas ou de provas e títulos será convocado com prioridade sobre novos concursados para assumir cargo ou emprego, na carreira.*

O prazo de validade será de **até dois anos**, podendo ser prorrogado apenas uma vez, por igual período. O prazo de validade passa a ser contado a partir da homologação do resultado. Este é o prazo que a Administração Pública terá para contratar ou nomear os aprovados para o preenchimento do emprego ou do cargo público, respectivamente.

Segundo posicionamento do STF, quem é aprovado dentro do número de vagas previstas no edital possui direito subjetivo à nomeação durante o prazo de validade do concurso. Uma forma de burlar esse sistema encontrado pela Administração Pública tem sido a publicação de edital com cadastro de reserva, que gera apenas uma expectativa de direito para quem foi classificado no concurso público.

Segundo a Constituição Federal de 1988, durante o prazo improrrogável do concurso, os aprovados terão prioridade na convocação diante dos novos concursados, o que não impede a abertura de novos certames apesar de a Lei nº 8.112/1990 proibir a abertura de novo concurso enquanto houver candidato aprovado no concurso anterior e desde que esteja dentro do prazo de validade. Na prova, deve-se responder conforme for perguntado. Se for segundo a Constituição Federal, não há proibição de realização de novo concurso enquanto existir outro com prazo de validade aberto. Se perguntar segundo a Lei nº 8.112/1990, não se abrirá novo concurso enquanto houver candidato aprovado em concurso anterior com prazo de validade não expirado.

5.4.3 Reserva de vaga para deficiente

Essa regra sobre concurso público é uma das mais importantes de inclusão social previstas no texto constitucional; é regra de ação afirmativa que visa à inserção social dos portadores de necessidades especiais, e compensar a perda social que alguns grupos têm. Possuindo valor social relevante, diz respeito à reserva de vagas para pessoas com necessidades especiais, que não podem ser tratados da mesma forma que as pessoas que estão em pleno vigor físico. Aqui, a isonomia deve ser material observando a nítida diferença entre os deficientes e os que não são. Vejamos o que dispõe a Constituição a respeito desse tema:

> *Art. 37 [...]*
>
> *VIII – A lei reservará percentual dos cargos e empregos públicos para as pessoas portadoras de deficiência e definirá os critérios de sua admissão.*

Por se tratar de norma de eficácia limitada, a Constituição exigiu regulamentação para este dispositivo o que foi feito, no âmbito federal, pela Lei nº 8.112/1990:

> *Art. 5 [...]*
>
> *§ 2º Às pessoas portadoras de deficiência é assegurado o direito de se inscrever em concurso público para provimento de cargo cujas atribuições sejam compatíveis com a deficiência de que são portadoras; para tais pessoas serão reservadas até 20% (vinte por cento) das vagas oferecidas no concurso.*

Esse dispositivo garante a reserva de até 20% das vagas oferecidas no concurso para os deficientes. Complementando esta norma, foi publicado o Decreto Federal nº 3.298/1999 que fixou o mínimo de 5% das vagas para deficientes, exigindo nos casos em que esse percentual gerasse número fracionado, que fosse arredondado para o próximo número inteiro. Essa proteção gerou um inconveniente nos concursos com poucas vagas, fazendo com que o STF interviesse e decidisse no sentido de que se a observância do mínimo de 5% ultrapassar o máximo de 20% não será necessário fazer a reserva da vaga. Isso é perfeitamente visível em concursos com duas vagas. Se fosse reservado o mínimo, ter-se-ia pelo menos 1 vaga para deficiente, o que corresponderia a 50% das vagas, ultrapassando assim o limite de 20% estabelecido em lei.

5.4.4 Funções de confiança e cargos em comissão

A Constituição Federal de 1988 prevê a existência das funções de confiança e os cargos em comissão:

> *Art. 37 [...]*
>
> *V – As funções de confiança, exercidas exclusivamente por servidores ocupantes de cargo efetivo, e os cargos em comissão, a serem preenchidos por servidores de carreira nos casos, condições e percentuais mínimos previstos em lei, destinam-se apenas às atribuições de direção, chefia e assessoramento.*

Existem algumas peculiaridades entre esses dois institutos que sempre são cobrados em prova. As funções de confiança são privativas de ocupantes de cargo efetivo, ou seja, para aquele que fez concurso público; já os cargos em comissão podem ser ocupados por qualquer pessoa, apesar de a Constituição estabelecer que deve se reservar um percentual mínimo para os ocupantes de cargo efetivo. Tanto as funções de confiança como os cargos em comissão destinam-se às atribuições de **direção, chefia** e **assessoramento.**

- **Funções de confiança:** livres designação e livres dispensa – são apenas para servidores públicos ocupantes de cargos efetivos, os quais serão designados para seu exercício podendo ser dispensados a critério da Administração Pública.

- **Cargos em comissão:** são de livre nomeação e livre exoneração, podendo ser ocupados por qualquer pessoa, servidor público ou não. A ocupação de um cargo em comissão por pessoa não detentora de cargo de provimento efetivo não gera direito de ser efetivado, muito menos de adquirir a estabilidade.

5.4.5 Contratação por tempo determinado

Outra forma de ingresso no serviço público é por meio de contratação por tempo determinado. A Constituição prevê:

> ***Art. 37, IX.*** *A lei estabelecerá os casos de contratação por tempo determinado para atender a necessidade temporária de excepcional interesse público.*

Nesse caso, temos uma norma de eficácia limitada, pois a Constituição não regulamenta, apenas prevê que uma lei vai regulamentar. Na contratação por tempo determinado, o contratado não ocupa cargo público nem possui vínculo trabalhista. Ele exercerá função pública de caráter temporário. Essa contratação tem que ser embasada em excepcional interesse público, questão emergencial. Em regra, faz-se o processo seletivo simplificado, podendo ser feito por meio de provas, entrevista ou até mesmo entrega de currículo; esse processo simplificado não pode ser confundido com o concurso público.

O seu contrato com a Administração Pública é regido por norma específica de regime especial que, no caso da esfera federal, será a Lei nº 8.745/1993. A referida lei traz várias hipóteses de contratação temporária para atender a essa necessidade excepcional.

5.5 Direitos sociais dos servidores públicos

Quando se fala em direitos sociais aplicáveis aos servidores públicos, significa dizer uma parcela dos direitos de natureza trabalhista prevista no art. 7º da Constituição Federal de 1988. Vejamos quais direitos sociais trabalhistas foram destinados a esses trabalhadores ocupantes de cargos públicos.

5.5.1 Direitos trabalhistas

A Constituição Federal não concedeu todos os direitos trabalhistas aos servidores públicos, mas apenas os previstos expressamente no texto constitucional no art. 39, § 3º:

> ***Art. 39*** *[...]*
>
> *§ 3º Aplica-se aos servidores ocupantes de cargo público o disposto no art. 7º, IV, VII, VIII, IX, XII, XIII, XV, XVI, XVII, XVIII, XIX, XX, XXII e XXX, podendo a lei estabelecer requisitos diferenciados de admissão quando a natureza do cargo o exigir.*

Segundo esse dispositivo, foram garantidos os seguintes direitos sociais aos servidores públicos:

> *IV – Salário-mínimo, fixado em lei, nacionalmente unificado, capaz de atender a suas necessidades vitais básicas e às de sua família com moradia, alimentação, educação, saúde, lazer, vestuário, higiene, transporte e previdência social, com reajustes periódicos que lhe preservem o poder aquisitivo, sendo vedada sua vinculação para qualquer fim;*
>
> *VII – Garantia de salário, nunca inferior ao mínimo, para os que percebem remuneração variável;*
>
> *VIII – Décimo terceiro salário com base na remuneração integral ou no valor da aposentadoria;*
>
> *IX – Remuneração do trabalho noturno superior à do diurno;*
>
> *XII – Salário-família pago em razão do dependente do trabalhador de baixa renda nos termos da lei;*
>
> *XIII – Duração do trabalho normal não superior a oito horas diárias e quarenta e quatro semanais, facultada a compensação de horários e a redução da jornada, mediante acordo ou convenção coletiva de trabalho;*
>
> *XV – Repouso semanal remunerado, preferencialmente aos domingos;*
>
> *XVI – Remuneração do serviço extraordinário superior, no mínimo, em cinquenta por cento à do normal;*
>
> *XVII – Gozo de férias anuais remuneradas com, pelo menos, um terço a mais do que o salário normal;*
>
> *XVIII – Licença à gestante, sem prejuízo do emprego e do salário, com a duração de cento e vinte dias;*
>
> *XIX – Licença-paternidade, nos termos fixados em lei;*
>
> *XX – Proteção do mercado de trabalho da mulher, mediante incentivos específicos, nos termos da lei;*
>
> *XXII – Redução dos riscos inerentes ao trabalho, por meio de normas de saúde, higiene e segurança;*
>
> *XXX – Proibição de diferença de salários, de exercício de funções e de critério de admissão por motivo de sexo, idade, cor ou estado civil.*

A experiência de ler os incisos destinados aos servidores públicos é muito importante para que você acerte em prova. O fato de outros direitos trabalhistas do art. 7º não terem sido previstos no art. 39 não significa que tais direitos não sejam concedidos aos servidores públicos. Ocorre que alguns direitos trabalhistas conferidos aos servidores públicos estão disciplinados em outros lugares na própria Constituição ou em leis esparsas. A título de exemplo, pode-se citar o direito à aposentadoria, que apesar de não ter sido referido no art. 39, § 3º, encontra-se previsto expressamente no art. 40 da Constituição Federal de 1988.

5.5.2 Liberdade de associação sindical

A Constituição Federal garante aos servidores públicos o direito à associação sindical:

> ***Art. 37*** *[...]*
>
> *VI – É garantido ao servidor público civil o direito à livre associação sindical.*

A Constituição Federal de 1988 concede ao servidor público civil o direito à associação sindical. Dessa forma, a livre associação profissional ou sindical não é garantida aos militares em razão da peculiaridade do seu regime jurídico, cuja vedação está prevista na própria Constituição Federal:

> ***Art. 142*** *[...]*
>
> *IV – Ao militar são proibidas a sindicalização e a greve.*

Segundo a doutrina, trata-se de uma norma autoaplicável, a qual não depende de regulamentação para ser exercida, pois o servidor pode prontamente usufruir desse direito.

5.5.3 Direito de greve

Segundo o art. 37, inciso VII, da Constituição Federal de 1988:

> *VII – O direito de greve será exercido nos termos e nos limites definidos em lei específica;*

O direito de greve, previsto na Constituição Federal aos servidores públicos, condiciona o seu exercício a uma norma regulamentadora, por isso é uma norma de eficácia limitada.

Como até o presente momento a necessária lei não foi publicada, o Supremo Tribunal Federal adotou a Teoria Concretista Geral, a partir da análise do Mandado de Injunção, e fez com que o direito de greve tivesse efetividade e conferiu efeito *erga omnes* à decisão, ou seja, os seus efeitos atingem todos os servidores públicos, ainda que aquele não tenha ingressado com ação judicial para exercer seu direito de greve.

A partir disso, segundo o STF, os servidores públicos de todo o país poderão se utilizar do seu direito de greve nos termos da Lei nº 7.783/1989, a qual regulamenta o direito de greve dos trabalhadores da iniciativa privada.

Ressalte-se que o direito de greve, juntamente com o de associação sindical, não se aplica aos militares pelos mesmos motivos já apresentados ao analisarmos o direito de liberdade de associação sindical.

5.5.4 Vedação à acumulação de cargos, empregos e funções públicas

A Constituição achou por bem regular a acumulação de cargos públicos no art. 37, incisos XVI e XVII:

> *XVI – É vedada a acumulação remunerada de cargos públicos, exceto, quando houver compatibilidade de horários, observado em qualquer caso o disposto no inciso XI:*
>
> *a) a de dois cargos de professor;*

b) a de um cargo de professor com outro técnico ou científico;

c) a de dois cargos ou empregos privativos de profissionais de saúde, com profissões regulamentadas;

XVII – A proibição de acumular estende-se a empregos e funções e abrange autarquias, fundações, empresas públicas, sociedades de economia mista, suas subsidiárias, e sociedades controladas, direta ou indiretamente, pelo poder público;

Segundo o texto constitucional, em regra, é vedada a acumulação de cargos públicos, ressalvadas as hipóteses previstas na própria Constituição Federal de 1988 e quando houver compatibilidade de horário.

Além dessas hipóteses, a CF/1988/1988 também previu a acumulação lícita em outros casos, observemos:

- **Magistrado + magistério:** é permitida a acumulação de um cargo de juiz com um de professor:

  ***Art. 95** [...]*

  ***Parágrafo único.** Aos juízes é vedado:*

  I – Exercer, ainda que em disponibilidade, outro cargo ou função, salvo uma de magistério.

- **Membro do Ministério Público + Magistério:** é permitida a acumulação de um cargo de Membro do Ministério Público com um de professor:

  ***Art. 128** [...]*

  § 5º. Leis complementares da União e dos Estados, cuja iniciativa é facultada aos respectivos Procuradores-Gerais, estabelecerão a organização, as atribuições e o estatuto de cada Ministério Público, observadas, relativamente a seus membros: [...]

  II – As seguintes vedações:

  d) exercer, ainda que em disponibilidade, qualquer outra função pública, salvo uma de magistério.

- **Cargo Eletivo + cargo, emprego ou função pública:** é permitida a acumulação de um cargo eletivo com um cargo emprego ou função pública:

  ***Art. 38** Ao servidor público da administração direta, autárquica e fundacional, no exercício de mandato eletivo, aplicam-se as seguintes disposições:*

  I – Tratando-se de mandato eletivo federal, estadual ou distrital, ficará afastado de seu cargo, emprego ou função;

  II – Investido no mandato de Prefeito, será afastado do cargo, emprego ou função, sendo-lhe facultado optar pela sua remuneração;

  III – Investido no mandato de Vereador, havendo compatibilidade de horários, perceberá as vantagens de seu cargo, emprego ou função, sem prejuízo da remuneração do cargo eletivo, e, não havendo compatibilidade, será aplicada a norma do inciso anterior;

  IV – Em qualquer caso que exija o afastamento para o exercício de mandato eletivo, seu tempo de serviço será contado para todos os efeitos legais, exceto para promoção por merecimento;

  V – Na hipótese de ser segurado de regime próprio de previdência social, permanecerá filiado a esse regime, no ente federativo de origem.

A proibição de acumular se estende à percepção de remuneração e aposentadoria. Vejamos o que diz o §10º do art. 37:

> *§ 10 É vedada a percepção simultânea de proventos de aposentadoria decorrentes do art. 40 ou dos Arts. 42 e 142 com a remuneração de cargo, emprego ou função pública, ressalvados os cargos acumuláveis na forma desta Constituição, os cargos eletivos e os cargos em comissão declarados em lei de livre nomeação e exoneração.*

Aqui, a acumulação dos proventos da aposentadoria com a remuneração será permitida nos casos em que são autorizadas a acumulação dos cargos, ou, ainda, quando acumular com cargo em comissão e cargo eletivo. Significa dizer ser possível a acumulação dos proventos da aposentadoria de um cargo, emprego ou função pública com a remuneração de cargo, emprego ou função pública.

A Constituição Federal de 1988 também vedou a percepção de mais de uma aposentadoria, ressalvados os casos de acumulação de cargos permitida, ou seja, o indivíduo pode acumular as aposentadorias dos cargos que podem ser acumulados:

> ***Art. 40** [...]*
>
> *§ 6º Ressalvadas as aposentadorias decorrentes dos cargos acumuláveis na forma desta Constituição, é vedada a percepção de mais de uma aposentadoria à conta de regime próprio de previdência social, aplicando-se outras vedações, regras e condições para a acumulação de benefícios previdenciários estabelecidas no Regime Geral de Previdência Social.*

5.5.5 Estabilidade

Um dos maiores desejos de quem faz concurso público é alcançar a Estabilidade. Essa é a garantia que se dá aos titulares de cargo público, ou seja, ao servidor público. Essa garantia faz que o servidor tenha certa tranquilidade para usufruir do seu cargo com maior tranquilidade; o servidor passa exercer suas atividades sem a preocupação de perder seu cargo por qualquer simples motivo. Vejamos o que diz a Constituição Federal:

> ***Art. 41** São estáveis após três anos de efetivo exercício os servidores nomeados para cargo de provimento efetivo em virtude de concurso público.*
>
> *§ 1º. O servidor público estável só perderá o cargo:*
>
> *I – Em virtude de sentença judicial transitada em julgado;*
>
> *II – Mediante processo administrativo em que lhe seja assegurada ampla defesa;*
>
> *III – Mediante procedimento de avaliação periódica de desempenho, na forma de lei complementar, assegurada ampla defesa.*
>
> *§ 2º Invalidada por sentença judicial a demissão do servidor estável, será ele reintegrado, e o eventual ocupante da vaga, se estável, reconduzido ao cargo de origem, sem direito a indenização, aproveitado em outro cargo ou posto em disponibilidade com remuneração proporcional ao tempo de serviço.*
>
> *§ 3º Extinto o cargo ou declarada a sua desnecessidade, o servidor estável ficará em disponibilidade, com remuneração proporcional ao tempo de serviço, até seu adequado aproveitamento em outro cargo.*
>
> *§ 4º Como condição para a aquisição da estabilidade, é obrigatória a avaliação especial de desempenho por comissão instituída para essa finalidade.*

O primeiro ponto relevante é que a estabilidade se adquire após três anos de efetivo exercício. Só adquire estabilidade quem ocupa um cargo público de provimento efetivo, após a aprovação em concurso público. Essa garantia não se estende aos titulares de emprego público nem aos que ocupam cargos em comissão de livre nomeação e exoneração.

Não confunda a estabilidade com estágio probatório. Esse é o período de avaliação inicial dentro do novo cargo a que o servidor concursado se sujeita antes de adquirir sua estabilidade. A Constituição Federal de 1988 não fala nada de estágio probatório, mas, para os servidores públicos federais, aplica-se o prazo previsto na Lei nº 8.112/1990. Aqui temos um problema. O referido estatuto dos servidores públicos federais prevê o prazo de 24 meses para o estágio probatório.

Contudo, tem prevalecido, na doutrina e na jurisprudência, o entendimento de que não tem como se dissociar o prazo do estágio probatório da aquisição da estabilidade, de forma que até o próprio STF e o STJ reconhecem que o prazo do estágio probatório foi revogado tacitamente pela Emenda Constitucional nº 19/1998 que alterou o prazo de aquisição da estabilidade para 3 anos. Reforça esse entendimento o fato de que a Advocacia-Geral da União já emitiu parecer vinculante determinando a aplicação do prazo de **três anos para o estágio probatório** em todo o Poder Executivo Federal, o que de fato acontece. Dessa forma, para prova o prazo do estágio probatório é de 3 anos.

Segundo o texto constitucional, é condição para a aquisição da estabilidade a avaliação especial de desempenhos aplicada por comissão instituída para essa finalidade.

O servidor estável só perderá o cargo nas hipóteses previstas na Constituição, as quais são:

- **Sentença judicial transitada em julgado.**
- **Procedimento administrativo disciplinar.**

- **Insuficiência de desempenho comprovada na avaliação periódica.**
- **Excesso de despesas com pessoal nos termos do art. 169, § 3º.**

5.6 Regras para servidores em exercício de mandato eletivo

Para os servidores públicos que estão no exercício de mandato eletivo, aplicam-se as seguintes regras:

> ***Art. 38*** *Ao servidor público da administração direta, autárquica e fundacional, no exercício de mandato eletivo, aplicam-se as seguintes disposições:*
>
> *I – Tratando-se de mandato eletivo federal, estadual ou distrital, ficará afastado de seu cargo, emprego ou função;*
>
> *II – Investido no mandato de Prefeito, será afastado do cargo, emprego ou função, sendo-lhe facultado optar pela sua remuneração;*
>
> *III – Investido no mandato de Vereador, havendo compatibilidade de horários, perceberá as vantagens de seu cargo, emprego ou função, sem prejuízo da remuneração do cargo eletivo, e, não havendo compatibilidade, será aplicada a norma do inciso anterior;*
>
> *IV – Em qualquer caso que exija o afastamento para o exercício de mandato eletivo, seu tempo de serviço será contado para todos os efeitos legais, exceto para promoção por merecimento;*
>
> *V – Na hipótese de ser segurado de regime próprio de previdência social, permanecerá filiado a esse regime, no ente federativo de origem.*

Em suma:

- **Mandato Eletivo Federal, Estadual ou Distrital:** afasta-se do cargo, emprego ou função;
- **Mandato Eletivo Municipal**
  - **Prefeito:** Afasta-se do cargo, mas pode optar pela remuneração;
  - **Vereador:** Havendo compatibilidade de horário, pode exercer os dois cargos e cumular as duas remunerações respeitando os limites legais. Não havendo compatibilidade de horário, deverá afastar-se do cargo podendo optar pela remuneração de um dos dois.

Havendo o afastamento, a Constituição Federal de 1988 determina ainda que esse período seja contabilizado como tempo de serviço gerando todos seus efeitos legais, com exceção da promoção de merecimento, além de ser contabilizado para efeito de benefício previdenciário.

5.7 Regras de remuneração dos servidores públicos

A Constituição Federal de 1988 previu várias regras referentes a remuneração dos servidores públicos, que consta no art. 37, da CF/1988/1988, as quais são bem interessantes para serem cobradas em sua prova:

> *X – A remuneração dos servidores públicos e o subsídio de que trata o § 4º do art. 39 somente poderão ser fixados ou alterados por lei específica, observada a iniciativa privativa em cada caso, assegurada revisão geral anual, sempre na mesma data e sem distinção de índices;*

O primeiro ponto importante sobre a remuneração dos servidores é que ela só pode ser fixada por meio de lei específica, se a Constituição Federal de 1988 não estabelece qualquer outro critério, essa lei é ordinária. Além disso, a iniciativa da lei também é específica, ou seja, cada poder tem competência para propor a lei que altere o quadro remuneratório dos seus servidores. Por exemplo, no âmbito do Poder Executivo Federal o Presidente da República é quem tem a iniciativa para propor o projeto de lei.

Ainda há que se fazer a revisão geral anual, sem distinção de índices e sempre na mesma data, que serve para suprir as perdas inflacionárias que ocorrem com a remuneração dos servidores. No que tange à revisão geral anual, o STF entende que a competência para a iniciativa é privativa do Presidente da República, com base no art. 61, § 1º, II, "a" da CF/1988:

> ***§ 1º*** *São de iniciativa privativa do Presidente da República as leis que: [...]*
>
> *II – Disponham sobre:*
>
> *a) criação de cargos, funções ou empregos públicos na administração direta e autárquica ou aumento de sua remuneração.*

Outro ponto importante é o **teto constitucional**, que é o limite imposto para fixação das tabelas remuneratórias dos servidores; conforme o inciso XI do art. 37 da Constituição Federal de 1988:

> *XI – A remuneração e o subsídio dos ocupantes de cargos, funções e empregos públicos da administração direta, autárquica e fundacional, dos membros de qualquer dos Poderes da União, dos Estados, do Distrito Federal e dos Municípios, dos detentores de mandato eletivo e dos demais agentes políticos e os proventos, pensões ou outra espécie remuneratória, percebidos cumulativamente ou não, incluídas as vantagens pessoais ou de qualquer outra natureza, não poderão exceder o subsídio mensal, em espécie, dos Ministros do Supremo Tribunal Federal, aplicando-se como limite, nos Municípios, o subsídio do Prefeito, e nos Estados e no Distrito Federal, o subsídio mensal do Governador no âmbito do Poder Executivo, o subsídio dos Deputados Estaduais e Distritais no âmbito do Poder Legislativo e o subsídio dos Desembargadores do Tribunal de Justiça, limitado a noventa inteiros e vinte e cinco centésimos por cento do subsídio mensal, em espécie, dos Ministros do Supremo Tribunal Federal, no âmbito do Poder Judiciário, aplicável este limite aos membros do Ministério Público, aos Procuradores e aos Defensores Públicos.*

Vamos entender essa regra, analisando os diversos tipos de limites previstos no texto constitucional.

O primeiro limite é o Teto Geral, que, segundo a Constituição, corresponde ao subsídio do Ministro do Supremo Tribunal Federal. Isso significa que nenhum servidor público no Brasil pode receber remuneração maior que o subsídio do Ministro do Supremo Tribunal Federal. Esse limite se aplica a todos os poderes em todos os entes federativos. Ressalte-se que a iniciativa de proposta legislativa para fixação da remuneração dos Ministros pertence aos próprios membros do STF.

Em seguida, nós temos os subtetos, que são limites aplicáveis a cada poder e em cada ente federativo. Vejamos de forma sistematizada as regras previstas na Constituição Federal:

5.7.1 Estados e DF

Poder Executivo: subsídio do governador.

Poder Legislativo: subsídio do deputado estadual ou distrital.

Poder Judiciário: subsídio do desembargador do Tribunal de Justiça. Aplica-se este limite aos membros do Ministério Público e da Defensoria Pública dos Estados e Distrito Federal.

5.7.2 Municípios

Poder Executivo: subsídio do prefeito.

A Constituição Federal de 1988 permite que os estados e o Distrito Federal poderão, por iniciativa do governador, adotar limite único nos termos do art. 37, § 12, mediante emenda à Constituição Estadual ou a lei orgânica do Distrito Federal, o qual não poderá ultrapassar 90,25% do subsídio do ministro do STF. Ressalte-se que, se porventura for criado este limite único, ele não será aplicado a alguns membros do Poder Legislativo, como aos deputados distritais e vereadores.

A seguir, são abordados alguns limites específicos que também estão previstos no texto constitucional, mas em outros artigos, pois são determinados a algumas autoridades:

- **Governador e Prefeito:** subsídio do ministro do STF;
- **Deputado Estadual e Distrital:** 75% do subsídio do Deputado Federal;
- **Vereador:** 75% do subsídio do Deputado Estadual para os municípios com mais de 500.000 habitantes. Nos municípios com menos habitantes, aplica-se a regra proporcional a população conforme o art. 29, VI da Constituição Federal.

- **Magistrados dos Tribunais Superiores:** 95% do subsídio dos ministros do STF. Dos demais magistrados, o subteto é 95% do subsídio dos ministros dos Tribunais Superiores.

> ***Art. 93** [...]*
>
> *V – O subsídio dos Ministros dos Tribunais Superiores corresponderá a noventa e cinco por cento do subsídio mensal fixado para os Ministros do Supremo Tribunal Federal e os subsídios dos demais magistrados serão fixados em lei e escalonados, em nível federal e estadual, conforme as respectivas categorias da estrutura judiciária nacional, não podendo a diferença entre uma e outra ser superior a dez por cento ou inferior a cinco por cento, nem exceder a noventa e cinco por cento do subsídio mensal dos Ministros dos Tribunais Superiores, obedecido, em qualquer caso, o disposto nos Arts. 37, XI, e 39, § 4º.*

Tetos específicos
Governador e prefeito → subsídio do Ministro do STF.
Deputado estadual e distrital → 75% do subsídio do Deputado Federal.
Vereador → 75% do subsídio do Deputado Estadual (municípios + de 500 mil habitantes).
Magistrados dos Tribunais Superiores → 95% do subsídio dos ministros do STF.

Lembre-se de que esses limites se aplicam quando for possível a acumulação de cargos prevista no texto constitucional, ressalvados os seguintes casos:

- **Magistratura + magistério:** a resolução nº 14/2006 do Conselho Nacional de Justiça prevê que não se sujeita ao teto a remuneração oriunda no magistério exercido pelos juízes;
- Exercício cumulativo de funções no Supremo Tribunal Federal e Tribunal Superior Eleitoral.

Os limites aplicam-se as empresas públicas e sociedades de economia mista desde que recebam recursos da União dos Estados e do Distrito Federal para pagamento do pessoal e custeio em geral:

> ***Art. 37** [...]*
>
> *§ 9º O disposto no inciso XI aplica-se às empresas públicas e às sociedades de economia mista, e suas subsidiárias, que receberem recursos da União, dos Estados, do Distrito Federal ou dos Municípios para pagamento de despesas de pessoal ou de custeio em geral.*

A Constituição Federal também trouxe previsão expressa vedando qualquer equiparação ou vinculação de remuneração de servidor público:

> ***Art. 37, XIII.** É vedada a vinculação ou equiparação de quaisquer espécies remuneratórias para o efeito de remuneração de pessoal do serviço público.*

Antes da Emenda Constitucional nº 19/1998, muitos servidores incorporavam vantagens pecuniárias calculadas sobre outras vantagens, gerando aumento desproporcional da remuneração. Isso acabou com a alteração do texto constitucional:

> ***Art. 37** [...]*
>
> *XIV – Os acréscimos pecuniários percebidos por servidor público não serão computados nem acumulados para fins de concessão de acréscimos ulteriores.*

Destaque-se, ainda, a regra constitucional que prevê a irredutibilidade da remuneração dos servidores públicos:

> ***Art. 37** [...]*
>
> *XV – O subsídio e os vencimentos dos ocupantes de cargos e empregos públicos são irredutíveis, ressalvado o disposto nos incisos XI e XIV deste artigo e nos Arts. 39, § 4º, 150, II, 153, III, e 153, § 2º, I.*

A irredutibilidade aqui é meramente nominal, não existindo direito à preservação do valor real em proteção a perda do poder aquisitivo. A irredutibilidade também não impede a alteração da composição remuneratória; significa dizer que podem ser retiradas as gratificações, mantendo-se o valor nominal da remuneração, nem mesmo a supressão de parcelas ou gratificações; é preciso considerar que o STF entende não haver direito adquirido a regime jurídico.

5.8 Regras de aposentadoria

Esse tema costuma ser trabalhado em Direito Previdenciário devido às inúmeras regras de transição que foram editadas, além das previstas no texto constitucional. Para as provas de Direito Constitucional, é importante a leitura atenta dos dispositivos abaixo:

> ***Art. 40** O regime próprio de previdência social dos servidores titulares de cargos efetivos terá caráter contributivo e solidário, mediante contribuição do respectivo ente federativo, de servidores ativos, de aposentados e de pensionistas, observados critérios que preservem o equilíbrio financeiro e atuarial.*
>
> *§ 1º O servidor abrangido por regime próprio de previdência social será aposentado:*
>
> *I – por incapacidade permanente para o trabalho, no cargo em que estiver investido, quando insuscetível de readaptação, hipótese em que será obrigatória a realização de avaliações periódicas para verificação da continuidade das condições que ensejaram a concessão da aposentadoria, na forma de lei do respectivo ente federativo;*
>
> *II – compulsoriamente, com proventos proporcionais ao tempo de contribuição, aos 70 (setenta) anos de idade, ou aos 75 (setenta e cinco) anos de idade, na forma de lei complementar;*
>
> *III – no âmbito da União, aos 62 (sessenta e dois) anos de idade, se mulher, e aos 65 (sessenta e cinco) anos de idade, se homem, e, no âmbito dos Estados, do Distrito Federal e dos Municípios, na idade mínima estabelecida mediante emenda às respectivas Constituições e Leis Orgânicas, observados o tempo de contribuição e os demais requisitos estabelecidos em lei complementar do respectivo ente federativo.*
>
> *§ 2º Os proventos de aposentadoria não poderão ser inferiores ao valor mínimo a que se refere o § 2º do art. 201 ou superiores ao limite máximo estabelecido para o Regime Geral de Previdência Social, observado o disposto nos §§ 14 a 16.*
>
> *§ 3º As regras para cálculo de proventos de aposentadoria serão disciplinadas em lei do respectivo ente federativo.*
>
> *§ 4º É vedada a adoção de requisitos ou critérios diferenciados para concessão de benefícios em regime próprio de previdência social, ressalvado o disposto nos §§ 4º-A, 4º-B, 4º-C e 5º.*
>
> *§ 4º-A Poderão ser estabelecidos por lei complementar do respectivo ente federativo idade e tempo de contribuição diferenciados para aposentadoria de servidores com deficiência, previamente submetidos a avaliação biopsicossocial realizada por equipe multiprofissional e interdisciplinar.*
>
> *§ 4º-B Poderão ser estabelecidos por lei complementar do respectivo ente federativo idade e tempo de contribuição diferenciados para aposentadoria de ocupantes do cargo de agente penitenciário, de agente socioeducativo ou de policial dos órgãos de que tratam o inciso IV do caput do art. 51, o inciso XIII do caput do art. 52 e os incisos I a IV do caput do art. 144.*
>
> *§ 4º-C Poderão ser estabelecidos por lei complementar do respectivo ente federativo idade e tempo de contribuição diferenciados para aposentadoria de servidores cujas atividades sejam exercidas com efetiva exposição a agentes químicos, físicos e biológicos prejudiciais à saúde, ou associação desses agentes, vedada a caracterização por categoria profissional ou ocupação.*
>
> *§ 5º Os ocupantes do cargo de professor terão idade mínima reduzida em 5 (cinco) anos em relação às idades decorrentes da aplicação do disposto no inciso III do § 1º, desde que comprovem tempo de efetivo exercício das funções de magistério na educação infantil e no ensino fundamental e médio fixado em lei complementar do respectivo ente federativo.*
>
> *§ 6º Ressalvadas as aposentadorias decorrentes dos cargos acumuláveis na forma desta Constituição, é vedada a percepção de mais de uma aposentadoria à conta de regime próprio de previdência social, aplicando-se outras vedações, regras e condições para a acumulação de benefícios previdenciários estabelecidas no Regime Geral de Previdência Social.*
>
> *§ 7º Observado o disposto no § 2º do art. 201, quando se tratar da única fonte de renda formal auferida pelo dependente, o benefício de pensão por morte será concedido nos termos de lei do respectivo ente federativo, a qual tratará de forma diferenciada a hipótese de morte dos servidores de que trata o § 4º-B decorrente de agressão sofrida no exercício ou em razão da função.*

§ 8º É assegurado o reajustamento dos benefícios para preservar-lhes, em caráter permanente, o valor real, conforme critérios estabelecidos em lei.

§ 9º O tempo de contribuição federal, estadual, distrital ou municipal será contado para fins de aposentadoria, observado o disposto nos §§ 9º e 9º-A do art. 201, e o tempo de serviço correspondente será contado para fins de disponibilidade.

§ 10 A lei não poderá estabelecer qualquer forma de contagem de tempo de contribuição fictício.

§ 11 Aplica-se o limite fixado no art. 37, XI, à soma total dos proventos de inatividade, inclusive quando decorrentes da acumulação de cargos ou empregos públicos, bem como de outras atividades sujeitas a contribuição para o regime geral de previdência social, e ao montante resultante da adição de proventos de inatividade com remuneração de cargo acumulável na forma desta Constituição, cargo em comissão declarado em lei de livre nomeação e exoneração, e de cargo eletivo.

§ 12 Além do disposto neste artigo, serão observados, em regime próprio de previdência social, no que couber, os requisitos e critérios fixados para o Regime Geral de Previdência Social.

§ 13 Aplica-se ao agente público ocupante, exclusivamente, de cargo em comissão declarado em lei de livre nomeação e exoneração, de outro cargo temporário, inclusive mandato eletivo, ou de emprego público, o Regime Geral de Previdência Social.

§ 14 A União, os Estados, o Distrito Federal e os Municípios instituirão, por lei de iniciativa do respectivo Poder Executivo, regime de previdência complementar para servidores públicos ocupantes de cargo efetivo, observado o limite máximo dos benefícios do Regime Geral de Previdência Social para o valor das aposentadorias e das pensões em regime próprio de previdência social, ressalvado o disposto no § 16.

§ 15 O regime de previdência complementar de que trata o § 14 oferecerá plano de benefícios somente na modalidade contribuição definida, observará o disposto no art. 202 e será efetivado por intermédio de entidade fechada de previdência complementar ou de entidade aberta de previdência complementar.

§ 16 Somente mediante sua prévia e expressa opção, o disposto nos § § 14 e 15 poderá ser aplicado ao servidor que tiver ingressado no serviço público até a data da publicação do ato de instituição do correspondente regime de previdência complementar.

§ 17 Todos os valores de remuneração considerados para o cálculo do benefício previsto no § 3° serão devidamente atualizados, na forma da lei.

§ 18 Incidirá contribuição sobre os proventos de aposentadorias e pensões concedidas pelo regime de que trata este artigo que superem o limite máximo estabelecido para os benefícios do regime geral de previdência social de que trata o art. 201, com percentual igual ao estabelecido para os servidores titulares de cargos efetivos.

§ 19 Observados critérios a serem estabelecidos em lei do respectivo ente federativo, o servidor titular de cargo efetivo que tenha completado as exigências para a aposentadoria voluntária e que opte por permanecer em atividade poderá fazer jus a um abono de permanência equivalente, no máximo, ao valor da sua contribuição previdenciária, até completar a idade para aposentadoria compulsória.

§ 20 É vedada a existência de mais de um regime próprio de previdência social e de mais de um órgão ou entidade gestora desse regime em cada ente federativo, abrangidos todos os poderes, órgãos e entidades autárquicas e fundacionais, que serão responsáveis pelo seu financiamento, observados os critérios, os parâmetros e a natureza jurídica definidos na lei complementar de que trata o § 22.

§ 21 (Revogado)

§ 22 Vedada a instituição de novos regimes próprios de previdência social, lei complementar federal estabelecerá, para os que já existam, normas gerais de organização, de funcionamento e de responsabilidade em sua gestão, dispondo, entre outros aspectos, sobre:

I – requisitos para sua extinção e consequente migração para o Regime Geral de Previdência Social;

II – modelo de arrecadação, de aplicação e de utilização dos recursos;

III – fiscalização pela União e controle externo e social;

IV – definição de equilíbrio financeiro e atuarial;

V – condições para instituição do fundo com finalidade previdenciária de que trata o art. 249 e para vinculação a ele dos recursos provenientes de contribuições e dos bens, direitos e ativos de qualquer natureza;

VI – mecanismos de equacionamento do déficit atuarial;

VII – estruturação do órgão ou entidade gestora do regime, observados os princípios relacionados com governança, controle interno e transparência;

VIII – condições e hipóteses para responsabilização daqueles que desempenhem atribuições relacionadas, direta ou indiretamente, com a gestão do regime;

IX – condições para adesão a consórcio público;

X – parâmetros para apuração da base de cálculo e definição de alíquota de contribuições ordinárias e extraordinárias.

6. AGENTES PÚBLICOS

Estudaremos a seguir os agentes públicos, sua finalidade, seu papel na estrutura da Administração Pública, bem como as diversas classificações relativas ao tema.

6.1 Conceito

Considera-se agente público toda pessoa física que exerça, ainda que transitoriamente ou sem remuneração, por eleição, nomeação, designação, contratação ou qualquer outra forma de investidura ou vínculo, mandato, cargo, emprego ou função pública.

6.2 Classificação

- Agentes políticos.
- Agentes administrativos.
- Particulares em colaboração com o poder público.

6.2.1 Agentes políticos

Os agentes políticos estão nos mais altos escalões do Poder Público. São responsáveis pela elaboração das diretrizes governamentais e pelas funções de direção, orientação e supervisão geral da Administração Pública.

- **Características**
- Sua competência é haurida da Constituição Federal.
- Não se sujeitam às regras comuns aplicáveis aos servidores públicos em geral.
- Normalmente, são investidos em seus cargos por meio de eleição, nomeação ou designação.
- Não são hierarquizados, subordinando-se tão somente à Constituição Federal.

Exceção: auxiliares imediatos dos chefes do Executivo são, hierarquizados, pois se subordinam ao líder desse poder.

Exemplos: ministros de Estado e secretários estaduais e municipais.

Tabela de Agentes Políticos

Poder	Federal	Estadual	Municipal
Executivo	Presidente da República; Ministros de estados	Governadores; secretários estaduais	Prefeitos; secretários municipais
Legislativo	Deputados federais; senadores	Deputados estaduais	Vereadores
Judiciário	Membros do Poder Judiciário Federal	Membros do Poder Judiciário Estadual	Não há
Ministério Público	Membros do Ministério Público Federal	Membros do Ministério Público Estadual	Não há

6.2.2 Agentes administrativos

São as pessoas que exercem atividade pública de natureza profissional, permanente e remunerada, estão sujeitos à hierarquia funcional e ao regime jurídico estabelecido pelo ente ao qual pertencem. O vínculo entre esses agentes e o ente ao qual estão ligados é um vínculo de natureza permanente.

- **Servidores públicos (estrito):** são os titulares de cargos públicos (efetivos e comissionados), são vinculados ao seu cargo por meio de um estatuto estabelecido pelo ente contratante.
- **Empregados públicos:** são os ocupantes de Emprego Público; são vinculados ao seu emprego por meio da Consolidação das Leis do Trabalho (CLT).
- **Temporários:** são contratados por tempo determinado para atender necessidade temporária de excepcional interesse público. Exercem função pública temporária e remunerada, estão vinculados à Administração Pública por meio de um contrato de direito público e não de natureza trabalhista. O meio utilizado pelo Estado para selecionar os temporários é o processo seletivo simplificado e não o concurso público.

Algumas doutrinas dividem a classificação dos servidores públicos em sentido amplo e em estrito. Nesse último caso, servidor público é o que consta acima, ou seja, somente os titulares de cargos públicos; já em sentido amplo, adota-se a seguinte regra: servidor público é um gênero que comporta três espécies: os servidores estatutários, os empregados públicos e os servidores temporários. Então, caso se adote o conceito de servidor público em sentido amplo, este será sinônimo de agente administrativo.

Servidor público (amplo)
Servidor estatutário = servidor público (estrito)
Empregado público = empregado público
Servidor temporário = temporário

6.2.3 Particulares em colaboração com o Poder Público

- **Agentes honoríficos:** são cidadãos que transitoriamente são requisitados ou designados para prestar certos serviços públicos específicos em razão da sua honra, da sua conduta cívica ou de sua notória capacidade profissional. Geralmente atuam sem remuneração. São os mesários, jurados, entre outros.
- **Agentes delegados:** são particulares que recebem a incumbência de exercer determinada atividade, obra ou serviço, por sua conta e risco e em nome próprio, sob permanente fiscalização do poder contratante, ou seja, são aquelas pessoas que recebem a incumbência de prestar certas atividades do Estado por meio da descentralização por delegação. São elas:
  - Autorizatárias de serviços públicos;
  - Concessionárias de serviços públicos;
  - Permissionárias de serviços públicos.
- **Agentes credenciados:** são os particulares que recebem a incumbência de representar a administração em determinado ato ou praticar certa atividade específica, mediante remuneração do poder público credenciante.

7. LEI Nº 8.112/1990 - REGIME JURÍDICO DOS SERVIDORES DA UNIÃO

7.1 Disposições preliminares

Art. 1º Esta Lei institui o Regime Jurídico dos Servidores Públicos Civis da União, das autarquias, inclusive as em regime especial, e das fundações públicas federais.

A doutrina distingue lei nacional e lei federal. A lei **nacional** é aplicável a todos os entes Federados (por exemplo, Lei de Licitações). A lei **federal** só é aplicável no âmbito da União, por exemplo, a Lei nº 8.112/1990.

Alcance: servidores da administração direta, autárquica e fundacional (efetivos e comissionados). Não se aplica a empregados públicos (regidos pela CLT).

Art. 2º Para os efeitos desta Lei, servidor é a pessoa legalmente investida em cargo público.

Servidor: pessoa legalmente investida em cargo público.

Art. 3º Cargo público é o conjunto de atribuições e responsabilidades previstas na estrutura organizacional que devem ser cometidas a um servidor.

Parágrafo único. *Os cargos públicos, acessíveis a todos os brasileiros, são criados por lei, com denominação própria e vencimento pago pelos cofres públicos, para provimento em caráter efetivo ou em comissão.*

Cargo público: conjunto de atribuições e responsabilidades previstas na estrutura organizacional que devem ser cometidas a um servidor. Os cargos públicos, acessíveis a todos os brasileiros, são criados por lei, para provimento em caráter efetivo ou em comissão.

Cargo efetivo: ingresso por concurso público.

Cargo em comissão: de livre nomeação e exoneração – qualquer pessoa (servidor efetivo ou não) pode ser nomeada, respeitados os percentuais mínimos destinados aos servidores efetivos.

Art. 4º É proibida a prestação de serviços gratuitos, salvo os casos previstos em lei.

Serviços gratuitos: em regra, não pode haver prestação de serviços gratuitos, mas pode haver exceção se prevista em lei.

7.2 Provimento, vacância, remoção, redistribuição e substituição

7.2.1 Provimento

Seção I – Disposições Gerais

Art. 5º São requisitos básicos para investidura em cargo público:

I – a nacionalidade brasileira;

II – o gozo dos direitos políticos;

III – a quitação com as obrigações militares e eleitorais;

IV – o nível de escolaridade exigido para o exercício do cargo;

V – a idade mínima de dezoito anos;

VI – aptidão física e mental.

§ 1º As atribuições do cargo podem justificar a exigência de outros requisitos estabelecidos em lei.

Outros requisitos podem ser estabelecidos em lei se as atribuições do cargo os justificarem. Por exemplo, exigência de psicotécnico.

Fique ligado

Jurisprudência:

Súmula Vinculante nº 44 - STF: *pode-se sujeitar a exame psicotécnico a habilitação de candidato a cargo público.*

Súmula nº 14 - STF: *não é admissível, por ato administrativo, restringir, em razão da idade, inscrição em concurso para cargo público.*

Súmula nº 683 - STF: *o limite de idade para a inscrição em concurso público só se legitima em face do art. 7º, inc. XXX, da Constituição, quando possa ser justificado pela natureza das atribuições do cargo a ser preenchido.*

Tatuagem - STF (RE 898.450): *editais de concurso público não podem estabelecer restrição a pessoas com tatuagem, salvo situações excepcionais em razão de conteúdo que viole valores constitucionais.*

*§ 2º Às pessoas portadoras de deficiência é assegurado o direito de se inscrever em concurso público para provimento de cargo cujas atribuições sejam compatíveis com a deficiência de que são portadoras; para tais pessoas serão reservadas **até 20% (vinte por cento)** das vagas oferecidas no concurso.*

A Lei nº 8.112/1990 não fixou percentual para reserva de vagas. Nos concursos para provimento de cargo efetivo e nos processos seletivos para contratação temporária, o Decreto nº 9.508/2018 determina a reserva de, no mínimo, 5% das vagas (art. 1º, § 1º). Combinando o Decreto e a lei, temos um percentual entre 5% e 20%.

§ 3º As universidades e instituições de pesquisa científica e tecnológica federais poderão prover seus cargos com professores, técnicos e cientistas estrangeiros, de acordo com as normas e os procedimentos desta Lei.

O art. 37, I, da CF/1988, estabelece que cargos, empregos e funções são acessíveis aos brasileiros que preenchem os requisitos estabelecidos em lei (**norma de eficácia contida**), assim como aos estrangeiros, na forma da lei (**norma de eficácia limitada**). Além disso, o art. 207, § 1º, da CF/1988, dispõe que é facultado às universidades admitir professores, técnicos e cientistas estrangeiros, na forma da lei (**norma de eficácia limitada**).

Art. 6º O provimento dos cargos públicos far-se-á mediante ato da autoridade competente de cada Poder.

*Art. 7º A **investidura** em cargo público ocorrerá com a **posse**.*

Provimento: no Direito Administrativo significa, em linhas gerais, forma de assumir um cargo público. Só existe uma forma de provimento originário (nomeação), as demais formas representam provimento derivado.

Investidura: o provimento (originário) só se concretiza com a investidura, a qual só se completa com a posse.

Art. 8º São formas de provimento de cargo público:

I – nomeação;

II – promoção;

III e IV (Revogados);

V – readaptação;

VI – reversão;

VII – aproveitamento;

VIII – reintegração;

IX – recondução.

O provimento dos cargos públicos se fará mediante ato da autoridade competente de cada poder (art. 6º). A autoridade competente de cada um dos poderes (Executivo, Legislativo ou Judiciário) será responsável pelo ato de provimento.

A doutrina classifica as formas de provimento, como **originária** ou **derivada** (vertical, horizontal ou por reingresso).

- Nomeação: nomeio quem vai tomar posse – *originária.*
- Promoção: promovo o merecido – *derivada vertical.*
- Aproveitamento: aproveito o disponível – *derivada reingresso.*

ADM PUB

- ReaDaptação: readapto o Doente – *derivada horizontal.*
- ReVersão: reverto o Velhinho – *derivada reingresso.*
- Reintegração: reintegro o demitido – *derivada reingresso.*
- Recondução: reconduzo o aspirante – *derivada reingresso.*

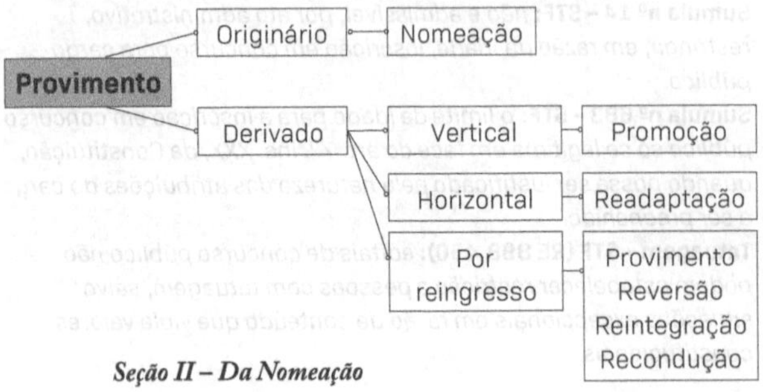

Seção II – Da Nomeação

Art. 9º *A nomeação far-se-á:*

I – em caráter efetivo, quando se tratar de cargo isolado de provimento efetivo ou de carreira;

II – em comissão, inclusive na condição de interino, para cargos de confiança vagos.

Parágrafo único. *O servidor ocupante de cargo em comissão ou de natureza especial poderá ser nomeado para ter exercício, interinamente, em outro cargo de confiança, sem prejuízo das atribuições do que atualmente ocupa, hipótese em que deverá optar pela remuneração de um deles durante o período da interinidade.*

A nomeação pode se dar em:

- Caráter efetivo: cargo isolado de provimento efetivo ou de carreira (necessária aprovação em concurso).
- Comissão: inclusive na condição de interino, para cargos de confiança vagos (livre nomeação e exoneração).

Cargo de confiança	Cargo em comissão
São conferidas atribuições e responsabilidade a um servidor.	É atribuído um cargo (lugar) nos quadros da administração.
Exercidas, exclusivamente, por servidores ocupantes de cargo efetivo.	Em regra, pode ser exercida por qualquer pessoa (há um percentual mínimo destinado a servidor de carreira).
Depende de aprovação em concurso público.	Não depende de aprovação em concurso (há um percentual mínimo destinado a servidor de carreira).
Atribuições de direção, chefia e assessoramento.	Atribuições de direção, chefia e assessoramento.
Livre nomeação e extinção (em relação à função, não ao cargo efetivo).	Livre nomeação e exoneração.

Art. 10 *A nomeação para cargo de carreira ou cargo isolado de provimento efetivo depende de prévia habilitação em concurso público de provas ou de provas e títulos, obedecidos a ordem de classificação e o prazo de sua validade.*

Parágrafo único. *Os demais requisitos para o ingresso e o desenvolvimento do servidor na carreira, mediante promoção, serão estabelecidos pela lei que fixar as diretrizes do sistema de carreira na Administração Pública Federal e seus regulamentos.*

Durante a interinidade deve-se **optar** pela remuneração.

Seção III – Do Concurso Público

Art. 11 *O concurso será de provas ou de provas e títulos, podendo ser realizado em duas etapas, conforme dispuserem a lei e o regulamento do respectivo plano de carreira, condicionada a inscrição do candidato ao pagamento do valor fixado no edital, quando indispensável ao seu custeio, e ressalvadas as hipóteses de isenção nele expressamente previstas.*

A CF/1988 trata sobre concurso no art. 37, II: *A investidura em cargo ou emprego público depende de aprovação prévia em concurso público de provas ou de provas e títulos, de acordo com a natureza e a complexidade do cargo ou emprego, na forma prevista em lei, ressalvadas as nomeações para cargo em comissão declarado em lei de livre nomeação e exoneração.*

Fique ligado

Jurisprudência:

Provas de títulos – STF: *as provas de títulos devem ter caráter exclusivamente classificatório, nunca eliminatório.*

Concurso regionalizado – STF: *não há ofensa ao princípio da isonomia, a realização de concursos em que a classificação seja feita por região.*

Cláusula de barreira – STF: *é válida a previsão em editais das chamadas cláusulas de barreira.*

Remarcação de TAF – STF: *candidato não possui direito de remarcar a prova de testes físicos em razão de circunstâncias pessoais, ainda que de caráter fisiológico ou de força maior, salvo disposição expressa em sentido contrário no respectivo edital.*

Remarcação de TAF (gestante) – STF: possui direito à remarcação das provas *[...] a condição de gestante goza de proteção constitucional reforçada [...] a gravidez não pode causar prejuízo às candidatas, sob pena de malferir os princípios da isonomia e da razoabilidade.*

Escusa de consciência – STF: a fixação, por motivos de crença religiosa do candidato em concurso público, de data e/ou horário alternativos para realização de etapas do certame deve ser permitida, dentro de limites de adaptação razoável, após manifestação prévia e fundamentada de objeção de consciência por motivos religiosos.

Art. 12 *O concurso público terá validade de* ***até 2 (dois) anos****, podendo ser prorrogado uma única vez, por igual período.*

§ 1º O prazo de validade do concurso e as condições de sua realização serão fixados em edital, que será publicado no Diário Oficial da União e em jornal diário de grande circulação.

§ 2º Não se abrirá novo concurso enquanto houver candidato aprovado em concurso anterior com prazo de validade não expirado.

Diferentemente da CF/1988, que prevê a possibilidade de abertura de novo concurso dentro do prazo de validade desde obedecida a prioridade de convocação (art. 37, III e IV), a Lei nº 8.112/1990 veda, expressamente, a possibilidade de abertura de novo concurso se houver aprovado no anterior com prazo de validade não expirado.

Art. 37, CF/1988 *[...]*

III – o prazo de validade do concurso público será de até dois anos, prorrogável uma vez, por igual período;

IV – durante o prazo improrrogável previsto no edital de convocação, aquele aprovado em concurso público de provas ou de provas e títulos será convocado com prioridade sobre novos concursados para assumir cargo ou emprego, na carreira;

Fique ligado

Jurisprudência:

Súmula nº 15 – STF: *dentro do prazo de validade do concurso, o candidato aprovado tem o direito à nomeação, quando o cargo for preenchido sem observância da classificação.*

Súmula nº 16 – STF: *funcionário nomeado por concurso tem direito à posse.*

RE 598.099 – STF: *candidato aprovado dentro do número das vagas previstas no edital do concurso tem direito à nomeação (exceto em situações excepcionais).*

Segundo o STF, o direito subjetivo à nomeação também se estende ao candidato aprovado fora do número de vagas previstas no edital, mas que passe a figurar entre as vagas em decorrência da desistência de candidatos classificados em colocação superior.

Seção IV – Da Posse e do Exercício

*Art. 13 A posse dar-se-á pela assinatura do respectivo termo, no qual deverão constar as atribuições, os deveres, as responsabilidades e os direitos inerentes ao cargo ocupado, que **não poderão ser alterados unilateralmente**, por qualquer das partes, ressalvados os atos de ofício previstos em lei.*

No momento da assinatura do termo de posse ocorre a investidura do servidor ao cargo público (art. 7º). No termo de posse deve constar: atribuições, deveres, responsabilidades e direitos inerentes ao cargo e, em regra, não podem ser alterados unilateralmente.

*§ 1º A **posse** ocorrerá no prazo de **trinta dias** contados da publicação do ato de provimento.*

Após a nomeação, o candidato possui 30 dias para tomar posse.

§ 2º Em se tratando de servidor, que esteja na data de publicação do ato de provimento, em licença prevista nos incisos I, III e V do art. 81, ou afastado nas hipóteses dos incisos I, IV, VI, VIII, alíneas "a", "b", "d", "e" e "f", IX e X do art. 102, o prazo será contado do término do impedimento.

Em se tratando de servidor, a contagem do prazo deve levar em consideração as situações de afastamentos, licenças e férias, sendo que o prazo de 30 dias será contado a partir do término do impedimento.

§ 3º A posse poderá dar-se mediante procuração específica.

É possível posse por procuração.

*§ 4º Só haverá **posse** nos casos de provimento de cargo por **nomeação.***

*§ 5º No ato da **posse**, o servidor apresentará **declaração de bens e valores** que constituem seu patrimônio **e declaração quanto ao exercício ou não de outro cargo**, emprego ou função pública.*

§ 6º Será tornado sem efeito o ato de provimento se a posse não ocorrer no prazo previsto no § 1º deste artigo.

Se a posse não ocorrer no prazo de 30 dias, o ato de provimento torna-se sem efeito.

*Art. 14 A posse em cargo público dependerá de **prévia inspeção médica oficial**.*

***Parágrafo único.** Só poderá ser empossado aquele que for julgado apto física e mentalmente para o exercício do cargo.*

Art. 15 Exercício é o efetivo desempenho das atribuições do cargo público ou da função de confiança

*§ 1º É de **quinze dias** o prazo para o servidor empossado em cargo público **entrar em exercício**, contados da data da posse.*

Nomeação (provimento originário)	→	**Posse** (30 dias após a nomeação) *Não cumprir o prazo: nomeação sem efeito.	→	**Exercício** (15 dias após a posse) *Não cumprir o prazo: exoneração.

Os prazos citados são improrrogáveis.

§ 2º O servidor será exonerado do cargo ou será tornado sem efeito o ato de sua designação para função de confiança, se não entrar em exercício nos prazos previstos neste artigo, observado o disposto no art. 18.

O prazo para entrar em exercício é de 15 dias. O servidor que não entrar em exercício durante esse prazo será exonerado. Se for para função de confiança e não respeitar o prazo citado, a designação será tornada sem efeito.

	Servidor nomeado	**Servidor designado para função de confiança**
Prazo para entrar em exercício	15 dias (a contar da posse)	Na data da designação (salvo licença ou afastamento)
Consequência do não cumprimento do prazo	Exoneração	A designação torna-se sem efeito

Art. 16 O início, a suspensão, a interrupção e o reinício do exercício serão registrados no assentamento individual do servidor.

***Parágrafo único.** Ao entrar em exercício, o servidor apresentará ao órgão competente os elementos necessários ao seu assentamento individual.*

Art. 17 A promoção não interrompe o tempo de exercício, que é contado no novo posicionamento na carreira a partir da data de publicação do ato que promover o servidor.

A promoção não interrompe o tempo de exercício.

Art. 18 O servidor que deva ter exercício em outro município em razão de ter sido removido, redistribuído, requisitado, cedido ou posto em exercício provisório terá, no mínimo, dez e, no máximo, trinta dias de prazo, contados da publicação do ato, para a retomada do efetivo desempenho das atribuições do cargo, incluído nesse prazo o tempo necessário para o deslocamento para a nova sede.

§ 1º Na hipótese de o servidor encontrar-se em licença ou afastado legalmente, o prazo a que se refere este artigo será contado a partir do término do impedimento.

§ 2º É facultado ao servidor declinar dos prazos estabelecidos no caput.

Nos casos de remoção, redistribuição, cedência e requisição, o servidor terá, no mínimo, 10 e, no máximo, 30 dias para entrar em exercício. O servidor pode renunciar a esses prazos.

*Art. 19 Os servidores cumprirão jornada de trabalho fixada em razão das atribuições pertinentes aos respectivos cargos, respeitada a duração máxima do trabalho semanal de **quarenta horas** e observados os limites mínimo e máximo de seis horas e oito horas diárias, respectivamente.*

§ 1º O ocupante de cargo em comissão ou função de confiança submete-se a regime de integral dedicação ao serviço, observado o disposto no art. 120, podendo ser convocado sempre que houver interesse da Administração.

§ 2º O disposto neste artigo não se aplica a duração de trabalho estabelecida em leis especiais.

Art. 20 Ao entrar em exercício, o servidor nomeado para cargo de provimento efetivo ficará sujeito a estágio probatório por período de 24 (vinte e quatro) meses, durante o qual a sua aptidão e capacidade serão objeto de avaliação para o desempenho do cargo, observados os seguintes fatores:

I – assiduidade;

II – disciplina;

III – capacidade de iniciativa;

IV – produtividade;

V – responsabilidade.

A EC nº 19/1998 alterou o art. 41 da CF/1988 e estabeleceu que o prazo para o servidor adquirir estabilidade é de 3 anos. Diante disso, o STF se posicionou no sentido de que esse também é o prazo do estágio probatório.

*§ 1º **4 (quatro) meses antes** de findo o período do estágio probatório, será submetida à homologação da autoridade competente a **avaliação do desempenho do servidor**, realizada por **comissão constituída para essa finalidade**, de acordo com o que dispuser a lei ou o regulamento da respectiva carreira ou cargo, sem prejuízo da continuidade de apuração dos fatores enumerados nos incisos I a V do caput deste artigo.*

*§ 2º O servidor **não aprovado** no estágio probatório será **exonerado** ou, **se estável**, **reconduzido** ao cargo anteriormente ocupado, observado o disposto no parágrafo único do art. 29.*

Reprovação no estágio probatório	
Não estável	Exoneração
Estável	Recondução ao cargo de origem

*§ 3º O servidor **em estágio probatório** poderá exercer quaisquer cargos de provimento em comissão ou funções de direção, chefia ou assessoramento no órgão ou entidade de lotação, e **somente poderá ser cedido a outro órgão ou entidade** para ocupar cargos de Natureza Especial, cargos de provimento em comissão do Grupo-Direção e Assessoramento Superiores – **DAS, de níveis 6, 5 e 4, ou equivalentes.***

§ 4º Ao servidor em estágio probatório somente poderão ser concedidas as licenças e os afastamentos previstos nos arts. 81, incisos I a IV, 94, 95 e 96, bem assim afastamento para participar de curso de formação decorrente de aprovação em concurso para outro cargo na Administração Pública Federal

Não podem ser concedidas as seguintes licenças durante o estágio:

- Probatório:
  - **Ma**ndato classista.
  - **Tra**tar de interesses particulares.
  - **Ca**pacitação.
  - **Macete:** use o mnemônico **MA-TRA-CA**
- Afastamentos permitidos:
  - Art. 94 – Mandato eletivo.
  - Art. 95 – Afastamento para estudo ou missão no exterior.
  - Art. 96 – Afastamento de servidor para servir em organismo internacional de que o Brasil participe (com perda total da remuneração).

§ 5º O estágio probatório ficará suspenso durante as licenças e os afastamentos previstos nos arts. 83, 84, § 1º, 86 e 96, bem assim na hipótese de participação em curso de formação, e será retomado a partir do término do impedimento.

Suspensão do estágio probatório:

- Art. 83: motivo de doença do cônjuge ou companheiro, dos pais, dos filhos, do padrasto ou madrasta e enteado, ou dependente que viva a suas expensas e conste do seu assentamento funcional.
- Art. 84: licença por motivo de afastamento do cônjuge (prazo indeterminado e sem remuneração).
- Art. 86: licença para atividade política.
- Art. 96: afastamento de servidor para servir em organismo internacional de que o Brasil participe (com perda total da remuneração).

O estágio probatório volta a correr normalmente, de onde parou, após o término destas licenças e afastamentos citados.

Seção V – Da Estabilidade

***Art. 21** O servidor habilitado em concurso público e empossado em cargo de provimento efetivo adquirirá estabilidade no serviço público ao completar 2 (dois) anos de efetivo exercício. (prazo 3 anos – vide EMC nº 19)*

***Art. 22** O servidor estável só perderá o cargo em virtude de sentença judicial transitada em julgado ou de processo administrativo disciplinar no qual lhe seja assegurada ampla defesa.*

***Art. 41, CF/1988** São estáveis após três anos de efetivo exercício os servidores nomeados para cargo de provimento efetivo em virtude de concurso público.*

§ 1º O servidor público estável só perderá o cargo:

I – em virtude de sentença judicial transitada em julgado;

II – mediante processo administrativo em que lhe seja assegurada ampla defesa;

III – mediante procedimento de avaliação periódica de desempenho, na forma de lei complementar, assegurada ampla defesa.

§ 2º Invalidada por sentença judicial a demissão do servidor estável, será ele reintegrado, e o eventual ocupante da vaga, se estável, reconduzido ao cargo de origem, sem direito a indenização, aproveitado em outro cargo ou posto em disponibilidade com remuneração proporcional ao tempo de serviço.

§ 3º Extinto o cargo ou declarada a sua desnecessidade, o servidor estável ficará em disponibilidade, com remuneração proporcional ao tempo de serviço, até seu adequado aproveitamento em outro cargo.

Os requisitos cumulativos para aquisição de estabilidade são:

I – Concurso público;

II – Cargo público de provimento efetivo;

III – Três anos de efetivo exercício.

IV – Aprovação em avaliação especial de desempenho.

Outro detalhe importante citado pela doutrina refere-se ao fato de a estabilidade acontecer por ente federativo. Nessa ótica, um servidor que passa em um concurso federal, regido pela Lei nº 8.112/1990, conquistando sua estabilidade, será estável na União, mas não em relação ao Estado e Município onde reside.

Seção VI – Da Transferência

***Art. 23** (Revogado).*

Seção VII – Da Readaptação

***Art. 24** Readaptação é a investidura do servidor em cargo de atribuições e responsabilidades compatíveis com a limitação que tenha sofrido em sua capacidade física ou mental verificada em inspeção médica.*

*§ 1º **Se julgado incapaz** para o serviço público, o readaptando será **aposentado.***

§ 2º A readaptação será efetivada em cargo de atribuições afins, respeitada a habilitação exigida, nível de escolaridade e equivalência de vencimentos e, na hipótese de inexistência de cargo vago, o servidor exercerá suas atribuições como excedente, até a ocorrência de vaga.

Readaptação – forma de provimento derivado horizontal: ela se dá quando o servidor não tem mais aptidão física ou mental para exercer o cargo.

A readaptação será feita:

a) Em cargo de atribuições afins;

b) Respeitada a habilitação exigida;

c) Respeitado o nível de escolaridade;

d) Com equivalência de vencimentos.

Na hipótese de inexistência de cargo vago, o servidor exercerá suas atribuições como **excedente**, até a ocorrência de vaga.

Seção VIII – Da Reversão

***Art. 25** Reversão é o retorno à atividade de servidor aposentado:*

I – por invalidez, quando junta médica oficial declarar insubsistentes os motivos da aposentadoria;

II – no interesse da administração, desde que:

a) tenha solicitado a reversão;

b) a aposentadoria tenha sido voluntária;

c) estável quando na atividade;

d) a aposentadoria tenha ocorrido nos cinco anos anteriores à solicitação;

e) haja cargo vago.

§ 1º A reversão far-se-á no mesmo cargo ou no cargo resultante de sua transformação.

§ 2º O tempo em que o servidor estiver em exercício será considerado para concessão da aposentadoria.

*§ 3º No caso do inciso I, encontrando-se provido o cargo, o servidor exercerá suas **atribuições como excedente**, até a ocorrência de vaga*

*§ 4º O servidor que retornar à atividade por interesse da administração **perceberá, em substituição aos proventos da aposentadoria, a remuneração do cargo que voltar a exercer**, inclusive com as vantagens de natureza pessoal que percebia anteriormente à aposentadoria.*

§ 5º O servidor de que trata o inciso II somente terá os proventos calculados com base nas regras atuais se permanecer pelo menos cinco anos no cargo.

§ 6º O Poder Executivo regulamentará o disposto neste artigo.

***Art. 26** (Revogado)*

***Art. 27** Não poderá reverter o aposentado que já tiver completado 70 (setenta) anos de idade.*

- **Compulsória**: servidor aposentado por invalidez – quando insubsistente motivo declarado por junta médica.

Na hipótese de reversão compulsória, caso o cargo esteja ocupado, o servidor revertido exercerá suas atribuições como **excedente**.

O art. 40, I, CF/1988, diz que o servidor pode ser aposentado: *Por **incapacidade permanente** para o trabalho, no cargo em que estiver investido, **quando insuscetível de readaptação**, hipótese em que será obrigatória **a realização de avaliações periódicas** para verificação da continuidade das condições que ensejaram a concessão da aposentadoria.*

O servidor aposentado deverá passar por avaliações médicas periódicas, para comprovar que sua incapacidade se mantém. Caso essa incapacidade cesse, o servidor será **revertido compulsoriamente**.

- **Voluntária**: no interesse da administração.

A aposentadoria e a solicitação de reversão devem ser voluntárias.

Nesse caso, os requisitos são: servidor tenha solicitado a reversão; aposentadoria tenha sido voluntária; servidor seja **estável** quando na atividade; a aposentadoria tenha ocorrido nos **cinco anos anteriores** à solicitação; haja cargo vago.

Em qualquer caso, não poderá reverter quem já tiver completado 70 anos de idade.

A idade de aposentadoria compulsória é 75 anos, porém a idade máxima para reverter é 70 anos.

Seção IX – Da Reintegração

***Art. 28** A reintegração é a reinvestidura do servidor estável no cargo anteriormente ocupado, ou no cargo resultante de sua transformação, quando invalidada a sua demissão por decisão administrativa ou judicial, com ressarcimento de todas as vantagens.*

§ 1º Na hipótese de o cargo ter sido extinto, o servidor ficará em disponibilidade, observado o disposto nos arts. 30 e 31.

§ 2º Encontrando-se provido o cargo, o seu eventual ocupante será reconduzido ao cargo de origem, sem direito à indenização ou aproveitado em outro cargo, ou, ainda, posto em disponibilidade.

Trata-se do retorno do servidor estável ao cargo anteriormente ocupado, ou no cargo resultante de sua transformação, quando invalidada a sua demissão:

a) Por decisão administrativa ou judicial;

b) Com ressarcimento de todas as vantagens.

Caso o cargo for extinto, o servidor ficará em **disponibilidade**.

Seção X – Da Recondução

***Art. 29** Recondução é o retorno do servidor estável ao cargo anteriormente ocupado e decorrerá de:*

I – inabilitação em estágio probatório relativo a outro cargo;

II – reintegração do anterior ocupante.

***Parágrafo único.** Encontrando-se provido o cargo de origem, o servidor será aproveitado em outro, observado o disposto no art. 30.*

Retorno do servidor estável ao cargo anteriormente ocupado e decorrerá de:

a) Inabilitação em estágio probatório relativo a outro cargo;

b) Desistência estágio probatório (jurisprudência[1]);

c) Reintegração do anterior ocupante.

Após reconduzido, encontrando-se provido o cargo de origem, o servidor será:

a) Aproveitado em outro cargo;

b) Posto em disponibilidade.

Seção XI – Da Disponibilidade e do Aproveitamento

***Art. 30** O retorno à atividade de servidor em disponibilidade far-se-á mediante aproveitamento obrigatório em cargo de atribuições e vencimentos compatíveis com o anteriormente ocupado.*

***Art. 31** O órgão Central do Sistema de Pessoal Civil determinará o imediato aproveitamento de servidor em disponibilidade em vaga que vier a ocorrer nos órgãos ou entidades da Administração Pública Federal.*

***Parágrafo único.** Na hipótese prevista no § 3º do art. 37, o servidor posto em disponibilidade poderá ser mantido sob responsabilidade do órgão central do Sistema de Pessoal Civil da Administração Federal – SIPEC, até o seu adequado aproveitamento em outro órgão ou entidade*

O servidor fica em disponibilidade em razão da extinção do cargo ou da declaração de sua desnecessidade. Colocar o servidor em disponibilidade é o último recurso da administração pública, uma vez que não é interessante manter um servidor sem trabalhar e recebendo remuneração. A disponibilidade, normalmente, ocorre quando o cargo for **extinto** ou declarado **desnecessário** para a administração pública, além dos casos já vistos provenientes de **reintegração** ou **recondução**.

***Art. 32** Será tornado sem efeito o aproveitamento e cassada a disponibilidade se o servidor não entrar em exercício no prazo legal, salvo doença comprovada por junta médica oficial.*

7.2.2 Vacância

***Art. 33** A vacância do cargo público decorrerá de:*

I – exoneração;

II – demissão;

III – promoção;

IV e V (Revogados);

VI – readaptação;

VII – aposentadoria;

VIII – posse em outro cargo inacumulável;

IX – falecimento.

A vacância ocorre quando um servidor desocupa o seu cargo.

Promoção, readaptação e posse em outro cargo inacumulável são, simultaneamente, formas de **provimento** e **vacância**.

A demissão possui caráter punitivo.

***Art. 34** A exoneração de **cargo efetivo** dar-se-á a pedido do servidor, ou de ofício.*

***Parágrafo único.** A exoneração de ofício dar-se-á:*

I – quando não satisfeitas as condições do estágio probatório;

II – quando, tendo tomado posse, o servidor não entrar em exercício no prazo estabelecido.

***Art. 35** A exoneração de **cargo em comissão e a dispensa de função de confiança** dar-se-á:*

I – a juízo da autoridade competente;

II – a pedido do próprio servidor.

1 A jurisprudência entende que a recondução pode se dar por desistência do novo cargo, durante o período de estágio probatório (não tem previsão expressa na lei).

A Exoneração, quando se trata de **cargo efetivo**, pode se dar de duas formas:

a) A pedido: ocorre quando o servidor decide deixar o serviço público e solicita o seu desligamento

b) De ofício:

▹ Quando as condições não são satisfeitas para o estágio probatório.

Não se trata de aplicação de penalidade, mas de consequência legal prevista quando constatada a inadequação do servidor ao cargo.

▹ Quando, tendo tomado posse, o servidor não entrar em exercício no prazo estabelecido.

O prazo para o servidor entrar em exercício após a posse é de 15 dias.

7.2.3 Remoção e redistribuição

Seção I – Da Remoção

Art. 36 Remoção é o deslocamento do servidor, a pedido ou de ofício, no âmbito do mesmo quadro, com ou sem mudança de sede.

A remoção de ofício pode ocorrer sem mudança de sede.

Art. 242 Para os fins desta Lei, **considera-se sede o município onde a repartição estiver instalada** e onde o servidor tiver exercício, em caráter permanente.

Parágrafo único. *Para fins do disposto neste artigo, entende-se por modalidades de remoção:*

I – de ofício, no interesse da Administração;

II – a pedido, a critério da Administração;

III – a pedido, para outra localidade, independentemente do interesse da Administração:

a) para acompanhar cônjuge ou companheiro, também servidor público civil ou militar, de qualquer dos Poderes da União, dos Estados, do Distrito Federal e dos Municípios, que foi deslocado no interesse da Administração;

b) por motivo de saúde do servidor, cônjuge, companheiro ou dependente que viva às suas expensas e conste do seu assentamento funcional, condicionada à comprovação por junta médica oficial;

c) em virtude de processo seletivo promovido, na hipótese em que o número de interessados for superior ao número de vagas, de acordo com normas preestabelecidas pelo órgão ou entidade em que aqueles estejam lotados.

A remoção não é forma de provimento, ela é o deslocamento do servidor, no âmbito do mesmo quadro de pessoal, **com** ou **sem** mudança de sede.

A remoção pode ser feita de três maneiras distintas, sendo estas:

a) A pedido – a critério da administração: quando o servidor solicita, simplesmente, a mudança de sede, por motivos pessoais. A administração **não** é obrigada a atender o pedido.

b) De ofício – no interesse da administração: quando a administração decide para onde o servidor deve ir. É a única situação em que é devida ajuda de custo ao servidor.

c) A pedido – independente do interesse da administração.

Para outra localidade:

a) Para acompanhar cônjuge ou companheiro, também servidor público civil ou militar, de qualquer dos Poderes da União, dos Estados, do Distrito Federal e dos Municípios, que foi deslocado no interesse da Administração.

b) Por motivo de saúde do servidor, cônjuge, companheiro ou dependente que viva às suas expensas e conste do seu assentamento funcional, condicionada à comprovação por junta médica oficial.

c) Em virtude de processo seletivo promovido, na hipótese em que o número de interessados for superior ao número de vagas, de acordo com normas preestabelecidas pelo órgão ou entidade em que aqueles estejam lotados.

Seção II – Da Redistribuição

Art. 37 Redistribuição é o deslocamento de cargo de provimento efetivo, ocupado ou vago no âmbito do quadro geral de pessoal, para outro órgão ou entidade do mesmo Poder, com prévia apreciação do órgão central do SIPEC, observados os seguintes preceitos:

I – interesse da administração

II – equivalência de vencimentos

III – manutenção da essência das atribuições do cargo;

IV – vinculação entre os graus de responsabilidade e complexidade das atividades;

V – mesmo nível de escolaridade, especialidade ou habilitação profissional;

VI – compatibilidade entre as atribuições do cargo e as finalidades institucionais do órgão ou entidade.

Redistribuição é o deslocamento de cargo de provimento efetivo, **ocupado** ou **vago** no âmbito do quadro geral de pessoal, para outro órgão ou entidade do mesmo poder.

O cargo redistribuído para outro órgão/entidade deve ser semelhante ao cargo de origem.

§ 1º A redistribuição ocorrerá ex officio para ajustamento de lotação e da força de trabalho às necessidades dos serviços, inclusive nos casos de reorganização, extinção ou criação de órgão ou entidade

§ 2º A redistribuição de cargos efetivos vagos se dará mediante ato conjunto entre o órgão central do SIPEC e os órgãos e entidades da Administração Pública Federal envolvidos.

§ 3º Nos casos de reorganização ou extinção de órgão ou entidade, extinto o cargo ou declarada sua desnecessidade no órgão ou entidade, o servidor estável que não for redistribuído será colocado em disponibilidade, até seu aproveitamento na forma dos arts. 30 e 31.

§ 4º O servidor que não for redistribuído ou colocado em disponibilidade poderá ser mantido sob responsabilidade do órgão central do SIPEC, e ter exercício provisório, em outro órgão ou entidade, até seu adequado aproveitamento.

Nos casos de reorganização ou extinção de órgão ou entidade, extinto o cargo ou declarada sua desnecessidade no órgão ou entidade, o servidor estável que ocupava o cargo redistribuído e não acompanhar o cargo será:

a) Colocado em disponibilidade, até seu aproveitamento;

b) Mantido sob responsabilidade do órgão central do Sipec, e ter exercício provisório, em outro órgão ou entidade, até seu adequado aproveitamento.

7.2.4 Substituição

Art. 38 *Os servidores investidos em cargo ou função de direção ou chefia e os ocupantes de cargo de Natureza Especial terão substitutos indicados no regimento interno ou, no caso de omissão, previamente designados pelo dirigente máximo do órgão ou entidade.*

Trata-se de quem assume um cargo de direção, chefia ou natureza especial, na ausência do titular.

Todos os servidores que estiverem nas funções de direção ou chefia terão substitutos. Os cargos não podem ficar desprovidos.

§ 1º O substituto assumirá automática e cumulativamente, sem prejuízo do cargo que ocupa, o exercício do cargo ou função de direção ou chefia e os de Natureza Especial, nos afastamentos, impedimentos legais ou regulamentares do titular e na vacância do cargo, hipóteses em que deverá optar pela remuneração de um deles durante o respectivo período.

Durante a substituição, o substituto exercerá cumulativamente os dois cargos, o seu e o cargo na condição de substituto, devendo optar pela remuneração de um deles.

§ 2º O substituto fará jus à retribuição pelo exercício do cargo ou função de direção ou chefia ou de cargo de Natureza Especial, nos casos dos afastamentos ou impedimentos legais do titular, superiores a trinta dias consecutivos, paga na proporção dos dias de efetiva substituição, que excederem o referido período.

Quando a substituição for superior a 30 dias, o substituto fará jus à retribuição pelo exercício do cargo de chefia, durante o período que exceder 30 dias.

Art. 39 O disposto no artigo anterior aplica-se aos titulares de unidades administrativas organizadas em nível de assessoria.

7.3 Direitos e vantagens

7.3.1 Vencimento e remuneração

*Art. 40 **Vencimento** é a retribuição pecuniária pelo exercício de cargo público, com valor **fixado em lei.***

*Art. 41 **Remuneração** é o **vencimento** do cargo efetivo, **acrescido das vantagens pecuniárias permanentes** estabelecidas em lei.*

- Vencimento: retribuição pecuniária pelo exercício de cargo público, com valor fixado em lei.
- Remuneração: vencimento do cargo efetivo, acrescido das vantagens pecuniárias permanentes estabelecidas em lei.
- Subsídio: modalidade de retribuição pecuniária paga a certos agentes públicos, em parcela única, sendo vedado o acréscimo de qualquer gratificação, adicional, abono, prêmio, verba de representação ou outra espécie remuneratória (não está definido na Lei nº 8.112/1990).

§ 1º A remuneração do servidor investido em função ou cargo em comissão será paga na forma prevista no art. 62.

*§ 2º O servidor investido em **cargo em comissão de órgão ou entidade diversa** da de sua lotação receberá a remuneração de acordo com o estabelecido no § 1º do art. 93.*

*§ 3º O **vencimento** do cargo efetivo, **acrescido das vantagens** de caráter permanente, **é irredutível.***

Trata o referido parágrafo da irredutibilidade da remuneração.

Esta irredutibilidade não é absoluta, sendo que o art. 37, XV, CF/1988, apresenta algumas exceções, como: *o subsídio e os vencimentos dos ocupantes de cargos e empregos públicos são irredutíveis, ressalvado o disposto nos incisos XI e XIV deste artigo e nos arts. 39, § 4º, 150, II, 153, III, e 153, § 2º, I.*

§ 4º É assegurada a isonomia de vencimentos para cargos de atribuições iguais ou assemelhadas do mesmo Poder, ou entre servidores dos três Poderes, ressalvadas as vantagens de caráter individual e as relativas à natureza ou ao local de trabalho.

Súmula Vinculante nº 37 – STF: *Não cabe ao poder Judiciário, que não tem função legislativa, aumentar vencimentos de servidores públicos sob o fundamento de isonomia.*

§ 5º Nenhum servidor receberá remuneração inferior ao salário-mínimo.

O vencimento pode ser inferior ao salário-mínimo, a vedação se refere à remuneração.

Fique ligado

Jurisprudência:
Súmula Vinculante nº 4 – STF: *Salvo nos casos previstos na Constituição, o salário-mínimo não pode ser usado como indexador de base de cálculo de vantagem de servidor público ou de empregado, nem ser substituído por decisão judicial.*
Súmula Vinculante nº 42 – STF: *É inconstitucional a vinculação do reajuste de vencimentos de servidores estaduais ou municipais a índices federais de correção monetária.*
Súmula nº 679 – STF: *A fixação de vencimentos dos servidores públicos não pode ser objeto de convenção coletiva.*

Art. 42 Nenhum servidor poderá perceber, mensalmente, a título de remuneração, importância superior à soma dos valores percebidos como remuneração, em espécie, a qualquer título, no âmbito dos respectivos Poderes, pelos Ministros de Estado, por membros do Congresso Nacional e Ministros do Supremo Tribunal Federal.

***Parágrafo único.** Excluem-se do teto de remuneração as vantagens previstas nos incisos II a VII do art. 61.*

Teto remuneratório:

Trata-se do valor máximo que um servidor federal pode receber, de acordo com o art. 37, XI, da CF/1988.

As verbas indenizatórias, como diárias e auxílio moradia, não são computadas para o cálculo do teto remuneratório.

Excluem-se do teto de remuneração:
Art. 61, Lei nº 8.112/1990 (Gratificações e adicionais).
II - gratificação natalina;
III - (Revogado);
IV - adicional pelo exercício de atividades insalubres, perigosas ou penosas;
V - adicional pela prestação de serviço extraordinário;
VI - adicional noturno;
VII - adicional de férias;

Art. 43 (Vetado).

*Art. 44 O servidor **perderá:***

*I – a **remuneração do dia** em que faltar ao serviço, sem motivo justificado;*

*II – a **parcela de remuneração diária**, proporcional aos atrasos, ausências justificadas, ressalvadas as concessões de que trata o art. 97, e saídas antecipadas, salvo na hipótese de compensação de horário, até o mês subseqüente ao da ocorrência, a ser estabelecida pela chefia imediata.*

***Parágrafo único.** As **faltas justificadas** decorrentes de caso fortuito ou de força maior **poderão ser compensadas** a critério da chefia imediata, sendo assim consideradas como efetivo exercício.*

Desconto da remuneração

a) Caso falte ao serviço, sem motivo justificado – perderá o dia de remuneração.

b) Caso atrase, saia antecipadamente – perderá a remuneração proporcional.

Art. 45 Salvo por imposição legal, ou mandado judicial, nenhum desconto incidirá sobre a remuneração ou provento.

§§ 1º e 2º (Revogados pela Medida Provisória nº 1.132/2022)

Medida Provisória nº 1.132/2022
Art. 1º *Os servidores públicos federais regidos pela* Lei nº 8.112, de 11 de dezembro 1990, *poderão autorizar a consignação em folha de pagamento em favor de terceiros, a critério da administração e com reposição de custos, na forma definida em regulamento.*
Parágrafo único. *O total de consignações facultativas de que trata caput não excederá a **quarenta por cento** da remuneração mensal, sendo que cinco por cento serão reservados exclusivamente para:*
I - amortização de despesas contraídas por meio de cartão de crédito; ou
II - utilização com finalidade de saque por meio do cartão de crédito.

*Art. 46 As reposições e indenizações ao erário, atualizadas até 30 de junho de 1994, serão previamente comunicadas ao servidor ativo, aposentado ou ao pensionista, para **pagamento, no prazo máximo de trinta dias**, podendo ser parceladas, a pedido do interessado.*

*§ 1º O valor de cada parcela **não poderá ser inferior** ao correspondente a **dez por cento da remuneração**, provento ou pensão.*

§ 2º Quando o pagamento indevido houver ocorrido no mês anterior ao do processamento da folha, a reposição será feita imediatamente, em uma única parcela.

§ 3º Na hipótese de valores recebidos em decorrência de cumprimento a decisão liminar, a tutela antecipada ou a sentença que venha a ser revogada ou rescindida, serão eles atualizados até a data da reposição.

Reposições e indenizações ao erário:

a) Pagamento, no prazo máximo de trinta dias, podendo ser parcelado.

A
D
M

P
U
B

b) Parcela não poderá ser inferior a 10% da remuneração/provento/pensão.

c) Pagamento indevido ocorrido no mês anterior ao do processamento da folha, a reposição será feita imediatamente, em uma única parcela.

*Art. 47 O servidor em débito com o erário, que for **demitido, exonerado ou que tiver sua aposentadoria ou disponibilidade cassada**, terá o prazo de sessenta dias para quitar o débito.*

Parágrafo único.** A **não quitação** do débito no prazo previsto implicará sua **inscrição em dívida ativa.

*Art. 48 O vencimento, a remuneração e o provento não serão objeto de arresto, sequestro ou penhora, **exceto nos casos de prestação de alimentos** resultante de decisão judicial*

Excluindo-se os casos de pagamento de pensão alimentícia, decidida judicialmente, não poderá haver sequestro, arresto ou penhora do vencimento ou remuneração do servidor.

7.3.2 Vantagens

Art. 49 Além do vencimento, poderão ser pagas ao servidor as seguintes vantagens:

I – indenizações;

II – gratificações;

III – adicionais.

*§ 1º **As indenizações não se incorporam ao vencimento ou provento** para qualquer efeito.*

As indenizações são eventuais, ou seja, não têm caráter permanente.

*§ 2º **As gratificações e os adicionais incorporam-se ao vencimento ou provento**, nos casos e condições indicados em lei.*

As gratificações e os adicionais podem ter caráter permanente, incorporando-se à remuneração.

Art. 50 As vantagens pecuniárias não serão computadas, nem acumuladas, para efeito de concessão de quaisquer outros acréscimos pecuniários ulteriores, sob o mesmo título ou idêntico fundamento.

Vedação ao efeito cascata:

O art. 37, XIV, apresenta uma regra semelhante, porém, mais restrita: *os acréscimos pecuniários percebidos por servidor público não serão computados nem acumulados para fins de concessão de acréscimos ulteriores.*

Esse inciso, basicamente, proíbe que gratificações, adicionais e outras vantagens incidam uns sobre outros, cumulando-se.

Exemplo: vencimento básico – R$ 2.000,00 + função de chefe – R$ 1.000,00. Determinada lei institui um adicional de atividade a ser pago um percentual de 30%. Esse adicional só poderá incidir sobre o vencimento básico.

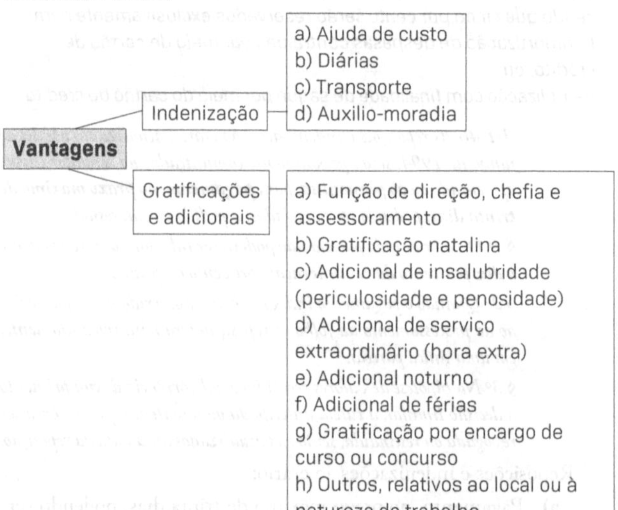

Seção I – Das Indenizações

Art. 51 Constituem indenizações ao servidor:

I – ajuda de custo;

II – diárias;

III – transporte;

IV – (Revogado);

IV – auxílio-moradia.

Art. 52 Os valores das indenizações estabelecidas nos incisos I a III do art. 51, assim como as condições para a sua concessão, serão estabelecidos em regulamento.

As indenizações não são computadas para o cálculo do teto remuneratório.

Subseção I – Da Ajuda de Custo

Art. 53 A ajuda de custo destina-se a compensar as despesas de instalação do servidor que, no interesse do serviço, passar a ter exercício em nova sede, com mudança de domicílio em caráter permanente, vedado o duplo pagamento de indenização, a qualquer tempo, no caso de o cônjuge ou companheiro que detenha também a condição de servidor, vier a ter exercício na mesma sede

§ 1º Correm por conta da administração as despesas de transporte do servidor e de sua família, compreendendo passagem, bagagem e bens pessoais.

§ 2º À família do servidor que falecer na nova sede são assegurados ajuda de custo e transporte para a localidade de origem, dentro do prazo de 1 (um) ano, contado do óbito.

§ 3º Não será concedida ajuda de custo nas hipóteses de remoção previstas nos incisos II e III do parágrafo único do art. 36.

a) A ajuda de custo é devida, em caso de remoção de ofício, no interesse da administração, para nova sede, em caráter permanente.

b) As hipóteses previstas nos incisos II e III do art. 36 referem-se à remoção a pedido.

c) Vedado o duplo pagamento, a qualquer tempo, caso cônjuge/companheiro venha a ter exercício na mesma sede do servidor outrora removido e que já recebeu ajuda de custo.

d) Caso o servidor venha a falecer é devido ajuda de custo e transporte para a família do servidor, para retorno à localidade de origem, pelo prazo de 1 ano da data do óbito.

Art. 54 A ajuda de custo é calculada sobre a remuneração do servidor, conforme se dispuser em regulamento, não podendo exceder a importância correspondente a 3 (três) meses.

Valor máximo de 3 vezes mais da remuneração.

Art. 55 Não será concedida ajuda de custo ao servidor que se afastar do cargo, ou reassumi-lo, em virtude de mandato eletivo.

Art. 56 Será concedida ajuda de custo àquele que, não sendo servidor da União, for nomeado para cargo em comissão, com mudança de domicílio.

Pode ser paga para não servidor da União, nomeado para Cargo em Comissão, quando exigir mudança de domicílio.

***Parágrafo único.** No afastamento previsto no inciso I do art. 93, a ajuda de custo será paga pelo órgão cessionário, quando cabível.*

Quando o servidor for cedido para Cargo em Comissão ou Cargo de Confiança, e exigir mudança de sede, a ajuda de custo será paga pelo cessionário.

Art. 57 O servidor ficará obrigado a restituir a ajuda de custo quando, injustificadamente, não se apresentar na nova sede no prazo de 30 (trinta) dias.

Subseção II – Das Diárias

*Art. 58 O servidor que, a serviço, afastar-se da sede em caráter eventual ou transitório para outro ponto do território nacional ou para o exterior, fará jus a passagens e diárias destinadas a **indenizar as parcelas de despesas extraordinária** com **pousada, alimentação e locomoção urbana**, conforme dispuser em regulamento.*

No caso das diárias, o afastamento da sede do servidor não se dá em caráter permanente, mas em caráter **eventual** ou **transitório**.

§ 1º A diária será concedida por dia de afastamento, sendo devida pela metade quando o deslocamento não exigir pernoite fora da sede, ou quando a União custear, por meio diverso, as despesas extraordinárias cobertas por diárias

§ 2º Nos casos em que o deslocamento da sede constituir exigência permanente do cargo, o servidor não fará jus a diárias.

*§ 3º Também não fará jus a diárias o servidor que se deslocar dentro da **mesma região metropolitana**, aglomeração urbana ou microrregião, constituídas por **municípios limítrofes** e regularmente instituídas, ou em áreas de **controle integrado mantidas com países limítrofes**, cuja jurisdição e competência dos órgãos, entidades e servidores brasileiros considera-se estendida, **salvo se houver pernoite fora da sede**, hipóteses em que as diárias pagas serão sempre as fixadas para os afastamentos dentro do território nacional.*

***Art. 59** O servidor que receber diárias e não se afastar da sede, por qualquer motivo, fica obrigado a restituí-las integralmente, no prazo de 5 (cinco) dias.*

***Parágrafo único.** Na hipótese de o servidor retornar à sede em prazo menor do que o previsto para o seu afastamento, restituirá as diárias recebidas em excesso, no prazo previsto no **caput**.*

O prazo de restituição das diárias é de 5 dias.

Subseção III – Da Indenização de Transporte

***Art. 60** Conceder-se-á indenização de transporte ao servidor que realizar despesas com a utilização de meio próprio de locomoção para a execução de serviços externos, por força das atribuições próprias do cargo, conforme se dispuser em regulamento.*

Não confunda com o chamado auxílio-transporte, pago em razão do deslocamento de casa para o trabalho (e vice-versa).

A indenização de que trata o artigo é devida quando o servidor utiliza meio próprio para realizar uma atribuição de seu cargo. Exemplo: oficial de justiça que utiliza seu próprio veículo para realizar diligências.

Subseção IV – Do Auxílio-Moradia

***Art. 60-A** O auxílio-moradia consiste no ressarcimento das despesas comprovadamente realizadas pelo servidor **com aluguel de moradia** ou **com meio de hospedagem** administrado por empresa hoteleira, **no prazo de um mês após a comprovação da despesa** pelo servidor.*

a) Destinado ao ressarcimento das despesas realizadas com aluguel ou hospedagem.

b) Diferentemente da ajuda de custo ou diárias, o recebimento deste auxílio ocorre após a comprovação de despesa, no prazo de um mês.

Art. 60-B** Conceder-se-á **auxílio-moradia** ao servidor se atendidos os seguintes **requisitos:

I – não exista imóvel funcional disponível para uso pelo servidor;

II – o cônjuge ou companheiro do servidor não ocupe imóvel funcional;

III – o servidor ou seu cônjuge ou companheiro não seja ou tenha sido proprietário, promitente comprador, cessionário ou promitente cessionário de imóvel no Município aonde for exercer o cargo, incluída a hipótese de lote edificado sem averbação de construção, nos doze meses que antecederem a sua nomeação;

IV – nenhuma outra pessoa que resida com o servidor receba auxílio-moradia;

V – o servidor tenha se mudado do local de residência para ocupar cargo em comissão ou função de confiança do Grupo-Direção e Assessoramento Superiores – DAS, níveis 4, 5 e 6, de Natureza Especial, de Ministro de Estado ou equivalentes;

a) Só é devido para que tenha de se mudar para assumir Cargos em Comissão ou Cargos de Confiança (DAS 4, 5 e 6), Cargos de Natureza Especial ou Equivalentes.

b) Não confunda com auxílio-moradia de juízes ou membros do Ministério Público, esses são regidos por leis próprias.

VI – o Município no qual assuma o cargo em comissão ou função de confiança não se enquadre nas hipóteses do art. 58, § 3º, em relação ao local de residência ou domicílio do servidor.

Art. 58, § 3º Também **não fará jus a diárias** o servidor que se deslocar dentro da **mesma região metropolitana**, aglomeração urbana ou microrregião, constituídas por **municípios limítrofes** e regularmente instituídas, **ou em áreas de controle integrado mantidas com países limítrofes**, cuja jurisdição e competência dos órgãos, entidades e servidores brasileiros considera-se estendida, salvo se houver pernoite fora da sede, hipóteses em que as diárias pagas serão sempre as fixadas para os afastamentos dentro do território nacional.

VII – o servidor não tenha sido domiciliado ou tenha residido no Município, nos últimos doze meses, aonde for exercer o cargo em comissão ou função de confiança, desconsiderando-se prazo inferior a sessenta dias dentro desse período; e

VIII – o deslocamento não tenha sido por força de alteração de lotação ou nomeação para cargo efetivo.

IX – (Revogado).

IX – o deslocamento tenha ocorrido após 30 de junho de 2006.

***Parágrafo único.** Para fins do inciso VII, não será considerado o prazo no qual o servidor estava ocupando outro cargo em comissão relacionado no inciso V.*

***Art. 60-D** O valor mensal do auxílio-moradia é limitado a 25% (vinte e cinco por cento) do valor do cargo em comissão, função comissionada ou cargo de Ministro de Estado ocupado.*

§ 1º O valor do auxílio-moradia não poderá superar 25% (vinte e cinco por cento) da remuneração de Ministro de Estado.

§ 2º Independentemente do valor do cargo em comissão ou função comissionada, fica garantido a todos os que preencherem os requisitos o ressarcimento até o valor de R$ 1.800,00 (mil e oitocentos reais).

O valor mensal do auxílio-moradia é limitado a 25% da remuneração do cargo. Sendo:

a) Valor máximo: 25% da remuneração de ministro de Estado.

b) Valor mínimo: R$ 1.800,00.

A fixação de valor mínimo demonstra que é possível extrapolar os 25% da remuneração do cargo.

***Art. 60-E** No caso de falecimento, exoneração, colocação de imóvel funcional à disposição do servidor ou aquisição de imóvel, o auxílio-moradia continuará sendo pago por um mês.*

Seção II – Das Gratificações e Adicionais

***Art. 61** Além do vencimento e das vantagens previstas nesta Lei, serão deferidos aos servidores as seguintes retribuições, gratificações e adicionais:*

I – retribuição pelo exercício de função de direção, chefia e assessoramento;

II – gratificação natalina;

III – (Revogado);

IV – adicional pelo exercício de atividades insalubres, perigosas ou penosas;

V – adicional pela prestação de serviço extraordinário;

VI – adicional noturno;

VII – adicional de férias;

VIII – outros, relativos ao local ou à natureza do trabalho.

IX – gratificação por encargo de curso ou concurso.

Esse rol não é taxativo. A lei prevê que podem ser criados outros adicionais e gratificações, de acordo com a localidade ou a natureza do trabalho.

Em que pese a nomenclatura ser diferente, tanto as **gratificações** como os **adicionais** podem ser somados ao vencimento ou provento, nos casos previstos em lei.

Subseção I – Da Retribuição pelo Exercício de Função de Direção, Chefia e Assessoramento

Art. 62 *Ao servidor ocupante de cargo efetivo investido em função de* ***direção, chefia ou assessoramento****, cargo de provimento em comissão ou de Natureza Especial é devida* ***retribuição pelo seu exercício.***

Parágrafo único. *Lei específica estabelecerá a remuneração dos cargos em comissão de que trata o inciso II do art. 9o.*

Art. 62-A *Fica transformada em Vantagem Pessoal Nominalmente Identificada – VPNI a incorporação da retribuição pelo exercício de função de direção, chefia ou assessoramento, cargo de provimento em comissão ou de Natureza Especial a que se referem os arts. 3º e 10 da Lei nº 8.911, de 11 de julho de 1994, e o art. 3º da Lei nº 9.624, de 2 de abril de 1998.*

Parágrafo único. *A VPNI de que trata o caput deste artigo somente estará sujeita às revisões gerais de remuneração dos servidores públicos federais.*

Antigamente, essa vantagem era denominada gratificação. Depois de certo tempo no exercício de função de chefe, diretor ou assessor, havia a possibilidade de se incorporar a gratificação permanentemente. Atualmente, essa incorporação é vedada. Porém, as que foram incorporadas geraram direito adquirido aos beneficiados e foram transformadas em Vantagem Pessoal Nominalmente Identificada (VPNI).

Subseção II – Da Gratificação Natalina

Art. 63 *A gratificação natalina corresponde a 1/12 (um doze avos) da remuneração a que o servidor fizer jus no mês de dezembro, por mês de exercício no respectivo ano.*

Parágrafo único. *A fração igual ou superior a 15 (quinze) dias será considerada como mês integral.*

Art. 64 *A gratificação será paga até o dia 20 (vinte) do mês de dezembro de cada ano.*

Parágrafo único. *(Vetado).*

Art. 65 *O servidor exonerado perceberá sua gratificação natalina, proporcionalmente aos meses de exercício, calculada sobre a remuneração do mês da exoneração.*

Art. 66 *A gratificação natalina não será considerada para cálculo de qualquer vantagem pecuniária.*

Essa gratificação é mais conhecida como 13º salário. Lembre-se:

a) Fração igual ou superior a 15 dias será considerada como mês integral.

b) Servidor exonerado perceberá proporcionalmente.

c) Não será considerada para cálculo de qualquer vantagem pecuniária.

Subseção III – Do Adicional por Tempo de Serviço

Art. 67 *(Revogado).*

Subseção IV – Dos Adicionais de Insalubridade, Periculosidade ou Atividades Penosas

Art. 68 *Os servidores que trabalhem com habitualidade em locais insalubres ou em contato permanente com substâncias tóxicas, radioativas ou com risco de vida, fazem jus a um adicional sobre o vencimento do cargo efetivo.*

§ 1º O servidor que fizer jus aos adicionais de insalubridade e de periculosidade ***deverá optar por um deles.***

§ 2º O direito ao adicional de insalubridade ou periculosidade cessa com a eliminação das condições ou dos riscos que deram causa a sua concessão.

Art. 69 *Haverá permanente controle da atividade de servidores em operações ou locais considerados penosos, insalubres ou perigosos.*

Parágrafo único. *A servidora* ***gestante*** *ou lactante* ***será afastada****, enquanto durar a* ***gestação e a lactação****, das operações e locais previstos neste artigo, exercendo suas atividades em local salubre e em serviço não penoso e não perigoso.*

Art. 70 *Na concessão dos adicionais de atividades penosas, de insalubridade e de periculosidade, serão observadas as situações estabelecidas em legislação específica.*

Art. 71 *O adicional de* ***atividade penosa*** *será devido aos servidores em exercício em* ***zonas de fronteira*** *ou em* ***localidades cujas condições de vida o justifiquem****, nos termos, condições e limites fixados em regulamento.*

Art. 72 *Os locais de trabalho e os servidores que operam com* ***Raios X*** *ou* ***substâncias radioativas*** *serão mantidos sob controle permanente, de modo que as doses de radiação ionizante não ultrapassem o nível máximo previsto na legislação própria.*

Esses servidores têm direito a 20 dias de férias a cada semestre.

> ***Art. 79*** *O servidor que opera direta e permanentemente com raios X ou substâncias radioativas* ***gozará 20 (vinte) dias consecutivos de férias****, por semestre de atividade profissional, proibida em qualquer hipótese a acumulação.*

Parágrafo único. *Os servidores a que se refere este artigo* ***serão submetidos a exames médicos a cada 6 (seis) meses.***

Adicional de insalubridade: compensação ao trabalhador que atua por períodos de trabalho exposto a agentes nocivos, com potencial para prejudicar a sua saúde de alguma forma.

Adicional de periculosidade: devido no serviço que, por sua natureza ou métodos de trabalho, impliquem risco acentuado de vida do servidor.

Adicional de penosidade: será devido aos servidores em exercício em zonas de fronteira ou em localidades cujas condições de vida o justifiquem, nos termos, condições e limites fixados em regulamento.

A **habitualidade** é uma condição para a concessão do adicional. A Lei nº 8.112/1990 nivela o adicional de insalubridade e periculosidade, e assevera que caso o servidor exerça atividade insalubre e perigosa, deverá optar por um deles. Por outro lado, não há nenhuma menção sobre a impossibilidade de acumulação destes com o adicional de penosidade.

Subseção V – Do Adicional por Serviço Extraordinário

Art. 73 *O serviço extraordinário será remunerado com acréscimo de 50% (cinquenta por cento) em relação à hora normal de trabalho.*

Art. 74 *Somente será permitido serviço extraordinário para atender a situações excepcionais e temporárias, respeitado o limite máximo de 2 (duas) horas por jornada.*

Trata-se da hora extra, que será permitida:

a) Para atender situações excepcionais e temporárias e será limitada a, no máximo, de 2 horas por jornada.

b) Acréscimo de 50% (em relação a hora normal).

Subseção VI – Do Adicional Noturno

Art. 75 *O serviço noturno, prestado em horário compreendido entre 22 (vinte e duas) horas de um dia e 5 (cinco) horas do dia seguinte, terá o valor-hora acrescido de 25% (vinte e cinco por cento), computando-se cada hora como cinquenta e dois minutos e trinta segundos.*

Parágrafo único. *Em se tratando de serviço extraordinário, o acréscimo de que trata este artigo incidirá sobre a remuneração prevista no art. 73.*

a) Das 22h a 5h: cada hora será computada 52 minutos e 30 segundos.

b) Acréscimo de 25% (valor-hora).

c) Se for hora-extra incide sobre o valor do acréscimo. Exemplo: servidor faz 2 horas extras no período noturno, será acrescido 50% sobre as horas excedentes. E sobre esse valor (acrescido), incide os 25% pelo período noturno.

Subseção VII – Do Adicional de Férias

Art. 76 *Independentemente de solicitação, será pago ao servidor, por ocasião das férias, um adicional correspondente a 1/3 (um terço) da remuneração do período das férias.*

Parágrafo único. *No caso de o servidor exercer função de direção, chefia ou assessoramento, ou ocupar cargo em comissão, a respectiva vantagem será considerada no cálculo do adicional de que trata este artigo.*

Trata-se do terço de férias, que será pago:

a) Independentemente de solicitação do servidor.

b) Por ocasião das férias.

c) Valor correspondente a 1/3 da remuneração.

d) Quem exerce função de direção, chefia ou assessoramento, o valor é calculado considerando a vantagem.

Subseção VIII – Da Gratificação por Encargo de Curso ou Concurso

Art. 76-A *A Gratificação por Encargo de Curso ou Concurso é devida ao servidor que, em **caráter eventual:***

*I – atuar como **instrutor em curso de formação**, de desenvolvimento ou de treinamento regularmente instituído no âmbito da administração pública federal;*

*II – participar de **banca examinadora ou de comissão** para exames orais, para análise curricular, para correção de provas discursivas, para elaboração de questões de provas ou para julgamento de recursos intentados por candidatos;*

*III – participar da **logística de preparação e de realização de concurso público** envolvendo atividades de planejamento, coordenação, supervisão, execução e avaliação de resultado, quando tais atividades não estiverem incluídas entre as suas atribuições permanentes;*

*IV – participar da **aplicação, fiscalizar ou avaliar provas de exame vestibular** ou de concurso público ou supervisionar essas atividades.*

§ 1º Os critérios de concessão e os limites da gratificação de que trata este artigo serão fixados em regulamento, observados os seguintes parâmetros:

*I – o valor da gratificação será **calculado em horas**, observadas a natureza e a complexidade da atividade exercida;*

*II – a retribuição **não poderá ser superior ao equivalente a 120 (cento e vinte) horas de trabalho anuais**, ressalvada situação de excepcionalidade, devidamente justificada e **previamente aprovada pela autoridade máxima do órgão ou entidade**, que poderá autorizar o acréscimo de até 120 (cento e vinte) horas de trabalho anuais;*

III – o valor máximo da hora trabalhada corresponderá aos seguintes percentuais, incidentes sobre o maior vencimento básico da administração pública federal:

a) 2,2% (dois inteiros e dois décimos por cento), em se tratando de atividades previstas nos incisos I e II do caput deste artigo;

b) 1,2% (um inteiro e dois décimos por cento), em se tratando de atividade prevista nos incisos III e IV do caput deste artigo.

a) 2,2%: instrutor e banca examinadora/comissão;

b) 1,2%: participação de logística ou aplicação de provas.

§ 2º A Gratificação por Encargo de Curso ou Concurso somente será paga se as atividades referidas nos incisos do caput deste artigo forem exercidas sem prejuízo das atribuições do cargo de que o servidor for titular, devendo ser objeto de compensação de carga horária quando desempenhadas durante a jornada de trabalho, na forma do § 4º do art. 98 desta Lei.

*§ 3º A Gratificação por Encargo de Curso ou Concurso **não se incorpora ao vencimento ou salário do servidor para qualquer efeito** e **não poderá ser utilizada como base de cálculo para quaisquer outras vantagens**, inclusive para fins de cálculo dos proventos da aposentadoria e das pensões.*

Vantagens

- Indenização
  - a) Ajuda de custo
  - b) Diárias
  - c) Transporte
  - d) Auxilio-moradia
- Gratificações e adicionais
  - a) Cargo de confiança
  - b) Gratificação natalina
  - c) Adicional de insalubridade
  - d) Adicional de serviço extraordinário
  - e) Adicional noturno
  - f) Adicional de férias
  - g) Gratificação por encargo de curso ou concurso

7.3.3 Férias

Art. 77 *O servidor fará jus a **trinta dias de férias**, que podem ser acumuladas, até o máximo de dois períodos, no caso de necessidade do serviço, ressalvadas as hipóteses em que haja legislação específica.*

§ 1º Para o primeiro período aquisitivo de férias serão exigidos 12 (doze) meses de exercício.

§ 2º É vedado levar à conta de férias qualquer falta ao serviço.

*§ 3º As férias poderão ser **parceladas** em até **três etapas**, desde que assim **requeridas** pelo servidor, e no **interesse da administração pública.***

Art. 78 *O pagamento da remuneração das férias será efetuado até 2 (dois) dias antes do início do respectivo período, observando-se o disposto no § 1º deste artigo.*

§§ 1º e 2º (Revogados).

§ 3º O servidor exonerado do cargo efetivo, ou em comissão, perceberá indenização relativa ao período das férias a que tiver direito e ao incompleto, na proporção de um doze avos por mês de efetivo exercício, ou fração superior a quatorze dias.

§ 4º A indenização será calculada com base na remuneração do mês em que for publicado o ato exoneratório.

§ 5º Em caso de parcelamento, o servidor receberá o valor adicional previsto no inciso XVII do art. 7º da Constituição Federal quando da utilização do primeiro período.

Férias é um direito do servidor. A seguir, os principais pontos:

a) 30 dias a cada período de 12 meses.

b) Pode acumular até 2 períodos (necessidade do serviço) – ressalvadas leis específicas.

c) Podem ser parceladas em até 3 etapas – requeridas pelo servidor e no interesse da administração pública.

d) No parcelamento o adicional de férias (1/3) é pago na 1ª etapa.

e) É vedado levar à conta de férias qualquer falta ao serviço.

f) Servidor exonerado receberá férias proporcionais.

Art. 79 *O servidor que opera direta e permanentemente com Raios X ou substâncias radioativas gozará **20 (vinte) dias consecutivos de férias**, por semestre de atividade profissional, proibida em qualquer hipótese a acumulação.*

Art. 80 *As férias somente poderão ser interrompidas por motivo de calamidade pública, comoção interna, convocação para júri, serviço militar ou eleitoral, ou por necessidade do serviço declarada pela autoridade máxima do órgão ou entidade.*

Parágrafo único. *O restante do período interrompido será gozado de uma só vez, observado o disposto no art. 77.*

A interrupção das férias só ocorre em situações excepcionais:

a) Calamidade pública;

b) Comoção interna;

c) Convocação para júri, serviço militar ou eleitoral;

d) Necessidade declarada pela autoridade máxima do órgão/entidade.

7.3.4 Licenças

Seção I – Disposições Gerais

Art. 81 Conceder-se-á ao servidor licença:

I – por motivo de doença em pessoa da família;

II – por motivo de afastamento do cônjuge ou companheiro;

III – para o serviço militar;

IV – para atividade política;

V – (Revogado);

V – para capacitação;

VI – para tratar de interesses particulares;

VII – para desempenho de mandato classista.

§§ 1º e 2º (Revogados).

§ 3º É vedado o exercício de atividade remunerada durante o período da licença prevista no inciso I deste artigo.

Art. 82 A licença concedida dentro de 60 (sessenta) dias do término de outra da mesma espécie** será considerada como **prorrogação.

a) As Licenças para **MA**ndato classista, **TRA**tar de interesses particulares e **CA**pacitação **(MA-TRA-CA), não podem** ser concedidas a servidor em **estágio probatório**.

b) As licenças por motivo em doença da pessoa da família, afastamento de cônjuge ou companheiro e para atividade política **suspendem** a contagem do tempo de estágio probatório.

Seção II – Da Licença por Motivo de Doença em Pessoa da Família

*Art. 83 Poderá ser concedida licença ao servidor por **motivo de doença do cônjuge ou companheiro, dos pais, dos filhos, do padrasto ou madrasta e enteado,** ou dependente que viva a suas expensas e conste do seu assentamento funcional, mediante comprovação por perícia médica oficial.*

*§ 1º A licença somente será deferida **se a assistência direta do servidor for indispensável** e não puder ser prestada simultaneamente com o exercício do cargo ou mediante compensação de horário, na forma do disposto no inciso II do art. 44.*

> **Art. 44** O servidor perderá:
> *II - a parcela de remuneração diária, proporcional aos atrasos, ausências justificadas, ressalvadas as concessões de que trata o art. 97, e saídas antecipadas, salvo na hipótese de compensação de horário, até o mês subsequente ao da ocorrência, a ser estabelecida pela chefia imediata.*

a) Doença do cônjuge/companheiro, pais, filhos, padrasto, madrasta, enteado.

b) Doença do dependente que viva as suas expensas e conste do assentamento funcional.

c) Comprovação por perícia médica oficial.

d) Assistência direta do servidor seja indispensável.

e) Quando a assistência não puder ser simultânea com as atividades ou com compensação de horário.

§ 2º A licença de que trata o caput, incluídas as prorrogações, poderá ser concedida a cada período de doze meses nas seguintes condições:

I – por até 60 (sessenta) dias, consecutivos ou não, mantida a remuneração do servidor; e

II – por até 90 (noventa) dias, consecutivos ou não, sem remuneração.

a) Por até **60 dias**, consecutivos ou não – **com remuneração**.

b) Por até **90 dias**, consecutivos ou não – **sem remuneração**.

§ 3º O início do interstício de 12 (doze) meses será contado a partir da data do deferimento da primeira licença concedida.

§ 4º A soma das licenças remuneradas e das licenças não remuneradas, incluídas as respectivas prorrogações, concedidas em um mesmo período de 12 (doze) meses, observado o disposto no § 3º, não poderá ultrapassar os limites estabelecidos nos incisos I e II do § 2º.

A soma das licenças, remuneradas ou não, bem como suas prorrogações, **não** poderá exceder 150 dias, consecutivos ou não, a cada 12 meses.

Seção III – Da Licença por Motivo de Afastamento do Cônjuge

Art. 84 Poderá ser concedida licença ao servidor para acompanhar cônjuge ou companheiro que foi deslocado para outro ponto do território nacional, para o exterior ou para o exercício de mandato eletivo dos Poderes Executivo e Legislativo.

*§ 1º A licença será por **prazo indeterminado** e **sem remuneração.***

Licença ao servidor para acompanhar cônjuge ou companheiro que:

a) Foi deslocado para outro ponto do território nacional;

b) Foi deslocado para o exterior;

c) Foi deslocado para o exercício de mandato eletivo dos Poderes Executivo e Legislativo.

Será por prazo indeterminado e sem remuneração.

*§ 2º No deslocamento de servidor cujo cônjuge ou companheiro também seja servidor público, civil ou militar, de qualquer dos Poderes da União, dos Estados, do Distrito Federal e dos Municípios, poderá haver **exercício provisório** em órgão ou entidade da Administração Federal direta, autárquica ou fundacional, desde que para o **exercício de atividade compatível com o seu cargo.***

Seção IV – Da Licença para o Serviço Militar

*Art. 85 **Ao servidor convocado para o serviço militar** será concedida licença, na forma e condições previstas na legislação específica.*

***Parágrafo único.** Concluído o serviço militar, o servidor terá até 30 (trinta) dias **sem remuneração** para reassumir o exercício do cargo.*

São sete licenças:

a) Licença para o serviço militar não possui nenhuma restrição quanto ao estágio probatório;

b) 3 licenças suspendem: doença família, afastamento cônjuge e política;

c) 3 licenças não podem – **ma**ndato classista, **tra**tar interesses particulares e **ca**pacitação.

Seção V – Da Licença para Atividade Política

Art. 86 O servidor terá direito a licença, sem remuneração, durante o período que mediar entre a sua escolha em convenção partidária, como candidato a cargo eletivo, e a véspera do registro de sua candidatura perante a Justiça Eleitoral.

§ 1º O servidor candidato a cargo eletivo na localidade onde desempenha suas funções e que exerça cargo de direção, chefia, assessoramento, arrecadação ou fiscalização, dele será afastado, a partir do dia imediato ao do registro de sua candidatura perante a Justiça Eleitoral, até o décimo dia seguinte ao do pleito.

§ 2º A partir do registro da candidatura e até o décimo dia seguinte ao da eleição, o servidor fará jus à licença, assegurados os vencimentos do cargo efetivo, somente pelo período de três meses.

Não confunda com o afastamento para exercício de mandato eletivo previsto no art. 94.

A licença para atividade política é concedida antes do início do mandato, com um período sem remuneração e um período com remuneração.

Sem remuneração, no período entre:

a) Sua escolha em convenção partidária, como candidato;

b) Véspera do registro de sua candidatura perante a Justiça Eleitoral.

O servidor pode optar por não tirar a licença e continuar trabalhando normalmente neste período.

Com remuneração, no período entre:

a) Registro da candidatura;

b) Décimo dia após a eleição.

O servidor fará jus aos seus vencimentos pelo período de até 3 meses.

Seção VI – Da Licença para Capacitação

Art. 87 *Após cada* ***quinquênio*** *de efetivo exercício, o servidor poderá,* ***no interesse da Administração,*** *afastar-se do exercício do cargo efetivo,* ***com*** *a respectiva* ***remuneração,*** *por* ***até três meses,*** *para participar de* ***curso de capacitação profissional***

Parágrafo único. *Os períodos de licença de que trata o caput não são acumuláveis.*

Art. 88 e 89 *(Revogados).*

Art. 90 *(Vetado).*

Seção VII – Da Licença para Tratar de Interesses Particulares

Art. 91 A critério da Administração, *poderão ser concedidas ao servidor ocupante de cargo efetivo,* ***desde que não esteja em estágio probatório,*** *licenças para o trato de assuntos particulares pelo* ***prazo de até três*** *anos consecutivos,* ***sem remuneração.***

Parágrafo único. *A licença* ***poderá ser interrompida, a qualquer tempo,*** *a pedido do servidor ou no interesse do serviço.*

Seção VIII – Da Licença para o Desempenho de Mandato Classista

Art. 92 *É assegurado ao servidor o direito à* ***licença sem remuneração*** *para o desempenho de mandato em confederação, federação, associação de classe de âmbito nacional, sindicato representativo da categoria ou entidade fiscalizadora da profissão ou, ainda, para participar de gerência ou administração em sociedade cooperativa constituída por servidores públicos para prestar serviços a seus membros, observado o disposto na alínea c do inciso VIII do art. 102 desta Lei, conforme disposto em regulamento e observados os seguintes limites:*

Esta licença somente poderá ser concedida aos servidores eleitos para cargos de **direção** ou **representação** nas entidades.

I – para entidades com até 5.000 (cinco mil) associados, 2 (dois) servidores;

II – para entidades com 5.001 (cinco mil e um) a 30.000 (trinta mil) associados, 4 (quatro) servidores;

III – para entidades com mais de 30.000 (trinta mil) associados, 8 (oito) servidores.

§ 1º Somente poderão ser licenciados os servidores eleitos para cargos de ***direção*** *ou de* ***representação*** *nas referidas entidades, desde que cadastradas no órgão competente.*

§ 2º A licença terá ***duração igual à do mandato,*** *podendo ser renovada, no caso de reeleição.*

7.3.5 Afastamentos

Seção I – Do Afastamento para Servir a Outro Órgão ou Entidade

Art. 93 *O servidor poderá ser cedido para ter exercício em outro órgão ou entidade dos Poderes da União, dos Estados, ou do Distrito Federal e dos Municípios, nas seguintes hipóteses:*

I – para exercício de cargo em comissão ou função de confiança;

II – em casos previstos em leis específicas.

§ 1º Na hipótese do inciso I, sendo a cessão para órgãos ou entidades dos Estados, do Distrito Federal ou dos Municípios, o ônus da remuneração será do órgão ou entidade cessionária, mantido o ônus para o cedente nos demais casos.

Cessionário: o que recebe o servidor.

Cedente: quem cede o servidor.

Ônus para o cessionário: quando cedido para outro ente federado.

§ 2º Na hipótese de o servidor cedido a empresa pública ou sociedade de economia mista, nos termos das respectivas normas, optar pela remuneração do cargo efetivo ou pela remuneração do cargo efetivo acrescida de percentual da retribuição do cargo em comissão, a entidade cessionária efetuará o reembolso das despesas realizadas pelo órgão ou entidade de origem.

Se o servidor for cedido para uma empresa pública (sociedade de economia mista), a entidade, como regra, será responsável pelo pagamento do servidor. Contudo, caso servidor opte pela remuneração do cargo efetivo (exercido antes da cessão) ou, ainda, pela remuneração do cargo acrescida de parcela da retribuição pelo exercício do cargo em comissão, deverá a entidade cessionária (aquela que recebeu o servidor) reembolsar os cofres públicos da União.

§ 3º A cessão far-se-á mediante Portaria publicada no Diário Oficial da União.

§ 4º Mediante ***autorização expressa do Presidente da República,*** *o servidor do Poder Executivo poderá ter exercício em outro órgão da Administração Federal direta que não tenha quadro próprio de pessoal, para fim determinado e a prazo certo.*

§ 5º Aplica-se à União, em se tratando de empregado ou servidor por ela requisitado, as disposições dos §§ 1º e 2º deste artigo.

§ 6º As cessões de empregados de empresa pública ou de sociedade de economia mista, que receba recursos de Tesouro Nacional para o custeio total ou parcial da sua folha de pagamento de pessoal, independem das disposições contidas nos incisos I e II e §§ 1º e 2º deste artigo, ficando o exercício do empregado cedido condicionado a autorização específica do Ministério do Planejamento, Orçamento e Gestão, exceto nos casos de ocupação de cargo em comissão ou função gratificada.

§ 7º O Ministério do Planejamento, Orçamento e Gestão, com a finalidade de promover a composição da força de trabalho dos órgãos e entidades da Administração Pública Federal, poderá determinar a lotação ou o exercício de empregado ou servidor, independentemente da observância do constante no inciso I e nos §§ 1º e 2º deste artigo.

Seção II – Do Afastamento para Exercício de Mandato Eletivo

Art. 94 *Ao servidor investido em mandato eletivo aplicam-se as seguintes disposições:*

Este afastamento pode ser solicitado por qualquer servidor, inclusive os que se encontram em estágio probatório.

I – tratando-se de mandato federal, estadual ou distrital, ficará afastado do cargo;

II – investido no mandato de Prefeito, será afastado do cargo, sendo-lhe facultado optar pela sua remuneração;

III – investido no mandato de vereador:

a) havendo compatibilidade de horário, perceberá as vantagens de seu cargo, sem prejuízo da remuneração do cargo eletivo;

b) não havendo compatibilidade de horário, será afastado do cargo, sendo-lhe facultado optar pela sua remuneração.

Mandato	Situação do cargo	Remuneração
Federal, estadual ou distrital (senador, deputado, governador)	Afastado do cargo	Só recebe a remuneração do cargo eletivo
Prefeito	Afastado do cargo	É facultativo optar pela remuneração
Vereador	Pode permanecer no cargo, se tiver compatibilidade de horários	Nessa situação receberá a remuneração do cargo eletivo e do cargo efetivo
	Afastado do cargo, se não houver compatibilidade de horário	É facultativo optar pela remuneração

§ 1º No caso de afastamento do cargo, o servidor ***contribuirá para a seguridade social como se em exercício estivesse.***

§ 2º O servidor investido em mandato eletivo ou classista ***não poderá ser removido ou redistribuído de ofício*** *para localidade diversa daquela onde exerce o mandato.*

Seção III – Do Afastamento para Estudo ou Missão no Exterior

Art. 95 *O servidor não poderá ausentar-se do País para estudo ou missão oficial, sem autorização do Presidente da República, Presidente dos Órgãos do Poder Legislativo e Presidente do Supremo Tribunal Federal.*

Depende da autorização do:

a) Presidente da República;

b) Presidente dos Órgãos do Poder Legislativo;

c) Presidente do Supremo Tribunal Federal (STF).

*§ 1º A ausência **não excederá a 4 (quatro) anos**, e finda a missão ou estudo, somente decorrido igual período, será permitida nova ausência.*

*§ 2º Ao servidor beneficiado pelo disposto neste artigo **não será concedida exoneração ou licença para tratar de interesse particular** antes de decorrido período igual ao do afastamento, **ressalvada a hipótese de ressarcimento** da despesa havida com seu afastamento.*

O afastamento terá duração, máxima, de 4 anos. Após o retorno, apenas decorrido igual prazo, poderá ser concedida nova licença.

O servidor que utilizar esse afastamento, não poderá, antes de decorrido igual prazo (4 anos), ressalvado o ressarcimento de despesa:

a) Exonerar-se;

b) Tirar licença para interesses particulares.

*§ 3º O disposto neste artigo **não se aplica aos servidores da carreira diplomática.***

§ 4º As hipóteses, condições e formas para a autorização de que trata este artigo, inclusive no que se refere à remuneração do servidor, serão disciplinadas em regulamento.

Art. 96** O afastamento de servidor para servir em organismo internacional de que o Brasil participe ou com o qual coopere dar-se-á com **perda total da remuneração.

Seção IV – Do Afastamento para Participação em Programa de Pós-Graduação Stricto Sensu no País

***Art. 96-A** O servidor poderá, **no interesse da Administração**, e desde que a participação **não possa ocorrer simultaneamente com o exercício do cargo** ou mediante compensação de horário, afastar-se do exercício do cargo efetivo, com a respectiva remuneração, para participar em programa de pós-graduação stricto sensu em instituição de ensino superior no País.*

§ 1º Ato do dirigente máximo do órgão ou entidade definirá, em conformidade com a legislação vigente, os programas de capacitação e os critérios para participação em programas de pós-graduação no País, com ou sem afastamento do servidor, que serão avaliados por um comitê constituído para este fim

§ 2º Os afastamentos para realização de programas de mestrado e doutorado somente serão concedidos aos servidores titulares de cargos efetivos no respectivo órgão ou entidade há pelo menos 3 (três) anos para mestrado e 4 (quatro) anos para doutorado, incluído o período de estágio probatório, que não tenham se afastado por licença para tratar de assuntos particulares para gozo de licença capacitação ou com fundamento neste artigo nos 2 (dois) anos anteriores à data da solicitação de afastamento.

Afastamento para realização de cursos de:

a) Mestrado;

b) Doutorado;

c) Pós-doutorado.

Este afastamento é devido, desde que:

a) Não possa ocorrer simultaneamente com o exercício das atribuições;

b) Seja no interesse da administração.

Este afastamento se dá **com** remuneração. **Poderá** gozar deste afastamento, o servidor de cargo efetivo que tenha, de exercício, no órgão ou entidade, incluído o período de estágio probatório:

a) 3 anos: afastamento para Mestrado;

b) 4 anos: afastamento para Doutorado;

c) 4 anos: afastamento para Pós-Doutorado.

Além desse tempo de exercício, o servidor, nos 2 anos anteriores ao afastamento, não pode:

a) Ter tirado licença capacitação;

b) Ter tirado licença para tratar de interesses particulares;

c) Ter tirado o mesmo afastamento.

§ 3º Os afastamentos para realização de programas de pós-doutorado somente serão concedidos aos servidores titulares de cargos efetivo no respectivo órgão ou entidade há pelo menos quatro anos, incluído o período de estágio probatório, e que não tenham se afastado por licença para tratar de assuntos particulares ou com fundamento neste artigo, nos quatro anos anteriores à data da solicitação de afastamento.

*§ 4º Os servidores beneficiados pelos afastamentos previstos nos §§ 1º, 2º e 3º deste artigo **terão que permanecer no exercício de suas funções após o seu retorno por um período igual ao do afastamento concedido.***

*§ 5º Caso o servidor venha a solicitar **exoneração** do cargo ou aposentadoria, antes de cumprido o período de permanência previsto no § 4º deste artigo, **deverá ressarcir o órgão ou entidade**, na forma do art. 47 da Lei nº 8.112, de 11 de dezembro de 1990, dos gastos com seu aperfeiçoamento.*

§ 6º Caso o servidor não obtenha o título ou grau que justificou seu afastamento no período previsto, aplica-se o disposto no § 5º deste artigo, salvo na hipótese comprovada de força maior ou de caso fortuito, a critério do dirigente máximo do órgão ou entidade.

*§ 7º Aplica-se à participação em programa de **pós-graduação no Exterior**, autorizado **nos termos do art. 95 desta Lei, o disposto nos §§ 1º a 6º deste artigo.***

Aplica-se à participação em programa de pós-graduação no exterior, autorizada nos termos do art. 95 desta Lei (Autorização para Missão ou Estudo no Exterior), as mesmas disposições que para os cursos no país.

7.3.6 Concessões

***Art. 97** Sem qualquer prejuízo, poderá o servidor ausentar-se do serviço:*

*I – por **1 (um)** dia, para **doação de sangue;***

*II – pelo período comprovadamente necessário para alistamento ou recadastramento **eleitoral, limitado**, em qualquer caso, a **2 (dois)** dias;*

*III – por **8 (oito)** dias consecutivos em razão de:*

a) casamento;

b) falecimento do cônjuge, companheiro, pais, madrasta ou padrasto, filhos, enteados, menor sob guarda ou tutela e irmãos.

Prazo	Motivo
1 dia	Doação de sangue.
Pelo período necessário, sendo, no máximo, 2 dias	Alistamento ou recadastramento eleitoral.
8 dias	I – Casamento. II – (licença nojo) – falecimento do cônjuge/companheiro, pais, madrasta, padrasto, filhos, enteados, menor sobre guarda ou tutela e irmãos.

***Art. 98** Será concedido **horário especial** ao **servidor estudante**, quando **comprovada a incompatibilidade** entre o horário escolar e o da repartição, sem prejuízo do exercício do cargo.*

§ 1º Para efeito do disposto neste artigo, será exigida a compensação de horário no órgão ou entidade que tiver exercício, respeitada a duração semanal do trabalho.

*§ 2º Também será concedido **horário especial** ao servidor **portador de deficiência**, quando comprovada a necessidade por junta médica oficial, **independentemente de compensação de horário**.*

§ 3º As disposições constantes do § 2º são extensivas ao servidor que tenha cônjuge, filho ou dependente com deficiência.

Será concedido horário especial ao servidor portador de deficiência, extensivas ao servidor que tenha cônjuge, filho ou dependente com deficiência, sendo, em todo caso, necessária a comprovação da necessidade por junta médica oficial.

Não é necessária a compensação de horário.

§ 4º Será igualmente concedido horário especial, vinculado à compensação de horário a ser efetivada no prazo de até 1 (um) ano, ao servidor que desempenhe atividade prevista nos incisos I e II do caput do art. 76-A desta Lei.

a) Atuar como **instrutor em curso de formação**, de desenvolvimento ou de treinamento regularmente instituído no âmbito da administração pública federal.

b) Participar de **banca examinadora ou de comissão** para exames orais, para análise curricular, para correção de provas discursivas, para elaboração de questões de provas ou para julgamento de recursos intentados por candidatos.

Art. 99 *Ao servidor estudante que mudar de sede* ***no interesse da administração*** *é assegurada, na localidade da nova residência ou na mais próxima,* ***matrícula em instituição de ensino congênere****, em qualquer época, independentemente de vaga.*

Parágrafo único. *O disposto neste artigo estende-se ao cônjuge ou companheiro, aos filhos, ou enteados do servidor que vivam na sua companhia, bem como aos menores sob sua guarda, com autorização judicial.*

7.3.7 Tempo de serviço

Art. 100 *É contado para todos os efeitos o tempo de serviço público federal, inclusive o prestado às Forças Armadas.*

Art. 101 *A apuração do tempo de serviço* ***será feita em dias****, que serão convertidos em anos,* ***considerado o ano como de trezentos e sessenta e cinco dias.***

Art. 102 *Além das ausências ao serviço previstas no art. 97, são considerados como de efetivo exercício os afastamentos em virtude de:*

É considerado como efetivo exercício as concessões (art. 97).

I – férias;

II – exercício de cargo em comissão ou equivalente, em órgão ou entidade dos Poderes da União, dos Estados, Municípios e Distrito Federal;

III – exercício de cargo ou função de governo ou administração, em qualquer parte do território nacional, por nomeação do Presidente da República;

IV – participação em programa de treinamento regularmente instituído ou em programa de pós-graduação stricto sensu no País, conforme dispuser o regulamento;

V – desempenho de mandato eletivo federal, estadual, municipal ou do Distrito Federal, ***exceto para promoção por merecimento;***

VI – júri e outros serviços obrigatórios por lei;

VII – missão ou estudo no exterior, quando autorizado o afastamento, conforme dispuser o regulamento;

VIII – licença:

a) à gestante, à adotante e à paternidade;

b) para tratamento da própria saúde, até o limite de vinte e quatro meses, cumulativo ao longo do tempo de serviço público prestado à União, em cargo de provimento efetivo;

c) para o desempenho de mandato classista ou participação de gerência ou administração em sociedade cooperativa constituída por servidores para prestar serviços a seus membros, ***exceto para efeito de promoção por merecimento;***

d) por motivo de acidente em serviço ou doença profissional;

As três licenças são relativas à seguridade social do servidor:

a) Gestante/adotante/paternidade;

b) Tratamento da própria saúde [...];

c) Por motivo de acidente [...]

e) para capacitação, conforme dispuser o regulamento;

f) por convocação para o serviço militar;

As três licenças fazem parte das sete licenças que **não** estão listadas no capítulo destinado à seguridade social do servidor:

a) Desempenho de mandato classista;

b) Licença capacitação;

c) Licença para o serviço militar.

IX – deslocamento para a nova sede de que trata o art. 18;

X – participação em competição desportiva nacional ou convocação para integrar representação desportiva nacional, no País ou no exterior, conforme disposto em lei específica;

XI – afastamento para servir em organismo internacional de que o Brasil participe ou com o qual coopere.

Art. 103 *Contar-se-á* ***apenas para efeito de aposentadoria e disponibilidade:***

I – o tempo de serviço público prestado aos Estados, Municípios e Distrito Federal;

II – a ***licença para tratamento de saúde de pessoal da família do servidor****, com remuneração, que exceder a 30 (trinta) dias em período de 12 (doze) meses.*

A referida licença pode ser tirada por 60 dias, com remuneração. A previsão evidencia que os primeiros 30 dias valem para qualquer efeito.

III – a licença para atividade política, no caso do art. 86, § 2º;

Art. 86, § 2º A partir do registro da candidatura e até o décimo dia seguinte ao da eleição, o servidor fará jus à licença, **assegurados os vencimentos do cargo efetivo**, somente pelo período de **três meses**.

IV – o tempo correspondente ao desempenho de mandato eletivo federal, estadual, municipal ou distrital, ***anterior ao ingresso no serviço público federal;***

V – o tempo de serviço em ***atividade privada****, vinculada à Previdência Social;*

VI – o tempo de serviço relativo a ***tiro de guerra;***

Não confunda o tempo relativo a Tiro de Guerra (que vale apenas para aposentadoria e disponibilidade) com o tempo prestado às Forças Armadas (que vale para qualquer efeito).

VII – o tempo de licença para tratamento da própria saúde que exceder o prazo a que se refere a alínea "b" do inciso VIII do art. 102.

A licença para tratamento da própria saúde, até 24 meses, vale como efetivo exercício. O tempo superior a esse período será contado apenas para aposentaria e disponibilidade.

§ 1º O tempo em que o servidor esteve aposentado será contado apenas para nova aposentadoria.

§ 2º Será contado em ***dobro o tempo de serviço prestado às Forças Armadas em operações de guerra.***

§ 3º É vedada a contagem cumulativa de tempo de serviço prestado concomitantemente em mais de um cargo ou função de órgão ou entidades dos Poderes da União, Estado, Distrito Federal e Município, autarquia, fundação pública, sociedade de economia mista e empresa pública.

7.3.8 Direito de petição

Art. 104 *É assegurado ao servidor o direito de requerer aos Poderes Públicos, em defesa de direito ou interesse legítimo.*

Art. 105 *O requerimento será* ***dirigido à autoridade competente*** *para decidi-lo e encaminhado por intermédio daquela a que estiver imediatamente subordinado o requerente.*

Art. 106 *Cabe pedido de reconsideração à autoridade que houver expedido o ato ou proferido a primeira decisão, não podendo ser renovado.*

Parágrafo único. *O requerimento e o pedido de reconsideração de que tratam os artigos anteriores deverão ser* ***despachados no prazo de 5 (cinco) dias*** *e* ***decididos dentro de 30 (trinta) dias.***

A Lei nº 8.112/1990 regulamentou o direito de petição (art. 5º, XXXIV, CF/1988) para os servidores federais.

Art. 5º, XXIV, CF/1988 *São a todos assegurados, independentemente do pagamento de taxas:*
a) o direito de petição aos Poderes Públicos em defesa de direitos ou contra ilegalidade ou abuso de poder;

Art. 107 Caberá recurso:

I – do indeferimento do pedido de reconsideração;

II – das decisões sobre os recursos sucessivamente interpostos.

§ 1º O recurso será dirigido à autoridade imediatamente superior à que tiver expedido o ato ou proferido a decisão, e, sucessivamente, em escala ascendente, às demais autoridades.

§ 2º O recurso será encaminhado por intermédio da autoridade a que estiver imediatamente subordinado o requerente.

Art. 108 O prazo para interposição de pedido de reconsideração ou de recurso é de 30 (trinta) dias, a contar da publicação ou da ciência, pelo interessado, da decisão recorrida.

Art. 109 O recurso poderá ser recebido com efeito suspensivo, a juízo da autoridade competente.

Parágrafo único. *Em caso de provimento do pedido de reconsideração ou do recurso, os efeitos da decisão retroagirão à data do ato impugnado.*

Art. 110 O direito de requerer ***prescreve:***

I – ***em 5 (cinco) anos****, quanto aos atos de demissão e de cassação de aposentadoria ou disponibilidade, ou que afetem interesse patrimonial e créditos resultantes das relações de trabalho;*

II – ***em 120 (cento e vinte)*** *dias, nos demais casos, salvo quando outro prazo for fixado em lei.*

Parágrafo único. *O prazo de prescrição será contado da data da publicação do ato impugnado ou da data da ciência pelo interessado, quando o ato não for publicado.*

Art. 111 O pedido de reconsideração e o recurso, quando cabíveis, interrompem a prescrição.

Art. 112 A prescrição é de ordem pública, ***não podendo ser relevada*** *pela administração.*

Prescrição	
5 anos	• Demissão ou cassação de aposentadoria. • Interesse patrimonial e créditos das relações de trabalho.
120 dias	Demais casos, salvo outro prazo legal.
Início da contagem	• Da data da publicação do ato. • Da data da ciência quando não for publicado.
Interrupção	• Pedido de reconsideração. • Apresentação de recurso.

Art. 113 Para o exercício do direito de petição, é assegurada vista do processo ou documento, na repartição, ao servidor ou a procurador por ele constituído.

Art. 114 A administração deverá rever seus atos, a qualquer tempo, quando eivados de ilegalidade.

Fique ligado

Jurisprudência:
Súmula nº 473 – STF: *A administração pode anular seus próprios atos, quando eivados de vícios que os tornam ilegais, porque deles não se originam direitos; ou revogá-los, por motivo de conveniência ou oportunidade, respeitados os direitos adquiridos, e ressalvada, em todos os casos, a apreciação judicial.*

Art. 115 São ***fatais e improrrogáveis*** *os prazos estabelecidos neste Capítulo, salvo motivo de força maior.*

7.4 Regime disciplinar

7.4.1 Deveres

Art. 116 São deveres do servidor:

I – exercer com zelo e dedicação as atribuições do cargo;

II – ser leal às instituições a que servir;

III – observar as normas legais e regulamentares;

IV – cumprir as ordens superiores, exceto quando manifestamente ilegais;

V – atender com presteza:

a) ao público em geral, prestando as informações requeridas, ressalvadas as protegidas por sigilo;

b) à expedição de certidões requeridas para defesa de direito ou esclarecimento de situações de interesse pessoal;

c) às requisições para a defesa da Fazenda Pública.

VI – levar as irregularidades de que tiver ciência em razão do cargo ao conhecimento da autoridade superior ou, quando houver suspeita de envolvimento desta, ao conhecimento de outra autoridade competente para apuração;

VII – zelar pela economia do material e a conservação do patrimônio público;

VIII – guardar sigilo sobre assunto da repartição;

IX – manter conduta compatível com a moralidade administrativa;

X – ser assíduo e pontual ao serviço;

XI – tratar com urbanidade as pessoas;

XII – representar contra ilegalidade, omissão ou abuso de poder.

Parágrafo único. *A representação de que trata o inciso XII será encaminhada pela via hierárquica e apreciada pela autoridade superior àquela contra a qual é formulada, assegurando-se ao representando ampla defesa.*

No caso de inobservância dos deveres funcionais, será aplicada a penalidade de advertência.

Art. 129 *A* ***advertência*** *será aplicada por escrito, nos casos de violação de proibição constante do art. 117, incisos I a VIII e XIX, e de* ***inobservância de dever funcional*** *previsto em lei, regulamentação ou norma interna, que não justifique imposição de penalidade mais grave.*

7.4.2 Proibições

Art. 117 Ao servidor é proibido:

I – ausentar-se do serviço durante o expediente, sem prévia autorização do chefe imediato;

II – retirar, sem prévia anuência da autoridade competente, qualquer documento ou objeto da repartição;

III – recusar fé a documentos públicos;

IV – opor resistência injustificada ao andamento de documento e processo ou execução de serviço;

V – promover manifestação de apreço ou desapreço no recinto da repartição;

VI – cometer a pessoa estranha à repartição, fora dos casos previstos em lei, o desempenho de atribuição que seja de sua responsabilidade ou de seu subordinado;

VII – coagir ou aliciar subordinados no sentido de filiarem-se a associação profissional ou sindical, ou a partido político;

VIII – manter sob sua chefia imediata, em cargo ou função de confiança, cônjuge, companheiro ou parente até o segundo grau civil;

No caso de violação das proibições, previstas nos incisos I a VIII e XIX, será aplicada a penalidade de **advertência**.

IX – valer-se do cargo para lograr proveito pessoal ou de outrem, em detrimento da dignidade da função pública;

X – participar de gerência ou administração de sociedade privada, personificada ou não personificada, exercer o comércio, exceto na qualidade de acionista, cotista ou comanditário;

XI – atuar, como procurador ou intermediário, junto a repartições públicas, salvo quando se tratar de benefícios previdenciários ou assistenciais de parentes até o segundo grau, e de cônjuge ou companheiro;

XII – receber propina, comissão, presente ou vantagem de qualquer espécie, em razão de suas atribuições;

XIII – aceitar comissão, emprego ou pensão de estado estrangeiro;

XIV – praticar usura sob qualquer de suas formas;

XV – proceder de forma desidiosa;

XVI – utilizar pessoal ou recursos materiais da repartição em serviços ou atividades particulares;

No caso de violação das proibições, previstas nos incisos IX a VI, será aplicada a penalidade de **demissão**.

XVII – cometer a outro servidor atribuições estranhas ao cargo que ocupa, exceto em situações de emergência e transitórias;

XVIII – exercer quaisquer atividades que sejam incompatíveis com o exercício do cargo ou função e com o horário de trabalho;

De acordo com o art. 130 da Lei nº 8.112/1990, será aplicada a penalidade de **suspensão** nos casos de reincidência das faltas punidas, com advertência e de violação das demais proibições que não tipifiquem infração sujeita a penalidade de demissão (nesse ponto, temos que a violação as proibições dos incisos XVII e XVIII são apenadas com suspensão).

XIX – recusar-se a atualizar seus dados cadastrais quando solicitado.

No caso de violação das proibições, previstas nos incisos I a VIII e XIX, será aplicada a penalidade de **advertência**.

Parágrafo único. *A vedação de que trata o inciso X do caput deste artigo não se aplica nos seguintes casos:*

I – participação nos conselhos de administração e fiscal de empresas ou entidades em que a União detenha, direta ou indiretamente, participação no capital social ou em sociedade cooperativa constituída para prestar serviços a seus membros; e

II – gozo de licença para o trato de interesses particulares, na forma do art. 91 desta Lei, observada a legislação sobre conflito de interesses.

Resumo Proibições e Consequências	
Advertência	Incisos I a VIII e XIX.
Suspensão	Incisos XVII e XVIII e nos casos de reincidência das faltas punidas com advertência. Prazo máximo: 90 dias.
Demissão	Incisos IX a XVI.
Na hipótese do inciso X, não haverá aplicação da penalidade nos casos de: a) Participação nos conselhos de administração de empresas que a União detenha participação. b) Gozo de licença para tratar de interesse particular.	

7.4.3 Acumulação

Art. 118 *Ressalvados os casos previstos na Constituição, **é vedada a acumulação remunerada de cargos públicos.***

> **Art. 37, XVI, CF/1988** É vedada a acumulação remunerada de cargos públicos, exceto, quando houver compatibilidade de horários, observado em qualquer caso o disposto no inciso XI:
> a) a de dois cargos de professor;
> b) a de um cargo de professor com outro técnico ou científico;
> c) a de dois cargos ou empregos privativos de profissionais de saúde, com profissões regulamentadas;

§ 1º A proibição de acumular estende-se a cargos, empregos e funções em autarquias, fundações públicas, empresas públicas, sociedades de economia mista da União, do Distrito Federal, dos Estados, dos Territórios e dos Municípios.

*§ 2º A acumulação de cargos, ainda que lícita, **fica condicionada à comprovação da compatibilidade de horários.***

§ 3º Considera-se acumulação proibida a percepção de vencimento de cargo ou emprego público efetivo com proventos da inatividade, salvo quando os cargos de que decorram essas remunerações forem acumuláveis na atividade.

Art. 119 *O servidor não poderá exercer mais de um cargo em comissão, exceto no caso previsto no parágrafo único do art. 9º, nem ser remunerado pela participação em órgão de deliberação coletiva.*

> **Art. 9º, parágrafo único, Lei nº 8.112/1990** O servidor ocupante de cargo em comissão ou de natureza especial **poderá ser nomeado para ter exercício, interinamente**, em outro cargo de confiança, sem prejuízo das atribuições do que atualmente ocupa, hipótese em que **deverá optar pela remuneração de um** deles durante o período da interinidade.

Parágrafo único. *O disposto neste artigo não se aplica à remuneração devida pela participação em conselhos de administração e fiscal das empresas públicas e sociedades de economia mista, suas subsidiárias e controladas, bem como quaisquer empresas ou entidades em que a União, direta ou indiretamente, detenha participação no capital social, observado o que, a respeito, dispuser legislação específica.*

Art. 120 *O servidor vinculado ao regime desta Lei, que acumular licitamente dois cargos efetivos, quando investido em cargo de provimento em comissão, ficará afastado de ambos os cargos efetivos, salvo na hipótese em que houver compatibilidade de horário e local com o exercício de um deles, declarada pelas autoridades máximas dos órgãos ou entidades envolvidos.*

7.4.4 Responsabilidades

Art. 121 *O servidor responde civil, penal e administrativamente pelo exercício irregular de suas atribuições.*

Independência das instâncias:

Pela prática de um único ato ilícito, o servidor pode sofrer sanções diversas (administrativas/penais/civis), sendo admitida a **cumulação** dessas sanções, pois cada uma das instâncias tem seu fundamento próprio.

Art. 122 *A responsabilidade civil decorre de ato omissivo ou comissivo, doloso ou culposo, que resulte em prejuízo ao erário ou a terceiros.*

*§ 1º A indenização de **prejuízo dolosamente causado ao erário somente será liquidada na forma prevista no art. 46**, na falta de outros bens que assegurem a execução do débito pela via judicial.*

> **Art. 46, Lei nº 8.112/1990** As reposições e indenizações ao erário, atualizadas até 30 de junho de 1994, serão previamente comunicadas ao servidor ativo, aposentado ou ao pensionista, para pagamento, no prazo máximo de trinta dias, podendo ser parceladas, a pedido do interessado.
> § 1º O valor de cada parcela não poderá ser inferior ao correspondente a dez por cento da remuneração, provento ou pensão.

*§ 2º Tratando-se de **dano causado a terceiros**, responderá o servidor perante a Fazenda Pública, em ação regressiva.*

O servidor responde de forma subjetiva, vale dizer que a administração pública deverá comprovar o dolo ou a culpa do agente público para fazer jus ao ressarcimento.

*§ 3º A obrigação de reparar o dano **estende-se aos sucessores e contra eles será executada, até o limite do valor da herança recebida.***

Art. 123 *A **responsabilidade penal** abrange os **crimes e contravenções** imputadas ao servidor, nessa qualidade.*

Art. 124 *A responsabilidade civil-administrativa resulta de **ato omissivo ou comissivo** praticado no desempenho do cargo ou função.*

Art. 125 *As sanções civis, penais e administrativas **poderão cumular-se, sendo independentes entre si.***

Art. 126 *A **responsabilidade administrativa** do servidor será **afastada** no caso de **absolvição criminal que negue a existência do fato ou sua autoria.***

Trata-se de uma exceção à independência das instâncias.

Se na esfera penal, verificar que **não** foi o servidor que cometeu o ato (Negativa de Autoria), ou que o objeto de apuração não aconteceu (Inexistência do Fato), isso acarreta a **absolvição** nas instâncias administrativa e civil.

Se o servidor for absolvido do processo penal por falta de provas, nada impede que sele seja responsabilizado nas esferas administrativa e civil.

> ***Art. 126-A*** *Nenhum servidor poderá ser responsabilizado civil, penal ou administrativamente por dar ciência à autoridade superior ou, quando houver suspeita de envolvimento desta, a outra autoridade competente para apuração de informação concernente à prática de crimes ou improbidade de que tenha conhecimento, ainda que em decorrência do exercício de cargo, emprego ou função pública*

7.4.5 Penalidades

> ***Art. 127*** *São penalidades disciplinares:*
> *I – advertência;*
> *II – suspensão;*
> *III – demissão;*
> *IV – cassação de aposentadoria ou disponibilidade;*
> *V – destituição de cargo em comissão;*
> *VI – destituição de função comissionada.*

> ***Art. 128*** *Na aplicação das penalidades serão consideradas a natureza e a gravidade da infração cometida, os danos que dela provierem para o serviço público, as circunstâncias agravantes ou atenuantes e os antecedentes funcionais.*
> ***Parágrafo único. O ato de imposição da penalidade mencionará sempre o fundamento legal e a causa da sanção disciplinar.***

Exigência de justificativa (motivação).

> ***Art. 129*** ***A advertência*** *será aplicada* ***por escrito****, nos casos de violação de proibição constante do* ***art. 117****, incisos* ***I a VIII e XIX****, e de* ***inobservância de dever funcional*** *previsto em lei, regulamentação ou norma interna, que não justifique imposição de penalidade mais grave.*

Aplica-se advertência no caso de inobservância dos deveres (art. 116) e de violação das proibições do art. 117 elencadas a seguir:

- Ausentar-se do serviço durante o expediente, sem prévia autorização do chefe imediato;
- Retirar, sem prévia anuência da autoridade competente, qualquer documento ou objeto da repartição;
- Recusar fé a documentos públicos;
- Opor resistência injustificada ao andamento de documento e processo ou execução de serviço;
- Promover manifestação de apreço ou desapreço no recinto da repartição;
- Cometer a pessoa estranha à repartição, fora dos casos previstos em lei, o desempenho de atribuição que seja de sua responsabilidade ou de seu subordinado;
- Coagir ou aliciar subordinados no sentido de filiarem-se a associação profissional ou sindical, ou a partido político;
- Manter sob sua chefia imediata, em cargo ou função de confiança, cônjuge, companheiro ou parente até o segundo grau civil;
- Recusar-se a atualizar seus dados cadastrais quando solicitado.

> ***Art. 130*** *A suspensão será aplicada em caso de reincidência das faltas punidas com advertência e de violação das demais proibições que não tipifiquem infração sujeita a penalidade de demissão,* ***não podendo exceder de 90 (noventa) dias.***

Violação das proibições do art. 117 elencadas a seguir:

- Cometer a outro servidor atribuições estranhas ao cargo que ocupa, exceto em situações de emergência e transitórias;
- Exercer quaisquer atividades que sejam incompatíveis com o exercício do cargo ou função e com o horário de trabalho.

No caso de reincidência das faltas será punida com advertência.

> *§ 1º Será punido com* ***suspensão de até 15 (quinze) dias*** *o servidor que, injustificadamente,* ***recusar-se a ser submetido a inspeção médica determinada pela autoridade competente****, cessando os efeitos da penalidade uma vez cumprida a determinação.*
> *§ 2º* ***Quando houver conveniência para o serviço, a penalidade de suspensão poderá ser convertida em multa, na base de 50% (cinquenta por cento) por dia de vencimento ou remuneração****, ficando o servidor obrigado a permanecer em serviço.*

A penalidade de suspensão poderá ser convertida em multa, de 50% do vencimento ou remuneração, ficando o servidor obrigado a permanecer em serviço.

> ***Art. 131*** *As penalidades de advertência e de suspensão terão seus* ***registros cancelados****, após o decurso de* ***3 (três) e 5 (cinco) anos de efetivo exercício****, respectivamente, se o servidor não houver, nesse período, praticado nova infração disciplinar.*
> ***Parágrafo único.*** *O cancelamento da penalidade não surtirá efeitos retroativos.*

Correlacionando com o Direito Penal, após esse período, se não houver praticado nova infração, o servidor volta à condição de réu primário.

> ***Art. 132*** ***A demissão*** *será aplicada nos seguintes casos:*
> *I – crime contra a administração pública;*
> *II – abandono de cargo;*
> *III – inassiduidade habitual;*
> *IV – improbidade administrativa;*
> *V – incontinência pública e conduta escandalosa, na repartição;*
> *VI – insubordinação grave em serviço;*
> *VII – ofensa física, em serviço, a servidor ou a particular, salvo em legítima defesa própria ou de outrem;*
> *VIII – aplicação irregular de dinheiros públicos;*
> *IX – revelação de segredo do qual se apropriou em razão do cargo;*
> *X – lesão aos cofres públicos e dilapidação do patrimônio nacional;*
> *XI – corrupção;*
> *XII – acumulação ilegal de cargos, empregos ou funções públicas;*
> *XIII – transgressão dos incisos IX a XVI do art. 117.*

Art. 117 (Violação das proibições):
IX - valer-se do cargo para lograr proveito pessoal ou de outrem, em detrimento da dignidade da função pública;
X - participar de gerência ou administração de sociedade privada, personificada ou não personificada, exercer o comércio, exceto na qualidade de acionista, cotista ou comanditário;
XI - atuar, como procurador ou intermediário, junto a repartições públicas, salvo quando se tratar de benefícios previdenciários ou assistenciais de parentes até o segundo grau, e de cônjuge ou companheiro;
XII - receber propina, comissão, presente ou vantagem de qualquer espécie, em razão de suas atribuições;
XIII - aceitar comissão, emprego ou pensão de estado estrangeiro;
XIV - praticar usura sob qualquer de suas formas;
XV - proceder de forma desidiosa;
XVI - utilizar pessoal ou recursos materiais da repartição em serviços ou atividades particulares.

> ***Art. 133*** *Detectada a qualquer tempo a* ***acumulação ilegal de cargos, empregos ou funções públicas****, a autoridade a que se refere o art. 143 notificará o servidor, por intermédio de sua chefia imediata, para* ***apresentar opção no prazo improrrogável de dez dias****, contados da data da ciência e, na hipótese de omissão, adotará procedimento sumário para a sua apuração e regularização imediata, cujo processo administrativo disciplinar se desenvolverá nas seguintes fases:*

Art. 143 A autoridade que tiver ciência de irregularidade no serviço público é obrigada a promover a sua apuração imediata, mediante sindicância ou processo administrativo disciplinar, assegurada ao acusado ampla defesa.

I – instauração, com a publicação do ato que constituir a comissão, a ser composta por dois servidores estáveis, e simultaneamente indicar a autoria e a materialidade da transgressão objeto da apuração

*II – **instrução sumária**, que compreende indiciação, defesa e relatório;*

III – julgamento.

§ 1º A indicação da autoria de que trata o inciso I dar-se-á pelo nome e matrícula do servidor, e a materialidade pela descrição dos cargos, empregos ou funções públicas em situação de acumulação ilegal, dos órgãos ou entidades de vinculação, das datas de ingresso, do horário de trabalho e do correspondente regime jurídico

*§ 2º A comissão lavrará, até **três dias** após a publicação do ato que a constituiu, **termo de indiciação** em que serão transcritas as informações de que trata o parágrafo anterior, bem como promoverá a **citação pessoal do servidor** indiciado, ou por intermédio de sua chefia imediata, para, no prazo de cinco dias, apresentar defesa escrita, assegurando-se-lhe vista do processo na repartição, observado o disposto nos arts. 163 e 164.*

Art. 163 Achando-se o **indiciado em lugar incerto e não sabido**, será citado por **edital**, publicado no Diário Oficial da União e em jornal de grande circulação na localidade do último domicílio conhecido, para apresentar defesa.
Parágrafo único. Na hipótese deste artigo, **o prazo para defesa será de 15 (quinze) dias** a partir da última publicação do edital.
Art. 164 Considerar-se-á **revel** o indiciado que, regularmente citado, **não apresentar defesa no prazo legal**.
§ 1º A revelia será declarada, por termo, nos autos do processo e devolverá o prazo para a defesa.
§ 2º Para defender o indiciado revel, a autoridade instauradora do processo **designará um servidor como defensor dativo, que deverá ser ocupante de cargo efetivo superior ou de mesmo nível, ou ter nível de escolaridade igual ou superior** ao do indiciado.

*§ 3º **Apresentada a defesa,** a comissão elaborará **relatório conclusivo** quanto à inocência ou à responsabilidade do servidor, em que resumirá as peças principais dos autos, opinará sobre a licitude da acumulação em exame, indicará o respectivo dispositivo legal e remeterá o processo à autoridade instauradora, para julgamento*

*§ 4º No **prazo de cinco dias**, contados do recebimento do processo, **a autoridade julgadora proferirá a sua decisão**, aplicando-se, quando for o caso, o disposto no § 3º do art. 167.*

Art. 167, § 3º, Lei nº 8.112/1990 Se a penalidade prevista for a **demissão ou cassação de aposentadoria ou disponibilidade**, o julgamento caberá às autoridades de que trata o inciso I do art. 141.
Art. 141 As penalidades disciplinares serão aplicadas:
I – pelo Presidente da República, pelos Presidentes das Casas do Poder Legislativo e dos Tribunais Federais e pelo Procurador-Geral da República, quando se tratar de demissão e cassação de aposentadoria ou disponibilidade de servidor vinculado ao respectivo Poder, órgão ou entidade;

*§ 5º A **opção** pelo servidor **até o último dia de prazo para defesa** configurará sua boa-fé, **hipótese em que se converterá automaticamente em pedido de exoneração do outro cargo.***

Até o último dia de prazo para a defesa, o servidor pode optar por um cargo, momento em que será realizada a exoneração (caráter não punitivo) do outro cargo.

*§ 6º **Caracterizada a acumulação ilegal** e provada a má-fé, **aplicar-se-á a pena de demissão, destituição ou cassação de aposentadoria ou disponibilidade em relação aos cargos, empregos ou funções públicas em regime de acumulação ilegal**, hipótese em que os órgãos ou entidades de vinculação serão comunicados.*

*§ 7º O **prazo para a conclusão** do processo administrativo disciplinar submetido ao **rito sumário não excederá trinta dias**, contados da data de publicação do ato que constituir a comissão, **admitida a sua prorrogação por até quinze dias**, quando as circunstâncias o exigirem.*

§ 8º O procedimento sumário rege-se pelas disposições deste artigo, observando-se, no que lhe for aplicável, subsidiariamente, as disposições dos Títulos IV e V desta Lei.

Processo Sumário (acumulação ilícita de cargos ou empregos):

a) Aplicação: acumulação ilícita de cargos ou empregos.

b) O servidor, até o último dia de prazo para defesa, pode optar por um dos cargos (o que gerará exoneração em relação ao outro.

c) Se não optar e for provada má-fé, será aplicada demissão, destituição ou cassação de aposentaria ou disponibilidade em relação aos dois cargos.

d) Prazo máximo do processo 30 dias e prorrogáveis por mais 15 dias.

Art. 134** Será **cassada a aposentadoria** ou a disponibilidade do **inativo** que houver praticado, na atividade, **falta punível com a demissão.

***Art. 135** A destituição de cargo em comissão exercido por não ocupante de cargo efetivo será aplicada nos casos de infração sujeita às penalidades de suspensão e de demissão.*

Servidor não ocupante de cargo efetivo que comete infração apenada com suspensão ou demissão será destituído do cargo.

Parágrafo único**. Constatada a hipótese de que trata este artigo, a **exoneração** efetuada nos termos do art. 35 **será convertida em destituição de cargo em comissão.

Art. 35 A **exoneração** de cargo em comissão e a dispensa de função de confiança dar-se-á:
I – a juízo da autoridade competente;
II – a pedido do próprio servidor.

***Art. 136** A demissão ou a destituição de cargo em comissão, nos casos dos incisos IV, VIII, X e XI do art. 132, implica a **indisponibilidade dos bens e o ressarcimento ao erário**, sem prejuízo da ação penal cabível.*

Art. 132 *[...]*
IV – improbidade administrativa;
VIII – aplicação irregular de dinheiros públicos;
X – lesão aos cofres públicos e dilapidação do patrimônio nacional;
XI – corrupção;

***Art. 137** A demissão ou a destituição de cargo em comissão, por infringência do art. 117, incisos IX e XI, **incompatibiliza o ex-servidor para nova investidura em cargo público federal, pelo prazo de 5 (cinco) anos**.*

Art. 117 *[...]*
IX – valer-se do cargo para lograr proveito pessoal ou de outrem, em detrimento da dignidade da função pública;
XI – atuar, como procurador ou intermediário, junto a repartições públicas, salvo quando se tratar de benefícios previdenciários ou assistenciais de parentes até o segundo grau, e de cônjuge ou companheiro;

***Parágrafo único. Não poderá retornar ao serviço público federal** o servidor que for demitido ou destituído do cargo em comissão por infringência do art. 132, incisos I, IV, VIII, X e XI.*

No bojo da ADI 2.975, o STF declarou o parágrafo único inconstitucional a seguir:

O parágrafo único do art. 137 da Lei nº 8.112/1990 proíbe, para sempre, o retorno ao serviço público federal de servidor que for demitido ou destituído por prática de crime contra a Administração Pública, improbidade administrativa, aplicação irregular de dinheiro público,

A D M P U B

lesão aos cofres públicos e dilapidação do patrimônio nacional e corrupção. Essa previsão viola o art. 5º, XLVII, "b", da CF/88, que afirma que **não haverá penas de caráter perpétuo**. STF. Plenário. ADI 2975, Rel. Min. Gilmar Mendes, julgado em 04/12/2020 (Info 1.001).

*Art. 138 Configura **abandono de cargo** a ausência intencional do servidor ao serviço por mais de **trinta dias consecutivos**.*

*Art. 139 Entende-se por **inassiduidade habitual** a falta ao serviço, **sem causa justificada**, por sessenta dias, interpoladamente, durante o período de doze meses.*

a) Abandono de cargo: ausência intencional (30 dias consecutivos).

b) Inassiduidade habitual: falta, sem justificativa (60 dias interpoladamente no período de 12 meses).

***Art. 140 Na apuração de abandono de cargo ou inassiduidade habitual**, também será adotado o **procedimento sumário** a que se refere o art. 133, observando-se especialmente que:*

I – a indicação da materialidade dar-se-á

a) na hipótese de abandono de cargo, pela indicação precisa do período de ausência intencional do servidor ao serviço superior a trinta dias;

b) no caso de inassiduidade habitual, pela indicação dos dias de falta ao serviço sem causa justificada, por período igual ou superior a sessenta dias interpoladamente, durante o período de doze meses;

II – após a apresentação da defesa a comissão elaborará relatório conclusivo quanto à inocência ou à responsabilidade do servidor, em que resumirá as peças principais dos autos, indicará o respectivo dispositivo legal, opinará, na hipótese de abandono de cargo, sobre a intencionalidade da ausência ao serviço superior a trinta dias e remeterá o processo à autoridade instauradora para julgamento.

Art. 141 As penalidades disciplinares serão aplicadas:

I – pelo Presidente da República, pelos Presidentes das Casas do Poder Legislativo e dos Tribunais Federais e pelo Procurador-Geral da República, quando se tratar de demissão e cassação de aposentadoria ou disponibilidade de servidor vinculado ao respectivo Poder, órgão ou entidade;

II – pelas autoridades administrativas de hierarquia imediatamente inferior àquelas mencionadas no inciso anterior quando se tratar de suspensão superior a 30 (trinta) dias;

III – pelo chefe da repartição e outras autoridades na forma dos respectivos regimentos ou regulamentos, nos casos de advertência ou de suspensão de até 30 (trinta) dias;

IV – pela autoridade que houver feito a nomeação, quando se tratar de destituição de cargo em comissão.

Autoridade	Penalidade
▪ Presidente da República. ▪ Presidentes das Casas do ▪ Poder Legislativo. ▪ Presidentes dos Tribunais Federais. ▪ Procurador Geral da República.	▪ Demissão. ▪ Cassação de aposentadoria ou disponibilidade.
Autoridades administrativas de hierarquia imediatamente inferior.	Suspensão **acima** de 30 dias.
Chefe da repartição e outras autoridades.	Suspensão de **até** 30 dias.
Autoridade que houver feito a nomeação.	Destituição de cargo em Comissão.

Art. 142 A ação disciplinar prescreverá:

I – em 5 (cinco) anos, quanto às infrações puníveis com demissão, cassação de aposentadoria ou disponibilidade e destituição de cargo em comissão;

II – em 2 (dois) anos, quanto à suspensão;

III – em 180 (cento e oitenta) dias, quanto à advertência.

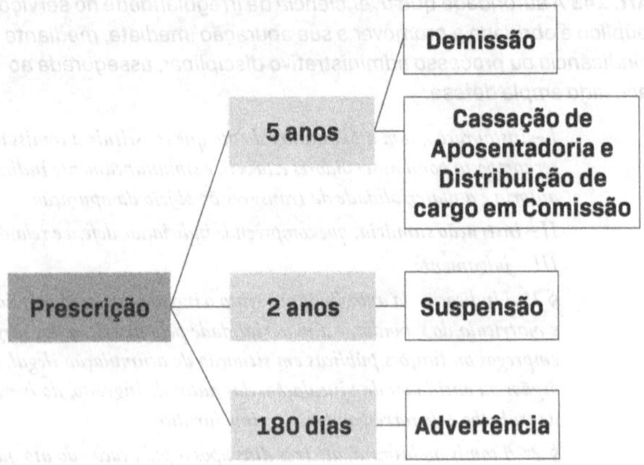

*§ 1º O prazo de prescrição **começa a correr da data em que o fato se tornou conhecido.***

§ 2º Os prazos de prescrição previstos na lei penal aplicam-se às infrações disciplinares capituladas também como crime.

O prazo prescricional previsto na Lei Penal será aplicado ao processo administrativo, independentemente de existir (ou não) ação penal sobre o tema.

Para se aplicar a regra do § 2º do art. 142 da Lei nº 8.112/1990 não se exige que o fato esteja sendo apurado na esfera penal (não se exige que tenha havido oferecimento de denúncia ou instauração de inquérito policial).

Se a infração disciplinar praticada for, em tese, também crime, deve ser aplicado o prazo prescricional previsto na legislação penal independentemente de qualquer outra exigência. STJ. 1ª Seção. MS 20.857-DF, Rel. Min. Napoleão Nunes Maia Filho, Rel. Acd. Min. Og Fernandes, julgado em 22/05/2019 (Info 651).

*§ 3º **A abertura de sindicância ou a instauração de processo disciplinar interrompe a prescrição**, até a decisão final proferida por autoridade competente.*

Interrupção da prescrição:

a) Processo Administrativo Disciplinar (PAD);

b) Sindicância;

c) A interrupção zera o prazo prescricional e o prazo ficará interrompido até a decisão final.

*§ 4º Interrompido o curso da prescrição, **o prazo começará a correr a partir do dia em que cessar a interrupção.***

Após a cessão da interrupção o prazo prescricional volta a contar do zero.

7.5 Processo administrativo disciplinar

7.5.1 Disposições gerais

*Art. 143 A autoridade que tiver ciência de irregularidade no serviço público é obrigada a promover a sua apuração imediata, mediante **sindicância ou processo administrativo** disciplinar, assegurada ao acusado ampla defesa.*

A autoridade dispõe de dois procedimentos para apurar irregularidades:

a) Sindicância;

b) Processo Administrativo Disciplinar (PAD).

§§ 1º e 2º (Revogados).

*§ 3º A apuração de que trata o caput, por solicitação da autoridade a que se refere, **poderá ser promovida por autoridade de órgão ou entidade diverso** daquele em que tenha ocorrido a irregularidade, mediante competência específica para tal finalidade, **delegada em***

***caráter permanente ou temporário pelo Presidente da República, pelos presidentes das Casas do Poder Legislativo e dos Tribunais Federais e pelo Procurador-Geral da República**, no âmbito do respectivo Poder, órgão ou entidade, preservadas as competências para o julgamento que se seguir à apuração.*

***Art. 144** As denúncias sobre irregularidades serão objeto de apuração, **desde que** contenham a **identificação e o endereço do denunciante** e sejam formuladas por escrito, confirmada a autenticidade.*

***Parágrafo único.** Quando o fato narrado não configurar evidente infração disciplinar ou ilícito penal, a denúncia será arquivada, por falta de objeto.*

Fique ligado

Jurisprudência:

Súmula nº 611 – STJ: *Desde que devidamente motivada e com amparo em investigação ou sindicância, **é permitida a instauração de processo** administrativo disciplinar com base em **denúncia anônima**, em face do poder-dever de autotutela imposto à administração.*

***Art. 145** Da sindicância poderá resultar:*

I – arquivamento do processo;

II – aplicação de penalidade de advertência ou suspensão de até 30 (trinta) dias;

III – instauração de processo disciplinar.

***Parágrafo único.** O prazo para **conclusão** da sindicância **não excederá 30 (trinta) dias,** podendo ser prorrogado por igual período, **a critério da autoridade superior**.*

Penalidades possíveis na sindicância*:

a) Advertência;

b) Suspensão máxima de 30 dias.

* Prazo para conclusão da sindicância: 30 dias (prorrogável por igual período, a critério da autoridade).

***Art. 146** Sempre que o ilícito praticado pelo **servidor ensejar a imposição de penalidade de suspensão por mais de 30 (trinta) dias, de demissão, cassação de aposentadoria ou disponibilidade, ou destituição de cargo em comissão**, será obrigatória a instauração de processo disciplinar.*

Não é obrigatória a instauração de sindicância. A autoridade pode determinar a abertura do processo administrativo sem que haja sindicância prévia.

A sindicância é uma forma simplificada do Processo Administrativo Disciplinar (PAD), sendo usada para investigação ou para a apuração de infrações que resultem em penalidades menos gravosas.

7.5.2 Afastamento preventivo

***Art. 147** Como medida cautelar e a fim de que o servidor não venha a influir na apuração da irregularidade, a autoridade instauradora do processo disciplinar poderá determinar o seu afastamento do exercício do cargo, pelo prazo de até 60 (sessenta) dias, sem prejuízo da remuneração.*

***Parágrafo único.** O afastamento poderá ser prorrogado por igual prazo, findo o qual cessarão os seus efeitos, ainda que não concluído o processo.*

a) O afastamento preventivo não configura penalidade.

b) Trata-se de uma medida preventiva para que o servidor não interfira no processo.

c) Prazo de 60 dias, podendo ser prorrogado por mais 60 (prazo máximo total 120 dias) ainda que o processo não tenha sido concluído.

d) O servidor afastado preventivamente continua recebendo.

7.5.3 Processo disciplinar

***Art. 148** O processo disciplinar é o instrumento destinado a apurar responsabilidade de servidor por infração praticada no exercício de suas atribuições, ou que tenha relação com as atribuições do cargo em que se encontre investido.*

***Art. 149** O processo disciplinar será conduzido por **comissão composta de três servidores estáveis** designados pela autoridade competente, observado o disposto no § 3º do art. 143, que indicará, dentre eles, o seu presidente, que deverá ser ocupante de cargo efetivo superior ou de mesmo nível, ou ter nível de escolaridade igual ou superior ao do indiciado.*

Art. 143, § 3º A apuração de que trata o caput, por solicitação da autoridade a que se refere, **poderá ser promovida por autoridade de órgão ou entidade diverso daquele em que tenha ocorrido a irregularidade**, mediante competência específica para tal finalidade, delegada em caráter permanente ou temporário pelo Presidente da República, pelos presidentes das Casas do Poder Legislativo e dos Tribunais Federais e pelo Procurador-Geral da República, no âmbito do respectivo Poder, órgão ou entidade, preservadas as competências para o julgamento que se seguir à apuração.

§ 1º A Comissão terá como secretário servidor designado pelo seu presidente, podendo a indicação recair em um de seus membros.

*§ 2º Não poderá participar de comissão de sindicância ou de inquérito, cônjuge, companheiro ou parente do acusado, consanguíneo ou afim, em linha reta ou colateral, **até o terceiro grau**.*

***Art. 150** A Comissão exercerá suas atividades com independência e imparcialidade, assegurado o sigilo necessário à elucidação do fato ou exigido pelo interesse da administração.*

***Parágrafo único.** As reuniões e as audiências das comissões terão caráter reservado.*

***Art. 151** O processo disciplinar se desenvolve nas seguintes fases:*

I – instauração, com a publicação do ato que constituir a comissão;

II – inquérito administrativo, que compreende instrução, defesa e relatório;

III – julgamento.

Fases do Processo Administrativo Disciplinar (PAD): instauração; inquérito e julgamento.

Observe que a sindicância não consta como fase do PAD.

***Art. 152** O prazo para a conclusão do processo disciplinar não excederá 60 (sessenta) dias, contados da data de publicação do ato que constituir a comissão, admitida a sua prorrogação por igual prazo, quando as circunstâncias o exigirem.*

Prazo para conclusão do PAD:

a) 60 dias contados da publicação do ato de constituição da comissão.

b) Prorrogável por mais 60 dias.

Este artigo **não** trata do prazo para julgamento (que é de mais 20 dias).

*§ 1º **Sempre que necessário**, a comissão dedicará **tempo integral** aos seus trabalhos, ficando seus membros dispensados do ponto, até a entrega do relatório final.*

§ 2º As reuniões da comissão serão registradas em atas que deverão detalhar as deliberações adotadas.

Seção I – Do Inquérito

***Art. 153** O **inquérito administrativo** obedecerá ao princípio do contraditório, assegurada ao acusado ampla defesa, com a utilização dos meios e recursos admitidos em direito.*

Diferentemente do inquérito policial que é inquisitivo, no inquérito administrativo é assegurada ampla defesa.

***Art. 154** Os autos da sindicância integrarão o processo disciplinar, como peça informativa da instrução.*

***Parágrafo único.** Na hipótese de o relatório da sindicância concluir que a infração está capitulada como ilícito penal, a autoridade competente encaminhará cópia dos autos ao Ministério Público, independentemente da imediata instauração do processo disciplinar.*

A D M P U B

***Art. 155** Na fase do inquérito, a comissão promoverá a tomada de depoimentos, acareações, investigações e diligências cabíveis, objetivando a coleta de prova, recorrendo, quando necessário, a técnicos e peritos, de modo a permitir a completa elucidação dos fatos.*

***Art. 156 É assegurado ao servidor** o direito de acompanhar o processo pessoalmente ou por intermédio de procurador, arrolar e reinquirir testemunhas, produzir provas e contraprovas e formular quesitos, quando se tratar de prova pericial.*

Fique ligado

Jurisprudência:

Súmula Vinculante nº 5 – STF: *A falta de defesa técnica por advogado no processo administrativo disciplinar não ofende a Constituição.*

§ 1º O presidente da comissão poderá denegar pedidos considerados impertinentes, meramente protelatórios, ou de nenhum interesse para o esclarecimento dos fatos.

§ 2º Será indeferido o pedido de prova pericial, quando a comprovação do fato independer de conhecimento especial de perito.

***Art. 157** As testemunhas serão intimadas a depor mediante mandado expedido pelo presidente da comissão, devendo a segunda via, com o ciente do interessado, ser anexado aos autos.*

***Parágrafo único** Se a testemunha for servidor público, a expedição do mandado será imediatamente comunicada ao chefe da repartição onde serve, com a indicação do dia e hora marcados para inquirição.*

***Art. 158** O **depoimento será prestado oralmente** e reduzido a termo, **não sendo lícito à testemunha trazê-lo por escrito**.*

É vedado à testemunha a apresentação de depoimento por escrito.

*§ 1º **As testemunhas serão inquiridas** separadamente.*

*§ 2º Na hipótese de depoimentos contraditórios ou que se infirmem, proceder-se-á à **acareação** entre os depoentes.*

A acareação é um procedimento para se buscar a verdade em que as partes são confrontadas frente a frente. Exemplo: depoimentos contraditórios sobre o mesmo fato.

***Art. 159** Concluída a inquirição das testemunhas, a comissão promoverá o **interrogatório do acusado**, observados os procedimentos previstos nos arts. 157 e 158.*

O acusado será ouvido depois das testemunhas e o procedimento adotado no seu interrogatório será o mesmo utilizado com as testemunhas.

§ 1º No caso de mais de um acusado, cada um deles será ouvido separadamente, e sempre que divergirem em suas declarações sobre fatos ou circunstâncias, será promovida a acareação entre eles.

Se houver mais de um acusado, o interrogatório será separado, se existir divergência nas declarações, a comissão pode promover acareação entre eles.

*§ 2º **O procurador do acusado poderá assistir ao interrogatório**, bem como à inquirição das testemunhas, sendo-lhe vedado interferir nas perguntas e respostas, facultando-se lhe, porém, reinquiri-las, por intermédio do presidente da comissão.*

O procurador do acusado pode reinquirir as testemunhas por intermédio do presidente da comissão (nunca diretamente).

***Art. 160** Quando houver dúvida sobre a **sanidade mental do acusado**, a comissão proporá à autoridade competente que ele seja submetido a **exame por junta médica oficial**, da qual participe pelo menos um médico psiquiatra.*

***Parágrafo único.** O **incidente de sanidade mental** será processado em auto apartado e apenso ao processo principal, após a expedição do laudo pericial.*

***Art. 161 Tipificada a infração disciplinar**, será formulada a indiciação do servidor, com a especificação dos fatos a ele imputados e das respectivas provas.*

*§ 1º O indiciado será citado por mandado expedido pelo presidente da comissão para apresentar **defesa escrita**, no prazo de **10 (dez) dias**, assegurando-se lhe vista do processo na repartição.*

§ 2º Havendo dois ou mais indiciados, o prazo será comum e de 20 (vinte) dias.

§ 3º O prazo de defesa poderá ser prorrogado pelo dobro, para diligências reputadas indispensáveis.

Defesa:

a) A defesa será apresentada de forma escrita.
b) Prazo: 10 dias.
c) Se houver mais de um acusado: prazo comum de 20 dias.
d) Pode ser prorrogado pelo dobro – diligências indispensáveis.

*§ 4º No caso de recusa do indiciado em apor o ciente na cópia da citação, o prazo para defesa contar-se-á da data declarada, em termo próprio, **pelo membro da comissão** que fez a citação, com a assinatura de **(2) duas testemunhas**.*

***Art. 162** O indiciado que mudar de residência fica **obrigado a comunicar à comissão** o lugar onde poderá ser encontrado.*

***Art. 163 Achando-se o indiciado em lugar incerto e não sabido, será citado por edital**, publicado no Diário Oficial da União **e em jornal de grande circulação** na localidade do último domicílio conhecido, para apresentar defesa.*

***Parágrafo único.** Na hipótese deste artigo, o prazo para defesa será de 15 (quinze) dias a partir da última publicação do edital.*

Defesa:

a) A defesa será apresentada de forma escrita.
b) Prazo: 10 dias.
c) Se houver mais de um acusado: prazo comum de 20 dias.
d) Pode ser prorrogado pelo dobro – diligências indispensáveis.
e) Se não for localizado – citado por edital – prazo para defesa: 15 dias.

Art. 164** Considerar-se-á **revel** o indiciado que, regularmente citado, **não apresentar defesa no prazo legal.

§ 1º A revelia será declarada, por termo, nos autos do processo e devolverá o prazo para a defesa.

*§ 2º **Para defender o indiciado revel,** a autoridade instauradora do processo designará um servidor como defensor dativo, que **deverá ser ocupante de cargo efetivo superior ou de mesmo nível,** ou ter nível de escolaridade igual ou superior ao do indiciado.*

Defensor do indiciado revel:

a) Ocupante de cargo efetivo superior ou mesmo nível;
b) Possuir nível de escolaridade igual ou superior ao do indiciado.

***Art. 165** Apreciada a defesa, a comissão elaborará relatório minucioso, onde resumirá as peças principais dos autos e mencionará as provas em que se baseou para formar a sua convicção.*

*§ 1º O **relatório será sempre conclusivo** quanto à inocência ou à responsabilidade do servidor.*

*§ 2º **Reconhecida a responsabilidade do servidor,** a comissão indicará o dispositivo legal ou regulamentar transgredido, bem como as circunstâncias agravantes ou atenuantes.*

***Art. 166** O processo disciplinar, com o relatório da comissão, será remetido à autoridade que determinou a sua instauração, para julgamento.*

Seção II – Do Julgamento

***Art. 167** No prazo de 20 (vinte) dias, contados do recebimento do processo, a autoridade julgadora proferirá a sua decisão.*

*§ 1º Se a penalidade a ser aplicada exceder a alçada da autoridade instauradora do processo, este será encaminhado à autoridade competente, **que decidirá em igual prazo.***

*§ 2º Havendo **mais de um indiciado** e diversidade de sanções, o julgamento **caberá à autoridade competente para a imposição da pena mais grave.***

§ 3º Se a penalidade prevista for a demissão ou cassação de aposentadoria ou disponibilidade, o julgamento caberá às autoridades de que trata o inciso I do art. 141.

Autoridade	Penalidade
▪ Presidente da República. ▪ Presidentes das Casas do ▪ Poder Legislativo. ▪ Presidentes dos Tribunais Federais. ▪ Procurador Geral da República.	▪ Demissão. ▪ Cassação de aposentadoria ou disponibilidade.

*§ 4º Reconhecida pela comissão a inocência do servidor, a autoridade instauradora do processo determinará o seu **arquivamento**, salvo se flagrantemente contrária à prova dos autos.*

Art. 168 O julgamento acatará o relatório da comissão, salvo quando contrário às provas dos autos.

***Parágrafo único**. Quando o relatório da comissão **contrariar as provas** dos autos, a **autoridade julgadora poderá**, motivadamente, **agravar a penalidade proposta, abrandá-la ou isentar o servidor de responsabilidade**.*

A autoridade julgadora, em regra, acatará o relatório da comissão, a não ser que ele seja contrário às provas dos autos. Neste caso, poderá a autoridade julgadora (motivadamente):

a) Agravar a penalidade proposta;

b) Abrandar a penalidade proposta;

c) Isentar o servidor da responsabilidade.

***Art. 169** Verificada a ocorrência de vício insanável, a autoridade que determinou a instauração do processo ou outra de hierarquia superior declarará a sua **nulidade, total ou parcial**, e ordenará, no mesmo ato, a constituição de outra comissão para instauração de novo processo.*

*§ 1º O **julgamento fora do prazo** legal **não implica nulidade** do processo.*

§ 2º A autoridade julgadora que der causa à prescrição de que trata o art. 142, § 2º, será responsabilizada na forma do Capítulo IV do Título IV.

***Art. 170** Extinta a punibilidade pela prescrição, a autoridade julgadora determinará o registro do fato nos assentamentos individuais do servidor.*

O STF reconheceu a inconstitucionalidade do art. 170:

4. Reconhecida a prescrição da pretensão punitiva, há impedimento absoluto de ato decisório condenatório ou de formação de culpa definitiva por atos imputados ao investigado no período abrangido pelo PAD. 5. O status de inocência deixa de ser presumido somente após decisão definitiva na seara administrativa, ou seja, não é possível que qualquer consequência desabonadora da conduta do servidor decorra tão só da instauração de procedimento apuratório ou de decisão que reconheça a incidência da prescrição antes de deliberação definitiva de culpabilidade. 6. Segurança concedida, com a declaração de inconstitucionalidade incidental do art. 170 da Lei nº 8.112/1990. (MS 23262, Relator(a): Min. DIAS TOFFOLI, Tribunal Pleno, julgado em 23/04/2014, Acórdão Eletrônico DJe-213 divulgado 29-10-2014 publicado 30-10-2014).

***Art. 171** Quando a **infração estiver capitulada como crime**, o processo disciplinar será remetido ao **Ministério Público** para instauração da ação penal, ficando trasladado na repartição.*

Art. 172** O **servidor que responder a processo disciplinar** só poderá ser exonerado a pedido, ou aposentado voluntariamente, após a conclusão do processo **e o cumprimento da penalidade, acaso aplicada.

***Parágrafo único.** Ocorrida a exoneração de que trata o parágrafo único, inciso I do art. 34, o ato **será convertido em demissão**, se for o caso.*

> **Art. 34** A exoneração de cargo efetivo dar-se-á a pedido do servidor, ou de ofício.
> **Parágrafo único.** A exoneração de ofício dar-se-á:
> *I – quando não satisfeitas as condições do estágio probatório;*

***Art. 173** Serão assegurados transporte e diárias:*

I – ao servidor convocado para prestar depoimento fora da sede de sua repartição, na condição de testemunha, denunciado ou indiciado;

II – aos membros da comissão e ao secretário, quando obrigados a se deslocarem da sede dos trabalhos para a realização de missão essencial ao esclarecimento dos fatos.

Seção III – Da Revisão do Processo

***Art. 174** O processo disciplinar poderá ser revisto, a qualquer tempo, a pedido ou de ofício, quando **se aduzirem fatos novos** ou circunstâncias suscetíveis de justificar a inocência do punido ou a inadequação da penalidade aplicada.*

a) A revisão representa um novo processo (ficará apenso ao original): art. 178.

b) Não há prazo limite para solicitar a revisão (a qualquer tempo).

c) Dependerá do surgimento de fatos novou ou circunstâncias que justifiquem a inocência do punido ou a inadequação da penalidade.

*§ 1º Em caso de **falecimento**, ausência ou desaparecimento do servidor, qualquer pessoa da família poderá requerer a revisão do processo.*

§ 2º No caso de incapacidade mental do servidor, a revisão será requerida pelo respectivo curador.

***Art. 175** No processo revisional, o ônus da prova cabe ao requerente.*

***Art. 176** **A simples alegação de injustiça da penalidade não constitui fundamento para a revisão,** que requer elementos novos, ainda não apreciados no processo originário.*

O processo de revisão não representa uma segunda instância, mas um processo novo, razão pela qual requer elementos novos não apreciados no processo original.

***Art. 177** O requerimento de revisão do processo será dirigido ao Ministro de Estado ou autoridade equivalente, que, se autorizar a revisão, encaminhará o pedido ao dirigente do órgão ou entidade onde se originou o processo disciplinar.*

***Parágrafo único.** Deferida a petição, a autoridade competente providenciará a constituição de comissão, na forma do art. 149.*

> **Art. 149** O processo disciplinar será conduzido por comissão composta de três servidores estáveis designados pela autoridade competente, observado o disposto no § 3º do art. 143, que indicará, dentre eles, o seu presidente, que deverá ser ocupante de cargo efetivo superior ou de mesmo nível, ou ter nível de escolaridade igual ou superior ao do indiciado.
> § 1º A Comissão terá como secretário servidor designado pelo seu presidente, podendo a indicação recair em um de seus membros.
> § 2º Não poderá participar de comissão de sindicância ou de inquérito, cônjuge, companheiro ou parente do acusado, consanguíneo ou afim, em linha reta ou colateral, até o terceiro grau.

Art. 178** A revisão correrá em **apenso ao processo originário.

***Parágrafo único.** Na petição inicial, o requerente pedirá dia e hora para a produção de provas e inquirição das testemunhas que arrolar.*

Art. 179** A comissão revisora terá **60 (sessenta) dias para a conclusão dos trabalhos.

***Art. 180** Aplicam-se aos trabalhos da comissão revisora, no que couber, as normas e procedimentos próprios da comissão do processo disciplinar.*

***Art. 181** O **julgamento caberá à autoridade que aplicou a penalidade**, nos termos do art. 141.*

O art. 141 refere-se às autoridades competentes para aplicar as penalidades.

***Parágrafo único.** O **prazo** para **julgamento será de 20 (vinte) dias**, contados do recebimento do processo, no curso do qual a autoridade julgadora poderá determinar diligências.*

Art. 182** **Julgada procedente a revisão, será declarada sem efeito a penalidade aplicada**, restabelecendo-se todos os direitos do servidor, **exceto em relação à destituição do cargo em comissão, que será convertida em exoneração.

Parágrafo único.** Da revisão do **processo não poderá resultar agravamento de penalidade.

ADM PUB

Resumo:

a) A revisão é um novo processo (apenso ao original).

b) Pode ser solicitada a qualquer tempo.

c) Exigem-se fatos novos não apurados no processo original.

d) Pode ser realizada de ofício pela administração.

e) Pode ser realizada a pedido do servidor ou pessoa da família no caso de falecimento ou curador no caso de incapacidade mental.

f) Requerimento deve ser enviado ao Ministro de Estado (ou equivalente).

g) O ônus da prova é do requerente.

h) A comissão será designada nos moldes do PAD.

i) O prazo para conclusão dos trabalhos será de 60 dias.

j) O julgamento é realizado pela autoridade que aplicou a pena (prazo de 20 dias).

k) Se procedente a pena aplicada restará sem efeito (se for destituição de cargo em Comissão será convertida em exoneração).

l) Não pode resultar agravamento da penalidade.

7.6 Seguridade social do servidor

7.6.1 Disposições gerais

*Art. 183 A União manterá **Plano de Seguridade Social** para o **servidor e sua família**.*

*§ 1º O servidor ocupante de **cargo em comissão** que não seja, simultaneamente, ocupante de cargo ou emprego efetivo na administração pública direta, autárquica e fundacional não terá direito aos benefícios do Plano de Seguridade Social, **com exceção da assistência à saúde.***

O ocupante do Cargo de Confiança terá acesso à seguridade social de forma plena, pois as funções de confiança são exclusivas de servidores efetivos.

Resumo:

a) Se o ocupante de cargo em Comissão também ocupar cargo efetivo ele será beneficiário do Plano de Seguridade Social da União.

b) Se ele só ocupa o cargo em Comissão, contribuirá para o Regime Geral de Previdência Social.

*§ 2º O servidor **afastado ou licenciado** do cargo efetivo, sem direito à remuneração, inclusive para servir em organismo oficial internacional do qual o Brasil seja membro efetivo ou com o qual coopere, ainda que contribua para regime de previdência social no exterior, **terá suspenso o seu vínculo com o regime do Plano de Seguridade Social do Servidor Público enquanto durar o afastamento ou a licença**, não lhes assistindo, neste período, os benefícios do mencionado regime de previdência.*

*§ 3º Será **assegurada ao servidor licenciado ou afastado sem remuneração** a manutenção da vinculação ao regime do Plano de Seguridade Social do Servidor Público, mediante o recolhimento mensal da respectiva contribuição, no mesmo percentual devido pelos servidores em atividade, incidente sobre a remuneração total do cargo a que faz jus no exercício de suas atribuições, computando-se, para esse efeito, inclusive, as vantagens pessoais.*

*§ 4º O recolhimento de que trata o § 3º **deve ser efetuado até o segundo dia útil após a data do pagamento das remunerações dos servidores públicos**, aplicando-se os procedimentos de cobrança e execução dos tributos federais quando não recolhidas na data de vencimento*

Art. 184 O Plano de Seguridade Social visa a dar cobertura aos riscos a que estão sujeitos o servidor e sua família, e compreende um conjunto de benefícios e ações que atendam às seguintes finalidades:

I – garantir meios de subsistência nos eventos de doença, invalidez, velhice, acidente em serviço, inatividade, falecimento e reclusão;

II – proteção à maternidade, à adoção e à paternidade;

III – assistência à saúde.

***Parágrafo único.** Os benefícios serão concedidos nos termos e condições definidos em regulamento, observadas as disposições desta Lei.*

*Art. 185 Os **benefícios** do Plano de Seguridade Social do servidor compreendem:*

I – quanto ao servidor:

a) aposentadoria;

b) auxílio-natalidade;

c) salário-família;

d) licença para tratamento de saúde;

e) licença à gestante, à adotante e licença-paternidade;

f) licença por acidente em serviço;

g) assistência à saúde;

h) garantia de condições individuais e ambientais de trabalho satisfatórias;

II – quanto ao dependente:

a) pensão vitalícia e temporária;

b) auxílio-funeral;

c) auxílio-reclusão;

d) assistência à saúde.

§ 1º As aposentadorias e pensões serão concedidas e mantidas pelos órgãos ou entidades aos quais se encontram vinculados os servidores, observado o disposto nos arts. 189 e 224.

*§ 2º O recebimento indevido de benefícios havidos por **fraude, dolo ou má-fé**, implicará **devolução ao erário** do total auferido, sem prejuízo da ação penal cabível.*

Benefícios aos servidores	Benefícios aos dependentes
• Aposentadoria; • Auxílio-natalidade; • Salário-família; • Licença para tratamento de saúde; • Licença à gestante, à adotante e licença-paternidade; • Licença por acidente em serviço; • Assistência à saúde; • Garantia de condições individuais e ambientais de • trabalho satisfatórias.	• Pensão vitalícia e temporária; • Auxílio-funeral; • Auxílio-reclusão; • Assistência à saúde.

7.6.2 Benefícios

Seção I – Da Aposentadoria

Art. 186 O servidor será aposentado:

*I – por **invalidez permanente**, sendo os **proventos integrais** quando decorrente de acidente em serviço, moléstia profissional ou doença grave, contagiosa ou incurável, especificada em lei, e **proporcionais nos demais casos;***

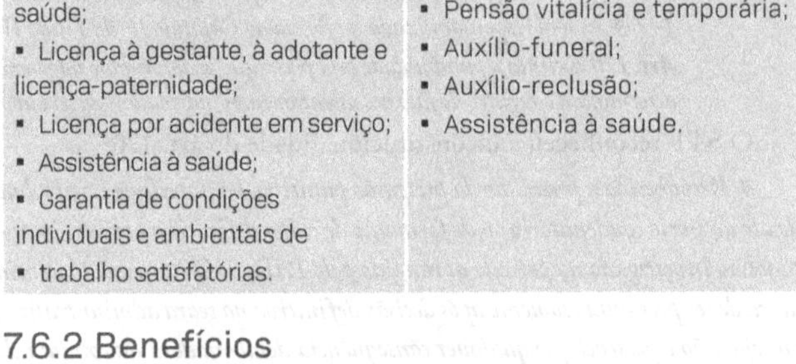

Ver alterações promovidas pela EC nº 103/2009 (a seguir).

*II – **compulsoriamente**, aos setenta anos de idade, com proventos proporcionais ao tempo de serviço;*

Ver alterações promovidas pela EC nº 103/2009 (a seguir).

III – voluntariamente:

a) aos 35 (trinta e cinco) anos de serviço, se homem, e aos 30 (trinta) se mulher, com proventos integrais;

b) aos 30 (trinta) anos de efetivo exercício em funções de magistério se professor, e 25 (vinte e cinco) se professora, com proventos integrais;

c) aos 30 (trinta) anos de serviço, se homem, e aos 25 (vinte e cinco) se mulher, com proventos proporcionais a esse tempo;

d) aos 65 (sessenta e cinco) anos de idade, se homem, e aos 60 (sessenta) se mulher, com proventos proporcionais ao tempo de serviço.

Ver alterações promovidas pela EC nº 103/2009 (a seguir).

Formas de aposentadoria:

a) Invalidez permanente (incapacidade permanente);

b) Compulsoriamente;

c) Voluntária.

EC nº 103/2019, CF/1988

Art. 40 *O regime próprio de previdência social dos servidores titulares de cargos efetivos terá caráter contributivo e solidário, mediante contribuição do respectivo ente federativo, de servidores ativos, de aposentados e de pensionistas, observados critérios que preservem o equilíbrio financeiro e atuarial.*

§ 1º O servidor abrangido por regime próprio de previdência social será aposentado:

I - por incapacidade permanente para o trabalho, no cargo em que estiver investido, quando insuscetível de readaptação, hipótese em que será obrigatória a realização de avaliações periódicas para verificação da continuidade das condições que ensejaram a concessão da aposentadoria, na forma de lei do respectivo ente federativo;

II - compulsoriamente, com proventos proporcionais ao tempo de contribuição, aos 70 (setenta) anos de idade, ou aos 75 (setenta e cinco) anos de idade, na forma de lei complementar;

III - no âmbito da União, aos 62 (sessenta e dois) anos de idade, se mulher, e aos 65 (sessenta e cinco) anos de idade, se homem, e, no âmbito dos Estados, do Distrito Federal e dos Municípios, na idade mínima estabelecida mediante emenda às respectivas Constituições e Leis Orgânicas, observados o tempo de contribuição e os demais requisitos estabelecidos em lei complementar do respectivo ente federativo.

Compulsória: ocorre quando o se atinge a idade limite (prevista em lei) para permanecer em exercício.

Lei complementar nº 152/2015

Art. 2º *Serão aposentados compulsoriamente, com proventos proporcionais ao tempo de contribuição, aos 75 (setenta e cinco) anos de idade:*

I - os servidores titulares de cargos efetivos da União, dos Estados, do Distrito Federal e dos Municípios, incluídas suas autarquias e fundações;

II - os membros do Poder Judiciário;

III - os membros do Ministério Público;

IV - os membros das Defensorias Públicas;

V - os membros dos Tribunais e dos Conselhos de Contas.

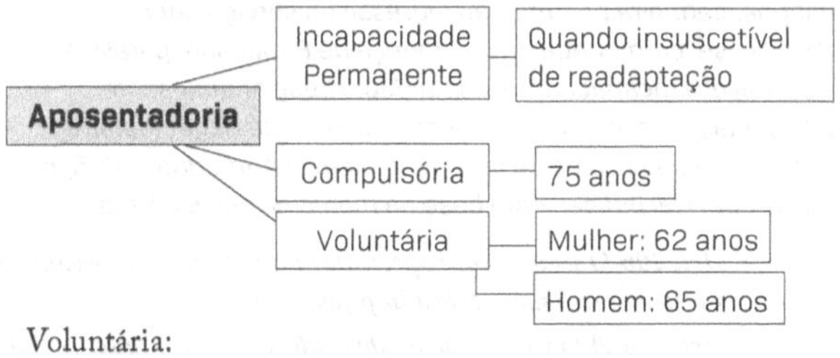

Voluntária:

a) No âmbito da União: 62 anos (mulher), 65 anos (homem).

b) Nos Estados, Distrito Federal e Municípios: definição nas respectivas constituições e leis orgânicas.

c) Redução de 5 anos se for professor (art. 40, § 5º, CF/1988).

Art. 40, § 5º, CF/1988 Os ocupantes do cargo de **professor** terão idade mínima reduzida em 5 (cinco) anos em relação às idades decorrentes da aplicação do disposto no inciso III do § 1º, desde que comprovem tempo de efetivo exercício das funções de magistério na educação infantil e no ensino fundamental e médio fixado em lei complementar do respectivo ente federativo.

§ 1º Consideram-se doenças graves, contagiosas ou incuráveis, a que se refere o inciso I deste artigo, tuberculose ativa, alienação mental, esclerose múltipla, neoplasia maligna, cegueira posterior ao ingresso no serviço público, hanseníase, cardiopatia grave, doença de Parkinson, paralisia irreversível e incapacitante, espondiloartrose anquilosante, nefropatia grave, estados avançados do mal de Paget (osteíte deformante), Síndrome de Imunodeficiência Adquirida – AIDS, e outras que a lei indicar, com base na medicina especializada.

§ 2º Nos casos de exercício de atividades consideradas insalubres ou perigosas, bem como nas hipóteses previstas no art. 71, a aposentadoria de que trata o inciso III, "a" e "c", observará o disposto em lei específica.

§ 3º Na hipótese do inciso I o servidor será submetido à junta médica oficial, que atestará a invalidez quando caracterizada a incapacidade para o desempenho das atribuições do cargo ou a impossibilidade de se aplicar o disposto no art. 24.

Art. 187 *A **aposentadoria compulsória** será **automática,** e declarada por ato, com vigência a partir do dia imediato àquele em que o servidor atingir a idade-limite de permanência no serviço ativo.*

Art. 188 *A aposentadoria voluntária ou por invalidez vigorará **a partir da data da publicação do respectivo ato.***

*§ 1º A aposentadoria por invalidez será **precedida** de licença para tratamento de saúde, por período não excedente a 24 (vinte e quatro) meses.*

*§ 2º Expirado o período de licença e **não estando em condições de reassumir o cargo ou de ser readaptado,** o servidor será aposentado.*

§ 3º O lapso de tempo compreendido entre o término da licença e a publicação do ato da aposentadoria será considerado como de prorrogação da licença.

§ 4º Para os fins do disposto no § 1º deste artigo, serão consideradas apenas as licenças motivadas pela enfermidade ensejadora da invalidez ou doenças correlacionadas.

*§ 5º A critério da Administração, o servidor em licença para tratamento de saúde ou aposentado por invalidez **poderá ser convocado a qualquer momento, para avaliação das condições que ensejaram o afastamento ou a aposentadoria.***

Art. 189 *O provento da aposentadoria será calculado com observância do disposto no § 3º do art. 41, e revisto na mesma data e proporção, sempre que se modificar a remuneração dos servidores em atividade.*

Parágrafo único. *São estendidos aos inativos quaisquer benefícios ou vantagens posteriormente concedidas aos servidores em atividade, inclusive quando decorrentes de transformação ou reclassificação do cargo ou função em que se deu a aposentadoria.*

Art. 41, § 3º, Lei nº 8.112/90: o vencimento do cargo efetivo, acrescido das vantagens de caráter permanente, é irredutível.

Ocorre que, com o advento da EC nº 41/2003, a chamada paridade foi extinta.

Integralidade: é a percepção dos proventos em valor igual à totalidade da remuneração que o servidor público recebia quando no cargo efetivo em que se deu a aposentadoria ou falecimento (no caso de pensão). Dessa forma, caso o servidor tivesse um salário de R$ 20.000,00 como sua última remuneração, se aposentaria com este valor, sem nenhuma redução.

Paridade: é a concessão dos aumentos e reajustes atribuídos aos servidores ativos, também aos proventos de aposentadoria. Dessa forma, vantagens e benefícios que fossem devidos aos ativos (trabalhando) seriam estendidos de maneira automática aos inativos (aposentados).

Todos os servidores que ingressaram no serviço público após 2004, esses benefícios foram **perdidos.**

***Art. 190** O servidor aposentado com provento proporcional ao tempo de serviço se acometido de qualquer das moléstias especificadas no **§ 1º do art. 186 desta Lei** e, por esse motivo, for considerado inválido por junta médica oficial passará a perceber **provento integral,** calculado com base no fundamento legal de concessão da aposentadoria.*

***Art. 191 Quando proporcional ao tempo de serviço,** o provento não será inferior a 1/3 (um terço) da remuneração da atividade.*

***Art. 192 e 193** (Revogados).*

***Art. 194** Ao servidor aposentado será paga a gratificação natalina, até o dia vinte do mês de dezembro, em valor equivalente ao respectivo provento, deduzido o adiantamento recebido.*

***Art. 195** Ao ex-combatente que tenha efetivamente participado de operações bélicas, durante a Segunda Guerra Mundial, nos termos da Lei nº 5.315, de 12 de setembro de 1967, será concedida aposentadoria com provento integral, aos 25 (vinte e cinco) anos de serviço efetivo.*

Seção II – Do Auxílio-Natalidade

***Art. 196** O auxílio-natalidade é devido à servidora por motivo de nascimento de filho, em quantia equivalente ao menor vencimento do serviço público, inclusive no caso de natimorto.*

*§ 1º Na hipótese de **parto múltiplo,** o valor será **acrescido de 50% (cinquenta por cento), por nascituro.***

§ 2º O auxílio será pago ao cônjuge ou companheiro servidor público, quando a parturiente não for servidora.

Seção III – Do Salário-Família

Art. 197** O salário-família é devido ao **servidor ativo ou ao inativo, por dependente econômico.

***Parágrafo único.** Consideram-se dependentes econômicos para efeito de percepção do salário-família:*

*I – o cônjuge ou companheiro e os **filhos, inclusive os enteados até 21** (vinte e um) anos de idade ou, **se estudante, até 24** (vinte e quatro) anos ou, **se inválido, de qualquer idade;***

II – o menor de 21 (vinte e um) anos que, mediante autorização judicial, viver na companhia e às expensas do servidor, ou do inativo;

III – a mãe e o pai sem economia própria.

***Art. 198** Não se configura a dependência econômica quando o beneficiário do salário-família perceber rendimento do trabalho ou de qualquer outra fonte, inclusive pensão ou provento da aposentadoria, em valor igual ou superior ao salário-mínimo.*

***Art. 199** Quando o pai e mãe forem servidores públicos e viverem em comum, o salário-família **será pago a um deles;** quando separados, será pago a um e outro, de acordo com a distribuição dos dependentes.*

***Parágrafo único.** Ao pai e à mãe equiparam-se o padrasto, a madrasta e, na falta destes, os representantes legais dos incapazes.*

***Art. 200** O salário-família **não está sujeito a qualquer tributo,** nem servirá de base para qualquer contribuição, inclusive para a Previdência Social.*

***Art. 201** O **afastamento do cargo efetivo, sem remuneração,** não acarreta a suspensão do pagamento do salário-família.*

Seção IV – Da Licença para Tratamento de Saúde

***Art. 202** Será concedida ao servidor **licença para tratamento de saúde,** a pedido ou de ofício, com base em perícia médica, sem prejuízo da remuneração a que fizer jus.*

***Art. 203** A licença de que trata o art. 202 desta Lei será concedida com base em perícia oficial.*

§ 1º Sempre que necessário, a inspeção médica será realizada na residência do servidor ou no estabelecimento hospitalar onde se encontrar internado.

*§ 2º Inexistindo médico no órgão ou entidade no local onde se encontra ou tenha exercício em caráter permanente o servidor, e não se configurando as hipóteses previstas nos parágrafos do art. 230, **será aceito atestado passado por médico particular.***

***Art. 230** A assistência à saúde do servidor, ativo ou inativo, e de sua família compreende assistência médica, hospitalar, odontológica, psicológica e farmacêutica, terá como diretriz básica o implemento de ações preventivas voltadas para a promoção da saúde e **será prestada pelo Sistema Único de Saúde – SUS**, diretamente pelo órgão ou entidade ao qual estiver vinculado o servidor, ou mediante convênio ou contrato, ou ainda na forma de auxílio, mediante ressarcimento parcial do valor despendido pelo servidor, ativo ou inativo, e seus dependentes ou pensionistas com planos ou seguros privados de assistência à saúde, na forma estabelecida em regulamento.*

*§ 1º Nas hipóteses previstas nesta Lei em que seja exigida perícia, avaliação ou inspeção médica, **na ausência de médico ou junta médica oficial**, para a sua realização o órgão ou entidade celebrará, preferencialmente, convênio com unidades de atendimento do sistema público de saúde, entidades sem fins lucrativos declaradas de utilidade pública, ou com o Instituto Nacional do Seguro Social – INSS.*

*§ 2º **Na impossibilidade, devidamente justificada**, da aplicação do disposto no parágrafo anterior, o órgão ou entidade promoverá a contratação da prestação de serviços por pessoa jurídica, que constituirá junta médica especificamente para esses fins, indicando os nomes e especialidades dos seus integrantes, com a comprovação de suas habilitações e de que não estejam respondendo a processo disciplinar junto à entidade fiscalizadora da profissão.*

*§ 3º No caso do § 2º deste artigo, o **atestado somente produzirá efeitos depois de recepcionado pela unidade de recursos humanos do órgão ou entidade.***

*§ 4º A licença que exceder o prazo de **120 (cento e vinte) dias** no período de 12 (doze) meses a contar do primeiro dia de afastamento **será concedida mediante avaliação por junta médica oficial.***

§ 5º A perícia oficial para concessão da licença de que trata o caput deste artigo, bem como nos demais casos de perícia oficial previstos nesta Lei, será efetuada por cirurgiões-dentistas, nas hipóteses em que abranger o campo de atuação da odontologia.

***Art. 204** A licença para tratamento de saúde **inferior a 15 (quinze) dias**, dentro de 1 (um) ano, **poderá ser dispensada de perícia oficial,** na forma definida em regulamento.*

Resumo:

a) Licença inferior a 15 dias – no prazo de 1 ano (dispensa perícia oficial).

b) Licença por prazo acima de 15 dias e inferior a 120 dias (precisa de perícia médica oficial).

c) Licença acima de 120 dias será concedida mediante avaliação por junta médica oficial.

***Art. 205** O atestado e o laudo da junta médica não se referirão ao nome ou natureza da doença, salvo quando se tratar de lesões produzidas por acidente em serviço, doença profissional ou qualquer das doenças especificadas no art. 186, § 1o.*

Art. 186, § 1º, Lei nº 8.112/1990 *Consideram-se doenças graves, contagiosas ou incuráveis, a que se refere o inciso I deste artigo, tuberculose ativa, alienação mental, esclerose múltipla, neoplasia maligna, cegueira posterior ao ingresso no serviço público, hanseníase, cardiopatia grave, doença de Parkinson, paralisia irreversível e incapacitante, espondiloartrose anquilosante, nefropatia grave, estados avançados do mal de Paget (osteíte deformante), Síndrome de Imunodeficiência Adquirida – AIDS, e outras que a lei indicar, com base na medicina especializada.*

***Art. 206** O servidor que apresentar indícios de lesões orgânicas ou funcionais será submetido a inspeção médica.*

***Art. 206-A** O servidor será submetido a exames médicos periódicos, nos termos e condições*

***Parágrafo único.** Para os fins do disposto no caput, a União e suas entidades autárquicas e fundacionais poderão:*

I – prestar os exames médicos periódicos diretamente pelo órgão ou entidade à qual se encontra vinculado o servidor;

II – celebrar convênio ou instrumento de cooperação ou parceria com os órgãos e entidades da administração direta, suas autarquias e fundações

III – celebrar convênios com operadoras de plano de assistência à saúde, organizadas na modalidade de autogestão, que possuam autorização de funcionamento do órgão regulador, na forma do art. 230; ou

IV – prestar os exames médicos periódicos mediante contrato administrativo, observado o disposto na Lei nº 8.666, de 21 de junho de 1993, e demais normas pertinentes.

Seção V – Da Licença à Gestante, à Adotante e da Licença-Paternidade

***Art. 207** Será concedida licença à servidora gestante por 120 (cento e vinte) dias consecutivos, sem prejuízo da remuneração.*

O Decreto nº 6.690/2008 permite a prorrogação da licença por mais 60 dias.

> **Art. 1º** Fica instituído, no âmbito da Administração Pública federal direta, autárquica e fundacional, o **Programa de Prorrogação da Licença à Gestante e à Adotante**.
> **Art. 2º** Serão beneficiadas pelo Programa de Prorrogação da Licença à Gestante e à Adotante as servidoras públicas federais lotadas ou em exercício nos órgãos e entidades integrantes da Administração Pública federal direta, autárquica e fundacional.
> § 1º A prorrogação será garantida à servidora pública que requeira o benefício até o final do primeiro mês após o parto e terá duração de **sessenta dias**.

Com a prorrogação, a licença gestante poderá ter duração total de 180 dias.

§ 1º A licença poderá ter início no primeiro dia do nono mês de gestação, salvo antecipação por prescrição médica.

*§ 2º No caso de nascimento **prematuro, a licença terá início a partir do parto.***

*§ 3º No caso de **natimorto**, decorridos **30 (trinta) dias** do evento, a servidora será submetida a exame médico, e se julgada apta, reassumirá o exercício.*

*§ 4º No caso de **aborto** atestado por médico oficial, a servidora terá direito a **30 (trinta) dias** de repouso remunerado.*

***Art. 208** Pelo nascimento ou adoção de filhos, o servidor terá direito à licença-paternidade de 5 (cinco) dias consecutivos.*

O Decreto nº 8.737/2016 permite a prorrogação da licença por mais 15 dias.

> **Art. 1º** Fica instituído o Programa de Prorrogação da Licença Paternidade para os servidores regidos pela Lei nº 8.112, de 11 de dezembro de 1990.
> **Art. 2º** A prorrogação da licença-paternidade **será concedida ao servidor público que requeira o benefício** no prazo de dois dias úteis após o nascimento ou a adoção e terá **duração de quinze dias,** além dos cinco dias concedidos pelo art. 208 da Lei nº 8.112/1990.

Com a prorrogação, a licença-paternidade poderá ter duração total de 20 dias.

***Art. 209** Para amamentar o próprio filho, até a idade de seis meses, a servidora lactante terá direito, durante a jornada de trabalho, a uma hora de descanso, que poderá ser parcelada em dois períodos de meia hora.*

***Art. 210** À servidora que adotar ou obtiver guarda judicial de criança até 1 (um) ano de idade, serão concedidos 90 (noventa) dias de licença remunerada.*

***Parágrafo único.** No caso de adoção ou guarda judicial de criança com mais de 1 (um) ano de idade, o prazo de que trata este artigo será de 30 (trinta) dias.*

> **Fique ligado**
>
> Jurisprudência:
> **RE 778.889 – STF:** Os prazos da licença adotante não podem ser inferiores aos prazos da licença gestante, o mesmo valendo para as respectivas prorrogações. Em relação à licença adotante, não é possível fixar prazos diversos em função da idade da criança adotada.

Seção VI – Da Licença por Acidente em Serviço

***Art. 211** Será licenciado, com **remuneração integral**, o servidor **acidentado em serviço**.*

***Art. 212** Configura acidente em serviço o dano físico ou mental sofrido pelo servidor, que se relacione, mediata ou imediatamente, com as atribuições do cargo exercido.*

***Parágrafo único. Equipara-se** ao acidente em serviço o dano:*

I – decorrente de agressão sofrida e não provocada pelo servidor no exercício do cargo;

II – sofrido no percurso da residência para o trabalho e vice-versa.

Equipara-se a acidente de serviço:

a) Agressão sofrida e não provocada no exercício do cargo;

b) No percurso da residência para o trabalho e vice-versa.

***Art. 213** O servidor acidentado em serviço que necessite de tratamento especializado poderá ser tratado em instituição privada, à conta de recursos públicos.*

***Parágrafo único.** O tratamento recomendado por junta médica oficial constitui medida de exceção e somente será admissível quando inexistirem meios e recursos adequados em instituição pública.*

***Art. 214 A prova do acidente será feita no prazo de 10 (dez) dias,** prorrogável quando as circunstâncias o exigirem.*

Seção VII – Da Pensão

***Art. 215 Por morte do servidor**, os seus dependentes, nas hipóteses legais, fazem jus à pensão por morte, observados os limites estabelecidos no inciso XI do caput do art. 37 da Constituição Federal e no art. 2º da Lei nº 10.887, de 18 de junho de 2004.*

***Art. 216** (Revogado).*

***Art. 217** São beneficiários das pensões:*

I – o cônjuge;

a) a e) (Revogadas);

II – o cônjuge divorciado ou separado judicialmente ou de fato, com percepção de pensão alimentícia estabelecida judicialmente;

a) a d) (Revogadas);

III – o companheiro ou companheira que comprove união estável como entidade familiar;

IV – o filho de qualquer condição que atenda a um dos seguintes requisitos

a) seja menor de 21 (vinte e um) anos;

b) seja inválido;

c) tenha deficiência grave; ou

d) tenha deficiência intelectual ou mental;

V – a mãe e o pai que comprovem dependência econômica do servidor; e

VI – o irmão de qualquer condição que comprove dependência econômica do servidor e atenda a um dos requisitos previstos no inciso IV.

§ 1º A concessão de pensão aos beneficiários de que tratam os incisos I a IV do caput exclui os beneficiários referidos nos incisos V e VI.

§ 2º A concessão de pensão aos beneficiários de que trata o inciso V do caput exclui o beneficiário referido no inciso VI.

§ 3º O enteado e o menor tutelado equiparam-se a filho mediante declaração do servidor e desde que comprovada dependência econômica, na forma estabelecida em regulamento.

§ 4º (Vetado).

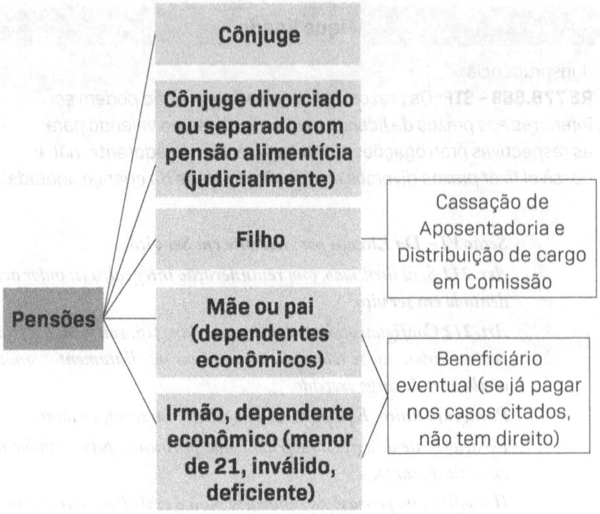

*Art. 218 Ocorrendo **habilitação de vários titulares** à pensão, o seu valor será distribuído em partes iguais entre os beneficiários habilitados.*

*Art. 219 A pensão por morte **será devida ao conjunto dos dependentes do segurado que falecer, aposentado ou não, a contar da data:***

I – do óbito, quando requerida em até 180 (cento e oitenta dias) após o óbito, para os filhos menores de 16 (dezesseis) anos, ou em até 90 (noventa) dias após o óbito, para os demais dependentes;

*II – **do requerimento, quando requerida após o prazo previsto no inciso I** do **caput** deste artigo; ou*

Filhos menores de 16:

a) Começa a contar após o falecimento se apresentada dentro de 180 dias.

b) Começa a contar a partir do requerimento, se for após 180 dias.

Demais dependentes:

a) Começa a contar após falecimento se apresentar dentro dos 90 dias.

b) Começa a contar a partir do requerimento, se for após os 90 dias.

*III – da **decisão judicial**, na hipótese de **morte presumida**.*

§ 1º A concessão da pensão por morte não será protelada pela falta de habilitação de outro possível dependente e a habilitação posterior que importe em exclusão ou inclusão de dependente só produzirá efeito a partir da data da publicação da portaria de concessão da pensão ao dependente habilitado.

§ 2º Ajuizada a ação judicial para reconhecimento da condição de dependente, este poderá requerer a sua habilitação provisória ao benefício de pensão por morte, exclusivamente para fins de rateio dos valores com outros dependentes, vedado o pagamento da respectiva cota até o trânsito em julgado da respectiva ação, ressalvada a existência de decisão judicial em contrário.

§ 3º Nas ações em que for parte o ente público responsável pela concessão da pensão por morte, este poderá proceder de ofício à habilitação excepcional da referida pensão, apenas para efeitos de rateio, descontando-se os valores referentes a esta habilitação das demais cotas, vedado o pagamento da respectiva cota até o trânsito em julgado da respectiva ação, ressalvada a existência de decisão judicial em contrário.

§ 4º Julgada improcedente a ação prevista no § 2º ou § 3º deste artigo, o valor retido será corrigido pelos índices legais de reajustamento e será pago de forma proporcional aos demais dependentes, de acordo com as suas cotas e o tempo de duração de seus benefícios.

§ 5º Em qualquer hipótese, fica assegurada ao órgão concessor da pensão por morte a cobrança dos valores indevidamente pagos em função de nova habilitação.

***Art. 220 Perde o direito** à pensão por morte:*

*I – após o trânsito em julgado, **o beneficiário condenado pela prática de crime de que tenha dolosamente resultado a morte do servidor;***

*II – o **cônjuge, o companheiro ou a** companheira se comprovada, a qualquer tempo, simulação ou fraude no casamento ou na união estável, ou a formalização desses com o fim exclusivo de constituir benefício previdenciário, apuradas em processo judicial no qual será assegurado o direito ao contraditório e à ampla defesa.*

*Art. 221 Será concedida **pensão provisória por morte presumida do servidor**, nos seguintes casos:*

I – declaração de ausência, pela autoridade judiciária competente;

II – desaparecimento em desabamento, inundação, incêndio ou acidente não caracterizado como em serviço;

III – desaparecimento no desempenho das atribuições do cargo ou em missão de segurança.

***Parágrafo único. A pensão provisória será transformada em vitalícia ou temporária, conforme o caso, decorridos 5 (cinco) anos de sua vigência**, ressalvado o eventual reaparecimento do servidor, hipótese em que o benefício será automaticamente cancelado.*

*Art. 222 Acarreta **perda da qualidade de beneficiário**:*

I – o seu falecimento;

II – a anulação do casamento, quando a decisão ocorrer após a concessão da pensão ao cônjuge;

III – a cessação da invalidez, em se tratando de beneficiário inválido, ou o afastamento da deficiência, em se tratando de beneficiário com deficiência, respeitados os períodos mínimos decorrentes da aplicação das alíneas a e b do inciso VII do caput deste artigo;

IV – o implemento da idade de 21 (vinte e um) anos, pelo filho ou irmão;

V – a acumulação de pensão na forma do art. 225;

VI – a renúncia expressa; e

VII – em relação aos beneficiários de que tratam os incisos I a III do caput do art. 217

a) o decurso de 4 (quatro) meses, se o óbito ocorrer sem que o servidor tenha vertido 18 (dezoito) contribuições mensais ou se o casamento ou a união estável tiverem sido iniciados em menos de 2 (dois) anos antes do óbito do servidor;

b) o decurso dos seguintes períodos, estabelecidos de acordo com a idade do pensionista na data de óbito do servidor, depois de vertidas 18 (dezoito) contribuições mensais e pelo menos 2 (dois) anos após o início do casamento ou da união estável:

1) 3 (três) anos, com menos de 21 (vinte e um) anos de idade

2) 6 (seis) anos, entre 21 (vinte e um) e 26 (vinte e seis) anos de idade;

3) 10 (dez) anos, entre 27 (vinte e sete) e 29 (vinte e nove) anos de idade;

4) 15 (quinze) anos, entre 30 (trinta) e 40 (quarenta) anos de idade;

5) 20 (vinte) anos, entre 41 (quarenta e um) e 43 (quarenta e três) anos de idade;

6) vitalícia, com 44 (quarenta e quatro) ou mais anos de idade.

Perda da condição de beneficiário:
Art. 217, I a III
I - cônjuge.
II - cônjuge divorciado ou separado (pensão alimentícia).
III - companheiro(a) (união estável).

Decurso de 4 meses:
a) se o óbito ocorrer sem que o servidor tenha vertido 18 contribuições mensais;
b) ou se o casamento ou a união estável tiverem sido iniciados em menos de 2 anos antes do óbito do servidor.

Períodos seguintes, de acordo com:
a) idade do pensionista;
b) pelo menos 18 contribuições;
c) 2 anos de casamento ou união estável, no mínimo.

Tempo de concessão	Idade do beneficiário
3 anos	Com menos de 21 anos
6 anos	Entre 21 e 26 anos
10 anos	Entre 27 e 29 anos
15 anos	Entre 30 e 40 anos
20 anos	Entre 41 e 43 anos
Vitalícia	Com 44 ou mais anos

§ 1º A critério da administração, o beneficiário de pensão cuja preservação seja motivada por invalidez, por incapacidade ou por deficiência poderá ser convocado a qualquer momento para avaliação das referidas condições.

*§ 2º Serão aplicados, conforme o caso, a regra contida no inciso III ou os prazos previstos na alínea "b" do inciso VII, ambos do caput, se o óbito do servidor decorrer de acidente de qualquer natureza ou de doença profissional ou do trabalho, **independentemente do recolhimento de 18 (dezoito) contribuições mensais ou da comprovação de 2 (dois) anos de casamento ou de união estável.***

§ 3º Após o transcurso de pelo menos 3 (três) anos e desde que nesse período se verifique o incremento mínimo de um ano inteiro na média nacional única, para ambos os sexos, correspondente à expectativa de sobrevida da população brasileira ao nascer, poderão ser fixadas, em números inteiros, novas idades para os fins previstos na alínea "b" do inciso VII do caput, em ato do Ministro de Estado do Planejamento, Orçamento e Gestão, limitado o acréscimo na comparação com as idades anteriores ao referido incremento.

§ 4º O tempo de contribuição a Regime Próprio de Previdência Social (RPPS) ou ao Regime Geral de Previdência Social (RGPS) será considerado na contagem das 18 (dezoito) contribuições mensais referidas nas alíneas "a" e "b" do inciso VII do caput.

§ 5º Na hipótese de o servidor falecido estar, na data de seu falecimento, obrigado por determinação judicial a pagar alimentos temporários a ex-cônjuge, ex-companheiro ou ex-companheira, a pensão por morte será devida pelo prazo remanescente na data do óbito, caso não incida outra hipótese de cancelamento anterior do benefício.

§ 6º O beneficiário que não atender à convocação de que trata o § 1º deste artigo terá o benefício suspenso, observado o disposto nos incisos I e II do caput do art. 95 da Lei nº 13.146, de 6 de julho de 2015.

§ 7º O exercício de atividade remunerada, inclusive na condição de microempreendedor individual, não impede a concessão ou manutenção da cota da pensão de dependente com deficiência intelectual ou mental ou com deficiência grave.

§ 8º No ato de requerimento de benefícios previdenciários, não será exigida apresentação de termo de curatela de titular ou de beneficiário com deficiência, observados os procedimentos a serem estabelecidos em regulamento.

***Art. 223** Por morte ou perda da qualidade de beneficiário, a respectiva cota reverterá para os cobeneficiários.*

***Art. 224** As pensões serão automaticamente atualizadas na mesma data e na mesma proporção dos reajustes dos vencimentos dos servidores, aplicando-se o disposto no parágrafo único do art. 189.*

Sobre a paridade, o art. 189, parágrafo único, da Lei nº 8.112/1990 dispõe que *são estendidos aos inativos quaisquer benefícios ou vantagens posteriormente concedidas aos servidores em atividade, inclusive quando decorrentes de transformação ou reclassificação do cargo ou função em que se deu a aposentadoria.*

Não é aplicável desde 2014.

Art. 225** Ressalvado o direito de opção, **é vedada a percepção cumulativa de pensão deixada por mais de um cônjuge ou companheiro ou companheira e de mais de 2 (duas) pensões.

Seção VIII – Do Auxílio-Funeral

Art. 226** O **auxílio-funeral** é devido à família do servidor falecido na atividade ou aposentado, em valor equivalente a **um mês da remuneração ou provento.

§ 1º No caso de acumulação legal de cargos, o auxílio será pago somente em razão do cargo de maior remuneração.

§ 2º (Vetado).

*§ 3º O auxílio será pago no prazo de 48 (quarenta e oito) horas, por meio de **procedimento sumaríssimo, à pessoa da família que houver custeado o funeral.***

***Art. 227** Se o funeral for custeado por terceiro, este será indenizado, observado o disposto no artigo anterior.*

***Art. 228** Em caso de falecimento de servidor **em serviço** fora do local de trabalho, inclusive no exterior, as despesas de transporte do corpo correrão à conta de recursos da União, autarquia ou fundação pública.*

Seção IX – Do Auxílio-Reclusão

***Art. 229** À família do **servidor ativo** é devido o auxílio-reclusão, nos seguintes valores:*

*I – **dois terços da remuneração**, quando afastado por motivo de prisão, em flagrante ou preventiva, determinada pela autoridade competente, enquanto perdurar a prisão;*

*II – **metade da remuneração**, durante o afastamento, em virtude de condenação, por sentença definitiva, a pena que não determine a perda de cargo.*

*§ 1º Nos casos previstos no inciso I deste artigo, o servidor terá direito à integralização da remuneração, desde que **absolvido.***

§ 2º O pagamento do auxílio-reclusão cessará a partir do dia imediato àquele em que o servidor for posto em liberdade, ainda que condicional.

*§ 3º Ressalvado o disposto neste artigo, o auxílio-reclusão será devido, **nas mesmas condições da pensão por morte**, aos dependentes do segurado recolhido à prisão.*

7.6.3 Assistência à saúde

***Art. 230** A assistência à saúde do servidor, ativo ou inativo, e de sua família compreende assistência médica, hospitalar, odontológica, psicológica e farmacêutica, terá como diretriz básica o implemento de ações preventivas voltadas para a promoção da saúde e será prestada pelo Sistema Único de Saúde – SUS, diretamente pelo órgão ou entidade ao qual estiver vinculado o servidor, ou mediante convênio ou contrato, ou ainda na forma de auxílio, mediante ressarcimento parcial do valor despendido pelo servidor, ativo ou inativo, e seus dependentes ou pensionistas com planos ou seguros privados de assistência à saúde, na forma estabelecida em regulamento.*

§ 1º Nas hipóteses previstas nesta Lei em que seja exigida perícia, avaliação ou inspeção médica, na ausência de médico ou junta médica oficial, para a sua realização o órgão ou entidade celebrará, preferencialmente, convênio com unidades de atendimento do sistema público de saúde, entidades sem fins lucrativos declaradas de utilidade pública, ou com o Instituto Nacional do Seguro Social – INSS

§ 2º Na impossibilidade, devidamente justificada, da aplicação do disposto no parágrafo anterior, o órgão ou entidade promoverá a contratação da prestação de serviços por pessoa jurídica, que constituirá junta médica especificamente para esses fins, indicando os nomes e especialidades dos seus integrantes, com a comprovação de suas habilitações e de que não estejam respondendo a processo disciplinar junto à entidade fiscalizadora da profissão.

§ 3º Para os fins do disposto no caput deste artigo, ficam a União e suas entidades autárquicas e fundacionais autorizadas a:

I – celebrar convênios exclusivamente para a prestação de serviços de assistência à saúde para os seus servidores ou empregados ativos, aposentados, pensionistas, bem como para seus respectivos grupos familiares definidos, com entidades de autogestão por elas patrocinadas por meio de instrumentos jurídicos efetivamente celebrados e publicados até 12 de fevereiro de 2006 e que possuam autorização de funcionamento do órgão regulador, sendo certo que os convênios celebrados depois dessa data somente poderão sê-lo na forma da regulamentação específica sobre patrocínio de autogestões, a ser publicada pelo mesmo órgão regulador, no prazo de 180 (cento e oitenta) dias da vigência desta Lei, normas essas também aplicáveis aos convênios existentes até 12 de fevereiro de 2006;

II – contratar, mediante licitação, na forma da Lei nº 8.666, de 21 de junho de 1993, operadoras de planos e seguros privados de assistência à saúde que possuam autorização de funcionamento do órgão regulador;

§ 4º (Vetado).

§ 5º O valor do ressarcimento fica limitado ao total despendido pelo servidor ou pensionista civil com plano ou seguro privado de assistência à saúde.

7.7 Disposições gerais

Art. 236 *O Dia do Servidor Público será comemorado a vinte e oito de outubro.*

Art. 237 *Poderão ser instituídos, no âmbito dos Poderes Executivo, Legislativo e Judiciário, os seguintes incentivos funcionais, além daqueles já previstos nos respectivos planos de carreira:*

I – prêmios pela apresentação de idéias, inventos ou trabalhos que favoreçam o aumento de produtividade e a redução dos custos operacionais;

II – concessão de medalhas, diplomas de honra ao mérito, condecoração e elogio.

Art. 238 *Os prazos previstos nesta Lei serão contados em dias corridos, excluindo-se o dia do começo e incluindo-se o do vencimento, ficando prorrogado, para o primeiro dia útil seguinte, o prazo vencido em dia em que não haja expediente.*

Formas de contagem dos prazos da Lei nº 8.112/1990:

a) Serão contados em dias corridos;

b) Exclui-se o dia do começo e inclui-se o do vencimento;

c) Prorrogado, para o primeiro dia útil seguinte, o prazo vencido em dia em que não haja expediente.

Art. 239 *Por motivo de crença religiosa ou de convicção filosófica ou política, o servidor não poderá ser privado de quaisquer dos seus direitos, sofrer discriminação em sua vida funcional, nem eximir-se do cumprimento de seus deveres.*

Art. 240 *Ao servidor público civil é assegurado, nos termos da Constituição Federal, o direito à* ***livre associação sindical*** *e os seguintes direitos, entre outros, dela decorrentes:*

a) De ser representado pelo sindicato, inclusive como substituto processual;

b) De inamovibilidade do dirigente sindical, até um ano após o final do mandato, exceto se a pedido;

c) De descontar em folha, sem ônus para a entidade sindical a que for filiado, o valor das mensalidades e contribuições definidas em assembleia geral da categoria.

d) e e) (Vetados).

Art. 241 *Consideram-se da* ***família*** *do servidor, além do cônjuge e filhos, quaisquer pessoas que vivam às suas expensas e constem do seu assentamento individual.*

Parágrafo único. *Equipara-se ao cônjuge a companheira ou companheiro, que comprove união estável como entidade familiar.*

Art. 242 *Para os fins desta Lei, considera-se sede o município onde a repartição estiver instalada e onde o servidor tiver exercício, em caráter permanente.*

Conceito de sede:

- O município onde a repartição estiver instalada e onde o servidor tiver exercício, em caráter permanente.

7.8 Disposições transitórias e finais

Art. 243 *Ficam submetidos ao regime jurídico instituído por esta Lei, na qualidade de servidores públicos, os servidores dos Poderes da União, dos ex-Territórios, das autarquias, inclusive as em regime especial, e das fundações públicas, regidos pela Lei nº 1.711, de 28 de outubro de 1952 – Estatuto dos Funcionários Públicos Civis da União, ou pela Consolidação das Leis do Trabalho, aprovada pelo Decreto-Lei nº 5.452, de 1º de maio de 1943, exceto os contratados por prazo determinado, cujos contratos não poderão ser prorrogados após o vencimento do prazo de prorrogação.*

§ 1º Os empregos ocupados pelos servidores incluídos no regime instituído por esta Lei ficam transformados em cargos, na data de sua publicação.

§ 2º As funções de confiança exercidas por pessoas não integrantes de tabela permanente do órgão ou entidade onde têm exercício ficam transformadas em cargos em comissão, e mantidas enquanto não for implantado o plano de cargos dos órgãos ou entidades na forma da lei.

§ 3º As Funções de Assessoramento Superior – FAS, exercidas por servidor integrante de quadro ou tabela de pessoal, ficam extintas na data da vigência desta Lei.

§ 4º (Vetado).

§ 5º O regime jurídico desta Lei é extensivo aos serventuários da Justiça, remunerados com recursos da União, no que couber.

§ 6º Os empregos dos servidores estrangeiros com estabilidade no serviço público, enquanto não adquirirem a nacionalidade brasileira, passarão a integrar tabela em extinção, do respectivo órgão ou entidade, sem prejuízo dos direitos inerentes aos planos de carreira aos quais se encontrem vinculados os empregos.

§ 7º Os servidores públicos de que trata o caput deste artigo, não amparados pelo art. 19 do Ato das Disposições Constitucionais Transitórias, poderão, no interesse da Administração e conforme critérios estabelecidos em regulamento, ser exonerados mediante indenização de um mês de remuneração por ano de efetivo exercício no serviço público federal.

§ 8º Para fins de incidência do imposto de renda na fonte e na declaração de rendimentos, serão considerados como indenizações isentas os pagamentos efetuados a título de indenização prevista no parágrafo anterior

§ 9º Os cargos vagos em decorrência da aplicação do disposto no § 7º poderão ser extintos pelo Poder Executivo quando considerados desnecessários

Art. 244 *Os adicionais por tempo de serviço, já concedidos aos servidores abrangidos por esta Lei, ficam transformados em anuênio.*

Art. 245 *A licença especial disciplinada pelo art. 116 da Lei nº 1.711, de 1952, ou por outro diploma legal, fica transformada em licença-prêmio por assiduidade, na forma prevista nos arts. 87 a 90.*

Art. 246 *(Vetado).*

Art. 247 *Para efeito do disposto no Título VI desta Lei, haverá ajuste de contas com a Previdência Social, correspondente ao período de contribuição por parte dos servidores celetistas abrangidos pelo art. 243.*

Art. 248 *As pensões estatutárias, concedidas até a vigência desta Lei, passam a ser mantidas pelo órgão ou entidade de origem do servidor.*

Art. 249 *Até a edição da lei prevista no § 1o do art. 231, os servidores abrangidos por esta Lei contribuirão na forma e nos percentuais atualmente estabelecidos para o servidor civil da União conforme regulamento próprio.*

Art. 250 *O servidor que já tiver satisfeito ou vier a satisfazer, dentro de 1 (um) ano, as condições necessárias para a aposentadoria nos termos do inciso II do art. 184 do antigo Estatuto dos Funcionários Públicos Civis da União, Lei nº 1.711, de 28 de outubro de 1952, aposentar-se-á com a vantagem prevista naquele dispositivo. (Mantido pelo Congresso Nacional)*

Art. 251 *(Revogado).*

Art. 252 *Esta Lei entra em vigor na data de sua publicação, com efeitos financeiros a partir do primeiro dia do mês subseqüente.*

Art. 253 *Ficam revogadas a Lei nº 1.711, de 28 de outubro de 1952, e respectiva legislação complementar, bem como as demais disposições em contrário.*

Brasília, 11 de dezembro de 1990; 169º da Independência e 102º da República.

FERNANDO COLLOR

Jarbas Passarinho

8. REFORMAS ADMINISTRATIVAS - BUROCRÁTICA E DL Nº 200/1967

Agora que conhecemos os três modelos Administrativos e seus respectivos momentos históricos e o que cada um agregou à Administração Pública, chegou o momento de conhecer as Reformas Administrativas.

8.1 Reforma Administrativa

O surgimento Populismo apresentado por Getúlio Vargas que significa "política de massas", ou seja, política que utiliza as massas como elemento fundamental nas regras do jogo apresentou um novo modelo econômico baseado no intervencionismo estatal, objetivando desenvolver um capitalismo industrial nacional (processo de substituição de importações).

O Populismo se caracteriza pelo contato direto da liderança e o povo. Através dele, Getúlio lutou contra as oligarquias, manteve o povo sob controle, assumindo uma imagem paternalista e consolidou a indústria dentro de um esquema intervencionista. Não se tratava de povo no governo, mas de manipulação do povo para benefício do próprio líder carismático e das elites possuidoras.

8.1.1 Aspectos Econômicos

O aprofundamento da industrialização por meio do processo de substituição de importações nos setores de bens de consumo não duráveis (tecidos e alimentos) e, principalmente, dos bens intermediários (metalurgia e siderurgia).

O Estado arcou com o ônus da industrialização em uma demonstração de nacionalismo econômico: foram criados a Vale do Rio Doce, a Siderúrgica Nacional e o Conselho Nacional de Petróleo (nacionalização do refino, não a estatização).

8.1.2 Aspectos Sociais

Criou-se o salário mínimo (1940), a Consolidação das Leis Trabalhistas (1943), e os sindicatos passaram a ser controlados pelo Ministério do Trabalho. Deixava-se evidente a combinação entre paternalismo estatal e fascismo. O Estado passava a controlar as relações entre capital e trabalho (corporativismo).

A Era Vargas (1930 – 1945) – Estado do Bem-Estar Social e Intervencionista

- Crise da Bolsa de NY, em 1929, e recessão no mundo: era capitalista.
- O Brasil inicia um processo industrial, desenvolvimentista e de inclusão social.
- Criação da Comissão Permanente de Padronização e da Comissão Permanente de Compras.
- Estado Novo e Autoritário (37 a 45): grandes avanços sociais, econômicos e administrativos.
- Criação do Departamento Administrativo do Serviço Público – DASP: marco da implantação da administração racional-legal/burocrática; tentativa de formação da Burocracia nos moldes weberianos – instituto do concurso público e do treinamento.
- Criação da indústria de base – função intervencionista.
- Movimento cultural-populista: concurso para alto escalão e indicação clientelista para o baixo.

8.2 DL nº 200/1967

Trata dos princípios fundamentais da Administração Federal. Esses princípios são parte de uma tentativa do regime militar de implantar uma administração pública mais gerencial frente à administração pública burocrática.

A contribuição da Comissão Amaral Peixoto como inspiração para a edição do Decreto-Lei n. 200/1967. Essa Comissão encontrou uma excessiva centralização da Administração na Presidência da República e ausência de coordenação nas ações de governo. Era necessário reorganizar a Administração indireta e expandir as entidades (autarquias, fundações e estatais – empresas públicas e sociedades de economia mista). O Decreto-Lei 200/67:

- Definia os princípios do planejamento (princípio dominante), da coordenação, da descentralização, da delegação de competência e do controle.
- Distinção entre a Administração direta e a indireta – descentralização funcional.
- Definia as bases do controle externo e interno.
- Indicava diretrizes gerais para um novo plano de classificação de cargos e apontava a necessidade de fortalecimento e expansão do sistema do mérito.
- Estatuía normas de aquisição e contratação de bens e serviços.
- Tratava da organização administrativa do DF e dos Ministérios.
- Fixava a estrutura do Poder Executivo federal, indicando os órgãos de assistência imediata do presidente da República, distribuindo os ministérios entre os setores político, econômico, social, militar e de planejamento, além de apontar os órgãos essenciais comuns aos diversos ministérios.
- Desenhava os sistemas de atividades auxiliares – pessoal, orçamento, estatística, administração financeira, contabilidade e auditoria e serviços gerais.

9. CF/88 E GERENCIAL

Estudamos anteriormente sobre a Reforma Administrativa Burocrática, ocorrida na Era Vargas e sobre a importância do Decreto-Lei 200/67. Vamos continuar estudando sobre Reformas Administrativas.

Abordaremos a Reforma Administrativa – CF/88 e a Reforma Gerencial

9.1 Reforma administrativa - CF/88

A Reforma Administrativa ocorrida com a CF/88 é considerada a terceira reforma administrativa brasileira, representa a retomada do processo de democratização do país, com o fim do período autoritário e da ditadura militar.

A nova constituição foi promulgada, visando esgotar as práticas patrimonialistas. Com a sua promulgação, restabeleceu-se as bases democráticas. Contudo, tornou presente os problemas do patrimonialismo na administração direta e indireta, representando um retrocesso burocrático.

A CF/88 retirou da administração indireta a sua flexibilidade operacional, ao estender para os serviços do Estado e empresas estatais praticamente as mesmas regras burocráticas adotadas no núcleo estratégico do Estado.

A promulgação da CF/88 retrocedeu ao ocorrido com o Decreto-lei n. 200/1967:

DL nº 200/67	CF/1988
Centralização Política	Descentralização Política
Descentralização Administrativa	Centralização Administrativa

9.2 Reforma gerencial

A Reforma Gerencial é considerada a quarta reforma administrativa brasileira, iniciou no governo Fernando Collor de Melo. O cenário político e global naquele momento requeria que as organizações se preparassem para competir no cenário mundial. Fernando Collor defendia o Estado mínimo, uma política para tornar enxuta a máquina administrativa, exonerando e demitindo funcionários públicos.

A reforma do Estado, iniciada meio dos anos 90, no Brasil, procurou ofertar bens e serviços públicos com mais qualidade, bem como diminuir a interferência do Estado no mercado, por meio das privatizações e da desregulamentação das atividades econômicas, com foco em controle de resultado.

O governo Fernando Henrique Cardoso deu continuidade ao caráter neoliberal, tornou a economia do país estável, ao lançar o Plano Real, permitindo a retomada de mais uma mudança na Administração Pública, com a criação do MARE (Ministério da Administração e Reforma do Estado).

Em 1995, foi elaborado o PDRAE (Plano Diretor da Reforma do Aparelho do Estado), que define objetivos e estabelece diretrizes para a reforma da administração pública brasileira. As diretrizes do PDRAE eram tão abrangentes que continha medidas de ajuste fiscal, ações econômicas e previa ações de delegação de atividades-meio para a iniciativa privada, enfatizando a visão do cidadão como cliente/último usuário e de uma administração por resultados.

Surgia a Administração Gerencial, voltada para o controle a posteriori e descentralizada, direcionando os serviços prestados pelo Estado ao cidadão. A reforma gerencial do Estado, buscou direcionar a administração pública redesenhando o papel do Estado.

A administração pública gerencial brasileira envolve quatro setores: o núcleo estratégico, as atividades exclusivas do Estado, os serviços não exclusivos do Estado e a produção de bens e serviços para o mercado.

A reforma da gestão pública permitiu maior autonomia e introdução de novas formas de responsabilização para os gestores, como a administração por resultados e o controle social.

A reforma do Estado é um projeto amplo que diz respeito às várias áreas do governo e, ainda, ao conjunto da sociedade brasileira, enquanto a reforma do aparelho do Estado tem um escopo mais restrito: está orientada para tornar a administração pública mais eficiente e mais voltada para a cidadania.

FINANÇAS PÚBLICAS

1 AS FUNÇÕES ECONÔMICAS DO ESTADO

1.1 Funções clássicas do estado

Devido à existência de falhas de mercado, tendo em vista a necessidade de aumentar o bem estar da sociedade, o setor público intervém na economia desempenhando três funções clássicas: função alocativa, estabilizadora e distributiva.

1.2 Função alocativa

A função alocativa está associada ao fornecimento de bens e serviços não oferecidos adequadamente pelo sistema de mercado.

Em outras palavras, essa função tem o objetivo de alocar os recursos quando não for possível, pelas condições de mercado, a oferta de bens e serviços ou sua oferta em uma condição sub-ótima, de forma a assegurar uma maior eficiência na utilização dos recursos disponíveis na economia.

Um exemplo da função alocativa é quando o governo executa obras que beneficiarão a população, como a transposição do Rio São Francisco que, apesar dos impactos ambientais e sociais para parte da população nordestina, essa obra implicará a redução da insuficiência hídrica na região, o que tende a aumentar o bem-estar coletivo.

▹ Exemplos de situações em que esta é exercida:
- quando existem bens públicos puros;
- quando ocorrem externalidades;
- quando ocorre o monopólio natural.

▹ Nesse contexto, o governo assume papel relevante para:
- Determinar o tipo e a quantidade de bens públicos a serem ofertados;
- Calcular o nível de contribuição a ser feita por cada consumidor - O financiamento da produção dos bens públicos depende da obtenção compulsória de recursos, através da cobrança de impostos.

Aqui entra normalmente o provimento de bens públicos, semipúblicos ou também denominados de meritórios.

1.2.1 Bens públicos

Os bens públicos tendem a não serem ofertados pela firma – ou ofertados numa condição sub-ótima - em função das suas características intrínsecas:

▹ Não excludente;

▹ Não rival;

▹ Indivisível.

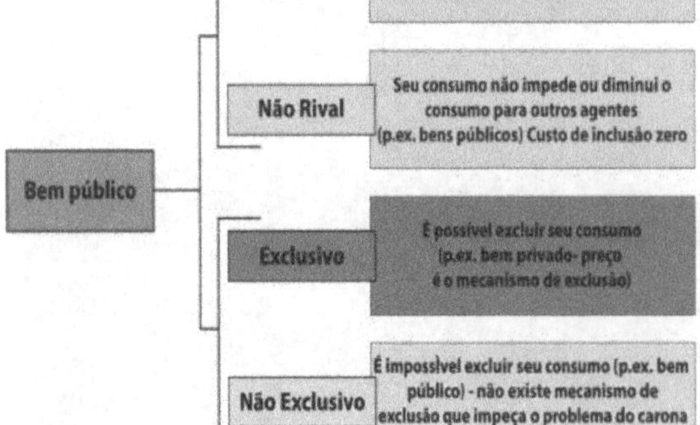

1.2.2 Bens semi públicos

Já os bens semipúblicos ou meritórios, não constituem falhas de mercado, contudo, o critério da firma para a oferta do bem é a condição econômico-financeira do agente de poder pagar pelo bem, e isso excluiria a população de mais baixa renda do acesso ao mesmo.

Como os bens semipúblicos maximizam a utilidade (satisfação, bem estar) coletiva, o governo age para o provimento do bem a todos.

| Ex.: Saúde, educação, saneamento básico, moradia popular, etc.

Os bens privados são o oposto do bem público e não são falhas de mercado, visto que regularmente ofertados por este e se caracterizam por serem:
- Excludentes;
- Rivais;
- Divisíveis.

1.3 Função distributiva

A função distributiva é voltada para a necessidade do governo de intervir na economia, visando corrigir a desigualdade existente na distribuição da renda nacional que, normalmente, não é igualitária.

Assim, a correção da desigualdade na repartição da renda pode ser efetuada mediante intervenção governamental, e um dos processos mais utilizados com vistas a tal objetivo consiste em utilizar o sistema tributário e a política de gastos governamentais.

▹ Objetivo: Reduzir desigualdade de renda pessoal, entre setores ou regiões econômicas de um país.

A Teoria Econômica não fornece um critério único e inquestionável de equidade. Não se desenvolveu, até agora, uma metodologia para a comparação interpessoal de valores e satisfações, o que acaba gerando dificuldades na aplicabilidade da regra de Pareto

A adoção de políticas de transferência de renda em favor de populações mais carentes é um instrumento para que o Estado cumpra sua função distributiva. Por exemplo, recursos do Fundo de Participação dos Municípios (FPM) e do Fundo de Participação dos Estados (FPE) e o Programa Bolsa Família.

A função distributiva ou redistributiva pode ocorrer – basicamente – de duas formas (complementares):
- Direta;
- Indireta.

1.3.1 Direta

▹ Renda:

| Através da distribuição mais equitativa, igualitária, socialmente mais justa da renda. Ex.: Bolsa Família, pagamento do abono PIS/PASEP.

▹ Patrimônio:

| Ex.: Reforma agrária, programa de habitação popular.

▹ Oportunidades:

| Ex.: PROUNI, FIES, PRONATEC.

1.3.2 Indireta

Normalmente por via da tributação progressiva (progressividade tributária) que contribui para a redução da desigualdade social.

Subsídios: promover transferências para assegurar um retorno maior para atividades em contextos que prevalece, por exemplo, procedimentos discriminatórios ou o mercado é não competitivo.

1.4 Função estabilizadora

Considerando-se que o funcionamento do sistema de mercado não é, por si só, capaz de assegurar:

- Níveis de emprego elevados ou "de equilíbrio;
- Estabilidade de preços; e
- Taxas de crescimento econômico elevadas ou "de equilíbrio"

A função estabilizadora concentra seus esforços na manutenção de um alto nível de utilização de recursos e de um valor estável da moeda. Consiste na promoção do crescimento econômico sustentado, com baixo desemprego e estabilidade de preços.

Principais instrumentos à disposição do governo: variáveis de Política Fiscal e de Política Monetária.

1.4.1 Política fiscal

Provocar impacto direto através de variação dos gastos públicos em consumo e investimento ou indiretamente, pela variação das alíquotas de impostos.

> Ex.: redução de imposto que eleva a renda disponível do setor privado e o multiplicador de renda da economia).

1.4.2 Política monetária

Provocar a alteração das taxas de juros e nível de liquidez da economia, de forma a induzir ao nível considerado adequado de demanda agregada, inflação e desemprego. É mais comum, o emprego simultâneo de instrumento de política fiscal e monetária.

As bancas examinadoras tem a tendência de associar essa função a criação de mecanismos que minimizem os impactos das crises ou estimule o crescimento econômico.

1.5 Instrumentos da política econômica

1.5.1 Política monetária

Abrange o controle da oferta de moeda, da taxa de juros e do crédito em geral, e tem por objetivo fundamental garantir a estabilidade do poder de compra da moeda.

1.5.2 Política regulatória

Realiza-se especialmente mediante edições de leis, decretos, portarias e regulamentos, com o objetivo de mitigar as imperfeições do mercado.

1.5.3 Política fiscal

Abrange a administração das receitas, do orçamento e da despesa pública, assim como dos ativos e passivos do governo.

Componentes fundamentais: a receita pública e a despesa pública.

Duas características:

- Política Fiscal Expansiva:
  - Aumento dos gastos públicos;
  - Redução da carga tributária;
  - Estímulo ao consumo e aos investimentos; Estímulos às exportações;
  - Inibição das importações mediante imposição de tarifas e barreiras, privilegiando a produção nacional.
- Política Fiscal Restritiva:
  - Redução dos gastos públicos;
  - Elevação da carga tributária;
  - Ampliação das importações;
  - Provoca a redução da produção e dos níveis de emprego.

1.5.4 Intercambialidade entre as funções do governo

As funções econômicas do governo são intercambiáveis, isto é, são sempre feitas em conjunto.

Muitas vezes a intervenção com a construção de uma obra pública (função alocativa), contribui para a expansão do produto e aumento do emprego, já que o ente governamental compõe a demanda agregada da economia.

Para concursos públicos, tente sempre verificar qual a função mais adequada à questão. Por exemplo: oferta de bens públicos e semipúblicos é quase sempre função alocativa; política fiscal e monetária refere-se basicamente a função estabilizadora e a redução da desigualdade socioeconômica é principalmente função distributiva.

2 ORÇAMENTO PÚBLICO

Instrumento pelo qual o governo estima as receitas e fixa as despesas para poder controlar as finanças públicas e executar as ações governamentais, ensejando o objetivo estatal do bem comum.

No modelo brasileiro, compreende a elaboração e execução de três leis – o plano plurianual (PPA), as diretrizes orçamentárias (LDO) e o orçamento anual (LOA) – que, em conjunto, materializam o planejamento e a execução das políticas públicas federais.

Quando o Governo não consegue arrecadar recursos suficientes para fazer frente às despesas, ou seja, quando gasta mais do que arrecadou, ocorre o déficit orçamentário.

> Ocorrendo o déficit orçamentário, o Governo precisa captar recursos para financiar estas despesas cujas receitas não foram suficientes.

Portanto, dívida pública é a dívida contraída pelo Governo para financiar o déficit orçamentário, inclusive o refinanciamento da própria dívida pública, que é a contratação de um novo empréstimo para quitar o anterior.

2.1 Captação de recursos

A captação de recursos pode ocorrer através da emissão de títulos públicos ou pela assinatura de contratos.

Títulos públicos federais são instrumentos financeiros de renda fixa emitidos pelo Governo Federal vendidos em oferta pública (leilão) ou diretamente a quem queira comprar. A dívida pública contraída pelo Governo através dos títulos públicos é denominada de dívida mobiliária.

O mercado de títulos públicos é denominado Mercado Aberto (open market) e aqui também se busca o controle do nível de liquidez da economia que tem efeitos indiretos sobre:

- O nível do PIB
- A Inflação
- O desemprego
- Taxa de câmbio, etc.

2.1.1 Classificação da dívida

Tem-se a Dívida Pública Federal Interna quando as transações (títulos públicos ou contratos) ocorrem com a moeda corrente em circulação no país (o Real), e a Dívida Pública Federal Externa quando as transações ocorrem em moeda estrangeira, geralmente o dólar norte-americano.

- De acordo com o Tesouro Nacional, a maior parte da dívida pública que vence é paga com uma nova dívida – processo chamado de refinanciamento ou rolagem da dívida.
- Em outras palavras, o governo vende títulos públicos e usa o dinheiro para pagar os títulos que estão vencendo, trocando uma dívida velha por uma nova.
- De forma geral, é o orçamento anual do governo que define de onde vão sair os recursos para pagar a dívida pública – se por meio de refinanciamento ou por meio de outras fontes, como juros recebidos de empréstimos concedidos pelo governo e arrecadação de tributos.

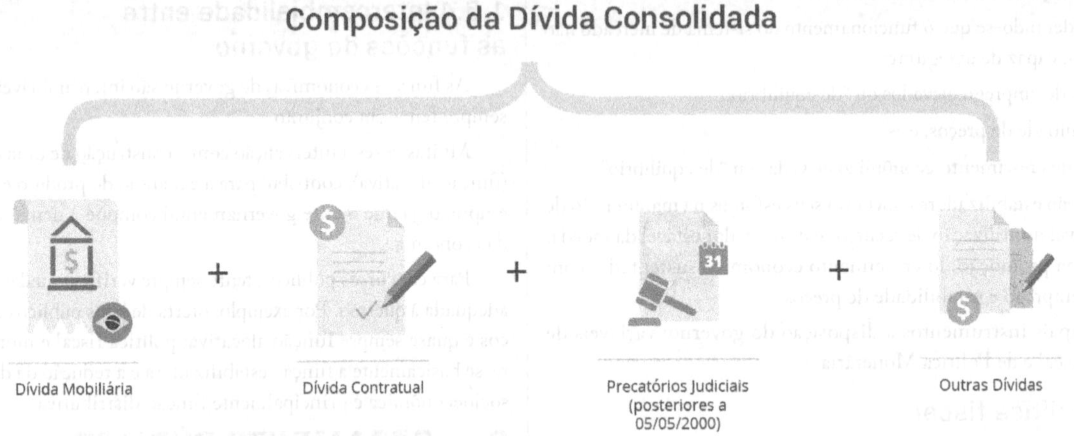

https://www.tesourotransparente.gov.br/historias/visao-integrada-das-dividas-da-uniao-dos-estados-do-distrito-federal-e-dos-municipios

Orçamento Federal Previsto para 2023 (PLOA 2023) = R$ 5,031 TRILHÕES

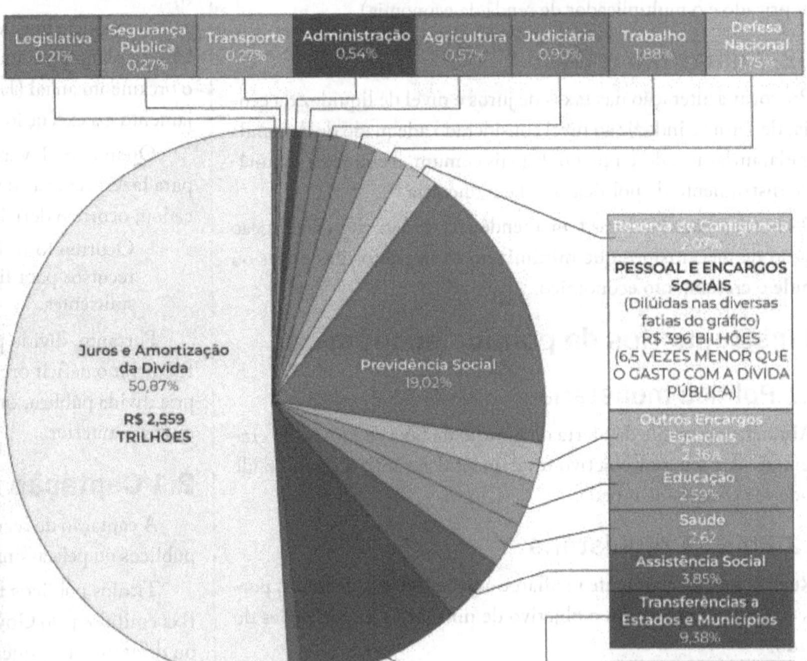

OUTROS	% GASTO PREVISTO
Essencial à Justiça	0,1896
Ciência e Tecnologia	0,1890
Relações Exteriores	0,0881
Comérfio e Serviços	0,0795
Gestão Ambiental	0,0743
Comunicações	0,0662
Indústria	0,0366
Organização Agrária	0,0326
Energia	0,0282
Urbanismo	0,0253
Cultura	0,0225
Direitos da Cidadania	0,0190
Desporto e Lazer	0,0039
Saneamento	0,0004
Habitação	0,0000
TOTAL:	0,8552

Fonte: SIOP - Painel do Orçamento Federal. Elaboração: Auditoria Cidadã da Dívida

Consulta em 1/9/2022. Orçamento Fiscal e da Seguridade Social, Gráfico por Função, com exceção da Função "Encargos Especiais", que foi desmembrada em "Juros e Amortizações da Dívida" (GND 2 e 6); "Transferências a Estados e Municípios" (Programa 0903), e "Outros Encargos Especiais (o restante da Função), que representam principalmente o pagamento de sentenças judiciais e concessão de financiamentos.

Evolução do Resultado do Governo Central

https://www.cnnbrasil.com.br/wp-content/uploads/sites/12/2023/01/Tesouro.jpg?resize=1024,590

https://static.poder360.com.br/2023/01/divida-publica-dez-2022.png

3 NOVO REGIME FISCAL (TETO DE GASTOS)

Uma das principais medidas realizadas pelo governo de Michel Temer foi a PEC 241, também chamada de PEC 55 no Senado (por questões de organização).

Aprovada no dia 13 de dezembro de 2016, que passou a vigorar em 2017.

O que é o teto de gastos públicos?

É um limite para os gastos primários do governo federal para 20 anos a partir de 2017, tendo como base o orçamento do governo em 2016.

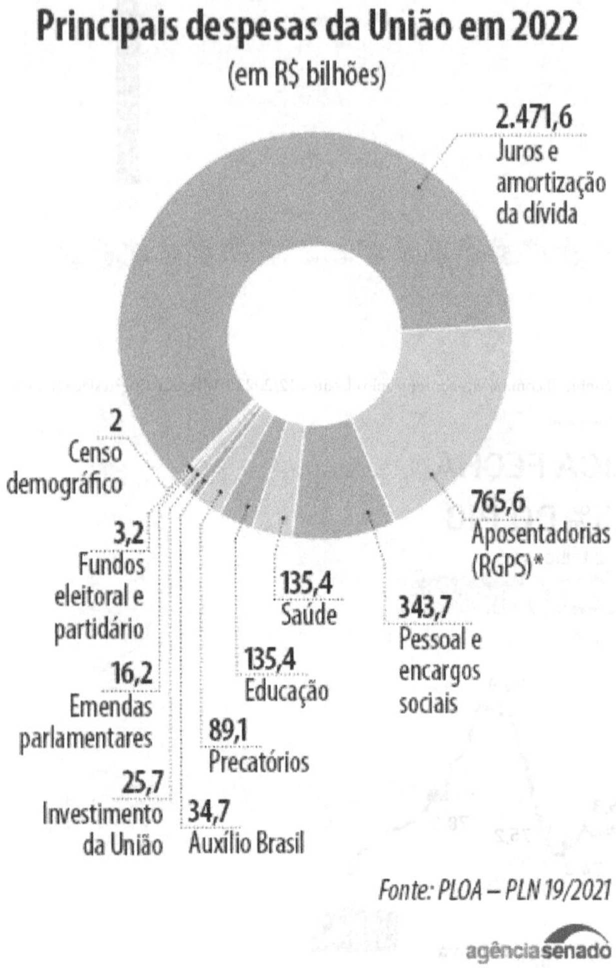

https://www12.senado.leg.br/noticias/infomaterias/2021/10/orcamento-2022-chega-com-deficit-de-r-49-6-bi/infografico_principais-despesas/@@images/imagem

O governo federal fica impedido de criar um Orçamento para a União maior do que o ano anterior – ele pode apenas corrigir os valores de acordo com a inflação.

Alguns gastos até podem crescer mais do que a inflação, desde que ocorra cortes reais em outras áreas.

Vale destacar que o congelamento dos gastos público pode ser revisado após 10 anos.

3.1 Objetivo do teto de gastos

- Tentativa de manter as contas públicas do país controladas;
- Permitir que a taxa básica de juros da economia seja mais baixa;
- Juros menores possibilitariam mais investimento na economia, o que gera crescimento e uma geração de empregos.

3.2 O teto de gastos é um bom mecanismo?

▷ A favor do teto de gastos:

- O governo afirmou que a austeridade seria o único caminho para recuperar a economia. Alterando as leis que regem as contas públicas, elas melhorariam e seria recuperada a competitividade da economia por meio de redução de salários e gastos públicos;
- A contenção de gastos serviria para diminuir a dívida pública, que estava em trajetória crescente;
- Produzirá efeitos de restabelecimento da economia em longo prazo.

▷ Contra o teto de gastos:

- A diminuição do gasto afeta políticas públicas que beneficiam diretamente classes sociais mais baixas – as mais dependentes dos serviços oferecidos pelo Estado;
- Tende a piorar sua qualidade de vida e retroceder o quadro de desigualdade social no país, que havia melhorado na década passada até o início da atual;
- Apesar de a política de valorização do salário mínimo acima da inflação ter onerado as contas do governo, por outro lado ajudou a reduzir a desigualdade e a movimentar a atividade econômica, ressaltam especialistas;
- O pagamento com juros da dívida pública, quesito muito contestado do orçamento público, não é atingido pela PEC.

3.3 A experiência do teto em outros países

Segundo a Agência Pública, outros países chegaram a adotar limites de gastos públicos. Alguns exemplos são Holanda, Finlândia e Suécia. Entretanto, nenhum deles chegou a impor um teto com as condições da PEC 241.

Na maior parte dos casos, as condições do limite de gastos são revistas depois de quatro ou cinco anos.

Além disso, muitos países não limitaram o crescimento das despesas apenas à inflação.

A Dinamarca, por exemplo, limitava o crescimento real a 0,5% ao ano. E nenhum outro país além do Brasil chegou a incluir a norma de congelamento de gastos na Constituição.

3.4 O teto de gastos hoje

Durante o governo Bolsonaro, as regras do teto de gastos sofreram algumas modificações:

- **2019:** uma PEC aprovada no congresso nacional instituiu a divisão, entre a União e os estados, de parte dos recursos obtidos pela exploração do petróleo, como forma de tornar viável o pagamento da "cessão onerosa".
- **2020:** já no contexto da pandemia da Covid-19, o governo possibilitou o pagamento do auxílio emergencial através de uma PEC emergencial que também causou mudanças nas regras do teto de gastos.
- **2021:** nova revisão sobre o teto de gastos foi proposta, o governo Bolsonaro propôs realizar uma parte do pagamento do programa Auxílio Brasil fora do teto.
- **2022:** PEC da transição. A proposta surgiu devido ao Orçamento de 2023, que não inclui o atual valor do Auxílio Brasil de R$600,00, tampouco as outras propostas do governo Bolsonaro e do eleito.

https://static.poder360.com.br/2022/11/historico-teto-de-gastos-site-17-nov-2022.png

4 ORÇAMENTO PÚBLICO E OS PARÂMETROS DA POLÍTICA

4.1 Alterações constitucionais, o sistema orçamentário e a questão fiscal

Ao longo dos últimos anos três alterações emblemáticas para o orçamento foram aprovadas.

- A primeira diz respeito a obrigatoriedade na execução de emendas parlamentares. Tanto as emendas individuais como as de bancada estadual têm execução obrigatória e são identificadas formalmente no orçamento (por deputado ou senador ou por bancada). A individual, inclusive, pode transferir diretamente a Estados ou municípios os recursos alocados no orçamento da União sem qualquer formalização de instrumento ou objeto para o qual os recursos serão aplicados.
- A segunda relaciona-se com a impositividade de execução das despesas discricionárias a partir de 2020. Esta regra trazida pelas emendas constitucionais nº 100 e 102/2019 tem o poder de alterar profundamente a relação do Legislativo e do Executivo com o orçamento, que passa a não ser apenas autorizativo.

Alterações constitucionais com impactos no processo orçamentário brasileiro

EC **86/2015**, que tornou obrigatória a execução de emendas individuais. Em 2021 são mais de 6,6 mil emendas, que privilegiam a localidade, cujo valor é cerca de R$ 9,7 bilhões.

EC **95/2016**, que instituiu o Novo Regime Fiscal (NRF). Constitui num limitador de despesas. As despesas primárias da União somente podem crescer até a variação da inflação medida nos últimos 12 meses (julho do ano "a-1" a junho do ano "a"), com regras específicas de exceção.

EC **109/2021**, que acrescenta exigência para que as diretrizes orçamentárias estejam em consonância com trajetória sustentável da Divida Pública, desvinculou recursos de fundos para seu pagamento e estipulou restrições de gastos, caso as despesas correntes superem as receitas em até 95%. Além disso, adota regime extraordinário para finanças, caso decretado calamidade pública nacional.

2015 | **2016** | **2019** | **2021**

EC **105/2019**, que acrescenta modalidade de transferência especial das emendas individuais aos entes da federação, sem nenhuma finalidade específica. Contudo, elas se mantêm dentro do montante obrigatórios, reajustado conforme a mesma regra da inflação do NRF.

EC **100 e 102/2019**, que torna todo o orçamento discricionário com o dever de execução. Ou seja, o orçamento não é apenas autorizativo, caso não seja executado, precisa ser justificado ao final do exercício. Além disso, estende as emendas de bancada estaduais montante de obrigatoriedade de execução. Em 2021, são previstos R$ 7,3 bilhões. Também estipula informação sobre agregados fiscais para previsão orçamentaria de três anos (*Medium Term Fiscal Framework - MTFF*) e a proporção de recursos para investimentos em andamento. Por fim, modificou item de exceção ao NRF, relacionado às transferências aos entes subnacionais de parte dos valores arrecadados dos leilões de petróleo.

http://anpad.com.br/uploads/articles/120/approved/6646b06b90bd13dabc11ddba01270d23.pdf

- A terceira trata da introdução de nova regra para limitar o crescimento das despesas de todos os Poderes. Trata-se do chamado Teto de Gastos ou Novo Regime Fiscal (NRF), que limitou o crescimento real da despesa primária da União por até 20 anos.

  A intenção foi promover a sustentabilidade do gasto público mediante o recrudescimento do ajuste fiscal e o processo de reformas de despesas obrigatórias, em que ambos possam permitir que as escolhas alocativas em relação ao orçamento público sejam factíveis, na medida em que o aumento de gasto primário para determinada política pública ensejaria a redução em outra, e com isso, o processo de priorização de políticas pudesse ser levado à cabo pelo Congresso Nacional.

4.2 LRF

A Lei de Responsabilidade Fiscal (LRF) estabelece um conjunto de normas de finanças públicas voltadas para a responsabilidade na gestão fiscal, mediante ações para prevenir riscos e corrigir desvios que possam afetar o equilíbrio das contas públicas.

A lei estabelece, em regime nacional, parâmetros para gasto público de cada ente federativo.

As restrições orçamentárias visam preservar a situação fiscal de União, estados e municípios e do Distrito Federal, de acordo com seus balanços anuais, com o objetivo de garantir a saúde financeira da administração pública, a aplicação de recursos nas esferas adequadas e uma boa herança administrativa para os futuros gestores.

De acordo com a medida, cada aumento de gasto precisa estar previsto em fonte de financiamento correlata, e os gestores precisam respeitar questões relativas ao fim de cada mandato, não excedendo o limite permitido e entregando contas saudáveis para seus sucessores.

▷ Entre as normas criadas pela LRF, está o limite de gastos com pessoal.

- A União só pode gastar até 50% da receita líquida corrente.
- Já estados, municípios e Distrito Federal, 60%.

  Caso a despesa chegue a 95% do limite estabelecido, são vedados a concessão de vantagens, a criação de cargos e empregos e o pagamento de horas extras, entre outros itens.

4.2.1 Outros parâmetros

- Superávit primário
- Gastos mínimos com saúde e educação
- Gastos obrigatórios com pagamento do funcionalismo público, previdência social, etc.
- Gasto financeiro (pagamento do principal, juros e comissões da dívida pública)

4.2.2 Resultados

Os resultados da política fiscal podem ser avaliados sob diferentes ângulos, que podem focar na mensuração da qualidade do gasto público bem como identificar os impactos da política fiscal no bem-estar dos cidadãos.

Para tanto podem ser utilizados diversos indicadores para análise fiscal, em particular os de fluxos (resultados primário e nominal) e estoques (dívidas líquida e bruta). A saber, estes indicadores se relacionam entre si, pois os estoques são formados por meio dos fluxos. Assim, por exemplo, o resultado nominal apurado em certo período afeta o estoque de dívida bruta.

Resultado fiscal primário é a diferença entre as receitas primárias e as despesas primárias durante um determinado período. O resultado fiscal nominal, por sua vez, é o resultado primário acrescido do pagamento líquido de juros.

No Brasil, a política fiscal é conduzida em conjunto com a responsabilidade fiscal.

- Objetivos:
  - uso equilibrado dos recursos públicos;
  - redução gradual da dívida líquida como percentual do PIB;
  - contribuição com a estabilidade, o crescimento e o desenvolvimento econômico do país;
  - criação de empregos;
  - aumento dos investimentos públicos;
  - ampliação da rede de seguridade social, com ênfase na redução da pobreza e da desigualdade.

5 LEI DE RESPONSABILIDADE FISCAL

A Lei de Responsabilidade Fiscal (LRF) estabelece um conjunto de normas de finanças públicas voltadas para a responsabilidade na gestão fiscal, mediante ações para prevenir riscos e corrigir desvios que possam afetar o equilíbrio das contas públicas.

- Ação planejada e transparente
- Ação preventiva e corretiva de riscos e desvios que possam afetar o equilíbrio das contas públicas
- Cumprimento de metas de resultados entre receitas e despesas

5.1 A LRF e as receitas e despesas públicas

A LRF, através do Capítulo III, visa a resgatar a importância das receitas próprias na realização de projetos e manutenção da máquina pública.

Na verdade, nos termos da LRF e, nos termos da Lei 10.028 (Lei de Crimes Fiscais), cobrar impostos, mais do que um direito da administração pública, passa a ser uma obrigação.

5.1.1 Previsão e arrecadação da receita na LRF

A instituição, previsão e a efetiva arrecadação de todos os tributos é requisito essencial da responsabilidade na gestão fiscal.

O descumprimento dessa norma terá como consequência a imediata suspensão das transferências voluntárias ao ente público que se mostrar negligente nessa questão.

Permanece também o mandamento constitucional que somente admite reestimativa de receita, pelo Poder Legislativo, nos casos de erro ou omissão, de ordem técnica ou legal.

5.1.2 Metas bimestrais de arrecadação

O Poder Executivo deverá, até trinta dias após a publicação do orçamento anual, efetuar o desdobramento das receitas em metas bimestrais de arrecadação, informando quais medidas serão adotadas para o combate à sonegação, a cobrança da dívida ativa e os créditos executáveis pela via administrativa.

Ressalte-se a importância dessa medida, uma vez que tais metas bimestrais de receita servirão de parâmetro para a limitação de empenho e movimentação financeira a que se refere o art. 9º.

5.1.3 Renúncia de receita

A concessão indiscriminada dos chamados "incentivos fiscais" é prática danosa às finanças de qualquer ente público, e deve estar sujeita a regras disciplinadoras.

A partir da vigência da LRF, tais iniciativas deverão atender, não só ao que dispuser a LDO, mas ainda aos seguintes requisitos:

- Estimar o impacto orçamentário financeiro no exercício inicial de sua vigência e nos dois seguintes;
- Demonstrar que a renúncia delas decorrente foi considerada ao se estimar a receita do orçamento e que não afetará as metas de resultados fiscais previstas na LDO;
- Prever medidas de compensação nos três exercícios já referidos, podendo ser através de: elevação de alíquota, ampliação da base de cálculo ou novos tributos ou contribuições, sendo que nos dois últimos casos o benefício só entrará em vigor após a ocorrência do aumento da receita.
- Estas medidas deverão observar ainda, o princípio da anterioridade, nos termos do Código Tributário Nacional.

5.2 Despesa pública

A regra básica da LRF (art. 15), para todo e qualquer aumento de despesa pode ser assim traduzida:

- toda e qualquer despesa que não esteja acompanhada de estimativa do impacto orçamentário-financeiro nos três primeiros exercícios de sua vigência, da sua adequação orçamentária e financeira com a LOA, o PPA e a LDO e, no caso de despesa obrigatória de caráter continuado, de suas medidas compensatórias, é considerada: não autorizada, irregular e lesiva ao patrimônio público.

Essa norma, de acordo com o § 4º do artigo 16 da LRF, é condição prévia, não só para a aquisição de bens, serviços e obras, como também para a desapropriação de imóveis urbanos, que, de acordo com a Constituição, deverá ser paga em dinheiro.

A novidade aqui está no conceito de despesa obrigatória de caráter continuado que, nos termos do art. 17:

- é despesa corrente;
- derivada de lei, medida provisória ou ato administrativo normativo;
- geradora de obrigação legal de sua execução por um período superior a dois exercícios.

5.2.1 Despesas com pessoal: fiscalização e controle

Os gastos com a folha de pagamento de pessoal representam o principal item de despesas de todo o setor público brasileiro.

▹ De acordo com a LRF, entende-se como despesas de pessoal:

01. Somatório dos gastos do ente da Federação com os ativos;

02. Despesas com inativos e pensionistas;

03. Mandatos eletivos, cargos, funções ou empregos, civis, militares e de membros de Poder, com quaisquer espécies remuneratórias;

04. Vencimentos e vantagens, fixas e variáveis;

05. Subsídios, proventos de aposentadoria;

06. Reformas e pensões;

07. Adicionais de qualquer natureza;

08. Gratificações, horas extras e vantagens pessoais;

09. Encargos sociais e

10. Contribuições recolhidas pelo Ente às entidades de previdência.

▹ A LRF determina dois limites distintos para os gastos com pessoal no setor público:

- 50% da RCL para a União;
- 60% da RCL para Estados e Municípios.

▹ Na esfera estadual o limite de 60% será repartido da seguinte forma:

- 2% para o Ministério Público;
- 3% para o Legislativo, incluindo o Tribunal de Contas do Estado;
- 6% para o Judiciário; e
- 49% para o Executivo.

▹ Na esfera municipal o limite de 60% será assim repartido:

- 6% para o Legislativo, incluindo o Tribunal de Contas do Município, quando houver; e
- 54% para o Executivo.

▹ Na esfera Federal o limite será de 50% da RCL, assim dividido:

- 40,9% para o Executivo;
- 6% para o Judiciário;
- 2,5% para o Legislativo; e
- 0,6% para o Ministério Público

5.2.2 Despesas com a seguridade social

De modo idêntico aos demais aumentos de despesa, a criação, majoração ou extensão de qualquer benefício que integre a seguridade social requer, além da indicação de sua fonte de custeio total, o cumprimento do art. 17, que versa sobre a despesa obrigatória de caráter continuado.

Apenas para relembrar, aquele dispositivo obriga à demonstração da origem dos recursos que custearão qualquer aumento na despesa, assim como a comprovação de que não serão afetadas as metas de resultados fiscais previstas na LDO, a partir de mecanismos de compensação.

- 2,5% para o Legislativo; e
- 0,6% para o Ministério Público

De modo idêntico aos demais aumentos de despesa, a criação, majoração ou extensão de qualquer benefício que integre a seguridade social requer, além da indicação de sua fonte de custeio total, o cumprimento do art. 17, que versa sobre a despesa obrigatória de caráter continuado.

Apenas para relembrar, aquele dispositivo obriga à demonstração da origem dos recursos que custearão qualquer aumento na despesa, assim como a comprovação de que não serão afetadas as metas de resultados fiscais previstas na LDO, a partir de mecanismos de compensação.

5.3 Lei de diretrizes orçamentárias

LDO na CF/88 Art. 165 § 2º	LDO na LRF Art. 4º da LRF
As metas e prioridades da administração pública federal, incluindo as despesas de capital para o exercício financeiro subsequente.	Equilíbrio entre receitas e despesas
Orientará a elaboração da lei orçamentária anual	Critérios e forma de limitação de empenho
Disporá sobre as alterações na legislação tributária	Normas relativas ao controle de custos e à avaliação dos resultados dos programas financiados com recursos dos orçamentos
Estabelecerá a política de aplicação das agências financeiras oficiais de fomento	Demais condições e exigências para transferência de recursos a entidades públicas e privadas

De acordo com o art.4º, §2º e §3º, A LDO possui 2 anexos:

5.3.1 Anexo de metas fiscais

METAS anuais para Receitas, Despesas, Resultado Nominal, Resultado Primário, Montante da Dívida Pública **para o exercício a que se referirem e para os 2 seguintes.**

5.3.2 Anexo de riscos fiscais

Cumpre a determinação do § 3º do art. 4º da LRF: "A lei de diretrizes orçamentárias conterá Anexo de Riscos Fiscais, onde serão avaliados os passivos contingentes e outros riscos capazes de afetar as contas públicas, informando as providências a serem tomadas, caso se concretizem."

6 RECEITA PÚBLICA

6.1 Tributos

Nesta nossa aula vamos começar com uma pergunta fundamental: O que é um tributo?

Segundo o art. 3º do CTN (Código Tributário Nacional):

"Tributo é toda prestação pecuniária compulsória, em moeda ou cujo valor nela se possa exprimir, que não constitua sanção de ato ilícito, instituída em lei e cobrada mediante atividade administrativa plenamente vinculada."

Dizendo de outra forma: tributo é uma prestação pecuniária compulsória – que independe da vontade do indivíduo – a ser cobrado da sociedade afim de financiar o gasto público.

É a retirada de recursos dos agentes econômicos, de forma a fazer frente ao gasto governamental.

- São prestações pecuniárias
- Compulsórias
- Estabelecidas em lei
- Não punitivas
- São cobradas através de atividade plenamente vinculada às determinações legais.

Mas, observe, que os tributos não são todos iguais. Estes dividem-se em três tipos: os impostos, taxas e contribuições

6.2 Impostos

Os impostos são tributos cujo fato gerador não tem relação com qualquer atividade estatal voltada ao contribuinte, ou seja, não está relacionado a nenhuma contraprestação específica a ser fornecida pelo ente governamental, em seu direito de cobrar o tributo.

Seu fato gerador é sempre ligado a alguma manifestação de riqueza por parte do contribuinte. Não é contraprestacional, e é chamado tributo não-vinculado.

Exemplo disto é o IPVA (imposto sobre propriedade de veículo automotor).

Sob o ponto de vista cidadão muitos de nós corretamente atentamos para o fato de pagarmos um IPVA caro e as ruas e estradas seguirem esburacadas. Faz sentido sob o prisma da cidadania, contudo, sob o ponto de vista tributário, não tem o menor nexo. Isto ocorre porque o IPVA não é direcionado, vinculado, para a manutenção de vias públicas.

6.3 Taxas

Ele vai para o caixa do governo e na medida em que a legislação permite, esta arrecadação vai para cobrir os mais diversos gastos como educação, segurança pública, funcionalismo, etc.

Segundo o art. 77 do CTN, verifica-se que existe 2 tipos de taxas: taxa de serviço e taxa de polícia, com 2 fatos geradores distintos.

6.3.1 Taxa de serviço

Prevê o CTN que a taxa tem como fato gerador a utilização, efetiva ou potencial, de um serviço público (específico e divisível). A CF não menciona quais as taxas que cada esfera de governo poderá instituir.

Exemplo disto é a taxa de incêndio ou ainda do Corpo de Bombeiros.

6.3.2 Taxa de polícia.

Novamente nos amparando na redação do CTN, este nos alerta que taxa pode ainda ser o tributo cujo fato gerador é o exercício regular do poder de polícia (atividade administrativa que consiste na fiscalização e vigilância de certas atividades realizadas pelos particulares em geral, a fim de resguardar um interesse público ou a fim de garantir que o exercício dos direitos e da liberdade do empreendedor não venha prejudicar direitos ou a liberdade da coletividade).

| Ex.: taxa de alvará para construção, taxa de vigilância sanitária

Atenção!!!

Cuidado para não confundir taxas com preço público!

6.3.3 Preço públicos

Preços públicos são remunerações pagas pelas pessoas em geral, pela utilização de determinados serviços. Diferem da taxa pois não são compulsórios.

O dever de pagá-los surge de contrato entre o usuário e a prestadora, portanto, escapa da definição de tributo!

| Ex.: contraprestação energia elétrica, gás canalizado etc.

Tributos	
Impostos	Via de regra, incidem sobre o patrimônio, a renda e o consumo. O fato gerador dos impostos não está ligado a uma contraprestação estatal, ou seja, não é vinculado a algo que o governo oferece em troca.
Taxas	São vinculadas a uma contraprestação do estado, como os serviços públicos, por exemplo, recolhimento do lixo ou emissão de documentos de um veículo.

6.4 Contribuição de melhoria

Segundo o CTN este é o tributo cujo fato gerador é a valorização imobiliária decorrente de obra pública. Por vezes a realização de uma obra pública, redunda em valorização imobiliária de ente privado.

Contribuições de melhoria	Devem estar vinculadas a uma contraprestação estatal. A diferença é que, no caso dessas contribuições, o governo deve fazer uma obra pública que gere valorização imobiliária. O cálculo do pagamento é feito com base no valor que será agregado a cada patrimônio.

Neste caso e no limite do gasto da obra, pode ser cobrado a tributação contribuição de melhoria, que pode ter efeito de valorização total, parcial ou marginal para o imóvel.

O problema aqui é se identificar se de fato a obra pública resultou valorização e de qual monta. Na prática o tributo raramente é cobrado.

6.5 Empréstimo compulsório

Segundo o CTN este é o tributo. Os empréstimos compulsórios são mais uma modalidade tributária prevista na Constituição Federal. Eles só podem ser criados pela União, por meio de lei complementar.

Esse tipo de empréstimo tem como objetivo custear despesas extraordinárias, como calamidade pública ou guerra externa, ou para promover investimento público que possua urgência e benefício nacional. Os recursos provenientes dos empréstimos compulsórios só podem ser utilizados na finalidade para a qual foram criados.

CTN, art. 15, par. único, prevê que a lei deverá destacar o prazo para a sua restituição, além das condições que serão exigidas para que se efetive devolução:

- Art. 15, parágrafo único, CTN. A lei fixará obrigatoriamente o prazo do empréstimo e as condições de seu resgate, observando, no que for aplicável, o disposto nesta Lei

Art. 148. A União, mediante lei complementar, poderá instituir empréstimos compulsórios:

I – Para atender a despesas extraordinárias, decorrentes de calamidade pública, de guerra externa ou sua iminência;

II – No caso de investimento público de caráter urgente e de relevante interesse nacional, observado o disposto no art. 150, III, "b"

6.6 Contribuições especiais

As contribuições especiais só podem ser instituídas pela União e, quando criadas, devem ter uma destinação ou finalidade específica.

A Constituição Federal prevê contribuições sociais, profissionais, de intervenção no domínio econômico e de custo de serviço de iluminação pública.

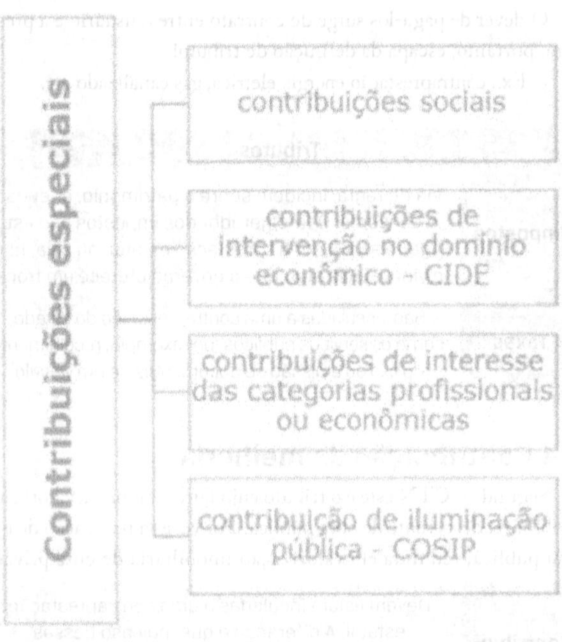

As contribuições sociais são instituídas e arrecadadas pelo Estado para custear despesas de cunho social e, nos termos da visão do STF (RE 138284), são subdivididas em:

Contribuições da Seguridade Social (art. 194 da CF/88, destaca que ela "compreende um conjunto integrado de ações de iniciativa dos Poderes Públicos e da sociedade, destinadas a assegurar os direitos relativos à saúde, à previdência e à assistência social")

6.6.1 Contribuições de intervenção no domínio econômico – CIDE

A CIDE, tributo de competência exclusiva da União, assim como as outras contribuições especiais, tem a sua natureza jurídica tributária determinada por meio da destinação legal da sua receita, sendo, por isso, um tributo de arrecadação vinculada.

A CIDE é um tributo marcadamente extrafiscal, pois, como o seu próprio nome diz, ela é instituída pela União com o intuito de intervir no "domínio econômico".

6.6.2 Contribuição de iluminação pública – COSIP

A COSIP foi inserida em nosso ordenamento jurídico em 2002, por intermédio da Emenda Constitucional de n. 39 que acrescentou o art. 149-A à Constituição Federal de 1988:

Art. 149-A Os Municípios e o Distrito Federal poderão instituir contribuição, na forma das respectivas leis, para o custeio do serviço de iluminação pública, observado o disposto no art. 150, I e III.

(Incluído pela Emenda Constitucional n. 39, de 2002)

Parágrafo único. É facultada a cobrança da contribuição a que se refere o caput, na fatura de consumo de energia elétrica.

6.6.3 Contribuições corporativas

As contribuições de interesse das categorias profissionais ou econômicas, também chamadas de contribuições profissionais ou corporativas, são de competência privativa da União e estão previstas no art. 149, CF.

Tendo em vista a sua característica de tributo de arrecadação vinculada, o produto da sua arrecadação deve ser destinado a beneficiar determinada categoria.

7 RECEITAS EXTRAORÇAMENTÁRIAS E ORÇAMENTÁRIAS

7.1 Receitas públicas

As receitas públicas são o montante total em recursos recolhidos pelo Tesouro Nacional e que serão incorporados ao patrimônio do Estado. Essas receitas servem para custear as despesas públicas e as necessidades de investimentos públicos.

Existem duas formas básicas de ingressos nos Cofres Públicos:

Ingressos Extraorçamentários: representam apenas entradas compensatórias, ou seja, são recursos financeiros de caráter temporário e não integram a Lei Orçamentária Anual (LOA).

▷ Exemplos de Receitas Extraorçamentárias:

- Depósitos em Caução;
- Fianças;
- Inscrição em Restos a Pagar
- Operações de Crédito por ARO;
- Emissão de moeda; e
- Outras entradas compensatórias no ativo e passivo financeiros.

Ingressos Orçamentários: representam disponibilidades de recursos financeiros para o erário.

Portanto, as receitas orçamentárias pertencem ao Estado, integram o patrimônio do Poder Público, aumentam-lhe o saldo financeiro e estão previstas na LOA.

Conforme consta no Manual de Contabilidade Aplicada ao Setor Público (MCASP), em sentido amplo, os ingressos de recursos financeiros nos cofres do Estado denominam-se receitas públicas, registradas como receitas orçamentárias, quando representam disponibilidades de recursos financeiros para o erário, ou ingressos extraorçamentários, quando representam apenas entradas compensatórias.

O montante total das receitas públicas que entram no Tesouro é a soma das receitas orçamentária e da extraorçamentária, conforme vemos na imagem:

http://tudomastigadinho.com.br/wp-content/uploads/2016/10/Receita-Or%C3%A7ament%C3%A1riaxReceita-Extraor%C3%A7ament%C3%A1ria-400x600.png

7.1.1 Receitas orçamentárias

As Receitas Públicas representam os recursos que o governo obtém por meio da atividade de tributação, mas é importante ressaltar que essa atividade não é a única forma do governo obter recursos para financiar suas atividades.

O governo também possui patrimônio e pode obter receita por meio dele, quando vende, privatiza, faz concessões, alienações, etc.

As Receitas Públicas são ingressos decorrentes das seguintes fontes de recursos:

Receitas derivadas: são aquelas que derivam do poder de polícia do Estado em tributar a população (receita tributária - impostos, taxas e contribuições de melhoria). São obtidas pelo poder público por meio da soberania estatal, ou seja, o Estado é investido de autoridade para determinar que os cidadãos e empresas destinem parte de sua renda para o financiamento das atividades governamentais.

Decorrem de norma constitucional ou legal e, por isso, são arrecadadas de forma impositiva. São obtidas junto aos contribuintes sem nenhuma contraprestação específica, como no caso de impostos, ou com alguma contraprestação, mas de caráter obrigatório, independentemente do uso do serviço, como no caso das taxas.

Receitas originárias: são aquelas que decorrem do patrimônio do Estado. O governo também aufere recursos com privatizações, alienações, concessões, etc. São originadas da cobrança de serviços prestados pelo Estado, decorrentes da exploração de atividades econômicas pela Administração Pública.

Um detalhamento da estrutura da codificação da natureza de receita merece especial atenção que é o nível da categoria econômica, utilizado para medir o impacto das decisões do governo na economia. De acordo com essa categoria, as receitas se classificam em:

Receitas correntes: são arrecadadas dentro do exercício, ou seja, de 1º de janeiro a 31 de dezembro, e aumentam as disponibilidades financeiras do Estado. Essas receitas constituem instrumento para financiar os programas e ações correspondentes às políticas públicas.

Os tributos arrecadados pelo governo federal, tais como o Imposto sobre Produtos Industrializados (IPI), Imposto sobre Operações Financeiras (IOF) e Imposto de Renda (IR), são alguns exemplos dessas receitas.

Receitas de capital: aumentam as disponibilidades financeiras do Estado, porém, não provocam efeito sobre o patrimônio líquido, uma vez que geram sempre uma contrapartida.

Por exemplo, quando o governo obtém recursos por meio de uma operação de crédito (empréstimo) junto a um organismo internacional, terá a sua disposição os referidos recursos em caixa, porém, terá também a obrigação de pagamento da dívida constituída com o empréstimo.

Além dessas classificações, as receitas também se dividem em:

Receitas primárias (ou receitas não financeiras) do governo: são aquelas, por exemplo, provenientes da arrecadação tributária com impostos, taxas e contribuições de melhoria, que compõe a chamada "carga tributária" do Brasil.

Além disso, o governo consegue auferir receita por meio do seu patrimônio, as chamadas receitas patrimoniais, agropecuárias, industriais, serviços, entre outras.

Receitas financeiras: são oriundas de operações de crédito (empréstimos), alienação de ativos, entre outras, que não provoquem alterações patrimoniais, ou seja, o ente público não tem ganhos efetivos em seu patrimônio.

Uma vez que ocorre apenas uma permutação entre contas, essas receitas não entram na apuração do resultado primário. Criam uma obrigação de pagamento futuro e/ou extinguem um direito de natureza financeira. Esses recursos têm caráter financeiro e são contabilizados como receita financeira.

8 CLASSIFICAÇÃO DA RECEITA PÚBLICA POR NATUREZA DA RECEITA

8.1 Receita Intraorçamentária

Realizadas entre órgãos e demais entidades da Administração Pública integrantes dos orçamentos fiscal e da seguridade social do mesmo ente federativo.

Não representam novas entradas de recursos, mas apenas remanejamento de receitas entre seus órgãos.

8.2 Receita corrente

Receita de Impostos, Taxas e Contribuições de Melhoria: envolve apenas os tributos: impostos, taxas e contribuições de melhoria.

Receita de Contribuições: engloba as do tipo social (contribuições previdenciárias, salário-educação, etc.) e econômico (cotas de contribuições sobre exportações etc.). No plano econômico, essas contribuições confundem-se com tributos, mas, legalmente, são consideradas encargos parafiscais.

Receita Patrimonial: se origina da exploração econômica do patrimônio público, ou seja, corresponde ao ingresso proveniente de rendimentos sobre investimentos do ativo permanente, de aplicações de disponibilidades em operações de mercado e outros rendimentos oriundos de renda de ativos permanentes.

Exemplos: Aluguéis, Arrendamentos, Foros, Laudêmios, Tarifas de Ocupação, Concessão, Permissão, Autorização ou Cessão do Direito de Uso de Bens Imóveis Públicos.

Receitas oriundas de Valores Mobiliários: juros e correções monetárias, dividendos e participações.

Nesse caso, são classificados como receitas patrimoniais os juros e correções monetárias associados a aplicações do ente público, como Remuneração de Depósitos Bancários, Remuneração de Depósitos Especiais, Remuneração de Saldos de Recursos Não Desembolsados, Remuneração dos Recursos do Regime Próprio de Previdência Social - RPPS, Juros de Títulos de Renda e Juros sobre o Capital Próprio

Receita Agropecuária: decorre da exploração econômica de atividades agropecuárias: agricultura, pecuária, silvicultura etc., além do beneficiamento de produtos agropecuários em níveis não considerados industriais.

Receita Industrial: derivada de atividades industriais: de transformação, de construção e de serviços industriais de utilidade pública, como o fornecimento de energia elétrica.

Receita de Serviços: decorre de atividades como: comércio, transporte, comunicação, serviços hospitalares, armazenagem, serviços educacionais, culturais, recreativos etc.

Transferências Correntes: são os recursos financeiros recebidos de pessoas jurídicas ou físicas e que serão aplicados no atendimento de Despesas Correntes. O que deve determinar a classificação da receita é, em primeiro lugar, a origem da receita, e, em segundo lugar, a sua destinação. Assim, a transferência é corrente se atender a despesas correntes e é de capital se atender a despesas de capital.

Outras Receitas Correntes: envolvem diversas outras receitas não enquadradas nas classificações anteriores: multas administrativas, contratuais e judiciais, indenizações, restituições e ressarcimentos, e receitas diversas (rendas de loterias, receitas de cemitérios etc.)

8.3 Receitas de Capital

Operações de Crédito: envolvem captação de recursos para atender desequilíbrios orçamentários ou, ainda, financiar empreendimentos públicos. É por meio dessa conta de receita, que são cobertos os déficits orçamentários que ensejam a formação da Dívida Pública.

Alienação de Bens: envolve o resultado obtido com a alienação de bens patrimoniais móveis ou imóveis: ações, títulos, prédios públicos, privatizações etc.

Amortização de Empréstimos: nos casos em que a entidade concede empréstimos, o ingresso proveniente da amortização de tais empréstimos caracteriza uma receita de capital, ou seja, é o recebimento do principal do dinheiro que emprestou anteriormente.

Transferências de Capital: similar às Transferências Correntes, as receitas de Transferências de Capital têm como critério básico de classificação a destinação, isto é, devem ser aplicadas em Despesas de Capital.

Outras Receitas de Capital: envolvem as Receitas de Capital não classificáveis nas outras origens anteriores, como a indenização que a Petrobras para aos Estados e Municípios pela extração de petróleo, xisto e gás.

9 REFINANCIAMENTO DA DÍVIDA PÚBLICA, OPERAÇÕES OFICIAIS DE CRÉDITO, EMISSÃO DE TÍTULOS

Quando um governo está em déficit ele precisa se financiar de alguma forma. Existem três alternativas para o financiamento do déficit do governo, que são:

- o aumento dos impostos,
- a emissão monetária e
- o endividamento

9.1 Refinanciamento da dívida pública

Trata-se de emissão de títulos para pagamento do principal da dívida, acrescido da atualização monetária. Em outras palavras, trata-se da substituição de títulos públicos (anteriormente emitidos) por títulos novos, com vencimento posterior, conhecido como "rolagem da dívida".

9.2 Operações oficiais de crédito

Representam novos empréstimos contraídos pelo governo.

9.3 Emissão de títulos

Também representam uma forma de o governo obter recursos para custear suas despesas. Esses títulos podem ser adquiridos por pessoas físicas, empresas, bancos e até mesmo por países.

Os títulos públicos são emitidos pelo governo federal com o objetivo de captar recursos para o financiamento da dívida pública e das atividades governamentais (educação, saúde, infraestrutura, etc.). Quando uma pessoa compra um título público, ela está emprestando dinheiro ao governo. O órgão responsável pela emissão e controle dos títulos e pela administração da dívida mobiliária federal é a Secretaria do Tesouro Nacional.

9.4 Operações de Longo Prazo

As operações de longo prazo destinam-se a cobrir desequilíbrios orçamentários ou a financiar obras e serviços públicos, mediante contratos ou emissão de títulos da dívida pública.

Essas operações são classificadas como operações de crédito interno, quando contratada com credores situados no país e em moeda nacional, e operações de crédito externo, quando contratadas com agências de países estrangeiros, organismos internacionais ou instituições financeiras estrangeiras, em moeda estrangeira.

9.5 Impactos no Orçamento

No caso do refinanciamento da dívida ("rolagem da dívida"), não há redução nem ampliação do endividamento atual. Por se tratar do pagamento de uma dívida com outra dívida, o valor do refinanciamento aparece, na peça orçamentária (LOA), no mesmo montante, tanto na receita como na despesa, e esse fato é explicitado nos primeiros artigos do texto do PLOA.

No caso das operações de crédito, existe impacto no orçamento, uma vez que o governo está aumentando sua capacidade de financiamento dos gastos públicos.

Na hipótese da emissão de títulos, também há impacto no orçamento. Ao lançar títulos no mercado, o governo obterá recursos para custear despesas públicas, mas também estará assumindo dívidas para serem saldadas no futuro, a exemplo das operações de crédito.

Atenção!

Qualquer processo de financiamento de gastos por meio de recursos financeiros (operações de crédito e emissão de títulos) implicará no aumento da dívida pública.

O problema não reside no tamanho da dívida por si só, mas principalmente na forma como o seu financiamento se realiza, o que implica avaliar questões, como prazos de amortização da dívida e as taxas de juros, que representarão um componente expressivo dos gastos públicos.

10 TRIBUTAÇÃO

Os bens e serviços fornecidos pelo governo demandam recursos e implicam despesas que o governo tem de cobrir com suas receitas. Logo, toda a sociedade é quem paga por esses bens e serviços através dos tributos, isto é, das taxas, impostos e contribuições de melhoria.

Os tributos são a principal fonte de receita dos governos municipais, estaduais e federal. Eles são responsáveis pela maior parte dos recursos arrecadados para pagar as despesas públicas.

Contribuição

- Destino específico
- Não pode ser usado pelo poder público livremente
- Compõe fundos, instituições

Imposto

- Destino não específico
- Principal fonte de financiamento público
- Incide sobre patrimônio, renda e consumo

Taxa

- Cobrança sobre um serviço público
- 'Pagar o serviço prestado'
- Lixo, documentos, manutenção elétrica

10.1 Impactos da tributação

- Reduz a renda disponível dos agentes econômicos;
- Altera como estes agentes alocam a sua renda;
- Desestimula os investimentos da firma e o consumo da família;
- Pode impactar na majoração/redução de preços;
- Pode contribuir para a melhora na distribuição de renda: caso dos impostos progressivos;
- Pode contribuir para a piora na distribuição de renda: caso dos impostos regressivos;
- Permite alocar renda em bens públicos e semipúblicos (meritórios);
- Pode contribuir para a estabilização macroeconômica (política fiscal expansionista ou contracionista);

> **Atenção!**
>
> Denomina-se Regra de Ouro os dispositivos legais que vedam que os ingressos financeiros oriundos do endividamento (operações de crédito) sejam superiores às despesas de capital (investimentos, inversões financeiras e amortização da dívida).

Assim como na meta de resultado primário e no teto dos gastos, a avaliação do cumprimento da regra de ouro ocorre legalmente ao final de cada exercício fechado (janeiro a dezembro de cada ano).

- A Regra de Ouro surgiu das ideias do economista inglês John Maynard Keynes, que sugeria a separação entre os orçamentos correntes e de capital (sobretudo investimento), e defendia que o orçamento corrente deveria se manter superavitário ou equilibrado enquanto o de capital deveria ser utilizado de forma anticíclica (aumentar os investimentos no momento de recessão e reduzi-los nos momentos de expansão) e financiado por meio de endividamento.
- Deriva-se desse entendimento a ideia de que as operações de crédito devem ser usadas primordialmente para financiar investimentos, e, portanto, de maneira global não devem superar o total de despesas de capital, o que foi posteriormente chamada de "Regra de Ouro".

Regra de Ouro: Operações de crédito ≤ Despesas de Capital

Dito de outra forma, a Regra de Ouro evita que o governo se endivide para financiar despesas correntes. Permite apenas endividamento para financiar, basicamente, investimentos. Como os investimentos públicos são utilizados por várias gerações, nada mais justo que as gerações futuras também ajudem a financiá-los.

10.2 Teto de Gastos

Define um limite para o montante das despesas primárias, que equivale ao limite do ano anterior corrigido pela inflação.

▹ O limite é individualizado por poder e órgão autônomo.

- Prazo: 20 anos
- Inserido na CF/88
- Revisão: 10 anos a partir de 2016
- Vigente até 2036

10.3 PREÇOS E EFICIÊNCIA ECONÔMICA

10.3.1 Características desejáveis de um sistema tributário

O sistema tributário pode ser avaliado quanto a uma forma "ideal" considerando-se:

- **Equidade** - distribuição do ônus tributário deve ser equitativa entre os indivíduos da sociedade (segundo o princípio do benefício e segundo o princípio da capacidade de pagamento).
- **Progressividade** – princípio que estabelece que se deve tributar mais quem tem renda mais alta (renda vs riqueza).
- **Neutralidade** – os impostos devem ser idealizados de forma a minimizar possíveis impactos negativos da tributação sobre a eficiência econômica; e
- **Simplicidade** – sistema tributário deve ser de fácil compreensão para o contribuinte e de fácil arrecadação para o governo.
- **Equidade** - distribuição do ônus tributário deve ser equitativa entre os indivíduos da sociedade (cada indivíduo deve contribuir com uma parcela "justa" para cobrir os custos do governo).

Critérios para a definição

Princípio do Benefício: cada indivíduo deveria contribuir com uma quantidade proporcional aos benefícios gerados pelo consumo do bem público. (Exemplo clássico – imposto sobre combustível CIDE aplicado à manutenção das estradas)

Princípio da Capacidade de Pagamento: (Ao contrário do critério anterior, permite formular uma regra geral) – A renda pode ser uma referência adequada.

Incidência tributária na concorrência perfeita

▹ A concorrência perfeita se apresenta como um mercado:

- Atomizado
- Produtos homogêneos
- Transparente
- Sem barreiras de acesso

INCIDÊNCIA DE UM IMPOSTO ESPECÍFICO

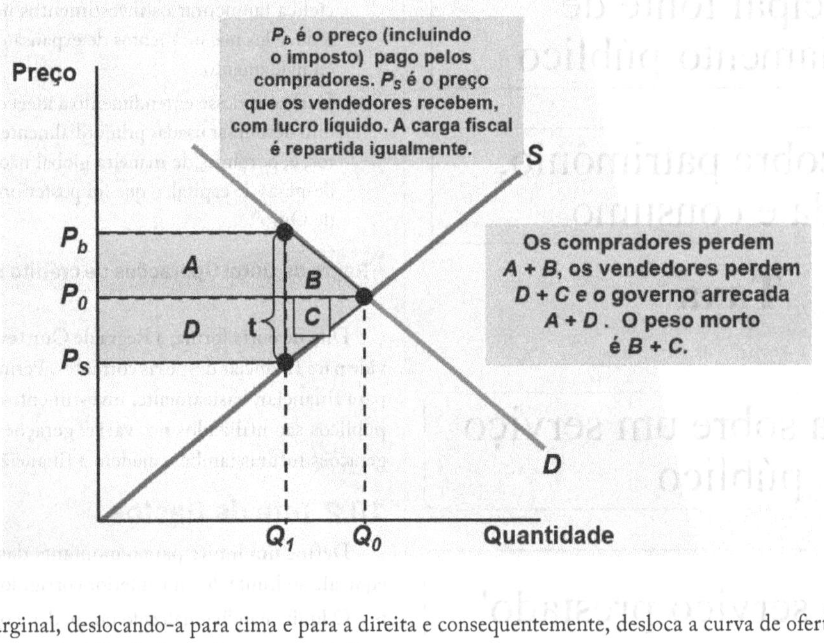

Imposto *ad valorem*

Aumenta o custo marginal, deslocando-a para cima e para a direita e consequentemente, desloca a curva de oferta, porém não mais paralelamente, como ocorria com a incidência de um imposto específico.

A consequência é a elevação do preço e redução da quantidade de equilíbrio.

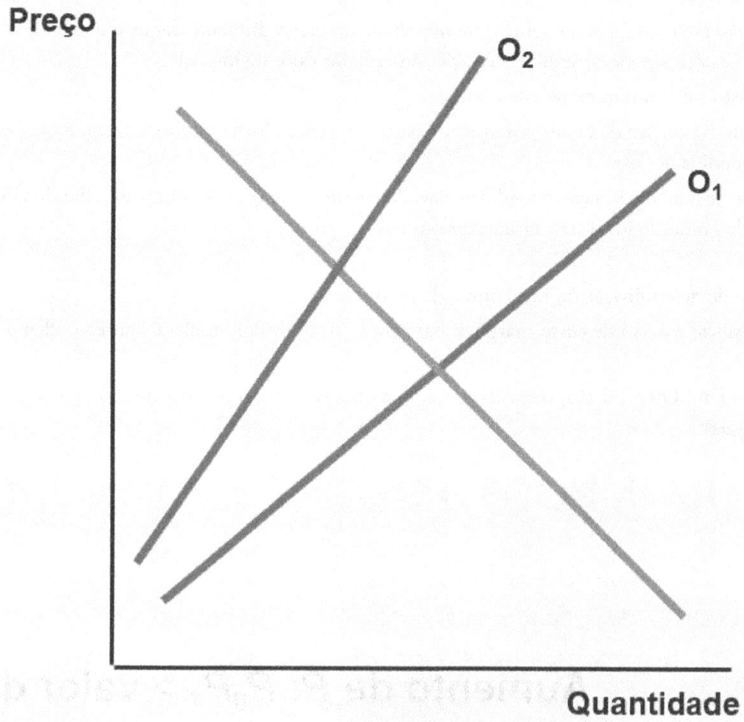
Preço
O2
O1
Quantidade

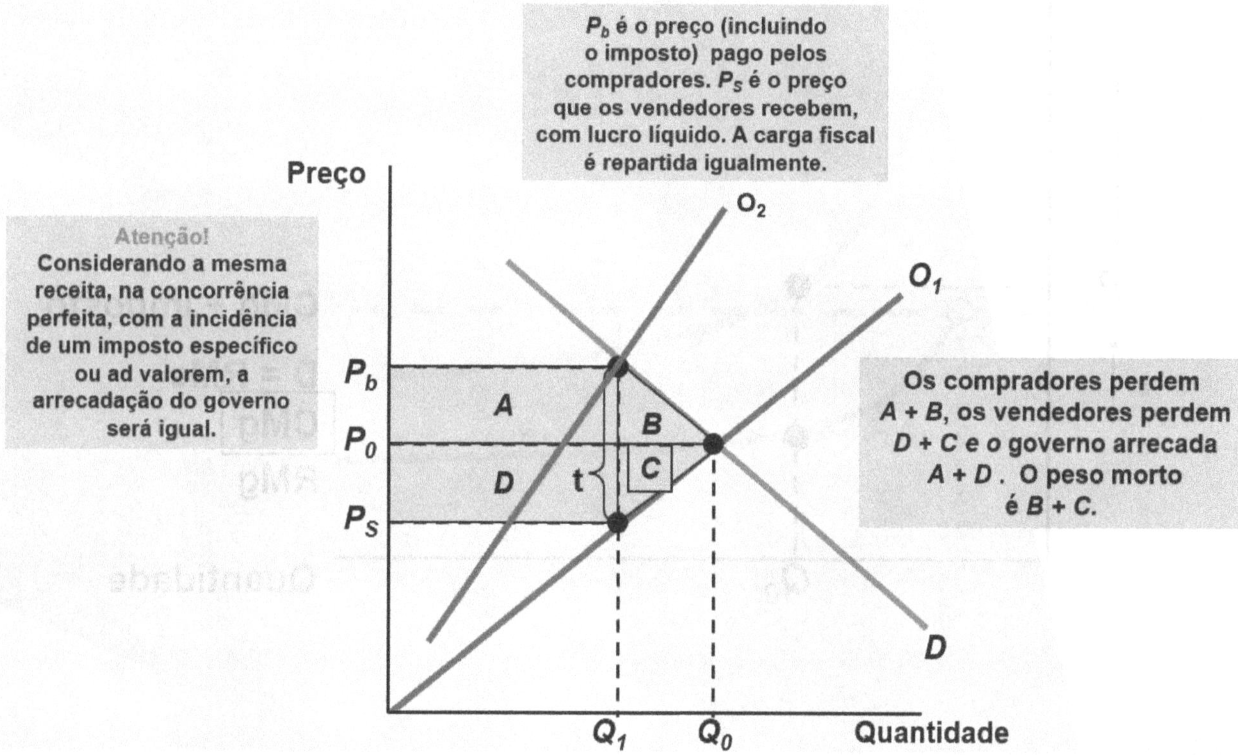
P_b é o preço (incluindo o imposto) pago pelos compradores. P_S é o preço que os vendedores recebem, com lucro líquido. A carga fiscal é repartida igualmente.
Atenção!
Considerando a mesma receita, na concorrência perfeita, com a incidência de um imposto específico ou ad valorem, a arrecadação do governo será igual.
Preço
O2
O1
Pb
P0
PS
A
B
C
D
t
D
Q1
Q0
Quantidade
Os compradores perdem A + B, os vendedores perdem D + C e o governo arrecada A + D . O peso morto é B + C.

Efeito de um imposto sobre o monopólio

Um imposto sobre a produção pode também ter sobre o monopolista um efeito diferente daquele que teria se incidisse em um setor competitivo. No monopólio, o preço as vezes pode apresentar elevação superior ao valor do imposto.

A análise do efeito do imposto sobre um monopolista é simples.

Suponhamos que um imposto específico de t reais por unidade passe a ser cobrado, de tal forma que o monopolista tenha de remeter t reais ao governo para cada unidade vendida por ele.

Portanto, o CMg da empresa (e também seu custo médio) é elevado em um valor igual ao imposto t. Sendo CMg o custo marginal original da empresa, a decisão do nível de produção ideal será agora expressa por

- RMg = CMg + t
- RMg = CMg + t: condição de determinação do nível ótimo de produção

Graficamente, temos de deslocar a curva de custo marginal para cima por um valor igual a t e então podemos descobrir a nova interseção com a curva de RMg.

A figura abaixo ilustra esse fato. Q0 e P0 são, respectivamente, a quantidade e o preço antes da vigência do imposto, e Q1 e P1 são a quantidade e o preço após o imposto.

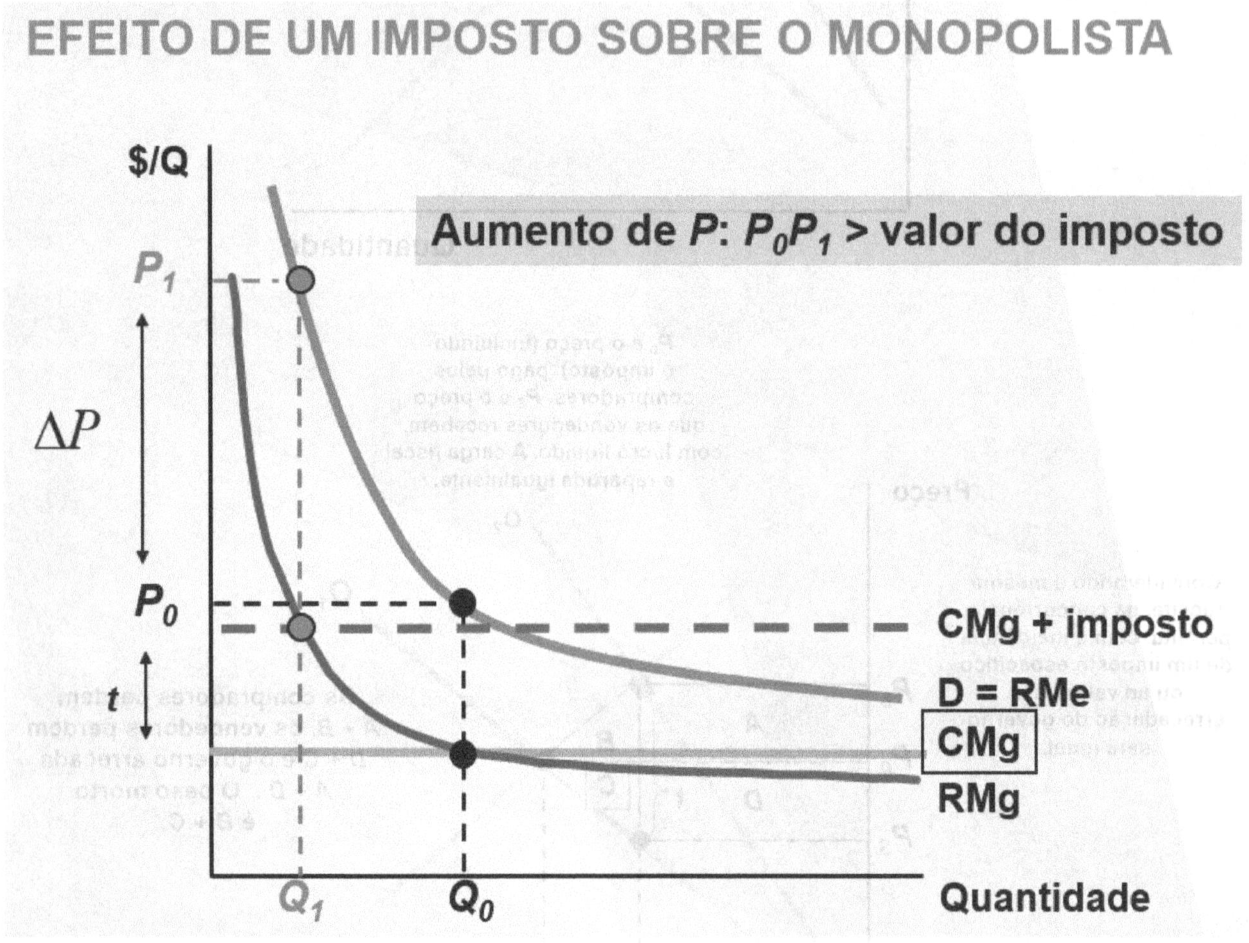

10.3.2 INCIDÊNCIA TRIBUTÁRIA

Introdução

Quando falamos de impostos surgem duas questões:

- quem vai arcar com a carga tributária – ou seja, como ela será distribuída entre os agentes econômicos e;
- que fatores são capazes de influenciar essa distribuição?

A instituição de um imposto induz mudanças no comportamento dos agentes econômicos - indivíduos, firmas e governo - bem como alterações nos preços dos produtos e no retorno sobre fatores de produção (capital e trabalho).

Em quase todos os casos, essas mudanças implicam que a incidência econômica (ou real) de um imposto será diferente de sua incidência legal (ou estatutária). Para determinar quem paga efetivamente um imposto, precisamos examinar seu impacto através da legislação tributária, e procurar determinar sobre quem recai a responsabilidade final do imposto. Isto envolve duas outras considerações:

- toda a carga tributária é paga por indivíduos, ou seja, sua incidência recai sobre indivíduos, na sua qualidade de proprietários, assalariados ou ainda consumidores;
- distribuição da incidência final pode diferir das responsabilidades, ou obrigações legais, na medida em que os indivíduos e as firmas em geral ajustam suas compras e vendas após a introdução do imposto.

10.3.3 Progressividade/Regressividade

Sistema Progressivo

Um sistema ser progressivo significa que uma pessoa é mais tributada na medida em que ela tem mais ou menos renda para isso. Adotar esse sistema significa dizer que aqueles que têm mais pagarão mais impostos e os que têm menos pagarão menos, isto tudo em proporção de sua renda.

O imposto de renda, por exemplo, é um tipo de imposto essencialmente progressivo. Ele é cobrado a partir de percentuais em uma tabela crescente, proporcional a renda.

Sistema Regressivo

Já os tributos regressivos são aqueles cobrados em um mesmo percentual para todos. Geralmente, os impostos sobre consumos e serviços são considerados regressivos. Pensamos nos impostos sobre consumo de itens básicos, como vestuários. Um aumento no preço pelo imposto faz grande diferença no orçamento de uma família de baixa renda.

O imposto sobre circulação de mercadoria no Brasil, que é o principal imposto sobre consumo no país, tem uma média de 18% no Brasil (podendo conter variações maiores já que é um imposto estadual). Pagar 18% sobre um produto para uma família que ganha 1000 reais faz uma diferença considerável, mas para uma família milionária não impede que ela continue tendo seus gastos luxuosos.

Essa é a principal questão desse tipo de tributação, já que o tributo é cobrado sobre o valor da mercadoria, uma pessoa muito rica e outra muito pobre pagarão o mesmo valor sobre um mesmo produto da mesma forma, sendo indiferente à desigualdade de renda.

É comum que o imposto seja maior em produtos luxuosos, como vinhos importados e carros de luxo. Assim como por motivos de saúde pública como sobre doces açucarados, cigarros e bebidas.

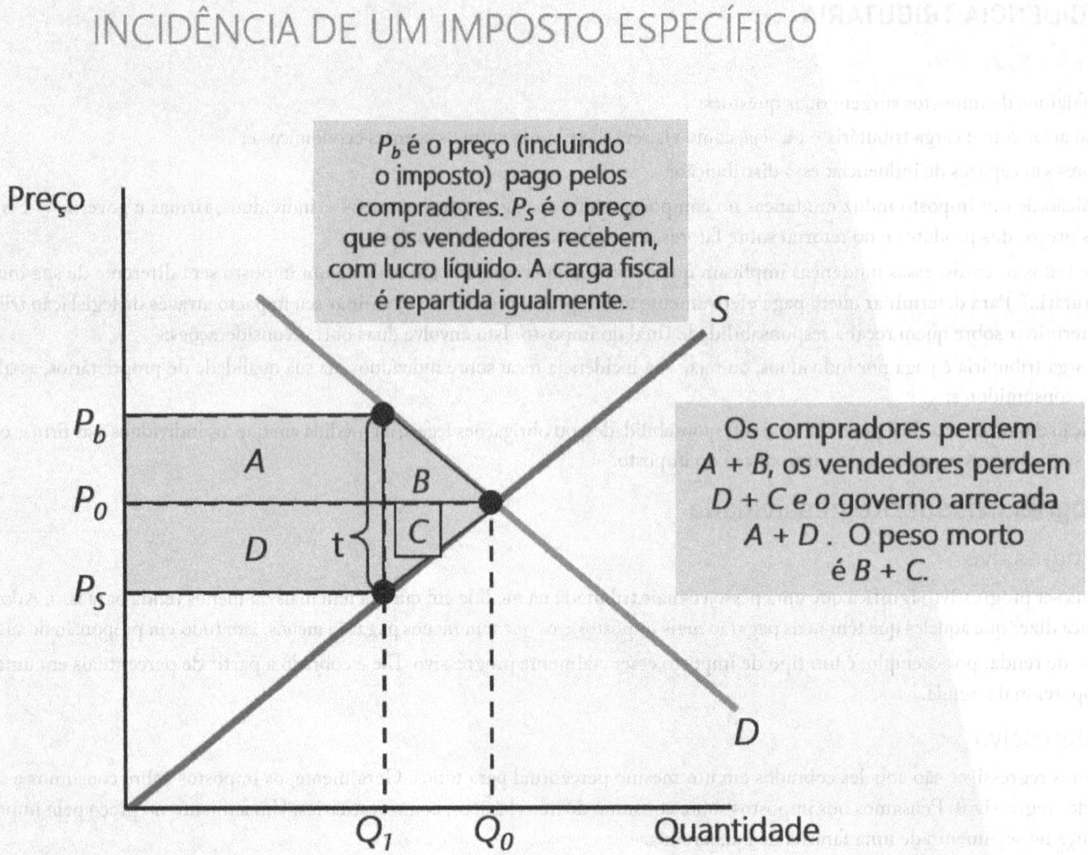

- O equilíbrio de mercado exige que quatro condições sejam satisfeitas após a implementação do imposto:
  - QD = QD (Pb) qtd vendida e o preço pago pelo comprador Pc, devem estar sobre a curva de demanda, pois o consumidor está interessado só no que irá pagar
  - QS = QS (Ps) qtd vendida e o preço líquido recebido pelo vendedor Pv, devem estar sobre a curva de oferta, pois os vendedores estão interessados só no valor líquido do imposto
- Quatro condições que devem ser satisfeitas após a implementação do imposto:
  - A quantidade vendida e Pb devem estar situados sobre a curva de demanda: QD = QD(Pb)
  - A quantidade vendida e PS devem estar situados sobre a curva de oferta: QS = QS(PS)
  - QD = QS
  - Pb - PS = imposto

O impacto de um imposto depende das elasticidades de oferta e de demanda

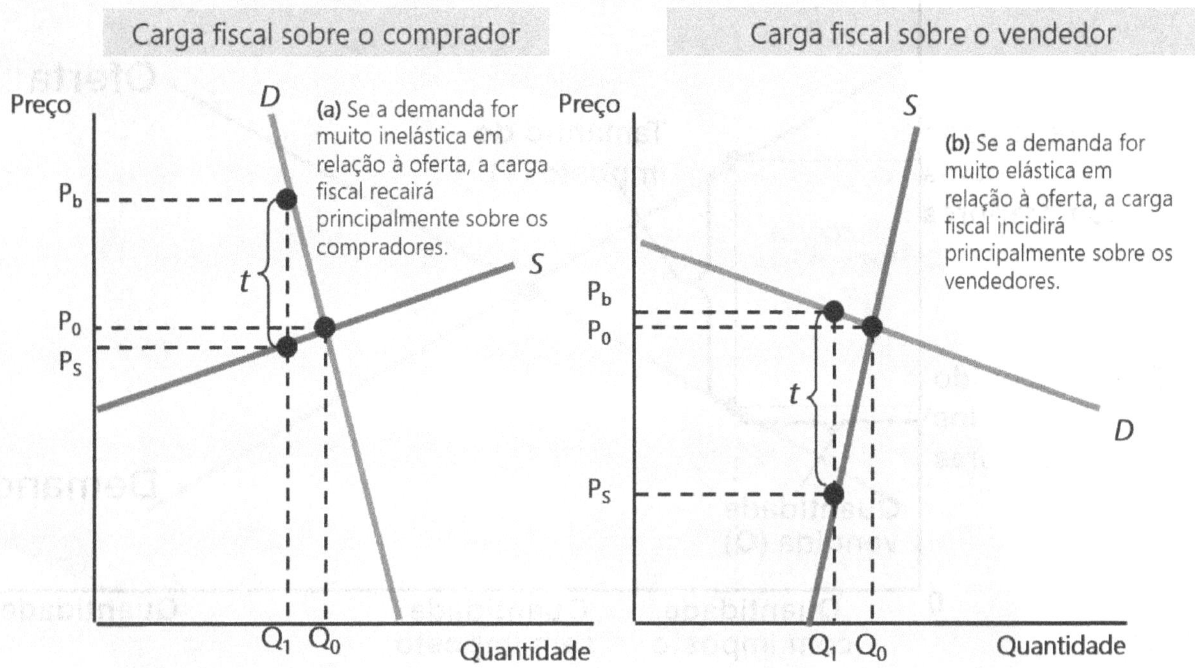

10.4 PESO MORTO

10.4.1 Peso Morto e Tributação

Como os impostos distorcem os incentivos, eles criam um peso morto.

O peso morto de um imposto é a redução do bem-estar econômico dos contribuintes que excede a quantia de recursos arrecadada pelo governo. Os impostos provocam perdas (peso morto) porque impedem compradores e vendedores de obter uma parte dos ganhos do comércio.

Excedente do Consumidor e do Produtor no Equilíbrio de Mercado

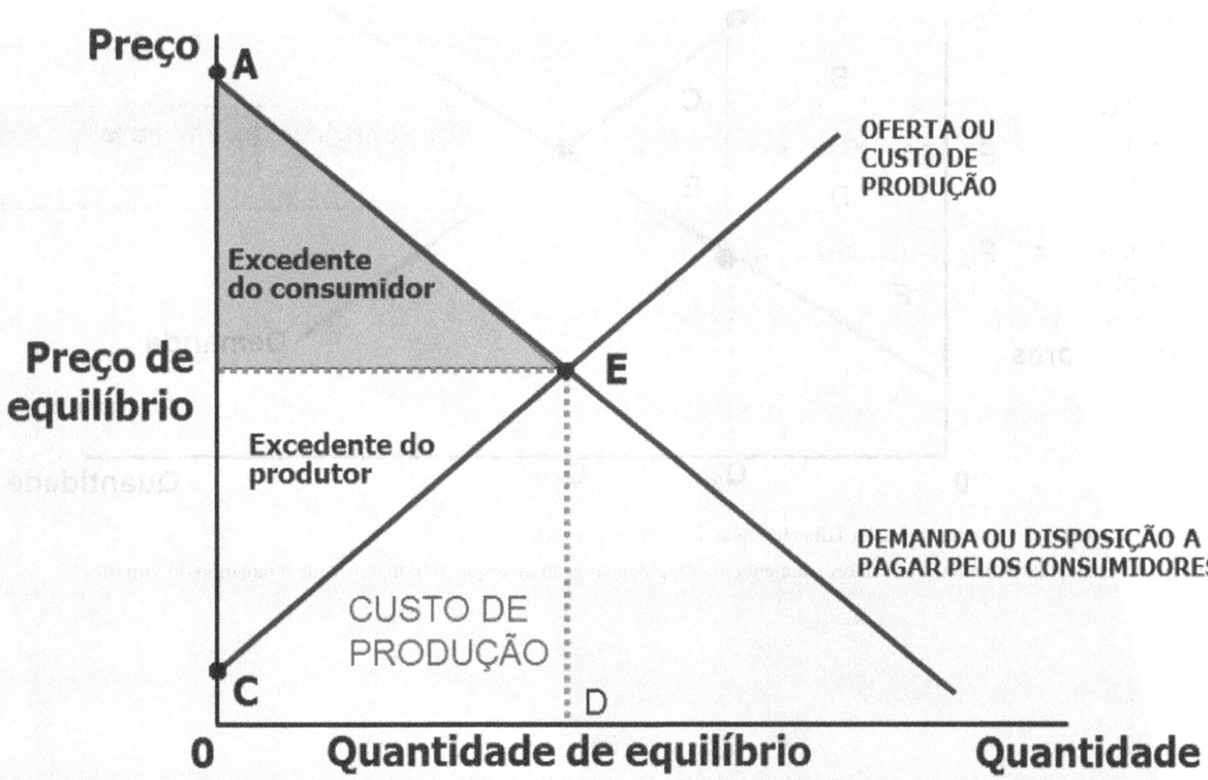

Receita Tributária = Cunha Fiscal

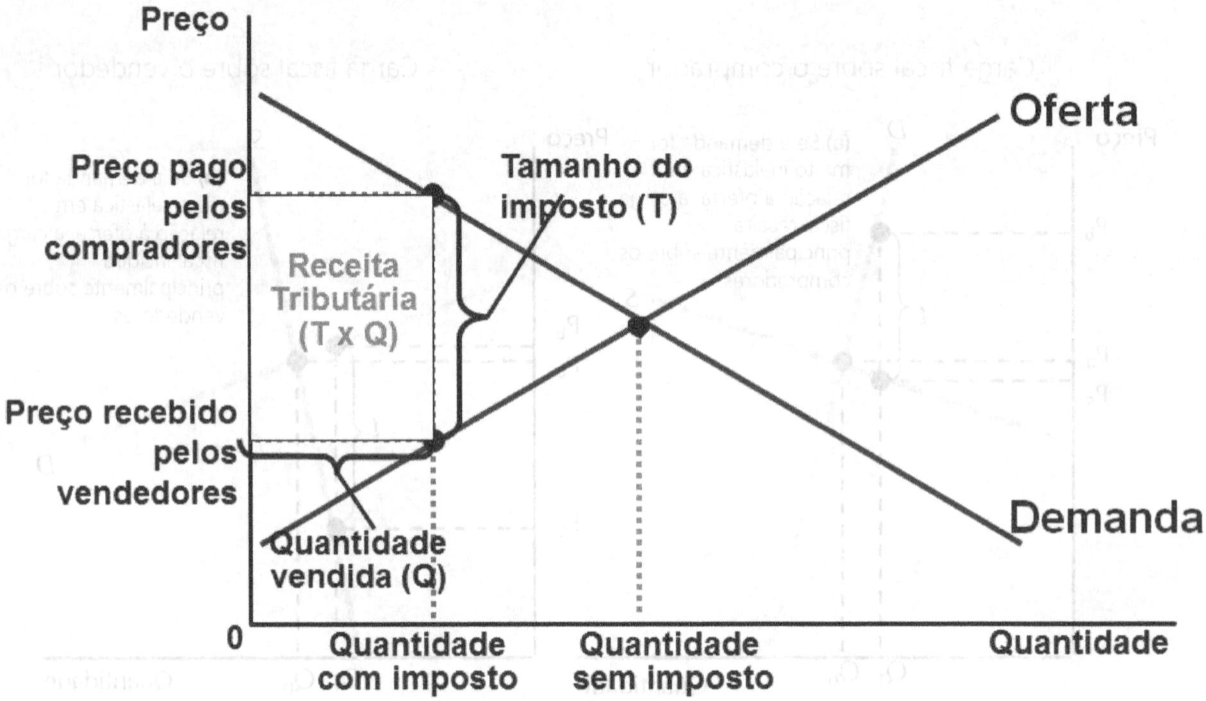

Como o Imposto Afeta o Bem-Estar

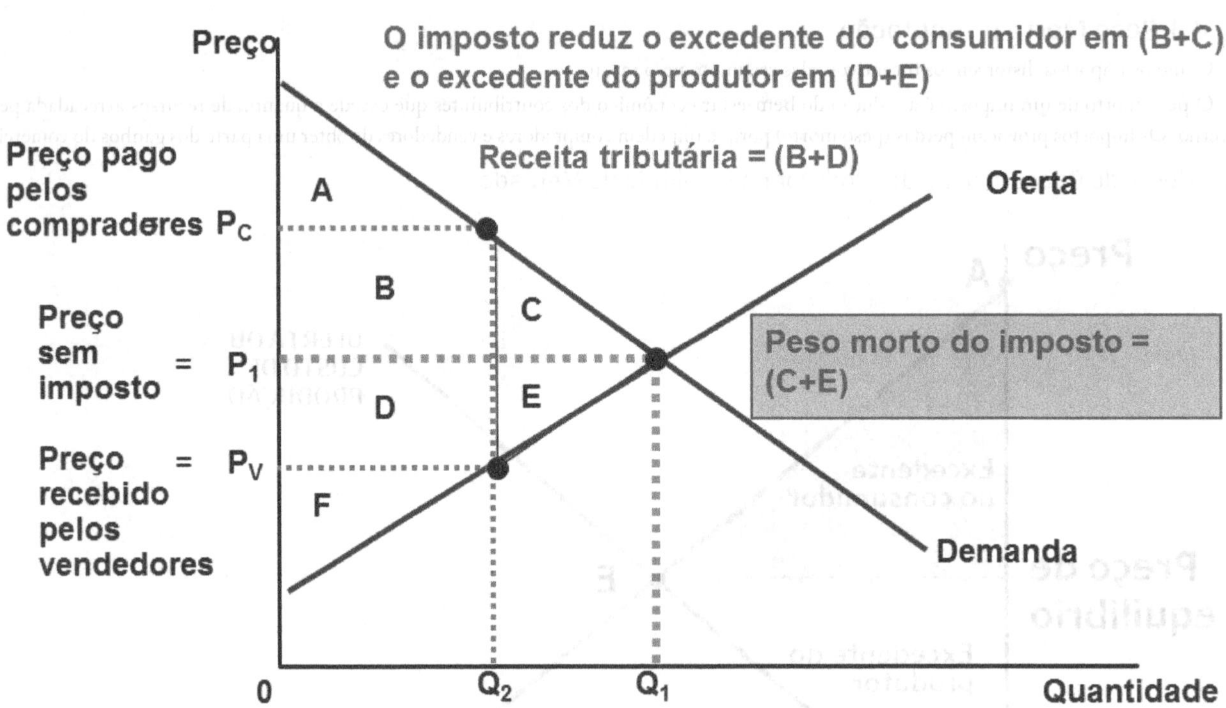

- O Peso Morto dos Impostos e a Receita Tributária quando os impostos variam.
  - Quando a alíquota aumenta, o peso morto aumenta mais rapidamente, ou mais que proporcional, que o tamanho do imposto.

O Peso Morto dos Impostos e a Receita Tributária

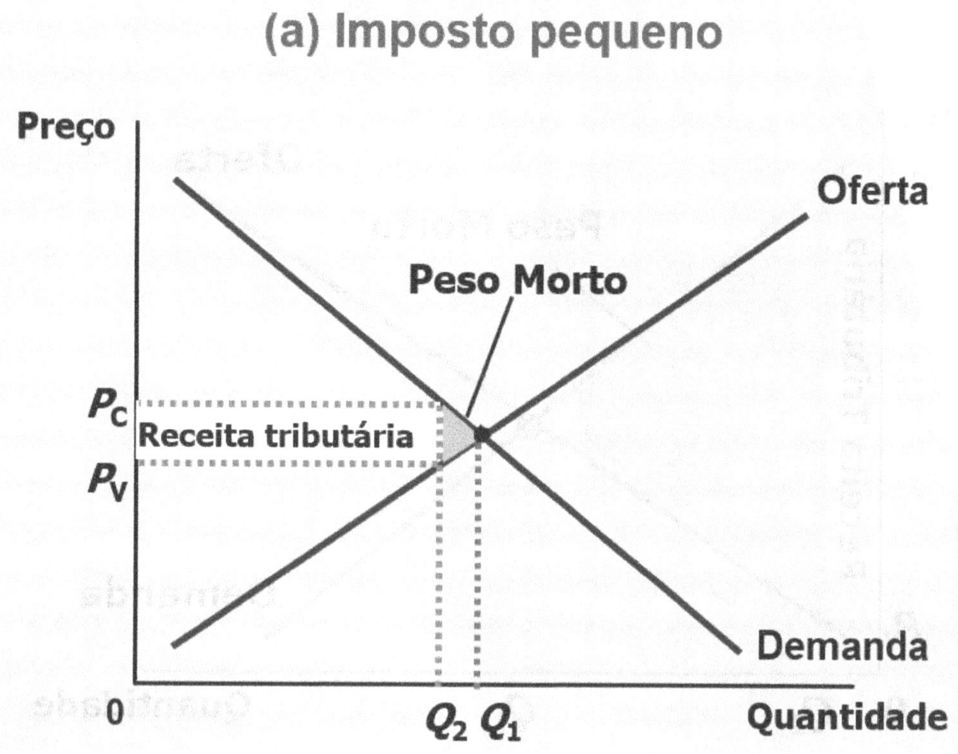

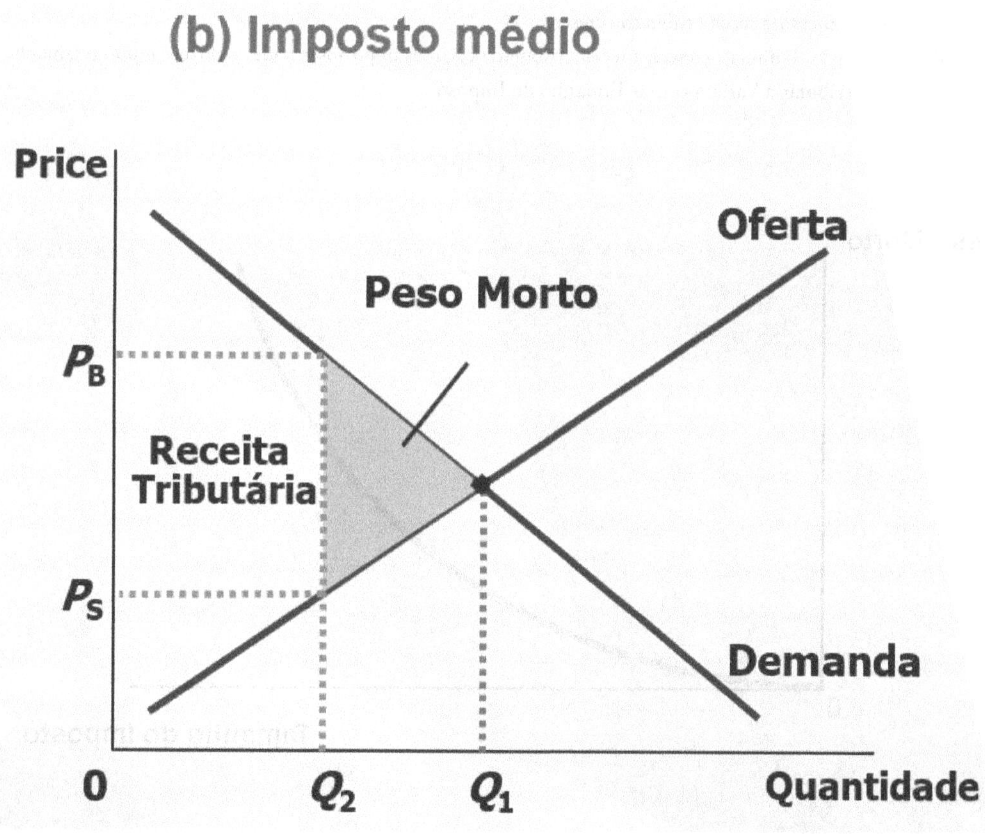

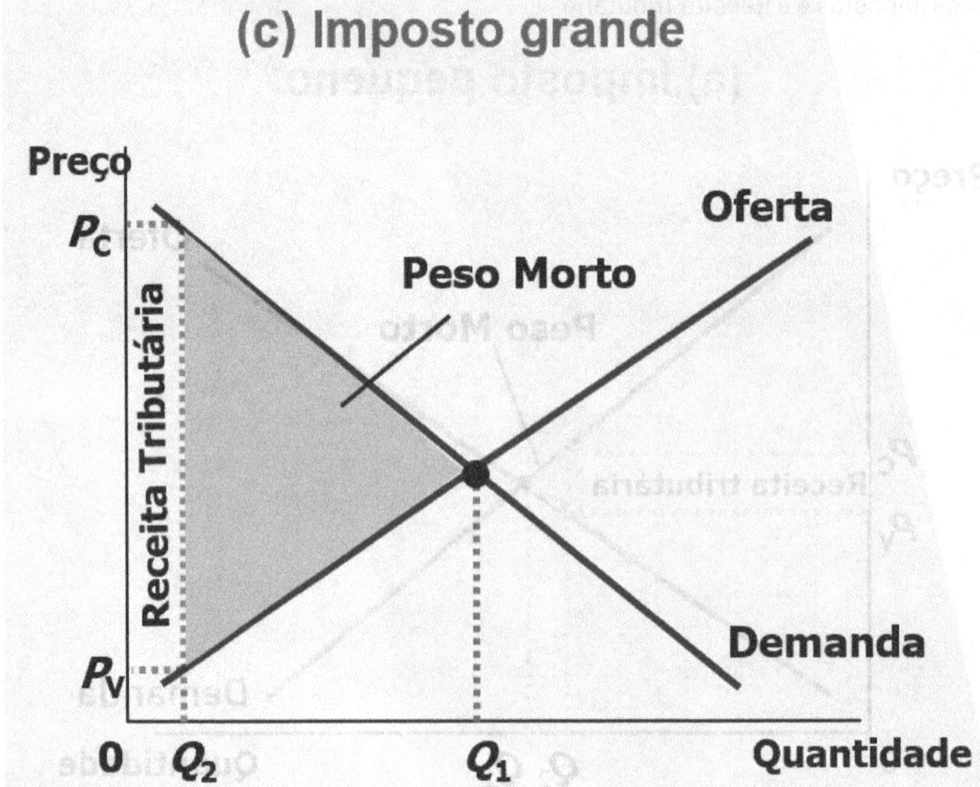

- Para impostos pequenos, a receita tributária é pequena.
- À medida que o imposto aumenta, a receita tributária cresce.
- Mas se o tamanho do imposto continua a crescer, a receita tributária cai, pois impostos grandes reduzem muito o tamanho do mercado.

O Peso Morto e a Receita Tributária Variam com o Tamanho do Imposto

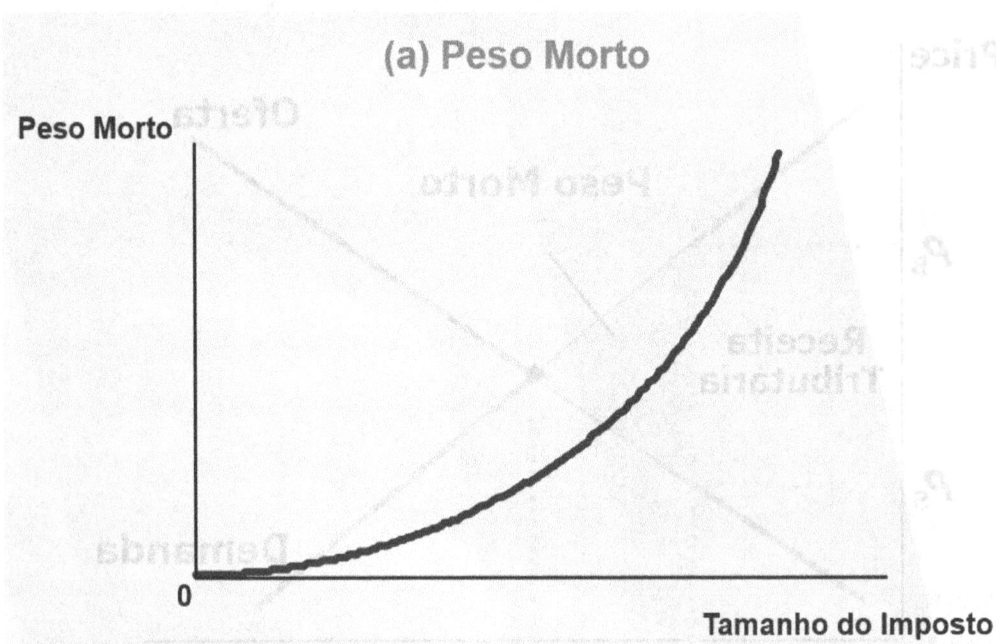

11 CARGA TRIBUTÁRIA

Carga Tributária é uma relação entre a soma da arrecadação federal, estadual e municipal e o Produto Interno Bruto (PIB): Nesse cálculo, busca-se analisar o fluxo de recursos financeiros direcionados da sociedade para o Estado.

11.1 Composição da Carga Tributária no Brasil

Considerando a estrutura da carga tributária, segundo o relatório do Tesouro, tendo como base o ano de 2021 43,5% dos impostos – incidiram sobre bens e serviços, o que acaba pesando sobre a atividade empresarial e sendo repassado ao consumidor.

Entram nessa classificação PIS, COFINS, IPI, IOF, Cide, DPVAT, ICMS e ISSQN, entre outros.

Impostos sobre renda, lucros e ganhos de capital, como IRPF, IRPJ e CSLL, corresponderam a 23,6% do que foi arrecadado.

Outros 23,6% do total recolhido foram para contribuições sociais, como previdência, FGTS e Pasep. Cerca de 4,8% de todos os tributos cobrados foram recolhidos sobre patrimônio. Nessa categoria se enquadram impostos como ITR, IPTU, ITBI, ITCD e IPVA.

Carga tributária do Brasil é pouco menor que a média dos países ricos e bem superior à da América Latina. Na comparação internacional, a carga tributária sobre o PIB no Brasil esteve – pelo menos até 2020 – abaixo da média dos países da Organização para a Cooperação e Desenvolvimento Econômico (OCDE), que reúne as nações mais ricas do planeta.

Em 2020, última atualização da entidade, esse indicador ficou em 33,73% na média da organização e em 31,77% no Brasil. A média brasileira, porém, supera com folga a da América Latina, que era de 22,95% até 2019. Considerando a relação do valor pago em tributos com a renda per capita, no entanto, o Brasil estaria acima da média dos países da OCDE.

Dados de 2019 mostram o país na nona colocação em um grupo de 27 economias.

Estima-se que, em 2021, o brasileiro trabalhou 149 dias apenas para pagar impostos.

11.1.1 Problemas

O sistema de impostos brasileiro é considerado complexo na comparação com a média mundial (Um estudo divulgado no ano passado pelo Banco Mundial mostrou que companhias brasileiras gastam entre 1.483 e 1.501 horas por ano apenas para preparar, declarar e pagar impostos – o maior tempo entre 190 economias do mundo).

- Impostos regressivos (que contribuem para o aumento da desigualdade de renda).
- Impostos indiretos.
- Carga tributária
- Evasão fiscal
- Incentivo à Elisão fiscal
- Elusão fiscal
- Desonerações tributárias setoriais

11.1.2 O que é elusão fiscal?

Elusão fiscal é a simulação de um negócio jurídico para dissimular a ocorrência do fato gerador.

Também é chamada de elisão ineficaz, já que também aproveita brechas de legislação, mas a fiscalização pode identificar o artifício e lançar o tributo que seria isento. Portanto, é considerada uma prática arriscada, embora não seja propriamente ilícita.

Elisão Fiscal X Evasão Fisca	
Elisão	Evasão
• Formas legais de redução de tributos que podem ser: • Evitar incidência do fato gerador: que o tributo não ocorra, ou não seja cobrado, através de uma imunidade ou regime tributário, por exemplo: • Redução da alíquota, ou base de cálculo: que o valor a pagar seja reduzido, podemos citar a utilização de um benefício fiscal • Postegar o pagamento: recolher o tributo em outro momento, sem incidência de multa, optando por um regime fiscal diferenciado, por exemplo.	• Procedimento que não são baseados na legislação que vão em sentido oposto. • Visam redução, não pagamento ou pagamento parcial de tributos de forma ilegal. • São considerados crimes, além de manter a obrigação do pagamento do tributo com multa, juros e demais encargos legais. • Exemplo: falsificação de documentos, prestação de informações falsas, destruição de livros contáveis/fiscais

https://cdn-landing.arquivei.com.br/blog/wp-content/uploads/2020/07/Elis%-C3%A3o-e-evas%C3%A3o-fiscal.png

12 EVOLUÇÃO NO BRASIL

É uma relação entre a soma da arrecadação federal, estadual e municipal e o Produto Interno Bruto (PIB):

Carga tributária=arrecadação tributária/PIB

Nesse cálculo, busca-se analisar o fluxo de recursos financeiros direcionados da sociedade para o Estado.

12.1.1 Carga tributária bruta

De maneira geral, a "carga tributária bruta" é o total de impostos, taxas e contribuições compulsoriamente pagos pelo setor privado ao governo (mesmo aquelas destinadas a financiar a poupança do próprio setor privado, como as contribuições previdenciárias e para o FGTS).

12.1.2 Carga tributária líquida

A definição mais básica e objetiva sobre a carga tributária líquida é a equação: a carga tributária bruta (-) transferências de assistência, previdência e subsídios.

A carga tributária líquida influencia a renda das famílias e reflete, portanto, no impacto líquido da política fiscal sobre a renda disponível do setor privado, sendo também o melhor indicador para efetuar comparações internacionais

FIN PÚBL

Carga tributária do Brasil: evolução e distribuição por esfera de governo

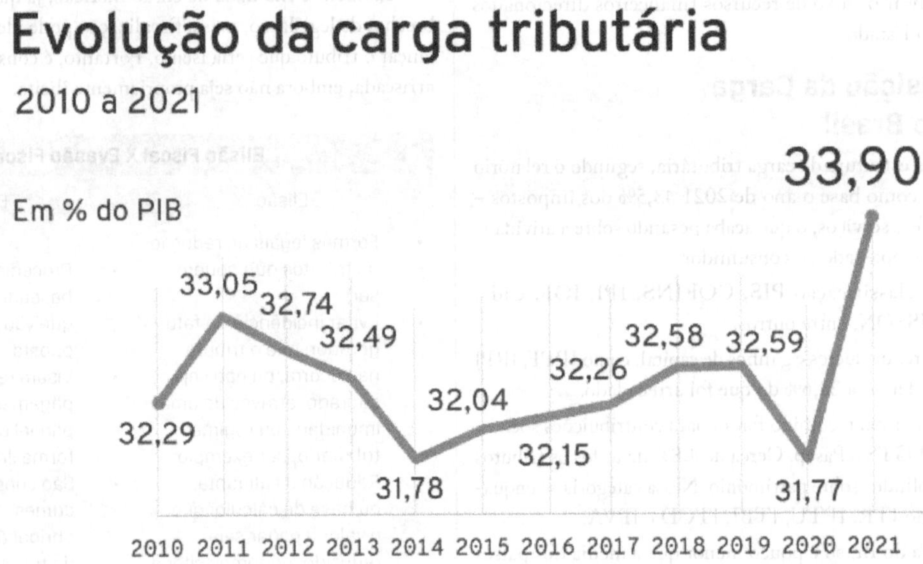

https://media.gazetadopovo.com.br/2022/04/12110452/grafico1-2.png

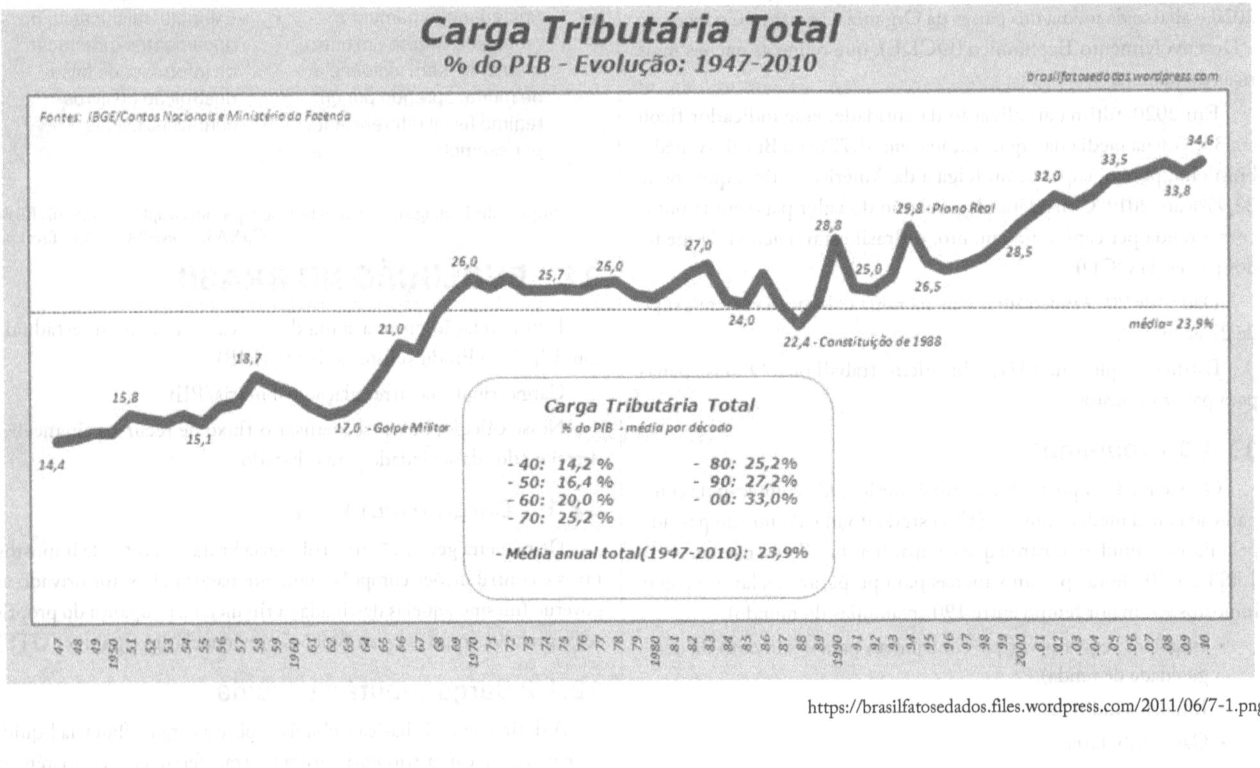

https://brasilfatosedados.files.wordpress.com/2011/06/7-1.png

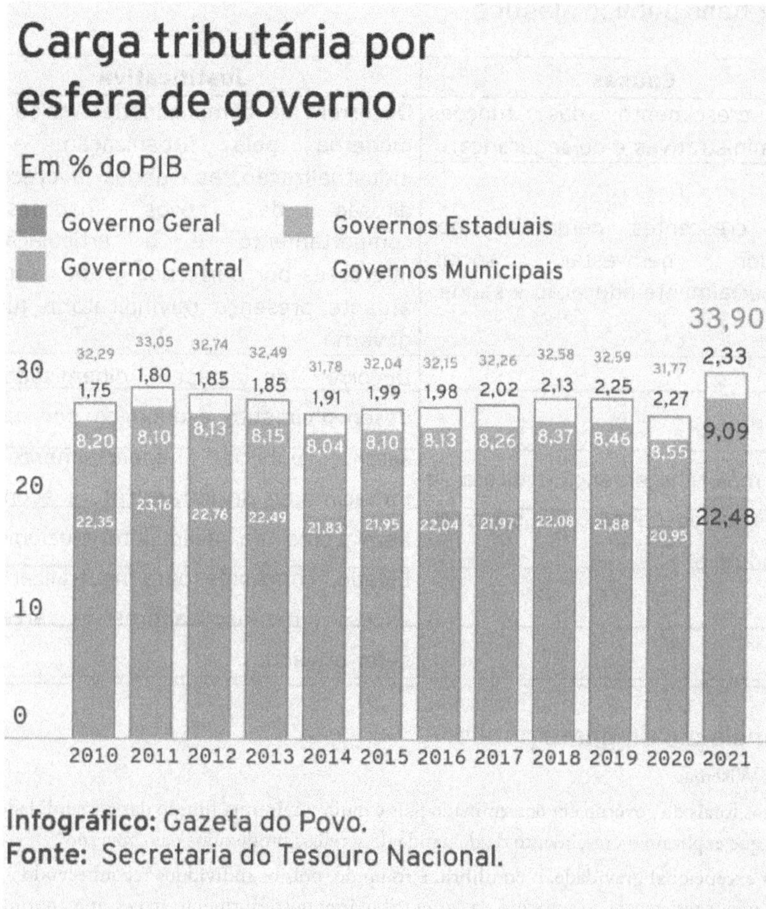

https://media.gazetadopovo.com.br/2022/04/12110452/grafico1-2.png

12.1 Hipóteses para o aumento da carga tributária

12.1.1 Lei de Wagner

"À medida que cresce o nível de renda em países industrializados, o setor público cresce sempre a taxas mais elevadas, de tal forma que a participação relativa do governo na economia cresce com o próprio ritmo de crescimento econômico do país".

Com a industrialização crescente em muitos países, temos maior grau de urbanização e de crescimento populacional. Quando a renda média de um país cresce, a demanda de serviços públicos cresce mais rápido ainda. Daí a necessidade de crescimento da carga tributária.

Adolph H. G. Wagner (1835 - 1917)
Economista alemão e professor em diversas universidades alemãs e austríacas. De sua obra, o livro Finanzwissenschaft (Ciência das Finanças) é o mais lembrado.

A Lei de Wagner

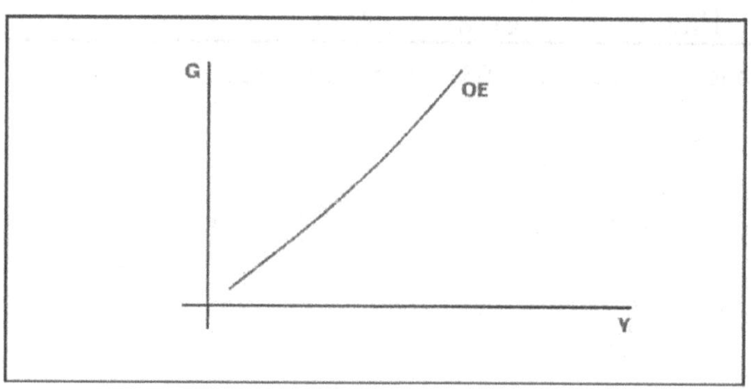

Fonte: Riani, F. Economia do Setor Público. Atlas. São Paulo. 1986.

12.1.2 Demanda por bens público elástica

<table>
<tr><th colspan="2">Causas</th><th>Justificativa</th></tr>
<tr><td>1</td><td>O crescimento das funções administrativas e de segurança.</td><td rowspan="2">Decorrem da complexidade trazida à vida moderna pela urbanização e pela industrialização; as cidades favoreceram a difusão de novos padrões de comportamento e a articulação de interesses por parte dos grupos sociais de atuante presença reivindicatória junto ao governo.</td></tr>
<tr><td>2</td><td>As crescentes demandas por maior bem-estar social, especialmente educação e saúde.</td></tr>
<tr><td>3</td><td>A maior intervenção direta e indireta do governo no processo produtivo.</td><td>Decorre do papel dinamizador do desenvolvimento econômico por parte do setor público, especialmente no fornecimento de infraestrutura econômica, bem como da ação intervencionista do Estado, concebida para neutralizar certos excessos monopolizadores de parcelas do setor privado.</td></tr>
</table>

12.1.3 Teoria da translação do gasto público

Alan T. Peacock & Jack Wiseman

"O crescimento dos gastos totais do governo em determinado país é muito mais uma função das possibilidades de obtenção de recursos do que da expansão dos fatores que explicam o crescimento da demanda de serviços produzidos pelo governo"

Em situações de caráter excepcional gravidade, o equilíbrio é rompido, pois os indivíduos reconhecendo a importância da ação pública nesse momento, não opõem maior resistência ao aumento da carga tributária; posteriormente ao cessar a anormalidade, continuam aceitando os novos níveis tributários."

Gastos Públicos/PIB

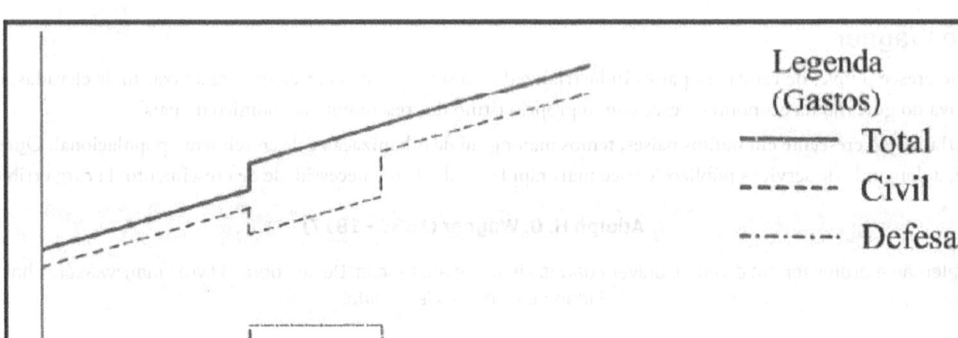

Fonte: Peacock e Wiseman (1961) apud Riani (1986).

13 FEDERALISMO FISCAL

13.1 Federalismo

É a forma de organização do Estado em que os entes federados são dotados de autonomia administrativa, política, tributária e financeira e se aliam na criação de um governo central por meio de um pacto federativo.

O Federalismo surgiu da necessidade, principalmente, de países com grandes extensões territoriais descentralizar o seu poder.

13.2 Federalismo Fiscal

É a parte do acordo federativo que atribui para cada ente da federação a competência para arrecadar um determinado tipo de tributo, a repartição de receitas tributárias entre esses entes, assim como a responsabilidade de cada ente na alocação dos recursos públicos e prestação de bens e serviços públicos para a sociedade.

Trata da divisão das responsabilidades entre os diferentes níveis de governo (Federal, Estadual e Municipal)ao conferir competências tributárias e obrigações de gasto público às esferas governamentais, promovendo a descentralização econômica.

O Federalismo Fiscal pode ser utilizado como instrumento de organização política para se combater as desigualdades entre as regiões.

13.2.1 Descentralização

Implica uma redistribuição mais democrática do poder, pois resulta em uma participação de pessoas (físicas e jurídicas) que não podiam se pronunciar, até então, sobre o assunto que foi descentralizado.

Portanto, o foco de análise no Federalismo Fiscal é a forma como uma federação se organiza entre seus entes federados para melhor arrecadação de recursos visando assim a prover uma melhor oferta de seus bens demandados pela população.

Todavia, a teoria associada ao Federalismo Fiscal não se prende somente à melhor alocação de recursos e oferta de bens e serviços públicos, mas também à distribuição de renda e ao crescimento econômico.

O estudo das relações fiscais intergovernamentais e as definições do Federalismo Fiscal:

- Face financeira do poder político escolhido. Implica na distribuição de competências constitucionais fiscais entre os diferentes níveis de governo, para que cada um, de modo autônomo, possa arcar com suas despesas;
- Divisão de tarefas entre os diferentes níveis de governo. Ou seja, quem (a que níveis de governo) deve arrecadar cada um dos tributos do país e quem deve ofertar cada um dos serviços públicos (saúde, saneamento, educação, limpeza, iluminação, segurança pública, estabilidade macroeconômica, assistência aos pobres etc.);
- Procura estabelecer parâmetros de racionalidade e eficiência econômica que orientem os ajustes na organização das federações, à medida que o processo político permita tais alterações;
- Conjunto de providências constitucionais, legais e administrativas orientadas ao financiamento dos diversos entes federados, seus órgãos, serviços e políticas públicas tendentes à satisfação das necessidades públicas nas respectivas esferas de competência

13.2.2 Federalismo fiscal no Brasil

A Constituição Federal de 1988 desenhou um federalismo fiscal bastante rígido, amparado em:

- Competências tributárias exclusivas para todas as pessoas jurídicas de direito público interno;
- Transferências constitucionais mandatórias (conforme os art. 157 a 162 da Constituição Federal, que disciplinam o mecanismo de transferências fiscais);
- Transferências verticais voluntárias para os fins mais diversos, a exemplo dos fundos de desenvolvimento regional;
- Determinações a priori de destinações orçamentárias por todos os entes, a exemplo do que ocorre com a educação;
- Autonomia financeira e orçamentária para os entes federativos, relativizada com a Lei de Responsabilidade Fiscal.

No que tange à repartição de competências e encargos entre os entes da Federação, a Constituição de 1988 é autoexplicativa em relação às atribuições da União, dos Estados, do Distrito Federal e dos Municípios no sistema tributário, estabelecendo, ainda, os mecanismos de distribuição da receita.

Contudo, essa clareza não se verifica na distribuição de encargos e responsabilidades sobre as políticas públicas, gerando competências conjuntas e concorrentes

Atualmente, no Brasil, existe um cenário de forte desequilíbrio entre a geração de receitas e as responsabilidades dos Estados e Municípios na esfera administrativa. Tem-se, de um lado, uma excessiva centralização reguladora e arrecadatória, e de outro uma excessiva descentralização político-administrativa.

13.2.3 Principais problemas no Brasil

É notória a grande dependência que a maioria dos municípios possui dos repasses de Estados e da União, e como a garantia da estabilidade nessa relação faz parte do desempenho das prefeituras. São estes os principais problemas do federalismo e do federalismo fiscal no Brasil:

- Disparidades socioeconômicas;
  - Desequilíbrios;
  - Guerra fiscal.

13.2.4 Desafios para um novo modelo

A eliminação dos focos de rigidez do sistema, pois a Constituição Federal garante autonomia orçamentária aos entes federativos sem predeterminar gastos ou destinações dos orçamentos municipais ou estaduais (CONTI, 2004, p. 28);

A reestruturação das competências tributárias, transferindo "bases de incidência" como a de serviços (ISS) para a União Federal, em troca de transferências fiscais amparadas em critérios que meçam o esforço fiscal de cada ente (idem);

A criação de mecanismos de coordenação entre União, Estados e Municípios, bem como de desincentivos a estratégias não cooperativas por parte dos entes federativos, por exemplo, condicionar boa parcela das transferências a medidas de esforço fiscal;

A regulamentação do artigo 23 da Constituição Federal, por Lei Complementar que deverá fixar normas para a cooperação entre a União e os Estados, o Distrito Federal e os Municípios, tendo em vista o equilíbrio do desenvolvimento e do bem-estar no âmbito nacional.

A competência comum, material e administrativa necessita de regulamentação para a definição de como se dará a cooperação entre os entes da federação, para que se fixe qual é a atribuição de cada ente federativo, efetivamente;

A reforma tributária que equacione adequadamente o equilíbrio entre receitas e competências administrativas nos três níveis de governo.

14 TRANSFERÊNCIAS INTERGOVERNAMENTAIS

14.1 Classificação do Tribunal de Contas da União

O TCU classifica os repasses de recursos federais aos municípios segundo sua origem normativa. Conforme este critério, as transferências podem ser agrupadas em constitucionais, legais ou voluntárias.

14.1.1 Transferências Constitucionais

As transferências constitucionais correspondem a parcelas de recursos arrecadados e repassados aos municípios por força de mandamento estabelecido em dispositivo da Constituição Federal.

Inserem-se nesta modalidade os recursos provenientes do Fundo de Participação dos Estados (FPE), do Fundo de Participação dos Municípios (FPM), do Imposto Territorial Rural (ITR), do Imposto sobre Operações Financeiras/Ouro (IOF-Ouro), do Fundo de Manutenção e Desenvolvimento do Ensino Básico e Valorização do Magistério (FUNDEB) e do Fundo de Compensação para Exportação de Produtos Industrializados.

14.1.2 Transferências Legais

As transferências legais são aquelas regulamentadas por leis específicas, as quais determinam a forma de habilitação, transferência, aplicação dos recursos e prestações de contas.

Podem ser divididas em duas categorias: as transferências automáticas e as transferências fundo a fundo. As transferências automáticas consistem no repasse de recursos financeiros sem a utilização de convênio, ajuste, acordo ou contrato, mediante depósito em conta corrente específica, aberta em nome do beneficiário. Tal forma de transferência é utilizada no Programa Nacional de Alimentação Escolar (PNAE).

As transferências fundo a fundo consistem no repasse de recursos diretamente de fundos da esfera federal para fundos da esfera estadual, municipal ou do Distrito Federal, dispensando a celebração de convênios. Tais transferências são utilizadas em programas na área da saúde e da assistência social.

Por fim, as transferências voluntárias são definidas no art. 25 da Lei Complementar n° 101/2000 (Lei de Responsabilidade Fiscal), como a entrega de recursos correntes ou de capital a outro ente da Federação, a título de cooperação, auxílio ou assistência financeira, que não decorra de determinação constitucional, legal ou os destinados ao Sistema Único de Saúde.

14.1.3 Tributos Sujeitos à Repartição das Receitas

Segundo a CF/88, os seguintes tributos possuem as suas receitas repartidas com os demais entes da federação:

- Imposto de Renda – IR;
- Imposto Sobre Operações Financeiras – IOF sobre o ouro;
- Impostos Residuais;
- Imposto Sobre a Propriedade Territorial Rural – ITR;
- Impostos Sobre Produtos Industrializados – IPI;
- Imposto Sobre a Propriedade de Veículos Automotores – IPVA;
- Imposto sobre Operações relativas à Circulação de Mercadorias e sobre Prestações de Serviços de Transporte Interestadual e Intermunicipal e de Comunicação – ICMS; e
- Contribuição de Intervenção no Domínio Econômico – CIDE-Combustíveis.
- Ou seja, cinco são impostos de competência da União (IR, IOF sobre o ouro, Impostos Residuais, ITR e IPI) e dois são impostos de competência dos Estados e do Distrito Federal (IPVA e ICMS).

Atenção!

A CIDE-Combustíveis, apesar de ser um tributo do tipo "Contribuição Especial" com arrecadação vinculada, possui parte de sua receita repartida com os demais entes.

14.1.5 Tributos Não Sujeitos à Repartição das Receitas

- Taxas;
- Contribuições de Melhoria;
- Empréstimos Compulsórios;
- Contribuições Especiais (com exceção da CIDE-Combustíveis);
- Contribuição de Serviço de Iluminação Pública – COSIP;
- Todos os impostos dos Municípios (ITBI, ISS e IPTU) e do Distrito Federal (inclusive o IPVA e o ICMS no caso do Distrito Federal);
- Imposto de Transmissão Causa Mortis e Doação – ITCMD;
- Imposto de Importação – II;
- Imposto de Exportação – IE;
- Imposto sobre Grandes Fortunas – IGF; e
- Imposto Extraordinário de Guerra – IEG.

Observação!

Nenhum imposto do Distrito Federal é repartido o que inclui IPVA e o ICMS desse ente.

14.2 Repartição das Receitas Tributárias da União

- **IRRF**

Repartição do IR Retido na Fonte sobre os Rendimentos Pagos, a qualquer título, pelos Estados, DF e Municípios, inclusive suas Autarquias e Fundações que Instituírem ou Mantiverem

Esse caso engloba, por exemplo, os pagamentos feitos pelos entes aos seus servidores públicos (os valores de IR não são recolhidos aos cofres públicos federais, já que cabem (100%) a cada ente que tenha feito a retenção)

- **Repartição do IOF sobre o Ouro**

Quando o ouro é definido como ativo financeiro ou instrumento cambial, há incidência de IOF. Nesses casos, a receita de IOF é 100% repartida, não cabendo nada à União, conforme segue abaixo:

- 70% ao Município, conforme a origem do ouro; e
- 30% ao Estado, conforme a origem do ouro.
- Repartição dos Impostos Residuais
- A União possui a competência para instituir Impostos Residuais em casos específicos (caso a União venha a instituir um Imposto Residual, sua arrecadação deverá ser repartida com os Estados e com o Distrito Federal)

- **Repartição da CIDE- Combustíveis**
  - Dos valores arrecadados com a CIDE-Combustíveis, a União entregará aos Estados e ao Distrito Federal 29% desses valores.
  - No entanto, dos 29% repassados aos Estados e ao Distrito Federal, 25% devem ser repassados aos Municípios, conforme regra estabelecida em lei. Dessa forma, pode-se afirmar que aos Municípios cabe 7,25% da arrecadação com a CIDE-Combustíveis.
- **Repartição do ITR**
  - No caso do ITR, caso os Municípios optem por fiscalizar e arrecadar esse imposto, esses terão direito a 100% da arrecadação do ITR recolhido em seus territórios.
  - No entanto, caso essa opção não seja feita, aos Municípios cabe 50% do valor arrecadado com o ITR.
- **Repartição do IR e IPI**

No que se refere ao somatório da arrecadação do IR e IPI pela União, exceto aquela relativa ao IR retido na fonte (destinado 100% aos Estados, Municípios e Distrito Federal), 50% dessa arrecadação será repartida da seguinte maneira:

- 21,5% ao Fundo de Participação dos Estados e do Distrito Federal;
- 22,5% ao Fundo de Participação dos Municípios – FPM;
- 3%, para aplicação em programas de financiamento ao setor produtivo das Regiões Norte, Nordeste e Centro-Oeste, através de suas instituições financeiras de caráter regional, de acordo com os planos regionais de desenvolvimento, ficando assegurada ao semiárido do Nordeste a metade dos recursos destinados à Região, na forma que a lei estabelecer;
- 1% ao FPM a ser entregue no primeiro decêndio do mês de dezembro de cada ano;
- 1% ao FPM a ser entregue no primeiro decêndio do mês de julho de cada ano; e
- 1% ao FPM a ser entregue no primeiro decêndio do mês de setembro de cada ano.

Atenção!

As regras de repartição relativas ao somatório da arrecadação do IR e IPI pela União foram alteradas recentemente, pela Emenda Constitucional nº 112/2021. Assim, anteriormente à alteração, repartia-se 49% do somatório da arrecadação, mas atualmente esse valor é de 50%.

- **Repartição do IPI**
  - 10% da arrecadação nacional com o IPI será direcionada ao Fundo de Compensação de Exportações (FCEx), o qual é direcionado aos Estados e ao Distrito Federal proporcionalmente ao valor de suas exportações com produtos industrializados.
  - Frisa-se, ainda, que 25% desses 10% (2,5%) devem ser destinados aos Municípios, seguindo-se a mesma regra da repartição do ICMS (regra dos 65% e 35%).

Observação importante!

Nenhum Estado poderá receber mais de 20% do Fundo de Compensação de Exportações

14.3 Repartição das Receitas Tributárias dos Estados

- **IPVA**
  - Municípios:50% da arrecadação do IPVA, referente aos veículos automotores licenciados em seus territórios.
- **ICMS**

25% da arrecadação dos Estados deve ser repartida com os Municípios situados em seus territórios. No entanto, a repartição desse montante (25%) segue as seguintes regras específicas:

- 65%, no mínimo, na proporção do valor adicionado nas operações relativas à circulação de mercadorias e nas prestações de serviços, realizadas nos territórios dos Municípios; e
- Até 35%, de acordo com o que dispuser lei estadual, observada, obrigatoriamente, a distribuição de, no mínimo, 10% com base em indicadores de melhoria nos resultados de aprendizagem e de aumento da equidade, considerado o nível socioeconômico dos educandos.

Atenção!

O percentual de 65% é mínimo, ou seja, pode ser 65% ou mais. Já o percentual de 35%, por lógica, é máximo, ou seja, pode ser inferior a 35%.

Lembrando!

Os percentuais de distribuição do ICMS (65% e 35%) foram alterados recentemente pela Emenda Constitucional nº 108/2020.

POLÍTICAS PÚBLICAS

1 POLÍTICAS PÚBLICAS: UMA VISÃO INICIAL

As políticas públicas são ações governamentais voltadas para o atendimento das necessidades da sociedade. Podemos pensar nelas como um conjunto de decisões e ações tomadas pelo governo para resolver problemas e melhorar a vida das pessoas.

1.1 Introdução às Políticas Públicas: Conceitos e Tipologias

1.1.1 O que são Políticas Públicas?

Políticas públicas são como planos de ação do governo para lidar com questões importantes que afetam a população. Elas podem abranger uma variedade de áreas, como educação, saúde, segurança, meio ambiente, entre outras.

1.1.2 Entendendo os Conceitos Básicos

- Decisões Governamentais: As políticas públicas são basicamente decisões tomadas pelo governo para resolver problemas específicos.
- Bem-Estar Social: O objetivo principal é melhorar o bem-estar da sociedade como um todo, garantindo que as necessidades básicas sejam atendidas.

1.2 Tipos de Políticas Públicas

Existem diferentes tipos de políticas públicas, cada uma focada em resolver um tipo específico de problema. Alguns exemplos incluem:

- Políticas Educacionais: Voltadas para melhorar o sistema de ensino e garantir acesso à educação de qualidade.
- Políticas de Saúde: Buscam promover o acesso a serviços de saúde e melhorar as condições gerais de saúde da população.
- Políticas Ambientais: Concentram-se na preservação do meio ambiente e na promoção de práticas sustentáveis.

1.3 Por que isso é Importante para Você?

Entender o funcionamento das políticas públicas é crucial porque elas têm um impacto direto em nossa vida cotidiana. Desde a qualidade da educação que recebemos até a eficácia dos serviços de saúde, as políticas públicas moldam o ambiente em que vivemos.

Este é apenas um vislumbre do vasto mundo das políticas públicas. Nos próximos textos, exploraremos exemplos específicos e aprofundaremos em como essas políticas são desenvolvidas e implementadas.

2 CICLOS DE POLÍTICAS PÚBLICAS: UMA JORNADA DE TRANSFORMAÇÃO

A compreensão dos ciclos de políticas públicas é fundamental para enxergar como as decisões do governo evoluem ao longo do tempo. Vamos explorar os diferentes estágios desse ciclo: agenda e formulação, processos de decisão, implementação, e monitoramento e avaliação.

2.1 Agenda e Formulação: Definindo Prioridades

O ciclo de políticas públicas começa com a identificação de questões importantes que demandam a atenção do governo, ou seja, a entrada de um problema na agenda política. Pode ser a necessidade de melhorar a educação, combater a pobreza ou lidar com questões ambientais. A agenda é como uma lista de assuntos que estão na mira das autoridades.

> Ex.: Imagine que o aumento da criminalidade seja uma preocupação crescente. Este problema é então reconhecido como uma questão prioritária a ser abordada.

2.2 Processos de Decisão: Desenvolvendo Soluções

Uma vez que um problema está na agenda, o governo começa a elaborar políticas para resolvê-lo. Isso envolve a coleta de informações, consulta a especialistas, e a formulação de propostas para abordar o problema.

> Ex.: Para lidar com o aumento da criminalidade, o governo pode decidir investir em treinamento policial, melhorar a iluminação pública e implementar programas sociais para prevenir a delinquência juvenil.

2.3 Implementação: Colocando as Políticas em Prática

A fase de implementação é quando as políticas formuladas começam a ser executadas. Isso envolve a alocação de recursos, a criação de planos específicos e a implementação de programas e projetos para atingir os objetivos estabelecidos.

> Ex.: No caso da redução da criminalidade, a implementação poderia incluir o aumento do número de policiais nas ruas, a instalação de câmeras de segurança e a criação de programas de reinserção social para ex-detentos.

2.4 Monitoramento e Avaliação: Avaliando Resultados

Após a implementação, é crucial monitorar e avaliar os resultados. Isso ajuda a determinar se as políticas estão alcançando os objetivos desejados e se ajustes são necessários. A avaliação fornece feedback valioso para melhorar futuras políticas públicas.

> Ex.: O governo pode monitorar a taxa de criminalidade ao longo do tempo, analisar os impactos das medidas implementadas e ajustar as estratégias conforme necessário.

2.5 Por que Isso é Importante para Você?

Compreender os ciclos de políticas públicas é essencial porque essas políticas moldam diretamente o ambiente em que vivemos. Ao observar como os problemas são identificados, soluções são propostas, implementadas e avaliadas, podemos participar de maneira informada na construção de uma sociedade mais eficiente e equitativa.

3 INSTITUCIONALIZAÇÃO DAS POLÍTICAS EM DIREITOS HUMANOS: CONSTRUINDO UM COMPROMISSO DE ESTADO

Ao falarmos sobre a institucionalização das políticas em Direitos Humanos, estamos abordando o processo de transformar compromissos e princípios em ações duradouras e estruturadas ao longo do tempo. Vamos explorar como isso ocorre e por que é fundamental para promover e proteger os Direitos Humanos como uma política de Estado.

3.1 Compromisso com os Direitos Humanos

A institucionalização começa com o reconhecimento do compromisso do Estado em respeitar, proteger e promover os Direitos

Humanos. Isso pode ser expresso por meio de declarações, tratados internacionais, ou inclusão de direitos fundamentais em documentos constitucionais.

Ex.: Um país adota uma constituição que inclui uma seção dedicada aos Direitos Humanos, comprometendo-se a respeitar a dignidade e os direitos básicos de todos os cidadãos.

3.2 Criação de Órgãos e Mecanismos Específicos

Para assegurar a implementação efetiva das políticas em Direitos Humanos, os Estados muitas vezes estabelecem órgãos e mecanismos especializados. Essas instituições têm a responsabilidade de monitorar, promover e proteger os Direitos Humanos em diferentes esferas da sociedade.

Ex.: O governo cria uma Comissão Nacional de Direitos Humanos, composta por especialistas e representantes da sociedade civil, para monitorar e aconselhar sobre questões relacionadas aos Direitos Humanos.

3.3 Legislação Específica

A institucionalização é fortalecida pela criação de leis específicas que detalham os direitos e as responsabilidades em conformidade com os princípios dos Direitos Humanos. Essas leis fornecem um quadro legal para orientar ações e decisões.

Ex.: O legislativo aprova leis que proíbem a discriminação com base em características como gênero, raça e religião, reforçando o compromisso do país com a igualdade e a dignidade.

3.4 Integração nos Planos e Orçamentos

A institucionalização eficaz requer a integração dos princípios dos Direitos Humanos nos planos estratégicos do governo e nos orçamentos. Isso significa alocar recursos para implementar programas e projetos que promovam e protejam os Direitos Humanos.

Ex.: O governo elabora um plano nacional de Direitos Humanos, definindo metas e estratégias para melhorar o acesso à educação, saúde e justiça para todos os cidadãos.

3.5 Educação e Sensibilização

Para que as políticas de Direitos Humanos sejam eficazes, é essencial envolver a sociedade. Programas educacionais e campanhas de sensibilização ajudam a criar uma cultura de respeito aos Direitos Humanos, promovendo a compreensão e a aceitação desses princípios na sociedade.

Ex.: O governo lança uma campanha nacional que destaca os direitos fundamentais e a importância de respeitá-los, visando criar uma cultura de inclusão e respeito.

3.6 Por que Isso é Importante para Você?

A institucionalização das políticas em Direitos Humanos como políticas de Estado é crucial para garantir que o respeito aos direitos fundamentais seja uma parte intrínseca da governança. Isso não apenas protege os indivíduos, mas também fortalece a democracia, a justiça e a igualdade em uma sociedade.

4 FEDERALISMO E DESCENTRALIZAÇÃO DE POLÍTICAS PÚBLICAS NO BRASIL: ENTENDENDO A ORGANIZAÇÃO E FUNCIONAMENTO DOS SISTEMAS NACIONAIS

Vamos explorar o conceito de federalismo e a descentralização das políticas públicas no contexto brasileiro, explicando como a organização e o funcionamento desses sistemas impactam a implementação de programas nacionais.

4.1 Federalismo: Uma Distribuição de Poderes

O Brasil é um país federativo, o que significa que o poder não está centralizado exclusivamente no governo federal. Em vez disso, ele é dividido entre diferentes níveis de governo, incluindo o federal, os estados e os municípios. Essa distribuição de poderes é conhecida como federalismo.

Ex.: Se o governo federal decide implementar uma política de combate à pobreza, ele pode contar com a colaboração e a implementação dos estados e municípios para atingir os objetivos propostos.

4.2 Descentralização de Políticas Públicas: Levar as Decisões para Mais Perto

A descentralização é um princípio que acompanha o federalismo. Ela envolve transferir responsabilidades e recursos para níveis de governo mais próximos da população, como os governos estaduais e municipais. Isso permite uma abordagem mais adaptada às necessidades específicas de cada região.

Ex.: Ao descentralizar a gestão de programas de saúde, os estados e municípios podem desenvolver estratégias que considerem as particularidades da população local.

4.3 Organização dos Sistemas Nacionais

Apesar da descentralização, existem sistemas nacionais que coordenam a implementação de programas em todo o país. Por exemplo, no Brasil, temos o Sistema Único de Saúde (SUS), que coordena a política de saúde, e o Sistema Único de Assistência Social (SUAS), responsável pela assistência social.

Ex.: O SUS, ao mesmo tempo em que descentraliza a gestão para estados e municípios, estabelece diretrizes nacionais para garantir um padrão mínimo de assistência em todo o país.

4.4 Funcionamento dos Programas Nacionais

Os programas nacionais são desenvolvidos e coordenados em nível federal, mas sua implementação prática muitas vezes ocorre em parceria com os estados e municípios. Essa colaboração é essencial para garantir que as ações se alinhem às necessidades locais.

Ex.: Se o governo federal lança um programa nacional de educação, ele pode estabelecer metas gerais, enquanto os estados e municípios adaptam as estratégias de acordo com as características de suas escolas e alunos.

4.5 Por que Isso é Importante para Você?

Entender o federalismo e a descentralização de políticas públicas no Brasil é crucial, pois isso influencia diretamente como as ações do governo são implementadas em sua comunidade. A descentralização permite uma resposta mais ágil às necessidades locais, enquanto os sistemas nacionais garantem uma direção unificada para o desenvolvimento do país.,

5 REUNINDO OS PRINCIPAIS PONTOS

Vamos resumir os principais pontos dos textos anteriores, focando nas informações essenciais para quem estiver se preparando para uma prova de concursos públicos:

Institucionalização das Políticas em Direitos Humanos			
Compromisso	Órgãos Específicos	Legislação Específica	Integração nos Planos e Orçamentos e Educação e Sensibilização
Comprometimento do Estado com os Direitos Humanos	Criação de Instituições para monitorar e proteger os Direitos Humanos	Criação de leis detalhadas sobre Direitos Humanos	Inclusão no planos e alocação de recursos e Programas para criar uma cultura de respeito

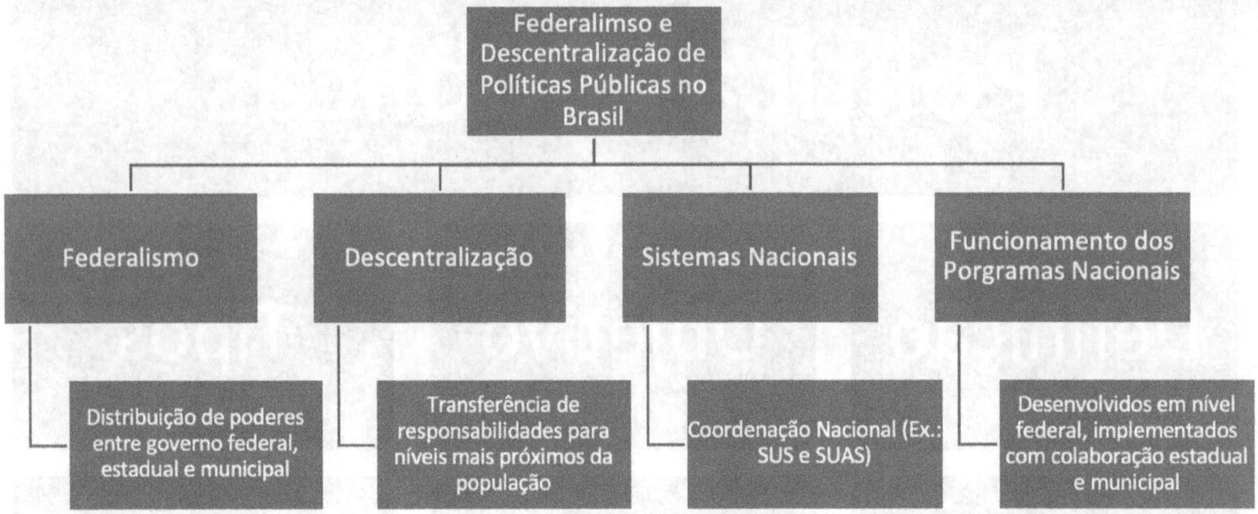

Esses resumos abrangem os conceitos essenciais relacionados a políticas públicas, ciclos de políticas, institucionalização em Direitos Humanos, e a estrutura de federalismo e descentralização no Brasil. Recomendo revisar cada tópico detalhadamente, focando nos exemplos práticos e nas implicações desses conceitos.

REDAÇÃO DISCURSIVA

1 REDAÇÃO DISCURSIVA

1.1 Questões ortográficas na discursiva

A revisão e correção gramatical são aspectos fundamentais na produção de textos, especialmente em questões discursivas. Deste modo, aqui estão algumas razões para destacar a importância desse processo:

- **Clareza da comunicação:** uma gramática correta facilita a compreensão do texto. Erros gramaticais podem levar a interpretações equivocadas e prejudicar a comunicação eficaz das ideias.
- **Credibilidade do autor:** textos bem escritos demonstram cuidado e atenção por parte do autor. A presença de erros gramaticais pode diminuir a credibilidade do escritor e prejudicar a impressão que o leitor tem sobre o autor.
- **Avaliação acadêmica:** em contextos acadêmicos, como em provas, trabalhos e exames, a correção gramatical é frequentemente avaliada. Erros gramaticais podem afetar a pontuação e a qualidade percebida do trabalho.
- **Profissionalismo:** no ambiente profissional, a capacidade de comunicar de maneira clara e gramaticalmente correta é crucial. Erros frequentes podem prejudicar a reputação e o profissionalismo do autor.
- **Expressão de ideias:** uma gramática correta permite que as ideias sejam expressas de forma mais precisa e coerente. Erros gramaticais podem distorcer o significado pretendido e prejudicar a eficácia da argumentação.
- **Respeito ao leitor:** revisar e corrigir o texto mostra respeito pelo leitor, demonstrando que o autor se esforçou para apresentar um conteúdo claro e bem elaborado.
- **Padrões linguísticos:** o uso correto da gramática respeita os padrões linguísticos aceitos na língua. Isso é importante para garantir que o texto seja compreendido de acordo com as normas estabelecidas.
- **Aprimoramento contínuo:** o processo de revisão e correção gramatical também contribui para o aprimoramento contínuo das habilidades de escrita. Ao corrigir erros, os autores têm a oportunidade de aprender com eles e evitar repeti-los no futuro.

Portanto, a revisão e correção gramatical são passos essenciais para garantir a eficácia, clareza e qualidade de questões discursivas e outros tipos de textos escritos.

1.2 Métodos para refinamento

Refinar a revisão e correção gramatical é uma habilidade importante para aprimorar a qualidade dos textos. Assim, observe algumas dicas para ajudar nesse processo:

- **Faça revisões em etapas:** realize revisões em diferentes etapas, abordando aspectos específicos em cada uma. Por exemplo, na primeira etapa, concentre-se na estrutura e no desenvolvimento das ideias. Na segunda, foque na gramática e pontuação.
- **Use ferramentas de revisão automática:** utilize ferramentas de correção gramatical, como editores de texto com verificação ortográfica e gramatical. No entanto, não confie totalmente nessas ferramentas, pois elas podem não capturar todos os erros.
- **Leia em voz alta:** ler o texto em voz alta pode ajudar a identificar erros que podem passar despercebidos durante uma leitura silenciosa. Isso também ajuda a avaliar a fluidez do texto.
- **Peça a opinião de outros:** peça a colegas, amigos ou familiares para revisarem o texto. Outras pessoas podem oferecer perspectivas diferentes e identificar erros que você pode ter perdido.
- **Revise de trás para frente:** inverta a ordem das frases ou parágrafos durante a revisão. Isso pode ajudar a desvincular o significado das palavras da estrutura original, facilitando a identificação de erros.
- **Fique atento a erros comuns:** conheça os erros gramaticais mais comuns e fique atento a eles durante a revisão. Isso inclui problemas com concordância verbal e nominal, uso inadequado de preposições, pontuação incorreta, entre outros.
- **Dê uma pausa antes da revisão final:** deixe um intervalo entre a escrita do texto e a revisão final. Isso ajuda a ver o texto com olhos mais frescos, facilitando a identificação de erros.
- **Revise especificamente para pontos gramaticais:** Dedique uma revisão exclusiva para cada aspecto gramatical, como concordância, regência verbal, pontuação, etc. Isso ajuda a garantir que cada elemento seja abordado de maneira cuidadosa.
- **Aprenda com os erros:** quando encontrar um erro, compreenda por que ocorreu e como evitá-lo no futuro. A revisão não é apenas para corrigir, mas também para aprender e melhorar as habilidades de escrita.

Ao incorporar essas práticas em seu processo de revisão, você estará mais apto a refinar a correção gramatical de seus textos de maneira eficaz.

1.3 Importância da gramática

Melhorar uma resposta discursiva por meio do uso correto da gramática é crucial para transmitir suas ideias de forma clara e eficaz. Aqui estão algumas dicas específicas para aprimorar a qualidade gramatical de suas respostas discursivas:

- **Conhecimento gramatical:** invista tempo no estudo da gramática, compreendendo as regras básicas e avançadas. Isso inclui concordância verbal e nominal, regência verbal, pontuação, uso correto de pronomes, entre outros;
- **Variedade sentencial:** evite estruturas de frase monótonas. Varie o comprimento e a estrutura das frases para manter o interesse do leitor. Isso também demonstra habilidade e domínio do idioma;
- **Coerência e coesão:** utilize conectores e palavras de transição para garantir a coerência e a coesão do texto. Esses elementos ajudam a estabelecer relações lógicas entre as ideias, facilitando a compreensão do leitor;
- **Evite ambiguidades:** certifique-se de que suas frases e expressões não deixem espaço para interpretações ambíguas. A clareza na comunicação é essencial em textos discursivos;
- **Cuidado com a pontuação:** a pontuação adequada é crucial para expressar suas ideias de forma precisa. Revise o uso de vírgulas, ponto e vírgula, dois-pontos e outros sinais de pontuação para garantir a correta organização das informações;
- **Concordância verbal e nominal:** esteja atento à concordância entre sujeito e verbo, bem como entre substantivos e adjetivos. Erros nesses aspectos podem comprometer a clareza e a correção gramatical do texto;
- **Revisão de pronomes:** certifique-se de que o uso de pronomes esteja claro e que não haja ambiguidades sobre a quem ou a quê eles se referem. Evite a troca indevida de pessoas e revise a concordância;
- **Evite repetição excessiva:** diversifique o vocabulário para evitar a repetição excessiva de palavras. Use sinônimos quando apropriado, mas sem comprometer a clareza ou precisão;
- **Adequação ao registro:** adapte o registro da linguagem ao contexto. Em textos mais formais, evite gírias e linguagem coloquial. Em

contextos mais informais, certifique-se de que sua linguagem seja acessível ao público-alvo;

- **Revisão cuidadosa**: reserve tempo para revisar cuidadosamente seu texto. Durante essa revisão, concentre-se especificamente na gramática, identificando e corrigindo erros com atenção; e
- **Prática contínua**: a prática é fundamental para a melhoria contínua. Escreva regularmente, revise seus próprios textos e, se possível, peça feedback a colegas ou professores.

Ao incorporar essas práticas em sua abordagem de escrita, você estará mais apto a melhorar a qualidade gramatical de suas respostas discursivas, o que contribuirá significativamente para a eficácia e clareza de sua comunicação escrita.

1.4 Explorando recursos variados

Usar atualidades e temas relevantes é uma estratégia importante ao lidar com questões discursivas, pois demonstra sua capacidade de aplicar conhecimentos em situações do mundo real. Aqui estão algumas dicas sobre como incorporar atualidades e temas relevantes em suas respostas discursivas:

- **Leitura constante de notícias:** mantenha-se atualizado com notícias, artigos e eventos relevantes. Leia jornais, revistas, portais de notícias online e outros meios de comunicação para ter uma compreensão sólida dos eventos atuais.
- **Identificação de temas:** esteja atento a temas que são frequentemente discutidos e que têm relevância em diversas áreas, como política, economia, meio ambiente, tecnologia, saúde e educação.
- **Contextualização:** ao abordar uma questão discursiva, contextualize sua resposta com exemplos do mundo real. Relacione o tema em questão com eventos recentes ou situações específicas que estejam acontecendo no momento.
- **Análise crítica:** utilize sua compreensão dos eventos atuais para analisar criticamente a situação. Demonstre sua capacidade de avaliar diferentes perspectivas e fornecer insights aprofundados.
- **Cite fontes confiáveis:** se possível, cite fontes confiáveis para embasar seus argumentos. Isso fortalece sua resposta e demonstra que você está baseando suas conclusões em informações verificáveis.
- **Relacione com o contexto da pergunta:** certifique-se de que a atualidade ou o tema relevante que você está abordando está diretamente relacionado à pergunta em questão. Isso garante que sua resposta seja pertinente ao tópico proposto.
- **Exemplos específicos:** use exemplos específicos e recentes para ilustrar seus pontos. Isso adiciona credibilidade à sua resposta e mostra que você está ciente das nuances do problema em discussão.
- **Considere diferentes perspectivas:** ao abordar temas atuais, esteja aberto a considerar diferentes perspectivas e opiniões. Isso enriquece sua resposta e mostra uma compreensão mais ampla do assunto.

Lembre-se de que a qualidade da sua resposta também depende da profundidade da sua compreensão do tema. Além de incorporar atualidades, certifique-se de apresentar argumentos lógicos e bem fundamentados para fortalecer uma posição nas questões discursivas.

1.4.1 Exemplos de aplicação

A integração de atualidades com leis em respostas discursivas pode ser uma abordagem eficaz para demonstrar compreensão do contexto legal e sua aplicação prática. Assim, observe a seguir alguns exemplos hipotéticos de como você pode incorporar esses elementos:

- **Exemplo 1:** Questão sobre Direitos Humanos e Legislação Internacional

Pergunta: "Discuta a relevância das leis internacionais de direitos humanos no cenário atual."

Resposta: Nos dias atuais, as leis internacionais de direitos humanos desempenham um papel crucial na proteção da dignidade humana em todo o mundo. Um exemplo claro disso é a Convenção sobre os Refugiados de 1951, que define o status e os direitos dos refugiados. Em face da crise de refugiados que persiste globalmente, a comunidade internacional tem buscado aplicar e fortalecer essa legislação para garantir a segurança e os direitos básicos dos indivíduos deslocados.

- **Exemplo 2:** Questão sobre Direito Ambiental e Mudanças Climáticas

Pergunta: "Como a legislação ambiental pode enfrentar os desafios das mudanças climáticas?"

Resposta: As mudanças climáticas representam uma ameaça significativa, e a legislação ambiental desempenha um papel vital na mitigação desses impactos. Um exemplo atual é o Acordo de Paris, que estabelece compromissos para redução de emissões. No entanto, a implementação efetiva dessa legislação enfrenta desafios, como a necessidade de cooperação internacional e a pressão para fortalecer metas ambientais em face de eventos climáticos extremos cada vez mais frequentes.

- **Exemplo 3:** Questão sobre Direito Digital e Privacidade

Pergunta: "Como as leis de privacidade podem ser adaptadas para lidar com os desafios do mundo digital?"

Resposta: No contexto da revolução digital, a legislação de privacidade desempenha um papel crucial na proteção dos dados dos cidadãos. O Regulamento Geral de Proteção de Dados (GDPR) da União Europeia é um exemplo recente e abrangente. No entanto, a rápida evolução da tecnologia requer uma revisão constante dessas leis para garantir que permaneçam relevantes e eficazes diante das novas ameaças à privacidade, como o aumento da inteligência artificial e da coleta massiva de dados.

Esses exemplos demonstram como você pode integrar atualidades com referências a leis específicas para enriquecer suas respostas discursivas. Certifique-se de abordar diretamente a pergunta, fornecendo análises críticas e conexões claras entre a legislação e os eventos atuais.

1.5 Refinamento

Refinar suas respostas em questões discursivas é crucial para garantir clareza, profundidade e coesão. Dito assim, abaixo estão três dicas para aprimorar suas respostas:

1.5.1 Revisão e edição cuidadosas

Após escrever sua resposta, reserve um tempo para revisar e editar. Identifique possíveis erros gramaticais, frases mal formuladas e redundâncias. Certifique-se de que sua resposta flua de maneira lógica e coesa. Revisar também permite aprimorar a escolha de palavras, tornando sua resposta mais precisa e impactante.

1.5.2 Amplie com exemplos e detalhes

Ao fornecer argumentos ou explicações, procure enriquecer sua resposta com exemplos específicos e detalhes relevantes. Isso não apenas ilustra e apoia seus pontos, mas também demonstra uma compreensão mais profunda do assunto. Se possível, relate casos reais, estatísticas recentes ou eventos específicos que fortaleçam seus argumentos.

1.5.3 Coerência temática e estrutural

Garanta que sua resposta seja coesa e siga uma estrutura lógica. Certifique-se de que cada parágrafo contribua para o desenvolvimento do argumento central. Mantenha uma linha temática consistente ao longo da resposta para evitar desvios desnecessários. O uso adequado de conectores e transições também contribui para uma leitura fluida.

> Lembre-se de que o refinamento é um processo contínuo, e é sempre útil obter feedback de colegas ou professores para identificar áreas de melhoria específicas em suas respostas discursivas. Ao cultivar a prática de revisar, ampliar com exemplos e manter a coesão temática, você aprimora suas habilidades de comunicação escrita e a qualidade de suas respostas em questões discursivas.

1.6 Importância da fundamentação

O uso de fontes de referência nas questões discursivas em concursos públicos é fundamental para embasar e enriquecer as respostas dos candidatos. Com isso, aqui estão algumas dicas sobre como incorporar adequadamente fontes de referência:

- **Conheça as fontes permitidas:** antes de começar a estudar, certifique-se de conhecer as fontes de referência permitidas para o concurso em questão. Alguns concursos têm uma lista específica de obras ou documentos que os candidatos podem utilizar.
- **Use leis e normas:** se a prova envolver temas jurídicos, é crucial citar leis, códigos e normas relacionados à questão. Certifique-se de que sua resposta esteja alinhada com a legislação vigente.
- **Cite autores e especialistas:** ao discutir conceitos, teorias ou ideias, é bom citar autores renomados e especialistas no campo. Isso demonstra que você está embasando sua resposta em conhecimentos consolidados.
- **Mantenha a atualidade:** se houver mudanças recentes em leis ou políticas relacionadas ao tema da questão, inclua essas informações para mostrar que você está atualizado.
- **Não exagere:** use as fontes de forma equilibrada. Evite sobrecarregar a resposta com uma lista extensa de referências. Selecione as mais relevantes e significativas para o contexto da questão.
- **Faça citações corretamente:** se estiver citando diretamente um autor ou uma lei, faça isso de forma correta, seguindo as normas de citação adequadas (por exemplo, ABNT para documentos acadêmicos no Brasil).
- **Contextualize as referências:** não basta apenas citar uma lei ou autor. Explique como essa referência se relaciona com a questão em discussão. Contextualizar fortalece a argumentação.
- **Diversifique as fontes:** se possível, utilize diferentes tipos de fontes, como livros, artigos, jurisprudência, documentos oficiais, etc. Isso demonstra uma compreensão mais abrangente do tema.
- **Não dependa exclusivamente de citações:** embora seja importante referenciar, sua resposta deve mostrar a sua compreensão e análise do problema. Não dependa exclusivamente de citações para sustentar seu ponto de vista.
- **Revise sua resposta:** antes de entregar a prova, revise suas citações e referências para garantir que estão corretas e que fortalecem sua argumentação.

> Lembre-se de que o uso de fontes de referência não é apenas uma formalidade, mas uma maneira de mostrar que você está fundamentando suas respostas em conhecimentos consolidados e confiáveis. Isso pode fazer a diferença na avaliação da sua prova discursiva em concursos públicos.

1.6.1 Meios para refinamento

Melhorar o uso de fontes de referência nas questões discursivas em concursos públicos requer prática e atenção aos detalhes. Portanto, abaixo estão algumas estratégias para aprimorar essa habilidade:

- **Leitura atenta das fontes permitidas:**
  - Conheça a lista de obras e documentos permitidos para o concurso; e
  - Faça uma leitura cuidadosa das fontes para entender os conceitos-chave.
- **Organize suas fontes:**
  - Mantenha uma lista organizada das fontes que você acha mais relevantes para cada tema; e
  - Agrupe-as por tópicos ou assuntos para facilitar a referência durante a prova.
- **Prática de citações:**
  - Pratique fazer citações corretas, seguindo as normas de citação estabelecidas; e
  - Certifique-se de que consegue incorporar citações de maneira natural em suas respostas.
- **Contextualização das referências:**
  - Não apenas cite, mas também explique como a referência se relaciona com a pergunta; e
  - Mostre o entendimento do contexto e a aplicação prática da informação.
- **Diversificação de fontes:**
  - Busque referências em diferentes tipos de fontes, como livros, artigos, jurisprudência, documentos oficiais, entre outros; e
  - Isso enriquece suas respostas e mostra uma abordagem abrangente do tema.
- **Atualização constante:**
  - Mantenha-se atualizado sobre mudanças em leis e normas relacionadas ao seu campo de estudo; e
  - Inclua informações recentes em suas respostas para demonstrar atualização.
- **Análise crítica:**
  - Não use as referências como uma resposta pronta. Analise criticamente a informação e desenvolva sua própria argumentação; e
  - Destaque como as referências contribuem para o entendimento do problema.
- **Aprimoramento da escrita:**
  - Desenvolva suas habilidades de escrita para articular de maneira clara e precisa como as fontes de referência suportam seu raciocínio; e
  - Evite o excesso de jargões legais ou acadêmicos, a menos que seja estritamente necessário.

- **Feedback e revisão:**
  - Peça feedback sobre suas respostas de discursivas, especialmente no que diz respeito ao uso de referências; e
  - Revise e corrija suas respostas anteriores para identificar padrões de erros e áreas de melhoria.
- **Simulações de prova:**
  - Realize simulações de prova para praticar a incorporação eficiente de referências dentro do limite de tempo estipulado; e
  - Isso ajuda a desenvolver a habilidade de usar as fontes de forma rápida e eficaz.

Lembre-se de que a prática constante é fundamental para melhorar qualquer habilidade. Ao aplicar essas estratégias, você estará mais preparado para utilizar fontes de referência de maneira eficaz em questões discursivas de concursos públicos.

1.6.2 Aplicação

Vamos considerar um exemplo hipotético para ilustrar como você pode melhorar o uso de fontes de referência em uma questão discursiva em um concurso público. Suponhamos que a pergunta envolva um tema jurídico relacionado aos direitos fundamentais.

Cenário: A questão pede que você discuta a importância dos direitos fundamentais na sociedade contemporânea.

Exemplo de resposta inicial: "Os direitos fundamentais são essenciais para garantir a dignidade humana e a igualdade na sociedade. Eles estão consagrados na Constituição e são a base de um Estado democrático de direito."

1.6.3 Melhorias com o uso de fontes de referência

- **Citação de normas jurídicas:** Conforme estabelecido no artigo 5º da Constituição Federal de 1988, os direitos fundamentais são fundamentais para assegurar a liberdade, a igualdade e a justiça social.
- **Referência a autores renomados:** Conforme destacado por Ingo Sarlet em sua obra 'A Eficácia dos Direitos Fundamentais', os direitos fundamentais são instrumentos essenciais para a proteção da dignidade da pessoa humana.
- **Contextualização e análise crítica:** Ao analisarmos a jurisprudência do Supremo Tribunal Federal, notamos que os direitos fundamentais não são absolutos e podem sofrer restrições em determinadas circunstâncias, como em situações de conflito de direitos.
- **Atualização com referências recentes:** Recentemente, a Lei X de [ano] trouxe alterações importantes relacionadas aos direitos fundamentais, reforçando a necessidade de sua proteção diante dos desafios contemporâneos.
- **Diversificação de fontes:** Além da legislação nacional, é crucial considerar tratados internacionais, como a Convenção Americana de Direitos Humanos, que ampliam a proteção dos direitos fundamentais em nível global.

O processo adequação das referências vai depender do contexto específico do concurso e das fontes permitidas. Os exemplos acima visam destacar como você pode incorporar normas legais, citações de autores, análise crítica e referências atuais para enriquecer sua resposta em uma questão discursiva.

1.7 Processo construtivo

A elaboração de pareceres e peças técnicas é uma atividade comum no âmbito jurídico, principalmente entre advogados, peritos, consultores jurídicos e profissionais que atuam na área legal. Esses documentos têm o objetivo de apresentar análises detalhadas, argumentos jurídicos, interpretações legais e pareceres especializados sobre questões específicas. Vamos entender cada um desses termos:

- **Parecer Técnico**
  - Um parecer técnico é um documento elaborado por um profissional especializado em determinada área do conhecimento, como o direito, a contabilidade, a engenharia, entre outros.
  - No contexto jurídico, um parecer técnico é frequentemente elaborado por advogados ou peritos, e visa fornecer uma análise técnica e fundamentada sobre questões legais específicas.
- **Objetivos:**
  - Explorar e analisar aspectos técnicos e jurídicos de um determinado caso ou problema.
  - Apresentar conclusões embasadas em normas legais, jurisprudência, doutrina e conhecimentos específicos da área.
- **Exemplos de Aplicação:**
  - Parecer jurídico sobre a viabilidade de uma ação judicial.
  - Parecer contábil em casos de auditoria legal.
  - Parecer técnico em processos administrativos.
- **Peça Técnica:**
  - Uma peça técnica, no contexto jurídico, é um documento formal que apresenta argumentos, fundamentos legais e solicitações referentes a um caso específico.
  - Geralmente, é redigida no formato de petição, contestação, recurso, entre outros, dependendo da fase processual em que se encontra o caso.
- **Objetivos:**
  - Defender os interesses do cliente perante um órgão judicial ou administrativo.
  - Apresentar argumentos sólidos e fundamentados de acordo com a legislação aplicável.
  - Solicitar decisões específicas ou medidas judiciais.

1.7.1 Exemplos de aplicação

- Petição inicial em um processo judicial.
- Contestação em resposta a uma ação movida por terceiros.
- Recurso contra uma decisão desfavorável.

Ambos os documentos exigem uma análise profunda da legislação pertinente, a aplicação de jurisprudência relevante, a consideração de fatos específicos do caso em questão e a apresentação de argumentos convincentes. A elaboração de pareceres e peças técnicas demanda habilidades analíticas, conhecimento técnico e domínio da linguagem jurídica.

1.7.2 Processo de elaboração

Elaborar pareceres e peças técnicas em questões discursivas requer habilidades analíticas, organizacionais e argumentativas. Observe abaixo algumas orientações gerais para ajudar na elaboração desses documentos:

Parecer técnico

▹ **Introdução:**
- Contextualização: Descreva brevemente o contexto do parecer.
- Identificação da Questão: Aponte claramente a questão ou problema a ser abordado.

▹ **Análise detalhada:**
- Estruturação: Divida a análise em seções ou tópicos para facilitar a compreensão.
- Fundamentação: Baseie seus argumentos em normas técnicas, leis, regulamentos ou padrões relevantes.
- Evidências: Apresente dados, estatísticas ou casos análogos para embasar suas conclusões.

▹ **Jurisprudência e legislação:**
- Pesquisa Jurisprudencial: Realize uma pesquisa detalhada de jurisprudência relacionada ao tema.
- Análise Crítica: Avalie a aplicabilidade e relevância de decisões judiciais anteriores.

▹ **Conclusão:**
- Sumarização: Recapitule brevemente os pontos-chave abordados.
- Recomendações: Sugira ações, decisões ou medidas apropriadas com base na análise realizada.

▹ **Referências:**
- Citações: Liste todas as fontes utilizadas no parecer.

Peça técnica

▹ **Relato dos fatos:**
- Clareza e Objetividade: Apresente os fatos de forma clara e objetiva, evitando interpretações subjetivas.
- Linguagem Técnica: Utilize terminologia técnica apropriada para a área jurídica ou específica do caso.

▹ **Fundações legais:**
- Identificação das Normas: Enumere as normas legais aplicáveis.
- Vínculo com os Fatos: Faça conexões explícitas entre os fatos apresentados e as leis pertinentes.

▹ **Desenvolvimento argumentativo:**
- Lógica e Sequencialidade: Desenvolva argumentos de forma lógica e sequencial.
- Evidências: Reforce seus pontos com evidências, documentos ou testemunhos, se aplicável.

▹ **Pedido:**
- Especificidade: Detalhe claramente o que está sendo solicitado ou a decisão desejada.
- Precedentes e Jurisprudência: Apresente casos semelhantes que suportem o pedido.

▹ **Conclusão:**
- Sumarização Final: Recapitule os principais argumentos e o pedido.
- Reforce a fundamentação apresentada.

> Essas diretrizes devem ser adaptadas de acordo com as exigências específicas de cada situação e jurisdição. A prática constante e o feedback de profissionais experientes são cruciais para aprimorar suas habilidades na elaboração de pareceres e peças técnicas.

1.8 Importância do conhecimento específico

Ao utilizar legislação e conhecimentos específicos em uma resposta discursiva, é importante seguir algumas diretrizes para garantir uma abordagem eficaz e fundamentada. Aqui estão algumas dicas:

▹ **Entenda o contexto:** analise cuidadosamente o enunciado da questão ou tema proposto. Certifique-se de compreender o contexto e os pontos principais envolvidos.

▹ **Identifique a legislação pertinente:** se a questão envolve legislação, identifique as leis e normas relacionadas ao tema. Cite o número da lei, o ano de promulgação e eventuais alterações.

▹ **Explique os conceitos:** não se limite a citar a legislação. Explique os conceitos presentes nas leis e normas, demonstrando um entendimento profundo do assunto.

▹ **Relacione com a prática:** vincule os conceitos teóricos à prática. Exemplifique com situações reais ou hipotéticas para mostrar como a legislação se aplica.

▹ **Utilize linguagem clara e técnica:** evite termos ambíguos ou vagos. Use uma linguagem técnica apropriada para o contexto, demonstrando domínio do vocabulário específico da área.

▹ **Destaque pontos relevantes:** identifique e destaque os pontos mais relevantes da legislação em relação ao tema. Isso demonstrará sua capacidade de discernimento e foco nos aspectos cruciais.

▹ **Considere jurisprudência:** se aplicável, inclua jurisprudência relevante. Demonstre conhecimento sobre decisões judiciais que tenham impacto no tema discutido.

▹ **Aborde conflitos e controvérsias:** Se houver debates ou controvérsias em torno do tema, aborde-os de maneira imparcial e apresente argumentos a favor e contra, respeitando a pluralidade de perspectivas.

▹ **Mantenha coerência e coesão:** mantenha uma estrutura lógica em sua resposta. Certifique-se de que cada ponto esteja conectado de maneira coesa e que sua argumentação flua de forma compreensível.

▹ **Reforce com exemplos práticos:** reforce seus argumentos com exemplos práticos que ilustrem a aplicação da legislação e dos conhecimentos específicos.

▹ **Revise e corrija:** após escrever sua resposta, revise-a para garantir que não haja erros factuais, gramaticais ou de interpretação.

> Lembre-se de que uma resposta discursiva eficaz não apenas cita a legislação, mas a integra de maneira coesa e clara, demonstrando um entendimento profundo do tema proposto.

1.8.1 Aplicação em estudo de caso

Um estudo de caso é uma excelente oportunidade para aplicar legislação e conhecimentos específicos de maneira prática. Vamos considerar um exemplo de estudo de caso na área jurídica:

▹ **Estudo de Caso: Resolução de Conflito Tributário**
- **Cenário:** Uma pequena empresa do setor de serviços recebeu uma autuação fiscal alegando sonegação de impostos. A empresa contesta a autuação, alegando desconhecimento da legislação tributária vigente.

▹ **Abordagem:**
- Identificação da Legislação: Mencione as leis tributárias específicas que foram violadas, destacando os pontos relevantes para o caso.

- Explique os Conceitos: Detalhe os conceitos-chave da legislação tributária envolvida, como base de cálculo, alíquotas, e prazos de recolhimento.
- Relacione com a Prática: Aplique a legislação ao caso, demonstrando como a empresa poderia ter agido de acordo com a lei para evitar a autuação.
- Utilize Linguagem Clara e Técnica: Empregue terminologia técnica adequada para explicar os pontos da legislação e garantir clareza.
- Destaque Pontos Relevantes: Identifique os aspectos cruciais da legislação que estão diretamente relacionados ao caso, destacando-os para análise.
- Considere Jurisprudência: Se houver precedentes ou jurisprudência relacionados, mencione-os para fundamentar a argumentação.
- Aborde Conflitos e Controvérsias: Discuta possíveis divergências na interpretação da legislação e como isso pode influenciar o resultado do caso.
- Mantenha Coerência e Coesão: Organize sua resposta de maneira lógica, começando pela apresentação do caso, seguida pela análise da legislação e terminando com conclusões e recomendações.
- Reforce com Exemplos Práticos: Apresente exemplos práticos de outras empresas que enfrentaram situações semelhantes e como lidaram com a legislação tributária.

▷ **Conclusão:**

Ao aplicar a legislação e conhecimentos específicos a um estudo de caso, você cria uma análise fundamentada e prática, mostrando como a teoria se aplica à resolução de problemas reais. Isso não apenas demonstra seu conhecimento, mas também sua habilidade em utilizar esse conhecimento de forma estratégica.

1.9 Questão discursiva

Uma questão discursiva em um concurso é uma modalidade de pergunta que exige uma resposta mais elaborada e detalhada por parte do candidato. Ao contrário das questões de múltipla escolha, em que o candidato escolhe a opção correta entre várias alternativas, na questão discursiva, o participante precisa construir uma resposta própria, geralmente em formato de texto.

Características comuns de questões discursivas para concursos incluem:

▷ **Resposta elaborada:** os candidatos são geralmente solicitados a desenvolver uma resposta completa, expondo ideias, argumentos ou soluções de maneira mais detalhada.

▷ **Demonstração de conhecimento:** as questões discursivas muitas vezes avaliam o conhecimento do candidato sobre o assunto abordado no concurso. Exigem a aplicação de conceitos aprendidos durante a preparação para a prova.

▷ **Habilidade analítica:** espera-se que os candidatos demonstrem habilidades analíticas ao abordar o problema proposto na questão. A capacidade de raciocínio lógico e interpretação é frequentemente avaliada.

▷ **Expressão escrita:** a qualidade da expressão escrita é um aspecto crucial. Os candidatos precisam comunicar suas ideias de forma clara, coesa e gramaticalmente correta.

▷ **Temas diversificados:** as questões discursivas podem abranger uma variedade de temas, dependendo do contexto do concurso, como direito, administração, línguas, entre outros.

▷ **Avaliação do pensamento crítico:** algumas questões discursivas buscam avaliar o pensamento crítico do candidato, solicitando análises mais profundas e reflexivas sobre determinado assunto.

▷ **Adaptação ao gênero textual:** dependendo do concurso, a resposta pode ter diferentes formatos, como dissertações, pareceres, análises, propostas de solução, entre outros.

> As questões discursivas são importantes para avaliar não apenas o conhecimento teórico, mas também as habilidades práticas e a capacidade de expressão do candidato. É crucial que os participantes estejam preparados para escrever de maneira eficaz e abordar questões de forma analítica e crítica.

1.9.1 Organização da questão discursiva

A estrutura e organização de um texto são aspectos essenciais para garantir a clareza e a eficácia da comunicação. Na produção de uma questão discursiva, a estrutura e organização continuam sendo fundamentais. Sendo assim, observe algumas dicas específicas para lidar com questões discursivas:

▷ **Leitura cuidadosa da pergunta:**
- Antes de começar a redigir, leia atentamente a pergunta ou enunciado da questão; e
- Certifique-se de compreender totalmente o que está sendo solicitado, destacando palavras-chave e entendendo a abordagem esperada.

▷ **Tese clara:**
- A tese é a afirmação central da sua resposta. Ela deve ser clara, específica e diretamente relacionada à pergunta; e
- Apresente a tese desde o início, de preferência no primeiro parágrafo, para orientar o leitor sobre o ponto central da sua argumentação.

▷ **Desenvolvimento dos argumentos:**
- Organize os argumentos de maneira lógica, estruturando-os de forma progressiva ao longo do texto; e
- Cada parágrafo deve se dedicar a um argumento específico, conectando-se de maneira fluida ao próximo.

▷ **Forneça evidências, exemplos e justificativas:**
- Após apresentar um argumento, sustente-o com evidências sólidas, como dados, exemplos concretos ou citações; e
- Explique a relevância das evidências para fortalecer a persuasão.

▷ **Contrapontos e refutação:**
- Considere pontos de vista contrários para demonstrar uma compreensão abrangente do tema; e
- Refute esses contrapontos de maneira convincente, destacando as limitações ou apresentando argumentos mais robustos.

▷ **Coesão e coerência:**
- Mantenha uma progressão lógica de ideias entre os parágrafos, utilizando conectores para criar uma transição suave; e
- Evite saltos abruptos e certifique-se de que a estrutura do texto seja fácil de seguir.

▷ **Conclusão impactante:**
- Recapitule os principais pontos discutidos ao longo do texto; e
- Apresente uma conclusão sólida que reforce a tese, resumindo a importância do que foi abordado e, se possível, propondo reflexões futuras.

- **Respeite os limites de espaço/tempo:**
  - Esteja ciente de qualquer restrição de palavras ou tempo; e
  - Ajuste a extensão da sua resposta para garantir que todos os pontos essenciais sejam abordados dentro desses limites.
- **Revisão:**
  - Revise a redação em busca de erros gramaticais, de pontuação e de ortografia; e
  - Garanta que a estrutura do texto seja coerente e que os argumentos sejam articulados de maneira clara.
- **Atenção à redação:**
  - Preste atenção à organização gramatical, evite frases ambíguas e certifique-se de que as ideias sejam expressas de maneira clara e concisa.
- **Adaptação ao tipo de redação:**
  - Considere as características específicas do tipo de redação (argumentativa, dissertativa, narrativa) e ajuste seu estilo e abordagem de acordo com as expectativas do gênero textual.

Lembre-se de que cada questão discursiva pode ter exigências específicas, então ajuste essas dicas conforme necessário para atender aos requisitos de cada situação.

1.10 Técnicas de escrita e argumentação para questões discursivas

Escrever de maneira eficaz em questões discursivas requer habilidades específicas que vão além da simples transmissão de informações. É um processo que exige uma abordagem estruturada e uma capacidade sólida de argumentação. Aqui estão algumas técnicas que podem aprimorar sua escrita em contextos discursivos:

- **Leitura Crítica:** antes de iniciar a redação, é crucial compreender completamente a pergunta. Identifique as palavras-chave e compreenda o cerne do questionamento. A leitura cuidadosa dos textos fornecidos, se houver, é essencial para extrair informações relevantes.
- **Estrutura Clara:** Organize sua resposta de forma lógica e coerente. Geralmente, uma estrutura composta por introdução, desenvolvimento e conclusão é eficaz. Use parágrafos para separar ideias distintas, garantindo uma progressão natural do texto.
- **Introdução impactante:** inicie sua resposta com uma introdução que não apenas contextualize o leitor, mas que também apresente de maneira clara sua tese ou ponto de vista sobre a questão em pauta.
- **Tese forte:** formule uma tese ou argumento claro que responda diretamente à pergunta proposta. Esta declaração deve ser sucinta e abordar o cerne da questão.
- **Desenvolvimento consistente:** cada parágrafo do desenvolvimento deve iniciar com uma frase de tópico clara, seguida por evidências e exemplos que sustentem sua tese. Mantenha uma progressão lógica entre os parágrafos para evitar desconexões.
- **Evidências e exemplos:** enriqueça sua argumentação com evidências concretas e exemplos relevantes. Isso não apenas fortalece sua posição, mas também demonstra uma compreensão aprofundada do tema.
- **Contra-argumentação:** antecipe possíveis contra-argumentos e refute-os de maneira convincente. Essa abordagem demonstra uma consideração abrangente do assunto e fortalece sua posição.
- **Coerência e coesão:** utilize conectivos lógicos para manter a fluidez do texto. A coesão entre as ideias é crucial para garantir que o leitor possa seguir facilmente o raciocínio proposto.
- **Vocabulário e estilo:** escolha palavras cuidadosamente para transmitir suas ideias de maneira precisa e variada. Adapte seu estilo de escrita ao público-alvo, garantindo clareza e eficácia na comunicação.
- **Conclusão eficaz:** resuma os pontos principais de forma sucinta e termine com uma conclusão forte que reforce sua tese. Ofereça uma visão final ou sugestão que encerre a resposta de maneira impactante.
- **Revisão e correção:** dedique tempo à revisão cuidadosa do texto em busca de erros gramaticais, ortográficos e de estilo. Certifique-se de que sua resposta atende completamente à pergunta proposta.
- **Tempo de escrita:** gerencie seu tempo de forma eficiente, reservando períodos adequados para cada fase da redação, incluindo o planejamento, a redação e a revisão.

Praticar regularmente essas técnicas e buscar feedback construtivo pode contribuir significativamente para o aprimoramento contínuo de suas habilidades de escrita em questões discursivas.

1.10.1 Pontos vitais para o entendimento

Entender e analisar estudos de caso pode ser desafiador, mas existem quatro pontos essenciais que podem melhorar significativamente o seu entendimento:

Leitura cuidadosa e analítica

Faça uma leitura inicial do estudo de caso para obter uma compreensão geral.

Realize uma segunda leitura mais detalhada, identificando informações-chave, personagens, problemas e soluções.

Esteja atento a detalhes como datas, locais, contextos históricos e quaisquer mudanças ao longo do tempo.

Identificação de problemas e desafios

Analise o estudo de caso em busca dos principais problemas ou desafios enfrentados pelos personagens ou pela organização.

Destaque as causas subjacentes desses problemas e considere como eles se relacionam com os conceitos ou teorias relevantes.

Aplicação de teorias e conceitos

Relacione os problemas identificados com teorias ou conceitos aprendidos em sua área de estudo.

Considere como as práticas e estratégias descritas no estudo de caso se alinham ou se desviam das teorias existentes.

Use as teorias como ferramentas analíticas para aprofundar a compreensão do caso.

Formulação de soluções e recomendações

Proponha soluções realistas para os problemas apresentados no estudo de caso.

Baseie suas recomendações em princípios teóricos, evidências do caso e, quando possível, em boas práticas da indústria.

Considere as implicações a curto e longo prazo de cada solução.

Ao abordar um estudo de caso com esses quatro pontos em mente, você estará mais bem equipado para compreender profundamente os desafios apresentados, aplicar conceitos teóricos relevantes e formular soluções informadas. Essa abordagem analítica não apenas aprimora seu entendimento do estudo de caso, mas também desenvolve suas habilidades de pensamento crítico e análise.

DIVERSIDADE E INCLUSÃO NA SOCIEDADE

1 LEI Nº 8.069/1990 - ESTATUTO DA CRIANÇA E DO ADOLESCENTE

1.1 Direito da criança e do adolescente

Inicialmente, o Estatuto da Criança e do Adolescente possui como conceito formal ser um conjunto de leis e princípios, que tem o objetivo de proteger de forma integral o melhor interessa a criança e ao adolescente.

Quando falamos do ponto de vista material, vemos o Estado exercendo um meio de garantir de forma efetiva a proteção dos direitos fundamentais da criança e do adolescente presentes no ECA. Assim, o ECA está inserido no âmbito do Direito Público, possuindo a competência concorrente.

1.2 Fases do direito da criança e do adolescente

O Direito da Infância e Juventude teve quatro fases principais:

1) fase da absoluta indiferença,

2) fase da mera imputação penal,

3) fase tutelar e

4) fase da proteção integral.

A seguir, veremos um resumo de cada uma dessas fases.

- **Fase da absoluta indiferença:** nesse momento, não havia preocupação direta com os direitos da criança e adolescentes por parte do Estado. Assim, não existiam normas regulamentadoras de direitos e deveres, tendo os pais o poder absoluto da vida de seus filhos, sem interferência legislativa ou social.
- **Fase da mera imputação penal:** aqui, o Direito veio como forma de reprimir os menores infratores. Dessa forma, em 1603 regiam as Ordenações Filipinas (o Código Legal português que possuía penalidade penal a partir de 7 anos); depois, entrou em vigor, em 1830, o Código Penal do império, no qual fixou a imputabilidade plena aos 14 anos, vindo assim o ordenamento de 1927, que imputou uma nova fase.
- **Fase da doutrina da situação irregular:** essa fase trouxe o menor como objeto do Direito, havendo uma discriminação gerada pela ligação de carência e delinquência, na qual o Estado intervia apenas com crianças e adolescentes em situação irregular.

É importante destacarmos que nesse momento ligava-se o menor carente (pobre ou abandonado) à condição de infrator, o que gerava ação apenas nessas condições, não havendo distinção entre os infantes. Assim, o Estado poderia retirar o menor do convívio de sua família, tendo em vista dificuldade financeira, ou seja, não se gerava meios de ajuda a família, retirava-se o menor do chamado "problema social".

Nesse momento, o destino desses menores caberia diretamente ao juiz, exercendo uma função judicial e normativa forte, uma vez que o juiz poderia editar atos normativos.

- **Fase da doutrina da proteção integral:** a Constituição Federal de 1988 (CF/88), junto ao ECA, trouxe a proteção integral da criança e do adolescente. O art. 1º do ECA diz que a lei trata da proteção integral da criança e do adolescente.

Ainda, o art. 227, caput, da CF/88 diz que:

> ***Art. 227*** *É dever da família, da sociedade e do Estado assegurar à criança, ao adolescente e ao jovem, com absoluta prioridade, o direito à vida, à saúde, à alimentação, à educação, ao lazer, à profissionalização, à cultura, à dignidade, ao respeito, à liberdade e à convivência familiar e comunitária, além de colocá-los a salvo de toda forma de negligência, discriminação, exploração, violência, crueldade e opressão.*

Dessa forma, uma nova luz pairou sobre direito da criança e do adolescente, não mais como objeto e, sim, como ente principal dos cuidados e proteção da sociedade.

Nessa fase, diferente das demais, as normas se ampliaram a todos os menores de 18 anos, não ocorrendo mais a discriminação de nascimento, situação familiar, idade, sexo, raça, etnia/cor, religião/crença, deficiência, condição pessoal de desenvolvimento e aprendizagem, condição econômica, ambiente social, região e local de moradia ou outra condição que diferencie as pessoas, as famílias ou a comunidade em que vivem, conforme o art. 3º do ECA.

Ainda nesse contexto, o art. 4º, parágrafo único do ECA, observa a garantia de prioridade, ou seja, a primazia de receber proteção e socorro em quaisquer circunstâncias, bem como a preferência na formulação e na execução das políticas sociais e destinação privilegiada de recursos públicos.

Aqui, busca-se o melhor interesse para criança e ao adolescente, analisando o caso concreto e aplicando o que melhor se adeque ao "menor" (expressão antiquada uma vez que é familiarizada ao código de menores) e não mais aos pais e familiares.

1.3 Conceito de criança e de adolescente

A definição de criança e adolescente encontra-se no art. 2º do ECA, no qual criança é a pessoa até 12 anos de idade incompletos; já o adolescente possui entre 12 e 18 anos de idade. A distinção realizada pelo ECA é importante tendo em vista a regulamentação dos institutos, por exemplo, a medida socioeducativa, a qual se aplica apenas aos adolescentes.

2 DIREITOS FUNDAMENTAIS NO ECA

Com o novo olhar trazido pelo ECA, a criança e o adolescente passaram ser sujeitos de direito, gozando de direitos fundamentais da pessoa humana, além de direitos à pessoa em condição de desenvolvimento, sendo estes específicos a criança e ao adolescente. Vejamos:

- direito à liberdade, ao respeito e à dignidade;
- direito à convivência familiar e comunitária;
- direito à educação, à cultura, ao esporte e ao lazer;
- direito à profissionalização e proteção ao trabalho.

2.1 Direito à vida e à saúde

É o principal direito de todo ser humano, sendo um direito dos infantes. É o que garante a existência, separando a concepção da morte encefálica (morte cerebral), que, para a Medicina e o Judiciário, é o momento em que se encerrada a vida humana.

Assim, o direito à vida abraça a proteção da integridade corporal e psíquica, vedando os maus-tratos, a tortura, as penas degradantes e hediondas e protegendo a honra, a imagem e a privacidade. Para a criança e ao adolescente, o direito à vida é ampliado, uma vez que o infante necessita de acesso livre ao lazer e a convivência familiar.

O direito à saúde vem atrelado ao direito à vida, tendo em vista que ele preserva a integridade física e mental, prevenindo doenças e realizando tratamentos.

Para garantir o direito à vida e à saúde, é necessária a aplicação de políticas públicas que permitam condições dignas desde a concepção à maior idade, conforme o art. 7 do ECA.

Importante ressaltar que o direito à vida não é o direito a sobreviver. Para reconhecermos o direito à vida, devemos reconhecer o direito à saúde, ao lazer e à convivência em família, pois o direito à vida requer uma vida digna.

Nesse contexto, o legislador preocupou-se com os direitos da mulher, visando a uma gestação saudável e planejada, criando programas e políticas de saúde pública para a educação e o planejamento reprodutivo, criando ainda o acompanhamento gestacional do início ao puerpério, contando com a amplitude da alimentação ao conforto para o nascimento seguro e humanizado em hospitais públicos. Aqui, o direito ao pré-natal e perinatal são devidos ao nascituro, sendo implementados mesmo contra a vontade da gestante

Dessa forma, o ECA, em seu art. 9º, exigiu que o Poder Público garantisse condições adequadas ao aleitamento materno, incluindo mães em situação privativa de liberdade. Ainda, a CF/1988 em seu art. 5º, inciso L, estabelece que a mãe presidiária possa permanecer com seu filho durante o período de amamentação. Mais uma vez, destaca-se que o direito é do nascituro e não da mãe.

O art. 11 do ECA trata do acesso ao Sistema Único de Saúde, que inclui, além de atendimento médico e tratamentos, a vacinação, o fornecimento de medicamentos, próteses e qualquer outra tecnologia assistia, bem como a saúde odontológica.

Interligado ao art. 11, o art. 12 prevê o direito ao acompanhamento de um responsável ao infante em caso de internação, não abrangendo somente a figura dos pais ou tutor.

O art. 13 do ECA trata da suspeita de maus-tratos, segundo o qual é necessário comunicar obrigatoriamente o Conselho Tutelar em caso suspeita ou confirmação de castigo físico, de tratamento cruel ou degradante ou de maus tratos contra criança ou adolescente. A atual redação deu-se em razão ao caso do menino Bernardo,[1] (refere-se ao assassinato do menino de 11 anos Bernardo Ugolina, ocorrido em 4 de abril de 2014, por meio de superdose em do medicamento Midazolam, que lhe foi dado pela madrasta) sendo criada a Lei nº 13.010/2014, que ficou conhecida como Lei do Menino Bernardo ou Lei da Palmada, que resguarda o direito de a criança e o adolescente serem educados sem castigo físico ou tratamento degradante.

2.2 Direito à liberdade, ao respeito e à dignidade

2.2.1 Direito à liberdade

O art. 16 do ECA exemplifica os aspectos do direito à liberdade dos infantes:

> ***Art. 16*** *O direito à liberdade compreende os seguintes aspectos:*
> *I - Ir e vir e estar nos logradouros públicos e espaços comunitários, ressalvadas as restrições legais;*
> *II - Opinião e expressão;*
> *III - Crença e culto religioso;*
> *IV - Brincar, praticar esportes e divertir-se;*
> *V - Participar da vida familiar e comunitária, sem discriminação;*
> *VI - Participar da vida política, na forma da lei;*
> *VII - Buscar refúgio, auxílio e orientação.*

No que tange o direito de ir e vir, conforme explicito no art.16, I do ECA, deve-se observar as restrições legais, por exemplo, os arts. 83 a 85 do ECA, sendo restrições necessárias à integridade do infante. Já no inciso II, do mesmo artigo, vemos o direito à opinião e expressão, sendo este o direito a expressar-se intelectualmente, comunicar-se, inclusive artisticamente, expressando seus pensamentos e emitindo opiniões.

Fique ligado

A liberdade de crença e culto, abordada no inciso III do art. 16, compreende o direito de escolha à sua própria religião, incluindo o direito a não possuir fé ou crença religiosa.

Um assunto delicado, no entanto, são as testemunhas de Jeová, pois não aceitam receber transfusão de sangue. Aqui, vemos o direito à vida e à crença religiosa se encontrando; nesse caso, a maioria doutrinária entende que a religião não pode se sobrepor ao direito à vida, não podendo, assim, ocorrer a recusa dos pais ou responsáveis à realização da transfusão. No entanto, há uma corrente minoritária que entende que essa decisão caberia ao infante.

O inciso IV trata do direito de brincar, praticar esportes e divertir-se. Esse direito determina que o Estado proporcione lazer adequado aos infantes, como parques ou atividades gratuitas.

Quando falamos sobre participar da vida familiar e comunitária, sem discriminação, devemos entender que compreende a família natural e todos os demais, não apenas pai e mãe; quando falamos em comunidade, devemos entender que a criança deve ser acolhida por todos, e poder sair e socializar sem sofrer discriminações ou abusos.

No que tange a vida política, não falamos aqui de quando o pai ou a mãe leva o filho a urna para apertar o botão de votação e, sim, de quando o adolescente completa seus 16 anos e cria maturidade política, o que lhe faculta o direito de dar início a sua capacidade eleitoral.

Chegamos agora à liberdade ao refúgio, ao auxílio e à orientação. Isso significa que o infante tem o direito a sair de situações que lhe fazem mal e ser refugiado, auxiliado e orientado da melhor forma

1 Referente ao assassinato do menino Bernardo Ugolina, de 11 anos, ocorrido em 4 de abril de 2014, por meio de superdose do medicamento Midazolam, que lhe foi dado por sua madrasta.

possível. Ex. o infante que sai de casa ao sofrer abusos. Nesse caso, o Estado deve lhe propiciar abrigo e auxílio com orientações de profissionais especializados, visando levar ao esclarecimento e melhor interesse.

2.2.2 Direito ao respeito

O art. 17 do ECA traz em seu texto os aspectos do direito ao respeito imposto aos infantes.

> ***Art. 17*** *O direito ao respeito consiste na inviolabilidade da integridade física, psíquica e moral da criança e do adolescente, abrangendo a preservação da imagem, da identidade, da autonomia, dos valores, ideias e crenças, dos espaços e objetos pessoais.*

Aqui, o legislador preocupou-se, mais uma vez, com a inviolabilidade física, psíquica e moral do infante, demonstrando assim o respeito aos direitos da personalidade, deixando expressa a inviolabilidade da imagem, da identidade, das ideias e crenças, dos objetos pessoais.

Vemos como exemplo do direito ao respeito, o segredo de justiça que é imposto em qualquer processo que tenha como parte infantes.

2.2.3 Direito à dignidade

Ao falamos sobre o direito à dignidade, é normal remetermos nosso pensamento diretamente aos direitos humanos e à dignidade da pessoa humana. No entanto, nesse momento "abraçamos" no ECA a proteção integral da criança e do adolescente, uma vez que o infante nessa fase passou a ser reconhecido e protegido pelo Estado.

O legislador passou a proteger o infante de qualquer forma de tratamento desumano, violento, que lhe cause medo ou sofrimento, até mesmo os que lhe causem vergonha.

Assim, não se admitem castigos físicos, humilhações, terror psicológico, nem mesmo se feito pelos pais, pois, como vimos anteriormente, a Lei nº 13.010/2014 inseriu no ECA a proibição a tais castigos.

Assim, em caso de castigo físico que cause lesão corporal, será o autor enquadrado no art. 129 do Código Penal e haverá punição com base neste, bem como se responsável pelo infante correra o risco de perder sua guarda.

2.3 Direito à convivência familiar

Inicialmente, devemos destacar que quando falamos sobre convivência familiar, falamos apenas em pai e mãe; a convivência estende-se aos avós, tios, primos, entre outros. Essa convivência é a garantia de um ambiente adequado ao desenvolvimento do infante de forma integral.

Vejamos a classificação de família pelo art. 25 do ECA:

> ***Art. 25*** *Entende-se por família natural a comunidade formada pelos pais ou qualquer deles e seus descendentes.*
>
> ***Parágrafo único.*** *Entende-se por família extensa ou ampliada aquela que se estende para além da unidade pais e filhos ou da unidade do casal, formada por parentes próximos com os quais a criança ou adolescente convive e mantém vínculos de afinidade e afetividade.*

O ECA visa sempre ao melhor interesse da criança e do adolescente. Nessa linha, entende-se que se manter no núcleo família ou próximo a ele sempre será o melhor, sendo a preferência auxiliar a família e reestabelecer a convivência.

Aqui, podemos incluir família cujos pais estejam em situação privativa de liberdade, em que o ECA prevê a convivência por visitas.

Podemos ver que a diferença histórica é gigante, pois antigamente retirava-se o menor do problema e hoje resolve-se o núcleo do problema para manter o infante próximo à sua família.

Excepcionalmente, caso a convivência do núcleo familiar natural (pai e mãe) não seja o melhor interesse ao infante, ele será inserido no núcleo familiar extensivo ou, em último caso, em família substituta conforme art. 28 do ECA.

2.3.1 Família substituta

A família substituta é a solução temporária para retirar o infante de uma situação de risco, conforme art. 98 do ECA, sendo o acolhimento de forma familiar ou institucional, conforme art. 101, incisos VII e VIII.

> ***Art. 101*** *Verificada qualquer das hipóteses previstas no art. 98, a autoridade competente poderá determinar, dentre outras, as seguintes medidas: [...]*
>
> *VII – Acolhimento institucional;*
>
> *VIII – Inclusão em programa de acolhimento familiar;*

O acolhimento família é a retirada do infante de uma situação de risco, na qual o mesmo é levado para um lar de alguma família previamente cadastrada junto ao judiciário, como solução temporária para o manter em segurança, e posteriormente reintegrá-lo ao seio familiar. Durante o acolhimento a família acolhedora receberá um valor para cuidar do infante.

Já no acolhimento institucional, o infante é levado a um "abrigo" ou entidade de atendimento.

A permanência desses infantes no acolhimento é avaliada a cada 3 meses, em que há a tentativa de reintrodução no núcleo familiar.

2.3.2 Entrega de recém-nascido para adoção

Ocorre a entrega do recém-nascido para a adoção quando a gestante não se sente preparada para iniciar o vínculo materno. Dessa forma, a entrega da criança para a adoção visa incluí-la em um núcleo familiar seguro, no qual ela se desenvolverá integralmente. No entanto, o ECA, em seu art. 19-A, prevê hipóteses em que a adoção é irregular, como a escolha de um adotante específico.

Assim, quando a mãe manifesta seu interesse em entregar seu bebê à adoção, é feita uma avaliação psicológica com uma equipe profissional da vara da infância e juventude, no intuito de entender o motivo e identificar um possível estado puerperal.

Ainda, são analisadas a indicação paterna ou família extensa que tenha o interesse em cuidar do infante e receber sua guarda, uma vez que o ECA preza pelo melhor interesse da criança e do adolescente. Caso não ocorra interesse familiar, o infante será enviado ao acolhimento para futura adoção.

Tenha atenção – sempre – ao art. 48 do ECA, uma vez que ele trata do direito do adotado de conhecer sua origem. Vejamos:

> ***Art. 48*** *O adotado tem direito de conhecer sua origem biológica, bem como de obter acesso irrestrito ao processo no qual a medida foi aplicada e seus eventuais incidentes, após completar 18 (dezoito) anos.*

2.3.3 Programa de apadrinhamento

Existem duas formas de apadrinhamento: afetivo e financeiro.

- **Apadrinhamento afetivo:** tenta promover um vínculo afetivo entre o infante e as pessoas da comunidade que se interessam pelo apadrinhamento. Tem o intuito de criar um laço de carinho, segurança e amor, uma vez que o infante em situação de espera para adoção não possui um vínculo familiar estável. Assim, o apadrinhamento busca suprir esse vínculo afetivo, fazendo com que o infante socialize com a família do padrinho e habitue-se com datas comemorativas, passeios etc.
- **Apadrinhamento financeiro:** é o ato de ajudar com uma contribuição mensal para cobrir os gastos financeiros do infante, não sendo necessário o contato direto, apenas o custeio de seus gastos.

O ECA estabelece ainda as regras para apadrinhar:

> ***Art. 19-B*** *A criança e ao adolescente em programa de acolhimento institucional ou familiar poderão participar de programa de apadrinhamento.*

§ 1º O apadrinhamento consiste em estabelecer e proporcionar à criança e ao adolescente vínculos externos à instituição para fins de convivência familiar e comunitária e colaboração com o seu desenvolvimento nos aspectos social, moral, físico, cognitivo, educacional e financeiro.

§ 2º Podem ser padrinhos ou madrinhas pessoas maiores de 18 (dezoito) anos não inscritas nos cadastros de adoção, desde que cumpram os requisitos exigidos pelo programa de apadrinhamento de que fazem parte.

§ 3º Pessoas jurídicas podem apadrinhar criança ou adolescente a fim de colaborar para o seu desenvolvimento.

§ 4º O perfil da criança ou do adolescente a ser apadrinhado será definido no âmbito de cada programa de apadrinhamento, com prioridade para crianças ou adolescentes com remota possibilidade de reinserção familiar ou colocação em família adotiva.

§ 5º Os programas ou serviços de apadrinhamento apoiados pela Justiça da Infância e da Juventude poderão ser executados por órgãos públicos ou por organizações da sociedade civil.

§ 6º Se ocorrer violação das regras de apadrinhamento, os responsáveis pelo programa e pelos serviços de acolhimento deverão imediatamente notificar a autoridade judiciária competente.

2.3.4 Poder familiar

O poder familiar é o conjunto de direitos e deveres que tem o intuito de prezar pela proteção segurança, educação, e desenvolvimento integral da criança e do adolescente, sendo ele atribuído aos pais mesmo que de filhos adotados ou fora do casamento.

Dessa forma, o poder familiar é um múnus público, ou seja, é um poder-dever (é um poder que gera a obrigação de zelar pelo desenvolvimento integral do infante). Além disso, é irrenunciável, tendo em vista que não há como abrir mão dele; é inalienável, ou seja, não pode ser transferido; é imprescritível, tendo em vista que não possuem validade; e é incompatível com a tutela, ou seja, não pode ser nomeado algum tutor.

Vejamos o rol exemplificativo dos deveres inerentes ao poder familiar de acordo com o art. 1.634 do CC:

> ***Art. 1.634*** *Compete a ambos os pais, qualquer que seja a sua situação conjugal, o pleno exercício do poder familiar, que consiste em, quanto aos filhos:*
>
> *I – Dirigir-lhes a criação e a educação;*
>
> *II – Exercer a guarda unilateral ou compartilhada nos termos do art. 1.584;*
>
> *III – Conceder-lhes ou negar-lhes consentimento para casarem;*
>
> *IV – Numera-lhes tutor por testamento ou documento autêntico, se o outro dos pais não lhe sobreviver, ou o sobrevivo não puder exercer o poder familiar;*
>
> *V – Conceder-lhes ou negar-lhes consentimento para mudarem sua residência permanente para outro Município;*
>
> *VI – Numera-lhes tutor por testamento ou documento autêntico, se o outro dos pais não lhe sobreviver, ou o sobrevivo não puder exercer o poder familiar;*
>
> *VII – Representá-los judicial e extrajudicialmente até os 16 (dezesseis) anos, nos atos da vida civil, e assisti-los, após essa idade, nos atos em que forem partes, suprindo-lhes o consentimento;*
>
> *VIII – Reclamá-los de quem ilegalmente os detenha;*
>
> *IX – Exigir que lhes prestem obediência, respeito e os serviços próprios de sua idade e condição.*

Ainda, neste mesmo raciocínio, perderá o poder familiar aquele que praticar algum dos atos descritos no art. 1.638 do CC:

> ***Parágrafo único.*** *Perderá também por ato judicial o poder familiar aquele que:*
>
> *I - Praticar contra outrem igualmente titular do mesmo poder familiar:*
>
> *a) Homicídio, feminicídio ou lesão corporal de natureza grave ou seguida de morte, quando se tratar de crime doloso envolvendo violência doméstica e familiar ou menosprezo ou discriminação à condição de mulher;*
>
> *b) Estupro ou outro crime contra a dignidade sexual sujeito à pena de reclusão;*
>
> *II - Praticar contra filho, filha ou outro descendente:*
>
> *a) Homicídio, feminicídio ou lesão corporal de natureza grave ou seguida de morte, quando se tratar de crime doloso envolvendo violência doméstica e familiar ou menosprezo ou discriminação à condição de mulher;*
>
> *b) Estupro, estupro de vulnerável ou outro crime contra a dignidade sexual sujeito à pena de reclusão.*

Portanto, o poder familiar é destituído apenas em casos de crime doloso contra outro titular do poder familiar ou contra os filhos.

2.3.5 Família substituta

Quando falamos em família substituta, estamos falando da retirada de um infante da sua família natural para a inserção em uma nova família, sempre em prol do melhor interesse ao infante, podendo ser atribuída a guarda, a tutela ou a adoção àquela família.

Assim, quando possível, o infante é ouvido por uma equipe profissional, e sua opinião é respeitada. No entanto, sempre objetivando do melhor interesse e levando-se em conta a afinada de parentesco, e manter grupos de irmãos juntos, sempre observando o art. 29 do ECA, in versus:

> ***Art. 29*** *Não se deferirá colocação em família substituta a pessoa que revele, por qualquer modo, incompatibilidade com a natureza da medida ou não ofereça ambiente familiar adequado.*

2.3.6 Guarda

A guarda pode ser definida como um poder, temporário ou definitivo, de um adulto com um infante no intuito de prezar pelo bem-estar físico e psíquico do infante, bem como a responsabilidade quanto às necessidades dele, sendo o infante dependente do guardião para todos os fins. Existem diversas formas de guarda. Dentre elas, destacam-se pela doutrina:

- **Guarda de fato:** é a guarda sem autorização, o chamado guardião não possui nenhum vínculo formal com o infante e não é seu responsável legal.
- **Guarda provisória:** a guarda provisória é uma transição judicial decorrente do pedido de tutela ou adoção.
- **Guarda definitiva:** nesse caso, o processo judicial é simples e puramente de guarda, não objetivando uma tutela ou adoção, sendo comum em casos de avós que cuidam se seus netos.
- **Guarda subsidiada:** é a guarda concedida em casos de acolhimento regulamenta pelo art. 34 do ECA.
- **Guarda derivada:** deferida em casos de pedido de tutela. Uma vez que quem detém a tutela detém a guarda.
- **Guarda peculiar:** visa suprir a falta eventual dos pais e se encontra prevista no art. 33, § 2º do ECA.

2.3.7 Tutela

A tutela é o momento em que o infante passa a ser de total responsabilidade legal do tutor, ou seja, ocorre o fim do poder familiar, sendo por perda ou suspensão desse poder. Geralmente, a tutela ocorre em caso de falecimento dos pais, ou com pais ausentes.

O tutor poderá ser nomeado em testamento pelos pais ou até mesmo por declaração de vontade, possuindo após a abertura da sucessão 30 dias para se manifestar judicialmente, no entanto, o juiz irá decidir em face do melhor interesse ao infante.

2.3.8 Adoção

Na adoção, retira-se totalmente o vínculo familiar, inserindo o infante em família substituta, quando não há mais meios de manter o vínculo familiar, sendo um ato jurídico em sentido estrito, conferindo ao infante o direito ao sobrenome, herança e formação de vínculo irrevogável.

ATENÇÃO

Importante ressaltar que a adoção se dá apenas por meio judicial!

Dessa forma, existem as seguintes espécies de adoção:

- **Adoção conjunta ou bilateral:** quando há um casal para a adoção, havendo rompimento do vínculo familiar materno e paterno.
- **Adoção unilateral:** quando o companheiro da mãe ou a do pai adota o filho do cônjuge.
- **Adoção póstuma:** quando o adotante falece no decorrer do processo, no entanto, a adoção é finalizada, pois houve manifestação de vontade.
- **Adoção intuito personae:** quando os pais escolhem diretamente a família substituta para quem entregarão o infante (Lei nº 12.010/2009), visando evitar que ocorressem favorecimentos ou até mesmo promessas de recompensa pela entrega do infante, restringiu esta forma de adoção, sendo permitidas apenas nos casos do art. 50, § 13 do ECA.
- **Adoção internacional:** quando o adotante é domiciliado fora do Brasil.
- **Adoção à brasileira:** quando o adotante registra o filho de outro como próprio, sendo caracterizado como crime perante o art. 242 do CP/40.

O ECA também estabelece alguns requisitos em seus artigos para a adoção.

> *Art. 42 Podem adotar os maiores de 18 (dezoito) anos, independentemente do estado civil.*
>
> *Art. 43 A adoção será deferida quando apresentar reais vantagens para o adotando e fundar-se em motivos legítimos.*
>
> *Art. 45 A adoção depende do consentimento dos pais ou do representante legal do adotando.*
>
> *§ 1º O consentimento será dispensado em relação à criança ou adolescente cujos pais sejam desconhecidos ou tenham sido destituídos do pátrio poder, poder familiar.*
>
> *Art. 46 A adoção será precedida de estágio de convivência com a criança ou adolescente, pelo prazo máximo de 90 (noventa) dias, observadas a idade da criança ou adolescente e as peculiaridades do caso.*

Além destes requisitos, é necessário o prévio cadastro do adotante no Cadastro Nacional de Adoção, passando por todas as etapas de preparação psicológica e jurídica.

Após as etapas, ocorrerá a sentença de deferimento da adoção, que possui natureza constitutiva, criando o vínculo com a nova família e destituindo o vínculo anterior, sendo feito um novo registro de nascimento, constando o nome dos adotantes e do infante.

2.4 Direito à educação, à cultura, ao esporte e ao lazer

Um dos principais direitos do infante, que lhe garante o desenvolvimento pleno, é o direito a educação. Tal direito consta no art. 205 da CF/1988, que prevê a educação como direito de todos e dever do Estado e da família, e no art. 6º do ECA, que prevê a educação como um direito fundamental.

Vejamos o art. 54 do ECA:

> *Art. 54 É dever do Estado assegurar à criança e ao adolescente:*
>
> *I – Ensino Fundamental, obrigatório e gratuito, inclusive para os que a ele não tiveram acesso na idade própria;*
>
> *II – Progressiva extensão da obrigatoriedade e gratuidade ao ensino médio;*
>
> *III – Atendimento educacional especializado aos portadores de deficiência, preferencialmente na rede regular de ensino;*
>
> *IV - (Revogado)*
>
> *IV – Atendimento em creche e pré-escola às crianças de zero a cinco anos de idade;*
>
> *V – Acesso aos níveis mais elevados do ensino, da pesquisa e da criação artística, segundo a capacidade de cada um;*
>
> *VI – Oferta de ensino noturno regular, adequado às condições do adolescente trabalhador;*
>
> *VII – Atendimento no Ensino Fundamental, através de programas suplementares de material didático-escolar, transporte, alimentação e assistência à saúde.*
>
> *§ 1º O acesso ao ensino obrigatório e gratuito é direito público subjetivo.*
>
> *§ 2º O não oferecimento do ensino obrigatório pelo poder público ou sua oferta irregular importa responsabilidade da autoridade competente.*
>
> *§ 3º Compete ao poder público recensear os educandos no ensino fundamental, fazer-lhes a chamada e zelar, junto aos pais ou responsável, pela frequência à escola.*

Dessa forma, vemos a importância da educação, sendo garantida a todos, sem distinção de qualquer natureza, não podendo ser vetada a inscrição do aluno na escola, consoante o art. 6º da Lei nº 7.716/1989, que constitui crime o ato de recusar a matrícula do aluno ou até mesmo seu ingresso na escola.

Já o direito à cultura é facilitado criando-se programas culturais e esportivos voltados para os infantes. Vemos em locais que há a política de meia entrada, como uma forma de facilitar o acesso do estudante ou do menor de 18 anos, bem como os centros esportivos públicos criados nos estados e municípios.

2.5 Direito à profissionalização e à proteção no trabalho

Inicialmente, nossa Constituição prevê que o trabalho infantil pode iniciar-se aos 14 anos em casos de jovem aprendiz, sendo em outras hipóteses previsto apenas aos 16 anos.

Importante lembrar que ao adolescente que trabalha são garantidos todos os direitos trabalhistas e previdenciários, devendo, no entanto, respeitar a necessidade de capacitação profissional adequada ao mercado, sendo aqui o trabalho uma forma de aprendizado.

Por essa razão, existem algumas proibições que visam à proteção do adolescente, como a proibição ao trabalho noturno, perigoso e insalubre, proibição de labor em locais que prejudiquem sua formação física, ou proibição de labor em horário escolar.

3 DA PREVENÇÃO NO ECA

A prevenção instituída no ECA é o ato de prevenir, ou seja, promover formas de evitar a violação dos direitos do infante. Vejamos o art. 70 do ECA:

> ***Art. 70** É dever de todos prevenir a ocorrência de ameaça ou violação dos direitos da criança e do adolescente.*

Já o art. 70-A traz em seu texto um rol exemplificativo das prevenções necessárias:

> ***Art. 70-A** A União, os Estados, o Distrito Federal e os Municípios deverão atuar de forma articulada na elaboração de políticas públicas e na execução de ações destinadas a coibir o uso de castigo físico ou de tratamento cruel ou degradante e difundir formas não violentas de educação de crianças e de adolescentes, tendo como principais ações:*
>
> *I – A promoção de campanhas educativas permanentes para a divulgação do direito da criança e do adolescente de serem educados e cuidados sem o uso de castigo físico ou de tratamento cruel ou degradante e dos instrumentos de proteção aos direitos humanos;*
>
> *II – A integração com os órgãos do Poder Judiciário, do Ministério Público e da Defensoria Pública, com o Conselho Tutelar, com os Conselhos de Direitos da Criança e do Adolescente e com as entidades não governamentais que atuam na promoção, proteção e defesa dos direitos da criança e do adolescente;*
>
> *III – A formação continuada e a capacitação dos profissionais de saúde, educação e assistência social e dos demais agentes que atuam na promoção, proteção e defesa dos direitos da criança e do adolescente para o desenvolvimento das competências necessárias à prevenção, à identificação de evidências, ao diagnóstico e ao enfrentamento de todas as formas de violência contra a criança e ao adolescente;*
>
> *IV – O apoio E o incentivo às práticas de resolução pacífica de conflitos que envolvam violência contra a criança e ao adolescente;*
>
> *V – A inclusão, nas políticas públicas, de ações que visem a garantir os direitos da criança e do adolescente, desde a atenção pré-natal, e de atividades junto aos pais e responsáveis com o objetivo de promover a informação, a reflexão, o debate e a orientação sobre alternativas ao uso de castigo físico ou de tratamento cruel ou degradante no processo educativo;*
>
> *VI – A promoção de espaços Inter setoriais locais para a articulação de ações e a elaboração de planos de atuação conjunta focados nas famílias em situação de violência, com participação de profissionais de saúde, de assistência social e de educação e de órgãos de promoção, proteção e defesa dos direitos da criança e do adolescente.*
>
> ***Parágrafo único.** As famílias com crianças e adolescentes com deficiência terão prioridade de atendimento nas ações e políticas públicas de prevenção e proteção.*

Não obstante, o art. 70-B visa dar concretude à prevenção contra maus-tratos e violação de direitos de crianças e adolescentes, vejamos seu texto:

> ***Art. 70-B** As entidades, públicas e privadas, que atuem nas áreas a que se refere o art. 71, dentre outras, devem contar, em seus quadros, com pessoas capacitadas a reconhecer e comunicar ao Conselho Tutelar suspeitas ou casos de maus-tratos praticados contra crianças e adolescentes.*
>
> ***Parágrafo único.** São igualmente responsáveis pela comunicação de que trata este artigo, as pessoas encarregadas, por razão de cargo, função, ofício, ministério, profissão ou ocupação, do cuidado, assistência ou guarda de crianças e adolescentes, punível, na forma deste Estatuto, o injustificado retardamento ou omissão, culposos ou dolosos.*

Assim, podemos ver que a prevenção deve ser feita por todos da sociedade, englobando-se a responsabilidade social, política e judiciária para que o direito dos infantes seja respeitado, sem a ocorrência de violações e maus-tratos.

3.1 Prevenção especial referente à informação, à cultura, ao lazer, aos esportes, às diversões e aos espetáculos

Dentro da doutrina instituída na infância e juventude, há a prevenção especial que trata do acesso a eventos e espetáculos públicos, devendo regulamentar o acesso de qualificando sua natureza e indicando a faixa etária recomendada.

> ***Art. 74** O poder público, através do órgão competente, regulará as diversões e espetáculos públicos, informando sobre a natureza deles, as faixas etárias a que não se recomendem, locais e horários em que sua apresentação se mostre inadequada.*
>
> ***Parágrafo único.** Os responsáveis pelas diversões e espetáculos públicos deverão afixar, em lugar visível e de fácil acesso, à entrada do local de exibição, informação destacada sobre a natureza do espetáculo e a faixa etária especificada no certificado de classificação.*
>
> ***Art. 75** Toda criança ou adolescente terá acesso às diversões e espetáculos públicos classificados como adequados à sua faixa etária.*
>
> ***Parágrafo único.** As crianças menores de dez anos somente poderão ingressar e permanecer nos locais de apresentação ou exibição quando acompanhadas dos pais ou responsável.*

O STF entende que não é apenas o Estado que deve determinar o que é próprio ou não ao infante, sendo dever da família contribuir com a análise da programação correta, uma vez que os programas de rádio e televisão devem exibir os programas recomendados em horários adequados ao público infanta juvenil.

> ***Art. 76** As emissoras de rádio e televisão somente exibirão, no horário recomendado para o público infanta juvenil, programas com finalidades educativas, artísticas, culturais e informativas.*
>
> ***Parágrafo único.** Nenhum espetáculo será apresentado ou anunciado sem aviso de sua classificação, antes de sua transmissão, apresentação ou exibição.*

Já os proprietários e funcionários de empresas que explorem a venda ou aluguel de fitas[1] de programação em vídeo cuidarão para que não haja venda ou locação em desacordo com a classificação atribuída pelo órgão competente, bem como a comercialização de revistas contendo imagens improprias.

> ***Art. 77** Os proprietários, diretores, gerentes e funcionários de empresas que explorem a venda ou aluguel de fitas de programação em vídeo cuidarão para que não haja venda ou locação em desacordo com a classificação atribuída pelo órgão competente.*
>
> ***Parágrafo único.** As fitas a que alude este artigo deverão exibir, no invólucro, informação sobre a natureza da obra e a faixa etária a que se destinam.*
>
> ***Art. 78** As revistas e publicações contendo material impróprio ou inadequado a crianças e adolescentes deverão ser comercializadas em embalagem lacrada, com a advertência de seu conteúdo.*
>
> ***Parágrafo único.** As editoras cuidarão para que as capas que contenham mensagens pornográficas ou obscenas sejam protegidas com embalagem opaca.*
>
> ***Art. 79** As revistas e publicações destinadas ao público infanto-juvenil não poderão conter ilustrações, fotografias, legendas, crônicas ou anúncios de bebidas alcoólicas, tabaco, armas e munições, e deverão respeitar os valores éticos e sociais da pessoa e da família.*

O art. 80 trata dos estabelecimentos que explores jogos de azar ou apostas, que devem vetar a entrada de infantes.

> ***Art. 80** Os responsáveis por estabelecimentos que explorem comercialmente bilhar, sinuca ou congênere ou por casas de jogos, assim entendidas as que realizem apostas, ainda que eventualmente, cuidarão para que não seja permitida a entrada e a permanência de crianças e adolescentes no local, afixando aviso para orientação do público.*

1 Vale lembrar que o ECA é um estatuto antigo, da época em que existiam fitas cassetes, sendo hoje em dia o pensamento voltado para sites, streaming e DVDs.

DIV INC

3.2 Prevenção à venda de produtos e serviços

No âmbito do ECA, há diversas restrições de acesso a produtos e serviços, sendo seu rol exemplificativo no art. 81 do ECA:

> ***Art. 81** É proibida a venda à criança ou ao adolescente de:*
>
> *I – Armas, munições E explosivos;*
>
> *II – Bebidas alcoólicas;*
>
> *III – Produtos cujos componentes possam causar dependência física ou psíquica ainda que por utilização indevida;*
>
> *IV – Fogos de estampido e de artifício, exceto aqueles que pelo seu reduzido potencial sejam incapazes de provocar qualquer dano físico em caso de utilização indevida;*
>
> *V – Revistas e publicações a que alude o art. 78;*
>
> *VI – Bilhetes lotéricos e equivalentes.*

No art. 82 do ECA, existe a restrição de hospedagem de criança ou adolescente, nos seguintes termos:

> ***Art. 82** É proibida a hospedagem de criança ou adolescente em hotel, motel, pensão ou estabelecimento congênere, salvo se autorizado ou acompanhado pelos pais ou responsável. Assim, a lei deixou claro que somente acompanhado pelos pais ou responsável, a criança ou adolescente poderá se hospedar em hotel, motel, pensão ou estabelecimento congênere.*

3.3 Autorização para viajar

A Lei nº 13.812/2019 trouxe mudanças quanto à liberdade de trânsito de crianças e adolescentes sem os pais pelo País, sendo disposto no art. 83 do ECA que nenhuma criança ou adolescente menor de 16 anos poderá viajar para fora da comarca onde reside desacompanhado dos pais ou dos responsáveis sem expressa autorização judicial.

Ainda, o próprio art. 83 demonstra exceções em que não se exigirá autorização judicial:

> ***Art. 83** Nenhuma criança poderá viajar para fora da comarca onde reside, desacompanhada dos pais ou responsável, sem expressa autorização judicial.*
>
> *§ 1º A autorização não será exigida quando:*
>
> *a) Tratar-se de comarca contígua à da residência da criança, se na mesma unidade da Federação, ou incluída na mesma região metropolitana;*
>
> *b) A criança estiver acompanhada:*
>
> *1) De ascendente ou colateral maior, até o terceiro grau, comprovado documentalmente o parentesco;*
>
> *2) De pessoa maior, expressamente autorizada pelo pai, mãe ou responsável.*
>
> *§ 2º A autoridade judiciária poderá, a pedido dos pais ou responsável, conceder autorização válida por dois anos.*

No entanto, em se tratando de viagem ao exterior, o art. 84 do ECA prevê algumas necessidades:

> ***Art. 84** Quando se tratar de viagem ao exterior, a autorização é dispensável, se a criança ou adolescente:*
>
> *I - Estiver acompanhado de ambos os pais ou responsável;*
>
> *II - Viajar na companhia de um dos pais, autorizado expressamente pelo outro através de documento com firma reconhecida.*
>
> ***Art. 85** Sem prévia e expressa autorização judicial, nenhuma criança ou adolescente nascido em território nacional poderá sair do País em companhia de estrangeiro residente ou domiciliado no exterior.*

Ainda a Resolução nº 131/2011, do Conselho Nacional de Justiça (CNJ), dispõe sobre a concessão de autorização de viagem para o exterior de crianças e adolescentes.

4 POLÍTICA DE ATENDIMENTO E ENTIDADES DE ATENDIMENTO NO ECA

O art. 86 do ECA aborda que a política de atendimento dos direitos da criança e do adolescente deve ser feita por meio de um conjunto de ações governamentais e não governamentais. Vejamos:

> ***Art. 86*** *A política de atendimento dos direitos da criança e do adolescente far-se-á através de um conjunto articulado de ações governamentais e não-governamentais, da União, dos estados, do Distrito Federal e dos municípios.*

Tendo em vista que existem diversas linhas de ações públicas, principalmente nos art. 87 e 88 do ECA, é importante nos atentarmos à leitura deles para não nos confundirmos.

> ***Art. 87*** *São linhas de ação da política de atendimento:*
>
> *I – Políticas sociais básicas;*
>
> *II – Serviços, programas, projetos e benefícios de assistência social de garantia de proteção social e de prevenção e redução de violações de direitos, seus agravamentos ou reincidências;*
>
> *III – Serviços especiais de prevenção e atendimento médico e psicossocial às vítimas de negligência, maus-tratos, exploração, abuso, crueldade e opressão;*
>
> *IV – Serviço de identificação e localização de pais, responsável crianças e adolescentes desaparecidos;*
>
> *V – proteção jurídico-social por entidades de defesa dos direitos da criança e do adolescente.*
>
> *VI – Políticas e programas destinados a prevenir ou abreviar o período de afastamento do convívio familiar e a garantir o efetivo exercício do direito à convivência familiar de crianças e adolescentes*
>
> *VII – Campanhas de estímulo ao acolhimento sob forma de guarda de crianças e adolescentes afastados do convívio familiar e à adoção, especificamente inter-racial, de crianças maiores ou de adolescentes, com necessidades específicas de saúde ou com deficiências e de grupos de irmãos.*
>
> ***Art. 88*** *São diretrizes da política de atendimento:*
>
> *I – Municipalização do atendimento;*
>
> *II – Criação de conselhos municipais, estaduais e nacional dos direitos da criança e do adolescente, órgãos deliberativos e controladores das ações em todos os níveis, assegurada a participação popular paritária por meio de organizações representativas, segundo leis federal, estaduais e municipais;*
>
> *III – Criação e manutenção de programas específicos, observada a descentralização político-administrativa;*
>
> *IV – Manutenção de fundos nacional, estaduais e municipais vinculados aos respectivos conselhos dos direitos da criança e do adolescente;*
>
> *V – Integração operacional de órgãos do Judiciário, Ministério Público, Defensoria, Segurança Pública e Assistência Social, preferencialmente em um mesmo local, para efeito de agilização do atendimento inicial a adolescente a quem se atribua autoria de ato infracional;*
>
> *VI – Integração operacional de órgãos do Judiciário, Ministério Público, Defensoria, Conselho Tutelar e encarregados da execução das políticas sociais básicas e de assistência social, para efeito de agilização do atendimento de crianças e de adolescentes inseridos em programas de acolhimento familiar ou institucional, com vista na sua rápida reintegração à família de origem ou, se tal solução se mostrar comprovadamente inviável, sua colocação em família substituta, em quaisquer das modalidades previstas no art. 28 desta Lei;*
>
> *VII – Mobilização da opinião pública para a indispensável participação dos diversos segmentos da sociedade;*
>
> *VIII – Especialização e formação continuada dos profissionais que trabalham nas diferentes áreas da atenção à primeira infância, incluindo os conhecimentos sobre direitos da criança e sobre desenvolvimento infantil;*
>
> *IX – Formação profissional com abrangência dos diversos direitos da criança e do adolescente que favoreça a intersetor alidade no atendimento da criança e do adolescente e seu desenvolvimento integral;*
>
> *X – Realização e divulgação de pesquisas sobre desenvolvimento infantil e sobre prevenção da violência.*

Insta salientarmos aqui que, em meio as diretrizes da política de atendimento a municipalização e a criação de conselhos nacionais, estaduais e municipais dos direitos da criança e do adolescente, temos uma função que é de interesse público, sendo a de membro do conselho nacional e dos conselhos estaduais e municipais.

4.1 Entidades de atendimento

As entidades de atendimento são as responsáveis por executar as políticas de atendimento, possuindo programas de proteção direcionados os infantes em situação de risco e programas de medidas sócio educativos

Destacamos a orientação e o apoio físico e psíquico necessários ao infante, bem como sua colocação em acolhimento familiar ou institucional.

O ECA diferencia as entidades governamentais e não governamentais, em seu art. 91:

> ***Art. 91*** *As entidades não-governamentais somente poderão funcionar depois de registradas no Conselho Municipal dos Direitos da Criança e do Adolescente, o qual comunicará o registro ao Conselho Tutelar e à autoridade judiciária da respectiva localidade.*
>
> *§ 1º Será negado o registro à entidade que:*
>
> *I - Não ofereça instalações físicas em condições adequadas de habitabilidade, higiene, salubridade e segurança;*
>
> *II - Não apresente plano de trabalho compatível com os princípios desta Lei;*
>
> *III - Esteja irregularmente constituída;*
>
> *IV - Tenha em seus quadros pessoas inidôneas.*
>
> *V - Não se adequar ou deixar de cumprir as resoluções e deliberações relativas à modalidade de atendimento prestado expedidas pelos Conselhos de Direitos da Criança e do Adolescente, em todos os níveis.*
>
> *§ 2º O registro terá validade máxima de 4 (quatro) anos, cabendo ao Conselho Municipal dos Direitos da Criança e do Adolescente, periodicamente, reavaliar o cabimento de sua renovação, observado o disposto no § 1º deste artigo.*

4.1.1 Entidades de acolhimento institucional ou familiar

Os arts. 92 e 93 do ECA trazem as entidades de acolhimento institucional e familiar. Como vimos anteriormente, essas entidades visam acolher o infante para retorno a sua família ou em último caso adoção.

Para que os infantes sejam acolhidos deve-se haver uma decisão judicial, menos em casos urgentes em que não há tempo para tal ato, necessitando apenas da comunicação a vara de infância e juventude conforme art. 93 do ECA.

No máximo a cada 6 meses, o dirigente da entidade de acolhimento deverá enviar relatórios ao juiz, sobre a situação de cada infante.

Não obstante, o dirigente do acolhimento torna-se o guardião legal do infante, devendo cumprir o dever de zelar por ele. Em caso de descumprimento das obrigações o dirigente de entidade terá sua responsabilidade administrativa, civil e criminal apurada.

4.1.2 Entidades voltadas à internação

As entidades voltadas a internação visam à aplicação de medidas socioeducativa de aspecto pedagógico e punitivo.

O art. 94 do ECA institui observações necessárias as entidades:

Art. 94 As entidades que desenvolvem programas de internação têm as seguintes obrigações, entre outras:

I – Observar os direitos e garantias de que são titulares os adolescentes;

II – Não restringir nenhum direito que não tenha sido objeto de restrição na decisão de internação;

III – Oferecer atendimento personalizado, em pequenas unidades e grupos reduzidos;

IV – Preservar a identidade e oferecer ambiente de respeito e dignidade ao adolescente;

V – Diligenciar no sentido do restabelecimento e da preservação dos vínculos familiares;

VI – Comunicar à autoridade judiciária, periodicamente, os casos em que se mostre inviável ou impossível o reatamento dos vínculos familiares;

VII – Oferecer instalações físicas em condições adequadas de habitabilidade, higiene, salubridade e segurança e os objetos necessários à higiene pessoal;

VIII – Oferecer vestuário e alimentação suficientes e adequados à faixa etária dos adolescentes atendidos;

IX – Oferecer cuidados médicos, psicológicos, odontológicos e farmacêuticos;

X – Propiciar escolarização e profissionalização;

XI – Propiciar atividades culturais, esportivas e de lazer;

XII – Propiciar assistência religiosa àqueles que desejarem, de acordo com suas crenças;

XIII – Proceder a estudo social e pessoal de cada caso;

XIV – Reavaliar periodicamente cada caso, com intervalo máximo de seis meses, dando ciência dos resultados à autoridade competente;

XV – Informar, periodicamente, o adolescente internado sobre sua situação processual;

XVI – Comunicar às autoridades competentes todos os casos de adolescentes portadores de moléstias infectocontagiosas;

XVII – Fornecer comprovante de depósito dos pertences dos adolescentes;

XVIII – Manter programas destinados ao apoio e acompanhamento de egressos;

XIX – Providenciar os documentos necessários ao exercício da cidadania àqueles que não os tiverem;

XX – Manter arquivo de anotações onde constem data e circunstâncias do atendimento, nome do adolescente, seus pais ou responsável, parentes, endereços, sexo, idade, acompanhamento da sua formação, relação de seus pertences e demais dados que possibilitem sua identificação e a individualização do atendimento.

§ 1º Aplicam-se, no que couber, as obrigações constantes deste artigo às entidades que mantêm programas de acolhimento institucional e familiar.

§ 2º No cumprimento das obrigações a que alude este artigo as entidades utilizarão preferencialmente os recursos da comunidade.

4.2 Fiscalização das entidades

As entidades serão fiscalizadas pelo Judiciário, pelo Ministério Público e pelos Conselhos Tutelares, caso sejam encontradas irregularidades o art. 97 do ECA prevê as sanções aplicáveis administrativamente, sem prejuízo a responsabilidade civil e criminal pelas irregularidades.

5 MEDIDAS DE PROTEÇÃO NO ECA

5.1 Conceito e princípio

As medidas de proteção visam evitar ou afastar o risco do infante, conforme a interpretação do art. 98 do ECA que nos traz as situações de risco.

Na aplicação das medidas de proteção, devem ser observadas as necessidades pedagógicas principalmente de vínculo familiar e social, conforme disposto no art. 100 do ECA.

> ***Art. 100*** *Na aplicação das medidas levar-se-ão em conta as necessidades pedagógicas, preferindo-se aquelas que visem ao fortalecimento dos vínculos familiares e comunitários.*
>
> ***Parágrafo único.*** *São também princípios que regem a aplicação das medidas:*
>
> *I – Condição da criança e do adolescente como sujeitos de direitos: crianças e adolescentes são os titulares dos direitos previstos nesta e em outras Leis, bem como na Constituição Federal;*
>
> *II – Proteção integral e prioritária: a interpretação e aplicação de toda e qualquer norma contida nesta Lei deve ser voltada à proteção integral e prioritária dos direitos de que crianças e adolescentes são titulares;*
>
> *III – Responsabilidade primária e solidária do poder público: a plena efetivação dos direitos assegurados a crianças e a adolescentes por esta Lei e pela Constituição Federal, salvo nos casos por esta expressamente ressalvados, é de responsabilidade primária e solidária das 3 (três) esferas de governo, sem prejuízo da municipalização do atendimento e da possibilidade da execução de programas por entidades não governamentais;*
>
> *IV – Interesse superior da criança e do adolescente: a intervenção deve atender prioritariamente aos interesses e direitos da criança e do adolescente, sem prejuízo da consideração que for devida a outros interesses legítimos no âmbito da pluralidade dos interesses presentes no caso concreto;*
>
> *V – Privacidade: a promoção dos direitos e proteção da criança e do adolescente deve ser efetuada no respeito pela intimidade, direito à imagem e reserva da sua vida privada;*
>
> *VI – Intervenção precoce: a intervenção das autoridades competentes deve ser efetuada logo que a situação de perigo seja conhecida;*
>
> *VII – Intervenção mínima: a intervenção deve ser exercida exclusivamente pelas autoridades e instituições cuja ação seja indispensável à efetiva promoção dos direitos e à proteção da criança e do adolescente;*
>
> *VIII – Proporcionalidade e atualidade: a intervenção deve ser a necessária e adequada à situação de perigo em que a criança ou o adolescente se encontram no momento em que a decisão é tomada;*
>
> *IX – Responsabilidade parental: a intervenção deve ser efetuada de modo que os pais assumam os seus deveres para com a criança e ao adolescente;*
>
> *X – Prevalência da família: na promoção de direitos e na proteção da criança e do adolescente deve ser dada prevalência às medidas que os mantenham ou reintegrem na sua família natural ou extensa ou, se isso não for possível, que promovam a sua integração em família adotiva;*
>
> *XI – Obrigatoriedade da informação: a criança e ao adolescente, respeitado seu estágio de desenvolvimento e capacidade de compreensão, seus pais ou responsável devem ser informados dos seus direitos, dos motivos que determinaram a intervenção e da forma como está se processa*
>
> *XII – Oitiva obrigatória e participação: a criança e ao adolescente, em separado ou na companhia dos pais, de responsável ou de pessoa por si indicada, bem como os seus pais ou responsável, têm direito a ser ouvidos e a participar nos atos e na definição da medida de promoção dos direitos e de proteção, sendo sua opinião devidamente considerada pela autoridade judiciária competente, observado o disposto nos §§ 1º e 2º do art. 28 desta Lei.*

5.2 Medidas pertinentes aos pais e responsáveis

A situação de risco em sua maioria decorre de um problema familiar, dessa forma, a preocupação do ECA visa melhorar o núcleo familiar para o regresso do infante, assim o art. 129 do ECA prevê as medidas cabíveis aos pais.

> ***Art. 129*** *São medidas aplicáveis aos pais ou responsável:*
>
> *I – Encaminhamento a serviços e programas oficiais ou comunitários de proteção, apoio e promoção da família;*
>
> *II – Inclusão em programa oficial ou comunitário de auxílio, orientação e tratamento a alcoólatras e toxicômanos;*
>
> *III – Encaminhamento a tratamento psicológico ou psiquiátrico;*
>
> *IV – Encaminhamento a cursos ou programas de orientação;*
>
> *V – Obrigação de matricular o filho ou pupilo e acompanhar sua frequência e aproveitamento escolar;*
>
> *VI – Obrigação de encaminhar a criança ou adolescente a tratamento especializado;*
>
> *VII – Advertência;*
>
> *VIII – Perda da guarda;*
>
> *IX – Destituição da tutela;*
>
> *X – Suspensão ou destituição do pátrio poder, poder familiar.*
>
> ***Parágrafo único.*** *Na aplicação das medidas previstas nos incisos IX e X deste artigo, observar-se-á o disposto nos artes. 23 e 24.*

Vale ressaltar que não há aplicação de penalidades aos pais e responsáveis por ato infracional do infante.

5.3 Ato Infracional

Entrando na esfera criminal, é importante lembrar sempre que a criança e ao adolescente não cometem crimes, apenas ato infracional, não sendo criminalmente responsabilizados.

Assim, a criança que comete ato infracional fica sujeita a medidas de proteção elencadas no art. 101 do ECA; já os adolescentes, além de medidas de proteção, terão as medidas socioeducativas.

Quando o ato infracional é praticado pelo infante, o Estado é o responsável pela "reeducação". No entanto, o ECA, em seus art. 106 a 111, preocupou-se em garantir os direitos processuais e individuais do infante. (Importante realizar a leitura destes artigos!)

Importante mencionar que o adolescente só será privado de liberdade em casos de flagrante ou por ordem fundamentada do judiciário, devendo ser informado de seus direitos na apreensão.

O prazo máximo para a internação provisória é de 45 dias, não podendo esse prazo ser prorrogado, devendo a internação ser em entidade de internação específica.

5.4 Garantias processuais

As garantias processuais do adolescente, estão previstas no art. 111 do ECA:

> ***Art. 111*** *São asseguradas ao adolescente, entre outras, as seguintes garantias:*
>
> *I – Pleno e formal conhecimento da atribuição de ato infracional, mediante citação ou meio equivalente;*
>
> *II – Igualdade na relação processual, podendo confrontar-se com vítimas e testemunhas e produzir todas as provas necessárias à sua defesa;*
>
> *III – Defesa técnica por advogado;*
>
> *IV – Assistência judiciária gratuita e integral aos necessitados, na forma da lei;*
>
> *V – Direito de ser ouvido pessoalmente pela autoridade competente;*
>
> *VI – Direito de solicitar a presença de seus pais ou responsável em qualquer fase do procedimento.*

5.5 Medidas socioeducativas

As medidas socioeducativas são medidas que visam reeducar o infante que cometeu ato infracional, e decorre de uma sentença judicial.

Tem como objetivo, responsabilizar o adolescente quanto às consequências de seus atos, e incentivá-lo a reparar, bem como sua reintegração social e a garantia de seus direitos individuais.

Assim, no art. 112 do ECA, temos o rol taxativo das medidas socioeducacionais:

> *Art. 112 Verificada a prática de ato infracional, a autoridade competente poderá aplicar ao adolescente as seguintes medidas:*
>
> *I – Advertência;*
>
> *II – Obrigação de reparar o dano;*
>
> *III – prestação de serviços à comunidade;*
>
> *IV – Liberdade assistida;*
>
> *V – Inserção em regime de semiliberdade;*
>
> *VI – Internação em estabelecimento educacional;*
>
> *VII – Qualquer uma das previstas no art. 101, I a VI.*
>
> *§ 1º A medida aplicada ao adolescente levará em conta a sua capacidade de cumpri-la, as circunstâncias e a gravidade da infração.*
>
> *§ 2º Em hipótese alguma e sob pretexto algum, será admitida a prestação de trabalho forçado.*
>
> *§ 3º Os adolescentes portadores de doença ou deficiência mental receberão tratamento individual e especializado, em local adequado às suas condições.*

5.5.1 Medidas socioeducativas em espécie

▷ **Advertência**

De acordo com o art. 115 do ECA, a advertência é a repreensão verbal, que será escrita e assinada.

▷ **Obrigação de reparar o dano**

Caso o ato infracional tenha causado danos patrimoniais, poderá a autoridade determinar que seja restituída a coisa ou o dano, no entanto, tal ato só é possível se o infante possuir patrimônio próprio.

▷ **Prestação de serviços à comunidade**

Essa modalidade é a prestação gratuita de serviços pelo infante a entidades comunitárias, hospitais ou outros estabelecimentos do governo, tendo sua jornada no máximo 8 horas semanais.

▷ **Liberdade assistida**

Sendo umas das medidas mais difíceis, a liberdade assistida é a forma de evitar uma reincidência, sendo o adolescente assistido e acompanhado por uma assistência interdisciplinar. Seu prazo mínimo é de 3 meses e deve ser fixada por juiz.

▷ **Semiliberdade**

Essa medida priva a liberdade do infante em parte, como um regime semiaberto, podendo ser fixada em sentença ou em transição de regime.

▷ **Internação**

A internação é à medida que priva a liberdade do infante, e tem aspecto pedagógico com assistência ao infante. Essa internação terá prazo determinado, no entanto, podendo durar no máximo 3 anos, sendo possível apenas nas hipóteses do art. 122 do ECA.

5.6 Remissão

A remissão é o perdão ao adolescente que comete ato infracional, sendo aplicada a medida menos rigorosa ao caso ou nenhuma medida.

Há quatro formas de remissão:

▷ **Remissão simples:** quando o perdão é simples, ou seja, sem nenhuma medida aplicada.

▷ **Remissão imprópria:** quando o perdão vem com alguma medida socioeducativa menos gravosa.

▷ **Remissão ministerial:** quando o perdão é dado pelo Ministério Público antes do início do processo conforme art. 126 do ECA.

▷ **Remissão pela autoridade judiciária:** quando já instaurado o processo há o perdão judicial, que implicará na suspensão ou extinção do processo conforme art. 188 do ECA.

Importante lembrar que a remissão não implica no reconhecimento da responsabilidade, não servindo como antecedente.

6 CONSELHO TUTELAR NO ECA

O Conselho Tutelar é um órgão que atua na promoção e fiscalização dos direitos dos infantes, sendo um órgão do Poder Executivo municipal, permanentemente autônomo.

O art. 132 do ECA dispõe que "em cada Município e em cada Região Administrativa do Distrito Federal haverá, no mínimo, 01 Conselho Tutelar como órgão integrante da administração pública local, composto de 5 (cinco) membros, escolhidos pela população local através de pleito eleitoral para mandato de 4 (quatro) anos, permitida recondução por novos processos de escolha. "

Os membros do conselho tutelar são eleitos, as eleições acontecem de forma unificada no primeiro domingo após as eleições presidenciais no Brasil, sendo a posse no dia 10 de janeiro do subsequente.

São atribuições do Conselho Tutelar, dispostas no art. 136 do ECA:

> ***Art. 136*** *São atribuições do Conselho Tutelar:*
>
> *I – Atender as crianças e adolescentes nas hipóteses previstas nos artes. 98 e 105, aplicando as medidas previstas no art. 101, I a VII;*
>
> *II – Atender e aconselhar os pais ou responsável, aplicando as medidas previstas no art. 129, I a VII;*
>
> *III – Promover a execução de suas decisões, podendo para tanto:*
>
> *a) requisitar serviços públicos nas áreas de saúde, educação, serviço social, previdência, trabalho e segurança;*
>
> *b) Representar junto à autoridade judiciária nos casos de descumprimento injustificado de suas deliberações.*
>
> *IV – Encaminhar ao Ministério Público notícia de fato que constitua infração administrativa ou penal contra os direitos da criança ou adolescente;*
>
> *V – Encaminhar à autoridade judiciária os casos de sua competência;*
>
> *VI – Providenciar a medida estabelecida pela autoridade judiciária, dentre as previstas no art. 101, de I a VI, para o adolescente autor de ato infracional;*
>
> *VII – Expedir notificações;*
>
> *VIII – Requisitar certidões de nascimento e de óbito de criança ou adolescente quando necessário;*
>
> *IX – Assessorar o Poder Executivo local na elaboração da proposta orçamentária para planos e programas de atendimento dos direitos da criança e do adolescente;*
>
> *X – Representar, em nome da pessoa e da família, contra a violação dos direitos previstos no art. 220, § 3º, inciso II, da Constituição Federal;*
>
> *XI – Representar ao Ministério Público para efeito das ações de perda ou suspensão do poder familiar, após esgotadas as possibilidades de manutenção da criança ou do adolescente junto à família natural.*
>
> *XII – Promover e incentivar, na comunidade e nos grupos profissionais, ações de divulgação e treinamento para o reconhecimento de sintomas de maus-tratos em crianças e adolescentes.*
>
> ***Parágrafo único.*** *Se, no exercício de suas atribuições, o Conselho Tutelar entender necessário o afastamento do convívio familiar, comunicará incontinenti o fato ao Ministério Público, prestando-lhe informações sobre os motivos de tal entendimento e as providências tomadas para a orientação, o apoio e a promoção social da família.*

7 JUSTIÇA DA INFÂNCIA E DA JUVENTUDE NO ECA

O art. 141 em seu texto trata do acesso à justiça dos infantes, bem como à Defensoria Pública, ao Ministério Público e ao Judiciário, por qualquer de seus órgãos.

O art. 142 do ECA traz a previsão legal de que os menores de 16 anos serão representados por seus pais; já os maiores de 16 anos e menores de 18 apenas serão assistidos dos mesmos.

Nessa mesma linha, o art. 145 dispõe sobre a possibilidade de os estados criarem varas especializadas na infância e juventude.

7.1 Competência da justiça da infância e da juventude

Iniciamos as competências, falando da competência material da justiça da infância e juventude, sendo prevista pelo art. 148 do ECA. Vemos aqui quando a competência será da vara da infância e juventude:

> ***Art. 148*** *A Justiça da Infância e da Juventude é competente para:*
>
> *I – Conhecer de representações promovidas pelo Ministério Público, para apuração de ato infracional atribuído a adolescente, aplicando as medidas cabíveis;*
>
> *II – Conceder a remissão, como forma de suspensão ou extinção do processo;*
>
> *III – Conhecer de pedidos de adoção e seus incidentes;*
>
> *IV – Conhecer de ações civis fundadas em interesses individuais, difusos ou coletivos afetos à criança e ao adolescente, observado o disposto no art. 209;*
>
> *V – Conhecer de ações decorrentes de irregularidades em entidades de atendimento, aplicando as medidas cabíveis;*
>
> *VI – Aplicar penalidades administrativas nos casos de infrações contra norma de proteção à criança ou adolescente;*
>
> *VII – Conhecer de casos encaminhados pelo Conselho Tutelar, aplicando as medidas cabíveis.*
>
> ***Parágrafo único.*** *Quando se tratar de criança ou adolescente nas hipóteses do art. 98, é também competente a Justiça da Infância e da Juventude para o fim de:*
>
> *a) Conhecer de pedidos de guarda e tutela;*
>
> *b) Conhecer de ações de destituição do pátrio poder, poder familiar, perda ou modificação da tutela ou guarda;*
>
> *c) Suprir a capacidade ou o consentimento para o casamento;*
>
> *d) Conhecer de pedidos baseados em discordância paterna ou materna, em relação ao exercício do pátrio poder familiar;*
>
> *e) Conceder a emancipação, nos termos da lei civil, quando faltarem os pais;*
>
> *f) Designar curador especial em casos de apresentação de queixa ou representação, ou de outros procedimentos judiciais ou extrajudiciais em que haja interesses de criança ou adolescente;*
>
> *g) Conhecer de ações de alimentos;*
>
> *h) Determinar o cancelamento, a retificação e o suprimento dos registros de nascimento e óbito.*

Já quando falamos da competência territorial que envolva a criança ou o adolescente, falamos do art. 147 do ECA:

> ***Art 147*** *A competência será determinada:*
>
> *I – Pelo domicílio dos pais ou responsável;*
>
> *II – Pelo lugar onde se encontre a criança ou adolescente, à falta dos pais ou responsável.*
>
> *§ 1º Nos casos de ato infracional, será competente a autoridade do lugar da ação ou omissão, observadas as regras de conexão, continência e prevenção.*
>
> *§ 2º A execução das medidas poderá ser delegada à autoridade competente da residência dos pais ou responsável, ou do local onde sediar-se a entidade que abrigar a criança ou adolescente.*
>
> *§ 3º Em caso de infração cometida através de transmissão simultânea de rádio ou televisão, que atinja mais de uma comarca, será competente, para aplicação da penalidade, a autoridade judiciária do local da sede estadual da emissora ou rede, tendo a sentença eficácia para todas as transmissoras ou retransmissoras do respectivo estado.*

O art. 147 do ECA prevê duas hipóteses, porém, segundo a jurisprudência atual, em vias de regra, sempre será o judio mais próximo ao infante.

Já o art. 149 do ECA trata da competência da autoridade judiciária:

> ***Art. 149*** *Compete à autoridade judiciária disciplinar, através de portaria, ou autorizar, mediante alvará:*
>
> *I – A entrada e permanência de criança ou adolescente, desacompanhado dos pais ou responsável, em:*
>
> *a) Estádio, ginásio e campo desportivo;*
>
> *b) Bailes ou promoções dançantes;*
>
> *c) Boate ou congêneres;*
>
> *d) Casa que explore comercialmente diversões eletrônicas;*
>
> *e) Estúdios cinematográficos, de teatro, rádio e televisão.*
>
> *II – A participação de criança e adolescente em:*
>
> *a) Espetáculos públicos e seus ensaios;*
>
> *b) Certames de beleza.*
>
> *§ 1º Para os fins do disposto neste artigo, a autoridade judiciária levará em conta, dentre outros fatores:*
>
> *a) Os princípios desta Lei;*
>
> *b) As peculiaridades locais;*
>
> *c) A existência de instalações adequadas;*
>
> *d) O tipo de frequência habitual ao local;*
>
> *e) A adequação do ambiente a eventual participação ou frequência de crianças e adolescentes;*
>
> *f) A natureza do espetáculo.*
>
> *§ 2º As medidas adotadas na conformidade deste artigo deverão ser fundamentadas, caso a caso, vedadas as determinações de caráter geral.*

7.2 Procedimentos

Primeiramente, vale ressaltarmos que o ECA utiliza-se do CPC e do CPP de modo subsidiário, nos casos de lacunas legislativas.

É importante ressaltar que os prazos são contados em dias corridos, excluído o dia do começo e incluído o dia do vencimento, sendo o prazo em dobro apenas para a Defensoria Pública.

7.2.1 Perda ou suspensão do poder familiar e destituição de tutela

A suspensão ou a perda do poder familiar será iniciada pelo Ministério Público ou por legítimo interessado. Em alguns casos, o juiz concederá liminarmente, dependendo da gravidade.

No curso do processo, caso tenha ocorrido a suspensão, a criança ou o adolescente deverá ser encaminhado a uma entidade de acolhimento.

Após receber a inicial, o juiz determinará a realização de um estudo social por equipe interprofissional para comprovar se há necessidade de destituir o poder familiar, sempre em prol do melhor interesse do infante. Depois, ocorrerá a citação do requerido para se manifestar em 10 dias; essa citação se dá de forma pessoal.

Quando concluído o estudo social, o Ministério Público será intimado para se manifestar em 5 dias, salvo quando este for o requerente, podendo ainda ser necessária a oitava do infante.

Após o prazo de 10 dias, caso os requeridos não se apresentem, ocorrerá à revelia; no entanto, for apresentada a resposta, será aberta vista ao MP novamente por 5 dias

Será, então, designada audiência, na qual serão ouvidas as testemunhas, abrindo o prazo para manifestação oral de 20 minutos ao MP prorrogável por mais 10 minutos, sendo a decisão judicial proferida em audiência ou com data para leitura da decisão proferida em, no máximo, 5 dias.

Assim, o prazo máximo para conclusão do processo será de 120 dias, cabendo ao juiz, em caso de impossibilidade de retorno do infante ao poder familiar, iniciar os preparativos para colocação em família substituta.

7.2.2 Colocação em família substituta

A colocação em família substituta se divide em dois procedimentos:

- **Procedimento simplificado:** quando há concordância dos pais, ocorrendo geralmente com pais falecidos, ou destituídos do poder familiar.
- **Procedimento litigioso:** ocorre nos casos em que os pais se opõem à colocação do infante em família substituta.

7.2.3 Habilitação dos pretendentes à adoção

Para iniciar este tópico, devemos entender que para o adotante ser habilitado ao ato de adotar, há uma previa requisição judicial, bem como uma fila a ser seguida, dessa forma, o requerente deve segundo o art. 197-A do ECA, apresentar uma petição inicial.

Todo esse requerimento tem o intuito de verificar a vida do adotante, bem como se existe um bom núcleo para inserir o infante.

Vejamos um passo a passo da habilitação:

Apresentação do requerimento inicial.
- Aqui, os futuros adotantes apresentam a petição inicial para requisição.

↓

O MP é intimado para se manifestar.
- Após o recebimento da inicial, o Ministerio Público é intimado para se manifestar em 5 dias.

↓

É realizado um estudo social.
- A equipe interprofissional elaborará o estudo psicossocial com o intuito de verificar a capacidade dos postulantes.

↓

Os postulantes participam de um programa oferecido pela vara da infância e juventude.

↓

É designada a audiência na qual o juiz deferirá ou não a habilitação e inclusão dos postulantes na fila de adoção.

↓

Se deferido, o postulante será inscrito nos cadastros de adoção, sendo sua convocação para a adoção feita de acordo com ordem cronológica e disponibilidade do infante.

7.2.4 Infiltração de policiais para investigar crimes contra a dignidade sexual de criança e de adolescente

A infiltração de agentes na internet visa combater os crimes virtuais contra a criança e ao adolescente. O ECA prevê em seus arts. 190-A a 190-F meios para regular os procedimentos de infiltração dos agentes.

Enquanto a infiltração estiver ocorrendo, o juiz ou o MP pode requerer relatórios de atualização da operação. Ao fim da operação, antes de sua conclusão, o juiz colocará os relatórios em sigilo com acesso apenas ao MP e ao delegado responsável.

7.2.5 Apuração de ato infracional - apreensão e encaminhamento

Quando falamos na apreensão de um adolescente, sabemos que ela se dá pelo flagrante de ato infracional ou por ordem judicial de apreensão.

Assim, o adolescente será enviado à entidade adequada (caso não possua repartição adequada o adolescente deverá se apresentar em uma dependência adequada no prazo máximo de 24 horas) pela autoridade policial. Caso o ato infracional tenha sido praticado mediante violência ou grave ameaça à pessoa, será lavrado um Auto de Apreensão em Flagrante, e as partes e testemunhas serão ouvidas.

No entanto, caso o ato infracional tenha sido praticado sem violência ou grave ameaça à pessoa, a autoridade policial poderá optar por realizar um Boletim de Ocorrência Circunstanciado (BOC).

Tomadas as providências, os pais ou o responsável legal deverão comparecer para levar o adolescente com um termo de responsabilidade, no qual constará que o adolescente se apresentará ao MP no primeiro dia útil subsequente.

8 RECURSOS NO ECA

O Recurso é um remédio jurídico, com o intuito de reformar, invalidar, esclarecer ou integrar a decisão judicial. Na justiça da infância e juventude, o recurso é disposto pelo art. 198 do ECA, no qual se adota o sistema recursal do Código de Processo Civil.

As ações que envolvem a infância ou juventude são isentas de forma geral de custas, emolumentos e preparo.

Importante mencionarmos que os prazos recursais do Ministério Público sempre serão de 10 dias, salvo os embargos de declaração que são 5 dias, sempre contados em dias corridos como todos os prazos do ECA.

Ao contarmos os prazos no ECA, contamos em dias corridos, excluindo o dia do começo e incluindo o dia do vencimento.

Tendo em vista a prioridade dos temas relativos ao infante, o relator deverá julgar o processo em, no máximo, 60 dias, contado da sua conclusão, sendo o MP intimado para se entender apresentar parecer oral.

Dessa forma, podemos observar que os recursos no ECA possuem as seguintes características:

- adoção do sistema do CPC;
- dispensa de preparo recursal;
- prioridade no julgamento;
- dispensa de revisor;
- prazo em dias corrido.

9 MINISTÉRIO PÚBLICO, ADVOCACIA E TUTELA DE DIREITOS

9.1 Ministério público

O Ministério Público (MP) exerce papel importantíssimo quando falamos sobre justiça da criança e do adolescente, atuando judicial e extrajudicialmente, atuando como fiscal. Suas atribuições constam no art. 201 do ECA, sendo este muito cobrado em concursos.

> ***Art. 201*** *Compete ao Ministério Público:*
>
> *I – Conceder a remissão como forma de exclusão do processo;*
>
> *II – Promover e acompanhar os procedimentos relativos às infrações atribuídas a adolescentes;*
>
> *III – Promover e acompanhar as ações de alimentos e os procedimentos de suspensão e destituição do pátrio poder, poder familiar, nomeação e remoção de tutores, curadores e guardiães, bem como oficiar em todos os demais procedimentos da competência da Justiça da Infância e da Juventude;*
>
> *IV – Promover, de ofício ou por solicitação dos interessados, a especialização e a inscrição de hipoteca legal e a prestação de contas dos tutores, curadores e quaisquer administradores de bens de crianças e adolescentes nas hipóteses do art. 98;*
>
> *V – Promover o inquérito civil e a ação civil pública para a proteção dos interesses individuais, difusos ou coletivos relativos à infância e à adolescência, inclusive os definidos no art. 220, § 3º, inciso II, da Constituição Federal;*
>
> *VI – Instaurar procedimentos administrativos e, para instruí-los:*
>
> *a) Expedir notificações para colher depoimentos ou esclarecimentos e, em caso de não comparecimento injustificado, requisitar condução coercitiva, inclusive pela polícia civil ou militar;*
>
> *b) Requisitar informações, exames, perícias e documentos de autoridades municipais, estaduais e federais, da administração direta ou indireta, bem como promover inspeções e diligências investigatórias;*
>
> *c) Requisitar informações e documentos a particulares e instituições privadas;*
>
> *VII – Instaurar sindicâncias, requisitar diligências investigatórias e determinar a instauração de inquérito policial, para apuração de ilícitos ou infrações às normas de proteção à infância e à juventude;*
>
> *VIII – Zelar pelo efetivo respeito aos direitos e garantias legais assegurados às crianças e adolescentes, promovendo as medidas judiciais e extrajudiciais cabíveis;*
>
> *IX – Impetrar mandado de segurança, de injunção e habeas corpus, em qualquer juízo, instância ou tribunal, na defesa dos interesses sociais e individuais indisponíveis afetos à criança e ao adolescente;*
>
> *X – Representar ao juízo visando à aplicação de penalidade por infrações cometidas contra as normas de proteção à infância e à juventude, sem prejuízo da promoção da responsabilidade civil e penal do infrator, quando cabível;*
>
> *XI – Inspecionar as entidades públicas e particulares de atendimento e os programas de que trata esta Lei, adotando de pronto as medidas administrativas ou judiciais necessárias à remoção de irregularidades porventura verificadas;*
>
> *XII – Requisitar força policial, bem como a colaboração dos serviços médicos, hospitalares, educacionais e de assistência social, públicos ou privados, para o desempenho de suas atribuições.*
>
> *§ 1º A legitimação do Ministério Público para as ações cíveis previstas neste artigo não impede a de terceiros, nas mesmas hipóteses, segundo dispuserem a Constituição e esta Lei.*
>
> *§ 2º As atribuições constantes deste artigo não excluem outras, desde que compatíveis com a finalidade do Ministério Público.*
>
> *§ 3º O representante do Ministério Público, no exercício de suas funções, terá livre acesso a todo local onde se encontre criança ou adolescente.*
>
> *§ 4º O representante do Ministério Público será responsável pelo uso indevido das informações e documentos que requisitar, nas hipóteses legais de sigilo.*
>
> *§ 5º Para o exercício da atribuição de que trata o inciso VIII deste artigo, poderá o representante do Ministério Público:*
>
> *a) Reduzir a termo as declarações do reclamante, instaurando o competente procedimento, sob sua presidência;*
>
> *b) Entender-se diretamente com a pessoa ou autoridade reclamada, em dia, local e horário previamente notificados ou acertados;*
>
> *c) Efetuar recomendações visando à melhoria dos serviços públicos e de relevância pública afetos à criança e ao adolescente, fixando prazo razoável para sua perfeita adequação.*

9.2 Advocacia

O advogado poderá ser solicitado por qualquer uma das partes interessadas na lide, vindo a intervir nos procedimentos, podendo ser advogado particular ou gratuito.

No âmbito criminal, nenhum adolescente a quem se atribua ato infracional será processado sem a presença de advogado ou defensor a ser nomeado pelo juiz.

9.3 Tutela de direitos individuais, difusos e coletivos

O art. 208, em seu texto, dispõe que se regem pelas disposições do ECA as ações de responsabilidade por ofensa aos direitos assegurados à criança e ao adolescente, referentes ao não oferecimento ou oferta irregular. Vejamos:

> ***Art. 208*** *Regem-se pelas disposições desta Lei as ações de responsabilidade por ofensa aos direitos assegurados à criança e ao adolescente, referentes ao não oferecimento ou oferta irregular:*
>
> *I – Do ensino obrigatório;*
>
> *II – De atendimento educacional especializado aos portadores de deficiência;*
>
> *III – De atendimento em creche e pré-escola às crianças de zero a cinco anos de idade;*
>
> *IV – De ensino noturno regular, adequado às condições do educando;*
>
> *V – De programas suplementares de oferta de material didático-escolar, transporte e assistência à saúde do educando do ensino fundamental;*
>
> *VI – De serviço de assistência social visando à proteção à família, à maternidade, à infância e à adolescência, bem como ao amparo às crianças e adolescentes que dele necessitem;*
>
> *VII – De acesso às ações e serviços de saúde;*
>
> *VIII – De escolarização e profissionalização dos adolescentes privados de liberdade;*
>
> *IX – De ações, serviços e programas de orientação, apoio e promoção social de famílias e destinados ao pleno exercício do direito à convivência familiar por crianças e adolescentes;*
>
> *X – De programas de atendimento para a execução das medidas socioeducativas e aplicação de medidas de proteção;*
>
> *XI – De políticas e programas integrados de atendimento à criança e ao adolescente vítima ou testemunha de violência;*
>
> *§ 1º As hipóteses previstas neste artigo não excluem da proteção judicial outros interesses individuais, difusos ou coletivos, próprios da infância e da adolescência, protegidos pela Constituição e pela Lei.*
>
> *§ 2º A investigação do desaparecimento de crianças ou adolescentes será realizada imediatamente após notificação aos órgãos competentes, que deverão comunicar o fato aos portos, aeroportos, Polícia Rodoviária e companhias de transporte interestaduais e internacionais, fornecendo-lhes todos os dados necessários à identificação do desaparecido.*

Aqui é importante mencionar que o rol do art. 208 é exemplificativo e não taxativo, não excluindo, assim, da proteção judicial outros interesses da infância e da adolescência.

Tendo em vista que ingressamos com os direitos coletivos, importante definir o que é um direito coletivo e um direito difuso.

- **Direito coletivo:** são direitos indivisíveis de um grupo, categoria ou classe de pessoas ligadas entre si ou contra a mesma parte.
- **Direito difuso:** são direitos indivisíveis de pessoas ligadas a um fato.

9.4 Legitimidade

A legitimidade poderá ser individual, ou seja, pelo próprio adolescente ou forma coletiva. Por meio de Ação Civil Pública, promovida por qualquer dos seus legitimados, admitindo o litisconsórcio entre eles. O art. 210 dispõe:

> ***Art. 210*** *Para as ações cíveis fundadas em interesses coletivos ou difusos, consideram-se legitimados concorrentemente:*
>
> *I – O Ministério Público;*
>
> *II – A União, os estados, os municípios, o Distrito Federal e os territórios;*
>
> *III – a associação legalmente constituída há pelo menos um ano e que incluam entre seus fins institucionais a defesa dos interesses e direitos protegidos por esta Lei, dispensada a autorização da assembleia, se houver prévia autorização estatutária.*
>
> *§ 1º Admitir-se-á litisconsórcio facultativo entre os Ministérios Públicos da União e dos estados na defesa dos interesses e direitos de que cuida esta Lei.*
>
> *§ 2º Em caso de desistência ou abandono da ação por associação legitimada, o Ministério Público ou outro legitimado poderá assumir a titularidade ativa.*

Cabe destacar que a ADIN nº 3.943/2015, houve o reconhecimento do STF quanto à legitimidade da Defensoria Pública para propor ação civil pública.

9.5 Competência

A competência para as ações de tutela de direitos individuais e coletivos sempre será no foro do local onde ocorreu a ação ou omissão, conforme disposto pelo art. 209 do ECA.

10 CRIMES E INFRAÇÕES ADMINISTRATIVAS NO ECA

Os crimes praticados contra a criança e ao adolescente, seja por ação ou omissão, estão previstos nos arts. 228 ao 244-B do ECA, aplicando-se concomitantemente as normas penais da parte geral do CP e do CPP para aplicação da pena.

Importante mencionar que todos os crimes previstos no ECA terão ação penal pública incondicionada, sendo sua titularidade do Ministério Público.

Vejamos alguns dos principais tipos de crime:

- **Quanto ao sujeito ativo**
  - **Crime comum:** não exige qualidade específica do sujeito ativo para sua prática.
  - **Crime próprio:** exige qualidade específica do sujeito ativo para sua prática.
  - **Crime de mão própria:** é aquele que somente pode ser praticado pela própria pessoa.
- **Quanto à necessidade de resultado naturalístico para sua consumação**
  - **Crime material:** prevê um resultado naturalístico para sua consumação.
  - **Crime formal:** descreve um resultado naturalístico, do qual sua ocorrência é desnecessária para consumar o delito.
  - **Crime de mera conduta:** quando o resultado naturalístico nem mesmo poderia ocorrer por ausência de descrição.
- **Quanto à necessidade de lesão ao bem jurídico para sua consumação**
  - **Crime de dano:** necessita para ocorrer de lesão ou danos a um bem jurídico protegido penalmente.
  - **Crime de perigo:** necessita para a consumação de exposição do bem jurídico a perigo.
- **Quanto à forma da conduta**
  - **Crime comissivo:** é praticado por um ato positivo do agente, ou seja, o ato de fazer algo.
  - **Crime omissivo:** é praticado por um ato negativo do agente, ou seja, o ato de não fazer algo.
  - **Crime de conduta mista:** prevê a ação seguida de uma omissão.
  - **Crime de esquecimento:** é um crime do qual o agente pratica sem prevê o resultado havendo a culpa inconsciente.
- **Quanto ao tempo da consumação**
  - **Crime instantâneo:** consuma-se imediatamente.
  - **Crime permanente:** a consumação se protrai no tempo.
  - **Crime instantâneo de efeitos permanentes:** consuma-se imediatamente, mas os efeitos se prolongam no tempo.
- **Crime a prazo:** depende prazo para sua consumação.
  - **Quanto à unicidade ou não do tipo penal**
- **Crime simples:** formado por um único tipo penal.
- **Crime complexo:** é formado pela junção ou fusão de outros tipos penais.
- **Crime de forma livre:** é aquele que não prevê uma forma específica de realização do núcleo do tipo, como o furto e o homicídio.
- **Crime de forma vinculada:** é aquele que tem forma ou formas de realização do núcleo do tipo especificamente previstas em lei. É o caso do curandeirismo, que possui algumas formas previstas nos incisos do art. 284 em que o núcleo do tipo pode ser realizado.

10.1 Crimes em espécie

O art. 228 do ECA tem como características principais que em o caput e o parágrafo único trazem infrações de menor potencial ofensivo. O tipo penal se refere as obrigações do art. 10 do ECA.

Os crimes descritos são omissivos próprios, formais, próprios e de perigo abstrato. Já o parágrafo único prevê a modalidade culposa.

> ***Art. 228*** *Deixar o encarregado de serviço ou o dirigente de estabelecimento de atenção à saúde de gestante de manter registro das atividades desenvolvidas, na forma e prazo referidos no art. 10 desta Lei, bem como de fornecer à parturiente ou a seu responsável, por ocasião da alta médica, declaração de nascimento, onde constem as intercorrências do parto e do desenvolvimento do neonato:*
>
> ***Pena*** *- detenção de 6 (seis) meses a 2 (dois) anos.*
>
> ***Parágrafo único.*** *Se o crime é culposo:*
>
> ***Pena*** *- detenção de 2 (dois) a 2 (seis) meses, ou multa.*
>
> ***Art. 229*** *Deixar o médico, enfermeiro ou dirigente de estabelecimento de atenção à saúde de gestante de identificar corretamente o neonato e a parturiente, por ocasião do parto, bem como deixar de proceder aos exames referidos no art. 10 desta Lei:*
>
> ***Pena*** *- detenção de 6 (seis) meses a 2 (dois) anos.*
>
> ***Pena*** *- detenção de 2 (dois) a 6 (seis) meses, ou multa.*

O art. 229 do ECA, em seu caput e parágrafo único, trazem infrações de menor potencial ofensivo. O tipo penal refere-se as obrigações do art. 10 do ECA.

Os crimes descritos são omissivos próprios, formais, próprios e de perigo abstrato. Já o parágrafo único prevê a modalidade culposa.

> ***Art. 230*** *Privar a criança ou o adolescente de sua liberdade, procedendo à sua apreensão sem estar em flagrante de ato infracional ou inexistindo ordem escrita da autoridade judiciária competente:*
>
> ***Pena*** *- detenção de 6 (seis) meses a 2 (dois) anos.*
>
> ***Parágrafo único.*** *Incide na mesma pena aquele que procede à apreensão sem observância das formalidades legais.*

O caput e o parágrafo único do art. 230 trazem infrações de menor potencial ofensivo. O crime descrito é comum, material, doloso, permanente.

> ***Art. 231*** *Deixar a autoridade policial responsável pela apreensão de criança ou adolescente de fazer imediata comunicação à autoridade judiciária competente e à família do apreendido ou à pessoa por ele indicada*
>
> ***Pena*** *- detenção de 6 (seis) meses a 2 (dois) anos.*

O art. 231 do ECA, em seu caput e no parágrafo único, trazem infrações de menor potencial ofensivo. O crime descrito é próprio, formal, omissivo, de perigo abstrato.

> ***Art. 232*** *Submeter criança ou adolescente sob sua autoridade, guarda ou vigilância a vexame ou a constrangimento:*
>
> ***Pena*** *- detenção de 6 (seis) meses a 2 (dois) anos.*

O caput e o parágrafo único do art. 232 do ECA trazem infrações de menor potencial ofensivo. O crime descrito é próprio, material, comissivo, admite tentativa.

> ***Art. 234*** *Deixar a autoridade competente, sem justa causa, de ordenar a imediata liberação de criança ou adolescente, tão logo tenha conhecimento da ilegalidade da apreensão:*
>
> ***Pena*** *- detenção de 6 (seis) meses a 2 (dois) anos.*

O art. 234 do ECA, em seu caput e no parágrafo único, trazem infrações de menor potencial ofensivo. O crime descrito é próprio, material, omissivo, permanente.

> ***Art. 235*** *Descumprir, injustificadamente, prazo fixado nesta Lei em benefício de adolescente privado de liberdade:*
>
> ***Pena*** *- detenção de 6 (seis) meses a 2 (dois) anos.*

O art. 235 do ECA, em seu caput e no parágrafo único, trazem infrações de menor potencial ofensivo. O crime descrito é próprio, material, omissivo, permanente. Sendo ainda uma norma penal em branco, tendo em vista que exige que o agente descumpra os prazos fixados no ECA.

> ***Art. 236*** *Impedir ou embaraçar a ação de autoridade judiciária, membro do Conselho Tutelar ou representante do Ministério Público no exercício de função prevista nesta Lei:*
>
> ***Pena*** *- detenção de 6 (seis) meses a 2 (dois) anos.*

O caput e o parágrafo único do art. 236 do ECA trazem infrações de menor potencial ofensivo. O crime descrito é comum, formal, omissivo, de perigo abstrato.

> ***Art. 237*** *Subtrair criança ou adolescente ao poder de quem o tem sob sua guarda em virtude de lei ou ordem judicial, com o fim de colocação em lar substituto:*
>
> ***Pena*** *- reclusão de 2 (dois) a 6 (seis) anos, e multa.*

O crime descrito tem como características principais ser comum, formal, forma livre. Sendo uma norma penal em branco, tendo em vista que o conceito de lar substituto é retirado do ECA.

> ***Art. 238*** *Prometer ou efetivar a entrega de filho ou pupilo a terceiro, mediante paga ou recompensa: [...]*
>
> ***Pena*** *- Reclusão de 1 (um) a 4 (quatro) anos, e multa.*
>
> ***Parágrafo único.*** *Incide nas mesmas penas quem oferece ou efetiva a paga ou recompensa.*

O art. 235 do ECA tem como características principais ser infração de médio potencial ofensivo; no caput há um crime próprio, e no parágrafo único, um crime comum. O crime descrito é comissivo, formal e material, doloso e instantâneo.

> ***Art. 239*** *Promover ou auxiliar a efetivação de ato destinado ao envio de criança ou adolescente para o exterior com inobservância das formalidades legais ou com o fito de obter lucro:*
>
> ***Pena*** *- reclusão de quatro a seis anos, e multa.*
>
> ***Parágrafo único.*** *Se há emprego de violência, grave ameaça ou fraude:*
>
> ***Pena*** *- reclusão, de 6 (seis) a 8 (oito) anos, além da pena correspondente à violência.*

O art. 236 do ECA tem como características principais ser crime comum, formal, de forma livre. Sendo norma penal em branco tendo em vista a referência à violação de formalidades legais de envio de criança ou adolescente ao exterior conforme previsto no ECA.

> ***Art. 240*** *Produzir, reproduzir, dirigir, fotografar, filmar ou registrar, por qualquer meio, cena de sexo explícito ou pornográfica, envolvendo criança ou adolescente:*
>
> ***Pena*** *– reclusão, de 4 (quatro) a 8 (oito) anos, e multa.*
>
> *§ 1º Incorre nas mesmas penas quem agencia, facilita, recruta, coage, ou de qualquer modo intermedeia a participação de criança ou adolescente nas cenas referidas no caput deste artigo, ou ainda quem com esses contracena.*
>
> *§ 2º Aumenta-se a pena de 1/3 se o agente comete o crime:*
>
> *I - No exercício de cargo ou função pública ou a pretexto de exercê-la;*
>
> *II - Prevalecendo-se de relações domésticas, de coabitação ou de hospitalidade; ou*
>
> *III - prevalecendo-se de relações de parentesco consanguíneo ou afim até o terceiro grau, ou por adoção, de tutor, curador, preceptor, empregador da vítima ou de quem, a qualquer outro título, tenha autoridade sobre ela, ou com seu consentimento.*

O art. 240 do ECA tem como finalidade punir qualquer um vinculado à produção de conteúdo sexual ou pornográfico envolvendo crianças ou adolescentes, mesmo que autorizado. É um crime comum, formal, doloso e instantâneo. Admite-se nesse crime o de erro de tipo, no que se refere à idade do infante.

> ***Art. 241*** *Vender ou expor à venda fotografia, vídeo ou outro registro que contenha cena de sexo explícito ou pornográfica envolvendo criança ou adolescente:*
>
> ***Pena*** *- Reclusão, de 4 (quatro) a 8 (oito) anos, e multa.*

O presente artigo tem como alvo o comerciante de material de pornografia infantil, tendo como características do crime ser um crime comum, formal, comissivo, instantâneo.

> ***Art. 241-A*** *Oferecer, trocar, disponibilizar, transmitir, distribuir, publicar ou divulgar por qualquer meio, inclusive por meio de sistema de informática ou telemático, fotografia, vídeo ou outro registro que contenha cena de sexo explícito ou pornográfica envolvendo criança ou adolescente:*
>
> ***Pena*** *- Reclusão, de 3 (três) a 6 (seis) anos, e multa.*
>
> *§ 1º Nas mesmas penas incorre quem:*
>
> *I - Assegura os meios ou serviços para o armazenamento das fotografias, cenas ou imagens de que trata o caput deste artigo;*
>
> *II - Assegura, por qualquer meio, o acesso por rede de computadores às fotografias, cenas ou imagens de que trata o caput deste artigo.*
>
> *§ 2º As condutas tipificadas nos incisos I e II do § 1º deste artigo são puníveis quando o responsável legal pela prestação do serviço, oficialmente notificado, deixa de desabilitar o acesso ao conteúdo ilícito de que trata o caput.*

Neste artigo, a punição é ao dispersor de material pornográfico, incluindo para adquirir para si ou para compartilhar. Tem como classificação ser um crime comum, formal, comissivo.

> ***Art. 241-B*** *Adquirir, possuir ou armazenar, por qualquer meio, fotografia, vídeo ou outra forma de registro que contenha cena de sexo explícito ou pornográfica envolvendo criança ou adolescente:*
>
> ***Pena*** *- Reclusão, de 1 (um) a 4 (quatro) anos, e multa.*
>
> *§ 1º A pena é diminuída de 1 a 2/3 se de pequena quantidade o material a que se refere o caput deste artigo.*
>
> *§ 2º Não há crime se a posse ou o armazenamento tem a finalidade de comunicar às autoridades competentes a ocorrência das condutas descritas nos arts. 240, 241, 241-A e 241-C desta Lei, quando a comunicação for feita por:*
>
> *I - Agente público no exercício de suas funções;*
>
> *II - Membro de entidade, legalmente constituída, que inclua, entre suas finalidades institucionais, o recebimento, o processamento e o encaminhamento de notícia dos crimes referidos neste parágrafo;*
>
> *III - Representante legal e funcionários responsáveis de provedor de acesso ou serviço prestado por meio de rede de computadores, até o recebimento do material relativo à notícia feita à autoridade policial, ao Ministério Público ou ao Poder Judiciário.*
>
> *§ 3º As pessoas referidas no § 2º deste artigo deverão manter sob sigilo o material ilícito referido.*

O art. 241-B trata do criminoso, que é o consumidor da pornografia infantil. Tem como característica ser uma infração de potencial ofensivo, é crime comum, formal, comissivo, instantâneo na modalidade "adquirir" e permanente nas modalidades "armazenar e possuir".

> ***Art. 241-C*** *Simular a participação de criança ou adolescente em cena de sexo explícito ou pornográfica por meio de adulteração, montagem ou modificação de fotografia, vídeo ou qualquer outra forma de representação visual:*
>
> ***Pena*** *- Reclusão, de 1 a 3 anos, e multa.*
>
> ***Parágrafo único.*** *Incorre nas mesmas penas quem vende, expõe à venda, disponibiliza, distribui, publica ou divulga por qualquer meio, adquire, possui ou armazena o material produzido na forma do caput deste artigo.*

Tem como características ser infração de médio potencial ofensivo, crime comum, formal, de forma livre, comissivo, instantâneo.

> ***Art. 241-D*** *Aliciar, assediar, instigar ou constranger, por qualquer meio de comunicação, criança, com o fim de com ela praticar ato libidinoso:*
>
> ***Pena*** *- Reclusão, de 1 a 3 anos, e multa.*

Parágrafo único. *Nas mesmas penas incorre quem:*

I - Facilita ou induz o acesso à criança de material contendo cena de sexo explícito ou pornográfica com o fim de com ela praticar ato libidinoso;

II - Pratica as condutas descritas no caput deste artigo com o fim de induzir criança a se exibir de forma pornográfica ou sexualmente explícita.

Neste artigo, o legislado engloba a conduta de quem, mesmo não produzindo o material pornográfico, recruta os infantes. Tem como características ser uma infração de médio potencial ofensivo, um crime comum, formal, de forma livre, comissivo e instantâneo.

10.1.1 Norma penal explicativa

Art. 241-E *Para efeito dos crimes previstos nesta Lei, a expressão "cena de sexo explícito ou pornográfica" compreende qualquer situação que envolva criança ou adolescente em atividades sexuais explícitas, reais ou simuladas, ou exibição dos órgãos genitais de uma criança ou adolescente para fins primordialmente sexuais.*

Aqui, o legislador quis evitar contrariedades de interpretação, definindo exatamente o contexto de cena de sexo explícito ou pornográfica, deixando, no entanto, de mencionar a exposição dos seios, uma vez que não são órgãos genitais.

Art. 242 *Vender, fornece ainda que gratuitamente ou entregar, de qualquer forma, a criança ou adolescente arma, munição ou explosivo:*

Pena *- reclusão, de 3 (três) a 6 (seis) anos.*

Assim, o art. 242 é um crime comum, formal, forma livre, comissivo e instantâneo.

Art. 243 *Vender, fornecer, servir, ministrar ou entregar, ainda que gratuitamente, de qualquer forma, a criança ou a adolescente, bebida alcoólica ou, sem justa causa, outros produtos cujos componentes possam causar dependência física ou psíquica:*

Pena *- detenção de 2 (dois) a 4 (quatro) anos, e multa, se o fato não constitui crime mais grave.*

O art. 243 tem como características principais ser um crime comum, doloso, comissivo, formal e uma infração penal subsidiária, incidindo apenas na falta de outro mais gravoso.

Art. 244 *Vender, fornece ainda que gratuitamente ou entregar, de qualquer forma, a criança ou adolescente fogos de estampido ou de artifício, exceto aqueles que, pelo seu reduzido potencial, sejam incapazes de provocar qualquer dano físico em caso de utilização indevida:*

Pena *- detenção de 6 (seis) meses a 2 (dois) anos, e multa.*

O art. 244 tem como características principais ser uma infração de menor potencial ofensivo, bem como ser um crime comum, formal, de forma livre, comissivo.

Art. 244-A *Submeter criança ou adolescente, como tais definidos no caput do art. 2º desta Lei, à prostituição ou à exploração sexual:*

Pena *- reclusão de quatro a dez anos e multa, além da perda de bens e valores utilizados na prática criminosa em favor do Fundo dos Direitos da Criança e do Adolescente da unidade da Federação (Estado ou Distrito Federal) em que foi cometido o crime, ressalvado o direito de terceiro de boa-fé.*

§ 1º Incorrem nas mesmas penas o proprietário, o gerente ou o responsável pelo local em que se verifique a submissão de criança ou adolescente às práticas referidas no caput deste artigo.

§ 2º Constitui efeito obrigatório da condenação a cassação da licença de localização e de funcionamento do estabelecimento.

O conteúdo do artigo em questão foi reproduzido pelo art. 218-B do Código Penal, sendo assim, o tipo do art. 244-A foi revogado pela alteração do Código Penal, segundo a doutrina em geral.

Art. 244-B *Corromper ou facilitar a corrupção de menor de 18 (dezoito) anos, com ele praticando infração penal ou induzindo-o a praticá-la:*

Pena *- reclusão, de 1 (um) a 4 (quatro) anos.*

§ 1º Incorre nas penas previstas no caput deste artigo quem pratica as condutas ali tipificadas utilizando-se de quaisquer meios eletrônicos, inclusive salas de bate-papo da internet.

§ 2º As penas previstas no caput deste artigo são aumentadas de um terço no caso de a infração cometida ou induzida estar incluída no rol do art. 1º da Lei nº 8.072/90.

Aqui encontramos o crime conhecido por corrupção de menores. Sendo um crime de médio potencial ofensivo, bem como um crime comum, formal, comissivo.

10.2 Infrações administrativas

Em primeiro lugar, quando falamos das infrações administrativas, não estamos falando de crime não havendo penas privativas de liberdade se sim penas de multa serão revertidas a fundos municipais dos direitos da criança e do adolescente. Ocorre a prescrição das infrações em 5 anos.

Art. 245 *Deixar o médico, professor ou responsável por estabelecimento de atenção à saúde e de ensino fundamental, pré-escola ou creche, de comunicar à autoridade competente os casos de que tenha conhecimento, envolvendo suspeita ou confirmação de maus-tratos contra criança ou adolescente:*

Pena *- multa de 3 (três) a 20 (vinte) salários de referência, aplicando-se o dobro em caso de reincidência.*

Este artigo tem como características um sujeito ativo é próprio e conduta omissiva.

Art. 246 *Impedir o responsável ou funcionário de entidade de atendimento o exercício dos direitos de: [...] Peticionar diretamente a qualquer autoridade; avistar-se reservadamente com seu defensor; receber visitas, ao menos, semanalmente; corresponder-se com seus familiares e amigos; receber escolarização e profissionalização;*

Pena *- multa de 3 (três) a 20 (vinte) salários de referência, aplicando-se o dobro em caso de reincidência.*

Aqui, o sujeito ativo é funcionário de entidade de medida socioeducativa.

Art. 247 *Divulgar, total ou parcialmente, sem autorização devida, por qualquer meio de comunicação, nome, ato ou documento de procedimento policial, administrativo ou judicial relativo à criança ou adolescente a que se atribua ato infracional.*

Pena *- multa de 3 (três) a 20 (vinte) salários de referência, aplicando-se o dobro em caso de reincidência.*

§ 1º Incorre na mesma pena quem exibe, total ou parcialmente, fotografia de criança ou adolescente envolvido em ato infracional, ou qualquer ilustração que lhe diga respeito ou se refira a atos que lhe sejam atribuídos, de forma a permitir sua identificação, direta ou indiretamente.

§ 2º Se o fato for praticado por órgão de imprensa ou emissora de rádio ou televisão, além da pena prevista neste artigo, a autoridade judiciária poderá determinar a apreensão da publicação ou a suspensão da programação da emissora até por 2 dias, bem como da publicação do periódico até por dois números. (Expressão declara inconstitucional pela ADIN 869-2).

Neste artigo, o sujeito é qualquer pessoa. A expressão riscada foi declarada inconstitucional pelo STF.

Art. 249 *Descumprir, dolosa ou culposamente, os deveres inerentes ao poder familiar ou decorrente de tutela ou guarda, bem assim determinação da autoridade judiciária ou Conselho Tutelar.*

Pena *- multa de 3 (três) a 20 (vinte) salários de referência, aplicando-se o dobro em caso de reincidência.*

Art. 250 *Hospedar criança ou adolescente desacompanhado dos pais ou responsável, ou sem autorização escrita desses ou da autoridade judiciária, em hotel, pensão, motel ou congênere.*

Pena *– multa.*

> *§ 1º Em caso de reincidência, sem prejuízo da pena de multa, a autoridade judiciária poderá determinar o fechamento do estabelecimento por até 15 dias.*
>
> *§ 2º Se comprovada a reincidência em período inferior a 30 dias, o estabelecimento será definitivamente fechado e terá licença cassada.*
>
> ***Art. 251*** *Transportar criança ou adolescente, por qualquer meio, com inobservância do das regras de autorização de viagem.*
>
> ***Pena*** *- multa de 3 (três) a 20 (vinte) salários de referência, aplicando-se o dobro em caso de reincidência.*
>
> ***Art. 252*** *Deixar o responsável por diversão ou espetáculo público de afixar, em lugar visível e de fácil acesso, à entrada do local de exibição, informação destacada sobre a natureza da diversão ou espetáculo e a faixa etária especificada no certificado de classificação.*
>
> ***Pena*** *- multa de 3 (três) a 20 (vinte) salários de referência, aplicando-se o dobro em caso de reincidência.*
>
> ***Art. 253*** *Anunciar peças teatrais, filmes ou quaisquer representações ou espetáculos, sem indicar os limites de idade a que não se recomendem.*
>
> ***Pena*** *- multa de 3 (três) a 20 (vinte) salários de referência, duplicada em caso de reincidência, aplicável, separadamente, à casa de espetáculo e aos órgãos de divulgação ou publicidade.*
>
> ***Art. 254*** *Transmitir, através de rádio ou televisão, espetáculo em horário diverso do autorizado ou sem aviso de sua classificação.*
>
> ***Pena*** *- multa de 20 (vinte) a 100 (cem) salários de referência; duplicada em caso de reincidência, a autoridade judiciária poderá determinar a suspensão da programação da emissora por até 2 dias.*

O STF, no bojo da ADI nº 2.404, julgou inconstitucional a limitação de horários, argumentando que o Estado não pode determinar que os programas possam ser exibidos somente em determinados horários, o que seria uma imposição, vedado pela CF/88. O Poder Público pode apenas recomendar horários adequados, sendo a classificação dos programas meramente indicativa.

> ***Art. 255*** *Exibir filmes, trailer, peça, amostra ou congênere classificado pelo órgão competente como inadequado às crianças ou adolescentes admitidos ao espetáculo.*
>
> ***Pena*** *- multa de 20 (vinte) a 100 (cem) salários de referência. Na reincidência, a autoridade poderá determinar a suspensão do espetáculo ou o fechamento do estabelecimento por até 15 dias.*
>
> ***Art. 256*** *Vender ou locar a criança ou adolescente fita de programação em vídeo, em desacordo com a classificação atribuída pelo órgão competente.*
>
> ***Pena*** *- multa de 3 (três) a 20 (vinte) salários de referência. Em caso de reincidência, a autoridade judiciária poderá determinar o fechamento do estabelecimento por até 15 dias.*
>
> ***Art. 257*** *Descumprir obrigação de:*
>
> *I - Comercializar revistas de material impróprio com embalagem lacrada e advertência de seu conteúdo;*
>
> *II - Não conter em revistas e publicações destinadas ao público infanto-juvenil ilustrações, fotografias, legendas, crônicas ou anúncios de bebidas alcoólicas, tabaco, armas e munições, e respeitar os valores éticos e sociais da pessoa e da família.*
>
> ***Pena*** *- multa de 3 (três) a 20 (vinte) salários de referência, duplicando-se a pena em caso de reincidência, sem prejuízo de apreensão da revista ou publicação.*
>
> ***Art. 258*** *Deixar o responsável pelo estabelecimento ou o empresário de observar o que dispõe esta Lei sobre o acesso de criança ou adolescente aos locais de diversão, ou sobre sua participação no espetáculo.*
>
> ***Pena*** *- multa de 3 (três) a 20 (vinte) salários de referência. Em caso de reincidência, a autoridade judiciária poderá determinar o fechamento do estabelecimento por até 15 dias.*
>
> ***Art. 258-A*** *Deixar a autoridade competente de providenciar a instalação e operacionalização dos:*
>
> *I - Cadastro do registro de crianças e adolescentes em condições de serem adotados e Cadastro de pessoas interessadas na adoção*
>
> *II - Cadastro que contenha informações atualizadas sobre as crianças e adolescentes em regime de acolhimento familiar e institucional sob sua responsabilidade.*
>
> ***Pena*** *- multa de R$ 1.000,00 a R$ 3.000,00.*
>
> ***Parágrafo único.*** *Incorre nas mesmas penas a autoridade que deixa de efetuar o cadastramento de crianças e de adolescentes em condições de serem adotadas, de pessoas ou casais habilitados à adoção e de crianças e adolescentes em regime de acolhimento institucional ou familiar.*
>
> ***Art. 258-B*** *Deixar o médico, enfermeiro ou dirigente de estabelecimento de atenção à saúde de gestante de efetuar imediato encaminhamento ao juiz de caso de que tenha conhecimento de mãe ou gestante interessada em entregar seu filho para adoção.*
>
> ***Pena*** *- multa de R$ 1.000,00 a R$ 3.000,00.*
>
> ***Parágrafo único.*** *Incorre na mesma pena o funcionário de programa oficial ou comunitário destinado à garantia do direito à convivência familiar que deixa de efetuar a comunicação referida no caput deste artigo.*
>
> ***Art. 258-C*** *Descumprir a proibição de vender bebidas alcoólicas para crianças e adolescentes.*
>
> ***Pena*** *- multa de R$ 3.000,00 a R$ 10.000,00.*
>
> *Medida administrativa - interdição do estabelecimento comercial até o recolhimento da multa aplicada.*

11 SISTEMA NACIONAL DE ATENDIMENTO SOCIOEDUCATIVO NO ECA

O Sistema Nacional de Atendimento Socioeducativo (Sinase), instituído pela Lei nº 12.594/2012, tem como função regulamentar a execução e cumprimento das medidas socioeducativas, para que a reinserção dos adolescentes funcione de forma eficaz.

O conceito do Sinase encontra-se no art. 1º da Lei nº 12.594/2012:

> ***Art. 1º*** *Esta Lei institui o Sistema Nacional de Atendimento Socioeducativo (Sinase) e regulamenta a execução das medidas destinadas a adolescente que pratique ato infracional.*
>
> *§ 1º Entende-se por Sinapse o conjunto ordenado de princípios, regras e critérios que envolvem a execução de medidas socioeducativas, incluindo-se nele, por adesão, os sistemas estaduais, distrital e municipais, bem como todos os planos, políticas e programas específicos de atendimento a adolescente em conflito com a lei.*
>
> *§ 2º Entendem-se por medidas socioeducativas as previstas no art. 112 da Lei nº 8.069, de 13 de julho de 1990 (Estatuto da Criança e do Adolescente), as quais têm por objetivos:*
>
> *I - A responsabilização do adolescente quanto às consequências lesivas do ato infracional, sempre que possível incentivando a sua reparação;*
>
> *II - A integração social do adolescente e a garantia de seus direitos individuais e sociais, por meio do cumprimento de seu plano individual de atendimento; e*
>
> *III - a desaprovação da conduta infracional, efetivando as disposições da sentença como parâmetro máximo de privação de liberdade ou restrição de direitos, observados os limites previstos em lei.*
>
> *§ 3º Entendem-se por programa de atendimento a organização e o funcionamento, por unidade, das condições necessárias para o cumprimento das medidas socioeducativas.*
>
> *§ 4º Entende-se por unidade a base física necessária para a organização e o funcionamento de programa de atendimento.*
>
> *§ 5º Entendem-se por entidade de atendimento a pessoa jurídica de direito público ou privado que instala e mantém a unidade e os recursos humanos e materiais necessários ao desenvolvimento de programas de atendimento.*

Assim, é importante mencionarmos que recursos financeiros do Sinase dependem do Orçamento Fiscal, da Seguridade social e de outras fontes.

11.1 Programas de atendimento

Os programas de atendimento do Sinase serão executados por uma unidade de atendimento previamente inscritas conforme os requisitos obrigatórios do art. 11 da Lei nº 12.594/2012.

> ***Art. 11*** *Além da especificação do regime, são requisitos obrigatórios para a inscrição de programa de atendimento:*
>
> *I – A exposição das linhas gerais dos métodos e técnicas pedagógicas, com a especificação das atividades de natureza coletiva;*
>
> *II – A indicação da estrutura material, dos recursos humanos e das estratégias de segurança compatíveis com as necessidades da respectiva unidade;*
>
> *III – regimento interno que regule o funcionamento da entidade, no qual deverá constar, no mínimo:*
>
> *a) o detalhamento das atribuições e responsabilidades do dirigente, de seus prepostos, dos membros da equipe técnica e dos demais educadores;*
>
> *b) a previsão das condições do exercício da disciplina e concessão de benefícios e o respectivo procedimento de aplicação; e*
>
> *c) a previsão da concessão de benefícios extraordinários e enaltecimento, tendo em vista tornar público o reconhecimento ao adolescente pelo esforço realizado na consecução dos objetivos do plano individual;*
>
> *IV – A política de formação dos recursos humanos;*
>
> *V – A previsão das ações de acompanhamento do adolescente após o cumprimento de medida socioeducativa;*
>
> *VI – A indicação da equipe técnica, cuja quantidade e formação devem estar em conformidade com as normas de referência do sistema e dos conselhos profissionais e com o atendimento socioeducativo a ser realizado; e*
>
> *VII – a adesão ao Sistema de Informações sobre o Atendimento Socioeducativo, bem como sua operação efetiva.*
>
> ***Parágrafo único.*** *O não cumprimento do previsto neste artigo sujeita as entidades de atendimento, os órgãos gestores, seus dirigentes ou prepostos à aplicação das medidas previstas no art. 97 da Lei nº 8.069, de 13 de julho de 1990 (Estatuto da Criança e do Adolescente).*

11.2 Programas de meio aberto

Os programas de atendimento meio aberto são a liberdade assistida e a prestação de serviços à comunidade, sendo ambos executados pelo município. Vejamos os arts. 117 e 118 do ECA:

> ***Art. 117*** *A prestação de serviços comunitários consiste na realização de tarefas gratuitas de interesse geral, por período não excedente a seis meses, junto a entidades assistenciais, hospitais, escolas e outros estabelecimentos congêneres, bem como em programas comunitários ou governamentais.*
>
> ***Parágrafo único.*** *As tarefas serão atribuídas conforme as aptidões do adolescente, devendo ser cumpridas durante jornada máxima de oito horas semanais, aos sábados, domingos e feriados ou em dias úteis, de modo a não prejudicar a frequência à escola ou à jornada normal de trabalho.*
>
> ***Art. 118*** *A liberdade assistida será adotada sempre que se afigurar a medida mais adequada para o fim de acompanhar, auxiliar e orientar o adolescente.*
>
> *§ 1º A autoridade designará pessoa capacitada para acompanhar o caso, a qual poderá ser recomendada por entidade ou programa de atendimento.*
>
> *§ 2º A liberdade assistida será fixada pelo prazo mínimo de seis meses, podendo a qualquer tempo ser prorrogada, revogada ou substituída por outra medida, ouvido o orientador, o Ministério Público e o defensor.*

11.3 Programas em meio fechado

Já os programas de meio fechado são a semiliberdade e a internação, sendo a execução pelo Estado. Seus requisitos estão presentes no art. 15 da Lei nº 12.594/2012.

> ***Art. 15*** *São requisitos específicos para a inscrição de programas de regime de semiliberdade ou internação:*
>
> *I – A comprovação da existência de estabelecimento educacional com instalações adequadas e em conformidade com as normas de referência;*
>
> *II – A previsão do processo e dos requisitos para a escolha do dirigente;*
>
> *III – a apresentação das atividades de natureza coletiva;*
>
> *IV – A definição das estratégias para a gestão de conflitos, vedada a previsão de isolamento cautelar, exceto nos casos previstos no § 2º do art. 49 desta Lei; e*
>
> *V – A previsão de regime disciplinar nos termos do art. 72 desta Lei.*

11.4 Execução das medidas socioeducativas

A execução das medidas socioeducativas está disposta no art. 35 e 49 da Lei nº 12.594/2012. Vejamos:

> ***Art. 35*** *A execução das medidas socioeducativas reger-se-á pelos seguintes princípios:*
>
> *I - Legalidade, não podendo o adolescente receber tratamento mais gravoso do que o conferido ao adulto;*
>
> *II - Excepcionalidade da intervenção judicial e da imposição de medidas, favorecendo-se meios de auto composição de conflitos;*

D I V I N C

III - prioridade a práticas ou medidas que sejam restaurativas e, sempre que possível, atendam às necessidades das vítimas;

IV - Proporcionalidade em relação à ofensa cometida;

V - Brevidade da medida em resposta ao ato cometido, em especial o respeito ao que dispõe o art. 122 da Lei nº 8.069, de 13 de julho de 1990 (Estatuto da Criança e do Adolescente);

VI - Individualização, considerando-se a idade, capacidades e circunstâncias pessoais do adolescente;

VII - mínima intervenção, restrita ao necessário para a realização dos objetivos da medida;

VIII - não discriminação do adolescente, notadamente em razão de etnia, gênero, nacionalidade, classe social, orientação religiosa, política ou sexual, ou associação ou pertencimento a qualquer minoria ou status; e

IX - Fortalecimento dos vínculos familiares e comunitários no processo socioeducativo.

***Art. 49** São direitos do adolescente submetido ao cumprimento de medida socioeducativa, sem prejuízo de outros previstos em lei:*

I - Ser acompanhado por seus pais ou responsável e por seu defensor, em qualquer fase do procedimento administrativo ou judicial;

II - Ser incluído em programa de meio aberto quando inexistir vaga para o cumprimento de medida de privação da liberdade, exceto nos casos de ato infracional cometido mediante grave ameaça ou violência à pessoa, quando o adolescente deverá ser internado em Unidade mais próxima de seu local de residência;

III - ser respeitado em sua personalidade, intimidade, liberdade de pensamento e religião e em todos os direitos não expressamente limitados na sentença;

IV - Peticionar, por escrito ou verbalmente, diretamente a qualquer autoridade ou órgão público, devendo, obrigatoriamente, ser respondido em até 15 (quinze) dias;

V - Ser informado, inclusive por escrito, das normas de organização e funcionamento do programa de atendimento e também das previsões de natureza disciplinar;

VI - Receber, sempre que solicitar, informações sobre a evolução de seu plano individual, participando, obrigatoriamente, de sua elaboração e, se for o caso, reavaliação;

VII - receber assistência integral à sua saúde, conforme o disposto no art. 60 desta Lei; e

VIII - ter atendimento garantido em creche e pré-escola aos filhos de 0 (zero) a 5 (cinco) anos.

§ 1º As garantias processuais destinadas a adolescente autor de ato infracional previstas na Lei nº 8.069, de 13 de julho de 1990 (Estatuto da Criança e do Adolescente), aplicam-se integralmente na execução das medidas socioeducativas, inclusive no âmbito administrativo.

§ 2º A oferta irregular de programas de atendimento socioeducativo em meio aberto não poderá ser invocada como motivo para aplicação ou manutenção de medida de privação da liberdade.

A decisão decorrente da execução deve ser proferida após a manifestação do defensor e do Ministério Público.

11.5 Plano individual de atendimento

O Plano Individual de Atendimento (PIA) será necessário na execução de medidas socioeducativas como a prestação de serviços à comunidade, liberdade assistida, semiliberdade e internação.

O objetivo é prever e registrar as atividades que a adolescente realizará, devendo contemplar a participação dos pais ou responsáveis, com a meta de ressocializador o adolescente.

Vejamos os artigos que regulamentam o PIA:

***Art. 53** O PIA será elaborado sob a responsabilidade da equipe técnica do respectivo programa de atendimento, com a participação efetiva do adolescente e de sua família, representada por seus pais ou responsável.*

***Art. 54** Constarão do plano individual, no mínimo:*

I - Os resultados da avaliação interdisciplinar;

II - Os objetivos declarados pelo adolescente;

III - A previsão de suas atividades de integração social e/ou capacitação profissional;

IV - Atividades de integração e apoio à família;

V - Formas de participação da família para efetivo cumprimento do plano individual; e

VI - As medidas específicas de atenção à sua saúde.

***Art. 55** Para o cumprimento das medidas de semiliberdade ou de internação, o plano individual conterá, ainda:*

I - A designação do programa de atendimento mais adequado para o cumprimento da medida;

II - A definição das atividades internas e externas, individuais ou coletivas, das quais o adolescente poderá participar; e

III - a fixação das metas para o alcance de desenvolvimento de atividades externas.

***Parágrafo único.** O PIA será elaborado no prazo de até 45 (quarenta e cinco) dias da data do ingresso do adolescente no programa de atendimento*

***Art. 56** Para o cumprimento das medidas de prestação de serviços à comunidade e de liberdade assistida, o PIA será elaborado no prazo de até 15 (quinze) dias do ingresso do adolescente no programa de atendimento.*

***Art. 57** Para a elaboração do PIA, a direção do respectivo programa de atendimento, pessoalmente ou por meio de membro da equipe técnica, terá acesso aos autos do procedimento de apuração do ato infracional e aos dos procedimentos de apuração de outros atos infracionais atribuídos ao mesmo adolescente.*

§ 1º O acesso aos documentos de que trata o caput deverá ser realizado por funcionário da entidade de atendimento, devidamente credenciado para tal atividade, ou por membro da direção, em conformidade com as normas a serem definidas pelo Poder Judiciário, de forma a preservar o que determinam os arts. 143 e 144 da Lei nº 8.069, de 13 de julho de 1990 (Estatuto da Criança e do Adolescente).

§ 2º A direção poderá requisitar, ainda:

I - Ao estabelecimento de ensino, o histórico escolar do adolescente e as anotações sobre o seu aproveitamento;

II - Os dados sobre o resultado de medida anteriormente aplicada e cumprida em outro programa de atendimento; e

III - os resultados de acompanhamento especializado anterior.

***Art. 58** Por ocasião da reavaliação da medida, é obrigatória a apresentação pela direção do programa de atendimento de relatório da equipe técnica sobre a evolução do adolescente no cumprimento do plano individual.*

***Art. 59** O acesso ao plano individual será restrito aos servidores do respectivo programa de atendimento, ao adolescente e a seus pais ou responsável, ao Ministério Público e ao defensor.*

11.6 Direito de visita a adolescente em unidade de internação

O adolescente internado para aplicação de medida socioeducativa terá o direito a visitas familiares, de amigos e até mesmo conjugal desde que comprovadamente viva em união estável.

11.7 Extinção de medida socioeducativa

O art. 46 da Lei do Sinase regulamenta os motivos de extinção da medida socioeducativa.

***Art. 46** A medida socioeducativa será declarada extinta:*

I - Pela morte do adolescente;

II - Pela realização de sua finalidade;

III - pela aplicação de pena privativa de liberdade, a ser cumprida em regime fechado ou semiaberto, em execução provisória ou definitiva;

IV - Pela condição de doença grave, que torne o adolescente incapaz de submeter-se ao cumprimento da medida; e

V - Nas demais hipóteses previstas em lei.

§ 1º No caso de o maior de 18 (dezoito) anos, em cumprimento de medida socioeducativa, responder a processo-crime, caberá à autoridade judiciária decidir sobre eventual extinção da execução, cientificando da decisão o juízo criminal competente.

§ 2º Em qualquer caso, o tempo de prisão cautelar não convertida em pena privativa de liberdade deve ser descontado do prazo de cumprimento da medida socioeducativa.

11.8 Regimes disciplinares

O regime disciplinar das entidades é regulamentado pelos art. 71 a 75, devendo as entidades realizarem e obedecerem a seus princípios.

***Art. 71** Todas as entidades de atendimento socioeducativo deverão, em seus respectivos regimentos, realizar a previsão de regime disciplinar que obedeça aos seguintes princípios:*

I - Tipificação explícita das infrações como leves, médias e graves e determinação das correspondentes sanções;

II - Exigência da instauração formal de processo disciplinar para a aplicação de qualquer sanção, garantidos a ampla defesa e o contraditório;

III - obrigatoriedade de audiência do soco educando nos casos em que seja necessária a instauração de processo disciplinar;

IV - Sanção de duração determinada;

V - enumeração das causas ou circunstâncias que eximam, atenuem ou agravem a sanção a ser imposta ao socioeducando, bem como os requisitos para a extinção dessa;

VI - enumeração explícita das garantias de defesa;

VII - garantia de solicitação e rito de apreciação dos recursos cabíveis; e

VIII - apuração da falta disciplinar por comissão composta por, no mínimo, 3 (três) integrantes, sendo 1 (um), obrigatoriamente, oriundo da equipe técnica.

***Art. 72** O regime disciplinar é independente da responsabilidade civil ou penal que advenha do ato cometido.*

***Art. 73** Nenhum socioeducando poderá desempenhar função ou tarefa de apuração disciplinar ou aplicação de sanção nas entidades de atendimento socioeducativo.*

***Art. 74** Não será aplicada sanção disciplinar sem expressa e anterior previsão legal ou regulamentar e o devido processo administrativo.*

***Art. 75** Não será aplicada sanção disciplinar ao socioeducando que tenha praticado a falta:*

I - Por coação irresistível ou por motivo de força maior;

II - Em legítima defesa, própria ou de outrem.

SÚMULAS SOBRE DIREITO DA INFÂNCIA E JUVENTUDE

Súmula nº 605 – A superveniência da maioridade penal não interfere na apuração de ato infracional nem na aplicabilidade de medida socioeducativa em curso, inclusive na liberdade assistida, enquanto não atingida a idade de 21 anos.

Súmula nº 594 – O Ministério Público tem legitimidade ativa para ajuizar ação de alimentos em proveito de crianças e adolescentes independentemente do exercício do poder familiar dos pais ou do fato de o menor se encontrar nas situações de risco descritas no artigo 98 do ECA ou de quaisquer outros questionamentos acerca da existência ou eficiência da Defensoria Pública na comarca.

Súmula nº 500 – A configuração do crime do art. 244-B do ECA independe da prova da efetiva corrupção do menor, por se tratar de delito formal.

Súmula nº 492 – O ato infracional análogo ao tráfico de drogas, por si só, não conduz obrigatoriamente à imposição de medida socioeducativa de internação do adolescente.

Súmula nº 383 – A competência para processar e julgar as ações conexas de interesse de menor é, em princípio, do foro do domicílio do detentor de sua guarda.

Súmula nº 342 – No procedimento para aplicação de medida socioeducativa, é nula a desistência de outras provas em face da confissão do adolescente.

Súmula nº 338 – A prescrição penal é aplicável nas medidas socioeducativas.

Súmula nº 301 – Em ação investigatória, a recusa do suposto pai a submeter-se ao exame de DNA induz presunção juris tantum de paternidade.

Súmula nº 265 – É necessária a oitiva do menor infrator antes de decretar-se a regressão da medida socioeducativa.

Súmula nº 108 – A aplicação de medidas socioeducativas ao adolescente, pela prática de ato infracional, é da competência exclusiva do juiz.

Súmula nº 01 – O foro do domicílio ou da residência do alimentando é o competente para a ação de investigação de paternidade, quando cumulada com a de alimentos.

12 LEI Nº 10.741/2003 - ESTATUTO DA PESSOA IDOSA

É instituído o Estatuto da Pessoa Idosa, destinado a regular os direitos assegurados às pessoas com idade igual ou superior a 60 anos.

Pessoa idosa: goza de todos os direitos fundamentais inerentes à pessoa humana, sem prejuízo da proteção integral de que trata esta Lei, assegurando-se-lhe, por lei ou por outros meios, todas as oportunidades e facilidades, para preservação de sua saúde física e mental e seu aperfeiçoamento moral, intelectual, espiritual e social, em condições de liberdade e dignidade.

Obrigações: é obrigação da família, da comunidade, da sociedade e do Poder Público assegurar à pessoa idosa, com absoluta prioridade, a efetivação do direito à vida, à saúde, à alimentação, à educação, à cultura, ao esporte, ao lazer, ao trabalho, à cidadania, à liberdade, à dignidade, ao respeito e à convivência familiar e comunitária.

Garantia de prioridade compreende:

> *Art. 3º [...]*
>
> *I – atendimento preferencial imediato e individualizado junto aos órgãos públicos e privados prestadores de serviços à população;*
>
> *II – preferência na formulação e na execução de políticas sociais públicas específicas;*
>
> *III – destinação privilegiada de recursos públicos nas áreas relacionadas com a proteção à pessoa idosa; (Redação dada pela Lei nº 14.423/2022)*
>
> *IV – viabilização de formas alternativas de participação, ocupação e convívio da pessoa idosa com as demais gerações; (Redação dada pela Lei nº 14.423/2022)*
>
> *V – priorização do atendimento da pessoa idosa por sua própria família, em detrimento do atendimento asilar, exceto dos que não a possuam ou careçam de condições de manutenção da própria sobrevivência; (Redação dada pela Lei nº 14.423/2022)*
>
> *VI – capacitação e reciclagem dos recursos humanos nas áreas de geriatria e gerontologia e na prestação de serviços às pessoas idosas; (Redação dada pela Lei nº 14.423/2022)*
>
> *VII – estabelecimento de mecanismos que favoreçam a divulgação de informações de caráter educativo sobre os aspectos biopsicossociais de envelhecimento;*
>
> *VIII – garantia de acesso à rede de serviços de saúde e de assistência social locais;*
>
> *IX – prioridade no recebimento da restituição do Imposto de Renda.*

Prioridades: dentre as pessoas idosas, é assegurada prioridade especial aos maiores de 80 anos, atendendo-se suas necessidades sempre preferencialmente em relação aos demais pessoas idosas.

> **Fique ligado!**
>
> Nenhuma pessoa idosa será objeto de qualquer tipo de negligência, discriminação, violência, crueldade ou opressão, e todo atentado aos seus direitos, por ação ou omissão, será punido na forma da lei.

Dever de todos: prevenir a ameaça ou violação aos direitos da pessoa idosa.

Obrigações: não excluem da prevenção outras decorrentes dos princípios por ela adotados.

Inobservância das normas de prevenção: importará em responsabilidade à pessoa física ou jurídica nos termos da lei.

Dever de comunicar: todo cidadão tem o dever de comunicar à autoridade competente qualquer forma de violação a esta Lei que tenha testemunhado ou de que tenha conhecimento.

12.1 Direitos fundamentais

12.1.1 Direito à vida

Envelhecimento: é um direito personalíssimo e a sua proteção um direito social, nos termos desta Lei e da legislação vigente.

Obrigação do estado: garantir à pessoa idosa a proteção à vida e à saúde, mediante efetivação de políticas sociais públicas que permitam um envelhecimento saudável e em condições de dignidade.

12.1.2 Direito à liberdade, ao respeito e à dignidade

Obrigação do estado e da sociedade: assegurar à pessoa idosa a liberdade, o respeito e a dignidade, como pessoa humana e sujeito de direitos civis, políticos, individuais e sociais, garantidos na Constituição e nas leis.

Direito à liberdade: compreende, entre outros, os seguintes aspectos: faculdade de ir, vir e estar nos logradouros públicos e espaços comunitários, ressalvadas as restrições legais; opinião e expressão; crença e culto religioso; prática de esportes e de diversões; participação na vida familiar e comunitária; participação na vida política, na forma da lei; faculdade de buscar refúgio, auxílio e orientação.

Direito ao respeito: consiste na inviolabilidade da integridade física, psíquica e moral, abrangendo a preservação da imagem, da identidade, da autonomia, de valores, ideias e crenças, dos espaços e dos objetos pessoais.

Dever de todos: zelar pela dignidade da pessoa idosa, colocando-o a salvo de qualquer tratamento desumano, violento, aterrorizante, vexatório ou constrangedor.

12.1.3 Alimentos

Alimentos: serão prestados à pessoa idosa na forma da lei civil.

Obrigação alimentar: é solidária, podendo a pessoa idosa optar entre os prestadores.

Transações relativas a alimentos: poderão ser celebradas perante o Promotor de Justiça ou Defensor Público, que as referendará, e passarão a ter efeito de título executivo extrajudicial nos termos da lei processual civil.

> **Fique ligado!**
>
> Se a pessoa idosa ou seus familiares não possuírem condições econômicas de prover o seu sustento, impõe-se ao Poder Público esse provimento, no âmbito da assistência social.

12.1.4 Direito à saúde

É assegurada a Fique ligado integral à saúde da pessoa idosa, por intermédio do Sistema Único de Saúde (SUS), garantindo-lhe o acesso universal e igualitário, em conjunto articulado e contínuo das ações e serviços, para a prevenção, promoção, proteção e recuperação da saúde, incluindo a Fique ligado especial às doenças que afetam preferencialmente as pessoas idosas.

Prevenção e manutenção da saúde da pessoa idosa: serão efetivadas por meio de: cadastramento da população idosa em base territorial; atendimento geriátrico e gerontológico em ambulatórios; unidades geriátricas de referência, com pessoal especializado nas áreas de geriatria e gerontologia social; atendimento domiciliar, incluindo a internação, para a população que dele necessitar e esteja impossibilitada de se locomover, inclusive para pessoas idosas abrigadas e acolhidas por instituições públicas, filantrópicas ou sem fins lucrativos e eventualmente conveniadas com o Poder Público, nos meios urbano e rural; reabilitação orientada pela geriatria e gerontologia, para redução das sequelas decorrentes do agravo da saúde.

Poder Público: incumbe ao Poder Público fornecer às pessoas idosas, gratuitamente, medicamentos, especialmente os de uso continuado, assim como próteses, órteses e outros recursos relativos ao tratamento, habilitação ou reabilitação.

É vedada a discriminação da pessoa idosa nos planos de saúde pela cobrança de valores diferenciados em razão da idade.

Pessoas idosas portadoras de deficiência ou com limitação incapacitante: terão atendimento especializado, nos termos da lei.

Comparecimento da pessoa idosa enferma: é vedado exigir o comparecimento da pessoa idosa enferma perante os órgãos públicos, hipótese na qual será admitido o seguinte procedimento: quando de interesse do Poder Público, o agente promoverá o contato necessário com a pessoa idosa em sua residência; ou quando de interesse da própria pessoa idosa, este se fará representar por procurador legalmente constituído.

Atendimento domiciliar pela perícia médica: é assegurado à pessoa idosa enfermo o atendimento domiciliar pela perícia médica do Instituto Nacional do Seguro Social (INSS), pelo serviço público de saúde ou pelo serviço privado de saúde, contratado ou conveniado, que integre o Sistema Único de Saúde (SUS), para expedição do laudo de saúde necessário ao exercício de seus direitos sociais e de isenção tributária.

Em todo atendimento de saúde, os maiores de 80 anos terão preferência especial sobre as demais pessoas idosas, exceto em caso de emergência.

É assegurado o direito a acompanhante, devendo o órgão de saúde proporcionar as condições adequadas para a sua permanência em tempo integral, segundo o critério médico.

Caberá ao profissional de saúde responsável pelo tratamento conceder autorização para o acompanhamento da pessoa idosa ou, no caso de impossibilidade, justificá-la por escrito.

Pessoa idosa que esteja no domínio de suas faculdades mentais: é assegurado o direito de optar pelo tratamento de saúde que lhe for reputado mais favorável. Não estando a pessoa idosa em condições de proceder à opção, esta será feita: pelo curador, quando a pessoa idosa for interditada; pelos familiares, quando a pessoa idosa não tiver curador ou este não puder ser contactado em tempo hábil; pelo médico, quando ocorrer iminente risco de vida e não houver tempo hábil para consulta a curador ou familiar; pelo próprio médico, quando não houver curador ou familiar conhecido, caso em que deverá comunicar o fato ao Ministério Público.

Instituições de saúde: devem atender aos critérios mínimos para o atendimento às necessidades da pessoa idosa, promovendo o treinamento e a capacitação dos profissionais, assim como orientação a cuidadores familiares e grupos de autoajuda.

Casos de suspeita ou confirmação de violência praticada contra pessoa idosa: serão objeto de notificação compulsória pelos serviços de saúde públicos e privados à autoridade sanitária, bem como serão obrigatoriamente comunicados por eles a quaisquer dos seguintes órgãos: autoridade policial; Ministério Público; Conselho Municipal do Idoso; Conselho Estadual do Idoso; Conselho Nacional do Idoso.

Qualquer ação ou omissão praticada em local público ou privado que lhe cause morte, dano ou sofrimento físico ou psicológico.

12.1.5 Educação, cultura, esporte e lazer

A pessoa idosa tem direito a educação, cultura, esporte, lazer, diversões, espetáculos, produtos e serviços que respeitem sua peculiar condição de idade.

Poder Público: criará oportunidades de acesso da pessoa idosa à educação, adequando currículos, metodologias e material didático aos programas educacionais a ele destinados.

Cursos especiais para pessoas idosas: incluirão conteúdo relativo às técnicas de comunicação, computação e demais avanços tecnológicos, para sua integração à vida moderna.

Pessoas idosas: participarão das comemorações de caráter cívico ou cultural, para transmissão de conhecimentos e vivências às demais gerações, no sentido da preservação da memória e da identidade culturais.

Currículos mínimos dos diversos níveis de ensino formal: nos currículos mínimos dos diversos níveis de ensino formal serão inseridos conteúdos voltados ao processo de envelhecimento, ao respeito e à valorização da pessoa idosa, de forma a eliminar o preconceito e a produzir conhecimentos sobre a matéria.

Participação das pessoas idosas em atividades culturais e de lazer: será proporcionada mediante descontos de pelo menos 50% nos ingressos para eventos artísticos, culturais, esportivos e de lazer, bem como o acesso preferencial aos respectivos locais.

Meios de comunicação: manterão espaços ou horários especiais voltados às pessoas idosas, com finalidade informativa, educativa, artística e cultural, e ao público sobre o processo de envelhecimento.

Instituições de educação superior: ofertarão às pessoas idosas, na perspectiva da educação ao longo da vida, cursos e programas de extensão, presenciais ou a distância, constituídos por atividades formais e não formais.

Poder Público: apoiará a criação de universidade aberta para as pessoas idosas e incentivará a publicação de livros e periódicos, de conteúdo e padrão editorial adequados à pessoa idosa, que facilitem a leitura, considerada a natural redução da capacidade visual.

12.1.6 Profissionalização e do trabalho

A pessoa idosa tem direito ao exercício de atividade profissional, respeitadas suas condições físicas, intelectuais e psíquicas.

Admissão da pessoa idosa: em qualquer trabalho ou emprego, é vedada a discriminação e a fixação de limite máximo de idade, inclusive para concursos, ressalvados os casos em que a natureza do cargo o exigir.

Primeiro critério de desempate em concurso público: será a idade, dando-se preferência ao de idade mais elevada.

Poder Público: criará e estimulará programas de: profissionalização especializada para as pessoas idosas, aproveitando seus potenciais e habilidades para atividades regulares e remuneradas; preparação dos trabalhadores para a aposentadoria, com antecedência mínima de 1 ano, por meio de estímulo a novos projetos sociais, conforme seus interesses, e de esclarecimento sobre os direitos sociais e de cidadania; estímulo às empresas privadas para admissão de pessoas idosas ao trabalho.

12.1.7 Previdência social

Benefícios de aposentadoria e pensão do regime geral da previdência social: observarão, na sua concessão, critérios de cálculo que preservem o valor real dos salários sobre os quais incidiram contribuição, nos termos da legislação vigente.

Valores dos benefícios em manutenção: serão reajustados na mesma data de reajuste do salário-mínimo, *pro rata*, de acordo com suas respectivas datas de início ou do seu último reajustamento, com base em percentual definido em regulamento.

Perda da condição de segurado: não será considerada para a concessão da aposentadoria por idade, desde que a pessoa conte com, no mínimo, o tempo de contribuição correspondente ao exigido para efeito de carência na data de requerimento do benefício.

Cálculo do valor do benefício: observará o disposto no *caput* e § 2º do art. 3º, da Lei nº 9.876/1999, ou, não havendo salários-de-contribuição recolhidos a partir da competência de julho de 1994, o disposto no art. 35, da Lei nº 8.213/1991.

Pagamento de parcelas relativas a benefícios: efetuado com atraso por responsabilidade da Previdência Social, será atualizado pelo mesmo índice utilizado para os reajustamentos dos benefícios do Regime Geral de Previdência Social, verificado no período compreendido entre o mês que deveria ter sido pago e o mês do efetivo pagamento.

data-base: Dia Mundial do Trabalho (1º de maio) é a data-base dos aposentados e pensionistas.

12.1.8 Assistência social

Será prestada, de forma articulada, conforme os princípios e diretrizes previstos na Lei Orgânica da Assistência Social, na Política Nacional do Idoso, no Sistema Único de Saúde e demais normas pertinentes.

Benefício mensal: às pessoas idosas, a partir de 65 anos, que não possuam meios para prover sua subsistência, nem de tê-la provida por sua família, é assegurado o benefício mensal de 1 salário-mínimo, nos termos da Lei Orgânica da Assistência Social (Loas).

Benefício: já concedido a qualquer membro da família nos termos do *caput* não será computado para os fins do cálculo da renda familiar per capita a que se refere a Loas.

Contrato de prestação de serviços: todas as entidades de longa permanência, ou casa-lar, são obrigadas a firmar contrato de prestação de serviços com a pessoa idosa abrigada.

Entidades filantrópicas: no caso de entidades filantrópicas, ou casa-lar, é facultada a cobrança de participação da pessoa idosa no custeio da entidade.

Conselho municipal da pessoa idosa ou o conselho municipal da assistência social: estabelecerá a forma de participação prevista no § 1º, que não poderá exceder a 70% de qualquer benefício previdenciário ou de assistência social percebido pelo pessoa idosa. Se a pessoa idosa for incapaz, caberá a seu representante legal firmar o contrato a que se refere.

Acolhimento da pessoa idosa em situação de risco social: por adulto ou núcleo familiar, caracteriza a dependência econômica, para os efeitos legais.

12.1.9 Habitação

A pessoa idosa tem direito à moradia digna, no seio da família natural ou substituta, ou desacompanhado de seus familiares, quando assim o desejar, ou, ainda, em instituição pública ou privada.

Assistência integral na modalidade de entidade de longa permanência: será prestada quando verificada inexistência de grupo familiar, casa-lar, abandono ou carência de recursos financeiros próprios ou da família.

Identificação externa visível: toda instituição dedicada ao atendimento à pessoa idosa fica obrigada a manter identificação externa visível, sob pena de interdição, além de atender toda a legislação pertinente.

Instituições que abrigarem pessoas idosas: são obrigadas a manter padrões de habitação compatíveis com as necessidades deles, bem como provê-los com alimentação regular e higiene indispensáveis às normas sanitárias e com estas condizentes, sob as penas da lei.

Programas habitacionais, públicos ou subsidiados com recursos públicos: a pessoa idosa goza de prioridade na aquisição de imóvel para moradia própria, observado o seguinte: reserva de pelo menos 3% das unidades habitacionais residenciais para atendimento às pessoas idosas; implantação de equipamentos urbanos comunitários voltados à pessoa idosa; eliminação de barreiras arquitetônicas e urbanísticas, para garantia de acessibilidade à pessoa idosa; critérios de financiamento compatíveis com os rendimentos de aposentadoria e pensão.

Unidades residenciais reservadas para atendimento a pessoas idosas: devem situar-se, preferencialmente, no pavimento térreo.

12.1.10 Transporte

Gratuidade dos transportes coletivos públicos urbanos e semiurbanos: aos maiores de 65 anos fica assegurada a gratuidade dos transportes coletivos públicos urbanos e semiurbanos, exceto nos serviços seletivos e especiais, quando prestados paralelamente aos serviços regulares.

Acesso à gratuidade: para ter acesso à gratuidade, basta que a pessoa idosa apresente qualquer documento pessoal que faça prova de sua idade.

Veículos de transporte coletivo: serão reservados 10% dos assentos para as pessoas idosas, devidamente identificados com a placa de reservado preferencialmente para pessoas idosas.

Condições: no caso das pessoas compreendidas na faixa etária entre 60 e 65 anos, ficará a critério da legislação local dispor sobre as condições para exercício da gratuidade nos meios de transporte previstos no *caput* deste artigo.

Sistema de transporte coletivo interestadual: observar-se-á, nos termos da legislação específica: a reserva de 2 vagas gratuitas por veículo para pessoas idosas com renda igual ou inferior a 2 salários-mínimos; desconto de 50%, no mínimo, no valor das passagens, para as pessoas idosas que excederem as vagas gratuitas, com renda igual ou inferior a 2 salários mínimos.

Reserva: é assegurada a reserva, para as pessoas idosas, nos termos da lei local, de 5% das vagas nos estacionamentos públicos e privados, as quais deverão ser posicionadas de forma a garantir a melhor comodidade à pessoa idosa.

Prioridade e segurança da pessoa idosa: são asseguradas a prioridade e a segurança da pessoa idosa nos procedimentos de embarque e desembarque nos veículos do sistema de transporte coletivo.

12.2 Medidas de proteção

São aplicáveis sempre que os direitos reconhecidos nesta Lei forem ameaçados ou violados: por ação ou omissão da sociedade ou do Estado; por falta, omissão ou abuso da família, curador ou entidade de atendimento; em razão de sua condição pessoal.

12.2.1 Medidas específicas de proteção

Poderão ser aplicadas, isolada ou cumulativamente, e levarão em conta os fins sociais a que se destinam e o fortalecimento dos vínculos familiares e comunitários.

Ministério Público ou poder judiciário: a requerimento daquele, poderá determinar, dentre outras, as seguintes medidas: encaminhamento à família ou curador, mediante termo de responsabilidade; orientação, apoio e acompanhamento temporários; requisição para tratamento de sua saúde, em regime ambulatorial, hospitalar ou domiciliar; inclusão em programa oficial ou comunitário de auxílio, orientação e tratamento a usuários dependentes de drogas lícitas ou ilícitas, a própria pessoa idosa ou à pessoa de sua convivência que lhe cause perturbação; abrigo em entidade; abrigo temporário.

12.3 Política de atendimento à pessoa idosa

Far-se-á por meio do conjunto articulado de ações governamentais e não-governamentais da União, dos Estados, do Distrito Federal e dos Municípios.

Linhas de ação da política de atendimento:

> ***Art. 47*** *[...]*
>
> *I – políticas sociais básicas, previstas na Lei no 8.842, de 4 de janeiro de 1994;*
>
> *II – políticas e programas de assistência social, em caráter supletivo, para aqueles que necessitarem;*
>
> *III – serviços especiais de prevenção e atendimento às vítimas de negligência, maus-tratos, exploração, abuso, crueldade e opressão;*
>
> *IV – serviço de identificação e localização de parentes ou responsáveis por pessoas idosas abandonados em hospitais e instituições de longa permanência; (Redação dada pela Lei nº 14.423/2022)*
>
> *V – proteção jurídico-social por entidades de defesa dos direitos das pessoas idosas; (Redação dada pela Lei nº 14.423/2022)*
>
> *VI – mobilização da opinião pública no sentido da participação dos diversos segmentos da sociedade no atendimento do idoso.*

12.3.1 Entidades de atendimento à pessoa idosa

São responsáveis pela manutenção das próprias unidades, observadas as normas de planejamento e execução emanadas do órgão competente da Política Nacional do Idoso, conforme a Lei nº 8.842, de 1994.

Entidades governamentais e não-governamentais de assistência à pessoa idosa: ficam sujeitas à inscrição de seus programas, junto ao órgão competente da Vigilância Sanitária e Conselho Municipal da Pessoa Idosa, e em sua falta, junto ao Conselho Estadual ou Nacional da Pessoa Idosa, especificando os regimes de atendimento, observados os seguintes requisitos: oferecer instalações físicas em condições adequadas de habitabilidade, higiene, salubridade e segurança; apresentar objetivos estatutários e plano de trabalho compatíveis com os princípios desta Lei; estar regularmente constituída; demonstrar a idoneidade de seus dirigentes.

Entidades que desenvolvam programas de institucionalização de longa permanência: adotarão os seguintes princípios: preservação dos vínculos familiares; atendimento personalizado e em pequenos grupos; manutenção da pessoa idosa na mesma instituição, salvo em caso de força maior; participação da pessoa idosa nas atividades comunitárias, de caráter interno e externo; observância dos direitos e garantias das pessoas idosas; preservação da identidade da pessoa idosa e oferecimento de ambiente de respeito e dignidade.

Dirigente de instituição prestadora de atendimento à pessoa idosa: responderá civil e criminalmente pelos atos que praticar em detrimento da pessoa idosa, sem prejuízo das sanções administrativas.

Obrigações das entidades de atendimento:

> ***Art. 50*** *[...]*
>
> *I – celebrar contrato escrito de prestação de serviço com a pessoa idosa, especificando o tipo de atendimento, as obrigações da entidade e prestações decorrentes do contrato, com os respectivos preços, se for o caso; (Redação dada pela Lei nº 14.423/2022)*
>
> *II – observar os direitos e as garantias de que são titulares as pessoas idosas; (Redação dada pela Lei nº 14.423/2022)*
>
> *III – fornecer vestuário adequado, se for pública, e alimentação suficiente;*
>
> *IV – oferecer instalações físicas em condições adequadas de habitabilidade;*
>
> *V – oferecer atendimento personalizado;*
>
> *VI – diligenciar no sentido da preservação dos vínculos familiares;*
>
> *VII – oferecer acomodações apropriadas para recebimento de visitas;*
>
> *VIII – proporcionar cuidados à saúde, conforme a necessidade da pessoa idosa; (Redação dada pela Lei nº 14.423/2022)*
>
> *IX – promover atividades educacionais, esportivas, culturais e de lazer;*
>
> *X – propiciar assistência religiosa àqueles que desejarem, de acordo com suas crenças;*
>
> *XI – proceder a estudo social e pessoal de cada caso;*
>
> *XII – comunicar à autoridade competente de saúde toda ocorrência de pessoa idosa com doenças infectocontagiosas; (Redação dada pela Lei nº 14.423/2022)*
>
> *XIII – providenciar ou solicitar que o Ministério Público requisite os documentos necessários ao exercício da cidadania àqueles que não os tiverem, na forma da lei;*
>
> *XIV – fornecer comprovante de depósito dos bens móveis que receberem das pessoas idosas; (Redação dada pela Lei nº 14.423/2022)*
>
> *XV – manter arquivo de anotações no qual constem data e circunstâncias do atendimento, nome da pessoa idosa, responsável, parentes, endereços, cidade, relação de seus pertences, bem como o valor de contribuições, e suas alterações, se houver, e demais dados que possibilitem sua identificação e a individualização do atendimento; (Redação dada pela Lei nº 14.423/2022)*
>
> *XVI – comunicar ao Ministério Público, para as providências cabíveis, a situação de abandono moral ou material por parte dos familiares;*
>
> *XVII – manter no quadro de pessoal profissionais com formação específica.*

Instituições filantrópicas ou sem fins lucrativos prestadoras de serviço à pessoa idosa: terão direito à assistência judiciária gratuita.

12.3.2 Fiscalização das entidades de atendimento

Entidades governamentais e não-governamentais de atendimento à pessoa idosa: serão fiscalizadas pelos Conselhos do Idoso, Ministério Público, Vigilância Sanitária e outros previstos em lei.

Publicidade: será dada publicidade das prestações de contas dos recursos públicos e privados recebidos pelas entidades de atendimento.

Entidades de atendimento que descumprirem as determinações desta lei: ficarão sujeitas, sem prejuízo da responsabilidade civil e criminal de seus dirigentes ou prepostos, às seguintes penalidades, observado o devido processo legal:

> ***Art. 55*** *[...]*
>
> *I – as entidades governamentais:*
>
> *a) advertência;*
>
> *b) afastamento provisório de seus dirigentes;*
>
> *c) afastamento definitivo de seus dirigentes;*
>
> *d) fechamento de unidade ou interdição de programa;*
>
> *II – as entidades não-governamentais:*
>
> *a) advertência;*

b) multa;

c) suspensão parcial ou total do repasse de verbas públicas;

d) interdição de unidade ou suspensão de programa;

e) proibição de atendimento a pessoas idosas a bem do interesse público. (Redação dada pela Lei nº 14.423/2022)

Danos as pessoas idosas: havendo danos às pessoas idosas abrigadas ou qualquer tipo de fraude em relação ao programa, caberá o afastamento provisório dos dirigentes ou a interdição da unidade e a suspensão do programa.

Suspensão parcial ou total do repasse de verbas públicas: ocorrerá quando verificada a má aplicação ou desvio de finalidade dos recursos.

Ocorrência de infração por entidade de atendimento: na ocorrência de infração por entidade de atendimento, que coloque em risco os direitos assegurados nesta Lei, será o fato comunicado ao Ministério Público, para as providências cabíveis, inclusive para promover a suspensão das atividades ou dissolução da entidade, com a proibição de atendimento a pessoa idosa a bem do interesse público, sem prejuízo das providências a serem tomadas pela Vigilância Sanitária.

Aplicação das penalidades: serão consideradas a natureza e a gravidade da infração cometida, os danos que dela provierem para a pessoa idosa, as circunstâncias agravantes ou atenuantes e os antecedentes da entidade.

12.3.3 Infrações administrativas

Deixar a entidade de atendimento de cumprir as determinações desta lei: Pena – multa de R$ 500,00 a R$ 3 mil, se o fato não for caracterizado como crime, podendo haver a interdição do estabelecimento até que sejam cumpridas as exigências legais.

Interdição do estabelecimento de longa permanência: no caso de interdição do estabelecimento de longa permanência, as pessoas idosas abrigadas serão transferidos para outra instituição, a expensas do estabelecimento interditado, enquanto durar a interdição.

Deixar o profissional de saúde ou o responsável por estabelecimento de saúde ou instituição de longa permanência de comunicar à autoridade competente os casos de crimes contra a pessoa idosa de que tiver conhecimento: Pena – multa de R$ 500,00 a R$ 3 mil, aplicada em dobro no caso de reincidência.

Deixar de cumprir as determinações desta lei sobre a prioridade no atendimento a pessoa idosa: Pena – multa de R$ 500,00 a R$ 1 mil e multa civil a ser estipulada pelo juiz, conforme o dano sofrido pela pessoa idosa.

12.4 Apuração administrativa de infração às normas de proteção à pessoa idosa

Valores monetários: serão atualizados anualmente, na forma da lei.

Procedimento para a imposição de penalidade administrativa por infração às normas de proteção à pessoa idosa: terá início com requisição do Ministério Público ou auto de infração elaborado por servidor efetivo e assinado, se possível, por duas testemunhas.

Procedimento iniciado com o auto de infração: poderão ser usadas fórmulas impressas, especificando-se a natureza e as circunstâncias da infração.

Verificação da infração: sempre que possível, à verificação da infração seguir-se-á a lavratura do auto, ou este será lavrado dentro de 24 horas, por motivo justificado.

Autuado: terá prazo de 10 dias para a apresentação da defesa, contado da data da intimação, que será feita: pelo autuante, no instrumento de autuação, quando for lavrado na presença do infrator; por via postal, com aviso de recebimento.

Risco para a vida ou à saúde da pessoa idosa: havendo risco para a vida ou à saúde da pessoa idosa, a autoridade competente aplicará à entidade de atendimento as sanções regulamentares, sem prejuízo da iniciativa e das providências que vierem a ser adotadas pelo Ministério Público ou pelas demais instituições legitimadas para a fiscalização.

Fique ligado!

Nos casos em que não houver risco para a vida ou a saúde da pessoa idosa abrigada, a autoridade competente aplicará à entidade de atendimento as sanções regulamentares, sem prejuízo da iniciativa e das providências que vierem a ser adotadas pelo Ministério Público ou pelas demais instituições legitimadas para a fiscalização.

12.4.1 Apuração judicial de irregularidades em entidade de atendimento

Procedimento de apuração de irregularidade em entidade governamental e não-governamental de atendimento a pessoa idosa: terá início mediante petição fundamentada de pessoa interessada ou iniciativa do Ministério Público.

Havendo motivo grave, poderá a autoridade judiciária, ouvido o Ministério Público, decretar liminarmente o afastamento provisório do dirigente da entidade ou outras medidas que julgar adequadas, para evitar lesão aos direitos da pessoa idosa, mediante decisão fundamentada.

Dirigente da entidade: será citado para, no prazo de 10 dias, oferecer resposta escrita, podendo juntar documentos e indicar as provas a produzir.

Defesa: apresentada a defesa, o juiz procederá na conformidade do art. 69 ou, se necessário, designará audiência de instrução e julgamento, deliberando sobre a necessidade de produção de outras provas.

Partes e o Ministério Público: salvo manifestação em audiência, as partes e o Ministério Público terão 5 dias para oferecer alegações finais, decidindo a autoridade judiciária em igual prazo.

Afastamento provisório ou definitivo de dirigente de entidade governamental: em se tratando de afastamento provisório ou definitivo de dirigente de entidade governamental, a autoridade judiciária oficiará a autoridade administrativa imediatamente superior ao afastado, fixando-lhe prazo de 24 horas para proceder à substituição.

Autoridade judiciária: antes de aplicar qualquer das medidas, a autoridade judiciária poderá fixar prazo para a remoção das irregularidades verificadas. Satisfeitas as exigências, o processo será extinto, sem julgamento do mérito.

Multa e advertência: serão impostas ao dirigente da entidade ou ao responsável pelo programa de atendimento.

12.5 Acesso à justiça

Procedimento sumário: aplica-se, subsidiariamente, às disposições deste Capítulo, o procedimento sumário previsto no Código de Processo Civil, naquilo que não contrarie os prazos previstos nesta Lei.

Poder Público: poderá criar varas especializadas e exclusivas da pessoa idosa.

Prioridade na tramitação: é assegurada prioridade na tramitação dos processos e procedimentos e na execução dos atos e diligências judiciais em que figure como parte ou interveniente pessoa com idade igual ou superior a 60 anos, em qualquer instância.

Fique ligado!

O interessado na obtenção da prioridade, fazendo prova de sua idade, requererá o benefício à autoridade judiciária competente para decidir o feito, que determinará as providências a serem cumpridas, anotando-se essa circunstância em local visível nos autos do processo.

Prioridade: não cessará com a morte do beneficiado, estendendo-se em favor do cônjuge supérstite, companheiro ou companheira, com união estável, maior de 60 anos.

Extensão: a prioridade se estende aos processos e procedimentos na Administração Pública, empresas prestadoras de serviços públicos e instituições financeiras, ao atendimento preferencial junto à Defensoria Pública da União, dos Estados e do Distrito Federal em relação aos Serviços de Assistência Judiciária.

Atendimento prioritário: será garantido a pessoa idosa o fácil acesso aos assentos e caixas, identificados com a destinação a pessoas idosas em local visível e caracteres legíveis.

Prioridade especial: dentre os processos de pessoas idosas, dar-se-á prioridade especial aos maiores de oitenta anos.

Legitimação do Ministério Público: para as ações cíveis não impede a de terceiros, nas mesmas hipóteses, segundo dispuser a lei.

Atribuições: não excluem outras, desde que compatíveis com a finalidade e atribuições do Ministério Público.

Representante do Ministério Público: no exercício de suas funções, terá livre acesso a toda entidade de atendimento a pessoa idosa.

Processos e procedimentos: em que não for parte, atuará obrigatoriamente o Ministério Público na defesa dos direitos e interesses de que cuida esta Lei, hipóteses em que terá vista dos autos depois das partes, podendo juntar documentos, requerer diligências e produção de outras provas, usando os recursos cabíveis.

Intimação do Ministério Público: em qualquer caso, será feita pessoalmente.

Falta de intervenção do Ministério Público: acarreta a nulidade do feito, que será declarada de ofício pelo juiz ou a requerimento de qualquer interessado.

12.5.1 Proteção judicial dos interesses difusos, coletivos e individuais indisponíveis ou homogêneos

Manifestações processuais do representante do Ministério Público: deverão ser fundamentadas.

Ações de responsabilidade por ofensa aos direitos assegurados a pessoa idosa: regem-se pelas disposições desta Lei as ações de responsabilidade por ofensa aos direitos assegurados a pessoa idosa, referentes à omissão ou ao oferecimento insatisfatório de: acesso às ações e serviços de saúde; atendimento especializado a pessoa idosa portadora de deficiência ou com limitação incapacitante; atendimento especializado a pessoa idosa portadora de doença infectocontagiosa; serviço de assistência social visando ao amparo da pessoa idosa. As hipóteses não excluem da proteção judicial outros interesses difusos, coletivos, individuais indisponíveis ou homogêneos, próprios da pessoa idosa, protegidos em lei.

Serão propostas no foro do domicílio da pessoa idosa, cujo juízo terá competência absoluta para processar a causa, ressalvadas as competências da Justiça Federal e a competência originária dos Tribunais Superiores.

Ações cíveis: para as ações cíveis fundadas em interesses difusos, coletivos, individuais indisponíveis ou homogêneos, consideram-se legitimados, concorrentemente: o Ministério Público; a União, os Estados, o Distrito Federal e os Municípios; a Ordem dos Advogados do Brasil; as associações legalmente constituídas há pelo menos 1 ano e que incluam entre os fins institucionais a defesa dos interesses e direitos da pessoa idosa, dispensada a autorização da assembleia, se houver prévia autorização estatutária.

Litisconsórcio facultativo: admitir-se-á litisconsórcio facultativo entre os Ministérios Públicos da União e dos Estados na defesa dos interesses e direitos de que cuida esta Lei.

Desistência ou abandono: em caso de desistência ou abandono da ação por associação legitimada, o Ministério Público ou outro legitimado deverá assumir a titularidade ativa.

Defesa dos interesses e direitos protegidos por esta lei: para defesa dos interesses e direitos protegidos por esta Lei, são admissíveis todas as espécies de ação pertinentes.

Atos ilegais ou abusivos de autoridade pública: contra atos ilegais ou abusivos de autoridade pública ou agente de pessoa jurídica no exercício de atribuições de Poder Público, que lesem direito líquido e certo previsto nesta Lei, caberá ação mandamental, que se regerá pelas normas da lei do mandado de segurança.

Cumprimento de obrigação de fazer ou não-fazer: na ação que tenha por objeto o cumprimento de obrigação de fazer ou não-fazer, o juiz concederá a tutela específica da obrigação ou determinará providências que assegurem o resultado prático equivalente ao adimplemento.

Relevante o fundamento da demanda: sendo relevante o fundamento da demanda e havendo justificado receio de ineficácia do provimento final, é lícito ao juiz conceder a tutela liminarmente ou após justificação prévia, na forma do art. 273 do Código de Processo Civil.

Juiz: poderá, na sentença, impor multa diária ao réu, independentemente do pedido do autor, se for suficiente ou compatível com a obrigação, fixando prazo razoável para o cumprimento do preceito.

Multa: só será exigível do réu após o trânsito em julgado da sentença favorável ao autor, mas será devida desde o dia em que se houver configurado.

Valores das multas: previstas nesta Lei reverterão ao Fundo do Idoso, onde houver, ou na falta deste, ao Fundo Municipal de Assistência Social, ficando vinculados ao atendimento a pessoa idosa.

Multas não recolhidas até 30 dias após o trânsito em julgado da decisão: serão exigidas por meio de execução promovida pelo Ministério Público, nos mesmos autos, facultada igual iniciativa aos demais legitimados em caso de inércia daquele.

Efeito suspensivo aos recursos: o juiz poderá conferir efeito suspensivo aos recursos, para evitar dano irreparável à parte.

Transitada em julgado a sentença: que impuser condenação ao Poder Público, o juiz determinará a remessa de peças à autoridade competente, para apuração da responsabilidade civil e administrativa do agente a que se atribua a ação ou omissão.

Fique ligado!

Decorridos 60 dias do trânsito em julgado da sentença condenatória favorável a pessoa idosa sem que o autor lhe promova a execução, deverá fazê-lo o Ministério Público, facultada igual iniciativa aos demais legitimados, como assistentes ou assumindo o polo ativo, em caso de inércia desse órgão.

Não haverá adiantamento de custas, emolumentos, honorários periciais e quaisquer outras despesas. Não se imporá sucumbência ao Ministério Público.

Provocação: qualquer pessoa poderá, e o servidor deverá provocar a iniciativa do Ministério Público, prestando-lhe informações sobre os fatos que constituam objeto de ação civil e indicando-lhe os elementos de convicção.

Agentes públicos em geral: os juízes e tribunais, no exercício de suas funções, quando tiverem conhecimento de fatos que possam configurar crime de ação pública contra pessoa idosa ou ensejar a propositura de ação para sua defesa, devem encaminhar as peças pertinentes ao Ministério Público, para as providências cabíveis.

Petição inicial: para instruir a petição inicial, o interessado poderá requerer às autoridades competentes as certidões e informações que julgar necessárias, que serão fornecidas no prazo de 10 dias.

Ministério Público: poderá instaurar sob sua presidência, inquérito civil, ou requisitar, de qualquer pessoa, organismo público ou particular, certidões, informações, exames ou perícias, no prazo que assinalar, o qual não poderá ser inferior a 10 dias.

Esgotadas todas as diligências, se convencer da inexistência de fundamento para a propositura da ação civil ou de peças informativas, determinará o seu arquivamento, fazendo-o fundamentadamente.

Autos do inquérito civil ou peças de informação arquivados: serão remetidos, sob pena de se incorrer em falta grave, no prazo de 3 dias, ao Conselho Superior do Ministério Público ou à Câmara de Coordenação e Revisão do Ministério Público.

Associações legitimadas: até que seja homologado ou rejeitado o arquivamento, pelo Conselho Superior do Ministério Público ou por Câmara de Coordenação e Revisão do Ministério Público, as associações legitimadas poderão apresentar razões escritas ou documentos, que serão juntados ou anexados às peças de informação.

Conselho superior ou câmara de coordenação e revisão do Ministério Público: deixando o Conselho Superior ou a Câmara de Coordenação e Revisão do Ministério Público de homologar a promoção de arquivamento, será designado outro membro do Ministério Público para o ajuizamento da ação.

12.6 Crimes

Subsidiariedade: aplicam-se subsidiariamente, no que couber, as disposições da Lei nº 7.347, de 24 de julho de 1985.

Crimes: previstos nesta Lei, cuja pena máxima privativa de liberdade não ultrapasse 4 anos, aplica-se o procedimento previsto na Lei nº 9.099, de 26 de setembro de 1995, e, subsidiariamente, no que couber, as disposições do Código Penal e do Código de Processo Penal.

Ação penal pública incondicionada: os crimes definidos nesta Lei são de ação penal pública incondicionada, não se lhes aplicando os arts. 181 e 182, do Código Penal.

Discriminar pessoa idosa: impedindo ou dificultando seu acesso a operações bancárias, aos meios de transporte, ao direito de contratar ou por qualquer outro meio ou instrumento necessário ao exercício da cidadania, por motivo de idade. Pena – reclusão de 6 meses a 1 ano e multa. Na mesma pena incorre quem desdenhar, humilhar, menosprezar ou discriminar pessoa idosa, por qualquer motivo. A pena será aumentada de 1/3 se a vítima se encontrar sob os cuidados ou responsabilidade do agente.

Não constitui crime: a negativa de crédito motivada por superendividamento da pessoa idosa.

Deixar de prestar assistência a pessoa idosa: quando possível fazê-lo sem risco pessoal, em situação de iminente perigo, ou recusar, retardar ou dificultar sua assistência à saúde, sem justa causa, ou não pedir, nesses casos, o socorro de autoridade pública. Pena – detenção de 6 meses a 1 ano e multa.

Pena é aumentada de metade, se da omissão resulta lesão corporal de natureza grave, e triplicada, se resulta a morte.

Abandonar a pessoa idosa: em hospitais, casas de saúde, entidades de longa permanência, ou congêneres, ou não prover suas necessidades básicas, quando obrigado por lei ou mandado. Pena – detenção de 6 meses a 3 anos e multa.

Exposição: expor a perigo a integridade e a saúde, física ou psíquica, da pessoa idosa, submetendo-o a condições desumanas ou degradantes ou privando-o de alimentos e cuidados indispensáveis, quando obrigado a fazê-lo, ou sujeitando-o a trabalho excessivo ou inadequado. Pena – detenção de 2 meses a 1 ano e multa. Se do fato resulta lesão corporal de natureza grave. Pena – reclusão de 1 a 4 anos. Se resulta a morte. Pena – reclusão de 4 a 12 anos.

Crime punível com reclusão: constitui crime punível com reclusão de 6 meses a 1 ano e multa:

> ***Art. 100*** *[...]*
>
> *I – obstar o acesso de alguém a qualquer cargo público por motivo de idade;*
>
> *II – negar a alguém, por motivo de idade, emprego ou trabalho;*
>
> *III – recusar, retardar ou dificultar atendimento ou deixar de prestar assistência à saúde, sem justa causa, a pessoa idosa;*
>
> *IV – deixar de cumprir, retardar ou frustrar, sem justo motivo, a execução de ordem judicial expedida na ação civil a que alude esta Lei;*
>
> *V – recusar, retardar ou omitir dados técnicos indispensáveis à propositura da ação civil objeto desta Lei, quando requisitados pelo Ministério Público.*

Ordem judicial expedida: deixar de cumprir, retardar ou frustrar, sem justo motivo, a execução de ordem judicial expedida nas ações em que for parte ou interveniente a pessoa idosa. Pena – detenção de 6 meses a 1 ano e multa.

Apropriar-se de ou desviar bens: proventos, pensão ou qualquer outro rendimento da pessoa idosa, dando-lhes aplicação diversa da de sua finalidade. Pena – reclusão de 1 a 4 anos e multa.

Negar o acolhimento ou a permanência da pessoa idosa: como abrigado, por recusa deste em outorgar procuração à entidade de atendimento. Pena – detenção de 6 meses a 1 ano e multa.

Reter o cartão magnético de conta bancária relativa a benefícios: proventos ou pensão da pessoa idosa, bem como qualquer outro documento com objetivo de assegurar recebimento ou ressarcimento de dívida. Pena – detenção de 6 meses a 2 anos e multa.

Exibir ou veicular, por qualquer meio de comunicação, informações ou imagens depreciativas ou injuriosas à pessoa idosa: Pena – detenção de 1 a 3 anos e multa.

Induzir pessoa idosa sem discernimento: de seus atos a outorgar procuração para fins de administração de bens ou deles dispor livremente: Pena – reclusão de 2 a 4 anos.

Coagir, de qualquer modo, a pessoa idosa a doar, contratar, testar ou outorgar procuração: Pena – reclusão de 2 a 5 anos.

Lavrar ato notarial que envolva pessoa idosa sem discernimento de seus atos, sem a devida representação legal: Pena – reclusão de 2 a 4 anos.

13 ESTATUTO DA PESSOA COM DEFICIÊNCIA

Ao tratar de direitos das pessoas com deficiência, abordamos não só o Estatuto da Pessoa com Deficiência (ou lei de inclusão), mas diversas leis e normas que garantem a efetividade de diversos direitos, promovendo inclusão e igualdade.

O seu edital poderá cobrar somente o Estatuto da Pessoa com Deficiência ou abordar outras leis. Nosso foco será o Estatuto e faremos, em alguns pontos, comparativos e abordando aspectos de outras leis que garantem acessibilidade.

A Lei nº 13.146/2015 instituiu o Estatuto da Pessoa com Deficiência (EPD) que visa promover a inclusão social e a cidadania, promovendo a igualdade no exercício dos direitos e liberdades fundamentais da pessoa com deficiência.

A Lei tem por base a Convenção sobre os Direitos das Pessoas com Deficiência e seu protocolo facultativo, que foram devidamente ratificados pelo Congresso Nacional e promulgados pelo Decreto nº 6.949, de 25 de agosto de 2009.

Para aplicação do Estatuto, devemos entender que a lei conceitua como pessoa com deficiência:

> ***Art. 2º*** *Considera-se pessoa com deficiência aquela que tem impedimento de longo prazo de natureza física, mental, intelectual ou sensorial, o qual, em interação com uma ou mais barreiras, pode obstruir sua participação plena e efetiva na sociedade em igualdade de condições com as demais pessoas.*

Para acesso a alguns direitos (como aposentadoria com tempo de contribuição reduzido), faz-se necessária a avaliação da deficiência.

Conforme prevê o EPD, a avaliação da deficiência, quando necessária, será biopsicossocial (modelo que visa à análise e identificação considerando fatores biológicos, psicológicos e sociais) por uma equipe multiprofissional e interdisciplinar e considerará:

- Os impedimentos nas funções e nas estruturas do corpo;
- Os fatores socioambientais, psicológicos e pessoais;
- A limitação no desempenho de atividades; e
- A restrição de participação.

Além do conceito sobre pessoa com deficiência, o artigo 3º dispõe diversos conceitos para a aplicabilidade da lei. Para melhor compreensão e fixação, listamos abaixo os conceitos que mais são "trocados" nas provas:

- **Acessibilidade:** possibilidade e condição de alcance para utilização, com segurança e autonomia, de espaços, mobiliários, equipamentos urbanos, edificações, transportes, informação e comunicação, inclusive seus sistemas e tecnologias, bem como de outros serviços e instalações abertos ao público, de uso público ou privados de uso coletivo, tanto na zona urbana como na rural, por pessoa com deficiência ou com mobilidade reduzida.
- **Adaptações razoáveis:** adaptações, modificações e ajustes necessários e adequados que não acarretem ônus desproporcional e indevido, quando requeridos em cada caso, a fim de assegurar que a pessoa com deficiência possa gozar ou exercer, em igualdade de condições e oportunidades com as demais pessoas, todos os direitos e liberdades fundamentais.
- **Atendente pessoal:** pessoa, membro ou não da família, que, com ou sem remuneração, assiste ou presta cuidados básicos e essenciais à pessoa com deficiência no exercício de suas atividades diárias, excluídas as técnicas ou os procedimentos identificados com profissões legalmente estabelecidas.
- **Moradia para a vida independente da pessoa com deficiência:** moradia com estruturas adequadas capazes de proporcionar serviços de apoio coletivos e individualizados que respeitem e ampliem o grau de autonomia de jovens e adultos com deficiência.
- Pessoa com deficiência aquela que tem impedimento de longo prazo de natureza física, mental, intelectual ou sensorial, o qual, em interação com uma ou mais barreiras, pode obstruir sua participação plena e efetiva na sociedade em igualdade de condições com as demais pessoas.
- **Elemento de urbanização:** quaisquer componentes de obras de urbanização, tais como os referentes a pavimentação, saneamento, encanamento para esgotos, distribuição de energia elétrica e de gás, iluminação pública, serviços de comunicação, abastecimento e distribuição de água, paisagismo e os que materializam as indicações do planejamento urbanístico.
- **Residências inclusivas:** unidades de oferta do Serviço de Acolhimento do Sistema Único de Assistência Social (Suas) localizadas em áreas residenciais da comunidade, com estruturas adequadas, que possam contar com apoio psicossocial para o atendimento das necessidades da pessoa acolhida, destinadas a jovens e adultos com deficiência, em situação de dependência, que não dispõem de condições de autossustentabilidade e com vínculos familiares fragilizados ou rompidos.
- **Acompanhante:** aquele que acompanha a pessoa com deficiência, podendo ou não desempenhar as funções de atendente pessoal.
- **Pessoa com mobilidade reduzida:** aquela que tenha, por qualquer motivo, dificuldade de movimentação, permanente ou temporária, gerando redução efetiva da mobilidade, da flexibilidade, da coordenação motora ou da percepção, incluindo idoso, gestante, lactante, pessoa com criança de colo e obeso.
- **Mobiliário urbano:** conjunto de objetos existentes nas vias e nos espaços públicos, superpostos ou adicionados aos elementos de urbanização ou de edificação, de forma que sua modificação ou seu traslado não provoque alterações substanciais nesses elementos, como semáforos, postes de sinalização e similares, terminais e pontos de acesso coletivo às telecomunicações, fontes de água, lixeiras, toldos, marquises, bancos, quiosques e quaisquer outros de natureza análoga.
- **Profissional de apoio escolar:** pessoa que exerce atividades de alimentação, higiene e locomoção do estudante com deficiência e atua em todas as atividades escolares nas quais se fizer necessária, em todos os níveis e modalidades de ensino, em instituições públicas e privadas, excluídas as técnicas ou os procedimentos identificados com profissões legalmente estabelecidas.

É instituído o cordão de fita com desenhos de girassóis como símbolo nacional de identificação de pessoas com deficiências ocultas.

O uso do símbolo de que trata o **caput** deste artigo é opcional, e sua ausência não prejudica o exercício de direitos e garantias previstos em lei.

A utilização do símbolo de que trata o **caput** deste artigo não dispensa a apresentação de documento comprobatório da deficiência, caso seja solicitado pelo atendente ou pela autoridade competente.

13.1 Da igualdade e não discriminação

Determina o artigo 4º do EPD:

> ***Art. 4º*** *Toda pessoa com deficiência tem direito à igualdade de oportunidades com as demais pessoas e não sofrerá nenhuma espécie de discriminação.*

§ 1º Considera-se discriminação em razão da deficiência toda forma de distinção, restrição ou exclusão, por ação ou omissão, que tenha o propósito ou o efeito de prejudicar, impedir ou anular o reconhecimento ou o exercício dos direitos e das liberdades fundamentais de pessoa com deficiência, incluindo a recusa de adaptações razoáveis e de fornecimento de tecnologias assistivas.

§ 2º A pessoa com deficiência não está obrigada à fruição de benefícios decorrentes de ação afirmativa.

A ação afirmativa se refere às ações especiais e temporárias que visam eliminar desigualdades, garantindo a compensação provocada pela discriminação e desigualdade.

A pessoa com deficiência, especialmente os considerados vulneráveis, criança, adolescente, mulher e idoso, deve ser protegida de toda forma de:

- Negligência;
- Discriminação;
- Exploração;
- Violência;
- Tortura;
- Crueldade;
- Opressão; e
- Tratamento desumano ou degradante.

A deficiência não afeta a plena capacidade civil da pessoa, inclusive para:

- Casar-se e constituir união estável;
- Exercer direitos sexuais e reprodutivos;
- Exercer o direito de decidir sobre o número de filhos e de ter acesso a informações adequadas sobre reprodução e planejamento familiar;
- Conservar sua fertilidade, sendo vedada a esterilização compulsória;
- Exercer o direito à família e à convivência familiar e comunitária; e
- Exercer o direito à guarda, à tutela, à curatela e à adoção, como adotante ou adotando, em igualdade de oportunidades com as demais pessoas.

O Estatuto prevê como dever que:

- Juízes e Tribunais no exercício da função devem remeter peças ao Ministério Público para providências;
- Todos devem comunicar ameaça ou violação de direitos.

Ainda, prevê o artigo 8º do EPD:

> ***Art. 8º** É dever do Estado, da sociedade e da família assegurar à pessoa com deficiência, com prioridade, a efetivação dos direitos referentes à vida, à saúde, à sexualidade, à paternidade e à maternidade, à alimentação, à habitação, à educação, à profissionalização, ao trabalho, à previdência social, à habilitação e à reabilitação, ao transporte, à acessibilidade, à cultura, ao desporto, ao turismo, ao lazer, à informação, à comunicação, aos avanços científicos e tecnológicos, à dignidade, ao respeito, à liberdade, à convivência familiar e comunitária, entre outros decorrentes da Constituição Federal, da Convenção sobre os Direitos das Pessoas com Deficiência e seu Protocolo Facultativo e das leis e de outras normas que garantam seu bem-estar pessoal, social e econômico.*

13.2 Do atendimento prioritário

Determina o art. 9º do EPD:

> ***Art. 9º** A pessoa com deficiência tem direito a receber atendimento prioritário, sobretudo com a finalidade de:*
>
> *I – proteção e socorro em quaisquer circunstâncias;*
>
> *II – atendimento em todas as instituições e serviços de atendimento ao público;*
>
> *III – disponibilização de recursos, tanto humanos quanto tecnológicos, que garantam atendimento em igualdade de condições com as demais pessoas;*
>
> *IV – disponibilização de pontos de parada, estações e terminais acessíveis de transporte coletivo de passageiros e garantia de segurança no embarque e no desembarque;*
>
> *V – acesso a informações e disponibilização de recursos de comunicação acessíveis;*
>
> *VI – recebimento de restituição de imposto de renda;*
>
> *VII – tramitação processual e procedimentos judiciais e administrativos em que for parte ou interessada, em todos os atos e diligências.*
>
> *§ 1º Os direitos previstos neste artigo são extensivos ao acompanhante da pessoa com deficiência ou ao seu atendente pessoal, exceto quanto ao disposto nos incisos VI e VII deste artigo.*
>
> *§ 2º Nos serviços de emergência públicos e privados, a prioridade conferida por esta Lei é condicionada aos protocolos de atendimento médico.*

O dispositivo determina situações que as pessoas com deficiência terão atendimento prioritário.

Atenção com as confusões sobre prioridade de atendimento. O edital pode abordar, além do EPD, a Lei nº 10.048/2000, que trata das pessoas que terão atendimento prioritário em órgãos públicos, instituições financeiras, entre outras.

A citada lei prevê atendimento prioritário para:

- Pessoas com deficiência;
- Os idosos com idade igual ou superior a 60 (sessenta) anos;
- As gestantes;
- As lactantes;
- As pessoas com crianças de colo;
- Obesos.

A Lei nº 10.048/2000 prevê também que as empresas públicas de transporte e as concessionárias de transporte coletivo reservarão assentos, devidamente identificados, aos idosos, gestantes, lactantes, pessoas deficientes e pessoas acompanhadas por crianças de colo e os logradouros e sanitários públicos, bem como os edifícios de uso público, terão normas de construção, para efeito de licenciamento da respectiva edificação, baixadas pela autoridade competente, destinadas a facilitar o acesso e uso desses locais pelas pessoas deficientes. Veja-se:

> ***Art. 1º** As pessoas com deficiência, os idosos com idade igual ou superior a 60 (sessenta) anos, as gestantes, as lactantes, as pessoas com crianças de colo e os obesos terão atendimento prioritário, nos termos desta Lei. (Redação dada pela Lei nº 13.146, de 2015) (Vigência)*
>
> ***Art. 2º** As repartições públicas e empresas concessionárias de serviços públicos estão obrigadas a dispensar atendimento prioritário, por meio de serviços individualizados que assegurem tratamento diferenciado e atendimento imediato às pessoas a que se refere o art. 1º.*
>
> *Parágrafo único. É assegurada, em todas as instituições financeiras, a prioridade de atendimento às pessoas mencionadas no art. 1º.*
>
> ***Art. 3º** As empresas públicas de transporte e as concessionárias de transporte coletivo reservarão assentos, devidamente identificados, aos idosos, gestantes, lactantes, pessoas portadoras de deficiência e pessoas acompanhadas por crianças de colo.*
>
> ***Art. 4º** Os logradouros e sanitários públicos, bem como os edifícios de uso público, terão normas de construção, para efeito de licenciamento da respectiva edificação, baixadas pela autoridade competente, destinadas a facilitar o acesso e uso desses locais pelas pessoas portadoras de deficiência.*
>
> ***Art. 5º** Os veículos de transporte coletivo a serem produzidos após doze meses da publicação desta Lei serão planejados de forma a facilitar o acesso a seu interior das pessoas portadoras de deficiência.*
>
> *§ 1º (Vetado)*
>
> *§ 2º Os proprietários de veículos de transporte coletivo em utilização terão o prazo de cento e oitenta dias, a contar da regulamentação desta*

Lei, para proceder às adaptações necessárias ao acesso facilitado das pessoas portadoras de deficiência.

***Art. 6º** A infração ao disposto nesta Lei sujeitará os responsáveis:*

I - no caso de servidor ou de chefia responsável pela repartição pública, às penalidades previstas na legislação específica;

II - no caso de empresas concessionárias de serviço público, a multa de R$ 500,00 (quinhentos reais) a R$ 2.500,00 (dois mil e quinhentos reais), por veículos sem as condições previstas nos arts. 3º e 5º;

III - no caso das instituições financeiras, às penalidades previstas no art. 44, incisos I, II e III, da Lei nº 4.595, de 31 de dezembro de 1964.

Parágrafo único. As penalidades de que trata este artigo serão elevadas ao dobro, em caso de reincidência.

***Art. 7º** O Poder Executivo regulamentará esta Lei no prazo de sessenta dias, contado de sua publicação.*

***Art. 8º** Esta Lei entra em vigor na data de sua publicação.*

13.3 Direitos fundamentais

Os direitos fundamentais são garantidos a todos pela nossa Constituição. Portanto, não importa quem seja, fica garantido os direitos previstos na nossa Carta Magna.

O EPD prevê regras específicas tratando sobre direitos fundamentais, tendo por objetivo a garantia de inclusão e igualdade.

São previstos:

- Direito à vida;
- Direito à habilitação e à reabilitação;
- Direito à saúde;
- Direito à educação;
- Direito à moradia;
- Direito ao trabalho;
- Direito à assistência social;
- Direito à previdência social;
- Direito à cultura, ao esporte, ao turismo e ao lazer;
- Direito ao transporte e à mobilidade.

Vamos trabalhar alguns destes (é essencial a leitura da lei de todos os dispositivos).

13.3.1 Direito à vida

O Poder Público deve garantir a dignidade da pessoa com deficiência ao longo de toda a vida. E em situações de risco, emergência ou estado de calamidade pública, a pessoa com deficiência será considerada vulnerável, devendo o poder público adotar medidas para sua proteção e segurança.

A pessoa com deficiência não poderá ser obrigada a se submeter à intervenção clínica ou cirúrgica, a tratamento ou a institucionalização forçada (a curatela pode suprir o consentimento)

O consentimento prévio, livre e esclarecido da pessoa com deficiência é indispensável para a realização de tratamento, procedimento, hospitalização e pesquisa científica.

Dispensa em casos de:

- Risco de morte.
- Emergência em saúde, resguardado seu superior interesse e adotadas as salvaguardas legais cabíveis.

O EPD prevê que a pesquisa científica envolvendo pessoa com deficiência em situação de tutela ou de curatela deve ser realizada, em caráter excepcional, quando não existe a possibilidade de realização com participantes não tutelados ou curatelados, apenas quando houver indícios de benefício direto para sua saúde ou para a saúde de outras pessoas com deficiência.

13.3.2 Direito à reabilitação e habilitação

A reabilitação e habilitação é um direito garantido a toda pessoa com deficiência, visando ao desenvolvimento de potencialidades, talentos, habilidades e aptidões físicas, cognitivas, sensoriais, psicossociais, atitudinais, profissionais e artísticas que contribuam para a conquista da autonomia da pessoa com deficiência e de sua participação social em igualdade de condições e oportunidades com as demais pessoas.

Para passar por este processo, será realizada avaliação multidisciplinar, analisando potencialidades, habilidades e quais necessidades da pessoa com deficiência, seguindo as seguintes diretrizes:

> ***Art. 15** O processo mencionado no art. 14 desta Lei baseia-se em avaliação multidisciplinar das necessidades, habilidades e potencialidades de cada pessoa, observadas as seguintes diretrizes:*
>
> *I - diagnóstico e intervenção precoces;*
>
> *II - adoção de medidas para compensar perda ou limitação funcional, buscando o desenvolvimento de aptidões;*
>
> *III - atuação permanente, integrada e articulada de políticas públicas que possibilitem a plena participação social da pessoa com deficiência;*
>
> *IV - oferta de rede de serviços articulados, com atuação intersetorial, nos diferentes níveis de complexidade, para atender às necessidades específicas da pessoa com deficiência;*
>
> *V - prestação de serviços próximo ao domicílio da pessoa com deficiência, inclusive na zona rural, respeitadas a organização das Redes de Atenção à Saúde (RAS) nos territórios locais e as normas do Sistema Único de Saúde (SUS).*

Fica, ainda, garantido para as pessoas com deficiência:

- Organização, serviços, métodos, técnicas e recursos para atender às características de cada pessoa com deficiência;
- Acessibilidade em todos os ambientes e serviços;
- Tecnologia assistiva, tecnologia de reabilitação, materiais e equipamentos adequados e apoio técnico profissional, de acordo com as especificidades de cada pessoa com deficiência;
- Capacitação continuada de todos os profissionais que participem dos programas e serviços.

Os serviços do SUS e do SUAS deverão promover ações articuladas para garantir à pessoa com deficiência e sua família a aquisição de informações, orientações (nas mais diversas áreas: de saúde, de educação, de cultura, de esporte, de lazer, de transporte, de previdência social, de assistência social, de habitação, de trabalho, de empreendedorismo, de acesso ao crédito, de promoção, proteção e defesa de direitos e nas demais áreas que possibilitem à pessoa com deficiência exercer sua cidadania) formas de acesso às políticas públicas disponíveis, com a finalidade de propiciar sua plena participação social.

13.3.3 Direito à saúde

À pessoa com deficiência fica assegurada a atenção integral à saúde, de forma universal e igualitária, por intermédio do SUS, bem como fica assegurada a participação na elaboração de políticas de saúde.

As ações e os serviços de saúde pública destinados à pessoa com deficiência devem assegurar:

- Diagnóstico e intervenção precoces, realizados por equipe multidisciplinar;
- Serviços de habilitação e de reabilitação sempre que necessários, para qualquer tipo de deficiência, inclusive para a manutenção da melhor condição de saúde e qualidade de vida;
- Atendimento domiciliar multidisciplinar, tratamento ambulatorial e internação;
- Campanhas de vacinação;

- Atendimento psicológico, inclusive para seus familiares e atendentes pessoais;
- Respeito à especificidade, à identidade de gênero e à orientação sexual da pessoa com deficiência;
- Atenção sexual e reprodutiva, incluindo o direito à fertilização assistida;
- Informação adequada e acessível à pessoa com deficiência e a seus familiares sobre sua condição de saúde;
- Serviços projetados para prevenir a ocorrência e o desenvolvimento de deficiências e agravos adicionais;
- Promoção de estratégias de capacitação permanente das equipes que atuam no SUS, em todos os níveis de atenção, no atendimento à pessoa com deficiência, bem como orientação a seus atendentes pessoais;
- Oferta de órteses, próteses, meios auxiliares de locomoção, medicamentos, insumos e fórmulas nutricionais, conforme as normas vigentes do Ministério da Saúde.

As diretrizes aplicam-se também às instituições privadas que participem de forma complementar do SUS ou que recebam recursos públicos para sua manutenção.

O art. 19 do EPD prevê ações que devem ser desenvolvidas pelo SUS destinadas à prevenção:

> ***Art. 19*** *Compete ao SUS desenvolver ações destinadas à prevenção de deficiências por causas evitáveis, inclusive por meio de:*
>
> *I - acompanhamento da gravidez, do parto e do puerpério, com garantia de parto humanizado e seguro;*
>
> *II - promoção de práticas alimentares adequadas e saudáveis, vigilância alimentar e nutricional, prevenção e cuidado integral dos agravos relacionados à alimentação e nutrição da mulher e da criança;*
>
> *III - aprimoramento e expansão dos programas de imunização e de triagem neonatal;*
>
> *IV - identificação e controle da gestante de alto risco.*
>
> *V - aprimoramento do atendimento neonatal, com a oferta de ações e serviços de prevenção de danos cerebrais e sequelas neurológicas em recém-nascidos, inclusive por telessaúde. (Incluído pela Lei nº 14.510/2022)*

Importante também frisar que o EPD prevê no aspecto da saúde:

- As operadoras de planos e seguros privados de saúde são obrigadas a garantir à pessoa com deficiência, no mínimo, todos os serviços e produtos ofertados aos demais clientes. Também é vedada cobrança de valores diferenciados por planos e seguros privados de saúde, em razão de sua condição de pessoa com deficiência.
- Quando esgotados os meios de atenção à saúde da pessoa com deficiência no local de residência, será prestado atendimento fora de domicílio, para fins de diagnóstico e de tratamento, garantidos o transporte e a acomodação da pessoa com deficiência e de seu acompanhante.
- À pessoa com deficiência internada ou em observação é assegurado o direito à acompanhante ou à atendente pessoal, devendo o órgão ou a instituição de saúde proporcionar condições adequadas para sua permanência em tempo integral e, na impossibilidade de permanência, o profissional de saúde responsável deverá justificar, por escrito, devendo o órgão ou a instituição de saúde adotar as providências cabíveis para suprir a ausência do acompanhante ou do atendente pessoal.
- É assegurado à pessoa com deficiência o acesso aos serviços de saúde, tanto públicos como privados, e às informações prestadas e recebidas, por meio de recursos de tecnologia assistiva e de todas as formas de comunicação.
- Os espaços dos serviços de saúde, tanto públicos quanto privados, devem assegurar o acesso da pessoa com deficiência, em conformidade com a legislação em vigor, mediante a remoção de barreiras, por meio de projetos arquitetônicos, de ambientação de interior e de comunicação que atendam às especificidades das pessoas com deficiência física, sensorial, intelectual e mental.
- Os casos de suspeita ou de confirmação de violência praticada contra a pessoa com deficiência serão objetos de notificação compulsória pelos serviços de saúde públicos e privados à autoridade policial e ao Ministério Público, além dos Conselhos dos Direitos da Pessoa com Deficiência. Para efeito da lei, conceitua-se violência qualquer ação ou omissão, praticada em local público ou privado, que lhe cause morte ou dano ou sofrimento físico ou psicológico.

Aos profissionais que prestam assistência à pessoa com deficiência, especialmente em serviços de habilitação e de reabilitação, deve ser garantida capacitação inicial e continuada.

13.3.4 Direito à educação

A educação também constitui direito da pessoa com deficiência, assegurados um sistema educacional inclusivo em todos os níveis e aprendizado ao longo de toda a vida, de forma a alcançar o máximo de desenvolvimento possível de seus talentos e habilidades físicas, sensoriais, intelectuais e sociais, segundo suas características, interesses e necessidades de aprendizagem.

Cabe ao Estado, à família, à comunidade escolar e à sociedade assegurar educação de qualidade à pessoa com deficiência, colocando-a a salvo de toda forma de violência, negligência e discriminação.

Direito à educação

↓

Dever de assegurar educação de qualidade e impedir violência, negligência e discriminação

↓ ↓ ↓ ↓

Estado	Família	Comunidade escolar	Sociedade

Desta feita, determina o art. 28 do EPD:

> ***Art. 28*** *Incumbe ao poder público assegurar, criar, desenvolver, implementar, incentivar, acompanhar e avaliar:*
>
> *I - sistema educacional inclusivo em todos os níveis e modalidades, bem como o aprendizado ao longo de toda a vida;*
>
> *II - aprimoramento dos sistemas educacionais, visando a garantir condições de acesso, permanência, participação e aprendizagem, por meio da oferta de serviços e de recursos de acessibilidade que eliminem as barreiras e promovam a inclusão plena;*
>
> *III - projeto pedagógico que institucionalize o atendimento educacional especializado, assim como os demais serviços e adaptações razoáveis, para atender às características dos estudantes com deficiência e garantir o seu pleno acesso ao currículo em condições de igualdade, promovendo a conquista e o exercício de sua autonomia;*
>
> *IV - oferta de educação bilíngue, em Libras como primeira língua e na modalidade escrita da língua portuguesa como segunda língua, em escolas e classes bilíngues e em escolas inclusivas;**
>
> *V - adoção de medidas individualizadas e coletivas em ambientes que maximizem o desenvolvimento acadêmico e social dos estudantes com deficiência, favorecendo o acesso, a permanência, a participação e a aprendizagem em instituições de ensino;*
>
> *VI - pesquisas voltadas para o desenvolvimento de novos métodos e técnicas pedagógicas, de materiais didáticos, de equipamentos e de recursos de tecnologia assistiva; **

VII - planejamento de estudo de caso, de elaboração de plano de atendimento educacional especializado, de organização de recursos e serviços de acessibilidade e de disponibilização e usabilidade pedagógica de recursos de tecnologia assistiva;

VIII - participação dos estudantes com deficiência e de suas famílias nas diversas instâncias de atuação da comunidade escolar;

IX - adoção de medidas de apoio que favoreçam o desenvolvimento dos aspectos linguísticos, culturais, vocacionais e profissionais, levando-se em conta o talento, a criatividade, as habilidades e os interesses do estudante com deficiência;

X - adoção de práticas pedagógicas inclusivas pelos programas de formação inicial e continuada de professores e oferta de formação continuada para o atendimento educacional especializado;

XI - formação e disponibilização de professores para o atendimento educacional especializado, de tradutores e intérpretes da Libras, de guias intérpretes e de profissionais de apoio;

XII - oferta de ensino da Libras, do Sistema Braille e de uso de recursos de tecnologia assistiva, de forma a ampliar habilidades funcionais dos estudantes, promovendo sua autonomia e participação;

XIII - acesso à educação superior e à educação profissional e tecnológica em igualdade de oportunidades e condições com as demais pessoas;

XIV - inclusão em conteúdos curriculares, em cursos de nível superior e de educação profissional técnica e tecnológica, de temas relacionados à pessoa com deficiência nos respectivos campos de conhecimento;

XV - acesso da pessoa com deficiência, em igualdade de condições, a jogos e a atividades recreativas, esportivas e de lazer, no sistema escolar;

XVI - acessibilidade para todos os estudantes, trabalhadores da educação e demais integrantes da comunidade escolar às edificações, aos ambientes e às atividades concernentes a todas as modalidades, etapas e níveis de ensino;

XVII - oferta de profissionais de apoio escolar;

XVIII - articulação intersetorial na implementação de políticas públicas.

Às instituições privadas, de qualquer nível e modalidade de ensino, aplica-se obrigatoriamente o que determina o artigo, exceto incisos IV e VI, sendo vedada a cobrança de valores adicionais de qualquer natureza em suas mensalidades, anuidades e matrículas no cumprimento dessas determinações.

Na disponibilização de tradutores e intérpretes da Libras para o atendimento educacional especializado, de guias intérpretes e de profissionais de apoio; deve-se observar o seguinte:

- ***Educação básica: Ensino Médio + certificado de proficiência na Libras.***
- ***Os tradutores e intérpretes da Libras, quando direcionados à tarefa de interpretar nas salas de aula dos cursos de graduação e pós-graduação:*** nível superior + com habilitação, prioritariamente, em Tradução e Interpretação em Libras.

Nos processos seletivos para ingresso e permanência nos cursos oferecidos pelas instituições de ensino superior e de educação profissional e tecnológica, públicas e privadas, devem ser adotadas as seguintes medidas:

- Atendimento preferencial à pessoa com deficiência nas dependências das Instituições de Ensino Superior (IES) e nos serviços;
- Disponibilização de formulário de inscrição de exames com campos específicos para que o candidato com deficiência informe os recursos de acessibilidade e de tecnologia assistiva necessários para sua participação;
- Disponibilização de provas em formatos acessíveis para atendimento às necessidades específicas do candidato com deficiência;
- Disponibilização de recursos de acessibilidade e de tecnologia assistiva adequados, previamente solicitados e escolhidos pelo candidato com deficiência;
- Dilação de tempo, conforme demanda apresentada pelo candidato com deficiência, tanto na realização de exame para seleção quanto nas atividades acadêmicas, mediante prévia solicitação e comprovação da necessidade;
- Adoção de critérios de avaliação das provas escritas, discursivas ou de redação que considerem a singularidade linguística da pessoa com deficiência, no domínio da modalidade escrita da língua portuguesa;
- Tradução completa do edital e de suas retificações em Libras.

13.3.5 Direito à moradia

O EPD prevê que a pessoa com deficiência tem direito à moradia digna, no seio da família natural ou substituta, com seu cônjuge ou companheiro ou desacompanhada, ou em moradia para a vida independente da pessoa com deficiência, ou, ainda, em residência inclusiva.

O poder público deve adotar programas e ações estratégicas para apoiar a criação e a manutenção de moradia para a vida independente da pessoa com deficiência.

A proteção integral na modalidade de residência inclusiva será prestada no âmbito do Suas à pessoa com deficiência em situação de dependência que não disponha de condições de autossustentabilidade, com vínculos familiares fragilizados ou rompidos.

Programas habitacionais, públicos ou subsidiados devem reservar 3% das unidades habitacionais para aquisição para pessoa com deficiência, que goza de prioridade na aquisição, sendo beneficiada com prioridade uma vez apenas.

13.3.6 Direito ao trabalho

A pessoa com deficiência tem direito ao trabalho de sua livre escolha e aceitação, em ambiente acessível (sendo obrigação das pessoas jurídicas a garantir ambiente acessível e inclusivo) e inclusivo, em igualdade de oportunidades com as demais pessoas.

São direitos das pessoas com deficiência:

- Igualdade de oportunidades com as demais pessoas;
- Condições justas e favoráveis de trabalho, incluindo igual remuneração por trabalho de igual valor;
- Participação e acesso a cursos, treinamentos, educação continuada, planos de carreira, promoções, bonificações e incentivos profissionais oferecidos pelo empregador, em igualdade de oportunidades com os demais empregados;
- Acessibilidade em cursos de formação e de capacitação.

É vedada a restrição ao trabalho da pessoa com deficiência e qualquer discriminação em razão de sua condição, inclusive nas etapas de recrutamento, seleção, contratação, admissão, exames admissional e periódico, permanência no emprego, ascensão profissional e reabilitação profissional, bem como exigência de aptidão plena.

É finalidade primordial das políticas públicas de trabalho e emprego promover e garantir condições de acesso e de permanência da pessoa com deficiência no campo de trabalho. Os programas de estímulo ao empreendedorismo e ao trabalho autônomo, incluídos o cooperativismo e o associativismo, devem prever a participação da pessoa com deficiência e a disponibilização de linhas de crédito, quando necessárias.

13.3.7 Habilitação profissional e reabilitação profissional

O art. 36 do EPD prevê:

> ***Art. 36*** *O poder público deve implementar serviços e programas completos de habilitação profissional e de reabilitação profissional para que a pessoa com deficiência possa ingressar, continuar ou retornar ao campo do trabalho, respeitados sua livre escolha, sua vocação e seu interesse.*
>
> *§ 1º Equipe multidisciplinar indicará, com base em critérios previstos no § 1º do art. 2º desta Lei, programa de habilitação ou de reabilitação que possibilite à pessoa com deficiência restaurar sua capacidade e habilidade profissional ou adquirir novas capacidades e habilidades de trabalho.*
>
> *§ 2º A habilitação profissional corresponde ao processo destinado a propiciar à pessoa com deficiência aquisição de conhecimentos, habilidades e aptidões para exercício de profissão ou de ocupação, permitindo nível suficiente de desenvolvimento profissional para ingresso no campo de trabalho.*
>
> *§ 3º Os serviços de habilitação profissional, de reabilitação profissional e de educação profissional devem ser dotados de recursos necessários para atender a toda pessoa com deficiência, independentemente de sua característica específica, a fim de que ela possa ser capacitada para trabalho que lhe seja adequado e ter perspectivas de obtê-lo, de conservá-lo e de nele progredir.*
>
> *§ 4º Os serviços de habilitação profissional, de reabilitação profissional e de educação profissional deverão ser oferecidos em ambientes acessíveis e inclusivos.*
>
> *§ 5º A habilitação profissional e a reabilitação profissional devem ocorrer articuladas com as redes públicas e privadas, especialmente de saúde, de ensino e de assistência social, em todos os níveis e modalidades, em entidades de formação profissional ou diretamente com o empregador.*
>
> *§ 6º A habilitação profissional pode ocorrer em empresas por meio de prévia formalização do contrato de emprego da pessoa com deficiência, que será considerada para o cumprimento da reserva de vagas prevista em lei, desde que por tempo determinado e concomitante com a inclusão profissional na empresa, observado o disposto em regulamento.*
>
> *§ 7º A habilitação profissional e a reabilitação profissional atenderão à pessoa com deficiência.*

13.4 Inclusão da pessoa com deficiência no trabalho

Teremos inclusão quando da colocação da pessoa com deficiência de forma competitiva e em igualdade de oportunidades, observada legislação trabalhista e previdenciária.

Devem, ainda, ser observadas as normas de acessibilidade e fornecidos recursos de tecnologia assistiva e a adaptação razoável no ambiente de trabalho.

A colocação competitiva da pessoa com deficiência pode ocorrer por meio de trabalho com apoio, observadas as seguintes diretrizes:

- Prioridade no atendimento à pessoa com deficiência com maior dificuldade de inserção no campo de trabalho;
- Provisão de suportes individualizados que atendam a necessidades específicas da pessoa com deficiência, inclusive a disponibilização de recursos de tecnologia assistiva, de agente facilitador e de apoio no ambiente de trabalho;
- Respeito ao perfil vocacional e ao interesse da pessoa com deficiência apoiada;
- Oferta de aconselhamento e de apoio aos empregadores, com vistas à definição de estratégias de inclusão e de superação de barreiras, inclusive atitudinais;
- Realização de avaliações periódicas;
- Articulação intersetorial das políticas públicas;
- Possibilidade de participação de organizações da sociedade civil.

13.4.1 Assistência social

A assistência social visa à promoção da pessoa, sendo previstos serviços, programas, projetos e os benefícios no âmbito da política pública de assistência social à pessoa com deficiência e sua família têm como objetivo a garantia da segurança de renda, da acolhida, da habilitação e da reabilitação, do desenvolvimento da autonomia e da convivência familiar e comunitária, para a promoção do acesso a direitos e da plena participação social.

Os serviços socioassistenciais destinados à pessoa com deficiência em situação de dependência deverão contar com cuidadores sociais para prestar-lhe cuidados básicos e instrumentais.

É assegurado à pessoa com deficiência que não possua meios para prover sua subsistência nem de tê-la provida por sua família o benefício mensal de 1 (um) salário-mínimo, nos termos da Lei nº 8.742, de 7 de dezembro de 1993 (LOAS – Lei Orgânica da Assistência Social), que é conhecido como Benefício de Prestação Continuada da Assistência Social (BPC-LOAS).

Dentro do âmbito assistencial, o EPD trouxe a previsão do auxílio-inclusão, prevendo benefício para aquele que passe a exercer atividade remunerada e recebia o BPC-LOAS, como uma forma de incentivo para manutenção da pessoa com deficiência no mercado de trabalho (ser segurado obrigatório do RGPS – Regime Geral de Previdência Social) vejamos o que dispõe o artigo 94 do Estatuto:

> ***Art. 94*** *Terá direito a auxílio-inclusão, nos termos da lei, a pessoa com deficiência moderada ou grave que:*
>
> *I – receba o benefício de prestação continuada previsto no art. 20 da Lei nº 8.742, de 7 de dezembro de 1993, e que passe a exercer atividade remunerada que a enquadre como segurado obrigatório do RGPS;*
>
> *II – tenha recebido, nos últimos 5 (cinco) anos, o benefício de prestação continuada previsto no art. 20 da Lei nº 8.742, de 7 de dezembro de 1993, e que exerça atividade remunerada que a enquadre como segurado obrigatório do RGPS.*

Resumo dos requisitos pelo Estatuto:

Auxílio - inclusão

- → Deficiência grave ou moderada
- → Receber BPC LOAS ou ter recebido nos últimos 5 anos
- → Exercer atividade remunerada que o enquadre como segurado obrigatório do RGPS

13.4.2 Cultura, esporte, turismo e lazer

Vamos aos dispositivos legais:

> ***Art. 42*** *A pessoa com deficiência tem direito à cultura, ao esporte, ao turismo e ao lazer em igualdade de oportunidades com as demais pessoas, sendo-lhe garantido o acesso:*
>
> *I – a bens culturais em formato acessível;*
>
> *II – a programas de televisão, cinema, teatro e outras atividades culturais e desportivas em formato acessível; e*
>
> *III. a monumentos e locais de importância cultural e a espaços que ofereçam serviços ou eventos culturais e esportivos.*
>
> *§ 1º É vedada a recusa de oferta de obra intelectual em formato acessível à pessoa com deficiência, sob qualquer argumento, inclusive sob a alegação de proteção dos direitos de propriedade intelectual.*
>
> *§ 2º O poder público deve adotar soluções destinadas à eliminação, à redução ou à superação de barreiras para a promoção do acesso a*

todo patrimônio cultural, observadas as normas de acessibilidade, ambientais e de proteção do patrimônio histórico e artístico nacional.

***Art. 43** O poder público deve promover a participação da pessoa com deficiência em atividades artísticas, intelectuais, culturais, esportivas e recreativas, com vistas ao seu protagonismo, devendo:*

I – incentivar a provisão de instrução, de treinamento e de recursos adequados, em igualdade de oportunidades com as demais pessoas;

II – assegurar acessibilidade nos locais de eventos e nos serviços prestados por pessoa ou entidade envolvida na organização das atividades de que trata este artigo; e

III – assegurar a participação da pessoa com deficiência em jogos e atividades recreativas, esportivas, de lazer, culturais e artísticas, inclusive no sistema escolar, em igualdade de condições com as demais pessoas.

Nos teatros, cinemas, auditórios, estádios, ginásios de esporte, locais de espetáculos e de conferências e similares serão reservados espaços livres e assentos para a pessoa com deficiência, de acordo com a capacidade de lotação da edificação, que devem ser distribuídos em locais diversos, de boa visibilidade, em todos os setores, próximos aos corredores, devidamente sinalizados, evitando-se áreas segregadas de público e obstrução das saídas, em conformidade com as normas de acessibilidade, devendo acomodar acompanhante da pessoa deficiente ou com mobilidade reduzida, sendo garantida também a acomodação próxima ao grupo familiar e comunitário.

No caso de não haver comprovada procura pelos assentos reservados, esses podem, excepcionalmente, ser ocupados por pessoas sem deficiência ou que não tenham mobilidade reduzida.

Devem existir rotas de fuga e saídas de emergência acessíveis, conforme padrões das normas de acessibilidade, a fim de permitir a saída segura da pessoa com deficiência ou com mobilidade reduzida, em caso de emergência.

- ***Cinema:*** deve garantir, em todas as sessões, recursos de acessibilidade para a pessoa com deficiência.
- O valor do ingresso da pessoa com deficiência não poderá ser superior ao valor cobrado das demais pessoas.

O Estatuto também prevê regras para hotéis, pousadas e similares:

Princípios do desenho universal	
Hotéis, pousadas e similares ↓	
Devem ser acessíveis ↓	Já existentes ↓
10% dormitórios acessíveis, garantido pelo menos uma unidade	Rotas acessíveis

13.4.3 Direito ao transporte e mobilidade

O EPD determina diversas regras com relação ao transporte e mobilidade das pessoas com deficiência. Vamos aos dispositivos e esquematizar:

***Art. 46** O direito ao transporte e à mobilidade da pessoa com deficiência ou com mobilidade reduzida será assegurado em igualdade de oportunidades com as demais pessoas, por meio de identificação e de eliminação de todos os obstáculos e barreiras ao seu acesso.*

§ 1º Para fins de acessibilidade aos serviços de transporte coletivo terrestre, aquaviário e aéreo, em todas as jurisdições, consideram-se como integrantes desses serviços os veículos, os terminais, as estações, os pontos de parada, o sistema viário e a prestação do serviço.

§ 2º São sujeitas ao cumprimento das disposições desta Lei, sempre que houver interação com a matéria nela regulada, a outorga, a concessão, a permissão, a autorização, a renovação ou a habilitação de linhas e de serviços de transporte coletivo.

§ 3º Para colocação do símbolo internacional de acesso nos veículos, as empresas de transporte coletivo de passageiros dependem da certificação de acessibilidade emitida pelo gestor público responsável pela prestação do serviço.

***Art. 47** Em todas as áreas de estacionamento aberto ao público, de uso público ou privado de uso coletivo e em vias públicas, devem ser reservadas vagas próximas aos acessos de circulação de pedestres, devidamente sinalizadas, para veículos que transportem pessoa com deficiência com comprometimento de mobilidade, desde que devidamente identificados.*

§ 1º As vagas a que se refere o caput deste artigo devem equivaler a 2% (dois por cento) do total, garantida, no mínimo, 1 (uma) vaga devidamente sinalizada e com as especificações de desenho e traçado de acordo com as normas técnicas vigentes de acessibilidade.

§ 2º Os veículos estacionados nas vagas reservadas devem exibir, em local de ampla visibilidade, a credencial de beneficiário, a ser confeccionada e fornecida pelos órgãos de trânsito, que disciplinarão suas características e condições de uso.

§ 3º A utilização indevida das vagas de que trata este artigo sujeita os infratores às sanções previstas no inciso XX do art. 181 da Lei nº 9.503, de 23 de setembro de 1997 (Código de Trânsito Brasileiro). (Redação dada pela Lei nº 13.281, de 2016) (Vigência)

§ 4º A credencial a que se refere o § 2º deste artigo é vinculada à pessoa com deficiência que possui comprometimento de mobilidade e é válida em todo o território nacional.

***Art. 48** Os veículos de transporte coletivo terrestre, aquaviário e aéreo, as instalações, as estações, os portos e os terminais em operação no País devem ser acessíveis, de forma a garantir o seu uso por todas as pessoas.*

§ 1º Os veículos e as estruturas de que trata o caput deste artigo devem dispor de sistema de comunicação acessível que disponibilize informações sobre todos os pontos do itinerário.

§ 2º São asseguradas à pessoa com deficiência prioridade e segurança nos procedimentos de embarque e de desembarque nos veículos de transporte coletivo, de acordo com as normas técnicas.

§ 3º Para colocação do símbolo internacional de acesso nos veículos, as empresas de transporte coletivo de passageiros dependem da certificação de acessibilidade emitida pelo gestor público responsável pela prestação do serviço.

***Art. 49** As empresas de transporte de fretamento e de turismo, na renovação de suas frotas, são obrigadas ao cumprimento do disposto nos arts. 46 e 48 desta Lei. (Vigência)*

***Art. 50** O poder público incentivará a fabricação de veículos acessíveis e a sua utilização como táxis e vans, de forma a garantir o seu uso por todas as pessoas.*

***Art. 51** As frotas de empresas de táxi devem reservar 10% (dez por cento) de seus veículos acessíveis à pessoa com deficiência. (Vide Decreto nº 9.762, de 2019) (Vigência)*

§ 1º É proibida a cobrança diferenciada de tarifas ou de valores adicionais pelo serviço de táxi prestado à pessoa com deficiência.

§ 2º O poder público é autorizado a instituir incentivos fiscais com vistas a possibilitar a acessibilidade dos veículos a que se refere o caput deste artigo.

***Art. 52** As locadoras de veículos são obrigadas a oferecer 1 (um) veículo adaptado para uso de pessoa com deficiência, a cada conjunto de 20 (vinte) veículos de sua frota. (Vide Decreto nº 9.762, de 2019) (Vigência)*

***Parágrafo único.** O veículo adaptado deverá ter, no mínimo, câmbio automático, direção hidráulica, vidros elétricos e comandos manuais de freio e de embreagem.*

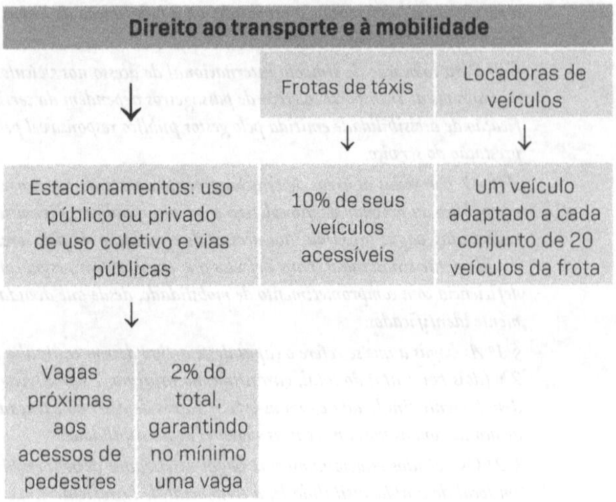
Direito ao transporte e à mobilidade
Frotas de táxis
Locadoras de veículos
Estacionamentos: uso público ou privado de uso coletivo e vias públicas
10% de seus veículos acessíveis
Um veículo adaptado a cada conjunto de 20 veículos da frota
Vagas próximas aos acessos de pedestres
2% do total, garantindo no mínimo uma vaga

14 ACESSIBILIDADE

A acessibilidade é direito que garante à pessoa com deficiência ou com mobilidade reduzida viver de forma independente e exercer seus direitos de cidadania e de participação social.

Estão sujeitas às normas de acessibilidade (previstas no EPD e outras normas):

- A aprovação de projeto arquitetônico e urbanístico ou de comunicação e informação, a fabricação de veículos de transporte coletivo, a prestação do respectivo serviço e a execução de qualquer tipo de obra, quando tenham destinação pública ou coletiva;
- A outorga ou a renovação de concessão, permissão, autorização ou habilitação de qualquer natureza;
- A aprovação de financiamento de projeto com utilização de recursos públicos, por meio de renúncia ou de incentivo fiscal, contrato, convênio ou instrumento congênere; e
- A concessão de aval da União para obtenção de empréstimo e de financiamento internacionais por entes públicos ou privados.

A acessibilidade é direito que garante à pessoa com deficiência ou com mobilidade reduzida viver de forma independente e exercer seus direitos de cidadania e de participação social.

Estão sujeitas às normas de acessibilidade (previstas no EPD e outras normas):

- A aprovação de projeto arquitetônico e urbanístico ou de comunicação e informação, a fabricação de veículos de transporte coletivo, a prestação do respectivo serviço e a execução de qualquer tipo de obra, quando tenham destinação pública ou coletiva;
- A outorga ou a renovação de concessão, permissão, autorização ou habilitação de qualquer natureza;
- A aprovação de financiamento de projeto com utilização de recursos públicos, por meio de renúncia ou de incentivo fiscal, contrato, convênio ou instrumento congênere; e
- a concessão de aval da União para obtenção de empréstimo e de financiamento internacionais por entes públicos ou privados.

Atente para o disposto no art. 55 do EPD:

> ***Art. 55*** *A concepção e a implantação de projetos que tratem do meio físico, de transporte, de informação e comunicação, inclusive de sistemas e tecnologias da informação e comunicação, e de outros serviços, equipamentos e instalações abertos ao público, de uso público ou privado de uso coletivo, tanto na zona urbana como na rural, devem atender aos princípios do desenho universal, tendo como referência as normas de acessibilidade.*
>
> *§ 1º O desenho universal será sempre tomado como regra de caráter geral.*
>
> *§ 2º Nas hipóteses em que comprovadamente o desenho universal não possa ser empreendido, deve ser adotada adaptação razoável.*
>
> *§ 3º Caberá ao poder público promover a inclusão de conteúdos temáticos referentes ao desenho universal nas diretrizes curriculares da educação profissional e tecnológica e do ensino superior e na formação das carreiras de Estado.*
>
> *§ 4º Os programas, os projetos e as linhas de pesquisa a serem desenvolvidos com o apoio de organismos públicos de auxílio à pesquisa e de agências de fomento deverão incluir temas voltados para o desenho universal.*
>
> *§ 5º Desde a etapa de concepção, as políticas públicas deverão considerar a adoção do desenho universal.*

Toda construção, reforma, ampliação e mudanças de uso de edificação abertas ao público ou privadas de uso coletivo (museus, teatros, cinemas etc.) devem ser acessíveis, sendo obrigação de entidades de fiscalização das atividades de engenharia, de arquitetura e correlatas, ao anotarem a responsabilidade técnica de projetos, devem exigir a responsabilidade profissional declarada de atendimento às regras de acessibilidade previstas em legislação e em normas técnicas pertinentes.

Para aprovar licenciamento ou emissão de certificado de projeto executivo arquitetônico, urbanístico e de instalações e equipamentos temporários ou permanentes e para o licenciamento ou a emissão de certificado de conclusão de obra ou de serviço, deve ser atestado o atendimento às regras de acessibilidade.

As edificações públicas e privadas de uso coletivo já existentes devem garantir acessibilidade à pessoa com deficiência em todas as suas dependências e serviços, tendo como referência as normas de acessibilidade vigentes.

> ***Art. 58*** *O projeto e a construção de edificação de uso privado multifamiliar devem atender aos preceitos de acessibilidade, na forma regulamentar. (Regulamento)*
>
> *§ 1º As construtoras e incorporadoras responsáveis pelo projeto e pela construção das edificações a que se refere o caput deste artigo devem assegurar percentual mínimo de suas unidades internamente acessíveis, na forma regulamentar.*
>
> *§ 2º É vedada a cobrança de valores adicionais para a aquisição de unidades internamente acessíveis a que se refere o § 1º deste artigo.*
>
> ***Art. 59*** *Em qualquer intervenção nas vias e nos espaços públicos, o poder público e as empresas concessionárias responsáveis pela execução das obras e dos serviços devem garantir, de forma segura, a fluidez do trânsito e a livre circulação e acessibilidade das pessoas, durante e após sua execução.*
>
> ***Art. 60*** *Orientam-se, no que couber, pelas regras de acessibilidade previstas em legislação e em normas técnicas, observado o disposto na Lei no 10.098, de 19 de dezembro de 2000, nº 10.257, de 10 de julho de 2001, e nº12.587, de 3 de janeiro de 2012:*
>
> *I – os planos diretores municipais, os planos diretores de transporte e trânsito, os planos de mobilidade urbana e os planos de preservação de sítios históricos elaborados ou atualizados a partir da publicação desta Lei;*
>
> *II – os códigos de obras, os códigos de postura, as leis de uso e ocupação do solo e as leis do sistema viário;*
>
> *III – os estudos prévios de impacto de vizinhança;*
>
> *IV – as atividades de fiscalização e a imposição de sanções; e*
>
> *V – a legislação referente à prevenção contra incêndio e pânico.*
>
> *§ 1º A concessão e a renovação de alvará de funcionamento para qualquer atividade são condicionadas à observação e à certificação das regras de acessibilidade.*
>
> *§ 2º A emissão de carta de habite-se ou de habilitação equivalente e sua renovação, quando esta tiver sido emitida anteriormente às exigências de acessibilidade, é condicionada à observação e à certificação das regras de acessibilidade.*
>
> ***Art. 61*** *A formulação, a implementação e a manutenção das ações de acessibilidade atenderão às seguintes premissas básicas:*
>
> *I – eleição de prioridades, elaboração de cronograma e reserva de recursos para implementação das ações; e*
>
> *II – planejamento contínuo e articulado entre os setores envolvidos.*
>
> ***Art. 62*** *É assegurado à pessoa com deficiência, mediante solicitação, o recebimento de contas, boletos, recibos, extratos e cobranças de tributos em formato acessível.*

A acessibilidade também contempla a informação e a comunicação, determinando a legislação:

- Obrigatoriedade nos sites de internet mantidos por empresas com sede ou representação comercial no País ou por órgãos de governo, para uso da pessoa com deficiência, garantindo-lhe acesso às informações disponíveis, conforme as melhores práticas e diretrizes de acessibilidade adotadas internacionalmente, devendo ter símbolos de acessibilidade em destaque.

- Telecentros comunitários que receberem recursos públicos federais para seu custeio ou sua instalação e lanhouses devem possuir equipamentos e instalações acessíveis. Os telecentros e as lanhouses devem garantir, no mínimo, 10% (dez por cento) de seus computadores com recursos de acessibilidade para pessoa com deficiência visual, sendo assegurado pelo menos 1 (um) equipamento, quando o resultado percentual for inferior a 1 (um).
- As empresas prestadoras de serviços de telecomunicações deverão garantir pleno acesso à pessoa com deficiência, conforme regulamentação específica.
- Cabe ao poder público incentivar a oferta de aparelhos de telefonia fixa e móvel celular com acessibilidade que, entre outras tecnologias assistivas, possuam possibilidade de indicação e de ampliação sonoras de todas as operações e funções disponíveis.
- ***Os serviços de radiodifusão de sons e imagens devem permitir o uso dos seguintes recursos, entre outros:*** substituição por meio de legenda oculta; janela com intérprete da Libras; audiodescrição.
- O poder público deve adotar mecanismos de incentivo à produção, à edição, à difusão, à distribuição e à comercialização de livros em formatos acessíveis, inclusive em publicações da administração pública ou financiadas com recursos públicos, com vistas a garantir à pessoa com deficiência o direito de acesso à leitura, à informação e à comunicação.
- Nos editais de compras de livros, inclusive para o abastecimento ou a atualização de acervos de bibliotecas em todos os níveis e modalidades de educação e de bibliotecas públicas, o poder público deverá adotar cláusulas de impedimento à participação de editoras que não ofertem sua produção também em formatos acessíveis. Consideram-se formatos acessíveis os arquivos digitais que possam ser reconhecidos e acessados por softwares leitores de telas ou outras tecnologias assistivas que vierem a substituí-los, permitindo leitura com voz sintetizada, ampliação de caracteres, diferentes contrastes e impressão em Braille.
- O poder público deve estimular e apoiar a adaptação e a produção de artigos científicos em formato acessível, inclusive em Libras.
- O poder público deve assegurar a disponibilidade de informações corretas e claras sobre os diferentes produtos e serviços ofertados, por quaisquer meios de comunicação empregados, inclusive em ambiente virtual, contendo a especificação correta de quantidade, qualidade, características, composição e preço, bem como sobre os eventuais riscos à saúde e à segurança do consumidor com deficiência, em caso de sua utilização, aplicando-se, no que couber, o disposto no Código de Defesa do Consumidor.
- Os fornecedores devem disponibilizar, mediante solicitação, exemplares de bulas, prospectos, textos ou qualquer outro tipo de material de divulgação em formato acessível.
- As instituições promotoras de congressos, seminários, oficinas e demais eventos de natureza científico-cultural devem oferecer à pessoa com deficiência, no mínimo, os recursos de tecnologia assistiva. Os congressos, os seminários, as oficinas e os demais eventos de natureza científico-cultural promovidos ou financiados pelo poder público devem garantir as condições de acessibilidade e os recursos de tecnologia assistiva.
- Os programas, as linhas de pesquisa e os projetos a serem desenvolvidos com o apoio de agências de financiamento e de órgãos e entidades integrantes da administração pública que atuem no auxílio à pesquisa devem contemplar temas voltados à tecnologia assistiva. Caberá ao poder público, diretamente ou em parceria com organizações da sociedade civil, promover a capacitação de tradutores e intérpretes da Libras, de guias intérpretes e de profissionais habilitados em Braille, audiodescrição, estenotipia e legendagem.

Também contempla a tecnologia, incentivando o acesso e a criação de recursos e facilidades para garantir a acessibilidade, ficando garantido à pessoa com deficiência acesso a produtos, recursos, estratégias, práticas, processos, métodos e serviços de tecnologia assistiva que maximizem sua autonomia, mobilidade pessoal e qualidade de vida.

O poder público desenvolverá plano específico de medidas, a ser renovado em cada período de 4 (quatro) anos, com a finalidade de:

- Facilitar o acesso a crédito especializado, inclusive com oferta de linhas de crédito subsidiadas, específicas para aquisição de tecnologia assistiva;
- Agilizar, simplificar e priorizar procedimentos de importação de tecnologia assistiva, especialmente as questões atinentes a procedimentos alfandegários e sanitários;
- Criar mecanismos de fomento à pesquisa e à produção nacional de tecnologia assistiva, inclusive por meio de concessão de linhas de crédito subsidiado e de parcerias com institutos de pesquisa oficiais;
- Eliminar ou reduzir a tributação da cadeia produtiva e de importação de tecnologia assistiva;
- Facilitar e agilizar o processo de inclusão de novos recursos de tecnologia assistiva no rol de produtos distribuídos no âmbito do SUS e por outros órgãos governamentais;
- Os procedimentos constantes do plano específico de medidas deverão ser avaliados, pelo menos, a cada 2 (dois) anos.

Dentro do contexto de acessibilidade, também visualizamos a participação política e na vida pública:

> ***Art. 76*** *O poder público deve garantir à pessoa com deficiência todos os direitos políticos e a oportunidade de exercê-los em igualdade de condições com as demais pessoas.*
>
> *§ 1º À pessoa com deficiência será assegurado o direito de votar e de ser votada, inclusive por meio das seguintes ações:*
>
> *I – garantia de que os procedimentos, as instalações, os materiais e os equipamentos para votação sejam apropriados, acessíveis a todas as pessoas e de fácil compreensão e uso, sendo vedada a instalação de seções eleitorais exclusivas para a pessoa com deficiência;*
>
> *II – incentivo à pessoa com deficiência a candidatar-se e a desempenhar quaisquer funções públicas em todos os níveis de governo, inclusive por meio do uso de novas tecnologias assistivas, quando apropriado;*
>
> *III – garantia de que os pronunciamentos oficiais, a propaganda eleitoral obrigatória e os debates transmitidos pelas emissoras de televisão possuam, pelo menos, os recursos elencados no art. 67 desta Lei;*
>
> *IV – garantia do livre exercício do direito ao voto e, para tanto, sempre que necessário e a seu pedido, permissão para que a pessoa com deficiência seja auxiliada na votação por pessoa de sua escolha.*
>
> *§ 2º O poder público promoverá a participação da pessoa com deficiência, inclusive quando institucionalizada, na condução das questões públicas, sem discriminação e em igualdade de oportunidades, observado o seguinte:*
>
> *I – participação em organizações não governamentais relacionadas à vida pública e à política do País e em atividades e administração de partidos políticos;*
>
> *II – formação de organizações para representar a pessoa com deficiência em todos os níveis;*
>
> *III – participação da pessoa com deficiência em organizações que a representem.*

Quanto à ciência e tecnologia é previsto:

> ***Art. 77*** *O poder público deve fomentar o desenvolvimento científico, a pesquisa e a inovação e a capacitação tecnológicas, voltados à melhoria da qualidade de vida e ao trabalho da pessoa com deficiência e sua inclusão social.*

§ 1º O fomento pelo poder público deve priorizar a geração de conhecimentos e técnicas que visem à prevenção e ao tratamento de deficiências e ao desenvolvimento de tecnologias assistiva e social.

§ 2º A acessibilidade e as tecnologias assistiva e social devem ser fomentadas mediante a criação de cursos de pós-graduação, a formação de recursos humanos e a inclusão do tema nas diretrizes de áreas do conhecimento.

§ 3º Deve ser fomentada a capacitação tecnológica de instituições públicas e privadas para o desenvolvimento de tecnologias assistiva e social que sejam voltadas para melhoria da funcionalidade e da participação social da pessoa com deficiência.

§ 4º As medidas previstas neste artigo devem ser reavaliadas periodicamente pelo poder público, com vistas ao seu aperfeiçoamento.

***Art. 78** Devem ser estimulados a pesquisa, o desenvolvimento, a inovação e a difusão de tecnologias voltadas para ampliar o acesso da pessoa com deficiência às tecnologias da informação e comunicação e às tecnologias sociais.*

Parágrafo único. Serão estimulados, em especial:

I – o emprego de tecnologias da informação e comunicação como instrumento de superação de limitações funcionais e de barreiras à comunicação, à informação, à educação e ao entretenimento da pessoa com deficiência;

II – a adoção de soluções e a difusão de normas que visem a ampliar a acessibilidade da pessoa com deficiência à computação e aos sítios da internet, em especial aos serviços de governo eletrônico.

14.1 Acesso à justiça

É um dever do poder público assegurar o acesso da pessoa com deficiência à justiça, em igualdade de oportunidades com as demais pessoas, garantindo, sempre que requeridos, adaptações e recursos de tecnologia assistiva, para, assim, garantir acesso e igualdade no judiciário. Devem ser oferecidos todos os recursos de tecnologia assistiva disponíveis para que a pessoa com deficiência tenha garantido o acesso à justiça, sempre que figure em um dos polos da ação ou atue como testemunha, partícipe da lide posta em juízo, advogado, defensor público, magistrado ou membro do Ministério Público.

A pessoa com deficiência tem garantido o acesso ao conteúdo de todos os atos processuais de seu interesse, inclusive no exercício da advocacia, pois não rara atuação de advogados com deficiência.

A fim de garantir a atuação da pessoa com deficiência em todo o processo judicial, o poder público deve capacitar os membros e os servidores que atuam no Poder Judiciário, no Ministério Público, na Defensoria Pública, nos órgãos de segurança pública e no sistema penitenciário quanto aos direitos da pessoa com deficiência.

As pessoas com deficiência submetida à medida restritiva de liberdade ficam assegurados todos os direitos e garantias a que fazem jus os apenados sem deficiência, garantida a acessibilidade.

Cabe à Defensoria Pública e ao Ministério Público tomar as medidas necessárias à garantia dos direitos previstos nesta Lei de Inclusão.

Os serviços notariais e de registro não podem negar ou criar óbices ou condições diferenciadas à prestação de seus serviços em razão de deficiência do solicitante, devendo reconhecer sua capacidade legal plena, garantida a acessibilidade, sendo o descumprimento caracterizado como discriminação em razão da deficiência.

14.2 Reconhecimento igual perante a lei

Determina a Lei:

***Art. 84** A pessoa com deficiência tem assegurado o direito ao exercício de sua capacidade legal em igualdade de condições com as demais pessoas.*

§ 1º Quando necessário, a pessoa com deficiência será submetida à curatela, conforme a lei.

§ 2º É facultado à pessoa com deficiência a adoção de processo de tomada de decisão apoiada.

§ 3º A definição de curatela de pessoa com deficiência constitui medida protetiva extraordinária, proporcional às necessidades e às circunstâncias de cada caso, e durará o menor tempo possível.

§ 4º Os curadores são obrigados a prestar, anualmente, contas de sua administração ao juiz, apresentando o balanço do respectivo ano.

***Art. 85** A curatela afetará tão somente os atos relacionados aos direitos de natureza patrimonial e negocial.*

§ 1º A definição da curatela não alcança o direito ao próprio corpo, à sexualidade, ao matrimônio, à privacidade, à educação, à saúde, ao trabalho e ao voto.

§ 2º A curatela constitui medida extraordinária, devendo constar da sentença as razões e motivações de sua definição, preservados os interesses do curatelado.

§ 3º No caso de pessoa em situação de institucionalização, ao nomear curador, o juiz deve dar preferência a pessoa que tenha vínculo de natureza familiar, afetiva ou comunitária com o curatelado.

***Art. 86** Para emissão de documentos oficiais, não será exigida a situação de curatela da pessoa com deficiência.*

***Art. 87** Em casos de relevância e urgência e a fim de proteger os interesses da pessoa com deficiência em situação de curatela, será lícito ao juiz, ouvido o Ministério Público, de ofício ou a requerimento do interessado, nomear, desde logo, curador provisório, o qual estará sujeito, no que couber, às disposições do Código de Processo Civil.*

14.3 Crimes e infrações

O EPD prevê 4 crimes expressos, sem prejuízo de sanções penais cabíveis. A cobrança é voltada para o texto da lei:

***Art. 88** Praticar, induzir ou incitar discriminação de pessoa em razão de sua deficiência:*

***Pena** – reclusão, de 1 (um) a 3 (três) anos, e multa.*

§ 1º Aumenta-se a pena em 1/3 (um terço) se a vítima encontrar-se sob cuidado e responsabilidade do agente.

§ 2º Se qualquer dos crimes previstos no caput deste artigo é cometido por intermédio de meios de comunicação social ou de publicação de qualquer natureza:

***Pena** – reclusão, de 2 (dois) a 5 (cinco) anos, e multa.*

§ 3º Na hipótese do § 2º deste artigo, o juiz poderá determinar, ouvido o Ministério Público ou a pedido deste, ainda antes do inquérito policial, sob pena de desobediência:

I – recolhimento ou busca e apreensão dos exemplares do material discriminatório;

II – interdição das respectivas mensagens ou páginas de informação na internet.

§ 4º Na hipótese do § 2º deste artigo, constitui efeito da condenação, após o trânsito em julgado da decisão, a destruição do material apreendido.

***Art. 89** Apropriar-se de ou desviar bens, proventos, pensão, benefícios, remuneração ou qualquer outro rendimento de pessoa com deficiência:*

***Pena** – reclusão, de 1 (um) a 4 (quatro) anos, e multa.*

***Parágrafo único.** Aumenta-se a pena em 1/3 (um terço) se o crime é cometido:*

I – por tutor, curador, síndico, liquidatário, inventariante, testamenteiro ou depositário judicial; ou

II – por aquele que se apropriou em razão de ofício ou de profissão.

***Art. 90** Abandonar pessoa com deficiência em hospitais, casas de saúde, entidades de abrigamento ou congêneres:*

***Pena** – reclusão, de 6 (seis) meses a 3 (três) anos, e multa.*

***Parágrafo único.** Na mesma pena incorre quem não prover as necessidades básicas de pessoa com deficiência quando obrigado por lei ou mandado.*

***Art. 91** Reter ou utilizar cartão magnético, qualquer meio eletrônico ou documento de pessoa com deficiência destinados ao recebimento de benefícios, proventos, pensões ou remuneração ou à realização de operações financeiras, com o fim de obter vantagem indevida para si ou para outrem:*

***Pena** – detenção, de 6 (seis) meses a 2 (dois) anos, e multa.*

***Parágrafo único.** Aumenta-se a pena em 1/3 (um terço) se o crime é cometido por tutor ou curador.*

15 LEIS FEDERAIS, DECRETOS E RESOLUÇÕES SOBRE A PESSOA IDOSA

Segundo dados da Organização Mundial da Saúde (OMS), cerca de 10% da população mundial possuem algum tipo de deficiência. Conforme dados do Censo Demográfico de 2010, do Instituto Brasileiro de Geografia e Estatística (IBGE), 45,6 milhões de pessoas declararam possuir alguma deficiência, o que correspondia a 23,9% da população, à época. A deficiência visual atinge 18,8% da população, seguida da motora (7%), da auditiva (5,1%) e da mental ou intelectual (1,4%). Esse número pode chegar a 50 milhões de pessoas com deficiência nas projeções para o Censo Demográfico de 2020, de acordo com as perspectivas do próprio IBGE .

A partir dessa realidade, percebeu-se a necessidade de pensar a sociedade brasileira e a inclusão das pessoas com deficiência em igualdades de direitos e oportunidades, seguindo os princípios constitucionais do país, já que a Constituição prevê a igualdade material entre todos, assim sendo, é de responsabilidade do Estado criar condições capazes de fazer com que pessoas com deficiência consigam os mesmos objetivos das pessoas que não possuem deficiências.

As políticas públicas são necessárias para garantir a efetivação de direitos e essas só são possíveis se iniciadas por pesquisas referentes às situações enfrentadas pelo grupo a quem se destina a política, aos exemplos já implantados em outros países, ao contato direto com o grupo afetado, para, assim, conhecer as suas demandas, necessidades e opiniões acerca do tema. Logo, é por meio da participação popular e do comprometimento do poder público que é possível implantar uma política pública de acessibilidade de qualidade.

A acessibilidade consiste na possibilidade e condição da pessoa com deficiência ou com mobilidade reduzida de usar, com segurança e autonomia, os espaços, mobiliários e equipamentos urbanos, as edificações, os transportes e os sistemas e meios de comunicação.

Ocorre que, para a consolidação deste direito, muitas vezes é necessária a eliminação de barreiras arquitetônicas, urbanísticas, de transportes, de comunicação, tecnológicas e barreiras atitudinais. As barreiras estão previstas na Lei nº 13.146/2015, o Estatuto da Pessoa com Deficiência e podem ser lembradas a partir do mnemônico TACTAU.

Transportes
Arquitetônico
Comunicação
Tecnologia
Atitudinais
Urbanística

- **Transporte:** meios de transporte.
- **Arquitetônicas:** obstáculos existentes em edifícios públicos ou privados.
- **Comunicação e informação:** obstáculo, atitude ou comportamento que dificulte ou impossibilite expressão nos sistemas de comunicação e tecnologia da informação.
- **Tecnológicas:** dificultam ou impedem acesso às tecnologias.
- **Atitudinais:** atitudes ou comportamentos que impedem ou prejudicam a participação social igualitária.
- **Urbanísticas:** são as vias e espaços, públicos ou privados.

Infelizmente ainda é comum encontrarmos situações como calçadas esburacadas, falta de rampas, escadas sem opção de elevador ou plataforma de elevação, elevadores sem a escrita em braile e sem sinalização sonora, locais com a ausência de piso tátil, o que dificulta e até impede o acesso da pessoa com deficiência e mobilidade reduzida ao meio físico.

De acordo com a CF/88, o direito de ir e vir deve ser assegurado a todos os cidadãos, devendo ser eliminadas todas as barreiras físicas que impeçam o acesso das pessoas com deficiência e mobilidade reduzida aos prédios públicos, aos estabelecimentos comerciais, de ensino, praças, parques, cinemas e tantos outros. Há, no cenário brasileiro, farta legislação contemplando estes direitos (artigos 227, § 2º, e 244 da CF/88; Leis nº 7.853/89, nº 10.048/00 e nº 10.098/00; Decreto nº 3.298/99 e Decreto Regulamentador nº 5.296/04, além de outras legislações estaduais e municipais), devendo ser denunciado ao Ministério Público, por meio de sua ouvidoria, qualquer violação a estes direitos.

Tanto a legislação brasileira quanto as normas técnicas apresentam uma evolução na abordagem do tema acessibilidade nas diversas áreas do conhecimento. No ambiente construído, as principais referências são a Lei nº 10.098, de 19 de dezembro de 2000, que estabelece normas e critérios básicos para a promoção da acessibilidade, o Decreto nº 5.296, de 02 de dezembro de 2004, que regulamenta esta lei, e a norma brasileira que estabelece os parâmetros técnicos para a promoção da acessibilidade, que iremos tratar nesse primeiro momento.

As Leis Federais nº 10.048 e nº 10.098 de 2000 estabeleceram normas gerais e critérios básicos a fim de promover acessibilidade às pessoas com deficiência ou às pessoas com mobilidade reduzida, temporária ou terminantemente. A primeira (Lei nº 10.048/00) trata de atendimento prioritário e de acessibilidade nos meios de transportes e inova ao introduzir penalidades ao seu descumprimento; e a segunda (Lei nº 10.098/00) subdivide o assunto em acessibilidade ao meio físico, aos meios de transporte, na comunicação e informação e em ajudas técnicas.

As leis acima citadas foram regulamentadas por meio do Decreto nº 5.296, de 2 de dezembro de 2004, que estabeleceu critérios mais particulares para a implementação da acessibilidade arquitetônica e urbanística e aos serviços de transportes coletivos. No primeiro caso, no que se refere diretamente à mobilidade urbana, o decreto define condições para a construção de calçadas, instalação de mobiliário urbano e de equipamentos de sinalização de trânsito, de estacionamentos de uso público; no segundo, define padrões de acessibilidade universal para "veículos, terminais, estações, pontos de parada, vias principais, acessos e operação" do transporte rodoviário (urbano, metropolitano, intermunicipal e interestadual), ferroviário, aquaviário e aéreo.

15.1 Lei nº 10.048/2000 - atendimento prioritário

De início, é relevante ressaltar que a Lei nº 10.048/00 é a Lei de Atendimento Prioritário e não de Atendimento Exclusivo, lei essa que passou por duas alterações, como observamos abaixo:

O Presidente da República Faço saber que o Congresso Nacional decreta e eu sanciono a seguinte Lei:

> ***Art. 1º*** *As pessoas portadoras de deficiência física, os idosos com idade igual ou superior a sessenta e cinco anos, as gestantes, as lactantes e as pessoas acompanhadas por crianças de colo terão atendimento prioritário, nos termos desta Lei.*
>
> ***Art. 1º*** *As pessoas portadoras de deficiência, os idosos com idade igual ou superior a 60 (sessenta) anos, as gestantes, as lactantes e as pessoas acompanhadas por crianças de colo terão atendimento prioritário, nos termos desta Lei. (Redação dada pela Lei nº 10.741, de 2003)*
>
> ***Art. 1º*** *As pessoas com deficiência, os idosos com idade igual ou superior a 60 (sessenta) anos, as gestantes, as lactantes, as pessoas com crianças de colo e os obesos terão atendimento prioritário, nos termos desta Lei. (Redação dada pela Lei nº 13.146, de 2015) (Vigência)*

A partir da Lei Brasileira de Inclusão, o legislador incluiu os obesos no atendimento prioritário e a alteração da terminologia Pessoa Portadora por Pessoa com Deficiência.

As lactantes não necessariamente precisam estar com a criança de colo ou amamentando.

Art. 2º As repartições públicas e empresas concessionárias de serviços públicos estão obrigadas a dispensar atendimento prioritário, por meio de serviços individualizados que assegurem tratamento diferenciado e atendimento imediato às pessoas a que se refere o art. 1º.

Parágrafo único. É assegurada, em todas as instituições financeiras, a prioridade de atendimento às pessoas mencionadas no art. 1º

Em 2008, a Federação Brasileira de Bancos (Febraban) assinou um Termo de Ajuste de Conduta (TAC) com o Ministério Público Federal, os Ministérios Públicos de São Paulo e Minas Gerais e também a Secretaria Especial de Direitos Humanos na Presidência da República (SEDH), para promover acessibilidade nas agências bancárias. O Termo abrange todas as agências de bancos federais, no Brasil inteiro. Em bancos estaduais e privados, a medida tem efeito apenas nos estados de São Paulo e Minas Gerais. Nesses estados, os bancos públicos e privados precisarão realizar ajustes não apenas arquitetônicos. Essa medida tem como objetivo diminuir as barreiras que dificultam o atendimento nos bancos, de forma adequada.

Os terminais de autoatendimento e caixas deverão ser acessíveis para atender as pessoas em cadeiras de rodas. Precisará, ainda, haver garantia de demarcação de local preferencial nas filas. Os bancos com mais de um pavimento precisarão adaptar obrigatoriamente apenas um deles, desde que este andar ofereça todos os serviços às pessoas com deficiência. As adaptações devem seguir as normas estabelecidas pela ABNT (Associação Brasileira de Normas Técnicas).

Art. 3º As empresas públicas de transporte e as concessionárias de transporte coletivo reservarão assentos, devidamente identificados, aos idosos, gestantes, lactantes, pessoas portadoras de deficiência e pessoas acompanhadas por crianças de colo.

Nesse artigo, vale destacar que os obesos não aparecem como prioridade.

Art. 4º Os logradouros e sanitários públicos, bem como os edifícios de uso público, terão normas de construção, para efeito de licenciamento da respectiva edificação, baixadas pela autoridade competente, destinadas a facilitar o acesso e uso desses locais pelas pessoas portadoras de deficiência.

Art. 5º Os veículos de transporte coletivo a serem produzidos após doze meses da publicação desta Lei serão planejados de forma a facilitar o acesso a seu interior das pessoas portadoras de deficiência.

§ 1º (VETADO)

§ 2º Os proprietários de veículos de transporte coletivo em utilização terão o prazo de cento e oitenta dias, a contar da regulamentação desta Lei, para proceder às adaptações necessárias ao acesso facilitado das pessoas portadoras de deficiência.

Art. 6º A infração ao disposto nesta Lei sujeitará os responsáveis:

I - no caso de servidor ou de chefia responsável pela repartição pública, às penalidades previstas na legislação específica;

II - no caso de empresas concessionárias de serviço público, a multa de R$ 500,00 (quinhentos reais) a R$ 2.500,00 (dois mil e quinhentos reais), por veículos sem as condições previstas nos arts. 3º e 5º;

III - no caso das instituições financeiras, às penalidades previstas no art. 44, incisos I, II e III, da Lei no 4.595, de 31 de dezembro de 1964.

Parágrafo único. As penalidades de que trata este artigo serão elevadas ao dobro, em caso de reincidência.

Art. 7º O Poder Executivo regulamentará esta Lei no prazo de sessenta dias, contado de sua publicação.

Art. 8º Esta Lei entra em vigor na data de sua publicação.

15.2 Lei nº 10.098/2000 — Promoção da acessibilidade

CAPÍTULO I - DISPOSIÇÕES GERAIS

Art. 1º Esta Lei estabelece normas gerais e critérios básicos para a promoção da acessibilidade das pessoas portadoras de deficiência ou com mobilidade reduzida, mediante a supressão de barreiras e de obstáculos nas vias e espaços públicos, no mobiliário urbano, na construção e reforma de edifícios e nos meios de transporte e de comunicação.

No art.1º, podemos observar ainda a utilização da terminologia portador de necessidade, que foi revogado pelo Estatuto da Pessoa com Deficiência. Lembre-se de que a expressão pessoas com deficiência foi adotada oficialmente pela Assembleia Geral das Nações Unidas a partir da Convenção sobre os Direitos das Pessoas com Deficiência, de 13 de dezembro de 2006, a qual entrou em vigor em 3 de maio de 2008, subscrita e ratificada por vários países, entre eles o Brasil. Essa referida Convenção foi aprovada pelo Senado Federal em 9 de julho de 2008 pelo Decreto nº 186/2008 e, posteriormente, promulgada pela Presidência da República em 25 de agosto de 2009, a partir do Decreto nº 6.949/2009.

Em relação ao Brasil, o Decreto nº 6.949/2009 foi o primeiro documento internacional de direitos humanos que adquiriu status constitucional sob a forma de emenda à Constituição, uma vez que, nos termos do art.1º, do referido Decreto, a Convenção da ONU foi aprovada pelo Congresso brasileiros nos moldes do § 3º, do art. 5º, da Constituição Federal, o qual prevê que: "*Os tratados e convenções internacionais sobre os direitos humanos que forem aprovados, em cada Casa do Congresso Nacional, em dois turnos, por 3/5 dos votos dos respectivos membros, serão equivalentes à emendas constitucionais.*"

Art. 2º Para os fins desta Lei são estabelecidas as seguintes definições:

I - acessibilidade: possibilidade e condição de alcance para utilização, com segurança e autonomia, de espaços, mobiliários, equipamentos urbanos, edificações, transportes, informação e comunicação, inclusive seus sistemas e tecnologias, bem como de outros serviços e instalações abertos ao público, de uso público ou privados de uso coletivo, tanto na zona urbana como na rural, por pessoa com deficiência ou com mobilidade reduzida; (Redação dada pela Lei nº 13.146, de 2015)

II - barreiras: qualquer entrave, obstáculo, atitude ou comportamento que limite ou impeça a participação social da pessoa, bem como o gozo, a fruição e o exercício de seus direitos à acessibilidade, à liberdade de movimento e de expressão, à comunicação, ao acesso à informação, à compreensão, à circulação com segurança, entre outros, classificadas em: (Redação dada pela Lei nº 13.146, de 2015)

a) barreiras urbanísticas: as existentes nas vias e nos espaços públicos e privados abertos ao público ou de uso coletivo; (Redação dada pela Lei nº 13.146, de 2015)

b) barreiras arquitetônicas: as existentes nos edifícios públicos e privados; (Redação dada pela Lei nº 13.146, de 2015)

c) barreiras nos transportes: as existentes nos sistemas e meios de transportes; (Redação dada pela Lei nº 13.146, de 2015)

d) barreiras nas comunicações e na informação: qualquer entrave, obstáculo, atitude ou comportamento que dificulte ou impossibilite a expressão ou o recebimento de mensagens e de informações por intermédio de sistemas de comunicação e de tecnologia da informação; (Redação dada pela Lei nº 13.146, de 2015)

III - pessoa com deficiência: aquela que tem impedimento de longo prazo de natureza física, mental, intelectual ou sensorial, o qual, em interação com uma ou mais barreiras, pode obstruir sua participação plena e efetiva na sociedade em igualdade de condições com as demais pessoas; (Redação dada pela Lei nº 13.146, de 2015) (Vigência)

IV - pessoa com mobilidade reduzida: aquela que tenha, por qualquer motivo, dificuldade de movimentação, permanente ou temporária, gerando redução efetiva da mobilidade, da flexibilidade, da coordenação motora ou da percepção, incluindo idoso, gestante, lactante, pessoa com criança de colo e obeso; (Redação dada pela Lei nº 13.146, de 2015)

V - acompanhante: aquele que acompanha a pessoa com deficiência, podendo ou não desempenhar as funções de atendente pessoal; (Redação dada pela Lei nº 13.146, de 2015) (Vigência)

VI - elemento de urbanização: quaisquer componentes de obras de urbanização, tais como os referentes a pavimentação, saneamento, encanamento para esgotos, distribuição de energia elétrica e de gás, iluminação pública, serviços de comunicação, abastecimento e distribuição de água, paisagismo e os que materializam as indicações do planejamento urbanístico; (Redação dada pela Lei nº 13.146, de 2015)

VII - mobiliário urbano: conjunto de objetos existentes nas vias e nos espaços públicos, superpostos ou adicionados aos elementos de urbanização ou de edificação, de forma que sua modificação ou seu traslado não provoque alterações substanciais nesses elementos, tais como semáforos, postes de sinalização e similares, terminais e pontos de acesso coletivo às telecomunicações, fontes de água, lixeiras, toldos, marquises, bancos, quiosques e quaisquer outros de natureza análoga; (Incluído pela Lei nº 13.146, de 2015)

VIII - tecnologia assistiva ou ajuda técnica: produtos, equipamentos, dispositivos, recursos, metodologias, estratégias, práticas e serviços que objetivem promover a funcionalidade, relacionada à atividade e à participação da pessoa com deficiência ou com mobilidade reduzida, visando à sua autonomia, independência, qualidade de vida e inclusão social; (Incluído pela Lei nº 13.146, de 2015)

IX - comunicação: forma de interação dos cidadãos que abrange, entre outras opções, as línguas, inclusive a Língua Brasileira de Sinais (Libras), a visualização de textos, o Braille, o sistema de sinalização ou de comunicação tátil, os caracteres ampliados, os dispositivos multimídia, assim como a linguagem simples, escrita e oral, os sistemas auditivos e os meios de voz digitalizados e os modos, meios e formatos aumentativos e alternativos de comunicação, incluindo as tecnologias da informação e das comunicações; (Incluído pela Lei nº 13.146, de 2015)

X - desenho universal: concepção de produtos, ambientes, programas e serviços a serem usados por todas as pessoas, sem necessidade de adaptação ou de projeto específico, incluindo os recursos de tecnologia assistiva. (Incluído pela Lei nº 13.146, de 2015)

Art. 3º *O planejamento e a urbanização das vias públicas, dos parques e dos demais espaços de uso público deverão ser concebidos e executados de forma a torná-los acessíveis para todas as pessoas, inclusive para aquelas com deficiência ou com mobilidade reduzida. (Redação dada pela Lei nº 13.146, de 2015)*

Parágrafo único. *O passeio público, elemento obrigatório de urbanização e parte da via pública, normalmente segregado e em nível diferente, destina-se somente à circulação de pedestres e, quando possível, à implantação de mobiliário urbano e de vegetação. (Incluído pela Lei nº 13.146, de 2015)*

Art. 4º *As vias públicas, os parques e os demais espaços de uso público existentes, assim como as respectivas instalações de serviços e mobiliários urbanos deverão ser adaptados, obedecendo-se ordem de prioridade que vise à maior eficiência das modificações, no sentido de promover mais ampla acessibilidade às pessoas portadoras de deficiência ou com mobilidade reduzida.*

Parágrafo único. *No mínimo 5% (cinco por cento) de cada brinquedo e equipamento de lazer existentes nos locais referidos no caput devem ser adaptados e identificados, tanto quanto tecnicamente possível, para possibilitar sua utilização por pessoas com deficiência, inclusive visual, ou com mobilidade reduzida. (Redação dada pela Lei nº 13.443, de 2017)*

Art. 5º *O projeto e o traçado dos elementos de urbanização públicos e privados de uso comunitário, nestes compreendidos os itinerários e as passagens de pedestres, os percursos de entrada e de saída de veículos, as escadas e rampas, deverão observar os parâmetros estabelecidos pelas normas técnicas de acessibilidade da Associação Brasileira de Normas Técnicas – ABNT.*

15.2.1 Conceitos relevantes da ABNT

Acessibilidade: possibilidade e condição de alcance, percepção e entendimento para a utilização com segurança e autonomia de edificações, espaço, mobiliário, equipamento urbano e elementos. É o processo pelo qual se atinge o acesso universal, resultado da prática do design inclusivo.

Acessível: espaço, edificação, mobiliário, equipamento urbano ou elemento que possa ser alcançado, acionado, utilizado e vivenciado por qualquer pessoa, inclusive aquelas com mobilidade reduzida. O termo acessível implica tanto em acessibilidade física como de comunicação.

Acesso universal: condição de percepção, aproximação e utilização, ampla e irrestrita, de ambientes, produtos e ou serviços por qualquer pessoa.

Adaptável: espaço, edificação, mobiliário, equipamento urbano ou elemento cujas características possam ser alteradas para que se torne acessível.

Adaptado: espaço, edificação, mobiliário, equipamento urbano ou elemento cujas características originais foram alteradas posteriormente para serem acessíveis.

Adequado: espaço, edificação, mobiliário, equipamento urbano ou elemento cujas características foram originalmente planejadas para serem acessíveis.

Barreira arquitetônica, Urbanística ou Ambiental: qualquer elemento natural, instalado ou edificado, que impeça a aproximação, transferência ou circulação no espaço, mobiliário ou equipamento urbano.

Deficiência: redução, limitação ou inexistência das condições de percepção das características do ambiente ou de mobilidade e de utilização de edificações, espaços, mobiliário, equipamento urbano e elementos em caráter temporário ou permanente.

Desenho universal: concepção de ambientes, produtos e ou serviços para atender ao maior número possível de pessoas, sem necessidade de adaptação ou projeto especializado, representando o nível mais amplo de acessibilidade. O desenho universal visa atender a maior gama de variações possíveis das características antropométricas e sensoriais da população.

Equipamento urbano: todos os bens públicos e privados, de utilidade pública, destinados à prestação de serviços necessários ao funcionamento da cidade, implantados mediante autorização do poder público, em espaços públicos e privados.

Espaço acessível: espaço que pode ser percebido e utilizado em sua totalidade por todas as pessoas, inclusive aquelas com mobilidade reduzida.

Faixa elevada: elevação do nível do leito carroçável composto de área plana elevada, sinalizada com faixa de travessia de pedestres e rampa de transposição para veículos, destinada a promover a concordância entre os níveis das calçadas em ambos os lados da via.

Inclusão: reconhecimento da diversidade humana, garantia do acesso universal e equidade.

Mobiliário urbano: todos os objetos, elementos e pequenas construções integrantes da paisagem urbana, de natureza utilitária, ou não, implantada mediante autorização do poder público em espaços públicos e privados.

Pessoa com mobilidade reduzida: aquela que temporária ou permanentemente, tem limitada sua capacidade de relacionar-se com o meio de utilizá-lo. Entende-se por pessoa com mobilidade reduzida a pessoa com deficiência, obesa, idosa, gestante, entre outros.

Piso tátil: piso caracterizado pela diferenciação de textura em relação ao piso adjacente, destinado a constituir alerta ou linha guia perceptível por pessoas com deficiência visual.

Tecnologia assistiva: conjunto de técnicas, aparelhos ou instrumentos, produtos e procedimentos que visam auxiliar a mobilidade, a percepção e a utilização do meio ambiente e dos elementos por pessoas com deficiência.

Art. 6º *Os banheiros de uso público existentes ou a construir em parques, praças, jardins e espaços livres públicos deverão ser acessíveis e dispor, pelo menos, de um sanitário e um lavatório que atendam às especificações das normas técnicas da ABNT.*

§ 1º Os eventos organizados em espaços públicos e privados em que haja instalação de banheiros químicos deverão contar com unidades acessíveis a pessoas com deficiência ou com mobilidade reduzida. (Incluído pela Lei nº 13.825, de 2019)

§ 2º O número mínimo de banheiros químicos acessíveis corresponderá a 10% (dez por cento) do total, garantindo-se pelo menos 1 (uma) unidade acessível caso a aplicação do percentual resulte em fração inferior a 1 (um). (Incluído pela Lei nº 13.825, de 2019)

Art. 7º *Em todas as áreas de estacionamento de veículos, localizadas em vias ou em espaços públicos, deverão ser reservadas vagas próximas dos acessos de circulação de pedestres, devidamente sinalizadas, para veículos que transportem pessoas portadoras de deficiência com dificuldade de locomoção.*

Parágrafo único. *As vagas a que se refere o caput deste artigo deverão ser em número equivalente a dois por cento do total, garantida, no mínimo, uma vaga, devidamente sinalizada e com as especificações técnicas de desenho e traçado de acordo com as normas técnicas vigentes.*

15.2.2 Desenho e localização do mobiliário urbano

Art. 8º *Os sinais de tráfego, semáforos, postes de iluminação ou quaisquer outros elementos verticais de sinalização que devam ser instalados em itinerário ou espaço de acesso para pedestres deverão ser dispostos de forma a não dificultar ou impedir a circulação, e de modo que possam ser utilizados com a máxima comodidade.*

Art. 9º *Os semáforos para pedestres instalados nas vias públicas deverão estar equipados com mecanismo que emita sinal sonoro suave, intermitente e sem estridência, ou com mecanismo alternativo, que sirva de guia ou orientação para a travessia de pessoas portadoras de deficiência visual, se a intensidade do fluxo de veículos e a periculosidade da via assim determinarem.*

Parágrafo único. *Os semáforos para pedestres instalados em vias públicas de grande circulação, ou que deem acesso aos serviços de reabilitação, devem obrigatoriamente estar equipados com mecanismo que emita sinal sonoro suave para orientação do pedestre. (Incluído pela Lei nº 13.146, de 2015)*

Art. 10 *Os elementos do mobiliário urbano deverão ser projetados e instalados em locais que permitam sejam eles utilizados pelas pessoas portadoras de deficiência ou com mobilidade reduzida.*

Art. 10-A *A instalação de qualquer mobiliário urbano em área de circulação comum para pedestre que ofereça risco de acidente à pessoa com deficiência deverá ser indicada mediante sinalização tátil de alerta no piso, de acordo com as normas técnicas pertinentes. (Incluído pela Lei nº 13.146, de 2015)*

15.3 Decreto nº 5.296/2004

O Decreto 5.296/2004:

- Regulamenta as Leis nº 10.048/2000 e nº 10.098/2000;
- Conceitua ajuda técnica, desenho universal e acessibilidade;
- Dispõe sobre acessibilidade nos serviços de transportes.

Ainda, o Capítulo IV, do Decreto nº 5.296/04, que discorre sobre a Implementação da Acessibilidade Arquitetônica e Urbanística, inicia com o art. 10, impondo que a concepção e a implantação dos projetos arquitetônicos e urbanísticos devam atender aos princípios do **desenho universal**, tendo como referências básicas as normas técnicas de acessibilidade da ABNT, a legislação específica e as regras contidas no Decreto.

O conceito de desenho universal, criado por uma comissão em Washington, Estados Unidos, nos anos 1960, foi inicialmente chamado de "Desenho Livre de Barreiras" por se voltar à eliminação de barreiras arquitetônicas nos projetos de edifícios, equipamentos e áreas urbanas. Posteriormente, esse conceito evoluiu para a concepção de Desenho Universal, pois passou a considerar não só o projeto, mas principalmente a diversidade humana, de forma a respeitar as diferenças existentes entre as pessoas e a garantir a acessibilidade a todos os componentes do ambiente.

O desenho universal deve ser concebido como gerador de ambientes, serviços, programas e tecnologias acessíveis, utilizáveis equitativamente, de forma segura e autônoma por todas as pessoas – na maior extensão possível – sem que tenham que ser adaptados ou readaptados especificamente, em virtude dos sete princípios que o sustentam, a saber:

Uso flexível	Design de produtos ou espaços que atendam pessoas com diferentes habilidades e diversas preferências, sendo adaptáveis para qualquer uso.
Uso equiparável	São espaços objetos e produtos que podem ser utilizados por pessoas com diferentes capacidades, tornando os ambientes iguais para todos.
Simples e intuitivo	De fácil entendimento para que uma pessoa possa compreender, independentemente de sua experiência, conhecimento, habilidade de linguagem, ou nível de concentração.
Informação perceptível	Quando a informação necessária é transmitida de forma a atender as necessidades do receptor, seja ela uma pessoa estrangeira, com dificuldade de visão ou audição.
Tolerante ao erro	Previsto para minimizar os riscos e possíveis consequências de ações acidentais ou não intencionais.
Com pouca exigência de esforço físico	Para ser usado eficientemente, com o mínimo de fadiga.
Dimensão e espaço para aproximação e uso	Que estabelece dimensões e espaços apropriados para o acesso, o alcance, a manipulação e o uso, independentemente do tamanho do corpo (obesos, anões etc.) da postura ou mobilidade de usuários (pessoas em cadeiras de rodas, com carrinhos de bebê, bengalas etc.).

15.4 Resolução nº 230/2016 – CNJ

A Resolução nº 230/16 do Conselho Nacional de Justiça orienta a adequação das atividades dos órgãos do Poder Judiciário e de seus serviços auxiliares às determinações exaradas pela Convenção Internacional sobre os Direitos das Pessoas com Deficiência e seu Protocolo Facultativo e pela Lei Brasileira de Inclusão da Pessoa com Deficiência por meio – entre outras medidas – da Recomendação CNJ 27, de 16/12/2009, bem como da instituição de Comissões Permanentes de Acessibilidade e Inclusão.

15.5 Princípios gerais da Convenção Internacional sobre os Direitos das Pessoas com Deficiência

Como princípios gerais citam-se:

- Respeito pela diferença e aceitação das pessoas com deficiência como parte da diversidade humana e humanidade;
- Plena e efetiva participação e inclusão na sociedade;
- Igualdade entre homem e mulher;
- Respeito pela dignidade da pessoa humana;
- Respeito pelo desenvolvimento das capacidades das crianças com deficiência e pelo direito de preservação da identidade;
- Não discriminação;
- Igualdade de oportunidades;
- Acessibilidade.

A Resolução nº 230/2016 prevê, entre outros procedimentos, atendimento e tramitação processual prioritários aos usuários com deficiência quando forem parte ou interessados. Também visa a adoção urgente de medidas apropriadas para eliminar e prevenir qualquer barreira. O intuito é assegurar a servidores, a funcionários terceirizados e a usuários em geral as adaptações necessárias para o atendimento.

15.5.1 Essência da norma

Art. 1º Esta Resolução orienta a adequação das atividades dos órgãos do Poder Judiciário e de seus serviços auxiliares em relação às determinações exaradas pela Convenção Internacional sobre os Direitos das Pessoas com Deficiência e seu Protocolo Facultativo (promulgada por meio do Decreto nº 6.949/2009) e pela Lei Brasileira de Inclusão da Pessoa com Deficiência (Lei nº 13.146/2015).

15.5.2 O que a Resolução considera

O art. 2º, da Resolução nº 230/2016, do CNJ, estabelece conceitos aplicáveis às pessoas com deficiência, dos quais se destacam:

- **Discriminação por motivo de deficiência:** significa qualquer diferenciação, exclusão ou restrição, por ação ou omissão, baseada em deficiência, com o propósito ou efeito de impedir ou impossibilitar o reconhecimento, o desfrute ou o exercício, em igualdade de oportunidades com as demais pessoas, de direitos humanos e liberdades fundamentais nos âmbitos político, econômico, social, cultural, civil ou qualquer outro, incluindo a recusa de adaptações razoáveis e de fornecimento de tecnologias assistivas;
- **Acessibilidade:** significa possibilidade e condição de alcance para utilização, com segurança e autonomia, de espaços, mobiliários, equipamentos urbanos, edificações, transportes, informação e comunicação, inclusive seus sistemas e tecnologias, bem como de outros serviços e instalações abertos ao público, de uso público ou privados de uso coletivo, tanto na zona urbana como na rural, por pessoa com deficiência ou com mobilidade reduzida;
- **Barreiras:** significa qualquer entrave, obstáculo, atitude ou comportamento que limite ou impeça a participação social da pessoa, bem como o gozo, a fruição e o exercício de seus direitos à acessibilidade, à liberdade de movimento e de expressão, à comunicação, ao acesso à informação, à compreensão, à circulação com segurança;
- **Tecnologia assistiva:** (ou "ajuda técnica") significa produtos, equipamentos, dispositivos, recursos, metodologias, estratégias, práticas e serviços que objetivem promover a funcionalidade, relacionada à atividade e à participação da pessoa com deficiência ou com mobilidade reduzida, visando à sua autonomia, independência, qualidade de vida e inclusão social;
- **Comunicação:** significa uma forma de interação dos cidadãos que abrange, entre outras opções, as línguas, inclusive a Língua Brasileira de Sinais (Libras), a visualização de textos, o Braille, o sistema de sinalização ou de comunicação tátil, os caracteres ampliados, os dispositivos multimídia, assim como a linguagem simples, escrita e oral, os sistemas auditivos e os meios de voz digitalizados e os modos, meiose formatos aumentativos e alternativos de comunicação, incluindo as tecnologias da informação e das comunicações.

15.5.3 Atendimento prioritário à pessoa com deficiência

Art. 16 A pessoa com deficiência tem direito a receber atendimento prioritário, sobretudo com a finalidade de:

I – proteção e socorro em quaisquer circunstâncias;

II – atendimento em todos os serviços de atendimento ao público;

III – disponibilização de recursos, tanto humanos quanto tecnológicos, que garantam atendimento em igualdade de condições com as demais pessoas;

IV – acesso a informações e disponibilização de recursos de comunicação acessíveis;

V – tramitação processual e procedimentos judiciais e administrativos em que for parte ou interessada, em todos os atos e diligências.

Parágrafo único. *Os direitos previstos neste artigo são extensivos ao acompanhante da pessoa com deficiência ou ao seu atendente pessoal, exceto quanto ao disposto no inciso V deste artigo.*

Art. 3º A fim de promover a igualdade, adotar-se-ão, com urgência, medidas apropriadas para eliminar e prevenir quaisquer barreiras urbanísticas, arquitetônicas, nos transportes, nas comunicações e na informação, atitudinais ou tecnológicas, devendo-se garantir às pessoas com deficiência – servidores, serventuários extrajudiciais, terceirizados ou não – quantas adaptações razoáveis ou mesmo tecnologias assistivas sejam necessárias para assegurar acessibilidade plena, coibindo qualquer forma de discriminação por motivo de deficiência.

16 RESOLUÇÃO Nº 230/2016 - CNJ

A Resolução nº 230/16 do Conselho Nacional de Justiça orienta a adequação das atividades dos órgãos do Poder Judiciário e de seus serviços auxiliares às determinações exaradas pela Convenção Internacional sobre os Direitos das Pessoas com Deficiência e seu Protocolo Facultativo e pela Lei Brasileira de Inclusão da Pessoa com Deficiência por meio – entre outras medidas – da Recomendação CNJ 27, de 16/12/2009, bem como da instituição de Comissões Permanentes de Acessibilidade e Inclusão.

16.1 Princípios Gerais da Convenção Internacional sobre os Direitos das Pessoas com Deficiência

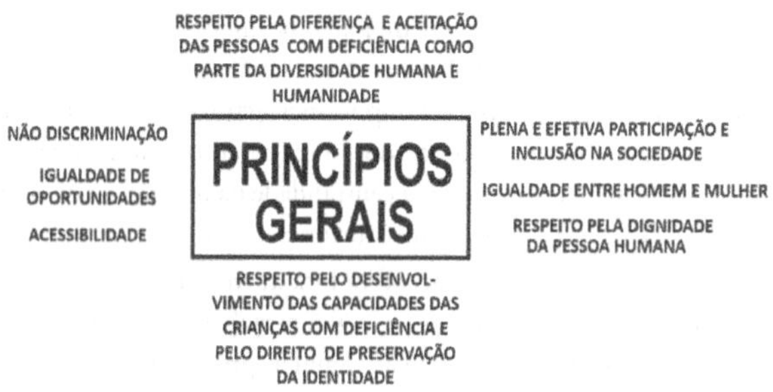

A Resolução nº 230/2016 prevê, entre outros procedimentos, atendimento e tramitação processual prioritários aos usuários com deficiência quando forem parte ou interessados. Também visa a adoção urgente de medidas apropriadas para eliminar e prevenir qualquer barreira. O intuito é assegurar a servidores, a funcionários terceirizados e a usuários em geral as adaptações necessárias para o atendimento.

16.1.1 Essência da Norma

"Art. 1º Esta Resolução orienta a adequação das atividades dos órgãos do Poder Judiciário e de seus serviços auxiliares em relação às determinações exaradas pela Convenção Internacional sobre os Direitos das Pessoas com Deficiência e seu Protocolo Facultativo (promulgada por meio do Decreto nº 6.949/2009) e pela Lei Brasileira de Inclusão da Pessoa com Deficiência (Lei nº 13.146/2015)."

16.1.2 O Que a Resolução Leva em Conta

O Art. 2º, da Resolução nº 230/2016, do CNJ, estabelece conceitos aplicáveis às pessoas com deficiência, dos quais se destacam:

- "discriminação por motivo de deficiência" significa qualquer diferenciação,exclusão ou restrição, por ação ou omissão, baseada em deficiência, com o propósito ou efeito de impedir ou impossibilitar o reconhecimento, o desfrute ou o exercício, em igualdade de oportunidades com as demais pessoas, de direitos humanos e liberdades fundamentais nos âmbitos político, econômico, social, cultural, civil ou qualquer outro, incluindo a recusa de adaptações razoáveis e de fornecimento de tecnologias assistivas;
- "acessibilidade" significa possibilidade e condição de alcance para utilização, com segurança e autonomia, de espaços, mobiliários, equipamentos urbanos, edificações, transportes, informação e comunicação,inclusive seus sistemas e tecnologias, bem como de outros serviços e instalações abertos ao público, de uso público ou privados de uso coletivo, tanto na zona urbana como na rural, por pessoa com deficiência ou com mobilidade reduzida;
- "barreiras" significa qualquer entrave, obstáculo, atitude ou comportamento que limite ou impeça a participação social da pessoa, bem como o gozo, a fruição e o exercício de seus direitos à acessibilidade,à liberdade de movimento e de expressão, à comunicação, ao acesso à informação, à compreensão, à circulação com segurança;
- "tecnologia assistiva" (ou "ajuda técnica") significa produtos, equipamentos,dispositivos, recursos, metodologias, estratégias, práticas e serviços que objetivem promover a funcionalidade, relacionada à atividade e à participação da pessoa com deficiência ou com mobilidade reduzida, visando à sua autonomia, independência, qualidade de vida e inclusão social;
- "comunicação" significa uma forma de interação dos cidadãos que abrange,entre outras opções, as línguas, inclusive a Língua Brasileira de Sinais (Libras), a visualização de textos, o Braille, o sistema de sinalização ou de comunicação tátil, os caracteres ampliados, os dispositivos multimídia, assim como a linguagem simples, escrita e oral, os sistemas auditivos e os meios de voz digitalizados e os modos, meiose formatos aumentativos e alternativos de comunicação, incluindo as tecnologias da informação e das comunicações.

16.1.3 Atendimento Prioritário à Pessoa com Deficiência

> ***Art. 16.*** *A pessoa com deficiência tem direito a receber atendimento prioritário, sobretudo com a finalidade de:*
>
> *I. proteção e socorro em quaisquer circunstâncias;*
>
> *II. atendimento em todos os serviços de atendimento ao público;*
>
> *III. disponibilização de recursos, tanto humanos quanto tecnológicos,- que garantam atendimento em igualdade de condições com as demais pessoas;*
>
> *IV.acesso a informações e disponibilização de recursos de comunicação acessíveis;*
>
> *V. tramitação processual e procedimentos judiciais e administrativos em que for parte ou interessada, em todos os atos e diligências.*
>
> ***Parágrafo único.*** *Os direitos previstos neste artigo são extensivos ao acompanhante da pessoa com deficiência ou ao seu atendente pessoal,exceto quanto ao disposto no inciso V deste artigo.*
>
> ***Art. 3º*** *A fim de promover a igualdade, adotar-se-ão,com urgência, medidas apropriadas para eliminar e prevenir quaisquer barreiras urbanísticas, arquitetônicas,nos transportes, nas comunicações e na informação,atitudinais ou tecnológicas, devendo-se garantir às pessoas com deficiência – servidores, serventuários extrajudiciais, terceirizados ou não – quantas adaptações razoáveis ou mesmo tecnologias assistivas sejam necessárias para assegurar acessibilidade plena, coibindo qualquer forma de discriminação por motivo de deficiência.*

17 LEI Nº 12.288/2010 - ESTATUTO DA IGUALDADE RACIAL

17.1 A relevância histórica da legislação de promoção da igualdade racial

A expansão europeia em direção a outros continentes, que se iniciou junto com a chamada Idade Moderna, foi elemento fundamental no processo histórico que levou ao surgimento do Brasil como Estado-nação. Nesse processo, os europeus, além de entrarem em contato com as populações nativas do futuro território brasileiro, para aqui transferiram vastos contingentes humanos de outras regiões do mundo, sobretudo da África, em função, principalmente, de necessidades de mão de obra para os empreendimentos coloniais. Aprendemos, por isso, desde cedo, que, a partir da contribuição inicial de portugueses, indígenas e africanos, logo acrescida pela de pessoas das mais diversas origens, formou-se o povo brasileiro.

Da interação entre populações com experiências históricas distintas, que se enriqueciam pelo contato com as experiências das demais, resultou o imenso patrimônio cultural do país. No entanto, o grau de desigualdade e opressão que marcou aquele encontro inicial, decorrente de desmedida violência colonialista, deixou marcas difíceis de superar. A hierarquia entre as populações de variada origem que compõem a população brasileira manteve-se presente em todos os indicadores econômicos e sociais, século após século, reforçando-se pela discriminação racial desleal que se criou, em detrimento especialmente dos grupos humanos incorporados à sociedade nascente como escravos.

A relação entre populações assim fortemente hierarquizadas nunca deixou de ser uma questão crucial para quem refletisse sobre o Brasil. Desde sempre, pontos de vista distintos se contrapuseram na reflexão sobre a matéria, incluindo visões intransigentemente racistas, que chegaram a postular a incapacidade do povo brasileiro para se desenvolver social e economicamente, dado o seu vício racial de origem. Desde sempre as contradições objetivas da realidade se expressaram em leis e em divergências e disputas sobre a forma de organização do Estado brasileiro.

Nos primeiros anos da nova nação independente, por exemplo, o conselheiro Antônio Pereira Rebouças, deputado negro, defendeu vigorosamente, no parlamento recém-instalado, o direito de voto dos ex-escravos nascidos no Brasil, após adquirirem a liberdade. Mesmo na vigência do escravismo, que introduzia uma distinção de fundo entre as pessoas que viviam no país, não haveria por que estender essa distinção para o campo dos homens livres, dizia ele. Os brasileiros libertos eram cidadãos como quaisquer outros, não lhes podendo ser negado qualquer direito pelo simples fato de terem sido escravos. A proibição do voto dos libertos, no entanto, foi legalmente imposta, revelando que o estigma da escravidão se estendia, sim, a todos os que haviam sido um dia escravizados.

A longa espera pela redação e promulgação do primeiro Código Civil brasileiro também expõe, embora de outro ângulo, a influência da aguda hierarquização racial sobre o processo legislativo. Nesse caso, a influência não se dava pelo conteúdo positivo da lei formulada, mas pela dificuldade de formulá-la.

No período em que se deu a abolição do escravismo, o sistema de predomínio mundial europeu já deixava para trás a forma propriamente colonial para adotar outras estratégias de dominação, das quais fazia parte a consagração de hierarquias pseudocientíficas entre seres humanos, com base em critérios raciais. Assim, o Brasil, cujo processo histórico de formação o tornava terreno fértil para esse tipo de ideologia, viu-se enredado numa malha de noções espúrias, legitimadas pelo prestígio da ciência. Tais concepções mostraram toda a sua força institucional e legal nos programas governamentais de atração de mão de obra racial e culturalmente "superior" para substituir a mão de obra de origem africana.

Somente no século XX começa a tornar-se dominante a visão positiva sobre a diversidade humana presente na construção do Brasil e a convicção de que o valor dos indivíduos e grupos não pode ser aferido por critério racial. Estávamos, não por acaso, no século em que o predomínio europeu, construído nos quatro séculos anteriores, passava a perder força em todo o mundo.

A nova visão a respeito do valor da diversidade racial e da importância de que indivíduos de diversa origem tenham oportunidades iguais não deixou de se expressar na organização do Estado brasileiro e em nossa legislação. O conjunto de diplomas normativos apresentados nesta compilação já reflete essa visão, pois se estende da segunda metade do século XX aos dias atuais. Sua importância ganha ainda maior nitidez, no entanto, quando ele é observado contra o pano de fundo do processo de formação do país, que realça a centralidade da questão racial em nossa história, inclusive no aspecto institucional e legal.

A primeira e decisiva tarefa da luta antirracista, no plano legal, foi a de coibir a discriminação racial e o racismo. O processo, lento, começou por tornar contravenção penal a "prática de atos resultantes de preconceitos de raça ou de cor" (Lei nº 1.390/1951) e culminou na determinação do art. 5º, XLII, da Constituição Federal de 1988, de que "a prática do racismo constitui crime inafiançável e imprescritível, sujeito à pena de reclusão, nos termos da lei".

Nas últimas décadas, começou a ganhar volume no debate público a noção de que cabe ao Estado não apenas combater a discriminação e o racismo, mas agir positivamente na promoção da igualdade racial efetiva. Na Constituição Federal de 1988, a influência dessa noção aparece em formulações ainda relativamente tímidas, como, por exemplo, na referência explícita à proteção de manifestações culturais "indígenas e afro-brasileiras" (art. 215, § 1º) ou na norma do Ato das Disposições Constitucionais Transitórias que realça a obrigação do Estado de emitir títulos que formalizem o direito dos remanescentes das comunidades dos quilombos à propriedade definitiva das terras que estejam ocupando (art. 68).

Mais recentemente, a mudança – ou ampliação – de perspectiva ganhou relevo institucional com a implantação de agências dentro do Estado especialmente destinadas à promoção da igualdade racial. É assim que surgem entes como a Secretaria de Políticas de Promoção da Igualdade Racial da Presidência da República (Seppir) e o Conselho Nacional de Promoção da Igualdade Racial (CNPIR) e iniciativas como a Política Nacional de Promoção da Igualdade Racial (PNPIR) e o Plano Nacional de Promoção da Igualdade Racial (Planapir). Todas essas manifestações institucionais encontram suporte normativo em decretos transcritos nesta publicação.

Mas o estágio culminante da atividade legislativa acontece quando se formam os consensos sociais e políticos indispensáveis para que o Congresso Nacional introduza um tema novo, ou o novo enquadramento de um tema antigo, na ordem legal. A Lei nº 12.288/2010 (Estatuto da Igualdade Racial), constitui, assim, um verdadeiro salto de qualidade no tratamento dado pelo Estado brasileiro ao tema da promoção da igualdade racial. Com ela, passamos a dispor de um amplo enquadramento normativo da matéria, que inclui a fixação dos princípios gerais que guiam a atuação do Estado e da sociedade nessa área, a criação da base legal para a estruturação do Sistema Nacional de

Promoção da Igualdade Racial (Sinapir) e o encaminhamento das ações de promoção da igualdade em diversas áreas (saúde, educação, liberdade de crença e de culto, acesso à terra e à habitação e tantas outras).

A Lei nº 12.288/2010, nos dá, também, um retrato do estágio em que se encontra o tema da promoção da igualdade racial na esfera política brasileira. Esse estágio se refletiu tanto na tramitação da matéria como no conteúdo final do diploma legal. Nem todas as questões tratadas no Estatuto chegaram ao mesmo grau de definição, mas poucas categorias de políticas públicas deixaram de ser abordadas, até porque a promoção da igualdade racial atinge realmente nossa sociedade em todas as suas dimensões. Ademais, os princípios que permitem desenvolver novas iniciativas nessas várias dimensões ficaram bem determinados nos primeiros artigos da Lei.

A Câmara dos Deputados, ao possibilitar o acesso, em meio de fácil manuseio e circulação, à legislação vigente sobre matéria de tamanha relevância na história brasileira, estimula a discussão social sobre os caminhos que o país deve trilhar nessa área. Além disso, contribui para disseminar o conhecimento sobre normas fundamentais para a definição da imagem que o Brasil tem de si mesmo e de seu futuro, normas que têm significado imediato para a vida de milhões de brasileiros.

O dia 20 de outubro de 2010 foi marcado por um acontecimento ímpar na história brasileira. Nessa data, o Governo brasileiro, pelas mãos do presidente Lula, sancionou a Lei nº 12.288, que instituiu o Estatuto da Igualdade Racial.

O Estatuto da Igualdade Racial, do ponto de vista histórico, nada mais é que o terceiro artigo que faltou à Lei Imperial nº 3.353/1888, que "aboliu" a escravidão no Brasil, a qual, com um pouco de criatividade e uma boa técnica legislativa, poderia ter incluído o artigo 1º da Lei nº 12.288, de 2010, à Lei Imperial nº 3.353/1888, sem provocar nenhuma incongruência. Com essa suposta modificação, a Lei da Abolição teria a seguinte redação:

Lei Imperial nº 3.353, de 1888, modificada pela Lei 12.288/2010 Declara extinta a escravidão no Brasil e institui o Estatuto da Igualdade Racial.

Este exercício dá a dimensão de que a demora na aprovação dessa Lei não foi apenas pelos sete anos de sua tramitação no Congresso Nacional, mas inclui os cento e vinte e dois anos passados desde a "abolição inacabada", uma vez que a Lei Imperial nº 3.353/1888, não criou um único mecanismo de reparação, pelos mais de trezentos e oitenta anos de escravização criminosa da população negra (africana e afrodescendente) ou qualquer outro mecanismo de promoção de igualdade racial. Ao contrário, pelo tempo de tramitação dessa Lei no Congresso Nacional (apenas 3 dias), percebe-se que o objetivo, ao que parece, era apenas o de livrar o legislativo de uma "batata quente", ou seja, instituir uma abolição que na prática já vinha se efetivando, seja pelas alforrias e pelos quilombos, seja pelos custos de manutenção da escravização diante das fortes pressões internacionais e, com isso, livrar o país da obrigação de indenizar a população negra pelas atrocidades cometidas.

De qualquer modo, ainda que tardio, o Estatuto da Igualdade Racial é uma realidade legal. E, como toda lei que institui políticas públicas para as populações marginalizadas, necessita de muita mobilização social para atingir sua plena efetivação. E, mesmo assim, convém enfatizar que o Estatuto sofreu grandes alterações durante sua tramitação na Câmara e no Senado, limitando sua abrangência e efetividade, pontos que serão tratados adiante.

17.2 Avanços contra o preconceito racial

O parágrafo único do art. 1º do Estatuto da Igualdade Racial define os conceitos fundamentais utilizados na Lei – discriminação racial ou étnico-racial, desigualdade racial, desigualdade de gênero e raça, população negra –, bem como as políticas públicas que amparam as ações afirmativas, em curso ou a serem implementadas, entendidas como os programas e medidas especiais adotados pelo Estado e pela iniciativa privada para a correção das desigualdades raciais e para a promoção da igualdade de oportunidades.

Discriminação racial ou étnico-racial: *toda distinção, exclusão, restrição ou preferência baseada em cor, descendência ou origem nacional ou étnica que tenha por objeto anular ou restringir o reconhecimento, gozo ou exercício, em igualdade de condições, de direitos humanos e liberdades fundamentais nos campos político, econômico, social, cultural ou em qualquer outro campo da vida privada* (BRASIL, 2010, I, parágrafo único do art. 1º).

Com isso, o Estatuto da Igualdade Racial define precisamente o que se quer combater com o estabelecimento desta Lei e, ao definir que a população negra é formada pelo conjunto de pessoas que se autodeclaram pretas e pardas, conforme o quesito cor ou raça usado pelo IBGE, ou que adotam auto definição análoga, pretende elucidar quem é o público-alvo das ações afirmativas.

Do direito à saúde:

- ▹ O Estatuto assegura a Constituição da Política Nacional de Saúde Integral da População Negra;
- ▹ A participação de representantes do movimento negro nos conselhos de controle social da área;
- ▹ Acesso universal e igualitário ao Sistema Único de Saúde (SUS) para promoção, proteção e recuperação da saúde da população negra.

Do direito à educação:

- ▹ Nos estabelecimentos de ensino fundamental e de ensino médio, públicos e privados, é obrigatório o estudo da história geral da África e da história da população negra no Brasil.
- ▹ Contempla princípios que fomentam a necessidade da formação inicial e continuada de professores e de uma política de elaboração de material didático específico.
- ▹ Promoção de políticas de ação afirmativa que assegurem a ampliação do acesso da população negra ao ensino gratuito, fomentem a pesquisa e a pós-graduação, com incentivos a programas voltados para temas referentes às relações étnicas, aos quilombolas e às questões pertinentes à população negra.

Do direito à cultura, esporte e lazer:

- ▹ O Estatuto reconhece como patrimônio histórico e cultural as sociedades negras, clubes e outras formas de manifestação coletiva da população negra, com trajetória histórica comprovada.
  - **A capoeira passa a ser tratada como desporto de criação nacional,** garantindo seu registro e proteção, em todas as suas modalidades.

Do direito à liberdade de consciência e de crença:

- ▹ Garante a plena liberdade de consciência e de crença, assegurando o livre exercício dos cultos religiosos de matriz africana e a proteção aos locais de culto e liturgia, assegurando, inclusive, o acesso aos órgãos e aos meios de comunicação para sua divulgação, bem como a assistência religiosa em hospitais ou em outras instituições de internação coletiva, inclusive àqueles submetidos à pena privativa de liberdade.

Do acesso à terra:

- Assegura que o Poder Público elaborará e desenvolverá políticas públicas especiais para promover o acesso da população negra à terra e às atividades produtivas no campo, ampliando e simplificando o acesso ao financiamento agrícola, garantindo assistência técnica rural, educação e orientação profissional agrícola e fortalecendo a infraestrutura de logística, tanto para a comercialização da produção como para o desenvolvimento sustentável dos remanescentes das comunidades dos quilombos, respeitando as tradições de proteção ambiental das comunidades, estimulando, inclusive, a emissão dos títulos de propriedade.

Do acesso à moradia adequada:

- Estabelece que o Poder Público assegure o direito à moradia adequada da população negra que vive em favelas, cortiços, áreas urbanas subutilizadas, degradadas ou em processo de degradação, com a garantia da infraestrutura urbana e dos equipamentos comunitários associados à função habitacional, bem como a assistência técnica e jurídica para a construção, a reforma ou a regularização fundiária da habitação em área urbana.

Da igualdade de oportunidades no trabalho:

- Afirma que o Poder Público adotará políticas voltadas para a inclusão da população negra no mercado de trabalho, inclusive, mediante a adoção de medidas visando à promoção da igualdade nas contratações feitas pelo setor público e o incentivo à adoção de medidas similares por parte das empresas e organizações privadas.

Dos meios de comunicação:

- Estabelece que os órgãos de comunicação devam valorizar a herança cultural e a participação da população negra na história do país, adotando a prática de conferir oportunidades de emprego para atores, figurantes e técnicos negros, vedando toda e qualquer discriminação de natureza política, ideológica, étnica ou artística.

Do acesso à justiça e à segurança:

- A Lei impõe ao Poder Público Federal a responsabilidade de instituir ouvidorias permanentes em defesa da igualdade racial, para receber e encaminhar denúncias de preconceito e discriminação com base em etnia ou cor e acompanhar a implementação de medidas para a promoção da igualdade.
- Adotar medidas especiais para coibir desde a violência policial incidente sobre a população negra até os atos de discriminação e preconceito praticados por servidores públicos.

Do financiamento da promoção da igualdade racial:

- Estabelece a obrigatoriedade de inclusão de políticas de ações afirmativas nos programas e ações constantes dos planos plurianuais e dos orçamentos anuais da União e, por conseguinte, dos demais entes federados.

A efetividade do estatuto em questão, ao longo dos tempos, sempre visa a proteção e acima de tudo atuar em defesa de minorias, o Brasil se efetiva em criação de leis que dificilmente são fiscalizadas e com isso, tem sua eficácia comprometida.

Importante considerarmos que as políticas públicas adotadas ou criadas para o Brasil são ineficazes e deixam de lado as ações afirmativas, posto que, é preciso uma política de valorização das pessoas, em questão lógica pelo próprio estatuto, o negro, que mesmo após a abolição da escravatura, com a modernização, foram e continuam marginalizados e excluídos. Quando se fala em igualdade racial, temos que incluir outras raças, como o índio, que não se vislumbra diretamente no presente estatuto.

Mas há diferença entre o legal e o real. Nunca foi e não será através de leis que promoveremos mudanças estruturais no país. A legislação é uma ferramenta importante, mas há que se realizarem amplos processos de reestruturação do Estado democrático que resulte em desconcentração da renda, em elevação da qualidade da escola pública em todos os níveis, que forme quadros capazes de responder ao novo ciclo de desenvolvimento da nação, que crie oportunidades para todos e elimine as desigualdades salariais baseadas em cor e sexo.

A vinda de negros africanos foi em numeral de milhares. Os escravos africanos e seus descendentes crioulos e mestiços influenciaram em profundidade a formação cultural do país, desde a época em que este era América portuguesa. No Brasil, de 1864, o número de escravos era de 1.715.000 pessoas. Em 1874, dez anos depois, o número era de 1.540.829 pessoas; 1.240.806 em 1884; e 723.419 em 1887, estando a maioria localizada na região sudeste. (IBGE – Brasil, 500 anos de povoamento, 2007, no tema PRESENÇA NEGRA: conflitos e encontros, por João José Reis).

17.2.1 Disposições preliminares

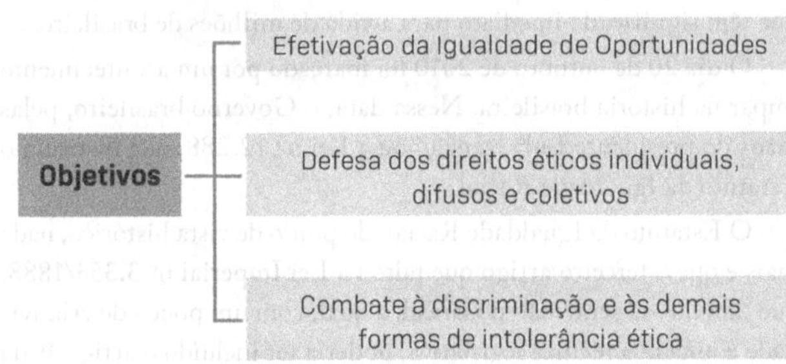

Art. 1º Esta lei institui o Estatuto da Igualdade Racial, destinado a:

Parágrafo único. *Para efeito deste estatuto, considera-se:*

I – discriminação racial ou étnico-racial: toda distinção, exclusão, restrição ou preferência baseada em raça, cor, descendência ou origem nacional ou étnica que tenha por objeto anular ou restringir o reconhecimento, gozo ou exercício, em igualdade de condições, de direitos humanos e liberdades fundamentais nos campos político, econômico, social, cultural ou em qualquer outro campo da vida pública ou privada;

II – desigualdade racial: toda situação injustificada de diferenciação de acesso e fruição de bens, serviços e oportunidades, nas esferas pública e privada, em virtude de raça, cor, descendência ou origem nacional ou étnica;

III – desigualdade de gênero e raça: assimetria existente no âmbito da sociedade que acentua a distância social entre mulheres negras e os demais segmentos sociais;

IV – população negra: o conjunto de pessoas que se autodeclaram pretas e pardas, conforme o quesito cor ou raça usado pela Fundação Instituto Brasileiro de Geografia e Estatística (IBGE), ou que adotam autodefinição análoga;

V – políticas públicas: as ações, iniciativas e programas adotados pelo Estado no cumprimento de suas atribuições institucionais;

VI – ações afirmativas: os programas e medidas especiais adotados pelo Estado e pela iniciativa privada para a correção das desigualdades raciais e para a promoção da igualdade de oportunidades.

17.3 Direitos fundamentais

17.3.1 Direito à saúde

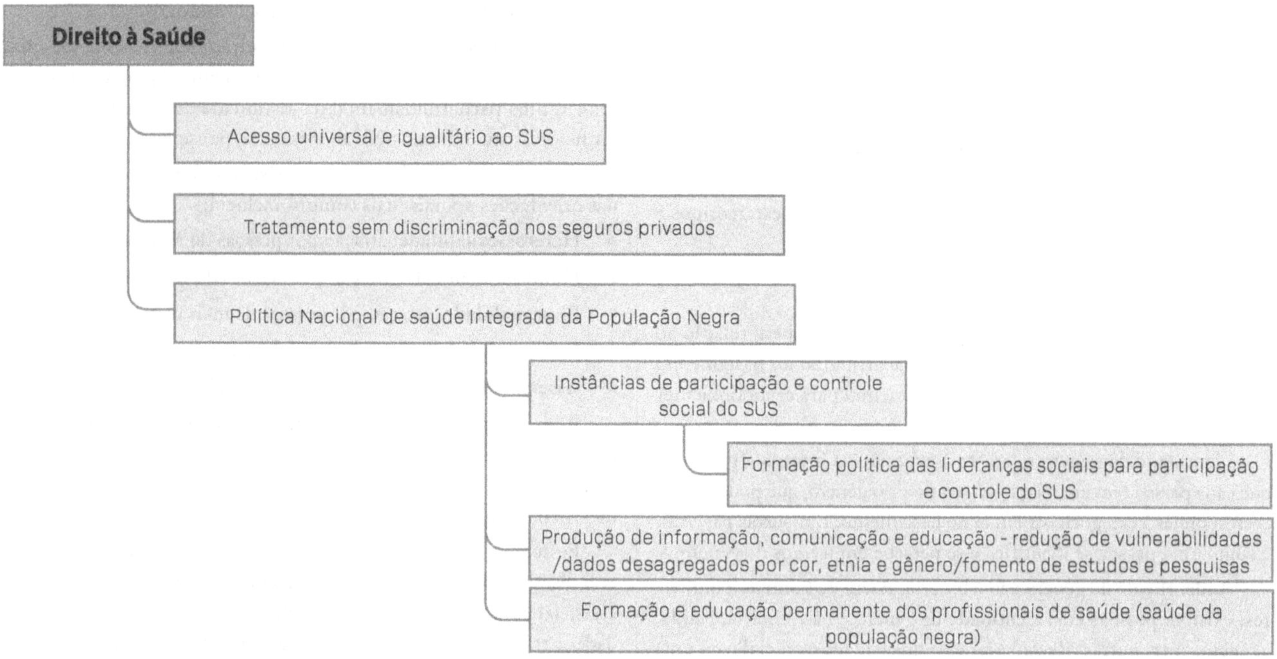

Art. 6º *O direito à saúde da população negra será garantido pelo poder público mediante políticas universais, sociais e econômicas destinadas à redução do risco de doenças e de outros agravos.*

§ 1º O acesso universal e igualitário ao Sistema Único de Saúde (SUS) para promoção, proteção e recuperação da saúde da população negra será de responsabilidade dos órgãos e instituições públicas federais, estaduais, distritais e municipais, da administração direta e indireta.

§ 2º O poder público garantirá que o segmento da população negra vinculado aos seguros privados de saúde seja tratado sem discriminação.

Art. 7º *O conjunto de ações de saúde voltadas à população negra constitui a Política Nacional de Saúde Integral da População Negra, organizada de acordo com as diretrizes abaixo especificadas:*

I – ampliação e fortalecimento da participação de lideranças dos movimentos sociais em defesa da saúde da população negra nas instâncias de participação e controle social do SUS;

II – produção de conhecimento científico e tecnológico em saúde da população negra;

III – desenvolvimento de processos de informação, comunicação e educação para contribuir com a redução das vulnerabilidades da população negra.

Art. 8º *Constituem objetivos da Política Nacional de Saúde Integral da População Negra:*

I – a promoção da saúde integral da população negra, priorizando a redução das desigualdades étnicas e o combate à discriminação nas instituições e serviços do SUS;

II – a melhoria da qualidade dos sistemas de informação do SUS no que tange à coleta, ao processamento e à análise dos dados desagregados por cor, etnia e gênero;

III – o fomento à realização de estudos e pesquisas sobre racismo e saúde da população negra;

IV – a inclusão do conteúdo da saúde da população negra nos processos de formação e educação permanente dos trabalhadores da saúde;

V – a inclusão da temática saúde da população negra nos processos de formação política das lideranças de movimentos sociais para o exercício da participação e controle social no SUS.

Parágrafo único. *Os moradores das comunidades de remanescentes de quilombos serão beneficiários de incentivos específicos para a garantia do direito à saúde, incluindo melhorias nas condições ambientais, no saneamento básico, na segurança alimentar e nutricional e na Fique ligado integral à saúde.*

17.4 Qual é a diferença entre preto, pardo e negro?

- **Preto:** esse termo toma como referência a ascendência oriunda de nativos da África.
- **Pardo:** o termo pardo remete a uma miscigenação de origem preta ou indígena com qualquer outra cor ou raça.
- **Negro: já esse termo é definido pelo Estatuto da Igualdade Racial como:**
- *"O conjunto de pessoas que se autodeclaram pretas e pardas, conforme o quesito cor ou raça usado pela Fundação Instituto Brasileiro de Geografia e Estatística (IBGE), ou que adotam autodefinição análoga".*

São conhecidas três diferentes formas de identificação da etnia parda: autodeclaração, identificação biológica e heteroclassificação.

18 DIVERSIDADE DE SEXO, GÊNERO E SEXUALIDADE, ÉTNICO-RACIAL E CULTURAL

18.1 Diversidade de Sexo, Gênero e Sexualidade

Refere-se à variedade de identidades de gênero, orientações sexuais e características sexuais. Inclui o respeito e reconhecimento de diversas formas de expressão de gênero, além de combater estereótipos e discriminações.

18.1.1 Identidade de Gênero

Refere-se à forma como uma pessoa se identifica em relação ao seu gênero, que pode ser diferente daquele atribuído no nascimento. Respeitar a identidade de gênero é fundamental para criar ambientes inclusivos.

Identidade de gênero refere-se à experiência interna e profunda que cada pessoa tem em relação ao seu próprio gênero, que pode ou não corresponder à categoria atribuída no nascimento. Em outras palavras, é como uma pessoa se identifica e se percebe em termos de gênero.

A identidade de gênero não é binária. Além de homens e mulheres, existem pessoas cuja identidade de gênero é não-binária, fluida, agênero, entre outras. Reconhecer essa diversidade é crucial para uma compreensão mais completa da experiência humana.

A expressão de identidade de gênero refere-se à maneira como uma pessoa expressa sua identidade para o mundo exterior, por meio de roupas, comportamento, estilo de fala e outras características. Pode ou não estar alinhada com as expectativas sociais associadas ao gênero atribuído no nascimento.

Pessoas cuja identidade de gênero não se alinha com as expectativas sociais frequentemente enfrentam discriminação e estigmatização. Isso pode ocorrer em diversas áreas, incluindo emprego, educação, saúde e interações sociais.

A luta pelos direitos das pessoas de diversas identidades de gênero inclui o reconhecimento legal do direito à autodeterminação de gênero. Isso envolve garantir que documentos oficiais, como identidade e certidões de nascimento, reflitam a identidade de gênero autodeclarada.

A sociedade pode desempenhar um papel fundamental no apoio às pessoas de diversas identidades de gênero. Isso inclui a criação de ambientes inclusivos, a conscientização sobre questões relacionadas ao gênero e o oferecimento de recursos de apoio, como serviços de saúde mental e grupos de apoio.

Educação e sensibilização são essenciais para combater estereótipos, preconceitos e promover uma compreensão mais ampla da diversidade de identidades de gênero. Inclusão desses temas nos currículos escolares contribui para a criação de uma sociedade mais informada e respeitosa.

Respeitar a autodeterminação de gênero significa aceitar e reconhecer a identidade de gênero que uma pessoa atribui a si mesma. Isso é fundamental para garantir a dignidade e os direitos humanos de todos, independentemente de sua identidade de gênero.

18.1.2 Orientação Sexual

Diz respeito à atração emocional, afetiva e sexual que uma pessoa tem por outras. Promover a diversidade sexual envolve o reconhecimento e respeito pelas diferentes orientações sexuais.

A orientação sexual refere-se ao padrão de atração emocional, romântica e/ou sexual que uma pessoa tem em relação a outras pessoas. É uma parte fundamental da identidade de uma pessoa e pode ser heterossexual, homossexual, bissexual, pansexual, entre outras.

A orientação sexual é diversa e existe em um espectro. Algumas das orientações sexuais mais comuns incluem:

- **Heterossexualidade:** atração por pessoas do sexo oposto.
- **Homossexualidade:** atração por pessoas do mesmo sexo.
- **Bissexualidade:** atração por pessoas de mais de um gênero.
- **Pansexualidade:** atração independentemente de gênero.
- **Assexualidade:** ausência de atração sexual.

Respeitar a diversidade de orientações sexuais significa reconhecer e valorizar todas as formas de expressão de afeto e amor, independentemente da orientação sexual. Isso contribui para um ambiente mais inclusivo e respeitoso.

Pessoas de diferentes orientações sexuais frequentemente enfrentam discriminação e estigma. Combater essas formas de preconceito é essencial para garantir que todos tenham acesso a direitos, oportunidades e tratamento justo, independentemente de sua orientação sexual.

A luta pelos direitos das pessoas LGBTQIA+ inclui o reconhecimento legal e social de suas relações, direitos parentais, direitos de saúde, entre outros. Garantir igualdade e respeito é um aspecto importante da promoção da justiça social.

Incluir a diversidade de orientações sexuais nos programas de educação sexual é crucial para uma formação mais abrangente e inclusiva. Isso ajuda a combater estereótipos prejudiciais e a promover uma compreensão mais ampla da diversidade humana.

Pessoas que enfrentam desafios relacionados à sua orientação sexual muitas vezes necessitam de apoio psicológico e comunitário. Grupos de apoio, organizações LGBTQIA+ e profissionais de saúde mental desempenham um papel vital nesse suporte.

Em todas as orientações sexuais, respeitar o consentimento é fundamental. Promover relações saudáveis e consensuais é um aspecto crucial da educação sobre orientação sexual.

Alianças entre pessoas de diferentes orientações sexuais e seus aliados desempenham um papel importante na defesa por direitos iguais. A união e a defesa ativa contribuem para a criação de sociedades mais inclusivas.

18.1.3 Expressão de Gênero

Refere-se à maneira como uma pessoa expressa seu gênero, que pode ser alinhada ou não com as expectativas tradicionais da sociedade. Incluir diversas formas de expressão de gênero é crucial para combater estereótipos.

A expressão de gênero refere-se à maneira como uma pessoa comunica seu gênero para o mundo, por meio de comportamentos, aparência, estilo de vestir, gestos e outros aspectos visíveis. É importante observar que a expressão de gênero não está diretamente ligada à identidade de gênero, e uma pessoa pode expressar seu gênero de várias maneiras, independentemente da identidade de gênero.

A expressão de gênero varia significativamente de pessoa para pessoa e pode incluir elementos tradicionalmente associados ao feminino, masculino, ou combinações de ambos. Algumas pessoas escolhem expressar-se de maneira mais alinhada às expectativas de gênero socialmente estabelecidas, enquanto outras preferem desafiar ou transcender essas normas.

A sociedade muitas vezes estabelece normas rígidas de comportamento associadas a gêneros específicos. Essas normas podem criar estereótipos prejudiciais que limitam a liberdade de expressão de gênero. Desafiar essas normas é um ato importante para promover a diversidade e a liberdade individual.

A expressão de gênero é influenciada pela cultura, contexto social e histórico. O que é considerado aceitável em termos de expressão de gênero pode variar significativamente entre diferentes sociedades e ao longo do tempo.

Pessoas que se identificam fora da dicotomia tradicional de gênero podem expressar sua identidade de maneiras diversas. A não-binariedade e a fluidez de gênero desafiam as categorias convencionais de masculino e feminino, enfatizando a riqueza e a complexidade da experiência de gênero.

A expressão de gênero autêntica envolve a capacidade de uma pessoa expressar-se de acordo com sua identidade de gênero interna, sem restrições externas. A autodeterminação nesse contexto é crucial para que as pessoas se sintam confortáveis e alinhadas com sua verdadeira identidade.

Pessoas que desafiam as normas tradicionais de expressão de gênero frequentemente enfrentam estigma e discriminação. A sociedade, por vezes, pode reagir com hostilidade, destacando a importância de criar ambientes seguros e inclusivos.

Incluir educação sobre expressão de gênero nos currículos escolares e promover a sensibilização na sociedade ajuda a desconstruir estereótipos e a criar um entendimento mais profundo sobre a diversidade de expressões de gênero.

Entender e respeitar a diversidade na expressão de gênero é essencial para criar sociedades inclusivas, onde todas as pessoas possam se expressar livremente, sem medo de julgamento ou discriminação.

18.2 Diversidade Étnico-Racial

Envolvem as diferentes origens étnicas e raciais presentes na sociedade. É essencial promover a igualdade, combater o racismo e criar ambientes inclusivos que valorizem a diversidade racial e étnica.

18.2.1 Reconhecimento da Diversidade

Implica em reconhecer e valorizar a multiplicidade de grupos étnicos e raciais presentes em uma sociedade. Isso inclui a promoção da igualdade de oportunidades e o combate ao racismo.

Reconhecer a diversidade étnico-racial envolve uma compreensão profunda e respeitosa das diferentes origens e identidades étnicas presentes em uma sociedade. Isso inclui a apreciação das várias culturas, tradições e histórias que compõem a tapeçaria social.

Reconhecer a diversidade étnico-racial também implica em combater o racismo em todas as suas formas. Isso inclui tanto o racismo explícito quanto as estruturas sociais e institucionais que perpetuam a desigualdade racial.

Reconhecendo a necessidade de corrigir históricas desigualdades, políticas de ação afirmativa podem ser implementadas para garantir oportunidades iguais para grupos étnicos historicamente marginalizados. Essas políticas visam criar equidade em áreas como educação, emprego e acesso a serviços.

O reconhecimento da diversidade étnico-racial envolve criar ambientes inclusivos que valorizem a participação ativa de todas as comunidades. Isso pode ser alcançado através da promoção de espaços igualitários, participação em processos decisórios e representatividade em diferentes setores da sociedade.

Fomentar o diálogo entre diferentes grupos étnico-raciais e dentro deles é crucial. Esse diálogo promove a compreensão mútua, reduz estereótipos e contribui para uma coexistência pacífica e respeitosa.

Incluir a educação antirracista nos currículos escolares é essencial. Isso envolve o ensino da história das diversas comunidades, destacando as contribuições positivas e promovendo uma compreensão crítica das estruturas que levaram a desigualdades.

O reconhecimento da diversidade étnico-racial muitas vezes está ligado à necessidade de reparação histórica. Isso pode envolver a correção de injustiças passadas, a devolução de terras, o reconhecimento de direitos e a promoção de políticas que buscam equidade.

Criar uma cultura que respeite e valorize todas as origens étnico-raciais é um passo crucial. Isso inclui o respeito pelas práticas culturais, celebração das contribuições positivas e uma abordagem proativa contra qualquer forma de discriminação.

Reconhecer a diversidade étnico-racial também envolve promover o empoderamento econômico das comunidades. Isso pode ser alcançado através de políticas que incentivem o empreendedorismo, a igualdade de salários e o acesso justo a oportunidades de carreira.

Construir alianças e solidariedade entre diferentes grupos étnico-raciais é essencial para combater o racismo estrutural. Isso envolve o reconhecimento de que as lutas são interconectadas e a promoção de uma sociedade verdadeiramente inclusiva.

O reconhecimento da diversidade étnico-racial não apenas enriquece culturalmente uma sociedade, mas também contribui para a construção de uma comunidade mais justa, igualitária e harmoniosa.

18.2.2 Equidade Racial

Busca garantir que todos, independentemente de sua origem étnica ou racial, tenham as mesmas oportunidades e acesso a recursos. Isso envolve políticas afirmativas e a eliminação de barreiras sistêmicas.

A equidade racial refere-se à promoção de oportunidades iguais e justiça para todas as pessoas, independentemente de sua raça ou etnia. Ao contrário da igualdade, que trata a todos da mesma forma, a equidade reconhece que diferentes grupos podem precisar de intervenções diferenciadas para alcançar resultados justos.

A equidade racial começa com o reconhecimento das desigualdades históricas que afetaram grupos étnico-raciais específicos. Isso inclui a compreensão de eventos passados, como escravidão, segregação e discriminação sistêmica.

A implementação de políticas de ação afirmativa é uma estratégia para promover a equidade racial. Essas políticas visam corrigir desigualdades historicamente enraizadas, oferecendo oportunidades específicas para grupos que foram historicamente marginalizados.

Garantir que todas as comunidades tenham acesso a uma educação de qualidade é fundamental para a equidade racial. Isso inclui o combate às disparidades no financiamento escolar, a implementação de currículos inclusivos e o apoio a programas que promovam a equidade.

Equidade racial no emprego envolve a criação de ambientes de trabalho inclusivos, o combate a discriminação durante o processo de contratação e a promoção de oportunidades de avanço profissional para todos os funcionários, independentemente de sua raça ou etnia.

A equidade racial no sistema de justiça criminal busca abordar disparidades em prisões, sentenças e tratamento policial. Isso pode envolver a reforma de políticas e práticas que contribuem para o encarceramento desigual de diferentes grupos étnico-raciais.

A equidade racial na saúde visa eliminar as disparidades de saúde entre diferentes grupos étnico-raciais. Isso pode envolver a melhoria do acesso a serviços de saúde, a pesquisa de doenças que afetam desproporcionalmente certas comunidades e a promoção de práticas médicas culturalmente sensíveis.

A equidade racial na habitação busca garantir que todas as comunidades tenham acesso a moradias seguras e a oportunidades de desenvolvimento urbano. Isso pode envolver políticas que combatam a discriminação habitacional e promovam o acesso equitativo a moradias de qualidade.

Garantir a equidade racial também significa promover a participação ativa e a representação de pessoas de diferentes origens étnico-raciais em todos os níveis da sociedade, incluindo política, negócios, educação e outras áreas.

Promover um diálogo construtivo sobre equidade racial é essencial. Isso inclui sensibilizar a sociedade para as questões raciais, combater estereótipos e promover uma compreensão mais profunda das experiências de diferentes grupos.

A equidade racial é um objetivo fundamental para a construção de sociedades justas e inclusivas, onde cada indivíduo, independentemente de sua raça ou etnia, tenha acesso igual a oportunidades e tratamento justo.

18.2.3 Combate ao Racismo Estrutural

Refere-se à identificação e superação das práticas e estruturas sociais que perpetuam o racismo. Isso envolve a conscientização, educação e implementação de políticas que desmantelam essas estruturas.

O racismo estrutural refere-se a padrões institucionais, políticos e sociais que perpetuam a discriminação e a desigualdade com base na raça. Enquanto o racismo individual é manifestado em atitudes pessoais, o racismo estrutural está incorporado em sistemas e instituições.

O combate ao racismo estrutural começa com a conscientização e a educação. Isso inclui a compreensão das raízes históricas do racismo, suas manifestações contemporâneas e a internalização desses conceitos pela sociedade.

Instituições, sejam elas governamentais, educacionais ou corporativas, devem revisar suas políticas e práticas para identificar e corrigir elementos que perpetuam o racismo estrutural. Isso pode envolver a eliminação de políticas discriminatórias e a implementação de práticas mais inclusivas.

Programas de ação afirmativa visam corrigir as disparidades históricas e criar oportunidades equitativas para grupos étnico-raciais historicamente marginalizados. Essas medidas podem incluir cotas em instituições educacionais e políticas de contratação que promovam a diversidade.

Promover uma cultura de inclusão e diversidade é fundamental para combater o racismo estrutural. Isso envolve a valorização da contribuição de pessoas de todas as origens étnico-raciais e a criação de ambientes que respeitem e celebrem a diversidade.

Oferecer formação e sensibilização sobre questões raciais é crucial para mudar a mentalidade e superar estereótipos. Isso pode ser implementado em escolas, locais de trabalho e outras instituições para promover uma compreensão mais profunda e empática.

Combater o racismo estrutural muitas vezes requer a participação ativa na comunidade. Isso inclui apoiar organizações locais, envolver-se em diálogos construtivos e promover a justiça social em nível local.

O sistema de justiça criminal frequentemente é afetado pelo racismo estrutural. Reformas nesse sistema podem incluir a revisão de práticas policiais, políticas de prisão e sentenças para garantir tratamento justo e igualitário a todas as comunidades.

Garantir o acesso equitativo a serviços básicos, como educação, saúde e moradia, é essencial. Isso requer políticas que abordem as disparidades sistêmicas e garantam que todas as comunidades tenham oportunidades justas.

O combate ao racismo estrutural exige alianças intersetoriais entre governos, empresas, organizações não governamentais e comunidades. Essas parcerias são essenciais para criar mudanças abrangentes e duradouras.

O combate ao racismo estrutural é um processo contínuo que requer esforços coordenados em múltiplos níveis da sociedade. A conscientização, a ação afirmativa e a transformação institucional são passos importantes na criação de uma sociedade mais justa e equitativa.

18.3 Diversidade Cultural

Refere-se à pluralidade de tradições, valores, costumes e expressões culturais presentes em uma sociedade. Reconhecer e respeitar as diversas culturas contribui para uma convivência harmoniosa e enriquecedora.

18.3.1 Respeito à Pluralidade

Respeitar a pluralidade significa valorizar e reconhecer a diversidade de identidades, culturas, opiniões, crenças e formas de vida presentes em uma sociedade. Isso implica aceitar e celebrar as diferenças, promovendo uma convivência harmoniosa entre pessoas com experiências e perspectivas diversas.

O respeito à pluralidade vai além da simples tolerância; envolve a promoção ativa da inclusão e aceitação de todas as pessoas, independentemente de suas características individuais. Isso cria ambientes onde todos se sintam valorizados e reconhecidos.

Fomentar uma cultura do diálogo é fundamental para o respeito à pluralidade. Isso implica encorajar conversas abertas, ouvir diferentes pontos de vista e buscar entendimento mútuo. O diálogo construtivo promove a aprendizagem e a construção de pontes entre diferentes grupos.

Respeitar a pluralidade requer empatia e compreensão. Isso significa esforçar-se para entender as experiências e perspectivas dos outros, reconhecendo que cada indivíduo possui uma trajetória única que molda suas visões de mundo.

O respeito à pluralidade envolve o combate ativo a estereótipos e preconceitos. Isso inclui questionar generalizações simplistas e reconhecer a complexidade das identidades individuais e coletivas.

Incluir a educação para a diversidade nos currículos escolares é uma maneira eficaz de promover o respeito à pluralidade desde a infância. Isso envolve ensinar sobre diferentes culturas, tradições, história e perspectivas, contribuindo para a formação de cidadãos mais conscientes e respeitosos.

Desenvolver e aplicar leis que protejam os direitos de todos, independentemente de suas características, é essencial para o respeito à pluralidade. Isso inclui legislação contra a discriminação, o ódio e a violência baseada em identidade.

Garantir igualdade de oportunidades para todos é um componente central do respeito à pluralidade. Isso envolve políticas e práticas que eliminem barreiras sistêmicas, promovendo a equidade em áreas como educação, emprego e acesso a serviços.

Fomentar uma cultura de cooperação e colaboração é vital para o respeito à pluralidade. Isso implica reconhecer que diferentes perspectivas e habilidades contribuem para um todo mais rico e inovador.

O respeito à pluralidade também inclui o respeito à autodeterminação individual. Cada pessoa deve ter o direito de tomar decisões sobre sua vida, identidade, e práticas culturais, desde que essas escolhas não prejudiquem os direitos e bem-estar dos outros..

18.3.2 Diálogo Inter e Intra-Cultural

Promover o diálogo entre diferentes culturas e dentro delas é essencial para construir pontes de entendimento. Isso cria um ambiente em que as pessoas podem aprender e crescer através da troca de experiências.

Diálogo Intercultural

Diálogo intercultural refere-se à troca de informações, compreensão e apreciação entre pessoas de diferentes culturas. Esse processo busca construir pontes de entendimento e promover uma convivência harmoniosa em uma sociedade cada vez mais diversa.

O diálogo intercultural começa com o respeito às diferenças culturais. Isso implica reconhecer que cada cultura possui suas próprias tradições, valores, crenças e práticas, e que essas diferenças devem ser respeitadas e valorizadas.

Parte crucial do diálogo intercultural é a disposição para aprender com outras culturas. Isso envolve estar aberto a novas perspectivas, desafiando estereótipos e ampliando a compreensão sobre o mundo.

Para um diálogo intercultural efetivo, é importante compreender a história e o contexto cultural de cada grupo envolvido. Isso ajuda a contextualizar práticas, valores e comportamentos, evitando mal-entendidos e promovendo uma apreciação mais profunda.

O diálogo intercultural contribui para a desconstrução de estereótipos. Isso envolve questionar preconceitos e visões simplificadas sobre outras culturas, permitindo uma percepção mais realista e rica das complexidades culturais.

A linguagem desempenha um papel crucial no diálogo intercultural. O uso de uma linguagem inclusiva e sensível respeita as nuances culturais e evita termos que possam ser interpretados de maneira ofensiva ou mal compreendidos.

Em situações onde ocorre um choque cultural, a mediação cultural pode ser necessária. Isso envolve a presença de um mediador que compreende ambas as culturas, facilitando a comunicação e promovendo a compreensão mútua.

Diálogo Intra-Cultural

O diálogo intra-cultural ocorre dentro de uma mesma cultura e envolve a comunicação entre pessoas que compartilham um conjunto comum de valores, tradições e normas culturais.

Mesmo dentro de uma cultura homogênea, existem diversidades. O diálogo intra-cultural pode incluir reflexões sobre as diferentes experiências e perspectivas presentes dentro do grupo cultural, reconhecendo que não há uma única maneira de ser parte dessa cultura.

Dentro de uma cultura mais ampla, muitas vezes existem subculturas ou grupos específicos que podem ter suas próprias tradições e normas. O diálogo intra-cultural pode envolver a exploração e compreensão dessas subculturas.

Em contextos de mudança ou migração, o diálogo intra-cultural pode incluir discussões sobre adaptação cultural. Isso implica a negociação e compreensão de mudanças nas práticas culturais e a busca de formas de manter a identidade cultural.

O diálogo intra-cultural pode incluir discussões sobre a preservação de tradições e práticas culturais em face de desafios externos ou mudanças sociais. Isso envolve a valorização e proteção do patrimônio cultural.

O diálogo intra-cultural pode ser uma ferramenta poderosa para gerar consciência cultural dentro de uma comunidade. Isso pode levar à promoção de valores culturais compartilhados e à construção de um senso de identidade coletiva.

Dentro de uma cultura, podem surgir conflitos devido a diferenças de opinião, gerações ou outros fatores. O diálogo intra-cultural é fundamental para resolver esses conflitos de maneira construtiva, promovendo a compreensão e a coesão interna.

Ao discutir e refletir sobre a cultura internamente, o diálogo intra-cultural contribui para o fortalecimento da identidade cultural. Isso pode incluir a promoção de valores culturais, tradições e a transmissão de conhecimentos de uma geração para outra.

Tanto o diálogo intercultural quanto o intra-cultural são ferramentas valiosas para promover a compreensão, a colaboração e a coexistência pacífica em uma sociedade diversificada. Esses diálogos contribuem para a construção de sociedades mais inclusivas, onde as diferenças culturais são respeitadas e valorizadas.

18.3.3 Preservação e Valorização

Incentiva a preservação das tradições culturais e o reconhecimento do valor que cada cultura traz para a sociedade. Isso contribui para uma coexistência harmoniosa e enriquecedora.

Preservação

A preservação cultural refere-se à proteção, manutenção e transmissão de elementos culturais significativos ao longo do tempo. Isso pode incluir tradições, práticas, artefatos, línguas, manifestações artísticas e outros aspectos que são considerados fundamentais para a identidade de uma comunidade.

Museus, bibliotecas, arquivos e outras instituições culturais desempenham um papel crucial na preservação. Eles atuam como guardiões de artefatos, documentos históricos e expressões artísticas, proporcionando um espaço seguro para a conservação e exibição.

A documentação sistemática de tradições orais, práticas culturais e eventos é essencial para a preservação. A criação de arquivos e registros contribui para a construção de uma narrativa contínua e oferece recursos para estudos futuros.

A preservação também se estende ao patrimônio arquitetônico, incluindo edifícios históricos, monumentos e sítios culturais. A conservação dessas estruturas é vital para manter a conexão com o passado e proporcionar um contexto histórico palpável.

Muitas comunidades enfrentam a perda de línguas e dialetos únicos. A preservação envolve esforços para revitalizar e manter essas formas linguísticas, muitas vezes através de programas educacionais, documentação oral e promoção do uso cotidiano.

Promover programas educacionais que destaquem a importância da cultura e história de uma comunidade contribui para a preservação. Isso cria um senso de identidade e orgulho, incentivando as gerações futuras a valorizarem e manterem suas tradições.

Envolvimento ativo da comunidade é crucial para a preservação. Incentivar a participação nas decisões relacionadas à preservação cultural, promovendo festivais, eventos e projetos que celebrem a herança cultural, mantém viva a conexão com as raízes.

O turismo cultural pode desempenhar um papel na preservação, mas é essencial que seja sustentável e respeitoso. Estratégias que valorizam a autenticidade, incluem a comunidade local e promovem a conscientização sobre a importância da preservação são fundamentais.

Valorização

Valorizar a cultura envolve o reconhecimento da diversidade de práticas, crenças e expressões. Cada cultura contribui para a riqueza global da humanidade, e a valorização começa com a aceitação e respeito por essa diversidade.

Valorizar a cultura significa criar ambientes inclusivos, onde todas as vozes são ouvidas e respeitadas. Isso envolve a promoção de espaços onde diferentes perspectivas e tradições são valorizadas, independentemente de sua origem.

A expressão artística é uma parte fundamental da cultura. Valorizar a cultura implica fomentar a criatividade e a expressão artística em suas diversas formas, seja através da música, da dança, das artes visuais ou de outras manifestações.

A valorização cultural também abrange o respeito às práticas religiosas e espirituais. Isso envolve reconhecer a importância das tradições religiosas na formação da identidade cultural e promover a liberdade religiosa.

Muitas culturas possuem saberes tradicionais valiosos relacionados à medicina, agricultura, artesanato, entre outros. Valorizar a cultura implica respeitar e preservar esses conhecimentos, reconhecendo sua relevância e contribuição para a sociedade.

Incluir a educação cultural nos currículos escolares é uma maneira eficaz de valorizar a cultura desde cedo. Isso proporciona uma compreensão mais profunda das tradições locais e globais, promovendo uma apreciação mais informada.

Valorizar a cultura também significa reconhecer a contribuição histórica de diferentes comunidades para o desenvolvimento da sociedade. Isso inclui entender e reconhecer os impactos positivos das diversas culturas ao longo do tempo.

A promoção do diálogo intercultural, como mencionado anteriormente, é uma maneira eficaz de valorizar a cultura. O entendimento mútuo e a apreciação das diferenças contribuem para um ambiente culturalmente rico e dinâmico.

Valorizar a cultura também pode se manifestar através do apoio à economia criativa e cultural. Isso envolve reconhecer o valor econômico das indústrias culturais e criativas, que incluem áreas como música, cinema, artes visuais e artesanato.

Valorizar a cultura implica promover o orgulho cultural. Isso envolve incentivar as pessoas a se sentirem orgulhosas de suas raízes, tradições e contribuições culturais, fortalecendo assim a identidade individual e coletiva.

A preservação e valorização cultural são componentes essenciais para a construção de sociedades inclusivas e respeitosas, onde cada indivíduo se sente conectado às suas raízes culturais e contribui para um mosaico global de diversidade.

19 DESAFIOS SOCIOPOLÍTICOS DA INCLUSÃO DE GRUPOS VULNERABILIZADOS

19.1 Crianças e Adolescentes

Incluir a perspectiva de crianças e adolescentes envolve garantir seus direitos, proteção contra abusos, acesso à educação e oportunidades para um desenvolvimento saudável.

Crianças e adolescentes muitas vezes enfrentam desafios significativos relacionados à proteção contra violência, abuso e exploração. Os sistemas de proteção infantil precisam ser robustos, com leis e políticas que assegurem a segurança e o bem-estar desses grupos.

A inclusão efetiva de crianças e adolescentes exige garantir o acesso universal à educação de qualidade. Isso inclui superar barreiras como falta de infraestrutura, discriminação, pobreza e dificuldades de acesso para crianças em áreas rurais ou marginalizadas.

O trabalho infantil é um desafio sério em muitas partes do mundo, impedindo a inclusão adequada de crianças na sociedade. Estratégias sociopolíticas devem abordar questões econômicas subjacentes, implementar regulamentações rigorosas e oferecer alternativas educacionais.

Crianças e adolescentes com deficiências frequentemente enfrentam discriminação e falta de acesso a serviços adequados. Políticas inclusivas devem garantir que essas crianças tenham acesso a cuidados de saúde, educação e oportunidades que atendam às suas necessidades específicas.

A saúde mental de crianças e adolescentes é uma preocupação crescente. Desafios como o estigma em torno da saúde mental e a falta de recursos adequados destacam a necessidade de políticas que promovam a prevenção, o tratamento e o suporte emocional.

O tráfico de crianças é uma violação grave dos direitos humanos e um desafio complexo. Políticas sociopolíticas devem ser implementadas para prevenir o tráfico, proteger crianças vulneráveis e responsabilizar os perpetradores.

Crianças em situação de rua enfrentam desafios únicos, como falta de abrigo, acesso a serviços básicos e discriminação. Políticas sociais devem abordar as causas subjacentes, fornecer apoio efetivo e reintegrar essas crianças na sociedade.

Crianças e adolescentes LGBTQIA+ podem enfrentar discriminação e falta de apoio. Políticas inclusivas devem garantir a proteção desses jovens, promover a educação sobre diversidade e fornecer recursos que respeitem sua identidade.

Crianças refugiadas e migrantes muitas vezes enfrentam desafios adicionais, incluindo a falta de acesso a serviços básicos e a discriminação. Políticas sociopolíticas devem garantir a proteção de seus direitos e a integração eficaz em novas comunidades.

A inclusão efetiva requer a participação ativa de crianças e adolescentes na tomada de decisões que afetam suas vidas. Políticas devem promover mecanismos para ouvir suas vozes, incentivando uma abordagem centrada na criança em todos os aspectos.

Com o aumento da presença digital, a proteção contra a exploração online é um desafio crescente. Políticas devem abordar questões como a segurança online, a privacidade e o acesso seguro à tecnologia para crianças e adolescentes.

A pobreza infantil é um desafio global que afeta a inclusão. Políticas sociopolíticas devem se concentrar em medidas que reduzam a pobreza, garantam a segurança alimentar e proporcionem oportunidades econômicas para famílias com crianças.

Abordar esses desafios exige uma abordagem holística, com políticas que integrem esforços de diversos setores, incluindo governo, organizações não governamentais e comunidades locais. A promoção dos direitos das crianças e adolescentes é fundamental para construir sociedades mais justas e inclusivas.

19.2 Idosos

Inclusão dos idosos abrange o respeito à sua dignidade, cuidados de saúde adequados, prevenção do isolamento social e garantia de participação ativa na sociedade.

Muitos idosos enfrentam o desafio do isolamento social e da solidão, especialmente aqueles que vivem sozinhos ou em comunidades onde as interações sociais são limitadas. Políticas sociopolíticas devem abordar estratégias para promover a conexão social e o engajamento comunitário entre os idosos.

O acesso a serviços de saúde de qualidade torna-se um desafio à medida que os idosos envelhecem. Políticas devem abordar a acessibilidade, custos e qualidade dos cuidados médicos, incluindo cuidados geriátricos especializados e serviços de saúde mental.

O abuso e a negligência de idosos são preocupações sérias. Políticas devem incluir medidas para prevenir, identificar e combater o abuso físico, emocional, financeiro e negligência contra os idosos, garantindo mecanismos de denúncia e proteção.

Muitos idosos enfrentam desafios financeiros devido à aposentadoria e à falta de pensões adequadas. Políticas devem abordar a segurança financeira, incluindo reformas previdenciárias, programas de aposentadoria sustentáveis e apoio para idosos em situações econômicas desfavoráveis.

A infraestrutura urbana nem sempre é adaptada para atender às necessidades dos idosos, como acessibilidade, transporte público adequado e espaços públicos amigáveis. Políticas devem promover ambientes urbanos inclusivos e adaptados às necessidades dos idosos.

Muitos idosos enfrentam desafios para se adaptar à tecnologia digital, o que pode levar à exclusão em uma sociedade cada vez mais conectada. Políticas devem incluir programas de inclusão digital, garantindo que os idosos tenham acesso e habilidades para usar tecnologias.

O ageísmo, que é o preconceito contra pessoas com base na idade, é um desafio significativo. Políticas devem promover a conscientização sobre o ageísmo, combater estigmas associados ao envelhecimento e promover uma cultura que valorize as contribuições dos idosos.

A habitação adequada para os idosos é crucial para sua qualidade de vida. Políticas devem abordar a disponibilidade de moradias acessíveis, adaptadas às necessidades físicas dos idosos e localizadas em ambientes que facilitem a participação na comunidade.

Incentivar o envelhecimento ativo envolve políticas que promovam oportunidades para os idosos participarem de atividades culturais, educacionais e sociais, mantendo um estilo de vida saudável e engajado.

O acesso à educação continuada é importante para os idosos que desejam aprender novas habilidades ou continuar seus estudos. Políticas devem facilitar o acesso a programas educacionais adaptados às necessidades e interesses dos idosos.

Dificuldades de mobilidade são comuns entre os idosos. Políticas devem abordar o transporte acessível, calçadas seguras, sinalização adaptada e outras medidas para garantir a mobilidade eficaz dos idosos.

O envelhecimento frequentemente traz a necessidade de cuidados de longa duração. Políticas devem abordar questões como o suporte a cuidadores familiares, a qualidade dos serviços de assistência domiciliar e o acesso a instalações de cuidados apropriadas.

Políticas de saúde pública devem incentivar estilos de vida saudáveis entre os idosos, promovendo a atividade física, uma dieta balanceada e a conscientização sobre a importância da saúde mental.

Garantir que os idosos tenham acesso a atividades culturais, eventos recreativos e oportunidades de lazer é essencial para promover uma vida ativa e enriquecedora.

O planejamento urbano deve ser orientado para garantir cidades sustentáveis, inclusivas e adaptadas a todas as idades. Isso inclui a criação de espaços verdes, instalações de lazer e estruturas urbanas que atendam às necessidades dos idosos.

19.3 LGBTQIA+

Inclusão da comunidade LGBTQIA+ demanda o respeito à diversidade de orientações sexuais e identidades de gênero, combate à discriminação e promoção de ambientes seguros e inclusivos.

Membros da comunidade LGBTQIA+ frequentemente enfrentam discriminação e estigmatização, o que pode manifestar-se em várias áreas da vida, incluindo educação, emprego, saúde e interações sociais. Políticas devem abordar leis antidiscriminação e promover uma cultura de respeito e aceitação.

Muitos países ainda não garantem plenos direitos legais para indivíduos LGBTQIA+. Questões como o reconhecimento do casamento, adoção, herança e direitos de propriedade são fundamentais para a inclusão e devem ser abordadas por políticas progressistas.

O acesso a cuidados de saúde culturalmente competentes, incluindo serviços específicos para a comunidade LGBTQIA+, é crucial. Políticas devem garantir que os profissionais de saúde estejam treinados para entender e atender às necessidades específicas de saúde dessa população.

A violência física, verbal e o bullying são desafios enfrentados por muitos indivíduos LGBTQIA+, especialmente os jovens. Políticas devem abordar medidas de prevenção, proteção e punição para combater a violência motivada por orientação sexual, identidade de gênero ou expressão de gênero.

Problemas de saúde mental, como depressão e ansiedade, são mais prevalentes entre pessoas LGBTQIA+. Políticas devem abordar as causas subjacentes, incluindo o estigma social, e garantir o acesso a serviços de saúde mental inclusivos.

A educação inclusiva é essencial para criar um ambiente seguro e acolhedor para estudantes LGBTQIA+. Políticas devem incluir treinamento para educadores, programas de prevenção ao bullying e inclusão de material educacional que reflita a diversidade.

Muitos membros da comunidade LGBTQIA+ enfrentam desigualdades econômicas, incluindo disparidades salariais e taxas de desemprego mais altas. Políticas devem abordar essas desigualdades, promovendo a igualdade de oportunidades e protegendo contra a discriminação no local de trabalho.

Muitas jurisdições ainda não reconhecem adequadamente a identidade de gênero das pessoas trans e não binárias em documentos legais. Políticas devem facilitar procedimentos legais e administrativos para a mudança de nome e gênero, garantindo a autodeterminação e dignidade.

Indivíduos LGBTQIA+ muitas vezes enfrentam perseguição em seus países de origem devido à orientação sexual ou identidade de gênero. Políticas devem garantir procedimentos justos e inclusivos para solicitações de refúgio e asilo.

A representação positiva na mídia é crucial para combater estereótipos e promover a aceitação. Políticas podem incentivar a diversidade na mídia e impor regulamentações que evitem a disseminação de discursos de ódio.

Em alguns países, a homossexualidade ainda é criminalizada. Políticas devem pressionar por mudanças legais e promover direitos humanos fundamentais, incluindo a despenalização da homossexualidade.

A participação política plena da comunidade LGBTQIA+ é fundamental para garantir a igualdade de direitos. Políticas devem remover barreiras para a participação política e garantir representação adequada em cargos públicos.

Reconhecimento e apoio às diversas formas de família são essenciais. Políticas devem garantir que casais do mesmo sexo e famílias LGBTQIA+ tenham os mesmos direitos legais e reconhecimento social que outros tipos de famílias.

A inclusão de educação sobre diversidade e inclusão, incluindo informações sobre orientação sexual e identidade de gênero, é vital. Políticas devem promover a implementação desses currículos nas escolas para combater o preconceito desde cedo.

A segurança e inclusão em espaços públicos e eventos são fundamentais. Políticas devem garantir a implementação de medidas antidiscriminatórias e a promoção de ambientes seguros e acolhedores para a comunidade LGBTQIA+.

19.4 Pessoas com Deficiências

A inclusão de pessoas com deficiências envolve garantir acessibilidade, igualdade de oportunidades, respeito à autonomia e combate ao preconceito.

Muitos ambientes físicos ainda não são acessíveis para pessoas com deficiências, apresentando barreiras arquitetônicas que dificultam a locomoção e a participação plena. Políticas devem garantir a implementação de normas de acessibilidade e adaptações em edifícios públicos e privados.

A educação inclusiva enfrenta desafios, desde a falta de recursos adequados até atitudes discriminatórias. Políticas devem promover sistemas educacionais inclusivos, garantindo adaptações curriculares, treinamento de professores e recursos para atender às necessidades variadas dos estudantes com deficiência.

Pessoas com deficiências frequentemente enfrentam discriminação no mercado de trabalho, dificultando o acesso a oportunidades de emprego. Políticas devem promover a igualdade de oportunidades, incentivar práticas de contratação inclusivas e garantir ambientes de trabalho acessíveis.

O estigma e o preconceito em relação às pessoas com deficiências persistem em muitas sociedades, afetando sua participação social e emocional. Políticas devem focar em campanhas de conscientização, educação e promoção de uma cultura inclusiva que desafia estereótipos.

O acesso a tecnologias assistivas é essencial para melhorar a autonomia e a qualidade de vida das pessoas com deficiências. Políticas devem garantir a disponibilidade e a acessibilidade de tecnologias assistivas, bem como fornecer treinamento adequado no seu uso.

O acesso a cuidados de saúde adequados, incluindo serviços especializados, é um desafio para muitas pessoas com deficiências. Políticas devem garantir a disponibilidade de serviços de saúde inclusivos e abordar as disparidades no atendimento médico.

O transporte público e privado nem sempre é acessível para pessoas com deficiências, limitando sua mobilidade. Políticas devem promover adaptações nos meios de transporte e garantir serviços que atendam às necessidades específicas, incluindo transporte acessível para cadeirantes.

O acesso a atividades culturais, esportivas e de lazer muitas vezes é limitado para pessoas com deficiências. Políticas devem promover ambientes inclusivos em museus, teatros, eventos esportivos e outras atividades recreativas.

Os direitos reprodutivos das pessoas com deficiências podem ser negligenciados, com desafios no acesso a informações e serviços relacionados à saúde sexual e reprodutiva. Políticas devem garantir o respeito aos direitos reprodutivos e oferecer suporte adequado.

O acesso à justiça pode ser um desafio para pessoas com deficiências devido a barreiras físicas e procedimentais. Políticas devem garantir adaptações nos sistemas judiciais e promover treinamento para profissionais do direito sobre questões relacionadas à deficiência.

Pessoas com deficiências podem ser mais vulneráveis a abusos e exploração. Políticas devem enfocar a prevenção, identificação e proteção contra abusos, garantindo que as vítimas tenham acesso a recursos de apoio.

Em situações de emergência, as pessoas com deficiências muitas vezes enfrentam desafios adicionais de evacuação e acesso a serviços. Políticas devem garantir planos de emergência inclusivos e a capacitação de profissionais para lidar com situações de crise.

Pessoas com deficiências que vivem em áreas rurais podem enfrentar desafios únicos, incluindo falta de serviços especializados e transporte limitado. Políticas devem abordar as disparidades regionais e garantir que os serviços estejam disponíveis em todas as áreas.

Muitas pessoas com deficiências desejam viver de forma independente, mas o apoio adequado pode ser limitado. Políticas devem promover programas que ofereçam suporte à vida independente, incluindo assistência pessoal e adaptações no ambiente doméstico.

A participação ativa das pessoas com deficiências nos processos decisórios que afetam suas vidas é fundamental. Políticas devem garantir que essas vozes sejam ouvidas em questões que envolvem políticas públicas, legislação e planejamento urbano.

19.5 Pessoas em Situação de Rua

Inclusão dessas pessoas requer políticas que visem a moradia digna, acesso a serviços básicos, como saúde e educação, e oportunidades para sair da situação de vulnerabilidade.

A falta de moradia adequada é um dos principais desafios enfrentados por pessoas em situação de rua. Políticas devem abordar a escassez de moradias acessíveis e buscar soluções habitacionais de longo prazo.

Pessoas em situação de rua frequentemente enfrentam barreiras no acesso a serviços de saúde. Políticas devem garantir que existam serviços de saúde acessíveis, incluindo clínicas móveis e instalações adaptadas para atender às necessidades específicas dessa população.

A saúde mental e o abuso de substâncias são preocupações comuns entre pessoas em situação de rua. Políticas devem integrar serviços de saúde mental e programas de recuperação de vícios, bem como abordar as causas subjacentes desses problemas.

A falta de emprego e oportunidades de educação é um desafio significativo. Políticas devem incluir programas de capacitação profissional, educação e oportunidades de emprego para facilitar a reintegração no mercado de trabalho.

Pessoas em situação de rua estão sujeitas a uma maior incidência de violência e abuso. Políticas devem abordar medidas de segurança nas ruas, bem como programas de prevenção de violência direcionados a essa população.

A discriminação e o estigma social são obstáculos significativos à inclusão. Políticas devem incluir campanhas educacionais para combater o estigma e promover a compreensão pública sobre as causas da situação de rua.

A integração social é fundamental para superar o isolamento. Políticas devem promover programas comunitários que incentivem a participação ativa e ofereçam oportunidades para construir relações sociais positivas.

A falta de documentos de identificação pode ser uma barreira para acessar serviços básicos. Políticas devem facilitar a obtenção de documentos necessários para garantir o acesso a benefícios e serviços governamentais.

Pessoas em situação de rua enfrentam riscos aumentados durante condições climáticas extremas. Políticas devem incluir planos de contingência para proteger essa população durante tempestades, ondas de calor, frio intenso, etc.

A insegurança alimentar é comum entre pessoas em situação de rua. Políticas devem incluir programas que garantam o acesso regular a alimentos nutritivos, como refeitórios comunitários e iniciativas de distribuição de alimentos.

A prevenção da situação de rua é crucial. Políticas devem abordar as causas estruturais, como pobreza, desemprego e falta de moradia, implementando estratégias de longo prazo para evitar que as pessoas entrem nessa situação.

A falta de acesso a instalações de higiene básica é uma preocupação significativa. Políticas devem garantir a disponibilidade de banheiros públicos e instalações de higiene para promover a saúde e dignidade.

Certos grupos em situação de rua, como jovens, famílias e LGBTQIA+, podem enfrentar desafios específicos. Políticas devem ser sensíveis às necessidades variadas desses grupos e garantir programas específicos para sua inclusão.

A colaboração entre organizações governamentais, não governamentais e a comunidade é essencial. Políticas devem incentivar parcerias eficazes para maximizar os recursos disponíveis e coordenar esforços na abordagem da situação de rua.

A reintegração bem-sucedida requer programas de reabilitação que abordem não apenas as necessidades imediatas, mas também preparem as pessoas em situação de rua para uma reintegração sustentável na sociedade, incluindo apoio habitacional contínuo e acompanhamento.

19.6 Povos Indígenas e Comunidades Quilombolas

Inclusão desses grupos envolve o reconhecimento de seus direitos territoriais, preservação de suas culturas, e o combate a práticas discriminatórias e excludentes.

19.6.1 Povos Indígenas

A demarcação e proteção das terras indígenas são fundamentais para a preservação da cultura e dos meios de subsistência desses grupos. Desafios incluem disputas territoriais, invasões e a falta de avanços na demarcação de terras.

A preservação da cultura e línguas indígenas enfrenta ameaças devido à assimilação cultural, perda de território e influências externas. Políticas devem apoiar iniciativas que promovam e preservem a diversidade cultural e linguística.

Muitas comunidades indígenas enfrentam desafios no acesso a serviços básicos, como saúde, educação, água potável e eletricidade. Políticas devem garantir a implementação de serviços adequados e culturalmente sensíveis.

A saúde indígena enfrenta desafios, incluindo falta de acesso a serviços médicos, alta incidência de doenças infecciosas e questões de saúde mental relacionadas ao impacto histórico e cultural. Políticas devem abordar essas disparidades e promover serviços de saúde culturalmente apropriados.

A implementação de sistemas educacionais que respeitem e valorizem a cultura indígena é crucial. Políticas devem apoiar programas de educação intercultural que incluam conhecimentos tradicionais e promovam a diversidade cultural.

Povos indígenas muitas vezes enfrentam violência, incluindo conflitos territoriais, discriminação e agressões físicas. Políticas devem abordar a proteção dos direitos humanos e a prevenção da violência contra essas comunidades.

A participação política efetiva e a consulta prévia são essenciais para a tomada de decisões que afetam as comunidades indígenas. Políticas devem garantir a representação desses grupos em processos decisórios e a realização de consultas prévias em projetos que impactem suas terras e recursos.

Abordar as demandas de desenvolvimento sustentável que respeitem a autonomia e a cosmovisão indígena é desafiador. Políticas devem buscar estratégias que equilibrem o desenvolvimento econômico com a preservação ambiental e cultural.

As mudanças climáticas afetam desproporcionalmente comunidades indígenas, cujas vidas muitas vezes dependem diretamente do ambiente natural. Políticas devem incluir estratégias de adaptação e mitigação específicas para essas comunidades.

A exploração de recursos naturais muitas vezes resulta em desmatamento, poluição e perda de habitat para comunidades indígenas. Políticas devem abordar questões de conservação e gestão sustentável dos recursos naturais.

19.6.2 Comunidades Quilombolas

O reconhecimento e titulação das terras quilombolas são cruciais para a preservação da identidade cultural dessas comunidades. Desafios incluem processos burocráticos lentos e disputas territoriais.

Comunidades quilombolas muitas vezes enfrentam dificuldades no acesso a serviços básicos, como saúde, educação, água potável e eletricidade. Políticas devem garantir a implementação de serviços adequados e culturalmente sensíveis.

A preservação da cultura e história quilombola é fundamental. Políticas devem apoiar iniciativas que valorizem a herança cultural dessas comunidades e promovam a educação sobre sua contribuição para a história nacional.

O desenvolvimento econômico sustentável deve respeitar as práticas tradicionais e o modo de vida dessas comunidades. Políticas devem incentivar atividades econômicas que promovam a autonomia e a sustentabilidade.

A saúde quilombola enfrenta desafios semelhantes aos das comunidades indígenas, incluindo acesso limitado a serviços de saúde e questões de saúde relacionadas ao histórico de discriminação e acesso inadequado.

Programas educacionais devem valorizar o conhecimento tradicional quilombola. Políticas devem apoiar currículos que incluam a história e a cultura quilombola nas escolas e promover a valorização desses conhecimentos.

Comunidades quilombolas enfrentam discriminação racial e violência. Políticas devem abordar a promoção da igualdade racial, a prevenção da discriminação e a proteção contra a violência.

A participação política e a consulta prévia são elementos essenciais para a inclusão quilombola. Políticas devem garantir representação efetiva e participação em decisões que afetem suas terras e comunidades.

A regularização fundiária é uma questão desafiadora para muitas comunidades quilombolas. Políticas devem simplificar os processos de titulação e garantir a segurança jurídica das terras dessas comunidades.

O acesso limitado a tecnologias e infraestrutura de comunicação pode ser um desafio. Políticas devem incluir iniciativas que superem essas lacunas e promovam a conectividade nessas comunidades.

19.7 Demais Minorias Sociais

Inclusão de outras minorias sociais abrange a criação de políticas inclusivas, respeito à diversidade e combate à discriminação em todas as suas formas.

É fundamental entender a complexidade e a importância da inclusão social para construir uma sociedade mais justa e igualitária.

Muitas minorias sociais enfrentam discriminação e estigmatização com base em características como raça, religião, orientação sexual, identidade de gênero, deficiência, entre outras. Políticas devem visar à promoção da igualdade e combate à discriminação em todas as esferas da sociedade.

O acesso desigual a oportunidades educacionais, de emprego e de participação social é um desafio. Políticas devem buscar a igualdade de oportunidades para garantir que todos os indivíduos tenham acesso equitativo a recursos e serviços.

Em muitos lugares, as minorias sociais podem enfrentar obstáculos no reconhecimento e exercício de seus direitos civis e legais. Políticas devem garantir que todas as pessoas tenham seus direitos protegidos e que o sistema legal seja acessível e imparcial.

Minorias sociais podem ser alvo de violência e intolerância. Políticas devem abordar medidas de segurança e prevenção de violência, bem como promover a tolerância e o respeito pela diversidade.

Muitas minorias sociais podem enfrentar dificuldades no acesso a serviços de saúde culturalmente sensíveis e inclusivos. Políticas devem garantir que os serviços de saúde atendam às necessidades específicas de diferentes grupos.

A participação política efetiva e a representação adequada em cargos públicos são essenciais para garantir que as vozes das minorias sociais sejam ouvidas. Políticas devem incentivar a inclusão em todos os níveis de tomada de decisão.

A representação positiva e precisa nas mídias e na cultura é vital para combater estereótipos e preconceitos. Políticas devem promover a diversidade na mídia e garantir que as narrativas culturais reflitam a riqueza da sociedade.

Muitas minorias sociais enfrentam desigualdades econômicas, incluindo disparidades salariais e falta de acesso a oportunidades de negócios. Políticas devem abordar essas desigualdades e promover medidas que incentivem a equidade econômica.

A educação inclusiva é crucial para promover a compreensão e o respeito pela diversidade. Políticas devem apoiar a implementação de currículos inclusivos e treinamento para educadores sobre as necessidades específicas de diferentes grupos.

Acesso equitativo à moradia e a urbanização inclusiva são desafios para algumas minorias sociais. Políticas devem abordar a falta de habitação acessível e promover práticas urbanas que respeitem a diversidade.

O acesso à justiça pode ser desigual para algumas minorias sociais. Políticas devem garantir que o sistema judicial seja acessível, imparcial e capaz de lidar com questões relacionadas à discriminação e violência.

Minorias religiosas e culturais podem enfrentar desafios específicos relacionados à liberdade religiosa e práticas culturais. Políticas devem garantir a proteção desses direitos fundamentais.

O acesso equitativo à tecnologia é crucial na era digital. Políticas devem abordar a lacuna digital e garantir que todas as comunidades tenham acesso aos benefícios da tecnologia.

Refugiados e migrantes podem ser considerados uma minoria social em alguns contextos. Políticas devem abordar as necessidades específicas dessas populações, incluindo o acesso a serviços básicos e a integração na sociedade.

O acesso a atividades culturais, esportivas e de lazer deve ser inclusivo. Políticas devem garantir que todos tenham a oportunidade de participar e desfrutar da riqueza cultural e recreativa da sociedade.

Esses desafios exigem abordagens holísticas e adaptáveis para promover a inclusão de todas as minorias sociais.

QUESTÕES COMENTADAS

1 QUESTÕES

01. A Lei nº 8.112/1990 prevê diversas penalidades disciplinares para o servidor público, que serão aplicadas levando em consideração a natureza e a gravidade da infração cometida, os danos que dela provierem para o serviço público, as circunstâncias agravantes ou atenuantes e os antecedentes funcionais. Nesse contexto normativo, assinale a alternativa que traga o prazo de prescrição da ação disciplinar quanto às infrações puníveis com suspensão.

a) um ano.
b) 60 dias.
c) dois anos.
d) 180 dias.
e) cinco anos.

A ação disciplinar prescreve, em caso de suspensão, em 2 (dois) anos a contar da data de conhecimento do fato.

GABARITO: C.

---

02. A Lei nº 8.112/1990 dispõe sobre o regime jurídico dos servidores públicos civis da União, das autarquias e das fundações públicas federais. Nesse contexto normativo, assinale o que não é considerado requisito básico para investidura em cargo público.

a) nacionalidade brasileira.
b) aptidão física e mental.
c) gozo dos direitos políticos.
d) idade mínima de dezoito anos.
e) quitação com as obrigações militares, eleitorais e fiscais.

A Lei nº 8.112/1990 traz vários requisitos para investidura no cargo, exceto quitação com as obrigações fiscais.

Art. 5º São requisitos básicos para investidura em cargo público:

I - a nacionalidade brasileira;

II - o gozo dos direitos políticos;

III - a quitação com as obrigações militares e eleitorais;

IV - o nível de escolaridade exigido para o exercício do cargo;

V - a idade mínima de dezoito anos;

VI - aptidão física e mental.

GABARITO: E.

---

03. A respeito da garantia constitucional da inviolabilidade do domicílio, assinale a alternativa correta.

a) Em caso de desastre durante a noite, o morador tem o direito de se opor à invasão do seu domicílio.
b) A invasão do domicílio poderá ocorrer durante a noite, desde que precedida de autorização judicial.
c) Sem determinação judicial, ninguém pode penetrar na casa sem o consentimento do morador.
d) A casa não é considerada asilo inviolável do indivíduo, pois há possibilidade de alguém nela penetrar sem consentimento do morador.
e) A Constituição Federal traz a prisão em flagrante como hipótese de exceção à inviolabilidade domiciliar.

A: Incorreta. A inviolabilidade do domicílio é direito fundamental assegurado na Carta Constitucional. Contudo, tendo em vista que não existe nenhum direito fundamental com caráter absoluto, há exceções, como no caso de desastre, nos termos do art. 5º, XI, da CF:

Art. 5º XI - a casa é asilo inviolável do indivíduo, ninguém nela podendo penetrar sem consentimento do morador, salvo em caso de flagrante delito ou desastre, ou para prestar socorro, ou, durante o dia, por determinação judicial.

B: Incorreta. A autorização judicial só permite o acesso à moradia, sem consentimento do morador, quando durante o dia, não sendo possível durante o período noturno.

C: Incorreta. A regra é a inviolabilidade do domicílio. No entanto, ainda que sem determinação judicial, é possível a violação de domicílio nos casos de flagrante delito, de desastre, ou para prestar socorro ao morador, conforme estabelece o art. 5º, XI, da CF.

D: Incorreta. Nos termos do art. 5º, XI, da CF, a casa é asilo inviolável do indivíduo, ainda que exista exceções quanto à sua inviolabilidade.

E: Correta. A prisão em flagrante delito, assim como as situações de desastre ou para prestar socorro, são hipóteses de exceção à inviolabilidade domiciliar, nos termos do art. 5º, XI, da CF.

GABARITO: E.

---

04. A soberania, a cidadania e o pluralismo político são considerados fundamentos da República Federativa do Brasil, a qual, segundo se pode afirmar com base na Constituição Federal, tem por objetivos fundamentais:

I. Construir uma sociedade livre, justa e solidária.
II. Garantir a independência nacional.
III. Erradicar a pobreza e promover a defesa da paz.

Analisando os itens, é correto afirmar que:

a) somente o item I está correto.
b) somente o item II está correto.
c) somente o item III está correto.
d) somente os itens I e II estão corretos.
e) somente os itens II e III estão corretos.

I: Correto. Estabelece o art. 3º, inciso I, da CF:

Art. 3º Constituem objetivo fundamental da República Federativa do Brasil:

I - construir uma sociedade livre, justa e solidária.

II: Incorreto. A independência nacional é um dos princípios que regem o Brasil em suas relações internacionais, nos termos do art. 4º, I, da CF:

Art. 4º A República Federativa do Brasil rege-se nas suas relações internacionais pelos seguintes princípios:

I - independência nacional.

III: Incorreto. De fato, erradicar a pobreza é um dos objetos fundamentais da República Federativa do Brasil (art. 3º, III, da CF). No entanto, a defesa da paz constitui princípio fundamental que rege o Brasil em suas relações internacionais, conforme art. 4º, VI, da CF.

GABARITO: A.

---

05. A Constituição Federal prevê a estabilidade dos servidores nomeados para cargo de provimento efetivo em virtude de concurso público, assim como traz casos de perda do respectivo cargo. A esse respeito, é correto afirmar que:

a) o servidor público estável somente perderá o cargo em virtude de sentença judicial transitada em julgado.
b) extinto o cargo ou declarada a sua desnecessidade, o servidor estável ficará em disponibilidade, com remuneração proporcional ao tempo de serviço, até seu adequado aproveitamento em outro cargo.
c) como condição para a aquisição da estabilidade, é obrigatória, no mínimo, a realização de três avaliações de desempenho.

d) invalidada por sentença judicial a demissão do servidor estável, será ele reintegrado, e o eventual ocupante da vaga, se estável, reconduzido ao cargo de origem, com direito a indenização.

e) o servidor público estável só perderá o cargo mediante procedimento de avaliação periódica de desempenho e em virtude de sentença judicial transitada em julgado.

A: Incorreta. A Constituição Federal prevê outras hipóteses em que o servidor público estável pode perder o cargo, sendo a sentença judicial transitada em julgada, uma das possibilidades, conforme prevê os incisos do § 1º, do art. 41.

B: Correta. Nos termos do § 3º, art. 41 da CF:

Art. 41 § 3º Extinto o cargo ou declarada a sua desnecessidade, o servidor estável ficará em disponibilidade, com remuneração proporcional ao tempo de serviço, até seu adequado aproveitamento em outro cargo.

C: Incorreta. Para a aquisição da estabilidade, o servidor é submetido a 01 (uma) avaliação especial de desempenho, nos termos do art. 41, § 4º, da CF:

Art. 41 § 4º Como condição para a aquisição da estabilidade, é obrigatória a avaliação especial de desempenho por comissão instituída para essa finalidade.

D: Incorreta. Nos termos do 41, § 2º, da CF:

Art. 41 § 2º Invalidada por sentença judicial a demissão do servidor estável, será ele reintegrado, e o eventual ocupante da vaga, se estável, reconduzido ao cargo de origem, sem direito a indenização, aproveitado em outro cargo ou posto em disponibilidade com remuneração proporcional ao tempo de serviço.

E: Incorreta. Além das hipóteses de procedimento de avaliação periódica de desempenho e de sentença judicial transitada em julgada, o servidor também poderá perder o cargo mediante processo administrativo em que lhe seja assegurada ampla defesa (art. 41, § 1º, II, da CF).

GABARITO: B.

---

06. Os orçamentos de todos os órgãos autônomos que constituem o setor público devem-se fundamentar em uma única política orçamentária estruturada uniformemente e que se ajuste a um método único. Tal afirmação se refere a qual princípio orçamentário?

a) Princípio do Equilíbrio.

b) Princípio da Universalidade.

c) Princípio da Unidade.

d) Princípio da Exclusividade.

e) Princípio da Anualidade.

A: Incorreta. Refere-se ao equilíbrio entre receitas e despesas.

B: Incorreta. O orçamento deve conter todas as receitas e despesas.

C: Correta. Orçamento Uno. Caracterizado em um orçamento por exercício.

D: Incorreta. A LOA não pode ter dispositivo estranho à fixação das despesas e previsão das receitas.

E: Incorreta. O orçamento deve ter período determinado, um ano.

GABARITO: C.

---

07. O artigo 165 da Constituição Federal estabelece que são leis de iniciativa do Poder Executivo o Plano Plurianual, as Diretrizes Orçamentárias e os Orçamentos Anuais. Com relação a essas peças de planejamento, assinale a alternativa correta.

a) A Lei de Diretrizes Orçamentárias é um plano de médio prazo, por meio do qual se procura ordenar as ações do governo que levem ao atingimento dos objetivos e metas fixados para um período de quatro anos.

b) A Lei de Diretrizes Orçamentárias tem a finalidade de nortear a elaboração dos Orçamentos Anuais, compreendidos aqui o Orçamento Fiscal, o Orçamento de Investimento das Empresas e o Orçamento da Seguridade Social, de forma a adequá-los às diretrizes, objetivos e metas da Administração Pública, estabelecidos no Plano Plurianual.

c) O Orçamento Público disporá sobre as alterações na legislação tributária e estabelecerá a política de aplicação das agências financeiras oficiais de fomento.

d) O Plano Plurianual, além das disposições constitucionais, deverá dispor sobre normas relativas ao controle de custos e à avaliação dos resultados dos programas financiados com recursos dos orçamentos.

e) O Orçamento Público conterá o anexo de Metas Fiscais e Riscos Fiscais.

A: Incorreta. Refere-se ao PPA.

B: Correta. Nos termos do art. 165 da CF:

Art. 165, § 2º A lei de diretrizes orçamentárias compreenderá as metas e prioridades da administração pública federal, incluindo as despesas de capital para o exercício financeiro subseqüente, orientará a elaboração da lei orçamentária anual, disporá sobre as alterações na legislação tributária e estabelecerá a política de aplicação das agências financeiras oficiais de fomento.

§ 5º A lei orçamentária anual compreenderá:

I - o orçamento fiscal referente aos Poderes da União, seus fundos, órgãos e entidades da administração direta e indireta, inclusive fundações instituídas e mantidas pelo Poder Público;

II - o orçamento de investimento das empresas em que a União, direta ou indiretamente, detenha a maioria do capital social com direito a voto;

III - o orçamento da seguridade social, abrangendo todas as entidades e órgãos a ela vinculados, da administração direta ou indireta, bem como os fundos e fundações instituídos e mantidos pelo Poder Público.

C: Incorreta. O orçamento não, a LDO.

D: Incorreta. Refere-se a LDO, conforme pode ser visto na LRF:

Art. 4º A lei de diretrizes orçamentárias atenderá o disposto no § 2º do art. 165 da Constituição e:

I - disporá também sobre:

e) normas relativas ao controle de custos e à avaliação dos resultados dos programas financiados com recursos dos orçamentos.

E: Incorreta. O anexo de metas e riscos fiscais estarão contidos na LDO.

GABARITO: B.

---

08. A respeito do Ciclo Orçamentário, assinale a alternativa correta.

a) O Ciclo Orçamentário obedece à sequência das seguintes etapas: elaboração; estudo e aprovação; execução; e avaliação.

b) A etapa do planejamento é de competência do Poder Legislativo.

c) A etapa do estudo e aprovação constitui a concretização anual dos objetivos e metas determinados para o setor público.

d) A etapa de execução refere-se à organização, aos critérios e trabalhos destinados a julgar o nível dos objetivos fixados no Orçamento.

e) A etapa da avaliação é a parte inicial, com a elaboração do orçamento em conformidade com a Lei de Diretrizes Orçamentárias.

A: Correta. São as 4 fases do ciclo:

1: Elaboração/planejamento - Realizada pelo Executivo;

2: Estudo/Aprovação - Realizada pelo Legislativo;

3: Execução - Realizada pelo Executivo;

4: Controle/avaliação - Legislativo + Tribunal de Contas.

B: Incorreta. Legislativo não, executivo.

C: Incorreta. Seria a fase da execução.

D: Incorreta. Avaliação e controle, não execução.

E: Incorreta. Refere-se a elaboração e planejamento.

GABARITO: A.

---

09. Considera-se exemplo de receita de capital a:

a) Receita Patrimonial.
b) Receita Industrial.
c) Receita de Serviços.
d) Receita Agropecuária.
e) Alienação de Bens.

Nos termos do art. 11, são receitas de capital:

1. Operações de Crédito;
2. Alienação de Bens;
3. Amortização de Empréstimos;
4. Transferências de Capital;
5. Outras Receitas de Capital.

Todas as demais alternativas são receitas correntes.

GABARITO: E.

---

10. Assinale a alternativa que seja considerada exemplo de Despesa de Capital.

a) Pessoal e encargos sociais.
b) Juros e encargos da dívida.
c) Outras despesas correntes.
d) Amortização da dívida.
e) Auxílio-alimentação.

As despesas de capital são: investimentos, inversões financeiras e amortização da dívida.

Importante ressaltar que a amortização de empréstimos é uma receita de capital.

GABARITO: D.

---

11. A respeito dos direitos e garantias fundamentais na Constituição Federal, assinale a afirmativa incorreta.

a) É vedada a dispensa do empregado sindicalizado a partir do registro da candidatura a cargo de direção ou representação sindical e, se eleito, ainda que suplente, até um ano após o final do mandato, salvo se cometer falta grave nos termos da lei.

b) É privativo de brasileiro nato o cargo de Advogado-Geral da União.

c) São símbolos da República Federativa do Brasil a bandeira, o hino, as armas e o selo nacionais.

d) Terão direito a recursos do fundo partidário os partidos políticos que tiverem elegido pelo menos quinze Deputados Federais distribuídos em pelo menos um terço das unidades da Federação.

e) Os partidos políticos, após adquirirem personalidade jurídica, na forma da lei civil, registrarão seus estatutos no Tribunal Superior Eleitoral.

A: Correta. Conforme estabelece o art. 8º, VII, da CF, é vedada a dispensa do empregado sindicalizado a partir do registro da candidatura a cargo de direção ou representação sindical e, se eleito, ainda que suplente, até um ano após o final do mandato, salvo se cometer falta grave nos termos da lei.

B: Incorreta. O cargo de Advogado-Geral da União não está previsto no rol de cargos privativos de brasileiros natos, constante do artigo 12, § 3º, da CF. Portanto, pode ser ocupado por brasileiro nato ou naturalizado.

C: Correta. Nos termos do artigo 13, § 1º, da CF, são símbolos da República Federativa do Brasil a bandeira, o hino, as armas e o selo nacionais.

D: Correta. De acordo com o art. 17, § 3º, inciso II, da CF, terão direito a recursos do fundo partidário os partidos políticos que tiverem elegido pelo menos quinze Deputados Federais distribuídos em pelo menos um terço das unidades da Federação.

E: Correta. Consoante art. 17, § 2º, da CF, os partidos políticos, após adquirirem personalidade jurídica, na forma da lei civil, registrarão seus estatutos no Tribunal Superior Eleitoral.

GABARITO: B.

---

12. De acordo com a Lei nº 8.112/1990, considera-se da família do servidor:

a) apenas o cônjuge e os filhos.
b) somente os parentes de primeiro grau.
c) apenas os parentes de até segundo grau.
d) qualquer pessoa que viva às suas expensas e conste do seu assentamento individual.
e) somente o cônjuge e os parentes consanguíneos ou afins, até o segundo grau ou por adoção.

Nos termos dos art. 241 da Lei nº 8.112/1990, temos:

Art. 241 Consideram-se da família do servidor, além do cônjuge e filhos, quaisquer pessoas que vivam às suas expensas e constem do seu assentamento individual.

Parágrafo único. Equipara-se ao cônjuge a companheira ou companheiro, que comprove união estável como entidade familiar.

GABARITO: D.

---

13. Sobre a organização da Administração Pública, analise as afirmativas a seguir:

I. A desconcentração administrativa consubstancia forma de organização da Administração Pública em que as competências são distribuídas dentro da esfera hierárquica de uma mesma pessoa jurídica.

II. O Presidente da República pode, sem necessidade de lei ou medida provisória, dispor sobre a organização e o funcionamento da Administração Pública federal, quando não implicar aumento de despesa nem criação ou extinção de órgãos públicos.

III. No âmbito federal, as empresas públicas integram a Administração Pública indireta e são necessariamente pessoas jurídicas de direito privado, mas não necessariamente com capital exclusivamente pertencente à União, já que, por exemplo, admite a participação de outras pessoas jurídicas de direito público interno.

Assinale:

a) se somente a afirmativa I estiver correta.
b) se somente a afirmativa II estiver correta.
c) se somente a afirmativa III estiver correta.
d) se somente as afirmativas I e II estiverem corretas.
e) se todas as afirmativas estiverem corretas.

I: Correta. A desconcentração é uma distribuição interna de competências dentro de um ente federativo. Uma única pessoa jurídica, a qual desconcentra as suas competências.

II: Correta. De acordo com o art. 84, VI, "a" da CF:

Art. 84 Compete privativamente ao Presidente da República:

VI - dispor, mediante decreto, sobre:

a) organização e funcionamento da administração federal, quando não implicar aumento de despesa nem criação ou extinção de órgãos públicos.

III: Correta. De acordo com o art. 3º da Lei nº 13.303/2016:

Art. 3º Empresa pública é uma "entidade dotada de personalidade jurídica de direito privado, com criação autorizada por lei e com patrimônio próprio, cujo capital social é integralmente detido pela União, pelos Estados, pelo Distrito Federal ou pelos Municípios.

GABARITO: E.

---

14. Determinado servidor federal, aposentado por invalidez, teve o quadro clínico que comprometia seu desempenho e em razão do qual se aposentou integralmente superado. No que se refere ao possível restabelecimento do vínculo funcional ativo com a Administração Pública, assinale a alternativa correta.
   a) Não há possibilidade de restabelecimento do vínculo ativo por meio do instituto da reversão.
   b) Há possibilidade de restabelecimento do vínculo ativo por meio de recondução, desde que seja no mesmo cargo ou no resultante de sua transformação.
   c) Há possibilidade de restabelecimento do vínculo ativo por meio de reintegração, desde que o servidor não tenha completado 75 anos de idade, nos termos da Lei nº 8.112/1990.
   d) Há possibilidade de restabelecimento do vínculo ativo por meio de reversão, independentemente de declaração de insubsistência dos motivos da aposentadoria por junta médica oficial, nos termos da Lei nº 8.112/1990.
   e) Há possibilidade de restabelecimento do vínculo ativo por meio de reversão, desde que observada a declaração de insubsistência dos motivos da aposentadoria por junta médica oficial, nos termos da Lei nº 8.112/1990.

A reversão é o retorno do servidor aposentado ao cargo público, podendo ser de ofício (pela própria administração), quando uma junta médica apresentar motivos insubsistentes para a aposentadoria.

GABARITO: E.

---

15. Centralização, descentralização, concentração e desconcentração são práticas constantes na Administração Pública brasileira. Nesse cenário, assinale a entidade que pertence à Administração Indireta da União.
   a) Instituto Rio Branco.
   b) Advocacia-Geral da União.
   c) Procuradoria-Geral Federal.
   d) Instituto Chico Mendes de Conservação da Biodiversidade.
   e) Serviço Brasileiro de Apoio às Micro e Pequenas Empresas.

O Instituto Chico Mendes de Conservação da Biodiversidade, criado pela Lei nº 11.516/2007, é resultado da descentralização administrativa e pertence à Administração Indireta da União.

Art. 1º Fica criado o Instituto Chico Mendes de Conservação da Biodiversidade - Instituto Chico Mendes, autarquia federal dotada de personalidade jurídica de direito público, autonomia administrativa e financeira, vinculada ao Ministério do Meio Ambiente, com a finalidade de:

I - executar ações da política nacional de unidades de conservação da natureza, referentes às atribuições federais relativas à proposição, implantação, gestão, proteção, fiscalização e monitoramento das unidades de conservação instituídas pela União;

II - executar as políticas relativas ao uso sustentável dos recursos naturais renováveis e ao apoio ao extrativismo e às populações tradicionais nas unidades de conservação de uso sustentável instituídas pela União;

III - fomentar e executar programas de pesquisa, proteção, preservação e conservação da biodiversidade e de educação ambiental;

IV - exercer o poder de polícia ambiental para a proteção das unidades de conservação instituídas pela União; e

V - promover e executar, em articulação com os demais órgãos e entidades envolvidos, programas recreacionais, de uso público e de ecoturismo nas unidades de conservação, onde estas atividades sejam permitidas.

GABARITO: D.

---

16. De acordo com as disposições orçamentárias, em qual espécie normativa deve ser aprovado o Plano Plurianual?
   a) Emenda à Constituição.
   b) Medida provisória.
   c) Lei delegada.
   d) Lei ordinária.
   e) Decreto legislativo.

Natureza jurídica do orçamento no Brasil

- Lei formal: emanada de órgão com competência legislativa;

- Lei ordinária;

- Lei especial - tem processo legislativo diferenciado (trâmite mais rápido);

- Lei temporária - vigência com prazo determinado.

O STF pode exercer o controle abstrato de constitucionalidade de normas orçamentárias - ADI nº 5.449:

Constitucional e financeiro. Art. 50, da Lei 1.005/15, do estado de Roraima. Fixação de diretrizes orçamentárias locais para o exercício de 2016. Modificação dos limites de gastos com pessoal dos poderes executivo e legislativo. Superação do teto previsto na legislação federal, neste último caso. Plausível usurpação da competência privativa da união (art. 169, da CF). Risco de prejuízo ao erário local com a vigência da norma. Cautelar parcialmente concedida.

1. Leis orçamentárias que materializem atos de aplicação primária da Constituição Federal podem ser submetidas a controle de constitucionalidade em processos objetivos. Precedentes.

Cabe à Lei Complementar dispor sobre exercício financeiro; vigência; prazos; elaboração; e organização. Entretanto, cabe à Lei Ordinária a instituição do PPA, LDO e LOA.

GABARITO: D.

---

17. A responsabilidade na gestão fiscal pressupõe a ação planejada e transparente, em que se previnem riscos e corrigem desvios capazes de afetar o equilíbrio das contas públicas, mediante o cumprimento de metas de resultados entre receitas e despesas. Nesse cenário, analise as afirmativas a seguir:
   I. Integrará o Projeto de Lei de Diretrizes Orçamentárias o Anexo de Metas Fiscais, em que serão estabelecidas metas quinquenais, em valores correntes e constantes, relativas a receitas, despesas, resultados nominal e primário e montante da dívida pública.
   II. A receita corrente líquida é o somatório das receitas tributárias, de contribuições, patrimoniais, industriais, agropecuárias, de serviços e transferências correntes, sem outras deduções.
   III. Todas as despesas relativas à dívida pública, mobiliária ou contratual, e as receitas que as atenderão, constarão da Lei Orçamentária Anual.

   Assinale:
   a) se somente a afirmativa I estiver correta.
   b) se somente a afirmativa II estiver correta.
   c) se somente a afirmativa III estiver correta.
   d) se somente as afirmativas I e II estiverem corretas.
   e) se todas as afirmativas estiverem corretas.

I: Incorreta. De acordo com a LRF:

Art. 4º § 1º Integrará o projeto de lei de diretrizes orçamentárias Anexo de Metas Fiscais, em que serão estabelecidas metas anuais, em valores correntes e constantes, relativas a receitas, despesas, resultados nominal e primário e montante da dívida pública, para o exercício a que se referirem e para os dois seguintes.

II: Incorreta. Conforme a LRF:

Art. 2º Para os efeitos desta Lei Complementar, entende-se como:

IV - receita corrente líquida: somatório das receitas tributárias, de contribuições, patrimoniais, industriais, agropecuárias, de serviços, transferências correntes e outras receitas também correntes, deduzidos:

a) na União, os valores transferidos aos Estados e Municípios por determinação constitucional ou legal, e as contribuições mencionadas na alínea a do inciso I e no inciso II do art. 195, e no art. 239 da Constituição;

b) nos Estados, as parcelas entregues aos Municípios por determinação constitucional;

c) na União, nos Estados e nos Municípios, a contribuição dos servidores para o custeio do seu sistema de previdência e assistência social e as receitas provenientes da compensação financeira citada no § 9º do art. 201 da Constituição.

III: Correta. De acordo com a LRF:

Art. 5º § 1º Todas as despesas relativas à dívida pública, mobiliária ou contratual, e as receitas que as atenderão, constarão da lei orçamentária anual.

GABARITO: C.

---

18. De acordo com a Lei de Responsabilidade Fiscal (Lei Complementar 101/2000), em qual momento deverá ser publicado o Relatório Resumido da Execução Orçamentária?
    a) Até trinta dias após o encerramento de cada bimestre.
    b) Ao término de cada bimestre.
    c) Ao término de cada trimestre.
    d) No final de cada semestre.
    e) No primeiro dia útil do exercício seguinte.

De acordo com a Lei de Responsabilidade Fiscal (Lei Complementar nº 101/2000):

Art. 52 O relatório a que se refere o § 3º do art. 165 da Constituição abrangerá todos os Poderes e o Ministério Público, será publicado até trinta dias após o encerramento de cada bimestre.

De acordo com a CF:

Art. 165 § 3º O Poder Executivo publicará, até trinta dias após o encerramento de cada bimestre, relatório resumido da execução orçamentária.

GABARITO: A.

---

19. Como se denominam as receitas tributárias, patrimonial, agropecuária e industrial, quando destinadas a atender despesas classificáveis em despesas correntes?
    a) Receitas Voluntárias.
    b) Receitas de Transferências.
    c) Receitas de Custeio.
    d) Receitas de Capital.
    e) Receitas Correntes.

De acordo com a Lei nº 4.320/1964:

Art. 11 A receita classificar-se-á nas seguintes categorias econômicas: Receitas Correntes e Receitas de Capital.

§ 1º São Receitas Correntes as receitas tributária, de contribuições, patrimonial, agropecuária, industrial, de serviços e outras e, ainda, as provenientes de recursos financeiros recebidos de outras pessoas de direito público ou privado, quando destinadas a atender despesas classificáveis em Despesas Correntes.

GABARITO: E.

---

20. A respeito das disposições orçamentárias contidas na Constituição Federal de 1988, assinale a afirmativa incorreta.
    a) O Poder Executivo publicará, até trinta dias após o encerramento de cada bimestre, relatório resumido da execução orçamentária.
    b) A Lei de Diretrizes Orçamentárias estabelecerá, de forma regionalizada, as diretrizes, objetivos e metas da Administração Pública federal para as despesas de capital e outras delas decorrentes e para as relativas aos programas de duração continuada.
    c) O Projeto de Lei Orçamentária será acompanhado de demonstrativo regionalizado do efeito, sobre as receitas e despesas, decorrente de isenções, anistias, remissões, subsídios e benefícios de natureza financeira, tributária e creditícia.
    d) Cabe a lei complementar dispor sobre o exercício financeiro, a vigência, os prazos, a elaboração e a organização do Plano Plurianual, da Lei de Diretrizes Orçamentárias e da Lei Orçamentária Anual.
    e) Os projetos de lei relativos ao Plano Plurianual, às Diretrizes Orçamentárias, ao Orçamento Anual e aos créditos adicionais serão apreciados pelas duas Casas do Congresso Nacional, na forma do regimento comum.

A: Correta. De acordo com a CF:

Art. 165 § 3º O Poder Executivo publicará, até trinta dias após o encerramento de cada bimestre, relatório resumido da execução orçamentária.

B: Incorreta. De acordo com a CF:

Art. 165 § 1º A lei que instituir o plano plurianual estabelecerá, de forma regionalizada, as diretrizes, objetivos e metas da administração pública federal para as despesas de capital e outras delas decorrentes e para as relativas aos programas de duração continuada.

C: Correta. De acordo com a CF:

Art. 165 § 6º O projeto de lei orçamentária será acompanhado de demonstrativo regionalizado do efeito, sobre as receitas e despesas, decorrente de isenções, anistias, remissões, subsídios e benefícios de natureza financeira, tributária e creditícia.

D: Correta. De acordo com a CF:

Art. 165 § 9º Cabe à lei complementar:

I - dispor sobre o exercício financeiro, a vigência, os prazos, a elaboração e a organização do plano plurianual, da lei de diretrizes orçamentárias e da lei orçamentária anual.

E: Correta. De acordo com a CF:

Art. 166 Os projetos de lei relativos ao plano plurianual, às diretrizes orçamentárias, ao orçamento anual e aos créditos adicionais serão apreciados pelas duas Casas do Congresso Nacional, na forma do regimento comum.

GABARITO: B.

---

21. A respeito da administração financeira e orçamentária, analise as afirmativas a seguir:
    I. É vedada a abertura de crédito suplementar ou especial sem prévia autorização legislativa e sem indicação dos recursos correspondentes.
    II. Independentemente de prévia autorização legislativa, é permitido o remanejamento de recursos de uma categoria de programação para outra.
    III. O início de programas não incluídos na Lei Orçamentária Anual está condicionado à autorização prévia do Poder Executivo.

Assinale

a) se somente a afirmativa I estiver correta.
b) se somente a afirmativa II estiver correta.
c) se somente a afirmativa III estiver correta.
d) se somente as afirmativas I e III estiverem corretas.
e) se somente as afirmativas II e III estiverem corretas.

I: Correta. De acordo com a CF:

Art. 167 São vedados:

I - o início de programas ou projetos não incluídos na lei orçamentária anual;

V - a abertura de crédito suplementar ou especial sem prévia autorização legislativa e sem indicação dos recursos correspondentes;

VI - a transposição, o remanejamento ou a transferência de recursos de uma categoria de programação para outra ou de um órgão para outro, sem prévia autorização legislativa.

Existe uma exceção ao inciso VI, que se refere às atividades de ciência, tecnologia e inovação:

Art. 167 § 5º A transposição, o remanejamento ou a transferência de recursos de uma categoria de programação para outra poderão ser admitidos, no âmbito das atividades de ciência, tecnologia e inovação, com o objetivo de viabilizar os resultados de projetos restritos a essas funções, mediante ato do Poder Executivo, sem necessidade da prévia autorização legislativa prevista no inciso VI deste artigo.

II: Incorreta. Exige-se autorização legislativa prévia; princípio da proibição do estorno. Exceção: os recursos que se destinam a ciência, tecnologia e inovação.

III: Incorreta. É vedado o início de programas que não constem na LOA.

GABARITO: A.

---

22. Lei de certo Estado, fruto de projeto de iniciativa parlamentar, determinou que o valor das aposentadorias e pensões dos titulares de cargos públicos efetivos tenha como limite máximo aquele estabelecido para os benefícios do regime geral de previdência social, tendo, ainda, instituído para os referidos servidores regime de previdência complementar, de caráter facultativo. Na sequência, o Governador do Estado editou decreto criando autarquia para administrar o regime de previdência complementar. Nessa situação, observa-se que a Constituição Federal foi contrariada apenas no que toca à:

a) iniciativa da lei estadual, que é privativa do Poder Executivo, bem como à edição de decreto criando a autarquia, uma vez que a entidade somente poderia ter sido criada por lei específica.
b) instituição de regime de previdência complementar por lei, uma vez que cabe privativamente ao Governador fazê-lo por decreto.
c) edição de decreto criando a autarquia, uma vez que a entidade somente poderia ter sido criada por lei específica.
d) limitação do valor das aposentadorias e pensões dos titulares de cargos públicos efetivos, uma vez que apenas os benefícios dos titulares de cargos públicos em comissão poderiam ter sido limitados.
e) criação de autarquia para administrar o regime de previdência complementar, uma vez que deveria ter sido criada entidade de natureza privada para esse fim.

A: Correta. Nos termos do artigo 40, § 14, da CF, a iniciativa de lei para criação de regime de previdência complementar é de iniciativa privativa do chefe do Executivo. Ademais, a Autarquia somente poderia ser criada por meio de lei específica, consoante estabelece o artigo 37, XIX, da CF:

Art. 37 XIX - somente por lei específica poderá ser criada autarquia e autorizada a instituição de empresa pública, de sociedade de economia mista e de fundação.

Cabe à lei complementar, neste último caso, definir as áreas de sua atuação.

B: Incorreta. A instituição do regime de previdência complementar dos servidores deve se dar por meio de lei de iniciativa do Governador, não sendo possível o Chefe do Poder Executivo instituí-lo mediante decreto.

C: Incorreta. A Constituição foi contrariada também na instituição de regime de previdência complementar por lei de iniciativa parlamentar.

D: Incorreta. Não houve contrariedade nesse ponto, vez que a União, os Estados, o Distrito Federal e os Municípios, desde que instituam regime de previdência complementar para os seus respectivos servidores titulares de cargo efetivo, poderão fixar para o valor das aposentadorias e pensões a serem concedidas pelo regime de que trata este artigo, o limite máximo estabelecido para os benefícios do regime geral de previdência social de que trata o art. 201 (art. 40, § 14, CF).

E: Incorreta. Não há exigência constitucional de criação de entidade privada.

GABARITO: A.

---

23. No exercício de sua autonomia organizacional para editar sua Lei Orgânica, do Distrito Federal deve observar a norma da Constituição Federal segundo a qual:

a) aos parlamentares do Distrito Federal é garantida a imunidade material por suas opiniões, palavras e votos apenas na circunscrição do mandato.
b) é causa de perda do mandato parlamentar a declaração de procedimento incompatível com o decoro parlamentar, mediante deliberação da maioria absoluta da Casa legislativa respectiva.
c) os parlamentares podem ser presos apenas após sentença condenatória transitada em julgado, desde que haja prévia licença da casa respectiva.
d) o subsídio dos parlamentares será fixado por ato privativo da casa respectiva, independentemente de sanção do Chefe do Poder Executivo.
e) o limite remuneratório máximo para subsídios dos parlamentares do Distrito Federal é o valor pago a título de subsídios aos Ministros do Supremo Tribunal Federal.

O princípio constitucional de reprodução obrigatória nas constituições estaduais e distrital, segundo o qual, é causa de perda de mandato parlamentar a declaração de procedimento incompatível com o decoro parlamentar, por decisão da maioria absoluta dos membros da Casa Legislativa:

Nos termos do art. 55 da CF:

Art. 55 Perderá o mandato o Deputado ou Senador:

II - cujo procedimento for declarado incompatível com o decoro parlamentar.

§ 2º Nos casos dos incisos I, II e VI, a perda do mandato será decidida pela Câmara dos Deputados ou pelo Senado Federal, por maioria absoluta, mediante provocação da respectiva Mesa ou de partido político representado no Congresso Nacional, assegurada ampla defesa.

LODF - Nos termos do art. 63 da CF:

Art. 63 Perderá o mandato o Deputado Distrital:

II - cujo procedimento for declarado incompatível com o decoro parlamentar;

§ 2º Nos casos dos incisos I, II, VI e VII, a perda do mandato é decidida por maioria absoluta dos membros da Câmara Legislativa, em votação ostensiva, mediante provocação da Mesa Diretora ou de partido político representado na Casa, assegurada ampla defesa.

GABARITO: B.

---

24. De acordo com a Constituição Federal, com a Lei Orgânica do Distrito Federal e com a jurisprudência do Supremo Tribunal Federal, é compatível com a ordem constitucional a edição de:

a) lei do Distrito Federal que condicione à prévia aprovação pelo Poder Legislativo a assinatura, pelo Poder Executivo, de contratos de execução de obras de engenharia de que resultem encargos não previstos na lei orçamentária.

b) decreto pelo Governador do Distrito Federal que exija a aprovação em exame psicotécnico como requisito para o preenchimento de cargo público de professor, ainda que a exigência não tenha sido prevista em lei, mas desde que esteja contida no edital de abertura do concurso.

c) lei do Distrito Federal fixando prazo para que o Governador encaminhe projeto de lei que verse sobre o regime do servidor público distrital.

d) lei do Distrito Federal que estabeleça limite máximo de idade como requisito de preenchimento de cargo público efetivo, quando a imposição de idade máxima possa ser justificada pela natureza das atribuições do cargo a ser preenchido.

e) decreto legislativo pela Câmara Legislativa Distrital suspendendo os efeitos de lei distrital declarada inconstitucional pelo Supremo Tribunal Federal em sede de ação direta de inconstitucionalidade, situação em que a decisão judicial não produzirá efeitos retroativos.

O verbete 683 da Súmula do Supremo Tribunal Federal estabelece a possibilidade de limite de idade para inscrição em concurso público, desde que justificada pela natureza das atribuições do cargo e previsto em lei:

Súmula 683: O limite de idade para a inscrição em concurso público só se legitima em face do art. 7º, XXX, da Constituição, quando possa ser justificado pela natureza das atribuições do cargo a ser preenchido.

Essas características do cargo deverão ser estabelecidas por lei, nunca unicamente pelo edital ou outro ato administrativo. É isso também o que preconiza o verbete 14 da Súmula persuasiva de jurisprudência do Supremo:

Súmula 14: Não é admissível, por ato administrativo, restringir, em razão da idade, inscrição em concurso para cargo público.

GABARITO: D.

25. Considere a seguinte distribuição de cadeiras em um dado parlamento: partido A - 36%; partido B - 24%; partido C - 28% e partido D - 12%. O partido A é de oposição ao Executivo e requer a criação de Comissão Parlamentar de Inquérito (CPI) para apurar supostos desvios de recursos em um determinado órgão da Administração direta. Em vista disso, a CPI:

a) poderá ser criada se aprovada pela maioria relativa dos parlamentares.

b) poderá ser criada se aprovada pela maioria absoluta dos parlamentares.

c) deverá ser criada por ser direito de minoria e deverá ser composta majoritariamente pelos membros do partido de oposição que a requereu.

d) deverá ser criada e os poderes próprios de autoridade judicial serão exercidos uma vez aprovados pelo plenário da comissão por maioria de votos, presente a maioria absoluta de seus membros.

e) deverá ser criada e os poderes próprios de autoridade judicial serão exercidos uma vez referendados pelo plenário do parlamento por maioria de votos, presente a maioria absoluta de seus membros.

A: Incorreta. De acordo com o art. 58, § 3º, da CF, o requerimento de criação da CPI exige a assinatura de 1/3 dos membros da Casa.

B: Incorreta. A criação da CPI exige requerimento de um terço (1/3) de seus membros, requisito que caracteriza direito subjetivo das minorias.

C: Incorreta. A CPI deverá ser criada por ser direito de minoria, em face do requerimento formulado, contudo, não necessariamente, deverá ser composta majoritariamente pelos membros do partido de oposição que a requereu. É possível que a CPI seja instaurada sem ter a maioria de seus membros formada pelo partido que a criou.

D: Correta. A CPI deverá ser criada, porquanto requerida por 1/3 dos parlamentares, sendo os poderes próprios de autoridade judicial exercidos por maioria dos votos. Não havendo previsão constitucional ou previsão legal em sentido contrário, as deliberações serão tomadas por maioria dos votos, presente a maioria absoluta dos membros da Casa legislativa, conforme previsão do artigo 47 da CF.

E: Incorreta. De fato, a CPI deverá ser criada, no entanto, não há necessidade de referendo do plenário do parlamento para o exercício dos poderes próprios de autoridade judicial.

GABARITO: D.

26. Comissão Parlamentar de Inquérito instaurada no âmbito da Câmara dos Deputados, a partir do requerimento de 187 de seus 513 membros, para apurar no prazo de 90 dias supostas irregularidades na celebração de contratos de prestação de serviços de limpeza no âmbito da Administração direta federal havidos no ano em curso, determina que sejam realizados os seguintes atos, para instrução de seus trabalhos, relativamente aos servidores públicos investigados como suspeitos: a) quebra do sigilo bancário; b) interceptação das comunicações de telefonia fixa e móvel; e c) convocação para prestar depoimento.

Nessa hipótese, à luz da Constituição Federal e da jurisprudência do Supremo Tribunal Federal pertinente, a referida CPI foi instaurada:

a) regularmente, assim como os atos que praticou são regulares, uma vez que dispõe de poderes de investigação próprios das autoridades judiciais para o desempenho de suas atribuições.

b) regularmente, embora, dentre as medidas adotadas, não pudesse ter determinado a quebra de sigilo bancário e a interceptação de comunicações telefônicas dos investigados, por se tratar de matérias sujeitas à reserva jurisdicional.

c) regularmente, embora, dentre as medidas adotadas, não pudesse ter determinado apenas a interceptação de comunicações telefônicas dos investigados, por se tratar de matéria sujeita à reserva jurisdicional.

d) regularmente, embora, dentre as medidas adotadas, não pudesse ter determinado a interceptação de comunicações telefônicas dos investigados, por se tratar de matéria sujeita à reserva jurisdicional, nem a convocação para os investigados prestarem depoimento, pois têm direito a permanecerem calados.

e) irregularmente, sob o aspecto formal, assim como são irregulares os atos que praticou, por se tratar de matérias todas sujeitas à reserva jurisdicional.

A: Incorreta. De fato, as comissões parlamentares de inquérito terão poderes de investigação próprios das autoridades judiciais, contudo, tal poder não é irrestrito, visto que existem medidas que estão sujeitas à reserva de jurisdição, ou seja, são exclusivas do Poder Judiciário. Assim, medidas como a interceptação telefônica e busca e apreensão domiciliar só podem ser decretadas por decisão judicial.

B: Incorreta. Somente a interceptação de comunicações telefônicas dos investigados foi irregular, por se tratar de matéria sujeita à reserva jurisdicional. A quebra do sigilo bancário foi regular, pois consta dos poderes inerentes à CPI.

C: Correta. No que diz respeito a instauração da comissão parlamentar de inquérito, de acordo com o art. 58, § 3º, da CF, é necessário o requerimento de um terço (1/3) dos membros da Câmara de Deputados, ou seja, o quantitativo de 171 parlamentares (1/3 de 513 = 171), ou 1/3 dos membros do Senado Federal (1/3 de 81 = 27). No caso da questão, a CPI foi instaurada regularmente, em vista de que houve requerimento de 187 deputados. Por fim, dentre as medidas adotadas pela CPI, a determinação da interceptação das comunicações de telefonia fixa e móvel

foi ilegal, haja vista que se submete à cláusula da reserva de jurisdição, ou seja, somente o Poder Judiciário tem permissão constitucional para relativizar o direito à intimidade dos cidadãos, consoante preceitua o artigo 5º, inciso XII, da CF.

D: Incorreta. A instauração foi regular, assim como a convocação dos investigados para prestarem depoimento foi correta, pois a medida está incluída dentre os poderes inerentes à CPI. Entretanto, a interceptação telefônica foi ilegal, pois tal medida é vedada à CPI.

E: Incorreta. A CPI foi instaurada regularmente, pois atendeu ao quórum mínimo da casa legislativa, sendo irregular somente a medida de interceptação telefônica, por se tratar de matérias todas sujeitas à reserva jurisdicional.

GABARITO: C.

---

27. Suponha que projeto de lei de iniciativa de Deputado Distrital dispondo sobre reajuste dos vencimentos dos membros da polícia militar e do corpo de bombeiros militar do Distrito Federal seja aprovado pela Câmara Legislativa e, ao ser submetido à sanção governamental, seja vetado integralmente pelo Governador, 16 dias corridos após o recebimento, por motivo de inconstitucionalidade. Nessa hipótese, à luz da Constituição Federal, da Lei Orgânica do Distrito Federal e da jurisprudência do Supremo Tribunal Federal, referido veto é:

a) cabível, uma vez que, embora se trate de matéria de competência legislativa do Distrito Federal, houve violação à iniciativa exclusiva do Governador para projeto de lei sobre aumento da remuneração de servidores públicos do Distrito Federal.

b) cabível, uma vez que se trata de matéria de competência legislativa privativa da União, decorrente da competência material desta para organizar e manter a polícia militar e o corpo de bombeiros militar do Distrito Federal.

c) incabível, uma vez que, embora se trate de matéria de competência legislativa privativa da União, já havia ocorrido a sanção tácita do projeto.

d) incabível, uma vez que, embora tenha sido violada a iniciativa exclusiva do Governador para projeto de lei sobre aumento da remuneração de servidores públicos do Distrito Federal, já havia ocorrido a sanção tácita do projeto.

e) passível de ser rejeitado pela Câmara Legislativa, ainda que fundado em motivo de inconstitucionalidade, desde que mediante o voto de dois terços dos Deputados Distritais, em votação ostensiva, no prazo de 30 dias a contar de seu recebimento.

Compete privativamente à União legislar sobre vencimentos dos membros das polícias civis e militares do Distrito Federal, já que à União, dentro de sua competência material exclusiva, cabe a manutenção financeira dessas forças (art. 21, XIV, Constituição Federal). Além disso, a Lei Federal disporá sobre a utilização dessas forças policiais e do corpo de bombeiros, pelo Governo do DF, nos termos do art. 32, § 4º, da CF:

Art. 21 XIV - organizar e manter a polícia civil, a polícia militar e o corpo de bombeiros militar do Distrito Federal, bem como prestar assistência financeira ao Distrito Federal para a execução de serviços públicos, por meio de fundo próprio.

Art. 32 § 4º Lei federal disporá sobre a utilização, pelo Governo do Distrito Federal, das polícias civil e militar e do corpo de bombeiros militar.Na hipótese em questão, o governador exerceu corretamente a prerrogativa de veto jurídico, por inconstitucional o projeto de lei, nos termos do art. 74, § 1º, da Lei Orgânica do DF:

Art. 74 Aprovado o projeto de lei, na forma regimental, será ele enviado ao Governador que, aquiescendo, o sancionará e promulgará.

§ 1º Se o Governador do Distrito Federal considerar o projeto de lei, no todo ou em parte, inconstitucional ou contrário ao interesse público, vetá-lo-á total ou parcialmente, no prazo de quinze dias úteis, contados da data do recebimento, e comunicará, dentro de quarenta e oito horas, os motivos do veto ao Presidente da Câmara Legislativa.

GABARITO: B.

---

28. Considere o seguinte excerto de ementa de acórdão do Supremo Tribunal:

(...) a Lei Fundamental proclamou o repúdio ...... como um dos princípios essenciais que devem reger o Estado brasileiro em suas relações internacionais (CF, art. 4º , VIII), além de haver qualificado ...... , para efeito de repressão interna, como crime equiparável aos delitos hediondos, o que o expõe, sob tal perspectiva, a tratamento jurídico impregnado de máximo rigor, tornando-o inafiançável e insuscetível da clemência soberana do Estado e reduzindo-o, ainda, à dimensão ordinária dos crimes meramente comuns (CF, art. 5º, XLIII).

Refere-se o excerto, respectivamente, à disciplina constitucional dispensada ao repúdio:

a) ao racismo, como princípio regente das relações internacionais da República Federativa do Brasil, e à pratica do racismo, como crime inafiançável e imprescritível.

b) ao terrorismo, como princípio regente das relações internacionais da República Federativa do Brasil, e ao terrorismo, como crime inafiançável e insuscetível de graça ou anistia.

c) à discriminação, como princípio regente das relações internacionais da República Federativa do Brasil, e à pratica do racismo, como crime inafiançável e insuscetível de graça ou anistia.

d) ao terrorismo, como princípio regente das relações internacionais da República Federativa do Brasil, e à ação de grupos armados, civis ou militares, contra a ordem constitucional e o Estado Democrático, como crime inafiançável e imprescritível.

e) ao terrorismo, como princípio regente das relações internacionais da República Federativa do Brasil, e à prática da tortura, como crime inafiançável e imprescritível.

A questão exige conhecimento dos princípios que regem o Brasil em suas relações internacionais, conforme previsão constante do art. 4º, da CF:

Art. 4º A República Federativa do Brasil rege-se nas suas relações internacionais pelos seguintes princípios:

I - independência nacional;

II - prevalência dos direitos humanos;

III - autodeterminação dos povos;

IV - não-intervenção;

V - igualdade entre os Estados;

VI - defesa da paz;

VII - solução pacífica dos conflitos;

VIII - repúdio ao terrorismo e ao racismo;

IX - cooperação entre os povos para o progresso da humanidade;

X - concessão de asilo político.

Veja-se que o repúdio ao terrorismo e ao racismo é um dos princípios que regem o Brasil em suas relações internacionais.

Ademais, a Constituição equiparou o terrorismo a crime hediondo, tornando-o inafiançável e insuscetível de graça ou anistia, conforme previsão do art. 5º, XLIII, da CF:

Art. 5º XLIII - a lei considerará crimes inafiançáveis e insuscetíveis de graça ou anistia a prática da tortura, o tráfico ilícito de entorpecentes e drogas afins, o terrorismo e os definidos como crimes hediondos, por eles respondendo os mandantes, os executores e os que, podendo evitá-los, se omitirem.

Assim sendo, da análise dos dispositivos constitucionais, percebe-se que a alternativa B é que preenche adequadamente as lacunas do excerto de ementa do acórdão do Supremo Tribunal Federal.

GABARITO: B.

29. A atuação da Administração pública é informada por princípios inerentes ao regime jurídico administrativo, alguns expressamente previstos na Constituição da República, outros previstos em legislação específica, como a Lei nº 9.784, de 1999 (Lei do Processo Administrativo Federal), entre os quais se insere o princípio da:

a) eficiência, que passou a constituir corolário da atuação da Administração a partir da edição da Emenda Constitucional nº 20/1998, o que autoriza o afastamento de outros mandamentos constitucionais em prol da sua prevalência.

b) legalidade, considerado um princípio prevalente sobre os demais, de forma que o ato discricionário praticado de acordo com os critérios fixados em lei dispensa a motivação.

c) razoabilidade, cuja aplicação circunscreve os limites da discricionariedade administrativa, demandando a adequada relação entre os meios aplicados e a finalidade pública a ser alcançada.

d) proporcionalidade, que predica o menor sacrifício possível a direitos individuais, interditando a prática de restrições ou limitações de direitos subjetivos sob o pretexto de proteção do interesse coletivo.

e) supremacia do interesse público, cuja invocação, in concreto, afasta a aplicação de outros princípios secundários, como o da publicidade e da motivação.

A: Incorreta. O princípio da eficiência passou a constar expressamente no texto constitucional a partir da Emenda Constitucional nº 19/1998 (não com a EC nº 20/1998), demandando da Administração Pública a atividade com maior presteza, perfeição e rendimento funcional, não autorizando o afastamento de outros mandamentos constitucionais.

B: Incorreta. O motivo constitui pressuposto de fato e de direito que fundamenta a prática do ato, de modo que a regra no ordenamento jurídico brasileiro é a necessidade de motivação de todos os atos ou decisões administrativas, o que significa que a Administração Pública deve sempre deixar expressos os motivos que a levaram a praticar um ato ou a tomar determinada decisão, quer se trate de ato vinculado, quer se trate de ato discricionário. Ademais, vale ressaltar que não há hierarquia entre os princípios, devendo todos serem observados simultaneamente.

C: Correta. O princípio da razoabilidade fundamenta-se nos mesmos preceitos que apoiam constitucionalmente os princípios da legalidade e da finalidade. Possui relação intrínseca com a ideia de proporcionalidade, uma vez que a Administração deve adequar os meios e os fins, a fim de não impor obrigações, restrições e sanções em nível superior às necessárias ao atendimento do interesse público.

D: Incorreta. O princípio da proporcionalidade exige o equilíbrio entre os meios que a administração utiliza e os fins que ela deseja alcançar, segundo os padrões da sociedade, analisando cada caso concreto. Considera, portanto, que as competências administrativas só podem ser exercidas validamente na extensão e intensidade do que seja realmente necessário para alcançar a finalidade do interesse público ao qual se destina.

E: Incorreta. O princípio da supremacia do interesse público não é absoluto, de modo que sua aplicação não afasta os demais princípios correlatos.

GABARITO: C.

30. O conceito de agente público, na extensão a este atualmente conferida pela Constituição da República, predica que:

a) os militares, a partir da edição da Emenda Constitucional nº 20/1998, não mais se enquadram na definição de agentes públicos, sujeitos que estão a regime jurídico próprio, diverso dos servidores públicos.

b) os particulares que atuam em colaboração com a Administração, tais como aqueles convocados para prestação de serviço eleitoral, são agentes públicos, na medida em que exercem função pública, embora não se enquadrem na categoria de agente administrativo.

c) são considerados agentes administrativos apenas os detentores de mandato eletivo e seus auxiliares diretos, também denominados agentes políticos, diversamente dos agentes públicos que detêm vínculo funcional com a Administração, denominados servidores públicos.

d) os ocupantes de cargo em comissão de livre nomeação e exoneração, assim como os temporários e os empregados públicos, são considerados agentes administrativos, em contraposição aos ocupantes de cargo efetivo, cuja natureza do vínculo confere apenas a estes últimos a condição de agentes públicos.

e) os agentes políticos ocupantes de cargo efetivo provido por meio de mandato eletivo não são considerados servidores públicos para fins previdenciários, embora se enquadrem na categoria de agentes administrativos.

A: Incorreta. Os militares integram a categoria dos agentes públicos e estão submetidos a regime estatutário definido em legislação própria. Referem às pessoas físicas que prestam serviços às Forças Armadas – Marinha, Exército e Aeronáutica – e às Polícias Militares e Corpos de Bombeiros Militares dos Estados, do Distrito Federal e dos Territórios, que possuem vínculo estatutário sujeito a regime próprio, por intermédio de remuneração paga pelos cofres públicos. Esse regime é definido por legislação própria para militares, que estabelecem normas de ingresso, estabilidade, prerrogativas etc. (art. 142, § 3º, X, e 42, § 1º, da Constituição Federal). Ademais, a EC nº 20/1998 trata do sistema de previdência social, não de regime jurídico próprio para militares.

B: Correta. Os particulares em colaboração com a Administração constituem uma classe de agentes públicos, em regra, sem vinculação permanente e remunerada com o Estado. São chamados também de "agentes honoríficos", exercendo função pública sem serem servidores públicos. Somente são agentes administrativos aqueles que possuem vínculo efetivo com a Administração Pública, de acordo com a Lei nº 8.112/1990. Aqueles convocados para prestação de serviço eleitoral são considerados agentes públicos (agentes honoríficos), porquanto não possuem vínculo efetivo com a Administração Pública.

C: Incorreta. Os agentes públicos englobam as categorias de agentes políticos, servidores públicos, militares e particulares em colaboração com o Poder Público. Dessa forma, os detentores de mandato eletivo e os servidores públicos são agentes públicos.

D: Incorreta. Tanto os ocupantes de cargo em comissão de livre nomeação e exoneração, como os ocupantes de cargos temporários e os empregados públicos, são agentes públicos. Assim, todos os agentes que mantêm relação funcional com o Estado em regime estatutário ou celetista são servidores públicos.

E: Incorreta. Os agentes políticos ocupam cargo eletivo, são representantes do povo, eleitos pelo povo. Assim, os agentes políticos são agentes públicos. Os agentes administrativos, por sua vez, são aqueles que possuem vínculo efetivo com a Administração Pública, com base na Lei nº 8.112/1990.

GABARITO: B.

31. Considere as seguintes informações extraídas do Orçamento da Despesa referente ao exercício financeiro de 2018 de uma entidade pública governamental:

	Em Reais
331 – Proteção e Benefícios ao Trabalhador	599.000,00
363 – Ensino Profissional	1.432.000,00
49 – Auxílio Transporte	195.000,00

Para a obtenção dessas informações sobre as despesas orçamentárias, foram utilizadas as classificações:

a) funcional e por natureza.

b) institucional e por grupo de natureza da despesa.

c) funcional e por tipo de aplicação.

d) por estrutura programática e por elemento de despesa.

e) por estrutura programática e por grupo de natureza da despesa.

A: Correta.

Institucional (xx.xxx)

1º 2º Órgão orçamentário

3º 4º 5º Unidade orçamentária

Funcional (xx.xxx)

1º 2º Função

3º 4º 5º Subfunção

Natureza da despesa (x.x.xx.xx.xx)

1º Categoria econômica

2º Grupo de Natureza da Despesa

3º 4º Modalidade de aplicação

5º 6º Elemento de despesa

7º 8º Subelemento

Estrutura programática (x.xxx.xxxx)

1º (numérico) Ação

2º 3º 4º (alfanumérico) Ação

5º 6º 7º 8º (numéricos) Subtítulo

B: Incorreta. Não há nenhum órgão ou U.O. listado e GND requer apenas um dígito.

C: Incorreta. Não há qualquer modalidade, ou tipo de aplicação listado.

D: Incorreta. Na estrutura programática não há códigos de dois dígitos e o de três dígitos é alfanumérico.

E: Incorreta. Na estrutura programática não há códigos de dois dígitos e o de três dígitos é alfanumérico; GND requer apenas um dígito.

GABARITO: A.

32. Se o orçamento público for elaborado com base na concepção do orçamento-programa, terá como um dos principais critérios de classificação da despesa orçamentária aquele por:

a) natureza e o objetivo de um programa vinculado à função saúde poderá ser aumentar o número de vacinas adquiridas.

b) estrutura programática e o objetivo de um programa vinculado à função educação poderá ser aumentar o número de livros adquiridos.

c) estrutura programática e o objetivo de um programa vinculado à função educação poderá ser a redução do analfabetismo.

d) ações e o objetivo de um programa vinculado à função saúde poderá ser aumentar o número de médicos contratados.

e) elementos de despesa e o objetivo de um programa vinculado à função assistência social poderá ser a redução da população em situação de vulnerabilidade.

O orçamento-programa tem como ênfase o que o governo faz (eficácia nas ações), contrário à concepção do orçamento tradicional, que tem como escopo o que se gasta (objeto do gasto). O principal critério de classificação das despesas na metodologia do orçamento-programa é o funcional-programático.

Na estrutura atual do orçamento público, as programações orçamentárias estão organizadas em programas de trabalho, que contêm informações qualitativas e quantitativas, sejam físicas ou financeiras (Pg.32, MTO 2018).

Nas informações qualitativas, encontram-se a classificação funcional (função e subfunção - em que áreas de despesa a ação governamental será realizada) e estrutura programática, que está inserido o programa (Qual o tema da política pública).

Como já dito, no orçamento-programa o foco é nas ações do governo, no que ele realiza e se as ações foram eficazes (guarde isso: ações eficazes). Ou seja, se os objetivos foram realmente atingidos.

Lembre-se de que, num programa de governo as informações principais constam: o objetivo e a iniciativa.

GABARITO: C.

33. Considere as informações a seguir sobre as ações desenvolvidas por um ente público extraídas da Lei Orçamentária Anual referente ao exercício financeiro de 2018:

Nome da Ação	Produto	Meta Física
Ressarcimentos, Indenizações e Restituições	Não há	Não há
Construção de Prédios e Próprios	Prédio Construído	15
Atenção à Saúde Bucal	Consulta Odontológica Realizada	280.000

Com base nessas informações e de acordo com a classificação da despesa orçamentária por estrutura programática, as ações "Ressarcimentos, Indenizações e Restituições", "Construção de Prédios e Próprios" e "Atenção à Saúde Bucal" são classificadas, respectivamente, como:

a) inversões financeiras, investimentos e outras despesas correntes.

b) encargo especial, projeto e atividade.

c) outras despesas correntes, investimentos e outras despesas correntes.

d) projeto, projeto e atividade.

e) operação especial, projeto e atividade.

Ao falar em ação, lembrar da Estrutura orçamentária - (atividade, projeto, operações especiais) quando falar sobre classificação, lembrar de Despesa corrente e de Capital e suas subclassificações.

A pegadinha da alternativa C versa sobre as classificações e não sobre as ações, conforme o comando da questão.

Tipos de ações:

- Atividade: é um instrumento de programação utilizado para alcançar o objetivo de um programa, envolvendo um conjunto de operações que se realizam de modo contínuo e permanente, das quais resulta um produto ou serviço necessário à manutenção da ação do governo.

- Projeto: é um instrumento de programação utilizado para alcançar o objetivo de um programa, envolvendo um conjunto de operações, limitadas no tempo, das quais resulta um produto que concorre para a expansão ou o aperfeiçoamento da ação de governo.

- Operação Espacial: despesas que não contribuem para a manutenção, expansão ou aperfeiçoamento das ações de governo, das quais não resulta um produto, e não gera contraprestação direta sob a forma de bens ou serviços.

GABARITO: E.

34. Com base nas disposições constitucionais sobre a Lei Orçamentária Anual,

a) o Projeto de Lei Orçamentária será acompanhado de demonstrativo da compatibilidade da programação dos orçamentos com os objetivos e as metas constantes no Anexo de Riscos Fiscais.

b) o Projeto de Lei Orçamentária será acompanhado de demonstrativo da estimativa e compensação da renúncia de receita e da margem de expansão das despesas obrigatórias de caráter continuado.

c) os recursos que, em decorrência de veto, emenda ou rejeição do Projeto de Lei Orçamentária Anual, ficarem sem despesas correspondentes poderão ser utilizados, conforme o caso, mediante créditos especiais ou suplementares, com prévia e específica autorização legislativa.

d) as emendas ao Projeto de Lei Orçamentária Anual podem ser aprovadas caso indiquem os recursos necessários, admitidos apenas os provenientes de anulação de despesa com pessoal e encargos sociais, mesmo em conformidade com a Lei de Diretrizes Orçamentárias.

e) o dispositivo que autorize o cancelamento de restos a pagar não processados ao final do exercício, caso não haja disponibilidade de caixa, estará contido na Lei Orçamentária Anual.

A e B: Incorretas. Conforme art. 165, § 6º da LOA:

Art. 165 § 6º O projeto de lei orçamentária será acompanhado de demonstrativo regionalizado do efeito, sobre as receitas e despesas, decorrente de isenções, anistias, remissões, subsídios e benefícios de natureza financeira, tributária e creditícia.

C: Correta. Conforme art. 165, § 8º da LOA:

Art. 165 § 8º Os recursos que, em decorrência de veto, emenda, ou rejeição do projeto de lei orçamentária anual, ficarem sem despesas correspondentes poderão ser utilizados, conforme o caso, mediante créditos especiais ou suplementares com prévia e específica autorização legislativa.

D: Incorreta. Conforme art. 166, § 3º da LOA:

Art. 166 § 3º As emendas ao projeto de lei orçamentária anual ou aos projetos que o modifiquem somente podem ser aprovadas caso:

II - indiquem recursos necessários, admitidos apenas os provenientes de anulação de despesa, excluídas as que incidem sobre:

a) dotação para pessoal e seus encargos;

b) serviço da dívida;

c) transferências tributárias.

E: Incorreta. Dispositivo que autorize o cancelamento de restos a pagar não processados ao final do exercício, caso não haja disponibilidade de caixa, será anulado e restabelece o saldo para abertura de créditos adicionais.

GABARITO: C.

---

35. Para realizar uma avaliação comparativa entre os estados brasileiros e o Distrito Federal, um pesquisador necessita dos dados referentes ao cumprimento dos limites estabelecidos pela Lei de Responsabilidade Fiscal quanto à despesa total com pessoal, distinguindo a com inativos e pensionistas. Nesse caso, o pesquisador deverá:

a) acessar os relatórios de gestão fiscal que devem ser emitidos ao final de cada quadrimestre e publicados até trinta dias após o encerramento do período a que corresponderem.

b) acessar os relatórios resumidos da execução orçamentária que devem ser publicados até trinta dias após o encerramento de cada bimestre a que corresponderem.

c) acessar os relatórios resumidos da execução orçamentária que devem ser publicados até sessenta dias após o encerramento de cada bimestre a que corresponderem.

d) solicitar os dados via Lei de Acesso à Informação porque tais dados não são, obrigatoriamente, disponibilizados ao público em geral.

e) acessar os relatórios de gestão fiscal que devem ser emitidos ao final de cada bimestre e publicados até sessenta dias após o encerramento do período a que corresponderem.

RREO (Relatório Resumido da Execução Orçamentária):

- Elaborado pelo Poder Executivo;
- Publicado até 30 dias após o final de cada bimestre (2R);
- Relativo ao orçamento;
- Previsto na CF/88.

RGF (Relatório de Gestão Fiscal):

- Elaborado por todos os poderes (RGF - 3 letras - 3 poderes);
- Publicado até 30 dias após o final de cada quadrimestre (F - four ou Relatório de Gestão Fiscal - 4 palavras);
- Relativo à despesa com pessoal (F - pessoa física);
- Previsto na LRF (quase as mesmas letras que RGF).

GABARITO: A.

---

36. Conforme a Lei Complementar nº 101/2000, para verificação do atendimento do limite estabelecido para a despesa total com pessoal,

a) os valores dos contratos de terceirização de mão de obra que se referem à substituição de servidores não são incluídos no cômputo da despesa total com pessoal.

b) a receita corrente líquida do Distrito Federal é apurada somando-se as receitas orçamentárias arrecadadas no mês em referência e nos onze anteriores e excluindo-se as transferências correntes recebidas da União.

c) a despesa total com pessoal será apurada somando-se, entre outras, a despesa com Vencimentos e Vantagens Fixas – Pessoal Civil realizada no mês em referência com as dos onze imediatamente anteriores, adotando-se o regime de caixa.

d) a despesa total com pessoal será apurada somando-se, entre outras, a despesa com Obrigações Patronais realizada no mês em referência com as dos onze imediatamente anteriores, adotando-se o regime de competência.

e) a receita corrente líquida do Distrito Federal é apurada somando-se as receitas orçamentárias correntes lançadas no mês em referência e nos onze anteriores e excluindo-se as transferências voluntárias concedidas a outros entes federados.

A: Incorreta. Conforme a Lei Complementar nº 101/2000:

Art. 18 § 1º Os valores dos contratos de terceirização de mão-de-obra que se referem à substituição de servidores e empregados públicos serão contabilizados como Outras Despesas de Pessoal.

B: Incorreta. Conforme a Lei Complementar nº 101/2000:

Art. 2º Para os efeitos desta Lei Complementar, entende-se como:

IV - receita corrente líquida: somatório das receitas tributárias, de contribuições, patrimoniais, industriais, agropecuárias, de serviços, transferências correntes e outras receitas também correntes, deduzidos.

C: Incorreta. Conforme a Lei Complementar nº 101/2000:

Art. 2º § 2º A despesa total com pessoal será apurada somando-se a realizada no mês em referência com as dos onze imediatamente anteriores, adotando-se o regime de competência.

D: Correta. Conforme a Lei Complementar nº 101/2000:

Art. 18 § 2º A despesa total com pessoal será apurada somando-se a realizada no mês em referência com as dos 11 (onze) imediatamente anteriores, adotando-se o regime de competência, independentemente de empenho.

E: Incorreta. Conforme a Lei Complementar nº 101/2000:

Art. 2º Para os efeitos desta Lei Complementar, entende-se como:

IV - receita corrente líquida: somatório das receitas tributárias, de contribuições, patrimoniais, industriais, agropecuárias, de serviços, transferências correntes e outras receitas também correntes, deduzidos:

b) nos Estados, as parcelas entregues aos Municípios por determinação constitucional.

GABARITO: D.

37. A Câmara Legislativa recebeu quatro projetos de lei que tratam do orçamento anual, na seguinte ordem:

- Primeiro: de iniciativa de um cidadão.

- Segundo: de iniciativa do Governador do Distrito Federal.

- Terceiro: de iniciativa de Membro da Câmara Legislativa.

- Quarto: de iniciativa de Comissão da Câmara Legislativa.

A esse respeito, o regramento previsto para o processo legislativo na Lei Orgânica do Distrito Federal estabelece que:

a) deverão ser apreciadas, as quatro iniciativas respeitando-se, todavia, a ordem cronológica de protocolização.

b) poderão ser apreciadas apenas a de iniciativa do Governador e, suplementarmente, a do cidadão.

c) poderão ser apreciadas apenas a de iniciativa do Governador e, complementarmente, as de Membro e Comissão da Câmara Legislativa.

d) poderá ser apreciada apenas a de iniciativa da Comissão da Câmara Legislativa.

e) poderá ser apreciada apenas a de iniciativa do Governador.

As leis que cuidam de orçamento são de iniciativa exclusiva do Chefe do Poder Executivo, por força do art. 165, da Constituição Federal e do art. 149 da Lei Orgânica do DF:

Art. 165 Leis de iniciativa do Poder Executivo estabelecerão:

I - o plano plurianual.

II - as diretrizes orçamentárias.

III - os orçamentos anuais.

Art. 149 Leis de iniciativa do Poder Executivo estabelecerão:

I - o plano plurianual.

II - as diretrizes orçamentárias.

III - os orçamentos anuais.

GABARITO: E.

38. Um projeto de lei tramitou na Câmara Legislativa do Distrito Federal e foi aprovado na forma regimental e enviado ao Governador do Distrito Federal. Após decorrido o prazo de quinze dias, o silêncio do Governador importará:

a) promulgação.

b) veto tácito.

c) revogação.

d) sanção.

e) derrogação.

Conforme o modelo da Constituição Federal (art. 66, § 3º), a Lei Orgânica do DF (art. 74, § 3º) que estabelecem que aprovado o projeto de lei, nos termos do regimento interno da CLDF, será ele enviado para o Governador, que, aquiescendo, o sancionará e promulgará; ocorrendo o silêncio do Governador, após 15 dias o projeto será considerado sancionado, ocorrendo a sanção tácita (nunca é demais lembrar que não existe o veto tácito):

Constituição Federal:

Art. 66 A Casa na qual tenha sido concluída a votação enviará o projeto de lei ao Presidente da República, que, aquiescendo, o sancionará.

§ 3º Decorrido o prazo de quinze dias, o silêncio do Presidente da República importará sanção.

Lei Orgânica do DF:

Art. 74 Aprovado o projeto de lei, na forma regimental, será ele enviado ao Governador que, aquiescendo, o sancionará e promulgará.

§ 3º Decorrido o prazo de quinze dias, o silêncio do Governador importará sanção.

GABARITO: D.

39. No contexto da gestão financeira pública, encontra-se o Programa de Reestruturação e de Ajuste Fiscal do Distrito Federal (PAF/DF), que:

a) teve início em 2015, quando o Governo refinanciou globalmente sua dívida com a União e com bancos.

b) estabelece compromisso representado por limite mínimo para o déficit primário.

c) é elaborado para o período de dois anos com revisões semestrais.

d) contempla metas, dentre as quais se inclui a dívida financeira em relação à receita líquida real.

e) tem a vantagem de o Distrito Federal não se sujeitar a sanções e apenamento, em caso do seu descumprimento.

A: Incorreta. Início em 1999.

B: Incorreta. Em contraponto com o nosso gabarito, letra D, não contempla no plano este compromisso.

C: Incorreta. São 3 anos com revisão anual.

D: Correta. O Programa de Reestruturação e de Ajuste Fiscal contém 6 metas e compromissos quanto a:

I - dívida financeira em relação à receita líquida real - RLR.

II - resultado primário, entendido como a diferença entre as receitas e despesas não financeiras.

III - despesas com funcionalismo público.

IV - arrecadação de receitas próprias.

V - privatização, permissão ou concessão de serviços públicos, reforma administrativa e patrimonial.

VI - despesas de investimento em relação à RLR.

E: Incorreta. A não revisão do Programa, no último ano do triênio, equivale ao não cumprimento das seis metas e o não-cumprimento das metas e compromissos sujeita o Distrito Federal a sanções e apenamento na forma disposta na Medida Provisória nº 2.192/1970, com redação dada pela Lei nº 10.661/2003.

GABARITO: D.

40. Considere que, por meio de decisões judiciais, tenham sido determinadas as seguintes providências:

I. Suspensão das atividades de associação de torcedores de agremiação esportiva cujos dirigentes estejam envolvidos na prática reiterada de atos ilícitos.

II. Realização de busca e apreensão de aparelhos celulares e microcomputadores na casa de suspeito investigado pela prática de crime contra a vida.

III. Interceptação das comunicações telefônicas de servidores públicos supostamente envolvidos na prática de atos de improbidade administrativa, para produção de provas no curso de processo administrativo disciplinar.

São compatíveis com a Constituição Federal apenas as decisões judiciais referidas em:

a) I, independentemente de trânsito em julgado; e II, vedado, neste caso, o cumprimento da determinação durante o período noturno.

b) I, desde que se trate de decisão transitada em julgado; e III, autorizado o empréstimo de prova para instrução de eventual processo penal.

c) II, autorizado o cumprimento da determinação a qualquer hora do dia ou da noite; e III, autorizado o empréstimo de prova para instrução de eventual processo penal.

d) I, independentemente de trânsito em julgado; e III, vedado, neste caso, porém, o empréstimo de provas para outros fins.

e) I, desde que se trate de decisão transitada em julgado; e II, autorizado o cumprimento da determinação a qualquer hora do dia ou da noite.

A questão exige conhecimento acerca da flexibilização dos direitos fundamentais diante do poder geral de cautela, decorrente da reserva de jurisdição.

I: A suspensão das atividades da associação de torcedores poderá se dar mediante decisão judicial, dependendo de trânsito em julgado somente a sua dissolução, nos termos do art. 5º, XIX, da CF:

Art. 5º XIX - as associações só poderão ser compulsoriamente dissolvidas ou ter suas atividades suspensas por decisão judicial, exigindo-se, no primeiro caso, o trânsito em julgado.

II: A realização de busca e apreensão mediante decisão judicial foi correta, em vista de que tal medida está sujeita à reserva de jurisdição. O cumprimento da determinação judicial poderá se dar somente durante o dia, vedada durante o período noturno, conforme determina o art. 5º, XI, da CF:

Art. 5º XI - a casa é asilo inviolável do indivíduo, ninguém nela podendo penetrar sem consentimento do morador, salvo em caso de flagrante delito ou desastre, ou para prestar socorro, ou, durante o dia, por determinação judicial.

III: A interceptação das comunicações telefônicas somente pode ser autorizada para fins de investigação criminal ou instrução processual penal (art. 5º, XII, CF). Assim, não é cabível a medida em ação de improbidade administrativa, já que a medida se restringe ao âmbito criminal. Contudo, é possível que a utilização da prova emprestada na ação de improbidade, decorrente de interceptação telefônica ocorrida em processo penal, cuja instrução criminal encontra-se encerrada.

Da análise das assertivas, conclui-se que são compatíveis com a Constituição Federal apenas as decisões judiciais referidas nos itens I e II.

GABARITO: A.

---

41. Ao término do primeiro ano de determinada legislatura, apurou-se que as Casas do Legislativo federal adotaram ou deliberaram, entre outras, sobre as seguintes medidas:

I. Julgamento das contas anuais prestadas pelo Presidente da República.

II. Aprovação, após arguição pública, da escolha de Ministro do Tribunal de Contas da União indicado pelo Presidente da República.

III. Autorização de operação externa de natureza financeira de interesse do Distrito Federal.

IV. Extinção de Ministérios.

À luz da Constituição Federal, são de competência do Congresso Nacional:

a) o julgamento das contas do Presidente da República e, sujeita à sanção do Presidente da República, a autorização de operação externa de natureza financeira de interesse do Distrito Federal; as demais medidas são de competência da Câmara dos Deputados.

b) o julgamento das contas do Presidente da República e, sujeita à sanção do Presidente da República, a extinção de Ministérios; as demais medidas são de competência do Senado Federal.

c) a autorização de operação externa de natureza financeira de interesse do Distrito Federal e a extinção de Ministérios, sujeitas ambas à sanção do Presidente da República; as demais medidas são de competência do Senado Federal.

d) a aprovação da escolha do Ministro do Tribunal de Contas da União e, sujeita à sanção do Presidente da República, a autorização de operação externa de natureza financeira de interesse do Distrito Federal; as demais medidas são de competência da Câmara dos Deputados.

e) o julgamento das contas do Presidente da República, a aprovação da escolha de Ministro do Tribunal de Contas da União e, sujeita à sanção do Presidente da República, a autorização de operação externa de natureza financeira de interesse do Distrito Federal; a extinção de Ministérios não se insere dentre as competências das casas legislativas, sendo a deliberação respectiva incompatível com a Constituição Federal.

A questão requer conhecimento sobre as competências do Congresso Nacional, consoante previsão do art. 48 e ss. da Constituição Federal.

I: O julgamento das contas anuais prestadas pelo Presidente da República é competência exclusiva do Congresso Nacional, nos termos do art. 49, IX, da Constituição Federal.

II: A aprovação, após arguição pública, da escolha de Ministro do Tribunal de Contas da União indicado pelo Presidente da República, é competência privativa do Senado Federal, conforme previsão do artigo 52, inciso III, alínea "b", da CF.

III: Também é de competência do Senado Federal a autorização de operação externa de natureza financeira de interesse do Distrito Federal, nos termos do art. 52, inciso V, da Constituição Federal.

IV: A extinção de Ministérios é competência do Congresso Nacional, mediante sanção do Presidente da República, conforme art. 48, XI, da Constituição Federal.

GABARITO: B.

---

42. Suponha que o Tribunal de Contas do Distrito Federal apresente à Câmara Legislativa projeto de lei dispondo sobre aspectos relacionados à organização e ao funcionamento do próprio Tribunal de Contas. Aprovado por maioria de votos, presente à sessão deliberativa a maioria absoluta dos Deputados Distritais, o projeto é encaminhado para sanção do Governador do Distrito Federal que, no entanto, o veta integralmente, por contrariedade à Lei Orgânica.

Nessa hipótese, à luz das regras de processo legislativo estabelecidas na Lei Orgânica do Distrito Federal, o veto do Governador é:

a) cabível, uma vez que se trata de matéria de iniciativa exclusiva do Governador do Distrito Federal, ainda que possa ser veiculada por lei ordinária.

b) cabível, uma vez que não foi atingido o quórum necessário para aprovação de lei ordinária, exigida para veicular a matéria, ainda que a iniciativa para sua propositura seja efetivamente do Tribunal de Contas do Distrito Federal.

c) cabível, uma vez que se trata de matéria reservada à lei complementar, a ser aprovada pelo voto da maioria absoluta dos Deputados Distritais, ainda que a iniciativa para sua propositura seja efetivamente do Tribunal de Contas do Distrito Federal.

d) cabível, uma vez que se trata de matéria inserida na competência do Governador para dispor, mediante decreto, sobre a organização e o funcionamento da administração do Distrito Federal.

e) incabível, uma vez que foram observadas as regras referentes à iniciativa, à espécie legislativa e ao quórum de aprovação respectivo, previstas na Lei Orgânica do Distrito Federal.

Tendo em vista que a matéria em apreço deve ser tratada em lei complementar, por força do art. 86, pelo quórum de maioria absoluta previsto no art. 75 da Lei Orgânica do Distrito Federal:

Art. 86 Lei complementar do Distrito Federal disporá sobre a organização e o funcionamento do Tribunal de Contas, podendo dividi-lo em câmaras e criar delegações ou órgãos destinados a auxiliá-lo no exercício de suas funções e na descentralização dos seus trabalhos.

Art. 75 As leis complementares serão aprovadas por maioria absoluta dos Deputados da Câmara Legislativa e receberão numeração distinta das leis ordinárias.

GABARITO: C.

43. A respeito dos direitos e garantias fundamentais, contidos na Constituição da República Federativa do Brasil,

a) a casa é asilo inviolável do indivíduo, ninguém nela podendo penetrar sem consentimento do morador, salvo em caso de flagrante delito ou desastre, ou para prestar socorro, ou, a qualquer tempo, por determinação judicial.

b) é inviolável o sigilo da correspondência e das comunicações telegráficas, de dados e das comunicações telefônicas, salvo, no último caso, por ordem judicial, nas hipóteses e na forma que a lei estabelecer para fins de investigação criminal ou instrução processual penal.

c) todos podem reunir-se pacificamente, sem armas, em locais abertos ao público, desde que mediante prévia autorização e sem frustrar outra reunião anteriormente convocada para o mesmo local.

d) é plena a liberdade de associação para fins lícitos, devendo as de caráter paramilitar ser previamente autorizadas pelo Ministério da Defesa.

e) as associações só poderão ser compulsoriamente dissolvidas ou ter suas atividades suspensas por decisão judicial, exigindo-se, para ambos os casos, o trânsito em julgado.

A: Incorreta. A violação do domicílio mediante determinação judicial poderá se dar somente durante o dia, consoante estabelece o art. 5º, XI, da CF:

Art. 5º XI - a casa é asilo inviolável do indivíduo, ninguém nela podendo penetrar sem consentimento do morador, salvo em caso de flagrante delito ou desastre, ou para prestar socorro, ou, durante o dia, por determinação judicial.

B: Correta. Nos termos do art. 5º, XII, da CF, é inviolável o sigilo da correspondência e das comunicações telegráficas, de dados e das comunicações telefônicas, salvo, no último caso, por ordem judicial, nas hipóteses e na forma que a lei estabelecer para fins de investigação criminal ou instrução processual penal.

C: Incorreta. Prevê o art. 5º, XVI, da CF, que todos podem reunir-se pacificamente, sem armas, em locais abertos ao público, independentemente de autorização, desde que não frustrem outra reunião anteriormente convocada para o mesmo local, sendo apenas exigido prévio aviso à autoridade competente.

D: Incorreta. A Constituição Federal veda as associações de caráter paramilitar, conforme art. 5º, XVII:

Art. 5º XVII - é plena a liberdade de associação para fins lícitos, vedada a de caráter paramilitar.

E: Incorreta. O trânsito em julgado da decisão judicial é exigido somente para o caso de dissolução compulsória da associação, nos termos do art. 5º, XIX, da CF:

Art. 5º XIX - as associações só poderão ser compulsoriamente dissolvidas ou ter suas atividades suspensas por decisão judicial, exigindo-se, no primeiro caso, o trânsito em julgado.

GABARITO: B.

44. Compete exclusivamente ao Congresso Nacional:

a) proceder à tomada de contas do Presidente da República, quando não apresentadas ao Congresso Nacional dentro de sessenta dias após a abertura da sessão legislativa.

b) aprovar previamente, por voto secreto, após arguição pública, a escolha de Ministros do Tribunal de Contas da União indicados pelo Presidente da República.

c) dispor sobre limites e condições para a concessão de garantia da União em operações de crédito externo e interno.

d) suspender a execução, no todo ou em parte, de lei declarada inconstitucional por decisão definitiva do Supremo Tribunal Federal.

e) sustar os atos normativos do Poder Executivo que exorbitem do poder regulamentar ou dos limites de delegação legislativa.

A: Incorreta. Conforme estabelece o art. 51, II, da CF, compete privativamente à Câmara dos Deputados, proceder à tomada de contas do Presidente da República, quando não apresentadas ao Congresso Nacional dentro de sessenta dias após a abertura da sessão legislativa.

B: Incorreta. Trata-se de competência privativa do Senado Federal, nos termos do art. 52, III, "b", da CF:

Art. 52 Compete privativamente ao Senado Federal:

III - aprovar previamente, por voto secreto, após argüição pública, a escolha de:

b) Ministro do Tribunal de Contas da União indicado pelo Presidente da República.

C: Incorreta. Conforme estabelece o artigo 52, inciso VIII, da CF, é competência privativa do Senado Federal dispor sobre limites e condições para a concessão de garantia da União em operações de crédito externo e interno.

D: Incorreta. Compete privativamente ao Senado Federal suspender a execução, no todo ou em parte, de lei declarada inconstitucional por decisão definitiva do Supremo Tribunal Federal, conforme art. 52, inciso X, da CF.

E: Correta. Nos termos do art. 49, inciso V, é da competência exclusiva do Congresso Nacional sustar os atos normativos do Poder Executivo que exorbitem do poder regulamentar ou dos limites de delegação legislativa.

GABARITO: E.

45. Considere que o indivíduo A, brasileiro naturalizado, de 31 anos, alfabetizado, em pleno exercício de seus direitos políticos, pretende se candidatar ao cargo de Senador. Considere que o indivíduo B, brasileiro naturalizado, de 32 anos, alfabetizado, em pleno exercício de seus direitos políticos, pretende se candidatar ao cargo de Governador de Estado. Diante desse quadro, em decorrência das eleições que ocorrem neste ano,

a) o indivíduo A não pode ocupar o cargo de Senador por não ser brasileiro nato.

b) o indivíduo B não pode ocupar o cargo de Governador de Estado por não ter 35 anos.

c) apenas o indivíduo B pode ser eleito e ocupar o cargo pretendido.

d) apenas o indivíduo A pode ser eleito e ocupar o cargo pretendido.

e) os indivíduos A e B podem ser eleitos e ocupar os cargos pretendidos.

A questão exige conhecimento acerca dos cargos privativos de brasileiro nato e das condições de elegibilidade, consoante disposição dos arts. 12 e 14 da Constituição Federal, respectivamente:

Art. 12 § 3º São privativos de brasileiro nato os cargos:

I - de Presidente e Vice-Presidente da República;

II - de Presidente da Câmara dos Deputados;

III - de Presidente do Senado Federal;

IV - de Ministro do Supremo Tribunal Federal;

V - da carreira diplomática;

VI - de oficial das Forças Armadas.

VII - de Ministro de Estado da Defesa.

Art. 14 § 3º São condições de elegibilidade, na forma da lei:

VI - a idade mínima de:

a) trinta e cinco anos para Presidente e Vice-Presidente da República e Senador;

b) trinta anos para Governador e Vice-Governador de Estado e do Distrito Federal;

c) vinte e um anos para Deputado Federal, Deputado Estadual ou Distrital, Prefeito, Vice-Prefeito e juiz de paz;

d) dezoito anos para Vereador.

A: Incorreta. O cargo de senador não é privativo de brasileiro nato, podendo ser ocupado por brasileiro naturalizado. Ocorre que no caso em apreço, o indivíduo A não poderá ocupar o cargo em razão da idade, tendo em vista que o cargo de Senador exige idade mínima de 35 anos, conforme determinado o artigo 14, § 3º, VI, "a", da CF.

B: Incorreta. O indivíduo B poderá ocupar o cargo de Governador de Estado, pois a idade mínima exigida para o referido cargo é de 30 anos, conforme artigo 14, § 3º, VI, "b", da CF.

C: Correta. Tendo em vista que o Cargo de Governador não consta do rol de cargos privativos de brasileiro nato, o indivíduo B pode ser eleito para o referido cargo.

D: Incorreta. Tanto o indivíduo A quanto o indivíduo B podem ser eleitos e ocupar os cargos pretendidos.

E: Incorreta. Somente o indivíduo B pode ser eleito e ocupar o cargo pretendido.

GABARITO: C.

46. De acordo com a Lei de acesso à informação, a autoridade que possui competência para classificar uma informação como "secreta" em uma empresa pública é o:

a) secretário.

b) diretor.

c) chefe nível DAS 101.5.

d) titular.

e) assessor superior.

De acordo com a Lei nº 12.527/2011, a informação pode ser classificada como secreta pelos titulares de autarquias, fundações ou empresas públicas e sociedades de economia mista, assim como por todos os autorizados para classificação da informação como ultrassecreta.

Veja-se a disposição da Lei nº 12.527/2011:

Art. 27 A classificação do sigilo de informações no âmbito da administração pública federal é de competência:

II - no grau de secreto, das autoridades referidas no inciso I, dos titulares de autarquias, fundações ou empresas públicas e sociedades de economia mista.

GABARITO: D.

47. Julgue os próximos itens, acerca da Lei da Transparência.

I. É permitido o acesso de qualquer pessoa física ou jurídica às informações sobre o lançamento de receitas decorrentes de recursos extraordinários.

II. Deverá ser disponibilizado o acesso a qualquer pessoa física ou jurídica às informações sobre despesas, a partir do respectivo ato de planejamento.

III. A transparência sobre execução orçamentária e financeira se dá por meios eletrônicos de acesso público, em tempo real.

Assinale a opção correta.

a) Apenas o item III está certo.

b) Apenas os itens I e II estão certos.

c) Apenas os itens I e III estão certos.

d) Apenas os itens II e III estão certos.

e) Todos os itens estão certos.

A questão exige conhecimento sobre a Lei Complementar nº 101/2000 (LRF), alterada pela Lei Complementar nº131/2009 (Lei da Transparência), que inovou e passou a determinar que sejam disponibilizados, em tempo real, informações pormenorizadas sobre a execução orçamentária e financeira da União, dos Estados, do Distrito Federal e dos Municípios.

I: Correto. Nos termos do art. 48-A, da LC nº 101/2000, os entes da Federação disponibilizarão a qualquer pessoa física ou jurídica o acesso a informações referentes à receita, compreendendo o lançamento e o recebimento de toda a receita das unidades gestoras, inclusive referente a recursos extraordinários.

II: Incorreto. O acesso à informação ocorrerá no decorrer da execução da despesa e não a partir do respectivo ato de planejamento. Assim estabelece o art. 48-A, inciso I, da LC 101/2000:

Art. 48-A. Para os fins a que se refere o inciso II do parágrafo único do art. 48, os entes da Federação disponibilizarão a qualquer pessoa física ou jurídica o acesso a informações referentes a:

I - quanto à despesa: todos os atos praticados pelas unidades gestoras no decorrer da execução da despesa, no momento de sua realização, com a disponibilização mínima dos dados referentes ao número do correspondente processo, ao bem fornecido ou ao serviço prestado, à pessoa física ou jurídica beneficiária do pagamento e, quando for o caso, ao procedimento licitatório realizado.

III: Correto. De acordo com o art. 48, § 1º, II, da LC nº 101/2000, a transparência da gestão fiscal será assegurada mediante liberação ao pleno conhecimento e acompanhamento da sociedade, em tempo real, de informações pormenorizadas sobre a execução orçamentária e financeira, em meios eletrônicos de acesso público.

GABARITO: C.

48. Segundo a Lei de Acesso à Informação (Lei nº 12.527/2011), a informação em poder dos órgãos e das entidades públicas, observado o seu teor e em razão de sua imprescindibilidade à segurança da sociedade ou do Estado, poderá ser classificada em:

a) sigilosa, com acesso restrito pelo prazo de até 100 anos; ou reservada, com acesso restrito pelo prazo de até 10 anos.

b) ultrassecreta, com acesso restrito pelo prazo de até 100 anos; secreta, com acesso restrito pelo prazo de até 50 anos; ou reservada, com acesso restrito pelo prazo de até 10 anos.

c) ultrassecreta, com acesso restrito pelo prazo de até 50 anos; secreta, com acesso restrito pelo prazo de até 20 anos; ou reservada, com acesso restrito pelo prazo de até 10 anos.

d) ultrassecreta, com acesso restrito pelo prazo de até 25 anos; secreta, com acesso restrito pelo prazo de até 15 anos; ou reservada, com acesso restrito pelo prazo de até 5 anos.

e) sigilosa, com acesso restrito pelo prazo de até 15 anos; ou reservada, com acesso restrito pelo prazo de até 10 anos.

A questão exige conhecimento sobre a Lei de Acesso à Informação (Lei nº 12.527/2011), norma que dispõe sobre os procedimentos a serem observados pela União, Estados, Distrito Federal e Municípios, com o fim de garantir o acesso a informações previsto no inciso XXXIII do art. 5º, no inciso II do § 3º do art. 37 e no § 2º do art. 216 da Constituição Federal.

No que se refere às classificações de restrição de informação, a Lei de Acesso à informação divide as informações em: ultrassecreta, secreta ou reservada. Nesse sentido, veja-se o teor do art. 24 da Lei nº 12.527/2011:

Art. 24 A informação em poder dos órgãos e entidades públicas, observado o seu teor e em razão de sua imprescindibilidade à segurança da sociedade ou do Estado, poderá ser classificada como ultrassecreta, secreta ou reservada.

Quanto aos prazos máximos de restrição de acesso à informação, estabelece o § 1º, do art. 24, o seguinte:

Art. 24 § 1º I - ultrassecreta: 25 (vinte e cinco) anos;

II - secreta: 15 (quinze) anos; e

III - reservada: 5 (cinco) anos.

GABARITO: D.

---

49. A desconcentração, no âmbito da administração pública, ocorre, por exemplo, na instituição de:

a) empresa pública.
b) autarquia.
c) fundação pública.
d) sociedade de economia mista.
e) secretaria executiva.

A desconcentração é técnica administrativa de distribuição interna de competências, que ocorre dentro da estrutura de uma pessoa jurídica, com relação de hierarquia, cujo produto, como regra, consiste na criação de órgãos públicos, os quais são meros centros de competências, sem personalidade jurídica própria. Ademais, a desconcentração pode se dar tanto na administração direta quanto na indireta. Exemplos de desconcentração são os Ministérios da União, as Secretarias estaduais e municipais, as delegacias de polícia, os postos de atendimento da Receita Federal, as subprefeituras, os Tribunais e as Casas Legislativas.

Assim, a instituição de uma secretaria executiva é exemplo de desconcentração, consoante afirmado na alternativa E.

Já as autarquias, fundações públicas, empresas públicas e sociedades de economia mista, decorrem da descentralização, técnica administrativa em que as competências administrativas são distribuídas a pessoas jurídicas autônomas, criadas pelo Estado para tal finalidade, com personalidade jurídica própria.

GABARITO: E.

---

50. Assinale a opção que indica o tipo de agente público que consiste em um grupo de agentes que, mesmo sem ter uma investidura normal e regular, executa uma função pública em nome do Estado.

a) agente honorífico.
b) agente político.
c) agente administrativo.
d) agente credenciado.
e) agente de fato.

A: Incorreta. Os agentes honoríficos são as pessoas convocadas, designadas ou nomeadas para prestar, transitoriamente, determinados serviços ao Estado, em razão de sua condição cívica, de sua honorabilidade ou de sua notória capacidade profissional, mas sem vínculo empregatício ou estatutário, e geralmente sem remuneração. São exemplos de agentes honoríficos, os jurados, os mesários eleitorais, dentre outros.

B: Incorreta. Os agentes políticos são os integrantes dos mais altos escalões do poder público, aos quais incumbe a elaboração das diretrizes de atuação governamental, e as funções de direção, orientação e supervisão geral da administração pública. São agentes políticos os chefes do Poder Executivo (Presidente da República, governadores e prefeitos), seus auxiliares imediatos (ministros, secretários estaduais e municipais) e os membros do Poder Legislativo (senadores, deputados e vereadores).

C: Incorreta. Os agentes administrativos são aqueles que possuem uma relação funcional com a Administração Pública. Exercem atividade profissional e remunerada e sujeitam-se à hierarquia administrativa e a regime jurídico próprio. São os servidores públicos, os empregados públicos, os contratados temporariamente (excepcional interesse público – art. 37, IX, CF/1988), os ocupantes de cargo em comissão etc.

D: Incorreta. Agentes credenciados são os que recebem da Administração a incumbência de representá-la em determinado ato ou praticar certa atividade específica, mediante remuneração do Poder Público credenciante.

E: Correta. A função de fato configura-se quando a pessoa que pratica o ato está irregularmente investida no cargo, emprego ou função, mas a sua situação tem toda a aparência de legalidade (é o funcionário de fato). O ato praticado por funcionário de fato é considerado válido, precisamente pela aparência de legalidade de que se reveste; cuida-se de proteger a boa-fé do administrado.

GABARITO: E.

---

51. Entre as pessoas jurídicas de direito público que compõem o Estado brasileiro, a República Federativa do Brasil é a única titular de:

a) legislação própria.
b) autonomia.
c) auto-organização.
d) autogoverno.
e) soberania.

A Constituição Federal de 1988 adotou como forma de Estado, o federado, integrado por diferentes centros de poder político. Assim, tem-se um poder político central (União), poderes políticos regionais (estados) e poderes políticos locais (municípios), além do Distrito Federal, que em virtude da vedação constitucional à sua divisão em municípios, acumula os poderes regionais e locais (art. 32, § 1º, CF/1988).

Veja-se a previsão do art. 18, da CF/1988:

Art. 18 A organização político-administrativa da República Federativa do Brasil compreende a União, os Estados, o Distrito Federal e os Municípios, todos autônomos, nos termos desta Constituição.

Vale destacar que a União não se confunde com o Estado Federal, pois aquela é uma das entidades que integram a República Federativa, que é o todo, a pessoa jurídica de direito público internacional, integrada pela União, estados, Distrito Federal e municípios. Contudo, é por intermédio da União que a República Federativa se apresenta em suas relações internacionais com outros Estados soberanos. Assim, a República Federativa do Brasil é a única titular de soberania. A soberania pode ser compreendida como a independência do Estado de qualquer outro poder externo.

Portanto, o ente soberano é a República Federativa do Brasil (RFB) também chamada de Estado Federal. A União é um ente só autônomo (só tem autonomia), tal como os Estados, DF e Municípios.

Nesse sentido, é a previsão do art. 1º, da CF/1988:

Art. 1º A República Federativa do Brasil, formada pela união indissolúvel dos Estados e Municípios e do Distrito Federal, constitui-se em Estado Democrático de Direito e tem como fundamentos:

I - a soberania.

As demais alternativas estão incorretas porque os demais entes federativos dispõem de capacidade de auto-organização, autolegislação, autogoverno e autoadministração, devendo obediência aos princípios estabelecidos na Constituição Federal (princípios sensíveis.

GABARITO: E.

---

52. De acordo com a doutrina, um dos elementos essenciais da Federação é a:

a) centralização político-administrativa.
b) possibilidade de intervenção.
c) participação das vontades parciais na vontade geral.
d) existência de um só órgão legislativo com jurisdição nacional.
e) autonomia legislativa.

A: Incorreta. No Estado Federado coexistem no mesmo território poderes políticos distintos, ou seja, são entidades políticas autônomas, distribuídas regionalmente, que no caso do Brasil, é a União, os estados, o Distrito Federal e os Municípios, de modo que a descentralização político-administrativa é uma das características que estabelece a Federação. Por outro lado, a centralização político-administrativa é característica do Estado unitário, em que no território há um só poder político central, que irradia sua competência, de modo exclusivo. Não é o caso do Brasil.

B: Incorreta. A intervenção é mecanismo de manutenção da Federação e não elemento essencial propriamente dito.

C: Correta. A participação dos Estados-membros na vontade nacional se manifesta por meio do Senado Federal, responsável pela manutenção do equilíbrio federativo.

D: Incorreta. Os Estados federados possuem órgãos próprios para o exercício de suas funções legislativa, executiva e jurisdicional.

E: Incorreta. A capacidade de autolegislação não é característica essencial da Federação, mas sim a capacidade de auto-organização que é pressuposto inerente à Federação. Vale destacar que a capacidade de autolegislação dos entes federados é limitada, de modo que devem obediência aos princípios estabelecidos na Constituição Federal, os quais são denominados de princípios constitucionais sensíveis (art. 34, VII, da CF/1988), que quando desrespeitados ensejam a intervenção federal.

GABARITO: C.

53. Assinale a opção que apresenta o princípio constitucional que obriga a administração pública a manter ou ampliar a qualidade dos serviços prestados à população, evitando desperdícios e buscando sempre a máxima excelência na prestação de seus serviços.

a) princípio da publicidade dos atos da administração pública.
b) princípio da legalidade.
c) princípio da impessoalidade.
d) princípio da moralidade.
e) princípio da eficiência.

A questão aborda os princípios constitucionais regentes da Administração Pública direta e indireta de qualquer dos Poderes da União, dos Estados, do Distrito Federal e dos Municípios, conforme previsão do art. 37, da Constituição Federal:

Art. 37 A administração pública direta e indireta de qualquer dos Poderes da União, dos Estados, do Distrito Federal e dos Municípios obedecerá aos princípios de legalidade, impessoalidade, moralidade, publicidade e eficiência [...].

A: Incorreta. O princípio da publicidade preconiza que a administração deve tornar público seus atos, de modo que a transparência dos atos administrativos tem direta relação com o princípio democrático (art. 1º da CF/1988), possibilitando o exercício do controle social sobre os atos públicos.

B: Incorreta. No Direito Privado prevalece a autonomia da vontade, agindo a lei como um limite à atuação do particular. No Direito Público não existe autonomia da vontade, a lei é o próprio e único fundamento da ação do Estado. A administração só pode fazer o que a lei permite. Assim, o princípio da legalidade impõe que a atuação do administrador depende de prévia previsão legal para ser legítima, ou seja, enquanto na administração particular é lícito fazer tudo o que a lei não proíbe, na Administração Pública só é permitido fazer o que a lei autoriza.

C: Incorreta. O princípio da impessoalidade estabelece que ao administrador é vedado tratar o administrado de forma benéfica ou detrimentosa, significa a ausência de subjetividade no exercício da atividade administrativa. Portanto, o administrador não pode agir pautado em seus interesses pessoais.

D: Incorreta. O princípio da moralidade exige do administrador uma conduta pautada na honestidade, na ética, na probidade, na transparência e na boa-fé. A imoralidade administrativa surge como uma forma de ilegalidade; consequentemente, ao responsável pela prática de atos imorais, é cabível sua responsabilização com base na Lei nº 8.429/1992, que dispõe sobre as sanções aplicáveis aos agentes públicos nos casos de cometimento de improbidade administrativa.

E: Correta. Acrescentado pela Emenda Constitucional nº 19/1998, o princípio da eficiência preconiza uma administração pública menos burocrática. Representa a busca de resultados satisfatórios na prestação dos serviços públicos e, também, o respeito ao princípio da economicidade, ou seja, o equilíbrio entre custo e benefício.

GABARITO: E.

54. Nos termos da CF, a contratação por tempo determinado na administração pública é:

a) inadmissível.
b) admitida em épocas eleitorais, haja vista a proibição de nomeação, contratação ou admissão do servidor público nos três meses que antecedem o pleito até a posse dos eleitos.
c) admitida para atender a necessidade temporária de excepcional interesse público.
d) admitida em qualquer circunstância, uma vez que não há vedação constitucional.
e) admitida somente nos casos estabelecidos em lei complementar.

Dispõe o inciso IX do art. 37 da Constituição Federal:

Art. 37 A administração pública direta e indireta de qualquer dos Poderes da União, dos Estados, do Distrito Federal e dos Municípios obedecerá aos princípios de legalidade, impessoalidade, moralidade, publicidade e eficiência e, também, ao seguinte:
IX - a lei estabelecerá os casos de contratação por tempo determinado para atender a necessidade temporária de excepcional interesse público.

Conforme se observa, a CF/1988 admite a contratação temporária para atender a necessidade temporária de excepcional interesse público. Ademais, para a contratação, há a exigência de lei, que no caso, é a Lei nº 8.745/1993. Da análise do dispositivo mencionado, extrai-se que o regime especial de contratação deve atender a três pressupostos:

1. Contrato firmado com prazo determinado;
2. Temporariedade da função; e
3. Excepcionalidade do interesse público.

A: Incorreta. A contratação temporária é admissível.

B: Incorreta. Não é permitida nos 3 meses que antecedem o pleito eleitoral.

C: Correta. Reproduz a hipótese constitucionalmente prevista de contratação temporária.

D: Incorreta. Não é admitida em qualquer circunstância, somente nas hipóteses constitucionalmente previstas.

E: Incorreta. É admitida nos casos estabelecidos em lei ordinária.

GABARITO: C.

55. Assinale a opção que indica o tipo de entidade que é dotada de personalidade jurídica de direito privado, cuja criação é autorizada por lei, sob a forma de sociedade anônima, com capital público e privado, e cujas ações com direito a voto pertencem, em sua maioria, a ente estatal ou entidade da administração indireta.

a) sociedade de economia mista.
b) fundação autárquica.
c) empresa pública.
d) agência executiva.
e) fundação pública.

A: Correta. Sociedade de Economia Mista é a entidade dotada de personalidade jurídica de direito privado, autorizada por lei específica para a exploração de atividade econômica, sob a forma de Sociedade Anônima, cujas ações com direito a voto pertencem em sua maioria à União ou à entidade da Administração Indireta.

B: Incorreta. A Fundação pública de direito público (ou fundação autárquica) é pessoa jurídica de direito público, criada por lei específica, cuja finalidade e competências exigem o exercício conjugado de atividades administrativas e serviços públicos privativos, com atividades e serviços públicos não privativos, de natureza social. Assim, as Fundações Públicas de natureza de Direito Público são caracterizadas como verdadeiras Autarquias, razão porque são denominadas, de Fundações Autárquicas ou Autarquias Fundacionais.

C: Incorreta. Empresa Pública é a entidade dotada de personalidade jurídica de direito privado, integrante da administração indireta, com patrimônio próprio e capital exclusivo público, autorizada sua criação por lei para a exploração de atividade econômica que o Governo seja levado a exercer por força de contingência ou de conveniência administrativa, podendo revestir-se de qualquer das formas admitidas no Direito.

D: Incorreta. Agência executiva é a qualificação dada à autarquia ou fundação que tenha celebrado contrato de gestão com o órgão da Administração Direta a que se acha vinculada, para melhoria da eficiência e redução de custos. Não se trata de entidade instituída com a denominação de agência executiva. Trata-se de entidade preexistente (autarquia ou fundação governamental) que, uma vez preenchidos os requisitos legais, recebe a qualificação de agência executiva, podendo perdê-la, se deixar de atender aos requisitos.

E: Incorreta. São entidades dotadas de personalidade jurídica de Direito Privado, sem fins lucrativos, criadas em virtude de autorização legislativa, para o desenvolvimento de atividades que não exijam execução por órgãos ou entidades de Direito Público, com autonomia administrativa, patrimônio gerido pelos respectivos órgãos de direção, e funcionamento custeado por recursos da União e outras fontes. Este é o conceito encontrado no Decreto-lei nº 200/1967. Ex: Fundação Padre Anchieta.

GABARITO: A.

---

56. Julgue os itens a seguir, acerca dos direitos e das garantias fundamentais.

I. É livre a manifestação do pensamento, inclusive anonimamente.

II. A intimidade, a vida privada, a honra e a imagem das pessoas são invioláveis, e eventual atentado a esses direitos permite que se busque a indenização pelo dano moral ou material decorrente da violação.

III. Todos têm direito a receber informações de seu interesse particular dos órgãos públicos, bem como informações de interesse coletivo ou geral. Os pedidos de acesso à informação devem ser atendidos no prazo fixado, sob pena de responsabilidade do agente público. A exceção à regra geral de transparência são as informações cujo sigilo seja imprescindível à segurança da sociedade e do Estado.

IV. A lei não excluirá da apreciação do Poder Judiciário lesão ou ameaça a direito, salvo se a matéria trazida à apreciação estiver pacificada na jurisprudência dos tribunais superiores – como, por exemplo, em súmula vinculante, repercussão geral ou recurso repetitivo.

Estão certos apenas os itens:

a) I e II.
b) I e IV.
c) II e III.
d) III e IV.
e) II, III e IV.

A questão exige conhecimento das disposições do art. 5º, da CF/1988, que trata sobre os direitos e garantias fundamentais.

I: Incorreto. O anonimato é vedado pela Constituição Federal, de modo que a manifestação do pensamento não é absoluta. Assim, prevê o art. 5º, inciso IV - é livre a manifestação do pensamento, sendo vedado o anonimato.

II: Correto. Conforme previsão do art. 5, inciso X, da CF/1988, são invioláveis a intimidade, a vida privada, a honra e a imagem das pessoas, assegurado o direito a indenização pelo dano material ou moral decorrente de sua violação;

III: Correto. É o que se extrai do inciso XXXIII, do art. 5º, da CF/1988:

Art. 5º XXXIII - todos têm direito a receber dos órgãos públicos informações de seu interesse particular, ou de interesse coletivo ou geral, que serão prestadas no prazo da lei, sob pena de responsabilidade, ressalvadas aquelas cujo sigilo seja imprescindível à segurança da sociedade e do Estado.

IV: Incorreto. Não há exceção. O art. 5º, inciso XXXV, da CF/1988, é categórico ao dispor que a lei não excluirá da apreciação do Poder Judiciário lesão ou ameaça a direito.

GABARITO: C.

---

57. O tratamento igualitário e a prestação de contas à população são considerados fundamentais nos atos da administração pública, derivando, respectivamente, dos princípios:

a) da legalidade e da constitucionalidade.
b) da impessoalidade e da publicidade.
c) da moralidade e da eficiência.
d) da veracidade e da relevância.
e) da transparência e da regularidade.

A questão exige conhecimento sobre os princípios que balizam a atuação da administração pública, conforme previsão do art. 37, caput, da Constituição Federal:

Art. 37 A administração pública direta e indireta de qualquer dos Poderes da União, dos Estados, do Distrito Federal e dos Municípios obedecerá aos princípios de legalidade, impessoalidade, moralidade, publicidade e eficiência [...].

Vejamos cada um dos princípios:

O princípio da legalidade no direito administrativo preconiza que o administrador público está sujeito às exigências do bem comum, e delas não se pode afastar ou desviar, sendo que o cidadão poderá fazer tudo o que a lei não proíba e o administrador público poderá fazer tão somente o que diz a lei. Assim, de acordo com referido princípio, a administração pública vincula- se, em toda sua atividade, aos mandamentos da lei, tanto em relação aos atos e às funções de natureza administrativa quanto em relação às funções legislativa e jurisdicional;

O princípio da impessoalidade obriga a Administração em sua atuação, a não praticar atos visando aos interesses pessoais ou se subordinando à conveniência de qualquer indivíduo, mas sim, direcionada a atender aos ditames legais e, essencialmente, aos interesses sociais;

O princípio da moralidade exige que a Administração e seus agentes atuem em conformidade com princípios éticos aceitáveis socialmente. Se relaciona com a ideia de honestidade, exigindo a estrita observância de padrões éticos, de boa-fé, de lealdade, de regras que assegurem a boa administração e a disciplina interna na Administração Pública;

O princípio da publicidade exige que os atos da administração pública sejam divulgados oficialmente para conhecimento público e início de seus efeitos externos, bem como o agente público deve agir com a maior transparência possível e visa a concretizar um outro princípio, que é o da moralidade. Constitui requisito de eficácia e validade do ato e somente pode deixar de ser observado nos casos em que a lei, atendendo a interesse superior da Administração, imponha o sigilo;

O princípio da eficiência impõe à administração uma atuação com excelência, fornecendo serviços públicos de qualidade à população, com o menor custo possível (desde que mantidos os padrões de qualidade) e no menor tempo.

GABARITO: B.

58. Em relação às características das organizações administrativas do setor público, analise os itens a seguir.

I. Capacidade legislativa.

II. Autonomia política.

III. Personalidade jurídica.

Está correto o que se afirma em:

a) I, apenas.
b) II, apenas.
c) III, apenas.
d) I e II, apenas.
e) II e III, apenas.

I: Incorreto. Somente os entes políticos (União, Estados, DF e Municípios) é que dispõem de capacidade legislativa. As entidades administrativas (autarquias, fundações, empresas públicas e sociedades de economia mista), que integram a administração em sentido formal, possuem somente personalidade jurídica.

II: Incorreto. De um modo geral, as entidades da administração pública não possuem autonomia política. Tal característica é inerente aos entes políticos.

III: Correto. Toda administração pública tem personalidade jurídica, como as autarquias, de direito público, e as empresas públicas, de direito privado.

GABARITO: C.

59. A descentralização administrativa é o processo pelo qual os entes políticos transferem atribuições administrativas a outras pessoas jurídicas.

Assinale a opção que apresenta a forma de descentralização que ocorre quando o Estado cria uma fundação pública para executar determinado serviço público.

a) Descentralização por outorga.
b) Descentralização por colaboração.
c) Descentralização por delegação.
d) Descentralização participativa.
e) Descentralização social.

A questão exige conhecimento acerca da descentralização administrativa que constitui técnica administrativa de distribuição ou transferência da prestação do serviço para a Administração Indireta ou para um particular. A descentralização pode se dar por outorga ou por colaboração (delegação).

Na descentralização por outorga, a administração direta cria a entidade administrativa e ocorre a transferência, por lei, da titularidade e da execução do serviço público, razão pela qual só é possível transferir para a Administração Indireta, e mais especificamente às autarquias e fundações públicas. Já na descentralização por colaboração, ocorre apenas a transferência da execução do serviço, mantendo-se a titularidade na Administração Direta.

Portanto, na hipótese em que o Estado cria uma fundação pública para executar determinado serviço público, configura-se a descentralização por outorga.

GABARITO: A.

60. Leia o fragmento a seguir, retirado da Lei nº 101/00 (Lei de Responsabilidade Fiscal).

A responsabilidade na gestão fiscal pressupõe_________.

Assinale a opção que apresenta a frase que completa, adequadamente, a lacuna.

a) o direito fundamental de acesso à informação e sua execução em conformidade com os princípios básicos da Administração Pública.
b) uma ação planejada e transparente, em que se previnem riscos e se corrigem desvios capazes de afetar o equilíbrio das contas públicas.
c) a adequada proteção dos direitos dos administrados e o melhor planejamento dos fins da Administração.
d) a especificação das matérias e poderes transferidos, os limites da atuação do delegado, a duração e os objetivos da delegação e o recurso cabível.
e) a determinação instrumental da intimação do interessado para ciência de decisão ou a efetivação de diligências.

Trata-se do disposto no art. 1º, § 1º da Lei de Responsabilidade Fiscal, que assim dispõe:

Art. 1º § 1º A responsabilidade na gestão fiscal pressupõe a ação planejada e transparente, em que se previnem riscos e corrigem desvios capazes de afetar o equilíbrio das contas públicas, mediante o cumprimento de metas de resultados entre receitas e despesas e a obediência a limites e condições no que tange a renúncia de receita, geração de despesas com pessoal, da seguridade social e outras, dívidas consolidada e mobiliária, operações de crédito, inclusive por antecipação de receita, concessão de garantia e inscrição em Restos a Pagar.

GABARITO: B.

61. Assinale a opção que indica o instrumento de planejamento, previsto na Lei de Responsabilidade Fiscal, que dispõe sobre os critérios e a forma de limitação de empenho.

a) Lei Orçamentária Anual.
b) Plano Plurianual.
c) Lei de Diretrizes Orçamentárias.
d) Programação Financeira.
e) Plano Nacional.

O conceito constitucional da Lei de Diretrizes Orçamentárias (LDO) que consta no art. 4º, I, "b", da LRF:

Art. 4º A lei de diretrizes orçamentárias atenderá o disposto no § 2º do art. 165 da Constituição e:

I - disporá também sobre:

a) equilíbrio entre receitas e despesas;

b) critérios e forma de limitação de empenho, a ser efetivada nas hipóteses previstas na alínea b do inciso II deste artigo, no art. 9º e no inciso II do § 1º do art. 31.

GABARITO: C.

62. De acordo com a Lei de Responsabilidade Fiscal, ao final de cada quadrimestre, deve ser emitido pelos titulares dos Poderes e pelos órgãos da Administração Pública:

a) o relatório de gestão fiscal.
b) o relatório resumido de execução orçamentária.
c) o anexo de política fiscal.
d) o anexo de metas fiscais.
e) a declaração de cumprimento da regra de ouro.

De acordo com a Lei de Responsabilidade Fiscal - LC nº 101/2000:

Art. 54 Ao final de cada quadrimestre será emitido pelos titulares dos Poderes e órgãos referidos no art. 20 Relatório de Gestão Fiscal.

GABARITO: A.

63. Conforme disposto na Constituição Federal é direito dos trabalhadores urbanos e rurais o décimo terceiro salário, que será baseado:

a) na remuneração integral ou no valor da aposentadoria.

b) no valor suplementar do bônus de participação do lucro.

c) na alíquota de encargos previdenciários do período vigente.

d) no maior salário mínimo do país ou conforme for estipulado no estatuto da empresa.

e) no salário completo ou no valor pago de imposto sobre a renda retido na fonte.

O décimo terceiro salário é um direito trabalhista assegurado na Constituição Federal, em seu art. 7º, VIII:

Art. 7º São direitos dos trabalhadores urbanos e rurais, além de outros que visem à melhoria de sua condição social:

VIII - décimo terceiro salário com base na remuneração integral ou no valor da aposentadoria.

Corresponde a uma gratificação salarial que é paga pelo empregador ao empregado no mês de dezembro de cada ano. Trata-se de direito garantido pelo art. 7º da CF/1988 a todos os empregados urbanos, rurais e domésticos. O valor do 13º salário equivale ao valor da remuneração normal que o empregado receber em dezembro, desde que o empregado tenha trabalhado o ano todo, ou ao valor proporcional da remuneração (1/12 por mês ou fração superior a 15 dias), caso o empregado não tenha trabalhado o ano todo (13º salário proporcional).

Assim, da análise das alternativas, tem-se que a alternativa A como correta, tendo em vista que o décimo terceiro salário será baseado na remuneração integral ou no valor da aposentadoria. Quanto às demais alternativas, estão incorretas pois não correspondem à previsão legal.

GABARITO: A.

---

64. Maria é servidora pública estatutária, ocupante de cargo efetivo de técnico administrativo em determinada autarquia. Desejando aumentar sua renda mensal, Maria se inscreveu para o concurso público de Coordenador Censitário Subárea do IBGE e foi aprovada em 5º lugar.

Quando Maria compareceu ao órgão para preencher os documentos necessários à sua investidura no novo cargo, foi informada de que, de acordo com a Lei nº 8.112/90, a acumulação dos cargos públicos pretendida é:

a) lícita, desde que haja compatibilidade de horário na jornada de trabalho, seja qual for a autarquia.

b) lícita, desde que haja compatibilidade de horário e seu cargo anterior seja em autarquia federal.

c) lícita, desde que haja compatibilidade de horário e seu cargo anterior seja em autarquia federal ou estadual.

d) ilícita, independentemente de compatibilidade de horário, exceto se seu cargo anterior for em autarquia que exerça atividade estatística, fato que autoriza a acumulação.

e) ilícita, independentemente de compatibilidade de horário e do ente federativo a que estiver vinculada a autarquia de seu cargo anterior.

A: Incorreta. A acumulação é ilícita. Só seria possível se houvesse compatibilidade de horário na jornada de trabalho e Maria ocupasse um cargo técnico ou científico e pretendesse acumular com um cargo de professor.

B: Incorreta. Independentemente da entidade a que Maria é vinculada, a proibição de acumular estende-se a cargos, empregos e funções em autarquias, fundações públicas, empresas públicas, sociedades de economia mista da União, do Distrito Federal, dos Estados, dos Territórios e dos Municípios.

C: Incorreta. A acumulação dos cargos é ilícita, ainda que haja compatibilidade de horário.

D: Incorreta. Ainda que o cargo anterior de Maria seja em autarquia que exerça atividade estatística, tal fato não autoriza a acumulação de cargos.

E: Correta. Ainda que haja compatibilidade de horários, a acumulação não é possível por expressa vedação constitucional.

Art. 37 XVI - é vedada a acumulação remunerada de cargos públicos, exceto, quando houver compatibilidade de horários, observado em qualquer caso o disposto no inciso XI:

a) a de dois cargos de professor;

b) a de um cargo de professor com outro técnico ou científico;

c) a de dois cargos ou empregos privativos de profissionais de saúde, com profissões regulamentadas.

XVII - a proibição de acumular estende-se a empregos e funções e abrange autarquias, fundações, empresas públicas, sociedades de economia mista, suas subsidiárias, e sociedades controladas, direta ou indiretamente, pelo poder público [...].

Veja-se que a pretensão de Maria não se amolda à exceção prevista na Constituição Federal. Assim, a acumulação é ilícita.

GABARITO: E.

---

65. Joaquim, ocupante do cargo de Coordenador Censitário Subárea do IBGE, nunca sofreu qualquer sanção disciplinar.

No entanto, de acordo com a Lei nº 8.112/90, a Joaquim poderá ser aplicada a penalidade de demissão caso:

a) recuse fé a documentos públicos.

b) revele segredo do qual se apropriou em razão do cargo.

c) oponha resistência injustificada ao andamento de documento e processo ou execução de serviço.

d) ausente-se do serviço durante o expediente, sem prévia autorização do chefe imediato.

e) cometa a pessoa estranha à repartição o desempenho de atribuição que seja de sua responsabilidade.

A: Incorreta. A conduta de recusar fé a documentos públicos é sancionada com pena de advertência, nos termos do art. 117, III, da Lei nº 8.112/1990.

B: Correta. Na hipótese de João revelar segredo do qual se apropriou em razão do cargo, estará sujeito a penalidade de demissão, nos termos do art. 132, da Lei nº 8.112/1990:

Art. 132 A demissão será aplicada nos seguintes casos:

IX - revelação de segredo do qual se apropriou em razão do cargo.

C: Incorreta. A conduta de opor resistência injustificada ao andamento de documento e processo ou execução de serviço, também é sancionada com advertência, consoante previsão do art. 117, IV, da Lei nº 8.112/1990.

D: Incorreta. Trata-se de hipótese em que será aplicada a penalidade de advertência, nos termos do artigo 117, I, da Lei nº 8.112/1990:

Art. 117 Ao servidor é proibido:

I - ausentar-se do serviço durante o expediente, sem prévia autorização do chefe imediato.

E: Incorreta. A conduta prevista no art. 117, inciso VI, da Lei nº 8.112/1990, consistente em cometer a pessoa estranha à repartição, fora dos casos previstos em lei, o desempenho de atribuição que seja de sua responsabilidade ou de seu subordinado, é punida com pena de advertência.

GABARITO: B.

66. O governo federal repassou recursos financeiros para determinado município, visando atender a uma necessidade de saúde local, mas, por ato de corrupção, o prefeito desviou parte desses valores, tendo cometido crime federal.

Nessa situação hipotética, o prefeito será processado e julgado originariamente:

a) por juiz de direito de primeira instância.

b) por juiz federal de primeira instância.

c) pelo Superior Tribunal de Justiça.

d) pelo tribunal de justiça respectivo.

e) pelo tribunal regional federal respectivo.

A: Incorreta. De acordo com a previsão constitucional, os prefeitos são julgados perante o Tribunal de Justiça, ou seja, pela segunda instância, desde que o crime cometido seja de competência da justiça estadual. Veja-se a Súmula nº 702 do STF: A competência do Tribunal de Justiça para julgar Prefeitos restringe-se aos crimes de competência da Justiça comum estadual; nos demais casos, a competência originária caberá ao respectivo tribunal de segundo grau.

B: Incorreta. Em que pese o crime cometido seja de competência da justiça federal, o prefeito não será julgado por juiz federal de primeira instância, pois conforme dispõe a CF/1988, o chefe do executivo municipal deve ser julgado perante a segunda instância.

C: Incorreta. O STJ é competente para julgar o Governador de Estado e os Desembargadores federais/estaduais, nos termos do art. 105, inciso I, a, da CF/1988.

D: Incorreta. De fato, o julgamento do Prefeito se dá perante o Tribunal de Justiça (art. 29, X, da CF/1988). Contudo, no caso de crime federal, o julgamento é da competência do TRF.

E: Correta. O enunciado menciona que o prefeito cometeu crime federal. Portanto, será julgado perante o Tribunal Regional Federal.

Nesse sentido é o que dispõe a Súmula nº 209 do STJ: Compete à Justiça Federal processar e julgar prefeito municipal por desvio de verba sujeita a prestação de contas perante órgão federal.

GABARITO: E.

---

67. A respeito da receita pública municipal, julgue os itens a seguir.

I. As receitas provenientes de caução dada em garantia no bojo de contrato administrativo são receitas extraorçamentárias que poderão converter-se em receitas orçamentárias.

II. Receita tributária municipal é toda fonte de renda que deriva da arrecadação estatal de tributos, dos quais são espécies os impostos municipais – entre os quais, o imposto sobre transmissão causa mortis e doações (ITCMD) –, as taxas – como a taxa de licença de funcionamento (TLF), por exemplo –, as contribuições de melhoria, os empréstimos compulsórios e as contribuições especiais – como, por exemplo, a contribuição para o custeio da iluminação pública.

III. A realização da receita pública passa pelos estágios de previsão, lançamento, arrecadação e recolhimento.

Assinale a opção correta.

a) Apenas o item II está certo.

b) Apenas o item III está certo.

c) Apenas os itens I e II estão certos.

d) Apenas os itens I e III estão certos.

e) Todos os itens estão certos.

I: Correto. O licitante/contratado poderá descumprir algum dos termos convencionados e das causa à execução da garantia. Desse modo, o dinheiro depositado como caução se tornará receita orçamentária.

II: Incorreto. O ITCMD é um imposto estadual e não municipal, como afirma o item – art. 155, I, § 1º CF/1988.

III: Correto. Esses são os estágios da receita pública "PLAR".

GABARITO: D.

---

68. No que diz respeito ao sistema de orçamentação pública do Brasil, julgue os itens que se seguem.

I. O plano plurianual é o documento que define as prioridades do governo para o período de cinco anos, podendo ser revisado a cada ano.

II. A lei de diretrizes orçamentárias (LDO) estabelece as metas e prioridades para o ano seguinte, fixando o montante de recursos que o governo pretende economizar, dispondo regras, vedações e limites para as despesas dos Poderes, autorizando o aumento das despesas com pessoal, regulamentando as transferências a entes públicos e privados, disciplinando o equilíbrio entre as receitas e as despesas e indicando prioridades para os financiamentos pelos bancos públicos.

III. Os créditos adicionais suplementares, extraordinários e especiais são destinados a reforçar os créditos orçamentários ordinários existentes para os quais haja dotações específicas.

Assinale a opção correta.

a) Apenas o item I está certo.

b) Apenas o item II está certo.

c) Apenas os itens I e III estão certos.

d) Apenas os itens II e III estão certos.

e) Todos os itens estão certos.

I: Incorreto. PPA - define o DOM 4 (Diretrizes, Objetivos e Metas); Forma: regionalizada; Duração: 4 anos (não coincide com o mandato do chefe do Poder Executivo) - Médio prazo.

II: Correto.

III: Incorreto. Apenas os créditos suplementares possuem dotação específica na LOA - memória de associação.

GABARITO: B.

---

69. Determinada prefeitura municipal autorizou, no mês de janeiro de 2020, a contratação de empresa para a execução de serviços de conservação e manutenção do hospital municipal, pelo valor estimado de R$ 208.000.

Conforme a classificação orçamentária prevista na Lei nº 4.320/1964 e suas alterações, a referida despesa enquadra-se em

a) outras despesas correntes.

b) amortização da dívida.

c) pessoal e encargos sociais.

d) investimentos.

e) inversões financeiras.

Segundo o MCASP, 9ª edição:

1 – Pessoal e Encargos Sociais

Despesas orçamentárias com pessoal ativo e inativo e pensionistas, relativas a mandatos eletivos, cargos, funções ou empregos, civis, militares e de membros de Poder, com quaisquer espécies remuneratórias, tais como vencimentos e vantagens, fixas e variáveis, subsídios, proventos da aposentadoria, reformas e pensões, inclusive adicionais, gratificações, horas extras e vantagens pessoais de qualquer natureza, bem como encargos sociais e contribuições recolhidas pelo ente às entidades de previdência, conforme estabelece o caput do art. 18 da Lei Complementar no 101, de 2000.

2 – Juros e Encargos da Dívida

Despesas orçamentárias com o pagamento de juros, comissões e outros encargos de operações de crédito internas e externas contratadas, bem como da dívida pública mobiliária.

3 – Outras Despesas Correntes

Despesas orçamentárias com aquisição de material de consumo, pagamento de diárias, contribuições, subvenções, auxílio-alimentação, auxílio-transporte, além de outras despesas da categoria econômica "Despesas Correntes" não classificáveis nos demais grupos de natureza de despesa.

4 – Investimentos

Despesas orçamentárias com softwares e com o planejamento e a execução de obras, inclusive com a aquisição de imóveis considerados necessários à realização destas últimas, e com a aquisição de instalações, equipamentos e material permanente.

5 – Inversões Financeiras

Despesas orçamentárias com a aquisição de imóveis ou bens de capital já em utilização; aquisição de títulos representativos do capital de empresas ou entidades de qualquer espécie, já constituídas, quando a operação não importe aumento do capital; e com a constituição ou aumento do capital de empresas, além de outras despesas classificáveis neste grupo.

6 – Amortização da Dívida

Despesas orçamentárias com o pagamento e/ou refinanciamento do principal e da atualização monetária ou cambial da dívida pública interna e externa, contratual ou mobiliária.

Portanto, a alternativa correta é a A.

GABARITO: A.

---

70. É o princípio da administração pública que consagra o dever administrativo de manter a transparência em seus comportamentos.
A característica anterior se refere ao princípio da:

a) razoabilidade.
b) publicidade.
c) proporcionalidade.
d) soberania.
e) eficácia.

A: Incorreta. O princípio da razoabilidade trata do princípio que proíbe excessos, limitando, portanto, a atuação do poder público. O referido princípio impõe que, ao atuar dentro da discrição administrativa, o agente público deve obedecer a critérios aceitáveis do ponto de vista racional, em sintonia com o senso normal de pessoas equilibradas.

B: Correta. O princípio da publicidade exige a ampla divulgação dos atos praticados pela Administração Pública, ressalvadas as hipóteses de sigilo previstas em lei. Por tal princípio, a administração tem o dever de oferecer transparência de todos os atos que praticar, e de todas as informações que estejam armazenadas em seus bancos de dados referentes aos administrados.

C: Incorreta. O princípio da proporcionalidade representa, em verdade, uma das vertentes do princípio da razoabilidade. Esse princípio está voltado à aferição da justa medida da reação administrativa diante da situação concreta, ou seja, constitui vedação de excessos no exercício da função administrativa, tanto no âmbito interno quanto no âmbito externo.

D: Incorreta. O princípio da soberania, previsto entre os princípios fundamentais da Constituição Federal, em seu art. 1º, I, é um atributo essencial ao Estado, garantindo que sua vontade não se subordine a qualquer outro poder, seja no plano interno ou no plano internacional.

E: Incorreta. O princípio da eficiência impõe à Administração Pública direta e indireta a obrigação de realizar suas atribuições com rapidez, perfeição e rendimento, além, por certo, de observar outras regras, a exemplo do princípio da legalidade.

GABARITO: B.

---

71. O conjunto orgânico corresponde à Administração Pública direta e indireta dos três poderes. Assinale a alternativa que indica um órgão público autônomo dentro da Administração Pública do Brasil:

a) Seções de Atendimento ao Público.
b) Portarias.
c) Congresso Nacional.
d) Gabinetes.
e) Ministérios de Governo.

Somente são órgãos autônomos os Ministérios de Governo. De acordo com Maria Sylvia Di Pietro): Autônomos são os que se localizam na cúpula da Administração, subordinados diretamente à chefia dos órgãos independentes; gozam de autonomia administrativa, financeira e técnica e participam das decisões governamentais. Entram nessa categoria os Ministérios, as Secretarias de Estado e de Município, o Serviço Nacional de Informações e o Ministério Público.

GABARITO: E.

---

72. É correto que a Administração Pública é tudo aquilo que se refere à máquina estatal. A Administração Pública Direta abrange:

a) os poderes executivo e legislativo.
b) o poder judiciário.
c) o poder executivo.
d) os poderes legislativo e judiciário.
e) os três poderes: executivo, legislativo e judiciário.

A Administração Direta é o conjunto de órgãos que integram as pessoas federativas (a União, os estados, o Distrito Federal e os municípios), aos quais foi atribuída a competência para o exercício, de forma centralizada, das atividades administrativas, abrangendo os três poderes políticos estruturais: Poder Executivo, Poder Legislativo e Poder Judiciário.

No âmbito federal, por exemplo, integram a Administração Direta do Poder Executivo a Presidência da República, os Ministérios, os órgãos subordinados aos ministérios (exemplos: Secretaria da Receita Federal, Polícia Federal etc.).

No Poder Legislativo, a Câmara dos Deputados, o Senado Federal e seus órgãos administrativos. No Poder Judiciário, o Supremo Tribunal Federal, demais tribunais do Judiciário etc. Nos municípios, são exemplos de órgãos da Administração Direta do Poder Executivo a prefeitura municipal e as secretarias municipais; no Legislativo, as câmaras municipais.

Enfim, os órgãos que integram as pessoas políticas (isto é, a União, os estados, o Distrito Federal e os municípios), independentemente do Poder, fazem parte da Administração Direta ou centralizada.

GABARITO: E.

---

73. Assinale a opção que indica o princípio orçamentário segundo o qual a lei orçamentária não poderá conter matéria estranha à fixação das despesas e à previsão das receitas.

a) Anualidade.
b) Clareza.
c) Equilíbrio.
d) Exclusividade.
e) Legalidade.

A: Incorreta. O princípio da anualidade dispõe que o orçamento deve ser elaborado e autorizado para um determinado período de tempo, geralmente um ano.

B: Incorreta. Princípio da clareza visa à compreensão do orçamento, sendo para tanto um instrumento de transparência com fulcro na garantia do entendimento da leitura e estudo por aqueles que se depararem

com as Leis Orçamentárias, sendo para tanto modelo simplificado dos documentos oficiais, não obstante a obrigatoriedade técnica.

C: Incorreta. De acordo com o princípio do equilíbrio, o montante da despesa autorizada em cada exercício não poderá ser superior ao total de receitas estimadas para o mesmo período.

D: Correta. Segundo o Princípio da exclusividade, a Lei Orçamentária deverá conter apenas matéria orçamentária ou financeira. Em outras palavras, a lei orçamentária anual não conterá dispositivo estranho à previsão da receita e à fixação da despesa, não se incluindo na proibição a autorização para abertura de créditos suplementares e contratação de operações de crédito, ainda que por antecipação de receita, nos termos da lei.

E: Incorreta. Princípio da legalidade: a elaboração do orçamento deve observar as limitações legais em relação aos gastos, às receitas e, em especial, às vedações impostas pela Constituição Federal à União, estados, Distrito Federal e municípios. Ou seja, deve ser pautada através de uma lei.

GABARITO: D.

74. De acordo com o princípio orçamentário do Orçamento Bruto:

a) as receitas e as despesas não podem estar vinculadas à entidade específica.

b) as informações sobre todas as receitas e as despesas brutas devem ser divulgadas amplamente para a sociedade.

c) a apresentação das receitas e das despesas brutas deve ser clara e de fácil compreensão para a população.

d) a lei orçamentária de cada ente federado deverá conter as receitas e as despesas de todos os poderes, órgãos, entidades, fundos e fundações.

e) as receitas e as despesas devem ser registradas na lei orçamentária pelo valor total e bruto, sem deduções.

De acordo com a Lei nº 4.320/1964:

Art. 6º Todas as receitas e despesas constarão da Lei de Orçamento pelos seus totais, vedadas quaisquer deduções.

GABARITO: E.

75. De acordo com a Constituição Federal de 1988, as emendas ao projeto de lei do orçamento anual ou aos projetos que o modificam somente podem ser aprovadas nos casos apresentados a seguir, à exceção de um. Assinale-o.

a) Quando se relacionam com o serviço da dívida.

b) Quando se relacionam com os dispositivos do texto do projeto de lei.

c) Quando se relacionam com a correção de erros ou omissões.

d) Quando são compatíveis com o plano plurianual e com a lei de diretrizes orçamentárias.

e) Quando indicam os recursos necessários, admitidos apenas os provenientes de anulação de despesas, excluídas as que incidam sobre dotações para pessoal e seus encargos, serviço da dívida e transferências tributárias constitucionais para os Estados, os Municípios e o Distrito Federal.

De acordo com a CF:

Art. 166 Os projetos de lei relativos ao plano plurianual, às diretrizes orçamentárias, ao orçamento anual e aos créditos adicionais serão apreciados pelas duas Casas do Congresso Nacional, na forma do regimento comum.

§ 3º As emendas ao projeto de lei do orçamento anual ou aos projetos que o modifiquem somente podem ser aprovadas caso:

I - sejam compatíveis com o plano plurianual e com a lei de diretrizes orçamentárias;

II - indiquem os recursos necessários, admitidos apenas os provenientes de anulação de despesa, excluídas as que incidam sobre:

a) dotações para pessoal e seus encargos.

b) serviço da dívida.

c) transferências tributárias constitucionais para Estados, Municípios e Distrito Federal; ou

III - sejam relacionadas.

a) com a correção de erros ou omissões; ou

b) com os dispositivos do texto do projeto de lei.

§ 4º As emendas ao projeto de lei de diretrizes orçamentárias não poderão ser aprovadas quando incompatíveis com o plano plurianual.

PLOA não pode "mexer" com a " PEST".

(PE)ssoal e encargos;

(S)erviço da dívida;

(T)ransferências tributárias constitucionais.

A: Incorreta. Não consta no art. 166 da CF.

B: Correta. Vide art. 166, III, b.

C: Correta. Vide art. 166, III, a.

D: Correta. Vide art. 166, § 3º, I.

E: Correta. Vide art. 166, § 3º, II.

GABARITO: A.

76. De acordo com a Constituição Federal de 1988, nenhum investimento cuja execução ultrapasse um exercício financeiro, poderá ser iniciado sem lei que autorize a inclusão, ou sem prévia inclusão, no(a):

a) Plano Plurianual.

b) Lei de Diretrizes Orçamentárias.

c) Lei Orçamentária Anual.

d) Orçamento Federal.

e) Orçamento de Capital.

De acordo com a CF:

Art. 167 § 1º Nenhum investimento cuja execução ultrapasse um exercício financeiro poderá ser iniciado sem prévia inclusão no plano plurianual, ou sem lei que autorize a inclusão, sob pena de crime de responsabilidade.

GABARITO: A.

77. Segundo a Lei nº 4.320/1964, assinale a opção que apresenta as duas categorias econômicas em que as receitas orçamentárias são classificadas.

a) Públicas e privadas.

b) Originárias e derivadas.

c) Correntes e de capital.

d) Ordinárias e extraordinárias.

e) Operacionais e patrimoniais.

De acordo com a Lei nº 4.320/1964:

Art. 11 A receita classificar-se-á nas seguintes categorias econômicas: Receitas Correntes e Receitas de Capital.

- Receitas de capital: as provenientes da realização de recursos financeiros oriundos de constituição de dívidas; da conversão, em espécie, de bens e direitos; os recursos recebidos de outras pessoas de direito público ou privado, destinados a atender despesas classificáveis em Despesas de Capital e, ainda, o superávit do Orçamento Corrente.

- Receitas Correntes: as receitas tributárias, de contribuições, patrimonial, agropecuária, industrial, de serviços e outras e, ainda, as provenientes de recursos financeiros recebidos de outras pessoas de direito

público ou privado, quando destinadas a atender despesas classificáveis em Despesas Correntes.

GABARITO: C.

78. Assinale a opção que indica uma diferença entre despesas correntes e despesas de capital.

a) As despesas de capital não são contempladas no orçamento, enquanto as despesas correntes são.

b) As despesas de capital contribuem diretamente para a formação ou aquisição de um bem de capital, enquanto as despesas correntes não.

c) As despesas de capital são aquelas sobre as quais incorrem juros, enquanto as despesas correntes não.

d) As despesas de capital são incorridas com terceiros, enquanto as despesas correntes são realizadas com órgãos e demais entidades da Administração Pública integrantes do orçamento do mesmo ente federativo.

e) As despesas de capital são liquidadas após o exercício financeiro, enquanto as correntes, durante o exercício.

Despesas correntes: classificam-se na categoria de despesas correntes todas as despesas para manutenção e funcionamento dos serviços públicos em geral. Sendo assim, são despesas que não contribuem, diretamente, para a formação ou aquisição de um bem de capital.

Despesas de capital: por outro lado, classificam-se na categoria despesas de capital aquelas despesas que contribuirão para a produção ou geração de novos bens ou serviços e integrarão o patrimônio público, ou seja, contribuem, diretamente, para a formação ou aquisição de um bem de capital.

GABARITO: B.

79. Em atendimento ao princípio orçamentário:

a) da totalidade, uma autarquia estadual possui uma Lei Orçamentária Anual distinta daquela do ente estadual a que pertence.

b) da universalidade, a Lei Orçamentária Anual de um ente estadual deve conter todas as receitas e despesas de uma fundação instituída e mantida por ele.

c) da exclusividade, a Lei Orçamentária Anual pode conter dispositivo sobre a criação de despesa obrigatória de caráter continuado.

d) da competência, a Lei Orçamentária Anual apresenta a previsão das receitas orçamentárias que serão arrecadadas durante o exercício financeiro a que se refere.

e) do orçamento bruto, a Lei Orçamentária Anual deve apresentar as despesas com uma obra pelo valor total de sua execução, mesmo que ocorra em três exercícios financeiros.

A: Incorreta. O princípio da totalidade/unidade diz que o orçamento deve ser uno em cada esfera governamental, ou seja apenas um orçamento por ente.

B: Correta. A lei orçamentária deverá conter todas as receitas e as despesas de todos os Poderes, órgãos, entidades, fundos e fundações instituídas e mantidas pelo poder público.

C: Incorreta. A lei orçamentária não deve conter dispositivo estranho à previsão de receitas e à fixação de despesas. As únicas exceções a essa vedação são a autorização para operação de crédito e para a abertura de crédito suplementar.

D: Incorreta. Competência não é princípio orçamentário.

E: Incorreta. O princípio do orçamento bruto obriga que as despesas devam constar em seus valores totais, ele veda qualquer dedução da despesa contida na lei do orçamento.

GABARITO: B.

80. Considere os dados a seguir extraídos das demonstrações contábeis de um ente público municipal, cujos valores estão em reais.

Ativo Financeiro em 31/12/2017	40.450.000
Ativo Financeiro em 31/3/2018	38.000.000
Ativo Circulante em 31/12/2017	52.000.000
Passivo Financeiro em 31/12/2017	36.000.000
Passivo Financeiro em 31/3/2018	27.500.000
Passivo Circulante em 31/12/2017	42.500.000
Reabertura de Créditos Adicionais Especiais em 2018	2.000.000

Não houve a abertura de créditos adicionais até 31/3/2018 e não havia operações de crédito vinculadas aos créditos adicionais especiais reabertos em 2018.

Assim, em 31/3/2018, o valor do superávit financeiro que poderia ser utilizado como recurso de cobertura para a abertura de créditos adicionais no exercício financeiro de 2018 era, em reais, de:

a) 4.450.000.

b) 2.450.000.

c) 10.500.000.

d) 8.500.000.

e) 7.500.000.

De acordo com a Lei nº 4.320/1964:

Art. 43 A abertura dos créditos suplementares e especiais depende da existência de recursos disponíveis para ocorrer a despesa e será precedida de exposição justificativa.

§ 1º Consideram-se recursos para o fim deste artigo, desde que não comprometidos:

I - o superávit financeiro apurado em balanço patrimonial do exercício anterior;

§ 2º Entende-se por superávit financeiro a diferença positiva entre o ativo financeiro e o passivo financeiro, conjugando-se, ainda, os saldos dos créditos adicionais transferidos e as operações de crédito a eles vinculadas.

Superávit financeiro é a diferença positiva entre o ativo financeiro e o passivo financeiro, conjugando-se, ainda:

- os saldos dos créditos adicionais transferidos e as operações de crédito a eles vinculados;

- se já houver, o valor dos créditos adicionais abertos no próprio exercício, tendo como fonte o superávit financeiro.

O superávit financeiro para a abertura de créditos adicionais pode ser calculado por meio da seguinte fórmula: SF = AF – PF – CAR + OCV – CAE, em que:

SF – superávit financeiro;

AF – ativo financeiro;

PF – passivo financeiro;

CAR – valor dos créditos adicionais reabertos no exercício (créditos especiais ou extraordinários com vigência plurianual – art. 167, § 2º, da CF/1988);

OCV – saldo das operações de crédito vinculadas aos créditos reabertos;

CAE – valor dos créditos adicionais já abertos no exercício, tendo como fonte o superávit financeiro do exercício anterior.

Com os dados da questão:

Ativo Financeiro em 2017 (AF): 40.450.000.

Passivo Financeiro em 2017 (PF): 36.000.000.

Créditos Adicionais Especiais Reaberto no Exercício 2018 (CAR): 2.000.000.

Saldo das Operações de Crédito Vinculadas aos Créditos Reabertos (OCV): 0 (de acordo com o enunciado, "não havia operações de crédito vinculadas aos créditos adicionais especiais reabertos em 2018").

Valor dos créditos adicionais já abertos no Exercício 2018 (CAE): 0 (de acordo com o enunciado, "não houve a abertura de créditos adicionais até 31/3/2018").

Aplicando os dados da questão na fórmula:

SF = AF – PF – CAR + OCV – CAE

SF = 40.450.000 - 36.000.000 - 2.000.000 - 0 - 0

SF = 2.450.00.

GABARITO: B.

---

81. No dia 15/2/2018, um Tribunal Regional do Trabalho fez o empenho da despesa com Outros Serviços de Terceiros – Pessoa Jurídica no valor de R$ 200.000 referente à limpeza dos vidros do prédio em que são realizadas as atividades de tal entidade pública. Em 21/2/2018, o prestador de serviço executou a limpeza dos vidros do prédio e, em 23/2/2018, houve a verificação do direito adquirido pelo credor, tendo por base os títulos e documentos comprobatórios do respectivo crédito. No dia 28/2/2018, ocorreu o pagamento da despesa pelo valor total do empenho. Assim, no dia:
   a) 15/2/2018, houve a execução orçamentária de uma Despesa de Capital.
   b) 21/2/2018, houve a liquidação de Outras Receitas Correntes.
   c) 28/2/2018, houve a execução orçamentária de uma Inversão Financeira.
   d) 23/2/2018, houve a liquidação de uma Despesa Corrente.
   e) 15/2/2018, houve a emissão de uma nota de pagamento por estimativa.

A: Incorreta. A execução orçamentária ocorre no empenho e a despesa é corrente.

B: Incorreta. A liquidação foi em 23/2/18 e a despesa é corrente.

C: Incorreta. Em 28/2/2018 houve a execução orçamentária de uma Inversão Financeira. Inversão é compra de imóvel em utilização.

D: Correta. Em 23/2/2018 houve a liquidação de uma Despesa Corrente.

E: Incorreta. Em 15/2/2018 houve a emissão de uma nota de pagamento por estimativa. além da data de pagamento errada, empenho por estimativa somente qdo não sei o valor exato.

GABARITO: D.

---

82. Em sede de ação de alimentos ajuizada pelos filhos em face do pai, a pensão alimentícia respectiva é fixada em 3 salários mínimos para cada um, por decisão de primeira, confirmada em segunda instância. Por discordar da fixação do valor de modo atrelado ao salário-mínimo, o pai deixa de efetuar o pagamento, por meses consecutivos, o que enseja o requerimento e consequente decretação de prisão pelo inadimplemento de obrigação alimentícia. Nesse caso, à luz dos elementos fornecidos e consideradas a disciplina constitucional e a jurisprudência do Supremo Tribunal Federal pertinentes:
   a) a fixação da pensão alimentícia deu-se de modo irregular, uma vez que a Constituição veda expressamente a vinculação do salário-mínimo para qualquer fim, embora seja lícita a decretação da prisão pelo inadimplemento de obrigação alimentar, por se tratar de hipótese de prisão civil expressamente admitida pela Constituição.
   b) tanto a fixação da pensão alimentícia quanto a decretação da prisão pelo respectivo inadimplemento são legítimas, não havendo que se falar em coação à liberdade de locomoção por ilegalidade ou abuso de poder.
   c) a fixação da pensão alimentícia deu-se de modo irregular, uma vez que a Constituição veda expressamente a vinculação do salário-mínimo para qualquer fim, razão pela qual é justificada a recusa ao pagamento e, consequentemente, ilícita a decretação da prisão pelo inadimplemento de obrigação alimentar, cabendo ao pai impetrar habeas corpus em face da decisão que a determinou.
   d) apenas a decretação da prisão pelo inadimplemento da obrigação alimentícia é ilegítima, pois, apesar de ser hipótese de prisão civil admitida expressamente pelo texto constitucional, é considerada ilícita, pelo Supremo Tribunal Federal, em virtude de tratado internacional em matéria de direitos humanos do qual a República Federativa do Brasil é signatária, cabendo ao pai impetrar habeas corpus em face da decisão que a determinou.
   e) apenas a decretação da prisão pelo inadimplemento da obrigação alimentícia é ilegítima, pois, apesar de ser hipótese de prisão civil admitida expressamente pelo texto constitucional, é considerada ilícita, conforme súmula vinculante editada pelo Supremo Tribunal Federal, cabendo ao pai ajuizar reclamação perante aquela Corte pelo seu descumprimento.

A: Incorreta. De fato, o art. 7º, IV da CF/1988, veda a vinculação do salário-mínimo, mas acontece que, para o STF, a sua utilização como base de cálculo do valor da pensão alimentícia não ofende a Constituição, haja vista que a prestação tem por objetivo a preservação da subsistência humana e o resguardo do padrão de vida daquele que a percebe, o qual é hipossuficiente e, por isso mesmo, dependente do alimentante, seja por vínculo de parentesco, seja por vínculo familiar. É nesse sentido, inclusive, a redação do art. 533, § 4º, do CPC: A prestação alimentícia poderá ser fixada tomando por base o salário-mínimo.

Nesse sentido: A utilização do salário-mínimo como base de cálculo do valor da pensão alimentícia não viola a Constituição Federal. – Tema nº 821/STF.

B: Correta. A fixação da pensão alimentícia e decretação da prisão pelo débito alimentar são legítimos. No que toca à prisão civil, tem-se a súmula nº 309 do STJ: O débito alimentar que autoriza a prisão civil do alimentante é o que compreende as três prestações anteriores ao ajuizamento da execução e as que se vencerem no curso do processo. O verbete foi acolhido expressamente pelo art. 528, § 7º, do CPC.

C: Incorreta. A fixação da pensão alimentícia se deu de modo regular. Como regra geral, é vedada a vinculação do salário mínimo a qualquer finalidade (art. 7º, IV, da CF/1988). Entretanto, no RE nº 842.157, o STF fixou a tese de que é possível a utilização do salário mínimo na fixação e na correção das obrigações alimentícias.

D: Incorreta. A decretação da prisão pelo inadimplemento da obrigação alimentícia é legítima. Ao contrário da alternativa, a prisão civil vedada no ordenamento brasileiro, é a do depositário infiel, nos termos da Súmula Vinculante nº 25 do STF: É ilícita a prisão civil de depositário infiel, qualquer que seja a modalidade do depósito.

E: Incorreta. Tanto a fixação da pensão alimentícia como a decretação da prisão civil prisão pelo inadimplemento de obrigação alimentar são legítimas. Nesse sentido, a jurisprudência do STF evoluiu no sentido de que a prisão civil por dívida é aplicável ao responsável pelo inadimplemento voluntário e inescusável de obrigação alimentícia. Assim, não se pode confundir tal possibilidade com a prisão civil de depositário infiel, que não é lícita. Veja-se o teor da Súmula Vinculante nº 25: É ilícita a prisão civil de depositário infiel, qualquer que seja a modalidade do depósito.

GABARITO: B.

83. Ao disciplinar o regime jurídico dos servidores públicos de determinado Estado, a lei estadual respectiva, editada sob a vigência da Constituição brasileira de 1988, estabeleceu, para a servidora pública que viesse a obter a guarda de criança em sede de processo judicial de adoção, direito à licença maternidade de 60 dias, prorrogável uma vez por prazos variáveis conforme a idade da criança adotada, até o máximo de 45 dias. Nessa hipótese, à luz da Constituição Federal e da jurisprudência do Supremo Tribunal Federal (STF), a disciplina criada pela lei estadual em questão é:

a) ilegítima, tanto por estabelecer licença maternidade da servidora adotante em prazo inferior a 120 dias, como por estabelecer prazos de prorrogação diferenciados em função da idade da criança adotada, podendo os dispositivos legais atinentes à matéria ser objeto de ação direta de inconstitucionalidade perante o STF.

b) ilegítima, tanto por estabelecer licença maternidade da servidora adotante em prazo inferior a 120 dias, como por estabelecer prazos de prorrogação diferenciados em função da idade da criança adotada, podendo os dispositivos legais atinentes à matéria ser objeto de reclamação, perante o STF, por descumprimento de súmula vinculante aplicável ao caso.

c) legítima apenas no que se refere à possibilidade de estabelecimento de prazos de prorrogação variáveis conforme a idade da criança adotada, cabendo, no mais, ser objeto de ação direta de inconstitucionalidade perante o STF.

d) legítima apenas no que se refere à possibilidade de estabelecimento de prazos de prorrogação variáveis conforme a idade da criança adotada, cabendo, no mais, ser objeto de reclamação perante o STF, por descumprimento de súmula vinculante aplicável ao caso.

e) ilegítima, tanto por estabelecer licença maternidade da servidora adotante em prazo inferior a 120 dias, como por estabelecer prazos de prorrogação diferenciados em função da idade da criança adotada, não cabendo, no entanto, ser objeto de controle concentrado de constitucionalidade perante o STF.

A: Correta. A disciplina criada pela lei estadual é ilegítima, pois viola a previsão constitucional que prevê a licença maternidade no prazo de 120 dias. Nesse sentido, dispõe o art. 7º, XVIII, da CF/1988, que são direitos dos trabalhadores urbanos e rurais, além de outros que visem à melhoria de sua condição social, a licença à gestante, sem prejuízo do emprego e do salário, com a duração de cento e vinte dias.

Ainda, a respeito do assunto, o STF fixou a seguinte tese com repercussão geral: Tema nº 782 – Os prazos da licença adotante não podem ser inferiores ao prazo da licença gestante, o mesmo valendo para as respectivas prorrogações. Em relação à licença adotante, não é possível fixar prazos diversos em função da idade da criança adotada.

B: Incorreta. A alternativa está parcialmente correta, pois a lei estadual é ilegítima tanto por estabelecer licença-maternidade da servidora adotante em prazo inferior a 120 dias, como por estabelecer prazos de prorrogação diferenciados em função da idade da criança adotada. Contudo, o equívoco da afirmativa está no fato de que não é cabível reclamação constitucional por desrespeito à Súmula Vinculante, visto que sobre o tema não verbete sumular, mas sim tese com repercussão geral reconhecida.

C: Incorreta. A lei estadual é ilegítima tanto por estabelecer licença-maternidade da servidora adotante em prazo inferior a 120 dias, quanto pelo estabelecimento de prazos de prorrogação variáveis conforme a idade da criança.

D: Incorreta. Não é possível o estabelecimento de prazos de prorrogação variáveis conforme a idade da criança, bem como não é cabível reclamação perante o STF.

E: Incorreta. É possível o controle concentrado mediante ação direta de inconstitucionalidade, pois a lei estadual viola dispositivo constitucional.

GABARITO: A.

---

84. O diretor executivo de uma sociedade de economia mista exploradora de atividade econômica:

a) emite ato administrativo sempre que determina ou autoriza uma contratação, precedida ou não de licitação.

b) tem sua atuação sujeita a controle externo exercido pelo Tribunal de Contas, que não detém poderes para sustar os contratos administrativos que aquele subscrever em nome da empresa.

c) submete-se a concurso público para provimento do cargo efetivo que ocupa, que exige vínculo estatutário.

d) sujeita-se aos princípios que regem a Administração pública, mas não se enquadra no conceito de agente público para fins de configuração de ato de improbidade administrativa.

e) está sujeito a controle externo e interno, em razão das funções que exerce em pessoa jurídica de direito público, mas não incide em responsabilização por infração disciplinar ou por ato de improbidade.

Conforme estabelece a Constituição Federal em seu art. 71. O controle externo, a cargo do Congresso Nacional, será exercido com o auxílio do Tribunal de Contas da União, ao qual compete:

Art. 71 X - sustar, se não atendido, a execução do ato impugnado, comunicando a decisão à Câmara dos Deputados e ao Senado Federal;

§ 1º No caso de contrato, o ato de sustação será adotado diretamente pelo Congresso Nacional, que solicitará, de imediato, ao Poder Executivo as medidas cabíveis.

Diante do exposto, a alternativa certa é a B.

GABARITO: B.

---

85. Lara, servidora pública federal, no interesse do serviço, passou a ter exercício em nova sede, ocorrendo mudança de domicílio em caráter permanente. Neste caso, dispõe a Lei no 8.112/1990, que a ajuda de custo:

a) será calculada sobre a remuneração de Lara, conforme se dispuser em regulamento, não podendo exceder a importância correspondente a três meses.

b) não será devida à família de Lara se esta vier a falecer na nova sede, uma vez que esta vantagem é paga exclusivamente ao servidor.

c) será devida, correndo por conta da Administração as despesas de transporte do servidor e de sua família, não compreendendo bagagem e bens pessoais.

d) será devida inclusive na hipótese de o cônjuge de Lara, que detém também a condição de servidor, vier a ter exercício na mesma sede, uma vez que é uma vantagem personalíssima perfeitamente acumulável.

e) não é devida, uma vez que o direito ao recebimento da ajuda de custo está condicionado à transferência temporária.

A: Incorreta. Está de acordo com o art. 54 da Lei nº 8.112/1990:

Art. 54 A ajuda de custo é calculada sobre a remuneração do servidor, conforme se dispuser em regulamento, não podendo exceder a importância correspondente a 3 (três) meses.

B: Incorreta. De acordo com o art. 53, §2º, da Lei nº 8.112/1990:

Art. 53 § 2º À família do servidor que falecer na nova sede são assegurados ajuda de custo e transporte para a localidade de origem, dentro do prazo de 1 (um) ano, contado do óbito.

C: Incorreta. Conforme o art. 53, §1º, da Lei nº 8.112/1990:

Art. 53 § 1º Correm por conta da administração as despesas de transporte do servidor e de sua família, compreendendo passagem, bagagem e bens pessoais.

D: Incorreta. A alternativa diverge do art. 53, caput, da Lei nº 8.112/1990:

Art. 53 A ajuda de custo destina-se a compensar as despesas de instalação do servidor que, no interesse do serviço, passar a ter exercício em nova sede, com mudança de domicílio em caráter permanente, vedado

o duplo pagamento de indenização, a qualquer tempo, no caso de o cônjuge ou companheiro que detenha também a condição de servidor, vier a ter exercício na mesma sede.

E: Incorreta. A ajuda de custo destina-se às transferências em caráter permanente, de acordo com o art. 53, caput, da Lei nº 8.112/1990.

GABARITO: A.

---

86. Tendo em vista a necessidade de atender a um aumento exponencial na demanda pelos serviços de saúde em algumas unidades da rede pública municipal, o Prefeito de determinado Município estabeleceu, mediante Decreto, as hipóteses de contratação emergencial, independentemente de concurso público, para prestação de serviços nos locais determinados, pelo prazo de seis meses, prorrogável uma única vez pelo mesmo período. Certo agente de saúde, contratado nessas condições, permaneceu prestando serviços para a administração municipal por oito meses além do período máximo estabelecido no Decreto, sem que lhe tenham sido pagas verbas rescisórias ou autorizado o levantamento dos depósitos efetuados no Fundo de Garantia do Tempo de Serviço (FGTS), quando do término do vínculo com a administração. Nessa hipótese, à luz da Constituição Federal e da jurisprudência do Supremo Tribunal Federal, a contratação do referido agente de saúde é:

a) válida, produzindo todos os efeitos jurídicos relativamente aos primeiros doze meses, durante os quais a prestação dos serviços se deu em conformidade com os preceitos constitucionais autorizadores da contratação por tempo determinado para atendimento a excepcional interesse público, embora seja nula em relação aos oito meses adicionais, período em relação ao qual somente lhe é reconhecido o direito à percepção dos salários respectivos.

b) válida, desde o princípio, por ter sido efetivada e prorrogada em conformidade com os preceitos constitucionais autorizadores da contratação por tempo determinado para atendimento a excepcional interesse público, ensejando o direito ao recebimento de verbas rescisórias por tratar-se de hipótese equiparada à dispensa imotivada, sob pena de locupletamento ilícito da Administração municipal.

c) válida, relativamente aos primeiros doze meses, durante os quais a prestação dos serviços se deu em conformidade com os preceitos constitucionais autorizadores da contratação por tempo determinado para atendimento a excepcional interesse público, razão pela qual não lhe são devidas verbas de natureza indenizatória, ao passo que a contratação é nula em relação aos oito meses adicionais, período em relação ao qual somente lhe são reconhecidos o direito à percepção dos salários respectivos e ao levantamento dos depósitos efetuados no FGTS.

d) nula, desde o princípio, por ter sido efetivada em desconformidade com os preceitos constitucionais autorizadores da contratação por tempo determinado para atendimento a excepcional interesse público, fazendo jus, no entanto, ao pagamento de verbas rescisórias por tratar-se de hipótese equiparada à dispensa imotivada, sob pena de locupletamento ilícito da Administração municipal.

e) nula, desde o princípio, por ter sido efetivada em desconformidade com os preceitos constitucionais autorizadores da contratação por tempo determinado para atendimento a excepcional interesse público, sendo-lhe reconhecidos tão somente os direitos à percepção dos salários referentes ao período trabalhado e ao levantamento dos depósitos efetuados no FGTS.

No caso do enunciado, o decreto municipal violou a Constituição Federal, que exige lei ordinária (e não decreto do Executivo) para reger as hipóteses de contratação por tempo determinado para atender a necessidade temporária de excepcional interesse público. Nesse sentido, veja-se a previsão constitucional:

Art. 37 IX - a lei estabelecerá os casos de contratação por tempo determinado para atender a necessidade temporária de excepcional interesse público.

Percebe-se que a Constituição Federal exige que seja editada uma lei para estabelecer os casos de contratação por tempo determinado, não podendo o Prefeito por meio de decreto fixar as hipóteses de contratação.

Ainda, de acordo com a jurisprudência do Supremo Tribunal Federal, a nulidade de contrato de trabalho temporário que não observou requisitos necessariamente previstos em lei, enseja o pagamento das verbas salariais e o levantamento do FGTS.

A, B e C: Incorretas. A contratação é nula.

D: Incorreta. O agente de saúde não terá direito ao pagamento de verbas rescisórias.

E: Correta. A contratação é nula, e o agente de saúde faz jus apenas ao levantamento dos depósitos do FGTS e à remuneração correspondente ao período trabalhado, sem direito a outras verbas rescisórias.

GABARITO: E.

---

87. A repartição de competências constitucionalmente estabelecida entre os entes federados:

a) impede a delegação da execução de serviços públicos entre os diversos entes políticos, bem como destes para as pessoas jurídicas que integram a Administração indireta.

b) não impede a celebração de consórcio público, este que se consubstancia em outra pessoa jurídica à qual pode ser atribuída a execução de serviço público de competência de um dos convenentes.

c) possibilita a delegação de titularidade dos serviços públicos entre os diversos entes federados, desde que se preste à execução direta das referidas utilidades.

d) comporta delegação da execução de serviços públicos para a iniciativa privada, desde que em caráter não oneroso e para prestação mediante regime jurídico de direito público.

e) contempla a titularidade dos serviços públicos atribuídos a cada um dos entes, não sendo admitida a delegação da execução daqueles à pessoas jurídicas de direito privado que integram a Administração indireta.

De acordo com Alexandrino e Paulo (2017), a repartição constitucional de competências se refere à técnica utilizada para distribuir entre as pessoas políticas de um Estado do tipo federativo as diferentes atividades de que ele é incumbido.

A: Incorreta. O ente político pode delegar a execução de serviços públicos.

B: Correta. Os entes federativos podem se associar para formar o Consórcio Público, criando por meio do ajuste uma nova entidade com personalidade jurídica de direito público ou de direito privado.

C: Incorreta. Conforme Di Pietro (2018) a descentralização por colaboração é a que se verifica quando, por meio de contrato ou ato administrativo unilateral, se transfere a execução de determinado serviço público a pessoa jurídica de direito privado, previamente existente, conservando o Poder Público a titularidade do serviço.

D: Incorreta. A delegação tem caráter oneroso.

E: Incorreta. A delegação é feita para particulares ou entes da Administração Indireta regidos pelo direito privado.

GABARITO: B.

---

88. Segundo expressamente previsto na Constituição Federal, constitui direito social da pessoa com deficiência:

a) ter garantida cadeira de rodas ou outro veículo motorizado ou não para circulação em espaços públicos.

b) proibição de discriminação na participação comunitária.

c) ter garantida meia entrada em espaços culturais de acesso pago.

d) proibição de qualquer discriminação no tocante a salário.

e) proibição de identificação ostensiva de sua deficiência em espaços de concentração de pessoas.

A alternativa correta é a D, haja vista a garantia expressamente prevista no art. 7º, XXXI, da Constituição Federal:

Art. 7º São direitos dos trabalhadores urbanos e rurais, além de outros que visem à melhoria de sua condição social:

XXXI - proibição de qualquer discriminação no tocante a salário e critérios de admissão do trabalhador portador de deficiência.

GABARITO: D.

---

89. De acordo com a Lei nº 8.112/1990, o servidor que, a serviço, afastar-se da sede em caráter eventual ou transitório para outro ponto do território nacional ou para o exterior:

a) terá direito ao recebimento de diária, sendo que, na hipótese de o servidor retornar à sede em prazo menor do que o previsto para o seu afastamento, não terá obrigatoriedade de restituir o que recebeu em excesso, uma vez que a diária é devida em razão do deslocamento e não do tempo de permanência, recebendo o excesso a título de indenização.

b) não terá direito ao recebimento de diária, uma vez que a diária só é devida nos casos em que o deslocamento da sede constituir exigência permanente do cargo e não eventual ou temporária.

c) terá direito ao recebimento de diária, sendo que, na hipótese de o servidor receber diárias e não se afastar da sede, por qualquer motivo, fica obrigado a restituí-las integralmente, no prazo de sessenta dias.

d) terá direito ao recebimento de diária somente na hipótese de afastamento dentro do território nacional, sendo indevida por expressa vedação legal quando o deslocamento ocorrer para o exterior.

e) terá direito ao recebimento de diária que será concedida por dia de afastamento, sendo devida pela metade quando o deslocamento não exigir pernoite fora da sede, ou quando a União custear, por meio diverso, as despesas extraordinárias cobertas por diárias.

Aqui a resposta repousa na literalidade do texto legal; vide art. 58, § 1º da Lei nº 8.112/1990:

Art. 58 O servidor que, a serviço, afastar-se da sede em caráter eventual ou transitório para outro ponto do território nacional ou para o exterior, fará jus a passagens e diárias destinadas a indenizar as parcelas de despesas extraordinárias com pousada, alimentação e locomoção urbana, conforme dispuser em regulamento.

§ 1º A diária será concedida por dia de afastamento, sendo devida pela metade quando o deslocamento não exigir pernoite fora da sede, ou quando a União custear, por meio diverso, as despesas extraordinárias cobertas por diárias.

Resta correta a alternativa E, não havendo o que falar sobre as demais.

GABARITO: E.

---

90. Está em conformidade com os direitos e garantias fundamentais previstos na Constituição Federal a decisão:

a) judicial que autoriza a autoridade competente a ingressar no domicílio do réu, durante a noite, sem seu consentimento, para que seja cumprido mandado de prisão expedido após o trânsito em julgado de sentença condenatória penal.

b) judicial que autoriza a quebra do sigilo telefônico para fins de investigação criminal ou instrução processual penal, sendo incabível decisão judicial para determinar a mesma providência para fins de instrução processual civil.

c) de membro do Ministério Público que autoriza o ingresso em domicílio, sem consentimento do morador, durante o dia, para que seja preso o devedor de obrigação alimentícia.

d) de membro do Ministério Público que determina a suspensão das atividades de associação que persiga fins ilícitos.

e) administrativa segundo a qual o direito à razoável duração do processo e aos meios que garantam a celeridade de sua tramitação não se aplica no âmbito administrativo, mas apenas no judicial.

A: Incorreta. A entrada para cumprimento de mandado judicial deve ser realizada de dia, nos termos do art. 5º, inciso XI, da CF/1988.

B: Correta. De fato, a quebra de sigilo telefônico só pode ser autorizada para investigação criminal e instrução processual penal, conforme art. 5º, inciso XII, da CF/1988.

C: Incorreta. Faz-se necessária ordem judicial, não do Ministério Público, nos termos do art. 5º, inciso XI, da CF/1988.

D: Incorreta. A decisão para suspensão de atividades da respectiva associação deve ser judicial, nos termos do art. 5º, inciso XIX, da CF/1988.

E: Incorreta. A razoável duração do processo se aplica tanto no âmbito judicial quanto no administrativo, nos termos do art. 5º, inciso LXXVIII, da CF/1988.

GABARITO: B.

---

91. Um grupo de empregados atuantes em determinada empresa afirmou ao seu superior hierárquico que pretende constituir um sindicato da categoria, fato esse que levou os empregados e o diretor da empresa a consultarem vários advogados a respeito do assunto. Dentre as orientações que receberam, mostra-se compatível com a Constituição Federal aquela segundo a qual:

a) é desnecessária autorização do Estado para a fundação de sindicato, ressalvado o registro no órgão competente, sendo vedadas ao Poder Público a interferência e a intervenção na organização sindical.

b) o sindicato poderá ter a mesma base territorial de organização sindical do mesmo grau que represente a mesma categoria profissional ou econômica dos empregados, desde que assim deliberem os respectivos associados, não podendo sua área de atuação ser inferior à de um Município.

c) o sindicato poderá defender os direitos e interesses coletivos da categoria em questões judiciais ou administrativas, mas não poderá fazê-lo para defesa de direitos e interesses individuais.

d) o empregado que tenha registrado sua candidatura a cargo de direção ou de representação sindical poderá ser demitido sem justa causa durante o processo eleitoral, mas, se eleito, não poderá ser dispensado até um ano após o final do mandato, salvo se cometer falta grave.

e) é vedado à assembleia geral do sindicato fixar contribuição para o custeio do sistema confederativo de representação sindical da categoria profissional respectiva.

A: Correta. De acordo com o art. 8º, I, da CF/1988:

Art. 8º I - a lei não poderá exigir autorização do Estado para a fundação de sindicato, ressalvado o registro no órgão competente, vedadas ao Poder Público a interferência e a intervenção na organização sindical.

B: Incorreta. É vedada a criação de mais de uma organização sindical na mesma base territorial, nos termos do art. 8º, II da CF/1988.

C: Incorreta. Ao sindicato cabe a defesa tanto dos direitos e interesses coletivos como dos individuais, nos termos do art. 8º, III da CF/1988.

D: Incorreta. A dispensa do empregado sindicalizado é vedada a partir do registro da candidatura, nos termos do art. 8º, VIII da CF/1988.

E: Incorreta. Não é vedada à assembleia geral fixar a contribuição para custeio do sistema, nos termos do art. 8º, IV da CF/1988.

GABARITO: A.

92. Órgão do Poder Judiciário Federal contratou empresa de prestação de serviços de limpeza sem prévia licitação exigida em lei, motivo pelo qual o Tribunal de Contas da União, ao tomar conhecimento do fato, fixou prazo para que o órgão adotasse as providências necessárias ao exato cumprimento da lei. Decorrido o prazo sem que tivesse sido tomada qualquer medida pelo órgão público, o Tribunal de Contas da União informou esse fato ao Congresso Nacional, que sustou a execução do contrato celebrado irregularmente. Nessa situação, não se adequa à Constituição Federal a:

a) sustação da execução do contrato pelo Congresso Nacional, por falta de competência para tanto, embora, no caso em questão, o contrato não tenha sido celebrado em violação ao texto constitucional.

b) contratação sem a observância das normas de licitação, bem como a fixação de prazo pelo Tribunal de Contas da União para que o órgão do Poder Judiciário adotasse as providências necessárias ao exato cumprimento da lei, uma vez que somente o Superior Tribunal de Justiça poderia decidir nesse sentido.

c) contratação sem a observância das normas de licitação, bem como a sustação da execução do contrato pelo Congresso Nacional, uma vez que não compete ao Poder Legislativo essa decisão, que acabou por violar o princípio da separação de poderes.

d) fixação de prazo pelo Tribunal de Contas da União para que o órgão do Poder Judiciário adotasse as providências necessárias ao exato cumprimento da lei, uma vez que somente o Congresso Nacional, que é titular da função de fiscalização, poderia fazê-lo, embora, no caso em questão, o contrato não tenha sido celebrado em violação do texto constitucional.

e) contratação sem observância das normas de licitação, embora caiba ao Tribunal de Contas fixar prazo para que o órgão do Poder Judiciário adote providências necessárias ao exato cumprimento da lei.

A: Incorreta. O contrato foi celebrado com violação à Constituição, visto que não houve licitação prévia, além disso o Congresso Nacional tem competência para sustar a execução do contrato, nos termos do art. 71, § 1º da CF/1988.

B: Incorreta. O Tribunal de Contas da União é competente para assinar prazo, nos termos do art. 71, IX da Constituição Federal.

C: Incorreta. Compete ao Congresso Nacional, nos termos do art. 71, § 1º da Constituição Federal.

D: Incorreta. É competência do Tribunal de Contas da União a fixação de prazo, nos termos do art. 71, IX da Constituição Federal, além disso o contrato foi celebrado com violação ao texto constitucional.

E: Correta. Se faz necessária licitação para contratação de serviços, nos termos do art. 37, XXI da Constituição Federal, além disso é competência do Tribunal de Contas da União assinar prazos para que o órgão do Poder Judiciário adote providências necessárias ao exato cumprimento da lei, conforme art. 71, inciso IX, da CF/1988.

GABARITO: E.

93. Determinada empresa pública federal, que recebe recursos financeiros para pagamento de despesas de pessoal, foi condenada em processo administrativo, instaurado por órgão federal de fiscalização das relações de trabalho, ao pagamento de multa por não ter cumprido norma de proteção à saúde do trabalhador. A empresa pública propôs ação judicial perante a Justiça Federal para anular essa penalidade, não tendo obtido sucesso. Na sequência, um de seus empregados ajuizou ação indenizatória, perante a Justiça do Trabalho, pleiteando a condenação da empresa ao ressarcimento dos danos morais e patrimoniais por ele sofridos em razão do descumprimento da norma de proteção à saúde do trabalhador, tendo o pedido sido julgado procedente para o fim de condená-la ao pagamento de indenização fixada em valor superior ao subsídio dos Ministros do Supremo Tribunal Federal. Mostra-se incompatível com a Constituição Federal:

a) a propositura, perante a Justiça do Trabalho, da ação judicial pelo empregado público, uma vez que compete à Justiça Federal julgá-la e processá-la, bem como o recebimento, pelo empregado público, de indenização em valor superior ao subsídio pago aos Ministros do Supremo Tribunal Federal, sendo competente a Justiça Federal para processar e julgar a ação proposta pela empresa.

b) a propositura, perante a Justiça do Trabalho, da ação judicial pelo empregado público, uma vez que a competência para processá-la e julgá-la é da Justiça Federal, mas o texto constitucional não impede o empregado público de receber indenização em valor superior ao subsídio pago aos Ministros do Supremo Tribunal Federal, sendo competente a Justiça Federal para processar e julgar a ação proposta pela empresa.

c) o recebimento, pelo empregado público, de indenização em valor superior ao subsídio pago aos Ministros do Supremo Tribunal Federal, tendo em vista o limite máximo de remuneração previsto na Constituição Federal para os servidores da Administração Pública, tendo sido as ações ajuizadas perante a Justiça constitucionalmente competente.

d) a propositura, perante a Justiça Federal, da ação judicial pela empresa pública federal, uma vez que a competência para processar e julgar essa causa é da Justiça do Trabalho, bem como a propositura, perante a Justiça do Trabalho, da ação promovida pelo empregado público, por ser de competência da Justiça Federal, embora lhe seja permitido receber indenização em valor superior ao subsídio pago aos Ministros do Supremo Tribunal Federal.

e) a propositura, perante a Justiça Federal, da ação judicial pela empresa pública federal, uma vez que a competência para processar e julgar essa causa é da Justiça do Trabalho, sendo compatível com o texto constitucional a propositura, perante a Justiça do Trabalho, da ação judicial promovida pelo empregado público, que poderá receber indenização em valor superior ao subsídio pago aos Ministros do Supremo Tribunal Federal.

Para responder a essa questão faz-se necessário conhecer alguns dispositivos da Constituição Federal.

Art. 114 Compete à Justiça do Trabalho processar e julgar:

I - as ações oriundas da relação de trabalho, abrangidos os entes de direito público externo e da administração pública direta e indireta da União, dos Estados, do Distrito Federal e dos Municípios;

VII - as ações relativas às penalidades administrativas impostas aos empregadores pelos órgãos de fiscalização das relações de trabalho.

Art. 37 XI - a remuneração e o subsídio dos ocupantes de cargos, funções e empregos públicos da administração direta, autárquica e fundacional, dos membros de qualquer dos Poderes da União, dos Estados, do Distrito Federal e dos Municípios, dos detentores de mandato eletivo e dos demais agentes políticos e os proventos, pensões ou outra espécie remuneratória, percebidos cumulativamente ou não, incluídas as vantagens pessoais ou de qualquer outra natureza, não poderão exceder o subsídio mensal, em espécie, dos Ministros do Supremo Tribunal Federal [...].

§ 11 Não serão computadas, para efeito dos limites remuneratórios de que trata o inciso XI do caput deste artigo, as parcelas de caráter indenizatório previstas em lei.

GABARITO: E.

94. Suponha que o Presidente da República encaminhe projeto de lei à Câmara dos Deputados que prevê (i) a criação de um Tribunal Regional do Trabalho; (ii) o aumento do número de membros dos Tribunais Regionais do Trabalho e (iii) o aumento da remuneração dos servidores integrantes de serviços auxiliares do Tribunal Superior do Trabalho. Considerando as normas constitucionais que tratam sobre a iniciativa para a apresentação de projetos de lei, a proposição legislativa em comento:

a) encontra-se em conformidade com a Constituição Federal, uma vez que o Presidente da República tem iniciativa legislativa para apresentar projeto de lei que disponha sobre todos os temas que são objeto da proposta, ainda que o Tribunal Superior do Trabalho também possa apresentar projeto de lei sobre a mesma matéria.
b) é incompatível com a Constituição Federal no que toca a todos os temas nela tratados, uma vez que apenas poderiam ser objeto de proposta do Tribunal Superior do Trabalho.
c) é incompatível com a Constituição Federal apenas no que toca ao aumento de remuneração dos servidores integrantes de serviços auxiliares do Tribunal Superior do Trabalho, uma vez que essa matéria somente pode ser objeto de proposta do próprio Tribunal.
d) é incompatível com a Constituição Federal apenas no que toca ao aumento do número de membros dos Tribunais Regionais do Trabalho, uma vez que essa matéria somente pode ser objeto de proposta do Tribunal Regional do Trabalho nela interessado diretamente.
e) é incompatível com a Constituição Federal apenas no que toca à criação de um Tribunal Regional do Trabalho, uma vez que essa matéria somente pode ser objeto de proposta do Tribunal Superior do Trabalho.

De acordo com a Constituição Federal, acerca da iniciativa para a apresentação de projetos de lei, a proposição legislativa trazida na assertiva é incompatível com a Carta Magna, visto que não é competência do Presidente da República, mas do Poder Judiciário, nos termos do art. 96, inciso II, da CF/1988.

Art. 96 Compete privativamente:

II - ao Supremo Tribunal Federal, aos Tribunais Superiores e aos Tribunais de Justiça propor ao Poder Legislativo respectivo, observado o disposto no art. 169:

a) a alteração do número de membros dos tribunais inferiores;

b) a criação e a extinção de cargos e a remuneração dos seus serviços auxiliares e dos juízos que lhes forem vinculados, bem como a fixação do subsídio de seus membros e dos juízes, inclusive dos tribunais inferiores, onde houver;

c) a criação ou extinção dos tribunais inferiores.

GABARITO: B.

---

95. A Constituição Federal prevê a possibilidade de edição de súmula vinculante em matéria constitucional, que tenha por objeto a validade, a interpretação e a eficácia de normas:
a) mediante decisão da maioria absoluta dos membros do Supremo Tribunal Federal, que, todavia, não é atingido pelos efeitos vinculantes de seu ato.
b) pelo Superior Tribunal de Justiça, com efeito vinculante em relação aos demais órgãos do Poder Judiciário e à Administração Pública direta e indireta, nas esferas federal, estadual e municipal.
c) pelo Supremo Tribunal Federal e pelos Tribunais de Justiça, ambos competentes para julgar as ações diretas de inconstitucionalidade de lei ou atos normativos nos termos da Constituição Federal.
d) cuja aprovação, revisão ou cancelamento pode ser provocada, sem prejuízo do que vier a ser estabelecido em lei, por aqueles que podem propor a ação direta de inconstitucionalidade.
e) que, quando contrariada por lei federal, estadual ou municipal, poderá ensejar o ajuizamento de reclamação constitucional perante o Supremo Tribunal Federal.

A: Incorreta. O quórum é de dois terços dos membros, nos termos do art. 103-A da Constituição Federal.

B e C: Incorretas. Compete ao Supremo Tribunal Federal aprovar súmula com efeito vinculante, nos termos do art. 103-A da Constituição Federal.

D: Correta. De acordo com o art. 103-A, § 2º da Constituição Federal:

Art. 103-A § 2º Sem prejuízo do que vier a ser estabelecido em lei, a aprovação, revisão ou cancelamento de súmula poderá ser provocada por aqueles que podem propor a ação direta de inconstitucionalidade.

E: Incorreta. Ensejará ajuizamento de reclamação quando contrariada por ato administrativo ou decisão judicial, nos termos do art. 103-A, § 3º da CF/1988.

GABARITO: D.

---

96. Suponha que determinado servidor público federal tenha solicitado licença para tratar de interesses particulares, a qual, contudo, restou negada pela Administração. Entre os possíveis motivos legalmente previstos para negativa, nos termos disciplinados pela Lei nº 8.112/1990, se insere(m):
I. Estar o servidor no curso de estágio probatório.
II. Ser o servidor ocupante exclusivamente de cargo em comissão.
III. Razões de conveniência da Administração.

Está correto o que se afirma em:
a) I, II e III.
b) II, apenas.
c) II e III, apenas.
d) I e III, apenas.
e) I e II, apenas.

A questão versa acerca do art. 91 da Lei nº 8.112/1990:

Art. 91 A critério da Administração, poderão ser concedidas ao servidor ocupante de cargo efetivo, desde que não esteja em estágio probatório, licenças para o trato de assuntos particulares pelo prazo de até três anos consecutivos, sem remuneração.

GABARITO: A.

---

97. Alfa, analista judiciário do Tribunal Regional do Trabalho de determinada região, utilizou, pelo período de 6 meses, materiais de informática da Vara do Trabalho onde estava lotado, em serviços e atividades particulares, para ajudar sua irmã, que estava montando uma empresa de propaganda e marketing. De acordo com o regime disciplinar estabelecido na Lei nº 8.112/1990, após regular processo administrativo disciplinar, Alfa está sujeito à pena de:
a) demissão, aplicada pelo Presidente do TRT.
b) suspensão até 180 dias, aplicada pelo Presidente do TRT.
c) suspensão até 90 dias, aplicada pelo Corregedor do TRT.
d) suspensão até 90 dias, aplicada pelo Presidente do TRT.
e) advertência, aplicada pelo Corregedor do TRT.

Vejamos alguns dispositivos da Lei nº 8.112/1990 para melhor compreender:

Art. 117 Ao servidor é proibido:

XVI - utilizar pessoal ou recursos materiais da repartição em serviços ou atividades particulares.

Art. 132 A demissão será aplicada nos seguintes casos:

XIII - transgressão dos incisos IX a XVI do art. 117.

Art. 141 As penalidades disciplinares serão aplicadas:

I - pelo Presidente da República, pelos Presidentes das Casas do Poder Legislativo e dos Tribunais Federais e pelo Procurador-Geral da República, quando se tratar de demissão e cassação de aposentadoria ou disponibilidade de servidor vinculado ao respectivo Poder, órgão ou entidade.

GABARITO: A.

---

98. Fernanda, atualmente com 24 anos, era casada há 3 anos com Manoel, analista judiciário do Tribunal Regional do Trabalho de Santa Catarina, ocupante de tal cargo efetivo há 20 anos ininterruptamente. Manoel faleceu com 60 anos em acidente automobilístico ocorrido no mês de julho de 2017. De acordo com as disposições da Lei nº 8.112/1990, Fernanda:

a) não tem direito a qualquer pensão, pois não completou o período mínimo de 5 anos de casamento com o servidor falecido.

b) não tem direito a qualquer pensão, pois está configurada fraude presumida à previdência pela diferença de idade superior a 30 anos entre o servidor falecido e a beneficiária.

c) tem direito à pensão provisória pelo período de 6 anos, tendo em vista que, na data do óbito do servidor, a beneficiária tinha 24 anos.

d) tem direito à pensão vitalícia e proporcional, tendo em vista que o servidor ainda não tinha completado os requisitos legais para se aposentar.

e) tem direito à pensão vitalícia e integral, tendo em vista que, na data do óbito do servidor, a beneficiária era casada com o servidor que já tinha vertido com mais de 18 contribuições mensais.

Acerca do tema, precisaremos consultar o art. 222, inciso VII da Lei nº 8.112/1990, que dispõe:

Art. 222 VII - em relação aos beneficiários de que tratam os incisos I a III do caput do art. 217:

a) o decurso de 4 (quatro) meses, se o óbito ocorrer sem que o servidor tenha vertido 18 (dezoito) contribuições mensais ou se o casamento ou a união estável tiverem sido iniciados em menos de 2 (dois) anos antes do óbito do servidor;

b) o decurso dos seguintes períodos, estabelecidos de acordo com a idade do pensionista na data de óbito do servidor, depois de vertidas 18 (dezoito) contribuições mensais e pelo menos 2 (dois) anos após o início do casamento ou da união estável:

1) 3 (três) anos, com menos de 21 (vinte e um) anos de idade;

2) 6 (seis) anos, entre 21 (vinte e um) e 26 (vinte e seis) anos de idade;

3) 10 (dez) anos, entre 27 (vinte e sete) e 29 (vinte e nove) anos de idade;

4) 15 (quinze) anos, entre 30 (trinta) e 40 (quarenta) anos de idade;

5) 20 (vinte) anos, entre 41 (quarenta e um) e 43 (quarenta e três) anos de idade;

6) vitalícia, com 44 (quarenta e quatro) ou mais anos de idade.

GABARITO: C.

99. Uma das inovações da Lei de Responsabilidade Fiscal (LRF) está prevista no art. 48, que trata da transparência da gestão fiscal. Esse artigo foi atualizado pela Lei nº 131/2009.

A divulgação das informações previstas nessa lei:

a) é obrigatória apenas ao Poder Executivo.

b) tem periodicidade anual.

c) tem natureza de recomendação, pois não há penalidade em caso de descumprimento.

d) pode ser substituída pela divulgação no diário oficial ou jornal de grande circulação.

e) representa a denominada transparência ativa, pois parte da própria administração.

A e D: Incorretas. Conforme dispõe o art. 48 da LRF:

Art. 48 § 2º A União, os Estados, o Distrito Federal e os Municípios disponibilizarão suas informações e dados contábeis, orçamentários e fiscais conforme periodicidade, formato e sistema estabelecidos pelo órgão central de contabilidade da União, os quais deverão ser divulgados em meio eletrônico de amplo acesso público.

B: Incorreta. O Relatório de Gestão Fiscal tem periodicidade quadrimestral (ao final de cada quadrimestre), enquanto no caso do Relatório Resumido da Execução Orçamentária, com base no art. 165, § 3º, da CF/1988, é de até 30 dias após o encerramento de cada bimestre.

C: Incorreta. Conforme a LRF:

Art. 48 § 4º A inobservância do disposto nos §§ 2º e 3º ensejará as penalidades previstas no § 2º do art. 51.

Art. 51 O Poder Executivo da União promoverá, até o dia trinta de junho, a consolidação, nacional e por esfera de governo, das contas dos entes da Federação relativas ao exercício anterior, e a sua divulgação, inclusive por meio eletrônico de acesso público.

§ 1º Os Estados e os Municípios encaminharão suas contas ao Poder Executivo da União nos seguintes prazos:

I - Municípios, com cópia para o Poder Executivo do respectivo Estado, até trinta de abril;

II - Estados, até trinta e um de maio.

§ 2º O descumprimento dos prazos previstos neste artigo impedirá, até que a situação seja regularizada, que o ente da Federação receba transferências voluntárias e contrate operações de crédito, exceto as destinadas ao refinanciamento do principal atualizado da dívida mobiliária.

E: Correta. Princípio da transparência ativa e obrigação de publicar: os órgãos públicos têm a obrigação de publicar informações de interesse público, não bastando atender apenas aos pedidos de informação. O ideal é que a quantidade de informações disponibilizadas proativamente aumente com o passar do tempo.

GABARITO: E.

100. Uma das exigências de divulgação dispostas na Lei Complementar nº 131/2009 refere-se à liberação em tempo real de informações pormenorizadas sobre a execução orçamentária e financeira. Para cumprir esse dispositivo, os entes públicos devem divulgar:

I. o lançamento e o recebimento de toda a receita das unidades gestoras;

II. facultativamente, de forma sintética, os recursos extraordinários;

III. informações mínimas quanto à execução da despesa: número do processo, descrição do bem fornecido ou serviço prestado, beneficiário do pagamento;

IV. processos licitatórios que envolvam despesas de pequena monta, facultativamente.

Está correto somente o que se afirma em:

a) I e II.

b) I e III.

c) I e IV.

d) II e III.

e) II e IV.

A alternativa correta é a B, de acordo com a Lei Complementar nº 101/2000 (Lei de Responsabilidade Fiscal):

Art. 48 § 1º A transparência será assegurada também mediante:

II - liberação ao pleno conhecimento e acompanhamento da sociedade, em tempo real, de informações pormenorizadas sobre a execução orçamentária e financeira, em meios eletrônicos de acesso público.

Art. 48-A Para os fins a que se refere o inciso II do parágrafo único do art. 48, os entes da Federação disponibilizarão a qualquer pessoa física ou jurídica o acesso a informações referentes a:

I - quanto à despesa: todos os atos praticados pelas unidades gestoras no decorrer da execução da despesa, no momento de sua realização, com a disponibilização mínima dos dados referentes ao número do correspondente processo, ao bem fornecido ou ao serviço prestado, à

pessoa física ou jurídica beneficiária do pagamento e, quando for o caso, ao procedimento licitatório realizado.

II - quanto à receita: o lançamento e o recebimento de toda a receita das unidades gestoras, inclusive referente a recursos extraordinários.

Quando o dispositivo diz "quando for o caso", está se referindo às hipóteses de inexigibilidade e dispensa da licitação; havendo certame, é obrigatória a disponibilização, ainda que de pequena monta - pelo menos a lei cobrada não faz ressalva nesse sentido.

GABARITO: B.

---

101. Um determinado órgão da administração pública recebeu um pedido de acesso à informação por meio do Serviço de Informações ao Cidadão (SIC) no dia 1º de julho de 2017. A informação pedida não tem caráter sigiloso, mas não está disponível integralmente e precisará ser processada pelo órgão.

Considerando o prazo máximo nos termos da Lei de Acesso à Informação, incluindo eventuais prorrogações, a informação deve ser fornecida ao requerente até:

a) 10 de julho.
b) 15 de julho.
c) 20 de julho.
d) 30 de julho.
e) 30 de agosto.

Para contagem dos prazos, primeiro analisemos o disposto na Lei nº 12.527/2011:

Art. 11 O órgão ou entidade pública deverá autorizar ou conceder o acesso imediato à informação disponível.

§ 1º Não sendo possível conceder o acesso imediato, na forma disposta no caput, o órgão ou entidade que receber o pedido deverá, em prazo não superior a 20 (vinte) dias: [...]

§ 2º O prazo referido no § 1º poderá ser prorrogado por mais 10 (dez) dias, mediante justificativa expressa, da qual será cientificado o requerente.

A contagem dos prazos previstos em dia pela Lei nº 12.527/2011 (Lei de Acesso à Informação – LAI) e em seu decreto regulamentador (Decreto nº 7.724/2012) segue as regras da Lei de Processo Administrativo (Lei nº 9.784/1999):

Art. 66 Os prazos começam a correr a partir da data da cientificação oficial, excluindo-se da contagem o dia do começo e incluindo-se o do vencimento.

§ 1º Considera-se prorrogado o prazo até o primeiro dia útil seguinte se o vencimento cair em dia em que não houver expediente ou este for encerrado antes da hora normal.

§ 2º Os prazos expressos em dias contam-se de modo contínuo.

Portanto, o prazo findará em 30 de julho.

GABARITO: D.

---

102. Em determinado ente público foram levantadas algumas alternativas para economia de recursos em decorrência da queda na arrecadação, e uma delas foi a junção de matérias para publicação no Diário Oficial. Assim, para a publicação do orçamento para o exercício seguinte, foram agregados, na mesma lei, autorizações para concessão de isenções e incentivos fiscais para fomentar a economia local.

Apesar da intenção de promover economia de recursos, essa decisão está em desacordo com o princípio do(a):

a) equilíbrio.
b) exclusividade.
c) orçamento bruto.
d) publicidade.
e) transparência.

Os princípios são:

- Equilíbrio: o total de despesas fixadas não pode ser superior ao total de receitas previstas.

- Exclusividade: a LOA não poderá conter nada além à fixação de despesas e previsão das receitas, ressalvadas autorização para abertura de créditos suplementares e contratação de operações de crédito, ainda que por antecipação de receita.

- Orçamento bruto: veda as deduções e compensações nas contas, proibindo a inclusão de despesas e receitas por seus montantes líquidos.

- Publicidade: obrigatória a divulgação de atos, contratos e outros instrumentos celebrados pela adm. Pública direta ou indireta, para conhecimento, controle, início e eficácia de seus efeitos.

- Transparência: disponibilização da informação para os interessados, por meio de sítios eletrônicos, por exemplo.

GABARITO: B.

---

103. No ciclo de execução orçamentária, o controle de ingressos e desembolsos faz-se mister para cumprir os dispositivos da Lei de Responsabilidade Fiscal (LRF).

Uma das regras importantes se refere ao registro da receita orçamentária no momento da arrecadação, que tem como justificativa:

a) acompanhar a meta de resultado primário definida na Lei de Diretrizes Orçamentárias (LDO).
b) definir fonte de recursos para abertura de créditos adicionais.
c) evitar que a execução das despesas orçamentárias ultrapasse a arrecadação efetiva.
d) impedir o uso indevido de recursos para cobertura de restos a pagar.
e) propiciar informações relativas à variação do patrimônio público.

No ciclo de execução orçamentária, o controle de ingressos e desembolsos faz-se mister para cumprir os dispositivos da Lei de Responsabilidade Fiscal (LRF). Uma das regras importantes se refere ao registro da receita orçamentária no momento da arrecadação, que tem como justificativa. Conforme previsão expressa no MCASP (7 ed.):

O registro da receita orçamentária ocorre no momento da arrecadação, conforme art. 35 da Lei nº 4.320/1964 e decorre do enfoque orçamentário dessa Lei, tendo por objetivo evitar que a execução das despesas orçamentárias ultrapasse a arrecadação efetiva.

Vale salientar ainda que a alternativa C atende a um dos princípios orçamentários referente ao equilíbrio, o qual diz que: o total de receitas correntes não pode ser menor que as despesas correntes.

GABARITO: C.

---

104. Após vencer uma licitação para prestação de serviços de manutenção em equipamentos de informática (computadores e empresas), uma empresa apresentou à entidade pública uma nota fiscal dos serviços prestados nos primeiros dois meses de contrato.

Após confirmação do fiscal do contrato, o documento foi enviado ao setor de processamento de despesa para conferência, etapa associada ao estágio do(a):

a) adjudicação.
b) empenho.
c) lançamento.
d) liquidação.
e) pagamento.

Estágios da despesa: fixação, empenho, liquidação e pagamento.

A liquidação consiste na verificação do direito adquirido pelo credor tendo por base os títulos e documentos comprobatórios do respectivo crédito.

A liquidação tem por finalidade reconhecer ou apurar:

• a origem e o objeto do que se deve pagar;

• a importância exata a pagar; e

• a quem se deve pagar a importância para extinguir a obrigação

1) Fixação = separa dotação para constar na LOA.

2) Empenho = compromete-se a pagar.

3) Liquidação = checar/verificar/conferir a obrigação.

4) Pagamento = efetivo desembolso.

GABARITO: D.

105. Considere as despesas descritas no quadro a seguir:

Elemento de despesa	Empenho
Aquisição de Títulos de Crédito	35.000
Juros sobre Dívida por Contrato	27.350
Locação de Mão de Obra	32.400
Material de Consumo	18.500
Material para Distribuição Gratuita	16.200
Material Permanente	41.700
Obras e Instalações	83.600
Passagens e Despesas com Locomoção	21.150
Serviços de Consultoria	19.000

As despesas que, no momento da execução, não representam redução do saldo patrimonial, por serem despesas de capital, totalizam:

a) 134.600.

b) 160.300.

c) 176.500.

d) 192.700.

e) 294.900.

Elemento de Despesa (GND - Categoria Econômica)

63 – Aquisição de Títulos de Crédito (Inversões Financeiras - Despesa de Capital).

21 – Juros sobre a Dívida por Contrato (Juros e Encargos da Dívida - Despesa Corrente).

37 – Locação de Mão-de-Obra (Outras Despesas Correntes - Despesa Corrente).

30 – Material de Consumo (Outras Despesas Correntes - Despesa Corrente).

32 – Material, Bem ou Serviço para Distribuição Gratuita (Outras Despesas Correntes - Despesa Corrente).

52 – Equipamentos e Material Permanente (Investimentos - Despesa de Capital).

51 – Obras e Instalações (Investimentos - Despesa de Capital).

33 – Passagens e Despesas com Locomoção (Outras Despesas Correntes - Despesa Corrente).

35 – Serviços de Consultoria (Outras Despesas Correntes - Despesa Corrente).

Despesas de capital:

Aquisição de Títulos de crédito: 35.000

Material Permanente: 41.700

Obras e Instalações: 83.600

Total: 160.300.

GABARITO: B.

106. O modelo orçamentário vigente no Brasil é baseado nos conceitos de orçamento-programa, cujos elementos básicos estão apresentados na figura a seguir.

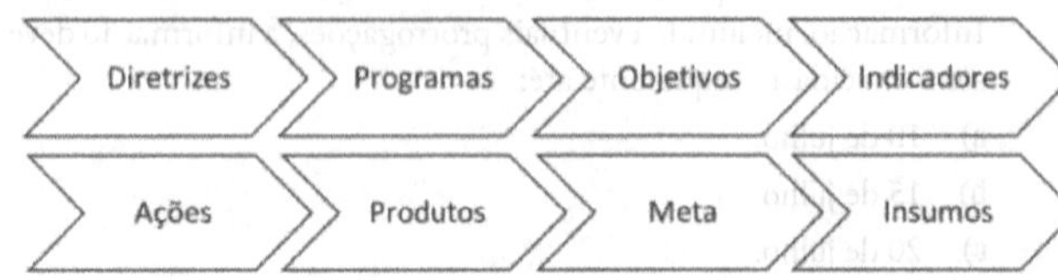

A definição de uma metodologia para medir desempenho de um programa e os elementos necessários à consecução de um produto se referem, respectivamente, a:

a) diretrizes e ações.

b) indicadores e ações.

c) indicadores e insumos.

d) meta e ações.

e) meta e insumos.

Os indicadores são utilizados para medir desempenho; e os insumos são os recursos a serem usados para dar origem a um produto.

GABARITO: C.

107. Em um dado exercício, a Lei Orçamentária Anual (LOA) de um ente público autorizava a abertura de créditos adicionais suplementares até o limite de 25% da despesa prevista naquele orçamento. Para fins de cumprimento desse limite:

a) dispensa-se a indicação de fonte de recursos.

b) incluem-se os créditos adicionais abertos para fazer face a novas despesas.

c) não se incluem os créditos abertos com recursos de reserva de contingência.

d) não são consideradas as alterações na modalidade de aplicação do crédito orçamentário.

e) são considerados os créditos para despesas imprevisíveis e urgentes.

A: Incorreta. De acordo com o art. 43 da LOA:

Art. 43 A abertura dos créditos suplementares e especiais depende da existência de recursos disponíveis para ocorrer a despesa e será precedida de exposição justificativa.

B: Incorreta. Créditos adicionais abertos para fazer face a novas despesas são créditos especiais e o enunciado deixa claro que o limite dos 25% é para créditos adicionais suplementares, por isso descartei a assertiva.

C: Incorreta. De acordo com o art. 91 do Decreto-lei nº 200/1967:

Art. 91 Sob a denominação de Reserva de Contingência, o orçamento anual poderá conter dotação global não especificamente destinada a determinado órgão, unidade orçamentária, programa ou categoria econômica, cujos recursos serão utilizados para abertura de créditos adicionais.

"Para fim do cumprimento desse limite se incluem os créditos abertos com recursos de reserva de contingência", ou seja, os créditos abertos terá que ser computado para a soma do limite.

D: Correta. Em conformidade com o exposto na LOA.

E: Incorreta. Isso seria para a abertura de crédito extraordinário e a questão fala sobre limites de créditos suplementares. Além disso, créditos extraordinários não precisam de indicação obrigatória de fontes de recursos como o suplementar e especial. Logo, não serão computados nos limites dado na questão.

GABARITO: D.

---

108. Ao final de um exercício foram obtidas as seguintes informações da execução orçamentária de um ente público:

Descrição	Valor (milhares)
Arrecadação de receitas tributárias	80.000
Empenho de despesa orçamentária	72.000
Liquidação de despesa corrente	56.000
Pagamentos efetuados	50.400

Considerando as disposições legais para inscrição em restos a pagar, e sabendo-se que a disponibilidade financeira líquida do ente ao final do exercício era de 20.000, é correto afirmar que:

a) a disponibilidade financeira não afetará a inscrição de restos a pagar.

b) despesas processadas e não processadas serão canceladas.

c) do valor das despesas empenhadas, 1.600 serão cancelados.

d) haverá cancelamento de despesas não processadas no valor de 9.600.

e) o valor total de restos a pagar não processados pode ser inscrito.

Empenhou: 72.000.

Liquidado: 56.000.

Pago: 50.400.

Do Liquidado, falta pagar 5.600 (deve ser inscrito em restos a pagar).

Do empenhado, faltam liquidar 16.000 = (72.000 - 56.000).

16.000 + 5.600 = 21.600.

Ele só tem 20.000 de saldo ao final do exercício financeiro.

Neste exemplo, só pode inscrever-se em restos a pagar até o limite da disponibilidade financeira ao final do exercício. Logo, 1.600 serão cancelados.

GABARITO: C.

---

109. Maria, ocupante do cargo de Analista Judiciário do Tribunal Regional do Trabalho de Santa Catarina, praticou, no exercício da função, crime contra a Administração Pública. Após regular processo administrativo disciplinar (PAD), em que restaram comprovados os atos ilícitos praticados, foi aplicada a Maria a pena disciplinar de demissão. A Administração Pública, então, determinou o imediato cumprimento da penalidade imposta, logo após o julgamento do PAD, na pendência de julgamento de recurso administrativo, e cessou o pagamento da remuneração da servidora, bem como a afastou de suas funções. Inconformada, Maria impetrou mandado de segurança, alegando ilegalidade da execução dos efeitos materiais da pena de demissão enquanto não houvesse o trânsito em julgado da decisão administrativa.

De acordo com a Lei nº 8.112/1990 e a jurisprudência do Superior Tribunal de Justiça, a ordem deve ser:

a) denegada, por aplicação analógica da norma que faculta a autoridade administrativa que preside o PAD, a qualquer momento, decretar cautelarmente o afastamento do servidor investigado do cargo, com corte de seus vencimentos.

b) denegada, uma vez que não há ilegalidade no caso em tela, diante do atributo de autoexecutoriedade que rege os atos administrativos e porque o recurso administrativo, em regra, carece de efeito suspensivo.

c) concedida, pois a servidora impetrante tem o direito líquido e certo ao devido processo legal na tramitação do PAD, cujos recursos, em qualquer hipótese, têm duplo efeito: suspensivo e devolutivo.

d) concedida, eis que as decisões extremas de aplicação da penalidade de demissão somente produzem efeitos após o trânsito em julgado da decisão, pelo atributo da imperatividade do ato administrativo.

e) concedida, haja vista que a execução provisória de decisão administrativa de demissão ou cassação de aposentadoria de servidor público é possível apenas mediante decisão judicial, pelo princípio da inafastabilidade da jurisdição.

Acerca da Lei nº 8.112/1990 e Jurisprudência do STJ:

Não há objeção na lei à imposição de penalidade pelo PAD ao servidor público, ainda que não tenha "transitado em julgado" via administrativa. Os atos gozam de autoexecutoriedade, permitindo que a Administração Pública realize por meios próprios seus efeitos materiais. Ademais, os efeitos materiais discutidos aqui independem de recurso da esfera administrativa, visto que este não possui efeito suspensivo, em regra.

GABARITO: B.

---

110. Antônio, Oficial de Justiça do Tribunal Regional do Trabalho de Santa Catarina, em diligência para cumprir mandado judicial, recebeu propina da pessoa que seria intimada para deixar de intimá-la. O fato chegou ao conhecimento do Juiz Titular da Vara do Trabalho onde Antônio está lotado, que comunicou às autoridades competentes. Assim, atualmente já está em trâmite, pelos mesmos fatos, além de um processo administrativo disciplinar (PAD) no TRT, uma ação penal na Justiça Federal, na qual foi determinada judicialmente a interceptação telefônica. A comissão processante do PAD do TRT pretende oficiar ao Juízo Criminal, requerendo cópia da transcrição das comunicações telefônicas interceptadas, como prova emprestada, para fins de instrução do PAD.

De acordo com a Lei nº 8.112/1990, a utilização, no PAD, de prova emprestada consistente em interceptação telefônica devidamente autorizada na esfera criminal:

a) não é possível, porque a Constituição Federal de 1988 garante a inviolabilidade das comunicações telefônicas, salvo, por ordem judicial, para fins de investigação criminal ou instrução processual penal.

b) não é possível, porque a interceptação de comunicações telefônicas somente pode ser decretada e utilizada nas ações penais e ações civis públicas por ato de improbidade administrativa.

c) não é possível, porque, diante da natureza punitiva do processo administrativo disciplinar, não é admitida a analogia in malam partem.

d) é possível, desde que a prova emprestada seja submetida à nova perícia no bojo do PAD.

e) é possível, desde que respeitado o contraditório e a ampla defesa nas esferas criminal e administrativa.

A resposta repousa na literalidade da Súmula nº 591 do STJ:

Súmula nº 591 - STJ

É permitida a 'prova emprestada' no processo administrativo disciplinar, desde que devidamente autorizada pelo juízo competente e respeitados o contraditório e a ampla defesa.

GABARITO: E.

111. O serviço público está submetido ao regime jurídico de direito público, razão pela qual é regido por alguns princípios, dentre eles o da continuidade, que traduz a ideia da prestação ininterrupta da atividade administrativa e dos serviços prestados à coletividade. Para harmonizar tal princípio da continuidade com o direito à greve, de acordo com o Supremo Tribunal Federal:

a) os servidores públicos civis e militares não têm direito de greve nem de sindicalização, para evitar prejuízos aos particulares que dependem das atividades e dos serviços públicos prestados pelo poder públicos ou seus delegados.

b) o direito de greve do servidor público civil está previsto na Constituição da República em norma de eficácia limitada e, até que seja editada lei específica regulamentando a matéria, aplica-se a lei geral de greve (Lei nº 7.783/1989).

c) os servidores públicos civis e militares não podem exercer o direito de greve enquanto não for editada lei complementar que regulamente a matéria, eis que o texto constitucional dispõe sobre a questão em norma de eficácia contida.

d) a Administração Pública, em qualquer caso relacionado ao direito de greve de servidores públicos, não pode proceder ao desconto dos dias de paralisação para não esvaziar tal direito previsto na Constituição.

e) os servidores públicos civis grevistas devem ter suas remunerações descontadas nos dias de paralisação, diante da ilicitude de toda atividade grevista, vedados os pagamentos posteriores decorrentes de acordos de compensação.

A. Incorreta. A vedação de direito de greve e à sindicalização é aplicável aos militares.

B: Correta. A Constituição Federal do Brasil país confere aos trabalhadores brasileiros o direito à greve, sendo a dos servidores públicos regulamentada por norma específica. Acontece que essa norma específica ainda não existe, portanto segue-se a lei geral das greves para os servidores também.

C. Incorreta. Os militares são vedados do direito à greve.

D. Incorreta. Admitem-se, sim, descontos nos dias paralisados.

E. Incorreta. Admite-se, sim, o direito à compensação.

GABARITO: B.

112. Alex é Oficial de Justiça do Tribunal Regional do Trabalho de Santa Catarina, lotado na Vara do Trabalho de Navegantes, cidade onde mora com sua esposa Francisca. Francisca também é servidora pública federal e acabou de ser deslocada, no interesse da Administração, de Navegantes para Chapecó. Assim sendo, Alex requereu sua remoção para acompanhar sua cônjuge, independentemente do interesse da Administração.

No caso em tela, de acordo com a Lei nº 8.112/1990, Alex:

a) tem mera expectativa de direito à remoção pleiteada, que irá se concretizar de acordo com critério discricionário da Administração.

b) tem direito subjetivo à remoção pleiteada, que constitui ato administrativo vinculado.

c) tem direito público subjetivo de ser reintegrado no primeiro cargo que vagar em comarca próxima a Chapecó.

d) não tem direito subjetivo à remoção pleiteada, eis que a Administração Pública deve aferir no caso concreto o melhor atendimento ao interesse público.

e) não tem direito subjetivo à remoção pleiteada, mas tem direito a ser aproveitado em cargo de atribuições compatíveis com o anteriormente ocupado.

Vejamos o art. 36 da Lei nº 8.112/1990:

Art. 36 Remoção é o deslocamento do servidor, a pedido ou de ofício, no âmbito do mesmo quadro, com ou sem mudança de sede.

Parágrafo único. Para fins do disposto neste artigo, entende-se por modalidades de remoção:

I - de ofício, no interesse da Administração;

II - a pedido, a critério da Administração;

III - a pedido, para outra localidade, independentemente do interesse da Administração:

a) para acompanhar cônjuge ou companheiro, também servidor público civil ou militar, de qualquer dos Poderes da União, dos Estados, do Distrito Federal e dos Municípios, que foi deslocado no interesse da Administração.

GABARITO: B.

113. Décio, inconformado com decisão proferida, em instância recursal, pelo Tribunal Superior do Trabalho, a qual, no seu entender, além de injusta, afrontava diretamente a ordem constitucional, solicitou ao seu advogado que interpusesse o recurso cabível. O seu desejo era que a causa fosse examinada em outra instância do Poder Judiciário.

O único recurso que poderia ajustar-se à narrativa apresentada, caso preenchidos os demais requisitos exigidos pela ordem jurídica, é:

a) recurso extraordinário endereçado ao Supremo Tribunal Federal.

b) recurso especial endereçado ao Superior Tribunal de Justiça.

c) recurso ordinário endereçado ao Supremo Tribunal Federal.

d) recurso de revista endereçado ao Superior Tribunal de Justiça.

e) reclamação constitucional endereçada ao Conselho Nacional de Justiça.

A: Correta. O enunciado menciona que a decisão proferida pelo Tribunal Superior do Trabalho afronta diretamente a Constituição, portanto, cabível Recurso Extraordinário ao STF, nos termos do art. 102, III, a, da CF/1988. Veja-se:

Art. 102 Compete ao Supremo Tribunal Federal, precipuamente, a guarda da Constituição, cabendo-lhe:

III - julgar, mediante Recurso Extraordinário, as causas decididas em única ou última instância, quando a decisão recorrida

a) contrariar dispositivo desta Constituição.

B: Incorreta. Conforme prevê o art. 105 da CF/1988, o recurso especial só é cabível em sede de decisões dos TRF's e TJ's.

Art. 105 Compete ao Superior Tribunal de Justiça:

III - julgar, em recurso especial, as causas decididas, em única ou última instância, pelos Tribunais Regionais Federais ou pelos tribunais dos Estados, do Distrito Federal e Territórios, quando a decisão recorrida.

C: Incorreta. O recurso ordinário perante o STF é cabível em decisões em sede de Habeas Corpus, Habeas Data, Mandado de Segurança e Mandado de Injunção quando denegatórias as decisões. Como o enunciado trata de decisão que afrontou dispositivo constitucional, o recurso cabível é o Recurso Extraordinário. Nesse sentido, veja-se a previsão constitucional:

Art. 102 Compete ao Supremo Tribunal Federal, precipuamente, a guarda da Constituição, cabendo-lhe:

II - julgar, em recurso ordinário:

a) o habeas corpus, o mandado de segurança, o habeas data e o mandado de injunção decididos em única instância pelos Tribunais Superiores, se denegatória a decisão;

b) o crime político.

D: Incorreta. De acordo com o art. 896 da CLT, o Recurso de Revista deve ser endereçado ao Tribunal Superior do Trabalho. Veja-se:

Art. 896 Cabe Recurso de Revista para Turma do Tribunal Superior do Trabalho das decisões proferidas em grau de recurso ordinário, em dissídio individual, pelos Tribunais Regionais do Trabalho, quando.

Contudo, o caso narrado não é o caso de interposição de Recurso de Revista ao Tribunal Superior do Trabalho, pois a decisão foi proferida pelo próprio TST em afronta direta à Constituição Federal, sendo cabível, portanto, Recurso Extraordinário ao STF.

E: Incorreta. Nos termos do art. 102, inciso I, l, da Constituição Federal, a reclamação constitucional deve ser ajuizada perante o STF, e não ao CNJ.

Art. 102 Compete ao Supremo Tribunal Federal, precipuamente, a guarda da Constituição, cabendo-lhe:

I - processar e julgar, originariamente:

l) a reclamação para a preservação de sua competência e garantia da autoridade de suas decisões.

GABARITO: A.

---

114. Osmar estava em sua residência e foi informado de que deveria permitir a entrada de um policial que estava portando um mandado judicial de busca e apreensão, a ser cumprido justamente em sua residência.

À luz da sistemática constitucional, é correto afirmar que o ingresso na residência de Osmar, sem o seu consentimento, para o cumprimento do referido mandado:

a) poderia ocorrer em qualquer dia ou horário.

b) deveria ocorrer em certo horário, que deve ser indicado pela autoridade judicial.

c) deveria ocorrer à noite, se autorizado pela autoridade judicial.

d) não poderia ser realizado à noite, ainda que Osmar seja muito perigoso.

e) não poderia ocorrer no final de semana.

A questão exige conhecimento sobre a inviolabilidade domiciliar prevista no art. 5º, XI, da Constituição Federal. Determina o texto constitucional que: a casa é asilo inviolável do indivíduo, ninguém nela podendo penetrar sem consentimento do morador, salvo em caso de flagrante delito ou desastre, ou para prestar socorro, ou, durante o dia, por determinação judicial.

Assim, do dispositivo transcrito, extrai-se que em cumprimento à ordem judicial, só poderá haver ingresso durante o dia; por outro lado, para prestar socorro diante de desastre ou flagrante delito, pode-se adentrar em qualquer horário do dia ou da noite.

A: Incorreta. De acordo com a previsão constitucional, o cumprimento do mandado pode-se dar em qualquer dia, contudo, somente durante o período diurno, sendo correto afirmar que poderá ocorrer em qualquer horário.

B: Incorreta. O cumprimento do mandado pode ocorrer a qualquer horário, não necessitando de indicação de horário específico por parte da autoridade judicial, desde que se dê durante o dia.

C: Incorreta. A Constituição Federal é clara ao estabelecer que a casa é asilo inviolável do indivíduo, ninguém nela podendo penetrar sem consentimento do morador, salvo durante o dia, por determinação judicial. Portanto, o cumprimento do mandado não pode ser realizado à noite.

D: Correta. Independentemente da periculosidade do indivíduo, a CF/1988 assegura a inviolabilidade do domicílio no período noturno, salvo nos casos de flagrante delito ou desastre, ou para prestar socorro, conforme previsto no art. 5°, XI, da carta constitucional.

E: Incorreta. O cumprimento do mandado pode ocorrer durante o fim de semana, desde que seja durante o dia. Não há previsão constitucional restringindo o cumprimento da determinação judicial no fim de semana.

GABARITO: D.

---

115. Geraldo, servidor da Justiça do Trabalho, após cumprir os requisitos exigidos para a aposentadoria voluntária, ingressou com o pedido no setor competente e foi informado que, constatado o preenchimento dos requisitos exigidos, o seu pedido seria deferido e publicado no diário oficial.

À luz da sistemática constitucional, o deferimento da aposentadoria:

a) configura ato jurídico perfeito, insuscetível de análise administrativa por qualquer outro órgão.

b) deve ser registrado perante o Tribunal de Contas, que pode, de modo fundamentado, negar-se a promover o registro.

c) irá adquirir plena eficácia caso seja apreciado e aprovado pela Justiça Federal.

d) deve ser objeto de registro perante o Tribunal de Contas, que está obrigado a realizar o registro.

e) deve ser meramente arquivado, não sendo objeto de análise ou registro pelo Tribunal de Contas.

A questão exige conhecimento sobre função fiscalizadora do Tribunal de Contas, conforme previsão do art. 71, da CF/1988:

Art. 71 O controle externo, a cargo do Congresso Nacional, será exercido com o auxílio do Tribunal de Contas da União, ao qual compete:

III - apreciar, para fins de registro, a legalidade dos atos de admissão de pessoal, a qualquer título, na administração direta e indireta, incluídas as fundações instituídas e mantidas pelo Poder Público, excetuadas as nomeações para cargo de provimento em comissão, bem como a das concessões de aposentadorias, reformas e pensões, ressalvadas as melhorias posteriores que não alterem o fundamento legal do ato concessório.

A: Incorreta. O ato de concessão de aposentadoria é um ato complexo, exigindo a manifestação de dois órgãos distintos para a sua formação. Assim, é necessário que o órgão de lotação do servidor concorde com a aposentadoria e depois a decisão seja levada a registro no Tribunal de Contas que, ao encontrar algum tipo de vício quanto à legalidade, poderá, desde que fundamentado, negar-se a promover o registro.

B: Correta. O TCU pode, caso constate vícios no ato, de modo fundamentado, indeferir o pedido de registro, comunicando o fato ao órgão/entidade para as providências cabíveis.

C: Incorreta. O pedido de aposentadoria somente se aperfeiçoa com o registro perante o Tribunal de Contas, após apreciação de sua legalidade.

D: Incorreta. O Tribunal de Contas não está obrigado a realizar o registro, pois caso constate vícios no ato, poderá indeferir o pedido de registro, mediante decisão fundamentada.

E: Incorreta. O pedido de aposentadoria deve ser objeto de análise pelo Tribunal de Contas, para que diante de sua legalidade, seja aperfeiçoado com o seu registro.

GABARITO: B.

---

116. Certo profissional da área jurídica foi questionado sobre as características do processo e do julgamento do Presidente da República pela prática de crimes de responsabilidade. Em resposta, afirmou que a instauração do processo deve ser autorizada pela Câmara dos Deputados, o processamento e o julgamento ficam a cargo do Senado Federal, bem como que a perda da função é decidida pelo Presidente do Supremo Tribunal Federal.

À luz da sistemática constitucional, essa resposta é:

a) totalmente incorreta, pois todas as questões envolvendo o julgamento por crimes de responsabilidade devem ser decididas pelas duas Casas Legislativas em conjunto.

b) parcialmente correta, pois a instauração do processo deve ser autorizada pelo Senado Federal e o julgamento fica a cargo da Câmara dos Deputados.

c) totalmente correta, pois a separação entre as funções estatais exige que cada fase do processo de responsabilização seja dividida entre poderes distintos.

d) parcialmente correta, pois a decisão a respeito da perda da função fica a cargo do Senado Federal, que a proferirá quando do julgamento.

e) parcialmente correta, pois a Câmara dos Deputados deve autorizar a instauração do processo e, após o julgamento pelo Senado, decidir a respeito da perda da função.

A: Incorreta. No processo e julgamento do Presidente nos crimes de responsabilidade, a Câmara dos Deputados é responsável por autorizar que o Presidente da República seja processado e julgado, em outras palavras, é responsável pelo juízo de admissibilidade político, mediante o voto de dois terços dos seus membros. Assim, a resposta do profissional está parcialmente correta.

B: Incorreta. É o inverso, sendo que a instauração do processo deve ser autorizada pela Câmara dos Deputados, ao passo que o julgamento fica a cargo do Senado Federal.

C: Incorreta. O processo e julgamento do Presidente da República nos crimes de responsabilidade se dá no âmbito do Poder Legislativo, mediante o juízo de admissibilidade pela Câmara dos Deputados e julgamento a cargo do Senado Federal.

D: Correta. No processo de impeachment, caberá ao Senado Federal decidir sobre a perda do cargo e sobre a inabilitação para o exercício da função pública.

E: Incorreta. De fato, a Câmara dos Deputados deve autorizar a instauração do processo, contudo, o Senado Federal é responsável por julgar e decidir a respeito da perda da função.

GABARITO: D.

---

117. Bruno, ocupante estável do cargo de Técnico Judiciário do Tribunal Regional do Trabalho de Santa Catarina, pretende participar de programa de pós-graduação stricto sensu (mestrado) na Universidade de Brasília. Ocorre que, diante da carga horária do curso, não é possível que a participação ocorra simultaneamente com o exercício do cargo ou mediante compensação de horário.

De acordo com a Lei nº 8.112/90, Bruno:

a) poderá, no interesse do próprio servidor, afastar-se do exercício das funções de seu cargo efetivo, sem qualquer remuneração, para frequentar o curso pretendido, caso preenchidos os demais requisitos legais.

b) poderá, no interesse da Administração, afastar-se do exercício das funções de seu cargo efetivo, sem qualquer remuneração, para frequentar o curso pretendido, caso preenchidos os demais requisitos legais.

c) poderá, no interesse da Administração, afastar-se do exercício das funções de seu cargo efetivo, com a respectiva remuneração, para frequentar o curso pretendido, caso preenchidos os demais requisitos legais.

d) não poderá afastar-se do exercício das funções, pois tal afastamento apenas seria possível se houvesse compatibilidade do horário do curso com sua jornada de trabalho ou possibilidade de compensação de horário.

e) não poderá afastar-se do exercício das funções, diante da ausência de norma dispondo sobre afastamento para participação em programa de pós-graduação stricto sensu no país, mas pode requerer licença para tratar de interesses particulares.

De acordo com a Lei nº 8.112/1990:

Art. 96-A O servidor poderá, no interesse da Administração, e desde que a participação não possa ocorrer simultaneamente com o exercício do cargo ou mediante compensação de horário, afastar-se do exercício do cargo efetivo, com a respectiva remuneração, para participar em programa de pós-graduação stricto sensu em instituição de ensino superior no País.

§ 1º Ato do dirigente máximo do órgão ou entidade definirá, em conformidade com a legislação vigente, os programas de capacitação e os critérios para participação em programas de pós-graduação no País, com ou sem afastamento do servidor, que serão avaliados por um comitê constituído para este fim.

§ 2º Os afastamentos para realização de programas de mestrado e doutorado somente serão concedidos aos servidores titulares de cargos efetivos no respectivo órgão ou entidade há pelo menos 3 (três) anos para mestrado e 4 (quatro) anos para doutorado, incluído o período de estágio probatório, que não tenham se afastado por licença para tratar de assuntos particulares para gozo de licença capacitação ou com fundamento neste artigo nos 2 (dois) anos anteriores à data da solicitação de afastamento.

§ 3º Os afastamentos para realização de programas de pós-doutorado somente serão concedidos aos servidores titulares de cargos efetivo no respectivo órgão ou entidade há pelo menos quatro anos, incluído o período de estágio probatório, e que não tenham se afastado por licença para tratar de assuntos particulares ou com fundamento neste artigo, nos quatro anos anteriores à data da solicitação de afastamento.

§ 4º Os servidores beneficiados pelos afastamentos previstos nos §§ 1º, 2º e 3º deste artigo terão que permanecer no exercício de suas funções após o seu retorno por um período igual ao do afastamento concedido.

§ 5º Caso o servidor venha a solicitar exoneração do cargo ou aposentadoria, antes de cumprido o período de permanência previsto no § 4º deste artigo, deverá ressarcir o órgão ou entidade, na forma do art. 47 da Lei nº 8.112, de 11 de dezembro de 1990, dos gastos com seu aperfeiçoamento.

§ 6º Caso o servidor não obtenha o título ou grau que justificou seu afastamento no período previsto, aplica-se o disposto no § 5º deste artigo, salvo na hipótese comprovada de força maior ou de caso fortuito, a critério do dirigente máximo do órgão ou entidade.

§ 7º Aplica-se à participação em programa de pós-graduação no Exterior, autorizado nos termos do art. 95 desta Lei, o disposto nos §§ 1º a 6º deste artigo.

GABARITO: C.

---

118. O Presidente do Tribunal de Justiça do Estado de Santa Catarina enviou ofício ao Presidente do Tribunal Regional do Trabalho da 12ª Região, solicitando a cessão de Rodrigo, ocupante estável do cargo efetivo de Técnico Judiciário daquele TRT, para exercer cargo em comissão na Justiça Estadual.

De acordo com as disposições legais que regem a matéria, em especial a Lei nº 8.112/90, o pleito:

a) não pode ser deferido, eis que o servidor está vinculado ao órgão de origem para o qual prestou concurso público, somente podendo ser afastado nas hipóteses legais, dentre as quais não se inclui o caso em tela.

b) não pode ser deferido, em regra, para que se atenda à Lei de Responsabilidade Fiscal e o limite de gasto com pessoal, com exceção dos casos de permuta, em que o órgão cessionário também cede um servidor para compensação.

c) pode ser deferido, mediante ato discricionário do Presidente do TRT, e o ônus da remuneração do agente será do órgão cessionário, isto é, Tribunal de Justiça Estadual.

d) pode ser deferido, mediante ato discricionário do Presidente do TRT, e o ônus da remuneração do agente será do órgão cedente de origem, isto é, Justiça do Trabalho.

e) deve ser deferido, eis que se trata de ato administrativo vinculado, e o ônus da remuneração do agente recairá necessariamente sobre órgão cessionário, isto é, Tribunal de Justiça Estadual.

A Lei nº 8.112/1990 prevê algumas hipóteses em que é possível a cessão:

Art. 93 O servidor poderá ser cedido para ter exercício em outro órgão ou entidade dos Poderes da União, dos Estados, ou do Distrito Federal e dos Municípios, nas seguintes hipóteses:

I - para exercício de cargo em comissão ou função de confiança;

II - em casos previstos em leis específicas.

§ 1º Na hipótese do inciso I, sendo a cessão para órgãos ou entidades dos Estados, do Distrito Federal ou dos Municípios, o ônus da remuneração será do órgão ou entidade cessionária, mantido o ônus para o cedente nos demais casos. [...]

§ 3º A cessão far-se-á mediante Portaria publicada no Diário Oficial da União.

De acordo com o que prevê a Lei, Rodrigo poderá ser cedido ao Tribunal de Justiça do Estado de Santa Catarina mediante decisão discricionária do Presidente do TRT da 12ª Região.

GABARITO: C.

---

119. A legislação brasileira sobre transparência no setor público apresentou consideráveis avanços desde a aprovação da Lei de Responsabilidade Fiscal (LRF), culminando com a Lei de Acesso à Informação (LAI).

Entre as disposições da LAI para afeiçoamento das práticas de transparência está o(a):

a) definição de sigilo como exceção às regras de transparência.

b) exigência de divulgação de informações sobre a execução orçamentária em tempo real.

c) estabelecimento de prazo máximo de dez dias úteis para fornecimento de informações requeridas.

d) fixação de modelos de layout para portais eletrônicos dos órgãos públicos.

e) obrigatoriedade de realização e divulgação de audiências públicas.

A: Correta. De acordo com a Lei nº 12.527/2011:

Art. 3º Os procedimentos previstos nesta Lei destinam-se a assegurar o direito fundamental de acesso à informação e devem ser executados em conformidade com os princípios básicos da administração pública e com as seguintes diretrizes:

I - observância da publicidade como preceito geral e do sigilo como exceção.

B: Incorreta. De acordo com a LRF:

Art. 48 § 1º A transparência será assegurada também mediante:

II - liberação ao pleno conhecimento e acompanhamento da sociedade, em tempo real, de informações pormenorizadas sobre a execução orçamentária e financeira, em meios eletrônicos de acesso público.

C: Incorreta. De acordo com a Lei nº 12.527/2011:

Art. 11 O órgão ou entidade pública deverá autorizar ou conceder o acesso imediato à informação disponível.

§ 1º Não sendo possível conceder o acesso imediato, na forma disposta no caput, o órgão ou entidade que receber o pedido deverá, em prazo não superior a 20 (vinte) dias:

I - comunicar a data, local e modo para se realizar a consulta, efetuar a reprodução ou obter a certidão;

II - indicar as razões de fato ou de direito da recusa, total ou parcial, do acesso pretendido; ou

III - comunicar que não possui a informação, indicar, se for do seu conhecimento, o órgão ou a entidade que a detém, ou, ainda, remeter o requerimento a esse órgão ou entidade, cientificando o interessado da remessa de seu pedido de informação.

D: Incorreta. A LAI não fixa modelos de layout para portais eletrônicos.

E: Incorreta. De acordo com a Lei nº 12.527/2011:

Art. 9º O acesso a informações públicas será assegurado mediante:

II - realização de audiências ou consultas públicas, incentivo à participação popular ou a outras formas de divulgação.

GABARITO: A.

---

120. Entre os instrumentos de transparência fiscal previstos no art. 48 da Lei de Responsabilidade Fiscal (LRF), órgãos do Poder Judiciário divulgarão obrigatoriamente:

a) planos e diretrizes orçamentárias.

b) parecer prévio emitido pelo Tribunal de Contas.

c) realização de audiências públicas, durante os processos de elaboração e discussão do orçamento do órgão.

d) Relatório de Gestão Fiscal.

e) Relatório Resumido da Execução Orçamentária.

A: Incorreta. Leis de Orçamento são de iniciativa do Poder Executivo.

B: Incorreta. O tribunal de contas só emite parecer prévio para análise das contas do chefe do Poder Executivo.

C: Incorreta. Leis de Orçamento são de iniciativa do Poder Executivo.

D: Correta. De acordo com a LC nº 101/2000:

Art. 54 Ao final de cada quadrimestre será emitido pelos titulares dos Poderes e órgãos referidos no art. 20 Relatório de Gestão Fiscal, assinado pelo:

I - Chefe do Poder Executivo;

II - Presidente e demais membros da Mesa Diretora ou órgão decisório equivalente, conforme regimentos internos dos órgãos do Poder Legislativo;

III - Presidente de Tribunal e demais membros de Conselho de Administração ou órgão decisório equivalente, conforme regimentos internos dos órgãos do Poder Judiciário;

IV - Chefe do Ministério Público, da União e dos Estados.

E: Incorreta. Na CF e na Lei nº 4.320/1964 fala só do Poder Executivo. De acordo com a CF:

Art. 165 § 3º O Poder Executivo publicará e enviará ao Legislativo, até trinta dias após o encerramento de cada bimestre, relatório resumido da execução orçamentária.

De acordo com a Lei nº 4.320/1964:

Art. 170 O Poder Executivo publicará, até trinta dias após o encerramento de cada bimestre, relatório resumido da execução orçamentária.

GABARITO: D.

---

121. Um servidor da área de orçamento procedeu da seguinte maneira:

I. Classificou como "despesa de capital" na categoria econômica "investimentos" a dotação para aquisição de título representativo do capital de empresa já constituída, cuja operação não importa aumento de capital.

II. Classificou como "receita corrente" a conversão, em espécie, de bens e direitos.

III. Ao classificar dotação para "despesa com material permanente", considerou-o como sendo aquele com duração superior a 2 anos.

IV. Classificou como "subvenção social" dotação para transferência destinada a cobrir despesas de custeio de instituição pública de caráter cultural.

Está de acordo com a Lei nº 4.320/1964 o que consta apenas em:

a) III e IV.

b) I.

c) I e II.

d) IV.

e) II e III.

I: Incorreto. O item classificou como "despesa de capital" na categoria econômica "investimentos" a dotação para aquisição de título representativo do capital de empresa já constituída, cuja operação não importa aumento de capital. Nesse caso, temos aqui um caso de Inversão Financeira.

II: Incorreto. Classificou-se como "receita corrente" a conversão, em espécie, de bens e direitos. De acordo com a Lei nº 4.320/1964, apresenta-se como definição para as Receitas de Capital:

Art. 11 § 2º São Receitas de Capital as provenientes da realização de recursos financeiros oriundos de constituição de dívidas; da conversão, em espécie, de bens e direitos; os recursos recebidos de outras pessoas de direito público ou privado, destinados a atender despesas classificáveis em Despesas de Capital e, ainda, o superávit do Orçamento Corrente.

III: Correto. Ao classificar dotação para "despesa com material permanente", considerou-o como aquele com duração superior a 2 anos. De fato, Material Permanente é aquele que, em razão de seu uso corrente, não perde sua identidade física e/ou tem uma durabilidade superior a 2 anos (Lei nº 4.320/1964, art. 15, § 2º).

IV: Correto. Classificou como "subvenção social" dotação para transferência destinada a cobrir despesas de custeio de instituição pública de caráter cultural.

Art. 12 § 3º Consideram-se subvenções, para os efeitos desta lei, as transferências destinadas a cobrir despesas de custeio das entidades beneficiadas, distinguindo-se como:

I - subvenções sociais, as que se destinem a instituições públicas ou privadas de caráter assistencial ou cultural, sem finalidade lucrativa;

II - subvenções econômicas, as que se destinem a empresas públicas ou privadas de caráter industrial, comercial, agrícola ou pastoril.

GABARITO: A.

---

122. Um dado Ministério do Governo Federal conseguiu obter autorização legal que permite acesso a uma operação de crédito que viabilizará projeto estratégico. Para tanto, fará uso de crédito adicional especial com finalidade precisa, por não existir dotação específica. Nesse caso, é correto afirmar que, de acordo com a Constituição Federal e a Lei nº 4.320/1964,

a) seu uso estará restrito a uma vigência de aproximadamente 60 dias caso o ato de autorização legislativa para abertura do crédito seja promulgado nos últimos 2 meses do exercício, devido à aplicação da regra de que o crédito possui vigência no próprio exercício financeiro.

b) por serem créditos derivados de operação de crédito, dispensa-se a indicação dos recursos disponíveis para ocorrer a despesa.

c) a regra de que as operações de crédito não devem exceder o montante das despesas de capital pode ser ressalvada no caso de créditos especiais com finalidade precisa, desde que aprovados pelo Legislativo por maioria absoluta.

d) o projeto de lei relativo ao crédito especial será apreciado apenas no Senado Federal, na forma do seu regimento.

e) caberá à Comissão Permanente da Câmara dos Deputados examinar o projeto de lei do crédito especial e, no caso de aprovação, promulgar o ato de autorização.

A: Incorreta. De acordo com a CF/1988:

Art. 167 § 2º Os créditos especiais e extraordinários terão vigência no exercício financeiro em que forem autorizados, salvo se o ato de autorização for promulgado nos últimos quatro meses daquele exercício, caso em que, reabertos nos limites de seus saldos, serão incorporados ao orçamento do exercício financeiro subsequente.

B: Incorreta. Conforme a CF/1988:

Art. 167 São vedados:

V - a abertura de crédito suplementar ou especial sem prévia autorização legislativa e sem indicação dos recursos correspondentes.

C: Correta. Conforme a CF/1988:

Art. 167 São vedados:

III - a realização de operações de créditos que excedam o montante das despesas de capital, ressalvadas as autorizadas mediante créditos suplementares ou especiais com finalidade precisa, aprovados pelo Poder Legislativo por maioria absoluta.

D: Incorreta. Conforme a CF/1988:

Art. 166 Os projetos de lei relativos ao plano plurianual, às diretrizes orçamentárias, ao orçamento anual e aos créditos adicionais serão apreciados pelas duas Casas do Congresso Nacional, na forma do regimento comum.

E: Incorreta. Conforme a CF/1988:

Art. 166 § 1º Caberá a uma Comissão mista permanente de Senadores e Deputados:

I - examinar e emitir parecer sobre os projetos referidos neste artigo e sobre as contas apresentadas anualmente pelo Presidente da República; Cabe ao Presidente da República a promulgação da lei e, subsidiariamente, o Presidente e o Vice do Senado, nessa ordem (art. 166, § 7º c/c art. 66, § 7º).

GABARITO: C.

---

123. Um servidor investido em cargo da área de orçamento deverá observar os vários princípios norteadores do orçamento público, pelos quais fica estabelecido que:

a) todos os órgãos e entidades do ente governamental, em obediência ao princípio da universalidade, deverão estar compreendidos, junto com os Poderes desse mesmo ente, em uma só lei de orçamento anual.

b) a Lei Orçamentária Anual (LOA) deverá conter a previsão de todas as receitas e de todas as despesas, em obediência ao princípio do orçamento bruto.

c) a previsão de deduções legais é necessária na Lei Orçamentária Anual (LOA) apenas nos casos de exceção legal ao princípio da exclusividade.

d) o princípio da exclusividade não exclui a possibilidade de a Lei Orçamentária Anual (LOA) conter autorização para contratação de operação de crédito.

e) o princípio da não vinculação determina que as receitas de impostos constem da Lei Orçamentária Anual (LOA) pelos seus totais.

A: Incorreta. Princípio da unidade ou totalidade: previsto de forma expressa pelo caput do art. 2º da Lei nº 4.320/1964, determina existência de orçamento único para cada um dos entes federados (União, estados, Distrito Federal e municípios) com a finalidade de se evitarem múltiplos orçamentos paralelos dentro da mesma pessoa política.

B: Incorreta. Universalidade: estabelecido de forma expressa pelo caput do art. 2º da Lei nº 4.320/1964, recepcionado e normatizado pelo § 5º do art. 165 da Constituição Federal, determina que a LOA de cada ente federado deverá conter todas as receitas e despesas de todos os poderes, órgãos, entidades, fundos e fundações instituídas e mantidas pelo Poder Público.

C: Incorreta. Orçamento bruto: previsto pelo art. 6º da Lei nº 4.320/1964, obriga registrarem-se receitas e despesas na LOA pelo valor total e bruto, vedadas quaisquer deduções.

D: Correta. Previsto no § 8º, do art. 165, da CF/1988, estabelece que a LOA não conterá dispositivo estranho à previsão da receita e à fixação da despesa. Ressalvam-se dessa proibição a autorização para abertura de crédito suplementar e a contratação de operações de crédito, nos termos da lei. A LOA deverá tratar apenas de matéria financeira, excluindo-se dela qualquer outro dispositivo estranho. Assim, não pode o texto da

lei orçamentária instituir tributo, por exemplo, nem qualquer outra determinação que fuja às finalidades específicas de previsão de receita e fixação de despesa. Exceções: autorização para abertura de créditos suplementares e contratação de operações de crédito, ainda que por antecipação da receita (ARO ou outra operação de crédito).

E: Incorreta. **Não-vinculado (não-afetação) da receita de impostos: o inciso IV do art. 167 da CF/1988 veda vinculação da receita de impostos a órgão, fundo ou despesa, salvo exceções estabelecidas pela própria Constituição Federal.**

GABARITO: D.

---

124. Um servidor investido em cargo da área de orçamento deverá observar os vários dispositivos da Lei de Responsabilidade Fiscal (LRF - Lei Complementar nº 101/2000), os quais buscam, dentre outros fins, prevenir riscos e corrigir desvios capazes de afetar o equilíbrio das contas públicas. Assim, deverá ser considerado por ele que:

a) a Lei de Orçamento Anual tem por finalidade, de acordo com a LRF, dispor sobre o equilíbrio entre receitas e despesas.

b) se a despesa com pessoal do Poder Executivo ultrapassar 95% do limite estabelecido na LRF, a alteração da estrutura de carreira não estará proibida desde que não implique aumento de despesa.

c) se ao final de um bimestre for verificado que a realização da receita poderá não comportar o cumprimento das metas de resultado primário estabelecidas na Lei de Diretrizes Orçamentárias (LDO), o Poder Executivo estará incumbido de limitar valores financeiros, segundo critérios da LDO, de seus órgãos e entidades e do Ministério Público.

d) a dotação para investimento com duração superior a um ano deverá estar consignada nas respectivas Leis Orçamentárias Anuais e de Diretrizes Orçamentárias quando este não estiver incluído no Plano Plurianual.

e) a apuração da receita corrente líquida e dos resultados nominal e primário feita pelo Relatório de Gestão Fiscal será objeto de emissão e divulgação ao final de cada quadrimestre.

A: Incorreta. **Atribuição conferida à LDO, conforme dispõe o art. 4º, I, alínea "a".**

B: Correta. **Somente é vedada a alteração de estrutura de carreira que implique aumento de despesa.**

C: Incorreta. **Se verificado, ao final de um bimestre, que a realização da receita poderá não comportar o cumprimento das metas de resultado primário ou nominal estabelecidas no Anexo de Metas Fiscais, os Poderes e o Ministério Público promoverão, por ato próprio e nos montantes necessários, nos 30 dias subsequentes, limitação de empenho e movimentação financeira, segundo os critérios fixados pela lei de diretrizes orçamentárias. Isso já foi objeto de Ação Direta de Inconstitucionalidade.**

D: Incorreta. **De acordo com a LRF:**

Art. 5º **O projeto de lei orçamentária anual, elaborado de forma compatível com o plano plurianual, com a lei de diretrizes orçamentárias e com as normas desta Lei Complementar:**

§ 5º **A lei orçamentária não consignará dotação para investimento com duração superior a um exercício financeiro que não esteja previsto no plano plurianual ou em lei que autorize a sua inclusão, conforme disposto no § 1º do art. 167 da Constituição.**

E: Incorreta. **Tal atribuição cabe a outro relatório: o Relatório Resumido de Execução Orçamentária.**

GABARITO: B.

---

125. Considere:

I. Diretrizes, objetivos e metas da Administração Pública federal para as despesas de capital.

II. Despesas de capital para o exercício financeiro subsequente.

III. Demonstrativo regionalizado do efeito decorrente de isenções, anistias, remissões e subsídios.

É estabelecido pela Constituição Federal para constar da Lei de Diretrizes Orçamentárias (LDO) o que consta apenas em:

a) I e III.

b) I.

c) III.

d) I e II.

e) II.

Art. 165 **As Leis de iniciativa do Poder Executivo estabelecerão:**

I - **o plano plurianual;**

II - **as diretrizes orçamentárias;**

III - **os orçamentos anuais.**

§ 1º **A lei que instituir o plano plurianual estabelecerá, de forma regionalizada, as diretrizes, objetivos e metas da administração pública federal para as despesas de capital e outras delas decorrentes e para as relativas aos programas de duração continuada.**

§ 2º **A lei de diretrizes orçamentárias compreenderá as metas e prioridades da administração pública federal, incluindo as despesas de capital para o exercício financeiro subseqüente, orientará a elaboração da lei orçamentária anual, disporá sobre as alterações na legislação tributária e estabelecerá a política de aplicação das agências financeiras oficiais de fomento.**

§ 6º **O projeto de lei orçamentária será acompanhado de demonstrativo regionalizado do efeito, sobre as receitas e despesas, decorrente de isenções, anistias, remissões, subsídios e benefícios de natureza financeira, tributária e creditícia.**

I: Incorreto. Vide art. 165, § 1º.

II: Correto. Vide art. 165, § 2º.

III: Incorreto. Vide art. 165, § 6º.

GABARITO: E.

---

126. Maria, pessoa que comprovadamente possui insuficiência de recursos, precisa ter acesso a informações pessoais suas, constantes de banco de dados da Secretaria Municipal de Saúde, sobre o tempo de serviço prestado em condições insalubres perante esse órgão. Efetuado o requerimento, o órgão, no entanto, recusa-se a fornecer-lhe as informações. Como ficou sabendo da existência de uma ação constitucional capaz de obrigar o órgão governamental a fazê-lo, Maria procura a Defensoria Pública para ingressar com a ação competente. Nessa situação, à luz da disciplina constitucional da matéria, a Defensoria Pública:

a) poderá impetrar habeas corpus, visto tratar-se da ação constitucional competente para a obtenção das informações que Maria almeja acessar.

b) poderá impetrar mandado de segurança, representando Maria, visto tratar-se da ação constitucional competente para a obtenção das informações que Maria almeja acessar.

c) poderá impetrar ação popular em face da entidade depositária das informações, visto tratar-se de direito líquido e certo.

d) poderá impetrar habeas data representando Maria, visto tratar-se da ação constitucional competente para a obtenção das informações que Maria almeja acessar.

e) não poderá ingressar com ação judicial representando Maria, uma vez que as atribuições da Defensoria abrangem a defesa judicial e extrajudicial de direitos coletivos, e não individuais.

A: Incorreta. **O habeas corpus tem como finalidade a proteção da liberdade de locomoção, nos termos do art. 5º, LXVIII da Constituição Federal.**

B: Incorreta. O mandado de segurança será impetrado para proteger direito líquido e certo, quando não amparado por habeas corpus e habeas data.

C: Incorreta. A ação popular é impetrada com a finalidade de anular ato lesivo ao patrimônio público, que não é o caso da questão.

D: Correta. De acordo com o art. 5º, inciso LXII, da Constituição Federal:

Art. 5º LXXII - conceder-se-á "habeas-data":

a) para assegurar o conhecimento de informações relativas à pessoa do impetrante, constantes de registros ou bancos de dados de entidades governamentais ou de caráter público;

b) para a retificação de dados, quando não se prefira fazê-lo por processo sigiloso, judicial ou administrativo.

E: Incorreta. As atribuições da DP incluem defesa judicial e extrajudicial de direitos coletivos e, também, individuais.

GABARITO: D.

127. O vínculo jurídico político que liga um indivíduo a um certo e determinado Estado, fazendo deste indivíduo um componente do povo e capacitando-o a exigir sua proteção e sujeitando-o ao cumprimento de deveres impostos é denominado:

a) soberania.

b) nacionalidade.

c) dignidade humana.

d) legitimidade ativa.

e) elegibilidade.

A: Incorreta. Soberania se refere a um princípio fundamental da República Federativa do Brasil, nos termos do art. 1º, I da Constituição Federal.

B: Correta. É por meio da nacionalidade que o indivíduo cria vínculo jurídico-político com determinado Estado.

C: Incorreta. A dignidade da pessoa humana trata-se de um princípio fundamental, previsto no art. 1º, I da CF e não guarda relação com a definição trazida.

D: Incorreta. A legitimidade ativa é um conceito bastante amplo, tendo aplicação em várias situações, mas não guarda relação com a definição trazida na questão.

E: Incorreta. Elegibilidade se refere à capacidade eleitoral passiva, ou seja, a capacidade de receber votos, candidatando-se a algum cargo eletivo.

GABARITO: B.

128. Os Direitos Sociais, tais como tratados na Constituição Federal e na doutrina constitucional:

a) são considerados direitos fundamentais do homem e correspondem a um não fazer do Estado para com o indivíduo.

b) compreendem os direitos de nacionalidade, dentre os quais o direito à filiação partidária.

c) compreendem, dentre outros, o direito à propriedade material e imaterial.

d) caracterizam-se como liberdades positivas e têm como finalidade a melhoria das condições de vida dos hipossuficientes, visando à concretização da igualdade social.

e) consagram o princípio da solidariedade e caracterizam-se por terem titularidade coletiva, atribuída a todas as formações sociais.

A: Incorreta. Direitos sociais são de segunda dimensão, os quais exigem do Estado uma ação, um agir, o Estado tem que fazer algo para garantir tais direitos a população.

B: Incorreta. A nacionalidade não se trata de um direito social. Os direitos sociais encontram-se previstos do art. 6º ao 11 da Constituição Federal, enquanto que a nacionalidade está nos artigos 12 e 13, também da Constituição Federal.

C: Incorreta. O direito à propriedade material e imaterial encontra-se previsto no art. 5º, logo não é direito social.

D: Correta. Traz um conceito da doutrina constitucionalista.

E: Incorreta. Os direitos sociais são direitos de segunda dimensão (geração), enquanto os direitos ligados à fraternidade ou solidariedade são direitos de terceira dimensão (geração).

GABARITO: D.

129. À luz da separação dos Poderes, consagrada como princípio fundamental da Constituição Federal:

a) são funções típicas do Poder Legislativo legislar, fiscalizar e julgar o Presidente da República por crimes de responsabilidade.

b) ao Tribunal de Contas da União, como órgão do Poder Judiciário, compete a fiscalização externa da atuação do Poder Executivo.

c) as Comissões Parlamentares de Inquérito são instauradas no âmbito das Casas do Congresso Nacional, cabendo o controle judicial de seus atos ao Supremo Tribunal Federal.

d) ao Conselho Nacional de Justiça, como órgão do Poder Judiciário no exercício da função jurisdicional, compete a fiscalização externa do Poder Judiciário.

e) são funções típicas do Poder Executivo a administração da coisa pública, tributação e elaboração de normas jurídicas por meio de medidas provisórias.

A: Incorreta. A função de julgar o Presidente da República em caso de crime de responsabilidade é função atípica.

B: Incorreta. O Tribunal de Contas da União não é órgão do Poder Judiciário, embora tenha o nome de tribunal. Atenção a este detalhe.

C: Correta. De acordo com o art. 58, §3º da Constituição Federal.

D: Incorreta. O Conselho Nacional de Justiça não desempenha função jurisdicional, trata-se de órgão de controle da atuação administrativa e financeira do Poder Judiciário.

E: Incorreta. A função de legislar, elaborando medidas provisórias, é uma atividade atípica do Poder Executivo.

GABARITO: C.

130. Relativamente aos Tribunais e Juízes do Trabalho, como órgãos do Poder Judiciário, a Constituição Federal estabelece que:

a) a supervisão administrativa, orçamentária, financeira e patrimonial dos órgãos da Justiça do Trabalho cabe ao Conselho Nacional de Justiça, cujas decisões terão efeito vinculante.

b) compete à Justiça do Trabalho processar e julgar as ações oriundas da relação de trabalho, abrangendo a apreciação de causas que envolvam o Poder Público e seus servidores, vinculados por relação estatutária.

c) os Tribunais Regionais do Trabalho serão compostos por, no máximo, sete juízes recrutados obrigatoriamente na respectiva região e nomeados pelo Presidente da República.

d) as ações de indenização por dano moral ou patrimonial decorrentes da relação de trabalho são de competência da Justiça Federal.

e) compete à Justiça do Trabalho processar e julgar as ações relativas às penalidades administrativas impostas aos empregadores pelos órgãos de fiscalização das relações de trabalho.

A: Incorreta. Tal supervisão cabe ao Conselho Superior da Justiça do Trabalho, nos termos do art. 111-A, § 2º, II da Constituição Federal.

B: Incorreta. Entende o STF que não compete à Justiça do Trabalho apreciar causas que envolvam Poder Público e servidor com vínculo estatutário.

C: Incorreta. Nos termos do art. 115 da CF, os Tribunais Regionais do Trabalho serão compostos de, no mínimo, sete juízes.

D: Incorreta. Compete à Justiça do Trabalho, nos termos do art. 114, VI da Constituição Federal.

E: Correta. De acordo com o art. 114, VII, da Constituição Federal.

Art. 114 Compete à Justiça do Trabalho processar e julgar:

VII - as ações relativas às penalidades administrativas impostas aos empregadores pelos órgãos de fiscalização das relações de trabalho.

GABARITO: E.

---

131. Uma autarquia responsável pela execução de serviços rodoviários concedeu uma gratificação para determinado segmento de servidores. Um pequeno grupo de servidores de outro setor da autarquia requereu administrativamente a concessão da mesma gratificação. O servidor que apreciou o pleito estava substituindo a autoridade competente e entendeu por dar provimento ao requerimento. Findas as férias da autoridade competente, esta retornou às suas funções e identificou a decisão de seu substituto. Constatado que contrariava a legislação vigente:

a) a autoridade competente deverá anular a decisão proferida, tendo em vista o vício de legalidade verificado, como expressão do poder de revisão dos atos administrativos.
b) a autoridade competente deverá identificar se será melhor para os usuários do serviço que a decisão seja anulada, podendo, em caso negativo, convalidar o ato administrativo.
c) o ato administrativo proferido será necessariamente submetido à análise revisional da autoridade competente, porque provisório, assim como todos os demais de conteúdo decisório proferidos pelo substituto, para anulação ou convalidação.
d) caberá a revogação da decisão proferida, tendo em vista que os atos administrativos de cunho constitutivo somente podem ser proferidos pela autoridade titular do cargo competente.
e) a revisão do ato administrativo deverá ser requerida por meio judicial, tendo em vista que a autoridade que o proferiu era competente na ocasião.

A: Correta. Em conformidade com o princípio da autotutela, fundado na Súmula nº 473 do STF: A administração pode anular seus próprios atos, quando eivados de vícios que os tornam ilegais, porque deles não se originam direitos; ou revogá-los, por motivo de conveniência ou oportunidade, respeitados os direitos adquiridos, e ressalvada, em todos os casos, a apreciação judicial.

B. Incorreta. Convalidar ato administrativo só é possível quando estes forem eivados de vícios sanáveis quando à sua forma e competência.

C. Incorreta. Não há provisoriedade no ato aqui. Mesmo que houvesse, não seria passível de convalidação.

D. Incorreta. Revogação é a extinção do ato válido. Este ato possui vício de legalidade, portanto, ato inválido, podendo apenas ser anulado.

E. Incorreta. Em conformidade com o princípio da autotutela já indicado, a administração pública pode anular seus próprios atos quando estes forem eivados de vícios insanáveis.

GABARITO: A.

---

132. Um servidor da administração direta federal foi convidado para ocupar cargo em comissão na administração indireta estadual, como superintendente da autarquia responsável por ditar a política ambiental, inclusive realizar os licenciamentos naquela unidade federativa. O ente interessado na cessão do servidor formalizou o pedido e o servidor apresentou a seu superior pedido de afastamento, que:

a) não poderá ser deferido, considerando que os pedidos de afastamento para ocupar cargo em comissão somente podem ser acolhidos dentro da mesma esfera da administração.
b) não poderá ser acolhido porque os pedidos de afastamento somente podem ser deferidos para ocupar cargo em comissão no âmbito da administração direta.
c) poderá ser deferido, ficando a remuneração do servidor a cargo do ente cessionário.
d) poderá ser deferido, mantendo-se o ônus da remuneração para a administração pública cedente, considerando o dever de colaboração entre os entes federados.
e) será ou não deferido, conforme decisão discricionária da autoridade competente, cabendo ao servidor optar pela remuneração na administração pública cedente ou cessionária.

A questão versa acerca do art. 93 da Lei nº 8.112/1993:

Art. 93 O servidor poderá ser cedido para ter exercício em outro órgão ou entidade dos Poderes da União, dos Estados, ou do Distrito Federal e dos Municípios, nas seguintes hipóteses:

I - para exercício de cargo em comissão ou função de confiança;

II - em casos previstos em leis específicas.

§ 1º Na hipótese do inciso I, sendo a cessão para órgãos ou entidades dos Estados, do Distrito Federal ou dos Municípios, o ônus da remuneração será do órgão ou entidade cessionária, mantido o ônus para o cedente nos demais casos.

§ 2º Na hipótese de o servidor cedido a empresa pública ou sociedade de economia mista, nos termos das respectivas normas, optar pela remuneração do cargo efetivo ou pela remuneração do cargo efetivo acrescida de percentual da retribuição do cargo em comissão, a entidade cessionária efetuará o reembolso das despesas realizadas pelo órgão ou entidade de origem.

A: Incorreta. Conforme disposto, a lei permite a cessão para outro órgão ou entidade administrativa.

B: Incorreta. Não há previsão legal para tal impedimento.

C: Correta (art. 93, inciso I, § 1º).

D: Incorreta. O ônus da remuneração é do cessionário.

E: Incorreta. Novamente, o ônus é incumbido ao cessionário, não caberá opção ao servidor.

GABARITO: C.

---

133. A Constituição Federal contém normas em matéria de fixação de remuneração no âmbito da iniciativa privada e no âmbito da Administração pública. De acordo com essas regras e com a jurisprudência do Supremo Tribunal Federal:

a) apenas o salário mínimo pode ser adotado pela lei como índice para a revisão geral anual da remuneração e do subsídio dos servidores públicos.

b) a remuneração paga a empregado público de empresa pública federal, ainda que a empresa não receba recursos financeiros públicos para pagamento com despesas de pessoal ou de custeio em geral, não pode ser superior ao valor dos subsídios pagos aos Ministros do Supremo Tribunal Federal.

c) os vencimentos dos cargos do Poder Legislativo e do Poder Judiciário deverão ser iguais aos pagos pelo Poder Executivo.

d) a remuneração dos servidores públicos titulares de cargos públicos somente pode ser fixada por lei específica.

e) o recebimento de valores pelo empregado a título de participação nos lucros ou resultados integra sua remuneração para todos os fins.

A: Incorreta. É vedada a vinculação do salário-mínimo para qualquer fim, nos termos do art. 7º, IV da Constituição Federal.

B: Incorreta. Nos termos do art. 37, § 9º, o teto é aplicável às empresas públicas e sociedades de economia mista que recebam recursos públicos para pagamento de despesas de pessoal ou custeio.

C: Incorreta. Os vencimentos dos cargos do Poder Legislativo e do Poder Judiciário não poderão ser superiores aos pagos pelo Poder Executivo, nos termos do art. 37, XII da Constituição Federal.

D: Correta. De acordo com o art. 37, inciso X, da CF/1988.

E: Incorreta. Na verdade, a participação nos lucros e resultados é desvinculada da remuneração, nos termos do art. 7º, XI da CF.

GABARITO: D.

---

134. Sindicato de servidores públicos estaduais de determinada categoria, em funcionamento há menos de um ano, pretende propor mandado de segurança para afastar a aplicação de edital de concurso público de promoção de servidores titulares de cargos públicos efetivos, por entender que os critérios de promoção adotados pela Administração pública violam princípios constitucionais. De acordo com as normas constitucionais, o sindicato:

a) tem legitimidade para propor mandado de segurança coletivo perante a Justiça do Trabalho, competente para julgar a matéria.

b) tem legitimidade para propor mandado de segurança coletivo perante a Justiça Estadual, competente para julgar a matéria.

c) não tem legitimidade para propor mandado de segurança coletivo, por faltar-lhe o requisito de tempo mínimo de funcionamento, mas os servidores públicos prejudicados pelo edital poderão impetrar mandado de segurança individual perante a Justiça do Trabalho, competente para julgar a matéria.

d) não tem legitimidade para propor mandado de segurança coletivo, assegurado apenas às entidades de classe e às associações, mas os servidores públicos prejudicados pelo edital poderão impetrar mandado de segurança individual perante a Justiça Estadual, competente para julgar a matéria.

e) tem legitimidade para propor mandado de segurança individual perante a Justiça do Trabalho, competente para julgar a matéria.

Nos termos do art. 5º, inciso LXX, alínea b, da CF/1988, a organização sindical tem legitimidade para propor mandado de segurança coletivo perante a Justiça Estadual.

Art.5º LXX - o mandado de segurança coletivo pode ser impetrado por:

a) partido político com representação no Congresso Nacional;

b) organização sindical, entidade de classe ou associação legalmente constituída e em funcionamento há pelo menos um ano, em defesa dos interesses de seus membros ou associados.

Assim, a alternativa correta é a B. As demais alternativas estão incorretas, por afirmarem que a associação sindical não tem legitimidade para propor mandado de segurança coletivo ou por afirmarem que deveria ser proposto mediante Justiça Especial do Trabalho.

GABARITO: B.

---

135. Considere a seguinte situação:

I. Lei de certo Estado da Federação cria, no Quadro de Pessoal do Tribunal de Justiça, cargos públicos em comissão, de livre nomeação e exoneração, para o exercício de atribuições administrativas diversas das funções de direção, chefia e assessoramento.

II. Ao apreciar a regularidade de determinados atos administrativos praticados por Tribunal de Justiça com fundamento na referida lei estadual, o Conselho Nacional de Justiça, por decisão tomada por maioria absoluta de votos, afasta a aplicação da lei, por considerá-la inconstitucional.

III. No mesmo julgamento, por decisão tomada por maioria absoluta de votos, o Conselho Nacional de Justiça determina ao Tribunal de Justiça a adoção de providências para a exoneração dos servidores comissionados nomeados e empossados com base em lei inconstitucional.

É compatível com a Constituição Federal e com a jurisprudência do Supremo Tribunal Federal o que consta de:

a) I, II e III.

b) I e II, apenas.

c) III, apenas.

d) I, apenas.

e) II e III, apenas.

I: Incorreto. Os cargos em comissão destinam-se apenas às atribuições de direção, chefia e assessoramento, não se incluindo atribuições administrativas, nos termos do art. 37, inciso V, da Constituição Federal.

II e III: Corretos. Entende o STF que o Conselho Nacional de Justiça pode deixar de aplicar lei inconstitucional, ao apreciar a regularidade de determinados atos administrativos praticados pelo Tribunal de Justiça (TJ). Além do mais, pode determinar ao TJ a adoção de providências para a exoneração de servidores comissionados nomeados e empossados com base em lei inconstitucional, nos termos do info 851 do Supremo Tribunal Federal.

GABARITO: E.

---

136. No sistema de controle de constitucionalidade das leis e atos normativos acolhido pelo direito brasileiro, à luz da interpretação que lhe dá a jurisprudência do Supremo Tribunal Federal:

a) é inadmissível ação direta de inconstitucionalidade contra ato normativo que ofenda o texto constitucional apenas de forma indireta e reflexa.

b) as decisões proferidas pelos Tribunais de Contas que reconhecem a inconstitucionalidade de lei produzem eficácia contra todos e efeito vinculante, relativamente aos demais órgãos do Poder Judiciário e à Administração pública direta e indireta, nas esferas federal, estadual e municipal.

c) é cabível o ajuizamento de ação direta de inconstitucionalidade contra súmula vinculante editada pelo Supremo Tribunal Federal.

d) cabe ao Congresso Nacional, por maioria absoluta dos votos de seus membros, suspender, no todo ou em parte, lei declarada inconstitucional por decisão definitiva do Supremo Tribunal Federal proferida em ação direta de inconstitucionalidade.

e) é inadmissível o exercício do controle incidental de inconstitucionalidade pelo Superior Tribunal de Justiça, ainda que realizado nas causas de sua competência originária.

A: Correta. Para ser admissível a Ação Direta de Inconstitucionalidade, faz-se necessária ofensa direta à Constituição Federal.

B: Incorreta. Não é atribuição do Tribunal de Contas declarar inconstitucionalidades de leis. Compete, portanto, ao Supremo Tribunal Federal reconhecer a inconstitucionalidade de leis que produzem eficácia contra todos e efeito vinculante.

C: Incorreta. Não é cabível ação direta de inconstitucionalidade (ADI), mas reclamação interposta perante o Supremo Tribunal Federal.

D: Incorreta. Esta competência é do Senado Federal, nos termos do art. 52, X da Constituição Federal).

E: Incorreta. Qualquer juízo pode realizar o controle incidental de inconstitucionalidade.

GABARITO: A.

137. O controle dos atos administrativos, quando exercido pelos Tribunais de Contas, se exterioriza por meio da edição de:

a) decisões administrativas, com natureza de ato administrativo, nos processos de tomadas de contas, podendo servir como título executivo para as multas impostas aos responsáveis.

b) decisões jurisdicionais nos processos de verificações de licitações e auditorias de contratações, na medida em que devem julgar referidos atos regulares ou irregulares.

c) decisões de cunho administrativo, cujo conteúdo analisa os aspectos de legalidade dos atos e contratos celebrados pela Administração pública, vedada ingerência nos aspectos discricionários.

d) atos administrativos de natureza decisória, passíveis de revisão pelo próprio juízo emissor ou pelo Judiciário até o trânsito em julgado.

e) atos administrativos, quando não tiverem conteúdo condenatório e atos sancionatórios, quando impuserem sanções, inadmitida revisão, sob pena de ofensa ao princípio da Separação de Poderes, pois se trata do órgão de controle do Judiciário e do Executivo.

A: Correta. Vide § 3º do art. 71 da CF/1988:

Art. 71 § 3º As decisões do Tribunal de que resulte imputação de débito ou multa terão eficácia de título executivo.

Ademais, as decisões do Tribunal de Contas são de natureza administrativa.

B. Incorreta. As decisões do Tribunal de Contas não são jurisdicionais, e sim administrativas.

C. Incorreta. O Tribunal de Contas pode, sim, em um controle externo, analisar aspectos da discricionariedade; trata-se de controle político e financeiro, não de legalidade.

D. Incorreta. Por se tratar de decisão administrativa, ela não transita em julgado.

E. Incorreta. O Tribunal de Contas também pode editar atos com conteúdos condenatórios também.

GABARITO: A.

138. Um jornalista requereu à autoridade municipal competente informações a respeito do valor efetivamente gasto pela Prefeitura com despesas de publicidade institucional desde o início do mandato do Prefeito. Considerando que a lei municipal prevê o cabimento de recurso administrativo, sem efeito suspensivo, contra eventual indeferimento desse pedido, caso essa hipótese se confirme o interessado:

a) deverá interpor recurso administrativo, cujo cabimento decorre da aplicação do direito ao devido processo legal administrativo, como requisito para que seja admissível a propositura de ação judicial voltada a determinar à autoridade municipal que preste as informações solicitadas.

b) poderá ajuizar ação popular, ainda que não tenha interposto recurso administrativo contra o ato municipal, desde que o jornalista seja cidadão brasileiro e que assegure que será respeitado o sigilo de fonte, a fim de que seja expedida ordem judicial determinando à autoridade municipal que preste as informações solicitadas, ficando o autor isento de custas judiciais, salvo se comprovada má-fé, mas não do ônus da sucumbência.

c) não será legitimado a ajuizar qualquer ação judicial, uma vez que o ato administrativo municipal violou direito difuso, passível de proteção mediante o ajuizamento de ação civil pública pelo Ministério Público, sem prejuízo da legitimidade ativa de outras partes previstas em lei.

d) poderá impetrar mandado de segurança individual, ainda que não tenha interposto recurso administrativo contra o ato municipal, a fim de que seja expedida ordem judicial determinando à autoridade municipal que preste as informações solicitadas, não sendo assegurado pela Constituição Federal, especificamente aos impetrantes dessa ação, o direito à isenção de custas judiciais.

e) poderá ajuizar, gratuitamente, habeas data a fim de que seja expedida ordem judicial determinando à autoridade municipal que preste as informações solicitadas, ficando prejudicado o julgamento do recurso administrativo, caso tenha sido interposto, na hipótese de superveniência de decisão judicial transitada em julgado.

A: Incorreta. O remédio constitucional cabível é o mandado de segurança, além disso não é requisito para propositura de ação judicial interpor recurso administrativo previamente.

B: Incorreta. Ficará isento tanto de custas judiciais como do ônus da sucumbência, nos termos do art. 5º, LXXIII da Constituição Federal.

C: Incorreta. Será possível a interposição de mandado de segurança para proteger direito líquido e certo.

D: Correta. O remédio cabível é o mandado de segurança individual. Além disso, de fato, a Constituição Federal não assegura a gratuidade dessa ação; há a gratuidade, nesse caso, apenas no tocante aos honorários de sucumbência.

E: Incorreta. Habeas data é um remédio cabível para assegurar o conhecimento de informações relativas à pessoa do impetrante, o que não é o caso da questão, nos termos do art. 5º, LXXII da Constituição Federal.

GABARITO: D.

139. A Constituição Federal VEDA, como regra geral, a prisão civil por dívida:

a) proibindo, expressamente, a prisão do depositário infiel, qualquer que seja a natureza do depósito, ainda que permita a prisão civil do responsável pelo inadimplemento voluntário e inescusável de obrigação alimentícia.

b) ressalvando, expressamente, a prisão civil do responsável pelo inadimplemento voluntário e inescusável de obrigação alimentícia e a do depositário infiel, mas o Supremo Tribunal Federal firmou tese jurídica, em sede de julgamento de recurso extraordinário com repercussão geral reconhecida, no sentido de que todos os pactos internacionais em matéria de direitos humanos internalizados pelo País, inclusive os que proíbem a prisão civil por dívida, ingressam no direito brasileiro com hierarquia de norma constitucional e, por isso, a hipótese de prisão do depositário infiel é inaplicável segundo o direito vigente.

c) ressalvando, expressamente, a prisão do responsável pelo inadimplemento voluntário e inescusável de obrigação alimentícia e a do depositário infiel, mas, de outro lado, o Supremo Tribunal Federal editou súmula vinculante segundo a qual é ilícita a prisão civil do depositário infiel, qualquer que seja a modalidade do depósito.

d) ressalvando, expressamente, a prisão do responsável pelo inadimplemento voluntário e inescusável de obrigação alimentícia e a do depositário infiel, mas a jurisprudência vigente do Supremo Tribunal Federal entende que os pactos internacionais em matéria de direitos humanos internalizados pelo País, inclusive os que proíbem a prisão civil por dívida, ingressam no direito brasileiro com hierarquia de norma constitucional e, por isso, todas as hipóteses de prisão civil previstas na Constituição Federal são inaplicáveis segundo o direito vigente.

e) ressalvando, expressamente, a prisão do responsável pelo inadimplemento voluntário e inescusável de obrigação alimentícia e a do depositário infiel, mas, segundo jurisprudência vigente do Supremo Tribunal Federal, é vedada a prisão civil do depositário infiel apenas quando o depósito for fruto de ordem judicial.

A: Incorreta. A Constituição não veda expressamente a prisão do depositário infiel, pelo contrário, ela autoriza, nos termos do art. 5º, LXVII da CF. Porém, hoje não cabe a prisão do depositário infiel, conforme súmula vinculante 25.

B: Incorreta. Não são todos os tratados de direitos humanos que serão equivalentes a emendas constitucionais, mas apenas aqueles aprovados nas duas casas, por três quintos dos votos, em dois turnos, conforme art. 5º, § 3º da Constituição Federal.

C: Correta. Vai ao encontro com a Súmula Vinculante 25: É ilícita a prisão civil de depositário infiel, qualquer que seja a modalidade do depósito.

D: Incorreta. Para entrar com o status de emenda constitucional, faz-se necessária a aprovação nas duas casas, por três quintos de votos, em dois turnos. Além disso, a prisão por falta de pagamento de alimentos ainda é válida.

E: Incorreta. A ressalva alcança somente a prisão do depositário infiel; a prisão por falta de pagamento de obrigação alimentícia é possível.

GABARITO: C.

---

140. Órgão de fiscalização das relações de trabalho impôs a certa empresa pública estadual multa pecuniária por descumprimento de normas de proteção à saúde e à segurança dos trabalhadores. Após esgotada a discussão do ato punitivo na instância administrativa, a empresa impetrou mandado de segurança perante a Justiça do Trabalho, visando afastar a penalidade imposta, sob o argumento de que, por integrar a Administração pública, a empresa não estaria sujeita a essas normas, ainda que seus empregados sejam contratados pelo regime jurídico trabalhista. Nessa situação, à luz da Constituição Federal, o mandado de segurança foi impetrado perante a justiça:

a) competente, sendo o ato impugnado passível de ser objeto de mandado de segurança, mas o argumento de mérito invocado pela impetrante é incompatível com a Constituição Federal.

b) competente, sendo o ato impugnado passível de ser objeto de mandado de segurança, que sustenta argumento de mérito compatível com a Constituição Federal.

c) competente, mas o ato impugnado não é passível de ser objeto de mandado de segurança, uma vez que essa ação não admite a apreciação judicial da legalidade da multa pecuniária, apesar do argumento de mérito invocado pela impetrante ser compatível com a Constituição Federal.

d) competente, mas o ato impugnado não é passível de ser objeto de mandado de segurança, uma vez que essa ação não admite a apreciação judicial da legalidade da multa pecuniária, sendo incompatível com a Constituição Federal o argumento de mérito invocado pela impetrante.

e) incompetente, uma vez que a ação deveria ser proposta perante a Justiça Estadual, mas o ato impugnado é passível de ser objeto de mandado de segurança, apesar do argumento de mérito invocado pela impetrante ser incompatível com a Constituição Federal.

De acordo com a situação hipotética trazida, com base na Constituição Federal, o mandado de segurança foi impetrado perante a justiça competente, nos termos do art. 114 da CF/1988.

Art. 114 Compete à Justiça do Trabalho processar e julgar:

I - as ações oriundas da relação de trabalho, abrangidos os entes de direito público externo e da administração pública direta e indireta da União, dos Estados, do Distrito Federal e dos Municípios; [...]

IV - os mandados de segurança, habeas corpus e habeas data , quando o ato questionado envolver matéria sujeita à sua jurisdição; [...]

VII - as ações relativas às penalidades administrativas impostas aos empregadores pelos órgãos de fiscalização das relações de trabalho.

GABARITO: A.

---

141. Com fundamento em Lei estadual editada sobre a matéria, certo Estado da Federação, que adota, desde a promulgação da Constituição Federal, o regime estatutário para seus servidores públicos, admitiu médicos pelo prazo determinado de um ano, para atender a necessidade temporária de excepcional interesse público decorrente de epidemia de moléstia de natureza grave e fatal. Concluído o prazo da contratação, o ente federativo tomou providências para o encerramento do vínculo jurídico mantido com os médicos. Ato contínuo, alguns dos contratados ajuizaram reclamações trabalhistas perante a Justiça do Trabalho, sob o argumento de que o decurso do prazo fixado no contrato não é motivo suficiente para o encerramento da relação jurídica mantida com a Administração Pública. A pretensão foi acolhida por sentença judicial de primeiro grau, contra a qual foi interposto o recurso cabível, além de reclamação constitucional perante o Supremo Tribunal Federal (STF), sob o argumento de ter sido violado acórdão proferido pela corte em sede de ação direta de inconstitucionalidade. Dentre os atos narrados, é incompatível com a Constituição Federal e com a jurisprudência do Supremo Tribunal Federal:

a) a contratação de médicos, por prazo determinado, dada a incompatibilidade da hipótese prevista em lei com a disciplina constitucional da matéria.

b) a extinção do vínculo contratual sem que tenha havido prática de falta contratual, apurada em sede de processo administrativo no qual fossem assegurados a ampla defesa e o contraditório aos médicos.

c) o ajuizamento da reclamação constitucional contra a sentença proferida em primeiro grau, uma vez que essa medida processual é cabível somente após o julgamento de todos os recursos cabíveis.

d) o ajuizamento da ação trabalhista perante a Justiça do Trabalho, dada sua incompetência para o julgamento do caso.

e) a edição da lei estadual em matéria de contratação temporária de servidores públicos, dada a incompetência dos Estados para legislar sobre a matéria.

A: Incorreta. A Constituição Federal prevê de forma expressa a contratação por tempo determinado, nos termos do art. 37, IX da Constituição Federal.

B: Incorreta. Os contratos temporários têm prazo fixado; passado esse prazo, extingue-se o vínculo contratual, simplesmente com o decurso do tempo.

C: Incorreta. Não é exigido o julgamento de todos os recursos cabíveis, mas sim o esgotamento das instâncias ordinárias, portanto, são coisas diferentes.

D: Correta. A competência para julgar a referida ação é da Justiça Comum Estadual, segundo entendimento do Supremo Tribunal Federal.

E: Incorreta. É compatível com a Constituição Federal a edição da lei estadual em matéria de contratação temporária de servidores.

GABARITO: D.

---

142. Certo Tribunal Regional do Trabalho propôs ao Poder Legislativo Federal projeto de lei para a criação de cargos públicos efetivos de juízes trabalhistas e de cargos públicos de assessoria administrativa, em comissão, de livre nomeação e exoneração. A discussão e a votação do projeto de lei tiveram início na Câmara dos Deputados, tendo sido aprovado pelo Poder Legislativo, vindo a ser sancionado e promulgado pelo Presidente da República. Na sequência, o Tribunal Regional do Trabalho editou ato normativo definindo as atribuições dos cargos públicos em comissão, uma vez que não foram especificadas na Lei. Nessa situação, de acordo com a Constituição Federal e com jurisprudência do Supremo Tribunal Federal, mostra-se compatível com a ordem constitucional:

I. A propositura, pelo Tribunal Regional do Trabalho, de projeto de lei dispondo sobre a criação dos cargos de juízes.

II. A propositura, pelo Tribunal Regional do Trabalho, de projeto de lei dispondo sobre a criação dos cargos administrativos em comissão.

III. O início, na Câmara dos Deputados, da discussão e da votação de projeto de lei.

IV. A definição das atribuições dos cargos em comissão por ato infralegal.

Está correto o que consta apenas de:

a) I e II.

b) II e IV.

c) I.

d) III e IV.

e) III.

I: Incorreto. É competência do Tribunal Superior do Trabalho, nos termos do art. 96, II da Constituição Federal.

II: Incorreto. Compete ao Tribunal Superior do Trabalho, não ao Tribunal Regional do Trabalho, nos termos do art. 96, inciso II, da Constituição Federal.

III: Correto. De acordo com o art. 64, da Constituição Federal:

Art. 64 A discussão e votação dos projetos de lei de iniciativa do Presidente da República, do Supremo Tribunal Federal e dos Tribunais Superiores terão início na Câmara dos Deputados.

IV: Incorreto. A definição das atribuições dos cargos em comissão se dá por meio de lei.

GABARITO: E.

---

143. As pessoas jurídicas que integram a Administração indireta, independentemente de sua natureza jurídica, submetem-se aos princípios que regem a Administração pública. No que se refere à relação com a Administração direta:

a) os entes que integram a Administração indireta possuem personalidade jurídica própria e são dotados de autogestão e autoadministração, não obstante possa haver dependência financeira.

b) os atos editados pelas pessoas jurídicas de direito público que integram a Administração indireta sujeitam-se à anulação ou revogação pela Administração central, de ofício ou a pedido, como expressão do poder de tutela.

c) as empresas estatais submetidas ao regime jurídico de direito privado não se sujeitam ao poder de tutela da Administração central, sendo independentes administrativa, orçamentária e financeiramente.

d) as organizações sociais e as organizações da sociedade civil de interesse público, quando integrantes da Administração indireta, submetem-se ao poder de tutela da Administração central e, portanto, ao controle finalístico exercido por ela, possibilitando o desfazimento de atos que violem a legalidade.

e) as autarquias, como pessoas jurídicas de direito público, admitem a revisão de seus atos diretamente pela Administração central, desde que seja constatado vício de legalidade ou desvio de finalidade, como decorrência lógica do poder de tutela.

A: Correta. Embora a parte final da afirmação possa deixar algumas pessoas em dúvidas, essa é a afirmativa que deve ser assinalada. Vale lembrar que as estatais podem ser dependentes ou independentes financeiramente.

B: Incorreta. Na verdade, aqui se confunde tutela com autotutela. O poder da Administração pública de anular ou revogar seus próprios atos é garantido pelo princípio da autotutela.

C: Incorreta. O poder de tutela abrange todas as pessoas jurídicas que compõem a Administração pública indireta.

D: Incorreta. As paraestatais não integram a Administração pública indireta.

E: Incorreta. Deve ser interposto o recurso hierárquico impróprio.

GABARITO: A.

---

144. Considere os seguintes eventos registrados no encerramento do orçamento referente ao exercício financeiro de 2017, em 31 de dezembro:

I. Despesas empenhadas no total de R$ 5.000.000, despesas liquidadas no total de R$ 3.000.000 e despesas pagas no total de R$ 2.000.000.

II. Despesa anulada na data de 30/10/2017, no valor de R$ 200.000.

III. R$ 5.500.000 foi o total das receitas tributárias arrecadadas no exercício financeiro de 2017, sendo R$ 4.000.000 correspondentes a tributos lançados no próprio exercício financeiro de 2017 e R$ 1.500.000 correspondentes a tributos lançados no exercício financeiro de 2015 e arrecadados por meio de cobrança de créditos da Fazenda Pública que haviam sido inscritos na dívida ativa em 31/12/2016.

Tomando-se por base esses eventos, de acordo com a Lei nº 4.320/1964:

a) a despesa anulada de R$ 200.000 reverte à dotação orçamentária do exercício de 2017.

b) os créditos arrecadados de R$ 1.500.000 serão escriturados no orçamento como receitas do exercício de 2015, ano do lançamento dos tributos.

c) a diferença de R$ 1.000.000 entre o total das despesas liquidadas e o total das despesas pagas será considerada como "despesas de exercícios encerrados".

d) os restos a pagar do exercício de 2017 correspondem a R$ 2.000.000.

e) os créditos arrecadados de R$ 1.500.000 serão escriturados no orçamento como receitas do exercício de 2016, ano da inscrição em dívida ativa.

A: Correta. De acordo com a Lei nº 4.320/1964:

Art. 38 Reverte à dotação a importância de despesa anulada no exercício; quando a anulação ocorrer após o encerramento deste considerar-se-á receita do ano em que se efetivar.

B: Incorreta. A receita não é escriturada no ano de inscrição em Dívida Ativa, nem no ano do Lançamento de 2015 (Reconhecimento do Fato), mas, sim, no ano de exercício em que for arrecadado.

C: Incorreta. São restos a pagar processados.

D: Incorreta. O valor corresponde a R$ 3.000.000.

E: Incorreta. A receita não é escriturada no ano de inscrição em Dívida Ativa, nem no ano do Lançamento de 2015 (Reconhecimento do Fato), mas, sim, no ano de exercício em que for arrecadado.

GABARITO: A.

---

145. Um projeto de lei orçamentária teve tramitação pelo Poder Legislativo, ocasião em que foram apresentadas três emendas parlamentares:

I. A primeira indicou recurso proveniente de anulação de despesa destinada a serviços da dívida.

II. A segunda indicou recurso proveniente de anulação de despesa relacionada a dotação para encargos de pessoal.

III. A terceira indicou recurso proveniente de anulação de despesa para construção de escola de ensino fundamental.

De acordo com a Constituição Federal, está em condições de ser aprovado o que consta apenas em:

a) I.

b) I e III.

c) II.

d) II e III.

e) III.

A alternativa correta é a E, de acordo com o art. 166 da CF/1988.

Art. 166 § 3º As emendas ao projeto de lei do orçamento anual ou aos projetos que o modifiquem somente podem ser aprovadas caso:

I - sejam compatíveis com o plano plurianual e com a lei de diretrizes orçamentárias;

II - indiquem os recursos necessários, admitidos apenas os provenientes de anulação de despesa, excluídas as que incidam sobre:

a) dotações para pessoal e seus encargos;

b) serviço da dívida;

c) transferências tributárias constitucionais para Estados, Municípios e Distrito Federal.

GABARITO: E.

146. Todo o processo do orçamento público está orientado por princípios sobre os quais é correto afirmar que:

a) As deduções devem ser consideradas apenas para o balanceamento das transferências intragovernamentais por força do princípio do orçamento bruto.

b) A proibição à realização de despesas que excedam os créditos orçamentários ou adicionais decorre do princípio da legalidade.

c) Segundo o princípio da discriminação, a lei de orçamento não consignará dotações globais destinadas a atender indiferentemente a despesas de pessoal, material, programas especiais de trabalho que não possam cumprir-se subordinadamente às normas gerais de execução de despesa, serviços de terceiros e transferências.

d) Pelo princípio da exclusividade, a lei de orçamento anual não conterá dispositivo estranho à previsão da receita e à fixação da despesa, excetuando-se, porém, a autorização para abertura de créditos suplementares e especiais.

e) Deverá existir um único orçamento para o ente da Federação por força do princípio da universalidade.

A: Incorreta. Princípio do orçamento bruto: preconiza o registro das receitas e despesas na LOA pelo valor total e bruto, vedadas quaisquer deduções.

B: Correta. O administrador está autorizado a realizar somente as despesas que estão aprovadas na LOA.

C: Incorreta. Princípio da discriminação/especialização/especificação: não é possível que a LOA consigne dotações globais para atender indistitamente despesas de pessoal, material, serviços de terceiros, transferências ou quaisquer outras.

Exceções: I) programas especiais de trabalho classificados como despesas de capital de investimentos; e II) reserva de contingência.

D: Incorreta. Princípio da exclusividade: preconiza que não se pode incluir dispositivo estranho na LOA.

Exceções: I) autorização para abertura de créditos suplementares; e II) autorização para contratação de operações de créditos, ainda que por antecipação de receita.

E: Incorreta. Princípio da unidade ou totalidade: o orçamento deve ser uno; cada ente deve elaborar um único orçamento. Princípio da universalidade: a LOA de cada ente da federação deverá conter todas as receitas e despesas de todos os poderes, órgãos, entidades, fundos e fundações instituídas e mantidas pelo poder público.

GABARITO: B.

147. Ao processamento da despesa pública, aos créditos adicionais e ao exercício financeiro, está fixado que:

a) o pagamento de despesa anterior à sua regular liquidação tem como exceção legal a natureza do objeto adquirido.

b) o empenho da despesa por estimativa é prática incompatível com o princípio da especificação.

c) o uso da diferença positiva entre o ativo financeiro e o passivo financeiro do exercício anterior, conjugando-se ainda os saldos dos créditos adicionais transferidos e as operações de crédito a ele vinculadas, é admitido para a abertura de créditos adicionais suplementares e especiais.

d) a vedação à realização de despesas sem o prévio empenho é excetuada por lei para aquelas realizadas sob o regime de adiantamento (suprimento de fundos).

e) os créditos da Fazenda Pública, exigíveis pelo transcurso do prazo para pagamento, serão inscritos em registro próprio como dívida ativa, momento a partir do qual todos os créditos, não importando a origem, adquirem a natureza de dívida ativa tributária.

A: Incorreta. De acordo com o art. 62 da Lei nº 4.320/1964:

Art. 62 O pagamento da despesa só será efetuado quando ordenado após sua regular liquidação.

B: Incorreta. De acordo com o art. 60 da Lei nº 4.320/1964:

Art. 60 § 2º Será feito por estimativa o empenho da despesa cujo montante não se possa determinar.

C: Correta. De acordo com o art. 43 da Lei nº 4.320/1964:

Art. 43 A abertura dos créditos suplementares e especiais depende da existência de recursos disponíveis para ocorrer a despesa e será precedida de exposição justificativa.

§ 1º Consideram-se recursos para o fim deste artigo, deste que não comprometidos;

I – o superávit financeiro apurado em balanço patrimonial do exercício anterior;

§ 2º Entende-se por superávit financeiro a diferença positiva entre o ativo financeiro e o passivo financeiro conjugando-se ainda, os saldos dos créditos adicionais transferidos e as operações de crédito a eles vinculadas.

D: Incorreta. De acordo com o art. 68 da Lei nº 4.320/1964:

Art. 68 O regime de adiantamento é aplicável aos casos de despesas expressamente definidos em lei e consiste na entrega de numerário a servidor, sempre precedida de empenho na dotação própria para o fim de realizar despesas, que não possam subordinar-se ao processo normal de aplicação. O empenho é sempre obrigatório - o que pode ser dispensado, em casos especiais previstos na legislação, é a emissão da nota de empenho (art. 60, §1º).

E: Incorreta. De acordo com o art. 39 da Lei nº 4.320/1964:

Art. 39 § 2º Dívida Ativa Tributária é o crédito da Fazenda Pública dessa natureza, proveniente de obrigação legal relativa a tributos e respectivos adicionais e multas, e Dívida Ativa não Tributária são os demais créditos da Fazenda Pública.

GABARITO: C.

148. Sobre os créditos adicionais:

a) é vedada a edição de decreto executivo para a abertura de créditos adicionais suplementares.

b) o produto de operações de crédito pode ser usado como fonte de recurso apenas para o crédito adicional especial.

c) um crédito adicional suplementar, cujo ato de autorização for promulgado em agosto de determinado ano, poderá viger até dezembro do ano seguinte, caso seja reaberto nos limites dos seus saldos.

d) por expressa disposição, somente os créditos especiais e extraordinários possuem hipóteses de exceção à regra da vigência adstrita ao exercício financeiro da abertura do crédito adicional.

e) os recursos que, em decorrência de veto, emenda ou rejeição do projeto de lei orçamentária anual, ficarem sem despesas correspondentes poderão ser automaticamente utilizados para créditos adicionais especiais ou suplementares.

A: Incorreta. De acordo com o art. 42 da Lei nº 4.320/1964:

Art. 42 Os créditos suplementares e especiais serão autorizados por lei e abertos por decreto executivo.

B: Incorreta. Conforme art. 43 da Lei nº 4.320/1964:

Art. 43 A abertura dos créditos suplementares e especiais depende da existência de recursos disponíveis para ocorrer a despesa e será precedida de exposição justificativa.

§ 1º Consideram-se recursos para o fim deste artigo, desde que não comprometidos: IV - o produto de operações de crédito autorizadas, em forma que juridicamente possibilite ao poder executivo realizá-las.

C: Incorreta. Conforme art. 167 da Constituição:

Art. 167 § 2º Os créditos especiais e extraordinários terão vigência no exercício financeiro em que forem autorizados, salvo se o ato de autorização for promulgado nos últimos quatro meses daquele exercício, caso em que, reabertos nos limites de seus saldos, serão incorporados ao orçamento do exercício financeiro subseqüente.

D: Correta. Segundo o art. 45 da Lei nº 4.320/1964:

Art. 45 Os créditos adicionais terão vigência adstrita ao exercício financeiro em que forem abertos, salvo expressa disposição legal em contrário, quanto aos especiais e extraordinários.

E: Incorreta. Segundo o art. 166 da CF/1988:

Art. 167 § 8º Os recursos que, em decorrência de veto, emenda ou rejeição do projeto de lei orçamentária anual, ficarem sem despesas correspondentes poderão ser utilizados, conforme o caso, mediante créditos especiais ou suplementares, com prévia e específica autorização legislativa.

GABARITO: D.

---

149. A Constituição Federal traz vários dispositivos que regulam o processo orçamentário da Administração, dentre os quais consta que:

a) a assunção de obrigações que exceda o crédito orçamentário correspondente deverá ser objeto de crédito adicional extraordinário aberto até o encerramento do exercício.

b) não é necessária a prévia autorização legislativa na transposição de recursos de uma categoria de programação para outra no âmbito de ciência, tecnologia e inovação, com o objetivo de viabilizar os resultados de projetos restritos a essas funções.

c) a autorização específica nas respectivas leis de diretrizes orçamentárias e leis orçamentárias anuais é requisito exigido pela Constituição Federal a investimento cuja execução adentre 3 exercícios financeiros.

d) as despesas decorrentes de guerra ou comoção interna deverão ser atendidas por crédito adicional especial, cuja finalidade é dar suporte a despesas para as quais não haja dotação orçamentária específica.

e) a lei orçamentária anual compreenderá o orçamento fiscal dos Poderes da União, enquanto lei específica tratará do orçamento da seguridade social, abrangendo todas as entidades e órgãos a ela vinculados.

A: Incorreta. De acordo com o art. 167 da CF/1988:

Art. 167. São vedados:

II - a realização de despesas ou a assunção de obrigações diretas que excedam os créditos orçamentários ou adicionais.

B: Correta. Conforme dispõe o art. 167 da CF/1988:

Art. 167 § 5º A transposição, o remanejamento ou a transferência de recursos de uma categoria de programação para outra poderão ser admitidos, no âmbito das atividades de ciência, tecnologia e inovação, com o objetivo de viabilizar os resultados de projetos restritos a essas funções, mediante ato do Poder Executivo, sem necessidade da prévia autorização legislativa prevista no inciso VI deste artigo.

C: Incorreta. De acordo com o art. 167 da CF/1988:

Art. 167 § 1º Nenhum investimento cuja execução ultrapasse um exercício financeiro poderá ser iniciado sem prévia inclusão no plano plurianual, ou sem lei que autorize a inclusão, sob pena de crime de responsabilidade.

D: Incorreta. Segundo o art. 167 da CF/1988:

Art. 167 § 3º A abertura de crédito extraordinário somente será admitida para atender a despesas imprevisíveis e urgentes, como as decorrentes de guerra, comoção interna ou calamidade pública, observado o disposto no art. 62.

E: Incorreta. De acordo com o art. 165 da CF/1988:

Art. 165 § 5º A lei orçamentária anual compreenderá:

II - o orçamento da seguridade social, abrangendo todas as entidades e órgãos a ela vinculados, da administração direta ou indireta, bem como os fundos e fundações instituídos e mantidos pelo Poder Público.

GABARITO: B.

---

150. Considere:

I. Prévia dotação orçamentária suficiente para atender às projeções das despesas decorrentes.

II. Crédito adicional aprovado por lei específica.

III. Autorização específica na Lei de Diretrizes Orçamentárias.

IV. Previsão no Plano Plurianual.

De acordo com a Constituição Federal, a concessão de qualquer vantagem ou aumento de remuneração pelos órgãos e entidades da Administração direta está condicionada ao que consta apenas em:

a) I e IV.

b) III e IV.

c) II.

d) I e II.

e) I e III.

De acordo com a CF/1988:

Art. 169 A despesa com pessoal ativo e inativo da União, dos Estados, do Distrito Federal e dos Municípios não poderá exceder os limites estabelecidos em lei complementar.

§ 1º A concessão de qualquer vantagem ou aumento de remuneração, a criação de cargos, empregos e funções ou alteração de estrutura de carreiras, bem como a admissão ou contratação de pessoal, a qualquer título, pelos órgãos e entidades da administração direta ou indireta, inclusive fundações instituídas e mantidas pelo poder público, só poderão ser feitas:

I - se houver prévia dotação orçamentária suficiente para atender às projeções de despesa de pessoal e aos acréscimos dela decorrentes;

II - se houver autorização específica na lei de diretrizes orçamentárias, ressalvadas as empresas públicas e as sociedades de economia mista.

GABARITO: E.

151. Consideradas as formas de aquisição da nacionalidade previstas na Constituição Federal, são brasileiros:

a) naturalizados os estrangeiros de qualquer nacionalidade, residentes na República Federativa do Brasil há mais de dez anos ininterruptos e sem condenação penal, desde que requeiram a nacionalidade brasileira.

b) natos os nascidos na República Federativa do Brasil, ainda que de pais estrangeiros, desde que estes estejam a serviço de seu país.

c) naturalizados os nascidos no estrangeiro, de pai brasileiro e mãe brasileira, desde que qualquer deles esteja a serviço da República Federativa do Brasil.

d) natos os nascidos no estrangeiro de pai brasileiro ou mãe brasileira, desde que sejam registrados em repartição brasileira competente.

e) naturalizados os que, na forma da lei, adquiram a nacionalidade brasileira, exigida dos originários de países de língua portuguesa apenas residência por cinco anos ininterruptos e idoneidade moral.

A: Incorreta. **O prazo para os estrangeiros residirem no Brasil é de 15 anos e não 10 anos, nos termos do art. 12, II, b, da CF/1988.**

B: Incorreta. **Caso os pais sejam estrangeiros que estão a serviço do seu país de origem, os filhos nascidos no Brasil não serão brasileiros natos, conforme art. 12, I, a, da CF/1988.**

C: Incorreta. **Na verdade, será brasileiro nato se nascer no estrangeiro, mas for filho de brasileiro que esteja a serviço do seu país.**

D: Correta. **Se for registrado em repartição brasileira competente, será brasileiro nato, mesmo nascendo no estrangeiro, conforme art. 12, I, c, da CF/1988.**

E: Incorreta. **Aos originários de países de língua portuguesa, é exigido apenas 1 ano de residência.**

GABARITO: D.

---

152. A Constituição Federal, ao disciplinar o direito fundamental à propriedade, ao mesmo tempo estabelece mecanismos de proteção, e enumera algumas situações de intervenção do Estado na propriedade privada, regime esse que compreende a regra segundo a qual:

a) aos autores pertence o privilégio temporário para utilização de sua obra, transmissível aos herdeiros, pelo tempo que a lei complementar fixar.

b) a autoridade competente poderá utilizar, no caso de perigo público iminente, a propriedade particular, assegurado, nessa hipótese, direito à prévia indenização, em dinheiro.

c) a desapropriação poderá ocorrer por necessidade, utilidade pública ou por interesse social, tendo como requisito constitucional inafastável a ulterior indenização em dinheiro.

d) o direito de herança é garantido, sendo que a sucessão de estrangeiros situados no país será regulada pela lei brasileira em benefício do cônjuge ou dos filhos brasileiros, sempre que não lhes seja mais favorável a lei pessoal do de cujus.

e) a lei assegurará aos autores de inventos industriais o direito exclusivo de sua utilização, publicação ou reprodução, bem como proteção às criações industriais, à propriedade das marcas, aos nomes de empresas, imagem, moral e voz humanas e a outros signos distintivos, tendo em vista a função social e o desenvolvimento tecnológico e econômico do País.

A: Incorreta. **Na verdade, aos autores pertence um direito exclusivo, não um privilégio temporário, nos termos do art. 5º, XXVII da CF/1988.**

B: Incorreta. **A indenização não é prévia, mas ulterior, se houver dano, nos termos do art. 5º, XXV da CF/1988.**

C: Incorreta. **Nesse caso, a indenização será prévia, nos termos do art. 5º, XXIV da CF/1988.**

D: Correta. **De acordo com o art. 5º, XXXI da CF/1988.**

Art. 5º XXXI - a sucessão de bens de estrangeiros situados no País será regulada pela lei brasileira em benefício do cônjuge ou dos filhos brasileiros, sempre que não lhes seja mais favorável a lei pessoal do "de cujus".

E: Incorreta. **Na verdade, a lei assegurará aos autores de inventos industriais privilégio temporário para sua utilização, nos termos do art. 5º, XXIX da CF/1988.**

GABARITO: D.

---

153. Sobre a responsabilidade do Presidente da República, levando-se em conta que em regimes democráticos não existem governantes irresponsáveis, e considerando o que estabelece sobre o tema a Constituição Federal:

a) são considerados crimes de responsabilidade aqueles que, contrariando leis complementares, atentarem contra o patrimônio público e social.

b) admitida a acusação de infração penal comum contra o Presidente da República por três quintos da Câmara dos Deputados, será ele submetido a julgamento perante o Senado Federal.

c) nos casos de crime de responsabilidade, admitida a acusação contra o Presidente da República, compete o julgamento ao Supremo Tribunal Federal.

d) na vigência de seu mandato, poderá o Presidente da República ser responsabilizado por atos não correlatos ao exercício de suas funções, desde que autorizada a acusação pelo Congresso Nacional.

e) admitida a acusação contra o Presidente da República por infrações penais comuns ou por crime de responsabilidade, ficará ele suspenso de suas funções pelo prazo de até cento e oitenta dias.

A: Incorreta. **Crimes de responsabilidade são aqueles que atentem contra a Constituição Federal, nos termos do art. 85 da CF/1988.**

B: Incorreta. **O quórum necessário é de dois terços, nos termos do art. 51 da CF/1988.**

C: Incorreta. **A competência para julgar o Presidente da República, no caso de crime de responsabilidade, é do Senado Federal, conforme art. 52 da CF/1988.**

D: Incorreta. **Na vigência do mandato, o Presidente da República não pode ser responsabilizado por atos estranhos ao exercício da função, conforme art. 86, § 4º da CF/1988.**

E: Correta. **De acordo com o art. 86, § 1º, II, da CF/1988:**

Art. 86 § 1º O Presidente ficará suspenso de suas funções:

II - nos crimes de responsabilidade, após a instauração do processo pelo Senado Federal.

§ 2º Se, decorrido o prazo de cento e oitenta dias, o julgamento não estiver concluído, cessará o afastamento do Presidente, sem prejuízo do regular prosseguimento do processo.

GABARITO: E.

---

154. A constituição de uma pessoa jurídica para integrar a administração indireta depende:

a) de autorização legislativa para instituição, no caso das sociedades de economia mista, cujo regime jurídico típico de direito privado não afasta a necessidade de se submeter a determinadas regras e princípios aplicáveis às pessoas jurídicas de direito público.

b) de lei para criação do ente, quando se tratar de empresas estatais de natureza jurídica típica de direito privado, independente do objeto social, não se lhes aplicando o regime jurídico de direito público.

c) de lei autorizativa, no caso das autarquias, seguida de afetação de patrimônio e arquivamento de atos constitutivos segundo a legislação civil vigente.

d) do arquivamento dos atos constitutivos no caso das autarquias, seguido de edição de Decreto homologatório pelo Chefe do Executivo.

e) de lei autorizativa para criação de qualquer ente, independentemente da natureza jurídica, fazendo constar como anexo do ato normativo os atos constitutivos da pessoa jurídica.

De acordo com a CF/1988:

Art. 37 XIX - somente por lei específica poderá ser criada autarquia e autorizada a instituição de empresa pública, de sociedade de economia mista e de fundação, cabendo à lei complementar, neste último caso, definir as áreas de sua atuação.

Ademais, cumpre ressaltar que, no tocante ao regime jurídico de direito privado, tão-somente as estatais exploradoras de atividade econômica estão sujeitas a algumas aplicabilidades de direito público, visto que as estatais que prestam serviços públicos se submetem predominantemente às diretrizes de direito público. Analisando as demais, temos:

A: Correta. Vide inciso XIX do art. 37 da CF/1988.

B: Incorreta. Ente não é criado por lei, tão-somente autorizado.

C: Incorreta. As autarquias são criadas por lei.

D: Incorreta. Novamente, as autarquias são criadas por lei específica, nada o que se falar em Decreto.

E: Incorreta. Mais uma vez, as autarquias são criadas por lei específica, e as demais são tão-somente autorizadas por lei.

GABARITO: A.

---

155. O Conselho Nacional de Justiça é um órgão que compõe o Poder Judiciário e tem, dentre suas atribuições, o controle da atuação administrativa e financeira do Tribunal Regional do Trabalho e do cumprimento dos deveres funcionais dos juízes. De acordo com o que dispõe expressamente a Constituição Federal, assinale a alternativa que apresenta apenas alguns dos membros que compõem o Conselho Nacional de Justiça.

a) Três membros do Ministério Público dos Estados e um desembargador de Tribunal de Justiça, indicado pelo Supremo Tribunal Federal.

b) Dois advogados, indicados pelo Conselho Federal da Ordem dos Advogados do Brasil, e um juiz de Tribunal Regional Federal, indicado pelo respectivo tribunal.

c) Um desembargador de Tribunal de Justiça, indicado pelo respectivo tribunal, e um juiz federal, indicado pelo Supremo Tribunal Federal.

d) O Procurador-Geral da República e dois cidadãos, de notável saber jurídico e reputação ilibada, indicados pelo Senado Federal.

e) Um juiz de Tribunal Regional Federal, indicado pelo Superior Tribunal de Justiça, e um juiz de Tribunal Regional do Trabalho, indicado pelo Tribunal Superior do Trabalho.

A questão exige conhecimento acerca da composição do Conselho Nacional de Justiça, nos termos do art. 103-B, da Constituição Federal:

Art. 103-B O Conselho Nacional de Justiça compõe-se de 15 (quinze) membros com mandato de 2 (dois) anos, admitida 1 (uma) recondução, sendo:

I - o Presidente do Supremo Tribunal Federal;

II - um Ministro do Superior Tribunal de Justiça, indicado pelo respectivo tribunal;

III - um Ministro do Tribunal Superior do Trabalho, indicado pelo respectivo tribunal;

IV - um desembargador de Tribunal de Justiça, indicado pelo Supremo Tribunal Federal;

V - um juiz estadual, indicado pelo Supremo Tribunal Federal;

VI - um juiz de Tribunal Regional Federal, indicado pelo Superior Tribunal de Justiça;

VII - um juiz federal, indicado pelo Superior Tribunal de Justiça;

VIII - um juiz de Tribunal Regional do Trabalho, indicado pelo Tribunal Superior do Trabalho;

IX - um juiz do trabalho, indicado pelo Tribunal Superior do Trabalho;

X - um membro do Ministério Público da União, indicado pelo Procurador-Geral da República;

XI um membro do Ministério Público estadual, escolhido pelo Procurador-Geral da República dentre os nomes indicados pelo órgão competente de cada instituição estadual;

XII - dois advogados, indicados pelo Conselho Federal da Ordem dos Advogados do Brasil;

XIII - dois cidadãos, de notável saber jurídico e reputação ilibada, indicados um pela Câmara dos Deputados e outro pelo Senado Federal.

A: Incorreta. Fazem parte do CNJ um membro do Ministério Público estadual e um desembargador do Tribunal de Justiça, indicado pelo Supremo Tribunal Federal.

B: Incorreta. O juiz de Tribunal Regional Federal é indicado pelo Superior Tribunal de Justiça e não pelo respectivo tribunal.

C: Incorreta. Nos termos do art. 103-B, IV, compõe o CNJ um desembargador de Tribunal de Justiça, indicado pelo Supremo Tribunal Federal e um juiz federal, indicado pelo Superior Tribunal de Justiça.

D: Incorreta. Um dos cidadãos, de notável saber jurídico e reputação ilibada, é indicado pela Câmara dos Deputados e o outro pelo Senado Federal.

E: Correta. Conforme previsto no art. 103-B, incisos VI e VIII, da CF/1988.

GABARITO: E.

---

156. No exercício de suas atividades como Analista Judiciário – Área Administrativa, José recebeu um pedido de informações acerca dos servidores do TRT, para fins de instrução de mandado de segurança coletivo impetrado em face do tribunal. Acerca do mandado de segurança coletivo, de acordo com o que dispõe a Constituição Federal, assinale a alternativa correta.

a) O mandado de segurança coletivo pode ser impetrado por partido político independentemente de este possuir representação no Congresso Nacional.

b) O mandado de segurança coletivo deve ser impetrado para assegurar o conhecimento de informações relativas à pessoa do impetrante, constantes de registros ou bancos de dados de entidades governamentais ou de caráter público.

c) Qualquer cidadão é parte legítima para impetrar mandado de segurança coletivo, ficando o autor, salvo comprovada má-fé, isento de custas judiciais e do ônus da sucumbência.

d) O mandado de segurança coletivo pode ser impetrado por organização sindical, entidade de classe ou associação legalmente constituída e em funcionamento há pelo menos um ano, em defesa dos interesses de seus membros ou associados.

e) O mandado de segurança coletivo deve ser impetrado para a retificação de dados, quando não se prefira fazê-lo por processo sigiloso, judicial ou administrativo.

A: Incorreta. O partido político precisa ter representação no Congresso Nacional para impetrar o mandado de segurança, conforme estabelece o art. 5º, LXX, da CF/1988:

Art. 5º LXX – o mandado de segurança coletivo pode ser impetrado por:

a) partido político com representação no Congresso Nacional.

B: Incorreta. O habeas data (art. 5º, LXXII, CF/1988) é o remédio constitucional cabível para assegurar o conhecimento de informações relativas à pessoa do impetrante, constantes de registros ou bancos de dados de entidades governamentais ou de caráter público. Por sua vez, de acordo com o art. 5º, LXIX, da CF/1988, o mandado de segurança pode ser impetrado para proteger direito líquido e certo, não amparado

por habeas corpus ou habeas data quando o responsável pela ilegalidade ou abuso de poder for autoridade pública ou agente de pessoa jurídica no exercício de atribuições do Poder Público.

C: Incorreta. Nos termos do art. 5º, LXXIII, da CF/1988, qualquer cidadão é parte legítima para propor ação popular que vise a anular ato lesivo ao patrimônio público ou de entidade de que o Estado participe, à moralidade administrativa, ao meio ambiente e ao patrimônio histórico e cultural, ficando o autor, salvo comprovada má-fé, isento de custas judiciais e do ônus da sucumbência.

D: Correta. De acordo com a previsão do art. 5º, LXX, da CF/1988, que dispõe que o mandado de segurança coletivo pode ser impetrado por: a) partido político com representação no Congresso Nacional; e b) organização sindical, entidade de classe ou associação legalmente constituída e em funcionamento há pelo menos um ano, em defesa dos interesses de seus membros ou associados.

E: Incorreta. O habeas data é o remédio constitucional cabível para a retificação de dados, quando não se prefira fazê-lo por processo sigiloso, judicial ou administrativo (art. 5º, LXXII, b, da CF/1988).

GABARITO: D.

---

157. Paulo, Analista Judiciário – Área Administrativa no TRT, é o responsável pela folha de pagamentos do tribunal e, portanto, precisa dominar as disposições constitucionais acerca do salário e remuneração do trabalho. Sobre esse assunto, assinale a alternativa que não representa um direito social previsto expressamente na Constituição Federal.

a) Piso salarial proporcional à extensão e à complexidade do trabalho.

b) Participação nos lucros, ou resultados, vinculada à remuneração, e, excepcionalmente, participação na gestão da empresa, conforme definido em lei.

c) Irredutibilidade do salário, salvo o disposto em convenção ou acordo coletivo.

d) Remuneração do trabalho noturno superior à do diurno.

e) Décimo terceiro salário com base na remuneração integral ou no valor da aposentadoria.

A: Correta. Trata-se de direito social previsto no art. 7º, V, da CF/1988, que estabelece que são direitos dos trabalhadores urbanos e rurais, além de outros que visem à melhoria de sua condição social, piso salarial proporcional à extensão e à complexidade do trabalho.

B: Incorreta. O art. 7º, XI, da CF/1988, estabelece que são direitos dos trabalhadores urbanos e rurais, além de outros que visem à melhoria de sua condição social, participação nos lucros, ou resultados, desvinculada (não vinculada) da remuneração, e, excepcionalmente, participação na gestão da empresa, conforme definido em lei.

C: Correta. Trata-se de direito previsto no art. 7º, VI, da CF/1988, onde estabelece que são direitos dos trabalhadores urbanos e rurais, além de outros que visem à melhoria de sua condição social, irredutibilidade do salário, salvo o disposto em convenção ou acordo coletivo.

D: Correta. Trata-se de direito previsto no art. 7º, IX, da CF/1988, onde estabelece que são direitos dos trabalhadores urbanos e rurais, além de outros que visem à melhoria de sua condição social, remuneração do trabalho noturno superior à do diurno.

E: Correta. Trata-se de direito previsto no art. 7º, VIII, da CF/1988, onde estabelece que são direitos dos trabalhadores urbanos e rurais, além de outros que visem à melhoria de sua condição social, décimo terceiro salário com base na remuneração integral ou no valor da aposentadoria.

GABARITO: B.

---

158. Tício, Analista Judiciário – Área Administrativa no TRT, trabalha no setor de recursos humanos do tribunal e conhece as previsões constitucionais acerca dos direitos sociais. Sobre esse assunto, assinale a alternativa correta.

a) É permitido no texto constitucional, ainda que excepcionalmente, o trabalho para menores de dezesseis anos.

b) Em que pese ser proibida a diferença de critério de admissão por motivo de sexo, cor ou estado civil, é possível, na forma da lei, a diferença de critério de admissão por idade.

c) A Constituição Federal, apesar de prever a licença-maternidade como direito social, não garante, de forma expressa, o mesmo direito aos trabalhadores do sexo masculino.

d) É garantido o direito ao aviso prévio proporcional ao tempo de serviço, sendo de, no mínimo, oito dias, se o pagamento for efetuado por semana ou tempo inferior.

e) A Constituição Federal garante o direito à indenização por acidente de trabalho, a ser paga pelo empregador que incorrer em dolo ou culpa, salvo se este arcar com o seguro contra acidentes de trabalho.

A questão exige conhecimento sobre os direitos dos trabalhadores urbanos e rurais, previstos no art. 7º, da Constituição Federal:

Art. 7º São direitos dos trabalhadores urbanos e rurais, além de outros que visem à melhoria de sua condição social:

XIX - licença-paternidade, nos termos fixados em lei;

XXI - aviso prévio proporcional ao tempo de serviço, sendo no mínimo de trinta dias, nos termos da lei;

XXVIII - seguro contra acidentes de trabalho, a cargo do empregador, sem excluir a indenização a que este está obrigado, quando incorrer em dolo ou culpa;

XXX - proibição de diferença de salários, de exercício de funções e de critério de admissão por motivo de sexo, idade, cor ou estado civil;

XXXIII - proibição de trabalho noturno, perigoso ou insalubre a menores de dezoito e de qualquer trabalho a menores de dezesseis anos, salvo na condição de aprendiz, a partir de quatorze anos.

A: Correta. O texto constitucional permite o trabalho a partir de quatorze anos, desde que seja na condição de aprendiz – art. 7º, XXXIII.

B: Incorreta. Nos termos do art. 7º, XXX, da CF/1988, também é proibida a diferença de critério de admissão por idade.

C: Incorreta. Assim como a Constituição Federal prevê a licença-maternidade como direito social, também o faz com a licença-paternidade, nos termos do art. 7º, XIX.

D: Incorreta. É garantido o aviso prévio proporcional ao tempo de serviço, sendo no mínimo de trinta dias (não de 8 dias), conforme estabelecido no art. 7º, XII, da CF/1988:

E: Incorreta. De acordo com o art. 7º, XXVIII, da CF/1988, o seguro contra acidentes de trabalho não exclui a indenização do empregador.

GABARITO: A.

---

159. João é servidor público do TRT e está no exercício de mandato eletivo. Tendo essa situação hipotética em vista e considerando apenas o que dispõe a Constituição Federal, assinale a alternativa correta.

a) Se João ocupar mandato eletivo federal, será afastado do cargo, sendo-lhe facultado optar pela sua remuneração.

b) Caso João esteja investido no mandato de Prefeito, havendo compatibilidade de horários, perceberá as vantagens de seu cargo, sem prejuízo da remuneração do cargo eletivo.

c) Investido no mandato de Prefeito, João será afastado do cargo, sendo-lhe facultado optar pela sua remuneração.

d) Na hipótese de João ocupar mandato eletivo distrital, havendo compatibilidade de horários, perceberá as vantagens de seu cargo, sem prejuízo da remuneração do cargo eletivo.

e) Sendo João investido no mandato de Vereador, será afastado do cargo sem direito à remuneração.

De acordo com a CF/1988:

Art. 38 Ao servidor público da administração direta, autárquica e fundacional, no exercício de mandato eletivo, aplicam-se as seguintes disposições:

I - tratando-se de mandato eletivo federal, estadual ou distrital, ficará afastado de seu cargo, emprego ou função;

II - investido no mandato de Prefeito, será afastado do cargo, emprego ou função, sendo-lhe facultado optar pela sua remuneração;

III - investido no mandato de Vereador, havendo compatibilidade de horários, perceberá as vantagens de seu cargo, emprego ou função, sem prejuízo da remuneração do cargo eletivo, e, não havendo compatibilidade, será aplicada a norma do inciso anterior.

A: Incorreta. Nos termos do art. 38, I, CF/1988. Não existe faculdade de opção por remuneração.

B: Incorreta. Conforme estabelece o art. 38, II, da CF/1988, João será afastado.

C: Correta. Conforme estabelece o art. 38, II, da CF/1988.

D: Incorreta. Na hipótese de mandato eletivo federal, estadual ou distrital, João ficará afastado de seu cargo, emprego ou função, conforme determina o art. 38, I, da CF/1988.

E: Incorreta. No caso de mandato eletivo de Vereador, João não será afastado do cargo caso haja compatibilidade de horários, podendo receber as vantagens de seu cargo, emprego ou função, sem prejuízo da remuneração do cargo eletivo, conforme previsão do art. 38, III, da CF/1988.

GABARITO: C.

---

160. De acordo com o que dispõe a Constituição Federal, informe se é (V) ou falso (F) o que se afirma a seguir e assinale a alternativa com a sequência correta.

( ) A Constituição Federal prevê que a lei reservará percentual dos cargos e empregos públicos para as pessoas portadoras de deficiência e definirá os critérios de sua admissão.

( ) É vedada a vinculação ou equiparação de quaisquer espécies remuneratórias para o efeito de remuneração de pessoal do serviço público.

( ) O subsídio e os vencimentos dos ocupantes de cargos e empregos públicos são absolutamente irredutíveis.

( ) Os acréscimos pecuniários percebidos por servidor público serão computados para fins de concessão de acréscimos ulteriores.

a) F – V – F – V.

b) V – F – V – F.

c) V – V – F – F.

d) F – V – V – F.

e) V – V – F – V.

Na ordem em que as afirmativas foram apresentadas:

(V) De acordo com o art. 37, VIII, da Constituição Federal, a lei reservará percentual dos cargos e empregos públicos para as pessoas portadoras de deficiência e definirá os critérios de sua admissão.

(V) De acordo com o art. 37, XIII, da Constituição Federal, é vedada a vinculação ou equiparação de quaisquer espécies remuneratórias para o efeito de remuneração de pessoal do serviço público.

(F) De acordo com o art. 37, XV, da Constituição Federal, o subsídio e os vencimentos dos ocupantes de cargos e empregos públicos são irredutíveis, ressalvado o disposto nos incisos XI e XIV deste artigo e nos arts. 39, § 4º, 150, II, 153, III, e 153, § 2º, I.

(F) De acordo com o art. 37, XIV, da Constituição Federal, os acréscimos pecuniários percebidos por servidor público não serão computados nem acumulados para fins de concessão de acréscimos ulteriores.

GABARITO: C.

---

161. Nos termos da Lei nº 8.112/1990, que dispõe acerca do regime jurídico dos servidores públicos federais, o servidor que procede de forma desidiosa, omitindo-se quanto a atos de fiscalização e de supervisão que deveria praticar de ofício, de forma reiterada, está sujeito a penalidade disciplinar de:

a) advertência.

b) suspensão de até 30 (trinta) dias.

c) suspensão de até 90 (noventa) dias.

d) demissão.

e) remoção.

O art. 117, inciso XV, da Lei nº 8.112/1990 dispõe que ao servidor é proibido proceder de forma desidiosa.

O art. 132, inciso XIII, da lei indica que a demissão será aplicada nos casos de transgressão dos incisos IX a XVI do art. 117.

Dessa maneira, o servidor está sujeito a penalidade disciplinar de demissão.

GABARITO: D.

---

162. No exercício da atividade de Analista Judiciário, lida-se diariamente com questões acerca da competência, atribuições e características do Poder Judiciário. Nesse sentido, assinale a alternativa correta, de acordo com o que dispõe a Constituição Federal.

a) Compete privativamente ao Supremo Tribunal Federal a alteração do número de membros dos tribunais inferiores.

b) Compete privativamente ao Supremo Tribunal Federal organizar as secretarias e serviços auxiliares dos tribunais inferiores e os dos juízos que lhes forem vinculados, velando pelo exercício da atividade correicional respectiva.

c) Ao Poder Judiciário é assegurada autonomia administrativa e financeira.

d) Aos juízes é vedado exercer outro cargo ou função, salvo se estiver em disponibilidade.

e) São órgãos do Poder Judiciário: o Supremo Tribunal Federal, os Tribunais Regionais do Trabalho e o Ministério Público.

A: Incorreta. Nos termos do art. 96, inciso II, "a", da CF/1988, a competência para propor ao Poder Legislativo respectivo a alteração do número de membros dos tribunais inferiores é do STF, dos Tribunais Superiores e dos Tribunais de Justiças. Portanto, não é apenas do STF.

B: Incorreta. Conforme estabelece o art. 96, inciso I, "a", da CF/1988, a competência para organizar suas secretarias e serviços é de cada Tribunal, e não exclusivamente do Supremo Tribunal Federal.

C: Correta. De acordo com o art. 99, da CF/1988, ao Poder Judiciário é assegurada autonomia administrativa e financeira.

D: Incorreta. Prevê o art. 95, parágrafo único, da CF/1988, que aos juízes é vedado exercer, ainda que em disponibilidade, outro cargo ou função, salvo uma de magistério.

E: Incorreta. O Supremo Tribunal Federal e os Tribunais Regionais do Trabalho são órgãos do Poder Judiciário. O Ministério Público é uma instituição independente, que não integra o Poder Judiciário, essencial à função jurisdicional do Estado. Antes da Constituição de 1988, o MP integrou o Poder Judiciário (Constituição de 1967) e o Poder Executivo (Constituição de 1969).

GABARITO: C.

163. De acordo com o que dispõe a Constituição Federal, assinale a alternativa que NÃO representa uma das atribuições do Presidente da República.

a) Convocar e presidir o Conselho da República e o Conselho de Defesa Nacional.
b) Nomear os magistrados, nos casos previstos na Constituição, e o Advogado-Geral da União.
c) Celebrar tratados, convenções e atos internacionais, sujeitos a referendo do Congresso Nacional.
d) Comutar penas, com audiência, se necessário, dos órgãos instituídos em lei.
e) Prestar, anualmente, ao Congresso Nacional, dentro de cento e vinte dias após a abertura da sessão legislativa, as contas referentes ao exercício anterior.

A questão aborda as competências privativas do Presidente da República, nos termos do art. 84, da Constituição Federal:

Art. 84 Compete privativamente ao Presidente da República:

VIII - celebrar tratados, convenções e atos internacionais, sujeitos a referendo do Congresso Nacional;

XII - conceder indulto e comutar penas, com audiência, se necessário, dos órgãos instituídos em lei;

XVI - nomear os magistrados, nos casos previstos nesta Constituição, e o Advogado-Geral da União;

XVIII - convocar e presidir o Conselho da República e o Conselho de Defesa Nacional;

XXIV - prestar, anualmente, ao Congresso Nacional, dentro de sessenta dias após a abertura da sessão legislativa, as contas referentes ao exercício anterior.

A: Correta. Nos termos do art. 84, XVIII, da CF/1988, é atribuição privativa do Presidente da República.

B: Correta. De acordo com o art. 84, XVI, da CF/1988, também é atribuição privativa do Presidente da República.

C: Correta. Trata-se de atribuição do Presidente da República, nos termos do art. 84, VIII, da CF/1988.

D: Correta. Prevê o art. 84, XII, da CF/1988, que compete privativamente ao Presidente da República conceder indulto e comutar penas, com audiência, se necessário, dos órgãos instituídos em lei.

E: Incorreta. O erro da alternativa está no prazo mencionado, pois conforme estabelece o art. 84, XXIV, da CF/1988, compete privativamente ao Presidente da República prestar, anualmente, ao Congresso Nacional, dentro de sessenta dias (não 120 dias) após a abertura da sessão legislativa, as contas referentes ao exercício anterior.

GABARITO: E.

164. O Tribunal Regional do Trabalho, como órgão integrante do Poder Público Federal, está sujeito à fiscalização contábil, financeira, orçamentária, operacional e patrimonial exercida pelo Tribunal de Contas da União. Levando em consideração as disposições constitucionais acerca desse assunto, assinale a alternativa correta.

a) As decisões do Tribunal de Contas da União de que resulte imputação de débito ou multa terão eficácia de título executivo.
b) O controle externo, a cargo do Senado, será exercido com o auxílio do Tribunal de Contas da União.
c) Compete à Câmara dos Deputados aplicar aos responsáveis, em caso de ilegalidade de despesa ou irregularidade de contas, as sanções previstas em lei, que estabelecerá, entre outras cominações, multa proporcional ao dano causado ao erário.
d) O Tribunal de Contas da União encaminhará ao Congresso Nacional, bimestral e anualmente, relatório de suas atividades.
e) O Tribunal de Contas da União, integrado por onze Ministros, tem sede no Distrito Federal, quadro próprio de pessoal e jurisdição em todo o território nacional.

A: Correta. Nos termos do art. 71, da CF/1988:

Art. 71 O controle externo, a cargo do Congresso Nacional, será exercido com o auxílio do Tribunal de Contas da União, ao qual compete:

§ 3º As decisões do Tribunal de que resulte imputação de débito ou multa terão eficácia de título executivo.

B: Incorreta. Prevê o art. 71, da CF/1988, que o controle externo, a cargo do Congresso Nacional, será exercido com o auxílio do Tribunal de Contas da União, ao qual compete.

C: Incorreta. Tal atribuição é de competência do Tribunal de Contas da União, nos termos do art. 71, VIII, da CF/1988:

Art. 71 O controle externo, a cargo do Congresso Nacional, será exercido com o auxílio do Tribunal de Contas da União, ao qual compete: [...]

VIII - aplicar aos responsáveis, em caso de ilegalidade de despesa ou irregularidade de contas, as sanções previstas em lei, que estabelecerá, entre outras cominações, multa proporcional ao dano causado ao erário.

D: Incorreta. De acordo com o art. 71, § 4º, da CF/1988, o Tribunal encaminhará ao Congresso Nacional, trimestral e anualmente, relatório de suas atividades.

E: Incorreta. O Tribunal de Contas da União é integrado por onze Ministros e não nove. Previsão constitucional (CF/1988):

Art. 73 O Tribunal de Contas da União, integrado por nove Ministros, tem sede no Distrito Federal, quadro próprio de pessoal e jurisdição em todo o território nacional, exercendo, no que couber, as atribuições previstas no art. 96.

GABARITO: A.

165. Acerca do Superior Tribunal de Justiça, informe se é verdadeiro (V) ou falso (F) o que se afirma a seguir e assinale a alternativa com a sequência correta.

( ) É competência do Superior Tribunal de Justiça processar e julgar, originariamente, o habeas corpus quando o paciente for membro do Ministério Público Estadual.

( ) O Superior Tribunal de Justiça é composto por trinta e três membros, sendo que, destes, dois terços devem ser escolhidos dentre juízes dos Tribunais Regionais Federais e um terço dentre desembargadores dos Tribunais de Justiça, indicados em lista tríplice elaborada pelo próprio Tribunal.

( ) É competência do Superior Tribunal de Justiça processar e julgar, originariamente, o habeas corpus quando o paciente for Comandante da Marinha.

a) F – V – F.
b) V – V – F.
c) F – F – V.
d) F – F – F.
e) V – V – V.

A questão requer conhecimento sobre a composição e competências do Superior Tribunal de Justiça, conforme previsão do art. 104 da Constituição Federal. Na ordem em que as afirmativas foram apresentadas:

(F) É competência do Tribunal de Justiça e não do STJ, conforme previsão do art. 96, III, da CF/1988:

Art. 96 Compete privativamente:

III - aos Tribunais de Justiça julgar os juízes estaduais e do Distrito Federal e Territórios, bem como os membros do Ministério Público, nos crimes comuns e de responsabilidade, ressalvada a competência da Justiça Eleitoral.

(F) De acordo com o art. 104, caput, e incisos I e II, da CF/1988, um terço dentre juízes dos Tribunais Regionais Federais e um terço dentre desembargadores dos Tribunais de Justiça, indicados em lista tríplice elaborada pelo próprio Tribunal.

(F) É competência do Supremo Tribunal Federal nos termos do art. 102, I, d, da CF/1988:

Art. 102 Compete ao Supremo Tribunal Federal, precipuamente, a guarda da Constituição, cabendo-lhe:

I - processar e julgar, originariamente:

c) nas infrações penais comuns e nos crimes de responsabilidade, os Ministros de Estado e os Comandantes da Marinha, do Exército e da Aeronáutica, ressalvado o disposto no art. 52, I, os membros dos Tribunais Superiores, os do Tribunal de Contas da União e os chefes de missão diplomática de caráter permanente;

d) o habeas corpus, sendo paciente qualquer das pessoas referidas nas alíneas anteriores; o mandado de segurança e o habeas data contra atos do Presidente da República, das Mesas da Câmara dos Deputados e do Senado Federal, do Tribunal de Contas da União, do Procurador-Geral da República e do próprio Supremo Tribunal Federal.

GABARITO: D.

---

166. Sobre os órgãos públicos, analise as assertivas e assinale a alternativa que aponta as corretas.

I. . Quanto à estrutura, os órgãos podem ser classificados em singulares e coletivos.

II. I. Órgão é a unidade de atuação integrante da estrutura da Administração direta e da estrutura da Administração indireta.

III. II. Os Ministérios e as Secretarias de Estado e de Municípios podem ser classificados, quanto à posição estatal, como órgãos autônomos.

IV. V. Segundo a teoria eclética, o órgão é formado por dois elementos, quais sejam, o agente e o complexo de atribuições.

a) Apenas I e IV.
b) Apenas II e III.
c) Apenas I, II e III.
d) Apenas I, III e IV.
e) Apenas II, III e IV.

De acordo com Carvalho Filho (2018), o órgão público pode ser conceituado como o compartimento na estrutura estatal a que são cometidas funções determinadas, sendo integrado por agentes que, quando as executam manifestam a própria vontade do Estado.

I: Incorreta. Os órgãos podem ser classificados em simples ou unitários e compostos. Já em relação à composição pode ser classificada em singulares e coletivos.

II: Correta. Está de acordo com o art. 1º, §2º, I, da Lei nº 9.784 de 1999.

III: Correta. Quanto à posição estatal classificam-se em independentes, autônomos, superiores e subalternos.

IV: Correta. Conforme a teoria eclética, o órgão abrange dois elementos: o agente e o complexo de atribuições.

GABARITO: E.

---

167. Felipe é servidor estável no TRT. Diante disso, assinale a alternativa correta de acordo com o que dispõe a Constituição Federal.

a) Felipe poderá perder o cargo em decorrência de sentença judicial não transitada em julgado, para a qual não caiba mais recurso com efeito suspensivo.

b) Se o cargo de Felipe for extinto, ele ficará em disponibilidade com remuneração integral, até seu adequado aproveitamento em outro cargo.

c) Se Felipe for demitido e sua demissão for invalidada por sentença judicial, ele será reintegrado, e o eventual ocupante da vaga, se estável, será reconduzido ao cargo de origem.

d) É possível que Felipe venha a perder o cargo mediante procedimento de avaliação periódica de desempenho, na forma de lei ordinária, assegurada ampla defesa.

e) Felipe só poderá perder o cargo mediante processo judicial em que lhe seja assegurada ampla defesa.

A: Incorreta. O servidor público estável só perderá o cargo em virtude de sentença judicial transitada em julgado, conforme art. 41, § 1º, I da CF/1988.

B: Incorreta. A remuneração para essa situação é proporcional ao tempo de serviço, nos termos do art. 41, § 3º da CF/1988.

C: Correta. De acordo com o art. 41, § 2º da CF/1988:

Art. 41 § 2º Invalidada por sentença judicial a demissão do servidor estável, será ele reintegrado, e o eventual ocupante da vaga, se estável, reconduzido ao cargo de origem, sem direito a indenização, aproveitado em outro cargo ou posto em disponibilidade com remuneração proporcional ao tempo de serviço.

D: Incorreta. O procedimento de avaliação periódica de desempenho dá-se na forma de lei complementar, nos termos do art. 41, § 1º da CF/1988.

E: Incorreta. Há outras formas de o servidor perder o cargo, por exemplo, mediante processo administrativo disciplinar e avaliação periódica de desempenho, nos termos do art. 41, § 1º da Constituição Federal.

GABARITO: C.

---

168. Acerca da Justiça do Trabalho, de acordo com o que dispõe a Constituição Federal, assinale a alternativa correta.

a) Compete à Justiça do Trabalho processar e julgar as ações relativas às penalidades administrativas impostas aos empregadores pelos órgãos de fiscalização das relações de trabalho.

b) Os Tribunais Regionais do Trabalho compõem-se de, no mínimo, sete juízes, escolhidos dentre brasileiros com mais de trinta e cinco anos e menos de sessenta e cinco anos, de notável saber jurídico e reputação ilibada, nomeados pelo Presidente da República após aprovação pela maioria absoluta do Senado Federal.

c) Compete à Justiça do Trabalho, processar e julgar a execução de ofício da contribuição social do empregador, da empresa e da entidade a ela equiparada na forma da lei, incidentes sobre a receita ou o faturamento, e seus acréscimos legais, decorrentes das sentenças que proferir.

d) O Conselho Superior da Justiça do Trabalho é órgão da Justiça do Trabalho, cabendo-lhe exercer, na forma da lei, a supervisão administrativa, orçamentária, financeira e patrimonial da Justiça do Trabalho de primeiro e segundo graus, como órgão central do sistema, cujas decisões não terão efeito vinculante.

e) Compete à Justiça do Trabalho, processar e julgar os conflitos de competência entre órgãos com jurisdição trabalhista e o Superior Tribunal de Justiça.

A: Correta. De acordo com o art. 114, VII da Constituição Federal:

Art. 114 VII - as ações relativas às penalidades administrativas impostas aos empregadores pelos órgãos de fiscalização das relações de trabalho.

B: Incorreta. Conforme art. 115 da CF/1988, a idade é acima de trinta e abaixo de sessenta e cinco e não trinta e cinco anos, como afirma a assertiva.

C: Incorreta. Nos termos do art. 114, VIII, compete à Justiça do Trabalho processar e julgar a execução das contribuições sociais previstas no art. 195, I, a, e II da Constituição Federal, b, que prevê a receita ou faturamento não foi incluída.

D: Incorreta. As respectivas decisões terão efeito vinculante, nos termos do art. 111-A, § 2º da Constituição Federal.

E: Incorreta. Se trata de competência do Supremo Tribunal Federal, nos termos do art. 102, I da Constituição Federal.

GABARITO: A.

---

169. A Constituição Federal, em seu art. 114, III, dispõe que compete à Justiça do Trabalho processar e julgar as ações sobre representação sindical, entre sindicatos, entre sindicatos e trabalhadores, e entre sindicatos e empregadores. Tendo isso em vista, assinale a alternativa correta, de acordo com as disposições constitucionais, acerca da associação profissional ou sindical.

a) A lei não poderá exigir autorização do Estado para a fundação de sindicato, bem como não poderá exigir registro em qualquer órgão estatal, vedadas ao Poder Público a interferência e a intervenção na organização sindical.

b) É vedada a dispensa do empregado sindicalizado a partir do registro da candidatura a cargo de direção ou representação sindical e, se eleito, ainda que suplente, até um ano após o final do mandato, salvo se cometer falta grave nos termos da lei.

c) A participação dos sindicatos nas negociações coletivas de trabalho é facultativa.

d) O aposentado filiado não poderá votar e ser votado nas organizações sindicais.

e) É vedada a criação de mais de uma organização sindical representativa da mesma categoria profissional ou econômica, ainda que em bases territoriais distintas.

A: Incorreta. O registro em órgão competente é exigido, nos termos do art. 8º, I da Constituição Federal.

B: Correta. De acordo com o art. 8º, VIII, da CF/1988:

Art. 8º [...]

VIII - é vedada a dispensa do empregado sindicalizado a partir do registro da candidatura a cargo de direção ou representação sindical e, se eleito, ainda que suplente, até um ano após o final do mandato, salvo se cometer falta grave nos termos da lei.

C: Incorreta. É obrigatória a participação dos sindicatos nas negociações coletivas de trabalho, nos termos do art. 8º, VI da Constituição Federal.

D: Incorreta. O aposentado filiado tem direito a votar e ser votado nas organizações sindicais, nos termos do art. 8º, VII da Constituição Federal.

E: Incorreta. É vedada a criação de mais de uma organização sindical na mesma base territorial, nos termos do art. 8º, II da CF.

GABARITO: B.

---

170. De acordo com o que dispõe a Constituição Federal, informe se é verdadeiro (V) ou falso (F) o que se afirma a seguir e assinale a alternativa com a sequência correta.

( ) A Constituição Federal fixa expressamente todas as competências das cortes superiores, aí inclusos o Supremo Tribunal Federal, o Superior Tribunal de Justiça e o Tribunal Superior do Trabalho.

( ) Dentre os membros do Tribunal Superior do Trabalho, estão seis advogados de notável saber jurídico e idoneidade moral, indicados pelo Supremo Tribunal Federal.

( ) Compete ao Tribunal Superior do Trabalho processar e julgar, originariamente, a reclamação para a preservação de sua competência e garantia da autoridade de suas decisões.

( ) O subsídio dos Ministros do Tribunal Superior do Trabalho corresponde a noventa e cinco por cento do subsídio mensal fixado para os Ministros do Supremo Tribunal Federal.

a) V – F – V – F.

b) V – F – F – V.

c) F – V – F – V.

d) F – V – V – F.

e) F – F – V – V.

Na ordem em que as afirmativas foram apresentadas:

(F) Os Tribunais Superiores, por exemplo Eleitoral e do Trabalho, possuem competências que não se encontram apenas previstas na Constituição Federal.

(F) Um quinto dos membros deve ser dividido para membros do MPT e advogados, fazendo os cálculos são 3 advogados e 3 membros do MPT.

(V) Está de acordo com o art. 111-A, § 3º:

Art. 111-A §3º Compete ao Tribunal Superior do Trabalho processar e julgar, originariamente, a reclamação para a preservação de sua competência e garantia da autoridade de suas decisões.

(V) Está de acordo com o art. 93, inciso V:

Art. 93 V - o subsídio dos Ministros dos Tribunais Superiores corresponderá a noventa e cinco por cento do subsídio mensal fixado para os Ministros do Supremo Tribunal Federal [...].

GABARITO: E.

---

171. De acordo com a classificação dos órgãos públicos, analise o trecho a seguir e assinale a alternativa que aponta a classificação correspondente.

"São os originários da Constituição e representativos dos três Poderes do Estado, sem qualquer subordinação hierárquica ou funcional, e sujeitos apenas aos controles constitucionais de um sobre o outro; suas atribuições são exercidas por agentes políticos." (DI PIETRO, Maria Sylvia Zanella. Direito administrativo. 30. ed. rev., atual. e ampl. Rio de Janeiro: Forense, 2017)

a) Órgãos autônomos.

b) Órgãos independentes.

c) Órgãos superiores.

d) Órgãos centrais.

e) Órgãos subalternos.

A questão trata da Organização da Administração Pública. Acerca do tema, ficamos com ensinamento de Meirelles e Burle Filho (2016): "órgãos independentes são originários da Constituição e representativos dos Poderes de Estado - Legislativo, Executivo e Judiciário -, colocados no ápice da pirâmide governamental, sem qualquer subordinação hierárquica ou funcional, e só sujeitos aos controles constitucionais de um Poder pelo outro". (MEIRELLES, Hely Lopes; BURLE FILHO, José Emmanuel. Direito Administrativo Brasileiro. 42 ed. São Paulo: Malheiros, 2016.)

A: Incorreta. Órgãos autônomos são aqueles que não dotam de personalidade jurídica, mas possuem certa autonomia.

B: Correta.

C: Incorreta. Órgãos superiores detêm o controle de suas decisões mas sempre subordinados a uma hierarquia mais alta.

D: Incorreta. Órgãos centrais são órgãos integrados na estrutura de cada Ministério como órgãos de apoio do Ministro de Estado.

E: Incorreta. Órgãos subalternos são aqueles submetidos à hierarquia com pouco poder decisório.

GABARITO: B.

172. Pedro foi investido em cargo público, sem que tenha sido aprovado previamente em concurso público. Sabe-se que o cargo ocupado por Pedro não foi declarado em lei como de livre nomeação e exoneração. Tendo isso em vista, assinale a alternativa correta de acordo com o que está disposto no texto constitucional.

a) Não havendo previsão em Lei Ordinária que exija a realização de concurso público para o cargo ocupado por Pedro, não há qualquer irregularidade na sua investidura.

b) A situação narrada implicará a nulidade do ato da investidura de Pedro e a punição da autoridade responsável, nos termos da lei.

c) Dada a irregularidade na investidura de Pedro, a autoridade responsável deverá ser punida, na forma da lei, mas o ato de nomeação permanecerá válido.

d) Pedro deverá ser punido, na forma da Lei, sendo, no entanto, isenta de pena a autoridade responsável pela sua nomeação.

e) Sendo publicada Lei posterior que declare o cargo atualmente ocupado por Pedro como sendo de livre nomeação e exoneração, o ato de sua investidura será convalidado.

A regra, nos termos da CF/1988, é que a investidura em cargo ou emprego público depende de aprovação prévia em concurso público de provas ou de provas e títulos, conforme art. 37, inciso II, da CF/1988. Ocorre que, neste mesmo dispositivo, há exceções, como, por exemplo, para os cargos declarados em lei de livre nomeação e exoneração, o que não ocorreu com o cargo público em que Pedro foi investido. Sendo assim, a situação narrada implicará a nulidade do ato da investidura de Pedro e a punição da autoridade responsável, nos termos da lei, conforme art. 37, § 2º, da CF/1988.

Art. 37 § 2º A não observância do disposto nos incisos II e III implicará a nulidade do ato e a punição da autoridade responsável, nos termos da lei.

GABARITO: B.

---

173. A Justiça do Trabalho é composta por diversos órgãos, dentre os quais está o Tribunal Superior do Trabalho – TST. Funciona, junto ao TST, o Conselho Superior de Justiça do Trabalho ao qual, de acordo com o que dispõe o texto constitucional, compete:

a) exercer, na forma da lei, a supervisão administrativa, orçamentária, financeira e patrimonial da Justiça do Trabalho de primeiro e segundo graus, como órgão central do sistema, cujas decisões terão efeito vinculante.

b) processar e julgar, originariamente, a reclamação para a preservação de sua competência e garantia da autoridade de suas decisões.

c) processar e julgar as ações sobre representação sindical, entre sindicatos, entre sindicatos e trabalhadores, e entre sindicatos e empregadores.

d) julgar as ações de indenização por dano moral ou patrimonial, decorrentes da relação de trabalho.

e) processar e julgar os mandados de segurança, habeas corpus e habeas data, quando o ato questionado envolver matéria sujeita à sua jurisdição.

De acordo com a Constituição Federal, cabe ao Conselho Superior da Justiça do Trabalho exercer, na forma da lei, a supervisão administrativa, orçamentária, financeira e patrimonial da Justiça do Trabalho, nos termos do art. 111-A, II, da CF/1988.

Art. 111-A [...]

§ 2º Funcionarão junto ao Tribunal Superior do Trabalho:

II - o Conselho Superior da Justiça do Trabalho, cabendo-lhe exercer, na forma da lei, a supervisão administrativa, orçamentária, financeira e patrimonial da Justiça do Trabalho de primeiro e segundo graus, como órgão central do sistema, cujas decisões terão efeito vinculante.

GABARITO: A.

---

174. As associações profissionais ou sindicais são importantes instrumentos de defesa dos direitos dos trabalhadores que fazem parte da competência do Tribunal Regional do Trabalho. Acerca das previsões constitucionais sobre as associações profissionais ou sindicais, assinale a alternativa correta.

a) A criação de mais de uma organização sindical representativa de categoria profissional ou econômica é vedada na mesma base territorial, a qual será definida pelos trabalhadores ou empregadores interessados, não podendo ser inferior à área do Estado.

b) Ao sindicato é vedada a defesa de direitos e interesses individuais.

c) É vedada a dispensa do empregado sindicalizado a partir do registro da candidatura a cargo de direção ou representação sindical e, se eleito, ainda que suplente, até um ano após o final do mandato, salvo se cometer falta grave nos termos da lei.

d) Nas empresas com mais de cinquenta empregados, é assegurada a eleição de um representante destes com a finalidade exclusiva de promover-lhes o entendimento direto com os empregadores.

e) É assegurado o direito de greve, competindo à diretoria do sindicato da categoria decidir sobre a oportunidade de exercê-lo e sobre os interesses que devam por meio dele defender.

A: Incorreta. Não pode ser inferior a área de um município, não a área de um Estado, nos termos do art. 8º, inciso II, da CF/1988.

B: Incorreta. Ao sindicato cabe a defesa dos direitos e interesses coletivos ou individuais da categoria, inclusive em questões judiciais ou administrativas, nos termos do art. 8º, inciso III da CF/1988.

C: Correta. De acordo com o art. 8º, inciso VIII, da CF/1988.

D: Incorreta. É nas empresas com mais de 200 (duzentos) empregados, nos termos do art. 11, da CF/1988.

E: Incorreta. Pois compete aos trabalhadores, não à diretoria do sindicato, nos termos do art. 9º, CF/1988.

GABARITO: C.

---

175. Informe se é verdadeiro (V) ou falso (F) o que se afirma a seguir e assinale a alternativa com a sequência correta.

( ) É direito dos trabalhadores urbanos e rurais, além de outros que visem à melhoria de sua condição social, seguro desemprego, em caso de desemprego, ainda que voluntário.

( ) São direitos sociais: a educação, a saúde, a alimentação, o trabalho, a moradia, o transporte, o lazer, a segurança, a previdência social, a proteção à maternidade e à infância, a assistência aos desamparados, na forma da Constituição.

( ) Um dos direitos sociais garantidos no texto constitucional é a igualdade de direitos entre o trabalhador com vínculo empregatício permanente e o trabalhador avulso.

( ) De acordo com a Constituição Federal, é direito dos trabalhadores, urbanos e rurais, jornada de oito horas para o trabalho realizado em turnos ininterruptos de revezamento, salvo negociação coletiva.

a) F – V – F – V.

b) F – F – V – V.

c) F – V – F – F.

d) V – F – V – F.

e) F – V – V – F.

Na ordem em que as afirmativas foram apresentadas:

(F) O seguro desemprego é direito apenas para o trabalhador que não deu causa para a dispensa, ou seja, tem de ser involuntário, nos termos do art. 7º, inciso II, da CF/1988.

(V) Está de acordo com o art. 6º, CF/1988.

(V) De acordo com o art. 7º, inciso XXXIV, da CF/1988.

(F) Nos turnos ininterruptos de revezamento, a jornada é de 06 (seis) horas diárias, nos termos do art. 7º, inciso XIV, da CF/1988.

GABARITO: E.

176. Assinale a alternativa que não constitui cargo privativo de brasileiro nato de acordo com a Constituição Federal.

a) De oficial das Forças Armadas.
b) De presidente de quaisquer das Cortes Superiores.
c) Da carreira diplomática.
d) De Ministro de Estado da Defesa.
e) De presidente da Câmara dos Deputados.

A Constituição Federal lista os cargos que podem ser ocupados privativamente pelos brasileiros natos em seu art. 12, § 3º, vide:

Art. 12 § 3º São privativos de brasileiro nato os cargos:

I - de Presidente e Vice-Presidente da República;

II - de Presidente da Câmara dos Deputados;

III - de Presidente do Senado Federal;

IV - de Ministro do Supremo Tribunal Federal;

V - da carreira diplomática;

VI - de oficial das Forças Armadas.

VII - de Ministro de Estado da Defesa.

Por meio de exclusão, podemos perceber que, entre as alternativas, aquela que não aparece mencionada no dispositivo legal é a letra B. Portanto, somente o cargo de presidente de quaisquer das Cortes Superiores não é privativo de brasileiros natos.

GABARITO: B.

177. De acordo com a Lei nº 8.112/1990, que dispõe sobre o regime jurídico dos servidores públicos federais, analise as assertivas e assinale a alternativa que aponta as corretas.

I. Considera-se inassiduidade habitual a falta ao serviço, sem causa justificada, por 60 (sessenta) dias, interpoladamente, durante o período de 12 (doze) meses.
II. O prazo para conclusão da sindicância não excederá 30 (trinta) dias, podendo ser prorrogado por igual período, a critério da autoridade superior.
III. No tocante à advertência, a respectiva ação disciplinar prescreve em 2 (dois) anos da data em que o fato se tornou conhecido.
IV. A responsabilidade administrativa do servidor será afastada no caso de absolvição criminal por falta de provas.

a) Apenas I e II.
b) Apenas II e I
c) Apenas I, II e III.
d) Apenas I, III e I
e) Apenas II, III e I

Correta. Aqui, encontramos a corroboração no art. 139 da Lei nº 8.112/1990:

Art. 139 Entende-se por inassiduidade habitual a falta ao serviço, sem causa justificada, por sessenta dias, interpoladamente, durante o período de doze meses.

Correta. Vide parágrafo único do art. 145 da Lei nº 8.112/1990:

Art. 145 Parágrafo único. O prazo para conclusão da sindicância não excederá 30 (trinta) dias, podendo ser prorrogado por igual período, a critério da autoridade superior.

III: Incorreta. Conforme disposto no art. 142 da Lei nº 8.112/1990:

Art. 142 A ação disciplinar prescreverá: [...]

III- em 180 (cento e oitenta) dias, quanto à advertência.

§ 1º O prazo de prescrição começa a correr da data em que o fato se tornou conhecido.

IV: Incorreta. Na verdade, será somente em caso de absolvição criminal que negue a existência de fato ou sua autoria, vide art. 126 da referida lei:

Art. 126 A responsabilidade administrativa do servidor será afastada no caso de absolvição criminal que negue a existência do fato ou sua autoria.

GABARITO: A.

178. Assinale a alternativa incorreta no tocante aos princípios que regem a Administração Pública.

a) A divulgação dos vencimentos brutos mensais dos servidores, como medida de transparência administrativa, harmoniza-se com o princípio da publicidade, vedada a divulgação de outros dados pessoais, como CPF, RG e endereço residencial.
b) A nomeação de parente colateral, até o terceiro grau da autoridade nomeante, para o exercício de cargo em comissão na Administração, é considerada ofensa à Constituição Federal, salvo para assunção de cargos de natureza política e desde que o nomeado tenha condições técnicas de exercer o múnus público a ele transferido.
c) Deriva do princípio da impessoalidade a vedação constitucional de que constem nomes, símbolos ou imagens que caracterizem promoção pessoal de autoridades em publicidade de atos dos órgãos públicos.
d) O modo de atuação do agente público, do qual se espera o melhor desempenho possível de suas atribuições a fim de se obterem os melhores resultados, é a única vertente apresentada pelo princípio da eficiência.
e) O princípio da eficiência deve ser interpretado em conjunto com os demais princípios impostos à Administração, não podendo sobrepor-se a nenhum deles, sob pena de afronta à segurança jurídica e ao próprio Estado de Direito.

A. Correta. Já foi consolidado jurisprudencialmente que, em nome do Princípio da Publicidade, os servidores públicos terão seus salários brutos divulgados no Portal da Transparência.

B. Correta. Conforme Súmula Vinculante nº 13: A nomeação de cônjuge, companheiro ou parente em linha reta, colateral ou por afinidade, até o terceiro grau, inclusive, da autoridade nomeante ou de servidor da mesma pessoa jurídica investido em cargo de direção, chefia ou assessoramento, para o exercício de cargo em comissão ou de confiança ou, ainda, de função gratificada na administração pública direta e indireta em qualquer dos poderes da União, dos Estados, do Distrito Federal e dos Municípios, compreendido o ajuste mediante designações recíprocas, viola a Constituição Federal.

C. Correta. Segundo Alexandre Mazza: "Assim, as realizações não devem ser atribuídas à pessoa física do agente público, mas à pessoa jurídica estatal a que estiver ligado. Por isso que, em regra, a responsabilidade pela reparação de danos causados no exercício regular da função administrativa é do Estado, e não do agente que realizou a conduta." (Mazza, 2022, p. 302)

D: Incorreta. O Princípio da Eficiência foi incluído no rol de princípios do caput do art. 37 por força da Emenda Constitucional nº 19/1998. Embora a afirmativa conceitue corretamente em sua primeira parte uma das vertentes do princípio, esta não é a única. Vide os ensinamentos de Maria Sylvia Zanella di Pietro acerca do tema:

"Dois aspectos: pode ser considerado em relação ao modo de atuação do agente público, do qual se espera o melhor desempenho possível de suas atribuições, para lograr os melhores resultados; e em relação ao modo de organizar, estruturar, disciplinar a Administração Pública, também com o mesmo objetivo de alcançar os melhores resultados na prestação do serviço público."

E. Correta. O Princípio da Eficiência não pode, nunca, ser usado para burlar ou se sobrepor a outros princípios. Por exemplo, não se pode deixar de abrir concurso porque é "demorado" em nome do Princípio da Eficiência.

GABARITO: D.

---

179. A respeito da organização da Administração Pública, assinale a alternativa correta.

a) Os pagamentos devidos, em razão de pronunciamento judicial, pelos conselhos profissionais, submetem-se ao regime de precatórios.

b) O regime jurídico de direito privado das empresas públicas é parcialmente derrogado por normas de direito público, cenário que a doutrina denomina de regime jurídico híbrido.

c) A dotação patrimonial, no que tange às fundações instituídas pelo Poder Público, deve ser inteiramente pública.

d) Quanto à forma de organização, as sociedades de economia mista podem ser estruturadas sob quaisquer das formas admitidas em direito.

e) Descentralização por serviço é a que se verifica quando, por meio de contrato, transfere-se a execução de determinado serviço público à pessoa jurídica de direito privado.

Conforme o texto constitucional:

Art. 173 [...]

§ 1º A lei estabelecerá o estatuto jurídico da empresa pública, da sociedade de economia mista e de suas subsidiárias que explorem atividade econômica de produção ou comercialização de bens ou de prestação de serviços, dispondo sobre:

II- a sujeição ao regime jurídico próprio das empresas privadas, inclusive quanto aos direitos e obrigações civis, comerciais, trabalhistas e tributários;

§ 2º As empresas públicas e as sociedades de economia mista não poderão gozar de privilégios fiscais não extensivos às do setor privado.

A: Incorreta. Os pagamentos não se submetem a regime de precatório.

B: Correta.

C: Incorreta. A dotação patrimonial pode ser totalmente do poder público, ou semipública e semiprivada.

D: Incorreta. Somente poderá ser constituída em forma de S/A.

E: Incorreta. Na verdade, a delegação é por meio de lei específica.

GABARITO: B.

---

180. Lara, servidora pública federal, no interesse do serviço, passou a ter exercício em nova sede, ocorrendo mudança de domicílio em caráter permanente. Neste caso, dispõe a Lei nº 8.112/1990, que a ajuda de custo:

a) será calculada sobre a remuneração de Lara, conforme se dispuser em regulamento, não podendo exceder a importância correspondente a 3 meses.

b) não será devida à família de Lara se esta vier a falecer na nova sede, uma vez que esta vantagem é paga exclusivamente ao servidor.

c) será devida, correndo por conta da Administração as despesas de transporte do servidor e de sua família, não compreendendo bagagem e bens pessoais.

d) será devida inclusive na hipótese de o cônjuge de Lara, que detém também a condição de servidor, vier a ter exercício na mesma sede, uma vez que é uma vantagem personalíssima perfeitamente acumulável.

e) não é devida, uma vez que o direito ao recebimento da ajuda de custo está condicionado à transferência temporária.

A: Correta. A resposta se encontra no art. 54 da Lei nº 8.112/1990:

Art. 54 A ajuda de custo é calculada sobre a remuneração do servidor, conforme se dispuser em regulamento, não podendo exceder a importância correspondente a 3 (três) meses.

B: Incorreta. A ajuda de custo é devida à família de Lara, sim, consoante art. 53, § 2º da referida lei.

C: Incorreta. As bagagens e os bens pessoais também são abrangidos pela ajuda de custo, conforme disposto no § 1º do art. 53 da Lei nº 8.112/1990.

D: Incorreta. É vedado o duplo pagamento de indenização, conforme caput do art. 53.

E: Incorreta. A ajuda de custo é para transferências permanentes, também consoante ao art. 53, caput da referida lei.

GABARITO: A.

---

181. Considere que tratado internacional que veda a prisão civil do depositário infiel seja aprovado em cada Casa do Congresso Nacional, em dois turnos, por três quintos dos votos dos respectivos membros. À luz das disposições da Constituição Federal, trata-se de tratado:

a) incompatível com o direito brasileiro, uma vez que não poderia vedar a prisão civil do depositário infiel, já que prevista na Constituição Federal.

b) incompatível com o direito brasileiro, apenas porque teria sido aprovado através de procedimento não previsto no texto constitucional, embora no mérito não haja óbice à vedação de prisão civil do depositário infiel.

c) compatível com o direito brasileiro no que toca ao procedimento adotado para a sua aprovação, mas incompatível ao vedar a prisão civil do depositário infiel, já que prevista na Constituição Federal.

d) incompatível com o direito brasileiro no que toca ao procedimento de aprovação, mas compatível ao vedar a prisão civil do depositário infiel, por se tratar de norma de direito fundamental mais protetiva do que aquela acolhida no texto da Constituição Federal.

e) compatível com a Constituição Federal no que toca ao procedimento adotado para a sua aprovação, ademais de não haver óbice material à vedação da prisão civil do depositário infiel, sendo referido tratado equivalente à emenda constitucional.

De acordo com o enunciado da questão, fica claro que o respectivo tratado internacional que veda a prisão civil do depositário infiel foi aprovado pelo quórum previsto no art. 5º, § 3º, da Constituição Federal. Sendo assim, trata-se de tratado compatível com a Constituição Federal, ante ao atendimento do requisito atendido.

Art. 5º § 3º Os tratados e convenções internacionais sobre direitos humanos que forem aprovados, em cada Casa do Congresso Nacional, em dois turnos, por três quintos dos votos dos respectivos membros, serão equivalentes às emendas constitucionais.

GABARITO: E.

---

182. De acordo com as disposições da Constituição Federal que regem as atribuições dos Poderes da República, cabe:

a) ao Presidente da República editar decreto para disciplinar o horário de funcionamento dos órgãos do Poder Executivo federal.

b) ao Presidente da República dispor, mediante decreto, sobre extinção de funções ou cargos público, vagos ou não.

c) exclusivamente ao Tribunal Superior do Trabalho a edição de atos normativos que disponham sobre a criação de cargos de servidores públicos de seus serviços auxiliares.

d) exclusivamente ao Supremo Tribunal Federal apreciar, de ofício ou mediante provocação, a legalidade dos atos administrativos praticados pelos demais Tribunais.

e) exclusivamente ao Presidente do Supremo Tribunal Federal elaborar e encaminhar a proposta orçamentária do Poder Judiciário, no âmbito da União.

A: Correta. Compete ao Presidente da República dispor sobre organização e funcionamento da Administração Federal, nos termos do art. 84, VI, da CF/1988.

B: Incorreta. O Presidente da República somente pode dispor sobre extinção de funções ou cargos públicos quando vagos, nos termos do art. 84, VI, b da CF.

C: Incorreta. Não compete exclusivamente ao Tribunal Superior do Trabalho, nos termos do art. 96, II, b da Constituição Federal.

D: Incorreta. Trata-se de competência do Conselho Nacional de Justiça, nos termos do art. 103-B, § 4º, II da Constituição Federal.

E: Incorreta. Compete aos presidentes do Supremo Tribunal Federal e dos Tribunais Superiores, nos termos do art. 99, § 2º, I da Constituição Federal.

GABARITO: A.

183. Está afirmado como direito fundamental na Constituição Federal que "ninguém será obrigado a fazer ou deixar de fazer alguma coisa senão em virtude de lei". De modo harmônico com essa norma tem-se que, no direito brasileiro:

a) é necessário haver aprovação específica do Poder Legislativo para que uma questão constitucional discutida em processo judicial seja considerada como de repercussão geral.

b) cabe à lei criar varas da Justiça do Trabalho, podendo, nas comarcas não abrangidas por sua jurisdição, atribuí-la aos juízes de direito, com recurso para o respectivo Tribunal Regional do Trabalho.

c) as súmulas vinculantes, para se aplicarem à Administração pública direta e indireta, devem ser convertidas em lei.

d) as decisões definitivas de mérito, proferidas pelo Supremo Tribunal Federal, nas ações diretas de inconstitucionalidade produzirão eficácia contra todos desde que aprovadas pelo Poder Legislativo.

e) apenas a lei pode exigir prévia autorização administrativa como requisito para o exercício da liberdade de reunião.

A: Incorreta. Não há necessidade de aprovação do Poder Legislativo para que seja considerada de repercussão geral.

B: Correta. De acordo com o art. 112, da CF/1988:

Art. 112 A lei criará varas da Justiça do Trabalho, podendo, nas comarcas não abrangidas por sua jurisdição, atribuí-la aos juízes de direito, com recurso para o respectivo Tribunal Regional do Trabalho.

C: Incorreta. A partir da sua publicação na imprensa oficial, a súmula terá efeito vinculante em relação aos demais órgãos do Poder Judiciário e à Administração Federal, conforme art. 103-A da CF, logo, não há necessidade de lei.

D: Incorreta. Não há necessidade de aprovação pelo Poder Legislativo, nos termos do art. 102, § 2º da Constituição Federal.

E: Incorreta. Todos podem reunir-se pacificamente, sem armas, em locais abertos ao público, independentemente de autorização, conforme art. 5º, XVI da CF.

GABARITO: B.

184. Suponha que o chefe do Poder Executivo de um Estado brasileiro incluiu no Projeto de Lei Orçamentária Anual um dispositivo que determina a forma de utilização da Reserva de Contingência para o atendimento dos passivos contingentes e outros riscos e eventos fiscais imprevistos. Entretanto, a inclusão de tal dispositivo na Lei Orçamentária Anual:

a) não deve ser aprovada porque fere o princípio orçamentário da exclusividade.

b) não deve ser aprovada porque deve constar na Lei do Plano Plurianual.

c) deve ser aprovada para atender o princípio orçamentário do orçamento bruto.

d) deve ser aprovada e o montante da Reserva de Contingência deve ser autorizado pelo Poder Judiciário.

e) deve ser aprovada, desde que o texto seja exatamente igual ao que consta na Lei de Diretrizes Orçamentárias.

A: Correta. A questão fala expressamente em "riscos e eventos fiscais imprevistos". De acordo com o art. 165, CF/1988:

Art. 165 § 8º A lei orçamentária anual não conterá dispositivo estranho à previsão da receita e à fixação da despesa, não se incluindo na proibição a autorização para abertura de créditos suplementares e contratação de operações de crédito, ainda que por antecipação de receita, nos termos da lei.

B: Incorreta. O motivo da não aprovação é porque trata de receita estranha, em desacordo com o artigo mencionado.

C: Incorreta. O princípio do orçamento bruto preconiza que "todas as receitas e despesas constarão da Lei de Orçamento pelos seus totais, vedadas quaisquer deduções" (art. 6º, Lei nº 4.320/1964).

D: Incorreta. "Leis de iniciativa do Poder Executivo estabelecerão: o plano plurianual; as diretrizes orçamentárias; os orçamentos anuais" (art. 165, incs. I a III, CF/1988) c/c "o processo legislativo compreende a elaboração de leis ordinárias" (art. 59, inc. III, CF/1988). Ou seja, não há atuação do Judiciário em nenhuma fase.

E: Incorreta. Justificada pelo art. 165, § 8º, CF/1988, transcrito na resposta A.

GABARITO: A.

185. Considere hipoteticamente que um deputado estadual propôs uma emenda ao Projeto de Lei Orçamentária Anual, cuja finalidade é a construção de um estádio poliesportivo em um dos municípios que compõem a sua base eleitoral. A execução da obra terá duração superior a um exercício financeiro. De acordo com a Constituição Federal de 1988, a emenda poderá ser aprovada caso:

a) os recursos necessários para a consecução da obra sejam provenientes da elevação de alíquotas de tributos.

b) os recursos necessários para a consecução da obra sejam provenientes da anulação de despesa com pessoal e encargos sociais.

c) a execução da obra seja compatível com o Plano Plurianual e com a Lei de Diretrizes Orçamentárias.

d) os recursos necessários para a consecução da obra sejam provenientes da anulação de despesa com serviço da dívida.

e) a execução da obra seja compatível com o Plano Plurianual e com os Créditos Adicionais abertos no exercício anterior a que se refere o Projeto de Lei Orçamentária Anual.

Segundo a Constituição Federal:

Art. 166 § 3º As emendas ao projeto de lei do orçamento anual ou aos projetos que o modifiquem somente podem ser aprovadas caso:

I - sejam compatíveis com o plano plurianual e com a lei de diretrizes orçamentárias;

II - indiquem os recursos necessários, admitidos apenas os provenientes de anulação de despesa, excluídas as que incidam sobre:

a) dotações para pessoal e seus encargos;

b) serviço da dívida;

c) transferências tributárias constitucionais para Estados, Municípios e Distrito Federal; ou

III - sejam relacionadas:

a) com a correção de erros ou omissões; ou

b) com os dispositivos do texto do projeto de lei.

GABARITO: C.

---

186. De acordo com a Lei Complementar nº 101/2000:

a) a Lei do Plano Plurianual disporá sobre normas relativas ao controle de custos e à avaliação dos resultados dos programas financiados com recursos dos orçamentos.

b) a despesa de capital derivada de ato normativo que fixe para o ente a obrigação legal de sua execução por um período superior a dois exercícios financeiros é denominada despesa obrigatória de caráter continuado.

c) a Lei Orçamentária Anual disporá sobre condições e exigências para transferências de recursos a entidades públicas e privadas.

d) o refinanciamento da dívida pública constará separadamente na Lei Orçamentária Anual e nos documentos referentes a suprimentos de fundos.

e) os recursos legalmente vinculados a finalidade específica serão utilizados exclusivamente para atender ao objeto de sua vinculação, ainda que em exercício diverso daquele em que ocorrer o ingresso.

A: Incorreta. Essa é uma atribuição da LDO, conforme art. 4º, inciso I, alínea e, da LRF.

B: Incorreta. É uma despesa corrente, conforme art. 17 da LRF:

Art. 17 Considera-se obrigatória de caráter continuado a despesa corrente derivada de lei, medida provisória ou ato administrativo normativo que fixem para o ente a obrigação legal de sua execução por um período superior a dois exercícios.

C: Incorreta. É uma atribuição conferida à LDO, conforme art. 4º, inciso I, alínea f.

D: Incorreta. Conforme a LRF:

Art. 5º § 2º O refinanciamento da dívida pública constará separadamente na lei orçamentária e nas de crédito adicional.

E: Correta. Conforme art. 8º, parágrafo único.

GABARITO: E.

---

187. Considere as seguintes informações quanto à despesa total com pessoal que foram extraídas do sistema contábil do Poder Judiciário de um determinado Estado e que se referem ao exercício financeiro de 2017.

- Despesa empenhada: R$ 143.000.000,00

- Despesa liquidada: R$ 141.000.000,00

- Despesa paga: R$ 140.900.000,00

- Despesa reconhecida no resultado patrimonial conforme o regime de competência: R$ 141.000.000,00

A Receita Corrente Líquida do Estado referente ao exercício financeiro de 2017 foi R$ 2.500.000.000,00.

De acordo com as determinações da Lei Complementar nº 101/2000, o Poder Judiciário, em 31/12/2017:

a) estava vedado a contratar horas extras, pois a despesa total com pessoal excedeu o limite prudencial.

b) estava vedado a conceder vantagens, aumentos, reajustes ou adequar a remuneração a qualquer título, pois a despesa total com pessoal excedeu o limite total.

c) estava impedido de obter garantia, direta ou indireta, de outro ente, pois a despesa total com pessoal excedeu o limite de alerta.

d) não estava vedado a criar cargo, emprego ou função, pois a despesa total com pessoal não excedeu o limite prudencial.

e) não estava impedido de alterar a estrutura de carreira que implicasse aumento de despesa, pois a despesa total com pessoal não excedeu o limite de alerta.

Limite máximo (6%) = R$ 150.000.000,00

RCL = 2.500.000.000,00.

Limite de alerta (90%) do máximo = R$ 135.000.000,00.

Limite prudencial (95%) do máximo = R$ 142.500.000,00.

Para efeito do cálculo do limite, devemos levar em consideração a despesa reconhecida no resultado patrimonial conforme o regime de competência, que foi de R$ 141.000.000,00.

O limite prudencial é de R$ 142.500.000,00 e o apurado no resultado foi de R$ 141.000.000,00.

GABARITO: D.

---

188. Considere hipoteticamente que em abril de 2018, um determinado Tribunal Regional do Trabalho arrecadou R$ 350.000,00 referentes a receitas imobiliárias (Exploração do Patrimônio Imobiliário) e empenhou R$ 900.000,00 com o planejamento e a execução de obras. De acordo com as determinações da Lei nº 4.320/1964, a receita arrecadada e a despesa empenhada pelo Tribunal Regional do Trabalho, em abril de 2018, devem ser classificadas, respectivamente, como:

a) Receitas de Capital - Alienação de Bens e Despesas Correntes - Despesas de Custeio.

b) Receitas Correntes - Receita Patrimonial e Despesas de Capital - Investimentos.

c) Receitas de Capital - Alienação de Bens e Despesas de Capital - Investimentos.

d) Receitas Correntes - Transferências Correntes e Despesas Correntes - Despesas de Custeio.

e) Receitas de Capital - Receita Patrimonial e Despesas Correntes - Inversões Financeiras.

Receitas patrimoniais são provenientes da fruição de patrimônio pertencente ao ente público, como as decorrentes de aluguéis, dividendos, compensações financeiras/royalties, concessões, entre outras. Já os investimentos são despesas orçamentárias com softwares e com o planejamento e a execução de obras, inclusive com a aquisição de imóveis considerados necessários à realização destas últimas, e com a aquisição de instalações, equipamentos e material permanente.

Dica!

Receitas Correntes - TRIBUTA CON P-A-I-S

- **Tributárias**
- **Contribuições**
- **Patrimoniais**
- **Agropecuária**
- **Industrial**
- **Serviços.**

Receitas de Capital - OPERA ALI AMOR TRANS - OU

- **Operação de crédito**
- **Alienação de bens**
- **Amortização de empréstimos**
- **Transferências de capital**
- **Outras receitas de capital.**

GABARITO: B.

---

189. Considere hipoteticamente que determinado Tribunal Regional do Trabalho constatou, em novembro de 2017, que seria necessária a abertura de crédito adicional no valor de R$ 500.000,00 para reforço da dotação orçamentária referente a auxílio-moradia a agentes públicos. Assim, de acordo com a Lei nº 4.320/1964, o crédito adicional utilizado pelo Tribunal Regional do Trabalho foi:

a) autorizado por lei e aberto por decreto do Poder Legislativo, sendo sua vigência adstrita aos exercícios financeiros de 2017 e 2018.

b) autorizado por lei e aberto por decreto do Poder Executivo, sendo sua vigência adstrita aos exercícios financeiros de 2017 e 2018.

c) autorizado por lei e aberto por decreto do Poder Executivo, sendo sua vigência adstrita ao exercício financeiro de 2017.

d) aberto por decreto do Poder Executivo, que dele deu imediato conhecimento ao Poder Legislativo, sendo sua vigência adstrita ao exercício financeiro de 2017.

e) aberto por decreto do Poder Executivo, que dele deu imediato conhecimento ao Poder Legislativo, sendo sua vigência adstrita aos exercícios financeiros de 2017 e 2018.

Os créditos adicionais classificam-se em (art. 41, Lei nº 4.320/1964):

I - Suplementares: destinados a reforço de dotação orçamentária.

II - Especiais: destinados a despesas para as quais não haja dotação orçamentária específica.

III - Extraordinários: destinados a despesas urgentes e imprevistas, em caso de guerra, comoção intestina ou calamidade pública.

A questão fala que "seria necessária a abertura de crédito adicional... para reforço da dotação". Logo, trata-se de crédito suplementar.

Art. 42 Os créditos suplementares e especiais serão autorizados por lei e abertos por decreto executivo.

De acordo com a CF/1988:

Art. 167 § 2º Os créditos especiais e extraordinários terão vigência no exercício financeiro em que forem autorizados, salvo se o ato de autorização for promulgado nos últimos quatro meses daquele exercício, caso em que, reabertos nos limites de seus saldos, serão incorporados ao orçamento do exercício financeiro subseqüente.

A despeito de o crédito ter sido autorizado em novembro, dentro do último quadrimestre do ano, portanto, refere-se a crédito suplementar (não a crédito especial ou extraordinário), razão pela qual sua vigência está adstrita ao exercício de 2017, não podendo ser reaberto em 2018.

GABARITO: C.

---

190. Severina, Maria e Camila são servidoras públicas do Tribunal Regional do Trabalho da 2ª Região. Severina praticou determinada conduta que acredita configure infração disciplinar. Assim, preocupada especificamente com a penalidade de suspensão, indaga suas colegas de trabalho a respeito das disposições específicas da Lei nº 8.112/1990. Maria e Camila respondem corretamente que a penalidade de suspensão:

a) será aplicada pelo prazo de até 15 dias na hipótese de o servidor, injustificadamente, recusar-se a ser submetido à inspeção médica determinada pela autoridade competente.

b) poderá ser convertida em multa, na base de 30% por dia de vencimento ou remuneração, quando houver conveniência para o serviço, ficando o servidor obrigado a permanecer em serviço.

c) poderá ser convertida em multa, na base de 60% por dia de vencimento ou remuneração, quando houver conveniência para o serviço, ficando o servidor obrigado a afastar-se do serviço por cinco dias.

d) poderá ser convertida em multa, na base de 60% por dia de vencimento ou remuneração, quando houver conveniência para o serviço, ficando o servidor obrigado a permanecer em serviço.

e) será aplicada em caso de reincidência das faltas punidas com advertência e de violação das demais proibições que não tipifiquem infração sujeita a penalidade de demissão, não podendo exceder a 60 dias.

A questão versa acerca do art. 130 da Lei nº 8.112/1990, vide:

Art. 130 A suspensão será aplicada em caso de reincidência das faltas punidas com advertência e de violação das demais proibições que não tipifiquem infração sujeita a penalidade de demissão, não podendo exceder de 90 (noventa) dias.

§ 1º Será punido com suspensão de até 15 (quinze) dias o servidor que, injustificadamente, recusar-se a ser submetido a inspeção médica determinada pela autoridade competente, cessando os efeitos da penalidade uma vez cumprida a determinação.

§ 2º Quando houver conveniência para o serviço, a penalidade de suspensão poderá ser convertida em multa, na base de 50% (cinquenta por cento) por dia de vencimento ou remuneração, ficando o servidor obrigado a permanecer em serviço.

Posto isso, a alternativa correta é a A, sem mais o que falar sobre as demais.

GABARITO: A.

---

191. Com base na Constituição Federal e na jurisprudência do Supremo Tribunal Federal, NÃO há, no Brasil, hipótese de:

a) pena de morte, nem de prisão perpétua.

b) retroatividade da lei penal, nem de pena de banimento.

c) crimes inafiançáveis, nem de penas cruéis.

d) tortura legalmente permitida, nem de pena de trabalhos forçados.

e) crimes imprescritíveis, nem de pena de perda de bens sem indenização.

A: Incorreta. Há pena de morte no Brasil, no caso de guerra declarada, nos teros do art. 5º, XLVII, a, da CF/1988; a pena de prisão perpétua não existe no Brasil, nos termos do art. 5º, XLVII, b, da CF/1988.

B: Incorreta. A lei penal retroagirá para beneficiar o réu, nos termos do art. 5º, XL da CF/1988; a pena de banimento, de fato, não existe no Brasil, nos termos do art. 5º, XLVII, d, da CF/1988.

C: Incorreta. Existem no Brasil crimes que não admitem fiança, conforme art. 5º, XLIII da CF/1988; penas cruéis, de fato, não existem no Brasil, nos termos do art. 5º, XLIII, e, da CF/1988.

D: Correta. Ninguém será submetido a tortura nem a tratramento desumano, nos termos do art. 5º, III, da CF/1988; nem será apenado com pena de trabalhados forçados, nos termos do art. 5º, XLVII, c e d, também da CF/1988.

E: Incorreta. Existe no Brasil crime imprescritível, por exemplo, o racismo, nos termos do art. 5º XLII; e a perda de bens também encontra respaldo na constituição, nos termos do art. 5º, XLVI, b da CF/1988.

GABARITO: D.

---

192. Determinada lei municipal editada em matéria de servidores públicos cria funções de confiança que podem ser exercidas por servidores ocupantes de cargos em comissão, estes nomeados independentemente de concurso público. A mesma lei indica que ocupantes de cargos em comissão podem apenas exercer funções de direção, chefia e assessoramento, sendo passíveis de livre exoneração. Há inconstitucionalidade na referida lei no tocante à:

a) previsão da exoneração dos servidores titulares de cargos em comissão independentemente de observância do devido processo legal.

b) possibilidade de exercício de funções de confiança por servidores ocupantes de cargos em comissão.

c) previsão do assessoramento como função que pode ser exercida pelo servidor titular de cargo em comissão.

d) competência legislativa municipal para criar funções de confiança.

e) ausência de concurso público para a escolha de ocupantes de cargos em comissão.

A: Incorreta. Não há inconstitucionalidade na exoneração de ocupante de cargo comissionado, pois tais cargos são de livre nomeação e exoneração.

B: Correta. Há inconstitucionalidade nessa situação, visto que os cargos de função de confiança devem ser ocupados apenas por servidor efetivo, nos termos do art. 37, inciso V, da CF/1988.

Art. 37 V - as funções de confiança, exercidas exclusivamente por servidores ocupantes de cargo efetivo.

C: Incorreta. De fato, os cargos em comissão destinam-se às funções de chefia, assessoramento e direção, nos termos do art. 37, V da Constituição Federal.

D: Incorreta. Não há inconstitucionalidade na criação de cargos de função de confiança pelos municípios.

E: Incorreta. Não há inconstitucionalidade, visto que os cargos em comissão são de livre nomeação e exoneração, não sendo necessária aprovação em concurso público.

GABARITO: B.

---

193. O Presidente do Supremo Tribunal Federal encaminhou ao Congresso Nacional projeto de lei complementar dispondo sobre o Estatuto da Magistratura, no qual se prevê autorização para que a lei destine aos juízes, a título de vantagem financeira devida em razão do exercício da função jurisdicional, o valor de 1% das custas judiciais recolhidas pelas partes no processo, sendo devido o respectivo pagamento quando do término de cada processo. O projeto ainda atribui ao Conselho Nacional de Justiça (CNJ) a competência para autorizar que juízes em atividade se candidatem a cargos políticos eletivos. Além disso, consta da proposta a vedação do exercício da advocacia no juízo ou tribunal do qual os juízes tenham se afastado, antes de decorridos três anos do afastamento do cargo por aposentadoria ou exoneração. Nessa situação, o referido projeto de lei complementar mostra-se:

a) incompatível com a Constituição Federal, apenas porque não poderia ter sido encaminhado pelo Presidente do Supremo Tribunal Federal e por ser vedada a concessão da vantagem financeira que se pretende instituir em favor dos juízes.

b) incompatível com a Constituição Federal, apenas porque é vedada a concessão da vantagem financeira que se pretende instituir em favor dos juízes e por ser permitido o exercício da advocacia nas condições em que o projeto pretende impedir.

c) incompatível com a Constituição Federal, apenas porque é livre aos juízes, independentemente de autorização do CNJ, o exercício de mandato político junto ao Poder Legislativo, embora lhes seja vedado exercer cargos políticos junto ao Poder Executivo.

d) incompatível com a Constituição Federal, apenas porque é vedada a concessão da vantagem financeira que se pretende instituir em favor dos juízes e por ser-lhes vedado o exercício de atividade político-partidária.

e) compatível com a Constituição Federal em todos os seus aspectos.

Nos termos do art. 95, parágrafo único, da CF/1988, é vedada algumas situações aos juízes.

Art. 95 [...] Parágrafo único. Aos juízes é vedado:

I - exercer, ainda que em disponibilidade, outro cargo ou função, salvo uma de magistério;

II - receber, a qualquer título ou pretexto, custas ou participação em processo;

III - dedicar-se à atividade político-partidária.

IV - receber, a qualquer título ou pretexto, auxílios ou contribuições de pessoas físicas, entidades públicas ou privadas, ressalvadas as exceções previstas em lei;

V - exercer a advocacia no juízo ou tribunal do qual se afastou, antes de decorridos três anos do afastamento do cargo por aposentadoria ou exoneração.

Com base no exposto, o referido projeto de lei complementar mostra-se incompatível com a Constituição Federal, visto que é vedada a concessão da vantagem financeira que se pretende instituir em favor dos juízes e por ser-lhes vedado o exercício de atividade político-partidária.

GABARITO: D.

---

194. No início do mês de abril de um dado exercício financeiro, um servidor membro da equipe responsável pelo controle da execução orçamentária em um ente público, após a elaboração do balanço patrimonial do exercício anterior, estava avaliando o montante do superávit financeiro apurado. O objetivo era identificar recursos para abertura de créditos adicionais.

O servidor deve ficar atento para considerar na apuração desse montante:

a) a importância das dotações orçamentárias anuladas.

b) a importância dos créditos extraordinários abertos no exercício.

c) o excesso de arrecadação, de forma aditiva.

d) os créditos adicionais especiais abertos no exercício.

e) o saldo dos créditos adicionais transferidos.

De acordo com a Lei nº 4.320/1964:

Art. 43 § 2º Entende-se por superávit financeiro a diferença positiva entre o ativo financeiro e o passivo financeiro, conjugando-se, ainda, os saldos dos créditos adicionais transferidos e as operações de crédito a eles vinculadas.

Superávit financeiro é a diferença positiva entre o ativo financeiro e o passivo financeiro, constante do balanço patrimonial do exercício anterior, conjugando-se, ainda, os saldos dos créditos adicionais transferidos e as operações de crédito a eles vinculadas. São recursos financeiros que não se encontravam comprometidos com pagamentos futuros no encerramento do exercício fiscal. O superávit financeiro apurado em balanço patrimonial do exercício anterior pode ser utilizado como fonte de recurso para créditos adicionais.

Lei nº 4.320/1964, art. 43, § 1º, I e § 2º.

SF = AF – PF – CAR + OCV – CAE, sendo:

SF: superávit financeiro;

AF: ativo financeiro;

PF: passivo financeiro;

CAR: valor dos créditos adicionais reabertos no exercício (créditos especiais ou extraordinários com vigência plurianual – art.167, § 2º da CF);

OCV: saldo das operações de crédito vinculadas aos créditos reabertos;

CAE: valor dos créditos adicionais já abertos no exercício, tendo como fonte o superávit financeiro do exercício anterior.

GABARITO: E.

---

195. Ao longo da execução orçamentária, variações na expectativa de realização de receitas podem indicar que as metas de resultado primário ou nominal não serão cumpridas. Esse cenário exige pronta resposta dos responsáveis pelos poderes, que podem promover limitação de empenho e movimentação financeira.

Dois instrumentos usados para fazer esse acompanhamento são:

a) cronograma de execução mensal de desembolso e balanço financeiro.

b) cronograma de execução mensal de desembolso e anexo de metas fiscais.

c) decreto de programação financeira e anexo de riscos fiscais.

d) decreto de programação financeira e balanço orçamentário.

e) decreto de programação financeira e relatório de gestão fiscal.

Cronograma de execução mensal de desembolso é um instrumento que faz a projeção para o exercício financeiro, os limites de pagamento das despesas que são autorizados na lei orçamentária e dos restos a pagar, por órgão (LRF, art. 8º; Lei nº 4.320/1964, arts. 47 e 48).

O Decreto de Programação Orçamentária e Financeira (DPOF) é uma norma que estabelece a programação financeira e orçamentária e o cronograma de execução mensal de desembolso dos órgãos, fundos e entidades do Poder Executivo federal. Segundo a LRF, deve ser editado até 30 dias depois da publicação dos orçamentos de acordo com a LDO (LRF, arts. 8º e 9º).

Relatório de Gestão Fiscal é um dos instrumentos de transparência criado pela LRF. Tem como objetivo o controle, o monitoramento e a publicidade do cumprimento dos limites estabelecidos pela LRF: Dívida Consolidada Líquida, Despesas com Pessoal, Concessão de Garantias e Contratação de Operações de Crédito (art. 54 e 55 LRF).

Anexo de Metas Fiscais: demonstrará como será a condução da política fiscal para os próximos exercícios e avaliará o desempenho fiscal dos exercícios anteriores (art. 4º, § 1º e 2º, LRF).

Anexo de Riscos Fiscais: riscos de ocorrer eventos que afetem as contas públicas da União de forma imprevista (art. 4º, § 3º, LRF).

Balanço Orçamentário: faz parte do Relatório Resumido da Execução Orçamentária. Deve especificar por categoria econômica as receitas por fonte e as despesas por grupo de natureza (art. 52, I, LRF).

GABARITO: D.

196. No encerramento de um exercício financeiro, após apurar o cumprimento dos estágios de execução da receita e da despesa, é correto afirmar, de acordo com as disposições da Lei de Responsabilidade Fiscal, que a inscrição de despesas em restos a pagar:

a) é vedada no último ano de mandato.

b) é vedada quando se tratar de despesas decorrentes de créditos adicionais extraordinários.

c) está limitada ao montante de despesas empenhadas.

d) está limitada ao montante de despesas liquidadas.

e) pode ser feita com recursos da contratação de novas operações de crédito.

A: Incorreta. Em contextos gerais é possível sim fazer despesa no último ano normalmente, desde que se encerre no mesmo ano ou haja previsão de recursos para financiamento desta para o próximo ano (se empenhadas, entram como restos a pagar).

B: Incorreta. Sim, pode ser que restem créditos adicionais não utilizados, e aí o gasto terá de ser feito normalmente, por meio de restos a pagar, se empenhados. Não confundir com a situação da letra E. Quando se coloca despesas de restos a pagar, deve-se demonstrar recursos para o próximo ano, mas estes não podem ser advindos de créditos. Re-explicando com exemplo: Situação da letra B: Abri crédito adicional em 2020, mas não usei tudo. O que faltou pagar e já empenhei, lanço como restos a pagar para 2021. Situação da letra E: No ano de 2020, lancei restos a pagar para 2021. Na hora de demonstrar de onde sairia recursos para pagar, disse que sairia de um crédito adicional (ao invés de receita orçamentária prevista).

C: Correta. Autoexplicativa.

D: Incorreta. Pela própria definição de restos a pagar (empenhadas, mas não pagas). A definição não é liquidada, mas não pagas.

E: Incorreta. Totalmente desconexa.

GABARITO: C.

197. O Relatório de Gestão Fiscal (RGF) deve ser elaborado por órgãos de todos os poderes, conforme definido na Lei de Responsabilidade Fiscal.

No caso de órgãos do Poder Judiciário, o relatório relativo ao último bimestre de um exercício financeiro deverá conter, além do anexo Demonstrativo da Despesa com Pessoal, informações relativas a:

a) despesas empenhadas e liquidadas pelo órgão categorizadas por subfunção.

b) detalhamento da aplicação dos recursos obtidos com a alienação de ativos mantidos pelo órgão.

c) detalhamento das receitas próprias arrecadadas pelo órgão.

d) empenhos não liquidados cancelados (não inscritos por insuficiência financeira).

e) projeção de despesas previdenciárias relativas ao pessoal lotado no órgão.

Conforme a LRF:

Art. 55 O relatório conterá:

I - comparativo com os limites de que trata esta Lei Complementar, dos seguintes montantes:

a) despesa total com pessoal, distinguindo a com inativos e pensionistas.

b) dívidas consolidadas e mobiliárias.

c) concessão de garantias.

d) operações de crédito, inclusive por antecipação de receita.

e) despesas de que trata o inciso II do art. 4º.

I - indicação das medidas corretivas adotadas ou a adotar, se ultrapassado qualquer dos limites.

II - demonstrativos, no último quadrimestre:

a) do montante das disponibilidades de caixa em trinta e um de dezembro.

b) da inscrição em Restos a Pagar, das despesas:

1) liquidadas.

2) empenhadas e não liquidadas, inscritas por atenderem a uma das condições do inciso II do art. 41.

3) empenhadas e não liquidadas, inscritas até o limite do saldo da disponibilidade de caixa.

4) não inscritas por falta de disponibilidade de caixa e cujos empenhos foram cancelados.

c) do cumprimento do disposto no inciso II e na alínea b do inciso IV do art. 38.

GABARITO: D.

198. Desde os primórdios da prática orçamentária na administração pública, registra-se a existência de princípios norteadores desse processo, com contribuições relevantes da França. Nos diferentes cenários com os quais se deparam os entes públicos, alguns princípios podem ganhar maior destaque, como, por exemplo, na estrutura descentralizada do governo federal, com órgãos espalhados por todo o território nacional.

Nesse contexto, o princípio que possibilita a coexistência de vários orçamentos autônomos, mas que podem ser vistos de forma consolidada, permitindo-se assim uma visão ao mesmo tempo segregada e geral das finanças públicas, é o da:

a) exatidão.

b) especialização.

c) exclusividade.

d) regionalização.

e) totalidade.

A: Incorreta. Envolve questões éticas.

B: Incorreta. Especialização traz a ideia de que a LOA não consignará dotações globais destinadas a atender indiferentemente despesas de pessoal, material, serviços de terceiros, transferências ou quaisquer outras, devendo portanto ser discriminada.

C: Incorreta. Sobre o princípio da exclusividade, grave a palavra chave como sendo dispositivo estranho. Sendo assim, a LOA não pode ter dispositivo estranho à fixação das despesas e previsão das receitas.

D: Incorreta. Não é um princípio.

E: Correta. Falou em consolidação do orçamento fiscal, da seguridade social, de investimentos das estatais e em unidade de orientação política, trata-se do princípio da totalidade.

GABARITO: E.

---

199. Na classificação da receita orçamentária segundo a natureza, a categoria Tipo, correspondente ao último dígito, tem a finalidade de identificar o tipo de arrecadação a que se refere aquela natureza.

Uma diferenciação permitida por meio dessa categoria é entre receitas:

a) financeira e não financeira.

b) originária e derivada.

c) principal e de multa e juros.

d) própria e de transferências.

e) vinculada e ordinária.

MTO: 3.2.1.5. TIPO

O tipo, correspondente ao último dígito na natureza de receita, tem a finalidade de identificar o tipo de arrecadação a que se refere aquela natureza, sendo:

- "0", quando se tratar de natureza de receita não valorizável ou agregadora.

- "1", quando se tratar da arrecadação Principal da receita.

- "2", quando se tratar de Multas e Juros de Mora da respectiva receita.

- "3", quando se tratar de Dívida Ativa da respectiva receita; e

- "4", quando se tratar de Multas e Juros de Mora da Dívida Ativa da respectiva receita.

GABARITO: C.

---

200. Embora não seja legalmente exigida nos instrumentos orçamentários, a classificação das receitas públicas quanto à procedência é abordada em diversos pontos do Manual de Contabilidade Aplicada ao Setor Público e também na estrutura da Demonstração dos Fluxos de Caixa.

Entre as origens da receita corrente, uma que apresenta diversas espécies de receitas originárias é:

a) tributária.

b) patrimonial.

c) de contribuições.

d) de transferências correntes.

e) de amortização de empréstimos.

Falando sobre a classificação da origem das receitas. Elas podem ser originárias ou derivadas.

O MCASP diferencia tais receitas. Observe:

Receitas Públicas Originárias, segundo a doutrina, seriam aquelas arrecadadas por meio da exploração de atividades econômicas pela Administração Pública. Resultariam, principalmente, de rendas do patrimônio mobiliário e imobiliário do Estado (receita de aluguel), de preços públicos, de prestação de serviços comerciais e de venda de produtos industriais ou agropecuários.

Aqui temos o nosso gabarito como receita patrimonial.

Receitas Públicas Derivadas, segundo a doutrina, seria a receita obtida pelo poder público por meio da soberania estatal. Decorrem de imposição constitucional ou legal e, por isso, auferidas de forma impositiva, como, por exemplo, as receitas tributárias e as contribuições especiais.

GABARITO: B.

---

201. Considere um programa governamental na área de transporte urbano em que uma das ações prevê a construção de trecho para circulação de veículo leve sobre trilho (VLT) para promover integração de pontos da região central de uma cidade.

Sob a perspectiva da classificação programática da despesa pública, essa ação deve ser classificada como:

a) projeto.

b) atividade.

c) investimento.

d) aplicação direta.

e) operação especial.

Trata-se de um projeto. Perceba que a construção de trecho para circulação de veículo leve sobre trilho (VLT) é uma operação limitada no tempo. Caracteriza-se por serem limitados no tempo, podendo ser de expansão ou aperfeiçoamento.

GABARITO: A.

---

202. Na literatura sobre planejamento orçamentário na administração pública costuma-se dizer que o orçamento nasce nas bases operacionais dos governos, porém está sujeito a uma série de regras que ordenam e também limitam a execução de despesas públicas. A Lei de Diretrizes Orçamentárias (LDO), por exemplo, estabelece vedações e limites para as despesas dos Poderes.

Uma dessas disposições refere-se a estabelecer:

a) áreas prioritárias para investimentos das empresas estatais.

b) limites para elaboração das propostas orçamentárias dos órgãos do Poder Judiciário.

c) parâmetros para fixação das remunerações de pessoal no âmbito das empresas públicas.

d) parâmetros para fixação das remunerações de pessoal no âmbito do Poder Judiciário.

e) regras para a proposição de emendas parlamentares impositivas.

A: Incorreta. Não existe essa previsão na LDO.

B: Correta. Nos termos do art. 99, da Constituição Federal de 1988:

Art. 99 Ao Poder Judiciário é assegurada autonomia administrativa e financeira.

§ 1º Os tribunais elaborarão suas propostas orçamentárias dentro dos limites estipulados conjuntamente com os demais Poderes na lei de diretrizes orçamentárias.

É perceptível que existe a disposição de limites, ratificando o gabarito.

C e D: Incorretas. O que é estabelecido nos art. 51 e 52 são parâmetros para a lei de fixação das remunerações da Câmara dos Deputados e do Senado Federal, nada com âmbito das empresas públicas ou poder judiciário.

E: Incorreta. Existem regras para emendas impositivas na CF, porém, não na LDO.

GABARITO: B.

203. A despesa total com pessoal dos Poderes e órgãos com autonomia administrativa, orçamentária e financeira está sujeita a limites estabelecidos em relação ao montante apurado periodicamente da Receita Corrente Líquida (RCL). Considere que ao final do último quadrimestre de um dado exercício financeiro, um Estado da federação apurou uma RCL de R$ 9,5 bilhões.

A partir desse parâmetro e dos limites estabelecidos na Lei de Responsabilidade Fiscal (LRF), a despesa total com pessoal no âmbito do Poder Judiciário do referido ente NÃO poderá exceder, em reais, a:

a) R$ 1.045.000.000,00.
b) R$ 760.000.000,00.
c) R$ 570.000.000,00.
d) R$ 541.500.000,00.
e) R$ 513.000.000,00.

A despesa total com pessoal dos Poderes e órgãos com autonomia administrativa, orçamentária e financeira está sujeita a limites estabelecidos em relação ao montante apurado periodicamente da Receita Corrente Líquida (RCL).

Considere que ao final do último quadrimestre de um dado exercício financeiro, um Estado da federação apurou uma RCL de R$ 9,5 bilhões.

Vejamos o disposto na LRF:

Art. 20 II - na esfera estadual:

a) 3% (três por cento) para o Legislativo, incluído o Tribunal de Contas do Estado.

b) 6% (seis por cento) para o Judiciário.

c) 49% (quarenta e nove por cento) para o Executivo.

d) 2% (dois por cento) para o Ministério Público dos Estados.

A despesa com Poder Judiciário estadual = 9.500.000.000 × 0,06

9.500.000.000 × 0,06 = 570.000.000,00.

A partir desse parâmetro e dos limites estabelecidos na Lei de Responsabilidade Fiscal (LRF), a despesa total com pessoal no âmbito do Poder Judiciário do referido ente não poderá exceder, em reais, a 570.000.000,00.

GABARITO: C.

204. O acompanhamento das metas de arrecadação disposto na Lei de Responsabilidade Fiscal (LRF) com o intuito de promover, se necessário, limitação de empenho e movimentação financeira, segundo os critérios fixados pela Lei de Diretrizes Orçamentárias:

a) deverá ser realizado bimestralmente.
b) deverá ser realizado quadrimestralmente.
c) é de competência do chefe do Poder Executivo.
d) deverá ser realizado pelo respectivo tribunal de contas.
e) se aplica a todas as despesas autorizadas no orçamento.

Observe a LRF:

Art. 9º Se verificado, ao final de um bimestre, que a realização da receita poderá não comportar o cumprimento das metas de resultado primário ou nominal estabelecidas no Anexo de Metas Fiscais, os Poderes e o Ministério Público promoverão, por ato próprio e nos montantes necessários, nos trinta dias subsequentes, limitação de empenho e movimentação financeira, segundo os critérios fixados pela lei de diretrizes orçamentárias.

GABARITO: A.

205. Entre os instrumentos de transparência da gestão fiscal previstos na Lei de Responsabilidade Fiscal (LRF), aos quais deve ser dada ampla divulgação, inclusive em meios eletrônicos de acesso público, um item de elaboração e divulgação obrigatória por parte de órgãos do Poder Judiciário, como os Tribunais de Justiça, é:

a) anexo de riscos e metas fiscais do órgão.
b) parecer prévio emitido pelo tribunal de contas.
c) programação de despesas do órgão autorizadas no orçamento.
d) relatório de gestão fiscal.
e) relatório resumido da execução orçamentária.

Observe o que diz o art. 54 da LRF:

Quais são os instrumentos de transparência fiscal conforme LRF?

Art. 48 São instrumentos de transparência da gestão fiscal, aos quais será dada ampla divulgação, inclusive em meios eletrônicos de acesso público: os planos, orçamentos e leis de diretrizes orçamentárias; as prestações de contas e o respectivo parecer prévio; o Relatório Resumido da Execução Orçamentária e o Relatório de Gestão Fiscal; e as versões simplificadas desses documentos.

Ademais, atente-se que o termo é publicado pelo Poder Executivo e o RGF é publicado pelos titulares dos Poderes e órgãos. O examinador perguntou do poder judiciário. Nos termos do art. 54 da LRF:

Art. 54 Ao final de cada quadrimestre será emitido pelos titulares dos Poderes e órgãos referidos no art. 20 Relatório de Gestão Fiscal, assinado pelo:

I - Chefe do Poder Executivo.

II - Presidente e demais membros da Mesa Diretora ou órgão decisório equivalente, conforme regimentos internos dos órgãos do Poder Legislativo.

III - Presidente de Tribunal e demais membros de Conselho de Administração ou órgão decisório equivalente, conforme regimentos internos dos órgãos do Poder Judiciário.

- Chefe do Ministério Público, da União e dos Estados.

GABARITO: D.

206. Comissão Parlamentar de Inquérito (CPI) constituída no âmbito da Assembleia Legislativa do Estado Alfa deliberou, em decisão fundamentada, pela quebra do sigilo fiscal de Maria e Pedro. A instituição financeira competente, uma autarquia federal, negou-se a fornecer os dados almejados, sob o argumento de que a lei complementar federal que trata da matéria não previu essa possibilidade. Inconformada, a Assembleia Legislativa do Estado Alfa decidiu impetrar mandado de segurança para que lhe fosse assegurado o acesso às informações, havendo dúvida sobre a competência originária do Supremo Tribunal Federal para julgá-lo.

À luz da sistemática constitucional, o Supremo Tribunal Federal é:

a) competente para julgar o mandado de segurança; e as informações solicitadas pela CPI, por simetria com o modelo federal, deveriam ter sido fornecidas.
b) competente para julgar o mandado de segurança, mas as informações solicitadas pela CPI exigiam prévia autorização judicial para o seu fornecimento.
c) incompetente para julgar o mandado de segurança, que deveria ser impetrado perante um juiz federal, mas as informações solicitadas pela CPI exigiam prévia autorização judicial para o seu fornecimento.
d) incompetente para julgar o mandado de segurança, que deveria ser impetrado perante um Tribunal Regional Federal, mas as informações solicitadas pela CPI exigiam prévia autorização judicial para o seu fornecimento.
e) incompetente para julgar o mandado de segurança, que deveria ser impetrado perante um juiz federal; e as informações solicitadas pela CPI, por simetria com o modelo federal, deveriam ter sido fornecidas.

A: Correta. Por simetria com o modelo federal, as Assembleias Legislativas possuem poderes para determinar a quebra do sigilo fiscal, mediante decisão fundamentada. Diante da negativa da instituição financeira (autarquia federal) em fornecer os dados requisitados, o mandado de segurança impetrado pelo Estado Alfa para que lhe fosse assegurado o acesso às informações é legítimo, sendo da competência do STF o seu julgamento, nos termos do art. 102 da CF:

Art. 102 Compete ao Supremo Tribunal Federal, precipuamente, a guarda da Constituição, cabendo-lhe:

I - processar e julgar, originariamente:

f) as causas e os conflitos entre a União e os Estados, a União e o Distrito Federal, ou entre uns e outros, inclusive as respectivas entidades da administração indireta.

B: Incorreta. De fato, o Supremo Tribunal Federal é competente para julgar o mandado de segurança, contudo, a CPI estadual pode requerer a quebra do sigilo de dados bancários, sob fundamento no art. 58, § 3º, da CF/1988, não sendo exigida prévia autorização judicial.

C: Incorreta. Dentre os poderes da CPI que não estão sujeitos à chamada cláusula de reserva de jurisdição, está a quebra do sigilo bancário, fiscal e de dados. Deste modo, as informações solicitadas pela CPI não exigem prévia autorização judicial para o seu fornecimento. Ademais, o STF é competente para julgar o Mandado de Segurança impetrado pelo Estado Alfa em face da instituição financeira competente, porquanto se trata de uma autarquia federal e compõe a administração pública indireta da União.

D: Incorreta. O Supremo Tribunal Federal é competente para julgar o mandado de segurança, e as informações solicitadas pela CPI não exigem prévia autorização judicial para o seu fornecimento.

E: Incorreta. As informações solicitadas pela CPI deveriam ter sido fornecidas, e diante da negativa, o STF é competente para julgar o mandado de segurança impetrado pelo Estado Alfa.

GABARITO: A.

---

207. A Lei nº XX, do Estado Beta, alterou o regime jurídico dos servidores públicos estaduais, de modo a estabelecer uma nova sistemática de cálculo para a gratificação anual de desempenho, calculada e paga a cada exercício. Apesar de dispor que essa sistemática apenas incidiria em relação às gratificações correspondentes aos exercícios futuros, o último preceito da Lei nº XX dispôs que ela seria aplicada àqueles servidores que tomaram posse em momento anterior à sua vigência. Em razão do ajuizamento de diversas ações individuais pelos servidores, muitos juízes, nos diversos quadrantes do Estado Beta, vinham considerando inconstitucional o último preceito da Lei nº XX, afastando a sua incidência sobre os servidores que tomaram posse em momento anterior à sua vigência.

À luz da sistemática constitucional, é correto afirmar que o último preceito da Lei nº XX é:

a) constitucional, desde que tenha sido assegurada aos servidores a opção pela sistemática anterior de cálculo.

b) inconstitucional, sendo corretas as decisões que, em sede de controle difuso de constitucionalidade, afastaram a sua aplicação.

c) inconstitucional, mas os juízes não poderiam ter deixado de aplicá-la antes de decisão do Tribunal competente, em razão da reserva de plenário.

d) inconstitucional, pois as leis têm eficácia futura, não podendo afastar direitos incorporados à esfera individual, mas os processos deveriam ser suspensos até decisão do Tribunal.

e) constitucional, sendo incorretas as decisões que, em sede de controle difuso, afastaram a sua aplicação, mas não é cabível o ajuizamento de ação declaratória de constitucionalidade.

A: Incorreta. A Lei nº XX é constitucional, porquanto já deixou assente nossa Corte Suprema que não há, para o servidor público, direito adquirido em relação à forma como são calculados os seus vencimentos. Não havendo que se falar em opção pela sistemática anterior de cálculo.

B: Incorreta. As decisões que, em sede de controle difuso de constitucionalidade, afastaram a aplicação da Lei nº XX não são corretas, porquanto a nova lei é constitucional, em vista de que o servidor não tem direito adquirido a regime jurídico, de modo que nada impede que uma lei modifique por completo a composição remuneratória de um cargo público, extinguindo ou reduzindo gratificações e adicionais, ou alterando a maneira de calculá-los, desde que o valor final da remuneração seja preservado.

C: Incorreta. A norma é constitucional e a cláusula de reserva de plenário (art. 97, CF) não se aplica ao controle difuso exercido pelo magistrado singular, que pode afastar a incidência de determinada lei, no todo ou em parte, no caso concreto.

D: Incorreta. A Lei n° XX é constitucional, pois de acordo com a jurisprudência, inexiste direito adquirido a regime jurídico.

E: Correta. De acordo com o STF, a Lei nº XX é constitucional uma vez o servidor público não tem direito adquirido a regime jurídico, sendo-lhe assegurada, pelo ordenamento constitucional pátrio, a irredutibilidade de vencimentos, de forma que não há impedimento para que a administração promova alterações na composição dos seus vencimentos, retire vantagens, gratificações e reajustes ou, ainda, modifique a forma de cálculo de parcela da remuneração, desde que isso não acarrete redução no montante global da remuneração. (RE 593304 AgR, Relator Ministro Eros Grau, Segunda Turma, julgamento em 29.9.2009, DJe de 23.10.2009). Ademais, não é cabível o ajuizamento de ação declaratória de constitucionalidade, uma vez que somente lei ou ato normativo federal está sujeita a esta modalidade de controle (art. 102, inciso I, da CF).

GABARITO: E.

---

208. O Tribunal de Contas do Estado Alfa recebeu (I) as contas de gestão do Prefeito do Município Beta, afetas à sua atuação como ordenador de despesa; e ( ) as contas de governo do mesmo agente, inerentes à sua gestão política à frente da Chefia do Poder Executivo, e que expressam a atividade financeira do Município no exercício financeiro a que se referem.

À luz da sistemática constitucional, o Tribunal de Contas do Estado Alfa deve:

a) julgar as contas descritas em I e II.

b) julgar as contas descritas em I e emitir parecer prévio nas contas referidas em II, que serão livremente julgadas pela Câmara Municipal.

c) julgar as contas descritas em II e emitir parecer prévio nas contas referidas em I, parecer que só não prevalecerá por decisão da maioria absoluta da Câmara Municipal.

d) limitar-se a emitir parecer prévio nas contas descritas em I e II, mas o parecer só não prevalecerá por decisão de dois terços dos membros da Câmara Municipal, que as julgará.

e) atuar no processo bifásico de análise das contas descritas em I e II, competindo-lhe julgá-las, podendo a Câmara Municipal deixar de acolher sua decisão pelo voto da maioria absoluta.

A: Incorreta. O Tribunal de Contas do Estado Alfa deve apreciar as contas do Prefeito e emitir parecer prévio, competindo à Câmara de Vereadores o julgamento das contas, que poderá desconsiderar o parecer por decisão de dois terços 2/3 dos vereadores.

B: Incorreta. O julgamento das contas do Prefeito é de atribuição da Câmara de Vereadores, de modo que o Tribunal de Contas do Estado deve emitir somente parecer acerca dos casos I e II.

C: Incorreta. Novamente, não cabe ao Tribunal de Contas julgar as contas do Prefeito, mas somente apreciá-las.

D: Correta. As contas de governo e contas de gestão do Prefeito são objeto de parecer prévio do Tribunal de Contas e, posteriormente, de julgamento pela Câmara Municipal, cujo parecer prévio somente deixará de prevalecer por decisão de 2/3 dos vereadores, conforme prevê o art. 31, § 2º, da CF:

Art. 31 § 2º O parecer prévio, emitido pelo órgão competente sobre as contas que o Prefeito deve anualmente prestar, só deixará de prevalecer por decisão de dois terços dos membros da Câmara Municipal.

E: Incorreta. A atuação do Tribunal de Contas se dará por meio de parecer opinativo, competindo exclusivamente à Câmara de Vereadores o julgamento das contas anuais do chefe do Poder Executivo, podendo o parecer ser desconsiderado por decisão de dois terços 2/3 dos vereadores.

GABARITO: D.

209. Ingrid nasceu no território da Bélgica à época em que seu pai, brasileiro, ali atuava em uma indústria privada de conectores eletrônicos. Sua mãe era belga.

Considerando que Ingrid foi registrada apenas perante o órgão competente belga, não perante uma repartição brasileira, ela é considerada:

a) estrangeira, somente lhe restando a opção de se naturalizar brasileira, na forma da lei.
b) brasileira nata, já que seu pai era brasileiro e se encontrava em território belga a trabalho.
c) brasileira nata, pois a ordem constitucional brasileira adota, em caráter conjunto, os modelos do jus soli e do jus sanguinis.
d) estrangeira, mas, caso venha a residir no território brasileiro e opte, a qualquer tempo, após atingir a maioridade, pela nacionalidade brasileira, adquiri-la-á em caráter nato.
e) estrangeira, mas pode adquirir a nacionalidade brasileira, em caráter nato, caso o requeira, em território belga, perante repartição consular brasileira, no ano seguinte à maioridade.

A: Incorreta. Ingrid é considerada estrangeira, todavia, poderá ser reconhecida como brasileira nata, se depois de atingida a maioridade, venha a residir na República Federativa do Brasil e opte, em qualquer tempo, pela nacionalidade brasileira, conforme art. 12, I, "c", da CF.

B: Incorreta. Ingrid não será considerada brasileira nata, já que seu pai, brasileiro, não estava em território belga a serviço da República Federativa do Brasil.

C: Incorreta. Ingrid não será brasileira nata, de início, pois a ordem constitucional brasileira não adota, em caráter conjunto, os modelos do jus soli e do jus sanguinis. O critério do jus soli é adotado para o nascimento em em território nacional, ao passo que o critério do jus sanguinis é adotado para o caso de nascimento no exterior, de filho de pai brasileiro ou mãe brasileira, quando qualquer deles esteja a serviço da República Federativa do Brasil ou no caso de filho de pai brasileiro, que não esteja a serviço da RFB, que nascido no exterior, venha a residir no Brasil, depois de atingida a maioridade, e opte pela nacionalidade brasileira.

D: Correta. Nos termos do art. 12, inciso I, "c", da CF:

Art. 12 É considerado brasileiro nato o indivíduo nascido no estrangeiro de pai brasileiro ou de mãe brasileira, que venha a residir na República Federativa do Brasil e opte, em qualquer tempo, depois de atingida a maioridade, pela nacionalidade brasileira. É o caso de Ingrid, porquanto nascida na Bélgica, é considerada estrangeira, pois seu pai, brasileiro, atuava em uma empresa privada. Contudo, tal circunstância não impede que Ingrid adquira a nacionalidade brasileira. Por força do critério jus sanguinis, Ingrid poderá, depois de atingida a maioridade, vir a residir no Brasil, e optar pela nacionalidade brasileira e ser considerada brasileira nata.

E: Incorreta. Ingrid somente poderá requerer a nacionalidade brasileira, como brasileira nata, se vier a residir no Brasil, não podendo fazê-la em território Belga. Os nascidos no estrangeiro de pai brasileiro ou de mãe brasileira, desde que sejam registrados em repartição brasileira competente ou venham a residir na República Federativa do Brasil e optem, em qualquer tempo, depois de atingida a maioridade, pela nacionalidade brasileira.

GABARITO: D.

210. A Lei Federal nº XX impôs aos brasileiros, que viessem a ser convocados, a necessidade de cumprir determinada obrigação, em caráter gratuito, junto a uma estrutura estatal de poder, durante alguns dias a cada biênio. Aqueles que exercessem essa atividade seriam beneficiados com 2 dias de folga ao trabalho, enquanto os que se negassem a atuar teriam restringidos determinados direitos. João, ao ser convocado, informou à autoridade responsável que a atividade era incompatível com os dogmas de sua religião, de modo que não poderia exercê-la.

À luz da sistemática constitucional, João:

a) independentemente da religião, não estava obrigado a atender à convocação, pois o seu trabalho não seria remunerado.
b) somente deve sofrer restrições em seus direitos caso se recuse a cumprir prestação social alternativa fixada em lei.
c) deve sofrer restrições em seus direitos, salvo se a sua religião existir há mais de 10 anos e os seus dogmas forem públicos.
d) deve sofrer restrições em seus direitos, pois a laicidade do Estado brasileiro impede que ele se exima, por motivo de crença religiosa, de obrigação legal a todos imposta.
e) não deve sofrer restrições em seus direitos, pois sua crença religiosa se apresenta como manifestação da dignidade humana, não lhe podendo gerar consequências negativas.

A questão aborda o direito de escusa de consciência, previsto no art. 5º, VIII, da CF/1988.

Art. 5º VIII - ninguém será privado de direitos por motivo de crença religiosa ou de convicção filosófica ou política, salvo se as invocar para eximir-se de obrigação legal a todos imposta e recusar-se a cumprir prestação alternativa, fixada em lei.

O referido direito fundamental possibilita que o indivíduo se recuse a cumprir determinadas obrigações ou a praticar atos que conflitem com suas convicções religiosas, políticas ou filosóficas, sem que essa recusa implique restrições a seus direitos.

A: Incorreta. João não pode se recusar a cumprir a convocação ao argumento de que não seria remunerado, pois se trata de obrigação legal a todos imposta. No caso, João só pode recusar-se ao cumprimento da convocação com base na escusa de consciência, mas desde que cumpra prestação alternativa.

B: Correta. Nos termos do art. 5º, inciso VIII, João pode recusar a convocação em razão dos dogmas de sua religião, mas deverá cumprir prestação alternativa. Ele somente poderá sofrer restrições em seus direitos caso se recuse a cumprir prestação social alternativa fixada em lei.

C: Incorreta. A restrição aos direitos de João somente ocorrerá se ele alegar imperativo de escusa de consciência para se eximir da obrigação legal a todos imposta e se recusar a cumprir a prestação alternativa estabelecida em lei.

D: Incorreta. A laicidade consiste na neutralidade do Estado em relação ao fenômeno religioso, tanto é que a Constituição Federal não possui religião oficial. Assim, o Estado brasileiro não impede que ele se exima, por motivo de crença religiosa, de obrigação legal a todos imposta, mas pelo contrário, permite a escusa de consciência, mas desde que cumpra prestação alternativa.

E: Incorreta. Ainda que a escusa de consciência em razão da crença religiosa se apresente como manifestação da dignidade humana, os direitos fundamentais são relativos, não podendo a liberdade de crença se sobrepor aos demais brasileiros em face da obrigação legal imposta.

GABARITO: B.

211. João, servidor público estável, foi demitido do serviço público após regular processo administrativo. Em razão da vacância, Maria foi nomeada para ocupar o respectivo cargo de provimento efetivo. Quatro anos depois, a demissão de João foi invalidada por sentença judicial, sendo determinada a sua reintegração no antigo cargo, que fora ocupado por Maria.

À luz da sistemática constitucional, Maria:

a) pode permanecer no cargo, desde que João seja indenizado.

b) deve ser afastada do cargo, com direito a indenização.

c) deve ser demitida, sem direito a indenização.

d) pode ser posta em disponibilidade.

e) deve ser exonerada.

De acordo com o art. 41, § 2º da CF/1988:

Art. 41 São estáveis após três anos de efetivo exercício os servidores nomeados para cargo de provimento efetivo em virtude de concurso público. [...]

§ 2º Invalidada por sentença judicial a demissão do servidor estável, será ele reintegrado, e o eventual ocupante da vaga, se estável, reconduzido ao cargo de origem, sem direito a indenização, aproveitado em outro cargo ou posto em disponibilidade com remuneração proporcional ao tempo de serviço.

João sofreu a penalidade de demissão, que posteriormente foi invalidada, dessa maneira, deve ser reintegrado. E Maria, que ocupava seu cargo, pode ser posta em disponibilidade.

GABARITO: D.

---

212. Maria, promotora de Justiça, que ingressara na carreira do Ministério Público do Estado Alfa há 5 anos, em razão de sua elevada expertise na área dos direitos humanos, foi convidada pelo governador do estado a ocupar o cargo de secretária estadual de Direitos Humanos.

À luz da sistemática constitucional, Maria:

a) não pode exercer qualquer outra função pública, incluindo a de Secretaria de Estado, salvo uma de magistério.

b) pode ocupar o cargo de Secretária de Estado, desde que haja aquiescência expressa do procurador-geral de Justiça.

c) pode ocupar o cargo de secretária de estado, independentemente da aquiescência de qualquer órgão do Ministério Público.

d) não pode exercer outra função pública, incluindo a de Secretaria de Estado, salvo se for temporariamente afastada do cargo de promotora de Justiça.

e) pode ocupar o cargo de secretária de Estado, desde que haja compatibilidade de horários com o cargo de promotora de Justiça e a soma das remunerações não ultrapasse o teto.

A Constituição Federal, em seu art. 128, § 5º, II, é clara ao dispor que é vedado aos membros do Ministério Público exercer, ainda que em disponibilidade, qualquer outra função pública, salvo uma de magistério. Veja-se:

Art. 128 § 5º Leis complementares da União e dos Estados, cuja iniciativa é facultada aos respectivos Procuradores-Gerais, estabelecerão a organização, as atribuições e o estatuto de cada Ministério Público, observadas, relativamente a seus membros:

II - as seguintes vedações:

d) exercer, ainda que em disponibilidade, qualquer outra função pública, salvo uma de magistério.

Portanto, em razão da previsão constitucional, Maria não pode, em nenhuma hipótese, acumular seu cargo de promotora de Justiça com o de secretária de Estado, nem mesmo se estiver temporariamente afastada do primeiro cargo. Somente é possível acumular seu cargo com uma função de magistério.

Assim, a alternativa correta é a A, pois está em conformidade com a Constituição Federal.

GABARITO: A.

---

213. Após diplomação, no exercício da atividade legislativa, o vereador do município X é flagrado exigindo o repasse de parte dos salários dos integrantes do seu gabinete para a conta de uma terceira pessoa a ele vinculada.

Em tal situação, a competência para o processo e julgamento do fato é do(a):

a) Supremo Tribunal Federal.

b) Superior Tribunal de Justiça.

c) Tribunal de Justiça de Rondônia.

d) Turma Recursal.

e) Juízo de Direito estadual de primeiro grau.

A: Incorreta. Ao STF compete processar e julgar nas infrações penais comuns, o presidente da República, o vice-presidente, os membros do Congresso Nacional (deputados e senadores), seus próprios ministros e o procurador-geral da República, nos termos do art. 102, inciso I, alínea "b", da CF/1988.

B: Incorreta. Ao STJ compete processar e julgar governadores de Estado, desembargadores (TJ, TRF, TRT), membros dos TRE, conselheiros dos Tribunais de Contas e membros do MPU que oficiem perante tribunais.

C: Incorreta. Ao Tribunal de Justiça compete julgar os juízes de Direito, promotores e procuradores de Justiça e os prefeitos. Por sua vez, os vereadores não possuem foro especial por prerrogativa de função perante o Tribunal de Justiça, já que a Constituição Federal não concedeu a eles tal prerrogativa e as Constituições estaduais não estão autorizadas a realizar referida extensão.

D: Incorreta. A Turma Recursal detém a competência para julgamento de recursos advindos dos juizados especiais e, ainda, para julgar originariamente alguns feitos, por exemplo, a Reclamação, o habeas corpus ou o mandado de segurança impetrado contra decisão de algum dos Juizados.

E: Correta. Os vereadores são julgados por Juízo de Direito estadual de primeiro grau, tendo em vista que não possuem imunidade formal, e nem foro por prerrogativa de função. Os parlamentares municipais dispõem apenas de imunidade material (por suas opiniões, palavras e votos) dentro dos limites da circunscrição do município, nos termos do art. 29, inciso VIII, da CF/1988.

GABARITO: E.

---

214. Em relação aos atos jurisdicionais, uma das espécies de atos do juiz que não demanda fundamentação, sem que importe em violação da garantia do art. 93, inciso IX, da Constituição da República de 1988, corresponde a:

a) despachos.

b) decisões interlocutórias simples.

c) decisões interlocutórias mistas.

d) sentenças.

e) acórdãos.

A questão exige conhecimento sobre os atos jurisdicionais, bem como a disposição do art. 93, inciso IX, da Constituição Federal.

Art. 93 IX - todos os julgamentos dos órgãos do Poder Judiciário serão públicos, e fundamentadas todas as decisões, sob pena de nulidade, podendo a lei limitar a presença, em determinados atos, às próprias partes e a seus advogados, ou somente a estes, em casos nos quais a preservação do direito à intimidade do interessado no sigilo não prejudique o interesse público à informação.

A: Correta. Despacho é todo provimento emitido pelo juiz, que tem a finalidade de dar andamento ao processo, mas que não decide qualquer questão (sem conteúdo decisório), seja de cunho processual ou material. Portanto, não exige fundamentação.

B: Incorreta. Decisão interlocutória é ato processual emanado da autoridade judiciária que resolve questão incidente. É aquela que soluciona incidentes processuais, sem encerrar qualquer fase processual, como a decisão de concessão da liberdade provisória, que decreta a prisão preventiva ou arbitra a fiança, no processo penal, por exemplo.

C: Incorreta. Decisão interlocutória mista se caracteriza por ser uma decisão do magistrado que não apenas resolve uma controvérsia, mas também encerra uma fase do processo, sem o julgamento de mérito. Um grande exemplo é a decisão de pronúncia, que julga admissível a acusação, remetendo o caso à apreciação do Tribunal do Júri.

D: Incorreta. Sentença possui natureza decisória, por isso exige fundamentação, sob pena de nulidade. Trata-se do ato pelo qual o juiz extingue o processo com ou sem julgamento de mérito.

E: Incorreta. Acórdão é o julgamento colegiado proferido pelos tribunais, que demanda fundamentação.

GABARITO: A.

215. Considere os itens a seguir:

I. "Serve como ponto de partida para o estabelecimento de um programa de contabilização de custos".

II. "Se usada de forma predominante, impede que se tenha uma visão global dos gastos do governo".

III. "Tende a gerar rivalidades interorganizacionais na obtenção de dotações".

Os itens apresentados referem-se a características relacionadas à:

a) abertura de créditos adicionais.

b) classificação institucional da despesa.

c) classificação programática da despesa.

d) descentralização de créditos orçamentários.

e) regionalização de programas no PPA.

Tais características dizem respeito à Classificação Institucional da Despesa:

- Vantagens:

1) permite "comparar" imediatamente os vários órgãos, em termos de dotações recebidas;

2) permite identificar o agente responsável pelas dotações autorizadas pelo Legislativo, para dado programa;

3) serve como ponto de partida para o estabelecimento de um programa de contabilização de custos dos vários serviços ou unidades administrativas; e

4) quando combinado com a classificação funcional, permite focalizar em um único ponto a responsabilidade pela execução de determinado programa.

- Desvantagens:

1) se usado de forma predominante, impede que se tenha uma visão global das finalidades dos gastos do governo, em termos das funções precípuas que deve cumprir;

2) tende a gerar rivalidades interorganizacionais na obtenção de dotações, quando da preparação do orçamento e da sua aprovação no Legislativo; e

3) a demonstração de quanto um órgão está autorizado a despender, em determinado exercício, não contribui em nada para a melhoria das decisões orçamentárias, por apresentar apenas quantias que são necessárias para o funcionamento interno do órgão, fato que interessa mais ao administrador do mesmo do que ao legislador ou ao povo em geral.

GABARITO: B.

216. Na execução do orçamento público, as receitas e as despesas são processadas em estágios. Suponha que em um dado exercício financeiro uma despesa tenha registrado apenas o comprometimento do crédito orçamentário, sem cumprir os demais estágios. Ao final do exercício, essa despesa:

a) deverá ser cancelada.

b) será inscrita em restos a pagar processados.

c) será classificada como despesa em liquidação.

d) será transferida para o próximo exercício financeiro.

e) poderá ser inscrita em restos a pagar não processados.

A questão afirma que a despesa teve comprometimento do crédito orçamentário. Com isso, subentendemos que houve empenho. A questão também afirma que a despesa não cumpriu os demais estágios (liquidação e pagamento). Logo, ao final do exercício, a despesa poderá ser inscrita em restos a pagar não processado, pois a despesa foi empenhada, mas não liquidada.

GABARITO: E.

217. João, oficial de justiça, recebeu determinação judicial para que procedesse à busca e apreensão de determinado objeto que estava no interior da residência de Antônio.

À luz dos balizamentos estabelecidos exclusivamente na sistemática constitucional e partindo-se da premissa de que foram cumpridas as exigências da lei processual, João:

a) pode cumprir o mandado em qualquer horário do dia ou da noite, independentemente do dia da semana.

b) precisa cumprir o mandado durante o dia, independentemente do dia da semana.

c) pode cumprir o mandado em qualquer horário do dia ou da noite, mas apenas em dias úteis.

d) precisa ingressar na residência de Antônio com o consentimento deste último.

e) deve cumprir o mandado durante o dia e em dias úteis.

A questão aborda o tema inviolabilidade domiciliar, de acordo com o art. 5º, XI, da Constituição Federal:

Art. 5º XI - a casa é asilo inviolável do indivíduo, ninguém nela podendo penetrar sem consentimento do morador, salvo em caso de flagrante delito ou desastre, ou para prestar socorro, ou, durante o dia, por determinação judicial.

A: Incorreta. João não pode cumprir o mandado em qualquer horário, sendo-lhe permitido cumprir a diligência somente durante o dia, nos termos do art. 5º, XI, da CF/1988. Ademais, é importante mencionar que a nova Lei de Abuso de Autoridade (Lei nº 13.869/2019), prevê que incorre em crime de abuso de autoridade quem cumpre mandado de busca e apreensão domiciliar após as 21 horas ou antes das 5 horas.

B: Correta. João deve cumprir o mandado de busca e apreensão durante o dia, em qualquer dia da semana, nos termos do inciso XI, do art. 5º da CF/1988.

C: Incorreta. João pode cumprir o mandado durante o dia, em qualquer dia da semana.

D: Incorreta. Diante da determinação judicial, João não precisa do consentimento de Antônio para ingressar na residência, desde que o cumprimento do mandado seja durante o dia.

E: Incorreta. Nos termos do artigo 5º, XI, da CF/1988, o mandado pode ser cumprido em qualquer dia, pois não há nenhuma ressalva no texto constitucional sobre dias úteis, feriados ou final de semana.

GABARITO: B.

218. Em determinado estado da Federação, foi promulgada a Lei nº XX/2017, dispondo que a remuneração devida aos ocupantes do cargo de provimento efetivo A, vinculado ao Poder Executivo, seria reajustada pelo mesmo índice aplicado no reajuste da remuneração dos ocupantes do cargo B, vinculado ao Poder Judiciário.

A técnica de reajuste adotada na referida Lei é:

a) incorreta, pois é vedada a técnica de reajuste que vincula os cargos A e B.

b) correta, pois a técnica de remissão adotada pela lei é um modo de preservar a igualdade.

c) correta, desde que os cargos A e B tenham atribuições e requisitos de escolaridade semelhantes.

d) correta, desde que os cargos A e B estejam inseridos na estrutura do mesmo Estado da Federação.

e) incorreta, pois o reajuste da remuneração dos cargos A e B deveria ocorrer de modo simultâneo, não sequencial.

Segundo o art. 37, XIII, da CF, é vedada a vinculação ou equiparação de quaisquer espécies remuneratórias para o efeito de remuneração de pessoal do serviço público:

Art. 37 A administração pública direta e indireta de qualquer dos Poderes da União, dos Estados, do Distrito Federal e dos Municípios obedecerá aos princípios de legalidade, impessoalidade, moralidade, publicidade e eficiência e, também, ao seguinte:

XIII - é vedada a vinculação ou equiparação de quaisquer espécies remuneratórias para o efeito de remuneração de pessoal do serviço público.

Além disso, a fixação dos vencimentos deverá observar as diretrizes do § 1º, do art. 39 da CF/1988, de acordo com a natureza, grau de responsabilidade, complexidade e peculiaridades dos cargos, e requisitos de investidura.

Assim, a alternativa correta é a A, pois é vedada a técnica de reajuste que vincula os cargos A e B.

GABARITO: A.

---

219. Após amplos debates entre as lideranças parlamentares de certo Estado da Federação, um grupo de deputados estaduais apresentou projeto de lei ampliando as competências do Tribunal de Justiça. Do processo legislativo resultou a promulgação da Lei nº XX/2018.

A forma utilizada para dispor sobre as competências do Tribunal é:

a) correta, pois, por se tratar de matéria local, a lei estadual pode discipliná-la.

b) incorreta, pois a ampliação de suas competências deve ser disciplinada na Constituição Estadual.

c) incorreta, pois o processo legislativo deveria ter sido iniciado por provocação do Tribunal de Justiça.

d) correta, desde que o Tribunal de Justiça tenha sido previamente ouvido a respeito da iniciativa.

e) incorreta, pois suas competências estão previstas exclusivamente na Constituição da República de 1988.

Cabe às Constituições Estaduais, definir as competências dos seus respectivos Tribunais de Justiças, por meio da iniciativa destes, através de lei de organização judiciária.

Nesse sentido, veja-se a previsão constitucional:

Art. 125 Os Estados organizarão sua Justiça, observados os princípios estabelecidos nesta Constituição.

§ 1º A competência dos tribunais será definida na Constituição do Estado, sendo a lei de organização judiciária de iniciativa do Tribunal de Justiça.

Conforme se observa, a Constituição atribui ao Tribunal de Justiça a iniciativa privativa para instaurar o processo legislativo em matéria de organização judiciária do estado, por outro lado, em se tratando das competências do Tribunal, cabe à Constituição Estadual defini-las.

GABARITO: B.

---

220. Joana, servidora ocupante de cargo de provimento efetivo no âmbito do Poder Judiciário de determinado Estado da Federação, foi comunicada pelo sindicato da categoria que seriam iniciadas as negociações coletivas de trabalho e era obrigatória a participação do sindicato. Por tal razão, era igualmente obrigatória a filiação de todos os servidores ao sindicato, de modo que a categoria não fosse sub-representada em seus interesses.

A narrativa afigura-se:

a) incorreta em relação a Joana, pois a filiação é facultativa, e correta quanto ao sindicato, pois a sua participação é imposta pela Constituição.

b) correta em relação a Joana, por força do princípio da solidariedade social, e incorreta quanto ao sindicato, por ferir o princípio da liberdade de gestão.

c) correta em relação a Joana, já que a filiação dos servidores do Poder Judiciário é obrigatória, e incorreta quanto ao sindicato, que tem autonomia gerencial.

d) incorreta em relação a Joana, pois os servidores do Poder Judiciário não podem filiar-se a sindicato, e correta quanto ao sindicato, desde que haja determinação judicial.

e) incorreta em relação a Joana, que somente pode ser obrigada a exercer cargo de direção no sindicato, não a sindicalizar-se, e correta quanto ao sindicato, que defende a categoria.

A: Correta. Joana não é obrigada a filiar-se ao sindicato. Prevê o art. 8º, V, da CF/1988, que é livre a associação profissional ou sindical, de modo que ninguém será obrigado a filiar-se ou a manter-se filiado a sindicato. Ademais, no tange ao sindicato, é obrigatória a sua participação nas negociações coletivas de trabalho.

B: Incorreta. A narrativa não se aplica a Joana, pois a filiação é facultativa. A narrativa está correta somente quanto ao sindicato, pois a CF/1988 prevê a obrigatoriedade da participação dos sindicatos nas negociações coletivas de trabalho.

C: Incorreta. A filiação não é obrigatória, seja para os servidores do Poder Judiciário ou qualquer outra categoria profissional.

D: Incorreta. Os servidores do Poder Judiciário, assim como os trabalhadores regidos pela CLT, podem filiar-se a sindicato, contudo a filiação é facultativa, nos termos do art. 8º, V, da CF/1988.

E: Incorreta. Joana não é obrigada a exercer cargo de direção no sindicato e muito menos se filiar.

GABARITO: A.

---

221. A Administração Pública deve voltar-se exclusivamente para o interesse público e não para o interesse privado, vedando-se, assim, o favorecimento a alguns indivíduos em detrimento de outros. Portanto, o alvo a ser alcançado pela Administração é somente o interesse público. Trata-se de aplicação do princípio da:

a) eficiência.

b) autotutela.

c) impessoalidade.

d) razoabilidade.

e) especialidade.

A questão está tratando do princípio da impessoalidade, previsto no art. 37 da Constituição Federal, tal princípio veda a "promoção pessoal de autoridades ou servidores públicos sobre as suas realizações administrativas".

Segundo Hely Lopes Meirelles: O princípio da impessoalidade, referido na Constituição de 1988 (art. 37, caput), nada mais é do que o clássico

princípio da finalidade, o qual impõe ao administrador público que só pratique o ato para o seu fim legal.

E o fim legal é unicamente aquele que a norma de direito indica expressa ou virtualmente como objetivo do ato, de forma impessoal.

GABARITO: C.

---

222. Sobre desconcentração e descentralização administrativa, considere:

I. São conceitos distintos, embora possuam um ponto comum, qual seja, ambas pressupõem pessoas jurídicas diversas: uma que originariamente tem a titulação sobre certa atividade e outra à qual foi atribuído o desempenho da atividade.

II. A distribuição interna de competências decisórias, agrupadas em órgãos públicos, denomina-se desconcentração.

III. A descentralização pressupõe, dentre outros requisitos, o reconhecimento de personalidade jurídica ao ente descentralizado.

IV. Os entes descentralizados não estão sujeitos a controle ou tutela, vez que possuem independência e autonomia em sua atuação.

Está correto o que consta apenas de:

a) I e I
b) I e III.
c) e III.
d) e III.
e) e I

A desconcentração ocorre quando há a distribuição de competências, são criados órgãos dentro de uma pessoa jurídica para que internamente sejam divididas as atividades e atribuições.

Já a descentralização se dá quando a função do ente é exercida por outra personalidade jurídica.

GABARITO: D.

---

223. No que concerne ao tema da Administração Pública Direta e Indireta,

a) a empresa pública, entidade integrante da Administração Indireta, poderá organizar-se sob qualquer das formas admitidas em direito.
b) compõem a Administração Indireta somente pessoas jurídicas de direito público, sob pena de desvirtuar o conceito do instituto e admitir que entidades privadas, prestadoras de atividade econômica, façam parte de tal conceito.
c) quando o Estado executa tarefas por meio de seus órgãos internos, está diante da Administração Direta estatal no desempenho de atividade descentralizada.
d) a autarquia, entidade integrante da Administração Indireta, tem as mesmas prerrogativas e sujeições da Administração Direta, inclusive capacidade política.
e) o princípio da reserva legal só se aplica às autarquias; assim, a sociedade de economia mista, por exemplo, não necessita de lei autorizando sua instituição.

A administração direta é composta pelos órgãos relacionados aos entes da federação, como a União, os estados, o Distrito Federal e os municípios. Esses órgãos estão subordinados ao chefe do poder a que pertencem.

Já a administração indireta é o conjunto de órgãos que prestam serviços públicos, ligados à administração direta. Alguns exemplos são autarquias, fundações públicas, empresas públicas, sociedade de economia mista. A empresa pública é Pessoa Jurídica de Direito Privado, constituída por capital exclusivamente público e poderá ser constituída em qualquer uma das modalidades empresariais.

GABARITO: A.

---

224. O Anexo de Riscos Fiscais é um importante documento para o planejamento da ação estatal, pois nele são avaliados os passivos contingentes e outros riscos capazes de afetar as contas públicas, informando as providências a serem tomadas, caso se concretizem. Tal documento deve integrar

a) a Lei Orçamentária Anual.
b) o Plano Plurianual.
c) a Lei de Diretrizes Orçamentárias.
d) o Decreto anual de execução orçamentária.
e) a Exposição de Motivos da Lei Orçamentária Anual.

O Anexo de Riscos Fiscais é um importante documento para o planejamento da ação estatal, pois nele são avaliados os passivos contingentes e outros riscos capazes de afetar as contas públicas, informando as providências a serem tomadas, caso se concretizem. Tal documento deve integrar:

A Lei de Diretrizes Orçamentárias conterá os anexos de metas fiscais e de riscos fiscais, conforme LRF:

Art. 4º § 1º Integrará o projeto de lei de diretrizes orçamentárias Anexo de Metas Fiscais, em que serão estabelecidas metas anuais, em valores correntes e constantes, relativas a receitas, despesas, resultados nominal e primário e montante da dívida pública, para o exercício a que se referirem e para os dois seguintes.

§ 3º A lei de diretrizes orçamentárias conterá Anexo de Riscos Fiscais, onde serão avaliados os passivos contingentes e outros riscos capazes de afetar as contas públicas, informando as providências a serem tomadas, caso se concretizem.

GABARITO: C.

---

225. Acerca da despesa pública, a Lei nº 4.320/1964 estatui que:

a) reserva é o ato emanado de autoridade competente que cria para o Estado obrigação de pagamento pendente ou não de implemento de condição.
b) é dispensada a emissão da nota de empenho para realização da despesa em casos especiais previstos na legislação específica.
c) o regime de adiantamento é sistema de pagamento antecipado de despesas, quando as características do contrato assim o justificarem, por exemplo, nas compras internacionais sujeitas à variação cambial.
d) a liquidação do pagamento deve ser feita, ainda que haja total inadimplência por parte do contratado, como medida prévia ao cancelamento do empenho.
e) um servidor pode se responsabilizar por, no máximo, três adiantamentos.

De acordo com a Lei nº 4.320/1964:

Art. 60 É vedada a realização de despesa sem prévio empenho.

§ 1º Em casos especiais previstos na legislação específica será dispensada a emissão da nota de empenho.

§ 2º Será feito por estimativa o empenho da despesa cujo montante não se possa determinar.

§ 3º É permitido o empenho global de despesas contratuais e outras, sujeitas a parcelamento.

GABARITO: B.

---

226. Maria, 11 anos, nasceu no Líbano, filha de pais brasileiros que estavam passando suas férias no país e lá acabaram fixando residência após o seu nascimento, onde vivem todos até o momento. Roberto, advogado, é originário de país de língua portuguesa, possui idoneidade moral e reside no Brasil há sete meses ininterruptos. Dirk, engenheiro, é alemão, não possui condenação penal e reside no Brasil há 11 anos ininterruptos.

Considerando apenas os dados fornecidos, Maria será brasileira nata:

a) se tiver sido registrada em repartição brasileira competente ou vier a residir na República Federativa do Brasil e optar, em qualquer tempo, depois de atingida a maioridade, pela nacionalidade brasileira; Roberto poderá adquirir a nacionalidade brasileira, na forma da lei, já que exigidas aos originários de língua portuguesa residência no Brasil por seis meses ininterruptos e idoneidade moral; e Dirk poderá se naturalizar brasileiro já que residente na República Federativa do Brasil há mais de dez anos ininterruptos e sem condenação penal, desde que requeira a nacionalidade brasileira.

b) se tiver sido registrada em repartição brasileira competente ou vier a residir na República Federativa do Brasil e optar, em qualquer tempo, depois de atingida a maioridade, pela nacionalidade brasileira; Roberto ainda não pode adquirir a nacionalidade brasileira, já que exigida aos originários de língua portuguesa residência no Brasil por um ano ininterrupto; e Dirk, se requerer a naturalização brasileira, não a terá deferida, já que residente na República Federativa do Brasil há menos de quinze anos ininterruptos.

c) apenas se tiver sido registrada em repartição brasileira competente; Roberto poderá adquirir a nacionalidade brasileira, na forma da lei, já que exigidas aos originários de língua portuguesa residência por seis meses ininterruptos e idoneidade moral; e Dirk não poderá se naturalizar brasileiro, já que residente na República Federativa do Brasil há menos de quinze anos ininterruptos.

d) pois é filha de pais brasileiros, independentemente de registro em repartição brasileira competente; Roberto não poderá adquirir a nacionalidade brasileira, já que exigida aos originários de língua portuguesa residência no Brasil por um ano ininterrupto; e Dirk poderá se naturalizar brasileiro já que residente na República Federativa do Brasil há mais de dez anos ininterruptos e sem condenação penal, desde que requeira a nacionalidade brasileira.

e) pois é filha de pais brasileiros independentemente de registro em repartição brasileira competente; Roberto poderá adquirir a nacionalidade brasileira, na forma da lei, já que exigidas aos originários de língua portuguesa residência por seis meses ininterruptos e idoneidade moral; e Dirk não poderá se naturalizar brasileiro, já que residente na República Federativa do Brasil há menos de quinze anos ininterruptos.

A questão exige conhecimento acerca do tema "nacionalidade", constante do art. 12 da Constituição Federal, especialmente o inciso I, alínea "c", e inciso II, alíneas "a" e "b":

Art. 12 São brasileiros:

I - Natos

c) os nascidos no estrangeiro de pai brasileiro ou de mãe brasileira, desde que sejam registrados em repartição brasileira competente ou venham a residir na República Federativa do Brasil e optem, em qualquer tempo, depois de atingida a maioridade, pela nacionalidade brasileira.

II - Naturalizados:

a) os que, na forma da lei, adquiram a nacionalidade brasileira, exigidas aos originários de países de língua portuguesa apenas residência por um ano ininterrupto e idoneidade moral;

b) os estrangeiros de qualquer nacionalidade, residentes na República Federativa do Brasil há mais de quinze anos ininterruptos e sem condenação penal, desde que requeiram a nacionalidade brasileira.

A: Incorreta. Maria será considerada brasileira nata se tiver sido registrada em repartição brasileira competente, bem como se vier a residir no Brasil, também poderá optar a qualquer tempo após atingida a maioridade, pela nacionalidade brasileira. Já quanto a Rodrigo, em que pese tenha idoneidade moral, não poderá adquirir a nacionalidade brasileira, porquanto não cumpriu o requisito temporal de residência ininterrupta de 1 ano. Por fim, Dirk não terá o pedido de nacionalidade deferido porque não reside no Brasil há 15 anos ininterruptos.

B: Correta. Nos termos do dispositivo constitucional transcrito, Maria será considerada brasileira nata se tiver sido registrada em repartição brasileira competente ou vier a residir na República Federativa do Brasil e optar, em qualquer tempo, depois de atingida a maioridade, pela nacionalidade brasileira. Já Roberto e Dirk ainda não podem adquirir a nacionalidade, pois não atendem ao requisito temporal de residência mínima de 01 e 15 anos, respectivamente.

C: Incorreta. Maria será brasileira nata se tiver sido registrada em repartição brasileira competente, bem como se a qualquer tempo venha a residir no Brasil e opte, após a maioridade, pela nacionalidade brasileira. Já Roberto e Dirk não poderão adquirir a nacionalidade brasileira, porquanto não cumprem o requisito temporal previsto na Constituição Federal.

D: Incorreta. Maria somente seria brasileira nata, independentemente de registro em repartição brasileira competente, se seus pais estivessem a serviço da República Federativa do Brasil, mas como estavam no país estrangeiro a passeio, a concessão da nacionalidade depende de registro em repartição brasileira. Tanto Roberto e Dirk não poderão adquirir a nacionalidade brasileira, já que exigida aos originários de língua portuguesa residência no Brasil por um ano ininterrupto e aos estrangeiros de qualquer nacionalidade, residência há mais de quinze anos ininterruptos.

E: Incorreta. Conforme mencionado, no caso apresentado Maria somente será considerada brasileira nata se for registrada em repartição brasileira, de modo que o registro é requisito imprescindível, tendo em vista que seus pais não estavam a serviço da República Federativa do Brasil. Ademais, conforme explicado, Roberto e Dirk não poderão naturalizar-se brasileiros.

GABARITO: B.

---

227. Ana Carolina, com 32 anos de idade, é Prefeita de um município brasileiro e deseja se candidatar ao cargo de Governadora do seu Estado. Em vista disso, Ana Carolina:

a) não pode concorrer ao Governo do Estado porque tem menos de 35 anos de idade.

b) deve renunciar ao mandato de Prefeita até seis meses antes do pleito para concorrer ao Governo do Estado.

c) deve renunciar ao mandato de Prefeita pelo menos um ano antes do pleito para concorrer ao Governo do Estado.

d) pode concorrer ao Governo do Estado independentemente de renúncia ao cargo de Prefeita que exerce.

e) pode concorrer ao Governo do Estado, independentemente de renúncia, desde que se licencie de seu mandato três meses antes do pleito.

A: Incorreta. Ana Carolina poderá se candidatar ao cargo de Governadora, pois atende ao requisito de elegibilidade quanto à idade, visto que para o aludido mandato político exige-se a idade mínima de 30 anos, conforme art. 14, § 3º, VI, "b", da CF:

Art. 14 § 3º São condições de elegibilidade, na forma da lei.

b) trinta anos para Governador e Vice-Governador de Estado e do Distrito Federal.

B: Correta. Nos termos do § 6º, do art. 14, da CF:

Art. 14 Para concorrer ao cargo de Governadora, Ana Carolina deve renunciar ao mandato de Prefeita até seis meses antes do pleito eleitoral.

C: Incorreta. A renúncia ao cargo de prefeita deve se dar até seis meses antes do pleito para concorrer ao Governo do Estado.

D: Incorreta. Para concorrer ao Governo do Estado, Ana Carolina deve renunciar ao cargo de Prefeita que exerce.

E: Incorreta. A participação de Ana Carolina na disputa pelo Governo do Estado depende da renúncia do mandato de Prefeita até seis meses antes do pleito, nos termos do art. 14, § 6º, da CF.

GABARITO: B.

---

228. Cristina requereu a um determinado órgão público informação de interesse coletivo. Cristina:

a) tem direito a receber essa informação, independentemente de ser ela considerada sigilosa por ser imprescindível à segurança do Estado, já que se trata de interesse da coletividade.

b) não tem direito a receber essa informação. Teria direito apenas se referida informação fosse de seu interesse particular, salvo se seu sigilo fosse imprescindível à segurança da sociedade e do Estado.

c) não tem direito a receber essa informação. Teria direito apenas se referida informação fosse de seu interesse particular, independentemente de ser ela considerada sigilosa por ser imprescindível à segurança do Estado, já que seria de cunho privado.

d) não tem direito a receber essa informação. Contudo, caso o órgão público, por mera liberalidade, entender que referida informação é relevante para a coletividade, independente de ser ela considerada sigilosa por ser imprescindível à segurança do Estado, poderá fornecê-la a qualquer tempo.

e) tem direito a receber essa informação, salvo se seu sigilo for imprescindível à segurança da sociedade e do Estado.

A: Incorreta. Em regra, Cristina tem direito a receber a informação, no entanto, se a informação for sigilosa ou imprescindível à segurança da sociedade e do Estado, o acesso será negado, tendo em vista que não há direito fundamental absoluto.

B: Incorreta. Cristina tem direito a receber do órgão público informações de seu interesse particular, ou de interesse coletivo ou geral.

C: Incorreta. Cristina tem direito a receber do órgão público informações de seu interesse particular, bem como de interesse coletivo ou geral, desde que não seja considerada sigilosa por ser imprescindível à segurança da sociedade e do Estado.

D: Incorreta. Ao contrário da afirmativa, Cristina possui o direito de receber do órgão público informações de seu interesse particular, ou de interesse coletivo ou geral, que serão prestadas no prazo da lei, sob pena de responsabilidade, ressalvadas aquelas cujo sigilo seja imprescindível à segurança da sociedade e do Estado.

E: Correta. Cristina tem o direito de acesso à informação assegurado mediante previsão constitucional, conforme prevê o art. 5º, inciso XXXIII:

Art. 5º XXXIII - todos têm direito a receber dos órgãos públicos informações de seu interesse particular, ou de interesse coletivo ou geral, que serão prestadas no prazo da lei, sob pena de responsabilidade, ressalvadas aquelas cujo sigilo seja imprescindível à segurança da sociedade e do Estado.

GABARITO: E.

229. Denise é servidora pública da união, titular de cargo efetivo, abrangida por regime próprio de previdência social e sofreu acidente doméstico que a incapacitou permanentemente para o trabalho. Denise será aposentada por incapacidade permanente para o trabalho, no cargo em que está investida,

a) se insuscetível de readaptação, o que será apurado mediante laudo médico, sendo definitiva e permanente a aposentadoria, não havendo necessidade de realização de avaliações periódicas.

b) mesmo que suscetível de readaptação, hipótese em que será obrigatória a realização de avaliações periódicas para verificação da continuidade das condições que ensejaram a concessão da aposentadoria.

c) mesmo que suscetível de readaptação, hipótese em que será obrigatória a apresentação de laudo médico atestando a incapacidade de Denise e realização de uma única avaliação após 5 anos para confirmação da permanência de sua condição de incapacidade.

d) se insuscetível de readaptação, hipótese em que será obrigatória a realização de avaliações periódicas para verificação da continuidade das condições que ensejaram a concessão da aposentadoria.

e) mesmo que suscetível de readaptação, hipótese em que não será obrigatória a realização de avaliações periódicas para verificação da continuidade das condições que ensejaram a concessão da aposentadoria.

A: Incorreta. Conforme o art. 40 da CF/1988, Denise será aposentada por incapacidade permanente para o trabalho, se insusceptível de readaptação, após inspeção médica, atestado por laudo, sendo necessário a realização de avaliações periódicas.

B: Incorreta. Se for suscetível de readaptação, Denise não será aposentada por incapacidade permanente. A servidora será investida em cargo de atribuições e responsabilidades compatíveis com a limitação que tenha sofrido em sua capacidade física ou mental, verificada em inspeção médica.

C: Incorreta. Denise não será aposentada por incapacidade permanente para o trabalho, se a limitação que tenha sofrido em sua capacidade física ou mental for suscetível de readaptação.

D: Correta. Conforme o art. 40 da CF/1988, Denise será aposentada por incapacidade permanente para o trabalho, no cargo em que estiver investido, quando insuscetível de readaptação, hipótese em que será obrigatória a realização de avaliações periódicas para verificação da continuidade das condições que ensejaram a concessão da aposentadoria, na forma de lei do respectivo ente federativo.

E: Incorreta. Conforme o art. 40 da CF/1988, Denise somente será aposentada, se a limitação que tenha sofrido em sua capacidade física ou mental não for suscetível de readaptação, hipótese em que será obrigatória a realização de avaliações periódicas para verificação da continuidade das condições que ensejaram a concessão da aposentadoria.

GABARITO: D.

230. Com relação ao Poder Judiciário, considere:

I. Ingresso na carreira da Magistratura, cujo cargo inicial será o de juiz substituto, mediante concurso público de provas e títulos, com a participação da Ordem dos Advogados do Brasil em todas as fases, exigindo-se do bacharel em direito, no mínimo, três anos de atividade jurídica e obedecendo-se, nas nomeações, à ordem de classificação.

II. Compete ao Supremo Tribunal Federal, precipuamente, a guarda da Constituição Federal, cabendo-lhe processar e julgar, originariamente, a extradição solicitada por Estado estrangeiro.

III. O Superior Tribunal de Justiça compõe-se de, no mínimo, trinta Ministros, os quais serão nomeados pelo Presidente da República, dentre brasileiros com mais de trinta e cinco e menos de setenta anos, de notável saber jurídico e reputação ilibada, depois de aprovada a escolha pela maioria absoluta do Senado Federal.

IV. O Tribunal de Justiça poderá funcionar descentralizadamente, constituindo Câmaras regionais, a fim de assegurar o pleno acesso do jurisdicionado à justiça em todas as fases do processo.

É correto o que consta de:

a) I, II e IV, apenas.

b) I, II, III e IV.

c) I e III, apenas.

d) III e IV, apenas.

e) II e IV, apenas.

Correto. Conforme estabelece o art. 93, inciso I, da CF/1988:

Art. 93 O ingresso na carreira da magistratura, cujo cargo inicial será o de juiz substituto, se dará mediante concurso público de provas e títulos, com a participação da Ordem dos Advogados do Brasil em todas as fases, exigindo-se do bacharel em direito, no mínimo, três anos de atividade jurídica e obedecendo-se, nas nomeações, à ordem de classificação.

Correto. Nos termos do art. 102 da Constituição Federal, compete ao Supremo Tribunal Federal, precipuamente, a guarda da Constituição,

cabendo-lhe, dentre outras atribuições, a extradição solicitada por Estado estrangeiro (art. 102, I, "g").

III: Incorreto. O Superior Tribunal de Justiça compõe-se de, no mínimo, 33 (trinta e três) Ministros e não 30 (trinta), conforme afirma o item. Por outro lado, a parte final da assertiva está correta, isso porque os Ministros do STJ serão nomeados pelo Presidente da República, dentre brasileiros com mais de trinta e cinco e menos de setenta anos de idade, de notável saber jurídico e reputação ilibada, depois de aprovada a escolha pela maioria absoluta do Senado Federal. Vejamos a disposição do art. 104, CF/1988, com a nova redação dada pela Emenda Constitucional nº 122/2022:

Art. 104 O Superior Tribunal de Justiça compõe-se de, no mínimo, trinta e três Ministros.

Parágrafo único. Os Ministros do Superior Tribunal de Justiça serão nomeados pelo Presidente da República, dentre brasileiros com mais de trinta e cinco e menos de setenta anos de idade, de notável saber jurídico e reputação ilibada, depois de aprovada a escolha pela maioria absoluta do Senado Federal, sendo:

I - um terço dentre juízes dos Tribunais Regionais Federais e um terço dentre desembargadores dos Tribunais de Justiça, indicados em lista tríplice elaborada pelo próprio Tribunal.

II- um terço, em partes iguais, dentre advogados e membros do Ministério Público Federal, Estadual, do Distrito Federal e Territórios, alternadamente, indicados na forma do art. 94.

IV: Correto. De acordo com art. 125, § 6º, da CF/1988:

Art. 125 O Tribunal de Justiça poderá funcionar descentralizadamente, constituindo Câmaras regionais, a fim de assegurar o pleno acesso do jurisdicionado à justiça em todas as fases do processo.

GABARITO: A.

---

231. A entrada-chave para o processo de planejamento financeiro a curto prazo e, posteriormente, o orçamento de caixa é o:

a) plano de financiamento.

b) plano de produção.

c) prognóstico de vendas.

d) plano de dispêndio de capital.

e) balanço patrimonial do período atual.

Segundo Gitman, o processo de planejamento financeiro começa pelos planos financeiros de longo prazo (ou estratégicos), que, por sua vez, orientam a formulação de planos e orçamentos de curto prazo, ou operacionais.

Nesse contexto, o processo de planejamento financeiro de curto prazo engloba planos financeiros operacionais que especificam ações financeiras de curto prazo e o impacto previsto.

As principais informações usadas são a previsão de vendas e diversos dados operacionais e financeiros.

No caso da previsão (ou do prognóstico) de vendas, esta é considerada entrada-chave para o processo de planejamento financeiro a curto prazo e, por conseguinte, o orçamento de caixa, pois, a partir da coleta de informações fornecidas pela área de vendas, o administrador financeiro pode prever os fluxos de caixa provenientes das receitas de vendas projetadas e das despesas relacionadas aos estoques, vendas e à produção.

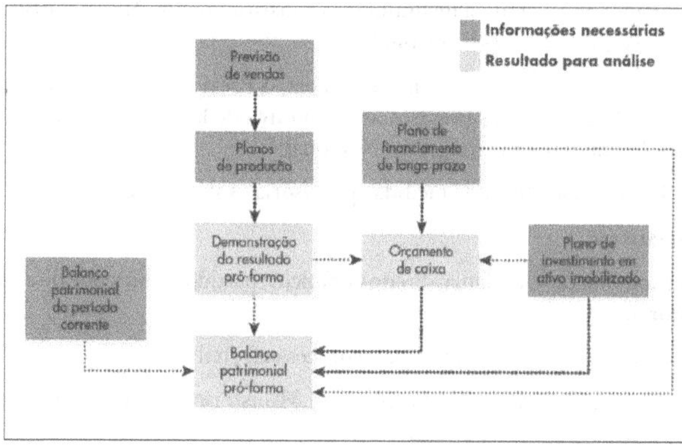

Planejamento financeiro de curto prazo (esquema obtido em Gitman, 2010)

GABARITO: C.

---

232. Sobre as características de entidades da administração indireta, considere:

I. Sempre terão personalidade de direito público.

II. Poderão assumir personalidade de direito público ou de direito privado, a depender de sua lei de instituição/autorização.

As características I e II correspondem, respectivamente, às figuras:

a) agência executiva e agência reguladora.

b) empresa pública e sociedade de economia mista.

c) autarquia e consórcio público.

d) agência e empresa pública.

e) fundação governamental e autarquia.

I – O primeiro item corresponde a autarquia. Tal característica está expressa no art. 41, IV, do Código Civil:

Art. 41 São pessoas jurídicas de direito público interno:

IV – as autarquias, inclusive as associações públicas.

II – O segundo item corresponde aos consórcios públicos, os quais podem assumir personalidade pública ou privada, veja o que determina o art. 6º da Lei nº 11.107/2005:

Art. 6º O consórcio público adquirirá personalidade jurídica:

I - de direito público, no caso de constituir associação pública, mediante a vigência das leis de ratificação do protocolo de intenções;

II - de direito privado, mediante o atendimento dos requisitos da legislação civil.

GABARITO: C.

---

233. A adoção de medidas provisórias pelo Presidente da República, por motivo de relevância e urgência, relativas a direitos políticos e a partidos políticos é:

a) permitida nas duas hipóteses apresentadas, situações em que tais medidas deverão ser apreciadas, conjuntamente, pelo Senado e pela Câmara dos Deputados, desde logo, em regime de urgência.

b) permitida somente na primeira hipótese apresentada.

c) vedada, expressamente, nas duas hipóteses apresentadas.

d) vedada na primeira hipótese apresentada e permitida na segunda, devendo a medida, nesse caso, ser submetida de imediato ao Congresso Nacional.

e) permitida nas duas hipóteses apresentadas, não havendo necessidade de submeter tais medidas, de imediato, ao Congresso Nacional, tendo em vista a relevância e a urgência que as justificam.

A questão aborda o tema "medida provisória" e requer conhecimento acerca das hipóteses de cabimento e vedações da espécie normativa. É certo que a medida provisória não pode disciplinar qualquer matéria, em virtude da existência de limitações constitucionais. Nesse sentido vejamos a previsão constitucional:

Art. 62 Em caso de relevância e urgência, o Presidente da República poderá adotar medidas provisórias, com força de lei, devendo submetê-las de imediato ao Congresso Nacional.

§ 1º É vedada a edição de medidas provisórias sobre matéria:

I - relativa a:

a) nacionalidade, cidadania, direitos políticos, partidos políticos e direito eleitoral;

b) direito penal, processual penal e processual civil;

c) organização do Poder Judiciário e do Ministério Público, a carreira e a garantia de seus membros;

d) planos plurianuais, diretrizes orçamentárias, orçamento e créditos adicionais e suplementares, ressalvado o previsto no art. 167, § 3º.

II - que vise a detenção ou sequestro de bens, de poupança popular ou qualquer outro ativo financeiro;

III - reservada a lei complementar;

IV - já disciplinada em projeto de lei aprovado pelo Congresso Nacional e pendente de sanção ou veto do Presidente da República.

Assim, conforme se observa, a Constituição Federal veda expressamente a edição de Medida Provisória sobre nacionalidade, cidadania, direitos políticos, partidos políticos e direito eleitoral (art. 62, I, § 1º).

Portanto, a adoção de medidas provisórias pelo Presidente da República, por motivo de relevância e urgência, relativas a direitos políticos e a partidos políticos é vedada, expressamente, nas duas hipóteses. Assim, a alternativa correta é a letra C. As demais alternativas estão incorretas, pois apresentam variações acerca do cabimento de uma ou outra hipótese.

GABARITO: C.

---

234. Admitida acusação contra o Presidente da República, por dois terços da Câmara dos Deputados, será ele submetido a julgamento perante o Senado Federal pela suposta prática de ato que constitui crime, ficando suspenso de suas funções após a instauração do respectivo processo. Considerando a hipótese de que o julgamento não seja concluído dentro de cento e oitenta dias, o afastamento do Presidente da República:

a) cessará, encerrando-se, consequentemente, o processo instaurado no âmbito do Senado Federal, não se podendo mais afirmar que o Presidente da República tenha cometido infração penal comum ou crime de responsabilidade.

b) não cessará, devendo o processo, diante da inércia do Senado, prosseguir perante o Supremo Tribunal Federal, podendo-se afirmar que, à vista do quanto acima exposto, a situação descrita trata de acusação da prática de crime de responsabilidade praticado pelo Presidente da República.

c) não cessará, devendo o processo, diante da inércia do Senado, prosseguir perante o Supremo Tribunal Federal, ao qual caberá o julgamento do Presidente da República, podendo-se afirmar que, à vista do quanto acima exposto, a situação descrita trata de acusação da prática de infração penal comum pelo Presidente da República.

d) cessará, sem prejuízo do regular prosseguimento do processo no Senado, podendo-se afirmar que, à vista do quanto acima exposto, a situação descrita trata de acusação da prática de infração penal comum pelo Presidente da República.

e) cessará, sem prejuízo do regular prosseguimento do processo no Senado, podendo-se afirmar que, à vista do quanto acima exposto, a situação descrita trata de acusação da prática de crime de responsabilidade pelo Presidente da República.

A questão exige conhecimento acerca da responsabilização do Presidente da República por crimes de responsabilidade e infração comum. Nesse sentido, vejamos a previsão constitucional:

Art. 52 Compete privativamente ao Senado Federal:

I - processar e julgar o Presidente e o Vice-Presidente da República nos crimes de responsabilidade, bem como os Ministros de Estado e os Comandantes da Marinha, do Exército e da Aeronáutica nos crimes da mesma natureza conexos com aqueles.

Art. 86 Admitida a acusação contra o Presidente da República, por dois terços da Câmara dos Deputados, será ele submetido a julgamento perante o Supremo Tribunal Federal, nas infrações penais comuns, ou perante o Senado Federal, nos crimes de responsabilidade.

§ 2º Se, decorrido o prazo de cento e oitenta dias, o julgamento não estiver concluído, cessará o afastamento do Presidente, sem prejuízo do regular prosseguimento do processo.

Art. 102 Compete ao Supremo Tribunal Federal, precipuamente, a guarda da Constituição, cabendo-lhe:

I - processar e julgar, originariamente:

b) nas infrações penais comuns, o Presidente da República, o Vice-Presidente, os membros do Congresso Nacional, seus próprios Ministros e o Procurador-Geral da República.

A: Incorreta. O afastamento do Presidente da República cessará, contudo, o processo instaurado no âmbito do Senado Federal prosseguirá até ulteriores termos. Ademais, ao contrário da alternativa, pode-se afirmar que se trata de crime de responsabilidade, pois a acusação foi admitida por dois terços da Câmara dos Deputados, sendo, então, o Presidente submetido a julgamento pelo Senado Federal.

B: Incorreta. De fato, a situação apresentada trata-se de acusação da prática de crime de responsabilidade por parte do Presidente da República. Entretanto, o afastamento cessará, prosseguindo-se o processo instaurado perante o Senado Federal.

C: Incorreta. Seria o caso de julgamento perante o Supremo Tribunal Federal, caso o enunciado tivesse narrado que o Presidente da República tivesse cometido infração comum. Contudo, não é o caso, tendo em vista que a questão afirma que será ele submetido a julgamento perante o Senado Federal, portanto, crime de responsabilidade.

D: Incorreta. A situação descrita no enunciado trata de acusação da prática de crime de responsabilidade, isso porque a questão afirma que foi admitida acusação contra o Presidente da República, por dois terços da Câmara dos Deputados, sendo ele submetido a julgamento perante o Senado Federal.

E: Correta. Nos termos do art. 86, § 2º, o afastamento do Presidente da República cessará, e o processo terá prosseguimento regular, diante da acusação da prática de crime de responsabilidade, tendo em vista que o procedimento foi instaurado perante o Senado Federal, conforme o enunciado.

GABARITO: E.

---

235. Quanto ao Conselho Nacional de Justiça e aos Tribunais e Juízes Eleitorais:

a) são órgãos do Poder Judiciário, sendo que as ações contra o Conselho Nacional de Justiça serão processadas e julgadas originariamente pelo Supremo Tribunal Federal.

b) não são órgãos do Poder Judiciário, sendo que as ações contra o Conselho Nacional de Justiça poderão ser processadas e julgadas originariamente pelo Supremo Tribunal Federal ou pelo Superior Tribunal de Justiça, conforme o caso.

c) apenas os Tribunais Eleitorais são órgãos do Poder Judiciário, enquadrando-se o Conselho Nacional de Justiça dentre as funções essenciais à Justiça.

d) não são órgãos do Poder Judiciário, sendo que as ações contra o Conselho Nacional de Justiça serão julgadas originariamente pelo Supremo Tribunal Federal.

e) apenas o Conselho Nacional de Justiça e os Tribunais Eleitorais são órgãos do Poder Judiciário, sendo que as ações contra o Conselho Nacional de Justiça serão processadas e julgadas originariamente pelo Superior Tribunal de Justiça.

A questão requer conhecimento sobre a composição do Poder Judiciário, especialmente com relação ao que dispõe o art. 92, da CF/1988.

O Conselho Nacional de Justiça e os Tribunais e Juízes Eleitorais são órgãos do Poder Judiciário. Assim, prevê o artigo 92 da Constituição Federal:

Art. 92 São órgãos do Poder Judiciário:

I - o Supremo Tribunal Federal;

I-A - o Conselho Nacional de Justiça;

II - o Superior Tribunal de Justiça;

II-A - o Tribunal Superior do Trabalho;

III - os Tribunais Regionais Federais e Juízes Federais;

IV - os Tribunais e Juízes do Trabalho;

V - os Tribunais e Juízes Eleitorais;

VI - os Tribunais e Juízes Militares;

VII - os Tribunais e Juízes dos Estados e do Distrito Federal e Territórios.

Ademais, nos termos do art. 102, I, "r", as ações contra o Conselho Nacional de Justiça.

serão julgadas pelo Supremo Tribunal Federal processar. Veja-se:

Art. 102 Compete ao Supremo Tribunal Federal, precipuamente, a guarda da Constituição, cabendo-lhe:

I - processar e julgar, originariamente:

r) as ações contra o Conselho Nacional de Justiça e contra o Conselho Nacional do Ministério Público.

Portanto, a alternativa correta é a letra A, pois em total conformidade com a previsão constitucional.

GABARITO: A.

---

236. Jacinto, com nacionalidade originária uruguaia, mas naturalizado brasileiro, exerce, no Brasil, mandato de Deputado Federal e deseja concorrer à eleição para Presidente da Câmara dos Deputados. Nesse quadro, considerando-se apenas as informações fornecidas, Jacinto:

a) não poderá ocupar o cargo para o qual deseja se candidatar, salvo expressa previsão em lei complementar, caso em que deverá comprovar a aptidão para o seu exercício.

b) poderá ocupar o cargo para o qual deseja se candidatar, desde que não venha a ter cancelada sua naturalização, por sentença transitada em julgado.

c) não poderá ocupar o cargo para o qual deseja se candidatar e deverá ser destituído do cargo de Deputado Federal que irregularmente ocupa, porquanto ambos são cargos privativos de brasileiro nato.

d) poderá ocupar o cargo para o qual deseja se candidatar, pois não pode haver distinção entre brasileiros natos e naturalizados.

e) não poderá ocupar o cargo para o qual deseja se candidatar por não ser brasileiro nato, embora possa manter o mandato de Deputado Federal.

A: Incorreta. De fato, Jacinto não poderá ocupar o cargo para o qual deseja se candidatar, contudo, não há previsão constitucional acerca de exceção à previsão de cargos privativos de brasileiros natos por meio de lei complementar, a fim de possibilitar o exercício do cargo de Presidente da Câmara dos Deputados, tendo em vista que a Constituição Federal é expressa ao definir que se trata de cargo privativo de brasileiro nato.

B: Incorreta. Jacinto não poderá ocupar o cargo em decorrência de expressa vedação constitucional, pois o cargo é privativo de brasileiro nato.

C: Incorreta. Jacinto não poderá ocupar o cargo para o qual deseja se candidatar, mas poderá continuar no cargo de Deputado Federal, pois não é privativo de brasileiro nato, diferentemente do cargo de Presidente da Câmara dos Deputados.

D: Incorreta. Em regra, não pode haver distinção entre brasileiros natos e naturalizados, salvo aquelas decorrentes da Constituição Federal. Nesse sentido, veja-se o que dispõe a CF/1988:

Art. 12 § 2º A lei não poderá estabelecer distinção entre brasileiros natos e naturalizados, salvo nos casos previstos nesta Constituição.

Assim, considerando a distinção entre brasileiros natos e naturalizados feita pela própria Constituição Federal, Jacinto não poderá ocupar o cargo para o qual deseja se candidatar, pois é privativa de brasileiro nato.

E: Correta. Jacinto não poderá desempenhar a função de Presidente da Câmara dos Deputados, pois trata-se de cargo privativo de brasileiro nato, conforme estabelece o art. 12, § 3º, da CF/1988, porém, poderá manter seu cargo de Deputado Federal, não havendo impedimento em razão de sua condição de brasileiro naturalizado. Vejamos a previsão constitucional:

Art. 12 § 3º São privativos de brasileiro nato os cargos:

I - de Presidente e Vice-Presidente da República.

GABARITO: E.

---

237. Tibúrcio, pela primeira vez, elegeu-se, nas últimas eleições, Governador de determinado Estado e, tendo em vista o sucesso obtido com seus eleitores, deseja, nas próximas eleições gerais, candidatar-se à reeleição. Já Elza estreou na política elegendo-se a atual Prefeita de determinado Município, mas deseja, nas próximas eleições gerais, candidatar-se à Presidência da República. Considerando-se apenas os dados fornecidos no caso hipotético apresentado, Tibúrcio:

a) poderá ser reeleito para o mesmo cargo, mas Elza é obrigada a cumprir seu mandato até o fim, respeitando a vontade popular que a elegeu.

b) poderá ser reeleito para um único período subsequente, e Elza poderá candidatar-se à Presidência se renunciar ao mandato que atualmente exerce até seis meses antes do pleito.

c) e Elza poderão candidatar-se aos cargos que desejam desde que ambos renunciem aos mandatos que exercem até seis meses antes do pleito.

d) não poderá ser reeleito, pois não é permitida a reeleição para o cargo de Governador, e Elza poderá candidatar-se à Presidência se renunciar ao mandato que exerce até seis meses antes do pleito.

e) e Elza poderão candidatar-se aos cargos que desejam sem necessidade de renúncia aos respectivos mandatos.

A: Incorreta. De fato, Tibúrcio poderá ser reeleito para o mesmo cargo. Já no caso de Elza, não há previsão constitucional de que tenha que cumprir seu mandato até o fim. A única exigência para Elza concorrer ao pleito para o cargo de Presidente, é a renúncia de seu cargo até seis meses antes do pleito.

B: Correta. Tibúrcio na condição de governador em reeleição, como não está concorrendo a outro cargo não precisa renunciar, e, como é seu primeiro mandato, poderá ser reeleito para um único período subsequente. Já quanto a Elza, na condição de Prefeita, que deseja concorrer ao cargo de Presidente da República, precisará renunciar ao mandato 6 meses antes do pleito eleitoral. Trata-se da chamada desincompatibilização, regra prevista no art. 14, § 6º, da CF/1988:

Art. 14 § 6º Para concorrerem a outros cargos, o Presidente da República, os Governadores de Estado e do Distrito Federal e os Prefeitos devem renunciar aos respectivos mandatos até seis meses antes do pleito.

C: Incorreta. Somente Elza deve renunciar ao cargo que ocupa, isso porque pretende concorrer a eleição para cargo diverso.

D: Incorreta. Nos termos do art. 14, § 5º, da CF/1988, o Presidente da República, os Governadores de Estado e do Distrito Federal, os Prefeitos e quem os houver sucedido, ou substituído no curso dos mandatos poderão ser reeleitos para um único período subsequente. Assim, Tibúrcio poderá ser reeleito para o cargo que ocupa e Elza poderá candidatar-se à Presidência se renunciar ao mandato que exerce até seis meses antes do pleito.

E: Incorreta. Tibúrcio não precisará renunciar, pois pretende reeleger-se ao mesmo cargo que ocupa. Somente Elza necessitará renunciar ao cargo até seis meses antes do pleito.

GABARITO: B.

238. Sobre direitos e deveres individuais e coletivos, considere:

I. As entidades associativas têm legitimidade para representar seus filiados judicial ou extrajudicialmente, independentemente de autorização expressa.

II. No caso de iminente perigo público, a autoridade competente poderá usar de propriedade particular, assegurada ao proprietário indenização ulterior, mesmo que não haja dano, uma vez que este é presumido.

III. A prática de racismo constitui crime inafiançável e imprescritível, sujeito à pena de reclusão, nos termos da lei.

IV. Às presidiárias serão asseguradas condições para que possam permanecer com seus filhos durante o período de amamentação.

Está correto o que se afirma apenas em:

a) II e III.
b) II, III e IV.
c) III e IV.
d) I e II.
e) I e IV.

A questão requer conhecimento acerca dos direitos e deveres individuais e coletivos previstos no artigo 5º, da Constituição Federal.

Incorreto. Nos termos do inciso XXI, do art. 5º, é necessária expressa autorização dos filiados para representação por parte das entidades associativas:

Art. 5º XXI - as entidades associativas, quando expressamente autorizadas, têm legitimidade para representar seus filiados judicial ou extrajudicialmente.

Incorreto. Só há que se falar em indenização se houver dano. Nesse sentido, prevê o inciso XXV, do art. 5º, da CF/1988:

Art. 5º XXV - no caso de iminente perigo público, a autoridade competente poderá usar de propriedade particular, assegurada ao proprietário indenização ulterior, se houver dano.

III: Correto. Nos termos do art. 5º, inciso XLII, da CF/1988, a prática do racismo constitui crime inafiançável e imprescritível, sujeito à pena de reclusão, nos termos da lei.

IV: Correto. Conforme determina art. 5º, inciso L, da CF/1988, às presidiárias serão asseguradas condições para que possam permanecer com seus filhos durante o período de amamentação.

GABARITO: C.

239. Constitui crime imprescritível:

a) latrocínio.
b) homicídio.
c) racismo.
d) estupro de vulnerável.
e) assédio sexual.

O único crime imprescritível é o de racismo. De acordo com a Constituição Federal:

Art. 5º XLII - a prática do racismo constitui crime inafiançável e imprescritível, sujeito à pena de reclusão, nos termos da lei;

XLIII - a lei considerará crimes inafiançáveis e insuscetíveis de graça ou anistia a prática da tortura, o tráfico ilícito de entorpecentes e drogas afins, o terrorismo e os definidos como crimes hediondos, por eles respondendo os mandantes, os executores e os que, podendo evitá-los, se omitirem;

XLIV - constitui crime inafiançável e imprescritível a ação de grupos armados, civis ou militares, contra a ordem constitucional e o Estado Democrático.

GABARITO: C.

240. Assinale a alternativa que contempla hipótese de crime para o qual a Constituição Federal não veda o arbitramento de fiança.

a) Crime hediondo.
b) Crime doloso contra a vida.
c) Tráfico ilícito de entorpecentes e drogas afins.
d) Ação de grupos armados contra a ordem constitucional e o Estado Democrático.
e) Prática do racismo.

A questão exige conhecimento acerca dos crimes inafiançáveis definidos na Constituição Federal. São eles: os crimes hediondos e os equiparados (tráfico, tortura e terrorismo), o crime de racismo e o crime de ação de grupos armados contra a ordem Constitucional e o Estado Democrático.

Art. 5º XLII - a prática do racismo constitui crime inafiançável e imprescritível, sujeito à pena de reclusão, nos termos da lei;

XLIII - a lei considerará crimes inafiançáveis e insuscetíveis de graça ou anistia a prática da tortura, o tráfico ilícito de entorpecentes e drogas afins, o terrorismo e os definidos como crimes hediondos, por eles respondendo os mandantes, os executores e os que, podendo evitá-los, se omitirem;

XLIV - constitui crime inafiançável e imprescritível a ação de grupos armados, civis ou militares, contra a ordem constitucional e o Estado Democrático.

No mesmo sentido, veja-se a previsão do Código de Processo Penal:

Art. 323 Não será concedida fiança:

I - nos crimes de racismo;

II - nos crimes de tortura, tráfico ilícito de entorpecentes e drogas afins, terrorismo e nos definidos como crimes hediondos;

III - nos crimes cometidos por grupos armados, civis ou militares, contra a ordem constitucional e o Estado Democrático.

A, C, D e E: Incorretas. São inafiançáveis, nos termos do art. 5º, XLIII, da CF/1988.

B: Correta. Para crime doloso contra a vida é cabível fiança, desde que não esteja previsto no rol de crimes hediondos da Lei nº 8.072/1990, a exemplo do homicídio qualificado (art. 121, § 2º CP).

GABARITO: B.

241. Considerando o disposto na Constituição Federal, assinale a alternativa que aponta uma situação que, em tese, viola um dos direitos ou garantias individuais do cidadão brasileiro.

a) Ordem emanada de juiz que determina à polícia que seja efetuada a escuta telefônica de réu em processo civil de reparação de danos.

b) Ordem de prisão civil por dívida do responsável pelo inadimplemento voluntário e inescusável de obrigação alimentícia.

c) Policial, sem mandado judicial, adentra em domicílio, durante à noite, sem consentimento do morador, para efetuar prisão em flagrante.

d) Mandado judicial de prisão cumprido por policiais civis às 9h00 dentro da residência do réu.

e) Suspensão das atividades de associação civil, de fins lícitos, por decisão judicial, em caráter liminar.

A: Correta. Conforme a previsão constitucional, a escuta telefônica somente é permitida para fins de investigação criminal ou instrução processual penal, não sendo admitida em processo civil de reparação de danos. Veja-se a disposição da CF/1988:

Art. 5º XII - é inviolável o sigilo da correspondência e das comunicações telegráficas, de dados e das comunicações telefônicas, salvo, no último caso, por ordem judicial, nas hipóteses e na forma que a lei estabelecer para fins de investigação criminal ou instrução processual penal.

B: Incorreta. Em regra, a prisão por dívida não é admitida, salvo no caso de inadimplemento voluntário e inescusável de obrigação alimentícia. Assim, dispõe o art. 5º, LXVII, da CF/1988: "não haverá prisão civil por dívida, salvo a do responsável pelo inadimplemento voluntário e inescusável de obrigação alimentícia e a do depositário infiel". Vale destacar que o STF julgou inconstitucional a prisão do depositário infiel.

C: Incorreta. No caso de violação do domicílio pelo policial, no período noturno, para efetuar prisão em flagrante, não há que se falar em ilegalidade, pois totalmente de acordo com a previsão constitucional. Veja-se:

Art. 5º XI - a casa é asilo inviolável do indivíduo, ninguém nela podendo penetrar sem consentimento do morador, salvo em caso de flagrante delito ou desastre, ou para prestar socorro, ou, durante o dia, por determinação judicial.

D: Incorreta. Considerando que o mandado judicial de prisão foi cumprido pelos policiais às 9h dentro da residência do réu, não há violação, pois totalmente nos termos do que dispõe o art. 5º, XI, da CF/1988. Por outro lado, haveria violação de direitos, se o referido mandado fosse cumprido pela madrugada.

E: Incorreta. Nos termos do art. 5º, XIX, da CF/1988, é lícito a suspensão de associação mediante decisão judicial. Veja-se:

Art. 5º XIX - as associações só poderão ser compulsoriamente dissolvidas ou ter suas atividades suspensas por decisão judicial, exigindo-se, no primeiro caso, o trânsito em julgado.

GABARITO: A.

---

242. É um dos direitos constitucionais dos trabalhadores urbanos e rurais:

a) relação de emprego protegida contra despedida arbitrária com ou sem justa causa, nos termos de lei complementar, que preverá indenização compensatória.

b) participação nos lucros, ou resultados, vinculada à última remuneração do trabalhador.

c) assistência gratuita aos filhos e dependentes desde o nascimento até 5 (cinco) anos de idade em creches e pré-escolas.

d) jornada de oito horas para o trabalho realizado em turnos ininterruptos de revezamento, salvo negociação coletiva.

e) licença à gestante, sem prejuízo do emprego e do salário, com a duração de 180 (cento e oitenta) dias.

A: Incorreta. Não há proteção no caso de despedida com justa causa.

Art. 7º I - relação de emprego protegida contra despedida arbitrária ou sem justa causa, nos termos de lei complementar, que preverá indenização compensatória, dentre outros direitos.

B: Incorreta. A participação é desvinculada da remuneração.

Art. 7º XI - participação nos lucros, ou resultados, desvinculada da remuneração, e, excepcionalmente, participação na gestão da empresa, conforme definido em lei.

C: Correta. A previsão constante do art. 7º, XXV, da CF/1988 assegura assistência gratuita aos filhos e dependentes desde o nascimento até 5 anos de idade em creches e pré-escolas.

D: Incorreta. Para turnos ininterruptos de revezamento a jornada de trabalho é de seis horas.

Art. 7º XIV - jornada de seis horas para o trabalho realizado em turnos ininterruptos de revezamento, salvo negociação coletiva.

E: Incorreta. A licença maternidade possui a duração de 120 dias.

Art. 7º XVIII - licença à gestante, sem prejuízo do emprego e do salário, com a duração de cento e vinte dias.

GABARITO: C.

---

243. Considerando as hipóteses possíveis de naturalização brasileira, assinale a alternativa que descreve uma situação de naturalização compatível com a Constituição Federal.

a) Cidadão originário de país de língua portuguesa, idôneo moralmente, residente há um ano ininterrupto no Brasil, e, que, na forma da lei, adquirir a nacionalidade brasileira.

b) O nascido no estrangeiro, de pai brasileiro ou mãe brasileira, desde que qualquer deles esteja a serviço da República Federativa do Brasil.

c) O nascido na República Federativa do Brasil, com pais estrangeiros que não estejam a serviço de seu país.

d) O nascido no estrangeiro de pai brasileiro ou de mãe brasileira, registrado em repartição brasileira ou que venha a residir no Brasil e opte, a qualquer tempo, pela nacionalidade brasileira.

e) O estrangeiro de qualquer nacionalidade, residente na República Federativa do Brasil há mais de dez anos ininterruptos e sem condenação penal.

A: Correta. De acordo com o art. 12, II, "a", da CF/1988 consideram-se brasileiros naturalizados os indivíduos que, na forma da lei, adquiram a nacionalidade brasileira, exigidas aos originários de países de língua portuguesa apenas residência por um ano ininterrupto e idoneidade moral.

B: Incorreta. O indivíduo nascido no estrangeiro, de pai brasileiro ou mãe brasileira, no caso em que um deles esteja a serviço da República Federativa do Brasil, é considerado brasileiro nato, nos termos do art. 12, inciso I, da CF/1988.

C: Incorreta. Trata-se de hipótese de brasileiro nato, por força do critério "ius solis", ou seja, o indivíduo nasceu em território brasileiro e seus pais não estavam a serviço de seu país (art. 12, I, "b", CF/1988).

D: Incorreta. É circunstância que confere ao indivíduo a condição de brasileiro nato, conforme estabelece o art. 12, I, "c", da CF/1988:

Art. 12 São brasileiros:

I - natos:

c) os nascidos no estrangeiro de pai brasileiro ou de mãe brasileira, desde que sejam registrados em repartição brasileira competente ou venham a residir na República Federativa do Brasil e optem, em qualquer tempo, depois de atingida a maioridade, pela nacionalidade brasileira.

E: Incorreta. O estrangeiro de qualquer nacionalidade, somente adquire a naturalização após residir no Brasil por no mínimo 15 anos ininterruptos e desde que não tenha condenação penal. Veja-se a previsão constitucional:

Art. 12 São brasileiros:

II - naturalizados:

b) os estrangeiros de qualquer nacionalidade, residentes na República Federativa do Brasil há mais de quinze anos ininterruptos e sem condenação penal, desde que requeiram a nacionalidade brasileira.

GABARITO: A.

244. É um cargo público privativo de brasileiro nato:

a) de Procurador Geral da República.

b) de Ministro do Tribunal de Contas da União.

c) de Presidente da Câmara dos Deputados.

d) de Presidente do Superior Tribunal de Justiça.

e) de Senador da República.

A questão exige conhecimento sobre os direitos de nacionalidade, conforme previsão do art. 12 da Constituição Federal. Veja-se que o enunciado trata sobre os cargos privativos de brasileiro nato, sendo necessário transcrever o § 3º, do art. 12:

Art. 12 § 3º São privativos de brasileiro nato os cargos:

I - de Presidente e Vice-Presidente da República;

II - de Presidente da Câmara dos Deputados;

III - de Presidente do Senado Federal;

IV - de Ministro do Supremo Tribunal Federal;

V - da carreira diplomática;

VI - de oficial das Forças Armadas;

VII - de Ministro de Estado da Defesa.

Da análise do dispositivo apresentado, percebe-se que o cargo privativo de brasileiro é o de Presidente da Câmara dos Deputados, sendo os demais passíveis de ocupação tanto por brasileiro nato quanto naturalizado.

GABARITO: C.

245. Nos moldes da Constituição Federal, o servidor público titular de cargo efetivo, que tenha sofrido limitação em sua capacidade física ou mental, poderá, atendidas as demais exigências, ser readaptado:

a) para exercício de novo cargo compatível com a sua limitação, devendo receber pelo menos 70% (setenta por cento) da remuneração do cargo de origem.

b) para exercício do mesmo cargo, com os necessários ajustes à sua limitação, garantida a mesma remuneração do cargo.

c) para exercício de novo cargo compatível com a sua limitação, podendo o servidor optar entre a remuneração do cargo de origem e a do cargo de destino.

d) para exercício de novo cargo compatível com a sua limitação, mantida a remuneração do cargo de origem.

e) para exercício de novo cargo compatível com a sua limitação, devendo receber a remuneração do cargo de destino.

A questão aborda o tema readaptação, exigindo conhecimento do teor do art. 37, § 13, da Constituição Federal, Incluído pela Emenda Constitucional nº 103/2019:

Art. 37 § 13 O servidor público titular de cargo efetivo poderá ser readaptado para exercício de cargo cujas atribuições e responsabilidades sejam compatíveis com a limitação que tenha sofrido em sua capacidade física ou mental, enquanto permanecer nesta condição, desde que possua a habilitação e o nível de escolaridade exigidos para o cargo de destino, mantida a remuneração do cargo de origem.

Assim, a readaptação é forma de provimento pela qual o servidor passa a ocupar cargo diverso do que ocupava, tendo em vista a necessidade de compatibilizar o exercício da função pública com a limitação sofrida em sua capacidade física ou psíquica.

A: Incorreta. O servidor readaptado perceberá a remuneração integral do cargo de origem.

B: Incorreta. Nos termos do art. 37, § 13, o servidor será readaptado para o exercício de cargo cujas atribuições e responsabilidades sejam compatíveis com a limitação que tenha sofrido em sua capacidade física, garantida a remuneração do cargo anterior.

C: Incorreta. Deve ser mantida a remuneração do cargo de origem, não podendo o servidor escolher a remuneração do cargo.

D: Correta. De acordo com o art. 37, § 13, da CF/1988. O servidor público poderá ser readaptado para o exercício de novo cargo compatível com a sua limitação, mantida a remuneração do cargo de origem.

E: Incorreta. O servidor público readaptado conforme a limitação que tenha sofrido em sua capacidade física ou mental, enquanto permanecer nessa condição e desde que possua a qualificação e habilitação exigidos, perceberá a remuneração do cargo de origem.

GABARITO: D.

246. No tocante às disposições constitucionais, que tratam do tema dos servidores públicos, é correto afirmar que:

a) o tempo de contribuição federal, estadual, distrital ou municipal e o tempo de serviço público correspondente serão contados para fins de disponibilidade e aposentadoria do servidor.

b) aplica-se ao agente público ocupante, exclusivamente, de cargo em comissão declarado em lei de livre nomeação e exoneração, de outro cargo temporário, inclusive mandato eletivo, o Regime Próprio de Previdência Social dos Servidores.

c) por motivos de segurança, é expressamente vedado aos Poderes Executivo, Legislativo e Judiciário divulgar ou publicar os valores do subsídio e da remuneração dos cargos e empregos públicos dos seus respectivos servidores.

d) o membro de Poder, o detentor de mandato eletivo, os Ministros de Estado e os Secretários Estaduais e Municipais serão remunerados exclusivamente por subsídio fixado em parcela única, que poderá ser acrescido de gratificação, adicional, abono, prêmio e verba de representação.

e) é vedada a incorporação de vantagens de caráter temporário ou vinculadas ao exercício de função de confiança ou de cargo em comissão à remuneração do cargo efetivo.

A: Incorreta. De acordo com o art. 40, § 9º, da CF/1988, o tempo de contribuição federal, estadual, distrital ou municipal será contado para fins de aposentadoria, observado o disposto nos §§ 9º e 9º-A do art. 201, e o tempo de serviço correspondente será contado para fins de disponibilidade.

B: Incorreta. O Regime Próprio de Previdência Social dos Servidores é aplicado ao servidor de cargo público de provimento efetivo. Ao agente, ocupante de cargo em comissão é aplicado o Regime Geral de Previdência Social. Nesse sentido, prevê o art. 40, § 13, da CF/1988:

Art. 40 § 13 Aplica-se ao agente público ocupante, exclusivamente, de cargo em comissão declarado em lei de livre nomeação e exoneração, de outro cargo temporário, inclusive mandato eletivo, ou de emprego público, o Regime Geral de Previdência Social.

C: Incorreta. Não há vedação na publicação pela Administração Pública dos valores pagos a título de subsídio e da remuneração dos cargos e empregos públicos dos seus respectivos servidores. Veja-se o teor do art. 39, § 6º, da CF/1988:

Art. 39 § 6º Os Poderes Executivo, Legislativo e Judiciário publicarão anualmente os valores do subsídio e da remuneração dos cargos e empregos públicos.

D: Incorreta. É vedado o acréscimo de gratificação, adicional, abono, prêmio e verba de representação ao subsídio pago. Nesse sentido, é a previsão do art. 39, § 4º, da CF/1988:

Art. 39 § 4º O membro de Poder, o detentor de mandato eletivo, os Ministros de Estado e os Secretários Estaduais e Municipais serão remunerados exclusivamente por subsídio fixado em parcela única, vedado o acréscimo de qualquer gratificação, adicional, abono, prêmio, verba de representação ou outra espécie remuneratória, obedecido, em qualquer caso, o disposto no art. 37, X e XI.

E: Correta. É o que se extrai do art. 39, § 9º, da CF/1988:

Art. 39 § 9º É vedada a incorporação de vantagens de caráter temporário ou vinculadas ao exercício de função de confiança ou de cargo em comissão à remuneração do cargo efetivo.

GABARITO: A.

---

247. João, presidente do Partido Político Alfa, teve longa conversa com Pedro, presidente do Partido Político Beta, sendo deliberado, ao fim, que seriam adotadas as providências necessárias para que esses partidos políticos disputassem em conjunto, como se fossem um único partido político, as próximas eleições majoritárias e proporcionais realizadas a nível federal.

Após a eleição, a união seria desfeita.

A ordem constitucional:

a) veda a união entre os partidos políticos, na forma alvitrada por João e Pedro.

b) condiciona a união entre os partidos políticos, na forma alvitrada por João e Pedro, à prévia autorização judicial.

c) assegura a autonomia dos partidos políticos para a formação de uniões como a descrita, mas é vedado que isso ocorra nas eleições majoritárias.

d) assegura a autonomia dos partidos políticos para a formação de uniões como a descrita, mas é vedado que isso ocorra nas eleições proporcionais.

e) assegura a autonomia dos partidos políticos para a formação de uniões como a descrita, o que pode ocorrer tanto nas eleições majoritárias como nas proporcionais.

A ordem constitucional assegura a autonomia dos partidos políticos para a formação de uniões como a descrita, mas é vedado que isso ocorra nas eleições proporcionais.

De acordo com a Constituição Federal:

Art. 17 § 1º É assegurada aos partidos políticos autonomia para definir sua estrutura interna e estabelecer regras sobre escolha, formação e duração de seus órgãos permanentes e provisórios e sobre sua organização e funcionamento e para adotar os critérios de escolha e o regime de suas coligações nas eleições majoritárias, vedada a sua celebração nas eleições proporcionais, sem obrigatoriedade de vinculação entre as candidaturas em âmbito nacional, estadual, distrital ou municipal, devendo seus estatutos estabelecer normas de disciplina e fidelidade partidária.

GABARITO: D.

---

248. O secretário de Administração Tributária do Estado Alfa solicitou que sua assessoria analisasse a possibilidade de serem compartilhados dos dados dos contribuintes com a secretaria homônima do Estado Beta, de modo a viabilizar a sua atuação de forma integrada.

A assessoria respondeu, corretamente, que os referidos dados:

a) podem ser compartilhados, mas apenas na forma da lei, não a partir do voluntarismo dos órgãos envolvidos.

b) podem ser compartilhados, apenas na forma de lei complementar, se disserem respeito a cadastros.

c) são alcançados pelo sigilo, logo, o compartilhamento está condicionado à existência de prévia autorização judicial.

d) podem ser livremente compartilhados, independentemente de sua natureza, o que é determinado pela ordem constitucional.

e) podem ser compartilhados, caso digam respeito a cadastros e a informações fiscais, o que pode ser feito na forma da lei ou convênio.

Os referidos dados podem ser compartilhados, caso digam respeito a cadastros e a informações fiscais, o que pode ser feito na forma da lei ou convênio. De acordo com a CF/1988:

Art. 37 XXII - as administrações tributárias da União, dos Estados, do Distrito Federal e dos Municípios, atividades essenciais ao funcionamento do Estado, exercidas por servidores de carreiras específicas, terão recursos prioritários para a realização de suas atividades e atuarão de forma integrada, inclusive com o compartilhamento de cadastros e de informações fiscais, na forma da lei ou convênio.

GABARITO: E.

---

249. O prefeito do Município Beta solicitou que sua assessoria realizasse estudos visando à futura criação de (1) um órgão na estrutura da Secretaria Municipal de Educação; e (2) uma autarquia destinada à prestação de determinado serviço público.

Nesse caso, é correto afirmar que:

a) o item 1 configura exemplo de descentralização administrativa, integrando a administração indireta, e o item 2, de desconcentração administrativa, integrando a administração direta.

b) o item 1 configura exemplo de desconcentração administrativa, integrando a administração indireta, e o item 2, de descentralização administrativa, integrando a administração direta.

c) o item 1 configura exemplo de descentralização administrativa, integrando a administração direta, e o item 2, de desconcentração administrativa, integrando a administração indireta.

d) o item 1 configura exemplo de desconcentração administrativa, integrando a administração direta, e o item 2, de descentralização administrativa, integrando a administração indireta.

e) os itens 1 e 2 configuram exemplos de descentralização administrativa, integrando a administração indireta, com a única distinção de que o ente referido em 2 tem personalidade jurídica.

O item 1 configura exemplo de desconcentração administrativa, integrando a administração direta, e o item 2, de descentralização administrativa, integrando a administração indireta.

A desconcentração se dá pela criação de órgãos, feita pela administração pública direta, os quais são desprovidos de personalidade jurídica.

Tem a intenção de desconcentrar funções a fim de tornar o serviço mais eficiente. Já a descentralização é a criação de novas pessoas jurídicas, as quais irão desempenhar atividades específicas.

GABARITO: D.

---

250. Maria, poucos meses após a sua posse como prefeita do Município Alfa, foi informada por seus assessores que a fiscalização do Tribunal de Contas estava se intensificando e que seria necessário o aprimoramento das estruturas internas.

Ato contínuo, Maria questionou sua assessoria a respeito do alcance dessa fiscalização em relação aos atos de admissão de pessoal, sendo-lhe respondido, corretamente, que o Tribunal de Contas:

a) aprecia a legalidade desses atos para fins de registro.

b) somente controla os pagamentos realizados aos servidores admitidos.

c) deve autorizar previamente esses atos, analisando a sua economicidade.

d) aprecia a conveniência e a oportunidade da admissão, além de sua legalidade.

e) deve registrar esses atos, mas apenas se disserem respeito a ocupantes de cargos em comissão.

Conforme estabelece a Constituição Federal:

Art. 71 O controle externo, a cargo do Congresso Nacional, será exercido com o auxílio do Tribunal de Contas da União, ao qual compete:

III - apreciar, para fins de registro, a legalidade dos atos de admissão de pessoal, a qualquer título, na administração direta e indireta, incluídas as fundações instituídas e mantidas pelo Poder Público, excetuadas as nomeações para cargo de provimento em comissão, bem como a das concessões de aposentadorias, reformas e pensões, ressalvadas as melhorias posteriores que não alterem o fundamento legal do ato concessório.

GABARITO: A.

---

251. A Lei nº 8.112/1990, que estabelece o regime jurídico aplicável aos servidores públicos federais, estatui uma série de normas relacionadas à parcela denominada Auxílio-Moradia, que "consiste no ressarcimento das despesas comprovadamente realizadas pelo servidor com aluguel de moradia ou com meio de hospedagem administrado por empresa hoteleira" (art. 60-A).

Tal vantagem:

a) não mais vigora, pois foi declarada inconstitucional pelo Supremo Tribunal Federal.

b) será paga, ainda que o deslocamento tenha sido realizado por força de alteração de lotação ou nomeação para cargo efetivo.

c) será paga, mesmo que o servidor ou seu cônjuge ou companheiro tenha sido proprietário, promitente comprador, cessionário ou promitente cessionário de imóvel no Município aonde for exercer o cargo.

d) não será paga, caso o deslocamento ocorra dentro da mesma região metropolitana, aglomeração urbana ou microrregião, constituídas por municípios limítrofes e regularmente instituídas, da qual faça parte o local de residência ou domicílio do servidor.

e) é limitada ao valor correspondente a 50% do valor do cargo em comissão, função comissionada ou cargo de Ministro de Estado ocupado.

A: Incorreta. **De acordo com o STF: não é possível o recebimento do auxílio-moradia por qualquer membro do Poder Judiciário, do Ministério Público, das Defensorias Públicas, das Procuradoras, dos Tribunais de Contas ou de qualquer outra carreira jurídica com base na simetria com a magistratura, com fundamento nas liminares deferidas anteriormente ou com amparo em atos normativos locais.**

B: Incorreta. Nos termos do art. 60-B, VIII, da Lei nº 8.112/990:

Art. 60-B Conceder-se á auxílio-moradia ao servidor se atendidos os seguintes requisitos:

VIII - o deslocamento não tenha sido por força de alteração de lotação ou nomeação para cargo efetivo.

C: Incorreta. Nos termos do art. 60-B, III, da Lei nº 8.112/1990:

Art. 60-B Conceder-se á auxílio-moradia ao servidor se atendidos os seguintes requisitos:

III - o servidor ou seu cônjuge ou companheiro não seja ou tenha sido proprietário, promitente comprador, cessionário ou promitente cessionário de imóvel no Município aonde for exercer o cargo, incluída a hipótese de lote edificado sem averbação de construção, nos doze meses que antecederam a sua nomeação.

D: Correta. Nos termos do art. 58, § 3º, da Lei nº 8.112/1990:

Art. 58 O servidor que, a serviço, afastar-se da sede em caráter eventual ou transitório para outro ponto do território nacional ou para o exterior, fará jus a passagens e diárias destinadas a indenizar as parcelas de despesas extraordinária com pousada, alimentação e locomoção urbana, conforme dispuser regulamento.

§ 3º Também não fará jus a diárias o servidor que se deslocar dentro da mesma região metropolitana, aglomeração urbana ou microrregião, constituídas por municípios limítrofes e regulamento instituídas, ou em áreas de controle integrado mantidas com países limítrofes, cuja jurisdição e competência dos órgãos, entidades e servidores brasileiros considera-se estendida, salvo se houver pernoite fora da sede, hipóteses em que as diárias pagas serão sempre as fixadas para os afastamento dentro do território nacional.

E: Incorreta. Nos termos do art. 60-D, § 1º, da Lei nº 8.112/1990:

Art. 60-D O valor mensal do auxílio é limitado a 25% (vinte e cinco por cento) do valor do cargo em comissão, função comissionada ou cargo de Ministro de Estado ocupado.

§ 1º O valor do auxílio-moradia não poderá superar 25% (vinte e cinco por cento) da remuneração de Ministro de Estado.

GABARITO: D.

---

252. À luz da Constituição Federal de 1988 e da jurisprudência do Supremo Tribunal Federal, caberá:

a) habeas corpus, de competência originária do Supremo Tribunal Federal, impetrado contra ato de Comissão Parlamentar de Inquérito instaurada no âmbito de Assembleia Legislativa, para assegurar o direito ao silêncio a dirigente de autarquia estadual intimado a comparecer como testemunha.

b) mandado de segurança, de competência originária de Tribunal Regional Federal, em face de ato do Comandante da Marinha que teria indeferido pedido de promoção na carreira militar a que, pelos critérios legais, faria jus o impetrante.

c) mandado de injunção, de competência originária do Superior Tribunal de Justiça, ajuizado por Deputado Federal, diante da omissão da Mesa da Câmara dos Deputados em instaurar processo administrativo para apuração de quebra de decoro parlamentar de outro Deputado Federal.

d) habeas data, de competência originária do Superior Tribunal de Justiça, impetrado contra ato de Ministro de Estado que negou, à empresa mencionada em sede de processo administrativo disciplinar instaurado contra servidor do órgão, acesso aos autos respectivos.

e) ação popular, de competência de juiz federal, ajuizada por cidadão, visando à anulação de ato do Conselho Nacional de Justiça, lesivo à moralidade administrativa e ao erário público.

A: Incorreta. **A competência originária somente seria do STF se a CPI fosse instaurada no âmbito do Congresso Nacional, com fundamento no art. 102, I, "d" e "i", CF/1988:**

Art. 102 Compete ao Supremo Tribunal Federal, precipuamente, a guarda da Constituição, cabendo-lhe:

I - processar e julgar, originariamente:

d) o habeas corpus , sendo paciente qualquer das pessoas referidas nas alíneas anteriores; o mandado de segurança e o habeas data contra atos do Presidente da República, das Mesas da Câmara dos Deputados e do Senado Federal, do Tribunal de Contas da União, do Procurador-Geral da República e do próprio Supremo Tribunal Federal.

i) o habeas corpus , quando o coator for Tribunal Superior ou quando o coator ou o paciente for autoridade ou funcionário cujos atos estejam sujeitos diretamente à jurisdição do Supremo Tribunal Federal, ou se trate de crime sujeito à mesma jurisdição em uma única instância.

B: Incorreta. **O mandado de segurança impetrado em face de ato do Comandante da Marinha é de competência do STJ, nos termos do art. 105, I, "b", e não do TRF:**

Art. 105 Compete ao Superior Tribunal de Justiça:

I - processar e julgar, originariamente:

b) os mandados de segurança e os habeas data contra ato de Ministro de Estado, dos Comandantes da Marinha, do Exército e da Aeronáutica ou do próprio Tribunal.

C: Incorreta. De acordo com o art. 5º, LXXI, CF/1888, o mandado de injunção somente pode ser impetrado para combater omissão legislativa (ausência de norma regulamentadora), o que não é o caso da alternativa.

D: Incorreta. Conforme o entendimento do STF, o habeas data não é o instrumento jurídico adequado para que se tenha acesso a autos de processos administrativos.

E: Correta. A jurisprudência pacífica do Supremo Tribunal Federal é no sentido de que as ações a que se refere o art. 102, I, "r", da Constituição Federal, são apenas as ações constitucionais, por exemplo, mandado de segurança, mandado de injunção, habeas data e habeas corpus, em que o CNJ é detentor, enquanto ente despersonalizado, de personalidade judiciária para figurar nos respectivos polos passivos. As demais ações em que se questionam atos do CNJ, e em que a União é o sujeito passivo, se submetem ao regime de competência estabelecido pelas normas comuns de direito processual. Nesse contexto, eventual ação popular ajuizada por cidadão, visando à anulação de ato do Conselho Nacional de Justiça, lesivo à moralidade administrativa e ao erário público, é de competência do juiz federal.

GABARITO: E.

---

253. Considere que, em sede de primeira instância, tenha sido proferida sentença por juiz federal julgando procedente ação em que o autor, pessoa jurídica de direito privado, pretendia eximir-se do cumprimento de determinada obrigação legal, sob o fundamento de inconstitucionalidade da lei federal que a impunha. Enquanto pendente de julgamento recurso perante o Tribunal Regional Federal (TRF) competente, foi publicada súmula vinculante do Supremo Tribunal Federal (STF) sobre a matéria, afirmando ser constitucional a exigência constante da referida lei, sem ressalvas quanto à produção de efeitos ou à eficácia do enunciado respectivo. Nessa hipótese, à luz da disciplina normativa pertinente e da jurisprudência do STF, ao julgar o recurso, o TRF:

a) deverá decidir em conformidade com o teor da súmula vinculante, aplicando-a ao caso, sendo dado ao autor da ação ajuizar reclamação perante o STF, para cassação da decisão de segunda instância, caso pretenda restabelecer a sentença.

b) não estará obrigado a decidir em conformidade com o teor da súmula vinculante, uma vez que a sentença foi proferida em primeira instância antes de a súmula ter sido editada e publicada.

c) estará legitimado a propor a revisão da súmula vinculante ao STF, o que autoriza a suspensão do processo pendente de julgamento em segunda instância, até decisão final do STF sobre a revisão do enunciado.

d) deverá decidir em conformidade com o teor da súmula vinculante, aplicando-a ao caso, não sendo cabível ao autor da ação, diante da aplicação devida da súmula, interpor recurso extraordinário, reclamação ou proposta de revisão do enunciado perante o STF.

e) deverá decidir em conformidade com o teor da súmula vinculante, aplicando-a ao caso, sendo dado ao autor da ação interpor recurso extraordinário, para reforma da decisão de segunda instância, caso pretenda restabelecer a sentença, presumida a repercussão geral.

A: Incorreta. O TRF deverá decidir em conformidade com o teor da súmula vinculante, não sendo cabível o ajuizamento de reclamação perante o STF, porquanto a decisão se deu em consonância com a súmula.

B: Incorreta. O TRF estará obrigado a decidir em conformidade com o teor da súmula vinculante, ainda que a sentença tenha sido proferida em primeira instância antes da edição e publicação da súmula.

C: Incorreta. O TRF é legitimado para propor a revisão da súmula, no entanto, de acordo com o art. 6º da Lei nº 11.417/2006 não autoriza a suspensão dos processos em que se discuta a mesma questão.

D: Correta. O TRF deverá decidir em conformidade com o teor da súmula vinculante, isso porque, de acordo com o art. 103-A da CF/1988, os efeitos da súmula vinculam os demais órgãos do poder judiciário. Assim, não será cabível ao autor da ação interpor recurso extraordinário, reclamação ou proposta de revisão do enunciado perante o STF, diante da aplicação devida da súmula.

E: Incorreta. De fato, o TRF deverá decidir em conformidade com o teor da súmula vinculante, aplicando-a ao caso. No entanto, ao autor não é possível a interposição de recurso extraordinário perante o STF, tendo em vista que, conforme previsão do art. 102, III, da CF/1988, a decisão do Tribunal não contrariou dispositivo da CF/1988; não declarou a inconstitucionalidade de tratado ou lei federal; não julgou válida lei ou ato de governo local contestado em face da Constituição Federal; e nem julgou válida lei local contestada em face de lei federal.

GABARITO: D.

---

254. Sentença proferida por juiz federal declarou o cancelamento da naturalização de brasileiro naturalizado, em virtude de atividade nociva ao interesse nacional. Nessa hipótese, considerada a Constituição Federal de 1988, o cancelamento da naturalização deu-se:

a) pela razão cabível, por decisão de órgão competente, sendo que somente após o trânsito em julgado respectivo acarreta a perda dos direitos políticos.

b) pela razão cabível, por decisão de órgão competente, acarretando, independentemente do trânsito em julgado, perda dos direitos políticos e possibilidade de extradição.

c) por motivo descabido, embora a decisão tenha sido proferida por órgão competente, cabendo ao Tribunal Regional Federal da jurisdição respectiva julgar a causa, em grau de recurso.

d) pela razão cabível, embora a decisão tenha sido proferida por órgão incompetente, cabendo ao Superior Tribunal de Justiça processar e julgar o respectivo conflito de competência.

e) por motivo descabido, ademais de a decisão ter sido proferida por órgão incompetente, cabendo reclamação ao Supremo Tribunal Federal para sua cassação.

A: Correta. O cancelamento da naturalização deu-se pela razão cabível, por decisão de órgão competente, porquanto, a atividade nociva ao interesse nacional é um dos motivos que podem ensejar o cancelamento da naturalização de brasileiro naturalizado, nos termos do art. 12, § 4º, I, da CF/1988:

Art. 12 § 4º Será declarada a perda da nacionalidade do brasileiro que:

I - tiver cancelada sua naturalização, por sentença judicial, em virtude de atividade nociva ao interesse nacional.

B: Incorreta. O cancelamento da naturalização, com a consequente perda dos direitos políticos e possibilidade de extradição, exige sentença transitada em julgado (art. 15, I, da CF/1988).

C: Incorreta. O cancelamento da naturalização se deu por motivo cabível, bem como foi proferida por órgão competente (Juiz Federal), cabendo ao Tribunal Regional Federal da jurisdição respectiva julgar a causa, em grau de recurso.

D: Incorreta. A decisão foi proferida por órgão competente, tendo em vista que compete aos Juízes processar e julgar as causas referentes à nacionalidade e à naturalização. Nesse sentido, é a previsão do art. 109, X, da CF/1988:

Art. 109 Aos juízes federais compete processar e julgar:

X - os crimes de ingresso ou permanência irregular de estrangeiro, a execução de carta rogatória, após o "exequatur", e de sentença estrangeira, após a homologação, as causas referentes à nacionalidade, inclusive a respectiva opção, e à naturalização.

E: Incorreta. O cancelamento da naturalização se deu por motivo cabível (atividade nociva ao interesse nacional), tendo sido proferida por órgão competente, não havendo que se falar em reclamação ao Supremo Tribunal Federal.

GABARITO: A.

255. Manuel dos Santos foi servidor público federal estável e aposentou-se voluntariamente aos sessenta e dois anos de idade. Após dez anos de gozo da aposentadoria, requereu sua reversão ao cargo público que antes ocupava. Diante dessa hipótese, à luz do que dispõe a legislação federal aplicável,

a) é impossível a reversão, pois o requerente já atingiu a idade da aposentadoria compulsória.

b) é impossível a reversão, pois a lei federal apenas contempla a hipótese de reversão ex officio, pela insubsistência dos motivos que levaram à aposentadoria por invalidez.

c) é possível, desde que haja cargo vago e interesse da administração no retorno do requerente à atividade.

d) é possível, independentemente do interesse da administração, pois se trata de hipótese de ato vinculado e o requerente preencheu todos os requisitos legais.

e) é impossível, em razão do lapso temporal transcorrido desde a aposentadoria do requerente.

Nos termos do art. 25, II, d, da Lei nº 8.112/1990:

Art. 25 Para que pudesse ocorrer a reversão no caso do enunciado, seria necessário que a aposentadoria tivesse ocorrido nos cinco anos anteriores à solicitação.

Dessa maneira, como passou 10 anos da aposentadoria de Manuel, não seria possível a reversão.

GABARITO: E.

256. Considere que determinada mulher, filha de mãe brasileira e pai estrangeiro, nascida em país cuja lei lhe reconhece nacionalidade originária e durante período em que sua mãe lá estava a serviço da República Federativa do Brasil, venha a residir no Brasil, depois de atingida a maioridade. Nessa hipótese, referida mulher:

a) é considerada brasileira nata, não podendo vir a ser extraditada, quaisquer que sejam as circunstâncias e a natureza do delito pelo qual o requeira Estado estrangeiro.

b) não faz jus à nacionalidade originária brasileira, embora possa vir a ser naturalizada, após residir por quinze anos ininterruptos no Brasil e desde que não sofra condenação penal.

c) será considerada brasileira naturalizada, podendo vir a ser autorizada sua extradição, mediante processo de competência originária do Supremo Tribunal Federal, em caso de comprovado envolvimento em tráfico ilícito de entorpecentes.

d) é considerada estrangeira, condição em virtude da qual não será concedida sua extradição apenas por crime político ou de opinião.

e) será considerada brasileira nata, desde que opte pela nacionalidade brasileira, mediante processo de competência da Justiça Federal.

A: Correta. A extradição de brasileiro nato é absolutamente vedada pela Constituição Federal. Veja o que dispõe o art. 5º, LI, da CF/1988:

Art. 5º Nenhum brasileiro será extraditado, salvo o naturalizado, em caso de crime comum, praticado antes da naturalização, ou de comprovado envolvimento em tráfico ilícito de entorpecentes e drogas afins, na forma da lei.

No caso do enunciado, a mulher é considerada brasileira nata, ainda que nascida em território estrangeiro, pois ao tempo de seu nascimento, sua mãe brasileira estava a serviço da República Federativa do Brasil (art. 12, I, "b", CF/1988). Assim, para todos os efeitos, é brasileira nata, não podendo ser extraditada.

B: Incorreta. A mulher faz jus à nacionalidade originária brasileira, porquanto sua mãe, também brasileira, estava a serviço da República Federativa do Brasil, sendo, portanto, brasileira nata, conforme prevê o art. 12, I, "b", da CF/1988:

Art. 12 São brasileiros:

I - natos:

b) os nascidos no estrangeiro, de pai brasileiro ou mãe brasileira, desde que qualquer deles esteja a serviço da República Federativa do Brasil.

C: Incorreta. Será considerada brasileira nata e não naturalizada pelas razões já expostas. Já quanto ao brasileiro naturalizado, somente poderá ser extraditado no caso de crime comum, praticado antes da naturalização, ou de comprovado envolvimento em tráfico ilícito de entorpecentes e drogas afins, na forma da lei (art. 5º, LI, da CF/1988).

D: Incorreta. Não será considerada estrangeira, mas sim brasileira nata. Ademais, quanto ao estrangeiro, a alternativa está de acordo com o teor da Constituição Federal:

Art. 5º LII - não será concedida extradição de estrangeiro por crime político ou de opinião.

E: Incorreta. Será considerada brasileira nata, sendo desnecessário optar pela nacionalidade brasileira, isso porque, por força do critério jus sanguinis, o simples fato de ser filha de brasileira a serviço da República Federativa do Brasil, já lhe confere a nacionalidade originária brasileira.

GABARITO: A.

257. Determinado Município pretende descentralizar o serviço público de limpeza urbana e de manejo de resíduos sólidos. Em vista das alternativas disponíveis, caso opte por constituir:

a) uma autarquia, não será necessário promover o registro do ato constitutivo, pois a natureza de direito público desta entidade dispensa tal providência.

b) uma empresa pública, não será necessária autorização legislativa, pois a criação de tais entidades decorre do poder regulamentar autônomo atribuído aos Chefes do Poder Executivo.

c) um consórcio público, deverá publicar chamamento de projetos, para que outras entidades interessadas venham a manifestar o interesse em se associar.

d) uma fundação pública, não será necessária autorização legislativa, pois a criação de tais entidades decorre do poder regulamentar autônomo atribuído aos Chefes do Poder Executivo.

e) uma sociedade de economia mista, deverá obrigatoriamente dotá-la da forma de sociedade de responsabilidade limitada, de modo a preservar a incolumidade do patrimônio público.

A: Correta. As autarquias são criadas por lei e, dessa maneira, não precisam de qualquer tipo de registro em cartório.

B: Incorreta. A empresa pública é uma pessoa jurídica de direito privado autorizada por lei.

C: Incorreta. Não há previsão legal sobre o assunto.

D: Incorreta. A fundação pública de direito privado depende de lei específica para a sua criação. E a fundação pública de direito público (autarquia fundacional), é criada por lei.

E: Incorreta. A sociedade de economia mista adota a forma de sociedade anônima.

GABARITO: A.

258. Acerca do regime jurídico aplicável aos cargos públicos, a Constituição Federal e a Lei nº 8.112/1990 dispõem que:

a) apenas nos cargos públicos reservados aos brasileiros natos pode ser recusada a investidura aos estrangeiros.

b) somente os servidores titulares de cargo efetivo podem exercer funções de confiança.

c) a aptidão física e mental deve ser apurada antes da nomeação para o cargo.

d) a readaptação é a reinvestidura do servidor estável no cargo anteriormente ocupado, ou no cargo resultante de sua transformação, quando invalidada a sua demissão por decisão administrativa ou judicial.

e) a investidura de servidor em cargo de natureza eletiva sempre impõe o seu afastamento do cargo efetivo de que é titular.

Nos termos do art. 37 da Constituição Federal e da Lei nº 8.112/1990:

Art. 37 Dispõe que somente os servidores titulares de cargo efetivo podem exercer funções de confiança.

V - da Constituição Federal prevê que as funções de confiança, exercidas exclusivamente por servidores ocupantes de cargo efetivo, e os cargos em comissão, a serem preenchidos por servidores de carreira nos casos, condições e percentuais mínimos previstos em lei, destinam-se apenas às atribuições de direção, chefia e assessoramento.

GABARITO: B.

---

259. Mostram-se incompatíveis com as normas da Constituição Federal em matéria de direitos fundamentais os seguintes atos:

I. A penhora da pequena propriedade rural, desde que trabalhada pela família, para pagamento de débitos decorrentes de sua atividade produtiva.

II. A exigência de autorização administrativa prévia para o exercício do direito de reunião.

III. A entrada forçada em domicílio, sem mandado judicial, ainda que amparada em fundadas razões que indiquem que dentro da casa ocorre situação de flagrante delito.

Está correto o que se afirma apenas em:

a) I e II.

b) I e III.

c) I.

d) II e III.

e) III.

Correto. A assertiva é incompatível com Constituição Federal, porquanto a pequena propriedade rural, desde que trabalhada pela família, é impenhorável para pagamento de débitos decorrentes de sua atividade produtiva, nos termos do art. 5º, XXVI, da CF/1988:

Art. 5º XXVI - A pequena propriedade rural, assim definida em lei, desde que trabalhada pela família, não será objeto de penhora para pagamento de débitos decorrentes de sua atividade produtiva, dispondo a lei sobre os meios de financiar o seu desenvolvimento.

Correto. A assertiva é incompatível com Constituição Federal, pois o exercício do direito de reunião não exige autorização prévia, mas apenas aviso prévio à autoridade competente, consoante estabelece o art. 5º, XVI, da CF/1988:

Art. 5º XVI - Todos podem reunir-se pacificamente, sem armas, em locais abertos ao público, independentemente de autorização, desde que não frustrem outra reunião anteriormente convocada para o mesmo local, sendo apenas exigido prévio aviso à autoridade competente.

III: Incorreto. A entrada forçada em domicílio, sem mandado judicial, diante da existência de fundadas razões de flagrante delito, é compatível com as normas da Constituição Federal. Nesse sentido, é o entendimento do STF:

Informativo nº 806 STF - A entrada forçada em domicílio sem mandado judicial só é lícita, mesmo em período noturno, quando amparada em fundadas razões, devidamente justificadas "a posteriori", que indiquem que dentro da casa ocorre situação de flagrante delito, sob pena de responsabilidade disciplinar, civil e penal do agente ou da autoridade, e de nulidade dos atos praticados. STF. Plenário. RE 603616/RO, Rel. Min. Gilmar Mendes, julgado em 4 e 5/11/2015 (repercussão geral) (Info 806).

GABARITO: A.

---

260. Um servidor público recém nomeado para cargo efetivo na Administração direta foi convidado para representar o Brasil em conselho internacional situado no exterior, com competência deliberativa em matéria comercial. O servidor, que conta apenas com 15 meses de cargo público, mas possui notório conhecimento na área, o que motivou o convite,

a) não poderá representar o Brasil para a finalidade indicada, o que é permitido apenas aos servidores titulares de cargos efetivos que já tenham sido devidamente confirmados.

b) não poderá aceitá-lo, pois o estágio probatório em curso não permite ao servidor a concessão de nenhuma licença ou afastamento, privativos de servidores efetivos.

c) poderá assumir a representação do Brasil, ficando antecipadamente concluído o período de estágio probatório em razão da superioridade das funções a serem desempenhadas em nível internacional.

d) poderá pleitear afastamento, prosseguindo com o cumprimento do estágio probatório na localidade onde se situa o organismo internacional que passará a integrar, sendo de rigor adaptação dos critérios de avaliação às novas atividades desenvolvidas.

e) poderá ser afastado para desempenhar as funções no organismo internacional, operando-se a suspensão do estágio probatório, que voltará a transcorrer após o encerramento da representação no exterior.

Conforme estabelece a Lei nº 8.112/1990:

Art. 20 Ao entrar em exercício, o servidor nomeado para cargo de provimento efetivo ficará sujeito a estágio probatório por período de 24 (vinte e quatro) meses, durante o qual a sua aptidão e capacidade serão objeto de avaliação para o desempenho do cargo, observados os seguinte fatores:

§ 5º O estágio probatório ficará suspenso durante as licenças e os afastamentos previstos nos arts. 83, 84, § 1º, 86 e 96, bem assim na hipótese de participação em curso de formação, e será retomado a partir do término do impedimento.

Art. 96 O afastamento de servidor para servir em organismo internacional de que o Brasil participe ou com o qual coopere dar-se-á com perda total da remuneração.

Dessa maneira, o servidor poderá ser afastado para desempenhar as funções no organismo internacional, operando-se a suspensão do estágio probatório, que voltará a transcorrer após o encerramento da representação no exterior.

GABARITO: E.

---

261. Antônia tem 18 anos, Pedro 20 anos, João 30 anos e Miguel 40 anos. Entendendo-se que as demais condições de elegibilidade foram preenchidas e levando-se em consideração apenas a idade mínima, em conformidade com a Constituição Federal, Antônia:

a) e Pedro podem ser eleitos para o cargo de Vereador; João e Miguel podem ser eleitos para o cargo de Vereador, de Prefeito, de Governador ou de Presidente da República.

b) e Pedro podem ser eleitos para o cargo de Vereador ou de Prefeito; João pode ser eleito para o cargo de Vereador, de Prefeito ou de Governador; Miguel pode ser eleito para o cargo de Vereador, de Prefeito, de Governador ou de Presidente da República.

c) pode ser eleita para o cargo de Vereadora; Pedro pode ser eleito para o cargo de Vereador ou de Prefeito; João pode ser eleito para o cargo de Vereador, de Prefeito ou de Governador; Miguel pode se eleito para o cargo de Vereador, de Prefeito, de Governador ou de Presidente da República.

d) e Pedro podem ser eleitos para o cargo de Vereador; João pode ser eleito para o cargo de Vereador, de Prefeito ou de Governador; Miguel pode ser eleito para o cargo de Vereador, de Prefeito, de Governador ou de Presidente da República.

e) pode ser eleita para o cargo de Vereadora ou de Prefeita; Pedro pode ser eleito para o cargo de Vereador, de Prefeito ou de Governador; João e Miguel podem ser eleitos para o cargo de Vereador, de Prefeito, de Governador ou de Presidente da República.

Antônia e Pedro: com 18 anos e 20 anos, respectivamente, podem se eleger Vereadoras, cuja idade mínima exigida é 18 anos, nos termos do art. 14, § 3º, VI, (d), da Constituição Federal.

João: por ter 30 anos, pode escolher entre se candidatar Vereador (mínimo 18 anos), Prefeito (mínimo 21 anos), Deputado (21 anos) ou Governador (mínimo 30 anos), nos termos do art. 14, § 3º, VI, (b), (c) e (d), da Constituição.

Miguel: pode concorrer a todos os cargos, pois tem 40 anos, nos termos do § 3º, VI do art. 14, da Constituição.

Art. 14 A soberania popular será exercida pelo sufrágio universal e pelo voto direto e secreto, com valor igual para todos, e, nos termos da lei, mediante:

§ 3º São condições de elegibilidade, na forma da lei:

VI - a idade mínima de:

a) trinta e cinco anos para Presidente e Vice-Presidente da República e Senador.

b) trinta anos para Governador e Vice-Governador de Estado e do Distrito Federal.

c) vinte e um anos para Deputado Federal, Deputado Estadual ou Distrital, Prefeito, Vice-Prefeito e juiz de paz.

d) dezoito anos para Vereador.

GABARITO: D.

---

262. Adão desmaiou no jardim de sua casa no momento em que Adelina transitava na frente do imóvel. A pedestre então empurrou o portão e adentrou o imóvel, durante a noite, para prestar socorro a Adão. De acordo com a Constituição Federal, Adelina:

a) não agiu corretamente, pois não podia ter entrado no imóvel de Adão, já que a casa é asilo inviolável do indivíduo, ninguém nela podendo penetrar sem consentimento do morador.

b) agiu corretamente, pois podia ter penetrado no imóvel de Adão, já que o fez para lhe prestar socorro.

c) não agiu corretamente, pois podia ter entrado no imóvel de Adão apenas no caso de flagrante delito, já que a casa é asilo inviolável do indivíduo, ninguém nela podendo penetrar sem consentimento do morador.

d) agiu corretamente, pois é permitida a penetração no imóvel de Adão sem o seu consentimento apenas para prestar socorro e por determinação judicial em qualquer horário, seja durante o dia ou à noite.

e) não agiu corretamente, pois podia ter entrado no imóvel de Adão apenas com a sua permissão ou, durante o dia, por determinação judicial, já que a casa é asilo inviolável do indivíduo, ninguém nela podendo penetrar sem consentimento do morador.

Nos termos do art. 5º, XI, da CF/1988, permite que se adentre no domicílio de alguém para prestar socorro a qualquer hora do dia ou da noite.

Art. 5º Todos são iguais perante a lei, sem distinção de qualquer natureza, garantindo-se aos brasileiros e aos estrangeiros residentes no País a inviolabilidade do direito à vida, à liberdade, à igualdade, à segurança e à propriedade, nos termos seguintes:

XI - a casa é asilo inviolável do indivíduo, ninguém nela podendo penetrar sem consentimento do morador, salvo em caso de flagrante delito ou desastre, ou para prestar socorro, ou, durante o dia, por determinação judicial.

GABARITO: B.

---

263. Considere:

I. Seguro-desemprego, em caso de desemprego voluntário ou involuntário.

II. Irredutibilidade do salário, salvo o disposto em convenção ou acordo coletivo.

III. Gozo de férias anuais remuneradas com, pelo menos, um terço a mais do que o salário normal.

IV. Aviso prévio proporcional ao tempo de serviço, sendo no máximo de trinta dias, nos termos da lei.

Em conformidade com a Constituição Federal, são direitos dos trabalhadores urbanos e rurais, além de outros que visem à melhoria de sua condição social, aqueles contidos em:

a) e IV, apenas.

b) II, III e I

c) I e IV, apenas.

d) I e II, apenas.

e) e III, apenas.

Incorreto. O direito a seguro-desemprego é concedido somente nos casos de desemprego involuntário, conforme determinação do art. 7º, II, da CF/1988:

Art. 7º São direitos dos trabalhadores urbanos e rurais, além de outros que visem à melhoria de sua condição social:

II - seguro-desemprego, em caso de desemprego involuntário.

Correto. Nos termos do art. 7º, VI, da CF/1988:

Art. 7º São direitos dos trabalhadores urbanos e rurais, além de outros que visem à melhoria de sua condição social:

VI - irredutibilidade do salário, salvo o disposto em convenção ou acordo coletivo.

III: Correto. Nos termos do art. 7º, XVII, da CF/1988:

Art. 7º São direitos dos trabalhadores urbanos e rurais, além de outros que visem à melhoria de sua condição social:

XVII - gozo de férias anuais remuneradas com, pelo menos, um terço a mais do que o salário normal.

IV: Incorreto. Nos termos do art. 7º, XXI, da CF/1988 determina que o aviso prévio será de no mínimo 30 dias.

Art. 7º São direitos dos trabalhadores urbanos e rurais, além de outros que visem à melhoria de sua condição social:

XXI - aviso prévio proporcional ao tempo de serviço, sendo no mínimo de trinta dias, nos termos da lei.

GABARITO: E.

---

264. Alejandro é brasileiro naturalizado e está sendo acusado judicialmente de exercer atividade nociva ao interesse nacional; Cláudia é brasileira nata e teve uma outra nacionalidade originária assim reconhecida pela lei estrangeira; Marcos é brasileiro nato residente em Estado estrangeiro, tendo se naturalizado naquele país como condição para sua permanência no território. Com fundamento na Constituição Federal, sentença judicial poderá declarar a perda da nacionalidade a:

a) Alejandro e Cláudia, apenas.

b) Alejandro, Cláudia e Marcos.

c) Cláudia e Marcos, apenas.

d) Alejandro, apenas.

e) Alejandro e Marcos, apenas.

Alejandro é brasileiro naturalizado, mas como praticou teve sentença judicial condenatória transitada em julgado, em razão de atividade nociva ao interesse do estado, terá sua naturalização cancelada, nos termos do art. 12, § 4º, I da CF/1988:

Art. 12 § 4º - Será declarada a perda da nacionalidade do brasileiro que:

I - tiver cancelada sua naturalização, por sentença judicial, em virtude de atividade nociva ao interesse nacional.

GABARITO: D.

---

265. Lineu é juiz federal titular de vara de competência mista e deve decidir acerca da sua competência com relação a três processos que lhe foram distribuídos: o primeiro trata de causa de ação referente a acidente de trabalho, na qual entidade autárquica Federal (INSS) figura como ré; o segundo se refere a causa entre Estado estrangeiro e município; e o terceiro versa sobre crime contra a organização do trabalho. Com base na Constituição Federal, Lineu deve dar-se por:

a) incompetente para processar e julgar a primeira causa e competente para processar e julgar a segunda e a terceira causas.
b) competente para processar e julgar a primeira causa e incompetente para processar e julgar a segunda e a terceira causas.
c) competente para processar e julgar as três causas.
d) incompetente para processar e julgar as três causas.
e) competente para processar e julgar a primeira e a segunda causas e incompetente para processar e julgar a terceira causa.

Nos termos do art. 109, I, da Constituição e da jurisprudência do STF. As demais causas estão dentro da competência do juiz federal, de acordo com o art. 109, II e VI da CF.

Art. 109 Aos juízes federais compete processar e julgar:

I - as causas em que a União, entidade autárquica ou empresa pública federal forem interessadas na condição de autoras, rés, assistentes ou oponentes, exceto as de falência, as de acidentes de trabalho e as sujeitas à Justiça Eleitoral e à Justiça do Trabalho.

II - as causas entre Estado estrangeiro ou organismo internacional e Município ou pessoa domiciliada ou residente no País.

VI - os crimes contra a organização do trabalho e, nos casos determinados por lei, contra o sistema financeiro e a ordem econômico-financeira.

GABARITO: A.

---

266. Ronaldo é Ministro de Estado e Paulo é Secretário Municipal. No que concerne à remuneração de ambos os servidores públicos e obedecido o disposto na Constituição Federal, Ronaldo:

a) será remunerado exclusivamente por subsídio fixado em parcela única, vedado o acréscimo de adicional, prêmio e verba de representação, enquanto Paulo será remunerado por subsídio fixado em parcela única, sendo possível o acréscimo de adicional e prêmio, vedada verba de representação.
b) e Paulo serão remunerados por subsídio fixado em parcela única, sendo possível o acréscimo de adicional e prêmio, vedada verba de representação.
c) e Paulo serão remunerados exclusivamente por subsídio fixado em parcela única, vedado o acréscimo, dentre outras vantagens, de adicional, prêmio e verba de representação.
d) e Paulo serão remunerados por subsídio fixado em parcela única, sendo possível, dentre outras vantagens, o acréscimo de adicional, prêmio e verba de representação.
e) e Paulo serão remunerados por subsídio fixado em parcela única, sendo possível o acréscimo de adicional e verba de representação e vedado prêmio.

Ronaldo é Ministro de Estado e Paulo é Secretário Municipal, nos termos do art. 39, § 4º, da Constituição Federal determina a remuneração desses agentes via subsídio em parcela única, com as vedações ali dispostas, modalidade que pode ser estendida a outras categorias de servidores organizados em carreira, nos termos do § 8º, do mesmo art. 39:

Art. 39 A União, os Estados, o Distrito Federal e os Municípios instituirão, no âmbito de sua competência, regime jurídico único e planos de carreira para os servidores da administração pública direta, das autarquias e das fundações públicas.

§ 4º O membro de Poder, o detentor de mandato eletivo, os Ministros de Estado e os Secretários Estaduais e Municipais serão remunerados exclusivamente por subsídio fixado em parcela única, vedado o acréscimo de qualquer gratificação, adicional, abono, prêmio, verba de representação ou outra espécie remuneratória, obedecido, em qualquer caso, o disposto no art. 37, X e XI.

§ 8º A remuneração dos servidores públicos organizados em carreira poderá ser fixada nos termos do § 4º.

GABARITO: C.

---

267. A demissão de um servidor foi aplicada em sede de processo administrativo, após término da instrução e garantida a ampla defesa e o contraditório para o funcionário. Não obstante, após a aplicação da pena, o servidor ajuizou ação judicial pleiteando a anulação da decisão, sob alegação de que haveria documentação inverídica juntada ao processo, porque teria sido produzida especificamente para viabilizar a condenação do servidor. A Administração pública, diante da existência da ação ainda não julgada:

a) deverá aguardar a decisão judicial, que poderá rever o processo disciplinar para sindicar sua legalidade, bem como a adequação da apreciação de provas.
b) poderá lançar mão do poder de revisão de seus atos administrativos, de modo que constatada a ilegalidade apontada, poderá revogar a decisão proferida ou mitigar a penalidade, com a desconsideração da prova.
c) poderá exercer seu poder de revisão para anular a demissão de servidor caso verifique, em procedimento próprio, a ilegalidade apontada, não dependendo do proferimento da decisão judicial para tanto.
d) deverá suspender a penalidade em razão do ajuizamento da ação, que poderá determinar a reintegração do servidor diante da decisão de anulação ou revogação da decisão.
e) poderá decidir pela reintegração do servidor, produzindo efeitos a partir da decisão que anula a demissão, passando o servidor a ocupar novo cargo, ainda que com aproveitamento de benefícios anteriores.

A: Incorreta. De acordo com o instituto da revisão administrativa, nos termos do art. 174 da Lei nº 8.112/1990:

Art. 174 O processo disciplinar poderá ser revisto, a qualquer tempo, a pedido ou de ofício, quando se aduzirem fatos novos ou circunstâncias suscetíveis de justificar a inocência do punido ou a inadequação da penalidade aplicada.

B: Incorreta. Quando constatada a ilegalidade não cabe revogação, cabe anulação.

C: Correta. De acordo com a Súmula nº 473 do STF:

A administração pode anular seus próprios atos, quando eivados de vícios que os tornam ilegais, porque deles não se originam direitos; ou revogá-los, por motivo de conveniência ou oportunidade, respeitados os direitos adquiridos, e ressalvada, em todos os casos, a apreciação judicial.

D: Incorreta. Não suspende a penalidade e o processo segue normalmente.

E: Incorreta. A anulação produz efeitos retroativos à data da prática do ato (ex tunc).

GABARITO: C.

268. Adamastor, advogado, pretende ingressar com medida destinada à proteção de direito líquido e certo à retificação de dados a seu respeito constantes dos arquivos de repartição pública federal. Sabendo-se que Adamastor não tem condições de pagar custas processuais sem prejuízo do sustento de sua família, pode-se afirmar que para a retificação desejada deverá ingressar com:

a) habeas data, sem que necessite pleitear os benefícios da Justiça gratuita em seu favor, já que, consoante a Constituição Federal, o habeas data, o mandado de injunção e o habeas corpus são ações gratuitas.

b) mandado de segurança e pleitear os benefícios da Justiça gratuita em seu favor.

c) habeas data e pleitear os benefícios da Justiça gratuita em seu favor.

d) habeas corpus, se se tratar de dados pertinentes à vida pregressa na esfera criminal, pleiteando os benefícios da Justiça gratuita em seu favor.

e) habeas data, sem que necessite pleitear os benefícios da Justiça gratuita em seu favor, já que, consoante a Constituição Federal, o habeas data e o habeas corpus são ações gratuitas.

A: Incorreta. Somente as ações de habeas corpus e habeas data são gratuitas (art. 5º, LXXVII, da CF).

B: Incorreta. O mandado de segurança só é cabível para a proteção de direito líquido e certo que não possa ser amparado por habeas corpus e habeas data. No caso, como o direito de Adamastor pode ser amparado por habeas data, essa é a ação cabível.

C: Incorreta. Adamastor não precisa pleitear os benefícios da justiça gratuita, uma vez que, nos termos do art. 5º, LXXVII da CF, a ação de habeas data é gratuita.

D: Incorreta. Não é o caso de habeas corpus, porquanto esta modalidade de remédio constitucional se presta a proteger o direito de locomoção. No caso de Adamastor, deverá ingressar com habeas data, porquanto deseja obter a retificação de dados a seu respeito constantes dos arquivos de repartição pública federal.

E: Correta. Adamastor deverá ingressar com habeas data, nos termos do art. 5º da CF/1988:

Art. 5º LXXII - conceder-se-á habeas data:

a) para assegurar o conhecimento de informações relativas à pessoa do impetrante, constantes de registros ou bancos de dados de entidades governamentais ou de caráter público.

Ademais, é desnecessário que no seu pleito faça requerimento pelo benefício da justiça gratuita, porquanto as ações de habeas data e habeas corpus são gratuitas, nos termos do art. 5º, LXXVII, da CF:

Art. 5º LXXVII - são gratuitas as ações de habeas corpus e habeas data, e, na forma da lei, os atos necessários ao exercício da cidadania.

GABARITO: E.

---

269. Fernando, um dos fundadores do partido político "Força e Fé", deseja fundi-lo ao partido político "Força e Crença", cuja proposta programática é complementar à sua. Visa, ainda, buscar novas fontes de financiamento da atividade partidária, cogitando, para tanto, contar com o apoio de entidade ou governo estrangeiros. Em conformidade com a Constituição Federal, resguardados a soberania nacional, o regime democrático, o pluripartidarismo e os direitos fundamentais da pessoa humana, a:

a) referida fusão é livre, sendo proibido, contudo, o recebimento de recursos financeiros de entidade ou governo estrangeiros ou a subordinação a estes.

b) referida fusão é livre, sendo permitido, ainda, o recebimento de recursos financeiros de governo estrangeiro, bem como a subordinação a este, desde que respeitada a legislação pátria.

c) criação, a incorporação e a extinção de partidos políticos são livres, mas é proibida a referida fusão, sendo permitido o recebimento de recursos financeiros de entidade estrangeira, embora proibida a subordinação a esta.

d) criação e a extinção de partidos políticos são livres, mas são proibidas a referida fusão ou a incorporação, sendo ainda proibido o recebimento de recursos financeiros de entidade ou governo estrangeiros ou a subordinação a estes.

e) referida fusão é livre, sendo permitido o recebimento de recursos financeiros de governo estrangeiro, mas proibido o de entidades estrangeiras, assim como a subordinação a estas.

A: Correta. A fusão pretendida por Fernando, um dos fundadores do partido político "Força e Fé", é livre; contudo não poderá contar com o apoio de entidade ou governo estrangeiros, tendo em vista a vedação constante do art. 17 da Constituição Federal. Vejamos:

Art. 17 É livre a criação, fusão, incorporação e extinção de partidos políticos, resguardados a soberania nacional, o regime democrático, o pluripartidarismo, os direitos fundamentais da pessoa humana e observados os seguintes preceitos:

II - proibição de recebimento de recursos financeiros de entidade ou governo estrangeiros ou de subordinação a estes.

B: Incorreta. De fato, a referida fusão é livre, no entanto, é vedado o recebimento de recursos financeiros de governo estrangeiro, bem como a subordinação a este (art. 17, II, da CF).

C: Incorreta. A CF estabelece ser livre a criação, fusão, incorporação e extinção de partidos políticos, mas veda o recebimento pelos partidos de recursos financeiros de entidade ou governo estrangeiros ou de subordinação a estes.

D: Incorreta. Ao contrário da alternativa, é livre a criação e a extinção de partidos políticos, bem como a fusão ou a incorporação a outros, sendo vedado o recebimento de recursos financeiros de entidade ou governo estrangeiros ou a subordinação a estes (art. 17, II, da CF).

E: Incorreta. É livre a referida fusão, mas é proibido o recebimento de recursos financeiros de entidade ou governo estrangeiros ou de subordinação a estes.

GABARITO: A.

---

270. Fiona e Gael são irmãos, filhos de pai e mãe estrangeiros que há muitos anos fixaram residência no Brasil. Fiona é a primogênita, sete anos mais velha que o irmão, nasceu em Portugal, mas se naturalizou brasileira; Gael, o caçula, nasceu em terras brasileiras. No dia de seu aniversário de 30 anos, Gael anunciou seu desejo de se candidatar ao cargo de Presidente da República, nas eleições de 2018, e de ter sua irmã como Vice. Fiona, entretanto, disse que pretende candidatar-se a Governadora do Estado em que residem. Considerando apenas as informações fornecidas, presentes os demais requisitos, à luz da Constituição Federal, Gael:

a) poderá candidatar-se ao cargo de Presidente da República; Fiona não poderá candidatar-se ao de Vice-Presidente da República, mas poderá candidatar-se ao de Governadora do Estado.

b) não poderá candidatar-se ao cargo de Presidente da República; Fiona poderá candidatar-se tanto ao cargo de Vice-Presidente da República quanto ao de Governadora do Estado.

c) não poderá candidatar-se ao cargo de Presidente da República; Fiona não poderá candidatar-se ao cargo de Vice-Presidente da República, tampouco ao de Governadora do Estado.

d) não poderá candidatar-se ao cargo de Presidente da República; Fiona não poderá candidatar-se ao cargo de Vice-Presidente da República, mas poderá candidatar-se ao de Governadora do Estado.

e) poderá candidatar-se ao cargo de Presidente da República; Fiona poderá candidatar-se tanto ao cargo de Vice-Presidente da República quanto ao de Governadora do Estado.

A questão exige conhecimento acerca das condições de elegibilidade, especificamente quanto ao requisito idade, e dos cargos privativos de brasileiro nato, nos termos do art. 12, § 3º e art. 14, § 3º, VI da CF:

Art. 12 § 3º São privativos de brasileiro nato os cargos:

I - de Presidente e Vice-Presidente da República.

II - de Presidente da Câmara dos Deputados.

III - de Presidente do Senado Federal.

- de Ministro do Supremo Tribunal Federal.

V - da carreira diplomática.

VI - de oficial das Forças Armadas.

VII - de Ministro de Estado da Defesa.

Art. 14 § 3º São condições de elegibilidade, na forma da lei:

VI - a idade mínima de:

a) trinta e cinco anos para Presidente e Vice-Presidente da República e Senador.

b) trinta anos para Governador e Vice-Governador de Estado e do Distrito Federal.

c) vinte e um anos para Deputado Federal, Deputado Estadual ou Distrital, Prefeito, Vice-Prefeito e juiz de paz.

d) dezoito anos para Vereador.

Feita essa introdução, vejamos as condições de Gael e Fiona:

- Gael: brasileiro nato, 30 anos.

- Fiona: brasileira naturalizada, 37 anos.

Em que pese Gael sendo brasileiro nato, não poderá se candidatar ao cargo de Presidente da República, por não atender ao requisito idade, tendo em vista que a idade mínima para presidente é de 35 anos (art. 14, § 3º, "a", da CF). Assim, Gael poderá candidatar-se aos demais cargos eletivos, se quiser, mas não ao de Presidente da República.

Por sua vez, Fiona, brasileira naturalizada, com 37 anos, poderá candidatar-se ao cargo de Governadora (cumpre todos os requisitos), mas não ao de Vice-Presidente da República, por não ser brasileira nata. Assim, Fiona pode candidatar-se aos demais cargos, menos ao cargo de Vice-Presidente da República.

GABARITO: D.

---

271. A Convenção sobre os Direitos das Pessoas com Deficiência, assinada em Nova Iorque no ano de 2007, foi aprovada em 2008, em cada Casa do Congresso Nacional, em dois turnos, por quóruns superiores a três quintos dos votos dos respectivos membros em cada turno de votação, tendo sido no ano seguinte promulgada por Decreto do Presidente da República. À luz do disposto na Constituição Federal, considerando tratar-se de convenção internacional sobre direitos humanos, referido ato normativo é equivalente à:

a) lei ordinária, pois tratados e convenções internacionais, independentemente de seu conteúdo, possuem esse status a partir do momento em que são promulgados no Brasil.

b) emenda constitucional, tendo em vista o procedimento observado para sua aprovação no Congresso Nacional.

c) lei complementar, pois tratados e convenções internacionais em matéria de direitos humanos, que complementam a Constituição Federal, possuem esse status, a partir do momento em que são ratificados pelo Brasil.

d) emenda constitucional, pois os tratados e convenções internacionais, independentemente de seu conteúdo, possuem esse status.

e) emenda constitucional, pois os tratados e convenções internacionais que versem sobre direitos humanos possuem esse status, independentemente do procedimento de aprovação adotado no Congresso Nacional.

A: Incorreta. Em regra, os tratados e convenções internacionais são incorporados com status de lei ordinária. Contudo, se forem de direitos humanos, quando aprovados pelo rito previsto no art. 5º, § 3º, CF terão status de emenda constitucional. Por outro lado, sendo de direitos humanos, mas sendo aprovados com o quórum previsto no art. 5º, § 3º, da CF, terão status supralegal (acima da lei, mas abaixo da Constituição Federal).

B: Correta. O Tratado Internacional ou Convenção, sobre direitos humanos, que for aprovado pelo Congresso Nacional, seguindo o rito do art. 5º, § 3º, da Constituição Federal, será equivalente à emenda constitucional. Vejamos a previsão constitucional:

Art. 5º § 3º Os tratados e convenções internacionais sobre direitos humanos que forem aprovados, em cada Casa do Congresso Nacional, em dois turnos, por três quintos dos votos dos respectivos membros, serão equivalentes às emendas constitucionais.

C: Incorreta. Os tratados e convenções internacionais em matéria de direitos humanos possuem status de emenda constitucional, quando aprovados na forma prevista no art. 5º, § 3º, da CF, ou status de norma supralegal, quando não aprovados com quórum de emenda constitucional.

D: Incorreta. Somente os tratados que versem sobre direitos humanos terão status de emenda constitucional.

E: Incorreta. Para possuírem o status de emenda constitucional, os tratados de direitos humanos devem ser aprovados, em cada Casa do Congresso Nacional, em dois turnos, por três quintos dos votos dos respectivos membros. Caso contrário, terão status de norma supralegal.

GABARITO: B.

---

272. Dentre as funções essenciais à Justiça, inclui-se a Advocacia Pública, a respeito da qual, a Constituição Federal estabelece que:

a) a Advocacia-Geral da União tem por chefe o Advogado-Geral da União, de livre nomeação pelo Presidente da República dentre integrantes da carreira, maiores de trinta e cinco anos, de notável saber jurídico e reputação ilibada, após a aprovação de seu nome pela maioria absoluta dos membros do Supremo Tribunal Federal, para mandato de quatro anos, permitida a recondução.

b) a Advocacia-Geral da União é a instituição que, diretamente ou através de órgão vinculado, representa a União, judicial e extrajudicialmente, cabendo-lhe, nos termos da lei complementar que dispuser sobre sua organização e funcionamento, as atividades de consultoria e assessoramento jurídico do Poder Executivo.

c) os Procuradores dos Estados e do Distrito Federal, organizados em carreira, na qual o ingresso dependerá de concurso público de provas e títulos, com a participação da Ordem dos Advogados do Brasil apenas na fase da prova oral que consiste na arguição pública dos candidatos a ela admitidos, exercerão a representação judicial e a consultoria jurídica das respectivas unidades federadas.

d) aos Procuradores dos Estados e do Distrito Federal é assegurada estabilidade após dois anos de efetivo exercício, mediante avaliação de desempenho perante os órgãos próprios, após relatório circunstanciado das corregedorias.

e) a representação da União, na execução da dívida ativa de natureza tributária, cabe à Procuradoria-Geral da República, observado o disposto em lei.

A: Incorreta. Não há necessidade de aprovação pelo Senado Federal para nomeação do chefe, o Advogado-Geral da União, nos termos do art. 131, § 1º, da CF:

Art. 131 § 1º A Advocacia-Geral da União tem por chefe o Advogado-Geral da União, de livre nomeação pelo Presidente da República dentre cidadãos maiores de trinta e cinco anos, de notável saber jurídico e reputação ilibada.

B: Correta. Nos termos do art. 131, da Constituição Federal, Advocacia-Geral da União é a instituição que, diretamente ou através de órgão vinculado, representa a União, judicial e extrajudicialmente,

cabendo-lhe, nos termos da lei complementar que dispuser sobre sua organização e funcionamento, as atividades de consultoria e assessoramento jurídico do Poder Executivo.

C: Incorreta. Nos concursos para ingresso na carreira de Procurador, a Ordem dos Advogados do Brasil deverá participar de todas as fases do certame, conforme determina o art. 132 da CF:

Art. 132 Os Procuradores dos Estados e do Distrito Federal, organizados em carreira, na qual o ingresso dependerá de concurso público de provas e títulos, com a participação da Ordem dos Advogados do Brasil em todas as suas fases, exercerão a representação judicial e a consultoria jurídica das respectivas unidades federadas.

D: Incorreta. A garantia da estabilidade é assegurada com 3 anos de efetivo exercício do cargo. Nesse sentido é a disposição do parágrafo único do art. 132 da CF:

Art. 132 Parágrafo único. Aos procuradores referidos neste artigo é assegurada estabilidade após três anos de efetivo exercício, mediante avaliação de desempenho perante os órgãos próprios, após relatório circunstanciado das corregedorias.

E: Incorreta. De acordo com o art. 131, § 3º, da CF:

Art. 131 § 3º Na execução da dívida ativa de natureza tributária, a representação da União cabe à Procuradoria-Geral da Fazenda Nacional, observado o disposto em lei.

GABARITO: B.

273. Breno, servidor público ocupante de cargo efetivo, viajou à Fortaleza a trabalho por alguns dias. Com a proximidade do fim de semana, adiou o retorno para seu domicílio, permanecendo na cidade por mais dois dias, que custeou pessoalmente no mesmo local de hospedagem em que já estava. De volta ao trabalho, pleiteou o recebimento de diárias por todo o período ausente de seu local de classificação, como forma de ressarcimento pelas despesas de hospedagem e alimentação. A conduta do servidor:

a) é condizente com seus direitos e obrigações, na medida em que tem direito ao recebimento de algumas vantagens além dos vencimentos, tendo as diárias natureza jurídica indenizatória pelas despesas incorridas.

b) viola os direitos legalmente previstos na Lei nº 8.112/1990, na medida em que não obteve prévia autorização para permanecer na cidade de deslocamento por mais dois dias, com direito a diárias.

c) pode configurar ato de improbidade, na medida em que intencionalmente buscou indenização por despesas que não se consubstanciam em fundamento para recebimento de diárias, devidas apenas para os dias em que estivesse em serviço.

d) configura infração disciplinar e civil, esta sob a modalidade de ato de improbidade, processando-se as responsabilidades de forma subsequente, iniciando-se pelo processo administrativo que poderá ensejar a extinção do vínculo funcional, com a aplicação de penalidade de demissão, o que impedirá a condenação por improbidade.

e) pode ser compatível com a legislação vigente, desde que o servidor demonstre que as despesas de hospedagem e alimentação no período equivalem ou superam o montante pleiteado a título de diárias, para que não reste configurado enriquecimento ilícito.

A: Incorreta. O servidor receberá as diárias relativas ao período em que esteve em serviço. Nos termos do art. 58 da Lei nº 8.112/1990:

Art. 58 O servidor que, a serviço, afastar-se da sede em caráter eventual ou transitório para outro ponto do território nacional ou para o exterior, fará jus a passagens e diárias destinadas a indenizar as parcelas de despesas extraordinárias com pousada, alimentação e locomoção urbana, conforme dispuser em regulamento.

B: Incorreta. A autoridade competente não poderia autorizar o pagamento de verba relativamente a dias de desfrute pessoal do servidor, sem vínculo com o serviço público.

C: Correta. Nos termos do art. 11 da Lei nº 8.429/1992:

Art. 11 Constitui ato de improbidade administrativa que atenta contra os princípios da administração pública qualquer ação ou omissão que viole os deveres de honestidade, imparcialidade, legalidade, e lealdade às instituições, e notadamente:

I - praticar ato visando fim proibido em lei ou regulamento ou diverso daquele previsto, na regra de competência.

D: Incorreta. Nos termos do art. 125 da Lei nº 8.112/1990:

Art. 125 As sanções civis, penais e administrativas poderão cumular-se, sendo independentes entre si.

E: Incorreta. A conduta do servidor público não é compatível com a legislação vigente, diante do desvio de finalidade.

GABARITO: C.

274. A Administração pública desempenha suas atividades por meio dos diversos órgãos instituídos para essa finalidade, sendo também forma de distribuição de competências a:

a) desconcentração, que pressupõe a criação de pessoas jurídicas com competências próprias, que passam a integrar a chamada Administração indireta.

b) descentralização, por meio da qual os órgãos administrativos se compõem, constituindo pessoas jurídicas com personalidade jurídica de direito público, para que possam prestar, de forma autônoma, as diversas atribuições estatais.

c) instituição de pessoas jurídicas, com personalidade jurídica de direito público, que compõem a chamada Administração indireta, tais como autarquias, sociedades de economia mista, consórcios públicos e fundações.

d) instituição de pessoas jurídicas de direito público, como autarquias, bem como de direito público privado, como empresas públicas e sociedades de economia mista, como expressão da descentralização.

e) nomeação de servidores e empregados para funções de confiança, em substituição aos agentes públicos originalmente eleitos para as funções administrativas.

A descentralização é a criação de novas pessoas jurídicas de direito público ou privado por parte dos entes da federação (União, Distrito Federal, Estados e Municípios).

GABARITO: D.

275. Em 04/10/2017, o ordenador de despesa de uma determinada entidade pública emitiu empenho no valor de R$ 3.000,00 referente à aquisição de material de expediente, sendo a despesa liquidada e paga em 09/10/2017. O material de expediente foi adquirido para ser utilizado pelo pessoal alocado na entidade pública para o desenvolvimento de suas atividades. Assim, de acordo com as determinações do Manual de Contabilidade Aplicada ao Setor Público, a despesa orçamentária executada foi classificada:

a) no grupo de natureza da despesa 30 - Material de Consumo.

b) no elemento de despesa 52 - Equipamentos e Material Permanente.

c) no elemento de despesa 30 - Material de Consumo.

d) na modalidade de aplicação 30 - Material de Consumo.

e) na modalidade de aplicação 52 - Equipamentos e Material Permanente.

Entende-se como material de consumo e material permanente:

- Material de consumo: aquele que, em razão de seu uso corrente e da definição da Lei nº 4.320/1964, perde normalmente sua identidade física e/ou tem sua utilização limitada a dois anos;

- Material permanente: aquele que, em razão de seu uso corrente, não perde a sua identidade física, e/ou tem uma durabilidade superior a dois anos.

O elemento de despesa tem por finalidade identificar os objetos de gasto, como vencimentos e vantagens fixas, juros, diárias, material de consumo, serviços de terceiros prestados sob qualquer forma, subvenções sociais, obras e instalações, equipamentos e material permanente, auxílios, amortização e outros que a Administração Pública utiliza para a consecução de seus fins.

Os códigos dos elementos de despesa estão definidos no Anexo II da Portaria Interministerial STN/SOF nº 163/2001. A descrição dos elementos pode não contemplar todas as despesas a eles inerentes, sendo, em alguns casos, exemplificativa. A relação dos elementos de despesa é apresentada a seguir:

1º Dígito: Categoria Econômica → Despesas Correntes.

2º Dígito: Grupo de Natureza da Despesa → Outras Despesas Correntes.

3º e 4º Dígitos: Modalidade de Aplicação → Aplicação Direta.

5º e 6º Dígitos: Elemento de Despesa → Material de Consumo.

7º e 8º Dígitos: (facultativos) Subelemento de Despesa → Material de Expediente.

GABARITO: C.

---

276. Em 05/01/2017, um ente público promulgou e publicou dispositivo legal que compreendia, entre outros conteúdos, o orçamento fiscal e o orçamento de investimento das empresas em que detinha a maioria do capital social com direito a voto. Estes orçamentos foram apresentados com as funções de reduzir desigualdades inter-regionais, segundo critério populacional, conforme dispõe a Constituição Federal de 1988. O dispositivo legal promulgado e publicado corresponde:

a) ao Plano Plurianual.
b) ao Relatório de Gestão Fiscal.
c) ao Relatório Resumido de Execução Orçamentária.
d) à Lei Orçamentária Anual.
e) à Lei de Diretrizes Orçamentárias.

De acordo com a CF/1988:

Art. 165 § 5º A lei orçamentária anual compreenderá:

I - o orçamento fiscal referente aos Poderes da União, seus fundos, órgãos e entidades da administração direta e indireta, inclusive fundações instituídas e mantidas pelo Poder Público;

II - o orçamento de investimento das empresas em que a União, direta ou indiretamente, detenha a maioria do capital social com direito a voto;

III - o orçamento da seguridade social, abrangendo todas as entidades e órgãos a ela vinculados, da administração direta ou indireta, bem como os fundos e fundações instituídos e mantidos pelo Poder Público.

GABARITO: D.

---

277. Em 07/08/2017, um agente público, responsável pelo almoxarifado de uma determinada entidade pública, recebeu mercadorias adquiridas pela entidade. O agente, no momento do recebimento, confrontou as mercadorias recebidas com aquelas que estavam descritas na nota fiscal e assinou o comprovante de entrega das mercadorias pelo fornecedor. Desse modo, em 07/08/2017, as ações realizadas pelo agente público fazem parte da etapa da despesa orçamentária denominada:

a) pagamento.
b) inscrição.
c) lançamento.
d) liquidação.
e) empenho.

Liquidação é o confronto do material ou serviço adquirido com o documento hábil que o originou, também, consiste na obrigação que o credor cumpriu todas as obrigações constantes do empenho, e tem como finalidade apurar:

a) A origem e o objeto do que se deve pagar;

b) A importância exata a pagar; e

c) A quem se deve pagar a importância para extinguir a obrigação.

Em regra, no momento "do ateste", tem-se o fato gerador da despesa pública, que corresponde a sua liquidação.

A exceção ocorre no final de cada exercício (31/12), quando são consideradas realizadas as despesas com a simples emissão da Nota de Empenho (art. 35, II, da Lei nº 4.320/1964).

GABARITO: D.

---

278. Em 07/11/2016, o ordenador de despesa de uma determinada entidade pública emitiu empenho no valor de R$ 10.000,00 referente à aquisição de 10 mesas. Em 25/11/2016, a despesa foi liquidada pelo valor de R$ 8.000,00, uma vez que somente parte das mesas foram entregues, e em 01/12/2016 foi pago o valor de R$ 3.000,00 referente ao empenho emitido em 07/11/2016. Assim, em 31/12/2016, foi inscrito em restos a pagar:

a) processados o valor de R$ 2.000,00.
b) processados o valor de R$ 5.000,00.
c) processados o valor de R$ 7.000,00.
d) não processados o valor de R$ 5.000,00.
e) não processados o valor de R$ 7.000,00.

Empenho = 10.000

Liquidação = 8.000

Pagamento = 3.000

RESTOS A PAGAR PROCESSADOS = LIQUIDAÇÃO - PAGAMENTO

8.000 - 3.000 = 5.000

Restos a pagar não processados = empenhado - liquidado.

Restos a pagar não processados = 10.000 - 8.000.

Restos a pagar não processados = 2.000.

GABARITO: B.

---

279. De acordo com as determinações do Ementário da Natureza de Receita, as receitas orçamentárias classificadas quanto ao tipo em "Aluguéis e Arrendamentos - Principal" e "Tarifa Aeroportuária - Principal" pertencem, respectivamente, às seguintes categorias econômicas e origens:

a) Receita de Capital - Receita Patrimonial; Receita Corrente - Contribuições.
b) Receita de Capital - Exploração do Patrimônio Imobiliário; Receita Corrente - Impostos, Taxas e Contribuições de Melhoria.
c) Receita Corrente - Receita Patrimonial; Receita Corrente - Receita de Serviços.
d) Receita Corrente - Exploração do Patrimônio Imobiliário; Receita de Capital - Receita de Serviços.
e) Receita Corrente - Receita Patrimonial; Receita Corrente - Impostos, Taxas e Contribuições de Melhoria.

Origens que compõem as Receitas Correntes:

Receita patrimonial: são provenientes da fruição de patrimônio pertencente ao ente público, como as decorrentes de aluguéis, dividendos, compensações financeiras/royalties, concessões, entre outras.

Receita de serviços: decorrem da prestação de serviços por parte do ente público, como comércio, transporte, comunicação, serviços hospitalares, armazenagem, serviços recreativos, culturais etc. Esses serviços são remunerados mediante preço público, também chamado de tarifa.

Art. 11 A receita classificar-se-á nas seguintes categorias econômicas:

§ 1º São Receitas Correntes as receitas tributária, de contribuições, patrimonial, agropecuária, industrial, de serviços e outras e, ainda, as provenientes de recursos financeiros recebidos de outras pessoas de direito público ou privado, quando destinadas a atender despesas classificáveis em Despesas Correntes.

Receita patrimonial: ingresso proveniente de rendimentos sobre investimentos do ativo permanente, de aplicações de disponibilidades em operações de mercado e outros rendimentos oriundos de renda de ativos permanentes.

Exs.: arrendamentos, compensações financeiras e royalties, imobiliárias, aluguéis, foros e laudêmios, taxas de ocupação de imóveis, juros de títulos de renda, dividendos, participações, bônus de assinatura de contrato de concessão, remuneração de depósitos bancários, remuneração de depósitos especiais e remuneração de saldos de recursos não desembolsados.

Receita de serviços: é o ingresso proveniente da prestação de serviços de transporte, saúde, comunicação, portuário, armazenagem, de inspeção e fiscalização, processamento de dados, vendas de mercadorias e produtos inerentes à atividade da entidade e outros serviços. São também receitas de serviços o recebimento de juros associados aos empréstimos concedidos, pois tais juros são a remuneração do capital.

GABARITO: C.

---

280. Em 03/07/2017, o gestor de uma determinada entidade pública abriu crédito adicional no valor de R$ 800.000,00 para a construção do estacionamento da entidade que estava prevista no Plano Plurianual, porém, não havia dotação orçamentária específica para a execução da despesa na Lei Orçamentária Anual ou em créditos adicionais abertos até 03/07/2017. Assim, de acordo com as determinações da Lei nº 4.320/1964, para a construção do estacionamento foi aberto um crédito adicional:

a) extraordinário.

b) especial.

c) extraorçamentário.

d) complementar.

e) suplementar.

De acordo com a Lei nº 4.320/1964:

Art. 41 Os créditos adicionais classificam-se em:

I - suplementares, os destinados a reforço de dotação orçamentária; (tinha, mas acabou)

II - especiais, destinados a despesas para as quais não haja dotação orçamentária específica; (não tinha, mas precisou)

III - extraordinários, os destinados a despesas urgentes e imprevistas, em caso de guerra, comoção intestina ou calamidade pública.

GABARITO: B.

---

281. Ricardo e Marco, respectivamente chefe do Poder Executivo e servidor responsável pela tesouraria, encaminharam sua prestação de contas anual ao órgão competente.

À luz da sistemática constitucional, é correto afirmar que esse órgão é:

a) a Casa Legislativa competente, que deve apreciar as contas de Ricardo e Marco em caráter definitivo.

b) o Tribunal de Contas, que deve limitar-se a emitir parecer prévio, cabendo à Casa Legislativa o julgamento das contas.

c) o Tribunal de Contas, que deve emitir parecer em relação às contas de Ricardo e julgar as contas de Marco.

d) a Casa Legislativa competente em relação às contas de Ricardo e o Tribunal de Contas em relação às contas de Marco.

e) o Tribunal de Contas, que deve julgar as contas apresentadas por Ricardo e Marco.

De acordo com a situação trazida no comando da questão, à luz da sistemática constitucional, o órgão competente para apreciar as contas prestadas por Ricardo, chefe do Poder Executivo, e para julgar as contas de Marco, servidor responsável pela tesouraria, é o Tribunal de Contas, nos termos do art. 71, incisos I e II, da CF/1988.

Art. 71 O controle externo, a cargo do Congresso Nacional, será exercido com o auxílio do Tribunal de Contas da União, ao qual compete:

I - apreciar as contas prestadas anualmente pelo Presidente da República, mediante parecer prévio que deverá ser elaborado em sessenta dias a contar de seu recebimento;

II - julgar as contas dos administradores e demais responsáveis por dinheiros, bens e valores públicos da administração direta e indireta, incluídas as fundações e sociedades instituídas e mantidas pelo Poder Público federal, e as contas daqueles que derem causa a perda, extravio ou outra irregularidade de que resulte prejuízo ao erário público.

GABARITO: C.

---

282. Beto e Pedro travaram intenso debate a respeito dos conceitos de nacionalidade e cidadania. De acordo com Beto, todo nacional, que é necessariamente cidadão, possui direitos políticos. Para Pedro, por sua vez, só o cidadão, não qualquer nacional, possui direitos políticos.

À luz da sistemática constitucional, é correto afirmar que:

a) Beto e Pedro estão totalmente corretos.

b) Beto está totalmente correto e Pedro parcialmente correto, já que todo nacional é cidadão.

c) Beto está incorreto em parte, pois o nacional não precisa ser cidadão e Pedro incorreto, já que não só o cidadão tem direitos.

d) Pedro está totalmente correto e Beto incorreto, pois nacionalidade e cidadania são institutos distintos.

e) Beto e Pedro estão totalmente incorretos.

De acordo com o exposto no comando da questão, é possível concluir que Pedro está correto e que Beto está errado. Pedro está certo em seu comentário, pois quem possui direitos políticos é quem cumpriu alguns requisitos previstos na Constituição Federal e se tornou cidadão. Por outro lado, Beto erra ao afirmar que todo nacional é cidadão, pois os menores de 16 anos, por exemplo, são nacionais, mas não são cidadãos, visto que não adquiriram direitos políticos.

GABARITO: D.

---

283. Após amplos debates, um grupo de estudantes concluiu que o Conselho Nacional de Justiça (CNJ) é órgão de controle externo do Poder Judiciário, somente é integrado por membros do Poder Judiciário e tem competência para rever os atos jurisdicionais praticados pelos órgãos controlados. À luz da sistemática constitucional, essa conclusão está:

a) totalmente incorreta, já que dissonante da ordem constitucional.

b) parcialmente incorreta, pois o CNJ também exerce o controle externo sobre outros órgãos.

c) parcialmente incorreta, já que o CNJ pode controlar atos jurisdicionais quando autorizado.

d) parcialmente incorreta, pois o CNJ também possui membros estranhos ao Judiciário.

e) totalmente correta, já que harmônica com a ordem constitucional.

Ao analisar o comando da questão, é possível observar alguma inconsistência acerca das afirmações sobre o CNJ. Primeiramente, o Conselho Nacional de Justiça não é órgão externo do Poder Judiciário, mas, sim, interno; não fazem parte do CNJ apenas membros do Poder Judiciário e, por fim, o CNJ não detém competência jurisdicional. Assim, à luz da sistemática constitucional, a conclusão está totalmente incorreta, visto que vai de encontro ao que prevê a Constituição Federal.

GABARITO: A.

---

284. Determinado legitimado ingressou com ação civil pública visando à implementação de certo direito social dos trabalhadores. Ao fim da relação processual, o pedido foi julgado improcedente sob o argumento de que a norma constitucional que estaria sendo descumprida possui contornos essencialmente programáticos, ao que se soma a constatação de que a reserva do possível impediria a implementação dos direitos sociais na dimensão almejada.

À luz da sistemática constitucional e da doutrina sedimentada a respeito dos direitos sociais, os fundamentos da sentença proferida são:

a) totalmente inadequados, pois os direitos sociais são previstos em normas de eficácia plena e sempre deve ser possível implementá-los.

b) parcialmente inadequados, pois a categoria das normas programáticas está restrita à disciplina dos clássicos direitos de liberdade.

c) parcialmente inadequados, pois a disponibilidade financeira e orçamentária está associada à implementação dos direitos de liberdade.

d) parcialmente inadequados, pois o caráter programático da norma constitucional não compromete a sua plena eficácia, principalmente quando consagra direitos.

e) totalmente adequados, pois os direitos sociais de estatura constitucional normalmente precisam ser integrados pela lei e demandam gastos para a sua implementação.

A: Incorreta. Os direitos sociais exigem uma ação do Estado. Tratam-se de normas programáticas, de eficácia limitada.

B: Incorreta. As normas programáticas estão ligadas aos direitos sociais, conforme dispõe os arts. 6º ao 11 da Constituição Federal.

C: Incorreta. Os direitos de liberdade são de primeira dimensão e não exigem que o Estado faça algo para garantir tais direitos.

D: Incorreta. As normas programáticas são de eficácia limitada, isto é, necessitam do agir do Estado para assegurar tais direitos.

E: Correta. Os direitos sociais dependem de ação estatal, precisam ser integrados pela lei e, por fim, dependem de recursos para serem implementados.

GABARITO: E.

---

285. A União celebrou contrato administrativo com sociedade empresária especializada para prestação de serviços de apoio às atividades de copeiros. A contratada ficou inadimplente no pagamento das verbas trabalhistas aos empregados que trabalharam por força de tal contrato. Restou comprovado que a Administração Pública foi omissa em seu dever de fiscalizar o fiel cumprimento do contrato pela prestadora do serviço, no que diz respeito às obrigações trabalhistas referentes aos empregados vinculados ao contrato celebrado, agindo, pois, com culpa in vigilando. No caso em tela, com base na jurisprudência do Tribunal Superior do Trabalho, a União:

a) tem responsabilidade solidária, por ser a beneficiária dos serviços finais prestados pelos empregados contratados pela sociedade empresária.

b) tem responsabilidade subsidiária por ter agido com conduta culposa no cumprimento da fiscalização das obrigações contratuais e legais da prestadora de serviço como empregadora.

c) tem responsabilidade civil objetiva por todos os encargos trabalhistas devidos aos empregados das pessoas jurídicas contratadas, independentemente de ter agido com culpa ou dolo.

d) não tem qualquer responsabilidade pelos encargos trabalhistas porque não tem o dever de fiscalizar as obrigações contratuais e legais da prestadora de serviço como empregadora.

e) não tem qualquer responsabilidade trabalhista, pois a Constituição Federal de 1988 estabelece a responsabilidade civil subjetiva do poder público nos casos de culpa ou dolo do agente público.

Com base na jurisprudência do Tribunal Superior do Trabalho, Súmula nº 331, a Administração Pública pode ser responsabilizada subsidiariamente se tiver agido com culpa no tocante à fiscalização das obrigações contratuais e legais da prestadora de serviço como empregadora.

De acordo com a Súmula nº 331 do Tribunal Superior do Trabalho (itens IV e V):

IV - O inadimplemento das obrigações trabalhistas, por parte do empregador, implica a responsabilidade subsidiária do tomador dos serviços quanto àquelas obrigações, desde que haja participado da relação processual e conste também do título executivo judicial.

V - Os entes integrantes da Administração Pública direta e indireta respondem subsidiariamente, nas mesmas condições do item IV, caso evidenciada a sua conduta culposa no cumprimento das obrigações da Lei nº 8.666, de 21.06.1993, especialmente na fiscalização do cumprimento das obrigações contratuais e legais da prestadora de serviço como empregadora. A aludida responsabilidade não decorre de mero inadimplemento das obrigações trabalhistas assumidas pela empresa regularmente contratada.

GABARITO: B.

---

286. Acerca do que disciplina a Constituição Federal sobre o Poder Executivo,

a) em caso de impedimento do Presidente e do Vice-Presidente da República, ou vacância dos respectivos cargos, serão sucessivamente chamados ao exercício da Presidência o Presidente do Senado Federal, o da Câmara dos Deputados e o do Supremo Tribunal Federal.

b) vagando os cargos de Presidente e Vice-Presidente da República nos dois primeiros anos do período presidencial, far-se-á eleição trinta dias depois de aberta a última vaga.

c) ocorrendo a vacância dos cargos de Presidente e Vice-Presidente da República nos últimos dois anos do período presidencial, a eleição para ambos os cargos será feita noventa dias depois da última vaga, por votação popular, na forma da lei.

d) o Presidente e o Vice-Presidente da República não poderão, sem licença do Congresso Nacional, ausentar-se do País por período superior a dez dias, sob pena de perda do cargo.

e) será considerado eleito Presidente da República o candidato que, registrado por partido político, obtiver a maioria absoluta de votos, não computados os em branco e os nulos.

Nos termos do art. 77, § 2º, da CF/1988.

Art. 77 A eleição do Presidente e do Vice-Presidente da República realizar-se-á, simultaneamente, no primeiro domingo de outubro, em primeiro turno, e no último domingo de outubro, em segundo turno, se houver, do ano anterior ao do término do mandato presidencial vigente.

§ 2º Será considerado eleito Presidente o candidato que, registrado por partido político, obtiver a maioria absoluta de votos, não computados os em branco e os nulos.

GABARITO: E.

---

287. Acerca do que estabelece a Constituição Federal relativamente ao Conselho Nacional de Justiça (CNJ):

a) compete ao Superior Tribunal de Justiça processar e julgar, originariamente, as ações contra o CNJ.

b) o CNJ será presidido pelo Presidente do Supremo Tribunal Federal e, nas suas ausências e impedimentos, pelo Vice-Presidente do Supremo Tribunal Federal.

c) compete ao CNJ o controle da atuação administrativa e financeira do Ministério Público e do cumprimento dos deveres funcionais de seus membros.

d) compete privativamente ao Congresso Nacional processar e julgar os membros do CNJ nos crimes de responsabilidade.

e) o CNJ compõe-se de onze Ministros, escolhidos dentre cidadãos com mais de trinta e cinco e menos de sessenta e cinco anos de idade, de notável saber jurídico e reputação ilibada.

Nos termos do art. 103-B, § 1º, da CF/1988.

Art. 103-B O Conselho Nacional de Justiça compõe-se de 15 (quinze) membros com mandato de 2 (dois) anos, admitida 1 (uma) recondução, sendo:

§ 1º O Conselho será presidido pelo Presidente do Supremo Tribunal Federal e, nas suas ausências e impedimentos, pelo Vice-Presidente do Supremo Tribunal Federal.

GABARITO: B.

288. Acerca do que estabelece a Constituição Federal, em matéria de direitos e garantias fundamentais,

a) ninguém será preso senão em flagrante delito ou por ordem escrita e fundamentada de autoridade judiciária competente, ainda que nos casos de crime propriamente militar, definidos em lei.

b) às presidiárias serão asseguradas condições para que possam permanecer com seus filhos durante a infância da criança.

c) a pequena propriedade rural, assim definida em lei, desde que trabalhada pela família, não será objeto de penhora para pagamento de débitos decorrentes de sua atividade produtiva, dispondo a lei sobre os meios de financiar o seu desenvolvimento.

d) será admitida ação pública nos crimes de ação privada, se esta não for intentada no prazo legal.

e) é livre a locomoção no território nacional em tempos de guerra ou de paz, podendo qualquer pessoa, nos termos da lei, nele entrar, permanecer ou dele sair com seus bens.

Nos termos do art. 5º, XXVI, da CF/1988:

Art. 5º Todos são iguais perante a lei, sem distinção de qualquer natureza, garantindo-se aos brasileiros e aos estrangeiros residentes no País a inviolabilidade do direito à vida, à liberdade, à igualdade, à segurança e à propriedade, nos termos seguintes:

XXVI - a pequena propriedade rural, assim definida em lei, desde que trabalhada pela família, não será objeto de penhora para pagamento de débitos decorrentes de sua atividade produtiva, dispondo a lei sobre os meios de financiar o seu desenvolvimento.

GABARITO: C.

289. De acordo com a Constituição Federal, é direito dos trabalhadores urbanos e rurais, além de outros que visem à melhoria de sua condição social,

a) assistência gratuita aos filhos e dependentes desde o nascimento até seis anos de idade em creches e pré-escolas.

b) ação, quanto a créditos resultantes das relações de trabalho, com prazo prescricional de cinco anos para o trabalhador urbano e de dois anos para o trabalhador rural.

c) proibição de trabalho noturno, perigoso ou insalubre aos menores de vinte e um e de qualquer trabalho a menores de dezesseis anos, salvo na condição de aprendiz.

d) licença à gestante, sem prejuízo do emprego e do salário, com a duração de cento e cinquenta dias.

e) jornada de seis horas para o trabalho realizado em turnos ininterruptos de revezamento, salvo negociação coletiva.

Nos termos do art. 7º, XIV, da Constituição Federal:

Art. 7º São direitos dos trabalhadores urbanos e rurais, além de outros que visem à melhoria de sua condição social:

XIV - jornada de seis horas para o trabalho realizado em turnos ininterruptos de revezamento, salvo negociação coletiva.

GABARITO: E.

290. No que concerne ao Controle de Constitucionalidade no direito brasileiro,

a) no sistema concentrado de controle se permite a todo e qualquer juiz ou tribunal o reconhecimento da inconstitucionalidade de uma norma e, consequentemente, a sua não aplicação ao caso concreto levado a seu conhecimento.

b) declarada a inconstitucionalidade por omissão de medida para tornar efetiva norma constitucional, será dada ciência ao Poder competente e à Administração Pública para fazê-lo em cento e oitenta dias.

c) quando o Supremo Tribunal Federal apreciar a inconstitucionalidade, em tese, de norma legal ou ato normativo, citará, previamente, o Procurador-Geral da República, que defenderá o ato ou texto impugnado.

d) o Defensor Público da União deverá ser previamente ouvido nas ações de inconstitucionalidade e em todos os processos de competência do Supremo Tribunal Federal.

e) poderá propor a ação direta de inconstitucionalidade e a ação declaratória de constitucionalidade, dentre outros, o Conselho Federal da Ordem dos Advogados do Brasil.

Nos termos do art. 103, VII, da Constituição Federal:

Art. 103 Podem propor a ação direta de inconstitucionalidade e a ação declaratória de constitucionalidade:

I - o Presidente da República.

II - a Mesa do Senado Federal.

III - a Mesa da Câmara dos Deputados.

IV - a Mesa de Assembleia Legislativa ou da Câmara Legislativa do Distrito Federal.

V - o Governador do Estado ou do Distrito Federal.

VI - o Procurador-Geral da República.

VII - o Conselho Federal da Ordem dos Advogados do Brasil.

VIII - partido político com representação no Congresso Nacional.

IX - confederação sindical ou entidade de classe de âmbito nacional.

GABARITO: E.

291. A respeito do que disciplina a Constituição Federal sobre o processo legislativo,

a) a iniciativa das leis complementares e ordinárias cabe a qualquer membro da Câmara dos Deputados, do Senado Federal ou do Congresso Nacional, ao Presidente da República, ao Supremo Tribunal Federal e ao Advogado-Geral da União, na forma e nos casos previstos na Constituição.

b) são de iniciativa privativa do Congresso Nacional as leis que disponham sobre criação de cargos, funções ou empregos públicos na administração direta e autárquica ou aumento de sua remuneração.

c) em caso de relevância e urgência, o Presidente da República poderá adotar medidas provisórias, com força de lei, devendo submetê-las de imediato ao Congresso Nacional.

d) não será admitido aumento da despesa prevista no orçamento, com exceção aos projetos sobre organização dos serviços administrativos da Câmara dos Deputados, do Senado Federal, dos Tribunais Federais e do Ministério Público.

e) a iniciativa popular pode ser exercida pela apresentação à Câmara dos Deputados de projeto de lei subscrito por, no mínimo, cinco por cento do eleitorado nacional, distribuído pelo menos por três Estados, com não menos de um décimo por cento dos eleitores de cada um deles.

A medida provisória consiste em ato normativo primário geral, assim como a lei ordinária, e é editado pelo Presidente da República, em atividade legislativa atípica (competência extraordinária), nos termos do art. 62 da CF:

Art. 62 Em caso de relevância e urgência, o Presidente da República poderá adotar medidas provisórias, com força de lei, devendo submetê-las de imediato ao Congresso Nacional.

GABARITO: C.

---

292. Considere os seguintes órgãos:

I. Conselho Nacional de Justiça.

II. Tribunais Militares.

III. Ministério Público.

IV. Advocacia-Geral da União.

Tribunais Eleitorais.

Nos termos da Constituição Federal, integram o Poder Judiciário apenas os referidos em:

a) II e III.

b) I, III e V.

c) II, IV e V.

d) I e IV.

e) I, II e V.

Correto. Nos termos do art. 92, II-A, da CF/1988.

Correto. Nos termos do art. 92, VI, da CF/1988.

III: Incorreto. O Ministério Público é instituição essencial à função jurisdicional do Estado:

Capítulo IV Das Funções Essenciais à Justiça - Seção I - Do Ministério Público:

Art. 127 O Ministério Público é instituição permanente, essencial à função jurisdicional do Estado, incumbindo-lhe a defesa da ordem jurídica, do regime democrático e dos interesses sociais e individuais indisponíveis.

IV: Incorreto. É também função essencial à justiça, de acordo com o art. 131 da CF/1988:

Art. 131 A Advocacia-Geral da União é a instituição que, diretamente ou através de órgão vinculado, representa a União, judicial e extrajudicialmente, cabendo-lhe, nos termos da lei complementar que dispuser sobre sua organização e funcionamento, as atividades de consultoria e assessoramento jurídico do Poder Executivo.

V: Correto. Nos termos do art. 92, V, da CF/1988.

GABARITO: E.

---

293. À luz do que dispõe a Constituição Federal sobre os direitos e deveres individuais e coletivos,

a) é a todos assegurada, após o regular pagamento de taxas, a obtenção de certidões em repartições públicas, para defesa de direitos e esclarecimento de situações de interesse pessoal.

b) a lei não prejudicará o direito adquirido, o ato jurídico perfeito e a coisa julgada.

c) a sucessão de bens de estrangeiros situados no País será regulada pela lei brasileira em benefício do cônjuge ou dos filhos brasileiros, ainda que lhes seja mais favorável a lei pessoal do de cujus.

d) no caso de iminente perigo público, a autoridade competente poderá usar de propriedade particular, assegurada ao proprietário indenização prévia em dinheiro.

e) a lei não excluirá da apreciação do Poder Legislativo lesão ou ameaça a direito.

A: Incorreta. A obtenção de certidões em repartições públicas, para defesa de direitos e esclarecimento de situações de interesse pessoal, independe do pagamento de taxas, conforme assegura a CF/1988:

Art. 5º XXXIV - são a todos assegurados, independentemente do pagamento de taxas: a) o direito de petição aos Poderes Públicos em defesa de direitos ou contra ilegalidade ou abuso de poder.

b) a obtenção de certidões em repartições públicas, para defesa de direitos e esclarecimento de situações de interesse pessoal.

B: Correta. Nos termos da CF/1988:

Art. 5º XXXVI - a lei não prejudicará o direito adquirido, o ato jurídico perfeito e a coisa julgada.

C: Incorreta. De acordo com a previsão constitucional, em regra, a sucessão de bens (herança) pertencentes a estrangeiros que estejam situados no Brasil, será regulada pela lei brasileira, salvo se a lei do país do falecido (de cujus) for mais benéfica do que a lei brasileira para o cônjuge ou filhos brasileiros, hipótese em que será aplicada. Nesse sentido, prevê a CF/1988:

Art. 5º XXXI - a sucessão de bens de estrangeiros situados no País será regulada pela lei brasileira em benefício do cônjuge ou dos filhos brasileiros, sempre que não lhes seja mais favorável a lei pessoal do de cujus.

D: Incorreta. No caso de intervenção do Estado na propriedade privada, somente é assegurada a indenização ao proprietário, se houver dano. Assim estabelece a CF/1988:

Art. 5º XXV - no caso de iminente perigo público, a autoridade competente poderá usar de propriedade particular, assegurada ao proprietário indenização ulterior, se houver dano.

E: Incorreta. De acordo com o princípio da inafastabilidade da jurisdição, previsto na CF/1988:

Art. 5º XXXV - a lei não excluirá da apreciação do Poder Judiciário (não Legislativo) lesão ou ameaça a direito.

GABARITO: B.

---

294. Considerando a legislação que rege os orçamentos públicos, em especial a Lei nº 4.320/1964 e a Lei de Responsabilidade Fiscal, os restos a pagar:

a) se materializam após a liquidação da despesa e passam a constituir despesa pertencente ao exercício subsequente, podendo ser cancelados se não houver receita para suportá-los.

b) devem ser cancelados ao final do exercício, sendo vedado o seu pagamento em exercício diverso daquele em que ocorreu o empenho da despesa.

c) constituem despesas não pagas no exercício em que foram empenhadas, as quais, para efeito do exercício subsequente, são consideradas despesas extraorçamentárias.

d) decorrem de insuficiência financeira no curso do exercício, podendo ser suportados com receitas decorrentes de operações de crédito realizadas no exercício em curso ou no subsequente.

e) são apurados ao final de cada quadrimestre do exercício, podendo ensejar medidas de ajustes como limitação de empenho ou cancelamento de programações orçamentárias.

Restos a pagar na inscrição:

- Despesa Orçamentária;

- Receita Extraorçamentária.

Restos a pagar no pagamento:

- Despesa Extraorçamentária;

- Receita Orçamentária.

O conceito de restos a pagar encontra-se expresso no art. 36 da Lei nº 4.320/1964 como sendo as despesas empenhadas, mas não pagas até o dia 31 de dezembro.

Os restos a pagar processados equivalem às despesas liquidadas, ou seja, às despesas em que o credor cumpriu sua obrigação, entregou o material ou prestou o serviço – tendo, portanto, direito líquido e certo ao pagamento correspondente.

Os restos a pagar não processados equivalem às despesas não liquidadas, ou seja, são aquelas em que o fornecedor ainda não entregou o material ou não prestou o serviço. Esse credor ainda não tem direito ao crédito, mas poderá tê-lo se cumprir sua obrigação conforme estipulado no empenho ou no contrato. Face ao contido no art. 35 da Lei nº 4.320/1964, basta que a despesa seja empenhada para pertencer ao exercício financeiro. É uma peculiaridade das despesas públicas: se empenhadas, serão incluídas na apuração do resultado do exercício em que ocorreu o empenho, independentemente do "implemento de condição" pelo fornecedor.

O art. 103, parágrafo único, da Lei nº 4.320/1964 esclarece:

Art. 103 Parágrafo único. Os Restos a Pagar do exercício serão computados na receita extraorçamentária para compensar sua inclusão na despesa orçamentária.

Conclui-se que, no momento da inscrição do empenho em restos a pagar, a despesa é orçamentária visto que utilizou orçamento do exercício e, no momento do pagamento da despesa inscrita, é despesa extraorçamentária, pois o orçamento da despesa é o do exercício anterior.

GABARITO: C.

---

295. Suponha que, no curso do exercício financeiro, o Tribunal tenha sido surpreendido com um gasto imprevisto, decorrente da necessidade de aditar um contrato de prestação de serviços de vigilância. O aditamento em questão ampliou os quantitativos contratados, nos limites autorizados pela legislação, de forma a incluir a vigilância de prédio que estava cedido a outro órgão público e foi devolvido antes do prazo previsto. Verificou-se, contudo, que as dotações previstas na Lei Orçamentária Anual não seriam suficientes para suportar as despesas decorrentes do aditamento. Diante de tal cenário:

a) é possível a assinatura do aditivo sem indicação de dotação específica, com a subsequente suplementação, mediante o cancelamento de empenhos relativos a outras despesas.

b) é possível a abertura de crédito extraordinário, por Decreto do Chefe do Executivo, mediante cancelamento de outras programações orçamentárias.

c) caberá a abertura de crédito adicional especial, por ato do Presidente do Tribunal, nos limites autorizados pelo Plano Plurianual.

d) poderá o Presidente do Tribunal proceder o remanejamento de outras dotações orçamentárias, desde que originalmente destinadas a outras despesas de custeio.

e) caberá a abertura de crédito adicional suplementar, mediante prévia autorização legislativa.

A questão informa que as dotações previstas na Lei Orçamentária Anual não seriam suficientes para suportar as despesas decorrentes do aditamento.

Nesse caso, somente poderia ocorrer o reforço da dotação orçamentária. O indicado é a abertura do crédito adicional suplementar, de acordo com o art. 41, I, Lei nº 4.320/1964, sendo autorizado por lei e aberto por decreto executivo, conforme art. 42 da Lei nº 4.320/1964.

GABARITO: E.

---

296. Suponha que, em função do fechamento de diversas indústrias e forte queda de arrecadação de impostos, o Estado tenha decidido adotar medidas de redução de despesas e de aumento de receitas extraordinárias, especialmente com a alienação de imóveis de sua titularidade. Considerando as disposições da Lei de Responsabilidade Fiscal relativas à gestão financeira e patrimonial:

a) as medidas voltadas à obtenção de receitas extraordinárias somente poderão ser implementadas após esgotadas as de redução de despesas correntes.

b) as receitas obtidas com a alienação de imóveis não poderão ser aplicadas em despesas correntes, salvo se destinadas por lei a regime de previdência geral e próprio dos servidores.

c) as receitas obtidas com alienação de imóveis devem ser aplicadas prioritariamente no pagamento de folha de pagamento de pessoal ativo e nos proventos de inativos e pensionistas.

d) o Estado poderá paralisar o pagamento de dívida pública junto à União se as medidas adotadas não forem suficientes para a cobertura de suas despesas correntes.

e) a aplicação dos recursos obtidos com alienação de imóveis em despesas de pessoal somente estará autorizada se ainda não atingido o limite prudencial de gastos.

A: Incorreta. Receitas Extraordinárias: ingressos de caráter não continuado e inconstante, provenientes de guerras, doações ou calamidades públicas (empréstimos compulsórios, a título de exemplo). Não há qualquer obrigação ao dizer que deve ser esgotada, primeiro, a via das ordinárias.

B: Correta. De acordo com a LRF:

Art. 44 É vedada a aplicação da receita de capital derivada da alienação de bens e direitos que integram o patrimônio público para o financiamento de despesa corrente, salvo se destinada por lei aos regimes de previdência social, geral e próprio dos servidores públicos.

C: Incorreta. É vedada a aplicação de receitas de alienações em despesas correntes (custeio de pessoal).

D: Incorreta. Não existe essa previsão legal.

E: Incorreta. É vedada a aplicação de receita de alienações em Despesas correntes (custeio de pessoal).

GABARITO: B.

---

297. Considere que o Estado tenha sofrido uma condenação em processo judicial que lhe impôs a obrigação de pagamento de gratificação a inativos, nos mesmos moldes concedidos a servidores ativos. A decisão determinou a inclusão imediata do benefício em folha, bem como o pagamento de parcelas vencidas mediante precatório. No momento da elaboração da Lei Orçamentária Anual (LOA), o Estado já tinha conhecimento da referida ação judicial e de seu potencial impacto, porém, não havia certeza da decisão desfavorável e em que momento seria proferida. Diante da situação descrita:

a) caberia elencar a referida demanda no Anexo de Riscos Fiscais, que compõe a Lei de Diretrizes Orçamentárias, de modo que as despesas geradas com a inclusão do benefício na folha de pagamento dos inativos possam ser suportadas com a reserva de contingência prevista na LOA.

b) o Estado deveria inserir na proposta de LOA dotação orçamentária contingente, fixada em percentual da receita corrente líquida de acordo com o montante estimado para as eventuais despesas decorrentes da condenação.

c) as despesas decorrentes da condenação devem ser inscritas na dívida ativa do Estado, para pagamento no exercício em curso com antecipação de receitas do próximo exercício, salvo aquelas objeto de precatório.

d) o Estado poderá emitir títulos da dívida pública para fazer frente a tais despesas extraordinárias, mediante autorização judicial específica.

e) as despesas poderão ser suportadas com dotações abertas por decreto de descontingenciamento, tendo como fonte de receita o saldo financeiro de exercícios anteriores.

A: Correta. Segundo a Lei de Responsabilidade Fiscal, tem-se que:

Art. 4º A lei de diretrizes orçamentárias atenderá o disposto no § 2º do art. 165 da Constituição e:

§ 3º A lei de diretrizes orçamentárias conterá Anexo de Riscos Fiscais, onde serão avaliados os passivos contingentes e outros riscos capazes de afetar as contas públicas, informando as providências a serem tomadas, caso se concretizem.

B: Incorreta. Seria de acordo com a estimativa de Despesa.

C: Incorreta. Dívida ativa: alguém deve ao estado; Dívida pública: o estado deve a alguém.

D: Incorreta. Emissão de Títulos para pagamento de Dívida corrente não é uma das hipóteses da Lei nº 10.179/2001.

E: Incorreta. Neste caso, utilizará o saldo das Reservas de Contingenciamento. Se fosse outro caso, seria pedido de abertura de crédito adicional já previsto na LOA = Pedido de Descontingenciamento do Crédito adicional específico.

GABARITO: A.

---

298. Considere as afirmativas, relativas às transferências voluntárias e à destinação de recursos ao setor privado, na forma disciplinada pela Constituição Federal e pela Lei de Responsabilidade Fiscal:

I. A destinação de recursos públicos para subvenção de entidades privadas com fins lucrativos depende de autorização em lei e deve atender às condições estabelecidas na Lei de Diretrizes Orçamentárias e estar prevista no Orçamento ou em créditos adicionais.

II. Os Estados que extrapolarem o limite de endividamento fixado pelo Senado Federal e não procederem à recondução a tais limites no prazo fixado pela LRF ficam proibidos de receber transferências voluntárias da União.

III. Os Municípios que ultrapassarem o limite máximo de gastos com despesa de pessoal fixado na LRF ficam impedidos de receber o produto da participação em impostos estaduais nos percentuais fixados na Constituição Federal.

Está correto o que se afirma apenas em:

a) I.
b) II e III.
c) I e III.
d) I e II.
e) II.

Correto. De acordo com a LRF:

Art. 26 A destinação de recursos para, direta ou indiretamente, cobrir necessidades de pessoas físicas ou déficits de pessoas jurídicas deverá ser autorizada por lei específica, atender às condições estabelecidas na lei de diretrizes orçamentárias e estar prevista no orçamento ou em seus créditos adicionais.

Correto. De acordo com a LRF:

Art. 25 § 1º São exigências para a realização de transferência voluntária, além das estabelecidas na lei de diretrizes orçamentárias:

IV - comprovação, por parte do beneficiário, de:

c) observância dos limites das dívidas consolidada e mobiliária, de operações de crédito, inclusive por antecipação de receita, de inscrição em Restos a Pagar e de despesa total com pessoal.

III: Incorreto. De acordo com a LRF:

Art. 23 § 3º Não alcançada a redução no prazo estabelecido, e enquanto perdurar o excesso, o ente não poderá:

I - receber transferências voluntárias;

II - obter garantia, direta ou indireta, de outro ente;

III - contratar operações de crédito, ressalvadas as destinadas ao refinanciamento da dívida mobiliária e as que visem à redução das despesas com pessoal.

GABARITO: D.

---

299. De acordo com a disciplina estabelecida pela Lei de Responsabilidade Fiscal para dívida e endividamento dos entes públicos:

a) é vedada a aquisição, por Estados e Municípios, bem como por entidades integrantes da Administração indireta de ambos, de títulos da dívida pública emitidos pela União.

b) são expressamente vedadas operações de crédito por Antecipação de Receita Orçamentária – AROs.

c) as operações de crédito contraídas por Estados devem, obrigatoriamente, contar com contragarantia da União.

d) é vedada a concessão de garantia a operações de crédito contraídas por Municípios, inclusive mediante vinculação do produto da participação nos impostos estaduais.

e) integram a dívida consolidada os precatórios judiciais não pagos durante a execução do orçamento em que foram incluídos.

A: Incorreta. De acordo com a LRF:

Art. 36 É proibida a operação de crédito entre uma instituição financeira estatal e o ente da Federação que a controle, na qualidade de beneficiário do empréstimo.

Parágrafo único. O disposto no caput não proíbe instituição financeira controlada de adquirir, no mercado, títulos da dívida pública para atender investimento de seus clientes, ou títulos da dívida de emissão da União para aplicação de recursos próprios.

B: Incorreta. De acordo com a LRF:

Art. 38 A operação de crédito por antecipação de receita destina-se a atender insuficiência de caixa durante o exercício financeiro e cumprirá as exigências mencionadas no art. 32 e mais as seguintes.

C: Incorreta. De acordo com a LRF:

Art. 40 Os entes poderão conceder garantia em operações de crédito internas ou externas, observados o disposto neste artigo, as normas do art. 32 e, no caso da União, também os limites e as condições estabelecidos pelo Senado Federal.

D: Incorreta. De acordo com a LRF:

Art. 40 § 1º A garantia estará condicionada ao oferecimento de contragarantia, em valor igual ou superior ao da garantia a ser concedida, e à adimplência da entidade que a pleitear relativamente a suas obrigações junto ao garantidor e às entidades por este controladas, observado o seguinte:

I - não será exigida contragarantia de órgãos e entidades do próprio ente;

II - a contragarantia exigida pela União a Estado ou Município, ou pelos Estados aos Municípios, poderá consistir na vinculação de receitas tributárias diretamente arrecadadas e provenientes de transferências constitucionais, com outorga de poderes ao garantidor para retê-las e empregar o respectivo valor na liquidação da dívida vencida.

E: Correta. De acordo com a LRF:

Art. 29 I - dívida pública consolidada ou fundada: montante total, apurado sem duplicidade, das obrigações financeiras do ente da Federação,

assumidas em virtude de leis, contratos, convênios ou tratados e da realização de operações de crédito, para amortização em prazo superior a doze meses.

GABARITO: E.

300. Entre os princípios orçamentários apontados pela doutrina, presentes no regramento constitucional e legal relativo à matéria, insere-se:

a) o Duplo grau, segundo o qual a Lei de Diretrizes Orçamentárias deve ser editada após a aprovação da Lei Orçamentária Anual, como condição de eficácia desta.

b) a Prudência, que determina que as despesas devem ser autorizadas sempre em montante inferior à receita estimada.

c) a Economicidade, que obriga a prévia pesquisa de preços para fixação de despesas de investimento.

d) a Anterioridade, que somente permite a abertura de créditos orçamentários após a efetiva realização da receita.

e) a Universalidade, que significa que o orçamento deve conter todas as receitas e despesas do exercício a que se refere.

Os princípios orçamentários são:

- Princípio da legalidade;

- Princípio da unicidade ou totalidade;

- Princípio da universalidade;

- Princípio da anualidade ou periodicidade;

- Princípio do orçamento bruto;

- Princípio da exclusividade;

- Princípio da programação ou do planejamento;

- Princípio da transparência fiscal.

Princípio da universalidade: o orçamento deverá conter todas as receitas e despesas de todos os poderes, órgãos, entidades, fundos e fundações instituídas e mantidas pelo Poder Público.

GABARITO: E.

301. Um dos instrumentos introduzidos pela Lei de Responsabilidade Fiscal, dentro do escopo da gestão fiscal responsável, é o denominado Anexo de Metas Fiscais, o qual integra, obrigatoriamente:

a) a Lei de Diretrizes Orçamentárias, englobando metas de receitas, despesas, resultados nominal e primário e montante da dívida pública, para o exercício a que se referirem e para os dois seguintes.

b) o Plano Plurianual, sendo elaborado juntamente com este, a cada 4 anos, e referindo-se à projeção de receitas e despesas dos 5 exercícios subsequentes.

c) a Lei Orçamentária Anual, descrevendo, de forma pormenorizada, as receitas tributárias e não tributárias do exercício correspondente.

d) o Decreto de Execução Orçamentária, sendo editado juntamente com tal diploma para fins de ajustar as estimativas consignadas na Lei Orçamentária Anual.

e) os relatórios quadrimestrais que devem ser editados no curso da execução orçamentária, sendo elaborados e aprovados juntamente com o primeiro relatório encaminhado ao Tribunal de Contas do Estado.

Os anexos são relativos à Lei de Diretrizes Orçamentárias, mas de acordo com a LRF.

2 anexos compõem a LDO = Anexo de metas fiscais e anexo de riscos fiscais.

Segundo a inteligência do art. 4º, § 1º, da LRF, tem-se que:

Art. 4º § 1º Integrará o projeto de lei de diretrizes orçamentárias Anexo de Metas Fiscais, em que serão estabelecidas metas anuais, em valores correntes e constantes, relativas a receitas, despesas, resultados nominal e primário e montante da dívida pública, para o exercício a que se referirem e para os dois seguintes.

Detalhando a LDO:
Na CF:

- Metas e Prioridades (MP);

- Despesas de Capital para exercício subsequente;

- Orienta a elaboração da LOA;

- Dispõe sobre alterações na legislação tributária;

- Estabelece a política de aplicação das agências financeiras oficiais de fomento.

Na LRF:

- Equilíbrio: receitas e despesas;

- Critérios e formas de limitação de empenho;

- Controle de custos e avaliação dos resultados;

- Condições e exigências para transferências de recursos;

- Anexo de Metas Fiscais, Anexo de Riscos Fiscais e anexo específico.

O anexo específico é exclusivo da União, que, sendo mais cirúrgico em minhas palavras, não integra a LDO, mas segue junto com a Mensagem (quem estudou redação oficial se lembrará desse expediente) que encaminha esta peça orçamentária, ou seja, o PLDO.

GABARITO: A.

302. Com base no que dispõe a Constituição Federal acerca da Organização do Estado, considere as assertivas:

I. O Distrito Federal é a capital Federal.

II. Os Territórios Federais integram a União, e sua criação, transformação em Estado ou reintegração ao Estado de origem serão reguladas por Emenda à Constituição.

III. Os Estados podem incorporar-se entre si, subdividir-se ou desmembrar-se para se anexarem a outros, ou formarem novos Estados ou Territórios Federais, mediante aprovação da população diretamente interessada, através de referendo, e do Congresso Nacional, por lei ordinária.

IV. A criação de Municípios, far-se-á por lei estadual, dentro do período determinado por Lei Complementar Federal, e dependerá de consulta prévia, mediante plebiscito, às populações dos Municípios envolvidos, após divulgação dos Estudos de Viabilidade Municipal, apresentados e publicados na forma da lei.

É vedado à União, aos Estados, ao Distrito Federal e aos Municípios estabelecer cultos religiosos ou igrejas, subvencioná-los, embaraçar-lhes o funcionamento ou manter com eles ou seus representantes relações de dependência ou aliança, ressalvada, na forma da lei, a colaboração de interesse público.

Está correto o que se afirma apenas em:

a) I e II.

b) III, IV e V.

c) I, III e IV.

d) IV e V.

e) II, III e V.

Incorreto. Nos termos do art. 18, § 1º, da CF/1988, Brasília é a Capital Federal.

Art. 18 A organização político-administrativa da República Federativa do Brasil compreende a União, os Estados, o Distrito Federal e os Municípios, todos autônomos, nos termos desta Constituição.

§ 1º Brasília é a Capital Federal.

Incorreto. A regulação dos Territórios Federais se dará por lei complementar, nos termos do art. 18, § 2º, da CF/1988:

Art. 18 A organização político-administrativa da República Federativa do Brasil compreende a União, os Estados, o Distrito Federal e os Municípios, todos autônomos, nos termos desta Constituição.

§ 2º Os Territórios Federais integram a União, e sua criação, transformação em Estado ou reintegração ao Estado de origem serão reguladas em lei complementar.

III: Incorreto. Nos termos do art. 18, § 3º, da Constituição Federal, o Congresso Nacional aprova nova formação de Estados ou territórios Nacionais através de lei complementar.

Art. 18 A organização político-administrativa da República Federativa do Brasil compreende a União, os Estados, o Distrito Federal e os Municípios, todos autônomos, nos termos desta Constituição.

§ 3º Os Estados podem incorporar-se entre si, subdividir-se ou desmembrar-se para se anexarem a outros, ou formarem novos Estados ou Territórios Federais, mediante aprovação da população diretamente interessada, através de plebiscito, e do Congresso Nacional, por lei complementar.

IV: Correto. Nos termos do art. 18, § 4º, da CF/1988.

Art. 18 A organização político-administrativa da República Federativa do Brasil compreende a União, os Estados, o Distrito Federal e os Municípios, todos autônomos, nos termos desta Constituição.

§ 4º A criação, a incorporação, a fusão e o desmembramento de Municípios, far-se-ão por lei estadual, dentro do período determinado por Lei Complementar Federal, e dependerão de consulta prévia, mediante plebiscito, às populações dos Municípios envolvidos, após divulgação dos Estudos de Viabilidade Municipal, apresentados e publicados na forma da lei.

V: Correto. Essa é uma das vedações à União, Estados, DF e Municípios trazida pelo art. 19, I, da CF/1988.

Art. 19 É vedado à União, aos Estados, ao Distrito Federal e aos Municípios:

I - estabelecer cultos religiosos ou igrejas, subvencioná-los, embaraçar-lhes o funcionamento ou manter com eles ou seus representantes relações de dependência ou aliança, ressalvada, na forma da lei, a colaboração de interesse público.

II - recusar fé aos documentos públicos.

III - criar distinções entre brasileiros ou preferências entre si.

GABARITO: D.

---

303. Uma conceituada jornalista publicou nota, em jornal de grande circulação, afirmando que uma famosa atriz deixou de estrear um programa de televisão por estar acima do peso, conforme um importante executivo da emissora de TV teria revelado à repórter, em sigilo. Inconformada, a atriz processou a jornalista, exigindo que ela esclarecesse onde havia obtido a informação. Considerando o pedido da atriz na ação judicial, e com base no que dispõe a Constituição Federal, a jornalista:

a) deverá ser obrigada a atendê-lo, em razão de a Constituição Federal assegurar a todos o acesso à informação.

b) deverá ser obrigada a atendê-lo, em função de a Constituição Federal estabelecer que é livre a manifestação do pensamento, sendo vedado o anonimato.

c) não será obrigada a atendê-lo, tendo em vista que a Constituição Federal estabelece que é livre a expressão da atividade intelectual, artística, científica e de comunicação, independentemente de censura ou licença.

d) não será obrigada a atendê-lo, pois a Constituição Federal estabelece que é inviolável a liberdade de consciência e de crença, devendo a ofendida pleitear o direito de resposta, proporcional ao agravo.

e) não será obrigada a atendê-lo, pois a Constituição Federal resguarda o sigilo da fonte, quando necessário ao exercício profissional.

Nos termos do art. 5º, XIV, da CF/1988. Ainda sobre o caso narrado, a atriz ainda pode acionar a justiça para receber indenização por dano material ou à imagem, segundo determinação do art. 5º,

Art. 5º Todos são iguais perante a lei, sem distinção de qualquer natureza, garantindo-se aos brasileiros e aos estrangeiros residentes no País a inviolabilidade do direito à vida, à liberdade, à igualdade, à segurança e à propriedade, nos termos seguintes:

V - é assegurado o direito de resposta, proporcional ao agravo, além da indenização por dano material, moral ou à imagem.

XIV - é assegurado a todos o acesso à informação e resguardado o sigilo da fonte, quando necessário ao exercício profissional.

GABARITO: E.

---

304. Um empresário renomado foi acusado de ter praticado crime de corrupção, ocasião em que passou a ser investigado por tal fato. Diante da repercussão do caso, o Congresso Nacional aprovou, já no curso da ação penal, uma alteração legislativa que dobrou a pena do crime do qual o empresário era acusado, considerando-o como hediondo e inafiançável. Ao final, foi ele condenado à pena máxima prevista na nova legislação. Nessa hipótese, o empresário:

a) não poderia ter recebido a pena aplicada, pois a Constituição Federal assegura que nenhuma pena passará da pessoa do condenado, podendo a obrigação de reparar o dano e a decretação do perdimento de bens ser, nos termos da lei, estendidas aos sucessores e contra eles executadas, até o limite do valor do patrimônio transferido.

b) poderia ter recebido a pena aplicada, pois a Constituição Federal considera crimes inafiançáveis e insuscetíveis de graça ou anistia os definidos como crimes hediondos.

c) não poderia ter recebido a pena aplicada, pois a Constituição Federal assegura que a lei penal não retroagirá, salvo para beneficiar o réu.

d) poderia ter recebido a pena aplicada, pois a Constituição Federal estabelece que a lei regulará a individualização da pena e adotará, entre outras, a de privação ou restrição da liberdade.

e) não poderia sequer ter sido condenado, em razão de a Constituição Federal assegurar que a lei não prejudicará o direito adquirido, o ato jurídico perfeito e coisa julgada.

De acordo com a garantia da irretroatividade da lei ou da retroatividade da lei penal mais benéfica, prevista no art. 5º, XL, da CF/1988:

Art. 5º Todos são iguais perante a lei, sem distinção de qualquer natureza, garantindo-se aos brasileiros e aos estrangeiros residentes no País a inviolabilidade do direito à vida, à liberdade, à igualdade, à segurança e à propriedade, nos termos seguintes:

XL - a lei penal não retroagirá, salvo para beneficiar o réu.

GABARITO: C.

---

305. Lei complementar, de iniciativa do Supremo Tribunal Federal, disporá sobre o Estatuto da Magistratura, observado, dentre outros, o seguinte princípio:

a) as decisões administrativas dos tribunais serão motivadas e em sessão sigilosa, sendo as disciplinares tomadas pelo voto da maioria absoluta de seus membros.

b) os servidores receberão delegação para a prática de atos de administração, atos de mero expediente e decisões interlocutórias.

c) a distribuição de processos será imediata tão somente no primeiro grau de jurisdição.

d) nos tribunais com número superior a 25 julgadores, poderá ser constituído órgão especial, com o mínimo de 11 e o máximo de 25 membros, para o exercício das atribuições administrativas e jurisdicionais delegadas da competência do tribunal pleno, provendo-se metade das vagas por antiguidade e a outra metade por eleição pelo tribunal pleno.

e) previsão de cursos oficiais de preparação, aperfeiçoamento e promoção de magistrados, constituindo etapa facultativa do processo de vitaliciamento a participação em curso oficial ou reconhecido por escola nacional de formação e aperfeiçoamento de magistrados.

Nos termos do art. 93, XI, da Constituição Federal:

Art. 93 Lei complementar, de iniciativa do Supremo Tribunal Federal, disporá sobre o Estatuto da Magistratura, observados os seguintes princípios:

XI - nos tribunais com número superior a vinte e cinco julgadores, poderá ser constituído órgão especial, com o mínimo de onze e o máximo de vinte e cinco membros, para o exercício das atribuições administrativas e jurisdicionais delegadas da competência do tribunal pleno, provendo-se metade das vagas por antiguidade e a outra metade por eleição pelo tribunal pleno.

GABARITO: D.

---

306. São espécies de receitas correntes:

a) impostos e integralização de capital social.

b) contribuições de melhoria e operações de créditos internas.

c) contribuições de melhoria e receita de serviços administrativos e gerais.

d) taxas e alienação de bens móveis.

e) contribuições para entidades privadas de serviço social e resultado do Banco Central.

Vamos analisar as alternativas apresentadas conforme o Anexo I - Natureza da Receita da Portaria Interministerial nº 163/2001.

A: Incorreta. Impostos e integralização de capital social.

- Impostos: Receitas correntes;

- Integralização de capital social: Receita de capital.

B: Incorreta. Contribuições de melhoria e operações de créditos internas.

- Contribuições de melhoria: Receitas correntes;

- Operações de créditos internas: Receita de capital.

C: Correta. Contribuições de melhoria e receita de serviços administrativos e gerais.

- Contribuições de melhoria: Receitas correntes;

- Receita de serviços administrativos e gerais: Receita corrente.

D: Incorreta.Taxas e alienação de bens móveis.

- Taxas: Receitas correntes;

- Alienação de bens móveis: Receita de capital.

E: Incorreta. Contribuições para entidades privadas de serviço social e resultado do Banco Central.

- Contribuições para entidades privadas de serviço social: Receitas correntes;

- Resultado do Banco Central: Receita de capital.

GABARITO: C.

---

307. Conforme estabelece a Lei de Responsabilidade Fiscal (LRF):

a) a destinação de recursos para cobrir necessidades de pessoas físicas ou jurídicas deverá ser autorizada por lei específica, atendendo as condições estabelecidas no plano plurianual.

b) os atos de criação, expansão e aperfeiçoamento de ação governamental, que acarretem aumento de despesa serão acompanhados de estimativa de impacto nos exercícios subsequentes e na referida lei.

c) não é considerado aumento de despesa a prorrogação de dispêndios criados por prazo determinado se estes estiverem previstos na Lei Orçamentária Anual (LOA).

d) para transferências voluntárias, devem ser observadas as exigências da Lei de Diretrizes Orçamentárias (LDO), não sendo necessária a existência de dotação específica.

e) a despesa obrigatória de caráter continuado é uma despesa corrente derivada de lei, medida provisória ou ato administrativo normativo que fixe para o ente obrigação legal de execução por um período superior a dois anos.

A: Incorreta. De acordo com a LRF:

Art. 26 A destinação de recursos para, direta ou indiretamente, cobrir necessidades de pessoas físicas ou déficits de pessoas jurídicas deverá ser autorizada por lei específica, atender às condições estabelecidas na lei de diretrizes orçamentárias e estar prevista no orçamento ou em seus créditos adicionais.

B: Incorreta. De acordo com a LRF:

Art. 16 A criação, expansão ou aperfeiçoamento de ação governamental que acarrete aumento da despesa será acompanhado de:

I - estimativa do impacto orçamentário-financeiro no exercício em que deva entrar em vigor e nos dois subseqüentes;

C: Incorreta. De acordo com a LRF:

Art. 17 Considera-se obrigatória de caráter continuado a despesa corrente derivada de lei, medida provisória ou ato administrativo normativo que fixem para o ente a obrigação legal de sua execução por um período superior a dois exercícios.

§ 7º Considera-se aumento de despesa a prorrogação daquela criada por prazo determinado.

D: Incorreta. De acordo com a LRF:

Art. 25 Para efeito desta Lei Complementar, entende-se por transferência voluntária a entrega de recursos correntes ou de capital a outro ente da Federação, a título de cooperação, auxílio ou assistência financeira, que não decorra de determinação constitucional, legal ou os destinados ao Sistema Único de Saúde.

§ 1º São exigências para a realização de transferência voluntária, além das estabelecidas na lei de diretrizes orçamentárias:

I - existência de dotação específica.

E: Correta. De acordo com a LRF:

Art. 17 Considera-se obrigatória de caráter continuado a despesa corrente derivada de lei, medida provisória ou ato administrativo normativo que fixem para o ente a obrigação legal de sua execução por um período superior a dois exercícios.

GABARITO: E.

---

308. De acordo com a Constituição Federal, a lei que instituir o Plano Plurianual estabelecerá:

a) o orçamento da seguridade social, abrangendo todas as entidades e órgãos a ele vinculados, da Administração direta ou indireta e fundos.

b) o orçamento fiscal referente aos Poderes da União, seus fundos, órgãos e entidades da Administração direta e indireta, inclusive fundações constituídas e mantidas pelo poder público.

c) o orçamento de investimento das empresas em que a União, diretamente, detenha capital social com direito a voto.

d) as diretrizes, objetivos e metas da Administração pública, de forma regionalizada, para as despesas de capital e outras dela decorrentes e para os programas de duração continuada.

e) orientações para a Lei Orçamentária Anual (LOA), bem como disporá sobre alterações na legislação tributária.

A: Incorreta. A LOA compreenderá o orçamento da seguridade social, abrangendo todas as entidades e órgãos a ela vinculados, da administração direta ou indireta, bem como os fundos e as fundações instituídos e mantidos pelo Poder Público (art. 165, § 5º, III, da CF).

B: Incorreta. A LOA compreenderá o orçamento fiscal referente aos Poderes da União seus fundos, seus órgãos e suas entidades da administração direta e indireta, inclusive fundações instituídas e mantidas pelo Poder Público (art. 165, § 5º, I, da CF).

C: Incorreta. A LOA compreenderá o orçamento de investimento das empresas em que a União, direta ou indiretamente, detenha a maioria do capital social com direito a voto (art. 165, § 5º, II, da CF).

D: Correta. A lei que instituir o plano plurianual estabelecerá, de forma regionalizada, as diretrizes, os objetivos e as metas da administração pública federal para as despesas de capital e outras delas decorrentes e para as relativas aos programas de duração continuada (art. 165, § 1º, da CF).

E: Incorreta. A lei de diretrizes orçamentárias compreenderá as metas e prioridades da administração pública federal, estabelecerá as diretrizes de política fiscal e respectivas metas, em consonância com trajetória sustentável da dívida pública, orientará a elaboração da lei orçamentária anual, disporá sobre as alterações na legislação tributária e estabelecerá a política de aplicação das agências financeiras oficiais de fomento (art. 165, § 2º, da CF).

GABARITO: D.

---

309. Os créditos:

a) suplementares destinam-se a atender despesas urgentes e com necessidade de reforço orçamentário.

b) extraordinários destinam-se a atender despesas adicionais, isto é, que ultrapassem os limites da dotação estabelecida.

c) adicionais dividem-se em suplementares, especiais e extraordinários.

d) tributários destinam-se a fixar despesas específicas e vinculadas.

e) especiais referem-se às despesas para as quais a dotação orçamentária é insuficiente.

A: Incorreta. Extraordinários.

B e E: Incorretas. Suplementar.

C: Correta. De acordo com a Lei nº 4.320/1964:

Art. 40 São créditos adicionais, as autorizações de despesa não computadas ou insuficientemente dotadas na Lei de Orçamento.

Art. 41 Os créditos adicionais classificam-se em:

I - suplementares, os destinados a refôrço de dotação orçamentária;

II - especiais, os destinados a despesas para as quais não haja dotação orçamentária específica;

III - extraordinários, os destinados a despesas urgentes e imprevistas, em caso de guerra, comoção intestina ou calamidade pública.

Art. 42 Os créditos suplementares e especiais serão autorizados por lei e abertos por decreto executivo.

Art. 43 A abertura dos créditos suplementares e especiais depende da existência de recursos disponíveis para ocorrer a despesa e será precedida de exposição justificativa.

D: Incorreta. O crédito tributário decorre da obrigação principal, com a ocorrência do fato gerador, nasce a obrigação tributária, dever jurídico cometido pela lei ao sujeito passivo de fazer uma prestação pecuniária ao sujeito ativo. Dessa obrigação decorre o crédito tributário, direito subjetivo do sujeito ativo de exigir o cumprimento da obrigação.

GABARITO: C.

---

310. João, Pedro e Miguel, agentes públicos vinculados a três Municípios distintos, entendiam que os direitos que as leis de regência lhes asseguravam não estavam sendo corretamente observados pelos respectivos entes federativos. João, nomeado de maneira irregular, pois não fora previamente aprovado em concurso público, ocupa cargo público de provimento efetivo no Município Alfa, sendo estabelecida relação jurídico-administrativa com esse ente. Pedro foi regularmente admitido em sociedade de economia mista do Município Beta, sendo a respectiva relação jurídica regida pelo regime celetista de contratação de pessoal. Por fim, Miguel fora contratado por prazo determinado, para suprir necessidade temporária da Administração Pública direta do Município Delta, conforme autorizado em lei específica.

Ao procurarem um advogado, foi-lhes corretamente informado que a Justiça competente para apreciar as respectivas demandas é a:

a) Justiça Comum em relação a João e a Miguel, e a Justiça do Trabalho para a demanda de Pedro.

b) Justiça Comum em relação a Miguel, e a Justiça do Trabalho para as demandas de João e Pedro.

c) Justiça do Trabalho em relação a João e a Pedro, e a Justiça Comum para a demanda de Miguel.

d) Justiça do Trabalho em relação a João, Pedro e Miguel.

e) Justiça Comum em relação a João, Pedro e Miguel.

A demanda de João será apreciada pela Justiça Comum Estadual.

De acordo com a Súmula nº 137, STJ: Compete à Justiça Comum Estadual processar e julgar ação de servidor público municipal, pleiteando direitos relativos ao vínculo estatutário.

A demanda de Pedro será apreciada pela Justiça do Trabalho, a qual tem competência para julgar as ações de quem é contratado pelo regime CLT.

E a demanda de Miguel será julgada pela Justiça Comum, que possui competência para processar e julgar causas onde é discutida a validade de vínculo jurídico-administrativo entre o poder público e os servidores temporários.

GABARITO: A.

---

311. O retorno à atividade de servidor aposentado por invalidez quando junta médica oficial declara insubsistentes os motivos da aposentadoria configura:

a) reintegração.

b) promoção.

c) reversão.

d) redistribuição.

e) aproveitamento.

A questão não trata sobre a Lei nº 8.112/1990 (Estatuto dos Servidores Públicos Federais), mas sobre a lei 5.810/1994 (Regime Jurídico dos Servidores Públicos do Pará).

Art. 51 Reversão é o retorno à atividade de servidor aposentado por invalidez, quando, por junta médica oficial, forem declarados insubsistentes os motivos da aposentadoria.

§ 1º A reversão, ex-officio ou a pedido, dar-se-á no mesmo cargo ou no cargo resultante de sua transformação.

§ 2º A reversão, a pedido, dependerá da existência de cargo vago.

§ 3º Não poderá reverter o aposentado que já tiver alcançado o limite da idade para aposentadoria compulsória (70 anos, conforme art. 110, II, da referida lei ou aos 75 anos, na forma de lei complementar (art. 40, II, CRFB/88).

Art. 52 Será tornada sem efeito a reversão ex-officio, e cassada a aposentadoria do servidor que não tomar posse e entrar no exercício do cargo.

Diante do exposto, a alternativa certa é a C.

GABARITO: C.

---

312. Assinale a opção que apresenta um princípio que rege as relações internacionais do Brasil.

a) Prevalência dos direitos humanos.

b) Garantia do desenvolvimento nacional.

c) Valores sociais do trabalho e da livre iniciativa.

d) Pluralismo político.

e) Construção de sociedade livre, justa e solidária.

A questão exige conhecimento sobre os princípios das relações internacionais previstos no art. 4º, da CF/1988. Vejamos:

Art. 4º A República Federativa do Brasil rege-se nas suas relações internacionais pelos seguintes princípios:

I - independência nacional;

II - prevalência dos direitos humanos;

III - autodeterminação dos povos;

IV - não-intervenção;

V - igualdade entre os Estados;

VI - defesa da paz;

VII - solução pacífica dos conflitos;

VIII - repúdio ao terrorismo e ao racismo;

IX - cooperação entre os povos para o progresso da humanidade;

X - concessão de asilo político.

A: Correta. Analisando o artigo citado, extrai-se que a prevalência dos direitos humanos é um dos princípios que regem o Brasil em suas relações internacionais.

B: Incorreta. A garantia do desenvolvimento nacional é um dos objetivos da República (art. 3º, II, da CF/1988).

C: Incorreta. Os valores sociais do trabalho e da livre iniciativa constitui um dos fundamentos da República, nos termos do art. 1º, IV, da CF/1988.

D: Incorreta. O pluralismo político é um dos fundamentos da República, nos termos do art. 1º, V, da CF/1988.

E: Incorreta. A construção de uma sociedade livre, justa e solidária constitui um dos objetivos fundamentais da República, conforme o art. 3º, I, da CF/1988.

GABARITO: A.

---

313. A autonomia do Estado para gerir negócios próprios, pela ação administrativa do governador, denomina-se:

a) autogestão.

b) autolegislação.

c) autoadministração.

d) autogoverno.

e) soberania.

Os entes federativos são dotados de autonomia política que se divide em quatro formas: auto-organização; autolegislação; autoadministração; e autogoverno. E a autonomia do Estado para gerir negócios próprios, pela ação administrativa do governador, é denominada autoadministração, ou seja, é o poder que os entes federativos têm para exercer suas funções tributárias, administrativas e orçamentárias.

GABARITO: C.

---

314. A possibilidade de exclusão de cometimento ilícito por parlamentares decorre do instituto denominado:

a) inviolabilidade.

b) irrenunciabilidade.

c) prerrogativa de foro.

d) extinção de punibilidade.

e) imunidade material.

A: Incorreta. A inviolabilidade diz respeito ao mandato parlamentar, que compreende os institutos da inviolabilidade formal e material.

B: Incorreta. A irrenunciabilidade preconiza que o parlamentar não pode renunciar às imunidades parlamentares, pois não se trata de privilégio pessoal, mas, sim, prerrogativa funcional que pertence ao cargo e não a pessoa que o exerce.

C: Incorreta. O chamado foro especial por prerrogativa de função é destinado a assegurar a independência e o livre exercício de determinados cargos e funções. Significa que o titular desses cargos se submete a investigação, processo e julgamento por órgão judicial previamente designado, que não é o mesmo para as pessoas em geral. No caso dos congressistas (deputados e senadores), desde a expedição do diploma, serão submetidos a julgamento perante o Supremo Tribunal Federal (art. 53, § 1º, CF/1988).

D: Incorreta. A punibilidade é uma decorrência do crime, tratando-se da possibilidade de punir seu responsável. Contudo, o direito de o Estado aplicar a sanção penal não é perpétuo, decorrendo daí, a extinção da punibilidade. Assim, tal instituto configura a perda do direito de o Estado impor a sanção penal. Portanto, a extinção da punibilidade não exclui o crime em si, mas, sim, os efeitos decorrentes de sua prática.

E: Correta. A imunidade material confere aos parlamentares liberdade de opinião, palavras e votos. Segundo o art. 53, CF/1988, deputados e senadores são invioláveis, civil e penalmente, por quaisquer de suas opiniões, palavras e votos. Assim, os congressistas não podem ser responsabilizados, civil e penalmente, pelas opiniões, palavras e votos que proferirem no exercício da função. A imunidade material exclui a própria natureza delituosa do fato (conforme mencionado no enunciado), que, de outro modo, tratando-se do cidadão comum, seria qualificado como crime contra a honra.

Por sua vez, é importante mencionar a imunidade formal (processual), prerrogativa que protege o parlamentar contra a prisão e, nos crimes praticados após a diplomação, torna possível a sustação do andamento do processo penal instaurado perante o Supremo Tribunal Federal. Está prevista no art. 53, § 2º, da CF/1988.

GABARITO: E.

---

315. O STF é competente para julgar:

a) os governadores dos estados e do Distrito Federal em caso de crimes comuns.

b) os desembargadores dos tribunais de justiça dos estados em caso de crimes de responsabilidade.

c) os conflitos de atribuições entre autoridades judiciárias de um estado e autoridades administrativas de outro estado.

d) os conflitos de atribuições entre autoridades administrativas e judiciárias da União.

e) lei local válida contestada em face de lei federal por meio de recurso extraordinário.

A: Incorreta. Nos termos do art. 105, inciso I, da CF/1988, a competência para julgar os governadores dos estados e do Distrito Federal, nos crimes comuns é do STJ.

B: Incorreta. Compete ao STJ o julgamento de desembargadores dos tribunais de justiça dos estados em caso de crimes de responsabilidade, consoante estabelece o art. 105, inciso I, alínea a, da CF/1988.

C: Incorreta. Conforme dispõe o art. 105, inciso I, alínea g, da CF/1988, compete ao STJ processar e julgar, originariamente os conflitos de atribuições entre autoridades administrativas e judiciárias da União, ou entre autoridades judiciárias de um estado e administrativas de outro ou do Distrito Federal, ou entre as deste e da União.

D: Incorreta. Também é competência do STJ julgar os conflitos de atribuições entre autoridades administrativas e judiciárias da União, nos termos do art. 105, inciso I, alínea g, da CF/1988.

E: Correta. Nos termos do art. 102, inciso III, alínea d, da CF/1988, compete ao Supremo Tribunal Federal julgar, mediante recurso extraordinário, as causas decididas em única ou última instância, quando a decisão recorrida julgar válida lei local contestada em face de lei federal.

GABARITO: E.

---

316. Assinale a opção que apresenta o princípio constitucional que se aplica diretamente à carreira de defensoria pública.

a) livre exercício da ação penal.
b) independência funcional.
c) inamovibilidade.
d) vitaliciedade.
e) irrecusabilidade.

A questão requer conhecimento acerca da previsão constitucional no que tange à Defensoria Pública. De acordo com a CF:

Art. 134 A Defensoria Pública é instituição permanente, essencial à função jurisdicional do Estado, incumbindo-lhe, como expressão e instrumento do regime democrático, fundamentalmente, a orientação jurídica, a promoção dos direitos humanos e a defesa, em todos os graus, judicial e extrajudicial, dos direitos individuais e coletivos, de forma integral e gratuita, aos necessitados, na forma do inciso LXXIV do art. 5º desta Constituição Federal.

§ 2º Às Defensorias Públicas Estaduais são asseguradas autonomia funcional e administrativa e a iniciativa de sua proposta orçamentária dentro dos limites estabelecidos na lei de diretrizes orçamentárias e subordinação ao disposto no art. 99, § 2º. [...]

§ 4º São princípios institucionais da Defensoria Pública a unidade, a indivisibilidade e a independência funcional, aplicando-se também, no que couber, o disposto no art. 93 e no inciso II do art. 96 desta Constituição Federal.

A: Incorreta. O livre exercício da ação penal decorre da atribuição constitucional (art. 129, inc. I, CF/1988) ao Ministério Público de promover, privativamente, a ação penal pública, na forma da lei.

B: Correta. A independência funcional é um dos princípios previstos no § 4º, do art. 134, CF/1988, transcrito anteriormente.

C: Incorreta. A inamovibilidade não é princípio. Trata-se de garantia assegurada aos membros da Defensoria Pública, nos termos do art. 134, § 1º, da CF/1988.

D: Incorreta. Os defensores públicos não possuem a garantia da vitaliciedade, apenas da estabilidade, nos termos do art. 43, IV, da LC nº 80/1994. A vitaliciedade é aplicável apenas ao Judiciário, ao Ministério Público e tribunais de contas.

E: Incorreta. A irrecusabilidade é princípio institucional do Ministério Público que decorre do princípio do promotor natural, que impõe a irrecusabilidade do Promotor que tem atribuição para atuar em determinado caso, conforme a sua função institucional.

GABARITO: B.

---

317. O papel do Estado e sua atuação nas finanças públicas são explicados pelas funções econômicas por ele desempenhadas. Assinale a opção que apresenta a correta definição para cada uma das funções econômicas indicadas.

a) Alocativa: promove ajustamentos na alocação de recursos; distributiva: realiza ajustamentos na distribuição de renda; estabilizadora: mantém a estabilidade econômica.
b) Alocativa: promove a alocação de recursos na distribuição de renda; distributiva: realiza o equilíbrio no balanço de pagamentos; estabilizadora: mantém a estabilidade no nível de preços.
c) Alocativa: promove ajustamentos na alocação de recursos; produtiva: fomenta a geração de empregos; estabilizadora: mantém a estabilidade econômica.
d) Distributiva: realiza ajustamentos na distribuição de renda; produtiva: fomenta a geração de empregos nos diversos segmentos de governo; estabilizadora: mantém a estabilidade econômica.
e) Distributiva: realiza o equilíbrio no balanço de pagamentos; produtiva: fomenta a produção de bens de serviços nos diversos segmentos de governo; estabilizadora: mantém a estabilidade do nível de preços.

Alocativa: visa à promoção de ajustamentos na alocação de recursos. É o Estado oferecendo determinados bens e serviços necessários e desejados pela sociedade, porém que não são providos pela iniciativa privada. É evidenciada quando no setor privado não há a necessária eficiência de infraestrutura econômica ou provisão de bens públicos e meritórios.

Distributiva: a função distributiva visa à promoção de ajustamentos na distribuição de renda. Surge em virtude da necessidade de correções das falhas de mercado, contrabalanceando equidade e eficiência. Os instrumentos mais usados para o ajustamento são os sistemas de tributos e as transferências.

Estabilizadora: a função estabilizadora visa manter a estabilidade econômica, diferenciando-se das outras funções por não ter como objetivo a destinação de recursos. O campo de atuação dessa função é principalmente a manutenção de elevado nível de emprego e a estabilidade nos níveis de preços.

GABARITO: A.

---

318. No que tange ao orçamento-programa, assinale a opção correta.

a) A alocação de recursos visa exclusivamente à aquisição de insumos para a execução orçamentária dos programas.
b) O principal critério para classificação orçamentária é o que indica a entidade responsável pela execução do programa.
c) É necessária a criação de alternativas para se determinar uma escala de prioridades a serem executadas.
d) O orçamento-programa apresenta vinculação com o planejamento governamental na execução de programas, projetos e atividades do Estado.
e) Metas e resultados a serem alcançados devem ser estabelecidos necessariamente com base no menor custo das ações e aquisições demandadas pelos programas.

A: Incorreta. A alocação de recursos tem vários objetivos, dentre outros, aquisição de insumos, controle governamental e resultados propriamente ditos. O erro encontra-se na palavra "exclusivamente".

B: Incorreta. A entidade responsável pela execução do programa diz respeito à classificação institucional. No entanto, sabemos que no orçamento programa a classificação é funcional-programática.

C: Incorreta. "O Orçamento Base Zero requer que toda solicitação de recursos parta do zero. Toda despesa será considerada uma despesa nova e deverá ser justificada, a partir daí haverá uma avaliação se a despesa será executada ou não, mesmo que o programa já esteja em execução. Dessa forma, é necessária a criação de uma escala de prioridades para avaliação de quais programas e atividades devem ser iniciados ou continuar sendo executados."

D: Correta. Orçamento, programa e planejamento são palavras iguais em AFO. Além do mais, o governo executa suas ações por meio de programas, projetos e atividades.

E: Incorreta. As metas e os resultados devem ser estabelecidos com base em uma análise prévia, que certamente não envolve, necessariamente, o menor custo. Um projeto mais barato (menor custo) com uma execução ineficiente não serve.

GABARITO: D.

---

319. Assinale a opção que indica o princípio orçamentário que permite ao Poder Legislativo ter conhecimento do valor global das despesas projetadas pelo governo.

a) Princípio do orçamento bruto.
b) Princípio da universalidade.
c) Princípio da unidade.
d) Princípio da não afetação das receitas.
e) Princípio do equilíbrio.

Orçamento bruto: todas as receitas e despesas constarão da Lei de Orçamento pelos seus totais, vedadas quaisquer deduções (art. 6º, Lei nº 4.320/1964).

Universalidade: o orçamento deve conter todas as receitas e despesas referentes ao ente público, englobando seus fundos, órgãos e entidades da administração direta e indireta (art. 165, § 5º, CF/1988).

Unidade: para cada ente federado deverá existir apenas um orçamento por exercício financeiro.

Não afetação das receitas: é vedada a vinculação de receita de impostos a órgão, fundo ou despesa, ressalvadas as previsões constitucionais.

Equilíbrio: por esse princípio busca-se assegurar que as despesas autorizadas na lei orçamentária não sejam superiores à previsão das receitas. Por exemplo, os benefícios da seguridade social devem ser acompanhados da correspondente fonte de custeio (LEITE, Harrison. Manual de Direito Financeiro. 5. ed. Salvador: Juspodivm, 2016, p. 98).

GABARITO: B.

---

320. No processo orçamentário, após o envio do projeto de lei orçamentária ao Poder Legislativo, os parlamentares podem apresentar emendas que alterem o texto inicial. Nesse contexto, para atendimento das demandas, são admitidas emendas que, entre outros requisitos legais:

a) aumentem a previsão de receitas prevista na lei orçamentária.
b) indiquem quaisquer despesas de capital e/ou correntes a serem canceladas.
c) sejam realizadas com base nos valores das transferências tributárias.
d) sejam compatíveis com a lei de diretrizes orçamentárias (LDO).
e) indiquem as operações de créditos necessárias para o atendimento das demandas.

A: Incorreta. Não há nada parecido com isso na CF/1988.

B: Incorreta. Não são "quaisquer". Existem exceções: dotações para pessoal e seus encargos; serviço da dívida; transferências tributárias constitucionais para estados, municípios e Distrito Federal.

C: Incorreta. Ao contrário! Transferência tributária é exceção.

D: Correta. Conforme art. 166 da CF/1988:

Art. 166 § 3º As emendas ao projeto de lei do orçamento anual ou aos projetos que o modifiquem somente podem ser aprovadas caso:

I - sejam compatíveis com o plano plurianual e com a lei de diretrizes orçamentárias.

E: Incorreta. Não se faz emenda com OC. As emendas são apenas as provenientes de anulação de despesa.

GABARITO: D.

---

321. A classificação orçamentária que permite a comparação de dotações recebidas pelos órgãos que integram o orçamento público é a classificação:

a) por categoria econômica.
b) por identificador de uso.
c) programática.
d) institucional.
e) funcional.

A classificação institucional é a mais antiga classificação da despesa utilizada e tem como finalidade evidenciar as Unidades Administrativas responsáveis pela execução da despesa, ou seja, quais órgãos são incumbidos de executar a programação orçamentária. Sua principal vantagem está em permitir a identificação da instituição responsável pela execução e prestação de contas de determinado programa ou ação governamental. A classificação institucional é aquela que representa a estrutura orgânica e administrativa governamental, correspondendo a dois níveis hierárquicos: órgão e Unidade Orçamentária.

O órgão é a unidade institucional que, a título de subordinação ou supervisão, agrega determinadas Unidades Orçamentárias e Unidades Administrativas. As Unidades Orçamentárias são agrupamentos de serviços subordinados ao mesmo órgão a que são consignadas dotações orçamentárias próprias.

GABARITO: D.

---

322. O prefeito de um município comunicou ao gestor orçamentário a necessidade de verbas adicionais, não previstas na lei orçamentária, para atender centenas de desabrigados em decorrência de tempestades e alagamentos que haviam atingido o município.

Nesse caso, o gestor deve solicitar:

a) créditos adicionais suplementares.
b) créditos adicionais especiais.
c) créditos adicionais extraordinários.
d) operações de crédito por antecipação de receita.
e) alienação de bens da prefeitura.

A alternativa correta é a C, que trata de créditos adicionais extraordinários. A seguir explicamos a diferença entre créditos suplementares, especiais e extraordinários:

- Suplementares: são usados para reforçar uma dotação que se mostrou insuficiente.

- Especiais: destinados a despesas que não tinham uma dotação específica.

- Extraordinários: destinados a despesas urgentes e imprevistas, em caso de guerra, comoção interna ou calamidade pública.

Vale salientar que o crédito extraordinário independe, para ser aberto, da indicação de recursos e de autorização legislativa prévia. O mesmo já não ocorre com os demais créditos adicionais.

GABARITO: C.

---

323. São receitas exclusivamente correntes pertencentes à lei orçamentária anual (LOA):

a) a tributária, a patrimonial, a de serviços e as operações de crédito.
b) a tributária, a de contribuições, a patrimonial e a amortização de empréstimos.
c) a tributária, a de contribuições, a de serviços e a alienação de bens.
d) a tributária, a de contribuições, as operações de crédito e a agropecuária.
e) a tributária, a patrimonial, a de serviços e a industrial.

A alternativa correta é a E.

A seguir, dicas para memorizar:

Em relação às Receitas Correntes, lembre-se: tributa con P-A-I-S.

- Tributárias;
- Contribuições;
- Patrimoniais;
- Industrial;
- Serviços.

Já em relação às Receitas de Capital, lembre-se: Opera Ali Amor Trans.

-Operação de crédito;
- Alienação de bens;
- Amortização de empréstimos;
- Transferências Correntes;

Além de outras receitas de capital.

GABARITO: E.

---

324. Considerada uma inovação no sistema orçamentário brasileiro, a LDO orienta a elaboração da LOA e prevê a definição de:

a) metas e prioridades, mudanças na legislação de tributos, políticas de fomento das agências financeiras oficiais e formas de utilização da reserva de contingência.

b) metas e prioridades, riscos fiscais, programação de desembolsos e formas de pagamento de precatórios.

c) metas e prioridades, metas fiscais, parâmetros para renúncias tributárias e programas de duração continuada.

d) condições para transferências de recursos a entidades privadas e limites para aplicação de recursos em despesas discricionárias.

e) formas de limitação de empenho, normas para regimes de previdência e destinação de recursos para o orçamento fiscal e a seguridade social.

De acordo com o art. 165 da CF/1988:

Art. 165 § 2º A lei de diretrizes orçamentárias compreenderá as metas e prioridades da administração pública federal, incluindo as despesas de capital para o exercício financeiro subseqüente, orientará a elaboração da lei orçamentária anual, disporá sobre as alterações na legislação tributária e estabelecerá a política de aplicação das agências financeiras oficiais de fomento.

De acordo com o art. 5º da Lei de Responsabilidade Fiscal (LRF):

Art. 5º O projeto de lei orçamentária anual, elaborado de forma compatível com o plano plurianual, com a lei de diretrizes orçamentárias e com as normas desta Lei Complementar:

III - conterá reserva de contingência, cuja forma de utilização e montante, definido com base na receita corrente líquida, serão estabelecidos na lei de diretrizes orçamentárias, destinada ao: [...].

GABARITO: A.

---

325. Os programas de governo descrevem os instrumentos de organização da ação governamental e estão divididos em projetos, atividades e operações especiais. A respeito disso, julgue os itens a seguir.

I. Um projeto é representado por um conjunto de operações no tempo das quais resulta um produto que permite a expansão ou o aperfeiçoamento de uma ação de governo. Exemplo disso é a construção de um posto de saúde para atendimento à saúde primária.

II. As operações especiais são despesas relacionadas à contraprestação direta sob a forma de bens ou serviços. Exemplo disso é a compra de materiais e medicamentos para uma nova unidade de saúde.

III. Uma atividade corresponde a uma operação que, realizada de modo contínuo e permanente, é indispensável para a manutenção da ação de governo. Exemplo disso é a contratação de profissionais da saúde para integrar o corpo de servidores de uma nova unidade de saúde.

Assinale a opção correta.

a) Apenas o item I está certo.

b) Apenas o item II está certo.

c) Apenas os itens I e III estão certos.

d) Apenas os itens II e III estão certos.

e) Todos os itens estão certos.

I: Correto. Projeto envolve um conjunto de operações limitadas no tempo, das quais resulta um produto que contribui para a expansão ou aperfeiçoamento de uma ação do governo. Lembrando da Administração Geral, o projeto tem duração limitada e deve entregar um produto.

II: Incorreto. Operações especiais são despesas que não contribuem para a manutenção, expansão ou aperfeiçoamento das ações governamentais, das quais não resulta um produto e não geram contraprestação direta sob a forma de bens e serviços.

III: Correto. Atividade envolve um conjunto de operações que se realizam de modo contínuo e permanente, das quais resulta um produto ou serviço necessário à manutenção da ação de governo.

GABARITO: C.

---

326. A descentralização de créditos orçamentários ocorre quando efetuada movimentação de parte do orçamento para que outras unidades administrativas possam executar as despesas orçamentárias. Nesse procedimento, obrigatoriamente se preserva:

a) a unidade gestora.

b) o órgão executante.

c) a entidade responsável.

d) a estrutura programática.

e) o ente federativo original.

Descentralização de créditos é a transferência orçamentária entre órgãos e/ou entidades que integram o orçamento fiscal e da seguridade social, mantidas as classificações institucional, funcional, programática e econômica.

GABARITO: D.

---

327. Assinale a opção que indica o momento do processo orçamentário em que é feita a avaliação do cumprimento do programa de trabalho, expresso em termos monetários e em termos de realizações de obras e prestação de serviços.

a) Descentralização.

b) Planejamento.

c) Fiscalização.

d) Execução.

e) Controle.

De acordo com o art. 75 da Lei nº 4.320/1964:

Art. 75 O controle da execução orçamentária compreenderá:

I - a legalidade dos atos de que resultem a arrecadação da receita ou a realização da despesa, o nascimento ou a extinção de direitos e obrigações;

II - a fidelidade funcional dos agentes da administração, responsáveis por bens e valores públicos;

III - o cumprimento do programa de trabalho expresso em termos monetários e em termos de realização de obras e prestação de serviços.

GABARITO: E.

328. Em sentido estrito, a denominação receita pública inclui:

a) todo ingresso de recurso desprovido de caráter compensatório.

b) qualquer operação de adiantamento de receita orçamentária (ARO).

c) apenas os ingressos previstos na lei orçamentária anual.

d) as emissões de papel-moeda.

e) os depósitos em caução.

A: Correta. Receita pública em sentido estrito: são só as receitas orçamentárias, e não há necessidade de estar prevista na LOA.

Sentido amplo: são as receitas orçamentárias e as extraorçamentárias.

Os de caráter compensatório são extraorçamentários.

B: Incorreta. Qualquer operação de Adiantamento de Receita Orçamentária (ARO). Nesse caso, seria extraorçamentário.

C: Incorreta. Apenas os ingressos previstos na Lei Orçamentária Anual (LOA). Não precisa estar prevista.

D: Incorreta. As emissões de papel-moeda. Nesse caso, também seria extraorçamentário.

E: Incorreta. Os depósitos em caução. Aqui, também extraorçamentário.

GABARITO: A.

329. A Lei Complementar nº 101/2000 tem por objetivo estabelecer normas de:

a) contabilidade pública.

b) direito financeiro.

c) finanças públicas.

d) direito público.

e) gestão pública.

De acordo com a Lei Complementar nº 101/2000, que estabelece normas de finanças públicas voltadas para a responsabilidade na gestão fiscal e dá outras providências.

Art. 1º Esta Lei Complementar estabelece normas de finanças públicas voltadas para a responsabilidade na gestão fiscal, com amparo no Capítulo II do Título VI da Constituição.

GABARITO: C.

330. A administração indireta inclui as sociedades de economia mista, cujos agentes são:

a) empregados públicos regidos pela CLT e sujeitos às normas constitucionais relativas a concurso público e à vedação de acumulação remunerada de cargos públicos.

b) empregados públicos regidos pela CLT que não se submetem às normas constitucionais relativas a concurso público nem à vedação de acumulação remunerada de cargos públicos.

c) empregados públicos regidos pela CLT e sujeitos às normas constitucionais relativas a concurso público, mas não à vedação de acumulação remunerada de cargos públicos.

d) servidores públicos estatutários sujeitos às normas constitucionais relativas a concurso público e à vedação de acumulação remunerada de cargos públicos.

e) servidores públicos estatutários sujeitos às normas constitucionais relativas a concurso público, mas não à vedação de acumulação remunerada de cargos públicos.

Conforme José dos Santos Carvalho Filho: "O pessoal das empresas públicas e das sociedades de economia mista se submete ao regime trabalhista comum, cujos princípios e normas se encontram na Consolidação das Leis do Trabalho. Por isso mesmo, o vínculo jurídico que se firma entre os empregados e aquelas pessoas administrativas tem natureza contratual, já que atrelados por contrato de trabalho típico."

Dessa maneira, a alternativa certa é a A.

GABARITO: A.

331. A Constituição Federal de 1988 prevê o uso do mandado de injunção como uma garantia constitucional sempre que a falta de norma regulamentadora tornar inviável o exercício dos direitos e das liberdades constitucionais e das prerrogativas inerentes à nacionalidade, à soberania e à cidadania. Nesse sentido, segundo o STF, o cabimento do mandado de injunção pressupõe a demonstração da existência de omissão legislativa relativa ao gozo de liberdades ou direitos garantidos constitucionalmente pelas normas constitucionais de eficácia:

a) plena lato sensu.

b) contida lato sensu.

c) plena stricto sensu.

d) contida stricto sensu.

e) limitada stricto sensu.

A questão exige conhecimento acerca do mandado de injunção e a classificação das normas constitucionais de acordo com José Afonso da Silva. Nesse sentido, vejamos a previsão constitucional do mandado de injunção:

Art. 5º LXXI - conceder-se-á mandado de injunção sempre que a falta de norma regulamentadora torne inviável o exercício dos direitos e liberdades constitucionais e das prerrogativas inerentes à nacionalidade, à soberania e à cidadania.

Assim, o mandado de injunção é remédio constitucional que tem como objetivo corrigir a omissão legislativa que garanta aplicabilidade às normas de eficácia limitada, tendo em vista que tais normas dependem de norma regulamentadora infraconstitucional para produzir efeitos.

As normas constitucionais podem ser de eficácia plena, contida e limitada.

- As normas constitucionais de eficácia plena são aquelas capazes de produzir todos os seus efeitos essenciais simplesmente com a entrada em vigor da Constituição, independentemente de qualquer regulamentação por lei.

- As normas de eficácia contida são aquelas que também estão aptas para a produção de seus plenos efeitos desde a promulgação da Constituição, mas que podem vir a ser restringidas.

- As normas de eficácia limitada são aquelas que só produzem seus plenos efeitos depois da exigida regulamentação. Elas asseguram determinado direito, mas este não poderá ser exercido enquanto não for regulamentado pelo legislador ordinário.

Deste modo, a alternativa correta é a E, pois, de acordo com o STF, o cabimento do mandado de injunção pressupõe a demonstração clara e precisa acerca da existência de omissão legislativa relativa ao gozo de direitos ou liberdade garantidos constitucionalmente pelas normas constitucionais de eficácia limitada stricto sensu (MI 6858, Relator(a): Min. Edson Facchin, julgado em 12/03/2018, publicado em Processo Eletrônico DJe-049 Divulg. 13/03/2018 Publ. 14/03/2018).

GABARITO: E.

332. Caso tribunal de justiça estadual profira decisão em última instância denegando habeas corpus, caberá ao interessado interpor recurso:

a) especial, a ser julgado pelo STJ.

b) ordinário, a ser julgado pelo STF.

c) ordinário, a ser julgado pelo STJ.

d) extraordinário, a ser julgado pelo STJ.

e) extraordinário, a ser julgado pelo STF.

A questão requer conhecimento acerca das competências do STJ e do STF e do cabimento do recurso ordinário em habeas corpus. Vejamos as alternativas:

A: Incorreta. Conforme prevê o art. 105, inciso III, da CF/1988, o Recurso Especial é cabível perante o STJ diante decisão em única ou

última instância dos TRFs ou pelos TJs dos Estados, do Distrito Federal e Territórios, quando a decisão contrariar tratado ou lei federal, ou negar-lhes vigência; quando a decisão julgar válida lei ou ato de governo local contestado em face de lei federal; quando a decisão julgar válido ato de governo local contestado em face de lei federal; ou quando a decisão der a lei federal interpretação divergente da que lhe haja atribuído outro tribunal.

B: Incorreta. De acordo com o art. 102, inciso II, "a", da CF/1988, ao Supremo Tribunal Federal compete julgar, em recurso ordinário, o habeas corpus, o mandado de segurança, o habeas data e o mandado de injunção decididos em única instância pelos Tribunais Superiores, se denegatória a decisão.

C: Correta. Nos termos do art. 105, inciso II, "a", da CF/1988, compete ao Superior Tribunal de Justiça julgar, em recurso ordinário os habeas corpus decididos em única ou última instância pelos Tribunais Regionais Federais ou pelos tribunais dos Estados, do Distrito Federal e Territórios, quando a decisão for denegatória

D: Incorreta. O julgamento do Recurso Extraordinário é de competência do Supremo Tribunal Federal, nos termos do art. 102, inciso III, da CF/1988.

E: Incorreta. O Recurso Extraordinário é cabível perante o STF quando a decisão recorrida: contrariar dispositivo da Constituição; declarar a inconstitucionalidade de tratado ou lei federal; julgar válida lei ou ato de governo local contestado em face da Constituição; ou julgar válida lei local contestada em face de lei federal (art. 102, inc. III, CF/1988).

GABARITO: C.

---

333. Um grupo de pais apresentou requerimento a determinado município, solicitando autorização para realizar manifestação pacífica na praça pública onde está sediada a prefeitura, a fim de protestar contra políticas públicas municipais. A autoridade pública competente negou o pedido, sob o fundamento de que frustraria outra reunião anteriormente convocada para o mesmo horário e local.

Nessa situação hipotética, para realizar a referida manifestação, o grupo de pais utilizou o instrumento:

a) inadequado, porque o direito de reunião não requer autorização, mas apenas prévio aviso.

b) inadequado, entretanto a autoridade competente não poderia ter negado o direito com base no fundamento utilizado.

c) adequado, porque o direito de reunião requer prévia autorização administrativa, cabendo ao grupo ajuizar ação popular contra a decisão que negou o referido pedido.

d) adequado, porque o direito de reunião requer prévia autorização administrativa, cabendo ao grupo impetrar habeas corpus contra a decisão que negou o referido pedido.

e) adequado, porque o direito de reunião requer prévia autorização administrativa, cabendo ao grupo impetrar mandado de segurança contra a decisão que negou o referido pedido.

A: Correta. De acordo com a literalidade do art. 5º, inciso XVI, da CF/1988, todos podem reunir-se pacificamente, sem armas, em locais abertos ao público, independentemente de autorização, desde que não frustrem outra reunião anteriormente convocada para o mesmo local, sendo apenas exigido prévio aviso à autoridade competente. Veja-se que o dispositivo constitucional condiciona o direito de reunião somente ao prévio aviso à autoridade competente, dispensando qualquer espécie de autorização prévia. Contudo, o STF em julgado recente, fixou o entendimento de que não é mais necessário aviso prévio para a realização de manifestação ou reunião pública. Nesse sentido: A exigência constitucional de aviso prévio relativamente ao direito de reunião é satisfeita com a veiculação de informação que permita ao poder público zelar para que seu exercício se dê de forma pacífica ou para que não frustre outra reunião no mesmo local. STF. Plenário. RE 806339/SE, Rel. Min. Marco Aurélio, redator do acórdão Min. Edson Fachin, julgado em 14/12/2020 (Repercussão Geral – Tema 855) (Info 1003).

B: Incorreta. Tanto o requerimento formulado quanto a negativa e as razões apresentadas pela prefeitura estão em desacordo com a previsão constitucional, isso porque a liberdade de reunião não pode ser condicionada a nenhuma formalidade ou prévia autorização da autoridade competente.

C: Incorreta. O direito de reunião independe de qualquer prévia autorização administrativa, sendo o requerimento formulado pelo grupo de pais inadequado, pois o exercício do referido direito sequer precisa de autorização.

D: Incorreta. A negativa do direito de reunião não pode ser atacada por habeas corpus. O remédio constitucional cabível é o Mandado de Segurança.

E: Incorreta. O exercício do direito de reunião dispensa qualquer hipótese de autorização prévia. Por sua vez, o mandado de segurança é o instrumento jurídico adequado para tutelar o referido direito diante de qualquer arbitrariedade ou ilegalidade perpetrada por parte do Poder Público.

GABARITO: A.

---

334. Considerando o entendimento do STF acerca do Conselho Nacional de Justiça (CNJ), julgue os itens a seguir.

I. Embora seja órgão do Poder Judiciário, o CNJ não é dotado de função jurisdicional.

II. O CNJ deve atuar somente se houver necessariamente o exaurimento da instância administrativa ordinária.

III. O CNJ tem competência para apurar violações aos deveres funcionais dos magistrados e servidores do Poder Judiciário.

IV. Não é permitido ao CNJ apreciar a constitucionalidade dos atos administrativos, mas somente sua legalidade.

Estão certos apenas os itens:

a) I e II.

b) I e IV.

c) III e IV.

d) I, II e III.

e) II, III e IV.

A questão exige conhecimento sobre as disposições constitucionais acerca do Conselho Nacional de Justiça.

I: Correto. O Conselho Nacional de Justiça (CNJ) é órgão de controle interno que integra a estrutura do Poder Judiciário, mas não exerce jurisdição. Possui natureza exclusivamente administrativa, com atribuições de controle da atividade administrativa, financeira e disciplinar da magistratura.

II: Incorreto. Conforme o STF, Não há necessidade de exaurimento da instância administrativa ordinária para a atuação do CNJ. Competência concorrente e não subsidiária. [MS 28.620, rel. min. Dias Toffoli, j. 23/09/2014, 1ª T, DJe 08/10/2014.].

III: Incorreto. De acordo com o art. 103-B, § 4º, da CF/1988, compete ao CNJ o controle da atuação administrativa e financeira do Poder Judiciário e do cumprimento dos deveres funcionais dos juízes, cabendo-lhe, além de outras atribuições que lhe forem conferidas pelo Estatuto da Magistratura. Portanto, sua atuação está adstrita aos juízes. Ademais, segundo o STF, o CNJ não tem nenhuma competência sobre o STF e seus ministros, sendo este o órgão máximo do Poder Judiciário nacional, a que aquele está sujeito.

IV: Correto. Ao CNJ não é permitido declarar ou apreciar a constitucionalidade, mas pode afastar a aplicação de determinado ato que considere ser inconstitucional.

GABARITO: B.

---

335. As normas definidoras dos direitos e das garantias fundamentais:

a) são programáticas.
b) têm aplicação imediata.
c) estabelecem hierarquia entre os direitos previstos.
d) vedam a ampliação de seu conteúdo por tratados internacionais.
e) são listadas em rol taxativo na Constituição Federal de 1988 (CF).

A Convenção Internacional sobre os Direitos das Pessoas com Deficiência e seu Protocolo Facultativo, têm força de emenda constitucional pois foram incorporados no nosso ordenamento jurídico com observância do rito legislativo previsto pelo art. 5º, § 3º, da Constituição Federal:

Art. 5º Todos são iguais perante a lei, sem distinção de qualquer natureza, garantindo-se aos brasileiros e aos estrangeiros residentes no País a inviolabilidade do direito à vida, à liberdade, à igualdade, à segurança e à propriedade, nos termos seguintes:

§ 3º Os tratados e convenções internacionais sobre direitos humanos que forem aprovados, em cada Casa do Congresso Nacional, em dois turnos, por três quintos dos votos dos respectivos membros, serão equivalentes às emendas constitucionais.

GABARITO: B.

336. O quadro principal do balanço orçamentário evidencia:

a) os restos a pagar processados.
b) os restos a pagar não processados.
c) o resultado financeiro, déficit ou superávit.
d) o confronto entre receitas e despesas previstas e realizadas.
e) o conjunto de bens, direitos e obrigações do ente público.

A: Incorreta. Os restos a pagar processados são as despesas empenhadas e não pagas até o encerramento do exercício que sofreram a liquidação.

B: Incorreta. Os Restos a Pagar não processados referem-se a despesas que já foram empenhadas, mas que ainda está em processo de liquidação, seja porque o bem ou serviço não foi entregue totalmente, ou essa entrega ainda se encontra em fase de análise e conferência.

C: Incorreta. Superávit é quando se arrecada mais do que gasta e déficit quando é ao contrário.

D: Correta. De acordo com o art. 102 da Lei nº 4.320/1964:

Art. 102 O Balanço Orçamentário demonstrará as receitas e despesas previstas em confronto com as realizadas.

E: Incorreta. Os bens e os direitos constituem a parte positiva do patrimônio, a que chamamos ativo da entidade. Já as obrigações constituem a parte negativa do patrimônio, que denominamos passivo da entidade.

GABARITO: D.

337. Consagrado na Constituição Federal de 1988 (CF/1988), o princípio de orçamento público que veda a transposição, o remanejamento ou a transferência de recursos de uma categoria de programação para outra ou de um órgão para outro, sem prévia autorização legislativa, é denominado princípio:

a) da exclusividade.
b) da legalidade.
c) da universalidade.
d) da não afetação.
e) do não estorno de verba.

A: Incorreta. O princípio orçamentário estabelece que a Lei Orçamentária Anual (LOA) não conterá dispositivo estranho à previsão da receita e à fixação da despesa.

B: Incorreta. O Poder Público somente pode agir e executar os planos de Estado naquilo que a lei expressamente autorizar, de forma que a Administração Pública encontra-se subordinada à lei.

C: Incorreta. De acordo com o princípio da universalidade, um dos principais princípios orçamentários, o orçamento deverá conter todas as receitas e todas as despesas.

D: Incorreta. Princípio orçamentário clássico, também conhecido por princípio da não afetação de receitas, segundo o qual todas as receitas orçamentárias devem ser recolhidas ao Caixa Único do Tesouro, sem qualquer vinculação em termos de destinação.

E: Correta. De acordo com a CF/1988:
Art. 167 São vedados:

VI - a transposição, o remanejamento ou a transferência de recursos de uma categoria de programação para outra ou de um órgão para outro, sem prévia autorização legislativa.

GABARITO: E.

338. O sistema de orçamentação pública no Brasil é um processo contínuo de planejamento, acompanhamento e execução da ação pública do Estado, por meio de instrumentos de natureza jurídico-financeira. A respeito desse tema, julgue os itens a seguir.

I. O plano plurianual é peça fundamental na intermediação entre o planejamento de longo prazo, presente na Lei de Diretrizes Orçamentárias (LDO), e a ação de curto prazo, prevista na Lei Orçamentária Anual (LOA), na medida em que dispõe sobre as prioridades e metas para as despesas de capital no próximo exercício e nos dois seguintes.

II. Os recursos destinados, no orçamento da União, para a reserva de contingência podem ser utilizados para a abertura de créditos suplementares a serem executados como despesas correntes ou de capital.

III. Os créditos adicionais suplementares, extraordinários e especiais são destinados a reforçar os créditos orçamentários ordinários existentes para os quais haja dotações específicas.

Assinale a opção correta.

a) Apenas o item I está certo.
b) Apenas o item II está certo.
c) Apenas os itens I e III estão certos.
d) Apenas os itens II e III estão certos.
e) Todos os itens estão certos.

I: Incorreto. Tanto a LDO quanto a LOA são instrumentos de curto prazo. Já o PPA é um instrumento de médio prazo.

II: Correto. São 6 as fontes para abertura de crédito adicional, sendo a reserva de contingência uma delas: superávit financeiro, apurado no balanço patrimonial do exercício anterior; excesso de arrecadação. Os resultantes de anulação parcial ou total de dotações orçamentárias ou de créditos adicionais. O produto de operações de crédito autorizadas: reserva de contingência; recursos sem despesas correspondentes, decorrentes de veto na apreciação do Projeto de Lei Orçamentária Anual (PLOA).

III: Incorreto. A banca reuniu os três tipos de créditos adicionais como se fossem apenas um, mas isso está equivocado. Cada crédito possui sua finalidade. Os créditos adicionais classificam-se em: a) suplementares, os destinados a reforço de dotação orçamentária; b) especiais, destinados a despesas para as quais não haja dotação orçamentária específica; e c) extraordinários, os destinados a despesas urgentes e imprevistas, em caso de guerra, comoção intestina ou calamidade publica.

GABARITO: B.

339. Execução orçamentária pode ser definida como a utilização dos créditos consignados no orçamento; a execução financeira, por outro lado, representa a utilização dos recursos financeiros, com vistas a atender a realização dos projetos e das atividades atribuídos a cada unidade. A respeito da execução orçamentária e financeira, julgue os próximos itens.

I. A movimentação dos recursos entre as unidades do Sistema de Programação Financeira (Siafi) é executada por meio de empenho, repasse e sub-repasse.

II. Após a LOA ter sido aprovada e sancionada, o Quadro de Detalhamento da Despesa (QDD) será definido como o ponto de partida para a execução orçamentária.

III. O Sigplan é o sistema informatizado que consiste no principal instrumento utilizado para registro, acompanhamento e controle da execução orçamentária, financeira e patrimonial do governo do estado do Rio de Janeiro.

Assinale a opção correta.

a) Apenas o item I está certo.
b) Apenas o item II está certo.
c) Apenas os itens I e III estão certos.
d) Apenas os itens II e III estão certos.
e) Todos os itens estão certos.

I: Incorreto. Cota é a primeira fase da movimentação dos recursos, realizada em consonância com o Cronograma de Desembolso aprovado pela Secretaria do Tesouro Nacional (STN). Esses recursos são colocados à disposição dos Órgãos Setoriais de Programação Financeira (OSPF) mediante movimentação INTRA-SIAFI dos recursos da Conta Única do Tesouro Nacional.

Repasse é a liberação de recursos realizada pelos OSPF para entidades da Administração Indireta, e entre estas; e, ainda, da entidade da Administração Indireta para órgãos da Administração Direta, ou entre esses, se de órgãos diferentes.

Sub-repasse é a liberação de recursos dos órgãos setoriais de programação financeira para as unidades gestoras de um mesmo ministério, órgão ou entidade.

II: Correto. O QDD demonstra a elaboração do orçamento por item orçamentário, detalhado por natureza de despesa.

III: Incorreto. Sistema de Informações Gerenciais e de Planejamento do Plano Plurianual (Sigplan) é um serviço de cadastro para acompanhamento do Plano Plurianual.

GABARITO: B.

---

340. Um exemplo de receita patrimonial é a receita:

a) de royalties.
b) proveniente com a emissão de títulos da dívida ativa tributária.
c) de alienação de estoques.
d) de juros de empréstimos concedidos.
e) de aplicação de multas.

A: Correta. Royalties são receitas patrimoniais.

B: Incorreta. De acordo com art. 39 da Lei nº 4.320/1964 (conforme redação dada pela Lei nº 1.735/1979):

Art. 39 Os créditos da Fazenda Pública, de natureza tributária ou não tributária, serão escriturados como receita do exercício em que forem arrecadados, nas respectivas rubricas orçamentárias.

§ 1º Os créditos de que trata este artigo, exigíveis pelo transcurso do prazo para pagamento, serão inscritos, na forma da legislação própria, como Dívida Ativa, em registro próprio, após apurada a sua liquidez e certeza, e a respectiva receita será escriturada a esse título.

§ 2º Dívida Ativa Tributária é o crédito da Fazenda Pública dessa natureza, proveniente de obrigação legal relativa a tributos e respectivos adicionais e multas, e Dívida Ativa não Tributária são os demais créditos da Fazenda Pública, tais como os provenientes de empréstimos compulsórios, contribuições estabelecidas em lei, multa de qualquer origem ou natureza, exceto as tributárias, foros, laudêmios, alugueis ou taxas de ocupação, custas processuais, preços de serviços prestados por estabelecimentos públicos, indenizações, reposições, restituições, alcances dos responsáveis definitivamente julgados, bem assim os créditos decorrentes de obrigações em moeda estrangeira, de subrogação de hipoteca, fiança, aval ou outra garantia, de contratos em geral ou de outras obrigações legais.

C: Incorreta. A alienação de estoques é receita de capital de alienação de bens (código 2.2).

D: Incorreta. Juros são receitas de serviços.

E: Incorreta. Se for multa "autônoma", será considerada como "outras receitas correntes".

GABARITO: A.

---

341. A respeito de despesa pública, é correto afirmar que:

a) restos a pagar não geram, necessariamente, obrigações financeiras para o Estado.
b) dívida ativa corresponde à despesa originada em exercício anterior, presente no orçamento corrente.
c) os restos a pagar somente serão considerados despesas de exercícios anteriores quando não estiverem cancelados e não estiver mais vigente o direito do credor.
d) garantias ou cauções recebidas de terceiros para a execução de contratos de prestação de serviços são denominadas débitos de tesouraria.
e) constitui despesa de capital o pagamento de juros de financiamentos de longo prazo, nos termos da Lei n.º 4.320/1964.

A: Correta. Apenas os restos a pagar processados geram obrigações financeiras ao estado, já que foram liquidados os empenhos gerando um direito adquirido para o credor. Os restos a pagar não processados não geram obrigações financeiras ao Estado e têm validade até 30 de junho do segundo ano subsequente ao de sua inscrição.

B: Incorreta. Os créditos tributários e não tributários não arrecadados dentro do exercício a que se referirem ou nos prazos previstos em regulamento, constituem a Dívida Ativa. A alternativa, ao que tudo indica, quis confundir com restos a pagar: valores das despesas empenhadas e não pagas no mesmo exercício financeiro. O Demonstrativo dos Restos a Pagar é parte integrante do Relatório de Gestão Fiscal e deve ser elaborado somente no último quadrimestre do ano, pelos Poderes Executivo, Legislativo e Judiciário e pelo Ministério Público.

C: Incorreta. Despesas de exercícios anteriores são despesas fixadas, no orçamento vigente, decorrentes de compromissos assumidos em exercícios anteriores àquele em que deva ocorrer o pagamento. Não se confundem com restos a pagar, tendo em vista que sequer foram empenhadas ou, se foram, tiveram seus empenhos anulados ou cancelados.

D: Incorreta. Garantias ou cauções recebidas de terceiros para a execução de contratos de prestação de serviços são denominadas Receitas Extraorçamentárias.

E: Incorreta. São exemplos de despesas correntes vencimentos e encargos com pessoal, juros da dívida, compra de matérias-primas e bens de consumo, serviços de terceiros, manutenção de equipamentos, subvenções a entidades (para gastos de custeio) e transferência a entes públicos (para gastos de custeio).

GABARITO: A.

342. De acordo com o disposto na Lei nº 4.320/1964, julgue os itens a seguir.

I. O balanço orçamentário demonstrará a receita e a despesa orçamentárias, bem como os recebimentos e os pagamentos de natureza extraorçamentária, conjugados com os saldos em espécie provenientes do exercício anterior e os que se transferem para o exercício seguinte.

II. A dívida flutuante compreende: os restos a pagar, excluídos os serviços da dívida, os serviços da dívida a pagar, os depósitos, os débitos de tesouraria.

III. A dívida fundada compreende os créditos da Fazenda pública, sendo proveniente de obrigação legal referente a tributos.

Assinale a opção correta.

a) Apenas o item I está certo.
b) Apenas o item II está certo.
c) Apenas os itens I e III estão certos.
d) Apenas os itens II e III estão certos.
e) Todos os itens estão certos.

I: Incorreto. Conforme o art. 103 da Lei nº 4.320/1964:

Art. 103 O Balanço Financeiro demonstrará a receita e a despesa orçamentárias bem como os recebimentos e os pagamentos de natureza extra-orçamentária, conjugados com os saldos em espécie provenientes do exercício anterior, e os que se transferem para o exercício seguinte.

Correto. Conforme o art. 92 da Lei nº 4.320/1964:

Art. 92 A dívida flutuante compreende:

I - os restos a pagar, excluídos os serviços da dívida;

II - os serviços da dívida a pagar;

III - os depósitos;

IV - os débitos de tesouraria.

III: Incorreto. Conforme o art. 98 da referida Lei nº 4.320/1964:

Art. 98 A dívida fundada compreende os compromissos de exigibilidade superior a doze meses, contraídos para atender a desequilíbrio orçamentário ou a financeiro de obras e serviços públicos.

GABARITO: B.

---

343. Julgue os itens subsecutivos, no que se refere às transferências voluntárias.

I. As transferências voluntárias são recursos financeiros que a União e(ou) os estados repassam aos outros entes da federação para que estes realizem obras e executem programas governamentais que não decorram de determinação constitucional ou legal.

II. Os estados ou municípios estarão proibidos de receber transferências voluntárias da União caso aprovem lei que institua isenção integral de taxa pela prestação de qualquer serviço público.

III. Um exemplo de transferência voluntária é a transferência, entre entes da Federação, de recursos destinados ao Sistema Único de Saúde (SUS).

Assinale a opção correta.

a) Apenas o item I está certo.
b) Apenas o item II está certo.
c) Apenas os itens I e III estão certos.
d) Apenas os itens II e III estão certos.
e) Todos os itens estão certos.

I: Correto. De acordo com a Lei Complementar nº 101/2000:

Art. 25 Para efeito desta Lei Complementar, entende-se por transferência voluntária a entrega de recursos correntes ou de capital a outro ente da Federação, a título de cooperação, auxílio ou assistência financeira, que não decorra de determinação constitucional, legal ou os destinados ao Sistema Único de Saúde.

II: Incorreto. A vedação se aplica aos impostos, não se aplicando às taxas. De acordo com a Lei Complementar nº 101/2000:

Art. 11 Constituem requisitos essenciais da responsabilidade na gestão fiscal a instituição, previsão e efetiva arrecadação de todos os tributos da competência constitucional do ente da Federação.

Parágrafo único. É vedada a realização de transferências voluntárias para o ente que não observe o disposto no caput, no que se refere aos impostos.

III: Incorreto. As transferências voluntárias não podem ser destinadas ao SUS. De acordo com a Lei Complementar nº 101/2000:

Art. 25 Para efeito desta Lei Complementar, entende-se por transferência voluntária a entrega de recursos correntes ou de capital a outro ente da Federação, a título de cooperação, auxílio ou assistência financeira, que não decorra de determinação constitucional, legal ou os destinados ao Sistema Único de Saúde.

GABARITO: A.

---

344. De acordo com a CF/1988, a fiscalização contábil, financeira, orçamentária, operacional e patrimonial da União e das entidades da administração direta e indireta, quanto à legalidade, legitimidade, economicidade, aplicação das subvenções e renúncia de receitas, será exercida pelo Congresso Nacional. Acerca desse tema, julgue os itens seguintes.

I. Caso detecte alguma irregularidade quanto à legalidade de uma contratação da União, o Tribunal de Contas da União (TCU) poderá determinar ao Poder Executivo sustação imediata dessa contratação.

II. Ao controle interno de tribunal de justiça estadual cabe avaliar a legalidade e avaliar os resultados, quanto à eficácia e eficiência, da gestão administrativa do respectivo tribunal de justiça.

III. Qualquer cidadão é parte legítima para denunciar irregularidades ou ilegalidades perante o Tribunal de Contas da União (TCU).

Assinale a opção correta.

a) Nenhum item está certo.
b) Apenas o item I está certo.
c) Apenas o item II está certo.
d) Apenas o item III está certo.
e) Todos os itens estão certos.

I: Incorreto. Em caso de contratos, o TCU deve, primeiramente, fixar prazo para o exato cumprimento da lei. Caso a determinação não seja obedecida, o TCU dará ciência ao Poder Legislativo para que este suste o contrato. Assim, é o Poder Legislativo que tem a competência de sustar contrato, e não o Poder Executivo.

II: Incorreto. Não sei bem o erro, mas talvez tenha sido no termo "avaliar o resultado". O resultado não é avaliado, mas comprovado. De acordo com a CF/1988:

Art. 74 Os Poderes Legislativo, Executivo e Judiciário manterão, de forma integrada, sistema de controle interno com a finalidade de:

II - comprovar a legalidade e avaliar os resultados, quanto à eficácia e eficiência, da gestão orçamentária, financeira e patrimonial nos órgãos e entidades da administração federal, bem como da aplicação de recursos públicos por entidades de direito privado.

III: Correto. Conforme o art. 74, § 2º, da CF/1988:

Art. 74 § 2º Qualquer cidadão, partido político, associação ou sindicato é parte legítima para, na forma da lei, denunciar irregularidades ou ilegalidades perante o Tribunal de Contas da União.

GABARITO: D.

345. É considerado direito social previsto na Constituição Federal de 1988:

a) o décimo terceiro salário com base no salário básico.

b) o salário-família pago em razão do dependente do trabalhador, independentemente da renda auferida.

c) a assistência aos desamparados, na forma da Constituição.

d) o salário mínimo, sendo permitida sua vinculação para qualquer fim.

e) o seguro-desemprego, em caso de desemprego voluntário ou involuntário.

A: Incorreta. Nos termos do art. 7º, VIII, da CF/1988, é direito social o décimo terceiro salário com base na remuneração integral ou no valor da aposentadoria.

B: Incorreta. Um dos requisitos para o salário-família é auferir renda. Veja-se a previsão constitucional:

Art. 7º XII - salário-família pago em razão do dependente do trabalhador de baixa renda nos termos da lei.

C: Correta. De acordo com o art. 6º, da CF/1988, são direitos sociais a educação, a saúde, a alimentação, o trabalho, a moradia, o transporte, o lazer, a segurança, a previdência social, a proteção à maternidade e à infância, a assistência aos desamparados, na forma desta Constituição.

D: Incorreta. É vedada a vinculação do salário mínimo para qualquer fim. Assim, estabelece o art. 7º, IV, da CF/1988:

Art. 7º IV - salário mínimo, fixado em lei, nacionalmente unificado, capaz de atender a suas necessidades vitais básicas e às de sua família com moradia, alimentação, educação, saúde, lazer, vestuário, higiene, transporte e previdência social, com reajustes periódicos que lhe preservem o poder aquisitivo, sendo vedada sua vinculação para qualquer fim.

E: Incorreta. O seguro-desemprego é assegurado somente no caso de desemprego involuntário, não havendo que se falar em tal direito no caso de desemprego voluntário do indivíduo. Nesse sentido, veja-se a disposição constitucional:

Art. 7º II - seguro-desemprego, em caso de desemprego involuntário.

GABARITO: C.

---

346. Conforme a Constituição Federal de 1988, as pessoas:

a) estão autorizadas a fazer tudo desde que a lei não proíba.

b) só estão autorizadas a fazer aquilo que está previsto em lei.

c) só podem fazer algo quando ato normativo legal ou infralegal expressamente permitir.

d) estão, em princípio, proibidas a fazer tudo, podendo um decreto regulamentar presidencial permitir a atuação individual.

e) não podem ser obrigadas a fazer ou deixar de fazer algo senão em virtude de ato normativo legal ou infralegal.

A questão trata sobre o princípio da legalidade previsto no art. 5º, II, da CF/1988, que prevê que "ninguém será obrigado a fazer ou deixar de fazer alguma coisa senão em virtude de lei". Trata-se da base direta do Estado de Direito, implantado com o advento do constitucionalismo. No que diz respeito aos particulares, o princípio da legalidade preconiza que somente a lei pode criar obrigações e, por outro lado, a inexistência de lei proibitiva de determinada conduta implica ser ela permitida. Assim, os particulares estão autorizados a fazer tudo o que a lei não proíba.

Quanto ao Poder Público, o princípio da legalidade possui outro viés: traz a ideia de que o Estado se submete às leis, que o Poder Público não pode atuar de maneira contrária às leis nem na ausência de leis. Desse modo, a Administração Pública só é permitido fazer o que a lei autoriza.

Em razão disso, extrai-se que a alternativa correta é a A, visto que as pessoas estão autorizadas a fazer tudo desde que a lei não proíba.

GABARITO: A.

---

347. Ao Conselho Nacional de Justiça compete apreciar, de ofício ou mediante provocação:

a) a legalidade e o mérito dos atos administrativos praticados por servidores ou membros do Poder Judiciário.

b) o mérito dos atos administrativos praticados por membros do Poder Judiciário.

c) o mérito dos atos administrativos praticados por servidores ou membros do Poder Judiciário.

d) a legalidade dos atos administrativos praticados por servidores do Poder Judiciário.

e) a legalidade dos atos administrativos praticados por membros do Poder Judiciário.

A questão exige conhecimento acerca da organização constitucional do Poder Judiciário, em especial no que tange ao Conselho Nacional de Justiça (CNJ).

Art. 103-B O Conselho Nacional de Justiça compõe-se de 15 (quinze) membros com mandato de 2 (dois) anos, admitida 1 (uma) recondução [...]

§ 4º Compete ao Conselho o controle da atuação administrativa e financeira do Poder Judiciário e do cumprimento dos deveres funcionais dos juízes, cabendo-lhe, além de outras atribuições que lhe forem conferidas pelo Estatuto da Magistratura:

II - zelar pela observância do art. 37 e apreciar, de ofício ou mediante provocação, a legalidade dos atos administrativos praticados por membros ou órgãos do Poder Judiciário, podendo desconstituí-los, revê-los ou fixar prazo para que se adotem as providências necessárias ao exato cumprimento da lei, sem prejuízo da competência do Tribunal de Contas da União.

A: Incorreta. Ao CNJ compete apenas apreciar a legalidade dos atos administrativos praticados por membros ou órgãos do Poder Judiciário.

B: Incorreta. A competência do CNJ restringe-se ao âmbito administrativo, não podendo adentrar na análise dos atos jurisdicionais, nem rever o conteúdo das decisões

C: Incorreta. O CNJ constitui órgão de natureza exclusivamente administrativa, com atribuições de controle da atividade administrativa, financeira e disciplinar da magistratura. Assim, não lhe cabe apreciar o mérito dos atos administrativos praticados por servidores ou membros do Poder Judiciário.

D: Incorreta. O CNJ aprecia a legalidade dos atos administrativos praticados por membros ou órgãos do Poder Judiciário, conforme dispõe o art. 103-B, § 4º, II, da CF/1988.

E: Correta. Nos termos do art. 103-B, § 4º, II, compete ao CNJ apreciar, de ofício ou mediante provocação, a legalidade dos atos administrativos praticados por membros ou órgãos do Poder Judiciário.

GABARITO: E.

---

348. Maria, que possui emprego público privativo de profissionais de saúde em empresa pública estadual, foi aprovada em outro concurso público para cargo público federal privativo de profissionais de saúde.

Nessa situação hipotética, Maria:

a) não poderá acumular as funções, porque uma é estadual e a outra é federal.

b) não poderá acumular as funções, porque apenas um dos vínculos é oriundo do regime estatutário.

c) poderá assumir o cargo e acumular as duas funções públicas, não se aplicando a esse caso o teto remuneratório da Administração Pública.

d) não poderá acumular as funções, porque não há previsão constitucional expressa que permita cumulações de funções públicas remuneradas.

e) poderá assumir o cargo e acumular as duas funções públicas, se os horários forem compatíveis e as profissões forem regulamentadas.

A: Incorreta. Não há vedação de que o acúmulo de cargos, empregos ou funções se dê em entidades federativas distintas. Assim, Maria poderá acumular os dois cargos públicos nas órbitas federal e estadual.

B: Incorreta. Maria poderá acumular as funções, pois não há vedação no que diz respeito ao regime aplicado, seja estatutário ou celetista (CLT).

C: Incorreta. Aplica-se o teto remuneratório (art. 37, XI, CF/1988) sobre cada cargo, isoladamente, e não mediante somatório das remunerações.

D: Incorreta. Maria poderá acumular as funções, pois está devidamente autorizada pela Constituição Federal, conforme prevê o art. 37, inciso XVI, da CF/1988:

Art. 37 XVI - é vedada a acumulação remunerada de cargos públicos, exceto quando houver compatibilidade de horários, observado em qualquer caso o disposto no inciso XI:

c) a de dois cargos ou empregos privativos de profissionais de saúde, com profissões regulamentadas.

E: Correta. Nos termos do art. 37, XVI, da CF/1988, é possível a acumulação remunerada de dois cargos ou empregos privativos de profissionais de saúde, com profissões regulamentadas, desde que haja compatibilidade de horários.

GABARITO: E.

349. Assinale a opção que, à luz da Lei nº 8.112/1990, apresenta forma de provimento pela qual, atendidos os requisitos legais, o servidor aposentado poderá retornar à atividade, tanto no interesse da administração quanto por insubsistência dos motivos que levaram à aposentadoria por invalidez.

a) reintegração.

b) reversão.

c) readaptação.

d) aproveitamento.

e) recondução.

A reversão pode acontecer em duas hipóteses: i) quando o servidor público foi aposentado por invalidez, mas junta médica declara que insubsistentes os motivos da sua aposentadoria; ii) quando há interesse da administração pública no retorno do servidor, desde que este tenha solicitado a reversão, a aposentadoria tenha sido voluntária, o servidor fosse estável ao tempo da aposentadoria, a aposentadoria tenha ocorrido há menos de cinco anos e exista cargo vago.

Dessa maneira, o gabarito é a alternativa B.

GABARITO: B.

350. Pessoas jurídicas de direito privado, integrantes da administração indireta do Estado, criadas por autorização legal, cujo controle acionário pertença ao poder público, tendo por objetivo, como regra, a exploração de atividades gerais de caráter econômico, constituem:

a) sociedades de economia mista.

b) autarquias.

c) fundações públicas.

d) órgãos.

e) empresas públicas.

A: Correta. Sociedade de economia mista - empresa estatal cuja maioria das ações com direito a voto pertença diretamente à União e cujo capital social admite a participação do setor privado.

B: Incorreta. Autarquias são pessoas jurídicas de direito público que integram a administração indireta, são criadas por meio de lei específica, para o exercício de atividades típicas de Estado.

C: Incorreta. Órgãos são subdivisões internas de pessoas jurídicas os quais integram a administração pública e não possuem personalidade jurídica própria.

D: Incorreta. As Fundações Públicas são entidades da administração pública indireta; podem ser criadas por meio de autorização legislativa com personalidade jurídica de direito privado ou por meio lei específica com personalidade jurídica de direito público.

E: Incorreta. Empresa pública é empresa estatal cuja maioria do capital votante pertença diretamente à União e cujo capital social seja constituído de recursos provenientes exclusivamente do setor público.

GABARITO: A.

351. Acerca do que dispõe a CF sobre o Poder Executivo, assinale a opção correta.

a) Caberá à Câmara dos Deputados o juízo de admissibilidade da acusação contra o presidente da República, tanto nas infrações penais comuns quanto nos crimes de responsabilidade.

b) As competências do vice-presidente da República estão previstas em rol taxativo no texto constitucional.

c) No caso de vacância dos cargos de presidente e vice-presidente da República, caberá ao Congresso Nacional a eleição durante todo o período presidencial.

d) Em qualquer hipótese, poderá o presidente da República extinguir cargos públicos por meio de decreto.

e) Em razão dos preceitos de segurança nacional, são indelegáveis as atribuições do presidente da República.

A: Correta. Cabe à Câmara dos Deputados o juízo de admissibilidade da acusação contra o presidente da República, tanto nas infrações penais comuns quanto nos crimes de responsabilidade, conforme estabelece o art. 86, da Constituição Federal:

Art. 86 Admitida a acusação contra o Presidente da República, por dois terços da Câmara dos Deputados, será ele submetido a julgamento perante o Supremo Tribunal Federal, nas infrações penais comuns, ou perante o Senado Federal, nos crimes de responsabilidade.

B: Incorreta. As competências do vice-presidente estão previstas em rol exemplificativo. Veja-se o art. 79, parágrafo único, da CF/1988:

Art. 79 Parágrafo único. O Vice-Presidente da República, além de outras atribuições que lhe forem conferidas por lei complementar, auxiliará o Presidente, sempre que por ele convocado para missões especiais.

C: Incorreta. De acordo com a previsão constitucional, se a vacância dos cargos se der nos dois primeiros anos, será feita eleição direta, noventa dias depois de aberta a última vaga. Por outro lado, se a vacância ocorrer nos dois últimos anos do período presidencial, ocorrerá eleição indireta, realizada pelo Congresso Nacional, trinta dias depois da última vaga. Nesse sentido, tem-se a previsão da CF/1988:

Art. 81 Vagando os cargos de Presidente e Vice-Presidente da República, far-se-á eleição noventa dias depois de aberta a última vaga.

§ 1º Ocorrendo a vacância nos últimos dois anos do período presidencial, a eleição para ambos os cargos será feita trinta dias depois da última vaga, pelo Congresso Nacional, na forma da lei.

D: Incorreta. Estabelece o art. 84, VI, da CF/1988, que o presidente da República pode dispor, mediante decreto, sobre a extinção de funções ou cargos públicos, quando vagos. Portanto, não é em qualquer hipótese.

E: Incorreta. Prevê o art. 86, parágrafo único, da CF/1988, que o Presidente da República poderá delegar aos Ministros de Estado, ao Procurador-Geral da República ou ao Advogado-Geral da União, as seguintes atribuições:

- Dispor, mediante decreto, sobre: a organização e funcionamento da administração federal, quando não implicar aumento de despesa nem criação ou extinção de órgãos públicos; e extinção de funções ou cargos públicos, quando vagos;

- Conceder indulto e comutar penas, com audiência, se necessário, dos órgãos instituídos em lei; e

- Prover e extinguir os cargos públicos federais, na forma da lei.

GABARITO: A.

---

352. Assinale a opção que, segundo a CF, apresenta função pública passível de ser assumida por indivíduo brasileiro naturalizado de 32 anos de idade.

a) ministro do Supremo Tribunal Federal.

b) presidente da Câmara dos Deputados.

c) governador de estado.

d) oficial das Forças Armadas.

e) senador da República.

A Constituição Federal não permite que a lei estabeleça distinção entre brasileiro nato e naturalizado. Os únicos casos de tratamento diferenciado admitidos são aqueles expressamente previstos no texto constitucional, a exemplo dos cargos privativos de brasileiro nato estabelecidos no art. 12, § 3º, da CF/1988:

Art. 12 § 3º São privativos de brasileiro nato os cargos:

I - de Presidente e Vice-Presidente da República;

II - de Presidente da Câmara dos Deputados;

III - de Presidente do Senado Federal;

IV- de Ministro do Supremo Tribunal Federal;

V - da carreira diplomática;

VI - de oficial das Forças Armadas.

VII - de Ministro de Estado da Defesa.

Ademais, quanto ao requisito idade como condição de elegibilidade, dispõe o art. 14, § 3º, VI, da CF/1988:

Art. 14 § 3º VI - a idade mínima de:

a) trinta e cinco anos para Presidente e Vice-Presidente da República e Senador;

b) trinta anos para Governador e Vice-Governador de Estado e do Distrito Federal;

c) vinte e um anos para Deputado Federal, Deputado Estadual ou Distrital, Prefeito, Vice-Prefeito e juiz de paz;

d) dezoito anos para Vereador.

§ 4º São inelegíveis os inalistáveis e os analfabetos.

A: Incorreta. O cargo de presidente da câmara dos deputados é privativo de brasileiro nato.

B: Incorreta. O cargo de Ministro do Supremo Tribunal Federal é privativo de brasileiro nato.

C: Correta. O cargo de governador exige a idade mínima de 30 anos e pode ser ocupado tanto por brasileiro nato quanto naturalizado.

D: Incorreta. O cargo de oficial das forças armadas é privativo de brasileiro nato, nos termos do art. 12, § 3º, VI, da CF/1988.

E: Incorreta. O cargo de senador da república pode ser ocupado por brasileiro naturalizado, contudo a idade mínima é de 35 anos (art. 14, § 3º, VI, "a", da CF/1988).

GABARITO: C.

---

353. Considerando a doutrina de Kant acerca da ética, assinale a opção correta.

a) A ética é limitada a determinado grupo social.

b) A ética independe da razão.

c) A ética está relacionada à religião e ao divino.

d) A ética é impessoal, no sentido de ser aplicável para todos de forma uniforme.

e) A ética é variável de acordo com as consequências da conduta.

A: Incorreta. De acordo com Kant, a ética é um comportamento válido para todo e qualquer lugar.

B: Incorreta. A ética é a relação entre razão e experiência.

C: Incorreta. Para Kant a ética não tem relação com religião.

D: Correta. A ética é baseada na razão, as regras são aplicadas de forma universal para todos.

E: Incorreta. Para Kant, fazer o bem não depende de recompensas, é um fim em si mesmo.

GABARITO: D.

---

354. Assinale a opção que corresponde à doutrina ética em que a defesa dos direitos humanos resulta, a longo prazo, na maximização da felicidade da maioria das pessoas que integram a comunidade.

a) utilitarismo.

b) moral das virtudes.

c) patrimonialismo.

d) moral fundamentada em imperativos categóricos.

e) puritanismo.

De acordo com Kant, a ética é um comportamento válido para todo e qualquer lugar. O utilitarismo foi criado no século XVIII, defende que a única condição moral deve ser a busca da felicidade para o maior número de pessoas e que as ações são definidas como certas ou erradas a depender dos seus efeitos (Fonte: Educa mais Brasil).

GABARITO: A.

---

355. Assinale a opção que, à luz da Lei nº 8.112/1990, apresenta forma de provimento pela qual, atendidos os requisitos legais, o servidor aposentado poderá retornar à atividade, tanto no interesse da administração quanto por insubsistência dos motivos que levaram à aposentadoria por invalidez.

a) Reversão.

b) Reintegração.

c) Readaptação.

d) Aproveitamento.

e) Recondução.

A alternativa correta é a A, uma vez que a reversão pode acontecer em duas hipóteses:

1) Quando o servidor público foi aposentado por invalidez, mas junta médica declarar que insubsistentes os motivos da sua aposentadoria;

2) Quando há interesse da Administração Pública no retorno do servidor, desde que este tenha solicitado a reversão, a aposentadoria tenha sido voluntária, o servidor fosse estável ao tempo da aposentadoria, a aposentadoria tenha ocorrido há menos de 5 anos e exista cargo vago.

GABARITO: A.

---

356. Pessoas jurídicas de direito privado, integrantes da administração indireta do Estado, criadas por autorização legal, cujo controle acionário pertença ao poder público, tendo por objetivo, como regra, a exploração de atividades gerais de caráter econômico, constituem:

a) sociedades de economia mista.

b) autarquias.

c) órgãos.

d) fundações públicas.

e) empresas públicas.

A: Correta. Sociedade de economia mista - empresa estatal cuja maioria das ações com direito a voto pertença diretamente à União e cujo capital social admite a participação do setor privado;

B: Incorreta. Autarquias são pessoas jurídicas de direito público que integram a administração indireta, são criadas por meio de lei específica, para o exercício de atividades típicas de Estado.

C: Incorreta. Órgãos são subdivisões internas de pessoas jurídicas os quais integram a administração pública e não possuem personalidade jurídica própria.

D: Incorreta. As Fundações Públicas são entidades da administração pública indireta; podem ser criadas por meio de autorização legislativa com personalidade jurídica de direito privado ou por meio lei específica com personalidade jurídica de direito público.

E: Incorreta. Empresa pública é empresa estatal cuja maioria do capital votante pertença diretamente à União e cujo capital social seja constituído de recursos provenientes exclusivamente do setor público.

GABARITO: A.

---

357. Assinale a opção que representa atribuição do Congresso Nacional para a qual não é exigida sanção do presidente da República.

a) Concessão de anistia.

b) Organização administrativa e judiciária do Ministério Público e da Defensoria Pública da União.

c) Criação e extinção de órgãos da Administração Pública.

d) Desmembramento de áreas de territórios federais ou estados.

e) Sustação de atos normativos do Poder Executivo que exorbitem do poder regulamentar.

A: Incorreta. Cabe ao Congresso Nacional, com a sanção do presidente da República, a concessão de anistia, conforme art. 48, inciso VIII, da CF/1988.

Art. 48 Cabe ao Congresso Nacional, com a sanção do Presidente da República, não exigida esta para o especificado nos arts. 49, 51 e 52, dispor sobre todas as matérias de competência da União, especialmente sobre:

VIII - concessão da anistia.

B: Incorreta. Trata-se de atribuição que depende de sanção do presidente da República, conforme se extrai do art. 48, inciso IX, da CF/1988:

Art. 48 IX - organização administrativa, judiciária, do Ministério Público e da Defensoria Pública da União e dos Territórios e organização judiciária e do Ministério Público do Distrito Federal.

C: Incorreta. A criação e extinção de ministérios e órgãos da Administração Pública dependem de sanção do presidente da República, nos termos do art. 48, inciso XI, da CF/1988.

Art. 48 XI - criação e extinção de Ministérios e órgãos da administração pública.

D: Incorreta. Tal atribuição depende de sanção do presidente da República. Veja-se o que dispõe o art. 48, inciso VI, da CF/1988:

Art. 48 VI - incorporação, subdivisão ou desmembramento de áreas de Territórios ou Estados, ouvidas as respectivas Assembleias Legislativas.

E: Correta. Nos termos do art. 49, inciso V, da CF/1988, é de competência exclusiva do Congresso Nacional sustar os atos normativos do Poder Executivo que exorbitem do poder regulamentar ou dos limites de delegação legislativa. Portanto, tal atribuição independe de sanção presidencial.

Art. 49 É da competência exclusiva do Congresso Nacional:

V - sustar os atos normativos do Poder Executivo que exorbitem do poder regulamentar ou dos limites de delegação legislativa.

GABARITO: E.

---

358. Segundo a CF/1988, o Supremo Tribunal Federal possui competência para processar e julgar, originariamente:

a) a ação declaratória de constitucionalidade de lei ou ato normativo federal ou estadual.

b) o mandado de injunção, quando a norma regulamentadora for atribuição dos tribunais de justiça dos estados.

c) os membros dos tribunais de justiça dos estados em infrações penais comuns.

d) os conflitos de competência entre o Superior Tribunal de Justiça e demais tribunais.

e) o habeas corpus em que figurem como pacientes procuradores-gerais de justiça dos estados.

A: Incorreta. De acordo com o art. 102, inciso I, alínea "a", da CF/1988, compete ao Supremo Tribunal Federal (STF), precipuamente, a guarda da Constituição, cabendo-lhe processar e julgar, originariamente, a ação direta de inconstitucionalidade de lei ou ato normativo federal ou estadual e a ação declaratória de constitucionalidade de lei ou ato normativo federal.

B: Incorreta. Conforme prevê o art. 102, inciso I, alínea "q", da CF/1988, compete ao STF processar e julgar, originariamente, o mandado de injunção, quando a elaboração da norma regulamentadora for atribuição do presidente da República, do Congresso Nacional, da Câmara dos Deputados, do Senado Federal, das Mesas de uma dessas Casas Legislativas, do Tribunal de Contas da União, de um dos Tribunais Superiores ou do próprio STF.

C: Incorreta. Trata-se de competência do Supremo Tribunal de Justiça (STJ). Veja-se a disposição do art. 105, inciso I, alínea "a", da CF/1988:

Art. 105 Compete ao Superior Tribunal de Justiça:

I - processar e julgar, originariamente:

a) nos crimes comuns, os Governadores dos Estados e do Distrito Federal, e, nestes e nos de responsabilidade, os desembargadores dos Tribunais de Justiça dos Estados e do Distrito Federal, os membros dos Tribunais de Contas dos Estados e do Distrito Federal, os dos Tribunais Regionais Federais, dos Tribunais Regionais Eleitorais e do Trabalho, os membros dos Conselhos ou Tribunais de Contas dos Municípios e os do Ministério Público da União que oficiem perante tribunais.

D: Correta. Nos termos do art. 102, inciso I, alínea "o", da CF/1988, compete ao STF processar e julgar, originariamente, os conflitos de competência entre o STJ e quaisquer tribunais, entre tribunais superiores ou entre estes e qualquer outro tribunal.

E: Incorreta. Não há previsão constitucional nesse sentido.

GABARITO: D.

---

359. Acerca do que dispõe a CF/1988 sobre o Poder Executivo, assinale a opção correta.

a) As competências do vice-presidente da República estão previstas em rol taxativo no texto constitucional.

b) No caso de vacância dos cargos de presidente e vice-presidente da República, caberá ao Congresso Nacional a eleição durante todo o período presidencial.

c) Em qualquer hipótese, poderá o presidente da República extinguir cargos públicos por meio de decreto.

d) Caberá à Câmara dos Deputados o juízo de admissibilidade da acusação contra o presidente da República, tanto nas infrações penais comuns quanto nos crimes de responsabilidade.

e) Em razão dos preceitos de segurança nacional, são indelegáveis as atribuições do presidente da República.

A: Incorreta. As competências do vice-presidente estão previstas em rol exemplificativo. Veja-se o art. 79, parágrafo único, da CF/1988:

Art. 79 Parágrafo único. O Vice-Presidente da República, além de outras atribuições que lhe forem conferidas por lei complementar, auxiliará o Presidente, sempre que por ele convocado para missões especiais.

B: Incorreta. De acordo com a previsão constitucional, se a vacância dos cargos se der nos 2 primeiros anos, será feita eleição direta 90 dias depois de aberta a última vaga. Por outro lado, se a vacância ocorrer nos 2 últimos anos do período presidencial, ocorrerá eleição indireta, realizada pelo Congresso Nacional, 30 dias depois da última vaga. Nesse sentido, tem-se a previsão da CF/1988:

Art. 81 Vagando os cargos de Presidente e Vice-Presidente da República, far-se-á eleição noventa dias depois de aberta a última vaga.

§ 1º Ocorrendo a vacância nos últimos dois anos do período presidencial, a eleição para ambos os cargos será feita trinta dias depois da última vaga, pelo Congresso Nacional, na forma da lei.

C: Incorreta. Estabelece o art. 84, inciso VI, da CF/1988, que o presidente da República pode dispor, mediante decreto, sobre a extinção de funções ou cargos públicos, quando vagos. Portanto, não é em qualquer hipótese.

D: Correta. Cabe à Câmara dos Deputados o juízo de admissibilidade da acusação contra o presidente da República, tanto nas infrações penais comuns quanto nos crimes de responsabilidade, conforme estabelece o art. 86, da Constituição Federal:

Art. 86 Admitida a acusação contra o Presidente da República, por dois terços da Câmara dos Deputados, será ele submetido a julgamento perante o Supremo Tribunal Federal, nas infrações penais comuns, ou perante o Senado Federal, nos crimes de responsabilidade.

E: Incorreta. Prevê o art. 86, parágrafo único, da CF/1988, que o presidente da República poderá delegar aos ministros de Estado, ao procurador-geral da República ou ao advogado-geral da União, as seguintes atribuições:

- Dispor, mediante decreto, sobre a organização e funcionamento da administração federal, quando não implicar aumento de despesa nem criação ou extinção de órgãos públicos; e extinção de funções ou cargos públicos, quando vagos;

- Conceder indulto e comutar penas, com audiência, se necessário, dos órgãos instituídos em lei; e

- Prover e extinguir os cargos públicos federais, na forma da lei.

GABARITO: D.

---

360. Assinale a opção que, segundo a CF/1988, apresenta função pública passível de ser assumida por indivíduo brasileiro naturalizado de 32 anos de idade.

a) Presidente da Câmara dos Deputados.

b) Ministro do Supremo Tribunal Federal.

c) Governador de estado.

d) Oficial das Forças Armadas.

e) Senador da República.

A Constituição Federal não permite que a lei estabeleça distinção entre brasileiro nato e naturalizado. Os únicos casos de tratamento diferenciado admitidos são aqueles expressamente previstos no texto constitucional, a exemplo dos cargos privativos de brasileiro nato estabelecidos no art. 12, § 3º, da CF/1988:

Art. 12 § 3º São privativos de brasileiro nato os cargos:

I - de Presidente e Vice-Presidente da República;

II - de Presidente da Câmara dos Deputados;

III - de Presidente do Senado Federal;

IV - de Ministro do Supremo Tribunal Federal;

V - da carreira diplomática;

VI - de oficial das Forças Armadas;

VII - de Ministro de Estado da Defesa.

Ademais, quanto ao requisito idade como condição de elegibilidade, dispõe o art. 14, § 3º, inciso VI, da CF/1988:

Art. 14 VI - a idade mínima de:

a) trinta e cinco anos para Presidente e Vice-Presidente da República e Senador;

b) trinta anos para Governador e Vice-Governador de Estado e do Distrito Federal;

c) vinte e um anos para Deputado Federal, Deputado Estadual ou Distrital, Prefeito, Vice-Prefeito e juiz de paz;

d) dezoito anos para Vereador.

§ 4º São inelegíveis os inalistáveis e os analfabetos.

A: Incorreta. O cargo de presidente da Câmara dos Deputados é privativo de brasileiro nato.

B: Incorreta. O cargo de ministro do Supremo Tribunal Federal é privativo de brasileiro nato.

C: Correta. O cargo de governador exige a idade mínima de 30 anos e pode ser ocupado tanto por brasileiro nato quanto naturalizado.

D: Incorreta. O cargo de oficial das Forças Armadas é privativo de brasileiro nato, nos termos do art. 12, § 3º, inciso VI, da CF/1988.

E: Incorreta. O cargo de senador da República pode ser ocupado por brasileiro naturalizado, contudo, a idade mínima é de 35 anos (art. 14, § 3º, inciso VI, alínea "a", da CF/1988).

GABARITO: C.

---

361. Assinale a opção que apresenta a doutrina ética segundo a qual as pessoas devem ser respeitadas pela mera condição humana, como um fim em si mesmas, independentemente dos benefícios e da maximização da felicidade para a maioria das outras pessoas.

a) utilitarismo.

b) moral do caráter.

c) hedonismo.

d) consequencialismo.

e) moral baseada em imperativos categóricos.

A: Incorreta. O utilitarismo é uma teoria que basicamente explica o que é certo e errado. Preza pelo bem estar coletivo.

B: Incorreta. Não é a representação de nenhuma teoria, é a demonstração do que achamos certo ou errado em nossa personalidade.

C: Incorreta. É a teoria que busca a satisfação do prazer, coloca o prazer e os bens materiais como sendo os mais importantes.

D: Incorreta. O consequencialismo entende que cada indivíduo tem responsabilidade sobre suas ações.

E: Correta. A moral baseada em imperativos categóricos entende que as pessoas devem ser respeitadas pela mera condição humana.

GABARITO: E.

---

362. Na administração pública federal, a administração direta compreende os serviços integrados na estrutura administrativa da:

a) Presidência da República, dos ministérios, das autarquias, das fundações públicas, das empresas públicas e das sociedades de economia mista.

b) Presidência da República e dos ministérios, apenas.

c) Presidência da República, dos ministérios e das autarquias, apenas.

d) Presidência da República, dos ministérios, das autarquias e das fundações públicas, apenas.

e) Presidência da República, dos ministérios, das autarquias, das fundações públicas e das empresas públicas, apenas.

De acordo com o que estabelece o art. 4º, I, do Decreto-lei nº 200/1967:

Art. 4º A Administração Federal compreende:

I - A Administração Direta, que se constitui dos serviços integrados na estrutura administrativa da Presidência da República e dos Ministérios.

Dessa maneira, a alternativa certa é a B.

GABARITO: B.

---

363. A iniciativa para deflagrar o processo legislativo de criação de cargos públicos no âmbito dos tribunais de justiça é competência do:

a) presidente da República.

b) presidente do STF.

c) presidente do STJ.

d) presidente do respectivo tribunal de justiça.

e) ministro da Justiça.

O Processo legislativo é o modo como se dá a formação das espécies legislativas. No caso de criação de cargos públicos no âmbito dos tribunais de justiça a competência do para deflagrar o processo legislativo presidente do respectivo tribunal.

Nesse sentido, o art. 96, II, 'b', da CF/1988, determina a competência reservada ao Supremo Tribunal Federal, aos Tribunais Superiores e aos Tribunais de Justiça locais para propor ao Poder Legislativo o seguinte: a alteração do número de membros dos tribunais inferiores; a criação e a extinção de cargos e a remuneração dos seus serviços auxiliares e dos juízes que lhe forem vinculados, bem como a fixação do subsídio de seus membros e dos juízes, inclusive dos tribunais inferiores, onde houver, ressalvado o disposto no art 48, XV; a criação ou extinção dos tribunais inferiores; a alteração da organização e da divisão judiciárias.

GABARITO: D.

---

364. Considere os seguintes itens.

I. A extensão, às uniões estáveis homoafetivas, do mesmo regime jurídico aplicável à união estável entre pessoas heterossexuais justifica-se e legitima-se pela direta incidência do princípio constitucional implícito que prevê o direito à busca da felicidade, entre outros princípios.

II. A crítica jornalística é direito garantido na Constituição Federal de 1988 (CF) e plenamente aceitável contra aqueles que exercem funções públicas; o interesse social, que legitima o direito de criticar, sobrepõe-se a eventuais suscetibilidades que possam revelar as pessoas públicas.

No que se refere aos princípios fundamentais previstos na CF, assinale a opção que apresenta os princípios que fundamentam os itens I e II, respectivamente.

a) dignidade da pessoa humana e pluralismo político.

b) dignidade da pessoa humana e valorização do trabalho humano.

c) prevalência dos direitos humanos e valorização do trabalho humano.

d) defesa da paz e pluralismo político.

e) prevalência dos direitos humanos e cidadania.

A questão requer conhecimento acerca dos princípios fundamentais previstos entre os art. 1º e 4º, da Constituição Federal. Os itens I e II referem-se aos princípios da dignidade da pessoa humana e ao pluralismo político. Veja-se:

- Dignidade da pessoa humana: previsto no art. 1º, inciso I, da CF/1988, é um dos fundamentos da República Federativa do Brasil, que consagra, desde logo, nosso Estado como uma organização centrada no ser humano, e não em qualquer outro referencial; sendo a razão de ser do Estado brasileiro. São vários os valores constitucionais que decorrem diretamente da ideia de dignidade humana, tais como, dentre outros, o direito à vida, à intimidade, à honra e à imagem.

- Pluralismo político: decorre do princípio democrático, que impõe a opção por uma sociedade plural na qual a diversidade e as liberdades devem ser amplamente respeitadas. O caráter pluralista da sociedade se traduz no pluralismo social, político, partidário, religioso, econômico, de ideias e de instituições de ensino, cultural e dos meios de informação. Este fundamento é concretizado, ainda, por meio do reconhecimento e proteção das diversas liberdades, dentre elas, a de opinião, a filosófico-religiosa, a intelectual, artística, científica, e de comunicação, a de orientação sexual, a profissional, a de informação, a de reunião e a de associação.

Sendo assim, a alternativa correta é a letra A. As demais alternativas estão incorretas porque apresentam os demais fundamentos e princípios presentes entre os artigos 1º e 4º, da Constituição Federal.

GABARITO: A.

---

365. Extrai-se do princípio da liberdade de criação, transformação e extinção de partidos políticos contido na CF o fundamento constitucional para resguardar:

a) o bem de todos, sem preconceitos de origem, raça, sexo, cor, idade e quaisquer outras formas de discriminação.

b) a soberania nacional, o regime democrático, o pluripartidarismo e os direitos fundamentais da pessoa humana.

c) uma sociedade pluralista.

d) os valores sociais do trabalho e a livre iniciativa.

e) a separação de poderes e a indissolubilidade do vínculo federativo.

A: Incorreta. A promoção do bem de todos, sem preconceitos de origem, raça, sexo, cor, idade e quaisquer outras formas de discriminação, constitui um dos objetivos fundamentais da República Federativa do Brasil, conforme estabelece o art. 3º, IV, da CF/1988.

B: Correta. Nos termos do art. 17, da CF/1988, é livre a criação, fusão, incorporação e extinção de partidos políticos, resguardados a soberania nacional, o regime democrático, o pluripartidarismo, os direitos fundamentais da pessoa humana.

C: Incorreta. Uma sociedade pluralista equivale ao pluralismo político, um dos fundamentos da República, nos termos do art. 1º, V, da CF/1988.

D: Incorreta. Os valores sociais do trabalho e da livre iniciativa é um dos fundamentos da República, nos termos do art. 1º, IV, da CF/1988.

E: Incorreta. O princípio da separação de poderes é consagrado no artigo 2º, da Constituição Federal, e estabelece que "são Poderes da União, independentes e harmônicos entre si, o Legislativo, o Executivo e o Judiciário". Trata-se do sistema de freios e contrapesos que tem como objetivo evitar a sobreposição de um poder em outro, ao mesmo tempo que assegura a convivência harmoniosa entre eles.

Por sua vez, o princípio da indissolubilidade do pacto federativo está previsto no artigo 1º da Constituição Federal e determina que a união dos Estados-membros, do Distrito Federal e dos Municípios não poderá ser desfeita. Veja-se:

Art. 1º A República Federativa do Brasil, formada pela união indissolúvel dos Estados e Municípios e do Distrito Federal, constitui-se em Estado Democrático de Direito e tem como fundamentos.

GABARITO: B.

---

366. No que se refere à administração pública e às normas constitucionais que regem os servidores públicos, julgue os itens seguintes.

I. A CF prevê possibilidade de acesso a cargos, funções e empregos públicos por estrangeiro, desde que haja regulamentação.

II. A proibição de acumular cargo, emprego ou função públicos não atinge os empregados de sociedades de economia mista.

III. A servidor ocupante exclusivamente de cargo em comissão de livre nomeação e exoneração aplica-se o mesmo regime de previdência dos cargos efetivos.

IV. As funções de confiança destinam-se apenas às atribuições de chefia, direção e assessoramento.

Estão certos apenas os itens:

a) I e II.

b) I e IV.

c) II e III.

d) I, III e IV.

e) II, III e IV.

I: Correto. De acordo com o art. 31, I, da CF/1988, os cargos, empregos e funções públicas são acessíveis aos brasileiros que preencham os requisitos estabelecidos em lei, assim como aos estrangeiros, na forma da lei;

II: Incorreto. Dispõe o art. 37, XVII, da CF/1988, que a proibição de acumular estende-se a empregos e funções e abrange as autarquias, fundações, empresas públicas, sociedades de economia mista, suas subsidiárias, e sociedades controladas, direta ou indiretamente, pelo poder público;

III: Incorreto. Prevê o art. 40, § 13, da CF/1988, que aplica-se ao agente público ocupante, exclusivamente, de cargo em comissão declarado em lei de livre nomeação e exoneração o Regime Geral de Previdência Social. Por sua vez, aos servidores titulares de cargos efetivos aplica-se o Regime Próprio de Previdência Social (art. 40, caput, CF).

IV: Correto. Nos termos do art. 37, V, da CF/1988, as funções de confiança, exercidas exclusivamente por servidores ocupantes de cargo efetivo, destinam-se apenas às atribuições de direção, chefia e assessoramento.

GABARITO: B.

---

367. Compete exclusivamente ao Congresso Nacional:

a) aprovar previamente, por voto secreto, após arguição pública, a escolha de procurador-geral da República.

b) conceder anistia.

c) dispor sobre limites e condições para a concessão de garantia da União em operações de crédito externo e interno.

d) eleger membros do Conselho da República.

e) mudar temporariamente sua sede.

A: Incorreta. Nos termos do art. 52, III, "e", da CF/1988, compete privativamente ao Senado Federal, aprovar previamente, por voto secreto, após arguição pública, a escolha do Procurador-Geral da República.

B: Incorreta. A concessão de anistia é atribuição do Congresso Nacional, mas com a sanção do Presidente da República. Veja-se a disposição do art. 48, VIII, da CF/1988:

Art. 48 Cabe ao Congresso Nacional, com a sanção do Presidente da República, não exigida esta para o especificado nos arts. 49, 51 e 52, dispor sobre todas as matérias de competência da União, especialmente sobre:

VIII - concessão de anistia.

C: Incorreta. Trata-se de competência privativa do Senado Federal, nos termos do art. 52, VIII, da CF/1988:

Art. 52 Compete privativamente ao Senado Federal:

VIII - dispor sobre limites e condições para a concessão de garantia da União em operações de crédito externo e interno.

D: Incorreta. A eleição de membros do Conselho da República é competência privativa do Senado Federal, consoante estabelece o art. 52, XIV, da CF/1988.

E: Correta. De acordo com o art. 49, VI, da CF/1988, é da competência exclusiva do Congresso Nacional, mudar temporariamente sua sede.

GABARITO: E.

---

368. Assinale a opção que apresenta atribuições do presidente da República e dos ministros de Estado, respectivamente.

a) remeter mensagem e plano de governo ao Congresso Nacional por ocasião da abertura da sessão legislativa; fixar e modificar o efetivo das Forças Armadas.

b) conceder indulto e comutar penas; dispor sobre planos e programas nacionais, regionais e setoriais de desenvolvimento.

c) vetar projetos de lei, total ou parcialmente; expedir instruções para a execução de leis, decretos e regulamentos.

d) expedir decretos e regulamentos para sua fiel execução; avaliar periodicamente a funcionalidade do Sistema Tributário Nacional.

e) exercer o comando supremo das Forças Armadas; autorizar, em terras indígenas, a exploração e o aproveitamento de recursos hídricos.

A: Incorreta. De acordo com o art. 84, inciso XI, da CF/1988, é de competência do Presidente da República, remeter mensagem e plano de governo ao Congresso Nacional por ocasião da abertura da sessão legislativa, expondo a situação do País e solicitando as providências que julgar necessárias. Contudo a fixação e modificação do efetivo das Forças Armadas é atribuição do Congresso Nacional, com a sanção do Presidente da República, conforme estabelece o art. 48, inciso III, da CF/1988.

B: Incorreta. De fato, compete ao Presidente da República conceder indulto e comutar penas (art. 84, XII, da CF/1988). No entanto, cabe ao Congresso Nacional, com a sanção do Presidente, dispor sobre planos e programas nacionais, regionais e setoriais de desenvolvimento, conforme art. 48, IV, da CF/1988.

C: Correta. Nos termos do art. 84, inciso IV, da CF/1988, compete privativamente ao Presidente da República expedir decretos e regulamentos para sua fiel execução. Já ao Ministro de Estado, lhe compete, além de outras atribuições, expedir instruções para a execução das leis, decretos e regulamentos (art. 87, parágrafo único, II, da CF/1988).

D: Incorreta. A expedição de decretos e regulamentos para sua fiel execução é competência do Presidente da República. Contudo, a avaliação periódica da funcionalidade do Sistema Tributário Nacional é atribuição privativa do Senado Federal, nos termos do art. 52, XV, da CF/1988.

E: Incorreta. Ao Presidente da República incumbe exercer o comando supremo das Forças Armadas, nos termos do art. 84, XIII, da CF/1988. Todavia, é da competência exclusiva do Congresso Nacional autorizar, em terras indígenas, a exploração e o aproveitamento de recursos hídricos (art. 49, XVI, da CF/1988).

GABARITO: C.

---

369. Assinale a opção que apresenta órgão do Poder Judiciário que integra a justiça especializada.

a) Tribunal dos Estados, do Distrito Federal e dos Territórios.

b) Tribunal Regional Federal.

c) Supremo Tribunal Federal.

d) Tribunal Superior do Trabalho.

e) Conselho Nacional de Justiças.

A questão exige conhecimento sobre a estrutura do Poder Judiciário, sobretudo a divisão da Justiça em comum e especial (especializada).

- A justiça especializada é composta pela Justiça Eleitoral, Justiça do Trabalho e Justiça Militar. São estruturas judiciais específicas para lidar com questões afetas aos ramos do Direito Eleitoral, Trabalhista e Militar.

- A Justiça do Trabalho é composta pelo Tribunal Superior do Trabalho (TST), Tribunais Regionais do Trabalho (TRTs) e pelos Juízes do Trabalho (art. 111, da CF/1988).

- A Justiça Eleitoral é composta pelo Tribunal Superior Eleitoral (TSE); pelos Tribunais Regionais Eleitorais (TREs); Juízes Eleitorais e Juntas Eleitorais (art. 118, da CF/1988).

- A Justiça Militar é dividida em Justiça Militar da União e Justiça Militar dos Estados, do Distrito Federal e Territórios:

• A Justiça Militar da União é composta pelo Superior Tribunal Militar (STM) e Conselhos de Justiça, Especial e Permanente, nas sedes das Auditorias Militares (art. 122, da CF/1988).

• A Justiça Militar dos Estados, do DF e Territórios é composta pelo Tribunal de Justiça ou Tribunal de Justiça Militar, nos Estados em que o efeito militar for superior a 20.000 integrantes, e em primeiro grau, pelos juízes de direito da Justiça Militar Estadual e pelos Conselhos de Justiça, com sede nas auditorias militares (art. 125, §§ 3º, 4º e 5º).

Por sua vez, a justiça comum é constituída pela Justiça Federal e Estadual:

• A Justiça Federal é composta por seis Tribunais Regionais Federais (TRFs), sendo estabelecidos em Brasília (TRF da 1ª Região), Rio de Janeiro (TRF da 2ª Região), São Paulo (TRF da 3ª Região), Porto Alegre (TRF da 4ª Região), Recife (TRF da 5ª Região) e Belo Horizonte/ MG (TRF da 6ª Região), pelos Juízes Federais e Juizados Especiais Federais (art. 106, da CF).

• A Justiça Estadual é formada por 27 Tribunais de Justiça dos estados, Juízes de Direito das comarcas que compõem cada ente federado e os Juizados Especiais.

O Supremo Tribunal Federal é o órgão máximo do Poder Judiciário e responsável final pelo controle de constitucionalidade de leis, atos normativos ou decisões judiciárias. O STF não pertence a nenhuma justiça, razão pela qual é chamado de órgão de superposição ou centro de convergência, tendo em vista que todos os Tribunais Superiores convergem unicamente ao Supremo. Ademais, as suas decisões se sobrepõem às decisões proferidas pelos órgãos inferiores das Justiças comum e especial.

Por fim, o Conselho Nacional de Justiça (CNJ) é o órgão do Poder Judiciário encarregado de controlar a atuação administrativa e financeira dos demais órgãos daquele poder, bem como de supervisionar o cumprimento dos deveres funcionais dos juízes.

Sendo assim, a alternativa correta é a letra D: Tribunal Superior do Trabalho, tendo em vista ser o órgão do Poder Judiciário que integra a justiça especializada.

GABARITO: D.

---

370. No que se refere a controle judicial dos atos administrativos, mandado de segurança, ação popular e ação civil pública, julgue os itens seguintes.

I. Ato do Poder Judiciário que examine atos do Poder Legislativo, sob o aspecto da legalidade e da moralidade, não fere o princípio de independência dos poderes.

II. Caberá mandado de segurança contra decisão de juízo de primeiro grau que indefira petição inicial em uma ação de rito comum.

III. A ação popular constitui-se de um instrumento processual apropriado para anular desvios de recursos públicos praticados por gestores de autarquias e empresas públicas estaduais no exercício dessa função.

IV. Qualquer pessoa física capaz tem legitimidade para propor ação civil pública, com o objetivo de proteger o patrimônio público, o meio ambiente e o patrimônio artístico, histórico, turístico e paisagístico.

Assinale a opção correta.

a) Apenas os itens I e II estão certos.
b) Apenas os itens I e III estão certos.
c) Apenas os itens I, II e III estão certos.
d) Apenas os itens II, III e IV estão certos.
e) Todos os itens estão certos.

I: Correto. Nos termos do art. 2º da CF/1988, os poderes da república são independentes e harmônicos entre si. Sendo assim, eles se autofiscalizam, de modo que o Poder Judiciário pode examinar os atos do Poder Legislativo sob o aspecto da legalidade e da moralidade, sem que haja violação à separação dos poderes.

II: Incorreto. O art. 5º, II, da Lei nº 12.016/2009, estabelece que não se concederá mandado de segurança quando se tratar de decisão judicial da qual caiba recurso com efeito suspensivo. Contra decisão de juízo de primeiro grau que indefira petição inicial em uma ação de rito comum, é cabível agravo de instrumento (parcialmente) ou apelação (totalmente). Por outro lado, o mandado de segurança é remédio constitucional (art. 5º, LXX) adequado para proteger direito líquido e certo, não amparado por habeas corpus ou habeas data, sempre que, ilegalmente ou com abuso de poder, qualquer pessoa física ou jurídica sofrer violação ou houver justo receio de sofrê-la por parte de autoridade, seja de que categoria for e sejam quais forem as funções que exerça.

III: Correto. O art. 5º, LXXIII, da CF/1988, dispõe que qualquer cidadão é parte legítima para propor ação popular que vise a anular ato lesivo ao patrimônio público ou de entidade de que o Estado participe, à moralidade administrativa, ao meio ambiente e ao patrimônio histórico e cultural, ficando o autor, salvo comprovada má-fé, isento de custas judiciais e do ônus da sucumbência. Assim, a ação popular é o instrumento processual apropriado para anular desvios de recursos públicos praticados por gestores de autarquias e empresas públicas estaduais no exercício dessa função.

IV: Incorreto. De acordo com o art. 5º, LXXIII, da CF/1988, qualquer cidadão (não qualquer pessoa física) é parte legítima para propor ação popular (não ação civil pública) que vise a anular ato lesivo ao patrimônio público ou de entidade de que o Estado participe, à moralidade administrativa, ao meio ambiente e ao patrimônio histórico e cultural, ficando o autor, salvo comprovada má-fé, isento de custas judiciais e do ônus da sucumbência. Por outro lado, o art. 5º, da Lei nº 7.347/1985 prevê os legitimados para a propositura da ação civil pública são o Ministério Público, a União Federal, os Estados, os Municípios, as autarquias, as empresas públicas, as sociedades de economia mista e as associações civis.

GABARITO: B.

---

371. Assinale a opção correta, no que concerne a habeas corpus.

a) O próprio réu pode impetrar em causa própria, desde que comprove ser advogado.
b) O membro do Ministério Público tem legitimidade para impetrar em favor do réu.
c) O habeas corpus não é cabível quando o processo for nulo, sendo admissível quando houver ameaça à liberdade de ir e vir.
d) O advogado deve anexar procuração pública ao pedido, sob pena de não conhecimento por ilegitimidade.
e) A concessão da ordem para liberar o preso implica o término da ação penal.

A: Incorreta. O habeas corpus pode ser impetrado por qualquer pessoa, estrangeiros e pessoas jurídicas, em seu favor ou de outrem, bem como pelo Ministério Público, não existindo o requisito de ser Advogado.

B: Correta. Prevê o art. 654, do Código de Processo Penal, que o habeas corpus poderá ser impetrado por qualquer pessoa, em seu favor ou de outrem, bem como pelo Ministério Público, em função de sua específica destinação tutelar: a salvaguarda do estado de liberdade individual do paciente

C: Incorreta. Conforme estabelece o art. 648, VI, do Código de Processo Penal, a coação considerar-se-á ilegal quando o processo for manifestamente nulo.

D: Incorreta. Tendo em vista que o habeas corpus pode ser impetrado por qualquer pessoa, não há necessidade do instrumento de procuração.

E: Incorreta. Conforme o art. 651 do Código de Processo Penal, a concessão do habeas corpus não obstará, nem porá termo ao processo, desde que este não esteja em conflito com os fundamentos daquela.

Art. 652 Se o habeas corpus for concedido em virtude de nulidade do processo, este será renovado.

GABARITO: B.

---

372. Um projeto de reforma de salas de uma organização, com prazo previsto de quatro meses e custo total de 120.000 reais encontra-se, ao fim do segundo mês, na seguinte situação:

Planejado		Realizado	
Prazo	Valor	Custo	Valor entregue
Mês 1	20.000	24.000	18.000
Mês 2	60.000	70.000	54.000
Mês 3	85.000		
Mês 4	120.000		

O administrador responsável está preocupado com o andamento do projeto e quer analisar seu desempenho por meio da técnica de EVA (earned value analysis).

A partir dos dados da tabela, se o restante do projeto seguir a tendência do índice de performance de prazo (SPI), o custo final estimado do projeto, quando concluído (EAC – estimate at completion), será (desconsidere os centavos):

a) 120.000 reais.
b) 132.000 reais.
c) 133.333 reais.
d) 143.333 reais.
e) 144.235 reais.

O EAC (custo estimado ao final do projeto) nada mais é do que o BAC (Budget at Completion ou Orçamento ao final do projeto, ou seja, valor total planejado) ajustado levando em conta a situação atual de desenvolvimento do projeto. O EAC informa quanto o projeto vai custar.

O EAC pode ser calculado de diversas formas.

Uma das formas é: EAC = BAC / CPI ou EAC = BAC / SPI ou EAC = AC + RPV / CPI ou EAC = AC + RPV / SPI, entretanto, aconselho o uso das fórmulas "maiores".

O Índice de Desempenho de Custo (IDC ou CPI - Cost Performance Index) indica se os recursos do projeto estão sendo utilizados de forma eficiente (ou seja, quando maior ou igual a 1) ou não (quando menor do que 1). É a razão entre o valor agregado (EV) e o custo real (AC), ou seja: CPI = EV (valor entregue até o momento) / AC (custo real até o momento), que, de acordo com a tabela, representa o "valor entregue" dividido pelo "custo".

Quanto ao Índice de Desempenho de Prazo, ou seja o IDP (ou SPI), que indica uma condição favorável da eficiência do cronograma em um projeto (quando maior ou igual a 1) ou desfavorável (quando menor do que 1), é calculado conforme o seguinte: SPI = EV (valor entregue até o momento) / PV (valor planejado até o momento), que, de acordo com a tabela, representa o "valor entregue" dividido pelo "valor planejado".

Outra maneira de calcular o EAC será: EAC = AC + RPV / CPI ou EAC = AC + RPV / SPI

Considerando que o RPV (Custo planejado remanescente do projeto) é simplesmente a diferença entre o trabalho total que precisa ser feito para completar o projeto (ou seja, o BAC) e o trabalho completado até a data (ou seja, o EV), temos que o cálculo do EAC será: EAC = AC + (BAC - EV)/SPI

Pela fórmula EAC = AC + (BAC – EV)/SPI temos:

EAC = 70 + (120 – 54)/(54/60) = 70 + 66/0,9 = 143,333

O EAC = custo estimado ao final do projeto.

AC = custo real do projeto até o momento.

BAC = valor total planejado, ou seja, valor total planejado até o final.

EV = valor entregue até o momento.

CPI = Índice de Desempenho de Custo.

SPI = Índice de Desempenho de Prazo.

PV = valor planejado até o momento.

SPI = EV/PV

CPI = EV/AC

GABARITO: D.

---

373. Uma organização adota sistema de reposição contínua para o estoque de determinado insumo. O consumo mensal do insumo é, em média, de 150 unidades, o estoque de segurança é de 40 unidades e o tempo de ressuprimento é de nove dias corridos. A organização compra o insumo de um fornecedor em lotes de 150 unidades, a um preço de R$ 50,00 por unidade. O custo de pedido é de R$ 20,00.

Na situação descrita, o estoque médio e o ponto de pedido (considere que um mês tem trinta dias) são, respectivamente, de:

a) 75 unidades; 80 unidades.
b) 75 unidades; 85 unidades.
c) 95 unidades; 75 unidades.
d) 115 unidades; 80 unidades.
e) 115 unidades; 85 unidades.

EM = Q/2 + ES

EM = 150/2 + 40 = 115

PP = CM · TR + ES

PP = 150/30 · 9 + 40 = 85

Onde:

EM = estoque médio.

Q = quantidade adquirida ou fabricada para reposição de estoque.

ES = estoque de segurança.

PP = ponto do pedido.

CM = consumo médio.

TR = tempo de reposição.

GABARITO: E.

---

374. Na apresentação da lei orçamentária, as receitas e as despesas devem ser evidenciadas de tal forma que se possa identificar as origens dos recursos e sua aplicação. Essa orientação favorece o controle político do gasto público, pois inibe autorizações genéricas, com finalidade aberta, e que propiciam demasiada flexibilidade e arbítrio ao Poder Executivo.

Essa orientação está intimamente relacionada ao princípio orçamentário da:

a) exatidão.
b) exclusividade.
c) especialização.
d) totalidade.
e) universalidade.

A: Incorreta. Para efeitos de programação, gerência e controle orçamentário, as estimativas devem ser tão exatas quanto possível. Imagine se um empregado em uma empresa lhe dá um monte de valores mal calculados para pedir reembolso?

B: Incorreta. Não haverá matéria estranha à previsão das receitas e à fixação das despesas na lei do orçamento (há duas exceções somente). Imagine o mesmo empregado escrevendo no relatório para reembolso para a controladoria de uma organização de grande porte (como é o setor público): "por causa de tal fato de minha vida x e y". O contador não quer saber disso.

C: Correta. Não há controle efetivo se são consignadas despesas genéricas. "Chefe, gastei aquele valor na rua tal". "Está bem, mas naquela há uma loja onde deveria comprar o material e um bar. Onde gastou?". A peça orçamentária precisa ser o mais especificada/discriminada/ especializada.

D: Incorreta. Princípio da unidade ou totalidade: o orçamento deve ser uno para cada ente federado, e seus totais devem constar aí.

E: Incorreta. Deve dispor todas as receitas e despesas de seus poderes, a fim de permitir o controle e impedir o Executivo de realizar qualquer operação de receita ou despesa sem prévia autorização parlamentar.

GABARITO: C.

375. O critério geral utilizado para registro da receita orçamentária é o do ingresso de disponibilidades. Quando uma parte das receitas se referir a recursos que o ente tenha a competência de arrecadar, mas que pertencem a outro ente, de acordo com a legislação vigente (transferências constitucionais ou legais), o procedimento padrão a ser adotado é:

a) estorno de receita.
b) registro de despesa.
c) retificação de receita.
d) transposição de receitas.
e) dedução de receita orçamentária.

De acordo com o Manual de Contabilidade Aplicada ao Setor Público (MCASP) - 8ª Edição:

3.6.1. Deduções da Receita Orçamentária:

O critério geral utilizado para registro da receita orçamentária é o do ingresso de disponibilidades.

No âmbito da administração pública, a dedução de receita orçamentária é o procedimento padrão a ser utilizado para as situações abaixo elencadas, salvo a existência de determinação legal expressa de se contabilizar fatos dessa natureza como despesa orçamentária:

A: recursos que o ente tenha a competência de arrecadar, mas que pertencem a outro ente, de acordo com a legislação vigente (transferências constitucionais ou legais);

B: restituição de tributos recebidos a maior ou indevidamente; e;

C: renúncia de receita orçamentária.

De acordo com a Lei nº 4.320/1964:

Art. 6º Todas as receitas e despesas constarão da Lei de Orçamento pelos seus totais, vedadas quaisquer deduções.

§ 1º As cotas de receitas que uma entidade pública deva transferir a outra incluir-se-ão, como despesa, no orçamento da entidade obrigada à transferência e, como receita, no orçamento da que as deva receber.

GABARITO: E.

376. Na lógica da classificação funcional da despesa pública, deve-se adotar como função aquela que é típica ou principal do órgão. Já as subfunções podem ser combinadas com funções diferentes daquelas às quais estão relacionadas na Portaria MOG nº 42/1999, porém há exceções.

Considerando, por exemplo, a função 02 – Judiciária, uma subfunção incompatível é:

a) 123 – Administração Financeira.
b) 124 – Controle Interno.
c) 331 – Proteção e Benefícios ao Trabalhador.
d) 721 – Comunicações Postais.
e) 843 – Serviço da Dívida Interna.

A questão cobrou a exceção da combinação de subfunções com funções, logo se refere a Função Encargos especiais, visto que engloba as despesas que não podem ser associadas a um bem ou serviço a ser gerado no processo produtivo corrente (dívidas, ressarcimentos, indenizações e outras afins, representando uma agregação neutra).

Importante lembrar também de que:

Função 28 - encargos especiais:

Subfunções típicas/exclusivas:

841 - refinanciamento da dívida interna.

842 - refinanciamento da dívida externa.

843 - serviço da dívida interna.

844 - serviço da dívida externa.

845 - transferências.

846 - outros encargos especiais.

GABARITO: E.

377. A Lei de Diretrizes Orçamentárias (LDO) é um instrumento de planejamento que subsidia a elaboração do orçamento anual e também o controle da gestão fiscal.

Um dos conteúdos que podem ser consultados na LDO dos Estados e da União é:

a) critérios para alocação de recursos com vistas a reduzir desigualdades inter-regionais.
b) fonte de custeio dos programas de duração continuada.
c) indicação de fontes de recursos para redução da dívida pública mobiliária ou contratual.
d) limites para elaboração da proposta orçamentária do Poder Judiciário.
e) limites para execução mensal de desembolso.

A: Incorreta. De acordo com a LDO:

Art. 3º Constituem objetivos fundamentais da República Federativa do Brasil:

III - erradicar a pobreza e a marginalização e reduzir as desigualdades sociais e regionais; A redução da desigualdade é, portanto, um objetivo da República que é alcançado por meio de, dentre outros:

§ 7º Os orçamentos previstos no § 5º, I e II (fiscal e seguridade investimento), deste artigo, compatibilizados com o plano plurianual, terão entre suas funções a de reduzir desigualdades inter-regionais, segundo critério populacional.

Assim, o plano plurianual estabelece diretrizes, objetivos e metas, de forma regionalizada, e os orçamentos, além de outras normas infraconstitucionais, estabelecem os critérios.

B: Incorreta. LDO: V - demonstrativo da estimativa e compensação da renúncia de receita e da margem de expansão das despesas obrigatórias de caráter continuado.

LOA: II - será acompanhado do documento a que se refere, bem como das medidas de compensação a renúncias de receita e ao aumento de despesas obrigatórias de caráter continuado.

C: Incorreta. LOA: § 1º Todas as despesas relativas à dívida pública, mobiliária ou contratual, e as receitas que as atenderão, constarão da lei orçamentária anual.

D: Correta. De acordo com a CF:

Art. 99 Ao Poder Judiciário é assegurada autonomia administrativa e financeira.

§ 1º Os tribunais elaborarão suas propostas orçamentárias dentro dos limites estipulados conjuntamente com os demais Poderes na lei de diretrizes orçamentárias.

E: Incorreta.De acordo com a LDO:

Art. 8º Até trinta dias após a publicação dos orçamentos, nos termos em que dispuser a lei de diretrizes orçamentárias e observado o disposto na alínea c do Inciso I do Art. 4, o Poder Executivo estabelecerá a programação financeira e o cronograma de execução mensal de desembolso.

A LDO não estabelece limites, mas condições e diretrizes, enquanto que o cronograma mensal estabelece o limite dos saques mensais.

GABARITO: D.

---

378. O processo orçamentário no Brasil é revestido de formato legal, principalmente em decorrência dos chamados instrumentos de planejamento.

Um desses instrumentos é a Lei de Diretrizes Orçamentárias (LDO), que tem entre os seus objetivos:

a) operacionalizar o planejamento estratégico do governo.

b) evidenciar as escolhas políticas de gestores na alocação de recursos.

c) estabelecer diretrizes relativas aos programas de duração continuada.

d) contribuir com parâmetros para o acompanhamento da gestão fiscal.

e) definir os objetivos das despesas de capital e outras delas decorrentes.

A e B: Incorretas. LOA.

C e E: Incorretas. PPA.

D: Correta. LDO.

GABARITO: D.

---

379. Alterações recentes na Constituição da República de 1988 em matéria orçamentária introduziram as chamadas emendas impositivas à Lei Orçamentária Anual.

A execução obrigatória de tais emendas no âmbito federal tem como base um percentual do montante:

a) da RCL prevista para o exercício corrente.

b) da RCL realizada no exercício anterior.

c) da RCL realizada no exercício anterior, corrigido pelo IPCA.

d) de emendas executadas no exercício anterior, corrigido pela variação da RCL.

e) de emendas executadas no exercício anterior, corrigido pelo IPCA.

Garantia de aprovação:

RCL do Projeto

As emendas individuais ao projeto de LOA serão aprovadas no limite de 1,2% da RCL, prevista no projeto encaminhado pelo Poder Executivo, sendo que a metade deste percentual será destinada a ações e serviços públicos de saúde.

Garantia de execução: RCL do exercício anterior (1,2% individuais; 1% bancada).

É obrigatória a execução orçamentária e financeira das emendas individuais em montante correspondente a 1,2% da RCL realizada no exercício anterior, conforme os critérios para a execução equitativa da programação definidos na lei complementar.

A garantia de execução aplica-se também às programações incluídas por todas as emendas de iniciativa de bancada de parlamentares de Estado ou do DF, no montante de até 1% da RCL realizada no exercício anterior.

GABARITO: B.

---

380. Considere as informações a seguir relativas aos sete primeiros meses de execução orçamentária de um ente da federação no exercício de 2020.

Créditos adicionais extraordinários abertos no exercício	R$ 1.180
Créditos adicionais transferidos do exercício anterior, com R$ 1.200 de operações de crédito vinculadas	R$ 2.600
Dotações orçamentárias anuladas	R$ 1.370
Créditos adicionais especiais abertos no exercício	R$ 1.500
Receitas arrecadadas além do previsto	R$ 3.650
Tendência de queda na arrecadação até o final do exercício	R$ 1.000

Considere ainda o quadro a seguir com informações extraídas do balanço patrimonial do exercício de 2019.

Ativo Financeiro	R$ 9.200	Passivo Financeiro	R$ 1.800,00
Ativo Permanente	R$ 13.305	Passivo Permanente	R$ 13.015,00

Se o gestor do ente necessitar abrir créditos adicionais suplementares, o valor disponível representa:

a) R$ 6.140.

b) R$ 7.340.

c) R$ 7.640.

d) R$ 8.840.

e) R$ 13.620.

Segundo o Art. 43 da Lei nº 4.320/1964, as fontes de recurso para abertura de créditos adicionais suplementares são:

- Superávit Financeiro;

- Excesso de Arrecadação;

- Reserva de Contingência;

- Anulação de dotação.

Recurso decorrente de veto, emenda ou rejeição:

- Operação de crédito [exceto: Operações de Crédito por Antecipação de Receita Orçamentária (ARO)].

A questão informou dados para os cálculos das fontes:

- Superávit Financeiro

- Excesso de Arrecadação

- Anulação de Dotação

Então:

1) Superávit Financeiro: Ativo Financeiro – Passivo Financeiro – Crédito Adicional reaberto do ano anterior + Operação de crédito vinculada

9.200 – 1.800 – 2.600 + 1.200 = R$ 6.000,00

2) Excesso de Arrecadação: Receita Arrecadada – Receita Prevista–- Crédito Extraordinário aberto do exercício +/- Tendência

3.650 – 1.180 – 1.000 = R$ 1.470,00

3) Anulação de Dotação: R$ 1.370,00

Portanto, o valor total das fontes é igual a 6.000 + 1.470 + 1.370 = R$ 8.840,00.

A alternativa correta é a D.

GABARITO: D.

381. No caso de o Estado do Amazonas receber uma descentralização de créditos orçamentários da União, a aplicação do recurso:

a) deverá ser classificada como operações especiais.

b) poderá alterar a subfunção na classificação funcional.

c) poderá alterar apenas a estrutura programática.

d) será considerada como uma provisão.

e) será processada de acordo com os mesmos procedimentos das transferências voluntárias.

A: Incorreta. Ressalte-se que ao contrário das transferências voluntárias realizadas aos demais entes da Federação que, via de regra, devem ser classificadas como operações especiais, as descentralizações de créditos orçamentários devem ocorrer em projetos ou atividades.

B e C: Incorretas. As descentralizações de créditos orçamentários ocorrem quando for efetuada movimentação de parte do orçamento, mantidas as classificações institucional, funcional, programática e econômica, para que outras unidades administrativas possam executar a despesa orçamentária

D: Incorreta. Quando envolver unidades gestoras de um mesmo órgão tem-se a descentralização interna, também chamada de provisão. Se, porventura, ocorrer entre unidades gestoras de órgãos ou entidades de estrutura diferente, ter-se-á uma descentralização externa, também denominada de destaque.

E: Correta. Tendo em vista o disposto no art. 35 da Lei nº 10.180, de 6 de fevereiro de 2001, a execução de despesas mediante descentralização a outro ente da Federação processar-se-á de acordo com os mesmos procedimentos adotados para as transferências voluntárias, ou seja, com realização de empenho, liquidação e pagamento na unidade descentralizadora do crédito orçamentário e inclusão na receita e na despesa do ente recebedor dos recursos-objeto da descentralização, identificando-se como recursos de convênios ou similares.

GABARITO: E.

382. Antônio, Presidente do Tribunal de Justiça do Estado Alfa, elaborou a prestação de contas de gestão, correspondentes ao exercício financeiro pretérito, e as encaminhou ao Tribunal de Contas.

À luz da sistemática constitucional, é correto afirmar que o Tribunal de Contas, preenchidos os requisitos exigidos pela ordem jurídica, deve:

a) limitar-se a apresentar parecer prévio sobre as contas.

b) julgar as contas e, reprovando-as, realizar, apenas, a imputação de débito ou aplicar a sanção de multa.

c) julgar as contas e, reprovando-as, realizar a imputação de débito e aplicar multa ou outras sanções, se for o caso.

d) julgar as contas e, reprovando-as, encaminhar os autos ao órgão competente para a aplicação das sanções cabíveis.

e) julgar as contas e, reprovando-as, realizar a imputação de débito, se for o caso, vedada a aplicação de outra sanção.

O art. 71 da Constituição Federal estabelece as competências do Tribunal de Contas da União, aplicado simetricamente aos Tribunais de Contas dos Estados. Veja-se:

Art. 71 O controle externo, a cargo do Congresso Nacional, será exercido com o auxílio do Tribunal de Contas da União, ao qual compete:

II - julgar as contas dos administradores e demais responsáveis por dinheiros, bens e valores públicos da administração direta e indireta, incluídas as fundações e sociedades instituídas e mantidas pelo poder público federal, e as contas daqueles que derem causa a perda, extravio ou outra irregularidade de que resulte prejuízo ao erário público;

VIII - aplicar aos responsáveis, em caso de ilegalidade de despesa ou irregularidade de contas, as sanções previstas em lei, que estabelecerá, entre outras cominações, multa proporcional ao dano causado ao erário.

No que tange às contas dos administradores públicos, o Tribunal de Contas possui competência para julgá-las, por força do inciso II, do art. 71. A exceção, no entanto, situa-se nas contas do Presidente da República, as quais o TCU tem competência, tão somente para apreciá-las, emitindo parecer prévio, pois quem as julga é o Congresso Nacional (art. 49, IX, da CF/1988). No mesmo sentido, por força do princípio da simetria, não compete ao Tribunal de Contas o julgamento das contas do Chefe do Poder Executivo, mas apenas a apreciação e emissão de parecer prévio.

Analisando o enunciado, compete ao Tribunal de Contas julgar as contas da gestão do Presidente do Tribunal de Justiça do Estado Alfa, bem como aplicar aos responsáveis, em caso de ilegalidade de despesa ou irregularidade de contas, as sanções previstas em lei, que estabelecerá, entre outras cominações, multa proporcional ao dano causado ao erário, conforme a previsão constitucional transcrita.

GABARITO: C.

383. João, ao assumir o Ministério ZZ, questionou sua assessoria a respeito das atribuições que, por imposição constitucional, teria em relação ao Presidente da República. Em resposta, João foi informado de que deveria: (I) referendar atos e decretos assinados pelo Chefe do Poder Executivo; ( ) apresentar relatório anual; (III) praticar atos concernentes às atribuições que lhe forem outorgadas ou delegadas; e (IV) conferir condecorações e distinções honoríficas.

À luz da sistemática constitucional, estão corretas as atribuições referidas em:

a) I, II, III e IV.

b) II, III e IV.

c) I, II e III.

d) I e IV.

e) I e II.

I: Correta. Conforme estabelece o art. 87, parágrafo único, inciso I, da CF/1988, compete ao Ministro de Estado, além de outras atribuições, exercer a orientação, coordenação e supervisão dos órgãos e entidades da administração federal na área de sua competência e referendar os atos e decretos assinados pelo Presidente da República.

II: Correta. Nos termos do art. 87, parágrafo único, inciso III, da CF/1988, compete ao Ministro de Estado, além de outras atribuições, apresentar ao Presidente da República relatório anual de sua gestão no Ministério.

III: Correta. De acordo com o art. 87, parágrafo único, inciso IV, da CF/1988, compete ao Ministro de Estado, além de outras atribuições, praticar os atos pertinentes às atribuições que lhe forem outorgadas ou delegadas pelo Presidente da República.

IV: Incorreta. Trata-se de competência privativa do Presidente da República, nos termos do art. 84, XXI, da CF/1988:

Art. 84 Compete privativamente ao Presidente da República:

XXI - conferir condecorações e distinções honoríficas.

GABARITO: C.

384. Joana, vereadora do Município Alfa, situado na região sul do país, viajou a Brasília em missão oficial. Em visita ao Congresso Nacional, fez um duro pronunciamento contra a gestão do Prefeito Municipal, qualificando-o com adjetivos que seriam conceitualmente enquadrados sob a epígrafe dos crimes contra a honra.

Ao tomar conhecimento das palavras de Joana, o Prefeito Municipal consultou o seu advogado sobre a possibilidade de responsabilizá-la, sendo informado, corretamente, de que a referida vereadora:

a) pode ser responsabilizada por suas palavras e opiniões, salvo se o objetivo da missão oficial fosse o de criticar a gestão do Prefeito Municipal.

b) não pode ser responsabilizada, em nenhuma hipótese, por suas palavras e opiniões, desde que relacionadas ao exercício do mandato.

c) não pode ser responsabilizada, em nenhuma hipótese, por suas palavras e opiniões, relacionadas, ou não, ao exercício do mandato.

d) pode ser responsabilizada por suas palavras e opiniões, sempre que identificada a sua dissonância da juridicidade.

e) pode ser responsabilizada por suas palavras e opiniões, nas circunstâncias indicadas na narrativa.

A questão exige conhecimento acerca das imunidades dos membros do Poder Legislativo e suas limitações. As imunidades são prerrogativas conferidas constitucionalmente aos membros do Congresso Nacional, sendo tradicionalmente classificadas em imunidade material e imunidade formal (ou processual).

A imunidade protege o congressista da incriminação civil, penal ou disciplinar por quaisquer de suas palavras, opiniões ou votos, excluindo a própria natureza delituosa do fato. A imunidade formal protege o congressista contra a prisão e, nos crimes praticados após a diplomação, possibilita a sustação do processo penal instaurado perante o Supremo Tribunal Federal.

Por sua vez, os vereadores não dispõem das mesmas prerrogativas e imunidades asseguradas aos congressistas. Possuem somente a imunidade material, sendo invioláveis por suas palavras, opiniões e votos no exercício do mandato e na circunscrição do município, como estabelece o art. 29, VIII da CF/1988:

Art. 29 O Município reger-se-á por lei orgânica, votada em dois turnos, com o interstício mínimo de dez dias, e aprovada por dois terços dos membros da Câmara Municipal, que a promulgará, atendidos os princípios estabelecidos nesta Constituição, na Constituição do respectivo Estado e os seguintes preceitos:

VIII - inviolabilidade dos Vereadores por suas opiniões, palavras e votos no exercício do mandato e na circunscrição do Município.

No caso em análise, ainda que a vereadora Joana possua a inviolabilidade material, a prerrogativa não lhe socorre, pois o pronunciamento proferido por ela se deu no Congresso Nacional, fora da circunscrição do município em que exerce sua função legislativa.

Portanto, Joana pode ser responsabilizada por suas palavras e opiniões, nas circunstâncias indicadas na narrativa.

GABARITO: E.

---

385. O Estado Alfa foi instado pelo Tribunal de Contas estadual a incrementar ações visando à maior transparência em sua gestão.

De acordo com a Lei de Responsabilidade Fiscal, essa transparência almejada será assegurada também mediante:

a) disponibilização a qualquer pessoa física ou jurídica do acesso a informações referentes ao lançamento e ao recebimento de toda a receita das unidades gestoras, exceto referentes a recursos extraordinários.

b) liberação ao pleno conhecimento e acompanhamento da sociedade, em tempo real, de informações pormenorizadas sobre a execução orçamentária e financeira, em meios eletrônicos de acesso público.

c) publicidade das contas apresentadas pelo Chefe do Poder Executivo, que ficarão disponíveis, durante todo o exercício, no site do Tribunal de Justiça estadual e no órgão técnico responsável pela sua elaboração.

d) adoção de sistema integrado de administração financeira e controle, que atenda a padrão mínimo de qualidade utilizado pelo Poder Judiciário local, que será o parâmetro em nível estadual.

e) incentivo à participação popular e realização de audiências públicas, com periodicidade mensal, durante os processos de elaboração e discussão dos planos, lei de diretrizes orçamentárias e orçamentos.

A: Incorreta. De acordo com a LRF:

Art. 48-A Para os fins a que se refere o inciso II do parágrafo único do art. 48, os entes da Federação disponibilizarão a qualquer pessoa física ou jurídica o acesso a informações referentes a:

II – quanto à receita: o lançamento e o recebimento de toda a receita das unidades gestoras, inclusive referente a recursos extraordinários.

B: Correta. De acordo com a LRF:

Art. 48 § 1º A transparência será assegurada também mediante: II - liberação ao pleno conhecimento e acompanhamento da sociedade, em tempo real, de informações pormenorizadas sobre a execução orçamentária e financeira, em meios eletrônicos de acesso público.

C: Incorreta. De acordo com a LRF:

Art. 49 As contas apresentadas pelo Chefe do Poder Executivo ficarão disponíveis, durante todo o exercício, no respectivo Poder Legislativo e no órgão técnico responsável pela sua elaboração, para consulta e apreciação pelos cidadãos e instituições da sociedade.

D: Incorreta. De acordo com a LRF:

Art. 48 § 1º A transparência será assegurada também mediante:

III – adoção de sistema integrado de administração financeira e controle, que atenda a padrão mínimo de qualidade estabelecido pelo Poder Executivo da União e ao disposto no art. 48-A.

E: Incorreta. De acordo com a LRF:

Art. 48 § 1º A transparência será assegurada também mediante:

I – incentivo à participação popular e realização de audiências públicas, durante os processos de elaboração e discussão dos planos, lei de diretrizes orçamentárias e orçamentos.

GABARITO: B.

---

386. Entre os instrumentos de transparência fiscal previstos na Lei de Responsabilidade Fiscal e na Lei Complementar nº 131/2009, há itens que precisam ser divulgados em até trinta dias após o final do período a que se referem.

Um desses itens se relaciona:

a) às prestações de contas.

b) ao calendário de audiências públicas.

c) ao parecer prévio emitido pelo tribunal de contas.

d) ao Relatório Resumido da Execução Orçamentária.

e) aos planos e orçamentos.

Relatório de Gestão Fiscal (RGF) é basicamente um relatório que tem por função averiguar se, durante a execução orçamentária, os limites de gastos estabelecidos pela LRF estão sendo respeitados. Assim, sempre que ler "comparativo com limites" ou qualquer coisa nesse sentido, pode garantir de estar diante do RGF; lembrando que é emitido quadrimestralmente.

Os limites averiguados são:

- Despesa total com pessoal, distinguindo a com inativos e pensionistas;

- Dívidas consolidada e mobiliária;

- Concessão de garantias;

- Operações de Crédito, inclusive por antecipação de receita;

- Relatório Resumido de Execução Orçamentária (RREO).

Já o RREO é um balanço que espelha as receitas e despesas orçamentárias, permitindo o acompanhamento da execução orçamentária. É no RREO que há o acompanhamento da arrecadação e aplicação das receitas; lembrando que é emitido bimestralmente.

Na CF/1988:

Art. 165 § 3º O Poder Executivo publicará, até trinta dias após o encerramento de cada bimestre, relatório resumido da execução orçamentária.

GABARITO: D.

387. A Lei nº XX/2021, do Município Beta, autorizou a criação da sociedade de economia mista Alfa, com capital majoritário do Município, que tem por objeto exclusivo a atividade de policiamento de trânsito e autuação de infrações, o que se dá em regime não concorrencial.

Por entender que a Lei nº XX/2021 era contrária ao interesse público, o Partido Político Gama solicitou que sua assessoria jurídica se manifestasse sobre a constitucionalidade desse diploma normativo, considerando a interpretação prevalecente dos comandos constitucionais aplicáveis à temática.

A assessoria respondeu, corretamente, que a Lei nº XX/2021 é:

a) constitucional quanto à delegação do poder de polícia e inconstitucional na parte em que outorga à sociedade de economia mista a atividade descrita.

b) constitucional na parte em que outorga à sociedade de economia mista a atividade descrita e inconstitucional quanto à delegação do poder de polícia.

c) constitucional tanto na parte em que outorga à sociedade de economia mista a atividade descrita, como em relação à delegação do poder de polícia.

d) inconstitucional tanto na parte em que outorga à sociedade de economia mista a atividade descrita, como em relação à delegação do poder de polícia.

e) inconstitucional apenas em relação à forma de criação da sociedade de economia mista, considerando a atividade a ser desempenhada.

De acordo com decisão do STF: É constitucional a delegação do poder de polícia, por meio de lei, a pessoas jurídicas de direito privado integrantes da Administração Pública indireta de capital social majoritariamente público que prestem exclusivamente serviço público de atuação própria do Estado e em regime não concorrencial.

STF. Plenário. RE 633782/MG, Rel. Min. Luiz Fux, julgado em 23/10/2020 (Repercussão Geral – Tema 532) (Info 996).

A Lei nº XX/2021 é constitucional, pois autorizou a criação da sociedade de economia mista Alfa, com capital majoritário do Município, a qual tem por objeto exclusivo a atividade de policiamento de trânsito e autuação de infrações, o que se dá em regime não concorrencial.

GABARITO: C.

388. No âmbito do Estado Alfa, a empresa pública W era destinatária de dotações orçamentárias a serem utilizadas para o pagamento de despesas de custeio em geral, não de pessoal; a sociedade de economia mista Y, de dotações a serem utilizadas para o pagamento de pessoal; e Z, subsidiária integral da empresa pública W, recebia dotações para fins de investimentos. Todas estavam vinculadas à Secretaria Estadual de Infraestrutura e Modernização Logística. Considerando o teto remuneratório estabelecido pelo Art. 37, XI, da Constituição da República de 1988, é correto afirmar que ele:

a) somente se aplica a W e a Y.

b) não se aplica a W, Y e Z.

c) é aplicável a W, Y e Z.

d) somente se aplica a Y.

e) somente se aplica a Z.

A questão exige conhecimento acerca do chamado regime do "teto constitucional", previsto no art. 37, da Constituição Federal:

Art. 37 XI - a remuneração e o subsídio dos ocupantes de cargos, funções e empregos públicos da administração direta, autárquica e fundacional, dos membros de qualquer dos Poderes da União, dos Estados, do Distrito Federal e dos Municípios, dos detentores de mandato eletivo e dos demais agentes políticos e os proventos, pensões ou outra espécie remuneratória, percebidos cumulativamente ou não, incluídas as vantagens pessoais ou de qualquer outra natureza, não poderão exceder o subsídio mensal, em espécie, dos Ministros do Supremo Tribunal Federal, aplicando-se como limite, nos Municípios, o subsídio do Prefeito, e nos Estados e no Distrito Federal, o subsídio mensal do Governador no âmbito do Poder Executivo, o subsídio dos Deputados Estaduais e Distritais no âmbito do Poder Legislativo e o subsídio dos Desembargadores do Tribunal de Justiça, limitado a noventa inteiros e vinte e cinco centésimos por cento do subsídio mensal, em espécie, dos Ministros do Supremo Tribunal Federal, no âmbito do Poder Judiciário, aplicável este limite aos membros do Ministério Público, aos Procuradores e aos Defensores Públicos.

§ 9º O disposto no inciso XI aplica-se às empresas públicas e às sociedades de economia mista, e suas subsidiárias, que receberem recursos da União, dos Estados, do Distrito Federal ou dos Municípios para pagamento de despesas de pessoal ou de custeio em geral.

Analisando o enunciado, extrai-se o seguinte:

- W: é empresa pública destinatária de dotações orçamentárias a serem utilizadas para o pagamento de despesas de custeio em geral, não de pessoal;

- Y: é sociedade de economia mista, de dotações a serem utilizadas para o pagamento de pessoal;

- Z: é subsidiária integral da empresa pública W e recebe dotações para fins de investimentos.

Assim, estão sujeitas ao teto de gastos as empresas que recebem recursos para custear pessoal, bem como o custeio em geral.

Portanto, considerando que a empresa subsidiária Z recebia dotações para fins de investimentos e não para o pagamento de despesas ou de custeio em geral, o teto remuneratório constitucional não se aplica a ela.

Deste modo, o teto remuneratório estabelecido pelo art. 37, XI, da CF/1988, somente se aplica às empresas W e Y.

GABARITO: A.

389. João, servidor público do Estado Alfa, foi aposentado por incapacidade permanente para o trabalho. Pouco menos de dois anos depois, foi notificado a comparecer ao departamento médico do ente a que estava vinculado para fins de realização de avaliação periódica. Foi desde logo informado de que tal procedimento estava previsto na lei estadual, sendo obrigatório, ainda que não houvesse notícia de qualquer alteração do quadro que motivou a aposentadoria, bem como que eventuais alterações poderiam ensejar a sua readaptação para o exercício de funções diversas daquelas que exercia quando estava na ativa.

Irresignado com a notificação recebida e com os efeitos que poderiam advir da avaliação, João procurou um advogado, que lhe informou, corretamente, à luz da ordem constitucional, que:

a) a avaliação periódica e os efeitos apregoados são ilícitos, pois afrontam a garantia do ato jurídico perfeito.

b) a avaliação periódica e os efeitos apregoados são lícitos, já que previstos em lei estadual e amparados pela Constituição da República de 1988.

c) a avaliação periódica é ilícita, mas, caso João comunique alterações na causa da incapacidade, será possível a readaptação.

d) a avaliação periódica é lícita, mas não a readaptação, que viola o princípio do concurso público, sendo possível apenas a reversão, caso desapareça a causa da incapacidade.

e) a avaliação periódica é ilícita, mas, mediante representação fundamentada, João será convocado e, detectada a supressão da causa de incapacidade, é possível a readaptação.

A questão exige conhecimento acerca de disposições constitucionais da Administração Pública, especificamente sobre a aposentadoria do servidor público por incapacidade. Vejamos o que dispõe o art. 40, da CF/1988:

Art. 40 O regime próprio de previdência social dos servidores titulares de cargos efetivos terá caráter contributivo e solidário, mediante contribuição do respectivo ente federativo, de servidores ativos, de aposentados e de pensionistas, observados critérios que preservem o equilíbrio financeiro e atuarial.

§ 1º O servidor abrangido por regime próprio de previdência social será aposentado:

I - por incapacidade permanente para o trabalho, no cargo em que estiver investido, quando insuscetível de readaptação, hipótese em que será obrigatória a realização de avaliações periódicas para verificação da continuidade das condições que ensejaram a concessão da aposentadoria, na forma de lei do respectivo ente federativo.

A: Incorreta. Não há ilicitude na avaliação periódica, pois tal procedimento está expressamente previsto na Constituição Federal - art. 40, § 1º, inciso I. Ademais, não há afronta ao ato jurídico perfeito, pois a aposentadoria por invalidez somente deve subsistir enquanto estiverem presentes as condições que a ensejaram.

B: Correta. As avaliações periódicas são lícitas, conforme previsão do § 1º, do art. 40, da CF/1988, que prevê a obrigatoriedade de realização de avaliações periódicas para verificação da continuidade das condições que ensejaram a concessão da aposentadoria.

C: Incorreta. A avaliação periódica não é ilícita. Ademais, independente de comunicação do servidor, a disposição constitucional é expressa no sentido de que, antes de passar o servidor para a inatividade, deve a administração procurar readaptá-lo. Veja-se o que dispõem o inciso I, do § 1º, do art. 40, da CF:

Art. 40 § 1º O servidor abrangido por regime próprio de previdência social será aposentado:

I - por incapacidade permanente para o trabalho, no cargo em que estiver investido, quando insuscetível de readaptação, hipótese em que será obrigatória a realização de avaliações periódicas para verificação da continuidade das condições que ensejaram a concessão da aposentadoria, na forma de lei do respectivo ente federativo.

D: Incorreta. De fato, a avaliação periódica é lícita no caso de inatividade do servidor. Contudo, também é possível a readaptação do servidor no caso em que não mais subsiste a incapacidade para o trabalho, sendo ele readaptado a outro cargo, para o qual a limitação sofrida não o incapacita. Ademais, também cabível a reversão do servidor aposentado por invalidez, quando a junta médica oficial declarar insubsistentes os motivos da aposentadoria, nos termos do art. 25 da Lei nº 8.112/1990.

E: Incorreta. A avaliação periódica não depende de representação fundamentada, sendo lícita a sua realização para verificação da continuidade das condições que ensejaram a concessão da aposentadoria, nos termos do art. 40, § 1º, inciso I, da CF/1988.

GABARITO: B.

390. João e Maria travaram intenso debate a respeito das teorias afetas às restrições aos direitos fundamentais. João defendia que no direito brasileiro é preponderante o entendimento de que esses direitos ensejam o surgimento de posições jurídicas definitivas, o que implica adesão à denominada teoria interna. Maria, por sua vez, refutava esse argumento, afirmando que o entendimento preponderante é o de que os direitos apresentam contornos prima facie, se afeiçoando à teoria externa.

À luz dessa narrativa, é correto afirmar que o(s) entendimento(s) de:

a) Maria está certo, já que direito e restrição formam individualidades distintas.

b) Maria está parcialmente certo, pois o conteúdo prima facie, por ser avesso à segurança jurídica, é incompatível com esses direitos.

c) João está certo, já que o nível de proteção oferecido por um direito fundamental é incontrastável.

d) João está parcialmente certo, pois as posições jurídicas definitivas são incompatíveis com a natureza principiológica desses direitos.

e) Maria e João estão parcialmente certos, já que suas explicações se ajustam, respectivamente, às teorias interna e externa.

A questão exige conhecimento acerca das teorias sobre restrição dos direitos fundamentais.

Existem duas teorias sobre as limitações dos referidos direitos: a teoria externa e a interna.

A teoria externa (teoria relativa) considera que as restrições a direitos fundamentais são externas ao conceito desses mesmos direitos. Em outras palavras, fatores extrínsecos irão determinar os limites dos direitos fundamentais, ou seja, o seu núcleo essencial. É dizer: existe um direito à liberdade, que pode sofrer restrições (externas) em casos concretos. É a que mais se amolda ao mais atual entendimento doutrinário e jurisprudencial dos direitos fundamentais.

A teoria interna (teoria absoluta) considera que o processo de definição dos limites a um direito é interno a este. Não há restrições a um direito, mas uma simples definição de seus contornos. Os limites do direito lhe são imanentes, intrínsecos. A fixação dos limites a um direito não é, portanto, influenciada por aspectos externos (extrínsecos), como, por exemplo, a colisão de direitos fundamentais.

A: Correta. Maria está certa, uma vez que direito e restrição formam individualidades distintas.

B: Incorreta. O conteúdo prima facie dos direitos fundamentais é inerente a esses direitos, mas se sujeitam a restrições ou limitações externas, não sendo, portanto, incompatíveis, mas provisórios.

C: Incorreta. Trata-se da teoria interna dos direitos fundamentais, que não prevalece atualmente. Ainda na teoria interna, o direito não se afasta da restrição a ele imanente.

D: Incorreta. Considerando que a posição prevalente no Brasil é a da teoria externa, João está errado.

E: Incorreta. Somente Maria está correta, ao sustentar a teoria externa.

GABARITO: A.

391. Em tema de controle da administração pública em âmbito estadual, especificamente de controle legislativo, é exemplo de controle parlamentar direto quando:

a) o Tribunal de Contas estadual realiza a fiscalização contábil, financeira, orçamentária, operacional e patrimonial do Estado, proferindo decisões passíveis de recurso ao Ministério Público.

b) a Controladoria Geral do Estado exerce o controle interno com a finalidade de avaliar o cumprimento das metas previstas no plano plurianual, a execução dos programas de governo e dos orçamentos do Estado.

c) a Assembleia Legislativa cria comissão parlamentar de inquérito, que tem poderes de investigação próprios das autoridades judiciais, além de outros previstos no regimento da Casa Legislativa.

d) o Tribunal de Contas estadual aplica aos responsáveis, em caso de ilegalidade de despesa ou irregularidade de contas, as sanções previstas em lei, como multa proporcional ao dano causado ao erário e suspensão dos direitos políticos.

e) a Assembleia Legislativa susta, se não atendido, a execução do ato impugnado, mediante prévia e indispensável autorização do Governador do Estado, pelo sistema de freios e contrapesos.

A: Incorreta. As decisões do Tribunal de Contas não são passíveis de serem impugnadas perante o Ministério Público porque não é função institucional do órgão ministerial e as decisões do Tribunal de Contas não possuem força jurisdicional, podendo, inclusive, serem anuladas pelo Poder Judiciário. Os recursos cabíveis perante o Tribunal de Contas são os previstos no Regimento Interno e dirigidos à própria Corte de Contas.

B: Incorreta. As Controladorias Gerais da União e dos Estados são órgãos do Poder Executivo, realizam controles internos e não parlamentares (externos). No caso, a avaliação do cumprimento das metas previstas no plano plurianual, a execução dos programas de governo e dos orçamentos do Estado, configura hipótese de controle administrativo e não controle parlamentar direto.

C: Correta. A Comissão Parlamentar de Inquérito representa modalidade de controle parlamentar direto, dispondo de poderes de investigação próprios das autoridades judiciais, além de outros, conforme previsão constitucional:

Art. 58 § 3º As comissões parlamentares de inquérito, que terão poderes de investigação próprios das autoridades judiciais, além de outros previstos nos regimentos das respectivas Casas, serão criadas pela Câmara dos Deputados e pelo Senado Federal, em conjunto ou separadamente, mediante requerimento de um terço de seus membros, para a apuração de fato determinado e por prazo certo, sendo suas conclusões, se for o caso, encaminhadas ao Ministério Público, para que promova a responsabilidade civil ou criminal dos infratores.

D: Incorreta. A sanção de suspensão de direitos políticos não compete ao Tribunal de Contas, cabendo-lhe somente a aplicação de multa proporcional ao dano causado ao erário. Assim, prevê o art. 71, inciso VIII, da CF/1988:

Art. 71 O controle externo, a cargo do Congresso Nacional, será exercido com o auxílio do Tribunal de Contas da União, ao qual compete:

VIII - aplicar aos responsáveis, em caso de ilegalidade de despesa ou irregularidade de contas, as sanções previstas em lei, que estabelecerá, entre outras cominações, multa proporcional ao dano causado ao erário.

E: Incorreta. A sustação de execução de ato impugnado, quando não atendido, configura controle parlamentar indireto, de competência do Tribunal de Contas e não da Assembleia Legislativa, não dependendo de autorização do Governador do Estado, por se tratar de uma atividade de controle. Nesse sentido, é a previsão do art. 71, da CF:

Art. 71 O controle externo, a cargo do Congresso Nacional, será exercido com o auxílio do Tribunal de Contas da União, ao qual compete:

IX - assinar prazo para que o órgão ou entidade adote as providências necessárias ao exato cumprimento da lei, se verificada ilegalidade;

X - sustar, se não atendido, a execução do ato impugnado, comunicando a decisão à Câmara dos Deputados e ao Senado Federal.

GABARITO: C.

392. O aperfeiçoamento das práticas orçamentárias ao longo do tempo se refletiu, entre outros aspectos, na consolidação dos princípios orçamentários.

O princípio que tem como finalidade evitar a ocorrência de múltiplos orçamentos paralelos em um mesmo ente para um dado período é:

a) anualidade.

b) equilíbrio.

c) exclusividade.

d) legalidade.

e) unidade.

A: Incorreta. Anualidade – o exercício financeiro coincidirá com o ano civil, ou seja, de 1º de janeiro a 31 de dezembro de cada ano.

B: Incorreta. Equilíbrio – a despesa fixada não pode ser superior à receita prevista. O objetivo é impedir o déficit orçamentário.

C: Incorreta. Exclusividade – a Lei Orçamentária Anual não pode conter dispositivo estranho à previsão da receita e à fixação da despesa.

D: Incorreta. Legalidade – o gestor público deve observar os preceitos e normas legais aplicáveis à arrecadação de receitas e à realização de despesas.

E: Correta. Unidade – deve existir um único orçamento para cada esfera de governo (União, estados e municípios).

GABARITO: E.

393. O processo orçamentário no Brasil tem como base diferentes instrumentos de planejamento concebidos para auxiliar na gestão equilibrada dos recursos públicos.

Um dos instrumentos de planejamento de maior complexidade técnica é a LDO, que tem, entre seus conteúdos, a proposição de:

a) condições para concessão de benefícios de natureza financeira, tributária e creditícia.

b) critérios de regionalização dos programas governamentais.

c) despesas relativas aos programas de duração continuada.

d) diretrizes para investimentos das empresas estatais.

e) disposições sobre equilíbrio entre receitas e despesas.

A: Incorreta. Com a afirmativa, podemos dizer que tentou confundir com a parte da LDO que fala: "dispor sobre alteração na legislação tributária". As condições são assunto de LOA.

B: Incorreta. Trata-se de PPA.

C: Incorreta. Trata-se de PPA.

D: Incorreta. As diretrizes estão no orçamento de investimento, parte da LOA.

E: Correta. As disposições sobre equilíbrio entre receitas e despesas. LDO, Art. 4º, I, a, LRF.

GABARITO: E.

394. A estrutura do orçamento-programa se situa dentro de uma lógica orçamentária moderna, que concebe o orçamento como instrumento de gestão.

Entre as recomendações úteis para a organização da estrutura programática em uma entidade, uma opção inadequada é que:

a) a flexibilidade na gestão financeira e de pessoal deve ser expandida na gestão dos programas.

b) as atividades e os projetos devem ser desenhados em níveis elevados de desagregação.

c) os programas de despesas em andamento devem ser distinguidos de novos programas de despesas.

d) os programas devem ser multifuncionais, ou seja, cada programa pode ser vinculado a diferentes funções.

e) um programa terá mais de um subprograma, e estes serão desmembrados em diversas atividades e projetos.

Diamond, em dois estudos (2005, p. 64; 2006, p. 111), e Schiavo-Campo (2009, p. 20-21), com base nas experiências de implantação de MTEFs, apresentam recomendações úteis para a organização da estrutura programática, as quais servem perfeitamente para o modelo orçamentário de gestão. Consolidadas e com pequenos ajustes, as diretrizes estão indicadas a seguir:

15. Aumentar a flexibilidade na gestão financeira e de pessoal. (alternativa A - verdadeira)

8. As atividades e os projetos devem ser desenhados em níveis elevados de desagregação de maneira a apoiar a gestão na busca dos objetivos e resultados dos subprogramas. (alternativa B - verdadeira)

2. Estabelecer critérios para distinguir entre programas de despesas em curso (no âmbito das políticas atuais) e novos programas de despesas (ao abrigo de novas políticas) (alternativa B - verdadeira)

1. Os programas devem ser "monofuncionais", ou seja, cada programa vincular-se-á somente a uma função (educação, saúde, transportes, habitação etc.). (alternativa D - falsa)

4. Cada programa terá mais de um subprograma e cada um destes será desmembrado em várias atividades e projetos. Cada subprograma estará relacionado somente com um programa. Da mesma forma, cada atividade, cada projeto relacionar-se-á apenas com um subprograma. Cada uma dessas categorias deve ser definida em consultas aos ministérios de linha e aplicada ao governo como um todo.

Portanto, a alternativa E é a correta.

GABARITO: D.

---

395. Os créditos adicionais são alterações de despesa no orçamento ao longo de um exercício, que se efetivam pelo aumento nas dotações existentes ou pela criação de novas despesas. A utilização desse recurso precisa seguir uma série de regras, inclusive no que tange à vigência.

A vigência de um crédito adicional pode ser estendida para o exercício seguinte ao que foi aberto quando se tratar de crédito:

a) especial, aberto no último quadrimestre do exercício, no limite do saldo não empenhado.

b) extraordinário ou suplementar, aberto no último quadrimestre do exercício, com saldo não empenhado.

c) extraordinário, aberto em qualquer data do exercício, com saldo não empenhado.

d) suplementar ou especial, no limite do saldo não empenhado.

e) suplementar, com saldo não empenhado.

Créditos Suplementares = Vigência limitada ao exercício financeiro, sem exceções.

Créditos Especiais + Extraordinários = Vigência limitada ao exercício financeiro, salvo as exceções.

Regra dos dois últimos créditos = Vigência limitada ao exercício financeiro.

Exceção = Ato de autorização promulgado nos últimos 4 meses daquele exercício.

A: Correta.

B, D e E: Incorretas. Os suplementares não têm exceções.

C: Incorreta. Não é aberto em qualquer data.

GABARITO: A.

---

396. A classificação da receita para apuração do resultado primário foi criada com o objetivo de identificar as receitas e as despesas que compõem o resultado primário do governo.

No que tange às receitas, uma que não deve ser incluída na apuração do resultado primário é a receita de:

a) contribuições sociais.

b) cota-parte das compensações financeiras.

c) dividendos recebidos.

d) emissão de títulos públicos.

e) doações e convênios.

A: Incorreta. Contribuições → Receita Primária.

B: Incorreta. Patrimoniais - Exploração do Patrimônio do Estado → Receita Primária.

C: Incorreta. Patrimoniais - Participações Especiais → Receita Primária.

D: Correta. Dívida Mobiliária → Receita Financeira.

E: Incorreta. Outras Receitas Correntes → Receita Primária.

GABARITO: D.

---

397. Uma das contribuições da Lei de Responsabilidade Fiscal (LRF) para a gestão fiscal responsável foi a definição de instrumentos de transparência, aos quais deve ser dada ampla divulgação.

Dentre as informações a seguir, considera-se facultativa sob a perspectiva da gestão fiscal:

a) lançamento e recebimento de receitas pelas unidades gestoras.

b) parecer prévio emitido pelo Tribunal de Contas.

c) prestação de contas anual do ente.

d) relatório de acompanhamento de obras em andamento.

e) relatório resumido da execução orçamentária.

De acordo com a Lei de Responsabilidade Fiscal:

Art. 48 São instrumentos de transparência da gestão fiscal, aos quais será dada ampla divulgação, inclusive em meios eletrônicos de acesso público: os planos, orçamentos e leis de diretrizes orçamentárias; as prestações de contas e o respectivo parecer prévio; o Relatório Resumido da Execução Orçamentária e o Relatório de Gestão Fiscal; e as versões simplificadas desses documentos.

Art. 48-A Os entes da Federação disponibilizarão a qualquer pessoa física ou jurídica o acesso a informações referentes a:

II - Quanto à receita: o lançamento e o recebimento de toda a receita das unidades gestoras, inclusive referente a recursos extraordinários.

O relatório de acompanhamento de obras em andamento não é citado na seção I da transparência da gestão fiscal. Dessa forma, considera-se facultativa sob a perspectiva da gestão fiscal.

GABARITO: D.

---

398. As práticas orçamentárias evoluíram ao longo do tempo, passando de uma concepção tradicional para uma visão moderna de orçamento e fazendo surgir modelos orçamentários com diferentes lógicas.

Uma característica associada à lógica do orçamento-programa é:

a) a alocação de recursos visa à aquisição de meios.

b) as decisões orçamentárias são tomadas com base em avaliações técnicas.

c) as decisões de alocação têm ênfase nas necessidades financeiras das unidades organizacionais.

d) os principais critérios classificatórios são por unidade e por elemento de despesa.

e) o processo orçamentário é dissociado do processo de planejamento.

A, C, D e E: Incorretas. São características associadas à lógica do orçamento tradicional.

B: Correta. Trata-se de característica associada a orçamento programa.

GABARITO: B.

---

399. Em decorrência da necessidade de controles que atendam a finalidades diversas, a despesa pública se sujeita a uma série de classificações. Em algumas dessas classificações, o detalhamento é dado em norma própria, e, em outras, fica a cargo de cada ente.

As classificações da despesa pública em que o ente tem liberdade de definir o detalhamento da despesa são:

a) funcional e institucional.

b) institucional e programática.

c) institucional e segundo a natureza.

d) segundo a natureza e funcional.

e) segundo a natureza e programática.

Classificações da despesa plenamente padronizada para todos os entes:

- Funcional (qualitativa).

- Natureza (quantitativa).

- Fonte (quantitativa).

Classificações da despesa parcialmente padronizada para todos os entes:

- Esfera (qualitativa).

- Institucional (qualitativa).

- Programática (qualitativa).

4.2.1. Classificação Institucional - [...] Não há ato que a estabeleça, sendo definida no contexto da elaboração da lei orçamentária anual ou da abertura de crédito especial. (MCASP, 8ª ed). Portanto, não existe ato normativo que estabeleça e padronize a classificação institucional, uma vez que essa compreende, especialmente, as unidades orçamentárias, a quem compete executar o crédito, e cada ente federativo tem unidades diferentes.

4.2.2. Classificação Funcional - Trata-se de uma classificação independente dos programas e de aplicação comum e obrigatória, no âmbito da União, dos Estados, do Distrito Federal e dos Municípios, o que permite a consolidação nacional dos gastos do setor público.(MCASP, 8ª ed). A classificação funcional é "composta de um rol de funções e subfunções prefixadas" para permitir a consolidação nacional. Portanto, os entes respeitam a normatização nacional.

4.2.3. Classificação por Estrutura Programática - [...] a União, os Estados, o Distrito Federal e os Municípios estabelecerão, em atos próprios, suas estruturas de programas [...] (MCASP, 8ª ed)

4.2.4. Classificação da Despesa Orçamentária por Natureza - A classificação da despesa orçamentária, segundo a sua natureza, compõe-se de: a. Categoria Econômica b. Grupo de Natureza da Despesa c. Elemento de Despesa. (MCASP, 8ª ed) Tais classificações são comuns a todos os entes.

GABARITO: B.

---

400. Os princípios orçamentários contribuem para a consistência e a regularidade das práticas orçamentárias ao longo do tempo e permitem identificar eventuais desvios de conformidade.

Quanto ao princípio da exclusividade, uma característica que pode ser associada a ele é:

a) a lei orçamentária não consignará dotações globais para atender a despesas diversas.

b) a lei orçamentária não pode "dar outras providências".

c) a lei orçamentária registrará receitas e despesas em deduções.

d) as leis orçamentárias necessitam de formalização legal.

e) receitas de impostos não devem ser vinculadas a despesas específicas.

A: Incorreta. Trata-se de especificação.

B: Correta. Princípio da exclusividade. A lei orçamentária anual deve conter tão somente matéria relativa à previsão da receita e à fixação da despesa.

Exceções:

- Autorizações de créditos suplementares;

- Operações de crédito, inclusive por ARO.

C: Incorreta. Trata-se de orçamento bruto.

D: Incorreta. Trata-se de legalidade.

E: Incorreta. Trata-se de não vinculação, não afetação.

GABARITO: B.

---

401. Considere os dispositivos legais que tratam dos conteúdos dos instrumentos de planejamento e faça as associações pertinentes.

(1) PPA

(2) LDO

(3) LOA

( ) Condições para transferências de recursos a entidades públicas e privadas.

( ) Despesas relativas aos programas de duração continuada.

( ) Orçamento de investimento das empresas estatais.

( ) Política de aplicação das agências financeiras oficiais de fomento.

( ) Definição de critérios e forma de limitação de empenho.

A sequência correta é:

a) 1 – 1 – 2 – 2 – 3.

b) 2 – 3 – 1 – 3 – 2.

c) 2 – 1 – 3 – 2 – 2.

d) 3 – 1 – 1 – 3 – 2.

e) 3 – 1 – 3 – 2 – 2.

Analisando cada um, temos:

PPA = plano plurianual; projetos de duração continuada; planejamento a médio prazo.

LDO = estabelece diretrizes; formas e condições de elaboração e alteração da LOA.

LOA = orçamento por excelência; trata de recursos.

Portanto, as associações corretas são:

(2) LDO: Condições para transferências de recursos a entidades públicas e privadas.

(1) PPA: Despesas relativas aos programas de duração continuada.

(3) LOA: Orçamento de investimento das empresas estatais.

(2) LDO: Política de aplicação das agências financeiras oficiais de fomento.

(2) LDO: Definição de critérios e forma de limitação de empenho.

GABARITO: C.

402. Considere os dados do quadro a seguir, com informações apresentadas em milhares de reais, relativas à execução da receita orçamentária de um ente federativo no terceiro bimestre de um dado exercício.

Descrição	Valor (milhares de R$)
Alienação de bens	14.000,00
Aplicações financeiras	4.750,00
Contribuições	26.250,00
Doações	7.000,00
Operação de crédito interna	50.000,00
Receita de aluguéis	9.000,00
Royalties	16.250,00
Serviços prestados	20.250,00
Tributos	97.500,00
Venda de títulos públicos	30.000,00

O montante de receitas arrecadadas com impacto financeiro, mas sem reflexos no patrimônio, representa, em milhares de reais:

a) 117.250,00.

b) 115.000,00.

c) 110.250,00.

d) 96.250,00.

e) 94.000,00.

As receitas que não tem impacto no patrimônio são as receitas não-efetivas. Em regra, as receitas que impactam qualitativamente, constituindo-se em fatos permutativos, são as receitas de capital (com exceção das transferências de capital).

Assim, podemos classificar as opções:

- Alienação de bens 14.000,00 - Receita de Capital

- Aplicações financeiras 4.750,00 - Receita Corrente

- Contribuições 26.250,00 - Receita Corrente de Contribuições

- Doações 7.000,00 - VPA

- Operação de crédito interna 50.000,00 - Receita de Capital

- Receita de aluguéis 9.000,00 - Receita Corrente Patrimonial

- Royalties 16.250,00 - Receita Corrente Patrimonial

- Serviços prestados 20.250,00 - Receita Corrente de Serviços

- Tributos 97.500,00 - Receita Corrente de origem tributária

- Venda de títulos públicos 30.000,00 - Receita de Capital (Operação de Crédito)

14.000 + 50.000 + 30.000 = 94.000.

GABARITO: E.

---

403. Com o objetivo de contribuir para o equilíbrio fiscal dos entes públicos, a Lei de Responsabilidade Fiscal (LRF) estabeleceu medidas a serem observadas nos casos de concessão ou ampliação de incentivo ou benefício de natureza tributária da qual decorra renúncia de receita.

Existem diversas espécies de renúncia de receita, com critérios e regras próprias. A espécie de renúncia de receita que consiste no perdão da dívida, justificado por circunstâncias previstas em lei, a exemplo do alto custo não compensável com a quantia em cobrança, é o(a):

a) anistia.

b) crédito presumido.

c) isenção.

d) remissão.

e) subsídio.

A renúncia de receita (compensação por aumento de receita) compreende:

1) Anistia (perdão da multa) → exclui o crédito tributário na parte relativa à multa aplicada pelo sujeito ativo ao sujeito passivo, por infrações cometidas por este anteriormente à vigência da lei que a concedeu.

Não abrange o crédito tributário já em cobrança, em débito para com a Fazenda, cuja incidência também já havia ocorrido.

2) Remissão (perdão da dívida) → se dá em alguns casos previstos em lei.

Não abrange conduta ilícita (concretizada na infração penal), sanção aplicada ao contribuinte.

Não se considera renúncia de receita o cancelamento de débito cujo montante seja inferior ao dos respectivos custos de cobrança.

3) Isenção → espécie mais usual de renúncia e define-se como a dispensa legal, pelo estado, do débito tributário devido.

4) Subsídio → incentivo do estado a determinadas situações de interesse público.

5) Crédito presumido → montante do imposto cobrado na operação anterior e objetiva neutralizar o efeito de recuperação dos impostos não cumulativos, pelo qual o estado se apropria do valor da isenção nas etapas subsequentes da circulação da mercadoria.

6) Concessão de isenção em caráter não geral.

7) Alteração de alíquota.

8) Modificação de base de cálculo que implique redução discriminada de tributos ou contribuições, e outros benefícios que correspondam a tratamento diferenciado.

GABARITO: D.

---

404. Considere os estágios da despesa orçamentária e suas características e faça as associações pertinentes.

(1) Fixação

(2) Empenho

(3) Liquidação

(4) Pagamento

( ) Reserva de dotação orçamentária para um fim específico.

( ) Tem por base os títulos e documentos comprobatórios do respectivo crédito.

( ) Deve ocorrer após a regular liquidação da despesa.

( ) Autorização dada pelo Poder Legislativo por meio da aprovação da LOA.

( ) Pode se dar de forma estimativa.

A sequência correta é:

a) 1 – 4 – 2 – 2 – 3.

b) 1 – 3 – 4 – 1 – 2.

c) 1 – 4 – 3 – 1 – 2.

d) 2 – 3 – 4 – 1 – 2.

e) 2 – 4 – 4 – 2 – 1.

Na ordem em que a segunda coluna foi apresentada:

(2) Empenho: reserva de dotação orçamentária para um fim específico (equivale a separar o dinheiro para pagar).

(3) Liquidação: tem por base os títulos e documentos comprobatórios do respectivo crédito (o fornecedor vai até o poder público com a nota para receber o dinheiro).

(4) Pagamento: deve ocorrer após a regular liquidação da despesa (paga o fornecedor depois que ele mostrar a nota fiscal ou serviços atestados).

(1) Fixação: autorização dada pelo Poder Legislativo por meio da aprovação da LOA (lembrando que a LOA estima a receita e fixa a despesa).

(2) Empenho: pode se dar de forma estimativa (se não souber exatamente quanto vai gastar, faz uma estimativa).

GABARITO: D.

405. Há casos em que a abertura de créditos adicionais ao orçamento, durante o exercício financeiro, precisa de indicação de fonte de recursos. A Lei nº 4.320/1964 elenca as possíveis fontes de recursos que podem ser utilizadas e como devem ser apuradas.

Na apuração do superávit financeiro líquido deve(m) ser deduzido(s), se houver:

a) o saldo do passivo financeiro.

b) os créditos adicionais transferidos.

c) os restos a pagar não processados.

d) os créditos extraordinários abertos no exercício.

e) a estimativa de queda de arrecadação no exercício.

De acordo com a Lei nº 4.320/1964:

Art. 43 § 2º Entende-se por superávit financeiro a diferença positiva entre o ativo financeiro e o passivo financeiro, conjugando-se, ainda, os saldos dos créditos adicionais transferidos e as operações de credito a eles vinculadas.

Art. 43 § 4º Para o fim de apurar os recursos utilizáveis, provenientes de excesso de arrecadação, deduzir-se-á a importância dos créditos extraordinários abertos no exercício.

- Crédito adicional transferido: é uma dedução para apurar os recursos provenientes do superávit financeiro.

- Crédito extraordinário aberto no exercício: é uma dedução para apurar os recursos provenientes do excesso de arrecadação.

GABARITO: B.

406. Em matéria de regime jurídico de entidades da Administração indireta, a empresa pública Alfa do Estado do Piauí, que presta determinado serviço público, está sujeita ao controle:

a) hierárquico pelo Estado do Piauí, a cuja autoridade competente cabe o julgamento dos recursos administrativos próprios contra decisões da empresa pública, e ao controle externo pela Controladoria Geral do Estado.

b) finalístico pelo Estado do Piauí, em decorrência da tutela administrativa que enseja sua vinculação a esse ente, e à fiscalização contábil, financeira e orçamentária exercida pelo Tribunal de Contas estadual.

c) judicial pelo Ministério Público do Estado do Piauí, que fiscaliza a legalidade dos atos da empresa pública, mas não se submete ao controle externo pelo Tribunal de Contas estadual, eis que possui personalidade jurídica de direito privado.

d) administrativo pelo Estado do Piauí, em decorrência da sua subordinação hierárquica ao ente a que está vinculado, mas não se submete ao controle externo pelo Tribunal de Contas estadual, eis que possui personalidade jurídica de direito privado.

e) ministerial pelo Ministério Público do Estado do Piauí, que exerce poder hierárquico sobre a empresa pública, mas não se submete ao controle externo pelo Tribunal de Contas estadual, eis que possui personalidade jurídica de direito privado.

A: Incorreta. Não há subordinação hierárquica entre os entes da Administração Direta e Indireta, existindo tão somente controle finalístico.

B: Correta. Os entes da Administração Indireta se sujeitam a controle finalístico a ser exercido pelas entidades da Administração Direta, denominado como tutela ou supervisão ministerial, para verificar o cumprimento das finalidades institucionais pelas quais foram criadas. Ademais, a entidade da administração indireta também se submete ao controle financeiro, orçamentário e contábil por parte do Tribunal de Contas do Estado, conforme determina o art. nº 70, caput, e nº 71, II, da CF/1988.

C: Incorreta. Toda atividade da Administração Pública está sujeita a controle judicial, que não é exercido pelo Ministério Público, mas pelo Poder Judiciário. Por fim, a empresa também se submete ao controle externo pelo Tribunal de Contas Estadual.

D: Incorreta. O Estado do Piauí exerce o controle finalístico sobre a empresa pública, e não o controle hierárquico, pois não há hierarquia entre a administração direta e indireta. Ainda, a entidade administrativa está sujeita ao controle externo pelo Tribunal de Contas estadual.

E: Incorreta. Não há hierarquia entre a entidade administrativa e o Ministério Público, visto que tal situação somente se verifica em uma mesma pessoa jurídica, o que não é o caso. Ademais, a empresa pública se submete ao controle externo pelo Tribunal de Contas estadual, nos termos do art. nº 70, caput, e nº 71, II, da CF/1988.

GABARITO: B.

407. Em matéria de previdência social, analise os agentes públicos ocupantes a seguir.

I. Exclusivamente, de cargo em comissão declarado em lei de livre nomeação e exoneração;

II. De outro cargo temporário, inclusive mandato eletivo;

III. De emprego público.

De acordo com o atual texto da Constituição da República de 1988, aos agentes públicos nominados aplica-se, respectivamente, o regime:

a) geral de previdência social; regime geral de previdência social; regime geral de previdência social.

b) geral de previdência social; regime próprio de previdência social; regime geral de previdência social.

c) próprio de previdência social; regime geral de previdência social; regime geral de previdência social.

d) próprio de previdência social; regime próprio de previdência social; regime geral de previdência social.

e) próprio de previdência social; regime geral de previdência social; regime próprio de previdência social.

A Constituição Federal prevê em seu art. nº 40, caput, a aplicação do regime próprio de Previdência Social aos servidores públicos titulares de cargos efetivos:

Art. 40 O regime próprio de previdência social dos servidores titulares de cargos efetivos terá caráter contributivo e solidário, mediante contribuição do respectivo ente federativo, de servidores ativos, de aposentados e de pensionistas, observados critérios que preservem o equilíbrio financeiro e atuarial.

Por sua vez, o § 13, do art. 40, dispõe sobre a aplicação do regime geral de Previdência Social aos servidores ocupantes, exclusivamente, de cargo em comissão, de outro cargo temporário, de mandato eletivo e de emprego público. Portanto:

Art. 40 § 13 Aplica-se ao agente público ocupante, exclusivamente, de cargo em comissão declarado em lei de livre nomeação e exoneração, de outro cargo temporário, inclusive mandato eletivo ou de emprego público, o regime geral de Previdência Social.

Assim sendo, a alternativa correta é a A, pois aos trabalhadores celetistas, aos agentes públicos ocupantes exclusivamente de cargos em

comissão, aos ocupantes de empregos públicos e ocupantes de função temporária e mandato eletivo, aplica-se o RGPS.

GABARITO: A.

---

408. O Chefe do Poder Executivo do Estado Gama consultou a assessoria jurídica sobre sua intenção de criar um ente da Administração Pública indireta, com personalidade jurídica de direito público, incumbido da execução de atividades típicas da Administração Pública.

A assessoria respondeu, corretamente, que o ente com essas características é a:

a) subsidiária integral, devendo ser criada a partir de autorização legal.

b) empresa pública, devendo ser criada a partir de autorização legal.

c) sociedade de economia mista, devendo ser criada por lei.

d) fundação pública, devendo ser criada por decreto.

e) autarquia, devendo ser criada por lei.

A: Incorreta. Empresas subsidiárias são pessoas jurídicas de direito privado criadas para integrar um grupo empresarial encabeçado por uma empresa-matriz estatal. De acordo com o art. 37, XX, da CF/1988:

Art. 37 XX - depende de autorização legislativa, em cada caso, a criação de subsidiárias das entidades mencionadas no inciso anterior, assim como a participação de qualquer delas em empresa privada.

B: Incorreta. Empresas públicas são pessoas jurídicas de direito privado, cuja autorização depende de autorização por lei (art. 37, XIX, CF/1988), sendo compostas integralmente por capital público, que visam à exploração de atividade econômica ou prestação de serviços públicos. A empresa pública não se destina à prestação de atividades típicas da Administração Pública.

C: Incorreta. Sociedades de economia mista são pessoas jurídicas de direito privado, criadas mediante autorização legislativa, com maioria de capital público e organizadas, obrigatoriamente, como sociedades anônimas. Tem como finalidade a prestação de serviços públicos e a exploração de atividade econômica. Veja a previsão constitucional:

Art. 37 XIX - somente por lei específica poderá ser criada autarquia e autorizada a instituição de empresa pública, de sociedade de economia mista e de fundação, cabendo à lei complementar, neste último caso, definir as áreas de sua atuação.

D: Incorreta. A Fundação Pública é a entidade da administração indireta instituída pelo Poder Público mediante a personificação de um patrimônio que, dependendo da forma de criação, adquire personalidade jurídica de direito público ou de direito privado (a depender da composição do capital). É criada mediante lei específica ou por ato de vontade de um particular, a depender de sua natureza jurídica. Destina-se a exercer atividade de interesse social.

E: Correta. A Autarquia é pessoa jurídica de direito público interno, pertencente à Administração Pública Indireta, criada por lei específica, para o exercício de atividades típicas da Administração Pública. Veja-se a previsão do Decreto-Lei nº 200/1967:

Art. 5º Para os fins desta lei, considera-se:

I - Autarquia - o serviço autônomo, criado por lei, com personalidade jurídica, patrimônio e receita próprios, para executar atividades típicas da Administração Pública, que requeiram, para seu melhor funcionamento, gestão administrativa e financeira descentralizada.

GABARITO: E.

---

409. Após regular processo administrativo disciplinar, João foi demitido do serviço público. Em razão da vacância do cargo, Maria, servidora estável, foi regularmente promovida e passou a ocupá-lo. Pouco tempo depois, a demissão de João foi anulada por decisão judicial transitada em julgado. Acresça-se que o cargo anterior de Maria estava ocupado e não havia outro cargo vago.

À luz dessa narrativa, João deve ser:

a) posto em disponibilidade e Maria deve permanecer no cargo.

b) reintegrado e Maria, posta em disponibilidade.

c) posto em disponibilidade e Maria, demitida.

d) reintegrado e Maria, indenizada.

e) reintegrado e Maria, demitida.

Da análise do enunciado, extrai-se que João será reintegrado, pois a sua demissão foi anulada por decisão judicial transitada em julgado da demissão. Por sua vez, Maria será posta em disponibilidade, nos termos do art. 41, § 2º, da CF/1988 e art. 28, § 2º, da Lei nº 8.112/1990.

De acordo com a CF/1988:

Art. 41 § 2º Invalidada por sentença judicial a demissão do servidor estável, será ele reintegrado, e o eventual ocupante da vaga, se estável, reconduzido ao cargo de origem, sem direito a indenização, aproveitado em outro cargo ou posto em disponibilidade com remuneração proporcional ao tempo de serviço.

No mesmo sentido, vale mencionar a previsão da Lei nº 8.112/1990:

Art. 28 A reintegração é a reinvestidura do servidor estável no cargo anteriormente ocupado, ou no cargo resultante de sua transformação, quando invalidada a sua demissão por decisão administrativa ou judicial, com ressarcimento de todas as vantagens.

§ 2º Encontrando-se provido o cargo, o seu eventual ocupante será reconduzido ao cargo de origem, sem direito à indenização ou aproveitado em outro cargo, ou, ainda, posto em disponibilidade.

GABARITO: B.

---

410. A Secretaria de Ordem Pública do Município Beta recebeu informações de que a Associação de Moradores do Bairro ZZ estaria estimulando a depredação de bens públicos. Após a regular tramitação do processo administrativo no qual representantes da Associação foram ouvidos, o Secretário Municipal, entendendo provados os fatos, decidiu pela sua dissolução compulsória.

À luz da narrativa apresentada, é correto afirmar que a dissolução compulsória da referida Associação:

a) observou a ordem constitucional, pois foi preservada a garantia do devido processo legal.

b) observou a ordem constitucional, desde que o Secretário Municipal tenha recebido delegação do Prefeito Municipal.

c) não observou a ordem constitucional, pois é vedada, em qualquer hipótese, a dissolução compulsória de associações.

d) não observou a ordem constitucional, pois a dissolução compulsória de associações exige decisão judicial transitada em julgado.

e) não observou a ordem constitucional, pois seria necessário o prévio trânsito em julgado da sentença condenatória pelos crimes referidos.

A: Incorreta. O secretário Municipal não observou a ordem constitucional, pois a dissolução somente é cabível mediante a via judicial, e não pela dissolução por meio de processo administrativo.

B: Incorreta. A decisão do secretário não observou a previsão do art. 5º, XIX, da CF/1988, pois para dissolução da associação é necessário decisão judicial transitada em julgado.

C: Incorreta. De fato, a decisão não observou a ordem constitucional. Entretanto, é possível a dissolução compulsória de associações, desde que mediante decisão judicial, com trânsito em julgado. Nesse sentido, é o que dispõe a CF/1988:

Art. 5º XIX - as associações só poderão ser compulsoriamente dissolvidas ou ter suas atividades suspensas por decisão judicial, exigindo-se, no primeiro caso, o trânsito em julgado.

D: Correta. A dissolução compulsória da referida Associação promovido pelo secretário Municipal não observou a previsão constitucional, isso porque o art. 5º, inciso XIX, da CF/1988, é claro ao assegurar que as associações só podem ser compulsoriamente dissolvidas ou ter suas atividades suspensas por decisão judicial, com trânsito em julgado. Portanto, não é cabível a dissolução da referida associação mediante processo administrativo, consoante narrado no enunciado.

E: Incorreta. O prévio trânsito em julgado da sentença refere-se ao processo de dissolução da associação e não ao processo penal dos crimes praticados. Assim, eventuais delitos cometidos serão processados na seara criminal, com a consequente responsabilização penal da associação e seus representantes.

GABARITO: D.

411. Em uma olimpíada universitária, o grupo de estudos XX (GEXX) defende que os direitos fundamentais de primeira dimensão são normalmente veiculados em normas de eficácia plena, sendo o conflito entre eles resolvido no plano da validade. O grupo de estudos ZZ (GEZZ), por sua vez, sustenta que os direitos fundamentais de segunda dimensão são veiculados, na maior parte das vezes, em normas de eficácia contida e, por carecerem de integração pela legislação infraconstitucional, não produzem qualquer efeito até que ela venha a ser editada. Ao analisar os argumentos apresentados, o júri da olimpíada universitária conclui, corretamente, que o GEXX:

a) erra apenas ao afirmar que o conflito entre os direitos fundamentais de primeira dimensão é resolvido no plano da validade, enquanto o GEZZ erra apenas ao defender que os de segunda dimensão são veiculados em normas de eficácia contida, não produzindo efeitos até a regulamentação.

b) está totalmente certo, enquanto o GEZZ erra ao afirmar que os direitos fundamentais de segunda dimensão são veiculados em normas de eficácia contida, carecem de regulamentação e não produzem quaisquer efeitos até a regulamentação.

c) erra apenas ao afirmar que os direitos fundamentais de primeira dimensão são normalmente veiculados em normas de eficácia plena, enquanto o GEZZ erra apenas ao afirmar que os de segunda dimensão não produzem efeitos até a regulamentação.

d) está totalmente certo, enquanto o GEZZ erra apenas ao afirmar que os direitos fundamentais de segunda dimensão não produzem efeitos até que sejam regulamentados pela legislação infraconstitucional.

e) erra apenas ao afirmar que o conflito entre os direitos fundamentais de primeira dimensão é resolvido no plano da validade, enquanto o GEZZ está totalmente certo em seus argumentos.

A: Correta. De acordo com o art. 5º, § 1º, CF/1988, as normas definidoras dos direitos e das garantias fundamentais têm aplicação imediata. Portanto, o grupo GEXX acerta ao dizer que os direitos fundamentais de primeira dimensão são normalmente veiculados em normas de eficácia plena. Contudo, erra ao afirmar que o conflito entre os aludidos direitos será resolvido no plano da validade, pois a solução deverá se dar mediante a ponderação dos interesses.

B: Incorreta. O grupo GEXX não está totalmente correto, porquanto erra ao afirmar que o conflito de direitos será resolvido no plano da validade.

C: Incorreta. O grupo GEXX acerta ao dizer que as normas de primeira dimensão usualmente possuem eficácia plena.

D: Incorreta. O grupo GEXX está parcialmente certo, pois erra ao afirmar que, caso houvesse conflito entre os direitos, o embate se resolveria por meio do plano de validade destas, sendo que as referidas normas já são consideradas válidas; o que se discute sobre possíveis preponderâncias destas normas é com relação ao plano da eficácia, não de validade. Ao passo que o grupo GEZZ erra ao afirmar que os direitos fundamentais de segunda dimensão são veiculados na maior parte das vezes às normas de eficácia contida, pois tais direitos se relacionam às normas de eficácia limitada, ou seja, de conteúdo programático. Bem como também erra ao afirmar que tais normas não produzem efeitos, sendo que tanto normas de eficácia contida quanto de eficácia limitada são capazes de produzir efeitos, mesmo que de forma reduzida.

E: Incorreta. De fato, o grupo GEXX erra apenas ao afirmar que o conflito entre os direitos fundamentais de primeira dimensão é resolvido no plano da validade, tendo em vista que eventuais conflitos devem ser solucionados no terreno da ponderação dos interesses. Contudo, o grupo GEZZ não está correto em seus argumentos, porquanto erra ao afirmar que os direitos fundamentais de segunda dimensão são veiculados na maior parte das vezes às normas de eficácia contida, pois tais direitos se relacionam às normas de eficácia limitada, ou seja, de conteúdo programático. O grupo também erra ao afirmar que tais normas não produzem efeitos, sendo que tanto normas de eficácia contida quanto de eficácia limitada são capazes de produzir efeitos, mesmo que de forma reduzida.

GABARITO: A.

412. O Tribunal de Contas da União instaurou processos administrativos para apurar a licitude da percepção de valores superiores àquele correspondente ao teto remuneratório constitucional pelos dirigentes: (I) da sociedade de economia mista A, que não recebia quaisquer recursos da União; ( ) da sociedade de economia mista B, que recebia recursos da União para fazer face às despesas de capital; (III) da empresa pública C, que recebia recursos da União para pagamento das despesas de pessoal; e (IV) da subsidiária integral da empresa pública C, que recebia recursos da União para as despesas de custeio em geral, exceto de pessoal.

À luz da sistemática constitucional, estão sujeitos ao teto remuneratório constitucional os dirigentes do(s) ente(s) referido(s) em:

a) II, III e I

b) somente II, III e I

c) somente III e I

d) somente I e II.

e) somente I.

A questão exige conhecimento acerca das disposições constitucionais no que diz respeito à Administração Pública e sua sujeição ao teto constitucional:

Art. 37 XI - a remuneração e o subsídio dos ocupantes de cargos, funções e empregos públicos da administração direta, autárquica e fundacional, dos membros de qualquer dos Poderes da União, dos Estados, do Distrito Federal e dos Municípios, dos detentores de mandato eletivo e dos demais agentes políticos e os proventos, pensões ou outra espécie remuneratória, percebidos cumulativamente ou não, incluídas as vantagens pessoais ou de qualquer outra natureza, não poderão exceder o subsídio mensal, em espécie, dos Ministros do Supremo Tribunal Federal, aplicando-se como limite, nos Municípios, o subsídio do Prefeito, e nos Estados e no Distrito Federal, o subsídio mensal do Governador no âmbito do Poder Executivo, o subsídio dos Deputados Estaduais e Distritais no âmbito do Poder Legislativo e o subsídio dos Desembargadores do Tribunal de Justiça, limitado a noventa inteiros e vinte e cinco centésimos por cento do subsídio mensal, em espécie, dos Ministros do Supremo Tribunal Federal, no âmbito do Poder Judiciário, aplicável este limite aos membros do Ministério Público, aos Procuradores e aos Defensores Públicos.

§ 9º O disposto no inciso XI aplica-se às empresas públicas e às sociedades de economia mista, e suas subsidiárias, que receberem recursos da União, dos Estados, do Distrito Federal ou dos Municípios para pagamento de despesas de pessoal ou de custeio em geral.

I: Incorreto. A sociedade de economia mista A não está sujeita ao teto remuneratório constitucional, uma vez que não recebia recursos da União.

II: Incorreto. A sociedade de economia mista B não se submete ao teto constitucional, pois os recursos que recebia da União eram utilizados para as despesas de capital. Veja-se que o § 9º, do art. 37, é categórico ao dispor que a sujeição ao teto se dá nos casos em que os recursos são destinados ao pagamento de despesas de pessoal ou de custeio em geral, e não com despesas de capital.

III: Correto. Nos termos do § 9º, do art. 37, a empresa pública C se submete ao teto constitucional, pois recebia recursos da União para pagamento das despesas de pessoal.

IV: Correto. De igual maneira, a subsidiária integral da empresa pública C, também submete-se ao teto constitucional, porquanto recebia recursos da União para as despesas de custeio em geral.

GABARITO: C.

---

413. Em razão de um acontecimento de grande potencial lesivo para o ambiente coletivo, de origem natural, que comprometeu gravemente a capacidade de resposta dos serviços públicos essenciais, o presidente da República debateu com os seus interlocutores mais próximos a possibilidade de ser decretado estado de calamidade pública de âmbito nacional. Na ocasião, foi afirmado por alguns interlocutores que a decretação (1) é de competência do Congresso Nacional e, especificamente em relação ao atendimento das necessidades decorrentes dos acontecimentos, permitiria (2) a adoção de processo simplificado de contratação de pessoal, em caráter temporário e emergencial; (3) o aumento de despesa obrigatória de caráter continuado; e (4) a realização de operações de crédito em montante superior às despesas de capital. À luz da sistemática constitucional, estão corretas:

a) apenas a informação 1.
b) apenas as informações 2 e 3.
c) apenas as informações 3 e 4.
d) apenas as informações 1, 2 e 4.
e) as informações 1, 2, 3 e 4.

Informação 1: Correta. De acordo com o art. 49, XVIII, da CF/1988.

Art. 49 É da competência exclusiva do Congresso Nacional:

XVIII - decretar o estado de calamidade pública de âmbito nacional previsto nos arts. 167-B, 167-C, 167-D, 167-E, 167-F e 167-G desta Constituição.

Informação 2: Correta. Conforme prevê o art. 167-C, da CF/1988.

Art. 167-C Com o propósito exclusivo de enfrentamento da calamidade pública e de seus efeitos sociais e econômicos, no seu período de duração, o Poder Executivo federal pode adotar processos simplificados de contratação de pessoal, em caráter temporário e emergencial, e de obras, serviços e compras que assegurem, quando possível, competição e igualdade de condições a todos os concorrentes, dispensada a observância do § 1º do art. 169 na contratação de que trata o inciso IX do caput do art. 37 desta Constituição, limitada a dispensa às situações de que trata o referido inciso, sem prejuízo do controle dos órgãos competentes.

Informação 3: Incorreta. O art. 167-D, da CF/1988, determina que:

Art. 167-D As proposições legislativas e os atos do Poder Executivo com propósito exclusivo de enfrentar a calamidade e suas consequências sociais e econômicas, com vigência e efeitos restritos à sua duração, desde que não impliquem despesa obrigatória de caráter continuado, ficam dispensados da observância das limitações legais quanto à criação, à expansão ou ao aperfeiçoamento de ação governamental que acarrete aumento de despesa e à concessão ou à ampliação de incentivo ou benefício de natureza tributária da qual decorra renúncia de receita.

Informação 4: Correta. Conforme dispõe o art. 167-E, da CF/1988:

Art. 167-E Fica dispensada, durante a integralidade do exercício financeiro em que vigore a calamidade pública de âmbito nacional, a observância do inciso III do caput do art. 167 desta Constituição.

Diz o art. 167, III, da CF/1988:

Art. 167 São vedados:

III - a realização de operações de créditos que excedam o montante das despesas de capital, ressalvadas as autorizadas mediante créditos suplementares ou especiais com finalidade precisa, aprovados pelo Poder Legislativo por maioria absoluta.

GABARITO: D.

---

414. Um estado cujo governador estava no último ano de seu mandato apresentava os seguintes saldos no final do exercício financeiro:

Receita Corrente: R$ 2.600.000;

Receita de Capital: R$ 400.000;

Disponibilidade de caixa: R$ 2.000.000;

Despesas empenhadas a liquidar: R$ 1.700.000;

Despesas empenhadas e liquidadas a pagar: R$ 1.500.000.

Na data, o valor inscrito como Restos a Pagar era de:

a) R$ 1.500.000.
b) R$ 1.700.000.
c) R$ 2.000.000.
d) R$ 3.000.000.
e) R$ 3.200.000.

O examinador pediu o valor que foi inscrito em restos a pagar.

Conforme art. 36, consideram-se restos a pagar as despesas empenhadas, mas não pagas até o dia 31 de dezembro, distinguindo-se as processadas e não processadas.

De forma direta, os restos a pagar seriam:

R$ 1.700.000 (despesas empenhadas a liquidar).

R$ 1.500.000 (despesas empenhadas e liquidadas a pagar).

= R$ 3.200.000.

Você deverá lembrar que o governador estava no último ano do seu governo, logo, não deve haver presentinhos para o sucessor. Digo heranças fiscais. Só poderá ser deixado aquilo que puder ser pago com as disponibilidades.

Observe o que diz o art. 42 da LRF:

Art. 42 É vedado ao titular de Poder ou órgão referido no Art. 20, nos últimos dois quadrimestres do seu mandato, contrair obrigação de despesa que não possa ser cumprida integralmente dentro dele, ou que tenha parcelas a serem pagas no exercício seguinte sem que haja suficiente disponibilidade de caixa para este efeito.

GABARITO: C.

---

415. A Superintendência do Patrimônio da União no Estado Alfa teve que indicar a classificação de suas receitas referentes a foro e taxa de ocupação quanto a terrenos de marinha localizados no referido Estado, bem como a classificação da despesa para aquisição de imóvel tido como necessário para a execução de obra pública.

Levando-se em consideração a classificação por natureza de cada uma dessas receitas e despesa públicas descritas no enunciado, à luz da Lei nº 4.320/1964, é correto afirmar que tais receitas:

a) de foro e de taxa de ocupação são classificadas como receitas tributárias, e a despesa com a aquisição imobiliária necessária à execução de obra pública, como inversão financeira.

b) de foro são classificadas como receitas patrimoniais, as de taxa de ocupação como receitas tributárias, e a despesa com a aquisição imobiliária necessária à execução de obra pública, como inversão financeira.

c) de foro são classificadas como receitas patrimoniais, as de taxa de ocupação como receitas tributárias, e a despesa com a aquisição imobiliária necessária à execução de obra pública, como investimento.

d) de foro e de taxa de ocupação são classificadas como receitas patrimoniais, e a despesa com a aquisição imobiliária necessária à execução de obra pública, como inversão financeira.

e) de foro e de taxa de ocupação são classificadas como receitas patrimoniais, e a despesa com a aquisição imobiliária necessária à execução de obra pública, como investimento.

Receitas provenientes da fruição de patrimônio pertencente ao ente público, tais como:

- Taxa de ocupação;

- Foro;

- Laudêmio;

- Multa de transferência;

- Alienação;

- Dívida ativa da União;

- Juros e multas;

- Locação; e

- Arrendamento.

Classificam-se como investimentos as dotações para o planejamento e a execução de obras, inclusive as destinadas à aquisição de imóveis considerados necessários à realização destas últimas, bem como para os programas especiais de trabalho, aquisição de instalações, equipamentos e material permanente e constituição ou aumento do capital de empresas que não sejam de caráter comercial ou financeiro.

Receitas Patrimoniais: os bens da União pertencem a todos os brasileiros. **Sendo assim, qualquer pessoa que se utiliza deles de maneira exclusiva, tem, de certa forma, posição privilegiada em relação aos demais cidadãos. É por isso que, em certos casos, a legislação estabelece uma cobrança pela utilização desses imóveis. Os recursos arrecadados dessa forma são conhecidos como "receitas patrimoniais". Tais receitas não são tributos, mas sim contraprestações devidas pelos particulares pelo uso privilegiado de bens que são de todos.**

Taxa de ocupação: a inscrição de ocupação é um dos instrumentos de destinação de imóveis da União. Trata-se de um ato administrativo precário, isto é, que pode ser revisto a qualquer tempo, e pressupõe o efetivo aproveitamento do terreno pelo ocupante. Nesse caso, o imóvel pertence 100% à União, mas o ocupante tem o direito de utilização do bem.

Os usuários de imóveis da União regularmente inscritos na SPU sob o Regime de Ocupação devem pagar anualmente a Taxa de Ocupação. Trata-se de uma receita patrimonial que corresponde a 2% do valor do domínio pleno do terreno, excluídas as benfeitorias.

A Taxa de Ocupação é paga por meio do Documento de Arrecadação de Receitas Federais (DARF). Os recursos vão para a Conta Única do Tesouro. **Uma parte é utilizada pelo Governo Federal para a realização de políticas públicas em prol de toda a população,e a outra parte é repassada aos Municípios onde se localizam os imóveis que deram origem à cobrança.**

O DARF é encaminhado anualmente para o endereço fiscal dos usuários, isto é, o endereço que consta na base de dados da Receita Federal do Brasil. Ele também pode ser emitido pela Internet.

GABARITO: E.

416. Ao final de um certo quadrimestre, verificou-se que a despesa total com pessoal de um determinado Tribunal Regional do Trabalho (TRT) alcançou 94,5% do limite de gastos com pessoal previsto na Lei de Responsabilidade Fiscal (LRF – LC nº 101/2000, Arts. 19 e 20).

Diante desse fato, tendo-se atingido o percentual de 94,5% descrito:

a) fica vedada a criação de cargo, emprego ou função.

b) fica vedada a alteração de estrutura de carreira que implique aumento de despesa.

c) o percentual de 4,5% excedente a 90% terá de ser eliminado nos dois quadrimestres seguintes, sendo, pelo menos, um terço no primeiro.

d) o Tribunal de Contas da União (TCU) deverá alertar o referido TRT de que o montante da despesa total com pessoal ultrapassou 90% do limite.

e) fica vedada a concessão de vantagem, aumento, reajuste ou adequação de remuneração a qualquer título, salvo os derivados de sentença judicial ou de determinação legal ou contratual.

De acordo com a LRF:

Art. 22 Parágrafo único. Se a despesa total com pessoal exceder a 95% (noventa e cinco por cento) do limite, são vedados ao Poder ou órgão referido no Art. 20 que houver incorrido no excesso:

I - concessão de vantagem, aumento, reajuste ou adequação de remuneração a qualquer título, salvo os derivados de sentença judicial ou de determinação legal ou contratual, ressalvada a revisão.

II - criação de cargo, emprego ou função.

III - alteração de estrutura de carreira que implique aumento de despesa.

Art. 23 Se a despesa total com pessoal, do Poder ou órgão referido no Art. 20, ultrapassar os limites definidos no mesmo artigo, sem prejuízo das medidas previstas no Art. 22, o percentual excedente terá de ser eliminado nos dois quadrimestres seguintes, sendo pelo menos um terço no primeiro, adotando-se, entre outras, as providências previstas nos §§ 3º e 4º do art. 169 da Constituição.

Art. 59 § 1º Os Tribunais de Contas alertarão os Poderes ou órgãos referidos no Art. 20 quando constatarem:

II - que o montante da despesa total com pessoal ultrapassou 90% (noventa por cento) do limite.

GABARITO: D.

417. Contando com a devida autorização por deliberação dos Estados e Distrito Federal mediante convênio do Conselho Nacional de Política Fazendária (Confaz), o Estado Alfa, por lei específica, concedeu isenção de Imposto sobre a Circulação de Mercadorias e Serviços (ICMS) a favorecer pessoas com deficiências que, comprovando sua situação perante o Fisco estadual, adquirissem automóveis adaptados. O Estado Alfa, para conceder a isenção, realizou a estimativa do impacto orçamentário-financeiro no exercício em que devia iniciar a vigência da isenção e no seguinte, atendeu ao disposto em sua lei de diretrizes orçamentárias (LDO) e demonstrou que a renúncia de receita foi considerada na estimativa de receita da lei orçamentária e que não afetaria as metas de resultados fiscais previstas no Anexo Estadual de Metas Fiscais.

Diante desse cenário concreto, é correto afirmar que:

a) a estimativa do impacto orçamentário-financeiro deveria ter sido elaborada no âmbito do Confaz.

b) não se configura renúncia de receita, por se tratar de concessão de isenção em caráter geral.

c) a estimativa do impacto orçamentário-financeiro deveria ter sido elaborada considerando-se o exercício em que se inicia a vigência da isenção e os dois seguintes.

d) as reduções de alíquotas e isenções de ICMS constituem exceção à aplicação das normas da Lei de Responsabilidade Fiscal acerca de renúncia de receitas.

e) deveria estar presente necessariamente medida de compensação por meio do aumento de receita, proveniente da elevação de alíquotas, ampliação da base de cálculo, majoração ou criação de tributo ou contribuição.

De acordo com a LC 101/2000:

Art. 14 A concessão ou ampliação de incentivo ou benefício de natureza tributária da qual decorra renúncia de receita deverá estar acompanhada de estimativa do impacto orçamentário-financeiro no exercício em que deva iniciar sua vigência e nos dois seguintes, atender ao disposto na lei de diretrizes orçamentárias e a pelo menos uma das seguintes condições:

I - demonstração pelo proponente de que a renúncia foi considerada na estimativa de receita da lei orçamentária, na forma do Art. 12, e de que não afetará as metas de resultados fiscais previstas no anexo próprio da lei de diretrizes orçamentárias.

II - estar acompanhada de medidas de compensação, no período mencionado no caput, por meio do aumento de receita, proveniente da elevação de alíquotas, ampliação da base de cálculo, majoração ou criação de tributo ou contribuição.

GABARITO: C.

---

418. A Empresa Brasileira de Correios e Telégrafos (EBCT) é considerada pelo Supremo Tribunal Federal (STF) como imune ao pagamento de impostos mesmo quanto às atividades em que atua em regime de livre concorrência. A razão dada pelo STF é a de que a EBCT oferta o serviço público de entrega de correspondência em localidades distantes a preço módico, serviço que não seria oferecido adequadamente (a não ser por alto custo) pelo sistema de mercado. Assim, as atividades mais rentáveis da EBCT estariam também imunes para auxiliar no custeio das operações de entrega de correspondência em locais pouco habitados e de difícil acesso.

À luz das nomenclaturas cunhadas na teoria das funções de Governo, o fenômeno descrito no enunciado expressa a função:

a) distribucionista do Estado.

b) estabilizadora do Estado.

c) alocativa do Estado.

d) progressiva do Estado.

e) referencial do Estado.

Função Distributiva: trata da busca pela equidade social, por exemplo: melhor distribuição de renda.

Função Alocativa: alocação de bens e recursos pelo Estado.

Função Estabilizadora: foca em estabilizar a economia, usando das políticas fiscal e monetária, por exemplo.

A função alocativa se baseia no fornecimento ou regulação pelo governo de bens e serviços que o mercado não pode fornecer de maneira adequada.

O objetivo desta função é corrigir falhas de mercado por meio do fornecimento de bens públicos, garantindo que os recursos estejam disponíveis para a sociedade; alocando-os na economia de forma mais eficiente, quando o mercado não consegue dispô-los de modo satisfatório.

A fim de suprir a demanda de bens públicos, o Estado pode exercer as seguintes formas de política alocativa:

- Financiamento: através da disponibilização de recursos financeiros para o setor privado, por meio de subsídios e ampliação do crédito;

- Produção: entrega de bens e serviços por empresas estatais exploradoras de atividade econômica;

- Regulação: regulamentação da economia e a fiscalização dos agentes econômicos por meio de agências reguladoras, concedendo à iniciativa privada a execução do serviço público, através de concessões e privatizações. O Estado continua sendo titular, porém controla as atividades e fomenta a concorrência do mercado de forma mais eficiente.

GABARITO: C.

---

419. Em certo ano, emendas parlamentares individuais ao projeto de lei orçamentária anual da União foram aprovadas no limite de 1,2% da receita corrente líquida prevista no projeto encaminhado pelo Poder Executivo, destinando-se a metade desse percentual a ações e serviços públicos de saúde. A execução orçamentária dessas emendas, no montante destinado à saúde, contemplou diversos programas, inclusive despesas de custeio na saúde e gastos com pagamento de pessoal dessa área. Porém, após iniciada a execução orçamentária, verificou-se que a reestimativa da receita e da despesa resultaria no não cumprimento da meta de resultado fiscal estabelecida na Lei de Diretrizes Orçamentárias (LDO).

Diante desse cenário e à luz do texto atual da Constituição da República de 1988, é correto afirmar que:

a) a execução orçamentária e financeira das programações decorrentes de tais emendas é discricionária.

b) os gastos em saúde decorrentes dessas emendas não podem ser aplicados em meras despesas de custeio de ações e serviços públicos de saúde.

c) os gastos em saúde decorrentes dessas emendas, ainda que venham a ser proporcionalmente reduzidos, são computados para fins de cumprimento do percentual mínimo anual a ser aplicado pela União em ações e serviços públicos de saúde.

d) havendo impedimentos de ordem técnica para cumprimento integral das programações orçamentárias decorrentes de tais emendas, estas deverão ser executadas em percentual de ao menos 25% do originalmente previsto.

e) verificado o provável descumprimento da meta de resultado fiscal estabelecida na LDO, as programações orçamentárias decorrentes de tais emendas não poderão ser reduzidas na mesma proporção da limitação incidente sobre o conjunto das demais despesas discricionárias.

A: Incorreta. De acordo com a LDO:

Art. 166 § 11 É obrigatória a execução orçamentária e financeira das programações a que se refere o § 9º deste artigo, em montante correspondente a 1,2% (um inteiro e dois décimos por cento) da receita corrente líquida realizada no exercício anterior, conforme os critérios para a execução equitativa da programação definidos na lei complementar prevista no § 9º do art. 165.

B: Incorreta. De acordo com a LDO:

Art. 166 § 10 A execução do montante destinado a ações e serviços públicos de saúde previsto no § 9º, inclusive custeio, será computada para fins do cumprimento do Inciso I do § 2º do art. 198, vedada a destinação para pagamento de pessoal ou encargos sociais.

C: Correta. De acordo com a LDO:

Art. 166 § 10 A execução do montante destinado a ações e serviços públicos de saúde previsto no § 9º, inclusive custeio, será computada para fins do cumprimento do Inciso I do § 2º do art. 198, vedada a destinação para pagamento de pessoal ou encargos sociais.

D: Incorreta. A afirmação não faz sentido nem possui embasamento em nenhuma norma ou lei.

E: Incorreta. De acordo com a LDO:

Art. 166 § 18 Se for verificado que a reestimativa da receita e da despesa poderá resultar no não cumprimento da meta de resultado fiscal estabelecida na lei de diretrizes orçamentárias, os montantes previstos nos §§ 11 e 12 deste artigo poderão ser reduzidos em até a mesma proporção da limitação incidente sobre o conjunto das demais despesas discricionárias.

GABARITO: C.

420. Apesar dos esforços que têm aperfeiçoado o processo de planejamento orçamentário na administração pública brasileira, há previsão da realização de alterações orçamentárias ao longo do exercício financeiro. Tais alterações são limitadas, entre outros fatores, por imposições legais e restrições de recursos.

Um desafio para o controle externo analisar o montante e o impacto da abertura de créditos adicionais no orçamento é a:

a) falta de controle da edição de medidas provisórias com abertura de créditos extraordinários.

b) impossibilidade de alterar um atributo de um crédito orçamentário, como modalidade de aplicação.

c) ocorrência de reabertura de créditos adicionais do exercício anterior no orçamento vigente.

d) possibilidade de alterações orçamentárias não incluídas no limite de créditos suplementares.

e) recorrência de situações emergenciais que flexibilizam as regras de alterações orçamentárias.

A: Incorreta. Há falta de controle da edição das medidas provisórias? Elas são obrigatoriamente publicadas no Diário Oficial, além de deverem constar no portal da transparência com a referência à respectiva medida provisória que a autorizou. Portanto, não há falta de controle.

B: Incorreta. É possível alterar os atributos e essas alterações não se classificam como créditos adicionais, tendo em vista que não alteram as dotações, conforme prevê o MCASP (9ª edição):

Ressalte-se que, na União, as alterações dos atributos do crédito orçamentário, constantes da Lei Orçamentária da União, tais como modalidade de aplicação, identificador de resultado primário (RP), identificador de uso (IU) e fonte de recursos (FR) não são caracterizadas como créditos adicionais por não alterarem o valor das dotações. Essas alterações são denominadas "outras alterações orçamentárias" e são realizadas por meio de atos infra legais, observadas as autorizações constantes da Lei de Diretrizes Orçamentárias do exercício financeiro correspondente.

C: Incorreta. Os créditos especiais e extraordinários autorizados nos últimos 4 meses do exercício podem ser reabertos no limite dos seus saldos. Agora, isso prejudica o controle? De acordo com a banca, não. De fato, não, pois, da mesma forma que os créditos adicionais abertos no exercício, há identificação da fonte de abertura desses e do exercício em que ocorreu a autorização.

D: Correta. A banca entendeu que esse é um desafio e anotou a alternativa D como gabarito da questão. De fato, a LOA pode conter os limites para abertura de créditos suplementares, sendo que os créditos especiais e extraordinários não estariam dentro desse limite de alterações. Na prática, quando fiscalizo contas municipais vejo que isso é muito recorrente, pois a LOA apresenta autorização para abertura de 20% de créditos suplementares, por exemplo, e ao fim do exercício o total de alterações orçamentárias é superior a 40% da dotação inicial, o que se alinha à interpretação da FG

E: Incorreta. As regras de alterações orçamentárias estão estabelecidas na Lei nº 4.320/1964 e na Constituição Federal, sendo as mesmas. Ainda que as situações emergenciais que provocam alterações sejam recorrentes, as regras para abertura de créditos não são flexibilizadas com frequência.

GABARITO: D.

421. A classificação da despesa pública é estruturada para atender às exigências de informação demandadas por todos os interessados nas questões de finanças públicas, como os poderes públicos, as organizações públicas e privadas e a sociedade em geral.

A classificação da despesa por identificador de resultado primário é de caráter indicativo e tem como finalidade auxiliar a apuração do resultado primário, pelo confronto com as receitas primárias.

422. Ao avaliar a meta de resultado primário e o resultado alcançado ao final de um exercício, deve-se considerar que:

a) é facultada a vinculação com a meta de resultado nominal.

b) as despesas discricionárias não devem afetar o resultado primário.

c) todas as despesas primárias devem ser incluídas na meta de resultado primário.

d) as despesas que devem ser incluídas no resultado primário são de caráter obrigatório.

e) há classificação específica para despesas decorrentes de emendas parlamentares impositivas.

Segundo a qual há classificação específica para as despesas decorrentes de emendas. De acordo com a Lei nº 14.194/2021 (Lei de Diretrizes Orçamentárias - LDO):

Art. 7º Os Orçamentos Fiscais, da Seguridade Social e de Investimento discriminarão a despesa por unidade orçamentária, com suas categorias de programação detalhadas no menor nível e dotações respectivas, especificando a esfera orçamentária, o Grupo de Natureza de Despesa - GND, o identificador de resultado primário, a modalidade de aplicação, o identificador de uso e a fonte de recursos.

§ 4º O identificador de Resultado Primário - RP visa auxiliar a apuração do resultado primário previsto nos art. 2º e art. 3º, o qual deve constar do Projeto de Lei Orçamentária de 2022 e da respectiva Lei em todos os GNDs, e identificar, de acordo com a metodologia de cálculo das necessidades de financiamento do Governo Central, cujo demonstrativo constará anexo à Lei Orçamentária de 2022, nos termos do disposto no Inciso X do Anexo I, se a despesa é:

I - financeira (RP 0).

II - primária e considerada na apuração do resultado primário para cumprimento da meta, sendo:

a) obrigatória, cujo rol deve constar da Seção I do Anexo III (RP 1).

b) discricionária não abrangida pelo disposto na alínea "c" deste inciso (RP 2); e,

c) discricionária decorrente de programações incluídas ou acrescidas por emendas:

1. individuais, de execução obrigatória nos termos do disposto nos § 9º e § 11 do art. 166 da Constituição (RP 6).

2. de bancada estadual, de execução obrigatória nos termos do disposto no § 12 do art. 166 da Constituição e no art. 2º da Emenda à Constituição nº 100, de 26 de junho de 2019.

GABARITO: E.

423. A Assembleia Legislativa Estadual acaba de aprovar emenda à Constituição Estadual de autoria de Deputado Estadual, criando o Conselho Estadual de Justiça, órgão de controle externo administrativo do Poder Judiciário estadual do qual participam representantes de outros poderes e entidades da sociedade civil. Tendo por base os ensinamentos doutrinários em matéria de controle da Administração Pública e a jurisprudência do Supremo Tribunal Federal, a norma criada é:

a) constitucional, porque os Estados-membros gozam de autonomia administrativa e competência constitucional para legislar sobre organização judiciária e controle da administração.

b) constitucional, pois se aplica o princípio do paralelismo ou simetria, eis que, na esfera da União, a Constituição da República de 1988 criou validamente o Conselho Nacional de Justiça.

c) inconstitucional, pois o princípio da separação dos poderes e da inafastabilidade do controle jurisdicional impedem que o Executivo ou Legislativo exerçam controle externo sobre o Judiciário.

d) inconstitucional, pois os Estados-membros carecem de competência constitucional para instituir esse tipo de órgão, além de se criar risco ao pacto federativo.

e) inconstitucional, pois o Poder Judiciário não está sujeito a qualquer tipo de controle externo, com exceção da competência constitucional do Conselho Nacional de Justiça.

A: Incorreta. A Emenda à Constituição Estadual é inconstitucional, porque os Estados-membros não gozam de autonomia administrativa e competência constitucional para legislar sobre organização judiciária.

B: Incorreta. A norma criada é inconstitucional, pois não se aplica o princípio do paralelismo ou simetria, em vista de que a Constituição não atribui aos Estados a possibilidade de criação, por constituição estadual, de órgão de controle administrativo do Poder Judiciário local, sob violação do caráter unitário e nacional do aludido Poder.

C: Incorreta. De fato, a emenda é inconstitucional, mas não em razão da violação ao princípio da separação de poderes, mas pelo fato de que os entes federados não dispõem de competência constitucional para instituir conselhos, internos ou externos, destinados ao controle da atividade administrativa, financeira ou disciplinar do Poder Judiciário. Ademais, a alternativa equivoca-se ao afirmar que o Poder Judiciário não está sujeito a controle externo. Ainda que os Poderes sejam independentes, pelo fato de o Judiciário prestar serviços públicos, devidamente remunerados pela sociedade, está obrigado a prestar contas acerca das atividades jurisdicionais e administrativas. Assim, está sujeito a controle externo, exercido pelo Tribunal de Contas da União, em âmbito federal, e pelo Tribunal de Contas do Estado, em nível estadual.

D: Correta. De acordo com o entendimento do STF, os Estados-membros carecem de competência constitucional para instituir conselhos, internos ou externo, destinados a controle da atividade administrativa, financeira ou disciplinar das respectivas Justiças, porque a autonomia necessária para o fazer seria incompatível com o regime jurídico-constitucional do Poder Judiciário, cuja unidade reflete a da soberania nacional. De modo que eventual poder de criação de conselho estadual, ordenado ao controle administrativo-financeiro e disciplinar da divisão orgânica do Poder, atribuída com fisionomia uniforme às unidades federadas, violentaria a Constituição da República. (ADI 3367, Relator Ministro Cezar Peluso, Tribunal Pleno, julgamento em 13.4.2005, DJ de 17.3.2006). Nesse sentido, vale mencionar o teor da Súmula 649 do STF:

É inconstitucional a criação, por Constituição Estadual, de órgão de controle administrativo do Poder Judiciário do qual participem representantes de outros poderes ou entidades.

E: Incorreta. Quanto ao controle externo, o Poder Judiciário está sujeito ao controle exercido pelo Poder Legislativo, com o auxílio do Tribunal de Contas (art. 71, da CF/1988). Já o CNJ é órgão interno de controle administrativo, financeiro e disciplinar do Poder Judiciário. Tem natureza exclusivamente administrativa, e sua competência é relativa apenas aos órgãos e juízes situados, hierarquicamente, abaixo do Supremo Tribunal Federal.

GABARITO: D.

---

424. Eraldo, que jamais deixara de votar em uma eleição, cumprindo fielmente os seus deveres cívicos, tomou conhecimento de que o prefeito municipal estava realizando diversos gastos de forma irregular, sem a prévia realização de processo licitatório e sem qualquer motivo idôneo à contratação direta. Com o objetivo de responsabilizar o prefeito pelos danos causados ao patrimônio público, Eraldo procurou um advogado e solicitou que fosse informado da ação que poderia ajuizar. À luz da sistemática constitucional, essa ação é:

a) o mandado de segurança.
b) a ação penal.
c) o mandado de injunção.
d) a ação popular.
e) a reclamação constitucional.

A: Incorreta. O mandado de segurança é remédio constitucional que visa proteger direito líquido e certo, contra ato ilegal ou abuso de poder, nos termos do art. 5º, LXIX, CF/1988:

Art. 5º LXIX - conceder-se-á mandado de segurança para proteger direito líquido e certo, não amparado por habeas corpus ou habeas data, quando o responsável pela ilegalidade ou abuso de poder for autoridade pública ou agente de pessoa jurídica no exercício de atribuições do Poder Público.

B: Incorreta. A propositura de ação penal pública é exclusiva do Ministério Público, nos termos do art. 129, inciso I, da CF/1988:

Art. 129 São funções institucionais do Ministério Público:

I - promover, privativamente, a ação penal pública, na forma da lei.

C: Incorreta. O mandado de injunção é cabível sempre que a falta de norma regulamentadora torne inviável o exercício dos direitos e liberdades constitucionais e das prerrogativas inerentes à nacionalidade, à soberania e à cidadania, nos termos do art. 5º, LXXI, da CF/1988.

D: Correta. Eraldo poderá ajuizar Ação Popular, nos termos do art. 5º, LXXIII, da CF/1988: qualquer cidadão é parte legítima para propor ação popular que vise a anular ato lesivo ao patrimônio público ou de entidade de que o Estado participe, à moralidade administrativa, ao meio ambiente e ao patrimônio histórico e cultural, ficando o autor, salvo comprovada má-fé, isento de custas judiciais e do ônus da sucumbência.

E: Incorreta. A reclamação constitucional ao STF é cabível nas hipóteses previstas no art. 102, inciso I, "l", da CF/1988:

Art. 102 Compete ao Supremo Tribunal Federal, precipuamente, a guarda da Constituição, cabendo-lhe:

I - processar e julgar, originariamente:

l) a reclamação para a preservação de sua competência e garantia da autoridade de suas decisões.

GABARITO: D.

---

425. João, após sucessivas tentativas, não logrou êxito em ser aprovado em concurso público. No entanto, como Pedro, seu amigo, foi eleito e tomou posse no cargo de Prefeito Municipal, João veio a ser nomeado para função de confiança junto a uma secretaria municipal.

Por entender que a nomeação foi irregular, o Ministério Público ingressou com ação judicial para que tal fosse reconhecido.

À luz da sistemática constitucional, a ação ajuizada pelo Ministério Público, observados os demais requisitos exigidos:

a) não deve ser acolhida, pois, apesar de as funções de confiança serem privativas dos titulares de cargos de provimento efetivo, o Ministério Público não pode propor a ação.
b) deve ser acolhida, pois as funções de confiança são privativas dos titulares de cargos de provimento efetivo e o Ministério Público pode propor a ação.
c) não deve ser acolhida, pois as funções de confiança não são privativas dos titulares de cargos de provimento efetivo, embora o Ministério Público pudesse propor a ação.
d) deve ser acolhida, pois não podem existir funções de confiança no plano estadual e o Ministério Público pode propor a ação.
e) não deve ser acolhida, pois as funções de confiança não são privativas dos titulares de cargos de provimento efetivo e o Ministério Público não pode propor a ação.

De acordo com a Constituição Federal:

Art. 37 A administração pública direta e indireta de qualquer dos Poderes da União, dos Estados, do Distrito Federal e dos Municípios obedecerá aos princípios de legalidade, impessoalidade, moralidade, publicidade e eficiência e, também, ao seguinte:

V - as funções de confiança, exercidas exclusivamente por servidores ocupantes de cargo efetivo, e os cargos em comissão, a serem preenchidos por servidores de carreira nos casos, condições e percentuais mínimos previstos em lei, destinam-se apenas às atribuições de direção, chefia e assessoramento.

Dessa maneira, a ação deve ser acolhida, pois as funções de confiança são privativas dos titulares de cargos de provimento efetivo e o Ministério Público pode propor a ação.

GABARITO: B.

426. O governador do estado Alfa, ao tomar conhecimento de que o Supremo Tribunal Federal declarara a inconstitucionalidade da Lei X do referido estado, decidiu ajuizar ações diretas de inconstitucionalidade contra leis semelhantes, de outros estados da federação, de teor praticamente idêntico, embora não tivessem qualquer correlação com o estado Alfa. As ações foram ajuizadas perante o Supremo Tribunal Federal. À luz da sistemática constitucional, o governador do estado Alfa:

a) não tem legitimidade para ajuizar ações diretas de inconstitucionalidade perante o Supremo Tribunal Federal.

b) tem legitimidade universal para ajuizar ações diretas de inconstitucionalidade perante o Supremo Tribunal Federal.

c) deveria demonstrar a relevância da matéria para o estado Alfa para que sua legitimidade fosse reconhecida.

d) somente tem legitimidade para ajuizar ações diretas de inconstitucionalidade contra leis do estado Alfa.

e) deveria ter sido autorizado pela Assembleia Legislativa do estado Alfa a ajuizar as ações diretas.

A: Incorreta. O governador possui legitimidade para ajuizar a ação direta de inconstitucionalidade perante o Supremo Tribunal Federal, desde que demonstre a pertinência temática, ou seja, a repercussão do ato considerando os interesses do estado.

B: Incorreta. Trata-se de um dos legitimados especiais, junto às Mesas das Assembleias Legislativas e da Câmara Legislativa; e as confederações sindicais e entidades de classe de âmbito nacional.

C: Correta. O governador, na qualidade de legitimado especial para ajuizar ação direta de inconstitucionalidade, deve demonstrar a pertinência temática da ação proposta (relevância da matéria), ou seja, necessita demonstrar a relação existente entre o conteúdo do objeto impugnado e a finalidade institucional do autor interessado.

D: Incorreta. O governador do estado Alfa é legitimado especial para ajuizar ação direta de inconstitucionalidade contra lei ou ato normativo, seja editado no âmbito do seu estado ou de outro ente federado, desde que demonstrada, em qualquer hipótese, a pertinência temática.

E: Incorreta. Não há necessidade de autorização da Assembleia Legislativa do Estado para o ajuizamento de ação direta de inconstitucionalidade por parte do governador.

GABARITO: C.

427. O Juiz de Direito da Comarca Alfa proferiu sentença nitidamente contrária ao teor de súmula vinculante. À luz da sistemática constitucional, o meio adequado para cassar a referida sentença, com a consequente determinação de que outra seja proferida, é:

a) o recurso extraordinário ao Supremo Tribunal Federal.

b) o recurso especial ao Superior Tribunal de Justiça.

c) o recurso ordinário ao Superior Tribunal de Justiça.

d) o recurso ordinário ao Supremo Tribunal Federal.

e) a reclamação ao Supremo Tribunal Federal.

A: Incorreta. O Recurso Extraordinário (RE) é de competência do STF, contudo, no caso narrado, não é o meio adequado, pois o RE é cabível nas causas decididas em única ou última instância, quando a decisão recorrida: contrariar dispositivo da Constituição Federal; declarar a inconstitucionalidade de tratado ou lei federal; julgar válida lei ou ato de governo local contestado em face desta Constituição; ou julgar válida lei local contestada em face de lei federal (art. 102, III, CF/1988).

B: Incorreta. Não é o caso de Recurso Especial ao STJ, pois só é cabível contra acórdão dos tribunais. Não se admitindo sua interposição contra decisão de primeira instância, conforme prevê o art. 105, III, da CF/1988:

Art. 105 Compete ao Superior Tribunal de Justiça:

III - julgar, em recurso especial, as causas decididas, em única ou última instância, pelos Tribunais Regionais Federais ou pelos tribunais dos Estados, do Distrito Federal e Territórios, quando a decisão recorrida:

a) contrariar tratado ou lei federal, ou negar-lhes vigência;

b) julgar válido ato de governo local contestado em face de lei federal;

c) der a lei federal interpretação divergente da que lhe haja atribuído outro tribunal.

C: Incorreta. Não é o caso de recurso ordinário ao STJ, conforme prevê o art. 105, II, da CF/1988:

Art. 105 Compete ao Superior Tribunal de Justiça:

II - julgar, em recurso ordinário:

a) os 'habeas-corpus' decididos em única ou última instância pelos Tribunais Regionais Federais ou pelos tribunais dos Estados, do Distrito Federal e Territórios, quando a decisão for denegatória;

b) os mandados de segurança decididos em única instância pelos Tribunais Regionais Federais ou pelos tribunais dos Estados, do Distrito Federal e Territórios, quando denegatória a decisão;

c) as causas em que forem partes Estado estrangeiro ou organismo internacional, de um lado, e, do outro, Município ou pessoa residente ou domiciliada no País.

D: Incorreta. Também não é o caso de recurso ordinário ao STF, porquanto é cabível nos casos estabelecidos no art. 102, II, da CF/1988:

Art. 102 Compete ao Supremo Tribunal Federal, precipuamente, a guarda da Constituição, cabendo-lhe:

II - julgar, em recurso ordinário:

a) o 'habeas-corpus', o mandado de segurança, o 'habeas-data' e o mandado de injunção decididos em única instância pelos Tribunais Superiores, se denegatória a decisão;

b) o crime político.

E: Correta. Considerando que a decisão do magistrado contrariou Súmula Vinculante, é cabível reclamação ao Supremo Tribunal Federal, nos termos do art. 103-A, § 3º, da CF/1988:

Art. 103-A § 3º Do ato administrativo ou decisão judicial que contrariar a súmula aplicável ou que indevidamente a aplicar, caberá reclamação ao Supremo Tribunal Federal que, julgando-a procedente, anulará o ato administrativo ou cassará a decisão judicial reclamada, e determinará que outra seja proferida com ou sem a aplicação da súmula, conforme o caso.

GABARITO: E.

428. As garantias atribuídas ao Judiciário possuem relevante papel no cenário da tripartição de Poderes, pois asseguram a necessária independência ao magistrado, que poderá decidir livremente, sem se abalar com qualquer tipo de pressão que venha dos outros Poderes. De acordo com o texto das Constituições Estadual de Alagoas e Federal, os juízes gozam da garantia da:

a) vitaliciedade, que, no primeiro grau, só será adquirida após três anos de exercício, dependendo a perda do cargo, nesse período, de deliberação do Tribunal de Justiça, e, nos demais casos, de sentença judicial transitada em julgado.

b) estabilidade, adquirida pelos magistrados após três anos de efetivo exercício, de maneira que, após tal período, só podem perder o cargo em virtude de sentença judicial transitada em julgado.

c) inamovibilidade, salvo por motivo de interesse público, por voto da maioria absoluta do Tribunal de Justiça ou do Conselho Nacional de Justiça, assegurada a ampla defesa.

d) irredutibilidade de vencimentos, com remuneração não superior a noventa por cento do subsídio dos Ministros do Supremo Tribunal Federal.

e) autonomia financeira, cabendo-lhes promover a fiscalização contábil, orçamentária, operacional e patrimonial das entidades da administração direta e indireta.

A garantia prevista no art. 95, II, c/c o art. 93, VIII, da Constituição Federal:

Art. 93 Lei complementar, de iniciativa do Supremo Tribunal Federal, disporá sobre o Estatuto da Magistratura, observados os seguintes princípios:

VIII o ato de remoção, disponibilidade e aposentadoria do magistrado, por interesse público, fundar-se-á em decisão por voto da maioria absoluta do respectivo tribunal ou do Conselho Nacional de Justiça, assegurada ampla defesa.

Art. 95 Os juízes gozam das seguintes garantias:

I - vitaliciedade, que, no primeiro grau, só será adquirida após dois anos de exercício, dependendo a perda do cargo, nesse período, de deliberação do tribunal a que o juiz estiver vinculado, e, nos demais casos, de sentença judicial transitada em julgado.

II - inamovibilidade, salvo por motivo de interesse público, na forma do art. 93, VIII.

III - irredutibilidade de subsídio, ressalvado o disposto nos arts. 37, X e XI, 39, § 4º, 150, II, 153, III, e 153, § 2º, I.

GABARITO: C.

---

429. Determinado Secretário Municipal de Educação, no dia da inauguração de nova escola municipal, distribuiu boletim informativo custeado pelo poder público, com os seguintes dizeres no título da reportagem: " Secretário do povo, Rico Ricaço, presenteia a população com mais uma escola". Ao lado da reportagem, havia foto do Secretário fazendo com seus dedos o símbolo de coração utilizado por ele em suas campanhas eleitorais.

A conduta narrada feriu o princípio da administração pública da:

a) economicidade, eis que é vedada a publicidade custeada pelo erário dos atos, programas, obras, serviços e campanhas dos órgãos públicos, ainda que tenha caráter educativo, informativo ou de orientação social.

b) legalidade, pois a publicidade dos atos, programas, obras, serviços e campanhas dos órgãos públicos deve ser precedida de prévia autorização legislativa, vedada qualquer promoção pessoal que configure favorecimento pessoal para autoridades ou servidores públicos.

c) moralidade, eis que a publicidade dos atos, programas, obras e serviços dos órgãos públicos, em que constarem nomes, símbolos ou imagens que caracterizem promoção pessoal de autoridades públicas, para ser legal deve ser custeada integralmente com recursos privados.

d) publicidade, uma vez que a divulgação dos atos, programas, obras, serviços e campanhas dos órgãos públicos deve ser feita exclusivamente por meio de publicação dos respectivos atos no diário oficial, para impedir promoção pessoal da autoridade pública.

e) impessoalidade, pois a publicidade em tela deveria ter caráter educativo, informativo ou de orientação social, dela não podendo constar nomes, símbolos ou imagens que caracterizem promoção pessoal de agentes públicos.

A conduta narrada feriu o princípio da administração pública da impessoalidade, pois a publicidade em tela deveria ter caráter educativo, informativo ou de orientação social, dela não podendo constar nomes, símbolos ou imagens que caracterizem promoção pessoal de agentes públicos.

Vejamos um julgado do STF sobre o assunto:

Agravo regimental em recurso extraordinário. Direito administrativo. Improbidade administrativa. Propaganda institucional. Caracterização de propaganda pessoal. Vedação. Precedentes. Súmula 279/STF. O Supremo Tribunal Federal, interpretando o disposto no art. 37, §1º, da Constituição Federal, assentou que o "rigor do dispositivo constitucional que assegura o princípio da impessoalidade vincula a publicidade ao caráter educativo, informativo ou de orientação social é incompatível com a menção de nomes, símbolos ou imagens, aí incluídos slogans, que caracterizem promoção pessoal ou de servidores públicos" (RE 191.668, Rel. Min. Menezes Direito). Dessa orientação não divergiu o acórdão do Tribunal de origem. Hipótese em que a resolução da controvérsia demandaria o reexame dos fatos e provas constantes dos autos, o que é vedado em recurso extraordinário, nos termos da Súmula 279/STF. Agravo regimental a que se nega provimento. (RE 631448 AgR, Relator (a): Min. Roberto Barroso, Primeira Turma, julgado em 24/06/2014, Processo Eletrônico DJe-159 Divulg 18-08-2014 Public 19-08-2014).

GABARITO: E.

---

430. A Constituição da República de 1988 tem como regra geral a vedação de acumulação remunerada de cargos públicos. Ocorre que o texto constitucional autoriza tal acumulação em casos excepcionais, quando houver compatibilidade de horários, como na hipótese de:

a) dois cargos de nível técnico ou científico.

b) dois cargos da área de educação.

c) dois cargos da área jurídica.

d) um cargo de magistrado estadual com um cargo de professor.

e) um cargo de professor com outro de prestador de serviço público.

Nos termos do art. 37, XVI, da CF/1988:

Art. 37 É vedada a acumulação remunerada de funções, cargos e empregos públicos, seja na Administração direta ou indireta do Estado:

XVI - é vedada a acumulação remunerada de cargos públicos, exceto, quando houver compatibilidade de horários, observado em qualquer caso o disposto no inciso XI:

a) a de dois cargos de professor.

b) a de um cargo de professor com outro técnico ou científico.

c) a de dois cargos ou empregos privativos de profissionais de saúde, com profissões regulamentadas.

GABARITO: D.

---

431. O Presidente da República foi acusado da prática de crime de responsabilidade perante o Senado Federal. Em resposta, afirmou que a acusação não poderia ser endereçada à referida Casa Legislativa.

À luz da sistemática constitucional, a defesa apresentada pelo Presidente da República deve ser:

a) acolhida, pois a acusação deveria ter sido endereçada ao Supremo Tribunal Federal.

b) rejeitada, pois o Senado Federal deve receber a acusação para que o processo se inicie no Supremo Tribunal Federal.

c) acolhida, pois a acusação deveria ter sido endereçada ao Superior Tribunal de Justiça.

d) rejeitada, pois o Senado Federal deve receber a acusação para que o processo se inicie na Câmara dos Deputados.

e) acolhida, pois a acusação deveria ter sido endereçada à Câmara dos Deputados.

A Constituição determina que a acusação seja recebida pela Câmara dos Deputados, que irá autorizar a instauração do processo contra o Presidente (art. 51, I, CF):

Art. 51 Compete privativamente à Câmara dos Deputados:

I - autorizar, por dois terços de seus membros, a instauração de processo contra o Presidente e o Vice-Presidente da República e os Ministros de Estado.

GABARITO: E.

432. O Governador do Estado Alfa convocou reunião com os presidentes das autarquias, das sociedades de economia mista e das empresas públicas, bem como com representantes das Secretarias de Estado e as estruturas da Chefia de Gabinete da Casa Civil, e determinou, dentre outras coisas, que, a partir daquela data, os entes da Administração Pública indireta com personalidade jurídica de direito público deveriam apresentar dados quinzenais a respeito da atuação do respectivo ente.

À luz da sistemática constitucional, dentre os participantes da reunião, somente são alcançadas pela determinação do Governador do Estado:

a) as autarquias.
b) as sociedades de economia mista e as empresas públicas.
c) as Secretarias de Estado.
d) as estruturas da Chefia de Gabinete da Casa Civil.
e) as empresas públicas.

As autarquias são entidades da administração indireta de direito público, as quais são criadas por lei específica para o exercício de atividades típicas da Administração Pública.

GABARITO: A.

433. O Tribunal de Justiça do Estado Alfa proferiu acórdão, em sede de apelação, que, no entender de uma das partes, seria frontalmente contrário à Constituição da República de 1988.

À luz da sistemática constitucional e sendo preenchidos os demais requisitos exigidos, é possível a interposição de recurso extraordinário direcionado ao:

a) Superior Tribunal de Justiça.
b) Conselho Nacional de Justiça.
c) Supremo Tribunal Federal.
d) Tribunal Regional Federal.
e) Conselho Constitucional.

Enquadra-se na hipótese do art. 102, III, "a", da Constituição da República:

Art. 102 Compete ao Supremo Tribunal Federal, precipuamente, a guarda da Constituição, cabendo-lhe:

III - julgar, mediante recurso extraordinário, as causas decididas em única ou última instância, quando a decisão recorrida:

a) contrariar dispositivo desta Constituição.

b) declarar a inconstitucionalidade de tratado ou lei federal.

c) julgar válida lei ou ato de governo local contestado em face desta Constituição.

d) julgar válida lei local contestada em face de lei federal.

GABARITO: C.

434. O Tribunal de Justiça do Estado Beta encaminhou ao Chefe do Poder Executivo a sua proposta orçamentária anual, a qual foi devolvida sob o argumento de equívoco no destinatário e na ausência de legitimidade do Tribunal para elaborá-la.

À luz da narrativa apresentada e da sistemática constitucional, o entendimento do Chefe do Poder Executivo está:

a) totalmente equivocado, pois o Poder Judiciário, em razão de sua autonomia, deve elaborar a sua proposta orçamentária e encaminhá-la ao Poder Executivo.
b) parcialmente certo, pois, apesar de o Poder Judiciário não ter legitimidade para elaborar a sua proposta orçamentária, a análise inicial é feita pelo Poder Executivo.
c) parcialmente certo, pois o Poder Judiciário tem legitimidade para elaborar a sua proposta orçamentária, mas deve encaminhá-la ao Poder Legislativo.
d) parcialmente certo, pois o Poder Judiciário tem legitimidade para elaborar a sua proposta orçamentária, mas deve encaminhá-la ao Conselho Nacional de Justiça.
e) totalmente certo, pois a proposta orçamentária é elaborada pelo Poder Executivo, responsável pela arrecadação tributária, e deve ser encaminhada ao Poder Legislativo.

Nos termos do art. 99, da Constituição Federal, especialmente nos parágrafos 1º, 3º e 4º:

Art. 99 Ao Poder Judiciário é assegurada autonomia administrativa e financeira.

§ 1º Os tribunais elaborarão suas propostas orçamentárias dentro dos limites estipulados conjuntamente com os demais Poderes na lei de diretrizes orçamentárias.

§ 2º O encaminhamento da proposta, ouvidos os outros tribunais interessados, compete:

I - no âmbito da União, aos Presidentes do Supremo Tribunal Federal e dos Tribunais Superiores, com a aprovação dos respectivos tribunais.

II - no âmbito dos Estados e no do Distrito Federal e Territórios, aos Presidentes dos Tribunais de Justiça, com a aprovação dos respectivos tribunais.

§ 3º Se os órgãos referidos no § 2º não encaminharem as respectivas propostas orçamentárias dentro do prazo estabelecido na lei de diretrizes orçamentárias, o Poder Executivo considerará, para fins de consolidação da proposta orçamentária anual, os valores aprovados na lei orçamentária vigente, ajustados de acordo com os limites estipulados na forma do § 1º deste artigo.

§ 4º Se as propostas orçamentárias de que trata este artigo forem encaminhadas em desacordo com os limites estipulados na forma do § 1º, o Poder Executivo procederá aos ajustes necessários para fins de consolidação da proposta orçamentária anual.

GABARITO: A.

435. Peter, filho de cidadãos norte-americanos, nasceu em Alagoas quando seus pais ali estavam em gozo de férias. Após o nascimento, foi para os Estados Unidos da América do Norte e jamais retornou à República Federativa do Brasil.

À luz da sistemática constitucional, Peter:

a) é brasileiro nato.
b) é brasileiro naturalizado.
c) é brasileiro nato, desde que requeira a nova nacionalidade aos 18 anos de idade.
d) é brasileiro naturalizado, se requerer a naturalização aos 18 anos de idade.
e) não é brasileiro.

Nos termos do art. 12, I, "a", da Constituição Federal, em que os pais de Peter não estavam a serviço dos EUA quando do seu nascimento:

Art. 12 São brasileiros:

I - natos:

a) os nascidos na República Federativa do Brasil, ainda que de pais estrangeiros, desde que estes não estejam a serviço de seu país.

b) os nascidos no estrangeiro, de pai brasileiro ou mãe brasileira, desde que qualquer deles esteja a serviço da República Federativa do Brasil.

c) os nascidos no estrangeiro de pai brasileiro ou de mãe brasileira, desde que sejam registrados em repartição brasileira competente ou venham a residir na República Federativa do Brasil e optem, em qualquer tempo, depois de atingida a maioridade, pela nacionalidade brasileira.

GABARITO: A.

---

436. João, servidor público, preencheu todos os requisitos exigidos para o recebimento de determinado benefício pecuniário, mas decidiu que iria requerê-lo somente na semana seguinte. Ocorre que, no dia anterior àquele em que apresentaria o seu requerimento, foi editada a Lei nº XX, que extinguiu o benefício.

À luz da sistemática constitucional, a edição da Lei nº XX:

a) impede que João receba o benefício.

b) não impede que João receba o benefício, pois a lei não pode prejudicar a coisa julgada.

c) não impede que João receba o benefício, pois a lei não pode prejudicar o direito adquirido.

d) não impede que João receba o benefício, pois a lei não pode prejudicar o ato jurídico perfeito.

e) somente impedirá que João receba o benefício caso não o requeira no dia imediato à promulgação da lei.

A: Incorreta. A edição da Lei nº XX não impede que João receba o benefício, porquanto trata-se de direito adquirido.

B: Incorreta. Não se trata de coisa julgada, mas sim de direito adquirido. A coisa julgada consiste na decisão judicial de que não cabe mais recurso.

C: Correta. A superveniência da Lei nº XX não impede que receba o benefício, porquanto o art. 5º, XXXVI, da CF, assegura que:

Art. 5º A lei não prejudicará o direito adquirido, o ato jurídico perfeito e a coisa julgada.

No mesmo sentido é a previsão da Lei de Introdução às Normas do Direito Brasileiro (LINDB):

Art. 6º A Lei em vigor terá efeito imediato e geral, respeitados o ato jurídico perfeito, o direito adquirido e a coisa julgada.

O direito adquirido é aquele já incorporado ao patrimônio moral ou material de seus sujeitos, de forma definitiva, de maneira que não podem ser afastados por lei posterior. No caso do enunciado, benefício pecuniário de João se trata de direito adquirido, uma vez que ele preencheu todos os requisitos exigidos para o recebimento, tratando-se de direito subjetivo definitivamente incorporado ao seu patrimônio jurídico.

D: Incorreta. Não se trata de ato jurídico perfeito, mas sim de direito adquirido. O ato jurídico perfeito é aquele já realizado, acabado segundo a lei vigente ao tempo em que se efetuou, pois já satisfez todos os requisitos formais para gerar a plenitude dos seus efeitos, tornando-se portanto completo ou aperfeiçoado.

E: Incorreta. Mesmo que João apresente o seu requerimento no dia imediato à promulgação da Lei nº XX, tal circunstância não prejudicará o recebimento do benefício, tendo em vista que já cumpriu todos os requisitos legais para exercer o aludido direito, tratando-se, portanto, de direito adquirido.

GABARITO: C.

---

437. Maria, recém-empossada Ministra de Estado, foi informada por um assessor próximo que lhe competiria (1) expedir instruções para a execução das leis, (2) exercer a coordenação dos órgãos e entidades da Administração Indireta e (3) nomear os membros do Conselho da República.

À luz da sistemática constitucional, é correto afirmar, em relação às competências descritas, que:

a) todas devem ser exercidas pelo Ministro de Estado.

b) apenas a referida em (1) não deve ser exercida pelo Ministro de Estado, pois é privativa do Presidente da República.

c) apenas a referida em (2) não deve ser exercida pelo Ministro de Estado, pois é privativa do Presidente da República.

d) apenas a referida em (3) não deve ser exercida pelo Ministro de Estado, pois é privativa do Presidente da República.

e) nenhuma delas deve ser exercida pelo Ministro de Estado, pois são privativas do Presidente da República.

A questão requer conhecimento sobre as competências atribuídas pela Constituição Federal aos Ministros de Estado. Vejamos os itens elencados no enunciado:

- Competência (1) - Nos termos do art. 87, II, da CF:

Art. 87 Compete ao Ministro de Estado expedir instruções para a execução das leis, decretos e regulamentos.

- Competência (2) - Nos termos do art. 87, I, da CF:

Art. 87 Compete ao Ministro de Estado exercer a orientação, coordenação e supervisão dos órgãos e entidades da administração federal na área de sua competência e referendar os atos e decretos assinados pelo Presidente da República.

- Competência (3) - Nos termos do art. 84, XVII, da CF:

Art. 84 Compete privativamente ao Presidente da República nomear membros do Conselho da República, nos termos do art. 89, VII.

Conforme se observa, somente a competência (3) não é de atribuição do Ministro de Estado, sendo privativa do Presidente da República.

GABARITO: D.

---

438. A Deputada Federal Joana e o Vereador Pedro, do Município Beta, participaram de um "ato de desagravo ao povo brasileiro", na Capital Federal, no qual fizeram severas críticas à atuação de alguns órgãos federais, atribuindo, inclusive, a prática de crimes a diversos agentes públicos neles lotados.

Um servidor público federal procurou o seu advogado e solicitou orientação sobre a possibilidade de responsabilizar os referidos parlamentares por suas declarações.

À luz da sistemática constitucional, o advogado informou corretamente que:

a) ambos os parlamentares podem ser responsabilizados, já que não possuem qualquer tipo de imunidade.

b) apenas a Deputada Federal pode ser responsabilizada, pois somente ela atua em Brasília.

c) apenas o Vereador pode ser responsabilizado, pois não possui imunidade fora do território do Município Beta.

d) nenhum dos dois parlamentares pode ser responsabilizado, já que ambos possuem imunidade.

e) os parlamentares somente podem ser responsabilizados caso tenham renunciado à imunidade no início da legislatura.

A: Incorreta. Somente o Vereador pode ser responsabilizado por suas palavras, pois a Deputada Federal é inviolável, civil e penalmente, por quaisquer de suas opiniões, palavras e votos, quando no exercício da função parlamentar.

B: Incorreta. A Deputada Federal não poderá ser responsabilizada por suas palavras, porquanto detentora de imunidade parlamentar.

Ademais, ainda que estivesse em outro município, a Deputada também estaria acobertada pela imunidade, em vista de que a prerrogativa aplica-se em todo o território nacional, por força do art. 53 da CF/1988.

C: Correta. No caso narrado, somente o Vereador poderá ser responsabilizado, uma vez que a imunidade parlamentar se aplica somente na circunscrição do Município, conforme prevê o art. 29, VIII, da CF.

D: Incorreta. De fato, ambos possuem imunidade material, contudo, no caso narrado, o Vereador Pedro não é alcançado pela inviolabilidade, pois as palavras por ele proferidas se deram fora da circunscrição do seu município.

E: Incorreta. As prerrogativas dos parlamentares são irrenunciáveis, pois pertencem ao cargo e não à pessoa.

GABARITO: C.

---

439. Determinado tratado internacional de proteção aos direitos humanos foi aprovado, em cada Casa do Congresso Nacional, em dois turnos de votação, pela unanimidade dos seus membros.

À luz da sistemática constitucional, o tratado internacional assim aprovado ingressará na ordem jurídica interna com a natureza de:

a) decreto.
b) lei ordinária.
c) lei complementar.
d) medida provisória.
e) emenda constitucional.

A: Incorreta. O tratado internacional ingressará na ordem jurídica interna com a natureza de emenda constitucional e não de decreto.

B: Incorreta. Somente os tratados que não versarem sobre direitos humanos é que ingressam no ordenamento jurídico brasileiro com força de lei ordinária.

C: Incorreta. O tratado internacional ingressará na ordem jurídica interna com a natureza de emenda constitucional e não lei complementar.

D: Incorreta. Ingressará no ordenamento com status equivalente à emenda constitucional e não como medida provisória.

E: Correta. Nos termos do art. 5º, § 3º, da CF:

Art. 5º Os tratados e convenções internacionais sobre direitos humanos que forem aprovados, em cada Casa do Congresso Nacional, em dois turnos, por três quintos dos votos dos respectivos membros, serão equivalentes às emendas constitucionais.

GABARITO: E.

---

440. Pedro, após o trâmite do processo judicial de interdição, teve a sua incapacidade civil absoluta reconhecida. Apesar disso, tinha o sonho de infância de concorrer ao cargo eletivo de vereador. Por tal razão, procurou o seu advogado e perguntou se haveria óbice a que se candidatasse nas próximas eleições.

À luz da sistemática constitucional, o advogado respondeu corretamente que Pedro:

a) somente poderia concorrer se tivesse autorização expressa do seu curador.
b) poderia concorrer, pois as instâncias civil e política são independentes.
c) embora pudesse votar, não poderia concorrer nas eleições, pois estava inelegível.
d) embora pudesse votar, não poderia concorrer nas eleições, pois estava inabilitado.
e) não poderia concorrer nas eleições, pois não estava no exercício dos seus direitos políticos.

A: Incorreta. A candidatura (capacidade eleitoral passiva) é personalíssima e não poderia ser exercida pelo incapaz, e nem ele poderia ser representado para tanto.

B: Incorreta. Não há comunicação das instâncias, por força de disposição constitucional, de modo que a incapacidade civil de Pedro é hipótese de suspensão dos direitos políticos e inelegibilidade.

C: Incorreta. Pedro não pode exercer a capacidade eleitoral ativa e passiva.

D: Incorreta. Pedro está incapacitado para o exercício da capacidade eleitoral ativa e passiva.

E: Correta. A incapacidade civil absoluta é uma das hipóteses de suspensão política, nos termos do art. 15, II, da Constituição Federal, de modo que Pedro não pode concorrer às eleições.

GABARITO: E.

---

441. João foi aprovado em concurso público para o cargo efetivo de Analista Financeiro da Secretaria Estadual de Fazenda, obtendo classificação dentro do número de vagas oferecidas no edital do certame. Ao final do prazo de validade do concurso, por não ter sido convocado, João ingressou com medida judicial pleiteando sua nomeação e posse.

De acordo com a atual jurisprudência do Supremo Tribunal Federal sobre a matéria, o pleito de João:

a) não merece prosperar, pois o candidato aprovado em concurso público, ainda que dentro do número de vagas ofertadas no edital, possui apenas expectativa de direito à nomeação, em razão do princípio da discricionariedade.
b) não merece prosperar, pois João deveria ter comprovado que foi preterido por outro candidato aprovado fora do número de vagas ou que a ordem de classificação do concurso foi burlada.
c) não merece prosperar, pois João deveria ter comprovado que foi preterido em razão da nomeação, a título precário, de pessoa contratada sem prévio concurso público para desempenhar as mesmas funções de Analista Financeiro.
d) merece prosperar, pois João possui direito subjetivo à nomeação, cuja necessidade é presumida a partir da previsão editalícia do número de vagas, em respeito aos princípios da boa-fé e segurança jurídica.
e) merece prosperar, pois João possui direito líquido e certo à nomeação, cuja necessidade é presumida em relação a todos os candidatos aprovados no concurso, inclusive além do número de vagas.

O candidato aprovado dentro do número de vagas tem direito subjetivo à nomeação, de acordo com a Súmula nº 15 do Supremo Tribunal Federal (STF), ressaltando que aprovado em cadastro de reserva é mero detentor de expectativa de direito à nomeação.

GABARITO: D.

---

442. O Supremo Tribunal Federal inibe a aplicação de severas sanções a entidades federativas por ato de gestão anterior à assunção dos deveres públicos do novo gestor, a fim de não dificultar sua governabilidade, caso esteja tomando as providências necessárias para sanar o prejuízo causado pela gestão anterior.

De acordo com a doutrina de Direito Administrativo, trata-se da aplicação do princípio da administração pública da:

a) impessoalidade diferida das sanções.
b) continuidade mitigada do gestor.
c) responsabilidade subsidiária do gestor.
d) intranscendência subjetiva das sanções.
e) segurança jurídica objetiva.

Conforme enuncia a Súmula nº 615 do STJ:

Não pode ocorrer ou permanecer a inscrição do município em cadastros restritivos fundada em irregularidades na gestão anterior quando, na gestão sucessora, são tomadas as providências cabíveis à reparação dos danos eventualmente cometidos.

GABARITO: D.

---

443. Maria exerce a função de confiança de Diretora do Departamento de Engenharia e Arquitetura de determinado Tribunal de Justiça.

De acordo com as disposições constitucionais sobre a administração pública e os agentes públicos, é correto afirmar que Maria:

a) é necessariamente servidora pública ocupante de cargo efetivo.

b) é necessariamente pessoa não concursada ocupante de cargo de livre nomeação e exoneração.

c) é necessariamente servidora pública ocupante de cargo em comissão.

d) pode ser pessoa não concursada ocupante de cargo de livre nomeação ou servidora ocupante de cargo efetivo.

e) pode ser pessoa não concursada ocupante de cargo de livre nomeação ou servidora contratada temporariamente.

A função pública diz respeito a um conjunto de atribuições que podem ser desempenhadas por agentes públicos, mas apenas por um período determinado de tempo (função temporária) ou por critério de escolha do administrador, também de forma temporária (função de confiança – exclusiva de servidor efetivo).

GABARITO: A.

---

444. Com o escopo de fomentar a especialização do órgão, com a consequente e posterior melhor capacitação dos servidores lá lotados, determinado Tribunal de Justiça, no exercício de função administrativa, observadas as formalidades legais, subdividiu o então Departamento de Engenharia e Licitações em dois novos departamentos, um de Engenharia e outro de Licitações.

De acordo com a doutrina de Direito Administrativo, esse desmembramento de um órgão em dois, com o objetivo de melhorar a prestação do serviço público e assim atender ao princípio da eficiência, é a:

a) delegação administrativa.

b) centralização administrativa.

c) concentração administrativa.

d) desconcentração administrativa.

e) descentralização administrativa.

A: Incorreta. A delegação administrativa está prevista no art. 12, da Lei nº 9.784/1999:

Art. 12 Um órgão administrativo e seu titular poderão, se não houver impedimento legal, delegar parte da sua competência a outros órgãos ou titulares, ainda que estes não lhe sejam hierarquicamente subordinados, quando for conveniente, em razão de circunstâncias de índole técnica, social, econômica, jurídica ou territorial.

B: Incorreta. Segundo Mazza, centralização é o desempenho de competências administrativas por uma única pessoa jurídica governamental. É o que ocorre, por exemplo, com as atribuições diretamente da União, Estados, Distrito Federal e Municípios.

C: Incorreta. Conforme a explicação de Carvalho Filho, a concentração é aquela em que dois ou mais órgãos internos são agrupados em apenas um, que passa a ter a natureza de órgão concentrador.

D: Correta. A desconcentração é a distribuição de atribuições entre órgãos públicos que pertencem a uma única pessoa jurídica, mantendo a vinculação hierárquica, de acordo com a explicação de Alexandre Mazza.

E: Incorreta. Conforme explica Di Pietro, a descentralização administrativa ocorre quando as atribuições que os entes descentralizados exercem só têm o valor jurídico que lhes empresta o ente central; suas atribuições não decorrem, com força própria da Constituição, mas do poder central.

GABARITO: D.

---

445. Para aumentar seu poder de controle e supervisão da Administração Indireta, certo governante resolveu centralizar várias atividades para seus entes estatais. Assim, a Administração Direta passou a contar com mais órgãos.

Um órgão da Administração Pública Direta brasileira é:

a) FUNAI.

b) INSS.

c) Casa Civil.

d) INMETRO.

e) INPI.

A: Incorreta. A FUNAI (Fundação Nacional dos Povos Indígenas) é uma Fundação, pessoa jurídica.

B: Incorreta. O INSS (Instituto Nacional do Seguro Social) é uma Autarquia, pessoa jurídica.

C: Correta. A Casa Civil é órgão da Presidência da República, situado na Administração Direta do Estado.

D: Incorreta. O INMETRO (Instituto Nacional de Metrologia, Qualidade e Tecnologia) é Autarquia, pessoa jurídica de Direito Público.

E: Incorreta. O INPI (Instituto Nacional da Propriedade Industrial) é Autarquia, pessoa jurídica de Direito Público.

GABARITO: C.

---

446. Em relação à elaboração e execução do orçamento público, a Constituição da República de 1988 veda a vinculação de receita de impostos a órgão, fundo ou despesa, porém há uma série de ressalvas a essa vedação.

Uma dessas ressalvas refere-se à:

a) concessão de transferências voluntárias de recursos por meio de convênios.

b) dedução de valores para apuração da receita corrente líquida.

c) destinação de recursos para realização de atividades da administração tributária.

d) impossibilidade de contingenciamento de despesas que constituem obrigações legais.

e) limitação de recursos para execução impositiva de emendas parlamentares ao orçamento.

Trata-se do princípio da não afetação. Esse princípio diz que é vedada a vinculação de receitas de imposto a despesas de órgão ou fundos.

Exceção: despesa com saúde, educação, administração tributária, transferências constitucionais e garantias às operações de crédito, inclusive ARO.

Segundo a Emenda Constitucional nº 93/2016, que trata da desvinculação de receitas na federação (União, estados e municípios) até 2023.

- União: 30% (taxas, contribuição de intervenção de domínio econômico e contribuições sociais).

- Estados: 30% (impostos, taxas, multas, e outras receitas correntes).

- Municípios: 30% (impostos, taxas, multas, e outras receitas correntes).

GABARITO: C.

Considere as informações do Quadro I a seguir, com valores expressos em milhares de reais, originados da execução orçamentária de um ente da federação.

Órgão/Unidade Orçamentária	Secretaria Estadual de Saúde	
Função	Saúde	
Subfunção	Assistência Hospitalar e Ambulatorial	
Programa	Saúde para todos	
Atividade/Projeto/ Operação Especial	Implantação e Ampliação de Unidade de Saúde no Estado do Ceará	
Despesas de capital/ Investimentos	Obras e Instalações	1.750.000,00
	Material Permanente	980.000,00
Despesas correntes/Outras Despesas Correntes	Material de Consumo	310.000,00
	Serviços de Terceiros - Pessoa Jurídica	275.000,00
Modalidade de Aplicação	Aplicação Direta	
Fonte	Recurso do Tesouro	

447. A partir das informações da programação orçamentária apresentada no Quadro I, é correto afirmar que:

a) a ação orçamentária dispensa previsão na Lei de Diretrizes Orçamentárias.

b) a ação orçamentária, por suas características, deve ser classificada como um projeto.

c) a ação orçamentária foi autorizada mediante abertura de crédito adicional suplementar.

d) refere-se a um programa com características de apoio administrativo.

e) trata-se de uma despesa realizada por meio de convênio com o governo federal, mediante destaque de crédito.

Segundo a classificação programática da despesa, as ações são operações das quais resultam em bens e serviços à sociedade. As ações podem ser classificadas em projetos, atividades e operações especiais.

- Projetos: envolve um conjunto de operações, limitadas no tempo, das quais resulta um produto que concorre para a expansão ou o aperfeiçoamento da ação do governo.

- Atividades: envolve um conjunto de operações que se realizam de modo contínuo e permanente, das quais resulta um produto ou serviço necessário à manutenção da ação de governo.

- Operações especiais: não contribuem para a manutenção, a expansão ou o aperfeiçoamento das ações do governo. Não resulta um produto e não gera contraprestação direta sob a forma de bens ou serviços.

GABARITO: B.

448. Considerando isoladamente as informações sobre despesas correntes e despesas de capital apresentadas no Quadro I, o montante de recursos aplicado no programa que representa despesa efetiva corresponde a:

a) 310.000,00.

b) 585.000,00.

c) 1.565.000,00.

d) 2.730.000,00.

e) 3.315.000,00.

Para você conseguir responder a esta questão, é importante saber diferenciar uma despesa efetiva de uma despesa não efetiva.

Despesas efetivas são aquelas que diminuem, no momento em que realizadas, a situação líquida patrimonial. É o caso das despesas correntes que, no Quadro I, representam a importância total de R$ 585.000,00 (310.000,00 para material de consumo + 275.000,00 para serviços de terceiros).

Despesas não efetivas não reduzem, no momento em que são realizadas, a situação líquida patrimonial e constituem um fato contábil permutativo. É o caso das despesas de capital que, no Quadro I, representam a importância de R$ 2.730.000,00 (R$ 1.750.000,00 para obras e instalações + 980.000,00 para material permanente), com exceção das transferências de capital, que causam redução patrimonial (são efetivas).

GABARITO: B.

449. Considerando os instrumentos e normas aplicáveis ao orçamento público e as informações da programação orçamentária apresentada no Quadro I, é correto afirmar que:

a) a dotação atribuída ao crédito orçamentário corresponde a 2.730.000,00.

b) o limite de empenho para a execução das ações programadas corresponde a 3.315.000,00.

c) os créditos orçamentários correspondem a uma única natureza de despesa.

d) os créditos orçamentários devem ser executados na modalidade de empenho estimativo.

e) os valores correspondem à descentralização de crédito entre órgãos do mesmo orçamento.

A: Incorreta. A dotação corresponde a R$ 3.315.000,00, já que o total das despesas na tabela é esse.

B: Correta. A alternativa B está correta, pois mostra o total das despesas.

C: Incorreta. Há diversas naturezas nesta tabela, como despesas de custeio e investimento.

D: Incorreta. A despesa com serviços de terceira será por empenho global e a despesa com aquisição de material de consumo, geralmente, é por empenho ordinário.

E: Incorreta. Há, no exemplo, somente o estado do Ceará e não há informação quanto a isso.

GABARITO: B.

450. Em geral entende-se receita pública como todo ingresso de recurso nos cofres públicos, mas nem todo ingresso corresponde a uma receita orçamentária que pode ser utilizada como fonte de financiamento das ações públicas.

Uma das características dos chamados ingressos extraorçamentários é que:

a) constituem dívida fundada do ente.

b) possuem caráter compensatório e não devolutivo.

c) podem ser destinados à cobertura de créditos extraordinários.

d) são registrados como excesso de arrecadação.

e) suas restituições não se sujeitam à autorização legislativa.

A: Incorreta. Constituem dívida flutuante, conforme a Lei nº 4.320/1964, art. 92, I

B: Incorreta. Possuem caráter compensatório e devolutivo.

C: Incorreta. Só podem ser destinados à cobertura de despesas extraorçamentárias.

D: Incorreta. Não são registradas como receita orçamentária (Lei nº 4.320/1964, art. 57).

E: Correta. A receita extraorçamentária não integra o orçamento público. Constitui passíveis exigíveis do ente. Seu pagamento não está sujeito à autorização legislativa. Possui caráter temporário. Exemplos: depósito em caução, operações de crédito por ARO, consignações diversas, fianças, inscrição de restos a pagar, emissão de moeda.

GABARITO: E.

---

451. As receitas orçamentárias são codificadas para possibilitar melhor controle e gestão dos recursos arrecadados pelos entes públicos. De acordo com o Manual de Contabilidade aplicada ao Setor Público, na classificação da receita por natureza, o último dígito corresponde ao tipo, que tem a finalidade de identificar o tipo de arrecadação a que se refere aquela natureza, conforme quadro a seguir.

1	1	1	3.01.1	1
Categoria Econômica	Origem	Espécie	Desdobramentos para identificação de peculiaridades da receita	Tipo
Receita Corrente	Tributária	mpostos	mpostos sobre a Renda de Pessoa Física (IRPF)	

Nesse caso, o dígito correspondente ao tipo indica que se trata do valor referente a:

a) receita principal.

b) dívida ativa da receita principal.

c) multa e juros da receita principal.

d) multa e juros da dívida ativa da receita principal.

e) montante da receita principal acrescido de multa e juros da respectiva receita.

O tipo, correspondente ao último dígito na natureza de receita, tem a finalidade de identificar o tipo de arrecadação a que se refere aquela natureza, sendo:

• "0", quando se tratar de natureza de receita não valorizável ou agregadora;

• "1", quando se tratar da arrecadação Principal da receita;

• "2", quando se tratar de Multas e Juros de Mora da respectiva receita;

• "3", quando se tratar de Dívida Ativa da respectiva receita;

• "4", quando se tratar de Multas e Juros de Mora da Dívida Ativa da respectiva receita;

• "5", quando se tratar das Multas da respectiva receita quando a legislação pertinente diferenciar a destinação das Multas da destinação dos Juros de Mora, situação na qual não poderá ser efetuado registro de arrecadação no Tipo "2 – Multas e Juros de Mora";

• "6", quando se tratar dos Juros de Mora da respectiva receita, quando a legislação pertinente diferenciar a destinação das Multas da destinação dos Juros de Mora, situação na qual não poderá ser efetuado registro de arrecadação no Tipo "2 – Multas e Juros de Mora";

• "7", quando se tratar das Multas da Dívida Ativa da respectiva receita, quando a legislação pertinente diferenciar a destinação das Multas da Dívida Ativa da destinação dos Juros de Mora da Dívida Ativa, situação na qual não poderá ser efetuado registro de arrecadação no Tipo "4 – Multas e Juros de Mora da Dívida Ativa";

• "8", quando se tratar dos Juros da Dívida Ativa da respectiva receita, quando a legislação pertinente diferenciar a destinação das Multas da Dívida Ativa da destinação dos Juros de Mora da Dívida Ativa, situação na qual não poderá ser efetuado registro de arrecadação no Tipo "4 – Multas e Juros de Mora da Dívida Ativa";

• "9", quando se tratar de desdobramentos que poderão ser criados, caso a caso, pela Secretaria de Orçamento Federal do Ministério do Planejamento, Desenvolvimento e Gestão – SOF/MP, mediante Portaria específica.

GABARITO: A.

---

452. No processo de registro dos estágios da receita orçamentária, os procedimentos que envolvem a verificação da procedência do crédito fiscal e a pessoa que lhe é devedora e a inscrição do débito desta corresponde a:

a) previsão.

b) liquidação.

c) lançamento.

d) arrecadação.

e) inscrição em dívida ativa.

De acordo com a Lei nº 4.320/1964:

Art. 53 O lançamento da receita é ato da repartição competente, que verifica a procedência do crédito fiscal e a pessoa que lhe é devedora e inscreve o débito desta.

Lançamento: é o procedimento administrativo tendente a verificar:

a) A ocorrência de fato gerador da obrigação correspondente;

b) Determinar a matéria tributável;

c) Calcular o montante do tributo devido;

d) Identificar o sujeito passivo; e

e) Sendo o caso, propor a aplicação da penalidade cabível.

São objetos de lançamento os impostos diretos e quaisquer outras rendas com vencimento determinado em lei, regulamento ou contrato.

Estágios da Receita Pública:

a) Previsão: planejar e estimar a arrecadação das receitas orçamentárias que constarão na proposta orçamentária.

b) Lançamento: ato da repartição, que verifica a procedência do crédito fiscal e a pessoa que lhe é devedora e inscreve o débito desta.

c) Arrecadação: corresponde à entrega dos recursos devidos ao Tesouro pelos contribuintes ou devedores, por meio de agentes arrecadadores ou instituições financeiras autorizadas.

d) Recolhimento: transferência dos valores arrecadados à conta específica do Tesouro.

GABARITO: C.

453. Ao iniciar o exercício financeiro, o orçamento de um ente era de R$ 15 milhões, conforme dados do quadro a seguir, em milhares de reais.

	Dotação inicial	Créditos adicionais
Despesas Correntes	11.000,00	800,00
Despesas de Capital	4.000,00	500,00

Sabe-se que 10% da dotação atualizada para despesa de capital foi contingenciada no início do segundo semestre. Ao final do exercício financeiro, apurou-se que 90% das despesas correntes e a dotação disponível de despesas de capital foram empenhadas; além disso, 90% dos empenhos foram liquidados e 15% desses ficou pendente de pagamento.

Considerando as informações fornecidas, o valor total, em milhares de reais, das despesas a serem inscritas em restos a pagar não processados corresponde a:

a) 1.390,00.

b) 1.467,00.

c) 1.512,00.

d) 1.980,45.

e) 3.447,45.

Dotação atualizada:

Despesas correntes = 11.000 + 800 = 11.800

90% empenhado = 10.620

Despesas de capital = 4.000 + 500 = 4.500

10% de contigenciamento = 4.500 – 450 = 4.050

100% empenhado = 4.050

Aqui que podemos simplificar as contas do colega:

Total de despesas empenhadas = 10.620 + 4050 = 14.670

90% liquidados

É o mesmo que dizer que 10% não foram liquidados – este é o valor que procuramos [despesas empenhadas e não liquidadas são o valor de restos a pagar].

10% de 14.670 = R$ 1.470,00 de restos a pagar.

GABARITO: B.

---

454. O Deputado Federal João apresentou projeto de lei dispondo sobre a prestação de assistência religiosa em prisões, a ser ofertada pelas confissões religiosas e sem custo para o Poder Público. Após o curso regular do processo legislativo, foi promulgada a Lei nº XX/2019.

À luz da sistemática estabelecida pela Constituição da República de 1988, a referida Lei é:

a) incompatível com a ordem constitucional, pois o caráter laico do Estado impede a assistência religiosa nas prisões.

b) compatível com a ordem constitucional, pois esse tipo de assistência religiosa, nos termos da lei, é um direito fundamental.

c) incompatível com a ordem constitucional, pois o projeto de lei somente poderia ter sido apresentado pelo Presidente da República.

d) compatível com a ordem constitucional, desde que a assistência religiosa seja simultaneamente oferecida, a cada preso, por todas as religiões existentes.

e) incompatível com a ordem constitucional, pois as pessoas privadas de liberdade em estabelecimentos de internação coletiva não têm direito a assistência religiosa.

A Constituição, em seu art. 5º, VII, assegura a prestação de assistência religiosa em lugares de internação coletiva (hospitais, presídios, instituições psiquiátricas e de recuperação de dependentes químicos):

Art. 5º Todos são iguais perante a lei, sem distinção de qualquer natureza, garantindo-se aos brasileiros e aos estrangeiros residentes no País a inviolabilidade do direito à vida, à liberdade, à igualdade, à segurança e à propriedade, nos termos seguintes:

VII - é assegurada, nos termos da lei, a prestação de assistência religiosa nas entidades civis e militares de internação coletiva.

GABARITO: B.

---

455. Maria, logo após tomar posse no cargo eletivo de Senadora, foi procurada pelas autoridades competentes e informada sobre a existência de provas de que teria praticado um crime contra o patrimônio de João.

À luz da sistemática constitucional, o Ministério Público:

a) não pode apresentar a acusação, perante o Poder Judiciário, durante o mandato de Maria.

b) pode apresentar a acusação, perante o Poder Judiciário, desde que haja concordância de Maria.

c) pode apresentar a acusação, perante o Poder Judiciário, desde que haja autorização do Senado Federal.

d) pode apresentar a acusação, perante o Poder Judiciário, não dependendo de autorização.

e) pode apresentar a acusação, perante o Poder Judiciário, desde que haja autorização do Congresso Nacional.

É prerrogativa do Ministério Público promover a ação penal pública de forma privativa (art. 129, I, CF):

Art. 129 São funções institucionais do Ministério Público:

I - promover, privativamente, a ação penal pública, na forma da lei.

GABARITO: D.

---

456. Por falha humana, ocorreu um grande vazamento de dejetos químicos no Rio Alfa, daí resultando danos de grandes proporções no respectivo ecossistema, com perdas irreparáveis para a fauna e a flora, além de impossibilitar o consumo da água do referido rio. O pescador João, ao tomar conhecimento dos fatos, decidiu representar ao Ministério Público visando à adoção das medidas cabíveis para obrigar os responsáveis a recuperar o ecossistema.

À luz da sistemática constitucional, o Ministério Público:

a) pode promover o inquérito civil, mas não a ação civil pública, pois o interesse é coletivo.

b) pode promover o inquérito civil e a ação civil pública, pois se trata de um interesse difuso.

c) pode promover o inquérito civil e a ação civil pública, pois se trata de um interesse coletivo.

d) pode promover o inquérito civil e a ação civil pública, pois se trata de um interesse individual homogêneo.

e) não pode promover o inquérito civil e a ação civil pública, pois o interesse do pescador é disponível.

De acordo com as funções institucionais do Ministério Público, trazidas pelo art. 129, III, da CF/1988.

Art. 129 São funções institucionais do Ministério Público:

III - promover o inquérito civil e a ação civil pública, para a proteção do patrimônio público e social, do meio ambiente e de outros interesses difusos e coletivos.

GABARITO: B.

---

457. João, Juiz de Direito, respondeu a processo disciplinar no âmbito do Tribunal de Justiça e foi absolvido. Insatisfeito com a absolvição, Pedro, o representante, decidiu levar o caso ao conhecimento do Conselho Nacional de Justiça.

À luz da sistemática constitucional, é correto afirmar que o Conselho Nacional de Justiça:

a) não pode reexaminar o caso, em razão da autonomia do Tribunal de Justiça.

b) somente poderia reexaminar o caso se a decisão tivesse sido desfavorável a João.

c) somente poderia reexaminar o caso a pedido do Ministério Público.

d) pode rever o caso até um ano após a decisão do Tribunal de Justiça.

e) pode reexaminar a absolvição de João a qualquer tempo.

Essa é uma das atribuições do Conselho Nacional de Justiça, conferida pelo art. 103-B, § 4º, V, da CF/1988.

Art. 103-B O Conselho Nacional de Justiça compõe-se de 15 (quinze) membros com mandato de 2 (dois) anos, admitida 1 (uma) recondução, sendo:

§ 4º Compete ao Conselho o controle da atuação administrativa e financeira do Poder Judiciário e do cumprimento dos deveres funcionais dos juízes, cabendo-lhe, além de outras atribuições que lhe forem conferidas pelo Estatuto da Magistratura:

V - rever, de ofício ou mediante provocação, os processos disciplinares de juízes e membros de tribunais julgados há menos de um ano.

GABARITO: D.

---

458. Com vistas a permitir que as pessoas se defendam do crescimento vertiginoso da violência na Cidade Alfa, algumas dezenas de pessoas decidem criar, com esse objetivo social, a Associação Beta. Foram estabelecidos como requisitos, para o ingresso na associação, que a pessoa tivesse direito ao porte de arma, que seria usada diariamente nas atividades internas e externas dos associados, e aceitasse vestir o uniforme da associação.

Considerando a sistemática constitucional, a Associação Beta:

a) não poderia funcionar, em razão do seu nítido caráter paramilitar.

b) só poderia funcionar mediante prévia autorização do Poder Público.

c) poderia funcionar independentemente de prévia autorização, pois é assegurada a liberdade de associação.

d) não poderia funcionar, pois a ordem constitucional atualmente não reconhece o direito de associação.

e) só poderia funcionar caso fosse previamente editada lei disciplinando o funcionamento de associações como essa.

Nos termos do art. 5º, XVII, da CF/1988 veda a criação de associações de caráter paramilitar.

Art. 5º Todos são iguais perante a lei, sem distinção de qualquer natureza, garantindo-se aos brasileiros e aos estrangeiros residentes no País a inviolabilidade do direito à vida, à liberdade, à igualdade, à segurança e à propriedade, nos termos seguintes:

XVII - é plena a liberdade de associação para fins lícitos, vedada a de caráter paramilitar.

GABARITO: A.

---

459. João, Prefeito Municipal, foi informado de que deveria realizar duas nomeações, a primeira para um cargo em comissão e a segunda para uma função de confiança.

À luz da sistemática constitucional, é correto afirmar que:

a) ambas as nomeações devem recair sobre servidores já ocupantes de cargos de provimento efetivo.

b) a primeira nomeação deve sempre recair sobre servidores já ocupantes de cargos de provimento efetivo.

c) a primeira nomeação pode e a segunda deve recair sobre servidores já ocupantes de cargos de provimento efetivo.

d) apenas a segunda nomeação pode recair sobre servidores já ocupantes de cargos de provimento efetivo.

e) nenhuma das nomeações deve recair sobre servidores já ocupantes de cargos de provimento efetivo.

O Prefeito está seguindo a determinação constitucional do art. 37,

Art. 37 A administração pública direta e indireta de qualquer dos Poderes da União, dos Estados, do Distrito Federal e dos Municípios obedecerá aos princípios de legalidade, impessoalidade, moralidade, publicidade e eficiência e, também, ao seguinte:

V - as funções de confiança, exercidas exclusivamente por servidores ocupantes de cargo efetivo, e os cargos em comissão, a serem preenchidos por servidores de carreira nos casos, condições e percentuais mínimos previstos em lei, destinam-se apenas às atribuições de direção, chefia e assessoramento.

GABARITO: C.

---

460. Maria, Juíza de Direito titular há muitos anos da Vara Única da Comarca Alfa, proferiu decisão que desagradou os interesses de diversas pessoas poderosas, as quais propagaram que iriam providenciar a sua retirada forçada da Comarca.

À luz da sistemática constitucional, em relação à remoção de Maria da Comarca Alfa, contra a sua vontade, é correto afirmar que:

a) pode ser livremente efetivada, com base no princípio da eficiência.

b) só pode ocorrer por decisão judicial, após o processo ordinário regular.

c) pode ser efetivada apenas por decisão do Presidente do Tribunal de Justiça.

d) não pode ocorrer em hipótese alguma, considerando a garantia da inamovibilidade.

e) só pode ocorrer, por motivo de interesse público, pelo voto da maioria absoluta do colegiado competente.

Nos termos do art. 93, VIII, da CF/1988:

Art. 93 Lei complementar, de iniciativa do Supremo Tribunal Federal, disporá sobre o Estatuto da Magistratura, observados os seguintes princípios:

VIII - o ato de remoção, disponibilidade e aposentadoria do magistrado, por interesse público, fundar-se-á em decisão por voto da maioria absoluta do respectivo tribunal ou do Conselho Nacional de Justiça, assegurada ampla defesa.

GABARITO: E.

---

461. Maria, esposa do Prefeito João, que exercia a chefia do Poder Executivo no Município Gama, foi informada pelo advogado da família que, de acordo com a ordem constitucional, não poderia candidatar-se ao cargo eletivo de Vereador no mesmo Município.

Essa vedação é denominada:

a) perda dos direitos políticos.

b) vedação eleitoral.

c) inabilitação.

d) suspensão dos direitos políticos.

e) inelegibilidade.

Nos termos do art. 14, § 7º, da CF/1988, o que se chama inelegibilidade reflexa.

Art. 14 A soberania popular será exercida pelo sufrágio universal e pelo voto direto e secreto, com valor igual para todos, e, nos termos da lei, mediante:

§ 7º São inelegíveis, no território de jurisdição do titular, o cônjuge e os parentes consanguíneos ou afins, até o segundo grau ou por adoção, do Presidente da República, de Governador de Estado ou Território, do Distrito Federal, de Prefeito ou de quem os haja substituído dentro dos seis meses anteriores ao pleito, salvo se já titular de mandato eletivo e candidato à reeleição.

GABARITO: E.

---

462. De acordo com a doutrina de Direito Administrativo, em matéria de regime jurídico, é correto afirmar que uma autarquia estadual do Ceará:

a) não possui personalidade jurídica própria e autonomia financeira, pois está vinculada ao ente federativo que a criou.

b) não está hierarquicamente subordinada ao ente federativo que a criou, mas se sujeita a controle finalístico.

c) não pode cobrar taxas e demais tributos para exercício do poder de polícia ou prestação de serviços públicos inerentes às suas finalidades.

d) tem seu pessoal regido pela consolidação das leis do trabalho, e o ingresso no serviço público se dá por meio de concurso público.

e) integra a administração pública indireta, possui personalidade jurídica de direito privado e é criada por delegação negocial do Chefe do Executivo estadual.

De acordo com Alexandre Mazza:

As autarquias não são subordinadas hierarquicamente à Administração Pública Direta, mas sofrem um controle finalístico chamado de supervisão ou tutela ministerial. Esse grau de liberdade, no entanto, não se caracteriza como independência em razão dessa ligação com a Administração central.

GABARITO: B.

---

463. O serviço público está submetido ao regime de direito público, com aplicação de regras específicas trazidas pela Lei nº 8.987/95. Assim, o serviço público deve ser prestado:

1) com a modernidade das técnicas, do equipamento e das instalações e sua conservação; e

2) mediante tarifas mais baixas possíveis cobradas dos usuários, a fim de manter a prestação do serviço à maior parte possível da coletividade.

As duas características descritas traduzem, respectivamente, os princípios do serviço público da:

a) modicidade e continuidade.

b) atualidade e modicidade.

c) economicidade e continuidade.

d) universalidade e eficiência.

e) generalidade e competitividade.

O item 1 está relacionado com a atualidade e o item 2 está relacionado com a modicidade.

De acordo com o art. 6º, § 2º, da Lei nº 8.987/1995, segundo Mazza:

A atualidade compreende a modernidade das técnicas, do equipamento e das instalações e a sua conservação, bem como a melhoria e expansão do serviço.

Ainda de acordo com a explicação de Alexandre Mazza:

A modicidade de tarifas: significa que o valor exigido do usuário a título de remuneração pelo uso do serviço deve ser o menor possível, reduzindo-se ao estritamente necessário para remunerar o prestador com acréscimo de pequena margem de lucro.

GABARITO: B.

---

464. Em matéria de controle da administração pública, a fiscalização contábil, financeira, orçamentária, operacional e patrimonial do Poder Judiciário do Estado do Ceará é exercida mediante controle:

a) interno pela Controladoria-Geral do Estado, não estando sujeito a qualquer controle externo pelo princípio constitucional da separação dos poderes.

b) interno pelo próprio Tribunal de Justiça, não estando sujeito a qualquer controle externo por sua autonomia e independência em relação aos demais poderes.

c) interno pelo Ministério Público do Estado, não estando sujeito a controle externo pelo Legislativo e Executivo, em razão do princípio constitucional da separação dos poderes.

d) externo pela Assembleia Legislativa Estadual, com auxílio do Tribunal de Contas do Ceará.

e) externo pelo Poder Executivo Estadual, com auxílio do Conselho Nacional de Justiça.

A fiscalização contábil, financeira, orçamentária, operacional e patrimonial da União e das entidades da administração direta e indireta, quanto à legalidade, legitimidade, economicidade, aplicação das subvenções e renúncia de receitas, será exercida pelo Congresso Nacional, mediante controle externo, e pelo sistema de controle interno de cada Poder, é o que prevê o art. 70 da Constituição.

A fiscalização contábil, financeira, orçamentária, operacional e patrimonial do Poder Judiciário do Estado do Ceará é exercida mediante controle externo pela Assembleia Legislativa Estadual, com auxílio do Tribunal de Contas do Ceará.

GABARITO: D.

---

465. Considere as seguintes afirmações à luz do que dispõe a Constituição Federal acerca dos direitos e garantias fundamentais:

I. O preso será informado de seus direitos, entre os quais o de permanecer calado, sendo-lhe assegurada a assistência da família e de advogado.

II. Ninguém será preso senão em flagrante delito ou por ordem escrita e fundamentada de autoridade judiciária competente, salvo nos casos de transgressão militar ou crime propriamente militar, definidos em lei.

III. Conceder-se-á mandado de segurança sempre que a falta de norma regulamentadora torne inviável o exercício dos direitos e liberdades constitucionais e das prerrogativas inerentes à nacionalidade, à soberania e à cidadania.

IV. Qualquer cidadão é parte legítima para propor ação civil pública que vise a anular ato lesivo ao patrimônio público ou de entidade de que o Estado participe, à moralidade administrativa, ao meio ambiente e ao patrimônio histórico e cultural, ficando o autor, salvo comprovada má-fé, isento de custas judiciais e do ônus da sucumbência.

A todos, no âmbito judicial e administrativo, são assegurados a razoável duração do processo e os meios que garantam a celeridade de sua tramitação.

Está correto o que consta apenas em:

a) I, II e III.

b) I, II e V.

c) I, III e IV.

d) II, IV e V.

e) III, IV e V

I: Correto. O direito ao silêncio é uma garantia contra a autoincriminação. Curioso anotar que no interrogatório policial, o acusado não poderá furtar-se a fornecer informações pessoais - nome, endereço, estado civil, se já cumpriu pena etc, podendo apenas omitir-se quanto aos fatos que lhe são imputados. O ônus da prova do delito é da acusação, motivo pelo qual o réu também não pode ser obrigado a provar que não praticou tal ou qual ato.

O privilégio contra a autoincriminação - nemo tenetur se detegere -, erigido em garantia fundamental pela Constituição - além da inconstitucionalidade superveniente da parte final do art. 186 C.Pr.Pen. - importou compelir o inquiridor, na polícia ou em juízo, ao dever de advertir o interrogado do seu direito ao silêncio (HC 80.949/RJ, Rel. Min. Sepúlveda Pertence, 1ª Turma, DJ de 14/12/2001).

Constituição Federal:

Nos termos do art. 5º da Constituição Federal:

Art. 5º LXIII - o preso será informado de seus direitos, entre os quais o de permanecer calado, sendo-lhe assegurada a assistência da família e de advogado.

II: Correto. Nos termos do art. 5º, LXI, da CF:

Art. 5º LXI - ninguém será preso senão em flagrante delito ou por ordem escrita e fundamentada de autoridade judiciária competente, salvo nos casos de transgressão militar ou crime propriamente militar, definidos em lei.

Essa regra encontra exceções nos casos de transgressão ou crime militar, durante o estado de defesa e do estado de sítio (arts. 136 e 139 da CF) e no caso de recaptura do réu condenado e evadido, nos termos do art. 684, do CPP:

Art. 684 A recaptura do réu evadido não depende de prévia ordem judicial e poderá ser efetuada por qualquer pessoa.

III: Incorreto. Item que se refere ao mandado de injunção. Conforme a CF:

Art. 5º LXXI - conceder-se-á mandado de injunção sempre que a falta de norma regulamentadora torne inviável o exercício dos direitos e liberdades constitucionais e das prerrogativas inerentes à nacionalidade, à soberania e à cidadania.

IV: Incorreto. Item que se refere à ação popular. De acordo com a CF:

Art. 5º LXXIII - qualquer cidadão é parte legítima para propor ação popular que vise a anular ato lesivo ao patrimônio público ou de entidade de que o Estado participe, à moralidade administrativa, ao meio ambiente e ao patrimônio histórico e cultural, ficando o autor, salvo comprovada má-fé, isento de custas judiciais e do ônus da sucumbência.

V: Correto. Nos termos do art. 5º, LXXVIII, da CF:

Art. 5º LXXVIII - a todos, no âmbito judicial e administrativo, são assegurados a razoável duração do processo e os meios que garantam a celeridade de sua tramitação.

GABARITO: B.

---

466. Acerca do que dispõe a Constituição Federal sobre o Poder Legislativo,

a) os Deputados e Senadores não serão obrigados a testemunhar sobre informações recebidas ou prestadas em razão do exercício do mandato, nem sobre as pessoas que lhes confiaram ou deles receberam informações.

b) o Senado Federal compõe-se de representantes dos Estados e do Distrito Federal, eleitos pelo sistema proporcional.

c) compete privativamente ao Congresso Nacional aprovar previamente, por voto secreto, após arguição em sessão secreta, a escolha dos chefes de missão diplomática de caráter permanente.

d) compete privativamente ao Senado Federal autorizar, por dois terços de seus membros, a instauração de processo contra o Presidente e o Vice-Presidente da República e os Ministros de Estado.

e) os Deputados e Senadores são invioláveis penal, mas não civilmente, por quaisquer de suas opiniões, palavras e votos.

Nos termos do art. 53, § 6º, da CF/1988:

Art. 53 Os Deputados e Senadores são invioláveis, civil e penalmente, por quaisquer de suas opiniões, palavras e votos.

§ 6º Os Deputados e Senadores não serão obrigados a testemunhar sobre informações recebidas ou prestadas em razão do exercício do mandato, nem sobre as pessoas que lhes confiaram ou deles receberam informações.

GABARITO: A.

---

467. Assinale a opção que indica o estágio da receita pública que corresponde à entrega dos recursos devidos ao Tesouro.

a) Previsão.

b) Lançamento.

c) Arrecadação.

d) Recolhimento.

e) Recebimento.

Vejamos a definição do MCASP:

3.5.3. Arrecadação:

Corresponde à entrega dos recursos devidos ao Tesouro pelos contribuintes ou devedores, por meio dos agentes arrecadadores ou instituições financeiras autorizadas pelo ente.

3.5.4. Recolhimento:

É a transferência dos valores arrecadados à conta específica do Tesouro, responsável pela administração e controle da arrecadação e programação financeira, observando-se o princípio da unidade de tesouraria ou de caixa.

Observe que "a entrega dos recursos devidos ao Tesouro", mesmo que para a instituição financeira, faz parte da etapa da arrecadação. A etapa de recolhimento consiste na transferência dos valores arrecadados à conta do Tesouro.

Certamente o uso do termo "Tesouro" no enunciado confundiu muita gente.

Os estágios da receita de acordo com a Lei nº 4.320/1964:

- Previsão: é o estágio em que a receita é estimada e passará a constar na lei orçamentária;

- Lançamento: é ato da repartição competente, que verifica a procedência do crédito fiscal e a pessoa que lhe é devedora e inscreve o débito desta;

- Arrecadação: Corresponde à entrega dos recursos devidos, aos entes públicos, pelos contribuintes ou devedores, por meio dos agentes arrecadadores ou instituições financeiras autorizadas;

- Recolhimento: quando é efetuada a transferência dos valores arrecadados por meio dos agentes arrecadadores à conta específica dos entes públicos.

GABARITO: C.

---

468. Em relação aos estágios da despesa pública, o empenho, a liquidação e o pagamento fazem parte do estágio de:

a) planejamento.

b) execução.

c) apropriação.

d) lançamento.

e) reconhecimento.

O empenho é a etapa em que o governo reserva o dinheiro que será pago quando o bem for entregue ou o serviço concluído. Isso ajuda o governo

a organizar os gastos pelas diferentes áreas do governo, evitando que se gaste mais do que foi planejado.

Já a liquidação é quando se verifica que o governo recebeu aquilo que comprou. Ou seja, quando se confere que o bem foi entregue corretamente ou que a etapa da obra foi concluída como acordado.

Por fim, se estiver tudo certo com as fases anteriores, o governo pode fazer o pagamento, repassando o valor ao vendedor ou prestador de serviço contratado.

GABARITO: B.

---

469. De acordo com a Lei Geral de Proteção de Dados Pessoais (LGPD), o tratamento de dados pessoais sensíveis somente poderá ocorrer em algumas situações, como sem fornecimento de consentimento do titular, nas hipóteses em que for indispensável para:

a) a proteção da vida ou da incolumidade física do titular, mas não de terceiro.

b) o exercício regular de direitos em processo judicial, vedada a utilização em processo administrativo e arbitral.

c) a realização de estudos por órgão de pesquisa, vedada a anonimização dos dados pessoais sensíveis.

d) o tratamento compartilhado de dados necessários à execução, pela administração pública, de políticas públicas previstas em leis ou regulamentos.

e) a tutela da saúde, exclusivamente, em procedimento realizado por autoridade sanitária, excluídos os demais profissionais e serviços de saúde.

A: Incorreta. O art. 33, IV da LGPD dispõe que:

Art. 33 IV - quando a transferência for necessária para a proteção da vida ou da incolumidade física do titular ou de terceiro.

B: Incorreta. De acordo com o art. 7º da LGPD:

Art. 7º O tratamento de dados pessoais somente poderá ser realizado para o exercício regular de direitos em processo judicial, administrativo ou arbitral, esse último nos termos da Lei nº 9.307, de 23 de setembro de 1996 (Lei de Arbitragem).

C: Incorreta. Conforme o art. 11, II, alínea c da LGPD:

Art. 11 II c realização de estudos por órgão de pesquisa, garantida, sempre que possível, a anonimização dos dados pessoais sensíveis.

D: Correta. Está de acordo com o que dispõe o art. 7º, III da LGPD:

Art. 7º O tratamento de dados pessoais somente poderá ser realizado nas seguintes hipóteses:

- pela administração pública, para o tratamento e uso compartilhado de dados necessários à execução de políticas públicas previstas em leis e regulamentos ou respaldadas em contratos, convênios ou instrumentos congêneres, observadas as disposições do Capítulo IV desta Lei.

E: Incorreta. Conforme o art. 7º, VIII da LGPD:

Art. 7º O tratamento de dados pessoais somente poderá ser realizado nas seguintes hipóteses:

VIII - para a tutela da saúde, exclusivamente, em procedimento realizado por profissionais de saúde, serviços de saúde ou autoridade sanitária.

GABARITO: D.

---

470. A empresa pública X do Estado Beta tem por finalidade prestar determinado serviço público. De acordo com o regime jurídico que lhe aplicável, é correto afirmar que a empresa pública X:

a) é constituída, necessariamente, na forma de sociedade anônima e integra a Administração Indireta.

b) ostenta personalidade jurídica de direito público e integra a Administração Indireta.

c) goza das prerrogativas processuais aplicadas ao Estado e integra a Administração Indireta.

d) está sujeita ao regime da responsabilidade civil subjetiva pelos danos que seus agentes, nessa qualidade, causarem a terceiros, assegurado o direito de regresso contra o responsável nos casos de dolo ou culpa.

e) pode efetivar pagamento de remuneração acima do teto remuneratório do serviço público aos seus empregados, caso não receba recursos do Estados para pagamento de despesas de pessoal ou de custeio em geral.

A: Incorreta. As empresas podem ser constituídas em qualquer uma das formas admitidas em direito.

B: Incorreta. A empresa pública tem personalidade jurídica de direito público.

C: Incorreta. As empresas públicas não têm as prerrogativas processuais no Estado.

D: Incorreta. A responsabilidade civil das empresas públicas pelos danos causados por seus agentes a terceiros é objetiva, conforme dispõe o art. 37, § 6º, da Constituição Federal.

E: Correta. De acordo com o art. 37, § 9º, CF/1988:

Art. 37 § 9º O disposto no Inciso XI aplica-se às empresas públicas e às sociedades de economia mista, e suas subsidiárias, que receberem recursos da União, dos Estados, do Distrito Federal ou dos Municípios para pagamento de despesas de pessoal ou de custeio em geral.

Dessa maneira, a empresa pública não está sujeita ao teto remuneratório do serviço público e pode efetivar pagamento de remuneração acima dele.

GABARITO: E.

---

471. Marcelo é servidor público estável ocupante de cargo efetivo da administração direta e acaba de se eleger para o cargo eletivo de Prefeito municipal.

De acordo com as disposições da Constituição da República sobre o tema, Marcelo, no exercício de mandato eletivo,

a) receberá as vantagens de seu cargo efetivo, se houver compatibilidade de horários para acumulação, sem prejuízo da remuneração do cargo eletivo.

b) poderá acumular as funções do cargo eletivo com o cargo efetivo, se houver compatibilidade de horário, mas deverá auferir exclusivamente o subsídio de Prefeito.

c) será afastado do cargo efetivo e terá seu tempo de serviço contado para todos os efeitos legais, exceto para promoção por merecimento.

d) deverá ser exonerado do cargo efetivo, sob pena de cassação de sua diplomação e responsabilização por improbidade administrativa em razão de acumulação ilícita de cargos.

e) será afastado do cargo efetivo e, na hipótese de ser segurado de regime próprio de previdência social, será extinta sua filiação a esse regime, no ente federativo de origem.

Nesse caso, Marcelo deverá ser afastado do cargo efetivo e terá seu tempo de serviço contado para todos os efeitos legais, exceto para promoção por merecimento. De acordo com a Constituição Federal:

Art. 38 Ao servidor público da administração direta, autárquica e fundacional, no exercício de mandato eletivo, aplicam-se as seguintes disposições:

I - tratando-se de mandato eletivo federal, estadual ou distrital, ficará afastado de seu cargo, emprego ou função.

II - investido no mandato de Prefeito, será afastado do cargo, emprego ou função, sendo-lhe facultado optar pela sua remuneração.

III - investido no mandato de Vereador, havendo compatibilidade de horários, perceberá as vantagens de seu cargo, emprego ou função, sem

prejuízo da remuneração do cargo eletivo, e, não havendo compatibilidade, será aplicada a norma do inciso anterior.

IV - em qualquer caso que exija o afastamento para o exercício de mandato eletivo, seu tempo de serviço será contado para todos os efeitos legais, exceto para promoção por merecimento.

V - na hipótese de ser segurado de regime próprio de previdência social, permanecerá filiado a esse regime, no ente federativo de origem.

GABARITO: C.

---

472. Pedro possuía uma dívida e tinha receio de ser preso caso não realizasse o respectivo pagamento. Por essa razão, procurou um advogado e o consultou sobre a possibilidade de o seu temor se concretizar e, consequentemente, vir a ser preso. O advogado respondeu corretamente que, de acordo com a ordem constitucional brasileira, Pedro:

a) não poderia ser preso por dívida, qualquer que fosse a origem da obrigação jurídica.

b) poderia ser preso apenas se deixasse de pagar, de modo voluntário e inescusável, dívida de obrigação alimentícia.

c) poderia ser preso apenas se não pagasse dívida de obrigação alimentícia, de modo voluntário e inescusável, ou fosse depositário infiel.

d) poderia ser preso por dívida caso a condenação fosse imposta por autoridade jurisdicional e não fosse pago o respectivo valor no prazo estipulado.

e) poderia ser preso apenas se deixasse de pagar, de modo voluntário e inescusável, dívida tributária ou qualquer outra que tivesse como credor criança, adolescente ou idoso.

A: Incorreta. Pedro poderia ser preso por dívida de natureza alimentícia.

B: Correta. Atualmente, apenas se admite a prisão civil por dívida do devedor voluntário e inescusável de obrigação alimentar.

C: Incorreta. No Brasil, é vedada a prisão do depositário infiel, por ser inconstitucional, conforme entendimento consolidado do STF. Nesse sentido, é o teor da Súmula Vinculante nº 25: É ilícita a prisão civil de depositário infiel, qualquer que seja a modalidade de depósito.

D: Incorreta. Na atualidade, a única hipótese de prisão civil, no Direito brasileiro, é a do devedor de alimentos.

E: Incorreta. A prisão civil por dívida está limitada à prisão pelo inadimplemento de obrigação alimentar.

GABARITO: B.

---

473. John, de nacionalidade norte-americana, devidamente autorizado pela autoridade competente, reside há mais de vinte anos no território brasileiro. Interessado em obter a nacionalidade brasileira, procurou um(a) advogado(a) e o(a) questionou sobre os requisitos estabelecidos pela ordem constitucional para que isso viesse a ocorrer. O advogado respondeu, corretamente, que John:

a) adquirirá tacitamente a nacionalidade brasileira pelo decurso do tempo.

b) ao completar vinte e cinco anos residindo no território brasileiro, terá reconhecida tacitamente a nacionalidade brasileira.

c) irá adquirir a nacionalidade brasileira quando preenchidos os demais requisitos objetivos previstos na Constituição Federal de 1988.

d) é brasileiro nato, desde que não tenha saído do território brasileiro nesse período e não tenha condenação penal.

e) pode requerer a nacionalidade brasileira, desde que não tenha condenação penal.

A: Incorreta. John não irá adquirir a nacionalidade tacitamente pelo decurso do tempo, pois deverá requerê-la, nos termos do art. 12, II, "b", da CF/1988.

B: Incorreta. John deverá requerer a naturalização, mediante procedimento previsto na Lei nº 13.445/2017 – Lei de Migração, não havendo que se falar em aquisição da nacionalidade pelo decurso do tempo.

C: Incorreta. John deve cumprir os requisitos objetivos (período de 15 anos e ausência de condenação penal) e subjetivos (requerimento da naturalização).

D: Incorreta. John não será considerado brasileiro nato, mas sim naturalizado, uma vez que somente são brasileiros natos os nascidos na República Federativa do Brasil, ainda que de pais estrangeiros, desde que estes não estejam a serviço de seu país; e os nascidos no estrangeiro, de pai brasileiro ou mãe brasileira, desde que qualquer deles esteja a serviço da República Federativa do Brasil (art. 12, inciso I, "a" e "b", da CF/1988).

E: Correta. Nos termos do art. 12, II, "b", da CF/1988, John, estrangeiro, residente no Brasil há mais de vinte anos, poderá requerer a nacionalidade brasileira, desde que não tenha condenação penal.

GABARITO: E.

---

474. Ivan, brasileiro nato, durante o período de serviço militar obrigatório para o qual fora convocado, decidiu concorrer ao cargo eletivo de vereador nas eleições que se realizariam em pouco menos de um ano. À luz da sistemática constitucional, é correto afirmar que Ivan:

a) pode se alistar como eleitor, mas, por ser conscrito, não pode concorrer a qualquer cargo eletivo.

b) não pode se alistar como eleitor, por ser conscrito, o que o impede de concorrer a um cargo eletivo.

c) não pode se alistar como eleitor, vedação que alcança todos os militares, o que o impede de concorrer a um cargo eletivo.

d) pode se alistar como eleitor, mas, a exemplo de todos os militares, não pode concorrer a um cargo eletivo.

e) pode se alistar como eleitor, por ser brasileiro nato e maior de dezoito anos, e pode se candidatar a um cargo eletivo.

A: Incorreta. Ivan, por ser conscrito, não pode se alistar como eleitor nem concorrer a qualquer cargo eletivo.

B: Correta. Ivan não pode alistar-se como eleitor e muito menos concorrer ao cargo de vereador, pois, durante o período do serviço militar obrigatório, o alistamento eleitoral é vedado para os conscritos. Nesse sentido, estabelece o art. 14, § 2º, da CF/1988:

Art. 14 § 2º Não podem alistar-se como eleitores os estrangeiros e, durante o período do serviço militar obrigatório, os conscritos.

C: Incorreta. O impedimento previsto no § 2º do art. 14 da CF/1988 alcança somente aqueles que prestam o serviço militar obrigatório, os denominados conscritos, de tal sorte que soldados engajados, cabos, sargentos, suboficiais e oficiais das Forças Armadas e Polícias Militares são obrigados a se alistar como eleitores.

D: Incorreta. Ivan não pode se alistar como eleitor nem concorrer a cargo eletivo durante o período de serviço militar obrigatório. Por outro lado, o militar alistável é elegível, desde que atendidas as condições do § 8º, do art. 14, da CF/1988:

Art. 14 § 8º O militar alistável é elegível, atendidas as seguintes condições:

I - se contar menos de dez anos de serviço, deverá afastar-se da atividade;

II - se contar mais de dez anos de serviço, será agregado pela autoridade superior e, se eleito, passará automaticamente, no ato da diplomação, para a inatividade.

E: Incorreta. Ivan não pode se alistar como eleitor, em razão da vedação contida no art. 14, § 2º, da CF/1988 (conscrito). De igual modo, não pode candidatar-se a cargo eletivo, porquanto uma das condições de elegibilidade (art. 14, § 3º, III, da CF/1988) é o alistamento eleitoral.

GABARITO: B.

475. Maria, servidora pública municipal ocupante de cargo de provimento efetivo e com ampla atuação nas questões afetas à sua categoria, conclamou os seus colegas a criar um sindicato visando à defesa dos seus interesses. À luz da sistemática constitucional, é correto afirmar que Maria e seus colegas:

a) não podem criar um sindicato, pois somente os servidores públicos federais possuem o direito de associação sindical.

b) não podem criar um sindicato, pois é vedada aos servidores públicos a associação sindical.

c) somente podem criar um sindicato a partir de autorização do regime jurídico da categoria.

d) podem criar um sindicato, pois é assegurado aos servidores o direito à associação sindical.

e) somente podem criar um sindicato a partir de autorização do seu superior hierárquico.

A: Incorreta. Maria e seus colegas podem criar o sindicato pretendido, uma vez que a Constituição Federal assegura a livre associação profissional ou sindical, não podendo a lei exigir autorização do Estado para a fundação de sindicato (art. 8º, I, da CF/1988). Ademais, independente de ser servidora municipal, não há restrição de tal direito somente aos servidores federais, pois, de acordo com o art. 37, VI, da CF/1988, é garantido ao servidor público civil o direito à livre associação sindical, seja federal, estadual ou municipal.

B: Incorreta. Nos termos do art. 37, VI, da CF/1988, é garantido ao servidor público civil o direito à livre associação sindical.

C: Incorreta. Os servidores públicos podem criar um sindicato e independe de autorização do Estado para a sua fundação, conforme art. 8º, I, da CF/1988.

D: Correta. Nos termos do art. 37, inciso VI, é garantido ao servidor público civil o direito à livre associação sindical. Portanto, Maria e seus colegas poderão criar o sindicato.

E: Incorreta. A CF/1988 veda ao Poder Público a interferência e a intervenção na organização sindical (art. 8º, inciso I, da CF/1988).

GABARITO: D.

---

476. O Presidente da República foi comunicado por um de seus assessores a respeito da vacância de diversos cargos no âmbito dos Poderes (1) Legislativo e (2) Judiciário da União, bem como do (3) Ministério Público e do (4) Ministério da Economia. O assessor ainda ressaltou que não havia vacâncias no âmbito do Tribunal de Contas da União. À luz da sistemática constitucional, é correto afirmar que o Presidente da República tem competência, ainda que de caráter restrito, limitada a um ou a alguns cargos, para nomear agentes para as estruturas de poder referidas apenas em:

a) 2, 3 e 4.

b) 3 e 4.

c) 3.

d) 4.

e) 1, 2 e 4.

Entre as várias atribuições privativas do Presidente da República, estão as competências para nomear agentes do Poder Judiciário (como os Ministros do STF), do Ministério Público (como o PGR) e do Ministério da Economia (que integra a estrutura do Poder Executivo), conforme dispõem os arts. 84, inciso I, 101, parágrafo único, e 128, § 1º, da CF/1988:

Art. 84 Compete privativamente ao Presidente da República:

I - nomear e exonerar os Ministros de Estado.

Art. 101 O Supremo Tribunal Federal compõe-se de onze Ministros, escolhidos dentre cidadãos com mais de trinta e cinco e menos de sessenta e cinco anos de idade, de notável saber jurídico e reputação ilibada.

Parágrafo único. Os Ministros do Supremo Tribunal Federal serão nomeados pelo Presidente da República, depois de aprovada a escolha pela maioria absoluta do Senado Federal.

Art. 128 O Ministério Público abrange:

§ 1º O Ministério Público da União tem por chefe o Procurador-Geral da República, nomeado pelo Presidente da República dentre integrantes da carreira, maiores de trinta e cinco anos, após a aprovação de seu nome pela maioria absoluta dos membros do Senado Federal, para mandato de dois anos, permitida a recondução.

GABARITO: A.

---

477. Joana, servidora pública federal, por ter preenchido os requisitos exigidos, requereu ao setor competente da Administração Pública Federal a sua aposentadoria voluntária por tempo de contribuição. Nesse caso, de acordo com a ordem constitucional:

a) deve ser deferido o ato de aposentadoria, que estará sujeito ao posterior registro no Tribunal de Contas.

b) deve ser deferido o ato de aposentadoria, o qual, em virtude da separação dos poderes, não está sujeito à análise de outro órgão.

c) deve ser colhido o parecer prévio do Tribunal de Contas e, uma vez sanadas as pendências, deferido o ato de aposentadoria.

d) deve ser apresentada manifestação favorável ao ato de aposentadoria, que estará sujeito à posterior aprovação do Tribunal de Contas.

e) deve ser deferido o ato de aposentadoria, que está sujeito a parecer do Tribunal de Contas e posterior aprovação do Congresso Nacional.

A: Correta. O pedido de aposentadoria de Joana deve ser deferido, produzindo efeitos imediatos, mas está sujeito a registro pelo Tribunal de Contas da União. Nesse sentido, é o que dispõe a CF/1988:

Art. 71 O controle externo, a cargo do Congresso Nacional, será exercido com o auxílio do Tribunal de Contas da União, ao qual compete:

II - apreciar, para fins de registro, a legalidade dos atos de admissão de pessoal, a qualquer título, na administração direta e indireta, incluídas as fundações instituídas e mantidas pelo Poder Público, excetuadas as nomeações para cargo de provimento em comissão, bem como a das concessões de aposentadorias, reformas e pensões, ressalvadas as melhorias posteriores que não alterem o fundamento legal do ato concessório.

B: Incorreta. De fato, deve ser deferido o ato de aposentadoria, contudo, o ato está sujeito a registro perante o Tribunal de Contas da União, nos termos do art. 71, III, da CF/1988.

C: Incorreta. Não há necessidade de parecer prévio do Tribunal de Contas, uma vez que o ato de concessão de aposentadoria é um ato vinculado. Dessa forma, uma vez preenchidos os requisitos obrigatórios, não cabe à Administração se manifestar, mas somente deferir o pedido. Contudo, o ato será submetido ao Tribunal de Contas para apreciação quanto à sua legalidade, para fins de registro.

D: Incorreta. Após requeridos e cumpridos os requisitos, a aposentadoria deve ser concedida. Contudo, o ato estará sujeito à apreciação pelo Tribunal de Contas, para fins de registro.

E: Incorreta. De fato, o pedido de aposentadoria deve ser deferido. Entretanto, não está sujeito à parecer do Tribunal de Contas, mas sim à apreciação, para fins de julgamento da legalidade e registro do ato.

GABARITO: A.

478. João, pessoa com deficiência, compareceu à Secretaria de Assistência Social do Município Alfa e solicitou o acesso ao seu cadastro. Ato contínuo, constatou que seus dados estavam incorretos, principalmente em relação à sua deficiência, o que o impedia de participar dos programas assistenciais existentes.

Ao solicitar a retificação dos seus dados, foi surpreendido com a negativa do Diretor, sob o argumento escrito de que não estavam sendo apreciados requerimentos de pessoas não filiadas ao mesmo partido político do Prefeito Municipal. A decisão foi mantida, pelo próprio Prefeito, após a interposição do recurso hierárquico cabível.

Por entender que a decisão era manifestamente ilegal, havendo prova pré-constituída de sua existência, João consultou um(a) advogado(a) a respeito da ação constitucional passível de ser ajuizada.

O(A) advogado(a) respondeu, corretamente, que a referida ação é:

a) o mandado de segurança ou o habeas data, conforme a livre escolha de João.

b) o mandado de segurança.

c) o direito de petição.

d) o habeas data.

e) a reclamação.

A: Incorreta. A Constituição Federal dispõe que conceder-se-á mandado de segurança para proteger direito líquido e certo, não amparado por habeas corpus ou habeas data, quando o responsável pela ilegalidade ou abuso de poder for autoridade pública ou agente de pessoa jurídica no exercício de atribuições do Poder Público (CF/1988, art. 5º, LXIX).

B: Incorreta. A Constituição Federal dispõe que conceder-se-á mandado de segurança para proteger direito líquido e certo, não amparado por habeas corpus ou habeas data, quando o responsável pela ilegalidade ou abuso de poder for autoridade pública ou agente de pessoa jurídica no exercício de atribuições do Poder Público (CF/1988, art. 5º, LXIX).

C: Incorreta. O direito de petição é previsto pelo Inciso XXXIV do art. 5º da CF/1988:

Art. 5º XXXIV - são a todos assegurados, independentemente do pagamento de taxas:

a) o direito de petição aos poderes públicos em defesa de direitos ou contra ilegalidade ou abuso de poder.

b) a obtenção de certidões em repartições públicas, para defesa de direitos e esclarecimento de situações de interesse pessoal.

D: Correta. O habeas data está ligado ao direito de acesso a informações de caráter público, tem a função de conhecimento ou ratificação dessas informações. A Constituição Federal dispõe que:

Art. 5º LXXII - conceder-se-á habeas data:

a) para assegurar o conhecimento de informações relativas à pessoa do impetrante, constantes de registros ou bancos de dados de entidades governamentais ou de caráter público.

b) para a retificação de dados, quando não se prefira fazê-lo por processo sigiloso, judicial ou administrativo.

E: Incorreta. De acordo com a Constituição Federal:

Art. 102 Compete ao Supremo Tribunal Federal, precipuamente, a guarda da Constituição, cabendo-lhe:

I - processar e julgar, originariamente:

l) a reclamação para a preservação de sua competência e garantia da autoridade de suas decisões.

GABARITO: D.

---

479. Maria, de nacionalidade portuguesa, tem residência permanente no Brasil há pouco mais de duas décadas. Como pretende concorrer a um cargo eletivo, procurou um(a) advogado(a) e solicitou informações a respeito dessa possibilidade.

O(A) advogado(a) respondeu corretamente que Maria, à luz da ordem constitucional, com observância das condicionantes que sejam estabelecidas em tratado internacional,

a) pode se alistar como eleitora, mas não concorrer a cargo eletivo.

b) pode concorrer a qualquer cargo eletivo, em igualdade de condições com o brasileiro nato.

c) pode concorrer a cargo eletivo se requerer sua naturalização de modo concomitante com o alistamento eleitoral.

d) não pode concorrer a cargo eletivo, pois é, peremptoriamente, vedado a qualquer estrangeiro o registro de candidatura.

e) pode concorrer a cargo eletivo, salvo nos casos previstos na Constituição de 1988, se houver reciprocidade em favor de brasileiros.

Conforme estabelece a Constituição Federal, o advogado respondeu corretamente a Maria, pois pode concorrer a cargo eletivo, salvo nos casos previstos na Constituição de 1988, se houver reciprocidade em favor de brasileiros.

Art. 12 § 1º Os portugueses com residência permanente no País, se houver reciprocidade em favor de brasileiros, serão atribuídos os direitos inerentes ao brasileiro, salvo os casos previstos nesta Constituição.

GABARITO: E.

---

480. Um grupo de pessoas, com destacada vida pública e elevado prestígio social, decidiu adotar as providências necessárias para constituir um partido político e lançar candidatos nas eleições que seriam realizadas dois anos depois.

Um(a) advogado(a) informou corretamente ao grupo que, observados os demais requisitos estabelecidos pela ordem jurídica, os partidos políticos:

a) adquirem personalidade jurídica com o registro dos seus estatutos no Tribunal Superior Eleitoral, sendo a filiação partidária uma condição de elegibilidade.

b) adquirem personalidade jurídica na forma da lei civil, devendo posteriormente registrar seus estatutos no Tribunal Superior Eleitoral, sendo a filiação partidária uma condição de elegibilidade.

c) adquirem personalidade jurídica com o registro dos seus estatutos no Tribunal Superior Eleitoral, sendo a filiação partidária condição de elegibilidade, mas não requisito para o recebimento de cotas do fundo partidário.

d) adquirem personalidade jurídica com o seu reconhecimento pelo Tribunal Superior Eleitoral, não sendo a filiação partidária uma condição de elegibilidade, mas requisito para o recebimento de cotas do fundo partidário.

e) adquirem personalidade jurídica na forma da lei civil, devendo comunicar o início de atividades ao Tribunal Superior Eleitoral, sendo admitidas candidaturas autônomas, sem filiação partidária, apenas para o Executivo.

A: Incorreta. Os partidos políticos adquirem personalidade jurídica mediante inscrição no Cartório de Registro Civil de Pessoas Jurídicas e não com o registro no TSE.

B: Correta. Conforme estabelece o art. 14, § 3º, V, CF/1988:

Art. 14 A soberania popular será exercida pelo sufrágio universal e pelo voto direto e secreto, com valor igual para todos, e, nos termos da lei, mediante:

§ 3º São condições de elegibilidade, na forma da lei:

III - o alistamento eleitoral.

C: Incorreta. Os partidos políticos adquirem personalidade jurídica mediante inscrição no Cartório de Registro Civil de Pessoas Jurídicas.

D: Incorreta. Uma das condições de elegibilidade é a filiação partidária.

E: Incorreta. Conforme a Jurisprudência:

[...] Candidatura avulsa. Impossibilidade. [...] 4. Segundo jurisprudência há muito consolidada no Tribunal Superior Eleitoral, não se admite candidatura avulsa, assim entendida como aquela sem filiação partidária ou sem escolha em convenção, porquanto não foram atendidos os comandos do Art. 14, arts. 14, § 3º. V e 9º e 11, § 14, da Lei 9.504/97. 5. 'O Art. 23 da Convenção Americana de Direitos Humanos (Pacto de San José da Costa Rica), dispositivo indicado nas razões recursais, não pode ser invocado para afastar condição de elegibilidade prevista no texto originário da Constituição da República (filiação partidária), cuja disciplina infraconstitucional afigura-se razoável e proporcional'. [...] (Ac. de 23.11.2020 no AgR-TutAntAntec nº 060162868, rel. Min. Sérgio Banhos; no mesmo sentido o Ac. de 26.9.2018 no AgR-Pet nº 060088614, rel. Min. Admar Gonzaga.)

GABARITO: B.

---

481. Para permitir a ingerência do Poder Legislativo na escolha dos titulares dos cargos que integram os órgãos de cúpula de determinadas autarquias especiais, foi aprovada a Lei federal nº XX.

De acordo com esse diploma normativo, o Senado Federal deveria aprovar previamente a escolha desses agentes, que seria realizada pelo Presidente da República. A Lei federal nº XX é:

a) constitucional, pois a lei ordinária pode dispor sobre os cargos cujos titulares devem ser previamente aprovados pela referida Casa Legislativa.

b) inconstitucional, pois somente a lei complementar pode dispor sobre os cargos cujos titulares devem ser previamente aprovados pela referida Casa Legislativa.

c) inconstitucional, pois, embora a lei ordinária possa dispor sobre a matéria, a competência para aprovar a escolha desses agentes é do Congresso Nacional, não de uma de suas Casas.

d) inconstitucional, por afronta à separação dos poderes, pois, com exceção das situações expressamente previstas na ordem constitucional, compete privativamente ao Presidente da República realizar as nomeações, sem prévia aprovação.

e) constitucional, pois a Lei federal nº XX tão somente reproduziu, em parte, a Constituição de 1988, já que qualquer nomeação para órgãos de cúpula da administração indireta deve ser previamente aprovada pelo Senado Federal.

Conforme estabelece a Constituição Federal:

Art. 52 Compete privativamente ao Senado Federal:

III - aprovar previamente, por voto secreto, após arguição pública, a escolha de:

f) titulares de outros cargos que a lei determinar.

Dessa maneira, entende-se que a Lei federal nº XX é constitucional, pois a lei ordinária pode dispor sobre os cargos cujos titulares devem ser previamente aprovados pela referida Casa Legislativa.

GABARITO: A.

---

482. João, Juiz de Direito, teve uma severa briga com seu vizinho, causando-lhe lesões corporais gravíssimas. Como ele já tinha preenchido os requisitos exigidos para a aposentadoria voluntária, debateu com seu(sua) advogado(a) a respeito da melhor estratégia de defesa para o futuro processo criminal, considerando as regras vigentes em relação ao foro por prerrogativa de função.

Ao final, concluíram, corretamente, que João será processado e julgado:

a) por um Juiz de Direito.

b) pelo Tribunal de Justiça.

c) pelo Tribunal de Justiça, e, mesmo que se aposente no curso da relação processual, o processo será mantido no Tribunal.

d) pelo Juiz de Direito ou pelo Tribunal de Justiça, conforme deliberado por este órgão, considerando as exigências da instrução.

e) pelo Tribunal de Justiça, mas, caso se aposente no curso da relação processual, o processo será encaminhado a um Juiz de Direito.

Segundo a Constituição Federal:

Art. 96 Compete privativamente:

III - aos Tribunais de Justiça julgar os juízes estaduais e do Distrito Federal e Territórios, bem como os membros do Ministério Público, nos crimes comuns e de responsabilidade, ressalvada a competência da Justiça Eleitoral.

Dessa maneira, não haverá a competência especial por prerrogativa de foro caso o magistrado não se encontre em exercício funcional.

Súmula nº 451 – STF: A competência especial por prerrogativa de função não se estende ao crime cometido após a cessação definitiva do exercício funcional.

GABARITO: E.

---

483. Após sofrer uma sanção disciplinar aplicada pelo Conselho Nacional de Justiça (CNJ), Maria, Juíza Federal, decidiu ingressar com uma ação visando à anulação da respectiva decisão, a qual, ao se ver, teria afrontado diversos direitos fundamentais.

À luz dessa narrativa, o foro competente é:

a) um Juiz Federal, mas apenas se Maria interpuser mandado de segurança.

b) o Supremo Tribunal Federal, mas apenas se Maria interpuser mandado de segurança.

c) um Juiz Federal, qualquer que seja a ação proposta por Maria, incluindo eventual ação declaratória de nulidade ajuizada em face da União.

d) o Supremo Tribunal Federal, qualquer que seja a ação ajuizada por Maria, incluindo eventual ação declaratória de nulidade ajuizada em face da União.

e) o Superior Tribunal de Justiça, que, por imposição constitucional, deve apreciar as ações ajuizadas em detrimento das decisões disciplinares proferidas pelo CNJ.

Compete exclusivamente ao STF realizar o julgamento das ações que versem sobre os atos do CNJ. Vejamos:

[...] 1. Art. 106 do Regimento Interno do Conselho Nacional de Justiça, na redação dada pela Emenda Regimental 01/2010. 2. Exigência de imediato de decisão ou ato administrativo do CNJ, mesmo quando impugnado perante juízo incompetente. 3. Higidez do dispositivo impugnado. 4. Competência exclusiva do Supremo Tribunal Federal para julgar ações ajuizadas contra atos do CNJ praticados no exercício de suas competências constitucionais. 6. Inteligência do Art. 106 do RI/CNJ à luz da Constituição e da jurisprudência recente do STF [...] (ADI 4412).

De acordo com a CF/1988:

Art. 102 Compete ao Supremo Tribunal Federal, precipuamente, a guarda da Constituição, cabendo-lhe:

I - processar e julgar, originariamente:

r) as ações contra o Conselho Nacional de Justiça e contra o Conselho Nacional do Ministério Público.

GABARITO: D.

484. Maria foi convidada para integrar a Administração Pública direta do Município Beta. Embora tenha ficado muito empolgada com o convite, já que, até então, não lograra êxito em ser aprovada em um concurso para ocupar um cargo de provimento efetivo, teve sérias dúvidas em relação ao respectivo regime previdenciário, caso viesse a desempenhar trabalho temporário ou a ocupar cargo em comissão.

Ao se inteirar sobre a temática, Maria foi corretamente informada de que estaria sujeita ao:

a) regime próprio de previdência social, se viesse a desempenhar trabalho temporário e, ao regime geral de previdência social, caso viesse a ocupar cargo em comissão.

b) regime próprio de previdência social, se viesse a ocupar cargo em comissão e, ao regime geral de previdência social, caso viesse a desempenhar trabalho temporário.

c) regime próprio de previdência social, em ambos os casos, se o Município Beta o tivesse criado até a entrada em vigor da Emenda Constitucional nº 103/2019.

d) regime próprio ou geral de previdência social, conforme a opção realizada por Maria no momento da nomeação.

e) regime geral de previdência social, em ambos os casos, o que não poderia ser excepcionado pelo Município Beta.

Conforme a Constituição Federal:

Art. 40 § 13 Aplica-se ao agente público ocupante, exclusivamente, de cargo em comissão declarado em lei de livre-nomeação e exoneração, de outro cargo temporário, inclusive mandato eletivo, ou de emprego público, o Regime Geral de Previdência Social.

GABARITO: E.

---

485. A Lei nº XX, do Estado Alfa, foi editada com o objetivo de disseminar responsabilidade no manejo dos recursos administrativos pela população em geral, o que se devia à alarmante estatística de que 90% das irresignações eram infundadas. Para tanto, exigiu que, nos processos administrativos em que ocorresse a aplicação de multa aos administrados, a admissibilidade do recurso estava condicionada ao depósito prévio de 50% do valor da penalidade.

Irresignada com o teor da Lei nº XX, a Associação dos Comerciantes do Estado Alfa consultou um(a) advogado(a) a respeito da sua compatibilidade com a ordem constitucional, sendo-lhe respondido, corretamente, que o referido diploma normativo é:

a) inconstitucional, pois os processos administrativos são direcionados aos atos internos da Administração Pública, não podendo resultar em penalidades aos administrados.

b) constitucional, caso o referido diploma normativo tenha assegurado a possibilidade de o depósito prévio ser substituído pelo arrolamento de bens.

c) constitucional, pois compete aos Estados legislar sobre o processo administrativo estadual e a medida se ajusta ao princípio da proporcionalidade.

d) inconstitucional, na medida em que o depósito prévio, nos recursos administrativos, afronta a gratuidade inerente ao direito de petição.

e) constitucional, pois compete ao Estado instituir taxas e outras exações tributárias pelos serviços que presta.

A exigência de depósito ou de arrolamento prévio de dinheiro ou de bens para que seja admitido recurso administrativo não é prevista constitucionalmente. E além disso, segundo jurisprudência pacificada do STF: É inconstitucional a exigência de depósito ou arrolamento prévios de dinheiro ou bens para admissibilidade de recurso administrativo (Súmula Vinculante nº 21).

Jurisprudência do STF: (...) 1. Incompatibilidade da exigência de depósito prévio do valor correspondente à multa como condição de admissibilidade de recurso administrativo interposto junto à autoridade trabalhista (§ 1º do Art. 636, da Consolidação das Leis do Trabalho) com a Constituição de 1988. Inobservância das garantias constitucionais do devido processo legal e da ampla defesa (Art. 5º, Incs. LIV e LV); do princípio da isonomia (Art. 5º, caput); do direito de petição (Art. 5º, Inc. XXXIV, alínea a). Precedentes do Plenário do Supremo Tribunal Federal: Recursos Extraordinários 389.383/SP, 388.359/PE, 390.513/SP e Ação Direta de Inconstitucionalidade 1.976/DF. Súmula Vinculante n. 21. 2. Ação julgada procedente para declarar a não recepção do § 1º do Art. 636 da Consolidação das Leis do Trabalho pela Constituição da República de 1988. (ADPF 156 / DF - Distrito Federal).

GABARITO: D.

---

486. João, Secretário de Fazenda do estado Alfa, por estar sobrecarregado de trabalho, deseja delegar sua competência para José, Auditor Fiscal de Tributos Estaduais, para praticar determinado ato administrativo de competência privativa de João, que não consiste em edição de ato normativo ou decisão de recurso hierárquico. Sabe-se que a legislação do estado Alfa, em matéria de delegação de competência, possui o mesmo teor da legislação federal sobre processo administrativo. Nesse contexto, a delegação pretendida por João é:

a) lícita, diante da inexistência de vedação legal de delegação de competência para prática de ato administrativo de competência privativa do agente.

b) ilícita, haja vista que apenas atos administrativos enunciativos podem ser objeto de delegação, desde que atendido o interesse público.

c) ilícita, porque a legislação de regência veda expressamente a delegação de competência para prática de ato administrativo de competência privativa do agente.

d) ilícita, pois a legislação de regência veda expressamente a delegação de competência para a prática de todos os atos administrativos, em razão da hierarquia vertical da administração pública.

e) lícita, eis que, apesar da vedação legal de delegação de competência para prática de ato administrativo de competência privativa do agente, João pode justificar o ato para atendimento ao interesse público.

A questão exige conhecimento acerca da Lei nº 9.784/1999, que regula o processo administrativo no âmbito da Administração Pública Federal, especialmente quanto ao tema delegação de competência.

A: Correta. A delegação está de acordo com a Lei nº 9.784/1999, uma vez que o ato delegado não é vedado pela referida norma legal. Nesse sentido, veja-se o teor do art. 13, da Lei nº 9.784/1999:

Art. 13 Não podem ser objeto de delegação:

I - a edição de atos de caráter normativo;

II - a decisão de recursos administrativos;

III - as matérias de competência exclusiva do órgão ou autoridade.

Portanto, a delegação é lícita, pois não consiste em edição de ato normativo, decisão de recurso hierárquico ou matéria de competência exclusiva (mas de competência privativa).

B: Incorreta. A delegação pretendida por João é lícita. Ademais, a lei não veda a delegação de atos administrativos enunciativos.

C: Incorreta. A legislação de regência, Lei nº 9.784/1999, veda a delegação de competência exclusiva e não privativa do agente. É importante não confundir a competência exclusiva com privativa. A primeira não pode ser delegada. A segunda é possível ser delegada.

D: Incorreta. A Lei nº 9.784/1999 não veda a delegação de competência para a prática de todos os atos administrativos, somente os atos constantes do art. 13 da referida norma: a edição de atos de caráter normativo; a decisão de recursos administrativos; as matérias de competência exclusiva do órgão ou autoridade.

E: Incorreta. Ao contrário da afirmativa, não há vedação quanto à delegação para a prática de ato de competência privativa do agente (somente ato de competência exclusiva).

GABARITO: A.

487. De acordo com a jurisprudência do Supremo Tribunal Federal com repercussão geral, em matéria de controle da Administração Pública, a inscrição de entes federados em cadastro de inadimplentes (ou outro que dê causa à negativa de realização de convênios, acordos, ajustes ou outros instrumentos congêneres que impliquem transferência voluntária de recursos), pressupõe o respeito aos princípios do contraditório, da ampla defesa e do devido processo legal, somente reconhecido em algumas hipóteses, como após:

a) o julgamento de tomada de contas especial necessariamente perante o Poder Judiciário, nos casos de descumprimento parcial ou total de convênio, prestação de contas rejeitada, ou existência de débito decorrente de ressarcimento de recursos de natureza contratual (inclusive os de conta não prestada).

b) o trânsito em julgado de processo judicial de ação de improbidade administrativa, no bojo da qual tenha sido condenado o gestor público ordenador de despesas do ente federativo por conceder benefício administrativo ou fiscal sem a observância das formalidades legais ou regulamentares aplicáveis à espécie.

c) o trânsito em julgado de processo judicial de ação civil pública pela prática de atos lesivos à administração pública, com base na Lei Anticorrupção, no bojo da qual tenha sido condenado o gestor público ordenador de despesas do ente federativo por realizar operação financeira sem observância das normas legais e regulamentares ou aceitar garantia insuficiente ou inidônea.

d) o trânsito em julgado administrativo, perante o Tribunal de Contas competente, de processo que tenha reconhecido a existência de impropriedades em tomada de contas, desde que o atual gestor tenha sido pessoalmente notificado para sanar as ilegalidades e não tenha cumprido a decisão, no prazo de 30 (trinta) dias.

e) a devida notificação do ente faltoso e o decurso do prazo nela previsto (conforme constante em lei, regras infralegais ou em contrato), independentemente de tomada de contas especial, nos casos de não prestação de contas, não fornecimento de informações, débito decorrente de conta não prestada, ou quaisquer outras hipóteses em que incabível a tomada de contas especial.

O STF fixou a seguinte tese em repercussão geral:

A inscrição de entes federados em cadastro de inadimplentes (ou outro que dê causa à negativa de realização de convênios, acordos, ajustes ou outros instrumentos congêneres que impliquem transferência voluntária de recursos) pressupõe o respeito aos princípios do contraditório, da ampla defesa e do devido processo legal, somente reconhecido:

a) após o julgamento de tomada de contas especial ou procedimento análogo perante o Tribunal de Contas, nos casos de descumprimento parcial ou total de convênio, prestação de contas rejeitada, ou existência de débito decorrente de ressarcimento de recursos de natureza contratual (salvo os de conta não prestada) e;

b) após a devida notificação do ente faltoso e o decurso do prazo nela previsto (conforme constante em lei, regras infralegais ou em contrato), independentemente de tomada de contas especial, nos casos de não prestação de contas, não fornecimento de informações, débito decorrente de conta não prestada, ou quaisquer outras hipóteses em que incabível a tomada de contas especial. STF. Plenário. RE 1067086, Rel. Rosa Weber, julgado em 16/09/2020 (Repercussão Geral – Tema 327).

Porquanto a inscrição do ente federado em cadastro de inadimplentes exige o respeito aos princípios do contraditório, da ampla defesa e do devido processo legal, reconhecido após a sua notificação e o decurso do referido prazo, sem a manifestação cabível.

GABARITO: E.

488. João, Auditor Fiscal de Tributos Estaduais do Estado do Amazonas, casado com Maria, assistente administrativo da Fazenda Estadual do mesmo ente federativo, faleceu em março de 2022, e Maria, que ainda está em atividade, pretende obter sua pensão. Em tema de regime jurídico dos servidores públicos civis do Estado do Amazonas, de acordo com o entendimento do Supremo Tribunal Federal sobre a matéria, o teto constitucional remuneratório do funcionalismo público previsto no art. 37, inciso XI, da Constituição Federal de 1988, incide:

a) sobre o somatório da remuneração de Maria com a pensão de seu falecido marido João.

b) isoladamente sobre a remuneração de Maria e a pensão de seu falecido marido João.

c) isoladamente sobre a remuneração de Maria e a pensão de seu falecido marido João, mas que Maria deve escolher apenas uma das fontes de renda.

d) sobre o somatório da remuneração de Maria com a pensão de seu falecido marido João, apenas quando Maria se aposentar.

e) isoladamente sobre a remuneração de Maria e a pensão de seu falecido marido João, enquanto Maria estiver na ativa, e após sua aposentadoria não poderá acumular os proventos.

A: Correta. De acordo com o entendimento do STF, em sede de Repercussão Geral - Tema nº 359 (Info 985), o teto constitucional previsto no inciso XI do art. 37 da Constituição Federal incide sobre o somatório da remuneração percebida por Maria com a pensão de seu falecido marido João.

B: Incorreta. O teto constitucional remuneratório incide sobre o somatório e não isoladamente. Haveria incidência isolada no caso de acumulação lícita de cargos públicos, hipótese em que o teto é considerado individualmente para cada cargo.

C: Incorreta. O teto remuneratório deve incidir sobre a soma da pensão com a remuneração recebida por Maria, e não isoladamente, sendo desnecessário que Maria escolha apenas uma das fontes de renda.

D: Incorreta. A incidência do teto constitucional remuneratório se dará durante o exercício da função pública, bem como quando Maria se aposentar.

E: Incorreta. O teto incide sobre o somatório da remuneração e pensão percebida por Maria, tanto quando estiver na ativa, bem como quando aposentada.

GABARITO: A.

489. Ressalvada a ordem de polícia, em relação à possibilidade de delegação do poder de polícia, por meio de lei, as pessoas jurídicas de direito privado integrantes da Administração Pública indireta de capital social majoritariamente público, que prestem exclusivamente serviço público de atuação própria do Estado e em regime não concorrencial, o Supremo Tribunal Federal entende que é:

a) inconstitucional, porque não integram a Administração Direta.

b) constitucional, inclusive no que tange à fase do ciclo de polícia de sanção de polícia.

c) inconstitucional, porque não ostentam personalidade jurídica de direito público.

d) constitucional, apenas no que tange à fase do ciclo de consentimento e fiscalização de polícia.

e) constitucional, apenas no que tange à fase do ciclo de polícia do consentimento de polícia, razão pela qual não podem aplicar multas.

A: Incorreta. É constitucional, conforme entendimento do STF, a delegação do poder de polícia para pessoas jurídicas de direito privado integrantes da Administração Pública indireta de capital social majoritariamente público, independentemente do fato de não integrarem a Administração Direta ou não ostentarem personalidade jurídica de direito público.

B: Correta. De acordo com a atual jurisprudência do Supremo Tribunal Federal, é constitucional a delegação do poder de polícia, inclusive quanto à última fase do ciclo de polícia, qual seja, a sanção de polícia, à pessoa jurídica de direito privado, integrante da Administração Direta, prestadora de serviço público. Veja-se a nova tese do STF, acerca do assunto:

É constitucional a delegação do poder de polícia, por meio de lei, a pessoas jurídicas de direito privado integrantes da Administração Pública indireta de capital social majoritariamente público que prestem exclusivamente serviço público de atuação própria do Estado e em regime não concorrencial. STF. Plenário. RE 633782/MG, Rel. Min. Luiz Fux, julgado em 23/10/2020 (Repercussão Geral – Tema 532) (Info 996).

C: Incorreta. De acordo com o entendimento do STF, é constitucional a delegação do poder de polícia a pessoas jurídicas de direito privado integrantes da Administração Pública indireta.

D: Incorreta. O entendimento anterior do STF era no sentido de que somente as fases de consentimento e fiscalização poderiam ser delegadas a pessoas jurídicas de direito privado. Não obstante, conforme o novo entendimento (Info 996), a fase de sanção de polícia também pode ser delegada a pessoas jurídicas de direito privado, desde que seja por meio de lei, que a entidade possua capital majoritariamente público, que preste atividade exclusivamente de serviço público de atuação própria do Estado e que a prestação se dê em regime não concorrencial.

E: Incorreta. Trata-se do entendimento antigo do STF. Atualmente, para a Suprema Corte, podem ser delegados atos de consentimento, fiscalização e sanção de polícia.

GABARITO: B.

---

490. De acordo com a Convenção das Nações Unidas contra a Corrupção, promulgada no Brasil por meio do Decreto nº 5.687/2006, cada Estado Parte, em conformidade com os princípios fundamentais de seu ordenamento jurídico, adotará medidas apropriadas para promover a transparência e a obrigação de render contas na gestão da fazenda pública.

Consoante ao que dispõe o texto da citada convenção, essas medidas deverão abarcar:

a) os sistemas eficazes e eficientes de controle interno, excluídos os de gestão de riscos.

b) a formulação posterior das condições de participação, incluídos critérios de seleção e regras de licitação.

c) o mecanismo de exame interno, excluindo um sistema eficaz de apelação, visando à celeridade.

d) a apresentação oportuna de informação sobre gastos e ingressos.

e) a aplicação de critérios subjetivos e predeterminados para a adoção de decisões sobre a contratação pública.

Conforme dispõe o Decreto nº 5.687/2006, cada Estado Parte, em conformidade com os princípios fundamentais de seu ordenamento jurídico, adotará medidas apropriadas para promover a transparência e a obrigação de render contas na gestão da fazenda pública. Essas medidas abarcarão, entre outras coisas:

a) Procedimentos para a aprovação do pressuposto nacional.

b) A apresentação oportuna de informação sobre gastos e ingressos.

c) Um sistema de normas de contabilidade e auditoria, assim como a supervisão correspondente.

d) Sistemas eficazes e eficientes de gestão de riscos e controle interno.

e) Quando proceda, a adoção de medidas corretivas em caso de não cumprimento dos requisitos estabelecidos no presente parágrafo.

GABARITO: D.

---

491. De acordo com o MCASP, o Plano de Contas aplicado ao Setor Público (PCASP) representa uma das maiores conquistas da contabilidade aplicada ao setor público.

Em relação às inovações proporcionadas pelo PCASP, analise os itens a seguir.

I. A segregação das informações orçamentárias e patrimoniais.

II. O registro dos fatos que afetam o patrimônio público segundo o regime de caixa.

III. O registro de procedimentos contábeis gerais em observância às normas internacionais.

Está correto o que se afirma em:

a) I, somente.

b) I e II, somente.

c) I e III, somente.

d) II e III, somente.

e) I, II e III.

O PCASP representa uma das maiores conquistas da contabilidade aplicada ao setor público. Além de ser uma ferramenta para a consolidação das contas nacionais e instrumento para a adoção das normas internacionais de contabilidade, o PCASP permitiu diversas inovações, por exemplo:

- Segregação das informações orçamentárias e patrimoniais: no PCASP as contas contábeis são classificadas segundo a natureza das informações que evidenciam – orçamentária, patrimonial e de controle, de modo que os registros orçamentários não influenciem ou alterem os registros patrimoniais, e vice-versa;

- Registro dos fatos que afetam o patrimônio público segundo o regime de competência: as variações patrimoniais aumentativas (VPA) e as variações patrimoniais diminutivas (VPD) registram as transações que aumentam ou diminuem o patrimônio líquido, devendo ser reconhecidas nos períodos a que se referem, segundo seu fato gerador, sejam elas dependentes ou independentes da execução orçamentária;

- Registro de procedimentos contábeis gerais em observância às normas internacionais, como as provisões, os créditos tributários e não tributários, os estoques, os ativos imobilizados e intangíveis, dentre outros. Incluem-se também os procedimentos de mensuração após o reconhecimento, tais como a reavaliação, a depreciação, a amortização, a exaustão e a redução ao valor recuperável (impairment), dentre outros.

GABARITO: C.

---

492. O Plano de Contas aplicado ao Setor Público (PCASP) é dividido em oito classes, sendo as contas contábeis classificadas segundo a natureza das informações.

Nesse sentido, a natureza de informação de controle corresponde às seguintes classes:

a) controle devedores e controle credores.

b) controles internos e controles externos.

c) controles ativos e controles passivos.

d) controle da aprovação e controle da execução.

e) controle de variações diminutivas e controles de variações aumentativas.

O PCASP é dividido em 8 classes, sendo as contas contábeis classificadas segundo a natureza das informações que evidenciam:

Patrimonial:

- 1. Ativo;

- 2. Passivo;

- 3. Variações Patrimoniais Diminutivas;

- 4. Variações Patrimoniais Aumentativas.

Orçamentária:

- 5. Controles da Aprovação do Planejamento e Orçamento;

- 6. Controles da Execução do Planejamento e Orçamento.

Controle:

- 7. Controles Devedores;

- 8. Controles Credores.

GABARITO: A.

493. De acordo com a NBC TSP 13 - Apresentação de Informação Orçamentária nas Demonstrações Contábeis, quando as demonstrações contábeis e o orçamento não são elaborados em base comparável, e o regime de competência é adotado para o orçamento, os valores realizados apresentados em base comparável ao orçamento devem ser conciliados aos valores realizados apresentados nas demonstrações contábeis, identificando separadamente qualquer regime, periodicidade e diferença entre as entidades.

Assinale a opção que os indica.

a) As receitas totais e as despesas totais, apenas.

b) As receitas totais, as despesas totais, os ativos e os passivos, apenas.

c) Os fluxos de caixa líquidos das atividades operacionais, de investimento e de financiamento, apenas.

d) Os ativos e os passivos e os fluxos de caixa líquidos das atividades operacionais, de investimento e de financiamento, apenas.

e) As receitas totais, as despesas totais e os fluxos de caixa líquidos das atividades operacionais, de investimento e de financiamento, apenas.

NBC TSP 13 - Apresentação de Informação Orçamentária nas Demonstrações Contábeis:

Conciliação dos valores realizados em base comparável com os valores das demonstrações contábeis:

47. No caso em que as demonstrações contábeis e o orçamento não sejam elaborados em base comparável, os valores realizados apresentados em base comparável ao orçamento, de acordo com o item 31, devem ser conciliados aos seguintes valores realizados apresentados nas demonstrações contábeis, identificando separadamente qualquer regime, periodicidade e diferença entre as entidades:

- Se o regime de competência é adotado para o orçamento, as receitas totais, despesas totais e os fluxos de caixa líquidos das atividades operacionais, de investimento e de financiamento; ou

- Se outro regime, exceto o regime de competência, for adotado para o orçamento, os fluxos de caixa líquidos das atividades operacionais, de investimento e de financiamento.

GABARITO: E.

494. De acordo com a NBC T 16.11 – Sistema de Informação de Custos do Setor Público, denomina-se objeto de custo a unidade que se deseja mensurar e avaliar os custos.

Os principais objetos de custos são identificados a partir de informações dos subsistemas:

a) orçamentário e monetário.

b) orçamentário e patrimonial.

c) monetário e patrimonial.

d) financeiro e econômico.

e) econômico e patrimonial.

NBC T 16.11 – Sistema de Informação de Custos do Setor Público:

9. Os seguintes termos têm os significados abaixo especificados:

Objeto de custo é a unidade que se deseja mensurar e avaliar os custos. Os principais objetos de custos são identificados a partir de informações dos subsistemas orçamentário e patrimonial.

GABARITO: B.

495. De acordo com a NBC TSP Estrutura Conceitual - Estrutura Conceitual para Elaboração e Divulgação de Informação Contábil de Propósito Geral pelas Entidades do Setor Público, as informações financeiras e não financeiras capazes de influenciar, significativamente, o cumprimento dos objetivos da elaboração e da divulgação da informação contábil, são informações:

a) materiais.

b) confiáveis.

c) relevantes.

d) tempestivas.

e) compreensíveis.

3.6 As informações financeiras e não financeiras são relevantes caso sejam capazes de influenciar significativamente o cumprimento dos objetivos da elaboração e da divulgação da informação contábil. As informações financeiras e não financeiras são capazes de exercer essa influência quando têm valor confirmatório, preditivo ou ambos. A informação pode ser capaz de influenciar e, desse modo, ser relevante, mesmo se alguns usuários decidirem não considerá-la ou já estiverem cientes dela.

GABARITO: C.

496. Uma entidade do setor público apresentava as seguintes informações em relação ao seu orçamento:

- Receita prevista: R$ 800.000
- Receita executada: R$ 750.000
- Despesa fixada: R$ 600.000
- Despesa executada R$ 620.000.

Assinale a opção que indica o resultado orçamentário da entidade no período.

a) Déficit de R$ 50.000.

b) Déficit de R$ 20.000.

c) Superávit de R$ 30.000.

d) Superávit de R$ 130.000.

e) Superávit de R$ 200.000.

Resultado Orçamentário = Receita Executada – Despesa Executada.

RO = R$ 750.000 – R$ 620.000 = R$ 130.000.

GABARITO: D.

497. Com relação às características de dados abertos, analise as afirmativas a seguir.

I. Reuso e redistribuição: os dados precisam estar disponíveis integralmente, devendo estar em um formato conveniente e modificável e sob custo não maior que um custo razoável de reprodução.

II. Disponibilidade e acesso: os dados precisam ser fornecidos em condições de reuso e redistribuição, podendo ser recombinados com outros dados.

III. Participação universal: todos os usuários podem usar, reusar e redistribuir o dado sem restrições de áreas de atuação, pessoas ou grupos.

Está correto o que se afirma em:

a) I, apenas.

b) II, apenas.

c) III, apenas.

d) I e II, apenas.

e) II e III, apenas.

Com relação às características de dados abertos, são de participação universal, pois todos os usuários podem usar, reusar e redistribuir o dado sem restrições de áreas de atuação, pessoas ou grupos.

Para que um conjunto de dados possa ser considerado "aberto", ele precisa reunir, no mínimo, essas três características:

- Disponibilidade e acesso: os dados precisam estar disponíveis de forma completa e de uma forma que não gere cursos exorbitantes para a parte interessada em copiá-los. O cenário mais favorável é disponibilizar os dados para que sejam baixados por meio da internet. Os dados também precisam estar disponíveis num formato conveniente e modificável;

- Reutilização e redistribuição: os dados devem ser disponibilizados a partir de termos de utilização que permitam o reuso e a redistribuição, inclusive a mistura desses dados com outras bases;

- Participação universal: qualquer pessoa pode usar, reutilizar e redistribuir os dados. Não deve haver discriminação contra campos de atuação, indivíduos ou grupos. Por exemplo, restrições "não comerciais" que impediriam o uso "comercial" dos dados, ou restrições de uso para um fim específico (por exemplo, só para pesquisa pessoal), não são permitidas.

De acordo com a Open Knowledge International (organização internacional sem fins lucrativos), que promove o compartilhamento de informações e a criação de conhecimento livre, dados abertos são informações públicas ou privadas, disponíveis para serem acessadas ou reutilizadas por qualquer pessoa, para qualquer fim. Para serem considerados abertos, os dados precisam seguir oito princípios com as seguintes características:

1. Completos;

2. Primários;

3. Atuais;

4. Acessíveis;

5. Processáveis por máquinas;

6. Disponíveis a todos, sem exceção;

7. Sem proprietário;

8. Livres de licença.

GABARITO: C.

---

498. Em relação ao Orçamento-Programa, assinale a afirmativa correta.

a) Representa o elo entre o orçamento e a sua execução.

b) A sua estrutura está voltada para os aspectos financeiros.

c) Considera, em sua elaboração, apenas os custos dos programas que não extrapolam o exercício.

d) O controle visa a avaliação da eficiência, da eficácia e da efetividade das ações governamentais.

e) As decisões orçamentárias são tomadas com base nos exercícios anteriores.

O orçamento-programa é um instrumento de planejamento da ação do Governo, que identifica os programas de trabalho, projetos e atividades, através dos objetivos e metas a serem implementados e previsão dos custos associados.

Por estar balizado nas metas, é avaliado através de indicadores visando acompanhar e checar resultados. Pode-se concluir que, o controle por meio do orçamento programa - este accountability, objetiva a eficiência, eficácia e efetividade das ações governamentais.

O orçamento-programa não olha exclusivamente os aspectos financeiros ou custos dos programas, nem decide baseado nos exercícios anteriores, como ocorre com o orçamento tradicional.

O orçamento programa é o elo entre planejamento e orçamento.

A estrutura é voltada a aspectos administrativos e de planejamento.

Todos os custos de programas são considerados no orçamento-programa, inclusive os que extrapolam o orçamento.

As decisões orçamentárias baseiam-se nas análises técnicas e avaliações de cenários possíveis.

GABARITO: D.

---

499. De acordo com a Lei nº 4.320/1964, a Lei do Orçamento conterá a discriminação da receita e da despesa de modo a evidenciar a política econômica- financeira e o programa de trabalho do Governo, obedecidos os seguintes princípios:

a) clareza, equilíbrio e anualidade.

b) universalidade, publicidade e clareza.

c) unidade, universalidade e anualidade.

d) exclusividade, unidade e orçamento bruto.

e) equilíbrio, exclusividade e orçamento bruto.

O art. 2º da Lei nº 4.320/1964 diz:

Art. 2º Lei do Orçamento conterá a discriminação da receita e despesa de forma a evidenciar a política econômica financeira e o programa de trabalho do Governo, obedecidos os princípios de unidade, universalidade e anualidade.

São 14 (catorze) princípios orçamentários que norteiam a elaboração, aprovação, execução e avaliação do orçamento público. Os princípios orçamentários citados na questão são:

- Unidade: o orçamento deve ser um, somente um, para cada ente da federação. Não se aceita mais de um orçamento;

- Universalidade: o orçamento deve conter todas as despesas e receitas do período ao qual compete;

- Anualidade ou periodicidade: as despesas e receitas obedecem o exercício financeiro (conforme Lei nº 4.320/1964 o período condiz entre 1º de janeiro e 31 de dezembro de cada ano);

- Equilíbrio: uma vertente indica que o princípio do equilíbrio é que o total de despesas não pode exceder as receitas, que é correto. Mas há outra vertente (que também é correta) que indica que o total de despesas não pode exceder o total de receitas e vice-versa;

- Clareza: O orçamento deve ser claro e compreensível a todos, ao público em geral;

- Publicidade: deve-se dar publicidade formal e efetiva ao orçamento;

- Exclusividade ou pureza: a lei orçamentária não pode conter dispositivo que não seja da previsão de receita e de fixação de despesa;

- Orçamento bruto: todas as parcelas de despesas e receitas permanecem no orçamento com o valor bruto;

Ainda há os demais princípios orçamentários não citados:

- Especificação (ou detalhamento, ou discriminação, ou especialização): determina que as despesas e receitas devem ser detalhadas no orçamento;

- Legalidade: o orçamento público deve ser aprovado pelo Poder Legislativo por lei;

- Não afetação: as receitas de impostos não devem ser previamente destinadas em lei a nenhuma despesa;

- Exatidão: as despesas devem estar no orçamento da forma mais exata possível;

- Programação: a despesa deve estar vinculada a um programa de governo, com metas e objetivos definidos;

- Unidade de caixa: os recursos financeiros devem ingressar em uma única conta bancária de cada Ente.

GABARITO: C.

---

500. De acordo com a Lei nº 4320/1964, as cotas de receitas, que uma entidade pública deve transferir a outra, serão incluídas no orçamento da entidade obrigada à transferência e no orçamento da entidade que deverá receber, respectivamente, como:

a) perda e ganho.

b) ativo e passivo.

c) despesa e receita.

d) ativo e patrimônio líquido.

e) crédito e débito com terceiros.

De acordo com o art. 6º da Lei nº 4.320/1964, as despesas e receitas que constarão na Lei Orçamentária em sua totalidade sem qualquer dedução, ainda, no § 1º determina que as cotas de receitas de uma entidade pública a ser transferida a outra, saem desta como despesa e entram no orçamento da segunda como receita.

As cotas são movimentadas como despesa e receita, não perda e ganho, ativo e passivo, ativo e patrimônio líquido ou crédito e débito com terceiros.

GABARITO: C.

---

501. Em relação à Lei nº 4320/1964, assinale a afirmativa correta.

a) As receitas nele recolhidas e as despesas nele legalmente liquidadas pertencem ao exercício financeiro.

b) A importância de despesa anulada no exercício reverte à dotação, e quando a anulação ocorrer após o encerramento do exercício será considerada receita do ano em que se efetivar.

c) Os créditos da Fazenda Pública, de natureza tributária ou não tributária, serão escriturados como receita do exercício em que forem liquidadas.

d) O valor do crédito da Fazenda Nacional em moeda estrangeira é convertido ao correspondente valor na moeda nacional à taxa cambial oficial do último dia do exercício financeiro.

e) A receita da dívida ativa não inclui os valores que correspondem à atualização monetária, à multa e juros de mora e aos encargos.

O art. 38 da Lei nº 4.320/1964 prevê a reversão da dotação. Se não ocorrer a anulação dentro do exercício, após será considerada receita no ano em que for efetivada.

Pertencem ao exercício financeiro as receitas recolhidas e as despesas empenhadas.

Os créditos da Fazenda Pública serão escriturados como receita do exercício em que forem arrecadados.

O valor do crédito da Fazenda Nacional em moeda estrangeira será convertido ao valor nacional com a taxa cambial oficial na data da notificação ou intimação do devedor ou, na ausência deste, será considerada a data da inscrição na dívida ativa.

A receita da dívida ativa contempla a atualização monetária, multa e juros de mora e os encargos.

GABARITO: B.

---

502. De acordo com a Lei nº 4320/1964, é vedado aos Municípios empenhar, no último mês do mandato do Prefeito, mais do que o duodécimo da despesa prevista no orçamento vigente e, também, assumir compromissos financeiros para execução depois do término do mandato do Prefeito.

Essas disposições não se aplicam:

a) para atender o setor da saúde.

b) em casos comprovados de calamidade pública.

c) para promover ações relacionadas a políticas públicas.

d) em necessidade de recomposição salarial de funcionários.

e) para atender aos custos diretos essenciais para a organização das eleições.

De acordo com a Lei nº 4.320/1964:

Art. 58 § 1º Ressalvado o disposto no Art. 67 da Constituição Federal, é vedado aos Municípios empenhar, no último mês do mandato do Prefeito, mais do que o duodécimo da despesa prevista no orçamento vigente.

§ 2º Fica, também, vedado aos Municípios, no mesmo período, assumir, por qualquer forma, compromissos financeiros para execução depois do término do mandato do Prefeito.

§ 3º As disposições dos parágrafos anteriores não se aplicam nos casos comprovados de calamidade pública.

GABARITO: B.

---

503. Em relação aos orçamentos contidos na Lei Orçamentária, analise as afirmativas a seguir.

I. O orçamento fiscal referente aos Poderes da União, seus fundos, órgãos e entidades da administração direta e indireta, inclusive fundações instituídas e mantidas pelo Poder Público.

II. O orçamento de investimento das empresas em que a União, direta ou indiretamente, detém a maioria do capital social com direito a voto.

III. O orçamento da Seguridade Social abrangendo todas as entidades e órgãos a ela vinculados, da administração direta ou indireta, bem como os fundos e fundações instituídos e mantidos pelo Poder Público.

De acordo com a Constituição Federal de 1988, a lei orçamentária anual compreenderá o que se afirma em:

a) I, somente.

b) I e II, somente.

c) I e III, somente.

d) II e III, somente.

e) I, II e III.

A questão trouxe a literalidade do texto da Constituição, e todos os itens estão corretos.

Art. 165 § 5º A lei orçamentária anual compreenderá:

I - o orçamento fiscal referente aos Poderes da União, seus fundos, órgãos e entidades da administração direta e indireta, inclusive fundações instituídas e mantidas pelo Poder Público.

II - o orçamento de investimento das empresas em que a União, direta ou indiretamente, detenha a maioria do capital social com direito a voto.

III - o orçamento da seguridade social, abrangendo todas as entidades e órgãos a ela vinculados, da administração direta ou indireta, bem como os fundos e fundações instituídos e mantidos pelo Poder Público.

GABARITO: E.

---

504. Em relação ao Plano Plurianual, assinale a afirmativa correta.

a) Tem vigência de três anos e passa a vigorar a partir do primeiro ano do mandato presidencial.

b) Tem vigência de três anos e passa a vigorar a partir do segundo ano do mandato presidencial.

c) Tem vigência de quatro anos e coincide com o mandato presidencial.

d) Tem vigência de quatro anos e passa a vigorar a partir do segundo ano do mandato presidencial.

e) Tem vigência de quatro anos e passa a vigorar no último ano do mandato presidencial.

O plano plurianual tem vigência de quatro anos e passa a vigorar a partir do segundo ano do mandato presidencial. CF/88, ADCT, art. 35, § 2º, I, temos o seguinte:

Art. 35 § 2º I - o projeto do plano plurianual, para vigência até o final do primeiro exercício financeiro do mandato presidencial subsequente, será encaminhado até quatro meses antes do encerramento do primeiro exercício financeiro e devolvido para sanção até o encerramento da sessão legislativa.

GABARITO: D.

---

505. Assinale a opção que indica o vínculo entre a Lei de Diretrizes Orçamentárias (LDO) e a Lei Orçamentária Anual (LOA).

a) A LDO fornece diretrizes para a elaboração da LOA.

b) A LOA fornece diretrizes para a elaboração da LDO.

c) Ambas são elaboradas pelo Plano Plurianual.

d) São elaboradas de forma simultânea, tendo o mesmo prazo de envio.

e) Não há vínculo entre elas.

De acordo com a Constituição Federal:

Art. 165 § 2º A lei de diretrizes orçamentárias compreenderá as metas e prioridades da administração pública federal, estabelecerá as diretrizes de política fiscal e respectivas metas, em consonância com trajetória sustentável da dívida pública, orientará a elaboração da lei orçamentária anual, disporá sobre as alterações na legislação tributária e estabelecerá a política de aplicação das agências financeiras oficiais de fomento.

Dessa maneira, entende-se que a LDO fornece diretrizes para a elaboração da LOA.

GABARITO: A.

---

506. De acordo com a Lei Complementar nº 101/2000, o projeto de lei orçamentária anual, elaborado de forma compatível com o plano plurianual, com a lei de diretrizes orçamentárias e com as normas da Lei Complementar irá conter reserva de contingência, cuja forma de utilização e montante, definido com base na receita corrente líquida, serão estabelecidos na lei de diretrizes orçamentárias, destinada à(ao):

a) compensação da redução da receita realizada.

b) compra de ativos não prevista no Orçamento.

c) compensação de resultados deficitários e à constituição de crédito fiscal.

d) atendimento de passivos contingentes e outros riscos e eventos fiscais imprevistos.

e) retenção de superávit do período para preservação do patrimônio líquido da entidade.

Lei Complementar nº 101/2000:

Art. 5º O projeto de lei orçamentária anual, elaborado de forma compatível com o plano plurianual, com a lei de diretrizes orçamentárias e com as normas desta Lei Complementar:

III - conterá reserva de contingência, cuja forma de utilização e montante, definido com base na receita corrente líquida, serão estabelecidos na lei de diretrizes orçamentárias, destinada ao:

b) atendimento de passivos contingentes e outros riscos e eventos fiscais imprevistos.

GABARITO: D.

---

507. De acordo com a Lei Complementar Estadual nº 175/2017, as receitas do Poder Executivo serão arrecadadas exclusivamente por via bancária e serão obrigatoriamente recolhidas à Conta Única do Tesouro Estadual.

Entende-se por receita qualquer ingresso que tenha sido decorrente, produzido ou realizado, direta ou indiretamente, pelos órgãos competentes, e que tenha caráter:

a) originário ou derivado, ordinário e de natureza orçamentária, apenas.

b) originário, ordinário e de natureza orçamentária ou extraorçamentária, apenas.

c) originário ou derivado, ordinário ou extraordinário e de natureza orçamentária, apenas.

d) originário ou derivado, ordinário ou extraordinário e de natureza extraorçamentária, apenas.

e) originário ou derivado, ordinário ou extraordinário e de natureza orçamentária ou extraorçamentária.

A: Incorreta. Os ingressos extraordinários e de natureza extraorçamentária também são considerados receita, de acordo com a lei.

B: Incorreta. Os ingressos de caráter derivado e extraordinários também são considerados receita.

C: Incorreta. Os ingressos de natureza extraorçamentária também são considerados receita.

D: Incorreta. Os ingressos de natureza orçamentária também são considerados receita.

E: Correta. De acordo com a Lei Complementar Estadual nº 175/2017:

Art. 2º § 1º Entende-se por receita qualquer ingresso de caráter originário ou derivado, ordinário ou extraordinário e de natureza orçamentária ou extraorçamentária, seja geral ou vinculado, que tenha sido decorrente, produzido ou realizado, direta ou indiretamente, pelos órgãos competentes.

GABARITO: E.

---

508. As finanças públicas tratam da gestão dos recursos públicos.

Por meio da política fiscal, busca-se uma gestão equilibrada dos recursos públicos, de modo a contribuir para:

a) a expansão e a internacionalização.

b) a conformidade e a padronização.

c) a estabilidade e o crescimento.

d) a governança e a responsabilidade.

e) a transparência e a prestação de contas.

A política fiscal tem como objetivo a promoção da gestão financeira equilibrada dos recursos públicos, visando assegurar a estabilidade e o crescimento econômico, o financiamento das políticas públicas e a trajetória sustentável da dívida pública.

GABARITO: C.

---

509. A política fiscal reflete o conjunto de medidas pelas quais o Governo arrecada receitas e realiza despesas de modo a cumprir as suas funções.

O fornecimento eficiente de bens e serviços públicos, de modo a compensar as falhas de mercado, corresponde à função:

a) alocativa.

b) igualitária.

c) estabilizadora.

d) redistributiva.

e) conservadora.

A função alocativa está relacionada com a alocação de recursos por parte do governo a fim de oferecer bens públicos, como, rodovias, segurança pública, dentre outros.

GABARITO: A.

---

510. Relacione os tipos de tributos às suas respectivas explicações.

1. Impostos
2. Taxas
3. Contribuições de melhoria

( ) Têm como fato gerador o exercício regular do poder de polícia ou a utilização, efetiva ou potencial, de serviço público específico e divisível, prestado ao contribuinte ou posto à sua disposição.

( ) Têm como fato gerador a valorização imobiliária frente à existência de melhoria em imóvel determinado.

( ) Têm por fato gerador uma situação independente de atividade estatal específica relativa ao contribuinte.

Assinale a opção que indica a relação correta, na ordem apresentada.

a) 3 – 1 – 2.
b) 1 – 3 – 2.
c) 2 – 1 – 3.
d) 2 – 3 – 1.
e) 3 – 2 – 1.

De acordo com o CTN, seguem as definições de impostos, taxas e contribuição de melhoria.

Art. 16 Imposto é o tributo cuja obrigação tem por fato gerador uma situação independente de qualquer atividade estatal específica, relativa ao contribuinte.

Art. 77 As taxas cobradas pela União, pelos Estados, pelo Distrito Federal ou pelos Municípios, no âmbito de suas respectivas atribuições, têm como fato gerador o exercício regular do poder de polícia, ou a utilização, efetiva ou potencial, de serviço público específico e divisível, prestado ao contribuinte ou posto à sua disposição.

Art. 81 A contribuição de melhoria cobrada pela União, pelos Estados, pelo Distrito Federal ou pelos Municípios, no âmbito de suas respectivas atribuições, é instituída para fazer face ao custo de obras públicas de que decorra valorização imobiliária, tendo como limite total a despesa realizada e como limite individual o acréscimo de valor que da obra resultar para cada imóvel beneficiado.

GABARITO: D.

---

511. Assinale a opção que indica receitas classificadas como orçamentárias, de acordo com o Manual Técnico do Orçamento.

a) Fianças.
b) Emissão de moeda.
c) Depósitos em caução.
d) Empréstimos compulsórios.
e) Operações de crédito por antecipação de receita orçamentária.

A única receita classificada como orçamentária são os empréstimos compulsórios.

As demais receitas citadas na questão são todas extraorçamentárias, pois independem de autorização legislativa.

GABARITO: D.

---

512. No que diz respeito à categoria econômica, as receitas orçamentárias podem ser classificadas em receitas correntes e receitas de capital. Nesse sentido, analise as receitas a seguir.

1. Receita patrimonial
2. Alienação de bens
3. Impostos e contribuições de melhoria
4. Receita industrial
5. Operações de crédito
6. Receita de serviços

Assinale a opção que apresenta as receitas de capital.

a) 1 e 4, apenas.
b) 2 e 5, apenas.
c) 3 e 6, apenas.
d) 5 e 6, apenas.
e) 1 e 2, apenas.

De acordo com a Lei Federal nº 4.320/1964:

Art. 11 A receita classificar-se-á nas seguintes categorias econômicas: Receitas Correntes e Receitas de Capital.

§ 1º São Receitas Correntes as receitas tributária, de contribuições, patrimonial, agropecuária, industrial, de serviços e outras e, ainda, as provenientes de recursos financeiros recebidos de outras pessoas de direito público ou privado, quando destinadas a atender despesas classificáveis em Despesas Correntes.

§ 2º São Receitas de Capital as provenientes da realização de recursos financeiros oriundos de constituição de dívidas (empréstimos); da conversão, em espécie, de bens e direitos (alienação de bens); os recursos recebidos de outras pessoas de direito público ou privado, destinados a atender despesas classificáveis em Despesas de Capital e, ainda, o superávit do Orçamento Corrente.

Dessa maneira, são receitas de capital as previstas nos números 2 e 5.

GABARITO: B.

---

513. A classificação da receita por esfera orçamentária tem por finalidade identificar se a receita pertence ao Orçamento Fiscal, da Seguridade Social ou de Investimento das Empresas Estatais.

Em relação ao Orçamento da Seguridade Social, assinale a afirmativa correta.

a) Contém receitas das áreas de saúde, educação, previdência social e assistência social.
b) Refere-se aos recursos das empresas estatais não dependentes, em que a União detém a maioria do capital social com direito a voto.
c) Compreende as receitas de todos os órgãos, entidades, fundos e fundações vinculados à Seguridade Social.
d) A complementação dos recursos para financiar a totalidade das despesas de seguridade provém de transferências do orçamento de investimento das empresas estatais.
e) Compreende as receitas cuja classificação orçamentária caracterizam-nas como originárias da prestação de serviços de saúde e educação, dependendo das entidades a que pertencem.

O orçamento da seguridade social abrange todas as entidades e órgãos a ela vinculados, da administração direta ou indireta, bem como os fundos e fundações instituídos e mantidos pelo Poder Público.

De acordo com Constituição Federal, a proposta de orçamento da seguridade social será elaborada de forma integrada pelos órgãos responsáveis pela saúde, previdência social e assistência social, tendo em vista as metas e prioridades estabelecidas na lei de diretrizes orçamentárias, assegurada a cada área a gestão de seus recursos. (art. 195, § 2º, CF)

GABARITO: C.

---

514. De acordo com o Manual Técnico de Orçamento, o orçamento público está organizado em programas de trabalho, que contêm informações qualitativas e quantitativas, sejam físicas ou financeiras. Em relação à classificação quantitativa, a dimensão física busca responder à seguinte pergunta:

a) De que forma serão aplicados os recursos?
b) Quais insumos se pretende utilizar ou adquirir?
c) Em qual classe de gasto será realizada a despesa?
d) Qual o efeito econômico da realização da despesa?
e) Quanto se pretende entregar no exercício?

A dimensão financeira estima o montante necessário para o desenvolvimento da ação orçamentária de acordo com alguns classificadores em relação à natureza da despesa.

GABARITO: E.

---

515. De acordo com a Lei de Responsabilidade Fiscal, ressalvados alguns casos, assinale a opção que indica o conteúdo base da regra de ouro.

a) O montante previsto para as receitas de operações de crédito não poderá ser superior ao das despesas de capital.

b) O montante previsto para as despesas de capital não poderá ser superior ao das receitas de operações de crédito.

c) O montante previsto para as despesas correntes não poderá ser superior ao das receitas de operações de crédito.

d) O montante previsto para as despesas de capital deve ser similar ao previsto para as despesas correntes.

e) O montante previsto para as receitas de operações de crédito deve ser similar ao previsto para a soma das despesas correntes e de capital.

Segundo a Lei de Responsabilidade Fiscal:

Art. 12 § 2º O montante previsto para as receitas de operações de crédito não poderá ser superior ao das despesas de capital constantes do projeto de lei orçamentária.

GABARITO: A.

---

516. De acordo com a Lei de Responsabilidade Fiscal, a receita corrente líquida compreende o somatório das receitas tributárias, de contribuições, patrimoniais, industriais, agropecuárias, de serviços, transferências correntes e outras receitas também correntes. No estado do Amazonas, devem ser deduzidos desse valor os montantes listados a seguir, à exceção de um.

a) As receitas provenientes da compensação financeira entre o regime geral da previdência e o regime próprio dos servidores públicos.

b) As contribuições dos servidores para o custeio do seu sistema de previdência e assistência social.

c) As parcelas entregues aos municípios por determinação constitucional.

d) Os valores do Fundo de Manutenção e Desenvolvimento da Educação Básica.

e) As despesas com pessoal custeadas com recursos recebidos da União.

A: Correta. De acordo com o Manual de Demonstrativos Fiscais, 12ª edição:

Na União, no Distrito Federal, nos estados e nos municípios devem, ainda, ser deduzidas: b) as receitas provenientes da compensação financeira entre os diversos regimes de previdência, na contagem recíproca do tempo de contribuição na administração pública e na atividade privada, rural e urbana. É imprescindível, para tanto, que as referidas receitas estejam adequadamente contabilizadas em contas próprias que as identifiquem.

B: Correta. De acordo com a LRF:

Art. 2º IV - receita corrente líquida: somatório das receitas tributárias, de contribuições, patrimoniais, industriais, agropecuárias, de serviços, transferências correntes e outras receitas também correntes, deduzidos:

c) na União, nos Estados e nos Municípios, a contribuição dos servidores para o custeio do seu sistema de previdência e assistência social e as receitas provenientes da compensação financeira citada no § 9º do art. 201 da Constituição.

C: Correta. De acordo com a LRF:

Art. 2º IV - receita corrente líquida: somatório das receitas tributárias, de contribuições, patrimoniais, industriais, agropecuárias, de serviços, transferências correntes e outras receitas também correntes, deduzidos:

b) nos Estados, as parcelas entregues aos Municípios por determinação constitucional.

D: Correta. De acordo com o Manual de Demonstrativos Fiscais, 12ª edição:

Nos Estados e Municípios serão também computados os valores pagos e recebidos em decorrência do Fundo de Manutenção e Desenvolvimento da Educação Básica e de Valorização dos Profissionais da Educação – Fundeb, estabelecido no art. 60, do Ato das Disposições Constitucionais Transitórias da Constituição.

E: Incorreta. De acordo com a LRF:

Art. 2º § 2º Não serão considerados na receita corrente líquida do Distrito Federal e dos Estados do Amapá e de Roraima os recursos recebidos da União para atendimento das despesas de que trata o inciso V do § 1º do art. 19.

GABARITO: E.

---

517. Em relação à renúncia de receita, de acordo com a Lei de Responsabilidade Fiscal, o perdão da dívida em casos de pequeno valor, impossibilidade de pagamento ou custo de cobrança maior do que a dívida caracterizam:

a) anistia.

b) remissão.

c) crédito presumido.

d) modificação de base de cálculo.

e) concessão de isenção em caráter não geral.

Conforme estabelece a Lei de Responsabilidade Fiscal:

Art. 14 § 1º A renúncia compreende anistia, remissão, subsídio, crédito presumido, concessão de isenção em caráter não geral, alteração de alíquota ou modificação de base de cálculo que implique redução discriminada de tributos ou contribuições, e outros benefícios que correspondam a tratamento diferenciado.

§ 3º O disposto neste artigo não se aplica:

II - ao cancelamento de débito cujo montante seja inferior ao dos respectivos custos de cobrança.

A remissão é quando ocorre o perdão total ou parcial do crédito tributário.

Além disso, é um ato formalizado pela autoridade administrativa após autorização de lei que tenha por fundamento uma das hipóteses do art. 172 do CTN.

GABARITO: B.

---

518. João, cientista político brasileiro, é ferrenho defensor da forma de governo monárquica e das ideias do Partido Político Alfa, que defende essa forma de governo. Por tal razão, é infenso à organização das estruturas estatais de poder com base em ideais republicanos, especialmente em relação à forma de provimento dos cargos afetos à Chefia do Poder Executivo nas distintas esferas de governo. Ao ser editada a Lei federal nº XX, que impôs à generalidade dos adultos, excetuados aqueles que apresentassem algum óbice de ordem física ou psíquica, a obrigação de desempenhar determinada atividade de interesse público em um curto período de tempo, João redigiu um alentado manifesto e negou-se a cumprir a obrigação legal. Nessa situação, João agiu de modo:

a) lícito, mas deve cumprir a prestação alternativa que estiver fixada em lei.

b) ilícito, pois ninguém pode deixar de cumprir obrigação legal de caráter geral.

c) lícito, pois ninguém pode ser compelido a exercer uma função pública contra a sua vontade.

d) ilícito, pois apenas por motivo de crença religiosa poderia deixar de cumprir obrigação legal de caráter geral.

e) lícito, pois a todos é assegurado o direito de não cumprir obrigação legal de caráter geral, desde que seja cumprida prestação alternativa fixada em regulamento.

A: Correta. A conduta de João é lícita, pois agiu amparado pela escusa de consciência, que lhe assegura o direito de se recusar a cumprir determinadas obrigações ou praticar atos que conflitem com suas convicções religiosas, filosóficas ou políticas. Contudo, deverá cumprir prestação alternativa, conforme estabelece o inciso VIII, do art. 5º, da CF/1988:

Art. 5º VIII - ninguém será privado de direitos por motivo de crença religiosa ou de convicção filosófica ou política, salvo se as invocar para eximir-se de obrigação legal a todos imposta e recusar-se a cumprir prestação alternativa, fixada em lei.

B: Incorreta. João agiu de modo lícito, pois a escusa de consciência abrange a crença religiosa ou convicção filosófica ou política.

C: Incorreta. O indivíduo pode se recusar a cumprir determinadas obrigações ou a praticar atos que conflitem com suas convicções religiosas, políticas ou filosóficas, contudo a escusa de consciência não permite que a pessoa simplesmente não cumpra a obrigação imposta (de interesse público). Nesse caso, o sujeito deve cumprir prestação alternativa, compatível com suas crenças e convicções, sob pena de sofrer restrições em seus direitos.

D: Incorreta. A conduta de João é lícita. No entanto, o indivíduo pode deixar de cumprir obrigação legal de caráter geral que conflite com suas convicções tanto por motivo de crença religiosa quanto por razões políticas ou filosóficas.

E: Incorreta. A prestação alternativa não é fixada em regulamento, mas sim em lei.

GABARITO: A.

---

519. Governador do Estado Alfa nomeou João, que conta com 76 anos, para exercer cargo exclusivamente em comissão de Diretor em certo departamento da Secretaria Estadual de Fazenda. Um mês após a nomeação, a Controladoria Geral do Estado recebeu representação solicitando a imediata nulidade do ato, haja vista que João possui idade superior àquela da aposentadoria compulsória prevista na Constituição da República.

No caso em tela, de acordo com a jurisprudência do Supremo Tribunal Federal sobre a matéria, a representação:

a) não merece prosperar, pois a idade para aposentadoria compulsória ou exoneração de ocupantes de cargos em comissão é de 80 anos.

b) não merece prosperar, pois servidores ocupantes de cargo exclusivamente em comissão não se submetem à regra da aposentadoria compulsória.

c) merece prosperar, pois a Constituição da República prevê aposentadoria compulsória aos 70 anos para todos os servidores.

d) merece prosperar, pois a Constituição da República prevê aposentadoria compulsória aos 75 anos, na forma da lei complementar, aplicável a cargos em comissão.

e) merece prosperar, pois a Constituição da República prevê aposentadoria compulsória aos 75 anos para os Ministros do Supremo Tribunal Federal e 70 anos para os demais servidores, aplicável a cargos em comissão.

Conforme o Informativo nº 851 do STF:

Reafirmada a jurisprudência da Corte e fixadas as seguintes teses jurídicas:

1) Os servidores ocupantes de cargo exclusivamente em comissão não se submetem à regra da aposentadoria compulsória prevista no Art. 40, § 1º, inciso II, da Constituição Federal, a qual atinge apenas os ocupantes de cargo de provimento efetivo, inexistindo, também, qualquer idade limite para fins de nomeação a cargo em comissão.

2) Ressalvados impedimentos de ordem infraconstitucional, inexiste óbice constitucional a que o servidor efetivo aposentado compulsoriamente permaneça no cargo comissionado que já desempenhava ou a que seja nomeado para outro cargo de livre nomeação e exoneração, uma vez que não se trata de continuidade ou criação de vínculo efetivo com a Administração. RE 786540, Rel. Min. Dias Toffoli, Tribunal Pleno, julgado em 15/12/2016.

GABARITO: B.

---

520. A empresa pública estadual Alfa, com patrimônio próprio e autonomia administrativa, exerce exclusivamente atividade econômica sem monopólio e com finalidade de lucro. A referida estatal foi condenada com sentença transitada em julgado a pagar o valor de quatrocentos mil reais ao cidadão João. Iniciada a fase de cumprimento de sentença, a empresa pública Alfa apresentou ao juízo requerimento de adoção do regime de precatório.

Com base na jurisprudência do Supremo Tribunal Federal, o pleito da estatal:

a) merece prosperar, pois se aplica o regime de precatório, que é prerrogativa exclusiva e inerente a todos os entes da Administração Direta e Indireta.

b) merece prosperar, pois se aplica o regime de precatório, que é prerrogativa exclusiva e inerente a todos os entes que ostentam personalidade jurídica de direito público, como é o caso da estatal Alfa.

c) não merece prosperar, pois não se aplica o regime de precatório, que é prerrogativa exclusiva dos entes da Administração Direta e Indireta com personalidade jurídica de direito público.

d) não merece prosperar, pois não se aplica o regime de precatório, que é prerrogativa exclusiva dos entes da Administração Direta, que possuem personalidade jurídica de direito público.

e) não merece prosperar, pois não se aplica o regime de precatório, pois se trata de estatal exploradora de atividade econômica sem monopólio e com finalidade de lucro, sendo certo que a estatal ostenta personalidade jurídica de direito privado.

De acordo com o STF: Não se submetem ao regime de precatório as empresas públicas dotadas de personalidade jurídica de direito privado com patrimônio próprio e autonomia administrativa que exerçam atividade econômica sem monopólio e com finalidade de lucro. STF. 1ª Turma. RE 892727/DF, rel. orig. Min. Alexandre de Morais, red. p/ o ac. Min. Rosa Weber, julgado em 7/8/2018 (Info 910).

GABARITO: E.

---

521. Em matéria de controle da Administração Pública, extrai-se do texto constitucional que o controle externo, a cargo do Poder Legislativo, será exercido com o auxílio do Tribunal de Contas, ao qual compete:

a) apreciar as contas prestadas semestralmente pelo chefe do Poder Executivo, mediante parecer prévio, que vincula o julgamento dessas contas pelo Poder Legislativo.

b) assinar prazo para que o órgão ou entidade adote as providências necessárias ao exato cumprimento da lei, se verificada ilegalidade, e, descumprida a ordem, condenar o gestor omisso à suspensão dos direitos políticos por até 8 (oito) anos e ressarcimento pelos danos causados ao erário.

c) aplicar aos responsáveis, em caso de ilegalidade de despesa ou irregularidade de contas, as sanções previstas em lei, que estabelecerá, entre outras cominações, suspensão dos direitos políticos por até 5 (cinco) anos e ressarcimento pelos danos causados ao erário.

d) julgar as contas dos administradores e demais responsáveis por dinheiros, bens e valores públicos da administração direta, mas não da administração indireta, e as contas daqueles que derem causa à perda, ao extravio ou a outra irregularidade de que resulte prejuízo ao erário público.

e) apreciar, para fins de registro, a legalidade dos atos de admissão de pessoal, a qualquer título, na administração direta e indireta, incluídas as fundações instituídas e mantidas pelo Poder Público, excetuadas as nomeações para cargo de provimento em comissão, bem como a das concessões de aposentadorias, reformas e pensões, ressalvadas as melhorias posteriores que não alterem o fundamento legal do ato concessório.

Conforme dispõe o art. 71 da Constituição Federal:

Art. 71 O controle externo, a cargo do Congresso Nacional, será exercido com o auxílio do Tribunal de Contas da União, ao qual compete:

I - apreciar as contas prestadas anualmente pelo Presidente da República, mediante parecer prévio que deverá ser elaborado em sessenta dias a contar de seu recebimento.

II - julgar as contas dos administradores e demais responsáveis por dinheiros, bens e valores públicos da administração direta e indireta, incluídas as fundações e sociedades instituídas e mantidas pelo Poder Público Federal, e as contas daqueles que derem causa a perda, extravio ou outra irregularidade de que resulte prejuízo ao erário público.

III - apreciar, para fins de registro, a legalidade dos atos de admissão de pessoal, a qualquer título, na administração direta e indireta, incluídas as fundações instituídas e mantidas pelo Poder Público, excetuadas as nomeações para cargo de provimento em comissão, bem como a das concessões de aposentadorias, reformas e pensões, ressalvadas as melhorias posteriores que não alterem o fundamento legal do ato concessório.

IV - realizar, por iniciativa própria, da Câmara dos Deputados, do Senado Federal, de Comissão técnica ou de inquérito, inspeções e auditorias de natureza contábil, financeira, orçamentária, operacional e patrimonial, nas unidades administrativas dos Poderes Legislativo, Executivo e Judiciário, e demais entidades referidas no Inciso II.

V - fiscalizar as contas nacionais das empresas supranacionais de cujo capital social a União participe, de forma direta ou indireta, nos termos do tratado constitutivo.

VI - fiscalizar a aplicação de quaisquer recursos repassados pela União mediante convênio, acordo, ajuste ou outros instrumentos congêneres, a Estado, ao Distrito Federal ou a Município.

VII - prestar as informações solicitadas pelo Congresso Nacional, por qualquer de suas Casas, ou por qualquer das respectivas Comissões, sobre a fiscalização contábil, financeira, orçamentária, operacional e patrimonial e sobre resultados de auditorias e inspeções realizadas.

VIII - aplicar aos responsáveis, em caso de ilegalidade de despesa ou irregularidade de contas, as sanções previstas em lei, que estabelecerá, entre outras combinações, multa proporcional ao dano causado ao erário.

IX - assinar prazo para que o órgão ou entidade adote as providências necessárias ao exato cumprimento da lei, se verificada ilegalidade.

X - sustar, se não atendido, a execução do ato impugnado, comunicando a decisão à Câmara dos Deputados e ao Senado Federal.

XI - representar ao Poder competente sobre irregularidades ou abusos apurados.

GABARITO: E.

---

522. De acordo com a Constituição Federal, a lei orçamentária anual compreenderá o orçamento fiscal, o orçamento de investimento das empresas em que a União detenha maioria do capital social com direito a voto e o orçamento da seguridade social.

Em relação a eles, assinale a afirmativa correta.

a) Os três orçamentos têm entre as suas funções a de reduzir desigualdades inter-regionais, segundo critério populacional.

b) O Orçamento Fiscal, ao estimar as receitas, deve considerar os efeitos advindos das anistias, remissões, isenções, subsídios e outros benefícios de caráter financeiro, tributário e creditício.

c) O Orçamento da Seguridade Social compreende as dotações destinadas a atender às ações das áreas de saúde, educação e de segurança pública da Administração direta, sendo as entidades da Administração indireta vinculadas a outros orçamentos.

d) O Orçamento de Investimento das empresas em que a União detenha a maioria do capital social com direito a voto compreende as empresas estatais dependentes e independentes.

e) Os fundos de incentivos fiscais e as autarquias de fiscalização de profissão integram o Orçamento Fiscal.

A: Incorreta. Segundo a CF, os orçamentos de investimentos e fiscal terão entre suas funções reduzir as desigualdades inter-regionais.

B: Correta. De acordo com a LRF:

Art. 14 § 1 A renúncia compreende anistia, remissão, subsídio, crédito presumido, concessão de isenção em caráter não geral, alteração de alíquota ou modificação de base de cálculo que implique redução discriminada de tributos ou contribuições, e outros benefícios que correspondam a tratamento diferenciado.

C: Incorreta. O erro da alternativa é incluir a área de educação. Uma vez que, o orçamento da seguridade social abrange todas as dotações referentes às ações de saúde, previdência e assistência social das entidades e órgãos da administração direta ou indireta, bem como os fundos e fundações instituídos e mantidos pelo Poder Público. Não inclui educação. também compreende a administração indireta.

D: Incorreta. Apenas estatais dependentes.

E: Incorreta. Não integram o orçamento fiscal:

1) Fundos de incentivos fiscais;

2) Autarquias (conselhos de fiscalização de profissão CREA, CRM, OAB etc);

3) Empresas estatais independentes.

GABARITO: B.

---

523. Representam autorizações de despesa não computadas ou insuficientemente dotadas na Lei do Orçamento, cuja abertura depende de indicação prévia da fonte de recursos, os créditos:

a) ordinários, apenas.

b) adicionais extraordinários, apenas.

c) ordinários e especiais, apenas.

d) adicionais suplementares e especiais, apenas.

e) adicionais suplementares e extraordinários, apenas.

Os créditos adicionais são alterações qualitativas e quantitativas realizadas no orçamento. Segundo a Lei nº 4.320/1964, são créditos adicionais às autorizações de despesa não computadas ou insuficientemente dotadas na Lei de Orçamento:

Os créditos adicionais classificam-se em:

- Suplementares: são os créditos destinados a reforço de dotação orçamentária. Sua abertura também depende da existência de recursos disponíveis e de exposição que a justifique;

- Especiais: são os créditos destinados a despesas para as quais não haja dotação orçamentária específica. Sua abertura também depende da existência de recursos disponíveis e de exposição que a justifique;

- Extraordinários: são os créditos destinados a despesas urgentes e imprevisíveis, como em caso de guerra, comoção interna ou calamidade pública (a Lei nº 4.320/1964 utiliza os termos "imprevistas" e "comoção intestina").

GABARITO: D.

---

524. Em relação às possíveis emendas ao projeto de Lei de Orçamento, analise as afirmativas a seguir.

I. Conceder dotação para o início de obra cujo projeto não está aprovado pelos órgãos competentes.

II. Conceder dotação para instalação ou funcionamento de serviço que não foi anteriormente criado.

III. Conceder dotação superior aos quantitativos previamente fixados em resolução do Poder Legislativo para concessão de auxílios e subvenções.

De acordo com a Lei nº 4.320/1964, não serão admitidas emendas ao projeto de Lei de Orçamento que visem o que se afirma em:

a) I, apenas.
b) I e II, apenas.
c) I e III, apenas.
d) II e III, apenas.
e) I, II e III.

De acordo com a Lei nº 4.320/1964:

Art. 33 Não se admitirão emendas ao projeto de Lei de Orçamento que visem a:

a) alterar a dotação solicitada para despesa de custeio, salvo quando provada, nesse ponto, a inexatidão da proposta;

b) conceder dotação para o início de obra cujo projeto não esteja aprovado pelos órgãos competentes;

c) conceder dotação para instalação ou funcionamento de serviço que não esteja anteriormente criado;

d) conceder dotação superior aos quantitativos previamente fixados em resolução do Poder Legislativo para concessão de auxílios e subvenções.

Portanto, as 3 afirmativas estão corretas.

GABARITO: E.

---

525. Assinale a opção que apresenta receitas classificadas como derivadas.

a) Tributárias.
b) Patrimoniais.
c) De serviços.
d) Comerciais.
e) Agropecuárias.

Quanto à coercitividade ou procedência, as receitas podem ser:

- Originárias: denominadas também de receitas de economia privada ou de direito privado. Correspondem àquelas que provêm do próprio patrimônio do Estado. São resultantes da venda de produtos ou serviços colocados à disposição dos usuários ou da cessão remunerada de bens e valores.

- Derivadas: denominadas também de receitas de economia pública ou de direito público. Correspondem àquelas obtidas pelo Estado mediante sua autoridade coercitiva. No nosso ordenamento jurídico se caracteriza pela exigência do Estado para que o particular entregue de forma compulsória uma determinada quantia na forma de tributos ou de multas.

GABARITO: A.

---

526. De acordo com a Lei de Responsabilidade Fiscal, a receita corrente líquida representa o somatório das receitas tributárias, de contribuições, patrimoniais, industriais, agropecuárias, de serviços, transferências correntes e outras receitas também correntes.

Na União, nos Estados e nos Municípios, deve-se deduzir do valor:

a) a contribuição dos servidores para o custeio do seu sistema de previdência e assistência social.
b) a receita com os serviços considerados essenciais.
c) as receitas industriais obtidas com outras entidades do setor público.
d) as receitas tributárias que não foram efetivamente recebidas na data.
e) as transferências realizadas a inativos ou pensionistas.

O examinador pediu em relação à união, estados e municípios, sendo assim:

Contribuição dos servidores para custeio do sistema previdenciário e receitas de compensação.

Observe o que diz a LRF:

Art. 2º IV - receita corrente líquida: somatório das receitas tributárias, de contribuições, patrimoniais, industriais, agropecuárias, de serviços, transferências correntes e outras receitas também correntes, deduzidos:

a) na União, os valores transferidos aos Estados e Municípios por determinação constitucional ou legal, e as contribuições mencionadas na alínea a do inciso I e no inciso II do Art. 195, e no Art. 239 da Constituição.

b) nos Estados, as parcelas entregues aos Municípios por determinação constitucional.

c) na União, nos Estados e nos Municípios, a contribuição dos servidores para o custeio do seu sistema de previdência e assistência social e as receitas provenientes da compensação financeira citada no § 9º do Art. 201 da Constituição.

GABARITO: A.

---

527. De acordo com a Lei de Responsabilidade Fiscal, o Relatório de Gestão Fiscal deverá conter, entre outros,

a) as projeções atuariais dos regimes de previdência social, geral e próprio dos servidores públicos.
b) o demonstrativo da variação patrimonial, evidenciando a alienação de ativos e a aplicação dos recursos dela decorrentes.
c) as informações sobre apuração da receita corrente líquida, conforme definida na Lei, sua evolução e previsão de desempenho até o final do exercício.
d) o comparativo com os limites tratados pela Lei dos montantes relativos a despesa total com pessoal, dívidas consolidadas e mobiliárias, concessão de garantias e operações de crédito.
e) o balanço orçamentário, que especificará, por categoria econômica, as receitas por fonte e as despesas por grupo de natureza, discriminando a dotação para o exercício, a despesa liquidada e o saldo.

A: Incorreta. Assim como das demais alternativas, consistem em fazer parte do relatório resumido da execução orçamentária, não da gestão fiscal. De acordo com a LRF:

Art. 53 § 1º O relatório referente ao último bimestre do exercício será acompanhado também de demonstrativos:

II - das projeções atuariais dos regimes de previdência social, geral e próprio dos servidores públicos.

B: Incorreta. O demonstrativo da variação patrimonial, evidenciando a alienação de ativos e a aplicação dos recursos dela decorrentes. Tal conteúdo faz parte do relatório resumido de execução orçamentária do último bimestre. De acordo com a LRF:

Art. 53 § 1º O relatório referente ao último bimestre do exercício será acompanhado também de demonstrativos:

III - da variação patrimonial, evidenciando a alienação de ativos e a aplicação dos recursos dela decorrentes.

C: Incorreta. As informações sobre apuração da receita corrente líquida, conforme definida na Lei, sua evolução e previsão de desempenho até o final do exercício. Não faz parte do relatório de gestão fiscal. De acordo com a LRF:

Art. 53 Acompanharão o Relatório Resumido demonstrativos relativos a:

I - apuração da receita corrente líquida, na forma definida no Inciso IV do Art. 2º, sua evolução, assim como a previsão de seu desempenho até o final do exercício.

D: Correta. Totalmente de acordo com a LRF:

Art. 55 O relatório conterá:

I - comparativo com os limites de que trata esta Lei Complementar, dos seguintes montantes:

a) despesa total com pessoal, distinguindo a com inativos e pensionistas.

b) dívidas consolidadas e mobiliárias.

c) concessão de garantias.

d) operações de crédito, inclusive por antecipação de receita.

E: Incorreta. O balanço orçamentário, que especificará, por categoria econômica, as receitas por fonte e as despesas por grupo de natureza, discriminando a dotação para o exercício, a despesa liquidada e o saldo. De acordo com a LRF:

Art. 52 **I - balanço orçamentário, que especificará, por categoria econômica, as:**

a) receitas por fonte, informando as realizadas e a realizar, bem como a previsão atualizada.

b) despesas por grupo de natureza, discriminando a dotação para o exercício, a despesa liquidada e o saldo.

Porém, faz parte do relatório resumido de execução orçamentária, não do relatório de gestão fiscal.

GABARITO: D.

---

528. De acordo com a Lei de Responsabilidade Fiscal, o Relatório de Gestão Fiscal será publicado até trinta dias após o encerramento do período a que corresponder, com amplo acesso ao público, inclusive por meio eletrônico.

O descumprimento do prazo previsto impedirá, até que a situação seja regularizada, que a entidade:

a) contraia obrigações de despesa que não possam ser cumpridas integralmente com o saldo disponível em caixa.

b) receba transferências voluntárias e contrate operações de crédito, com exceção às destinadas ao pagamento da dívida mobiliária.

c) receba empréstimos e financiamentos de agências de fomento, incluindo o Banco Nacional de Desenvolvimento Econômico.

d) realize aplicações da receita de capital derivada da alienação de bens para o financiamento de despesa corrente, salvo se destinada por lei aos regimes de previdência social, geral e próprio dos servidores públicos.

e) realize transações com outras entidades do setor público relativas a venda de bens, prestação de serviços ou concessão de empréstimos e financiamentos com preços, taxas, prazos ou condições diferentes dos vigentes no mercado.

De acordo com a LRF:

Art. 51 § 2º O descumprimento dos prazos previstos neste artigo impedirá, até que a situação seja regularizada, que o Poder ou órgão referido no Art. 20 receba transferências voluntárias e contrate operações de crédito, exceto as destinadas ao pagamento da dívida mobiliária.

Preste atenção na exceção das dívidas mobiliárias.

GABARITO: B.

---

529. João, servidor público estadual, faltando com seu dever jurídico de cuidado, fez que o veículo oficial que estava conduzindo colidisse com o veículo de Maria, que se encontrava estacionado na via pública.

À luz da sistemática constitucional vigente, a ação de ressarcimento a ser ajuizada por Maria em face do Estado será regida pela teoria:

a) do risco social.

b) do risco integral.

c) civilista da culpa.

d) do risco administrativo.

e) subjetiva da responsabilização.

A: Incorreta. **A teoria do risco social não é adotada pela Constituição Federal. A teoria tem como foco a vítima e não a sociedade. A coletividade, neste caso, é que deve se responsabilizar juntamente com o Estado pelo dano extraordinário e excepcional que sofreu a vítima. Assim, a reparação fica a cargo de toda a coletividade, dando ensejo ao que se denomina de socialização dos riscos, sempre com o intuito de que o lesado não deixe de merecer a justa reparação pelo dano sofrido.**

B: Incorreta. **A teoria do risco integral responsabiliza o Estado por todo e qualquer dano suportado por terceiro, ainda que decorrente de dolo ou culpa da vítima. Diferencia-se da teoria do risco administrativo, já que neste caso não aceita excludentes na responsabilidade da administração. Por isso, o Estado deve suportar os danos sofridos por terceiros em qualquer hipótese.**

C: Incorreta. **Para a teoria civilista da culpa somente há o dever de reparação se comprovada a culpa do agente. Neste teoria, a responsabilidade possui natureza subjetiva. Atualmente, prevalece a teoria da responsabilidade objetiva do Estado.**

D: Correta. **O direito positivo brasileiro adota a responsabilidade objetiva com fundamento na teoria do risco administrativo, que representa o fundamento da responsabilidade objetiva do Estado, ou seja, responsabiliza o ente público de forma objetiva pelos danos causados por seus agentes a terceiros de forma comissiva. A referida teoria está prevista no art. 37, § 6º, da CF/1988:**

Art. 37 § 6º **As pessoas jurídicas de direito público e as de direito privado prestadoras de serviços públicos responderão pelos danos que seus agentes, nessa qualidade, causarem a terceiros, assegurado o direito de regresso contra o responsável nos casos de dolo ou culpa.**

E: Incorreta. **Para a teoria subjetiva da responsabilização o Estado se equipara ao particular, de modo que, o fundamento da responsabilidade é a culpa, devendo haver a comprovação de quatro requisitos para que surja o dever de indenizar por parte do Estado: ato; dano; nexo causal e culpa ou dolo.**

GABARITO: D.

---

530. João, vereador do Município Beta, qualificando-se como tal e de modo isolado, sem prévia aprovação da Câmara Municipal, solicitou ao Prefeito Municipal que lhe fossem disponibilizados alguns documentos não sigilosos afetos à gestão pública, de modo que, fosse possível avaliar a juridicidade das despesas realizadas.

À luz da sistemática constitucional, o requerimento formulado deve ser:

a) indeferido, pois somente a Câmara Municipal fiscaliza a atuação do Poder Executivo, o que impede a atuação isolada de um vereador.

b) deferido, pois o parlamentar, na qualidade de cidadão, tem o direito de acesso às informações de interesse público não submetidas a sigilo.

c) deferido, pois a solicitação de informações apresentada pelo vereador pode ser a qualquer momento chancelada pela Câmara Municipal.

d) indeferido, pois somente o Tribunal de Contas realiza a fiscalização da juridicidade das despesas realizadas.

e) indeferido, pois informações dessa natureza constarão da prestação anual de contas de governo do Prefeito Municipal.

A: Incorreta. O controle externo exercido pela Câmara Municipal não impede o parlamentar, na condição de cidadão, de exercer plenamente seu direito fundamental de acesso a informações de interesse pessoal ou coletivo, nos termos do art. 5º, inciso XXXIII, da CF/1988.

B: Correta. O vereador, mesmo sem prévia aprovação da Mesa Diretora, pode na condição de cidadão, ter acesso às informações de interesse pessoal ou coletivo dos órgãos públicos, pois trata-se de direito fundamental assegurado pelo art. 5º, da CF/1988:

Art. 5º XXXIII - todos têm direito a receber dos órgãos públicos informações de seu interesse particular, ou de interesse coletivo ou geral, que serão prestadas no prazo da lei, sob pena de responsabilidade, ressalvadas aquelas cujo sigilo seja imprescindível à segurança da sociedade e do Estado.

Nesse sentido, é a tese de repercussão geral do STF: Direito de vereador, enquanto parlamentar e cidadão, a obter, diretamente do chefe do Poder Executivo, informações e documentos sobre a gestão municipal. É constitucionalmente protegido o direito do parlamentar a, na qualidade de cidadão, obter, por meio de requerimento, na esfera administrativa ou judicial, acesso a dados e informações de interesse público não submetidas, de modo motivado e com amparo na Constituição e na Lei nº 12.527/2011, ao regime excepcional do sigilo, respeitada a prerrogativa constitucional de fiscalização do Poder Executivo conferida à Câmara Legislativa ou às respectivas comissões (Tema 832).

C: Incorreta. O requerimento do vereador independe de ratificação por parte da Câmara de Vereadores, pois trata-se do exercício do direito fundamental de acesso à informação.

D: Incorreta. O direito do cidadão de obter informações de interesse público não guarda qualquer relação com a fiscalização do Tribunal de Contas.

E: Incorreta. O acesso do vereador às informações de interesse público independe da prestação anual de contas feita pelo prefeito.

GABARITO: B.

---

531. A Confederação Sindical ZZ, que zelava pelos interesses dos profissionais da área de saúde, ajuizou ação declaratória de constitucionalidade (ADC) da Lei Estadual nº XX, que estabeleceu importantes medidas em prol da realização de exames, em caráter preventivo, com o objetivo de detectar a presença de patologias de natureza viral.

Como esse diploma normativo gerou muita insatisfação por parte de algumas sociedades empresárias, foram ajuizadas diversas demandas que postulavam a sua não aplicação sob o argumento de ser inconstitucional, sendo atendidos em muitas delas os pedidos formulados.

Em caráter cautelar, ZZ postulou a suspensão do julgamento dos processos que envolvessem a aplicação da Lei Estadual nº XX, até o julgamento definitivo da ADC.

À luz da sistemática afeta à ação declaratória de constitucionalidade, é correto afirmar que a narrativa:

a) não apresenta qualquer aspecto dissonante da ordem constitucional.

b) apresenta irregularidade apenas em relação à formulação do pedido de natureza cautelar.

c) apresenta irregularidade apenas em relação à legitimidade para agir da autora, que não a possui.

d) apresenta irregularidade em relação à legitimidade para agir da autora e à formulação do pedido de natureza cautelar.

e) apresenta irregularidade apenas em relação ao objeto, qual seja, a lei cuja constitucionalidade se almeja ver reconhecida.

A: Incorreta. De início, na análise da narrativa, constata-se que o erro está no fato de que a Confederação Sindical ajuizou Ação Declaratória de Constitucionalidade (ADC) em face da Lei Estadual. Assim, o erro está no objeto da ADC, pois a referida ação somente é cabível diante de Lei ou ato normativo federal, consoante previsão do art. 102, inciso I, "a", da CF/1988:

Art. 102 Compete ao Supremo Tribunal Federal, precipuamente, a guarda da Constituição, cabendo-lhe:

I - processar e julgar, originariamente:

a) a ação direta de inconstitucionalidade de lei ou ato normativo federal ou estadual e a ação declaratória de constitucionalidade de lei ou ato normativo federal.

Entretanto, no caso da Lei Estadual, a CF prevê o cabimento de ação direta de inconstitucionalidade (ADI) e não ADC.

B: Incorreta. A irregularidade está no objeto da ação, pois não é cabível ADC em face de Lei Estadual, somente Lei Federal. Por outro lado, no que diz respeito à formulação do pedido de natureza cautelar, não há irregularidade. Conforme o art. 21 da Lei nº 9.868/1999, o Supremo Tribunal Federal, por decisão da maioria absoluta de seus membros, poderá deferir pedido de medida cautelar na ação declaratória de constitucionalidade. O efeito consiste na determinação de que os juízes e os tribunais suspendam o julgamento dos processos que envolvam a aplicação da lei ou do ato normativo objeto da ação, até o seu julgamento definitivo. Além disso, o STF deve realizar o julgamento da ação no prazo de cento e oitenta dias, sob pena de perda de sua eficácia.

C: Incorreta. A legitimidade para propositura da ação está correta, pois a Confederação Sindical possui legitimidade para propor ADC, nos termos do art. 103, da CF/1988. O que não está de acordo com a CF é o objeto da ação, que em análise, deveria ser Lei Federal e não Estadual, e deveria ser proposta Ação Direta de Inconstitucionalidade e não Ação Declaratória de Constitucionalidade.

D: Incorreta. Ao contrário da alternativa, a irregularidade está no objeto da ação e não legitimidade ou pedido de medida cautelar.

E: Correta. A irregularidade se dá quanto ao objeto, pois a ADC apenas pode ser proposta em face de Lei Federal.

GABARITO: E.

---

532. João, auditor fiscal da Receita Estadual do Espírito Santo, acaba de ser lotado em departamento, cuja direção imediata é exercida por seu irmão Rafael.

Sabe-se que a Constituição do Estado do Espírito Santo estabelece o seguinte em seu Art. nº 32, inciso VI: "é vedado ao servidor público servir sob a direção imediata de cônjuge ou parente até terceiro grau civil, não admitindo ainda nomeações que configurem reciprocidade por nomeações".

Considerando que Rafael continuará exercendo a direção do departamento diante de sua notória especialização na área, de acordo com o entendimento do Supremo Tribunal Federal sobre a matéria, João

a) deve ser removido de ofício pela Administração Pública, no regular exercício de sua autotutela, ou a pedido pelo próprio servidor, sob pena de responder por ato de improbidade administrativa por violação a preceito da Constituição Estadual e a princípios da Administração Pública.

b) deve ser removido de ofício pela Administração Pública, no regular exercício de sua autotutela, ou a pedido pelo servidor, sob pena de responsabilidade na esfera administrativa, pois o ato administrativo de sua lotação é ato nulo, por violar Súmula Vinculante do STF que veda o nepotismo.

c) deve retomar a sua lotação anterior, ou ser lotado em outro órgão, pois o STF declarou a constitucionalidade do mencionado dispositivo da Constituição Estadual, de maneira que a vedação estabelecida é considerada válida para todos os tipos de cargos e funções públicas, incluindo cargos efetivos e em comissão, em atenção aos princípios da impessoalidade e da moralidade.

d) não precisa ser removido, pois o STF deu interpretação, conforme a Constituição, ao mencionado dispositivo da Constituição Estadual, que é considerado válido somente quando incidir sobre os cargos de provimento em comissão, função gratificada e cargos de direção e assessoramento, de maneira que tal vedação não pode alcançar os servidores ocupantes de cargo efetivo.

e) não precisa ser removido, pois o STF declarou a inconstitucionalidade do mencionado dispositivo da Constituição Estadual, de maneira que a vedação estabelecida é considerada inválida para todos os tipos de cargos e funções públicas, incluindo cargos efetivos e em comissão, pois a lotação de servidores públicos é matéria que está inserta na discricionariedade administrativa.

A: Incorreta. A lotação de João não configura ato de improbidade administrativa, pois conforme entendimento do STF em sede controle de constitucionalidade, a vedação constante do art. 32, inciso VI, da Constituição Estadual, não se aplica aos servidores admitidos mediante prévia aprovação em concurso público, tendo incidência somente sobre os cargos de provimento em comissão, função gratificada, cargos de direção e assessoramento. No caso do enunciado, João não foi nomeado por seu irmão, mas contrário, foi admitido na função de auditor fiscal mediante prévia aprovação em concurso público.

B: Incorreta. O ato de lotação de João não viola a Súmula Vinculante nº 13 que trata sobre o tema, pois o verbete sumular não considera nepotismo o ingresso no cargo público por meio de concurso. Veja-se o que dispõe o entendimento: Súmula Vinculante nº 13 - A nomeação de cônjuge, companheiro ou parente em linha reta, colateral ou por afinidade, até o terceiro grau, inclusive, da autoridade nomeante ou de servidor da mesma pessoa jurídica investido em cargo de direção, chefia ou assessoramento, para o exercício de cargo em comissão ou de confiança ou, ainda, de função gratificada na administração pública direta e indireta em qualquer dos Poderes da União, dos Estados, do Distrito Federal e dos Municípios, compreendido o ajuste mediante designações recíprocas, viola a Constituição Federal.

C: Incorreta. João não deve retomar a sua lotação anterior, pois mesmo tendo o STF declarado constitucional art. 32, VI, da Constituição Estadual, a Corte Suprema lhe deu interpretação conforme à Constituição Federal, no sentido de o dispositivo ser válido somente quando incidir sobre os cargos de provimento em comissão, função gratificada, cargos de direção e assessoramento, não incidindo na situação de João, servidor admitido mediante prévia aprovação em concurso público.

D: Correta. João não precisa ser removido, isso porque de acordo com o STF, a vedação contida no art. 32, VI, da Constituição do Estado do Espírito Santo somente se aplica nos casos de cargos de provimento em comissão, função gratificada e cargos de direção e assessoramento, não havendo incidência nos casos em que o servidor foi admitido mediante prévia aprovação em concurso público. No caso em análise, como João é auditor fiscal, tendo sido admitido por concurso, não há que se falar em nepotismo.

Veja-se o julgado do STF:

AÇÃO DIRETA DE INCONSTITUCIONALIDADE. INCISO VI DO ART. 32 DA CONSTITUIÇÃO DO ESTADO DO ESPÍRITO SANTO. SERVIDOR PÚBLICO. NEPOTISMO. VEDAÇÃO AO EXERCÍCIO DE FUNÇÕES SOB A DIREÇÃO IMEDIATA DE CÔNJUGE OU PARENTE ATÉ O SEGUNDO GRAU CIVIL. VIOLAÇÃO AO INCISO II DO ART. 37 DA CONSTITUIÇÃO FEDERAL E AO PRINCÍPIO DA ISONOMIA. INEXISTÊNCIA. PROIBIÇÃO QUE DECORRE DO CAPUT DO ART. 37 DA CF. PROCEDÊNCIA PARCIAL PARA EMPRESTAR INTERPRETAÇÃO CONFORME À CONSTITUIÇÃO. INCIDÊNCIA EXCLUSIVA SOBRE CARGOS DE PROVIMENTO EM COMISSÃO, FUNÇÃO GRATIFICADA E CARGOS E DIREÇÃO E ASSESSORAMENTO. (ADI 524, rel. Ministro SEPÚLVEDA PERTENCE, Plenário, 20.05.2015).

E: Incorreta. O art. 32, inciso VI, da Constituição do Espírito Santo não foi julgado inconstitucional, pelo contrário, o STF julgou a norma constitucional, mas decidiu dar interpretação conforme à Constituição, no sentido de o dispositivo ser válido somente quando incidir sobre os cargos de provimento em comissão, função gratificada, cargos de direção e assessoramento.

GABARITO: D.

---

533. O Estado Alfa, com base em norma estadual, publicou em seu sítio eletrônico na internet a relação dos nomes, cargos e remuneração de seus servidores públicos, como forma de transparência ativa. Inconformada, Maria, servidora pública estadual, ajuizou ação judicial em face do Estado, pleiteando obrigação de fazer para retirada das informações relacionadas à sua pessoa, alegando ofensa a seu direito fundamental à intimidade.

De acordo com o Supremo Tribunal Federal, em tese de repercussão geral, o pleito de Maria:

a) não merece prosperar, eis que é legítima a publicação, inclusive em sítio eletrônico mantido pela Administração Pública, dos nomes dos seus servidores e do valor dos correspondentes vencimentos e vantagens pecuniárias.

b) não merece prosperar, eis que a Administração Pública possui discricionariedade em divulgar registros de quaisquer repasses ou transferências de recursos financeiros, como por exemplo, o valor da remuneração de seus servidores.

c) merece prosperar, eis que a divulgação de informações pessoais dos servidores mostra-se infrutífera e desarrazoada, e submete a risco a segurança da servidora, que vê sua privacidade exposta publicamente, não sendo absoluta a preponderância do interesse público sobre o particular.

d) merece prosperar, eis que a publicidade deve ser limitada à divulgação genérica dos salários correspondentes a cada cargo, levando em conta a progressão vertical e horizontal na carreira, sem vinculação direta ao nome do servidor, sob pena de ofensa ao direito à intimidade.

e) merece prosperar parcialmente, eis que deve ser substituído apenas o nome pela matrícula de Maria, de maneira a viabilizar a publicidade da remuneração do agente público, sem ofender a intimidade da servidora, conforme princípios da razoabilidade e da proporcionalidade.

A: Correta. A ação proposta por Maria não merece procedência, pois conforme a jurisprudência do Supremo Tribunal Federal (STF), é legítima a publicação, inclusive em sítio eletrônico mantido pela Administração Pública, dos nomes dos seus servidores e do valor dos correspondentes vencimentos e vantagens pecuniárias (ARE nº 652777, Relator(a): Min. Teori Zavascki, Tribunal Pleno, julgado em 23/04/2015, Acórdão Eletrônico Repercussão Geral).

B: Incorreta. A Administração Pública não possui discricionariedade para divulgar o valor da remuneração de seus servidores, pois trata-se de ato vinculado.

C: Incorreta. O pleito de Maria não merece prosperar, pois a Administração Pública não tem o dever de suprimir totalmente as informações de qualquer servidor que se sinta prejudicado, sob pena de violação do Princípio da Publicidade. Ademais, essa ocultação somente é legítima nos casos imprescindíveis à segurança da sociedade ou do Estado nos termos do art. 23 da Lei de Acesso à Informação.

D: Incorreta. O pleito de Maria não merece prosperar. Não há que se falar em divulgação genérica dos salários correspondentes a cada cargo, pois é legítima a publicação, pela Administração Pública, dos nomes de seus servidores e do valor dos correspondentes vencimentos e vantagens pecuniárias.

E: Incorreta. O pleito de Maria não merece prosperar, pois a publicidade dos nomes dos servidores e do valor dos correspondentes vencimentos e vantagens pecuniárias, deve ser de forma integral e não parcial.

GABARITO: A.

534. João, servidor público estadual ocupante de cargo efetivo, completou 75 anos e foi aposentado compulsoriamente.

Tendo em vista sua vasta experiência profissional na área em que atua, no dia seguinte à publicação de sua aposentadoria no Diário Oficial, João foi convidado pelo Secretário Estadual para exercer um cargo em comissão, de maneira a cumprir exatamente as mesmas funções de assessoramento que exercia antes de se aposentar.

Não havendo impedimentos de ordem infraconstitucional no caso concreto, de acordo com o Supremo Tribunal Federal, João:

a) não pode ser nomeado para cargo em comissão após 75 anos de idade, assim como para qualquer outro tipo de cargo ou emprego público, por expressa vedação constitucional.

b) não pode ser nomeado para cargo em comissão que lhe foi oferecido, por ofensa reflexa à vedação constitucional mediante fraude.

c) não pode ser nomeado para o cargo em comissão que lhe foi oferecido, pois precisa cumprir quarentena de três anos para o exercício de qualquer outra função pública, exceto cargo eletivo.

d) pode ser nomeado para o cargo em comissão que lhe foi oferecido, devendo ser reconhecida a continuidade de vínculo efetivo com a Administração, para fins de recebimento de verbas remuneratórias e gratificações de produtividade, em atenção aos princípios da eficiência e da isonomia.

e) pode ser nomeado para o cargo em comissão que lhe foi oferecido, pois os servidores ocupantes de cargo exclusivamente em comissão não se submetem à regra da aposentadoria compulsória, não havendo que se falar em continuidade ou criação de vínculo efetivo com a Administração.

A: Incorreta. No caso de João, não há proibição de assumir cargo em comissão em razão de possuir 75 anos, pois os servidores ocupantes exclusivamente de cargo em comissão não estão obrigados a passar à inatividade ao atingirem a idade limite. Sujeitam-se à aposentadoria compulsória apenas os servidores públicos efetivos, consoante inteligência do art. 40, caput e § 1º, inciso II, da CF.

B: Incorreta. João pode ser nomeado para o cargo em comissão, não havendo vedação constitucional, ressalvados eventuais impedimentos de ordem infraconstitucional.

C: Incorreta. João pode ser nomeado para o cargo, inexistindo previsão legal de quarentena de três anos para o exercício de qualquer outra função pública.

D: Incorreta. A nomeação de João para o cargo em comissão não se trata de continuidade ou criação de vínculo efetivo com a Administração, não havendo, assim, que se falar em recebimento de verbas remuneratórias e gratificações de produtividade.

E: Correta. Conforme o entendimento do STF, a aposentadoria compulsória (art. 40, § 1º, II) atinge apenas os cargos efetivos, e não os cargos em comissão. Logo, não há óbice constitucional para que o servidor efetivo aposentado compulsoriamente permaneça no cargo comissionado que já desempenhava ou para que seja nomeado para outro cargo de livre nomeação e exoneração, uma vez que não se trata de continuidade ou criação de vínculo efetivo com a Administração (RE nº 786540/DF).

GABARITO: E.

535. Acerca do processo legislativo, julgue os itens a seguir.

I. A iniciativa comum é aquela em que a proposição legislativa pode ser apresentada por qualquer membro do Congresso Nacional, por comissão parlamentar, pelo presidente da República ou pelos cidadãos, no caso de iniciativa popular.

II. As medidas provisórias perderão eficácia se não forem convertidas em lei no prazo de 45 dias, prorrogável uma vez por igual período.

III. O veto parcial do presidente da República pode alcançar, além do texto integral de cada artigo, parágrafo, inciso ou alínea, palavras ou expressões contidas nessas unidades normativas.

Assinale a opção correta.

a) Apenas o item I está certo.

b) Apenas o item II está certo.

c) Apenas os itens I e III estão certos.

d) Apenas os itens II e III estão certos.

e) Todos os itens estão certos.

I: Correto. De acordo com o art. 61, da CF/1988, a iniciativa das leis complementares e ordinárias cabe a qualquer membro ou comissão da Câmara dos deputados, do senado Federal ou do Congresso Nacional, ao presidente da República, ao Supremo Tribunal Federal, aos Tribunais Superiores, ao procurador-geral da República e aos cidadãos, na forma e nos casos previstos nesta Constituição.

II: Incorreto. Nos termos do § 3º, do art. 62, da CF/1988, as medidas provisórias perderão eficácia se não forem convertidas em lei no prazo de 60 dias (não 45), prorrogável uma vez por igual período. Ademais, consoante dispõe o § 6º do mesmo dispositivo, se a medida provisória não for apreciada em até 45 dias contados de sua publicação, entrará em regime de urgência, subseqüentemente, em cada uma das Casas do Congresso Nacional, ficando sobrestadas, até que se ultime a votação, todas as demais deliberações legislativas da Casa em que estiver tramitando.

III: Incorreto. O veto parcial do presidente da República somente abrangerá texto integral de artigo, de parágrafo, de inciso ou de alínea, de acordo com o § 2º, do art. 66, da CF/1988.

GABARITO: A.

536. Acerca dos direitos fundamentais, assinale a opção correta.

a) A casa é asilo inviolável do indivíduo, ninguém nela podendo penetrar sem consentimento do morador, salvo em caso de flagrante delito ou desastre, ou para prestar socorro, ou, a qualquer hora do dia ou da noite, por determinação judicial.

b) Todos podem reunir-se pacificamente, sem armas, em locais abertos ao público, desde que não frustrem outra reunião anteriormente convocada para o mesmo local, sendo exigida apenas prévia autorização da autoridade competente.

c) Nenhuma pena passará da pessoa do condenado, sendo proibida a execução, contra herdeiros não participantes do delito, da obrigação de reparar o dano.

d) Mesmo em caso de iminente perigo público, a autoridade competente só poderá usar de propriedade particular se houver prévia autorização do respectivo proprietário, assegurada a ele indenização ulterior, se houver dano.

e) Nenhum brasileiro será extraditado, salvo o naturalizado, em caso de crime comum, praticado antes da naturalização, ou de comprovado envolvimento em tráfico ilícito de entorpecentes e drogas afins, na forma da lei.

A: Incorreta. Prevê o art. 5º, XI, da CF/1988, que:

Art. 5º XI - a casa é asilo inviolável do indivíduo, ninguém nela podendo penetrar sem consentimento do morador, salvo em caso de flagrante delito ou desastre ou para prestar socorro, ou ainda, durante o dia, por determinação judicial.

Conforme se observa, o erro da alternativa está em afirmar que o ingresso em domicílio poderá ocorrer a qualquer hora do dia ou da noite, por determinação judicial.

B: Incorreta. Nos termos do art. 5º, XVI, da CF/1988:

Art. 5º XVI - todos podem reunir-se pacificamente, sem armas, em locais abertos ao público, independentemente de autorização, desde que não frustrem outra reunião anteriormente convocada para o mesmo local, sendo apenas exigido prévio aviso à autoridade competente.

Observe que não há necessidade de autorização, apenas prévio aviso.

C: Incorreta. Conforme prevê o art. 5º, XLV, da CF/1988:

Art. 5º XLV - nenhuma pena passará da pessoa do condenado, podendo a obrigação de reparar o dano e a decretação do perdimento de bens ser, nos termos da lei, estendidas aos sucessores e contra eles executadas, até o limite do valor do patrimônio transferido.

Assim, a obrigação de reparar o dano é extensível aos herdeiros, limitada ao valor do patrimônio recebido.

D: Incorreta. De acordo com o art. 5º, XXV, da CF/1988, a requisição administrativa não depende de autorização prévia:

Art. 5º XXV - no caso de iminente perigo público, a autoridade competente poderá usar de propriedade particular, assegurada ao proprietário indenização ulterior, se houver dano.

E: Correta. Como lei, o brasileiro nato não pode ser extraditado, sendo permitido, tão somente, a extradição do brasileiro naturalizado quando praticar crime antes da naturalização ou comprovado o envolvimento com o tráfico de drogas, antes ou depois da naturalização. Portanto, a previsão do art. 5º, LI, da CF/1988:

Art. 5º LI - nenhum brasileiro será extraditado, salvo o naturalizado, em caso de crime comum, praticado antes da naturalização, ou de comprovado envolvimento em tráfico ilícito de entorpecentes e drogas afins, na forma da lei.

GABARITO: E.

---

537. No que concerne ao processo administrativo e às formas de controle da administração pública, julgue os itens a seguir.

I. De acordo com a Lei nº 9.784/1999, o recurso administrativo devidamente interposto permite o juízo de retratação pela autoridade que prolatou a decisão recorrida.

II. A Constituição Federal de 1988 adota o sistema de controle conhecido como contencioso administrativo, também chamado de sistema da dualidade de jurisdição ou sistema francês.

III. É vedado aos entes que compõem a administração pública recorrer à arbitragem para solucionar qualquer conflito em que estejam envolvidos.

Assinale a opção correta.

a) Apenas o item I está certo.
b) Apenas o item II está certo.
c) Apenas os itens I e III estão certos.
d) Apenas os itens II e III estão certos.
e) Todos os itens estão certos.

I: Correto. Acerca do juízo de retratação, prevê o art. 56, § 1º, da Lei nº 9.784/1999:

Art. 56 Das decisões administrativas cabe recurso, em face de razões de legalidade e de mérito.

§ 1º O recurso será dirigido à autoridade que proferiu a decisão, a qual, se não a reconsiderar no prazo de cinco dias, o encaminhará à autoridade superior.

II: Incorreto. O Brasil adotou o Sistema Administrativo Inglês ou de Jurisdição Única ou de Controle Judicial. Neste sistema todos os litígios administrativos ou que envolvam interesses exclusivamente privados podem ser levados ao Poder Judiciário, único que dispõe de competência para dizer o direito aplicável aos casos litigiosos, de forma definitiva, com força da chamada coisa julgada. Diz-se que somente o Poder Judiciário tem jurisdição, em sentido próprio.

Por sua vez, o Sistema Administrativo Francês ou de Dualidade de Jurisdição ou do Contencioso Administrativo é aquele em que se veda o conhecimento pelo Poder Judiciário de atos da administração pública, ficando esses atos sujeitos à jurisdição especial do Contencioso Administrativo, formada por Tribunais de índole administrativa. Nesse Sistema há uma dualidade de jurisdição: a Jurisdição Administrativa (formada por tribunais de natureza administrativa, com plena jurisdição em matéria administrativa) e a Jurisdição Comum (formada pelos órgãos do Poder Judiciário, com competência de resolver os demais litígios).

III: Incorreto. Os entes da administração pública podem utilizar-se da arbitragem para solucionar conflitos relativos a direitos patrimoniais disponíveis em que estejam envolvidos. Veja-se a previsão do art. 1º, § 1º, da Lei nº 9.307/1996:

Art. 1º As pessoas capazes de contratar poderão valer-se da arbitragem para dirimir litígios relativos a direitos patrimoniais disponíveis.

§ 1º A administração pública direta e indireta poderá utilizar-se da arbitragem para dirimir conflitos relativos a direitos patrimoniais disponíveis.

§ 3º A arbitragem que envolva a administração pública será sempre de direito e respeitará o princípio da publicidade.

GABARITO: A.

---

538. De acordo com a Constituição Federal de 1988, os cargos em comissão se destinam exclusivamente às funções de:

a) consultoria e atividades de natureza técnica ou operacional.
b) assessoramento, direção e chefia.
c) chefia e atividades de natureza operacional.
d) direção e atividades de natureza técnica.
e) consultoria e assessoramento.

Nos termos do art. 37, incisos II e V, da CF/1988, os cargos em comissão são aqueles declarados em lei como de livre nomeação e exoneração, que se destinam às atribuições de direção, chefia e assessoramento. Senão, veja-se:

Art. 37 II - a investidura em cargo ou emprego público depende de aprovação prévia em concurso público de provas ou de provas e títulos, de acordo com a natureza e a complexidade do cargo ou emprego, na forma prevista em lei, ressalvadas as nomeações para cargo em comissão declarado em lei de livre nomeação e exoneração;

V - as funções de confiança, exercidas exclusivamente por servidores ocupantes de cargo efetivo, e os cargos em comissão, a serem preenchidos por servidores de carreira nos casos, condições e percentuais mínimos previstos em lei, destinam-se apenas às atribuições de direção, chefia e assessoramento.

Ademais, é importante não confundir o cargo de confiança (comissionado) com a função de confiança. As funções de confiança também se relacionam exclusivamente com atribuições de direção, chefia e assessoramento, nos termos do art. 37, V, da CF/1988, mas só podem ser exercidas por servidores de carreira. Pressupõem, portanto, que o indivíduo que irá exercer a função de confiança pertença aos quadros de pessoal da Administração. Exemplo: a função de chefia na procuradoria do município só pode ser exercida por um procurador concursado. A livre nomeação para funções de confiança, portanto, depende de vinculação prévia com o serviço público.

Por outro lado, o cargo em comissão não exige a prévia vinculação do indivíduo com o serviço público, pois trata-se de cargo de livre nomeação e exoneração, ou seja, a autoridade competente pode prover o cargo sem a necessidade de aprovação em concurso público.

GABARITO: B.

539. O Governador do Estado de Santa Catarina pretende editar medida provisória dispondo sobre aspectos da organização da Procuradoria-Geral do Estado que requerem regulamentação urgente, consideradas as necessidades do serviço prestado pelo referido órgão. Nessa hipótese, referida medida provisória é:

a) incompatível com a Constituição Federal, que admite a edição de medidas provisórias pelo Presidente da República, mas não por Governadores de Estado.

b) incompatível com a Constituição Federal e com a estadual, uma vez que versa sobre matéria reservada à lei complementar e, por essa razão, vedada à medida provisória, embora seja admitida constitucionalmente a edição de medidas provisórias no âmbito estadual.

c) incompatível com a Constituição estadual, que não prevê a possibilidade de edição de medidas provisórias pelo Governador do Estado, embora a Constituição Federal não o vede.

d) compatível com a Constituição Federal, que admite edição de medidas provisórias no âmbito estadual, mas incompatível com a Constituição estadual, que prevê, para situações que requerem urgência, que o Governador deve solicitar delegação à Assembleia Legislativa para elaboração de lei delegada, admissível no caso em tela.

e) compatível com a Constituição Federal e com a estadual, devendo, sob pena de perda de sua eficácia, ser convertida em lei no prazo de sessenta dias a contar de sua publicação, prorrogável uma vez por igual período e suspenso durante os recessos da Assembleia Legislativa.

A: Incorreta. Governadores podem editar Medidas Provisórias, desde que esteja previsto na respectiva Constituição Estadual.

B: Correta. A Constituição Federal veda a edição de medidas provisórias reservadas a lei complementar. Veja-se a previsão constitucional:

Art. 62 § 1º É vedada a edição de medidas provisórias sobre matéria:

III - reservada a lei complementar.

Ainda no mesmo sentido, tem-se a previsão do art. 57, da Constituição do Estado de Santa Catarina:

Art. 57 As leis complementares serão aprovadas por maioria absoluta dos votos dos Deputados.

Parágrafo único. Além de outros casos previstos nesta Constituição, serão complementares as leis que dispuserem sobre:

I - organização e divisão judiciárias;

II - organização do Ministério Público, da Procuradoria-Geral do Estado e da Defensoria Pública.

C: Incorreta. A Constituição Estadual de Santa Catarina prevê a possibilidade de edição de Medidas Provisórias em seu art. 51:

Art. 51 Em caso de relevância e urgência, o Governador do Estado poderá adotar medidas provisórias, com força de lei, devendo submetê-las de imediato à Assembleia Legislativa.

D: Incorreta. De fato, a medida provisória dispondo sobre aspectos da organização da Procuradoria-Geral do Estado é incompatível com a Constituição, pois trata-se de matéria reservada à Lei Complementar Federal. Contudo, a situação descrita no enunciado não trata da criação de lei delegada, mas de medida provisória.

E: Incorreta. Não é compatível com a Constituição Federal, pois não é permitida a edição de medidas provisórias em matérias que devem ser regulamentadas por lei complementar.

GABARITO: B.

540. Projeto de lei, de iniciativa do Governador do Estado de Santa Catarina, visando originalmente à instituição de gratificação para professores da rede pública de ensino pelo exercício de atividade na área de educação especial, é aprovado pela Assembleia Legislativa, com alteração resultante de emenda apresentada por Deputado Estadual, pela qual referida gratificação passou a ser prevista para os servidores em atividade na área, sem especificação ou distinção quanto ao cargo que ocupam ou função que exercem.

A esse propósito, considere as seguintes afirmações:

I. Projeto de lei que pretenda instituir gratificação, alterando o padrão remuneratório de servidores estaduais, é de iniciativa privativa do Governador do Estado, o que foi corretamente observado no caso.

II. Não é admissível emenda parlamentar que, em projeto de lei de iniciativa privativa do chefe do Executivo, implique aumento de despesa, o que, no caso em tela, acarreta a inconstitucionalidade parcial da lei, para atingir apenas a gratificação para os servidores não abrangidos pelo projeto original, mantendo-se hígida a previsão de gratificação aos professores em atividade na área de educação especial.

III. O Governador do Estado poderá, no prazo de quinze dias úteis, contados do recebimento, opor veto, por motivo de inconstitucionalidade, ao projeto de lei, caso em que deverá recair sobre o texto integral do dispositivo que instituiu a gratificação tal como aprovada, e, se derrubado o veto pela Assembleia e promulgada a lei, poderá propor ação direta de inconstitucionalidade perante o STF.

IV. Ademais de poder ser impugnada por meio de ação direta de inconstitucionalidade perante o STF, referida lei pode ser objeto de ação direta de inconstitucionalidade, de competência do Tribunal de Justiça do Estado, para a qual estão legitimados, dentre outros, o próprio Governador do Estado e o Procurador-Geral de Justiça, chefe do Ministério Público estadual.

À luz da Constituição Federal, da Constituição estadual e da jurisprudência do Supremo Tribunal Federal (STF), está correto o que se afirma apenas em:

a) I, III e IV.

b) II e IV.

c) II e III.

d) I e IV.

e) I, II e III.

De acordo com o art. 61, § 1º, II, a, da Constituição Federal, são de iniciativa privativa do Presidente da República as leis que disponham sobre a criação de cargos, funções ou empregos públicos na administração direta e autárquica ou aumento de remuneração. Assim, por força do princípio da simetria ou do paralelismo, os chefes do Executivo Estadual e Municipal poderão dispor sobre o aumento de remuneração de seus servidores públicos.

De acordo com a jurisprudência do STF, é inconstitucional a norma resultante de emenda parlamentar a projeto de lei de iniciativa exclusiva do Chefe do Poder Executivo, na hipótese em que a emenda apresentada acarrete aumento de despesa [STF. Plenário. ADI nº 2810/RS, Rel. Min. Roberto Barroso, julgado em 20/4/2016] (Info 822). No caso do enunciado, o projeto de lei em questão é inconstitucional (não parcialmente) por acarretar aumento de despesa.

GABARITO: A.

541. Considere:

I. Pessoa jurídica que exerce atividades empresariais em determinado Estado pretende obter acesso às informações referentes ao pagamento de tributos constantes, a seu respeito, de sistema informatizado de apoio à arrecadação dos órgãos da Administração fazendária estadual.

II. Servidor público citado em representação promovida por cidadão, perante o Tribunal de Contas de determinado Estado, para apuração de irregularidades na execução de contrato celebrado por órgão no qual exerce função de confiança, pretende obter vista dos autos da representação mencionada.

Nos termos da Constituição Federal e da jurisprudência correlata do Supremo Tribunal Federal, acaso não obtenham administrativamente os resultados pretendidos, os interessados estarão legitimados para o ajuizamento de:

a) ação popular, isento de custas judiciais, salvo comprovada má-fé, na situação I, e habeas data, na situação II.

b) mandado de segurança, na situação I, e habeas data, gratuitamente, na situação II.

c) habeas data, gratuitamente, em ambas as situações.

d) habeas data, gratuitamente, na situação I, e mandado de segurança, na situação II.

e) mandado de segurança, em ambas as situações, estando isento de custas judiciais, salvo comprovada má-fé, na situação I.

A: Incorreta. Na situação I não é cabível a Ação Popular, pois de acordo com o art. 5º, LXXII, da CF/1988, a referida ação é instrumento adequado para anular ato lesivo ao patrimônio público ou de entidade de que o Estado participe, à moralidade administrativa, ao meio ambiente e ao patrimônio histórico e cultural, ficando o autor, salvo comprovada má-fé, isento de custas judiciais e do ônus da sucumbência. Portanto, nas situações I e II são cabíveis o habeas data e o mandado de segurança, respectivamente.

B: Incorreta. É o inverso, sendo cabível o habeas data, gratuitamente, na situação I e o mandado de segurança, na situação II.

C: Incorreta. O habeas data, gratuitamente, é cabível somente na situação I.

D: Correta. Na situação I é cabível o habeas data, pois a pessoa jurídica deseja obter acesso às informações referentes ao pagamento de tributos. Portanto, é o remédio constitucional adequado, consoante prevê a CF/1988:

Art. 5º LXXI - conceder-se-á habeas data:

a) para assegurar o conhecimento de informações relativas à pessoa do impetrante, constantes de registros ou bancos de dados de entidades governamentais ou de caráter público.

b) para a retificação de dados, quando não se prefira fazê-lo por processo sigiloso, judicial ou administrativo.

Ademais, o habeas data é gratuito, consoante assegura o art. 5º, inciso LXXVII, da CF/1988.

Importante mencionar o Informativo nº 790 do STF:

O habeas data é a garantia constitucional adequada para a obtenção dos dados concernentes ao pagamento de tributos do próprio contribuinte constantes dos sistemas informatizados de apoio à arrecadação dos órgãos da administração fazendária dos entes estatais.

Entretanto, na situação II o mandado de segurança é a via adequada, pois se está diante de direito líquido e certo quanto ao acesso aos autos da representação promovida em face do servidor público.

E: Incorreta. O mandado de segurança é cabível somente na situação II, ao passo que na situação I conforme mencionado, o remédio adequado é o habeas data.

GABARITO: D.

---

542. Diante do que dispõe a Constituição Federal acerca dos direitos e deveres individuais e coletivos:

a) No caso de iminente perigo público, a autoridade competente poderá usar de propriedade particular, assegurada ao proprietário indenização prévia em dinheiro.

b) A criação de associações e, na forma da lei, a de cooperativas dependem de autorização estatal, sendo, contudo, após a sua constituição, vedada a interferência do Estado em seu funcionamento.

c) Todos têm direito a receber dos órgãos públicos informações de seu interesse particular, ou de interesse coletivo ou geral, que serão prestadas no prazo da lei, sob pena de responsabilidade, ainda que seu conteúdo possa causar risco à segurança da sociedade e do Estado.

d) São gratuitas as ações de habeas corpus, habeas data e mandado de segurança e, na forma da lei, os atos necessários ao exercício da cidadania.

e) O preso tem direito à identificação dos responsáveis por sua prisão ou por seu interrogatório policial.

A: Incorreta. De acordo com a previsão do art. 5º, XXV, da CF/1988, no caso de iminente perigo público, a autoridade competente poderá usar de propriedade particular, assegurada ao proprietário indenização ulterior, se houver dano.

B: Incorreta. Conforme estatui o art. 5º, XVIII, da CF/1988, a criação de associações e, na forma da lei, a de cooperativas independem de autorização, sendo vedada a interferência estatal em seu funcionamento.

C: Incorreta. Nos termos do art. 5º, XXXIII, da CF/1988, todos têm direito a receber dos órgãos públicos informações de seu interesse particular, ou de interesse coletivo ou geral, que serão prestadas no prazo da lei, sob pena de responsabilidade, ressalvadas aquelas cujo sigilo seja imprescindível à segurança da sociedade e do Estado.

D: Incorreta. Não há previsão constitucional acerca da gratuidade do mandado de segurança. Prevê o art. 5º, LXXVII, da CF/1988, que são gratuitas as ações de habeas corpus e habeas data, e, na forma da lei, os atos necessários ao exercício da cidadania.

E: Correta. Conforme assegura o art. 5º, LXIV, da CF/1988, o preso tem direito à identificação dos responsáveis por sua prisão ou por seu interrogatório policial.

GABARITO: E.

---

543. Considere as seguintes situações hipotéticas:

I. Simon, nascido na Inglaterra, de mãe irlandesa, durante período em que seu pai estava naquele país como embaixador da República Federativa do Brasil, reside no território brasileiro há um ano.

II. Fritz, nascido na Alemanha, naturalizado brasileiro há dezessete anos, reside e exerce legalmente a advocacia no Brasil há quinze anos ininterruptos.

III. Brigite, nascida na França e naturalizada brasileira há dois anos, é processada e condenada no exterior pela prática de tráfico internacional de entorpecentes ocorrido há seis anos.

À luz da Constituição Federal, considerados apenas os elementos fornecidos,

a) Fritz poderá ser nomeado embaixador, mas não poderá ser nomeado Ministro das Relações Exteriores, ao passo que Simon é considerado brasileiro naturalizado.

b) Brigite não poderá ser extraditada em razão de ter se naturalizado brasileira, ao passo que Fritz poderá ocupar qualquer cargo da carreira diplomática.

c) Simon é considerado estrangeiro, ao passo que Brigite poderá ser extraditada.

d) Simon é considerado brasileiro nato, ao passo que Fritz não poderá ocupar qualquer cargo da carreira diplomática.

e) Brigite não poderá ser extraditada, ao passo que Fritz poderá ser nomeado tanto embaixador como Ministro das Relações Exteriores.

A: Incorreta. Fritz não poderá ser nomeado embaixador e nem Ministro das Relações Exteriores, pois é brasileiro naturalizado e os cargos da carreira diplomática são privativos de brasileiro nato, conforme previsão do art. 12, § 3º, V, da CF/1988. Por sua vez, Simon é considerado brasileiro nato, pois seu pai estava a serviço da República Federativa do Brasil, quando do seu nascimento na Inglaterra (art. 12, inciso I, b, da CF/1988).

B: Incorreta. Brigite poderá ser extraditada, pois ainda que brasileira naturalizada, a condenação pelo tráfico ilícito de entorpecentes, conforme o art. 5º, LI, da CF/1988, autoriza a extradição. Por sua vez, Fritz não poderá ocupar cargo privativo de brasileiro nato porque é naturalizado.

C: Incorreta. Ao contrário da afirmativa, Simon é brasileiro nato, pois seu pai estava a serviço da República Federativa do Brasil. Já Brigite, de fato, poderá ser extraditada.

D: Correta. Simon é brasileiro nato, ao passo que Fritz não poderá ocupar qualquer cargo da carreira diplomática, pois é brasileito naturalizado.

E: Incorreta. Brigite poderá ser extraditada e Fritz não poderá ser nomeado embaixador ou Ministro das Relações Exteriores, pois é brasileiro naturalizado e uma das condições para o exercício dos referidos cargos é ser o agente brasileiro nato.

GABARITO: D.

544. Acerca do que dispõe a Constituição Federal sobre as disposições gerais da Administração pública,

a) somente por lei complementar poderá ser autorizada a criação de autarquia e criada empresa pública, sociedade de economia mista e fundação, cabendo à lei complementar, em todos os casos, definir as áreas de suas atuações.

b) a administração fazendária e seus servidores fiscais terão, dentro de suas áreas de competência e jurisdição, precedência sobre os demais setores administrativos, na forma da lei.

c) os atos de improbidade administrativa importarão na perda dos direitos políticos, a suspensão da função pública, a indisponibilidade dos bens e o ressarcimento ao erário, na forma e gradação previstas em lei, com prejuízo da ação penal cabível.

d) as pessoas jurídicas de direito público e as de direito privado prestadoras de serviços públicos responderão pelos danos que seus agentes, nessa qualidade, causarem a terceiros, assegurado o direito de regresso contra o responsável, exclusivamente, nos casos de dolo ou fraude.

e) os acréscimos pecuniários percebidos por servidor público deverão ser computados e acumulados para fins de concessão de acréscimos ulteriores.

A: Incorreta. Nos termos do art. 37, XIX, da CF/1988, somente por lei específica poderá ser criada autarquia e autorizada a instituição de empresa pública, de sociedade de economia mista e de fundação, cabendo à lei complementar, neste último caso, definir as áreas de sua atuação. Assim, a própria lei específica, diretamente, cria a autarquia, ao passo que as demais entidades têm autorizada a criação, devendo o Poder Executivo providenciar, então, a referida composição.

B: Correta. Conforme previsão do art. 37, XVIII, da CF/1988, a administração fazendária e seus servidores fiscais terão, dentro de suas áreas de competência e jurisdição, precedência sobre os demais setores administrativos, na forma da lei. Assim, tanto a Administração tributária, quanto o seu agente fiscal, a pessoa física empossada no cargo, dentro de suas áreas de competência e jurisdição, têm precedência sobre os demais setores administrativos, na forma da lei.

C: Incorreta. De acordo a disposição do art. 37, § 4º, da CF/1988, os atos de improbidade administrativa importarão a suspensão (e não a perda) dos direitos políticos, a perda da função pública, a indisponibilidade dos bens e o ressarcimento ao erário, na forma e gradação previstas em lei, sem prejuízo da ação penal cabível.

D: Incorreta. Prevê o art. 37, § 6º, da CF/1988, que as pessoas jurídicas de direito público e as de direito privado prestadoras de serviços públicos responderão pelos danos que seus agentes, nessa qualidade, causarem a terceiros, assegurado o direito de regresso contra o responsável nos casos de dolo ou culpa (não fraude).

E: Incorreta. Ao contrário da alternativa, estabelece o art. 37, XIV, da CF/1988, que os acréscimos pecuniários percebidos por servidor público não serão computados nem acumulados para fins de concessão de acréscimos ulteriores.

GABARITO: B.

545. As autarquias são pessoas jurídicas integrantes da Administração pública indireta, que podem ter receitas próprias e receber recursos orçamentários e financeiros do erário público. No caso de uma autarquia auferir receitas próprias em montante suficiente para suportar todas as despesas e investimentos do ente,

a) fica excepcionada a aplicação do regime jurídico de direito público durante o período em que perdurar a condição de pessoa jurídica não dependente.

b) poderá realizar contratações efetivas sem a necessidade de prévio concurso público, diante da não incidência da regra para os entes da Administração pública indireta que não sejam dependentes.

c) permanece sujeita aos princípios e regras que regem a Administração pública, tais como a impenhorabilidade de seus bens, exigência de autorização legislativa para alienação de bens imóveis e realização de concurso público para admissão de servidores, com exceção de comissionados.

d) permanecerá obrigada à regra geral de licitação para firmar contratos administrativos, com exceção das hipóteses de alienação de bens imóveis, porque geram receita como resultado.

e) ficará equiparada, em direitos e obrigações, às empresas estatais não dependentes, que podem adquirir bens e serviços sem prévia realização de licitação, mas têm patrimônio sujeito à penhorabilidade e prescritibilidade.

A: Incorreta. As autarquias possuem regime jurídico de direito público, que consiste no mesmo aplicável aos entes políticos, embora não tenha poderes de natureza política. O fato da autarquia possuir receitas próprias, não afasta a aplicação desse regime jurídico.

B: Incorreta. Os agentes das autarquias são servidores estatutários, sendo que a investidura no cargo depende de aprovação prévia em concurso público.

C: Correta. Os bens das autarquias possuem a qualidade de bens públicos e, portanto, são impenhoráveis e se sujeitam à regra de alienabilidade condicionada prevista no art. 17 da Lei nº 8.666/1993. Conforme mencionado, os agentes das autarquias são servidores estatutários admitidos mediante concurso público.

D: Incorreta. Os contratos firmados pelas autarquias são administrativos e dependem de prévia licitação. Conforme mencionado anteriormente, os bens das autarquias estão sujeitos à regra de alienabilidade condicionada, devendo ser observadas as disposições do art. 17 da Lei nº 8.666/1993.

E: Incorreta. As empresas estatais estão sujeitas a regime jurídico diverso das autarquias. As estatais exploradoras de atividade econômica possuem regime jurídico mais aproximado do direito privado, conforme assegura o art. 173, § 1º, da Constituição Federal.

GABARITO: C.

546. Uma sociedade de economia mista contratou a execução de obras de reforma das instalações de sua sede. A execução da obra foi regular, mas a empresa não logrou êxito em quitar integralmente preço devido ao contratado, diante de intercorrências externas que impactaram seu orçamento. A empresa contratada, então, ajuizou ação judicial para recebimento de seu crédito, cuja quitação:

a) será obrigação da Administração central, tendo em vista que se trata de pessoa jurídica integrante da Administração indireta.
b) não é devida, tendo em vista que a inadimplência da empresa não se deu por culpa ou dolo.
c) será objeto de precatório expedido contra o ente federado ao qual a empresa está submetida, para que o pagamento seja feito observando a ordem cronológica de requisições de mesma natureza.
d) não poderá incidir sobre recursos e patrimônio da empresa, tendo em vista que as sociedades de economia mista são constituídas para a prestação de serviços públicos, sendo seus bens impenhoráveis.
e) deverá ser demandada diretamente da empresa, inclusive com possibilidade de penhora de seus bens que não estejam afetados à prestação de serviços públicos, caso seja esta a finalidade social da mesma.

A: Incorreta. A obrigação é de responsabilidade da sociedade de economia mista, pois a entidade é dotada de personalidade jurídica e de capital próprio.

B: Incorreta. A obrigação é devida, ainda que a não quitação do valor devido ao contratado tenha ocorrido em razão de intercorrências externas.

C: Incorreta. As empresas públicas e sociedades de economia mista não têm direito à prerrogativa de execução via precatório, salvo quando prestadora de serviço público de atuação própria do Estado e de natureza não concorrencial (ADPF nº 387/PI, Info 85).

D: Incorreta. A ação judicial poderá incidir sobre recursos da sociedade de economia mista, inclusive, sendo possível a penhora sobre bens integrantes do patrimônio da entidade, desde que a penhora não recaia sobre bens afetos ao serviço público que possam comprometer a continuidade de sua prestação.

E: Correta. É possível a penhora dos bens da sociedade de economia mista, desde que essa demonstre a desafetação, sendo garantido a esta o direito de comprovar eventual afetação do bem à prestação de serviço público, a fim de pleitear a impenhorabilidade.

GABARITO: E.

---

547. Diante do que dispõe a Constituição Federal acerca dos direitos e garantias fundamentais:

a) Nenhum brasileiro será extraditado, salvo o naturalizado, em caso de crime comum, praticado após a naturalização, ou de comprovado envolvimento em tráfico ilícito de entorpecentes e drogas afins, na forma da lei.
b) É livre, exclusivamente aos brasileiros natos e naturalizados, a locomoção no território nacional em tempo de paz, podendo, nos termos da lei, nele entrar, permanecer ou dele sair com seus bens.
c) Admite-se a prática de tortura em caso de guerra declarada.
d) A pequena propriedade rural, assim definida em lei e trabalhada pela família, somente poderá ser objeto de penhora para o pagamento de débitos decorrentes de sua atividade produtiva.
e) A pena será cumprida em estabelecimentos distintos, de acordo com a natureza do delito, a idade e o sexo do apenado.

A: Incorreta. Nos termos do art. 5º da CF:

Art. 5º LI - nenhum brasileiro será extraditado, salvo o naturalizado, em caso de crime comum, praticado antes da naturalização, ou de comprovado envolvimento em tráfico ilícito de entorpecentes e drogas afins, na forma da lei.

Como se vê, o brasileiro nato jamais será extraditado. Por outro lado, o brasileiro naturalizado, em regra, também não será extraditado, salvo nas exceções constantes do inciso LI, do art. 5º.

B: Incorreta. A locomoção no território nacional é direito fundamental inerente a todas as pessoas, não exclusivo aos brasileiros. Nesse sentido, tem-se a disposição do art. 5º da CF:

Art. 5º XV - é livre a locomoção no território nacional em tempo de paz, podendo qualquer pessoa, nos termos da lei, nele entrar, permanecer ou dele sair com seus bens.

C: Incorreta. Admite-se em caso de guerra declarada a pena de morte, consoante previsão do art. 5º, da CF:

Art. 5º XLVII - não haverá penas:

a) de morte, salvo em caso de guerra declarada, nos termos do art. 84, XIX;

b) de caráter perpétuo;

c) de trabalhos forçados;

d) de banimento;

e) cruéis;

- ninguém será submetido a tortura nem a tratamento desumano ou degradante.

Conforme se observa da previsão constitucional, a tortura não é admitida nem em caso de guerra declarada.

D: Incorreta. Ao contrário da afirmativa, prevê o art. 5º da CF:

Art. 5º XXVI - a pequena propriedade rural, assim definida em lei, desde que trabalhada pela família, não será objeto de penhora para pagamento de débitos decorrentes de sua atividade produtiva, dispondo a lei sobre os meios de financiar o seu desenvolvimento.

E: Correta. De acordo com o art. 5º da CF:

Art. 5º XLVIII - a pena será cumprida em estabelecimentos distintos, de acordo com a natureza do delito, a idade e o sexo do apenado.

Trata-se do princípio da individualização da pena, que impõe ao Estado o dever de classificar os apenados a partir de suas características pessoais.

GABARITO: E.

---

548. Segundo a Constituição Federal, são direitos dos trabalhadores urbanos e rurais, além de outros que visem à melhoria de sua condição social:

a) Remuneração do serviço extraordinário superior, no mínimo, em 100% à do normal.
b) Piso salarial proporcional à extensão e à complexidade do trabalho.
c) Proibição do trabalho noturno, perigoso ou insalubre a menores de vinte e um anos e de qualquer trabalho a menores de dezoito anos, salvo na condição de aprendiz, a partir de doze anos.
d) Jornada de oito horas para o trabalho realizado em turnos ininterruptos de revezamento, salvo negociação coletiva.
e) Seguro-desemprego, em caso de desemprego voluntário.

A questão exige conhecimento dos direitos sociais individuais dos trabalhadores, assegurados no art. 7º, da Constituição Federal.

A: Incorreta. As horas extras realizadas pelo trabalhador serão remuneradas com, no mínimo, 50% a mais do que a hora normal (adicional de horas extras), conforme previsão do art. 7º, XVI, CF/1988:

Art. 7º São direitos dos trabalhadores urbanos e rurais, além de outros que visem à melhoria de sua condição social:

XVI - remuneração do serviço extraordinário superior, no mínimo, em cinquenta por cento à do normal.

B: Correta. O art. 7º, V, da Constituição Federal, prevê como direito dos trabalhadores o piso salarial, proporcional à extensão e à complexidade do trabalho:

Art. 7º São direitos dos trabalhadores urbanos e rurais, além de outros que visem à melhoria de sua condição social:

V - piso salarial proporcional à extensão e à complexidade do trabalho.

C: Incorreta. Nos termos do art. 7º, XXXIII, CF/1988, é proibido o trabalho noturno, perigoso ou insalubre a menores de dezoito anos de qualquer trabalho a menores de dezesseis anos, salvo na condição de aprendiz, a partir de quatorze anos.

D: Incorreta. A jornada de trabalho realizada em turnos ininterruptos de revezamento é limitada a 6 horas diárias, consoante previsão do art. 7º, XIV, da CF/1988:

Art. 7º XIV - jornada de seis horas para o trabalho realizado em turnos ininterruptos de revezamento, salvo negociação coletiva.

E: Incorreta. O seguro desemprego é garantido ao trabalhador nos casos de desemprego involuntário, pois do contrário, não fará jus ao benefício. Assim, tem-se a previsão constitucional:

Art. 7º São direitos dos trabalhadores urbanos e rurais, além de outros que visem à melhoria de sua condição social:

II - seguro-desemprego, em caso de desemprego involuntário.

GABARITO: B.

---

549. Segundo o que estabelece a Constituição Federal, é vedada a acumulação remunerada de cargos públicos, exceto nos casos que especifica, dentre os quais o de:

a) um cargo de professor com outro técnico, independentemente de haver compatibilidade de horários.

b) dois cargos de professor com outro de confiança, independentemente de haver compatibilidade de horários.

c) cargos de professor, independentemente da quantidade, desde que haja compatibilidade de horários.

d) dois cargos ou empregos privativos de profissionais de saúde, com profissões regulamentadas, quando houver compatibilidade de horários.

e) um cargo de professor com outro científico, independentemente de haver compatibilidade de horários.

A questão trata sobre a acumulação de cargos, empregos e funções, conforme previsão do art. 37, da Constituição Federal.

Como regra, tem-se a impossibilidade de acumulação remunerada de cargos, funções e empregos públicos, conforme previsão constitucional. Contudo, só por exceção, a CF/1988 admite a acumulação de cargos, desde que atendidos dois pressupostos: a observância do teto remuneratório do funcionalismo público (art. 37, XI) e a compatibilidade de horários nas hipóteses elencadas no art. 37, XVI, da CF/1988:

Art. 37 XVI - é vedada a acumulação remunerada de cargos públicos, exceto, quando houver compatibilidade de horários, observado em qualquer caso o disposto no inciso XI:

a) a de dois cargos de professor;

b) a de um cargo de professor com outro técnico ou científico;

c) a de dois cargos ou empregos privativos de profissionais de saúde, com profissões regulamentadas.

Conforme se observa, os requisitos estabelecidos pela CF/1988 para a acumulação de cargos, é o teto remuneratório e a compatibilidade de horários no exercício das funções, cujo cumprimento deverá ser aferido pela administração pública

Em síntese, tem-se o seguinte:

Regra: é vedada a acumulação remunerada de cargos públicos;

Exceção: Se houver compatibilidade de horários, poderá se acumular:

- Professor + Professor;

- Professor + Cargo técnico ou científico;

- Profissional de Saúde + Profissional de Saúde.

Diante da possibilidade de cumulação de cargos públicos, quando houver compatibilidade de horários. As demais alternativas estão incorretas, pois apresentam hipóteses com cumulação de cargos públicos "independentemente de haver compatibilidade de horários".

GABARITO: D.

---

550. À luz do que disciplina a Constituição Federal sobre os direitos sociais,

a) é vedada a dispensa do empregado sindicalizado a partir do registro da candidatura a cargo de direção ou representação sindical e, se eleito, ainda que suplente, até dois anos após o final do mandato, salvo se cometer falta grave, nos termos da lei.

b) ao sindicato cabe a defesa dos direitos e interesses coletivos ou individuais da categoria, inclusive em questões judiciais ou administrativas.

c) é facultativa a participação dos sindicatos nas negociações coletivas de trabalho.

d) a lei deverá exigir autorização do Estado para a fundação de sindicato, exigindo-se, ainda, o registro no órgão competente, cabendo ao Poder Público a interferência e a intervenção na organização sindical para o cumprimento de sua finalidade.

e) o aposentado filiado não tem direito a votar e ser votado nas organizações sindicais.

A: Incorreta. Prevê o art. 8º, VIII, CF/1988, que é vedada a dispensa do empregado sindicalizado a partir do registro da candidatura a cargo de direção ou representação sindical e, se eleito, ainda que suplente, até um ano após o final do mandato, salvo se cometer falta grave, nos termos da lei.

B: Correta. Nos termos do art. 8º, inciso III, da CF/1988, a defesa dos direitos e interesses coletivos ou individuais da categoria cabe ao sindicato, inclusive em questões judiciais ou administrativas.

C: Incorreta. A participação dos sindicatos nas negociações coletivas de trabalho é obrigatória, conforme previsão do art. 8º, VI, da CF/1988.

D: Incorreta. O Poder Público não pode interferir ou intervir na organização sindical, de modo que não é necessária autorização do Estado para fundação de um sindicato, sendo imprescindível, contudo, o registo no órgão competente. Portanto, é livre a associação sindical. Assim, tem-se a previsão constitucional:

Art. 8º I - a lei não poderá exigir autorização do Estado para a fundação de sindicato, ressalvado o registro no órgão competente, vedadas ao Poder Público a interferência e a intervenção na organização sindical.

E: Incorreta. Ao contrário da alternativa, estabelece o art. 8º, VII, da CF/1988, que o aposentado filiado tem direito a votar e ser votado nas organizações sindicais.

GABARITO: B.

---

551. Acerca do que dispõe a Constituição Federal sobre nacionalidade,

a) são brasileiros natos os nascidos na República Federativa do Brasil, ainda que de pais estrangeiros, desde que estes não estejam a serviço de seu país.

b) a lei não poderá estabelecer distinção entre brasileiros natos e naturalizados, salvo nos casos previstos em lei complementar.

c) é privativo de brasileiro nato o cargo de membro da Câmara dos Deputados.

d) será declarada a perda da nacionalidade do brasileiro que tiver cancelada sua naturalização, por decisão administrativa, em virtude de atividade nociva ao interesse nacional.

e) é fator impeditivo de aquisição da nacionalidade brasileira a condenação, por improbidade administrativa, de cidadão estrangeiro residente no Brasil por período superior a quinze anos ininterruptos.

A: Correta. De acordo com o art. 12, I, 'a', da CF, são brasileiros os nascidos na República Federativa do Brasil, ainda que de pais estrangeiros, desde que estes não estejam a serviço de seu país. Como regra geral, o Brasil adotou o critério do ius solis (local do nascimento), de modo que quem nasce no território nacional tem a nacionalidade brasileira.

B: Incorreta. Em atendimento ao princípio da igualdade (isonomia), a Constituição vedou qualquer possibilidade de se estabelecer por lei qualquer distinção entre brasileiros natos e naturalizados, ressalvados os casos previstos taxativamente na própria Constituição Federal. Assim, prevê o art. 12, § 2º, da CF: a lei não poderá estabelecer distinção entre brasileiros natos e naturalizados, salvo nos casos previstos nesta Constituição.

C: Incorreta. Somente o cargo de Presidente da Câmara dos Deputados é privativo de brasileiro nato (art. 12, § 3º, II, CF). Por sua vez, o membro pode ser brasileiro nato ou naturalizado.

D: Incorreta. A perda da nacionalidade será declarada por sentença judicial e não por decisão administrativa. Assim, determina o § 4º, do art. 12, da CF:

Art. 12 § 4º Será declarada a perda da nacionalidade do brasileiro que:

I - tiver cancelada sua naturalização, por sentença judicial, em virtude de atividade nociva ao interesse nacional.

E: Incorreta. O fator impeditivo de aquisição da nacionalidade brasileira é uma condenação penal, conforme dispõe o art.12, II, 'b', da CF:

Art. 12 São brasileiros:

II - naturalizados:

b) os estrangeiros de qualquer nacionalidade, residentes na República Federativa do Brasil há mais de quinze anos ininterruptos e sem condenação penal, desde que requeiram a nacionalidade brasileira.

GABARITO: A.

---

552. O regime jurídico de direito público sujeita a Administração pública à observância de normas, que abrangem regras e princípios. No que se refere à dinâmica de aplicação das referidas normas,

a) os princípios centrais previstos na Constituição Federal sobrepõem-se às regras, estas que têm hierarquia infraconstitucional.
b) as regras somente são válidas e eficazes se forem expressamente vinculadas a um princípio, sob pena de nulidade.
c) inexiste hierarquia material apriorística entre as regras e os princípios, não cabendo, contudo, ao administrador público decidir não cumprir uma lei por entendê-la em desacordo com os princípios.
d) os princípios incidem em escala de preferência, sendo o da legalidade dotado de preferência e prevalência sobre os demais princípios que regem a Administração pública.
e) a legislação vigente, ainda que infraconstitucional, se sobrepõe hierarquicamente em relação aos princípios previstos na Constituição Federal.

A: Incorreta. Princípios são normas que estabelecem fins a serem buscados. Por sua vez, as regras são normas imediatamente descritivas de comportamentos devidos ou atributivas de poder. Os princípios e regras são normas de 1º grau. Portanto, não há de se falar em hierarquia entre ambos.

B: Incorreta. Regra é um comando, um imperativo dirigido aos seus destinatários (pessoas físicas, pessoas jurídicas e demais entes), responsável por permitir, proibir, constranger e/ou disciplinar certos modos de ação ou comportamento presentes na vida humana. As regras não necessariamente estão expressamente vinculadas a um princípio.

C: Correta. Não há hierarquia entre os princípios, os quais servem para nortear a atuação do agente público. Ademais, por força da presunção relativa de constitucionalidade, toda norma legislativa de ordem pública tem dever geral de observância e execução, até que um órgão competente afasta sua aplicação e autoriza seu descumprimento, mediante procedimento específico, o controle de constitucionalidade.

D: Incorreta. Os princípios têm a mesma relevância e densidade no ordenamento jurídico. Não há princípio que prevaleça sobre os demais. Somente no caso concreto é que se pode dizer que um determinado princípio será aplicado com mais amplitude em relação a outro (método da ponderação).

E: Incorreta. A Lei infraconstitucional não se sobrepõe aos princípios constitucionais. Os princípios visam ofertar coesão ao ordenamento jurídico e ocupam, por essa razão, posição de destaque.

GABARITO: C.

---

553. As empresas estatais criadas pelos entes federados:

a) dependem de prévia autorização legislativa para definição de seu escopo de atuação e regime jurídico aplicável, público ou privado.
b) podem ter personalidade jurídica de direito público ou privado, característica que não interfere na impenhorabilidade do patrimônio das mesmas.
c) sujeitam-se ao princípio da obrigatoriedade de licitação, à semelhança das autarquias e sob o mesmo regime legal, aplicável a todos os entes que integram a Administração indireta.
d) são regidas pelo direito privado, porque constituídas na forma prevista na legislação civil, não se sujeitando a controle externo dos Tribunais de Contas.
e) são sujeitas ao regime jurídico típico das empresas privadas, o que não afasta a possibilidade de controle finalístico de seus atos pela Administração direta e de controle pelas Cortes de Contas.

A: Incorreta. As áreas de atuação das empresas estatais são definidas por lei complementar. Nesse sentido, prevê o art. 37, XIX, da Constituição Federal que:

Art. 37 XIX - somente por lei específica poderá ser criada autarquia e autorizada a instituição de empresa pública, de sociedade de economia mista e de fundação, cabendo à lei complementar, neste último caso, definir as áreas de sua atuação.

B: Incorreta. As empresas estatais sempre terão personalidade jurídica de direito privado. Os bens dessas entidades não ostentam a qualidade de bem público, estando sujeitos a penhora, conforme entendimento da doutrina majoritária. No entanto, em relação aos bens que estejam atrelados à prestação de serviços públicos, se aplicam algumas prerrogativas inerentes aos bens públicos, como a imprescritibilidade e impenhorabilidade.

C: Incorreta. Dispõe o art. 1º da Lei nº 8.666/1993, que as normas gerais referentes a licitações serão aplicadas às empresas estatais. Ademais, a submissão ao sistema da Lei de Licitações é absoluto quando atuarem na prestação de serviços públicos. Entretanto, as empresas públicas e sociedades de economia mista exploradoras de atividade econômica podem submeter-se a uma regime próprio de licitação, com regras simplificadas e uma dinâmica compatível com a atividade que exercem no mercado econômico (art. 173, § 1º, III, da Constituição Federal).

D: Incorreta. As empresas estatais estão submetidas à fiscalização contábil, financeira e orçamentária exercida pelo Tribunal de Contas, nos moldes do art. 71 e seguintes da Constituição Federal.

E: Correta. As empresas estatais possuem personalidade jurídica de direito privado e possuem regime jurídico aproximado do direito privado. Assim como todos os entes da Administração Indireta, as empresas estatais estão sujeitas a controle finalístico, limitado à análise acerca do cumprimento das finalidades definidas na lei de criação. Também estão submetidas à fiscalização contábil, financeira e orçamentária exercida pelo Tribunal de Contas, nos moldes do art. 71 e seguintes da Constituição Federal.

GABARITO: E.

---

554. Um empregado público foi regularmente contratado há 2 anos por ente da Administração indireta para ocupar emprego público. As avaliações internas feitas pelo empregador vêm demonstrando que o empregado não vem performando adequadamente, tampouco demonstrando o necessário comprometimento com suas atribuições. A administração do ente pretende demitir o empregado, o que exige:

a) aguardar o término do estágio confirmatório de 3 anos, o que permitirá o pagamento ao empregado das verbas rescisórias e indenizatórias.

b) processo administrativo com observância do contraditório e da ampla defesa, desde que o empregado tenha sido contratado mediante concurso público de provas ou de provas e títulos.

c) que a decisão de extinção do vínculo seja adotada antes do término do período de estágio probatório, após o que será necessário que o empregador solicite autorização da Administração direta que integra.

d) decisão fundamentada em razões que consubstanciem a motivação do ato, não sendo necessária instituição de processo administrativo com prévia oitiva e defesa do empregado.

e) comunicação escrita ao empregado acerca da demissão, não se exigindo motivação e fundamentação da decisão, requisito necessário apenas para a extinção de vínculo estatutário.

A: Incorreta. Empregados de empresa pública não têm estágio probatório e nem a estabilidade prevista no art. 41 da Constituição Federal, mas apenas período de experiência.

B: Incorreta. Conforme estabelece o art. 37, II, da Constituição Federal, para que sejam admitidos na relação de emprego, os empregados públicos devem ter sido previamente aprovados em concurso público. A dispensa desses empregados depende de ato devidamente motivado, mas não é necessária a instituição de processo administrativo.

C: Incorreta. O estágio probatório e a estabilidade conferida aos cargos de provimento efetivo não se aplicam aos empregos públicos.

D: Correta. De acordo com o entendimento do STF, a empresa pública tem o dever de motivar formalmente o ato de dispensa do empregado, assegurando-se que os princípios da impessoalidade e isonomia que fundamentaram a admissão, sejam também respeitados por ocasião da dispensa. A motivação do ato de dispensa, assim, visa a resguardar o empregado de uma possível quebra do postulado da impessoalidade por parte do agente estatal investido do poder de demitir (STF. Plenário. RE 589998, Rel. Min. Ricardo Lewandowski, julgado em 20/03/2013). Demais disso, não é necessário a instauração de processo administrativo, com ampla defesa, mas como já mencionado, a decisão que o demitir deverá ser motivada.

E: Incorreta. A demissão exige motivação e fundamentação da decisão.

GABARITO: D.

555. A nomeação de um particular para ocupar um cargo em comissão na Administração direta:

a) dependeria de prévia realização de concurso público, tendo em vista que referidos cargos só podem ser providos por servidores de carreira.

b) significa que a Administração pública está provendo cargos para atender necessidades temporárias decorrentes da vacância de cargos efetivos, cujas atribuições não podem deixar de ser desempenhadas.

c) deve se destinar a atribuições de chefia, direção ou assessoramento, pois referidos servidores não podem se prestar a desempenhar atribuições típicas de cargos efetivos.

d) sujeita o novo servidor ao cumprimento de estágio probatório de 2 anos, diferentemente do provimento de cargos efetivos, que impõe estágio probatório de 3 anos.

e) enseja a formação de vínculo celetista, passível de demissão ad nutum, tendo em vista que a não realização de concurso público impede a formalização de vínculo estatutário.

A: Incorreta. O cargo em Comissão é de livre nomeação e exoneração, não dependendo de concurso público. Assim, pode ser ocupado por qualquer pessoa, servidor público ou não, cabendo à legislação ordinária estabelecer os casos, condições e percentuais mínimos destinados aos servidores de carreira.

B: Incorreta. As atividades pertinentes aos Cargos em Comissão são de direção, chefia e assessoramento, portanto não abrange as atividades dos servidores efetivos.

C: Correta. Nos termos do art. 37, V, da CF, as funções de confiança, exercidas exclusivamente por servidores ocupantes de cargo efetivo, e os cargos em comissão, a serem preenchidos por servidores de carreira nos casos, condições e percentuais mínimos previstos em lei, destinam-se apenas às atribuições de direção, chefia e assessoramento.

D: Incorreta. O estágio probatório não se aplica ao cargo em comissão, somente ao cargo de provimento efetivo, nos termos do art. 41, da CF: são estáveis após três anos de efetivo exercício os servidores nomeados para cargo de provimento efetivo em virtude de concurso público.

E: Incorreta. O vínculo dos cargos em comissão é disciplinado pelo Estatuto dos Servidores, porém o regime de previdência é o RGPS (Regime Geral da Previdência Social).

GABARITO: C.

556. A Administração pública de determinado ente federado está reorganizando sua estrutura, abrangendo a Administração indireta. Nesse campo, promoveu levantamento das empresas estatais existentes no ente federado e decidiu por extinguir aquelas que não tivessem mais finalidade social aderente à linha de governo, bem como as deficitárias. Para tanto,

a) deverá editar ato de mesma natureza do que promoveu a criação da empresa, ou seja, decreto ou lei.

b) será necessária autorização legislativa, inclusive para, por exemplo, indicar o destino de seu patrimônio, caso não pretenda que reverta à Administração central.

c) poderá providenciar o encerramento das atividades na mesma linha aplicada às empresas privadas, não sendo necessária autorização prévia, exigida apenas para a instituição das referidas pessoas jurídicas.

d) deverá liquidar todas as despesas da empresa e alienar seu patrimônio antes de solicitar autorização legislativa para decretar a extinção da mesma.

e) será necessária prévia realização de licitação para eventual identificação de interessados na aquisição do capital social da empresa, sendo autorizada a extinção apenas diante da inexistência de licitantes.

As empresas públicas e as sociedades de economia mista têm a sua criação e extinção dependentes de autorização legal, na forma do art. 37, XIX, da CF/1988:

Art. 37 A administração pública direta e indireta de qualquer dos Poderes da União, dos Estados, do Distrito Federal e dos Municípios obedecerá aos princípios de legalidade, impessoalidade, moralidade, publicidade e eficiência e, também, ao seguinte:

XIX - somente por lei específica poderá ser criada autarquia e autorizada a instituição de empresa pública, de sociedade de economia mista e de fundação, cabendo à lei complementar, neste último caso, definir as áreas de sua atuação.

Por força do princípio da simetria das formas, a entidade somente pode ser extinta mediante lei, não sendo possível mediante decreto. Da mesma forma que é exigida autorização legislativa para instituição das empresas estatais, a extinção também demanda manifestação do poder legislativo no mesmo sentido. A alienação do capital social da empresa estatal exige autorização legislativa e licitação.

GABARITO: B.

557. Dentre as fontes do Direito Administrativo, é possível deduzir que:

a) somente a lei formal pode ser considerada fonte do Direito Administrativo, considerando a primazia do princípio da legalidade.

b) o princípio da supremacia do interesse público é a principal fonte do Direito Administrativo, pois fundamenta todas as ações e decisões da Administração pública.

c) a jurisprudência não pode ser considerada fonte do Direito Administrativo, pois não emana do Poder Executivo nem do Poder Judiciário.

d) as lacunas legais se consubstanciam em fontes concretas do Direito Administrativo, considerando que ao Poder Executivo é dado suprir a ausência de lei por meio da edição de decreto.

e) não se mostra necessária a codificação das leis e atos normativos para que se consubstanciem em fonte do Direito Administrativo.

A: Incorreta. A lei formal é a principal fonte do Direito Administrativo, contudo, existem outras fontes que emanam conceitos e regulamentação acerca da matéria, como a doutrina, a jurisprudência, os costumes e os princípios.

B: Incorreta. A principal fonte do direito administrativo é a lei, ao passo que a supremacia do interesse público sobre o privado é o principal princípio do direito administrativo.

C: Incorreta. A jurisprudência é considerada fonte secundária do direito administrativo, que não tem força cogente de uma norma criada pelo legislador, salvo no caso de súmula vinculante, cujo cumprimento é obrigatório pela administração pública

D: Incorreta. As lacunas não são fontes do direito, mas sim o costume, que é uma fonte material e preenche as lacunas e omissões legais. Ademais, incumbe ao Poder Legislativo suprir as lacunas legais, ao passo que ao Poder Executivo, no exercício do poder normativo, lhe cabe editar normas complementares à lei, para sua fiel execução.

E: Correta. O direito administrativo não dispõe de uma codificação como ocorre com outros ramos do direito, contudo suas disposições decorrem diretamente da Constituição Federal, de leis ordinárias e complementares, além de outros atos normativos, como decretos, regulamento e medidas provisórias.

GABARITO: E.

---

558. Estabelecidos e disciplinados por normas constitucionais, infraconstitucionais e pela doutrina, os princípios orçamentários visam a estabelecer diretrizes norteadoras básicas para o processo orçamentário.

Nesse contexto, a destinação de recursos para atividades da administração tributária constitui uma exceção ao princípio do(a):

a) especificação.

b) exclusividade.

c) não afetação de receitas.

d) orçamento bruto.

e) universalidade.

De acordo com a CF/1988:

Art. 167 São vedados:

IV - a vinculação de receita de impostos a órgão, fundo ou despesa, ressalvadas a repartição do produto da arrecadação dos impostos a que se referem os arts. 158 e 159, a destinação de recursos para as ações e serviços públicos de saúde, para manutenção e desenvolvimento do ensino e para realização de atividades da administração tributária, como determinado, respectivamente, pelos arts. 198, § 2º, 212 e 37, XXII, e a prestação de garantias às operações de crédito por antecipação de receita, previstas no art. 165, § 8º, bem como o disposto no § 4º deste artigo.

Diante disso, a única alternativa correta é a C.

GABARITO: C.

---

559. Os valores expressos no quadro a seguir foram extraídos dos registros de movimentação de um ente público em um dado mês do último exercício financeiro.

Descrição	Valor
Cobrança de dívida ativa	R$ 16.300,00
Depósitos em caução	R$ 12.650,00
Fianças	R$ 7.200,00
Operações de crédito internas	R$ 50.000,00
Operações de crédito por antecipação de receita orçamentária	R$ 14.900,00
Recursos de convênios não previstos no orçamento	R$ 22.450,00
Royalties além do estimado do orçamento	R$ 8.350,00

Considerando apenas as informações do quadro, as receitas extraorçamentárias do ente somam:

a) R$ 34.750,00.

b) R$ 73.500,00.

c) R$ 84.750,00.

d) R$ 107.200,00.

e) R$ 131.850,00.

Receita extraorçamentária:

- Não integra o orçamento público
- Constitui passíveis exigíveis do ente
- Seu pagamento não está sujeito à autorização legislativa
- Possuem caráter temporário
- Exemplos: depósito em caução, operações de crédito por ARO, consignações diversas, fianças, inscrição de restos a pagar, emissão de moeda.

Dos exemplos citados, temos 3 deles na questão.

- Depósitos em caução: R$12.650
- Fianças: R$7.200
- Operações de crédito por ARO: R$14.900

Total de receitas extraorçamentárias: R$34.750

É importante ficar atento:

- Operações de crédito: receita orçamentária
- Operações de crédito por ARO: receita extraorçamentária.

Portanto, a alternativa correta é a A.

GABARITO: A.

560. Ao final de um dado exercício, as receitas correntes de um estado da federação, para fins de apuração da Receita Corrente Líquida (RCL), somaram R$ 14 bilhões.

Considere, além disso, as informações do quadro a seguir:

Contribuição para custeio das pensões militares	R$ 22.500.000,00
Contribuições de empregadores e trabalhadores para Seguridade Social	R$ 675.000.000,00
Contribuições dos servidores para custeio do sistema de previdência social	R$ 450.000.000,00
Contribuições para o PIS/PASEP	R$ 90.000.000,00
Dedução da receita para formação do FUNDEB	R$ 270.000.000,00
Receitas de compensações financeiras entre regimes previdenciários	R$ 67.500.000,00
Receitas intraorçamentárias	R$ 180.000.000,00
Transferências constitucionais aos municípios	R$ 1.800.000.000,00

De acordo com as orientações da LRF para apuração da Receita Corrente Líquida de entes estaduais, a RCL do ente no referido período soma:

a) R$ 10.445.000.000,00.

b) R$ 10.625.000.000,00.

c) R$ 10.715.000.000,00.

d) R$ 11.390.000.000,00.

e) R$ 11.570.000.000,00.

Fundamento: LRF, art. 2º, IV, alíneas "a", "b", "c" e § 1º.

Como o enunciado expressamente pede que respondamos segundo orientações da LRF para apuração da Receita Corrente Líquida de entes estaduais, temos:

(=) 14.000.000.000,00

(-) 22.500.000,00 - Contribuição para custeio das pensões militares (LRF, art. 2º, IV, alínea "c");

0 - Contribuições de empregadores e trabalhadores para Seguridade Social (LRF, art. 2º, IV, alínea "a");

(-) 450.000.000,00 - Contribuições dos ser para sist. de pre social (LRF, art. 2º, IV, alínea "c");

0 - Contribuições para o PIS/PASEP (LRF, art. 2º, IV, alínea "a");

(-) 270.000.000,00 - FUNDEB (LRF, art. 2º, § 1º);

(-) 67.500.000,00 - Compensações financeiras entre regimes previdenciários (LRF, art. 2º, IV, alínea "c");

0 - Receitas intraorçamentárias (não integram o cálculo da Receita Corrente);

(-) 1.800.000.000,00 - Transferências constitucionais aos municípios (LRF, art. 2º, IV, alínea "b");

(=) 11.390.000.000,00.

Portanto, a resposta correta é a D.

GABARITO: D.

561. Sob a perspectiva do orçamento, as receitas são disponibilidades de recursos financeiros que ingressam durante o exercício e que aumentam o saldo financeiro da instituição. No entanto, nem sempre todos os ingressos orçamentários têm impacto positivo no patrimônio.

São um exemplo das chamadas receitas por mutação patrimonial:

a) rendimentos de aplicação financeira.

b) receitas de aluguéis de bens imóveis.

c) receitas de compensações financeiras.

d) receitas de transferências correntes.

e) receitas de alienação de bens imóveis.

A, B, C e D: Incorretas. São exemplos de receitas efetivas.

E: Correta. Trata-se de receita não efetiva (alienação de bens - receita de capital).

GABARITO: E.

562. A despesa pública é apresentada no orçamento sob diferentes critérios de classificação, com o objetivo de subsidiar o controle do processo orçamentário.

A classificação funcional da despesa pública:

a) apresenta a realização dos objetivos estratégicos definidos no Plano Plurianual.

b) está organizada em categoria econômica, grupo e elemento de despesa.

c) permite a consolidação nacional dos gastos do setor público, pois tem aplicação comum e obrigatória.

d) reflete a estrutura de alocação dos créditos orçamentários em níveis hierárquicos.

e) se desdobra em atividades, projetos ou operações especiais.

A: Incorreta. Classificação por Estrutura Programática.

B: Incorreta. Classificação da Despesa Orçamentária por Natureza.

C: Correta. A classificação funcional segrega as dotações orçamentárias em funções e subfunções, buscando responder basicamente à indagação "em que área" de ação governamental a despesa será realizada.

Trata-se de uma classificação independente dos programas e de aplicação comum e obrigatória, no âmbito da União, dos Estados, do Distrito Federal e dos Municípios, o que permite a consolidação nacional dos gastos do setor público.

D: Incorreta. Classificação Institucional.

E: Incorreta. Classificação por Estrutura Programática.

GABARITO: C.

563. A despesa pública é processada em estágios legalmente definidos que permitem um acompanhamento minucioso do processo orçamentário.

O primeiro estágio da despesa pública conhecido como fixação:

a) é concluído com o processo de descentralizações interna e externa de créditos orçamentários.

b) é de competência exclusiva do Poder Executivo, a partir das demandas apresentadas pelas unidades orçamentárias.

c) não pode ser afetado por eventuais aberturas de créditos adicionais no decorrer da vigência do orçamento.

d) consiste na reserva de dotação orçamentária para um fim específico, sendo limitado pelo volume de recursos disponíveis.

e) compreende a adoção de medidas em direção a uma situação idealizada, considerando os recursos disponíveis e as diretrizes e prioridades traçadas pelo governo.

A: Incorreta. O processo da fixação da despesa orçamentária é concluído com a autorização dada pelo poder legislativo por meio da lei orçamentária anual, ressalvadas as eventuais aberturas de créditos adicionais no decorrer da vigência do orçamento.

B: Incorreta. Poder legislativo quem autoriza a fixação das despesas.

C: Incorreta.O processo da fixação da despesa orçamentária é concluído com a autorização dada pelo poder legislativo por meio da lei orçamentária anual, ressalvadas as eventuais aberturas de créditos adicionais no decorrer da vigência do orçamento.

D: Incorreta. É o estágio do Empenho: "Consiste na reserva de dotação orçamentária para um fim específico".

E: Correta. A fixação da despesa orçamentária insere-se no processo de planejamento e compreende a adoção de medidas em direção a uma situação idealizada, tendo em vista os recursos disponíveis e observando as diretrizes e prioridades traçadas pelo governo.

GABARITO: E.

Impresso por:

META

www.metabrasil.com.br